Joachim Mehlhausen
Vestigia Verbi

Arbeiten zur Kirchengeschichte

Begründet von
Karl Holl† und Hans Lietzmann†

Herausgegeben von
Christoph Markschies, Joachim Mehlhausen
und Gerhard Müller

Band 72

Walter de Gruyter · Berlin · New York
1999

Joachim Mehlhausen

Vestigia Verbi

Aufsätze zur Geschichte der evangelischen Theologie

Walter de Gruyter · Berlin · New York
1999

∞ Gedruckt auf säurefreiem Papier, das die
US-ANSI-Norm über Haltbarkeit erfüllt.

Die Deutsche Bibliothek — CIP-Einheitsaufnahme

> **Mehlhausen, Joachim:**
> Vestigia Verbi : Aufsätze zur Geschichte der evangelischen Theologie / Joachim Mehlhausen. — Berlin ; New York : de Gruyter, 1998
>   (Arbeiten zur Kirchengeschichte ; Bd. 72)
> ISBN 3-11-015053-0

© Copyright 1998 by Walter de Gruyter GmbH & Co., D-10785 Berlin

Dieses Werk einschließlich aller seiner Teile ist urheberrechtlich geschützt. Jede Verwertung außerhalb der engen Grenzen des Urheberrechtsgesetzes ist ohne Zustimmung des Verlages unzulässig und strafbar. Das gilt insbesondere für Vervielfältigungen, Übersetzungen, Mikroverfilmungen und die Einspeicherung und Verarbeitung in elektronischen Systemen.

Printed in Germany
Textkonvertierung: Ready Made, Berlin
Druck: Werner Hildebrand, Berlin
Buchbinderische Verarbeitung: Lüderitz & Bauer GmbH, Berlin

Für

L. J.   R. R.   M. S.

Vorwort

> QUAMQUAM PRAETERITA CUM VERA NARRANTUR,
> EX MEMORIA PROFERUNTUR NON RES IPSAE,
> QUAE PRAETERIERUNT, SED VERBA CONCEPTA EX
> IMAGINIBUS EARUM, QUAE IN ANIMO VELUT
> VESTIGIA PER SENSUS PRAETEREUNDO FIXERUNT.
>
> Augustinus, *Confessionum* XI 18,23

Was Augustinus im Elften Buch seiner Bekenntnisse über die MEMORIA im Doppelsinn von *Erinnerung* und *Gedächtnis* sagt, beschreibt die Bedingungen der Fähigkeit des einzelnen Menschen, Vergangenes der Wahrheit getreu zu erzählen. Unser Vermögen, etwas aus dem im Lauf des Lebens angesammelten Schatz der MEMORIA hervorzuholen, unterliegt – so lehrt uns Augustinus – einem eigenen Gesetz: Die Ereignisse selbst können wir nicht aus der Vergangenheit in die Gegenwart rufen; als Wirklichkeiten sind sie unwiderruflich vergangen. Aber wir können uns erinnern. Die Erinnerung schöpft Worte aus den Bildern, die von den Ereignissen in unseren Geist wie Spuren eingedrückt wurden, als unsere Sinne das Geschehen wahrnahmen.

Geschichtsschreibung unterliegt demselben Gesetz. Es gibt keine historiographische Methode, die es ermöglichte, vergangene Geschichte unmittelbar zu vergegenwärtigen. Aber wie im individuellen Gedächtnis Bilder aufbewahrt werden, die sich diesem Gedächtnis gleichsam als Spuren des Geschehens eingeprägt haben, so gibt es auch ein kollektives Gedächtnis der Menschheit. Es besteht aus den unzähligen Zeugnissen und Zeugen der Vergangenheit, die wir die Quellen der Geschichtsschreibung nennen. Wie derjenige, der aus seinem eigenen Leben Vergangenes möglichst wahrheitsgetreu erzählen will, auf die Spurensuche nach den Bildern zu gehen hat, die sich seinem Geiste einmal einprägten, um dann aus diesen Spuren Worte zu schöpfen, die von der Vergangenheit erzählen und sie in Erinnerung bringen, so hat auch alle Geschichtsschreibung solcher Spurensuche zu folgen.

Für die gesamte Geschichte der Kirche Jesu Christi in allen ihren kaum überschaubaren Formen und Gestalten gibt es *einen* gemeinsamen Ursprung: Das Wort, das im Anfang war, Fleisch wurde und in der Kraft des Heiligen Geistes seit dem ersten Pfingsttage in tausend Zungen verkündigt wird. Die Geschichtsschreibung der Christenheit sucht nach den Spuren, die dieses Wort in die MEMORIA der Menschheit eingeprägt hat. Auch das kleinste und bescheidenste Ereignis aus der Geschichte des Christentums ist unlösbar mit diesem Ursprung verbunden, ganz gleich, ob es sich um einen Moment der Entfaltung oder des Niedergangs, der Gefährdung, Bestreitung oder neuen Belebung handelt. Diese Einsicht verweist auf die nahezu grenzenlose Weite und gleichzeitige innere Einheit aller Suche nach den VESTIGIA VERBI. Nicht die *res ipsae* werden dabei aus der Vergangenheit in die Gegenwart gerufen, wohl aber entstehen *verba concepta ex imaginibus earum, quae in animo velut vestigia per sensus praetereundo fixerunt.* Stein um Stein wird so zu einem Mosaik der Erinnerung gefügt, das in der Zeit nie vollendet sein wird. Als solche kleinen Mosaiksteine wollen auch die in diesem Buch zusammengestellten Aufsätze zur Geschichte der evangelischen Theologie aus drei Epochen angesehen werden.

Zur Wiedergabe der einzelnen Aufsätze sei angemerkt, daß sie für den Neudruck sorgfältig bearbeitet worden sind. Wo etwa seit ihrem ersten Erscheinen neue Quelleneditionen vorgelegt wurden, erschien es dem Verfasser eine den Leserinnen und Lesern geschuldete Selbstverständlichkeit zu sein, Zitate und Nachweise nach diesen verbesserten Textgrundlagen zu bieten. Neuere Literatur zum jeweiligen Thema wurde in die Aufsätze eingearbeitet oder wenigstens in einem Nachtrag genannt. Kleine Versehen sind verbessert worden. In seiner Substanz hat aber keiner dieser Aufsätze eine Veränderung erfahren.

Tübingen, den 23. Juli 1998   J. M.

Inhalt

Vorwort VII

I. Zur Theologiegeschichte der Reformation

1. Die reformatorische Wende in Luthers Theologie 3
2. Forma Christianismi
   Die theologische Bewertung eines kleinen katechetischen
   Lehrstücks durch Luther und Erasmus von Rotterdam 20
3. Die Abendmahlsformel des Regensburger Buches 38
4. Der Streit um die Adiaphora 64

II. Zur Theologiegeschichte des 19. Jahrhunderts

1. Zur Wirkungsgeschichte der Confessio Augustana im
   19. Jahrhundert 95
2. Kirche zwischen Staat und Gesellschaft
   Zur Geschichte des evangelischen Kirchenverfassungsrechts ... 123
3. Die religionsphilosophische Begründung der
   spekulativen Theologie Bruno Bauers 188
4. Spekulative Christologie
   Ferdinand Christian Baur im Gespräch mit
   David Friedrich Strauß und Julius Schaller 221
5. Friedrich Wilhelm IV.
   Ein Laientheologe auf dem preußischen Königsthron 247
6. Das Recht der Gemeinde
   Carl Immanuel Nitzschs Beitrag zur Reform der
   evangelischen Kirchenverfassung 273
7. Ernst Troeltschs „Soziallehren" und
   Adolf von Harnacks „Lehrbuch der Dogmengeschichte"
   Eine historisch-systematische Skizze 300

III. Zur Theologiegeschichte des 20. Jahrhunderts

1. Zur Methode kirchlicher Zeitgeschichtsforschung 321
2. Kirchenpolitik
   Erwägungen zu einem undeutlichen Wort 336
3. Der Schriftgebrauch in Bekenntnissen und
   grundsätzlichen Äußerungen zur Kirchenfrage aus
   der Anfangszeit des Kirchenkampfes 363
4. Die Rezeption der Barmer Erklärung in der
   theologischen Arbeit der württembergischen Sozietät 383
5. Kirchenkampf als Identitätssurrogat?
   Die Verkirchlichung des deutschen Protestantismus nach 1933   402
6. Widerstand und protestantisches Ethos
   Eine historische Skizze 418
7. Jochen Klepper
   Eine Gedenkrede und Anmerkungen zum Forschungsstand 438
8. Die Wahrnehmung von Schuld in der Geschichte
   Ein Beitrag über frühe Stimmen in der Schulddiskussion
   nach 1945 458
9. Die Konvention von Treysa
   Ein Rückblick nach vierzig Jahren 485
10. Die Rezeption der Barmer Theologischen Erklärung in
    den evangelischen Landeskirchen nach 1945 500
11. In Memoriam Ernst Bizer 528

Nachweis der Erstveröffentlichungen 549
Bibliographie 551
Personenregister 563

I. Zur Theologiegeschichte der Reformation

Die reformatorische Wende in Luthers Theologie

I

Die Frage nach dem Zeitpunkt und dem theologischen Gehalt der reformatorischen Wende in Luthers Theologie gehört seit langem zu den wichtigsten und umstrittensten Themen der gesamten Lutherforschung.[1] Diese Fragestellung wendet sich nämlich nicht nur einem vielleicht bedenkenswerten, letztlich aber peripheren Detail der Lutherbiographie zu, sondern sie fordert dazu heraus, das Wesen der reformatorischen Erkenntnis Luthers in Abgrenzung von der spätmittelalterlichen Theologie und anderen vorauslaufenden und nachfolgenden theologischen Strömungen der damaligen Zeit möglichst präzise zu beschreiben. Wann und wie hat sich Luthers Theologie von ihren Voraussetzungen abgehoben und ihr eigenes unverwechselbares reformatorisches Profil erhalten? *Dies* ist die Frage, die hinter allen Forschungsbemühungen steht, das äußere Datum und den sachlichen Gehalt der reformatorischen Erkenntnis Luthers möglichst genau zu bestimmen; diese Bemühungen führen weiter zu dem anderen zentralen Problemfeld der reformationsgeschichtlichen Forschung, auf dem es darum geht, die spezifische Differenz zwischen dem wesenhaft Reformatorischen und dem wesenhaft Katholischen auch über Luther hinaus zu ermitteln.[2]

Nahezu unumstritten ist, daß die reformatorische Theologie des 16. Jahrhunderts bei Luther und seinen Weggefährten aus einem neuen Verständnis der Heiligen Schrift hervorgewachsen ist.[3] Diesen Grundsachverhalt hat Paul Schempp schon im Jahre 1929 recht eindrucksvoll beschrieben: „Luther hatte

---

[1] KARL-HEINZ ZUR MÜHLEN, Zur Erforschung des „jungen Luther" seit 1876, in: LuJ 50 (1983) 48-125 (Lit.). – JOACHIM ROGGE, Der junge Luther 1483-1521, in: Ders., Anfänge der Reformation, Berlin/DDR 1983 (= Kirchengeschichte in Einzeldarstellungen II/3), 13-222 (Lit.).

[2] GERHARD EBELING, Lutherstudien I, Tübingen 1971. – HEIKO A. OBERMAN, Spätscholastik und Reformation. I: Der Herbst der mittelalterlichen Theologie, Tübingen 1965; II: Werden und Wertung der Reformation. Vom Wegestreit zum Glaubenskampf, Tübingen ²1979. – LEIF GRANE/BERNHARD LOHSE (Hg.), Luther und die Theologie der Gegenwart. Referate und Berichte des 5. Internationalen Kongresses für Lutherforschung vom 14.-20.8.1977, Göttingen 1980.

[3] LEIF GRANE, Modus loquendi theologicus. Luthers Kampf um die Erneuerung der Theologie, Leiden 1975 (= Acta Theologica Danica 12). – MARTIN BRECHT, Beobachtungen über die Anfänge von Luthers Verhältnis zur Bibel, in: Ders. (Hg.), Text-Wort-Glaube, Festschrift f. Kurt Aland, Berlin/New York 1980 (= AKG 50), 234-254.

die Bibel von der katholischen Kirche empfangen, war als Mönch zu eifrigem Studium der Schrift verpflichtet, hatte bei seiner unter Karlstadts Vorsitz erfolgten Doktorierung seiner ‚allerliebsten heiligen Schrift schwören und geloben müssen, sie treulich und lauter zu predigen und zu lehren', und ist durch sie zum Ketzer geworden. Das in leidenschaftlichem Suchen gewonnene neue Verständnis einer einzigen Schriftstelle wurde die Wurzel der Reformation, von ihm aus gewann die ganze Schrift für Luther einen neuen Inhalt und so wurden alle Kämpfe der Reformationszeit letztlich um die rechte Interpretation der Schrift geführt."[4] In der Tat ist Luther in exemplarischer Weise von früh an *Bibeltheologe* gewesen.[5] Seine reformatorische Erkenntnis kann man nicht abseits oder gar unabhängig von seinem Schriftverständnis erheben.[6] Doch an welcher Stelle im Werk Luthers das neue Schriftverständnis erstmals anzutreffen sei, wie es vorwärts und rückwärts abgrenzend reformatorische Theologie ermöglichte und begründete, und wie eine exegetische oder hermeneutische Sachentscheidung gewissermaßen zum theologischen Prinzip werden konnte, das Kirchentrennung offensichtlich notwendig zur Folge hatte – das sind und bleiben umstrittene, immer wieder anders beantwortete Fragen.

Dabei muß hervorgehoben werden, daß die evangelische Lutherforschung erst im 20. Jahrhundert und zudem zunächst hauptsächlich in Abwehr der Kritik eines katholischen Gelehrten damit begonnen hat, die Frage nach dem Durchbruch der reformatorischen Erkenntnis bei Luther systematisch zu untersuchen. Auch die Beschäftigung mit Luthers frühen exegetischen Arbeiten ist erst in unserem Jahrhundert umfassend aufgenommen worden. Die Lutherforschung des 19. Jahrhunderts – ihrerseits inzwischen ein ebenso bedeutsamer wie vielversprechender theologiegeschichtlicher Forschungsbereich[7] – hatte sich bei der Darstellung der Frühgeschichte des Reformators mit einer allgemeinen genetischen Deutung der *initia theologiae Lutheri* zufriedengegeben. So erklärte etwa der von Rankes Methode der Geschichtsschreibung herkommende profunde Luther-Kenner Julius Köstlin, schon in der Erfurter Klosterzeit sei „das evangelische Licht in Luthers Seele angebrochen". In der Auseinandersetzung mit Römer 1,17 und der Frage nach der göttlichen Gerechtigkeit habe Luther „die Glaubensgerechtigkeit, die Gerechtigkeit des Evangeliums erkannt ... als

---

[4] PAUL SCHEMPP, Luthers Stellung zur Heiligen Schrift, in: Ders., Theologische Entwürfe, hg. v. Richard Widmann, München 1973 (= TB 50), 10.

[5] HELMAR JUNGHANS, Luther als Bibelhumanist, in: Luther 53 (1982) 1-9. – GERHARD MÜLLER, Martin Luthers Stellung zu Bibel und Kirche, in: Ders., Zwischen Reformation und Gegenwart. Vorträge, Aufsätze, Predigten, Hannover 1983, 22-29.

[6] Vgl. insbes. GERHARD EBELING, Die Anfänge von Luthers Hermeneutik, in: ZThK 48 (1951) 172-230 (= DERS., Lutherstudien I, Tübingen 1971,1-68).

[7] Außer der in Anm. 1 genannten Arbeit von K.-H. zur Mühlen sei auf die Literatur-Angaben bei BERNHARD LOHSE, Martin Luther. Eine Einführung in sein Leben und sein Werk, München ³1997, 196-208 hingewiesen.

Werk, welches Gott in uns wirke und zwar als der Barmherzige".[8] „Näher bestimmen freilich können wir nun diejenige Stufe doch nicht, bis zu welcher Luther noch während seines Erfurter Aufenthaltes in seiner neuen beseligenden Erkenntniß, in seinem neuen durch die Heilsbotschaft erweckten innern Leben fortgeschritten ist. Lange mag es den Anschein gehabt haben, als ob die Sonne der Gnade mit dem dichten Dunkel, das auf seiner Seele lastete, in einem Kampfe von noch zweifelhaftem Erfolg begriffen wäre. Es mochte zunächst scheinen, als ob sie dasselbe nur für vereinzelte Augenblicke durchdränge ... Nur sehr allmählig ging es jedenfalls auch mit der Ausbreitung seiner Erkenntniß voran. Auch nachdem er schon als Reformator auf den Kampfplatz getreten war, sehen wir noch, wie von dem Mittelpunkt seiner Heilserkenntniß aus sich ihm erst nach und nach auf verschiedene weitere Stücke der christlichen Lehre das Licht ausdehnt."[9]

Dieses Deutungsmuster der reformatorischen Wende, bei dem vieles in der Schwebe bleibt, kennzeichnet den Stand der Lutherforschung im 19. Jahrhundert. Wesentlich an ihm ist, daß vorausgesetzt wird, Luther habe den „Mittelpunkt seiner Heilserkenntniß" schon gefunden, als er 1517 mit dem Thesenanschlag „als Reformator auf den Kampfplatz getreten war". Um diese These aufrecht zu erhalten, mußte sich schon Julius Köstlin kritisch mit dem sogenannten großen Selbstzeugnis Luthers auseinandersetzen, das in der Vorrede zum ersten Band der Gesamtausgabe der lateinischen Schriften aus dem Jahre 1545 enthalten ist.[10] Hier berichtet der alte Reformator im Rückblick auf die eigene Entwicklung, er sei nach der vorausgegangenen Auslegung des Römerbriefs, des Galaterbriefs und des Hebräerbriefs von einem leidenschaftlichen Eifer gefangen gewesen, den Apostel Paulus vollends zu verstehen; doch eine einzige Vokabel habe allen seinen Verstehensbemühungen zu diesem Zeitpunkt noch im Wege gestanden: „Ich haßte dieses Wort ‚Gerechtigkeit Gottes', denn durch den Brauch und die Übung aller Doktoren war ich gelehrt worden, es philosophisch zu verstehen (*philosophice intelligere de iustitia*), als formale oder aktive Gerechtigkeit, durch die Gott gerecht ist und die Sünder und Ungerechten straft (*qua Deus est iustus et peccatores iniustosque punit*)". Obgleich er als Mönch untadelig gelebt habe, sei sein Gewissen in Unruhe geblieben und er habe nicht darauf hoffen und vertrauen können, durch eigenes Tun diesen in seiner Gerechtigkeit strafenden Gott zufriedenzustellen. „So raste ich vor Wut in meinem verwirrten Gewissen, pochte aber dennoch ungestüm an dieser Stelle bei Paulus an, voll glühenden Durstes, zu erfahren, was St. Paulus wolle".

---

[8] JULIUS KÖSTLIN, Luthers Theologie in ihrer geschichtlichen Entwicklung und ihrem inneren Zusammenhange dargestellt. Bd. 1, Stuttgart 1863, 47f.
[9] A.a.O. 51f.
[10] WA 54, 185,12-186,24.

Dann habe sich Gott seiner erbarmt und dem Tag und Nacht Meditierenden den „Zusammenhang der Worte" (*connexionem verborum*) aufgezeigt. Nun habe er begonnen zu verstehen, daß die von Paulus gemeinte Gerechtigkeit Gottes eine „passive" Gerechtigkeit sei, „durch die uns Gott aus Gnaden und Barmherzigkeit rechtfertigt durch den Glauben". Luther schildert in den nachfolgenden Sätzen dieses Durchbruchserlebnis als eine Befreiung seines gesamten theologischen Denkens, das ihm dazu verholfen habe, viele biblisch-theologische Begriffe ganz neu zu verstehen.[11] „Nun fühlte ich mich ganz und gar neu geboren: die Tore hatten sich mir aufgetan, ich war in das Paradies selbst eingetreten". Durch diese neuen Einsichten besser gerüstet habe er begonnen, zum zweiten Mal den Psalter auszulegen, und dieses Werk wäre zu einem großen Kommentar herangewachsen, hätte ihn nicht im folgenden Jahr der Ruf zum Reichstag in Worms gezwungen, die Arbeit zu unterbrechen.[12]

Wertet man dieses späte Selbstzeugnis Luthers als eine sachlich zutreffende und inhaltlich präzise Erinnerung des Reformators, so erscheint die reformatorische Wende in der Tat als ein nahezu punktuelles Ereignis, als eine in existentiellem Ringen gewonnene neue Schrifterkenntnis, die geradezu den Charakter einer Bekehrungserfahrung annimmt. Auch die Datierung dieses Ereignisses ist wegen der biographischen Hinweise im Text vermeintlich unproblematisch: alles deutet auf die Zeit zwischen dem Frühjahr und dem Herbst des Jahres 1518. Selbst der Ort, an dem Luther seine reformatorische Entdeckung machte, könnte genannt werden: Sein Studierzimmer im Gartenturm des Wittenberger Klosters; von ihm leitet sich dann auch die Formel von Luthers „Turmerlebnis" ab.[13] Doch alle diese Schlußfolgerungen sind von der Lutherforschung infrage gestellt worden.

Als erster hat der Dominikaner Heinrich Denifle im Jahre 1904 die Auswertung des großen Selbstzeugnisses Luthers durch die evangelische Lutherforschung einer schonungslosen Kritik unterzogen. „Die protestantischen Theologen sind bis heute weder über die Genesis von Luther's nachmaligem Abfall, noch über den Zeitpunkt derselben auch nur irgendwie in's Reine gekommen; was sie sämmtlich darüber sagen, ist falsch oder verworren. Es mußte so kommen, aus dem einfachen Grund, weil sie Luther's späteren Aussagen Glauben schenkten. Alles, was Luther je über sein früheres Leben gesagt, wird aneinander gereiht, ohne Spur von psychologischer Entwickelung. Diese Theologen gehen schon an die Lesung von Luther's Schriften mit fixen Ideen, die sie sich gebildet haben, oder die in ihnen gebildet wurden, Ideen, wie sie unter den

---

[11] WA 54, 186.
[12] Ebd.
[13] Eine sorgfältige Sammlung der Belege bei OTTO SCHEEL, Martin Luther. Vom Katholizismus zur Reformation. II: Im Kloster, Tübingen ³⁺⁴1930, 569f.

Protestanten gang und gäbe sind. Niemand arbeitet voraussetzungsvoller als die protestantischen Theologen. Würden sie je Luther's Schriften voraussetzungslos gelesen haben – wenn sie dieselben je einmal gelesen haben; denn viele von ihnen nehmen die Stellen nur aus den Lutherbiographien und aus Abhandlungen – so würden sie, einigen Verstand ihrerseits vorausgesetzt, zu demselben Resultat gelangt sein, wie ich."[14]

In diesen polemischen Sätzen Denifles stecken zwei Grundsatzfragen zur Methode der Lutherforschung, die bis in die Gegenwart hinein die Diskussion um die Wende in Luthers Theologie bestimmen. Zum einen wird die Frage gestellt, ob man überhaupt von den späten Selbstzeugnissen Luthers ausgehen dürfe. Muß man nicht mit der Möglichkeit rechnen, daß Luther – ohne jede Nebenabsicht – seine eigene Entwicklung im Nachhinein interpretierend stilisierte, indem er das ihm kaum mehr bewußte allmähliche, mühevolle Heranreifen seiner neuen theologischen Anschauungen zu einem singulären Durchbruchserlebnis verdichtete? Wäre dem so, dann fiele der Erkenntniswert der Selbstzeugnisse fast ganz in sich zusammen und es müßte nach anderen, ganz unbeabsichtigten Hinweisen im Werk Luthers gesucht werden, die das Werden seiner reformatorischen Erkenntnis belegen könnten. Zum anderen stellt sich die Frage, ob es methodisch vertretbar sei, die Anfänge selbständigen theologischen Denkens bei dem jungen Luther durch eine bloß werkimmanente Interpretation zu ermitteln, ohne darauf zu achten, ob vergleichbare exegetische und systematische Einsichten nicht schon in der Luther vorgegebenen theologischen Tradition aufzufinden seien. Um es mit den Worten eines katholischen Lutherforschers unserer Tage zu sagen: Entdeckte Luther mit dem von ihm beschriebenen reformatorischen Grunderlebnis nur „etwas Urkatholisches neu" – und zwar neu für sich? „Jedenfalls etwas, das nicht kirchentrennend zu sein braucht. Denn auch nach katholischer Lehre wird der Mensch nicht durch seine Werke gerechtfertigt, sondern indem er sich im von der Gnade gewirkten Glauben an Christus anschließt und Christus ihm seine Gerechtigkeit mitteilt."[15]

Beide grundsätzlichen Anfragen zur Methode der Lutherforschung haben eine bis heute anhaltende Wirkung gehabt. So rückten auf der einen Seite die frühen exegetischen Arbeiten Luthers in den Vordergrund des Interesses; wesentliche Texte wurden neu erschlossen bzw. überhaupt erst entdeckt. Es ist ein bezeichnender Sachverhalt, daß Luthers Autograph der wichtigen Römerbrief-Vorlesung von 1515/1516, das als verschollen galt, erst nach der Jahrhundert-

---

[14] HEINRICH DENIFLE, Luther und Luthertum in der ersten Entwickelung, in: Bernhard Lohse (Hg.), Der Durchbruch der reformatorischen Erkenntnis bei Luther, Darmstadt 1968 (= Wege der Forschung 123), 1f.

[15] ERWIN ISERLOH, Geschichte und Theologie der Reformation im Grundriß, Paderborn 1980, 28.

wende wieder aufgefunden wurde; es lag seit einer Lutherausstellung im Jahre 1846 unbemerkt im Schaukasten der Königlichen Bibliothek in Berlin! Auf einer wesentlich erweiterten Quellenbasis konnte die Lutherforschung nun auch die andere Aufgabe in Angriff nehmen, nämlich die Erhellung des Verhältnisses von Luthers Theologie in ihren verschiedenen Entwicklungsstufen zur mittelalterlichen Theologie und deren vielfältigen Nebenströmungen von der Deutschen Mystik bis zum humanistischen Reformprogramm.[16]

In der Tat hatte die ältere Lutherforschung beide Aspekte vernachlässigt. Nimmt man zum Beispiel die bedeutende Luthermonographie des Erlanger Theologen Theodosius Harnack aus dem Jahre 1862 zur Hand, so findet man auf nur zehn Seiten des zweibändigen Werkes einige Erörterungen über das Verhältnis Luthers zur „Scholastik und Mystik", und zur reformatorischen Wende heißt es: „Seitdem er zur evangelischen Erkenntniss gekommen, ist er sich ... in den wesentlichen und maßgebenden Anschauungen gleich geblieben ... Man unterscheide nur von seiner eigentlichen reformatorischen Wirksamkeit die Übergangszeit, von etwa 1509 bis zur Leipziger Disputation, von welcher Periode Luther selbst sagt, daß er da noch ‚viele und große Artikel demüthiglich zugelassen und eingeräumt', die er ‚hernacher für die höchsten Gotteslästerungen und Greuel gehalten und verdammet habe'. Er arbeitet eben fort, jetzt und später; was er besitzt, ganz und gar besitzt, seitdem er es überhaupt hat, dessen wird er doch nur allmählig Herr."[17] Das, was Luther nach Harnacks Auffassung schon seit etwa 1515 „besitzt", ist ein „aus dem verborgenen Schatz der heiligen Schrift und in der Tiefe seiner Sündenerkenntniss und Glaubenserfahrung" erschlossenes „Verständniss dessen, was es mit dem Zorne und dem Gesetze Gottes, was es mit der Gnade und der Rechtfertigung des Sünders auf sich habe ... welches ihm auch die überlieferten Lehrelemente in ein neues Licht stellt und selbst in das scheinbar Widersprechende Einheit, Klarheit, Ordnung bringt."[18] Auch für diese Deutung der Wende in Luthers Theologie gibt es ein schönes Selbstzeugnis des Reformators, auf das Harnack im gleichen Zusammenhang hinweist: „Meine Theologiam habe ich nicht gelernet auf einmal, sondern ich habe immer tiefer und tiefer darnach forschen müssen; da haben mich meine Anfechtungen zu gebracht; denn die heilige Schrift kann man nimmermehr verstehen, ausser der Praktik und Anfechtungen ... Also habe ich den Pabst, die Universitäten und alle Gelehrten, und durch sie den Teufel mir am Halse kleben gehabt; die haben mich in die Bibel

---

[16] K.-H. ZUR MÜHLEN, Zur Erforschung (s. Anm. 1), 65-86.
[17] THEODOSIUS HARNACK, Luthers Theologie mit besonderer Beziehung auf seine Versöhnungs- und Erlösungslehre. I: Luthers theologische Grundanschauungen, Erlangen 1862, 10f.; 45-55.
[18] A.a.O. 6.

gejagt, dass ich sie habe fleißig gelesen und damit ihren rechten Verstand endlich erlanget."[19]

Harnacks werkimmanente Darstellung der Theologie Luthers und seine Deutung der reformatorischen Wende hält aufgrund ihrer hohen Qualität jeden Vergleich mit heutigen, nach denselben methodischen Prinzipien erarbeiteten Luthermonographien aus, und deshalb wurde an dieses Buch erinnert, das die wohl sorgfältigste theologische Selbstbegründung des lutherischen Konfessionalismus im 19. Jahrhundert genannt werden darf. Dennoch sind Arbeiten dieser Art gegen die seit Denifle immer wieder geäußerte Methodenkritik schutzlos. Die Lutherforschung muß gerade im Blick auf die Anfänge Luthers den spätmittelalterlichen Kontext seiner Theologie mit beachten und „die Frage stellen, wie und wann sich Luthers frühe Theologie von diesem Kontext abhebt und ihre eigenen Konturen gewinnt. Gelingt es durch die Konvergenz mehrerer Einzelergebnisse den Unterschied der frühen Theologie Luthers von der spätmittelalterlichen Theologie näher zu bestimmen, so dürfte es möglich sein, Zeitpunkt und Inhalt der reformatorischen Erkenntnis näher einzugrenzen und zu beschreiben und von daher auch die späten Selbstzeugnisse Luthers zu interpretieren, die als Rückblicke unvermeidlich abstrahierend argumentieren und ein Verständnis der reformatorischen Wende bieten, wie Luther es an einem späteren Zeitpunkt von seiner frühen Entwicklung hat."[20]

II

Die Lutherforschung hat gerade in den beiden letzten Jahrzehnten die beschriebene Aufgabe intensiv in Angriff genommen. Mehrere vorzügliche Forschungsberichte liegen hierzu vor. Hier seien lediglich einige wichtige Linien nachgezeichnet.[21]

Die neuere *katholische* Lutherforschung hat zumeist eine Spätdatierung der reformatorischen Wende vorgenommen. Seit dem Erscheinen des schulbildenden großen Werks von Joseph Lortz[22] unterscheidet man aber auch zwischen einem eher psychologisch zu deutenden frühen „Turmerlebnis" des jungen Luther und einer zur Kirchenspaltung führenden reformatorischen Wende. Neu im „viel weiter greifenden Sinne des Reformatorisch-Häretischen" sei nicht Luthers Exegese von Römer 1,17 gewesen, sondern seine Auffassung von der „Vernichtung der Willenskräfte des Menschen und der Statuierung des

---

[19] A.a.O. 11f.
[20] K.-H. zur Mühlen, Zur Erforschung (s. Anm. 1), 94f.
[21] Vgl. auch Gottfried Maron, Das katholische Lutherbild der Gegenwart. Anmerkungen und Anfragen, Göttingen 1982 (= Bensheimer Hefte 58).
[22] Joseph Lortz, Die Reformation in Deutschland (1939/40), I+II Freiburg (1939/40) ²1941, ⁶1982.

Menschen als Nur-Sünde".[23] Durch diese Interpretation wird die reformatorische Wende in den Zusammenhang mit einer bestimmten anthropologischen Grundaussage gestellt, deren biblisch-theologische Legitimation in der Tat im interkonfessionellen Gespräch umstritten ist.[24] Die evangelische Position kann mit besonderer Deutlichkeit in Hans Joachim Iwands Arbeit über *Glaubensgerechtigkeit nach Luthers Lehre* (1941) erkannt werden: „Die Sünde ist für Luther eigentlich identisch mit dem vom Ich ergriffenen, fast möchten wir sagen: geraubten, an sich gerissenen Leben, eine den Menschen an sich bindende, ihn bewegende, mit ihm eins werdende Leidenschaft ... Es geht also bei dieser einzigartigen Erkenntnis ... um tausendmal mehr als um das Wissen von Fehlern und Übertretungen, um etwas total anderes als um psychologische Selbstbespiegelung – es geht um die Erkenntnis dessen, was der Mensch vor Gott ist, vor Gott allein."[25] Da eine antipelagianische Radikalisierung des Sündenverständnisses bei Luther schon sehr früh aufzufinden ist[26], die kirchenkritischen Konsequenzen dieser Radikalisierung aber erst während der Auseinandersetzung um das Bußsakrament greifbar werden, kann von hier aus gesehen die reformatorische Wende in Luthers Theologie sowohl sehr früh als auch recht spät angesetzt werden. Es kommt nur darauf an, ob man die Zuspitzung der Erbsündenlehre bereits als reformatorisch ‚neu' zu werten bereit ist oder erst die aus ihr abgeleiteten Kampfansagen gegen die Seelsorgepraxis der römischen Kirche. Wenn in diesem Zusammenhang zumal von katholischen Forschern eine extreme Spätdatierung bevorzugt wird, so dient diese meist *auch* der Absicht, Luthers Einbindung in die zeitgenössische Theologie und ihre Tradition hervorzuheben. Indem der „katholische" Luther sichtbar gemacht wird, erscheint die Kirchentrennung weniger als eine unvermeidbare Scheidung aufgrund elementarer theologischer Differenzen, denn vielmehr als die Folge vieler unglücklicher Einzelentwicklungen und Kontroversen auf recht unterschiedlichen und zumeist das Wesentliche kaum berührenden Ebenen.[27]

---

[23] J. LORTZ, Die Reformation (^{2}1941) I, 183.

[24] WILFRIED JOEST, Ontologie der Person bei Luther, Göttingen 1967. – GERHARD EBELING, Lutherstudien II/1+2 Disputatio de Homine, Tübingen 1977/1982. – EBERHARD JÜNGEL, Zur Freiheit eines Christenmenschen. Eine Erinnerung an Luthers Schrift, München ^{2}1981 (= Kaiser Traktate 30), 69-87.

[25] HANS JOACHIM IWAND, Glaubensgerechtigkeit nach Luthers Lehre, München ^{4}1964, 42 (= DERS., Glaubensgerechtigkeit. Ges. Aufsätze II, hg. v. Gerhard Sauter, München 1980 [TB 64], 80).

[26] LEIF GRANE, Contra Gabrielem. Luthers Auseinandersetzung mit Gabriel Biel in der Disputatio Contra Scholasticam Theologiam 1517, Kopenhagen 1962 (= Acta Theologica Danica 4). – DERS., Modus loquendi theologicus (s. Anm. 3), 23-62. – Eine andere Position bei MATTHIAS KROEGER, Rechtfertigung und Gesetz. Studien zur Entwicklung der Rechtfertigungslehre beim jungen Luther, Göttingen 1968 (= FKDG 20).

[27] Literaturhinweise bei G. MARON, Das katholische Lutherbild (s. Anm. 21), 42ff.

Auf der anderen Seite hat bei der Frühdatierung der reformatorischen Wende durch viele evangelische Lutherforscher wohl oft *auch* das Motiv eine Rolle gespielt, die geistige Unabhängigkeit Luthers, seine souveräne Distanzierung von der Tradition und die Einzigartigkeit seiner reformatorischen Erkenntnis zu unterstreichen. Dies wird man insbesondere für die Schule Karl Holls sagen dürfen, die bis in die 40er Jahre hinein das evangelische Lutherbild nahezu ausschließlich geprägt hat.[28] So beurteilte Emanuel Hirsch Luthers neue Auslegung von Römer 1,17 mit den Worten: „Kein christlicher Theologe vor ihm hat es gewagt, den Gottesbegriff, mit dem der Christ zu rechnen hat, ausschließlich nach der Gesinnung zu bestimmen, die uns in Christus entgegentritt. Immer haben fremdartige Elemente sich eingedrängt. Die Erkenntnis, daß Gott sich gebende, barmherzige Liebe ist, konnte nicht reinlich durchgeführt werden. Luther erst ist dazu imstande gewesen aus dem heraus, was ihm in jener Stunde klargeworden war. Er sah in ihr, zum ersten Male in seinem Leben, Christus so, daß er ihm ein Spiegel des ganzen Willens des ganzen Gottes war."[29]

Die kaum mehr überschaubare Fülle unterschiedlicher Antworten auf die Frage nach der reformatorischen Wende bei Luther schien in eine allgemeine Resignation der Lutherforscher zu diesem Thema auszumünden.[30] Doch 1958 erschien mit Ernst Bizers Buch *Fides ex auditu* eine thematisch streng umgrenzte neue Untersuchung über die Entdeckung der Gerechtigkeit Gottes durch Martin Luther, die ganz neue Impulse gab und „die Diskussion zu neuer, ungeahnter Lebhaftigkeit" anfachte.[31] Dieses Buch hat die Lutherforschung in der unmittelbaren Folgezeit so intensiv geprägt, daß man geradezu von einem Forschungszeitraum vor und nach dem Erscheinen von Bizers *Fides ex auditu* sprechen kann.[32]

Bizer datierte gegen nahezu alle neueren evangelischen Lutherforscher – und somit implizite mit führenden katholischen Autoren – die reformatorische Wende auf das Jahr 1518, also in die Zeit *nach* der Veröffentlichung der 95 Thesen über den Ablaß. Das große Selbstzeugnis Luthers von 1545 enthalte keinen Gedächtnisirrtum des alten Reformators, sondern es gebe die Entwick-

---

[28] JOHANNES WALLMANN, Karl Holl und seine Schule, in: ZThK 1978 (Beiheft 4) 1-33. – Eine Kurzübersicht bei B. LOHSE, Martin Luther (s. Anm. 7), 205-208.

[29] EMANUEL HIRSCH, Initium theologiae Lutheri (1920), wieder abgedruckt in: B. Lohse, Der Durchbruch (s. Anm. 14), 64-95; 93.

[30] OTTO H. PESCH, Zur Frage nach Luthers reformatorischer Wende. Ergebnisse und Probleme der Diskussion um Ernst Bizer, Fides ex auditu (1966), wieder abgedruckt in: B. Lohse, Der Durchbruch, 445-505; 445f.

[31] A.a.O. 445.

[32] A.a.O. 447. – ERNST BIZER, Fides ex auditu. Eine Untersuchung über die Entdeckung der Gerechtigkeit Gottes durch Martin Luther, Neukirchen 1958 (^{2}1961, ^{3}1966 [erw. Aufl.]).

lung und den sachlichen Gehalt der reformatorischen Wende richtig wieder. Bizer stützte seine These auf eine erneute Analyse der frühen Vorlesungen Luthers, die dieser in seinem Rückblick selber als Arbeiten genannt hat, die der Entdeckung der Gerechtigkeit Gottes vorausgegangen seien. Nach Bizers Interpretation wird in den Vorlesungen der Jahre 1513 bis 1517 die Rechtfertigung des Sünders und die aus ihr folgende Gerechtigkeit vor Gott nicht in den Glauben verlegt, sondern in die aus dem Glauben hervorgehende *Demut*.[33] Die Demut sei für den jungen Luther als Demütigung und Anklage durch Gott zwar nicht Menschen-, sondern Gotteswerk und somit nicht mehr identisch mit der mittelalterlichen Mönchstugend der *humilitas*. Aber als eine dem Menschen immerhin zurechenbare eigene Qualität lasse sie ein vollreformatorisches *sola fide* nicht zu. Auch in den frühen Predigten sei die gleiche theologische Denkbewegung zu erkennen: „Wohl weiß Luther, daß Christus die Gerechtigkeit Gottes ist und daß sie darum außer uns, extra nos, ist; wohl weiß er, daß unsere Gerechtigkeit nur eine geglaubte Gerechtigkeit sein kann, weil sie nicht von uns geleistet werden kann und niemals sichtbare Gerechtigkeit wird. Aber daß Christus unsere Gerechtigkeit ist, scheint so verstanden werden zu müssen, daß *sein* Weg *unser* Weg ist. Daher steht neben der Forderung des Glaubens, ja als ihr eigentlicher Inhalt, die Forderung der Demut und der Selbstaufgabe; diese wird von Gott angerechnet und kann als satisfactio gelten".[34]

Mit den Ablaßthesen von 1517 habe Luther erneut die Frage nach der göttlichen Gerechtigkeit gestellt; jetzt aber in der aus der Ablaßpraxis sich ergebenden speziellen Zuspitzung, ob es eine göttliche Strafgerechtigkeit gebe, eine *iustitia Dei, qua punit peccatores*. Als Quelle für die Ablaßdogmatik habe Luther im wesentlichen auf Thomas und Bonaventura, den Lombarden und Alexander von Hales zurückgegriffen.[35] Bei diesen Autoren habe Luther die Unterscheidung zwischen der einer jeden Sünde folgenden *Sündenschuld* vor Gott (der *culpa*) und der zeitlichen Sündenstrafe *(der poena)* vorgefunden. Die Schuld – so lautete die vorherrschende Lehre – wird durch das Bußsakrament beseitigt, wobei allerdings über die Funktion des absolvierenden Priesters keine einheitliche Meinung vertreten wurde. Zugleich aber verwandelt das Sakrament die an sich verwirkte ewige Strafe in eine zeitliche, die teils in diesem Leben, teils nach dem Tode abgebüßt werden muß. Die wesentliche Voraussetzung für den gesamten Gedankengang ist die, daß Gott eine solche Genugtuung fordert und sie nicht sogleich mit dem Nachlaß der Schuld erläßt. Nach Bizers Interpretation stellen die Ablaßthesen von 1517 in ihrer theologischen

---

[33] E. BIZER, Fides ex auditu, 27-52. – KARL-HEINZ ZUR MÜHLEN, Art. „Demut V+VI", in: TRE 8 (1981) 468-478 (Lit.).
[34] E. BIZER, Fides ex auditu, 49.
[35] A.a.O. 77.

Mitte die Frage nach dem Schriftbeweis für diese Vorstellung von der strafenden Gerechtigkeit Gottes, die auch dann Forderungen dem Menschen gegenüber aufrecht erhält (erhalten muß), wenn das Vergebungswort des Priesters im Sakrament der Buße vollmächtig gesprochen worden ist. Als Frage nach einem Schriftbeweis für eine Schullehre und für die Praxis der Kirche sind die 95 Thesen dann nicht als der reformatorische Öffentlichkeitsakt anzusehen, als den sich zumal im 19. Jahrhundert protestantischer Sinn nur zu gerne die Hammerschläge an der Schloßkirchentür zu Wittenberg ausmalte. So hat Bizer beiläufig die Entmythologisierung des Thesenanschlags mit vorbereitet, die dann nach 1962 in einer breiten wissenschaftlichen Diskussion im wesentlichen vollzogen worden ist.[36]

Doch wichtiger als die skizzierte Beurteilung der frühen Vorlesungen Luthers unter dem Gesichtspunkt der traditionellen Zuordnung von *humilitas* und *fides* und der Ablaßthesen unter dem Aspekt des Schriftbeweises für die damals praktizierte Ablaßtheologie ist die positive inhaltliche Beschreibung der reformatorischen Wende Luthers, die Bizer zur Diskussion gestellt hat. Die reformatorische Entdeckung Luthers bestehe darin, daß er das *Wort als Gnadenmittel* erfaßt habe: Das sakramental verstandene Evangeliumswort tut, was es sagt und sagt, was es tut. Dieses Verständnis des Predigtwortes als einer effektiven sakramentalen Heilsgabe finde sich zuerst in den Resolutionen zu den Ablaßthesen aus dem Frühjahr 1518 und voll ausgebildet in den *Acta Augustana* vom Herbst 1518.[37] Hier begegne in aller Deutlichkeit die reformatorische Gleichung von Glauben und Gerechtigkeit. „Das Wort ist nicht mehr Andachtsmittel, sondern Gnadenmittel ... Nicht die virtus der Sakramente, nicht die innere Erfahrung oder die Reue, sondern schlicht das Evangelium, das Wort, ist das Mittel, wodurch das Gewissen das Zeugnis des Geistes empfängt ... Der Glaube hat einfach den Sinn, daß das Evangelium anerkannt werden muß ... Was Luther entdeckt hat, ist zunächst die Theologie des Wortes und *im Zusammenhang damit* die Bedeutung des Glaubens. Das Wort zeigt nicht einfach den Weg zur Gerechtigkeit und beschreibt diesen nicht nur, sondern es ist das Mittel, wodurch Gott den Menschen rechtfertigt, weil es den Glauben weckt."[38] In der dritten Auflage von *Fides ex auditu* faßte Bizer seine Interpretation des großen Selbstzeugnisses noch einmal in die Sätze zusammen: „Iustitia

---

[36] Zusammenfassung und Wertung der Diskussion um den Thesenanschlag bei FRANZ LAU, Die gegenwärtige Diskussion um Luthers Thesenanschlag. Sachstandsbericht und Versuch einer Weiterführung durch Neuinterpretation von Dokumenten, in: LuJ 34 (1967) 11-59. – HEINRICH BORNKAMM, Thesen und Thesenanschlag Luthers. Geschehen und Bedeutung, Berlin 1967.
[37] WA 2, 6ff. – GERHARD HENNIG, Cajetan und Luther. Ein historischer Beitrag zur Begegnung von Thomismus und Reformation, Stuttgart 1966 (= AzTh II, 7).
[38] E. BIZER, Fides ex auditu, 146-149.

Dei passiva meint schlicht: ‚offenbarte', uns durch das Prophetenwort geschenkte Gerechtigkeit ... Glaube ist dann im strengen Sinn auf die Offenbarung einer promissio bezogen; er wird durch das Wort, und das heißt im Sinne Luthers ...: durch das gepredigte Wort gegeben. Eben das will aber der Ausdruck ‚Wort als Gnadenmittel' sagen."[39]

Die umfangreiche literarische Auseinandersetzung, die Bizers Deutung der reformatorischen Wende bei Luther ausgelöst hat, wurde zunächst von Otto Hermann Pesch, später von Bernhard Lohse aufgearbeitet und dokumentiert.[40] Aus dem Abstand von fünfundzwanzig Jahren läßt sich heute sagen, daß Bizers zentrales theologisches Anliegen zwar nicht zum Allgemeingut der evangelischen Lutherforschung geworden ist, daß es aber auch keine stringente Widerlegung gefunden hat. Bizer ging es ja nicht primär um eine historische Interpretation des großen Selbstzeugnisses, und auch in der Frage der vorreformatorischen Demutstheologie hätte er einer umfassenderen theologiegeschichtlichen Analyse der mittelalterlichen Tradition niemals widersprochen. Die Frage, „was das Paradigma eines plötzlichen Wechsels einer noch mönchisch bestimmten Demutstheologie zu einer allein auf den Glauben bezogenen reformatorischen Worttheologie zum Verständnis der Genesis von Luthers Theologie wirklich leistet"[41], wäre allerdings mit Oswald Bayer so zu beantworten: Der Wechsel von der Demutstheologie zur reformatorischen Worttheologie eröffnet ein völlig neues Glaubensverständnis und mit ihm einen neuen Ansatz christlichen Weltverhaltens, denn „erst im deus pro nobis, im mündlichen Zuspruch des Heils, werden Gott und Welt, Glaube und Liebe nicht radikal getrennt, um freilich gerade in der radikalen Trennung ineinanderzufallen, sondern unterschieden und einander sachlich nachgeordnet – wie es nach der Schlußthese des Freiheitstraktats geschieht."[42]

---

[39] E. BIZER, Fides ex auditu, ³1966, 181.

[40] S. Anm. 14 und 30. – Eine materialreiche Zusammenfassung mit eigenen Textanalysen bei J. ROGGE, Der junge Luther (s. Anm. 1), 42-51; 105-138.

[41] K.-H. ZUR MÜHLEN, Zur Erforschung des „jungen Luther" (s. Anm. 1), 96. – K.-H. zur Mühlen fügt seiner Anfrage an Bizer noch die Aufforderung hinzu, „ob man nicht mit der älteren Forschung wieder strenger nach der zentralen Funktion des Glaubens in der frühen Theologie Luthers fragen sollte, die kulminierend in einem neuen Verständnis der Gottesgerechtigkeit sola fide die reformatorische Worttheologie immer mehr – und namentlich seit 1517 in der Auseinandersetzung mit dem scholastischen Sakramentsverständnis – zur Folge hat" (ebd). U. E. sollte auch die nicht minder ‚klassische' Frage nach dem Verhältnis von Gesetz und Evangelium beim jungen Luther mit größerer Intensität berücksichtigt werden. Erinnert sei an H. J. IWAND, Glaubensgerechtigkeit (s. Anm. 25), 49-82.

[42] OSWALD BAYER, Promissio. Geschichte der reformatorischen Wende in Luthers Theologie, Göttingen 1971 (= FKDG 24), 350. Vgl. ferner DERS., Die reformatorische Wende in Luthers Theologie, in: ZThK 66 (1969), 115-150; DERS., Theologie, Gütersloh 1994, 443-448.

III

Im ersten Band seiner bedeutenden Luther-Biographie hat auch Martin Brecht die von Bizer vertretene Spätdatierung der reformatorischen Wende durch eigene, weiterführende Textanalysen bestätigt.[43] Brecht verweist u. a. auf einen Brief Luthers an Staupitz vom 30. Mai 1518, in dem Luther die Entwicklung seines Bußverständnisses schildert.[44] Luther sagt dort ausdrücklich, daß sich seine Bußauffassung *nach* Beginn des Ablaßstreites noch einmal weiterentwikkelt habe. „Hatte die Liebe zu Gott zunächst zum Bedauern über die Sünde geführt, so wurde dies jetzt nicht bloß als eine Änderung, sondern als eine völlige Umwandlung, als ein durch die Gnade und nicht durch den Menschen selbst bewirktes Versetztwerden auf die Seite Gottes begriffen. Die neue Entdeckung hängt also aufs engste mit Luthers Bußverständnis und dem Ablaßstreit zusammen."[45] Bei seiner Untersuchung der theologischen Entwicklung Luthers zwischen November 1517 und Mai 1518 hat Brecht dann insbesondere auf die siebte These der *Resolutionen zu den Ablaßthesen* aufmerksam gemacht, die zwischen Februar und Mai 1518 entstanden sein dürfte.[46] In diesem Text ist eine höchst bemerkenswerte neue theologische Gedankenbewegung erkennbar, die Luthers reformatorische Entdeckung zumindest anzukündigen scheint. Nach Brecht liegt die neue Konzeption dann völlig klar und eindeutig in dem *Sermon von der doppelten Gerechtigkeit*[47] vor, der seinerseits auf eine Predigt Luthers vom Palmsonntag, dem 28. März 1518, über Philipper 2,5ff. zurückgreift.[48] Um dieses Datum herum wird man Luthers „Turmerlebnis" anzusetzen haben.

Für den Weg Luthers vom Augustinereremitenmönch zum Reformator könnte man aufgrund der skizzierten Forschungsergebnisse mit wenigen Strichen etwa folgende Beschreibung geben: Luthers Eintritt in das Kloster stand unter dem Eindruck und Einfluß des Erlebnisses von Stotternheim, bei dem der junge Student die göttliche Instanz übermächtig als urteilende, lebensbedrohende Macht erfuhr. Alle religiösen Pflichten der strengen Klosterregel sollten dazu dienen, den himmlischen Weltenrichter gnädig und vergebungsbereit zu stimmen. Das Sandsteinrelief eines unbekannten Meisters, das Christus auf

---

[43] MARTIN BRECHT, Martin Luther. Bd. 1: Sein Weg zur Reformation 1483-1521, Stuttgart 1981, 173-230.
[44] A.a.O. 216 (WA 1, 526,1-9).
[45] Ebd.
[46] WA 1, 539,35-545,8.
[47] WA 2, 145-152.
[48] Zur Datierungsfrage vgl. SIEGHARD MÜHLMANN, Sermo de duplici justitia, in: Hans Ulrich Delius (Hg.), Martin Luther, Studienausgabe I, Berlin 1979, 219; M. BRECHT, M. Luther, 222.

dem Regenbogen sitzend darstellt, wie er mit dem Gerichtsschwert in Hand und Mund das Jüngste Gericht abhält, hat Luther auf seinem Weg zur Stadtkirche zu Wittenberg unzählige Male gesehen und als ein „erschreckliches Bild", das eben nicht die Heilkraft des Leidens Christi, sondern einseitig den Gerichtsgedanken zum Ausdruck bringt, in Erinnerung behalten.[49] Alle Anfechtungen der Klosterzeit kulminierten in der Erfahrung, daß das Gewissen trotz aller Bußübungen ungetröstet blieb und die anklagenden Stimmen nicht verstummen wollten. Die Hoffnung auf Überwindung dieser existentiellen Notsituation war der innere Antrieb zur Beschäftigung Luthers mit der Theologie und insbesondere mit der Heiligen Schrift.[50]

In den Randbemerkungen zu den Sentenzen des Petrus Lombardus hat Luther 1509/1510 sein damals gültiges Glaubensverständnis niedergeschrieben. Formal ist dieser Glaube Wissen und Erkenntnis, die durch Predigt und Unterricht weitergegeben werden, „wie man eine Kerze an der anderen anzündet oder wie man Wein aus einem vollen Gefäß in ein leeres füllt". Inhaltlich ist dieser Glaube nach Hebräer 11,1 ein Ausharren in Demut und Geduld, „d. h. ein Hoffen auf das, was man nicht sieht. Die Hoffnung nämlich bewahrt, was der Glaube predigt und lehrt". Quelle des Glaubens, der das Ausharren ermöglicht (*fides facit subsistere*), ist Christus, denn auf sein Wort geht alle Glaubenslehre und Glaubensverkündigung zurück. So entsteht eine lineare Ordnung des Glaubensvollzugs: Am Anfang steht das Wort Christi, dann werden seine Boten ausgeschickt, es wird gepredigt, die Predigt wird äußerlich gehört, der innere Sinn der Predigt wird verstanden, ihm wird zugestimmt, Christus wird angerufen, der Anrufende wird geheilt.[51] Diese Heilung kann aber nach dem zuvor Gesagten nichts anderes sein als die Befähigung, in der Anfechtung hoffend auszuharren. Unanfechtbarer Trost und verbindliche Heilsgewißheit sind mit diesem Glaubensverständnis noch nicht gegeben.

Während seines Theologiestudiums wurde Luther gründlich in die Schulauseinandersetzungen zwischen der sogenannten *via moderna* und der älteren

---

[49] GERHARD BOTT (Hg.), Martin Luther und die Reformation in Deutschland. Ausstellung zum 500. Geburtstag Martin Luthers, Frankfurt/Main 1983, 129 (Bernhard Lohse).

[50] M. BRECHT, M. Luther, 1,88-96. „Will man Person und Werk Luthers verstehen, so ist es wichtig, daß man auf die Zusammenhänge achtet: Der Mönch Luther brachte die Fragen, die ihn umtrieben, an die Schrift heran in Erwartung einer Antwort. Dieses Hören zeitigte neue Erkenntnisse und Einsichten. Damit veränderte sich die theologische Theorie, und dies hatte gleichzeitig Konsequenzen für die Situationsbestimmung des Menschen, konkret gesagt: des angefochtenen Mönchs. Auf diese Weise kam etwas Neues in Gang." (96).

[51] „Unde pulchre ponit ordinem apostolus. Fides i. e. assensus fit ex auditu i. e. apprehensione (perceptione) significationis seu sensus verborum. Qui est interior auditus. Et ipse per verbum Christi i. e. praedicationem Christi qui est auditus exterior de Christo. Verbum autem Christi ex praedicante, praedicans ex missione. Et quod primo loco ponendum erat: Invocatio fit de fide. Unde per contrarium est iste ordo: mittitur, praedicatur, auditur exterius, intelligitur praedicationis sensus interius, assentitur, invocatur, salvatur etc." (WA 9, 92,28-36).

scholastischen Theologie eingeführt. Bald stand er mit einigen seiner Lehrer entschieden im Lager der Kritiker am aristotelisch geprägten Realismus der thomistischen Schule. Doch es spricht vieles dafür, daß diese Parteinahme im Schulstreit nicht so sehr positiv zur Heranbildung des reformatorischen Neuansatzes beigetragen hat, sondern eher einer negativen Abgrenzung von anderen möglichen theologischen Denkwegen diente. Ihren Höhepunkt und vorläufigen Abschluß findet diese Auseinandersetzung mit den Disputationsthesen *Contra scholasticam theologiam* vom September 1517, von denen mit Leif Grane gesagt werden kann: „Es ist völlig sinnlos, eine Beurteilung der Disputation gegen die scholastische Theologie von irgendeiner Definition des ‚Reformatorischen‘ aus zu versuchen, wenn man darunter einen bestimmten dogmatischen Inhalt versteht, von dem man behauptet, er sei ‚das Eigentliche‘ bei Luther. Was Luther mit seinen Thesen wollte, ist völlig klar ... Die Thesen sollen einige notwendige Abgrenzungen vornehmen, einen falschen Weg aufweisen und sich von ihm distanzieren, einem Weg, der nicht zu einem Evangelium führen kann."[52] Der zu einer Lösung der Gewißheitsproblematik führende Neuansatz ging aus Luthers Schriftstudium hervor. Wie Gerhard Ebeling bereits 1951 gezeigt hat, ist es vor allem die christologische Interpretation der Psalmen gewesen, die Luthers Hermeneutik und Schriftauslegung früh auf selbständige Wege führte.[53] In den Vorlesungen der Jahre 1513 bis 1516 – vor allem in der Römerbrief-Vorlesung – wird die christologische Interpretation ausgeweitet und auch auf die Gerechtigkeit Gottes *extra nos in Christo* ausgedehnt; die Frage nach der Zuordnung von Gesetz und Evangelium erhält besonderes, ja das entscheidende Gewicht.[54]

Die Thesenreihe über den Ablaß vom 31. Oktober 1517 war jedoch ganz wesentlich durch seelsorgerisch-praktische Erfahrungen und Beobachtungen veranlaßt worden. Implizit stellte Luther hier die Frage nach dem Schriftbeweis für die dem Bußsakrament als Appendix zugefügte kirchliche Ablaßlehre. Jedenfalls verrät keine der 95 Thesen, daß Luther zu diesem Zeitpunkt bereits eine Antwort auf das ihn seit Jahren bedrängende Problem der Gewissensgewißheit gefunden hätte. Aber in den wenige Monate später niedergeschriebenen *Resolutionen zu den Ablaßthesen* klingt ein ganz neuer Ton an. Luther beschreibt die Rechtfertigung des Sünders als einen Prozeß, der den gedemütigten und zerknirschten Menschen an das autoritativ gesprochene Absolutionswort des Priesters heranführt und ihm in diesem Wort den Gewissensfrieden schenkt – ohne jede Vorleistung oder nachfolgende Bedingung. Der Beichten-

---

[52] L. GRANE, Modus loquendi theologicus (s. Anm. 3), 135.
[53] S. Anm. 6. – SIEGFRIED RAEDER, Grammatica Theologica. Studien zu Luthers Operationes in Psalmos, Tübingen 1977 (= BHTh 51).
[54] WA 56, 334-388. – Vgl. die Einzelhinweise bei J. ROGGE, Der junge Luther (s. Anm. 1), 119-129, insbesondere 126f.

de müsse sich nur mit Eifer davor hüten, an der Gewißheit der Sündenvergebung zu zweifeln, die ihm vom Priester im Namen Christi zugesagt wird. Die Gewißheit der Vergebung gründet allein im Wort Christi, der nicht lügen kann. „Der Glaube an dieses Wort wird den Frieden des Gewissens schaffen ... Du wirst nämlich so viel Frieden haben, wie viel du dem Wort der Zusage glaubst".[55] Auf diese Aussage folgt sodann die entscheidende christologische Begründung: „Pax enim nostra Christus est, sed in fide". Wer diesem Wort nicht glaubt, wird niemals Ruhe finden, auch wenn er vom Papst selber vieltausendmal Absolution empfinge. „So werden wir durch den Glauben gerechtfertigt und durch den Glauben finden wir Frieden, nicht durch Werke noch durch Bußleistungen oder Beichten".[56]

Der völlig neue, sichere Ton solcher Sätze verrät, daß Luther jetzt eine Antwort auf die Frage gefunden hat, die ihn seit seinem Eintritt in das Kloster umtrieb. Eine Antwort auf die Frage, wie der unter seiner Sündenschuld leidende, im Gewissen zutiefst beunruhigte Mensch Vergebungsgewißheit erlangen könne. Die reformatorische Wende in Luthers Theologie besteht in der Entdeckung, daß Gott uns in Christus seine Gerechtigkeit schenkt, im Wort der gepredigten Absolution die Vergebung bedingungslos zusagt und durch die Annahme dieses Wortes aus der *confusio conscientiae* den Frieden des Herzens werden läßt. Das vom Priester in Christi Auftrag gesprochene deklaratorische[57] Vergebungswort steht als *verbum externum* souverän über allen subjektiven inneren Anfechtungserfahrungen. Gewißheit des Glaubens ist Gewißheit aus dem Wort, nicht Gewißheit aus dem Tun oder der Erfahrung. Das Gesetz fordert das Handeln; das Evangeliumswort ermöglicht das zustimmende Hören.

Luther war sich bewußt, daß er mit seiner neuen Erklärung des Rechtfertigungsgeschehens die kirchliche Tradition herausforderte. So heißt es im Schlußsatz der *Resolutio* zur siebten These: „Ich warte mit Spannung darauf,

---

[55] „Tantum enim habebis pacis, quantum credideris verbo promittentis: quodcunque solveris &c. Pax enim nostra Christus est, sed in fide. Quod si quis huic verbo non credit, etiam si milies milies absolvatur a Papa ipso et toti mundo confiteatur, nunquam erit quietus" (WA 1, 541,7-11).

[56] „Igitur fide iustificamur, fide et pacificamur, non operibus neque poenitentiis aut confessionibus" (WA 1, 544,7-8).

[57] „Non ergo prius solvit Petrus quam Christus, sed *declarat* et ostendit solutionem. Cui qui crediderit cum fiducia, vere obtinuit pacem et remissionem apud deum (id est, certus fit se esse absolutum) non rei sed fidei certitudine propter infallibilem misericorditer promittentis sermonem" (WA 1,542,14-18). – „Cum sit impossibile sacramentum conferri salubriter nisi iam credentibus et iustis et dignis (Oportet enim accedentem credere, deinde non sacramentum sed fides sacramenti iustificat): ideo quicquid blatterent opiniosi sophistae, verisimilius est, quod sacerdos novae legis *declarat* duntaxat et approbat solutionem dei (id est ostendit) et hac ostensione et iudicio suo quietat conscientiam peccatoris, qui eius iudicio tenetur credere et pacem habere" (WA 1,544,39-545,4; Hervorhebungen vom Vf.).

wie die Verteidiger des katholischen Glaubens die Schlüsselgewalt anders als ich erklären wollen, ohne daß sie in häretische Verzerrungen verfallen".[58] Dennoch konnte im Frühjahr 1518 niemand ahnen, wie viel und wie tiefreichenden Widerspruch Luthers Entdeckung der christologisch begründeten Freiheit des Vergebungswortes auslösen sollte. Im *Sermon von der doppelten Gerechtigkeit* hat Luther die alles bestimmende christologische Mitte seines neuen Wort- und Glaubensverständnisses in die eindrucksvollen Worte gefaßt: „So wird durch den Glauben an Christus die Gerechtigkeit Christi unsere Gerechtigkeit, und alles, was sein ist, ja er selbst, wird unser".[59] Die kühne theologische Grundsatzerklärung reformatorischer Theologie im Freiheitstraktat von 1520 kündigt sich an.[60] Erst die leidvollen Erfahrungen der kommenden Jahre und Jahrhunderte sollten zu Tage bringen, warum eine gesetzlich denkende und handelnde Christenheit dieses von Christus herkommende freie Vergebungswort mit seinen Auswirkungen auf das Leben der Glaubenden nicht erfassen, ja nicht ertragen kann.

Literaturnachtrag

BERNHARD LOHSE (Hg.), Der Durchbruch der reformatorischen Erkenntnis bei Luther. Neuere Untersuchungen, Stuttgart 1988 (VIEG 25). – LENNART PINOMAA, Noch einmal: Der reformatorische Durchbruch Luthers, in: Luther 61 (1990) 77-80. – MARTIN BRECHT, Art. „Luther, Martin (1483-1546). I. Leben", in: TRE 21 (1991) 513-530; bes. 516f.; 526 (Lit.). – KARL-HEINZ ZUR MÜHLEN, Art. „Luther, Martin (1483-1546). II. Theologie", in: TRE 21 (1991) 530-567; bes. 531-533; 562 (Lit.).

---

[58] „Et expecto hos Catholicae fidei defensores, quomodo sine pravitate haeretica aliter possint exponere clavium virtutem" (WA 1, 545,7f).
[59] „Igitur per fidem in Christum fit iustitia Christi nostra iustitia, et omnia, quae sunt ipsius, immo ipsemet, noster fit" (WA 2, 146,8f).
[60] E. JÜNGEL, Zur Freiheit eines Christenmenschen (s. Anm. 24), 55.

Forma Christianismi

Die theologische Bewertung eines kleinen katechetischen Lehrstücks durch Luther und Erasmus von Rotterdam

James K. Cameron zum 65. Geburtstag

1. Das Problem

Erasmus von Rotterdam hat seine *Diatribe*[1] für einen weiten Leserkreis bestimmt. Der *lector imperitior* soll angesprochen werden, also nicht in erster Linie der Theologe, sondern vor allem der Laie, denn – so betont Erasmus – *crassulis scribimus crassuli* (IIa 13; W 32, 1). Schon durch eine klare und überschaubare Disposition des Werkes will Erasmus diesem Leser und seinen Verstehensmöglichkeiten entgegenkommen. So folgt auf eine zweiteilige Einleitung erst im Hauptteil die ausführliche *Diatribe sive collatio*, in der Erasmus zunächst jene Bibelstellen behandelt, die für, danach jene, die gegen den freien Willen sprechen. Durch den Widerstreit von Schriftstellen und Beweisen soll die Wahrheit einsichtiger gemacht werden *(hac collisione scripturarum et argumentorum fiat evidentior veritas*; Ia 3; W 3, 5f). Angesichts der bei diesem Arbeitsgang aufgedeckten Vielfalt der biblischen Stimmen – die doch allesamt als Mitteilungen des *einen* Heiligen Geistes gehört sein wollen – stehen Autor und Leser dann vor einem hermeneutischen Problem, das Erasmus in die Worte faßt: *Quoniam autem spiritus sanctus, quo auctore prodita sunt haec, non potest pugnare secum, cogimur velimus nolimus aliquam sententiae moderationem quaerere* (IV 1; W 77, 5-7). Erasmus will bei der Behandlung aller dieser Fragen den Disputator hervorkehren, er will nicht richten und entscheiden, sondern nur prüfen (Ia 6; W 5, 10f.); ihm geht es um den Vergleich, nicht um den Streit (Ib 9; W 18, 12). Das gesuchte „maßvolle Urteil" *(moderatio sententiae)* wird

---

[1] Außer den üblichen Abkürzungen für die Editionen der Werke des Erasmus werden hier folgende Sigel verwendet: W = JOHANNES V. WALTER (Hg.), De Libero Arbitrio Sive Collatio per Desiderium Erasmum Roterodamum, Leipzig 1910 (QGP 8); Le = Erasmus von Rotterdam, Ausgewählte Schriften. Ausgabe in acht Bänden. Lateinisch und Deutsch, hg. v. WERNER WELZIG, Bd. 4 (übersetzt, eingeleitet und mit Anmerkungen versehen von WINFRIED LESOWSKY), Darmstadt 1969. – Zu den anderen Erasmus-Ausgaben und generell zur Erasmus-Bibliographie sei verwiesen auf CORNELIS AUGUSTIJN, Erasmus von Rotterdam. Leben – Werk – Wirkung, München 1986, 177-194; DERS., Art. „Erasmus, Desiderius", in: TRE 10 (1982), 1-18 (Lit.).

dann im Schlußabschnitt des Werkes vorgetragen. Erasmus meint, nun zur Genüge aufgezeigt zu haben, „daß der Beschaffenheit unseres Problems wegen ein unnötig tiefes Eindringen, zumal vor ungeschulten Lesern *(praesertim apud idiotas)*, der Frömmigkeit nicht dienlich" sein könne. Diese Ansicht werde durch mehr und einleuchtendere Schriftstellen gestützt als die entgegengesetzte. Wo die Heilige Schrift dunkel oder bei oberflächlicherer Betrachtung sogar sich selbst widersprechend erscheine, da müsse man notgedrungen *(velimus nolimus)* vom buchstäblichen Wortsinne abgehen und durch Interpretation zu einem gemäßigten Urteil kommen *(interpretatione moderandam esse sententiam*; IV 17; W 91, 4-12). Noch einmal versichert Erasmus, daß er nicht die Rolle eines Richters übernommen habe, sondern die eines Disputators. Er sei jedoch mit jener Gewissenhaftigkeit vorgegangen, die man einst von den Geschworenen gefordert habe, die in einem Gerichtsprozeß über Leben und Tod entscheiden mußten *(me in disputando eam servasse religionem, quae olim in causis capitalibus a iuratis iudicibus exigebatur*; IV 17; W 91, 26-29). Das Werk endet dann mit der berühmten Konklusionsformel: *CONTULI, penes alios esto iudicium (IV 17; W 92, 8)*.

Der rhetorische Charakter des gesamten Textes ist evident; er wurde in der neueren Erasmus-Forschung wiederholt beschrieben.[2] Erasmus folgt mit seiner *Diatribe sive collatio* einer aus der Aristotelischen Rhetorik hervorgegangenen philosophisch-literarischen Gattung, deren Formprinzipien für sein eigenes Werk nicht bloß ornamental, sondern wesensbestimmend sind. „While it could signify a discourse, ethical treatise, or lecture, an occasion for dwelling on a subject as in Aristotelian rhetoric, specifically a διατριβή was a classical mode of philosophical disputation, one with a tradition of literary adaptation. It was this precise meaning which Erasmus indicated with the Greek title."[3] Solche Einsichten in die von Erasmus bewußt gestaltete formale Struktur seiner Schrift über die Willensfreiheit sind für die Interpretation des Werkes von großer Bedeutung. Sie verbieten es, die theologischen Einzelaussagen dieses Textes ohne Berücksichtigung ihrer jeweiligen rhetorischen Prägung zu lesen und zu deuten. Textimmanente semantische Relationen und Gliederungssignale müssen durch eine entsprechende Textanalyse[4] sichtbar gemacht werden und sind dann bei der Interpretation zu berücksichtigen.

---

[2] MARJORIE O'ROURKE BOYLE, Rhetoric and Reform. Erasmus' Civil Dispute with Luther, Cambridge, Mass./London 1983; GÜNTER BADER, Assertio. Drei fortlaufende Lektüren zu Skepsis, Narrheit und Sünde bei Erasmus und Luther, Tübingen 1985; JAMES D. TRACY, Two Erasmusses, Two Luthers: Erasmus' Strategy in Defense of De Libero Arbitrio, in: ARG 78 (1987) 37-59.

[3] MARJORIE O'ROURKE BOYLE, Erasmus and the „Modern" Question: Was He Semi-Pelagian?, in: ARG 75 (1984) 59-77; 60.

[4] ALEX STOCK, Umgang mit theologischen Texten. Methoden – Analysen – Vorschläge, Zürich/Einsiedeln/Köln 1974.

Unter dem hiermit skizzierten Interpretationsaspekt wenden wir uns der zweiteiligen *Einleitung* der *Diatribe* zu. Sie enthält ein bisher nicht zureichend beachtetes kleines Textstück (Ia 8; W 6, 11-22), auf das bei der Auslegung und theologischen Deutung besondere analytische Sorgfalt angewendet werden sollte. Denn bei dieser Passage im Werk des Erasmus handelt es sich um jene Sätze, die den höchsten, fast atemlosen Zorn Luthers herausgefordert haben (WA 18, 609-615). Eine bloß inhaltsbezogene Analyse der theologischen Einzelaussagen dieses Textstückes vermag allein nicht zu erklären, warum es bei Luther zu dieser überaus heftigen Reaktion gekommen ist. Die reiche Literatur zum Streit zwischen Luther und Erasmus bietet hier bislang keine überzeugende Erklärung an. So ist es durchaus charakteristisch für die Forschungslage, daß man das kleine Textstück entweder beiläufig überging[5] oder zu einem bloß psychologischen Moment der Deutung Zuflucht nahm. Damit begnügte sich etwa der sonst so souveräne Kenner der Kontroverse Karl Zickendraht, indem er die schwache Erklärung anbot, Luther habe sich an dieser Stelle „von den über seinen Gegner umlaufenden Verleumdungen zur Unbilligkeit fortreißen lassen".[6] Träfe dies zu, dann wäre eine der bedeutsamsten und tiefgreifendsten Auseinandersetzungen über die spezifische Differenz zwischen humanistischer und reformatorischer Theologie durch einen bloßen Zufall ausgelöst worden! Mit der nachfolgenden kleinen Studie, die von den formalen Eigentümlichkeiten des Textes ausgeht, hoffe ich zeigen zu können, daß es sich anders verhält – und warum es sich anders verhält.

2. Der Text

Die Zweiteilung der *Einleitung* der *Diatribe* hat schon der aufmerksame Leser Martin Luther klar erkannt. Er bezeichnet die erste der beiden Einleitungen (Ia 1-Ia 11; W 1, 4-11, 21) als *praefatio*, die zweite (Ib 1-Ib 10; W 11, 22-19, 10) als *prooemium* (WA 18, 638, 12.18). Von der *praefatio* sagt Luther, sie umfasse fast schon die ganze Sache (*ferme totam causam*), und er fügt hinzu: *magis pene quam corpus libelli* (WA 18, 638, 13). In der Literatur zur *Diatribe* ist wiederholt versucht worden, für beide Einleitungen summierende und zugleich qualifizierende Inhaltsangaben zu formulieren. Hier seien nur zwei Beispiele ange-

---

[5] Hier nur wenige Beispiele: OSKAR J. MEHL, Erasmus' Streitschrift gegen Luther: Hyperaspistes, in: ZRGG 12 (1960) 137-147; 142; JEAN BOISSET, Le Christianisme d' Érasme dans la Diatribe sur le libre arbitre, in: Colloquia Erasmiana Turonensia II, Paris 1972, 657-666; 660; GEORGES CHANTRAINE, Erasme et Luther libre et serf arbitre. Étude historique et théologique, Paris 1981, 137f.; 162f.

[6] KARL ZICKENDRAHT, Der Streit zwischen Erasmus und Luther über die Willensfreiheit, Leipzig 1909, 66 (vgl. auch 29).

führt: Otto Schumacher nennt das Thema der ersten Einleitung „Wahrheit im Verhältnis zum erkennenden und handelnden Subjekt"; das der zweiten „die Frage nach einem objektiven Kriterium der Wahrheit".[7] Cornelis Augustijn sieht in den beiden Einleitungen folgende Fragen behandelt: (1.) „Ist es sinnvoll, ein so tiefgehendes Problem aufzugreifen?" (2.) „Wie kann man zu einer Antwort kommen, wenn Luther nur die Heilige Schrift als Norm anerkennt, aber bei deren Auslegung anderen nicht zuhören will?"[8]

Derartige auf den Inhalt bezogene Kurzbeschreibungen der beiden Einleitungen zur *Diatribe* können im Grunde nur der Information eines Lesers der Sekundärliteratur dienen; zur Interpretation des Textganzen tragen sie wenig aus. Berücksichtigt man jedoch den rhetorischen Charakter der *Diatribe*, dann wird folgendes deutlich: *Praefatio* und *prooemium* geben dem Autor Gelegenheit, vor der eigentlichen Behandlung des Themas mit einer gewissen subjektiven Unbefangenheit das zu sagen, was den Sachverhalt auszeichnet. Dabei ist die Zweiteilung einer derartigen Einleitung *(exordium)* durchaus traditionell. Auf das „normale *exordium*", das in die Thematik einführt *(principium,* hier die *praefatio),* folgt das „besondere *exordium*", dessen Aufgabe es ist, „die Sympathie des Richters (oder im weiteren Sinn: des Publikums) für den (parteimäßig vertretenen) Redegegenstand zu gewinnen". Solche proömialen Bemerkungen dürfen periphrastisch sein, und sie sind ein „insinuatorisches Mittel der Erregung des Informationsbedürfnisses und der Aufmerksamkeit".[9] Keinesfalls enthalten sie bereits abschließende Urteile. Sie wollen die später folgende Verhandlung – wie im römischen Gerichtsverfahren – nicht vorwegnehmen, sondern sollen sie als *exordium* in Gang setzen. Der Richter wird sich nach Anhören dieser Einleitung auf das argumentative Für und Wider der Verhandlung konzentrieren, und er ist bei seinem abschließenden Urteilsspruch nicht an diese im *prooemium* geäußerte Sicht der Dinge gebunden.

Überträgt man dieses forensisch-rhetorische Modell auf die *Diatribe* des Erasmus, so wird verständlich, warum der Autor dieses Werkes ausdrücklich auf ein eigenes apodiktisches Schlußurteil verzichtet. Erasmus trägt das Material in der diskursiven Hauptverhandlung der *collatio* zusammen; anderen – den Lesern – überläßt er schließlich das Urteil. Im *prooemium* hingegen darf der Autor das Interesse seines Publikums wecken, indem er eigene Ansichten vorträgt. Derartige exordiale Bemerkungen nehmen das *iudicium* aber noch nicht vorweg. Diese formale Eigentümlichkeit im Aufbau der *Diatribe* wird auch durch den oft zitierten – und meist als „Definition" mißverstandenen –

---

[7] Erasmus von Rotterdam, Vom freien Willen. Verdeutscht v. OTTO SCHUMACHER, Göttingen 1956, 7.

[8] C. AUGUSTIJN, Erasmus von Rotterdam (s. Anm. 1), 123.

[9] HEINRICH LAUSBERG, Handbuch der literarischen Rhetorik. Eine Grundlegung der Literaturwissenschaft, München 1960, 156 (vgl. insgesamt 150-163).

Schlußsatz des Einleitungsteiles bestätigt. Er lautet: *Porro hoc loco liberum arbitrium sentimus vim humanae voluntatis, qua se possit homo applicare ad ea, quae perducunt ad aeternam salutem, aut ab iisdem avertere* (Ib 10; W 19, 7-10). Marjorie O'Rourke Boyle hat überzeugend nachweisen können, daß dieser Satz nicht im voraus – also schon vor dem dialogischen Arbeitsgang des *conferre* – eine theologisch verbindliche „Definition" aussprechen will, mit deren Hilfe dann die biblischen Texte zu beleuchten wären. „Erasmus' statement was no definition in the sense of a standard by which he would adjudicate the pericopes he was about to examine. It was simply a premise, a supposition, a conversational opener ... for that exercise of comparison ... It was rather a Socratic premise which would be inductively enlarged, clarified, and even altered in the very process of comparison."[10] Der zitierte Schlußsatz des Einleitungsteiles der *Diatribe* kann bei der Interpretation des gesamten Werkes nicht dazu verwendet werden, die vermeintliche semi-pelagianische Tendenz des Erasmus zu belegen. Der Satz ist „Sokratische Prämisse", nicht These oder gar eine die eigene Meinung des Autors abschließend und verbindlich aussprechende Definition. Die rhetorische Gattung des *prooemium* erlaubt es dem Autor, vor der eigentlichen Verhandlung eine unvoreingenommene Ansicht, im besten Sinne von „Vor-Urteil"[11], auszusprechen, die den Dialog über die Sache hilfreich in Gang setzt. Erasmus bringt dies auch durch die offene, elliptische Einleitung des Satzes zum Ausdruck: *Porro ... hoc loco sentimus* (Ib 10; W 19, 7f). Jedes dieser Worte signalisiert Offenheit zum Diskurs hin; eine These oder „Definition" hätte Erasmus mit anderen stilistischen Mitteln in den Argumentationsgang eingebracht – gerade dies zeigt das Textstück, dem unser Hauptaugenmerk gilt.

Ziemlich genau in der Mitte der ersten der beiden Einleitungen zur *Diatribe* steht ein auffälliges kleines Textstück, in dem Erasmus uneingeschränkt thetisch, affirmativ und urteilend spricht. Es handelt sich um den Abschnitt Ia 8. Mit unübersehbarer Deutlichkeit bezeichnet Erasmus einen Teil dieser Sätze als ein eigenes Urteil, das er durch sein Schriftstudium gewonnen habe: *Ergo meo quidem iudicio, quod ad liberum arbitrium attinet, quae didicimus e sacris litteris* (Ia 8; W 6, 10f). Auf diese Präsentationsformel folgt die zentrale Sachaussage (W 6, 11-22), dann wird die Affirmation noch einmal wiederholt: *haec, inquam, tenere meo iudicio satis erat ad Christianam pietatem* (Ia 8; W 6, 22f). Durch die rhetorische Figur der Inklusion (zweimaliges *meo iudicio;* W 6, 10.22) sind die dazwischen liegenden Sätze als eine in sich geschlossene besondere Einheit kenntlich gemacht. Weitaus energischer als bei der vermeintlichen „Definition" zur Willens-Thematik nutzt Erasmus an dieser Stelle die Mög-

---

[10] M. O'ROURKE BOYLE, Erasmus and the „Modern" Question (s. Anm. 3), 64-66.
[11] Über Sinn und Funktion des „Vor-Urteils" vgl. HANS-GEORG GADAMER, Wahrheit und Methode. Grundzüge einer philosophischen Hermeneutik, Tübingen ⁴1975, 250-275.

lichkeit, im *exordium* die Aufmerksamkeit des Lesers durch freimütige Äußerung einer persönlichen Überzeugung zu wecken. Nach den Regeln der Rhetorik wird durch diese Sätze die nachfolgende Hauptuntersuchung nicht überflüssig. Das überraschende Aufdecken der eigenen Parteilichkeit ist vielmehr ein rhetorisch-psychologischer Kunstgriff, mit dessen Hilfe die Anteilnahme, ja die Spannung des Lesers herausgefordert werden soll. Die Einsicht in die rhetorische Funktion des kurzen Textabschnittes im Ganzen der *Diatribe* unterstreicht nun aber auch zugleich, daß wir es hier mit einer für Erasmus außerordentlich wichtigen – auf ein eigenes Urteil gegründeten – Aussage zu tun haben. Die Bemerkung, dieses Urteil sei durch das Studium der Heiligen Schrift zustande gekommen, gibt den Sätzen im Dialog mit Luther von Erasmus aus gesehen besonderes zusätzliches Gewicht.[12]

Das durch rhetorische Gestaltungsmittel so deutlich hervorgehobene Textstück Ia 8 der *Diatribe* ist in sich selber höchst auffällig geformt: Vier jeweils mit *si* eingeleitete Kurzbeschreibungen religiöser bzw. allgemein-menschlicher Grundbefindlichkeiten werden durch einen oder mehrere *ut*-Sätze gedeutet, ja geradezu mit einer Antwort versehen. Das *si-ut*-Schema signalisiert eine dialogische Korrespondenz der einzelnen Aussageeinheiten. Zwei weitere, wiederum parallel zueinander angeordnete Textstücke wiederholen das gleiche, an Frage und Antwort erinnernde Formprinzip. Innerhalb des Textganzen gibt es mehrere Parallelismen und Chiasmen, Entsprechungen und Verschränkungen. So werden etwa die letzten beiden Aussageeinheiten ganz deutlich von zwei Gottesprädikaten her bestimmt; sie geben Auskunft, was der Mensch *a deo natura iusto* und *a deo natura clementissimo* zu gewärtigen habe (W 6, 20.22).

Die Beobachtungen zur Form des Textes legen die Vermutung nahe, daß Erasmus an dieser Stelle mit bereits vorgeprägtem Material arbeitet, daß er also zumindest auszugsweise zitiert. Ein schon von Johannes von Walter bemerkter Konstruktionsbruch in der Rahmung des Textstückes (vgl. W 6 Anm. 5) macht zusätzlich darauf aufmerksam, daß innerhalb des Rahmens eine eigenständige Überlieferung zu Wort kommt, die sich mit ihrem eigenen Sprachduktus nicht ohne weiteres der hinzugesetzten Rahmung fügen wollte. – Man kann den Text nach den in ihm enthaltenen Gliederungssignalen in folgende Sinneinheiten oder Sequenzen aufteilen:

si in via pietatis sumus
   ut alacriter proficiamus ad meliora relictorum obliti
si peccatis involuti
   ut totis viribus enitamur
     adeamus remedium paenitentiae ac
     domini misericordiam modis omnibus ambiamus

---

[12] Der gesamte Abschnitt enthält allerdings nur eine Anspielung auf eine Schriftstelle: *proficiamus ... relictorum obliti* (nach Phil 3, 13).

>   *sine qua nec voluntas humana est efficax nec conatus*
> *si quid mali est*
> >   *nobis imputemus*
> *si quid boni*
> >   *totum ascribamus divinae benignitati*
> > >   *cui debemus et hoc ipsum quod sumus*
> > *quicquid nobis accidit in hac vita sive laetum sive triste*
> > >   *ad nostram salutem ab illo credamus immitti*
> > > >   *nec ulli posse fieri iniuriam*
> > > > >   *a deo natura iusto*
> *qua nobis videntur accidere indignis*
> >   *nemini desperandum esse veniam*
> >   *a deo natura clementissimo*

Unter theologisch-inhaltlichen Gesichtspunkten betrachtet handelt es sich bei dieser Beschreibung der *via pietatis* um eine Zusammenstellung von Aussagen, wie sie im Werk des Erasmus vor 1524 vielfach anzutreffen sind. Das *via*-Motiv begegnet unter den Bezeichnungen *via Christi, via virtutis, via pietatis, via perfectae vitae* oder *via ad beatitudinem*.[13] Schon an zwei Stellen des *Enchiridion* bringt Erasmus den Heilsweg durch derartige Kurzformeln zur Sprache: Einmal wird ein zweistufiger Tugendweg beschrieben (H 46, 22-24), an einer anderen Stelle werden drei Stationen aufgezählt, auf denen die trotz der Taufe verbleibenden Reste der Erbsünde *(ignorantia, caro* und *infirmitas)* zu überwinden seien (H 56, 16-30). Die Aussage, daß der Christ alles, was er hat, *deo auctori ferat acceptum,* wird im *Enchiridion* als erstes der *veri Christianismi paradoxa* bezeichnet (H 99, 14-17). Zusammenfassend kann von dem Heilsweg, den Erasmus mit immer neuen Formulierungen beschreibt, gesagt werden: „Am Beginn und Ende des Heilsweges ... ist der Mensch ausschließlich auf Gottes Gnade angewiesen, im Verlauf des Heilsweges aber ist Gottes Gnade die erste Ursache, der menschliche Wille jedoch die zweite (LB IX 1244 AB)."[14] Eine unserem Textstück in den Einzelformulierungen besonders nahe verwandte Aussage findet sich im Brief des Erasmus an Johann Slechta vom 1. November 1519, wo es heißt: *Porro philosophiae Christianae summa in hoc sita est, ut intelligamus omnem spem nostram in Deo positam esse, qui gratis nobis largitur omnia per Filium suum Iesum. Huius morte nos esse redemptos, in huius corpus nos insitos esse per baptismum, ut mortui cupiditatibus huius mundi ad illius doctrinam*

---

[13] Vgl. MANFRED HOFFMANN, Erkenntnis und Verwirklichung der wahren Theologie nach Erasmus von Rotterdam, Tübingen 1972, 211-220. Wichtige Fundstellen für das *via*-Motiv: H 57, 34; 60, 8; 61, 10.16; 69, 3; 111, 5; 135, 35; ASD V/1, 342, 51 (man beachte dort die Erläuterungen in Anm. 51 zum Stichwort *Viatores*).

[14] C. AUGUSTIJN, Erasmus von Rotterdam (s. Anm. 1), 127; vgl. auch FRIEDHELM KRÜGER, Humanistische Evangelienauslegung. Desiderius Erasmus von Rotterdam als Ausleger der Evangelien in seinen Paraphrasen, Tübingen 1986, 185-198.

et exemplum sic viuamus, ut non solum nihil admittamus mali verumetiam de omnibus bene mereamur; et, si quid inciderit aduersi, fortiter toleremus ... ut ita semper progrediamur a virtute in virtutem, ut nihil tamen nobis arrogemus, sed quicquid est boni Deo transscribamus (A IV, 118, 228-237).

Die Briefstelle belegt, daß für Erasmus der christologische Ausgangspunkt des Heilsweges eine Selbstverständlichkeit ist. Die christologische Begründung der Theologie dieser Formel sollte also – auch wenn sie in unserem Textstück in der *Diatribe* nicht explizit vorgetragen wird – vorausgesetzt werden. Auch der Kontext spricht für eine solche Interpretation: Unmittelbar vor der Beschreibung der *via pietatis* zitiert Erasmus 1.Kor 13,12 (Ia 7; W 6, 8f), wie er auch im Slechta-Brief die *summa philosophiae Christianae* im Horizont der Wiederkunft Christi darstellt (A IV, 118, 235f). Was schließlich die Gliederung eines Frage- und Antwort-Schemas mit Hilfe von *si* und *ut* angeht, sei auf die *Dilucida et pia explanatio Symboli* des Erasmus von 1533 verwiesen (ASD V/1, 177-320), wo dieses Stilmittel für den katechetischen Dialog über die Hauptinhalte des Glaubensbekenntnisses eingesetzt wird.[15]

Über derartige werkimmanente Verweise hinaus wäre zu fragen, ob in den katechetischen Traktaten des Spätmittelalters[16] und in der reichen vorreformatorischen *Speculum*-Literatur[17] formal und inhaltlich vergleichbare Beschreibungen einer solchen *via pietatis* zu finden sind. Johannes von Walter hat das kleine Textstück aus der Einleitung der *Diatribe* – das „nicht so schlicht" sei, „als es scheinen möchte" – der skotistischen Gnadenlehre zugeordnet (W 6 Anm. 5). Diesem Hinweis müßte in einer umfassenderen Untersuchung weiter nachgegangen werden, wobei auch auf bernhardinische, franziskanische und quietistische Elemente in der Theologie dieser Formel zu achten wäre, die insgesamt das Verhältnis des Erasmus zur *Devotio moderna* auf eigene Weise wieder zur Frage macht.[18] Für unseren – auf bescheidenere Ziele ausgerichte-

---

[15] Vgl. RUDOLF PADBERG, Erasmus als Katechet, Freiburg/Br. 1956 (= UTS 9).

[16] Zum Forschungsstand vgl. NORBERT RICHARD WOLF (Hg.), Wissensorganisierende und wissensvermittelnde Literatur im Mittelalter. Perspektiven ihrer Erforschung, Wiesbaden 1987; darin insbesondere: CHRISTOPH BURGER, Die Erwartung des richtenden Christus als Motiv für katechetisches Wirken, 103-122 (als Definition für derartige katechetische Traktate: „Sie müssen katechetische Stücke ausführlich darstellen und sie müssen durch eine erkennbare Disposition zu Einheiten zusammengeschlossen sein"; 103 Anm. 1); DERS., Theologie und Laienfrömmigkeit. Transformationsversuche im Spätmittelalter, in: Hartmut Boockmann/Bernd Moeller/Karl Stackmann (Hg.), Lebenslehren und Weltentwürfe im Übergang vom Mittelalter zur Neuzeit ... Bericht über Kolloquien der Kommission zur Erforschung der Kultur des Spätmittelalters 1983 bis 1987, Göttingen 1989 (AAWG.PH 3.179), 358-378.

[17] Vgl. die große Sammlung von PETRONELLA BANGE, Spiegels der Christenen. Zelfreflectie en ideaalbeeld in laat-middeleeuwse moralistisch-didactische traktaten (Proefschrift Nijmegen), Nijmegen 1986.

[18] Vgl. die Problemskizze bei REINHOLD MOKROSCH, Art. „Devotio moderna. II. Verhältnis zu Humanismus und Reformation", in: TRE 8 (1981) 609-616, bes. 612.

ten – Frageansatz bleibt festzuhalten: Seine Dialogstruktur und die Elementarisierung der theologischen Sachaussagen kennzeichnen den hier hervorgehobenen Text als ein kleines katechetisches Lehrstück, bei dessen Niederschrift Erasmus vorgegebene und literarisch möglicherweise bereits geprägte Traditionselemente verarbeitete. Innerhalb des Proömiums zur *Diatribe* hat der Text die Funktion, vorab eine grundsätzliche Aussage zum Problem der menschlichen Willensfreiheit bereitzustellen, die den Leser auf die Relevanz des Themas aufmerksam machen soll. Das im Hauptteil der *Diatribe* später folgende Verfahren des ausführlichen Schriftvergleichs wird durch diese proömiale oder exordiale Aussage nicht vorweggenommen und schon gar nicht überflüssig gemacht.

Im Blick auf den Leser, für den Erasmus vor allem schreibt, enthält das Textstück noch eine zusätzliche Information, die über das bisher Gesagte hinausgeht: Ein Mensch, der sich diesen Frage- und Antwortsätzen konform verhält, tut – nach Ansicht des Erasmus – der christlichen Frömmigkeit bereits Genüge *(satis ad Christianam pietatem;* Ia 8; W 6, 23). Alles, was inhaltlich über die katechetische Grundaussage zur *via pietatis* hinausgeht, lehnt Erasmus nicht etwa an sich ab, sondern er hält es für den von ihm zunächst angesprochenen Leserkreis für unnötig. Durch den nachfolgenden, wohl exemplarisch gemeinten Hinweis auf die fachtheologische Diskussion des Kontingenzproblems (Ia 8; W 6, 24-7, 5) will Erasmus zusätzlich sichtbar machen, daß es einen Trennstrich zwischen einer elementarisierbaren katechetischen Theologie und der wissenschaftlichen Theologie nicht nur gibt, sondern im Interesse der *crassuli* auch geben müsse. Wer als Laie für Laien schreibt, sollte Auskunft über den Verlauf dieser Grenzlinie zwischen den Genera der theologischen Reflexion und Vermittlung geben können. Es ist der rhetorischen Struktur der *Diatribe* gemäß, daß Erasmus diese für ihn wichtige Auskunft[19] im Proömium seines Buches gibt und sie nicht in die *collatio* hineinträgt. Es ist nahezu ein seelsorgerisches – in jedem Falle aber zumindest ein pädagogisches – Anliegen, das Erasmus dazu drängt, den Leser der *Diatribe* gleich zu Beginn des Werkes darüber zu informieren, welche Bedeutung die zu verhandelnde Sache für dessen eigene theologische Existenz habe.

3. Die Kontroverse

Martin Luther hat sofort mit Sicherheit erkannt, daß jenes kleine katechetische Lehrstück in der ersten Einleitung zur *Diatribe* des Erasmus eine besondere

---

[19] Vgl. ALFONS AUER, Die vollkommene Frömmigkeit des Christen. Nach dem Enchiridion militis Christiani des Erasmus von Rotterdam, Düsseldorf 1954, 187-200; ROBERT STUPPERICH, Das Enchiridion militis christiani des Erasmus von Rotterdam nach seiner Entstehung, seinem Sinn und Charakter, in: ARG 69 (1978) 5-22; HEINZ HOLECZEK, Erasmus deutsch, Bd. 1, 1983, 138f.; 169-181.

literarische Form besitzt. Luther war es, der diesem Textabschnitt einen eigenen Namen gab, den Erasmus später (im *Hyperaspistes I*) ganz selbstverständlich und nur mit leicht variierenden Tonverschiebungen übernahm. Luther nannte jene Sätze zunächst eine *forma* (WA 18, 609, 17), dann eine *forma Christianismi* (WA 18, 610, 14; 611, 1; 614, 22; 656, 3). Nach Ausweis des Tübinger Registers zur Weimarer Luther-Ausgabe wird das lateinische Wort *forma* von Luther in drei verschiedenen Bedeutungsbereichen eingesetzt: 1. Gestalt, Schönheit; 2. Form, Urbild (mit den Unterbereichen a. philosophisch, b. theologisch) und 3. Ordnung.[20] Mit dem absolut gesetzten Begriff *forma* will Luther an der hier betrachteten Stelle also offenkundig zum Ausdruck bringen, daß der kleine Textabschnitt in der *Diatribe* nach einer besonderen Ordnung gestaltet sei, daß es sich um eine geprägte, „geformte" literarische Einheit handele. Das von Luther recht oft benutzte lateinische Wort *Christianismus* (in WA 132 mal![21]) stellt er nur in *De servo arbitrio* mit *forma* zu der Wortverbindung *forma Christianismi* zusammen. Man darf aus diesem einmaligen und erstmaligen Vorkommen der Formel aber nicht folgern, Luther habe sie erst an dieser Stelle sprachschöpferisch entdeckt. Zumindest durch Melanchthons *Loci communes* von 1521 mußte Luther dieses Begriffspaar bekannt sein; denn Melanchthon schreibt im programmatischen Widmungsbrief der *Loci* an Tilemann Plettener: *Fallitur, quisquis aliunde christianismi formam petit quam e scriptura canonica* (CR 21, 82f; StA II, 1², 18, 1f). Melanchthon bezeichnet mit den Worten *forma christianismi* das Gesamtvorhaben seiner *Loci communes*, nämlich die Darlegung „der christlichen Hauptartikel" (*rerum theologicarum ... capita*; CR 21, 83; StA II, 1², 19, 15).

Indem Luther diesen sehr weiten und generalisierenden Begriff auf das kleine Textstück bei Erasmus anwendet, setzt er für den eigenen Interpretationsansatz bereits einen folgenreichen Akzent: Er wird diese *forma Christianismi* daraufhin befragen, ob sie tatsächlich – wie Bruno Jordahn übersetzt hat[22] –

---

[20] Der Verf. dankt an dieser Stelle den Mitarbeiterinnen und Mitarbeitern am Tübinger Register zur Weimarer Luther-Ausgabe für die Erlaubnis, das noch nicht veröffentlichte Forschungsmaterial einsehen zu dürfen.

[21] Diese Zählung korrigiert frühere Schätzungen; vgl. ROLF SCHÄFER, Welchen Sinn hat es, nach einem Wesen des Christentums zu suchen?, in: ZThK 65 (1968) 329-347; 333: „Viel seltener greift Luther zu dem nichtbiblischen Wort. Indessen kann auch er – falls man der Nachschrift der Jesaja-Vorlesung trauen darf – das Wesentliche am Glauben so beschreiben: ,*christianismus ... verissime est auditus verbi et ruminatio eius, ut semper nobis loquatur Christus*'" (WA 31/II, 22, 3). Vgl. DERS., Art. „Christentum, Wesen des", in: HWP 1 (1971) 1008-1016; HANS WAGENHAMMER, Das Wesen des Christentums. Eine begriffsgeschichtliche Untersuchung, Mainz 1973, 40-49.

[22] Martin Luther, Daß der freie Wille nichts sei. Antwort D. Martin Luthers an Erasmus von Rotterdam, in: Ausgewählte Werke, hg. v. HANS HEINRICH BORCHERDT/GEORG MERZ, Erg.R., Bd. 1, München 1954, 19.

das „Wesen des Christentums" zulänglich zum Ausdruck bringe. Luther nimmt die Formulierung des Erasmus beim Wort, daß der kleine katechetische Lehrtext *satis ad Christianam pietatem* (Ia 8; W 6, 23) sei. Und hier lautet nun Luthers erster, bereits sehr erregt vorgetragener Einwand: Der *forma Christianismi* des Erasmus fehle jeglicher christologische Bezug (*nam Christi ne uno quidem iota mentionem facis;* WA 18, 609, 18f). Jeder Jude oder Heide könne in dieser Weise von dem *deus natura clementissimus* sprechen und einen ethischen Imperativ deklaratorisch über die Beschreibung des Heilsweges setzen. Es sei unfaßlich, wie ein christlicher Theologe und Lehrer der Kirche den Christen eine solche *forma Christianismi* vorschreiben könne, in der „weder Gott noch Christus, noch Evangelium, noch Glaube, noch überhaupt etwas, nicht einmal vom Judentum, viel weniger vom Christentum übrig" bleibe (WA 18, 610, 17-19). Erasmus rede *more Sceptico* und gegen sein eigenes *ingenium,* er gerate in Widersprüche und verrate mit diesen Worten eine völlige Unkenntnis der Heiligen Schrift und des Glaubens *(tantam ignorantiam scripturae et pietatis hic verbis tuis confiteris;* WA 18, 610, 21f).

Nach diesem Ausbruch der Emotionen erklärt Luther, er wolle nun auf die Worte des Erasmus im einzelnen zu sprechen kommen. Tatsächlich bietet er dann seinen Lesern eine Paraphrase der *forma Christianismi* an, die deren Inhalt etwas gedrängt, aber vollständig wiedergibt (WA 18, 611, 1-4). Das kurze Referat zu den Sätzen des Erasmus erregt Luther jedoch erneut so sehr, daß er zunächst wieder nur mit einem Schwall von Vorwürfen argumentieren kann: Die *forma Christianismi* sei ohne Christus und ohne Geist, sie sei kälter als Eis (*Haec verba tua, sine Christo, sine spiritu, ipsa glacie frigidiora;* WA 18, 611, 5); selbst der Glanz der Beredsamkeit des Erasmus nehme hier Schaden, und das Ganze sei wohl nur aus Furcht vor den „Papisten und Tyrannen" niedergeschrieben worden, vor denen Erasmus nicht als völliger Atheist dastehen wolle (*ne prorsus Atheos videris;* WA 18, 611, 7). Erst auf diesen unerhörten Vorwurf folgt die alles entscheidende argumentative Rückfrage: Die *forma Christianismi* des Erasmus setze voraus, daß die in ihr enthaltenen Sachaussagen dem Sprecher dieser Sätze in einem theologisch qualifizierten Sinne bewußt und gewiß seien. Was aber wolle Erasmus sagen und lehren, wenn dies nicht der Fall sei? Wenn der Nach-Sprecher des katechetischen Textes eben *nicht* wisse, „was jene Kräfte sind, was sie vermögen, was ihnen widerfährt, was ihre Anstrengung ist, was ihre Wirksamkeit, was ihre Unwirksamkeit, was soll jener tun?" (*Si quis igitur ignoret ... quid tu illum facere docebis?* WA 18, 611, 10-12). Mit dieser Frage wird von Luther das theologische Zentrum der Kontroverse aufgedeckt. Es geht um das Problem, ob bei der katechetischen Vermittlung von Glaubenswissen die Einzelinhalte so weit elementarisiert werden dürfen, daß dem Verstehen dessen, was da geglaubt werden soll, unbeabsichtigt – und doch wirksam – Grenzen gesetzt werden. Gegen alle rhetorischen und didaktischen Bemühungen des Humanisten bringt Luther mit schroffer Einseitigkeit die

Frage nach der Glaubensgewißheit in die Diskussion über die Willensfreiheit ein.[23]

Luthers maßloser Angriff gegen die *forma Christianismi* ist an vielen Punkten schwach oder gar nicht begründet. Daß Erasmus die Christologie sowie die Soteriologie und die Lehre vom Heiligen Geist einfach ausklammere, kann nur behaupten, wer den Kontext, in dem die *forma* steht, überliest. Daß Erasmus diese katechetische Kurzformel irgendwelchen „Papisten und Tyrannen" zuliebe in die *Diatribe* aufgenommen habe, ist eine verletzende Behauptung, der jeglicher Beweis fehlt. Und der böse Vorwurf der „Gottlosigkeit" trifft Erasmus in dieser nicht näher begründeten Kurzfassung überhaupt nicht. Luther gibt sich gar nicht die Mühe, die Einzelaussagen der *forma Christianismi* theologisch-kritisch zu interpretieren. Seine Auseinandersetzung mit diesem Text stürmt auf ein einziges theologisches Argument zu, das allerdings hoch bedeutsam ist. Es ist die Frage, was der im Glauben zu unterrichtende Mensch lernen *solle* und was er wissen *müsse*. Genügen elementarisierte theologisch-ethische Basisinformationen, die dem Katechumenen eindeutige Verhaltensformen und überschaubare Handlungsanweisungen für die *via pietatis* vermitteln? Oder hat *jeder* zum Glauben zu führende Mensch einen Anspruch auf ein umfassendes verstehendes Lernen, das bei kritischen Rückfragen (*si quis ignoret*) nie auf eine durch die katechetische Methode errichtete Schranke stoßen darf? Luther behauptet, die Lehrweise der *forma Christianismi* bleibe in einer gefährlichen und unzulässigen Weise oberflächlich, weil sie leere Räume im Glaubenswissen nicht nur hinnehme, sondern diese geradezu schaffe. Durch die pädagogische Reduktion der Lehraussage auf ein ganz einfaches System von theologischen Hauptsätzen werde der Katechumene gerade im Vollzug des Unterrichtens zu einem „Unwissenden" gemacht. Luthers Vorwurf gegen Erasmus gipfelt in den Worten: *Facturus ignaros ... eo ipso, quo doces* (WA 18, 611, 20f).

Die Reaktion des Erasmus auf den Angriff Luthers bestätigt, daß die Kontroverse über die *forma Christianismi* in der Tat in der Frage nach dem Lernprozeß des Glaubens ihr substantielles Zentrum hat. Erasmus bezeichnet das umstrittene Textstück im *Hyperaspistes I* zunächst als *formula Christianae mentis* (LB X 1265 B; Le 288), dann nennt er es wiederholt bloß *forma*, gelegentlich *forma totius Christianismi* (LB X 1266 B; Le 294) und noch oft *formula*.[24] Erasmus erkennt somit die durch Luther erfolgte Qualifizierung des Textes als einer selbständigen literarischen Einheit an. Mit der zuerst vorgenommenen leisen Veränderung (*formula* statt *forma*; *Christianae mentis* statt *Christianismi*) will Erasmus wohl zum Ausdruck bringen, daß dieser kurze Text nicht verall-

---

[23] Vgl. HANS JOACHIM IWAND, Glaubensgewißheit, in: M. Luther, Daß der freie Wille nichts sei (s. Anm. 22), 268-270; vgl. WA 18, 614, 1-8.
[24] LB X 1265 D; 1266 A; 1267 E; 1270 DF; 1273 B; 1282 C.

gemeinernd verstanden werden dürfe und im Blick auf den Umfang seiner Lehraussagen auch nicht absolut gesetzt werden könne. Nicht von einem „Wesen des Christentums" ist nach seiner Ansicht in der *formula Christianae mentis* die Rede, wohl aber von Mitteilungen zur Glaubenslehre, die zumindest partiell eine rechte „christliche Gesinnung" (Le 289) zum Ausdruck bringen können. Doch diese Abschwächung des inhaltlichen Geltungsanspruchs der *forma* ist für Erasmus keineswegs schon die Hauptsache seiner Erwiderung. Vielmehr betont er, nachdem er die Formel für die Leser des *Hyperaspistes I* noch einmal wörtlich zitiert hat (LB X 1265 CD; Le 290), daß man auf die Adressaten des Textes achten müsse: *haec forma datur idiotis Christianis* (LB X 1265 D; Le 290). Erasmus erinnert an den Leserkreis, für den die *Diatribe* verfaßt wurde: die Laien. Sodann wehrt er sich gegen Luthers Interpretation des zweimaligen *meo iudicio*, das nicht als Widerspruch zwischen erkenntnistheoretischer Skepsis und gleichzeitiger assertorischer Redeweise mißverstanden werden dürfe. Dieses *meo iudicio* war Gliederungselement in der proömialen Rede, nicht theologischer Programmsatz (LB X 1265 E; Le 292). Hier kommt erstmals die von Luther nicht gewürdigte rhetorische Struktur der *Diatribe* als bestimmender Faktor der Kontroverse zur Sprache. Wenig später beruft sich Erasmus dann sogar ausdrücklich auf den rhetorischen Charakter des Einleitungsabschnitts der *Diatribe*. Die hier gemachten Aussagen zur Freiheit des menschlichen Willens gehörten noch nicht in die eigentliche Disputation hinein; die Auseinandersetzung zum Thema werde erst noch folgen: *sed haec occurrent suis locis. Nondum enim disputamus* (LB X 1266 A; Le 292). Luther verdrehe den Sinn der Worte, so als ob Erasmus an dieser Stelle eine Wesensbestimmung des *ganzen* Christentums für *alle* Menschen habe verbindlich vorschreiben wollen (*Tu huc torques mea verba, quasi formam totius Christianismi praescripserim omnibus;* LB X 1266 AB; Le 294). Das sei nicht die Absicht der *forma*. Sie wolle sagen, was für „einfache Leute" angesichts der strittigen und beinahe unerklärbaren Schwierigkeiten des Themas „Willensfreiheit" zu wissen ausreichend sei *(quod satis esset simplicibus;* LB X 1266 B; Le 294).

Die katechetische Elementarisierung des Stoffs wird im Blick auf den Leserkreis und auf den Schwierigkeitsgrad der theologischen Sachfragen von Erasmus verteidigt. Ausführlich geht Erasmus dann auf die einzelnen Vorwürfe Luthers ein – bis hin zu der schlimmen Unterstellung, er habe aus Furcht vor den „Papisten und Tyrannen" die *forma Christianismi* in den Text der *Diatribe* eingefügt.[25] Doch so deutlich Erasmus erkennen läßt, daß ihn diese Vorwürfe verletzt haben, und so gründlich er sich Mühe gibt, sie zu entkräften, so kommt er doch zielstrebig auf das von Luther bezeichnete Zentrum der Kontroverse zu sprechen. Wie gut er Luther verstanden hat, zeigt er dadurch, daß er den

---

[25] Zu diesem Argument und dem Vorwurf des „Atheismus" vgl. JAMES D. TRACY, Erasmus. The Growth of a Mind, Genf 1972, 200-202.

Differenzpunkt nun aus seiner Sicht äußerst präzise beschreibt. Luther hatte nach der Glaubensgewißheit gefragt und die Notwendigkeit einer begründeten Heilsgewißheit zum Maßstab und Ziel allen kirchlichen Lehrens gesetzt. Erasmus fragt demgegenüber – als Anwalt der Laien – nach dem „katechetischen Minimum". Es müsse doch möglich sein, daß schwierige Fragen des christlichen Glaubens „von einfachen Christen auch einfach geglaubt werden können" (... *possunt a simpliciter Christianis simpliciter credi*; LB X 1267 B; Le 300). Eine Glaubensaussage werde durch Reduktion auf ihren Wesenskern keineswegs verfälscht. Reduktion sei vielmehr einer pädagogisch verantwortlichen Theologie geboten.

Noch zweimal verweist Erasmus auf den Stellenwert der *forma Christianismi* innerhalb der rhetorischen Struktur der *Diatribe*. Sie sei keine abschließende Definition der Valenz des menschlichen Willens und der göttlichen Barmherzigkeit; die Explikation dieser Begriffe erfolge erst im Hauptteil *(At in forma non definio ... at explico satis, opinor, in ipsa disputatione*; LB X 1267 E; Le 302. *Sed non definio ... in formula, quasi non satis fuerit in disputatione ubi oportebat id esse factum;* LB X 1279 F; Le 320). Die *forma* sei auch kein Teil der fachtheologischen Auseinandersetzung, sondern sie sei als Hilfe für den „einfachen Christen" gedacht (*doceat simplicem Christianum*; LB X 1271 B; Le 322; vgl. LB X 1273 B; Le 332 u.ö.). Die Frage, die Erasmus schließlich geradezu beschwörend an Luther richtet, lautet: Wird das Wort Gottes gebunden (nach 2.Tim 2,9), wenn man die katechetische Lehre (*doctrina*) in dieser Weise an das Verständnis und die Verstehensmöglichkeiten der Hörer (*ad utilitatem auditorum*) anpaßt? (LB X 1280 D; Le 372). Unter Hinweis auf Hebr 6, 1 betont Erasmus, daß man den Katechumenen zunächst die *rudimenta Philosophiae Christianae* mitteilen müsse, ehe sie zu den verborgeneren Dingen fortschreiten könnten (LB X 1280 F-1281 A; Le 374). Oder wolle Luther den Katechumenen dasselbe lehren wie einen künftigen Bischof? *Eadem docebis catechumenum, quae jam futurum Episcopum?* (LB X 1282 F; Le 386).

4. Die theologische Differenz

Erasmus hatte mit der *forma Christianismi* ein auf die Praxis bezogenes, undogmatisches Reden und Lehren über den Glauben als möglich und notwendig erweisen wollen. Schon Hans Joachim Iwand hat dazu bemerkt: „Eramus formuliert hier sein in gewisser Weise überaus modernes Verständnis vom praktischen Christentum, wonach der christliche Glaube ein unentbehrliches Moment der praktischen, religiös-sittlichen Lebensgestaltung ist."[26] Eras-

---

[26] HANS JOACHIM IWAND, Das Dogma vom unfreien Willen und die christliche Existenz, in: M. Luther (s. Anm. 22), 273-277; 274.

mus verfolgte mit seiner theologischen Arbeit das Ziel, den Anschluß zwischen der Theologie und der zeitgenössischen Kultur wieder herzustellen. Ein Text wie die schlichte *forma Christianismi* sollte dazu beitragen, „Glauben und Erfahrungswelt wieder in Einklang zu bringen".[27] Dogmatische Fragen und scholastische Distinktionen – zumal so schwierige wie die über die Freiheit des menschlichen Willens – sollten den Gelehrten überlassen bleiben. Der einfältige, nach der Einheit von Glaube und Erfahrung suchende Mensch, der Christ als *crassulus*, sollte in seiner schlichten Frömmigkeit nicht durch derartige Fragen belastet und verwirrt werden. Indem Erasmus diese Überlegungen und den Entwurf einer solchen überschaubaren katechetischen Kurzformel in den Einleitungsteil der *Diatribe* einbrachte, wollte er Kennern der Rhetorik zu verstehen geben, daß es sich bei alledem noch nicht um die gelehrte Disputation zum Thema handele, sondern um allgemeine, proömiale Vorausbemerkungen, die den notwendigen Diskurs und dessen Ergebnis nicht vorwegnähmen. Zugleich wollte er den Hauptadressaten seines Werks sagen, worauf sie sich im Glauben stützen dürften, wenn der gelehrte Disput der Fachtheologen ihre Verstehensfähigkeiten überfordere und sie in Verwirrung stürze.

Luther hat die rhetorische Struktur der *Diatribe* und insbesondere die Funktion der beiden Vorreden im Gesamtaufbau des Werkes sehr genau erkannt; er war aber nicht bereit, Konsequenzen aus dieser Einsicht zu ziehen. Gerade die Bemühung des Erasmus, die Glaubenslehre und die katechetische Formel „an die verschiedenen Hörer anzupassen" (*variis auditoribus attemperare*; WA 18, 639, 9), wird von ihm brüsk abgelehnt. Luther gibt ferner zu verstehen, daß er auch die rhetorischen Feinheiten der Darstellungsweise des Erasmus wohl sieht. Er will aber nicht über „grammatische Figuren" verhandeln: *Grammatica enim ista sunt et figuris verborum composita, quae etiam pueri norunt. Nos vero de dogmatibus, non de grammaticis figuris agimus in hac causa* (WA 18, 639, 10-12). Es sind also gerade diese grammatischen bzw. rhetorischen Differenzierungsversuche des Erasmus, die Luthers Zorn provozieren. Weil Erasmus mit der zur Verhandlung anstehenden theologischen Sachfrage so distanziert und überlegen umgeht, weil er als Theologe mit den Mitteln der Reduktion meint arbeiten zu können, deshalb spricht Luther von der „Eiseskälte" der *forma Christianismi*. Luther weigert sich damit zugleich, das religiöse Anliegen anzuerkennen, das hinter den Akkommodationsversuchen und dem katechetisch-didaktischen Bemühen des Erasmus steht. Diese Weigerung, Erasmus dorthin zu folgen, wo dessen Theologie ihre wichtigste Aufgabe und Zielsetzung sieht, gibt der Art, wie Luther den Konflikt austrägt, ihre verletzende Schärfe.

---

[27] CORNELIS AUGUSTIJN, Erasmus und seine Theologie: Hatte Luther Recht? Colloque Érasmien de Liège, Paris 1987 (= Bibliothèque de la Faculté de Philosophie et Lettres de l'Université de Liège, Bd. 247), 49-68; 65.

Luther hält der Vorrede der *Diatribe* entgegen, sie sei sich über den Unterschied zwischen *verbum Dei* und *verbum hominum* nicht im klaren. Denn wenn die Vorrede – und mit ihr die *forma Christianismi* – *de verbis hominum* handele, sei sie vergeblich geschrieben worden. Sollte Erasmus die Absicht gehabt haben, in der Vorrede *de verbis Dei* zu handeln, dann müsse dieser Abschnitt der Diatribe „völlig gottlos" genannt werden (*tota impia*; WA 18, 638, 16). Es wäre sinnvoller gewesen, zunächst einmal eine Entscheidung darüber herbeizuführen, ob die gesamte Auseinandersetzung zur Frage der menschlichen Willensfreiheit über „Gottes Worte oder über menschliche Worte" geführt werde (*an essent verba Dei vel hominum, de quibus disputamus*; WA 18, 638, 17f). Erasmus hat Luther im *Hyperaspistes I* die geforderte Auskunft gegeben. Er unterscheidet gleich drei Sprachebenen bzw. Redeformen: *Menschenwort, Gotteswort* und *Auslegungen des Wortes Gottes* (LB X 1290 A; Le 424). Demgegenüber hat Luther nur zwischen Menschenwort und Gotteswort unterschieden, wobei er allerdings stets betonte, daß man im Wort Gottes *Gesetz* und *Evangelium* auseinanderhalten müsse, also zwischen Gebot und Forderung auf der einen Seite und Verheißung und Gnadenwort auf der anderen Seite sorgfältig unterscheiden müsse (vgl. WA 18, 680, 28-31).

Eine Unterscheidung zwischen Gott und Heiliger Schrift fällen beide, Luther wie Erasmus. Umstritten ist der Ort, an dem die Grenze zu ziehen ist. Erasmus unterscheidet innerhalb der Schrift und innerhalb der Sprache; Luther unterscheidet „zwischen Schrift (= Sprache insgesamt) und Gott".[28] An dieser Differenz scheidet sich Luthers assertorische Theologie von allem, was die erkenntnistheoretischen Voraussetzungen des Erasmus bestimmte. Eberhard Jüngel hat darauf hingewiesen, daß Luther mit der Unterscheidung von verborgenem Gott und offenbarem Gott verhindern wollte, „daß über den offenbaren Gott geredet wird wie über einen gleichwohl verborgenen Gott, daß also der offenbare Gott in seiner Offenbarung nicht ernst genommen wird. Genau das ist ja nach seinem Urteil in der *Diatribe* der Fall".[29] So läßt sich der Konflikt, der zwischen Luther und Erasmus wegen der *forma Christianismi* ausgebrochen ist, auf eben diese theologische Differenz zurückführen. Es geht auch hier um die unterschiedliche Grenzziehung zwischen „Gott selbst", „Gotteswort" und „Menschenwort". Erasmus konnte aufgrund seines Wort- und Sprachverständnisses den Versuch unternehmen, „einfache Christen auf einfache Weise" über das Wort Gottes zu belehren. Nun schließt ein „einfaches" (reduktives) Reden stets bestimmte Inhalte aus der Mitteilung aus. Zu-

---

[28] G. BADER (s. Anm. 2), 155.
[29] EBERHARD JÜNGEL, Quae supra nos, nihil ad nos. Eine Kurzformel der Lehre vom verborgenen Gott – im Anschluß an Luther interpretiert (1972), in: Ders., Entsprechungen: Gott – Wahrheit – Mensch, München ²1986 (= BEvTh 88), 202-251; 229.

gleich muß die „einfache" Redeweise Verstehenshilfen bereitstellen, das heißt: Akkommodationen vornehmen. Erasmus erscheinen sowohl die Reduktion wie die Akkommodation möglich. Fortfallende theologische Sachaussagen, die nach Ansicht des Erasmus in einem solchen Lehrtext für den Laien nur ein Hindernis für das Verstehen wären, werden dem Bereich der (stets strittigen) „Auslegungen des Wortes Gottes" zugewiesen (*interpretationes verbi Dei*; LB X 1290 A; Le 424). Zugleich rücken sie aber – und das ist das Entscheidende – dicht an jene Grenze heran, die Erasmus innerhalb des Offenbarungswortes der Heiligen Schrift zwischen dem *Deus revelatus* und dem *Deus absconditus* zu erkennen meint. Diese Grenzlinie will er in frommer theologischer Selbstbescheidung demütig achten und sie nicht bis ins einzelne ausforschen (Ia 7; W 5, 17-6, 9). Zur Akkommodation der katechetischen Lehraussage an den Bildungsstand des einzelnen Menschen fühlt sich Erasmus berechtigt, weil schon „die göttliche Weisheit" selbst in der Heiligen Schrift „ihre Redeweise an unsere Gefühle und unser Fassungsvermögen angepaßt" habe (LB X 1290 E; Le 428).

Für Luther ist ein solches ausgrenzendes und akkommodierendes „einfaches" Reden über den Glauben unerträglich. Wer so lehrt, führe in die Unwissenheit hinein (*Facturus ignaros ... eo ipso, quo doces*; WA 18, 611, 20f). Man könne aus dem einen Wort Gottes, der Offenbarung in Gesetz und Evangelium, keine Teile oder Einzelinhalte ausgrenzen, um „einfach zu einfachen Menschen" zu sprechen. Der in seinem Wort offenbare Gott ist für Luther in eben diesem Wort ganz und unteilbar offenbar. Die Scheidewand zwischen dem verborgenen und dem offenbaren Gott ist nicht innerhalb der Heiligen Schrift aufgerichtet. Das der menschlichen Sprache und Rede anvertraute *verbum Dei* ist hell und klar; in seinem Wort hat Gott sich eindeutig für den Menschen definiert: *Relinquendus est igitur Deus in maiestate et natura sua, sic enim nihil nos cum illo habemus agere, nec sic voluit a nobis agi cum eo. Sed quatenus indutus et proditus est verbo suo, quo nobis sese obtulit, cum eo agimus* (WA 18, 685, 14-17). Auch gegenüber der vom Unglauben oder vom „einfachen" Glauben gestellten Frage: „Wo ist Gott?" gibt es „keine doppelte, sondern nur *eine* Antwort: Gott ist in Gottes Wort."[30]

Erasmus hatte mit der *forma Christianismi* ein gemeindepädagogisches, seelsorgerliches Ziel verfolgt, das gerade heute in den zahllosen Bemühungen um eine katechetische Elementarisierung und Aktualisierung von Glaubensaussagen immer wieder angestrebt wird.[31] Luthers vehementer Widerspruch ge-

---

[30] EBERHARD JÜNGEL, Gott als Geheimnis der Welt. Zur Begründung der Theologie des Gekreuzigten im Streit zwischen Theismus und Atheismus, Tübingen [6]1992, 268.

[31] Vgl. die Situationsbeschreibung der Fachdisziplin und die Skizze zur Aufgabe der Katechetik heute bei CHRISTOPH BIZER, Art. „Katechetik", in: TRE 17 (1988) 686-710; 699-706.

gen das kleine katechetische Lehrstück im Eingangsteil der *Diatribe* macht auf die tiefgreifenden theologischen Probleme aufmerksam, vor denen alle derartigen Versuche stehen. Hier wäre auch an den schlichten Sachverhalt zu erinnern, daß Luther seine eigenen Katechismen ausdrücklich für die Prediger, die Hausväter, die Kinder und das Gesinde zugleich geschrieben hat.[32] Wer in der Art des Erasmus in gemeindepädagogischer Absicht eine reduktive *forma Christianismi* für den Laien verfaßt, der stellt das allgemeine Priestertum der Glaubenden in Frage – auch wenn dem Autor diese Konsequenz seines Tuns völlig fern liegt.

Luthers Zorn über die kleine *forma* mag auch dadurch angefacht und verstärkt worden sein, daß er hinter den der Tradition verpflichteten Einzelformulierungen dieses Textes jene alte kirchliche Lehre wahrnahm, die zwischen „Laien" und „Priestern" in der Weise unterschied, daß sie diese dem göttlichen Geheimnis näher sein ließ als jene.[33] Der Katechismus einer Kirche der Reformation darf – wenn er sich zu Recht auf Luther berufen will – diese Unterscheidung nicht einmal im leisesten Ansatz treffen. Der Katechismus einer Kirche der Reformation muß für alle Christen umfassend das Gleiche lehren, so wie es in dem von James K. Cameron so meisterhaft edierten *First Book of Discipline* heißt: „To wit, the knowledge of Gods Law and Commandments, the use and office of the same; the chiefe Articles of the beleefe, the right forme to pray unto God; the number, use and effect of the Sacraments; the true knowledge of Christ Jesus, of his Office and Natures and such others, without the knowledge whereof *neither any man deserves to be called a Christian.*"[34]

Literaturnachtrag

CORNELIS AUGUSTIJN, Le dialogue Erasme-Luther dans l'„Hyperaspistes II", in: Jacques Chomarat (Hg.), Actes du Colloque International Érasme, Genf 1990, 171-183. – JOHN F. TINKLER, Erasmus' Conversation with Luther, in: ARG 82 (1991) 59-81. – GUNTHER WENZ, Luthers Streit mit Erasmus als Anfrage an protestantische Identität, in: Friedrich Wilhelm Graf/Klaus Tanner (Hg.), Protestantische Identität heute, Gütersloh 1992, 135-160; 275-281 (Lit.). – CHRISTOPH BURGER, Erasmus' Auseinandersetzung mit Augustin im Streit mit Luther, in: Leif Grane/Alfred Schindler/Markus Wriedt (Hg.), Auctoritas Patrum. Contributions on the Reception of the Church Fathers in the 15th and 16th Century, Mainz 1994, 1-13 (Lit.).

---

[32] BSLK 553, 34-554, 33. Vgl. auch WA 7, 204, 8-11; 30/I, 27 und CHRISTOPH WEISMANN, Eine Kleine Biblia. Die Katechismen von Luther und Brenz, Stuttgart 1985.

[33] Auf eine bedeutsame Sonderentwicklung verweist KNUT SCHÄFERDIEK, Das Heilige in Laienhand. Zur Entstehungsgeschichte der fränkischen Eigenkirche, in: Henning Schröer/Gerhard Müller (Hg.), Vom Amt des Laien in Kirche und Theologie. FS für Gerhard Krause, Berlin/New York 1982, 122-140.

[34] JAMES K. CAMERON (Hg.), The First Book of Discipline. With Introduction and Commentary, Edinburgh 1972, 133f.

Die Abendmahlsformel des Regensburger Buches

I

Die Verhandlungen auf dem Regensburger Reichstag vom 5.-13. Mai 1541

Das Religionsgespräch auf dem Regensburger Reichstag von 1541[1] ist nach der überraschenden Einigung der Kollokutoren in der Rechtfertigungslehre über der Frage nach dem Verständnis des Abendmahls ernstlich ins Stocken geraten und mußte schließlich ohne jeden greifbaren Erfolg beendet werden. Die Transsubstantiationslehre wurde von den Verhandlungspartnern als unaufgebbare bzw. unannehmbare Deutung des Abendmahlsgeschehens angesehen. Zieht man in Betracht, daß noch 1551 in Trient einige Konzilsväter nachdrücklich davon abrieten, den Begriff *transsubstantiatio* in die Lehrformulierung aufzunehmen[2], und daß andererseits gesagt werden kann, Luther habe diese Lehre nur gelegentlich bekämpft, „und meist nur so, daß er sie für unnötig erklärt", so drängt sich dem Betrachter des Regensburger Religionsgesprächs die Frage nach den tieferliegenden Ursachen für das Scheitern dieses Vergleichs-

---

[1] Zum Regensburger Religionsgespräch vgl. insgesamt: WILHELM H. NEUSER, Die Vorbereitung der Religionsgespräche von Worms und Regensburg, Neukirchen-Vluyn 1974. – GERHARD MÜLLER (Hg.), Die Religionsgespräche der Reformationszeit, Gütersloh 1980 (SVRG 191); hieraus sei besonders hingewiesen auf folgende Beiträge: CORNELIS AUGUSTIJN, Die Religionsgespräche der vierziger Jahre, 43-53; VINZENZ PFNÜR, Die Einigung bei den Religionsgesprächen von Worms und Regensburg 1540/41 eine Täuschung?, 55-88. – MARION HOLLERBACH, Das Religionsgespräch als Mittel der konfessionellen und politischen Auseinandersetzung im Deutschland des 16. Jahrhunderts, Frankfurt a.M./Bern 1983. – HORST RABE, Reich und Glaubensspaltung. Deutschland 1500-1600, München 1989, 247-255. – JOCHEN REMY, Die Religionsgespräche von Hagenau, Worms und Regensburg (1540/41) als Ausgangspunkt für die Kölner Reformation, in: MEKGR 43 (1994) 29-49 (Lit.). – CORNELIS AUGUSTIJN, Art. „Regensburger Buch", in: TRE 28 (1997) 432-437 (Lit.).

[2] Concilii Tridentini Actorum, pars IV, I, ed. Societas Goerresiana (tom. VII.), 125, 9f. „Firmiter de ipsa transsubstantiatione fiat mentio, tamen illa non videtur pertinere ad fidem"; 183, 5f. „Deleatur ... quia non semper ecclesia ea voce transsubstantionis usa est"; vgl. 184; 188. HANS JORISSEN, Die Entfaltung der Transsubstantiationslehre bis zum Beginn der Hochscholastik, Münster 1965; EDOUARD POUSSET, L'Eucharistie. Présence Réelle et Transsubstantiation, in: RSR 54 (1966) 177-212; JOHANNES HAVEROTT, Transsubstantiation, in: ThGl 57 (1967) 361-368; EDWARD SCHILLEBEECKX, Die eucharistische Gegenwart. Zur Diskussion über die Realpräsenz, Düsseldorf 1967 = Leipzig 1969 (Lit.); JOSEPH RATZINGER, Das Problem der Transsubstantiation und die Frage nach dem Sinn der Eucharistie, in: TThQ 147 (1967) 129-158 = ThJB 12 (1969) 281-301.

versuchs auf³, der von Karl V. mit großen Hoffnungen in Gang gesetzt worden war und der nicht zuletzt auf Grund der wohlüberlegten Auswahl der Gesprächspartner die besten Prognosen für eine Union zu rechtfertigen schien. Hubert Jedin und Ernst Bizer haben darauf hingewiesen, daß es bei den vom 5. bis zum 13. Mai 1541 dauernden Regensburger Verhandlungen über das Abendmahl in der Tat „nicht in erster Linie um den materiellen Inhalt" der Transsubstantiationslehre ging, „sondern um das Formalprinzip, das kirchliche Lehramt. Und da öffnet sich die Kluft".⁴ „Aber für die Katholiken handelte es sich um die Anerkennung einer definierten Glaubenswahrheit; hinter dieser Speziallehre steht die ganze Frage der kirchlichen Autorität!"⁵

Diese besondere, aus der konkreten Abendmahlsproblematik herausführende Zuspitzung des Regensburger Abendmahlsgesprächs ist auf das Wirken des Kardinals Gasparo Contarini zurückzuführen, der auf Wunsch Karls V. von Papst Paul III. als *legatus a latere* für Deutschland zum Regensburger Reichstag entsandt worden war, allerdings ohne im Besitz der vom Kaiser und von König Ferdinand wiederholt verlangten Vollmacht zum Abschluß einer Konkordie mit den Protestanten zu sein; sein Auftrag bestand darin, an den Verhandlungen teilzunehmen, sie wo immer möglich zu fördern und über das Ergebnis an den Papst zu berichten.⁶ Wenige Tage vor Beginn des Religionsgesprächs legte Granvella dem Legaten das vom Kaiser zur Verhandlungsgrundlage bestimmte Ergebnis der Wormser Geheimverhandlungen zwischen Gropper, Veltwyk, Bucer und Capito – das sogenannte *Wormser Buch*⁷ – zur Prüfung vor. Zusammen mit dem Nuntius Giovanni Morone und in Anwesenheit Groppers sah Contarini die Artikel dieses Entwurfs sorgfältig durch und veranlaßte Gropper,

---

³ PAUL SCHEMPP, Das Abendmahl bei Luther. Gesammelte Aufsätze, hg. v. E. Bizer, München 1960, 96. Vgl. KARL RAHNER, Die Gegenwart Christi im Sakrament des Herrenmahles nach dem katholischen Bekenntnis im Gegenüber zum evangelisch-lutherischen Bekenntnis, in: ders., Schriften zur Theologie 4 (1964) 357-385.

⁴ HUBERT JEDIN, An welchen Gegensätzen sind die vortridentinischen Religionsgespräche zwischen Katholiken und Protestanten gescheitert?, in: ders., Kirche des Glaubens – Kirche der Geschichte. Ausgewählte Aufsätze und Vorträge I, Freiburg 1966, 361-366. DERS., Geschichte des Konzils von Trient, Bd. I Freiburg ²1951, 310.

⁵ ERNST BIZER, Reformationsgeschichte 1532 bis 1555, in: KiG 3 K (1964), 122 (dort die wichtigste Lit.).

⁶ FRANZ DITTRICH, Gasparo Contarini 1483-1542, Braunsberg 1885, 565f. DERS., Regesten und Briefe des Cardinals Gasparo Contarini, Braunsberg 1881, 153ff.; 601ff. HEINZ MACKENSEN, Contarini's Theological Role at Ratisbon 1541, in: ARG 51 (1960) 36-57; vgl. auch KLAUS GANZER, Art. „Contarini, Gasparo (1483-1542)", in: TRE 8 (1981) 202-216 (Lit.).

⁷ ROBERT STUPPERICH, Der Humanismus und die Wiedervereinigung der Konfessionen, Leipzig 1936, 75ff. Zur Begriffsbestimmung: Wir bezeichnen als „Wormser Buch" die den Kollokutoren präsentierten 23 Artikel ohne die Zusätze Contarinis (rekonstruierbar mit Hilfe von MAX LENZ, Briefwechsel Landgraf Philipp's des Großmütigen von Hessen mit Bucer, Bd. 3 Leipzig 1891, 32ff.), als „Regensburger Buch" die dem Kaiser nach Abschluß der Beratungen

an etwa zwanzig Stellen in margine des Textes Änderungen einzutragen. Gegen die folgenreichste Erweiterung der Vorlage, nämlich die Eintragung der Transsubstantiationslehre in den Artikel XIV *de sacramento eucharistiae*, scheint Gropper keinen Einwand erhoben zu haben. Contarini ließ dem Kanzler anschließend mitteilen, er mißbillige das Buch nicht, behalte sich aber vor, nach erneuter Prüfung weitere Änderungsvorschläge zu machen. Nach Abschluß der schwierigen und umfangreichen Vorverhandlungen über den modus procedendi kamen am 27. April 1541 die vom Kanzler ernannten Teilnehmer des Religionsgesprächs erstmals zusammen. Als Vertreter der Katholiken Eck, Gropper und Pflug; für die Protestanten Bucer, Melanchthon und Pistorius. Den Wunsch der Kollokutoren nach *praesides* und *testes* des Gesprächs hatte der Kaiser zuvor erfüllt, indem er den Pfalzgrafen Friedrich und Granvella zu Vorsitzenden ernannte und Graf Dietrich IV. von Manderscheid (Köln), Eberhard Ruden (Mainz), Kanzler Heinrich Haß (Pfalz), Kanzler Franz Burchard (Sachsen), Kanzler Johannes Feige (Hessen) und Jakob Sturm (Straßburg) zu Zeugen des Gesprächs berief. Contarini blieb nach außen hin den direkten Verhandlungen fern, doch stand er in allen Phasen des Gesprächs in intensivem Gedankenaustausch mit den katholischen Delegierten.[8]

In der Eröffnungssitzung wurde den Kollokutoren das *Wormser Buch* versiegelt und ohne Titel vorgelegt. Pfalzgraf Friedrich appellierte in einer Ansprache an den Einigungswillen der Versammelten und teilte ihnen mit, es stehe ihnen frei, Änderungen der vom Kaiser präsentierten Vorlage gemeinsam zu erarbeiten und in den Text einzutragen. Am Nachmittag desselben Tages erhielten zuerst die Protestanten und dann die Katholiken das Buch für je eine

---

übergebene Endredaktion mit den Zusätzen. Vgl. KARL THEODOR HERGANG, Das Religionsgespräch zu Regensburg i.J. 1541 und das Regensburger Buch, nebst andren darauf bezüglichen Schriften jener Zeit, Leipzig 1855, 76ff.

Zum Verlauf des Regensburger Religionsgesprächs sind folgende Quellen-Veröffentlichungen grundlegend: GEORG PFEILSCHIFTER (Hg.), Acta Reformationis Catholicae [= ARC]. Bd. VI: 1538-1541 (zweite Hälfte), Regensburg 1974. – Melanchthons Briefwechsel (= MBW). Bd. 3: Regesten 2336-3420 (1540-1543), bearb. v. HEINZ SCHEIBLE, Stuttgart-Bad Cannstatt 1979. – CORNELIS AUGUSTIJN/MARIJN DE KROON (Bearb.), Martin Bucers Deutsche Schriften (= BDS). Bd. 9, 1: Religionsgespräche (1539-1541), Gütersloh 1995, 323-501 (Lit.). – Das Wormser Buch. Der letzte ökumenische Konsensversuch vom Dezember 1540 in der deutschen Fassung von Martin Bucer. Hg.v. Richard Ziegert. Bearb. von CORNELIS AUGUSTIJN, Frankfurt/M. 1995 (Einführung und Lit.). Vgl. auch: KARL-HEINZ ZUR MÜHLEN, Die Edition der Akten und Berichte der Religionsgespräche zu Hagenau und Worms 1540/41, in: Heiner Faulenbach (Hg.), Standfester Glaube. FS J.F. Gerhard Goeters, Köln 1991 (SVRKG 100), 47-62.

[8] Das Regensburger Religionsgespräch, das in dem kleinen Ausschuß geführt wurde, begann am 27. April 1541. Am 31. Mai übermittelte der Ausschuß dem Kaiser sein Arbeitsergebnis „zusammen mit neun Gegenartikeln vonseiten der Protestantischen Mitglieder zu sieben der dreiundzwanzig Artikel; am 5. Juli lehnten die Katholischen Stände das Regensburger Buch ab, am 12. Juli folgten die protestierenden Stände demselben Vorbild" (BDS 9, 1, 327).

Stunde zur ersten Einsichtnahme. Melanchthon erkannte sofort, daß es sich um dieselben Artikel handelte, die Joachim II. von Brandenburg im Februar Luther zur Begutachtung geschickt hatte.[9] Noch am 27. April 1541 begannen die Kollokutoren mit der gemeinsamen Prüfung der ersten vier Artikel[10], die trotz einiger Einwände von beiden Seiten schließlich als „verglichen" bezeichnet wurden. Die Verhandlungen über Artikel V *de iustificatione hominis* zogen sich vom 28. April bis zum 2. Mai hin; erst als eine völlig neue Formel erarbeitet worden war, kam es zu der von allen begrüßten Einigung.[11] Eck und Melanchthon machten nun den Vorschlag, das vom Kaiser präsentierte Buch ganz beiseite zu legen „und nach Ordnung der Confessio [Augustana] fort [zu] schreiten".[12] Granvella wies den Antrag zurück, den auch Gropper und Bucer nicht guthießen. So begannen am 3. Mai die Beratungen über die Kirchen-Artikel[13] *de ecclesia et illius signis ac autoritate* (VI), *de nota verbi* (VII), *de autoritate ecclesiae in discernenda et interpretanda scriptura* (IX). Vor allem über den letztgenannten Artikel kam es zu heftigen Auseinandersetzungen. Melanchthon erklärte, „daß er eher sterben, denn ichts wider sein Gewissen und Wahrheit einräumen wollte".[14] Pfalzgraf Friedrich verhinderte den hier bereits drohenden Abbruch der Verhandlungen, indem er die Protestanten aufforderte, ihre eigene Auffassung „nit zänkisch"[15] formuliert schriftlich niederzulegen; danach wurde Artikel IX für suspendiert erklärt.

---

[9] CR 4, 252; 254. WA Br 9, 322, Nr. 3573; 329, Nr. 3576; 332ff., Nr. 3578; zum gesamten Verlauf vgl. MBW 3, 2695; 2705; 2740; 2754.

[10] De conditione hominis et ante lapsum naturae integritate (I); de libero arbitrio (II); de causa peccati (III); de originali peccato (IV).

[11] R. STUPPERICH, Humanismus 99f.; DERS., Der Ursprung des „Regensburger Buches" von 1541 und seine Rechtfertigungslehre, in: ARG 36 (1939) 88-116; H. JEDIN, Konzil I, 308ff.; KARL-HEINZ ZUR MÜHLEN, Die Einigung über den Rechtfertigungsartikel auf dem Regensburger Religionsgespräch von 1541 – eine verpaßte Chance?, in: ZThK 76 (1979) 331-359; ATHINA LEXUTT, Rechtfertigung im Gespräch. Das Rechtfertigungsverständnis in den Religionsgesprächen von Hagenau, Worms und Regensburg 1540/41, Göttingen 1996 (=FKDG 64), 236-260 (Lit.).

[12] CR 4, 582; 414; 421; MBW 3, 2754; 2738; 2740. – F. DITTRICH, Contarini, 627f.

[13] Granvella bestand auf Einhaltung des vereinbarten modus procedendi; dennoch scheinen die Kollokutoren die Artikel nicht der Reihe nach und einzeln, sondern in größeren Abteilungen vorgenommen zu haben: „Also kamen wir wiederum in das Buch, und nahmen vor den Artikel von der Kirchen, der seltsam zerhackt ist. Und wiewohl ich Mißfallen hatt an viel Puncten, nahm ich doch vornämlich den letzten vor, darin das Buch ihm eine Kirch, wie ein weltlich Regiment, nach menschlicher Weisheit dichtet" (Melanchthon an Johann Friedrich, CR 4, 582; vgl. MBW 3, 2754). Zu Contarinis Einflußnahme auf die Themenstellung s. LUDWIG PASTOR, Die Correspondenz des Cardinals Contarini während seiner deutschen Legation (1541), in: HJ I, 3 (1880), 321ff.; 379ff. – LUDWIG CARDAUNS, Nuntiaturberichte aus Deutschland, I, 7, Gotha 1912, Nr. 23ff.; 53ff.; 555ff. (Beilagen).

[14] CR 4, 255.

[15] CR 4, 583. Der Text dieser Eingabe CR 4, 349-352; MBW 3, 2685.

Die Verhandlungen über die Sakramentenlehre fanden also in einer schon recht gespannten Atmosphäre statt. Dennoch gelang es erstaunlich schnell, über die Artikel *de sacramentis* [in genere] (X), *de sacramento ordinis* (XI), *de sacramento baptismi* (XII) und *de sacramento confirmationis* (XIII) Einigung zu erzielen. Zunächst schienen auch die Aussichten auf eine Vergleichung des Abendmahlsartikels keineswegs ungünstig zu sein. In einer Vorbesprechung mit Contarini machten einige katholische Theologen den Vorschlag, man solle sich mit den Protestanten auf die Formel „ibi est realiter et personaliter Christus" einigen und die Entscheidung über die umstrittene Transsubstantiationslehre dem Generalkonzil übertragen. Contarini verweigerte diesem Vermittlungsvorschlag seine Zustimmung. Es gebe für die Transsubstantiationslehre nicht nur klare Schrift- und Väterbelege, sondern auch die lehramtliche Bestimmung des IV. Laterankonzils[16]; er werde keiner Vergleichsformel zustimmen, die den Eindruck erwecke, als sei an dieser Lehre noch irgend etwas zweifelhaft. Die katholischen Unterhändler wurden aufgefordert, die definierte Glaubenswahrheit aufrecht zu verteidigen und alles Weitere der Güte und Weisheit Gottes zu überlassen, „quae novit tempora et momenta".[17]

Nach diesem Einspruch des päpstlichen Legaten war der Spielraum für weitere Vermittlungsvorschläge aufs äußerste eingeengt. In den zahlreichen Gruppen- und Einzelverhandlungen der folgenden Tage[18] wurde der ganze Umfang der nun vorliegenden Schwierigkeiten vollends sichtbar, als Eck, der die Verhandlungen von Anfang an unwillig und mit Mißtrauen verfolgt hatte, die Diskussion auf die praktischen Konsequenzen der Transsubstantiationslehre lenkte: *adoratio, repositio* und *circumgestatio* der konsekrierten Elemente. Wäh-

---

[16] DH 802: „Una vero est fidelium universalis Ecclesia, extra quam nullus omnino salvatur, in qua idem ipse sacerdos est sacrificium Iesus Christus, cuius corpus et sanguis in sacramento altaris sub speciebus panis et vini veraciter continentur, transsubstantiatis pane in corpus, et vino in sanguinem potestate divina: ut ad perficiendum mysterium unitatis accipiamus ipsi de suo, quod accepit ipse de nostro."

[17] HJ I, 377f.: „Jo risposi risolutamente che il nostro fine era di salvare la verità et di far concordia nella verità, la quale essendo in questo articolo cosi chiara dichiarata per parole di Christo et di St. Paulo, esplicata da tutti li dottori antichi et moderni ... determinata dichiarata per un concilio celeberrimo sotto Innocenzo terzo, dove intervennero li patriarchi di Costantinopoli et di Alessandria et molti archiepiscopi ... Jo per modo alcuno non voleva assentire che la si differisse come dubia, si che quando si potesse procedere alla concordia esplicata questa verità io l'abbracierei volentieri, quando non si potesse farla, che bisognava conservare la verità appresso noi et riportarsi alla divina bontà et sapientia, quae novit tempora et momenta." Vgl. L. CARDAUNS, Nuntiaturberichte I, 7, 53f.

[18] Für die Verhandlungen in Regensburg zwischen dem 5. und 10. Mai 1541 liegt eine detailreiche Analyse vor: PIERRE FRAENKEL, Les protestants et le problème de la transsubstantiation au Colloque de Ratisbonne. Documents et arguments, du 5 au 10 mai 1541, in: Oec 3 (1968) 70-116; vgl. DERS., Einigungsbestrebungen in der Reformationszeit. Zwei Wege – zwei Motive, Wiesbaden 1965 (VIEG 41).

rend man im protestantischen Lager über den Verweis auf das IV. Laterankonzil einigermaßen gelassen hinwegging[19], erhob sich über der Frage nach der Verwahrung der Elemente *extra usum* heftiger Widerspruch gegen die katholische Position.[20] Auf einer am 8. Mai 1541 in der Wohnung des Landgrafen stattfindenden Versammlung der Schmalkaldischen Stände gaben 19 protestantische Theologen in Einzelvoten ihre Stellungnahme zur Transsubstantiationslehre ab. Calvin berichtete über die Sitzung an Farel: „Iussi sumus omnes ordine dicere sententias: fuit una omnium vox, transsubstantiationem rem esse fictitiam, repositionem superstitiosam, idolatricam esse adorationem, vel saltem periculosam, cum fiat sine verbo Dei".[21] Ein von Aitinger angefertigtes kurzes Protokoll über die Gutachten der einzelnen Theologen bestätigt Calvins zusammenfassende Bemerkung. Gegen die Transsubstantiationslehre wurde immer wieder geltend gemacht, „das in keiner schrift diß wort begriffen; weil es dann ein newer terminus, so sei er nit zu leren".[22] Von „verschließung und umbhertragen des sacraments" heißt es, hier „hab Christus kein cultum anzurichten bevolhen"[23] und von der „anbettung" sei „das der recht verstand, Christum im sacrament anzubeten, aber dise volg nicht zuzelassen: man soll Christum im sacrament anbeten, darumb auch das sacrament; dann das sei abgöttisch. Es müeßt auch volgen: Christus ist im himel, darumb soll man den himel anbeten; dergleichen auch den menschen, der das sacrament entpfieng" (Brenz).[24] Bucer, von dem Calvin sagt, „totus ardet studio concordiae"[25], gab zwar zu bedenken: „Lutherus hat nicht gewöllt die transsubstantiation genzlich hinweg zu werfen", kam dann aber vor allem im Hinblick auf die gegenwärtige Verhandlungssituation auch zu dem Schluß „das die transsubstantiation nicht zu bewilligen [sei]".[26]

Als Ergebnis dieser internen Beratung, an der Granvella erheblichen Anstoß nahm, da die protestantischen Kollokutoren mit ihr die Verpflichtung zur Ge-

---

[19] CR 4, 274; 277; MBW 3, 2693. – K. T. HERGANG, a.a.O., 233.
[20] CR 4, 275-278; MBW 3, 2693; CR 262f.; MBW 3, 2696.
[21] CR 39, 215f. – Johannes Calvins Lebenswerk in seinen Briefen, übers. und hg. v. RUDOLF SCHWARZ I, Neukirchen ²1961, Nr. 68, 190-192; Nr. 69, 192f.; Nr. 71, 195f; Zitat 191.
[22] M. LENZ, Briefwechsel 3, 23.
[23] A.a.O.
[24] A.a.O.
[25] CR 39, 215; vgl. CR 4, 281; 290. – Zu Bucers Anteil an den Verhandlungen vgl. CORNELIS AUGUSTIJN, Bucer und die Religionsgespräche von 1540/41, in: Christian Krieger/Marc Lienhard (Hg.), Martin Bucer and sixteenth century Europe, Leiden/New York/Köln 1993, II, 671-680; vgl. ferner KARL-HEINZ ZUR MÜHLEN, Martin Bucer und das Religionsgespräch von Hagenau und Worms, in: Chr. Krieger/M. Lienhard (Hg.), a.a.O., 659-669; IRENE DINGEL, Art. Religionsgespräche IV. Altgläubig-protestantisch und innerprotestantisch", in TRE 28 (1997) 656-661.
[26] M. LENZ, Briefwechsel 3, 21. – Vgl. die „Einleitung" zum „Wormser Buch" von C. AUGUSTIJN/ M. de KROON in: BDS 9, 1, 323-336.

heimhaltung des Gesprächsganges grob verletzt hätten, wurde dem Pfalzgrafen Friedrich und Granvella am 10. Mai 1541 eine Erklärung über den Abendmahlsartikel überreicht[27], in der es heißt: „Wir haben mit klaren Worten bekannt, daß wir halten und vertheidigen die gemeine Lahr der Catholicken Kirchen, daß in dem Nachtmahl des Herren, so das Brot und Wein consecrirt wird, wahrhaftig und wesentlich sey und genommen werde der Leib und Blut Christi".[28] Man verweist darauf, daß die Transsubstantiationslehre „nur am Rand" des vom Kaiser vorgelegten Buches vermerkt sei und fügt hinzu: „Dieweil wir die Lehr behalten, daß der Leib Christi zugegen sey, was ists noth zu forschen von der Weise, ob das Brot zu nichten werde?" Die Transsubstantiationslehre sei „gar ein neu Speculatio, die da dichtet accidentia sine subiecto, aus welchem viel furwitzig Fragen gefolgt ... daß man billig verursacht ist, reine Lahr zu suchen; besonder dieweil man allein von solchen unnöthig Fragen disputirt, und nichts von dem Nutz und Brauch dieses Sacraments gelehrt hat."[29]

Zur gleichen Zeit versuchte Gropper, Contarinis Zustimmung zu einer neuen Abendmahlsformel zu gewinnen, in der das Wort *transsubstantiatio* fehlte; wiederum erzwang der Legat den entscheidenden Zusatz.[30] Auch bei einer am 11. Mai 1541 stattfindenen Zusammenkunft von Granvella, Gropper und Pflug bei Contarini, in deren Verlauf der Kanzler auf die weitreichenden politischen Folgen eines Abbruchs des Religionsgesprächs warnend hinwies und nun seinerseits vorschlug, die Entscheidung über die Transsubstantiationslehre dem Konzil zu überlassen, berief sich der Legat erneut auf das IV. Lateranense und verweigerte jegliche Konzession.[31] Noch einmal verhandelten am 12. und 13. Mai Gropper, Pflug, Melanchthon und Bucer[32] über eine neue Formel. Als Contarini die beiderseitigen Entwürfe vorgelegt wurden, mußte er zu seiner Enttäuschung feststellen, daß Pflug und Gropper wiederum die von ihm geforderten Worte „quae transformatio postea appellata est transsubstantiatio" ausgelassen hatten; auf der anderen Seite erweckten die von den Protestanten ausgearbeiteten Formulierungen bei Contarini den Eindruck, „che vogliano star nel senso loro erroneo, che in eucharistia remaneat substantia panis post consecrationem".[33] Einer derartigen „Scheinkonkordie" verweigerte der Legat

---

[27] CR 4, 275-278 (deutsche Fassung 271-275); MBW 3, 2693; vgl. auch 2694. Granvella weigerte sich, die an ihn gerichtete Eingabe (MBW 3, 2693, 170) anzunehmen.
[28] CR 4, 272.
[29] CR 4, 273.
[30] HJ I, 382. – Über einen dem Landgrafen vertraulich unterbreiteten Vermittlungsvorschlag (Granvellas?) s. M. LENZ, Briefwechsel 3, 24.
[31] HJ I, 382f.
[32] Nach dem Ausscheiden Ecks wegen einer plötzlichen Erkrankung wurde auch Pistorius aus Paritätsgründen aus dem Gesprächskreis ausgeschlossen; s. F. DITTRICH, Contarini, 634f.
[33] HJ I, 384f.

endgültig seine Zustimmung. Granvellas eifrige Bemühungen, einen Abbruch des Religionsgesprächs zu verhindern, hatten nun nur noch insofern Erfolg, als man übereinkam, auch den Abendmahlsartikel als „nicht verglichen" zu suspendieren und die Erörterung der übrigen Artikel der Vorlage aufzunehmen. Wie schon bei Artikel IX, so wurde auch für Artikel XIV den Protestanten der Auftrag erteilt, ihre eigene Lehre dem Kaiser noch vor Abschluß des Reichstags schriftlich vorzutragen. „Damit ist das Regensburger Gespräch zu Ende, obwohl es noch ein paar Tage (bis zum 22. Mai) weiterdauert".[34]

Contarini hatte vor allem in diesem Abschnitt der Regensburger Verhandlungen seine wesentlichen Interessen klug zu wahren und zu verteidigen gewußt: Weder konnte dem Einspruch des päpstlichen Legaten ein Scheitern des Vermittlungsversuchs angelastet werden, da die katholischen Gesprächspartner die vom Kaiser vorgelegte Formel akzeptierten, noch hatte er den zu einem Ausgleich bereiten Theologen seiner Seite zu sehr nachgegeben und „auch nur im geringsten an einer definierten Glaubenswahrheit deuteln ... lassen ... Nun hieß es für ihn nur: das Glaubensgut wahren (conservare la verità)".[35]

Diese knappe Skizze des Gesprächsganges macht sichtbar, daß die Teilnehmer des Regensburger Abendmahlsgesprächs von 1541 gar nicht erst dazu gekommen sind, die wesentlichen Differenzen der katholischen und reformatorischen Abendmahlsauffassung aufzudecken und einander gegenüberzustellen. Der Einspruch Contarinis hatte zur Folge, daß an die Stelle kontroverser Abendmahlsfragen das Problem des Verständnisses der Kirche und damit die Frage nach der Autorität konziliarer Lehrbestimmungen trat. Als durchaus folgerichtige Begleiterscheinung dieser Akzentverschiebung muß angesehen werden, daß die katholischen Unterhändler in ihren verschiedenen Eingaben zwar auf den patristischen Beweis für das hohe Alter der Transsubstantiationslehre großen Wert legten[36], aber gar nicht erst den Versuch unternahmen, die mit dem Terminus *transsubstantiatio* gegebene besondere Auslegung der von Protestanten wie Katholiken generell bejahten „Realpräsenz" interpre-

---

[34] H. JEDIN, Gegensätze, 54.
[35] H. JEDIN, Konzil I, 310.
[36] CR 4, 273f. – Gropper berichtet in: Warhafftige Antwort und gegenberichtung H. Johan Gröpper ... uff Martini Buceri Freuenliche Clage und angegeben wider im D. Gröpper in eynem jüngst außgangen Truck beschehenn (Köln, J. Gennepaeus) 1545 (zit.: „Warhafftige Antwort"), fol. 40 recto: „dz wir domals eynen grossen hauffen der ältisten heiligen Vätter, beide der Occidentalischen und Orientalischen Kirchen sprüch, umb zu erweisen, das die Transsubstantiation im Sacrament von zeiten der heiligen Apostell in Catholischer Kirchen biß uff unsere zeite gleichhellich geglaubt und gelehret were, zusamen getragen und Annotiert hatten". Diese voluminöse Sammlung veröffentlichte GROPPER 1556: Vonn Warer, Wesenlicher und Pleibender Gegenwertigkeit des Leybs und Bluts Christi nach beschener Consecration, und derselben Anbetung im Hochwirdigsten Heiligen Sacrament des Altars ... Wider jetziger zeyt entstandene und weith verpreite Ketzereien und Secten. Durch Johannem Gropperum ..., Jaspar Gennep, Cöllen M.D.LVI, 4°, 448 Bl. (zit.: Gegenwertigkeit).

tierend zu entfalten. Ebensowenig kam es zu einer Besinnung auf die dem strittigen Begriff zugrunde liegende Substanzmetaphysik. Ähnlich wie offensichtlich noch 1551 in Trient wurde auch 1541 in Regensburg der Begriff *transsubstantiatio* primär auf Grund seiner durch das Laterankonzil von 1215 gesicherte erscheinenden lehramtlichen Autorität zur „Parteifahne des rechten Glaubens"[37] erhoben, nicht aber infolge theologisch begründeter Einsicht in seine unaustauschbare Prägnanz zur Verdeutlichung der katholischen Abendmahlsauffassung. Gerade die von Contarini geforderte Formulierung: „quae transformatio postea appellata est transsubstantiatio" zeigt, wie unbesorgt man die geschichtliche Relativität der kirchlichen Tradition dieses Begriffs zugeben konnte.[38]

Angesichts des skizzierten Tatbestandes gewinnt in einer Zeit wachsender Verständigungsbereitschaft zwischen den Konfessionen[39] die ursprüngliche Abendmahlsformel des *Wormser Buches* an Interesse, die in der reformationsgeschichtlichen Forschung bisher ganz im Schatten des Streites um die Trans-

---

[37] E. SCHILLEBEECKX, Die eucharistische Gegenwart, 26; eine historische und theologische Analyse der Entstehung und Entwicklung der tridentinischen Eucharistie-Formel, a.a.O., 18ff.

[38] HJ I, 348. – In den CR 4, 261f. abgedruckten Thesen der Katholiken „de transsubstantiatione" (deren genaue Einordnung in den Gesprächsgang hier aus Raumgründen nicht geschehen kann) heißt es ebenfalls: „Convenit, quod ad exprimendam hanc mirificam transformationem verbum transsubstantiationis non sit inconveniens aut improprium" (262). Gropper geht in: Gegenwertigkeit, fol. 247 verso ff. nur beiläufig auf das IV. Laterankonzil ein und bemerkt zur dort gefundenen Formulierung: „... uff dz sie anzeigten, dz nur die einige Substantz des Leibs Christi im Sacrament anwesend were, in welche (wie die Alten sagen) die Substanz des Brots verwandelt, Transelementiert und übersetzt wirdt, damit des Herrn Christi wort, Das ist meyn Leib etc., war bestehe" (fol. 247 verso). In der unmittelbar in den Umkreis des Regensburger Religionsgesprächs gehörenden zeitgenössischen Literatur findet sich ein erster Ansatz, die Transsubstantiationsvorstellung von dem Substanzbegriff aus zu verteidigen, bei ALBERT PIGHIUS, Controversiarum praecipuarum in comitiis Ratisponensibus tractatarum ... diligens et luculenta explicatio (Köln, Melchior Novesianus 1545), fol. O 4 recto ff. „Fieri non posse, ut sint aliqua essentialiter et substantialiter diversa, atque eadem simul, essentialiter et substantialiter eadem" (fol. O 5 verso). Doch nimmt auch bei Pighius der patristische Beweis großen Raum ein; hier heißt es dann: „Quod posteriores haud insignificanter transsubstantiari dixerunt, novo quidem vocabulo, sed antiqua catholica fidei sententia" (fol. P I recto). In seiner gegen Bucer gerichteten Streitschrift: Ratio Componendorum Dissidiorum et Sarciendae in religione concordiae (Köln, Melchior Novesianus 1545, 4°, 16 Bl.) stellt Pighius den Protestanten die Frage, „num certum sit, post consecrationem aliquandiu in eucharistia permanere veritatem corporis et sanguinis Christi in eucharistia [!]. Imo cum hoc certum sit (si modo verum est, Christi fideles vere sumere corpus et sanguinem Christi in eucharistia) an ex aliquo ... definire possint, quamdiu, et quousque ibi maneant, et quando primum illic esse desinant. Istiusmodi quaestionibus ita inexplicabiliter constringuntur adversarii, ut non habeant, quod contra possint hiscere" (fol. c 3 verso).

[39] Vgl. u.a. KARL LEHMANN/WOLFHART PANNENBERG (Hg.), Lehrverurteilungen – kirchentrennend? Bd. I: Rechtfertigung, Sakramente und Amt im Zeitalter der Reformation und heute, Freiburg i.Br./Göttingen 1986 (= DiKi 4), 89-124; WOLFHART PANNENBERG (Hg.), Lehrverurteilungen – kirchentrennend? Bd. III: Materialien zur Lehre von den Sakramenten und vom kirchlichen Amt, Freiburg i.Br./Göttingen 1990 (= DiKi 6).

substantiationslehre gestanden hat und keine Beachtung fand. Alle Anzeichen deuten darauf hin, daß sich Gropper, Pflug, Bucer und Melanchthon in Regensburg auf den von Contarini noch nicht redigierten Text des Artikels XIV hätten einigen können. Schon in der Eingabe der protestantischen Kollokutoren an Pfalzgraf Friedrich vom 10. Mai 1541 heißt es: „Es ist auch in dem Buch, so uns durch Kais. Maj. zu besehen zugestallt, nichts mehr denn in itzt gemeldten unser Bekenntnus ... Derhalben haben wir billig Verwunderung, daß obgedachte verordnete Herren an unserm einfältigen klaren Bekenntnus nicht zufriden, dieweil es je zur Concordia nicht undienstlich. Denn es je darin begriffen, was von diesem Artikel nöthig zu lehren".[40] Bucer schreibt rückblikkend: „Demnach wir dann jnn Articell vom h. Sacrament der dancksagung komen sind, weren wir desselben artickels, wie er zuvor im Buch gestellet, wol bederseits zufriden gewesen, wie dann auch die warheit Christi in demselbigen gnugsam ausgedruckt ware".[41] Solche Bemerkungen lassen es lohnend erscheinen, Herkunft und theologische Eigenart dieser Formel genauer zu untersuchen.

II
Der Text der Abendmahlsformel

Der Wortlaut des Artikels XIV, wie er den Kollokutoren in Regensburg zu Beginn des Gesprächs vorgelegen hat, läßt sich mit Hilfe der Angaben bei Max Lenz[42], Georg Pfeilschifter[43] und unter Heranziehung der zeitgenössischen Aktenveröffentlichungen von Melanchthon, Bucer, Gropper und Eck zuverlässig rekonstruieren.[44] Wir setzen den von Gropper auf Contarinis Verlangen eingetragenen entscheidenden Zusatz in Klammern und geben im ersten Appa-

---

[40] CR 4, 272f.; MBW 3, 2693.
[41] K. T. HERGANG, a.a.O., 231.
[42] M. LENZ, Briefwechsel 3, 66f.
[43] Die von Pfeilschifter rekonstruierte Fassung des Abendmahlsartikels im Regensburger Buch bestätigt die Richtigkeit meiner älteren Rekonstruktion; vgl. ARC VI, 69, 4-23. Ebenso verhält es sich bei einem Vergleich mit der kommentierten, textkritischen Edition des entsprechenden Abschnittes im *Wormser Buch* in: BDS 9, 1, 437, 11-22. 439, 1-9.
[44] Zur Kollation wurden verwandt: [MELANCHTHON:]Acta in conventu Ratisbonensi continentia haec quae sequuntut [!]. Librum propositum de lectis collocutoribus. Articulos oppositos certis locis in libro. Responsionem coniunctorum Augustanae confessioni, de libro. Praefationes quasdam, quae indicant causas, cur articuli quidam reprehensi sint. Responsionem ad Contareni scriptum. Caetera quae de emendatione abusuum exhibita sunt, et historica quaedam, in alio volumine complectemur. [Auf dem letzten Blatt fol. S 4 recto der Eintrag:] Impressum Vitebergae per Iosephum Klug. Anno M.D.XLI. (Dies ist Melanchthons erste Ausgabe der Akten.) – [BUCER:] Acta colloquii in comitiis Imperii Ratisponae habiti, hoc est, Articuli de Religione conciliati, et non conciliati omnes, ut ab Imperatore, Ordinibus Imperii ad iudicandum et deliberandum propositi sunt. Consulta et deliberata de his actis Imperatoris,

rat die Varianten an, die das dem Kaiser nach Abschluß der Verhandlungen überreichte *Regensburger Buch* gegenüber der ursprünglichen Vorlage aufweist.

De sacramento eucharistiae

Eucharistiae sacramentum verbum habet, quod^a est omnipotens Christi sermo, cuius virtute hoc sacramentum conficitur et quo fit, ut post consecrationem verum corpus et verus sanguis domini vere^b substantialiter adsint et fidelibus sub specie panis et vini [illis nimirum, hoc est pane et vino, in corpus et sanguinem domini transmutatis et transsubstantiatis,] distribuatur^c, qui habet in hunc modum: Accipite et manducate ex hoc omnes, hoc est corpus meum, quod pro vobis tradetur; et ad calicem: Bibite ex hoc omnes, hic est enim^d sanguis meus novi testamenti, qui pro multis effunditur in remissionem peccatorum.

Elementum vero est panis et vinum, ad quod accedit verbum et fit sacramentum^e; duobus enim hoc sacramentum conficitur, visibili elementorum specie et invisibili domini Jesu Christi carne et sanguine^f, quae in^g hoc sacramento vere^h et realiter participamus.

Vis huius sacramenti est, ut per vivificatricem carnem salvatoris nostri Jesu Christi ei nedum spriritualiter, sed et corporaliter iungamur et efficiamur os de ossibus eius et caro de carne eius, accipientes in eo^i remissionem peccatorum et^k virtutem restringendi^l concupiscentiam in membris nostris haerentem. Dulcissimum certe pignus remissionis peccatorum, vitae aeternae et societatis cum Deo nobis in Christo promissae et exhibitae.

(B = Bucer, fol. 30; M = Melanchthon, fol. F 3 verso f.; G = Gropper, fol. 66 recto f.; E = Eck, fol. F I verso f.)

^{a} BMGE qui (quod CR 4, 216 [unde?]) ^{b} BMGE + et ^{c} BGE distribuantur ^{d} BGE > enim
^{e} ad quod – sacramentum] ad quae cum accedit verbum fit sacramentum BMGE
^{f} invisibili – sanguine] invisibili domini nostri Jesu Christi carne et sanguine BGE, invisibili corpore et sanguine M
^{g} BMGE > in ^{h} Lenz 3, 67 vero (?), BME vere, G quae hoc sacramento vera, vere et ...
^{i} accipientes – eo] certificati, quod in ipso Christo Jesu acceperimus BMGE ^{k} BMGE + in sacramento ^{l} BME restinguendi, G restuingendi (restingendi = CR 4, 217 [unde?])

---

singulorum Ordinum Imperii, et Legati Romani. Et quaedam alia, quorum Catalogum statim post Epistolam dedicatoriam invenies. Per Martinum Bucerum. Argentorati Mense Septembri M.D.XLI. (s. R. STUPPERICH, Bucer-Bibliographie [1952], 55f., Nr. 69). – [GROPPER:] Warhafftige Antwort (s.o. Anm. 36). – [ECK:] Apologia pro Reverendis et Illustris Principibus Catholicis, ac aliis ordinibus Imperii adversus mucores et calumnias Buceri, super actis Comiciorum Ratisponae ... Iohan Eckio Authore. Coloniae (Melchior Novesianus), M.D.XLIII. Mense Maio. – CR 4, 216f. wurde auch dann berücksichtigt, wenn offenkundig Versehen vorliegen; s. Apparat.

III
Die Herkunft der Abendmahlsformel

Wie weit läßt sich die Herkunft dieser Formel erhellen? Walter Lipgens hat darauf aufmerksam gemacht, daß Groppers *Warhafftige Antwort* außer dem Abdruck des *Liber ab Imperatoria Maiestate Vestra pro conciliandis Religionis controversiis Ratisbonae propositus* (fol. 56 verso ff.), also dem *Regensburger Buch*, noch einem weiteren, in denselben Zusammenhang gehörenden Vergleichsentwurf enthält; Lipgens bezeichnet ihn als die „Urform des Regensburger Buches" und nimmt an, es handle sich um „ein dogmatisches Handbüchlein", das Gropper zu Beginn der Wormser Geheimverhandlungen am 15. Dezember 1540 seinen Gesprächspartnern vorgelegt habe.[45] Lipgens führt jedoch weder einen Beweis dafür, daß die von Gropper abgedruckten „Artikell Catholischer lehr nit ungemeß"[46] auch von Gropper verfaßt sind, noch gibt er eine Begründung für seine These, daß die Artikel den Ausgangspunkt des Wormser Gesprächs abgegeben haben sollen.[47] Aus einem Brief an Joachim II. geht zwar eindeutig hervor, daß ihm und Capito in Worms eine „schrifft ... von den furnemsten streittenden artikeln" vorgelegt worden ist.[48] Wie schwierig es jedoch ist, den Gang der Wormser Verhandlungen aus den bisher bekannt gewordenen Quellen zu rekonstruieren, zeigt ein Brief Bucers an den Landgrafen, in welchem Bucer die Bilanz des geheimen Gesprächs zieht und im Blick auf die soeben gemachten Erfahrungen die „Anstöße" aufzählt, die bei neuerlichen Vermittlungsversuchen im Wege liegen dürften. Zur Sakramentenlehre schreibt Bucer: „Das fierde, so im weg ligen wirdt, ist von der transubstantion ... Das macht, das etliche alte vetter etwas zu hefftig hievon geredt haben".[49] Zu dieser Besorgnis gäbe das von Gropper abgedruckte „dogmatische Handbüchlein" mit seinem Abendmahlsartikel keinen Anlaß. Schließlich muß beachtet werden, daß Gropper selbst in seiner *Warhafftigen Antwort* den Eindruck zu erwekken versucht, als seien besagte Artikel nicht Ausgangspunkt sondern Ergebnis der Verhandlungen gewesen: „Zu Worms und Regenßburg hat der Bucer gegen den Hochgelehrten und Hochachtparn Herren Gerharten Veltweich ... und mir inn angebung seyns simülierten fleiß zu Christlicher vergleichung ...

---

[45] WALTER LIPGENS, Kardinal Johannes Gropper 1503-1559 und die Anfänge der katholischen Reform in Deutschland, Münster 1951, 124. Vgl. MECHTHILD KÖHN, Martin Bucers Entwurf einer Reformation des Erzstiftes Köln, Witten 1966, 35, Anm. 1.
[46] Warhafftige Antwort, fol. 7 recto (nicht, wie Lipgens angibt, 8 recto) bis 20 recto.
[47] W. LIPGENS, a.a.O. Zur Beurteilung der Arbeit von Lipgens s. G. PFEILSCHIFTER, ARC 2 (1960), 121, Anm. 9; HEINRICH LUTZ, Reformatio Germaniae. Drei Denkschriften Johann Groppers, in: QFIAB 37 (1957), 222-310.
[48] M. LENZ, Briefwechsel I, 532; R. STUPPERICH, Humanismus, 91.
[49] M. LENZ, Briefwechsel I, 289.

dise nachfolgenden Artikell vor Christlich und der gesunder Catholischer lehr gemeß erkennet".[50] Ferner heißt es in Groppers Darstellung vom Verlauf des Wormser Gesprächs: „In sölchem gesprech hat der Bucer neben seym gesellen [Capito] alle und jede artikel (so hie bevor als Catholischer lehr nit ungemeß nach einander erzelet seyndt) frei bekennet und sich die selbigen nit mißfallen lassen; des wirt er nit leuchen können. So hab ich derwegen sein handt so vil und weit, dz ich neben gmelten E. K. M. Secretary sein bewilligung sölcher artikel zum weinigsten vor sein person über in erweysen kan". Anschließend zählt Gropper die Personen auf, denen er noch in Regensburg „des Bucers handt, die sie wol kennen, gezeigt" und auf diese Weise „vermeldet hab, dz der Bucer sölche artikel gmeltem Herrn Secretary und mir zu Wurms bekennet und vor seyne person als Christliche bewilligt hette".[51]

Aus alledem ergibt sich, daß die Zuordnung der von Gropper abgedruckten „Wormser Artikel" zum *Wormser* und *Regensburger Buch* nicht so leicht zu bestimmen ist, wie es nach der Darstellung von Lipgens den Anschein haben könnte. Hier kann nur philologische und theologische Analyse der Texte weiterhelfen. Wir versuchen, sie für den Artikel „Vom Sacrament des leibs und bluts Christi" zu geben. Dieser hat bei Gropper folgenden Wortlaut:[52]

Vom Sacrament des leibs und bluts Christi

Das durch das Almechtig wort Christi, in welches krafft diß Sacrament zugericht wirdt, geschehe, das nach der Consecration der warer leib und das ware blut des Herren warlich und wesenlich zu gegen seyn. Und den glaubigen under der gestalt des broits und weyns gegeben werden.

Das dis Sacrament, wie der heilig Augustinus sage, in zweien dingen bestahe. Nemlich in der sichtbarer gestalt der eüsserer zeichen und in dem unsichtbaren fleisch und blut unsers Herren Jesu Christi, welches wir in diesem Sacrament warlich und wesentlich empfahen.

Das wir durch diß Sacrament nit allein geistlich, sonder auch leiblich Christo vereynbaret und beyn von seynem gebeyn und fleisch von seynem fleisch werden.

Das im H. Sacrament empfangen werde eynn krafft, die böse begirligkeit, so inn unsern glidern noch hanget, zu dämpfen.

Die überaus enge Verwandtschaft dieser deutschen Abendmahlsformel mit dem lateinischen Artikel XIV des *Wormser Buches* ist offenkundig. Blickt man auf

---

[50] Warhafftige Antwort, fol. 7 recto.
[51] Warhafftige Antwort, fol. 39 recto.
[52] Warhafftige Antwort, fol. 13 recto-verso. – Vgl. BDS 9, 1, 492f. (Die Herausgeber drucken als „Beilage" Groppers *Artikell* ganz ab: BDS 9, 1, 484-501).

die Abweichungen zwischen beiden Texten, so fällt zunächst auf, daß die in allen Sakramentsartikeln des *Wormser* und *Regensburger Buches* wiederkehrende strenge Gliederung der Aussagen nach dem Schema a) *verbum*, b) *elementum* und c) *vis sacramenti* in der deutschen Formel zwar angelegt, aber noch nicht klar herausgearbeitet ist. Diese Beobachtung läßt den ersten Schluß zu, daß die lateinische Fassung wohl als Weiterbildung des deutschen Artikels angesehen werden kann, nicht aber dieser als Kurzform jener. Beide Artikel deuten im ersten Abschnitt das *verbum* des Sakraments als Weihewort, nicht aber als Austeilungs- oder Verkündigungswort. Jedoch kommt in dem lateinischen Artikel durch die im deutschen Text fehlende Zitation der biblischen Einsetzungsworte eine *sub specie panis et vini* gegenwärtige besondere Gabe des Sakraments immerhin in den Blick: *pro vobis ... in remissionem peccatorum*. Beide Formeln bestimmen die Art der Gegenwart Christi in gleicher Weise: „vere substantialiter – sub specie panis et vini" und: „warlich und wesenlich zu gegen – under der gestalt des broits und weyns". Ebenfalls gleich ist die Benennung der Empfänger: „fidelibus" – „den glaubigen". Im zweiten Abschnitt verweist die deutsche Formel auf die „zweien dingen", aus denen das Sakrament bestehe, und nennt dann (unter Berufung auf Augustin[53]) die *sichtbare* Gestalt der Elemente und das *unsichtbare* Fleisch und Blut Christi. Die *sichtbaren* Zeichen sind Symbole des *unsichtbaren* Inhalts. Diese klare Aussage wird in der lateinischen Fassung durch die Einfügung des bekannten Augustin-Worts *accedit verbum et fit sacramentum* (CChr ser. lat. 36, 529, 5-6) unscharf: Das echte und das unechte Augustin-Zitat konvergieren in dem Begriff Sakrament; der erste Satz spricht von *elementum* und *verbum*, der zweite von *signum* und *res*. Einen logischen Zusammenhang zwischen beiden Sätzen, den das verknüpfende „enim" statuiert, gibt es nicht. Sollte er hergestellt werden, so müßte die zweite Satzhälfte lauten: „duobus enim hoc sacramentum conficitur, elemento et verbo." Es wird zu fragen sein, welches Interesse sich hinter der formal nicht geglückten Zusetzung des zweiten Zitats verbirgt.

Auffallend ist weiter, daß das „warlich und wesenlich" des zweiten Abschnittes nicht wie im ersten mit „vere substantialiter", sondern mit „vere[54] et realiter" übersetzt wird. In der deutschen Fassung geht der zweite Abschnitt der Formel fugenlos in den dritten über: Das Empfangen der unsichtbaren Gabe bedeutet leibliche Vereinigung mit Christus (Eph. 5, 30). Hier bietet die lateinische Version besonders aufschlußreiche Interpolationen. Gleich zu Anfang wird an die Stelle der Worte „durch diß Sacrament" die Formel gesetzt: „per

---

[53] BDS 9, 1, 439 Anm. 242 wird nachgewiesen, daß es sich um ein Zitat aus LANFRANC, De corpore et sanguine domini adversus Berengarium 10 (MSL 150, Sp. 421 B) handelt. ALGER, De sacramentis corporis et sanguinis dominici 1, 5. 11 (MSL 180 Sp. 752 C. 772 B); vgl. auch C. AUGUSTIJN, Das Wormser Buch (s. Anm. 7), 91.

[54] vero (M. LENZ, Briefwechsel 3, 67) dürfte Schreibfehler sein.

vivificatricem carnem salvatoris nostri Jesu Christi". Damit ist bereits eine inhaltliche Bestimmung der *vis sacramenti* erfolgt, die der deutsche Text überhaupt nicht beabsichtigt. Ihm ist daran gelegen, den Zusammenschluß der Gläubigen mit Christus zum Ausdruck zu bringen: in der nicht nur geistlichen, sondern auch leiblichen Vereinigung wird der wesentliche Nutzen des Sakramentsgenusses erkannt. Eine ganz andere Aussage wird in der lateinischen Formel durch die Worte „per vivificatricem carnem salvatoris nostri" vorbereitet und dann in dem Einschub „accipientes in eo remissionem peccatorum" zur Sprache gebracht. Es bleibt nicht bei der bloßen Feststellung des innigen Zusammenschlusses der Gläubigen mit Christus, sondern dieser wird als Empfang (*accipientes*) der Sündenvergebung gedeutet! Daß hier zwei verschiedene Abendmahlsauffassungen ziemlich gewaltsam in eine Formel zusammengepreßt worden sind, ohne daß es zu einem Ausgleich der Vorstellungen gekommen wäre, zeigt das grammatisch nur mühsam auf die Genitive „sacramenti" oder „salvatoris" zu beziehende „in eo", und die nachklappende Anfügung des Schlußsatzes der deutschen Formel mit „et virtutem restringendi concupiscentiam".

Der Wortlaut der in Regensburg hergestellten Endredaktion der Formel zeigt, wie heftig hier um jedes Wort gestritten worden ist. Die in sich zuvor eindeutige Aussage „accipientes in eo remissionem peccatorum" wird in Regensburg wieder gestrichen und durch die Worte ersetzt: „certificati, quod in ipso Christo Jesu acceperimus remissionem peccatorum" (s. Apparat). Nun ist die zuvor immerhin mögliche Auslegung der Formel, daß nämlich im Abendmahl selbst Sündenvergebung ausgeteilt bzw. empfangen werde, verwehrt. Übrig bleibt die von dieser Aussage energisch abrückende Feststellung, daß die Sakramentsempfänger im Abendmahl einer Sündenvergebung vergewissert werden (*certificati*), die sie zuvor „in ipso Christo Jesu" empfangen haben (*quod – acceperimus*). Daß es nicht das Abendmahl selbst ist, mit dem und durch das Sündenvergebung ausgeteilt wird, hebt die Regensburger Endredaktion der Formel schließlich dadurch überdeutlich hervor, daß sie zwischen die Worte „et virtutem restringendi concupiscentiam" noch „in sacramento" einfügt. Der gesamte Gedankengang lautet nun: Das Abendmahl bewirkt leibliche Vereinigung der Gläubigen mit Christus – es vergewissert zuvor empfangener Sündenvergebung – und es verleiht Kraft für den Kampf gegen die Konkupiszenz. Setzt man die augustinische Terminologie ein, so ergibt sich: *res sacramenti* ist die Vereinigung des Leibes mit seinen Gliedern, also die Kirche; *vis* oder *virtus sacramenti* ist die Befähigung zum Kampf gegen die Konkupiszenz. Die Sündenvergebung kann nun nur noch vergewissert werden; sie geschieht im Bußsakrament. Der Schlußsatz der lateinischen Formel, der zunächst sehr prägnant die theologischen Intentionen aller Erweiterungen der deutschen Vorlage zum Ausdruck brachte („dulcissimum certe pignus remissionis peccatorum, vitae aeternae et societatis cum Deo nobis in Christo promissae et exhibitae"), verliert im Kontext der Endredaktion an Gewicht, da er sich nicht mehr auf vorausgehende analoge Aussagen beziehen läßt, vielmehr einem leidlich geschlossenen fremden Entwurf anhängt und von diesem überschattet wird.

Der Vergleich beider Formeln hat bisher folgendes ergeben: Die lateinische Abendmahlsformel des *Wormser Buches* ist eine erweiterte Fassung des in Groppers *Warhafftige Antwort* abgedruckten deutschen Abendmahlsartikels. Alle Erweiterungen der Vorlage dienen *einem* Zweck: die Lehre von der im Abendmahl geschehenden Sündenvergebung zur Geltung zu bringen. Schon die Zitation der biblischen Einsetzungsworte und die formal nicht geglückte Einfügung des Augustin-Zitats dienen dem Verweis auf das *verbum sacramenti* und die *remissio peccatorum*. Da alle Einschübe mit nur einer Ausnahme (*per vivificatricem carnem salvatoris*) der Vorlage lediglich hinzuaddiert werden, ohne diese in ihrem Bestand zu ändern, enthält die Abendmahlsformel des *Wormser Buches* de facto zwei unterschiedliche Abendmahlslehren. Die in Regensburg angefertigte Endredaktion der Formel tilgt dann sehr geschickt die Einschübe und stellt die geschlossene theologische Aussage des ersten Entwurfs wieder her. Nun wäre zu fragen, wer der Verfasser der deutschen Formel ist, und ob die Herkunft der Einschübe genauer bestimmt werden kann.

Beide Fragen lassen sich, wie im folgenden belegt werden soll, klar beantworten. Gropper ist nicht nur der Verfasser der Abendmahlsformel jenes „dogmatischen Handbüchleins", das Bucer und Capito in Worms vorgelegt wurde, auf ihn lassen sich auch die Formulierungen aller Einschübe in seine eigene Formel zurückführen. Eine Durchsicht des Kapitels „De Eucharistiae Sacramento" in Groppers *Enchiridion*[55] bringt nämlich zutage, daß Gropper nicht nur als Verfasser der Vorlage zu gelten hat, sondern daß auch die beschriebenen Erweiterungen des deutschen Abendmahlsartikels nahezu wörtlich Groppers *Enchiridion* entnommen sind. Man kann demnach – zumindest für die Abendmahlsformel – folgenden modus procedendi der Wormser Verhandlungen rekonstruieren: Gropper legte seinen Gesprächspartnern eine von ihm verfaßte „schrifft ... von den furnemsten streittenden artikeln" vor und ging dann mit ihnen an Hand seines *Enchiridion*, das er wie einen Kommentar behandelte, die einzelnen Lehrstücke durch. Auf „anhalten" Bucers und Capitos wurde „aller-

---

[55] Canones Concilii Provincialis Coloniensis ... quibus adiectum est Enchiridion Christianae institutionis (Köln, Quentel 1537/38); Beschreibung der verschiedenen Ausgaben bei W. LIPGENS, a.a.O., 225, Nr. 7. In der von mir benutzten Erstausgabe beginnt das Enchiridion fol. K 2 recto unter der Überschrift „Institutio compendiaria doctrinae Christianae, in Concilio Provinviali pollicita"; der Abschnitt De Eucharistiae Sacramento fol. 90 verso-118 recto. Über Groppers Enchiridion s. HUBERT JEDIN, Das Autograph Johann Groppers zum Kölner Provinzialkonzil von 1536, in: Spiegel der Geschichte. Festgabe für M. Braubach (1964), 281 ff.; GILLES GÉRARD MEERSSEMAN, Joh. Groppers Enchiridion und das tridentinische Pfarrerideal, in: Reformata Reformanda. Festgabe für H. Jedin, Bd. 2, Münster 1965, 19-28.

lei darzu corrigiret".⁵⁶ Bei der Durchsicht des Abendmahlsartikels begnügten sich die protestantischen Gesprächsteilnehmer damit, Bruchstücke aus dem *Enchiridion*, die ihre eigene Abendmahlsauffassung zum Ausdruck bringen konnten, in Groppers „schrifft" einzutragen.⁵⁷ Offensichtlich hat Bucer dies des öfteren eigenhändig getan; so konnte Gropper später unter Hinweis auf Bucers Handschrift behaupten, dieser habe jene „Artikell als Catholischer lehr nit ungemeß bekennet".⁵⁸ Daß Gropper den Text der Vorlage ohne Bucers und Capitos Zusätze unter dieser Überschrift abdrucken ließ, spricht nicht unbedingt für ihn.⁵⁹ Er mußte aber auf die Veröffentlichung der Zusätze verzichten, so lange die Herkunft des *Wormser Buches* geheim bleiben sollte. Ist somit die äußere Entstehungsgeschichte des Abendmahlsartikels des *Regensburger Buches* von seiner ersten Gestalt, dem Artikel Groppers, bis hin zu der in Regensburg erfolgten Endredaktion aufgeklärt, so soll die abschließend folgende Beschreibung der Abendmahlslehre Groppers nach seinem *Enchiridion* dazu verhelfen, die theologischen Positionen und Intentionen sichtbar zu machen, die in dieser Frage 1540/41 zwischen den katholischen und protestantischen Verhandlungspartnern bezogen worden sind.

IV
Die strittigen Lehraussagen zum Abendmahl

Der Abendmahlsartikel des Gropperschen *Enchiridion* beginnt mit den Sätzen: „Sacramento Eucharistiae ecclesia nihil sublimius habet. Quid enim augustius, quam quod ecclesia per corporis et sanguinis dominici participationem, etiam iuxta naturam et substantiam unum cum Christo efficitur, et quodammodo in deum suum transformatur? Quid efficacius ad perfectam, indissolubilemque concordiam fovendam, quam quod ecclesia eodem corpore vescens, eundem sanguinem bibens, per eundem spiritum in unum corpus redigitur, et Christo capiti vivo, viva connectitur".⁶⁰ Schon diese Eingangssätze zeigen an, daß es Gropper bei der Wesensbestimmung des Abendmahls primär auf dessen Be-

---

⁵⁶ M. LENZ, Briefwechsel I, 532.
⁵⁷ ROBERT STUPPERICH, Der Ursprung des „Regensburger Buches", in: ARG 36 (1939), 101, weist nach, daß Bucer in anderem Zusammenhang auf Formulierungen seines Römerbriefkommentars zurückgegriffen hat.
⁵⁸ Warhafftige Antwort, fol. 7 recto ff.; fol. 37 verso berichtet Gropper, daß er Bucer ein Exemplar des Enchiridion geschenkt habe: „Sölichs Buch wölt ich ime wol schencken, das zu besichtigen myr daruffhin widder seyn gutbeduncken anzuzeigen. Das hat er also zu hohem danck angenommen und dz Buch von myr empfangen."
⁵⁹ Über den Wahrheitsgehalt und Quellenwert der Angaben Groppers s. die kritische Bemerkung von R. STUPPERICH, Humanismus, 91, Anm. 1.
⁶⁰ Enchiridion, fol. 90 verso (da die Paginierung der Canones Concilii und des Enchiridion nicht kontinuierlich ist, zitiere ich dieses als selbständiges Werk).

deutung für die Einheit des Leibes Christi, der Kirche, ankommt. Nicht auf den einzelnen, sondern auf das „unum corpus" ist das eucharistische Geschehen ausgerichtet. Die Feier der Eucharistie ist allen anderen der Kirche von Christus aufgetragenen sakramentalen Handlungen überlegen (*excellentius*), „quod in aliis elementum seu exterior species nullam substantialem mutationem recipit ... At solum sacramentum panis et vini potentia verbi divini ita mutatur, ut substantialiter non sit quod ante fuerat, sed quae ante consecrationem erant panis et vinum, post consecrationem sint substantialis caro et sanguis Christi".[61] Durch diese *mutatio* werde es möglich, nicht nur „spiritualiter"[62], sondern „corporaliter Christo uniri"; das aber bedeute: „ut simus non tantum spiritu ei conglutinati, sed et simus membra corporis eius".[63] Ohne die Hilfsmittel des patristischen oder dogmengeschichtlichen Beweises heranziehen zu müssen, gelingt es Gropper hier, sehr einfach und zugleich eindrücklich die theologischen und religiösen Interessen zu benennen, um derentwillen ihm der Streit für den Begriff *transsubstantiatio* so wichtig werden konnte. Es geht um das Wesen der Kirche. Soll diese mehr sein als nur eine *congregatio credentium*, soll ihre Einheit mit Christus nicht nur „spiritualiter" im Glauben gründen, so muß der Theologe den Ort benennen können, an dem das Mysterium des „corporaliter Christo uniri" geschieht. Steht die Lehre von der Realpräsenz Christi im Abendmahl auch nur im geringsten „spiritualistischen" Deutungen offen, so fällt die Gewißheit der „indissolubilis concordia" hin.

Welche Bedeutung dem *verbum sacramenti* in diesem Zusammenhang zukommt, entwickelt Gropper, indem er nach den zitierten Eingangsbemerkungen die in den Vergleichsformeln wiederkehrende Bestimmung von *verbum*, *elementum* und *virtus* des Abendmahlssakraments entfaltet. „Verbum huius sacramenti est sermo Christi, cuius virtute hoc sacramentum conficitur, cuius efficacia panis fit corpus Christi, et vinum aqua mixtum transit in sanguinem. Hunc sermonem Ecclesia sancta ... sic pronuntiat: Accipite ...".[64] Das *verbum sacramenti* sei „nec humanus, nec angelicus ... sed plane divinus". Als *verbum Christi* wird es dem Schöpfungswort Gottes gleichgestellt. „Cum itaque Christus invisibilis ille sacerdos per visibilem ministrum panem in manus accipit ac benedicit dicens: Hoc est corpus meum, scito ibi statim ac certissime esse corpus Christi ... Absit ergo, ut fidelis quispiam aurem accomodet impiis illis Sacramentariis haeresiarchis, qui excaecata mente omnipotentiam Christi in hoc sacramento credere vel comprehendere detractant".[65] Über diese Sätze geht

---

[61] Enchiridion, fol. 90 verso.
[62] Das „spiritualiter uniri" geschieht „recta fide charitateque", a.a.O.
[63] A.a.O.
[64] Enchiridion, fol. 91 recto; Christus „simplicius ac apertius dicere non potuit".
[65] Enchiridion, fol. 92 recto; vgl. a.a.O., fol. 116 recto: „Haeretici et schismatici ab huius corporis unitate separati, possunt quidem idem percipere sacramentum, sed non sibi utile, imo vero sibi noxium."

Groppers kontroverstheologische Polemik in dem vorliegenden Abschnitt des *Enchiridion* nicht hinaus. Auch der kritische Terminus *transsubstantiatio* wird nicht benutzt. Dennoch muß der „anstoß ... so im weg ligen wirdt ... von der transubstantion", von dem Bucer in seinem Brief an den Landgrafen spricht[66], im Verlauf des Wormser Geheimgesprächs spätestens zu dem Zeitpunkt sichtbar geworden sein, als man bei der Durchsicht des *Enchiridion* zu Groppers Aussagen über das *elementum sacramenti* gekommen ist. Hier heißt es: „Elementum ergo seu materia huius divinissimi sacramenti, panis est et vinum aqua mixtum, ad quae cum accedit verbum transeunt in verum corpus et sanguinem Christi et fit sacramentum".[67]

Gropper ist an dieser Stelle offensichtlich auf den heftigen Widerstand Bucers und Capitos gestoßen und hat ihnen nachgeben müssen. Im ersten Abschnitt der von Gropper präsentierten Formel hatten die Protestanten das problematische „substantialiter" hingenommen. Ein Vergleich mit der Abendmahlsformel der Tetrapolitana zeigt, warum ihnen dies möglich war.[68] Die Bezeichnung der Sakramentsempfänger als „fideles" macht es der Auslegung in beiden Fällen immerhin noch möglich, einen allzu massiven Sakramentsrealismus abzuwehren. Im zweiten Abschnitt der Gropperschen Formel erzwingen Bucer und Capito jedoch angesichts des kommentierenden *Enchiridion* die Übersetzung des „warlich und wesenlich empfahen" mit: „vere et realiter participamus"; zugleich fordern sie die Einfügung des bekannten Augustin-Worts, natürlich ohne die Paraphrasen Groppers[69], durch das wenigstens wieder auf das „verbum sacramenti" hingewiesen wird. Daß hier trotz aller Bemühungen eine Einigungsformel lediglich durch vorsichtiges Nebeneinanderstellen der verschiedenen Auffassungen erarbeitet wird, nicht aber ein neuer Weg gefunden ist, zeigt sich besonders deutlich, wenn man die Wesensbestimmung des Abendmahlssakraments in Groppers *Enchiridion* weiter verfolgt. Gropper spricht von der „gemina res sacramenti" und bezeichnet sie so: „Unam, quae sub speciebus panis et vini vere continetur, nempe carnem et sanguinem domini ... Alteram, quae est huius sacramenti virtus et efficacia, secundum quem dicendi

---

[66] M. LENZ, Briefwechsel I, 289.

[67] Enchiridion, fol. 92 verso. Die im Wormser Buch vorliegende Verknüpfung der beiden Zitate stammt aus dem Enchiridion; Groppers Text: „... et fit sacramentum. Hoc (inquit Augustinus) est quod dicimus, quod modis omnibus approbare contendimus sacrificium ecclesiae duobus confici, duobus constare, visibili elementorum specie et invisibili domini nostri Jesu Christi carne et sanguine, sacramento, id est, visibili sed mystico signo, et re sacramenti, id est corpore Christi" (fol. 92 verso f.).

[68] Vgl. ERNST BIZER, Studien zur Geschichte des Abendmahlsstreits im 16. Jahrhundert, Darmstadt ²1962, 28-30; DERS., Die Abendmahlslehre in den lutherischen Bekenntnisschriften, in: DERS./WALTER KRECK, Die Abendmahlslehre in den reformatorischen Bekenntnisschriften, München ²1959 (TEH NF 47), 20f.

[69] AUGUSTIN, In Joannis ev. tract. 80, 3; CChr ser. lat. 36, 529, 5-6.

modum rem huius sacramenti unitatem Christi (quae est ecclesia) appellamus".[70] Vom „verbum sacramenti" ist hier gar nicht mehr die Rede; als Weihewort bewirkt es die Wandlung der Elemente, und mit diesem Geschehen ist die ganze „res sacramenti" bereits da: die „unitas corporis, quae est ecclesia". „Dicimus autem species panis et vini tantum sacramentum et non rem esse sacramenti, quod sint sacrae rei signum, siquidem praeter speciem, quam sensibus ingerunt, aliud faciunt in cognitionem venire".[71] Stellt man in diesen Kontext den umstrittenen Satz der Vergleichsformel, „duobus enim hoc sacramentum conficitur, visibili elementorum specie et invisibili domini Jesu Christi carne et sanguine, quae in hoc sacramento vere realiter participamus", so wird dessen Sinn eindeutig. Im Abendmahl wird die Teilhabe an der besonderen Gemeinschaft mit Christus ermöglicht, die der Priester durch Konsekration der Elemente in einem gesonderten Akt zuvor „ex ipsius Christi institutione" herbeigeführt hat. Das Bemühen der protestantischen Unterhändler, durch Abschwächung des „substantialiter" in ein „realiter" die Transsubstantiationsvorstellung abzuwehren, hat auf die in der Formel enthaltene Grundkonzeption der Abendmahlslehre Groppers keinen Einfluß nehmen können.

Das große Mittelstück der Abendmahlslehre des Gropperschen *Enchiridion*[72] konnte bei den Wormser Verhandlungen zunächst außer Betracht bleiben. Gropper entwickelte hier mit Hilfe einer Melchisedek-Christus-Typologie, daß „nullum elementum congruentius esse ad significandum rem in hoc sacramento contentam et significatam, quam sunt panis et vinum".[73] Sodann wird die Frage erläutert, warum die Heilige Schrift *post consecrationem* überhaupt noch von Brot spreche und nicht ausschließlich vom *corpus domini*. Auf die weitere Frage, warum Christus seinen Leib und sein Blut „his speciebus tecta et operta nobis exhibeat", wird geantwortet, „id fieri tum ut fidem tuam exerceat, quae est de his quae non videntur, deinde ne abhorreat animus ... denique ne ridiculum fiat paganis".[74] Schließlich befürwortete Gropper die getrennte Konsekration der Elemente, „quia caro Christi pro salute corporis, sanguis vero pro anima nostra offertur, sicut praefiguravit Moyses".[75] Dessen unbeschadet gelte die Lehre von der Konkomitanz. „Sub altera tamen specie totus sumitur Christus, nec plus sub utraque nec minus sub altera tantum sumitur".[76] Patristische Beweise für den kirchlichen Brauch, dem Abendmahlswein Wasser hinzuzufügen, leiten über zu einem kurzen Exkurs über den *ritus*

---

[70] Enchiridion, fol. 93 recto.
[71] A.a.O.
[72] Enchiridion, fol. 93 verso-113 recto.
[73] Enchiridion, fol. 93 recto.
[74] Enchiridion, fol. 94 verso.
[75] Typologische Auslegung von Exodus 16 u. 17; Enchiridion, fol. 94 verso.
[76] A.a.O.

missae, auf den eine ausführlichere Verteidigung des *canon missae* und des *sacrificium missae* folgt. Da die von Gropper vorgetragenen Lehrstücke in den Vergleichsformeln von Worms und Regensburg in den Abschnitten „Von der heiligen Mesz"[77] bzw. „Dogmata quaedam, quae ecclesiae autoritate declarata, firmata sunt" (Art. XX) und „De usu et administratione Sacramentorum" (Art. XXI)[78] abgehandelt werden, können sie in unserem Zusammenhang übergangen werden. Wichtig ist jedoch der dritte Teil der Ausführungen Groppers, „de virtute et efficacia huius sacramenti"[79], der, wie der Textbefund zeigt, in Worms von Gropper, Bucer und Capito wieder zu Rate gezogen worden ist.

Überschrift und Eingangssatz[80] lassen zunächst vermuten, daß nun doch über das bisher Gesagte hinaus auf einen besonderen Nutzen, die Frucht des Sakraments, verwiesen werden soll. Doch dann heißt es: „Principalis huius sacramenti virtus est, ut qui sumit hoc sacramentum carnis et sanguinis domini, ita cum ipso coniungatur, ut Christus in ipso et ipse in Christo inveniatur".[81] Die kontroverstheologisch entscheidende Frage ist nun die, ob Gropper auch in diesem Zusammenhang die Einheit des Leibes Christi meint, „quae est ecclesia", ob er also wiederum auf die Kirche als eine mystische Opfergemeinschaft, als die Verwalterin und Spenderin der Sakramente verweist, oder ob er darlegen will, daß Christus im Abendmahl selbst, ohne alle Vermittlungen, zu dem einzelnen Menschen kommt und sich ihm durch eine besondere Gabe verbindet. Gropper führt aus: Weil wir im Abendmahl Christus aufnehmen, empfangen wir auch jenen Schatz, „in quo omnia peccata remittuntur, in quo mors abolet, in quo vita nobis communicatur. Vivificat quidem dei verbum ... sed non minus vivificat Christi corpus, omnipotenti verbo (a quo universa vivificantur) coniunctum. Caro enim salvatoris verbo dei (quod naturaliter vita est) coniuncta, vivifica effecta est. Ergo quando eam in fide et charitate comedimus, tunc vitam habemus in nobis, illi carni coniuncti quae effecta est".[82]

Bucer und Capito haben aus diesem Satz die Formel „vivificatrix caro salvatoris" herausgehoben und versucht, den gesamten Schlußabschnitt der Formel auf die Sündenvergebung zu deuten („accipientes in eo remissionem peccatorum"). In derselben Absicht entnahmen sie dem Schlußteil des *Enchiridion* die Formel „dulcissimum certe pignus remissionis peccatorum, vitae

---

[77] Warhafftige Antwort, fol. 13 verso f.; vgl. BDS 9, 1, 460-467; 468-473.
[78] CR 4, 228-231; 231-233; vgl. ARC 6, 76-84.
[79] Enchiridion, fol. 113 verso ff.
[80] „Nunc de virtute et efficacia huius sacramenti dicendum ... Hoc enim solum nobis prodest, ut sciamus, quem fructum ex sacramenti sumptione capere debeamus"; Enchiridion, fol. 113 verso.
[81] A.a.O.
[82] A.a.O.

aeternae et societatis cum Deo nobis in Christo promissae et exhibitae"[83], die allerdings einen urreformatorischen Gedanken ausspricht: „die Darreichung von Leib und Blut des Herrn ist Versiegelung, bietet ein Pfand der Gnade".[84] Wie aber wollte Gropper die Zusammenhänge verstanden wissen? Er beschreibt zur Verdeutlichung seiner theologischen Position das Verhältnis des Abendmahls zu den übrigen Sakramenten und stellt fest, daß nach Empfang der Taufe und der Firmung („quae non iterantur") noch „eine Planke nach dem Schiffbruch"[85] vorhanden sei: das Bußsakrament. Es sei ein wirksames Heilmittel („medicina") gegen die Sünde, denn Gott sei bereit, in ihm den gestrauchelten Menschen wieder zu vergeben, wenn sie sich im Vertrauen auf seine Barmherzigkeit mit ganzem Herzen zu ihm wenden. „Sed nunquid etiamnum post condonata peccata per poenitentiam infirmitas carnis tota tollitur? Nequaquam, sed manet adhuc idem ille fomes, manet in carne concupiscentia, quae nos rursus ad malum incitare pergit".[86]

Hier erst, in dieser engen Bindung an das Bußsakrament und damit an die Heilsverwaltung der Kirche, wird in Groppers Theologie der besondere Nutzen, die Frucht des Abendmahls für den einzelnen, sichtbar. Das Abendmahlssakrament dämpft und unterdrückt („temperat et restinguit") im Empfänger den Zunder („fomes"), „et quo minus gravioribus peccatis solicitante carne mundo ac diabolo consensum praebeamus, prohibet, minora vero peccata omnia diluit".[87] Der Nachsatz zeigt, wie tief der Graben zwischen Groppers Abendmahlslehre und dem ursprünglichen reformatorischen Ansatz ist. Das

---

[83] Die Terminologie dieser Formel findet sich im Enchiridion an mehreren Stellen. Ich zitiere hier nur die beiden wichtigsten mit ihrem Kontext: „Praeterea principalis finis institutionis huius sacramenti est, ut sit testimonium et quasi pignus remissionis peccatorum et futurae gloriae nobis per Christum promeritae. Cum enim Christus nobis corpus suum impertit, et nos sibi tanquam membra adiungit, testatur ad nos suum beneficium pertinere ... Adde missam totam huc spectare, ut in ea Christi beneficium annuntietur, praedicetur, illustretur ac modis omnibus honorificetur. Et quis dubitat, Christum per usum missae, veluti per instrumentum (saltem cum fides his accedit, quae in ea geri videmus) consolari et vivificare conscientiam nostram" (fol. 97 recto). „Quibus verbis [Mt. 26; 1. Kor. 11] quid aliud Christus testatur, quam se porrigere corpus suum pro nobis in ara crucis immolatum, et sanguinem in remissionem et absolutionem peccatorum nostrorum effusum? Is ergo quem peccatorum suorum ex animo poenitet, subindeque contrito et humiliato spiritu accedit, suaviterque recolit ac memoria recondit, quod pro se Christus corpus suum tradiderit, et sanguinem in remissionem peccatorum fuderit, atque ita demum plena concepta fiducia hoc sacramentum percipit, is inquam certum pignus remissionis peccatorum, immortalitatis et vitae aeternae capit" (fol. 114 recto).
[84] HANS EMIL WEBER, Reformation, Orthodoxie und Rationalismus I,1, Darmstadt ²1966, 145; vgl. I,2, 216.
[85] Zu Bild und Sache vgl. WA 6, 527; 34, 1, 91, Anm. 3 und BSLK 706, Anm. 9.
[86] Enchiridion, fol. 115 recto. – Vgl. CR 4, 429, wo Melanchthon dieser Lehre scharf widerspricht.
[87] Enchiridion, fol. 115 verso.

Abendmahl als Gabe an den einzelnen wird eingereiht in den Zusammenhang der anderen Sakramentsgaben[88] und damit seiner einzigartigen Stellung beraubt. Brot und Wein sind nicht Pfand der Sündenvergebung, die im Abendmahl allen Essenden[89] ohne Einschränkung hinsichtlich der Personen oder der Art der Sünden ausgeteilt wird, sondern nachträgliche Bestätigung und Bekräftigung der *zuvor* im Bußsakrament empfangenen Absolution. Die in der Endredaktion der Abendmahlsformel des *Regensburger Buches* hergestellte Aussage, „certificati ... quod remissionem peccatorum acceperimus", findet sich ganz ähnlich auch schon in Groppers *Enchiridion*. „Hic ergo principalis finis huius sacramenti, nempe ut Christo incorporemur, deque remissione peccatorum et futura gloria, tanquam pignore quodam certi reddamur, ac veluti vivificatrice quadam medicina sanemur, reficiamur, erigamur, consolidemurque".[90] Die gehorsame Erfüllung des Wiederholungsauftrages (1. Kor. 11, 24f.) und die in der Abendmahlsliturgie geschehende Danksagung werden als zweites „Ziel" des Sakraments bezeichnet; „tertius finis" sei schließlich, „ut sit efficax signum ecclesiasticae unitatis et fraternae charitatis".[91] Bemerkungen über den rechten „affectus accedentium"[92] und den „minister sacramenti"[93] beschließen das Abendmahlskapitel des *Enchiridion*.

V
Die trennende Linie

Die Verhandlungsposition der protestantischen Unterhändler bei den Abendmahlsgesprächen von Worms und Regensburg war von Anfang an denkbar

---

[88] „Ergo per baptismum abluimur, per confirmationem roboramur, per poenitentiam relapsi mundamur. Sed per Eucharistiam, intus latentis morbi et perpetuae infirmitatis nostrae conscii medicamur, ac dulciter reficimur et consummamur, denique adversus omnes peccati, mundi ac diaboli insidias roboramur ac sustentamur fidei et charitatis augmento" (fol. 115 verso). Die plerophore Ausdrucksweise kann nicht darüber hinwegtäuschen, daß der Unterschied zwischen den Sakramentsgaben nivelliert ist.

[89] CA X; BSLK 64,4; vgl. E. BIZER, Die Abendmahlslehre in den lutherischen Bekenntnisschriften, 14ff.

[90] Enchiridion, fol. 115 verso.

[91] Enchiridion, fol. 116 recto.

[92] Gefordert werden: a. excussio conscientiae (fol. 116 verso) und b. fides. „Fide ergo opus est, qua sumens credas, non tantum veritatem corporis et sanguinis domini in Eucharistia, sed et credas ac sentias per redemptionem, quae est in Christo Jesu, tibi gratis remitti peccata ... Qui hac fide vacuus accedit foris quidem manducat, non intus, premit dente, non capit mente. Sumit is quidem veram Christi carnem et sanguinem, sed essentia, non salubri efficiencia, sacramentum accipit, sed vitam Christi non accipit. Ad iudicium sibi manducat et bibit ... Nullum est certius testimonium, nos hoc sacramentum digne suscepisse, quam cum sentimus post sumptum sacramentum officia illa charitatis cum magno virtutum proventu in nobis elucere" (Enchiridion, fol. 117 recto-verso).

[93] Enchiridion, fol. 118 recto.

schlecht. Bucer wurde in Worms inmitten der allgemeinen, öffentlichen Religionsverhandlungen von der Aufforderung Veltwyks und Granvellas, an einem Geheimgespräch im kleinsten Kreise teilzunehmen, völlig überrascht[94], und er mußte in viel zu kurzer Zeit (15. bis 31. Dezember 1540) an Hand einer von der Gegenseite präsentierten Vorlage und – wie wir sahen – angesichts eines ebenfalls von daher stammenden Kommentars, die theologischen Interessen der Reformation zu wahren versuchen. In Regensburg hatten die protestantischen Theologen gehofft, auf der Grundlage der Confessio Augustana oder der Apologie Melanchthons das in Hagenau und Worms begonnene Religionsgespräch weiterführen zu können[95]; Karl V. ließ ihnen eine Vergleichsformel vorlegen, die Luther bereits kurz und bündig abgelehnt hatte[96] und die von Melanchthon treffend als „Politia Platonis" bezeichnet worden war. Contarinis Einspruch machte es den Protestanten vollends unmöglich, die in der Confessio Augustana, der Apologie und den Schmalkaldischen Artikeln gezeichnete reformatorische Position weiter zu entfalten; sie wurden gezwungen, sich nahezu ausschließlich mit einer Speziallehre zu beschäftigen, die Pflug und Gropper zu vertagen wohl bereit gewesen wären. So ging man auseinander, ohne den wahren Dissens hörbar gemacht zu haben.

Vor diesem Hintergrund verdienen Bucers und Capitos Bemühungen in Worms Achtung, ja sogar Bewunderung. Bucer, dessen zwischen Zuversicht und Verzagen schwankende Stimmung verständlich wird[97], wenn man die Entstehungsgeschichte des Vergleichsartikels verfolgt, hat in Worms gegenüber seinen katholischen Gesprächspartnern gradlinig und, soweit es die schwierigen Umstände zuließen, auch erfolgreich darauf bestanden, daß in einem Abendmahlsartikel von den biblischen Einsetzungsworten und der Gabe der *remissio peccatorum* die Rede sein muß, und dies unabhängig davon, wie die gerade aktuellen Spezialfragen lauten. Wie wenig selbstverständlich schon in der damaligen Situation solche Erkenntnis war, zeigt das von den protestantischen Kollokutoren dem Kaiser bei Abschluß der Gespräche übergebene Gegenvotum zum Abendmahlsartikel des *Regensburger Buches*, durch dessen umständ-

---

[94] R. STUPPERICH, Humanismus, 82ff.; BDS 9, 1, 323-325.
[95] R. STUPPERICH, Humanismus, 95ff.; vgl. auch CR 4, 147; 159; HJ I, 368.
[96] WA Br 9, Nr. 3578, 333, 3f.: „Ich habe die schriefft mit vleiß uberlesen, und auf E. F. G. [Joachim II.] begeren sage ich dis mein bedencken dazu, daß es diese Leute, wer sie auch sind, seere gut meinen. Aber es sind unmugliche furschlege ... Furwar, gnedigster Herr, es ist vergebens, das man solche mittel und vergleichung furnympt." Vgl. R. STUPPERICH, Humanismus, 95.
[97] „Unser gesprech gohn nach fur, und laßt sichs ansehen, als wollt es sich in hauptstucken nit so gar ubel zusamen tragen" (Bucer an den Landgrafen, 25. Dez. 1540); im gleichen Brief: „Ich bin diser leut halben irr: jetzt lassen sie sich alßo vernemen, das hoffnung ist, sie suchen die reformation mit ernst, jetzund aber, das sorg ist, sie wolten unß des gern hoffnung machen und dieselbige dann anderswozu brauchen" (M. LENZ, Briefwechsel I, 286).

liche Formulierung zwar manche innerreformatorischen Abendmahlszwiste hindurchschimmern, in dem aber vom *verbum sacramenti* und von der Sündenvergebung nicht mehr die Rede ist.[98]

Als man in Regensburg ganz im Banne der von Contarini diktierten Auseinandersetzung über die Transsubstantiationslehre stand, schien es für einen Augenblick beinahe möglich, die unhomogene Abendmahlsformel des *Regensburger Buches*, die wenigstens Bruchstücke reformatorischer Lehre enthielt, zu akzeptieren. Daß es nicht dazu gekommen ist, war gut. Melanchthon hat dies später zugegeben; in seiner „Stellungnahme zum Regensburger Religionsgespräch" vom 29. Juni 1541 (CR 4, 419-431) schreibt er: „Dazu sind etliche also unförmliche Reden von den Sacramenten, daß, so das Buch ans Licht kommet, ein Schimpf seyn wird; als, da es sagt von der Eucharistia, man empfahe im Sacrament Kraft, die concupiscentia zu löschen".[99] In der Tat dürfte es nicht nur dieser Passus der Regensburger Abendmahlsformel gewesen sein, der den nach Straßburg und Wittenberg heimkehrenden Unterhändlern Schimpf eingetragen hätte. Konkordien können nur dann geschlossen werden, wenn das Trennende klar erkannt ist. Daß Bucer und Capito in Worms der einzig wesentlichen Trennlinie zwischen katholischem und reformatorischem Abendmahlsverständnis ganz nahe gekommen waren[100], haben Gropper und

---

[98] CR 4, 352-354; MBW 3, 2694. Der merkwürdige Aufbau dieser Formel fordert eine sorgfältige Analyse heraus, die hier nicht mehr gegeben werden kann. Für unseren Zusammenhang aufschlußreich ist die Kritik Groppers: „Aiunt Eucharistiae sumptione nobis applicari gratiam: sed exprimere debebant, quaenam gratia Eucharistiae sumptione fide applicetur" (Warhafftige Antwort, fol. 74 verso-75 recto).

[99] CR 4, 429; MBW 3, 2740. – BUCER, Acta Colloquii, fol. 85 verso-86 recto setzt sich hauptsächlich noch einmal mit der Transsubstantiationslehre auseinander. In seiner 1542 erschienen Schrift De vera ecclesiarum in doctrina, ceremoniis et disciplina reconciliatione et compositione (R. STUPPERICH, Bucer-Bibliographie, Nr. 73) klingen dagegen die Themen von Worms wieder an: „Quia sacramentis remissio peccatorum et communicatio Christi ad salutem et vitae aeternae participatum offertur et exhibetur, cum ipsa doctrinae salvificae consequentia, tum etiam adversariorum in tuendis manifestis erroribus importunitas virum et ad sacramentorum rationem explicandam pertraxit. Nam, ut dixi, vulgo sic homines edocti et assuefacti erant ut magis externis elementis et actionibus sacramentorum confiderent quam ut fide vera Christi in illis beneficium agnoscerent et amplecti studerent." Zitiert nach WALTER FRIEDENSBURG, Martin Bucer, Von der Wiedervereinigung der Kirchen (1542), in: ARG 31 (1943), 162. Über Melanchthons Stellung in der Abendmahlskontroverse von 1541 s. OTTO RITSCHL, Dogmengeschichte des Protestantismus II, 1, Leipzig 1912, 343f.

[100] Ein Ausblick auf die Abendmahlsformel des Augsburger Interim von 1548 vermag zu zeigen, wie rasch sich nach dem mißglückten Konkordienversuch von 1540/41 die Fronten verhärteten: „Qui iam per Sacramentum poenitentiae revixit in domino, ei item necesse est ali et in bono spirituali crescere. Instituit igitur Christus Sacramentum Eucharistiae sub visibili specie panis et vini, quod verum Christi corpus et sanguinem nobis praebet, et hoc spirituali cibo unit nos sibi ut capiti et membris corporis sui, ut in ipso ad omne bonum enutriamur et cum sanctis in eorumque communione augescamus per charitatem ... Probanda est consuetudo Ecclesiae,

Pflug ihnen in Regensburg bestätigt, indem sie den Satz „certificati quod in ipso Christo Jesu acceperimus remissionem peccatorum" an die Stelle des anderen setzten: „Accipientes in eo remissionem peccatorum. Dulcissimum certe pignus remissionis peccatorum, vitae aeternae et societatis cum Deo nobis in Christo promissae et exhibitae".

---

quae hominem non ante ad sacramentum Eucharistiae ducit, quam Poenitentiae Sacramentum eum repurgarit. Habet Eucharistia vim roborandi in bono spirituali, cui rei non sane ullus est locus, nisi repurgatio peccatorum antecesserit. In quo ipso imitari debemus bonos medicos, qui non ante praebent, quae roborare ac confirmare possunt, quam malos humores e corporibus eiecerint. Quod nisi fecerint, non prosunt aegroto, sed magis obsunt." Zitiert nach der Augsburger Ausgabe des Interim (Phil. Ulhardus 1548, s. SCHOTTENLOHER/BDG 4, Nr. 38259 c), fol. E 3 recto-verso; vgl. Das Augsburger Interim. Nach den Reichstagsakten deutsch und lateinisch hg. v. Joachim Mehlhausen. 2., erweiterte Auflage, Neukirchen-Vluyn 1996, 87-89.

Der Streit um die Adiaphora

I

Die innerprotestantischen Lehrstreitigkeiten, die bald nach Luthers Tod zwischen seinen entschiedenen Anhängern, den Gnesiolutheranern, auf der einen Seite und Melanchthon und dessen Gefolgsleuten auf der anderen Seite ausbrachen, begannen in den Jahren 1548/49 mit dem Streit um die sogenannten Adiaphora. Nach alter, auf die stoische Philosophie zurückgehender Tradition ist ein *Adiaphoron* das (ethisch) Gleichgültige, ein in der Mitte zwischen Gut und Böse liegendes Mittel- oder Nebending, das weder zur Glückseligkeit noch zum Unheil beitragen kann. Cicero übersetzte das griechische Wort in das lateinische *indifferens* (De finibus bonorum et malorum 3,16,53) und in dieser sprachlichen Doppelgestalt gelangte der Begriff in die christliche Ethik, die ihn im Mittelalter auch auf das Gebiet der Handlungen übertrug; als Adiaphoron konnte man nun auch eine ethisch für wertfrei und sittlich für indifferent erklärte Handlung bezeichnen, die von Gott weder geboten noch verboten sei.[1]

Lange vor dem Ausbruch der adiaphoristischen Streitigkeiten im engeren Sinn hatten die Reformatoren diesen traditionsreichen Begriff aufgenommen und das mit ihm angezeigte theologische Problem zu diskutieren begonnen. Generell ging es dabei um die Frage nach den notwendigen praktischen Folgerungen aus dem reformatorischen Verständnis der Rechtfertigung allein aus Glauben und die Relation dieses Glaubens zum gebotenen guten Werk. Gibt es, so lautet die konkrete Frage, zwischen Verbot und Gebot für den Glauben ein Gebiet des frei Gegebenen und darum Freizugebenden? Wo liegt jeweils die Grenze zwischen Gebot und Freiheit, zwischen dem ‚Erlaubten' und dem ‚was nicht frommt' (1. Kor 6,12; 10,23)? Schon sehr früh konkretisierte sich diese theologische Fragestellung für die Reformatoren im Gebiet der kirchlichen Zeremonien und der kultisch begründeten Lebensanweisungen. Melanchthon zählte in den Torgauer Artikeln im März 1530 einige kirchliche Ordnungen auf, „die für Mittel gehalten werden ... als nämlich Fasten, Unterschied der

---

[1] Zur Geschichte des philosophischen Begriffs „Adiaphoron" vgl.: GREGOR MURACH, Artikel „Adiaphora I.", in: HWPh 1 (1971) 83-85; zur theologischen Begriffsbestimmung: WOLFGANG TRILLHAAS, Adiaphoron. Erneute Erwägungen eines alten Begriffs, in: ThLZ 79 (1954) 457-462; KURT ALAND, Artikel „Adiaphora II.", in: HWPh 1 (1971) 85.

Speis und Kleider, sonderliche Ferien [Feiertage], Gesang, Wallfahrten und dergleichen" (BSLK 108, 42ff.). Nun seien „Feier und Fasten" ursprünglich nicht deshalb eingesetzt worden, damit die Menschen „dadurch Gnad erlangen", sondern allgemeine praktische und pädagogische Absichten hätten zu „solchen Traditiones" geführt. Wenn man dies durch sorgfältige Belehrung den Gemeinden bewußt mache, könne man derartige Adiaphora „wohl halten" (BSLK 109, 20ff.). Der in diesen Zusammenhang gehörende Artikel 26 der Confessio Augustana erwähnt den Begriff Adiaphoron zwar nicht (nur an einer Stelle wird beiläufig von einer „traditio" gesprochen, „quae tamen videbatur de re media esse" BSLK 104, 15f., vgl. ferner 103, 21f. und Apol 8 BSLK 246, 37ff.), er umschreibt aber die zu diesem Zeitpunkt möglich erscheinende Lösung des sich hier in der kontroversen Auseinandersetzung mit den Katholiken stellenden theologischen Problems: „Auch werden dieses Teils viel Ceremonien und Tradition gehalten, als Ordnung der Messe und andere Gesäng, Feste etc., welche darzu dienen, daß in der Kirchen Ordnung gehalten werde. Daneben aber wird das Volk unterricht, daß solcher äußerlicher Gottesdienst nicht fromb mache vor Gott, und daß man ohn Beschwerung des Gewissens halten soll, also daß, so man es nachläßt ohne Ärgernus, nicht daran gesundigt wird" (BSLK 106, 24ff.).[2] Melanchthon hat später den Begriff Adiaphoron im gleichen Zusammenhang in den Text der CA-Variata eingefügt; er weist auf die Redeweise „de rebus sua natura adiaphoris ut de cibo, vestitu et similibus rebus" hin und gibt dann folgende theologische Interpretation des Begriffs und der angeführten Konkretionen: „Hae traditiones fiunt impiae, cum proponuntur cum his opinionibus, quod mereantur remissionem peccatorum, quod sint res necessariae, quod sint cultus Dei, id est officia, quorum finis immediatus sit, ut per ea Deus honore adficiatur" (CR 26, 391).

Im Briefwechsel zwischen Melanchthon und Luther auf der Coburg während des Augsburger Reichstages von 1530 hat die Frage nach der Zulässigkeit derartiger Adiaphora eine wichtige Rolle gespielt. Luther lehnte das von Johann Eck in die Verhandlungen mit Melanchthon eingebrachte Stichwort „indifferens" (WAB 5, 555, 16) sehr heftig ab. Er schrieb: „Me urit non parum ista sacrilega vox ‚indifferens'; scilicet hac eadem voce fecerim facile omnes Dei leges et ordinationes indifferentes. Uno enim admisso indifferente in verbo Dei, qua ratione obstabis, ne omnia fiant indifferentia?" (WAB 5, 577, 22ff.). Doch so tief auch Luthers Abneigung gegen Verhandlungen über angebliche theologische Adiaphora war, so hat er bekanntlich von der Coburg aus auch den Rat geben können, „ynn diesen schweifenden sachen [zu] weichen, [zu] leiden, [zu]

---

[2] Zur Behandlung der gesamten Problematik in der CA und ihren Vorstufen vgl. WILHELM MAURER, Historischer Kommentar zur Confessio Augustana. Bd. I: Einleitung und Ordnungsfragen, Gütersloh ²1979, 192-206; bes. 194f.; vgl. auch HANS G. ULRICH, Art. „Adiaphora", in: EKL³ 1 (1986) 41-43.

thun was wir sollen und sie wollen. Denn wo Christus das seine erhellt, wollen wir das unser gern umb seinen willen faren lassen ... So bin ich fur mein teil willig und urbuttig, alle solche eusserliche weise anzunemen umb friede willen, so fern mir mein gewissen damit nicht beschweret werde" (WAB 5, 616, 83ff.). Georg Spalatin, der geistliche Berater des Kurfürsten, notierte sich zum Stichwort „eusserliche weise" den Vermerk: „Als gewöhnliche Gesänge der Kirchen, aus der Heiligen Schrift, Fasten, Feiern, salva pietate" (WAB 5, 616 Anm. 6). Mit diesen Worten werden einige der kirchlichen Ordnungen benannt, um die dann im adiaphoristischen Streit zwischen 1548 und 1552 die heftigsten Auseinandersetzungen entbrennen sollten.

Man kann den gesamten Streit um die Adiaphora mit einigem Recht als eine Fortsetzung des theologischen Lehrgesprächs ansehen, das Luther in seelsorgerlicher Absicht von der Coburg aus in seinen Briefen mit Melanchthon geführt hat. Dabei ist deutlich zu erkennen, daß Melanchthon für seine Person aufrichtig bemüht war, die theologischen Einsichten festzuhalten, die ihm in dieser Sache bereits 1530 vermittelt worden waren. Der tieferliegende Grund für den aufbrechenden Dissens bestand aber wohl darin, daß in einer veränderten geschichtlichen Gesamtsituation die Positionen des Jahres 1530 nicht mehr uneingeschränkte Gültigkeit haben konnten. Zudem gehört der adiaphoristische Streit eng in den Zusammenhang der anderen sogenannten philippistischen Streitigkeiten hinein, die insgesamt eine seit längerer Zeit latent vorhandene theologische Differenz zwischen Melanchthon und Luther in ihren verschiedenen Facettierungen sichtbar machten. Zug um Zug wurde unter oft sehr leidvollen Begleitumständen aufgedeckt und ausgesprochen, welche Konsequenzen bestimmte Eigenentwicklungen der Theologie Melanchthons und seiner Schüler für das Ganze der lutherischen Reformation hatten oder doch zumindest haben konnten. Aus diesen Kontroversen erwuchs allerdings zugleich eine neue Produktivität der innerprotestantischen Lehrbildung, die für die Frage nach den Adiaphora in Art.10 der Konkordienformel ihren Niederschlag fand (BSLK 813-816; 1053-1063). Hauptbeteiligte waren auf der Seite der Gnesiolutheraner Matthias Flacius Illyricus, Nikolaus von Amsdorff, Nikolaus Gallus, Matthäus Judex, Johann Wigand und Joachim Westphal – zumeist sehr junge Theologen –, während sich um Melanchthon mit Johannes Bugenhagen, Johann Pfeffinger, Georg Major und Caspar Cruciger Vertreter der mittleren und älteren Theologengeneration sammelten; man wird das sich hier anzeigende Generationenproblem bei der Bewertung der Vorgänge nicht völlig außer acht lassen dürfen. Schließlich waren die theologischen Auseinandersetzungen eingebettet und vielfach verflochten in den großen Zusammenhang der kaiserlichen Religionspolitik und der sich zur gleichen Zeit kräftig entfaltenden katholischen Reform, so daß die zahlreichen Stellungnahmen, Flugschriften und Protestäußerungen in dieser Hinsicht weit über den begrenzten Raum einer bloß innertheologischen Grundsatzdebatte hinausreichten. Nach dem Urteil eines der besten Kenner der Gesamtzusammenhänge „handelte es sich einige Jahre lang um nichts geringeres als um die Existenz des deutschen Protestantismus selbst."[3] Der adiaphoristische Streit erwuchs aus einer unter theologischen Gesichtspunkten differenziert ausfallenden Reaktion auf eine außerordentlich bedrohliche äußere Gefährdung der reformatorischen Bewegung in Deutschland, die zunächst darzustellen ist.

II

Nach seinem militärischen Sieg über die Truppen des Schmalkaldischen Bundes und nach der Gefangennahme des Kurfürsten Johann Friedrich von Sachsen hatte Karl V. auf dem „geharnischten Reichstag" von Augsburg, dem längsten Reichstag des 16. Jahrhunderts (1. September 1547 bis 30. Juni 1548), einen letzten Versuch unternommen, die religiöse Einheit des Deutschen Reiches zu erhalten. Den Ständen war im Einladungsschreiben zum Reichstag mitgeteilt worden, man werde in Augsburg vornehmlich über die gleichen Angelegenheiten zu verhandeln haben, mit denen man sich schon auf den Reichstagen zu Worms (1545) und Regensburg (1546) befaßt habe, jedoch war deutlich zu vernehmen, daß der Kaiser diesmal entschlossen war, die Religionsfrage zu einer Entscheidung zu bringen. Eine einfache Rückkehr zum Katholizismus im gesamten Reich war für Karl V. zu diesem Zeitpunkt nicht mehr möglich. Der Kaiser hatte seinen protestantischen Verbündeten, vorab Herzog Moritz von Sachsen-Meißen, dem neuen Kurfürsten von Sachsen, bindende Zusagen gemacht, und seine Beziehung zu Papst Paul III. war seit der Verlegung des Konzils von Trient nach Bologna erheblich verschlechtert. So suchte der Kaiser die Lösung des Verfassungsproblems von Kaisertum und Reformation nicht in einer bloßen Restitution der römischen Kirche in Deutschland, sondern in der Unterwerfung der Reichsstände in ihrer Gesamtheit unter das Konzil. Die Frage war für den Kaiser zu diesem Zeitpunkt nur, „wie mitler zeit, biß zu endung und außtrag des concilii, gemeine stennde gotseliglich und in guetem, friedlichem wesen beyeinander leben und wonen mochten, und niemandt wider recht und pillichait beschwerdt werde".[4]

---

[3] OTTO RITSCHL, Dogmengeschichte des Protestantismus, Bd. II, Leipzig 1912 (325-370), 328. – Gesamtdarstellungen des adiaphoristischen Streites finden sich bei: PAUL TSCHACKERT, Die Entstehung der lutherischen und der reformierten Kirchenlehre samt ihren innerprotestantischen Gegensätzen, Göttingen 1910, 505ff.; HANS EMIL WEBER, Reformation, Orthodoxie und Rationalismus, Bd. I,1, Gütersloh 1937 (²1966), 184ff.; HANS CHRISTOPH V. HASE, Die Gestalt der Kirche Luthers. Der casus confessionis im Kampf des Matthias Flacius gegen das Interim von 1548, Göttingen 1940; CLYDE L. MANSCHRECK, The Role of Melanchthon in the Adiaphora Controversy, in: ARG 48 (1957) 165ff.

[4] Karl V. hatte in der Reichstagsproposition die Entwicklung der Religionsfrage im Reich bis zum Jahr 1548 zusammengefaßt und seine Pläne für die Zukunft umrissen; der Text bei:

Zur Lösung dieser Frage, wie man sich „mitler zeit" (lateinischer Text: *interim*) in Deutschland zu verhalten habe, wurde auf dem Augsburger Reichstag in zahlreichen, höchst geheim gehaltenen Ausschußberatungen das *Augsburger Interim* erarbeitet und am 15. Mai 1548 den Reichsständen durch Verlesung der kaiserlichen Vorrede zum Text offiziell mitgeteilt. Der Reichsvizekanzler Georg Sigmund Seld erklärte ausdrücklich, daß die Stände der alten Religion durch das Interim nicht betroffen sein sollten. Für sie wurde eine eigene kaiserliche Reformnotel, die *Formula Reformationis* vorbereitet, die recht detailliert in 22 Abschnitten von der Reform des Klerus, der Priesterausbildung, der Erneuerung des Klosterlebens und den Aufgaben der Geistlichen handelte und zugleich die bischöfliche Visitationsgewalt neu ordnete.[5] Das Nebeneinander von Formula Reformationis und Interim machte deutlich, daß letzteres als ein einseitig belastendes Sondergesetz zuungunsten der evangelischen Reichsstände anzusehen war. Mündliche Proteste einzelner Vertreter der evangelischen Stände konnten nicht verhindern, daß der Erzbischof von Mainz – vorgeblich im Namen aller Stände – dem Kaiser untertänigsten Dank für seine Bemühungen aussprach und die Bereitschaft erklärte, der kaiserlichen Verordnung in gebührendem Gehorsam nachzukommen. Schließlich erhielt das Augsburger Interim durch Aufnahme in den Reichsabschied (30. Juni 1548) reichsrechtliche Verbindlichkeit für die Territorien Augsburgischer Konfession; es wurde unter dem Titel „Der Römischen Keyserlichen Maiestät Erklärung, wie es der Religion halben, imm Heyligen Reich, biß zu Außtrag deß gemeynen Concilij gehalten werden soll, auff dem Reichßtag zu Augspurg ... publiciert und eröffnet, und von gemeynen Stenden angenommen" in mehreren offiziellen Drucken und in zahlreichen Nachdrucken überall im Reich verbreitet.[6]

Die Textgeschichte des Augsburger Interim reicht in einzelnen Abschnitten bis in die Zeit der Religionsgespräche von Hagenau (1540), Worms (1540) und Regensburg (1541) zurück.[7] Die bedeutenden katholischen Reformtheologen Julius Pflug, Johannes Gropper und Michael Helding sind direkt

---

JOACHIM MEHLHAUSEN, Das Augsburger Interim von 1548. Nach den Reichstagsakten deutsch und lateinisch (= Texte zur Geschichte der ev. Theologie H. 3), Neukirchen ²1996, 30 (abgekürzt: Augsb. Interim). Grundlegend für alle in diesen Zusammenhang gehörenden historischen Fragen ist: HORST RABE, Reichsbund und Interim. Die Verfassungs- und Religionspolitik Karls V. und der Reichstag von Augsburg 1547/1548, Köln/Wien 1971 (Lit.).

5   Der Text der „Formula Reformationis" findet sich bei: GEORG PFEILSCHIFTER, Acta Reformationis Catholicae (= ARC), Bd. VI, Regensburg 1974, 348ff.; zur Entstehung vgl.: H. RABE, Reichsbund 407ff., 447ff., 458ff.
6   Augsb. Interim 16-22, zwölf verschiedene Druckausgaben.
7   Da eine monographische Behandlung der Frage nach der Entstehungsgeschichte des Augsburger Interim fehlt, vgl.: ARC Bd. VI, 258-301, 308-348; Augsb. Interim 11 Anm. 7; H. RABE, Reichsbund 262-272, 424-449; JOACHIM MEHLHAUSEN, Art. „Interim", in: TRE 16 (1987) 230-237 (Lit.).

und indirekt am Zustandekommen des Textes beteiligt gewesen. Mitglieder der beratenden Theologenkommission auf dem Augsburger Reichstag waren neben J. Pflug und M. Helding der spanische Konzilstheologe und Beichtvater Karls V. Domingo de Soto und der Hofprediger König Ferdinands Pedro Malvenda. Als Vertreter der evangelischen Seite wurde der brandenburgische Hofprediger Johann Agricola hinzugezogen, der der eifrigste protestantische Verteidiger des Augsburger Interim werden sollte und es gelegentlich „das beste Buch und Werk zur Einigkeit im ganzen Reich und zur Vergleichung der Religion per totam Europam" genannt hat (CR 7, 77). Martin Bucers Beteiligung beschränkte sich auf die Erstellung eines vom Kaiser angeforderten Gutachtens.[8]

Das Augsburger Interim behandelt in 26 unterschiedlich ausführlichen Artikeln die schon bei den früheren Religionsgesprächen verhandelten Lehrfragen, beginnend mit der Urstandslehre und der Lehre vom Zustand des Menschen nach dem Fall (Art. 1+2); es folgen die Soteriologie (Art. 3), die Rechtfertigungslehre (Art. 4-6), Glaube und Werke (Art. 7f.), die Ekklesiologie (Art. 9-13), die Lehre von den sieben Sakramenten (Art. 14-21), das Meßopfer (Art. 22), die Heiligenverehrung (Art. 23), die Seelenmessen (Art. 24) und die Forderung nach häufigem Kommunionsempfang (Art. 25). Das Augsburger Interim schließt mit einem weit in die kirchliche Praxis ausgreifenden Artikel „Von den ceremonien und gebrauch der sacramenten" (Art. 26). Hier werden die beiden Hauptkonzessionen an die Protestanten genannt: Priesterehe und Laienkelch sollen dort, wo sie eingeführt wurden, geduldet werden, bis „des gemeinen concilii beschaidt und erortterung" vorliegen werde. Begründet wird diese Ausnahmeregelung nicht mit theologischen Argumenten, sondern mit dem pragmatischen Vermerk, daß eine erneute Änderung „auff dißmals one schwere zerrüttung nit geschehen mag" (Augsb. Interim 142).

Das Augsburger Interim ist in seinen Hauptartikeln darum bemüht, im Geist der Vergleichsgespräche von Worms und Regensburg brückenschlagende Lehrdefinitionen zu zentralen Glaubensaussagen anzubieten. Daß die Gegensätze jedoch nicht wirklich überwunden werden konnten, ist nach gründlicher Prüfung der Texte durch beide Parteien bald erkannt worden. Sofort erkennbar war, daß Art. 26 neben den beiden Konzessionen an die Protestanten eine nahezu vollständige Wiederherstellung der vorreformatorischen kirchlichen Gebräuche und Kultordnungen vorschrieb. Hier sollte also auf der Grundlage einer vermeintlichen Einigung in den grundsätzlichen Lehrfragen die äußere Ordnung der Kirche und der gottesdienstlichen Zeremonien wie-

---

[8] Alle Gutachten, Briefe und Memoranden Bucers zum Augsburger Interim sind leicht zugänglich in: Martin Bucers Deutsche Schriften Bd. 17: Die letzten Straßburger Jahre 1546-1549. Schriften zur Gemeindereformation und zum Augsburger Interim, hg.v. Robert Stupperich [Bearbeiter: WERNER BELLARDI und MARIJN de KROON], Gütersloh 1981, 346-620.

derhergestellt werden, um so die Einheit der Kirche sichtbar zu machen. So ist von den „alten ceremonien" die Rede, „so die allgemein kirch (ecclesia catholica) bei der messe gebraucht" und die nicht geändert werden dürften. Tägliches Messelesen („alle tag zum wenigsten zwo meß") wird gefordert; der „canon missae" ist beizubehalten und durch eine „clare kurtze außlegung" des Priesters dem Volk zu erklären. Das Stundengebet sei dort, wo es abgeschafft wurde, wieder einzuführen; Vigilien und „begangcknuß der todten, wie es in der alten kirchen gebreuchlich ist (vigiliae et exequiae mortuorum de more veteris ecclesiae)" sollen wieder abgehalten werden, „dann es were ein grausambkeit, das man (der todten) in der kirchen nit gedencken solt, als weren ire seelen zugleich mit den corpern undergegangen". In einem ausführlichen Festkalender werden auch das Fronleichnamsfest und Allerheiligen genannt; die alten Fastenbräuche werden mit ausführlicher, im wesentlichen ökonomischer Begründung („diweil sunst schier des viechs nit gnug ist zu teglichem gebrauch") ebenso gefordert wie die kirchlichen Prozessionen, die Segnung des Taufwassers zu Ostern und zu Pfingsten und die Beibehaltung der „gewonlichen gesenge und solemniteten ... bei allen andern fessten der kirchen". Endlich werden die Aufbewahrung (repositio) und die Anbetung (adoratio) der konsekrierten Elemente des Herrenmahls gefordert, denn „das sacrament des altars, so das einmal durch das wort Christi consecrirt ist, so bleibet es ... das sacrament der leib und bluet Christi, biß es genossen wirdet" (alle Zitate: Augsb. Interim 135-144).

Das Augsburger Interim merkt ferner an, daß solche Bräuche und Zeremonien, die „zu aberglauben ursach geben" könnten, „nach zeitlichem rath gebessert werden" sollten; doch eben hierzu erklärt die kaiserliche Vorrede zum Reichsabschied nachträglich, daß der Kaiser selbst es sich vorbehalte, „in dem und andern artickeln, wo und so vil vonnöthen, itzo und hinnach allzeit gebürlich maß und ordnung zu geben" (Augsb. Interim 155).

Diese kurze Übersicht über den Inhalt von Art. 26 macht deutlich, daß das Augsburger Interim von der Voraussetzung ausgeht, die Kirchentrennung habe in gewissen Unsicherheiten über zentrale theologische Lehrfragen ihren Grund gehabt, und es müsse möglich sein, nach einer gemeinsam verantworteten Neuformulierung dieser Hauptartikel in der kirchlich gebotenen Frömmigkeitspraxis und in der gottesdienstlichen Ordnung wieder zu den alten Überlieferungen zurückzukehren. Als die Verabschiedung des Augsburger Interim in Rom bekannt wurde, war die Wirkung katastrophal. Kardinal Alessandro Farnese schrieb an den Nuntius am Kaiserhof, Francesco Sfondrato: „Wie konnte der Kaiser ... einen Entschluß von solcher Tragweite fassen, ohne die Vertreter des Papstes vorher zu hören?"[9] Papst Paul III. bewahrte jedoch Ruhe;

---

[9] HUBERT JEDIN, Geschichte des Konzils von Trient, Bd. III, Freiburg 1970, 203ff., 472ff. (Lit.).

er forderte Gutachten über das Interim und die Formula Reformationis an und erteilte erst nach längerem Beraten und Zögern einzelne zur Durchführung des Interim erforderliche Dispense, ohne sich jedoch dem Interim gegenüber insgesamt irgendwie zu binden.

In Deutschland wurde überall dort, wo die kaiserliche Macht in Gestalt spanischer Truppen unmittelbar präsent war, wie etwa in Württemberg, Augsburg, Konstanz und Ulm, das Interim sogleich mit Gewalt durchgesetzt. So wurde die Stadt Konstanz wegen ihrer Weigerung, das Interim anzunehmen, in die Acht erklärt, belagert und nach der Kapitulation mit dem Verlust der Reichsfreiheit bestraft. Ambrosius Blarer, der Reformator der oberdeutschen Reichsstädte, konnte in die Schweiz flüchten. An vielen Orten wurden widerspenstige Geistliche verhaftet oder die Politiker trennten sich von unnachgiebigen Theologen, weil man durch ein Kompromißangebot an den Kaiser wenigstens einen Rest reformatorischer Erneuerung zu bewahren hoffte. Auf diese Weise kam es zu einem folgenreichen Exodus vieler evangelischer Theologen aus Süddeutschland. Nur einige Beispiele seien genannt:

Wolfgang Musculus, der noch während des Reichstages evangelische Gottesdienste in Augsburg gehalten hatte, mußte Augsburg verlassen und kam über Zürich nach Bern. Martin Bucer verfaßte für den Rat der Stadt Straßburg einen kritischen „Bericht und Antwort aufs Interim" und mußte wenig später seine Ämter aufgeben, weil sein Anfang Juli 1548 im Druck erschienener „Summarischer vergriff der Christenlichen lehre und Religion, die man zu Strasburg hat nun in die xxviij. jar gelehret" den besonderen Zorn Karls V., der alle polemischen Veröffentlichungen gegen das Augsburger Interim verboten hatte, auf sich zog. Bucer ging ins Exil nach England. Andreas Osiander, der aufgrund guter Zwischeninformationen die Entstehung des Augsburger Interim von Nürnberg aus genau hatte verfolgen können und der dem Rat der Stadt noch während des Reichstages mehrere Gutachten geliefert hatte, die auf eine scharfe Ablehnung des Interim hinausliefen, gab sein Predigtamt auf, als der Rat aus politischen Rücksichten auf Kompromißlösungen einzuschwenken begann. Osiander folgte einem Ruf Herzog Albrechts von Preußen und ging an die neugegründete Universität Königsberg. Sein Gutachten zum Interim erschien im Druck als „Bedencken auff das Interim von einem Hochgelerten und Ehrwirdigen Herrn, einem Erbarn Radt seiner Oberkeit uberreicht ... 1548". Nikolaus Gallus verließ seine Wirkungsstätte in Regensburg, nachdem er dem Rat der Stadt eine später ebenfalls im Druck erschienene Stellungnahme zum Interim zugeschickt hatte („Einer Christlichen Stad unthertenigk antwort auff das von Key. Ma. uberschickt Interim. Unnd ein Radtschlag der Predicanten der selbigen Stadt, 1548"). Johannes Brenz veröffentlichte ein „Bedencken Etlicher Predicanten Als der zu Schwebischen Hall, Der in Hessen und der Stadt N. N. auffs Interim Ihrer Oberkeit Uberreicht ... 1548"; er mußte, da ihn der Rat der Stadt Schwäbisch Hall nicht decken konnte und wollte, von Herzog Ulrich von Württemberg an geheimem Ort verborgen werden.[10]

In Norddeutschland und in den Hansestädten kam es zu Sonderentwicklungen, die durch die Begrenztheit der militärischen Macht des Kaisers begünstigt wurden. In Magdeburg bauten Rat und Geistlichkeit trotz Reichsacht ein Zentrum des Widerstandes gegen das Interim auf, zahlreiche Flüchtlinge aus Süddeutschland wurden aufgenommen, und die bei dem Buchdrucker Michael Lotther erscheinenden Flugschriften gegen das kaiserliche Religionsgesetz begründeten den Ruhm der Stadt als „unsers Herrn Gottes Cantzeley". Gegen das Interim stellten sich auch das Herzogtum Calenberg-Göttingen, die geächtete Stadt Bremen, Mecklenburg, Pommern und Küstrin, Lüneburg, Lübeck und Hamburg.[11] Nur im Herzogtum Braunschweig-Wolfenbüttel und in der Grafschaft Oldenburg kam es zur förmlichen Annahme des Interim. Kurfürst Joachim II. von Brandenburg, der durch seinen Hofprediger Agricola unmittelbar an der Entstehung des Augsburger Interim beteiligt gewesen war, ließ dessen Text durch eine eigene Druckausgabe in seinem Territorium verbreiten, sorgte aber durch die Hinzufügung einer gesonderten Deklaration dafür, daß die märkische Kirchenordnung von 1540 in wesentlichen Punkten in Geltung blieb. Kurfürst Friedrich II. von der Pfalz ließ das Interim in Heidelberg offiziell verkünden, bestand aber danach alles andere als streng auf dessen Durchführung.

---

[10] Die bis 1970 erschienene Spezialliteratur zur Aufnahme des Interim in den einzelnen deutschen Territorien findet sich: Augsb. Interim 161-166; nachzutragen sind die neuen Veröffentlichungen: MARTIN STUPPERICH, Das Augsburger Interim als apokalyptisches Geschehnis nach den Königsberger Schriften Andreas Osianders, in: ARG 64 (1973) 225-245; WERNER BELLARDI, Bucers „Summarischer Vergriff" und das Interim in Straßburg, in: ZKG 85 (1974) 64-76; HARTMUT VOIT, Nikolaus Gallus und das Interim. Eine anonyme Druckschrift aus dem Jahr 1548, in: ARG 65 (1974) 277-285; ERDMANN WEYRAUCH, Konfessionelle Krise und soziale Stabilität. Das Interim in Straßburg (1548-1562), Stuttgart 1978 (= Spätmittelalter und Frühe Neuzeit. Tübinger Beiträge zur Geschichtsforschung Bd. 7); WERNER BELLARDI, Bucer und das Interim, in: Marijn de Kroon/Marc Lienhard (Hg.), Horizons européens de la Réforme en Alsace. FS Jean Rott, Straßburg 1980, 267-311; KURT VICTOR SELGE, Ein Magdeburger Flugblatt. Flacius Illyricus und die franziskanische Sonderfrömmigkeit im Streit um das Interim, in: CV 25 (1982) 219-226; GÜNTHER WARTENBERG, Philipp Melanchthon und die sächsisch-albertinische Interimspolitik, in: LuJ 55 (1988) 60-82; DERS., Art. „Moritz von Sachsen (1521-1553)", in: TRE 23 (1994) 302-311 (Quellen und Lit.). Vgl. insgesamt die 2., erw. Auflage des *Augsb. Interim* (Neukirchen-Vluyn 1996), 167-169.

[11] Eine vorzügliche Darstellung gibt: WOLF-DIETER HAUSCHILD, Zum Kampf gegen das Augsburger Interim in norddeutschen Hansestädten, in: ZKG 84 (1973) 60-81; DERS., Der theologische Widerstand der lutherischen Prediger der Seestädte gegen das Interim und die konfessionelle Fixierung des Luthertums, in: Bernhard Sicken (Hg.), Herrschaft und Verfassungsstrukturen im Nordwesten des Reiches. Beiträge zum Zeitalter Karls V., Köln/Weimar/Wien 1994 (= Städteforschung. Reihe A/Bd. 35), 253-264.

III

So gewichtig alle diese Aktionen für und wider das Augsburger Interim auch waren – die folgenreichste theologische Auseinandersetzung ging von Kursachsen und der Haltung der Wittenberger Theologen aus. Kurfürst Moritz hatte während des Reichstages aus verschiedenen Gründen versucht, sich in der Religionsfrage nicht mehr als nötig zu exponieren. Zwar war er dem Kaiser in hohem Maße verpflichtet, doch er mußte auch auf die kursächsischen Stände Rücksicht nehmen und darauf achten, daß der ihm anhängende böse Ruf, als ‚Judas von Meißen' die evangelische Sache im entscheidenden Augenblick verraten zu haben, keine neue Nahrung erhielt. So hatte er nach dem Empfang der Kurwürde (27. Oktober 1547) seinen alten und neuen Untertanen Duldung und Schutz ihres evangelischen Glaubens versprochen und den Wittenberger Theologen war bei der Wiedereröffnung der Universität nach dem Kriege die volle Lehr- und Bekenntnisfreiheit zugesagt worden. In dieser Situation hatte Moritz in Augsburg lediglich seine Bereitschaft erklärt, für seine eigene Person einen Reichstagsbeschluß zur Religionsfrage zu respektieren, wenn dieser die einhellige Meinung der übrigen Stände im Reichsrat wiedergebe, da er keine „Zerrüttung" verursachen, sondern in diesem Fall anerkennen wolle, daß er die Beschlüsse der anderen „weder ändern noch wenden" könne; verbindliche Zusagen für seine Untertanen, Landstände und Theologen könne er nicht abgeben. Schließlich reiste Moritz vorzeitig (am 25. Mai 1548) aus Augsburg ab, ohne daß die Sonderverhandlungen zwischen ihm, dem Kaiser und König Ferdinand zu einem förmlichen Abschluß gekommen wären.[12]

Die konsequente Haltung des Wettiners wurde bestärkt durch die zunehmend kritischer werdenden Gutachten, die noch während des Reichstages von den Wittenberger Theologen zunächst zu einzelnen bekannt gewordenen Teilen des Interim, dann zum gesamten Interim-Text erstellt wurden. Dabei ist in den Hauptgutachten Melanchthons[13] eine bedeutsame Akzentverschiebung zu

---

[12] H. RABE, Reichsbund 444f.
[13] Eine aus unveröffentlichten Quellen geschöpfte Darstellung der Entstehungsgeschichte der Gutachten Melanchthons gibt: JOHANNES HERRMANN, Augsburg – Leipzig – Passau. Das Leipziger Interim nach Akten des Landeshauptarchivs Dresden 1547-1552, Diss. theol. Leipzig (Masch.) 1962, 26ff. – Melanchthons Gutachten vom 16. Juni 1548 erschien unter folgendem Titel im Druck: „Bedencken auffs Interim Der Theologen zu Wittenberg. 1548"; Melanchthons Handexemplar dieses Buches mit einigen Marginalien besitzt die Bonner Universitätsbibliothek (vgl. EMANUEL HIRSCH, Melanchthon und das Interim, in: ARG 17 [1920] 62-66). Dieses Handexemplar wurde für die vorliegende Darstellung ausgewertet. Zum gesamten Komplex der Gutachten vgl. JOHANNES HERRMANN/GÜNTHER WARTENBERG (Bearb.), Politische Korrespondenz des Herzogs und Kurfürsten Moritz von Sachsen. Bd. III: Vom 1. Januar 1547 bis 25. Mai 1548, Berlin 1978 (ASAW.PH 68.3); Bd. IV: 26. Mai 1548 – 8. Januar 1551, Berlin 1992 (ASAW.PH 72) (Lit.; zit. als PKMS). – Zur Datierung der Gutachten und

beobachten. In einem ersten Gutachten vom 31. März 1548 hatte Melanchthon kritische Anmerkungen zum Artikel über die Beichte, zu den Privat- und Seelenmessen, zur Heiligenanrufung und zum Opfercharakter der Messe vorgebracht, zur Rechtfertigungslehre jedoch nur vorsichtig angemerkt: „Und ist der ganze Artikel von der Gnade und Glauben eben schwach geredt, wiewohl er dennoch besser da gestellt ist, denn im Concilio zu Trident. Aber diese gedachte weitläuftige Reden ungeacht, will ich nicht rathen, dieses Stück von der Lehre zu verwerfen" (CR 6, 840; vgl. MBW 5, 5105). Auch in einer zweiten Überlieferung von Melanchthons Erstgutachten heißt es: „Und erstlich, wiewohl der Artikel de iustificatione schwach gestellt ist, so rathe ich's dennoch nicht, daß man ihn verwerfen solle" (CR 6, 844; vgl. MBW 5, 5110). Doch vierzehn Tage später hat Melanchthon „diesen Sachen weiter nachgedacht" und findet nun eine „betriegliche Stellung im Artikel vom Glauben und Liebe, darin im Grund dieses die Meinung ist: der Glaube ist nur eine Fürbereitung zur Gerechtigkeit, darnach kompt die Liebe, dadurch ist der Mensch gerecht; das ist so viel: der Mensch ist gerecht von wegen eigner Werk und Tugenden" (CR 6, 853f.; vgl. MBW 5, 5117). Diese von Melanchthon nach gründlicherem Studium des Textes aufgedeckte Problematik im Rechtfertigungsartikel des Augsburger Interim wird in der Folgezeit in allen Stellungnahmen der kursächsischen Theologen als eine unannehmbare theologische Zumutung bezeichnet. Als Caspar Cruciger, Georg Major, Johann Pfeffinger und Melanchthon am 20. April 1548 in Altzella den offiziellen Auftrag erhielten, für den Kurfürsten ein ausführliches Gutachten zum Interim abzufassen, legten sie auf die „große Listigkeit" und den „Betrug", der im Interim in die „Principal- und Hauptlehre" der Kirche „eingemengt" sei, besonderen Nachdruck. Man müsse den Kaiser auffordern, diesen Artikel verbessern zu lassen; in der vorliegenden Fassung könne man ihn nicht hinnehmen, denn er rede „also vom Glauben, als sey der Glaube nichts anders denn donum praeveniens, eine vorhergehende Gabe, das ist, ein Vorbereitung; darnach kommen andre bessere Ding, dadurch der Mensch gerecht und Gott gefällig sey. Also wird auch das Vertrauen auf den Mittler, den Sohn Gottes, weggenommen, und wird die Ehr Christi unsern Tugenden zugemessen, daraus hernach Zweifel folget in rechter Angst, und kann das Herz nicht recht anrufen ... und folget das Elend, davon Paulus spricht: was nicht aus Glauben geschiehet ist Sünde" (CR 6, 866-868; vgl. MBW 5, 5130).

Vor dem Hintergrund dieser entschlossenen Absage an ein Rechtfertigungsschema, das auf eine *duplex iustificatio* hinausläuft, müssen die weiteren Äußerungen des Votums von Altzella gesehen werden. Melanchthon und seine

---

Briefe Melanchthons vgl. Melanchthons Briefwechsel. Bd. 5: Regesten 4530-5707 (1547-1549), bearbeitet von Heinz Scheible unter Mitwirkung von Walter Thüringer, Stuttgart-Bad Cannstatt 1987 (zit. MBW).

Mitberater erklärten sich bereit, folgende Punkte des Interim anzunehmen: die Autorität und Jurisdiktion der Bischöfe (Augsb. Interim 66-69), die kirchlichen Zeremonien de tempore „mit Lectionen, Gesang, Altaren, Caseln und andern alten ehrlichen Gewohnheiten", die im Interim vorgeschlagene Festordnung, „die Fasten und andre Ordnung zu guter Übung und Zucht dienlich", die Vespergottesdienste sowie eine generelle Vermehrung der Gottesdienste mit Meßfeier und Kommunion „in der Wochen" und die Ausführung gottesdienstlicher Gesänge durch eine schola cantorum; ausdrücklich abgelehnt werden neben dem Rechtfertigungsartikel die vom Interim geforderten Gebete zu den Heiligen, die Privat- und Seelenmessen und der canon missae (CR 6, 872f.).

Als dieses wichtige Gutachten angefertigt wurde, gingen die Verfasser noch von der Voraussetzung aus, das Augsburger Interim werde auch für die katholischen Stände Geltung erhalten. Aus dieser Voraussetzung erklärt es sich, warum man zu wichtigen anderen Abschnitten des Interim private Stellungnahmen katholischer Gelehrter abwarten wollte und warum Themen wie Firmung und letzte Ölung zunächst aus dem öffentlichen Verhandeln ausgeklammert bleiben sollten. Festigkeit in der Rechtfertigungslehre als dem „Principal vom Glauben", Offenheit gegenüber den kirchlichen Zeremonien und Zurückhaltung im Blick auf noch nicht ausdiskutierte kontroverstheologische Fragen schienen das Gebot der Stunde zu sein. Die kurfürstlichen Räte, an ihrer Spitze der gebildete Erasmus-Schüler Christoph von Karlowitz[14], aber auch Georg Komerstadt und Ludwig Fachs nahmen dieses differenzierte Argument der Theologen aufmerksam zur Kenntnis und entwickelten aus ihm die kursächsische Religionspolitik für die kommenden Monate. Melanchthons Stimmung in diesen Tagen gibt ein Brief an seinen Lieblingsschüler Joachim Camerarius wieder: „Man stellt uns den ungeheuren Nutzen dieses Einigungswerkes vor Augen, das Deutschland wieder befrieden und der Ausbreitung der wahren Lehre ... den Weg öffnen soll. Diese Reden lassen mich nicht kalt; und überdies meine ich, der Kaiser hat angesichts der verwirrenden Ungleichheit der Gemeinden allen Grund, eine gewisse Ordnung (aliquem statum) einzuführen. Aber gegen diese seine Formel kommt mir folgendes in den Sinn: Die Wahrheit wird in einigen entscheidenden Punkten verderbt und der Aberglaube gefestigt; auch werden diese Pläne nicht dem Frieden dienen, sondern werden unsere Gemeinden verwirren durch Änderung des Bekenntnisstandes (mutato doctrinae genere) und Vertreibung der guten Pastoren. Gewichtige Gründe hindern mich also, diese Gesetzgebung zu unterstützen" (CR 6, 878; vgl. MBW 5, 5138).

---

[14] HEINZ SCHEIBLE, Melanchthons Brief an Carlowitz, in: ARG 57 (1966) 102-130; dieser Aufsatz ist für die Rekonstruktion und Analyse der Gesamtzusammenhänge unentbehrlich; vgl. MBW 5, 5139.

Die im April 1548 bei Melanchthon sichtbar werdende Bereitschaft, in der Diskussion über das Augsburger Interim „Unterschiede zwischen nöthigen und unnöthigen Dingen" zu machen (CR 6, 841), bedeutete keine Kapitulation vor dem kaiserlichen Religionsdiktat. Als Melanchthon am 27. April 1548 erfuhr, daß die Katholiken aus dem Geltungsbereich des Interim ausgeschlossen bleiben sollten, verfaßte er sofort eine neue Stellungnahme für Kurfürst Moritz von Sachsen, die der veränderten Gesamtsituation Rechnung trug und die Frage der bischöflichen Jurisdiktion problematisierte (CR 6, 888-890; vgl. MBW 5, 5141). Anfang Juli 1548 wiederholten die Wittenberger Theologen vor dem Landtag in Meißen ihre Bedenken gegen das Interim. Wieder wird die Rechtfertigungslehre mit ausführlicher theologischer Begründung abgelehnt (CR 7, 12-45; PKMS 4, 74-84; vgl. MBW 5, 5208). Daneben wird der „Artikel von der Kirchen Gewalt" jetzt als „der hässigste Artikel" bezeichnet (CR 7, 25). Ausführlicher als in den bisherigen Gutachten äußern sich Melanchthon, Major, Cruciger, Pfeffinger sowie Daniel Greiser und Johannes Forster diesmal zur Frage der Adiaphora. Sie erklären: „In unsern Kirchen sind die fürnehmsten Ceremonien die zur Kirchen dienen, als Sonntag und Fest, mit gewöhnlichen Lection und Gesang nicht viel geändert; wollen auch noch dieselbigen mit Fleiß erhalten. Und wo man denn in solchen Mitteldingen etwas bedenken würde mit gutem Rath derjenigen, so die Kirchen regieren sollen, das zu mehrer Gleichheit und guter Zucht dienlich, wollen wir gerne helfen Einigkeit und gute Zucht erhalten. Denn wir wollen von denselbigen Mitteldingen nicht zanken so viel den äußerlichen Gebrauch belanget. Also irret uns auch nicht, man esse Fleisch oder Fische. Gleichwohl muß man die Lehre von Unterscheid rechtes Gottesdiensts und solcher mittler unnöthiger Dinge nicht verlöschen lassen" (CR 7, 41; vgl. PKMS 4, 82). Konkret werden im Meißener Gutachten dann folgende Stellungnahmen abgegeben: Die Anrufung der Heiligen sei zu verwerfen; Prozessionen, bei denen die geweihte Hostie umhergetragen werde, seien ein „Spectakel ... und sollen nicht gestärkt oder wieder aufgerichtet werden" (CR 7, 41). Zu den Vigilien wird daran erinnert, daß sie ursprünglich bloße Totenwachen waren und nur durch mißbräuchliche Erweiterung zu gottesdienstlichen Feiern wurden, mit denen „der Verstorbenen Erlösung" erworben werden sollte. Eine Wiedereinführung derartiger meritorischer Gottesdienstfeiern könne nicht gebilligt werden, denn nach Joh 5,24ff. gebe Christus selber „denen, so in wahrem Glauben gestorben ... eine gewisse Zusage ... Den Trost laßt uns nicht nehmen, uns in unsrer Noth darauf verlassen, und um unsre liebe verstorbene Freunde desselben uns gewißlich trösten" (CR 7, 42f.; vgl. PKMS 4, 83). Christi eigenes Wort läßt es nicht zu, in Vigilien und Seelenmessen unschädliche Adiaphora zu sehen. Auch eine Segnung von Wasser, Salz, Gewürzen „und dergleichen Creaturen" könne „ohne Mißbrauch göttliches Namens und Superstition nicht gebraucht werden" und müsse unterbleiben. Zulassen könne man den Festkalender des Augsburger Interim (ohne die

Betwochen und Prozessionsfeste), die Kleidungsvorschriften für die Geistlichen („den Kirchenornat") und die Gesänge de tempore. Über das „Fleisch essen" sollte die Obrigkeit zweckdienliche Bestimmungen erlassen, doch so, „daß kein cultus daraus gemacht noch die Gewissen damit beschweret werden" (CR 7, 42f.; vgl. PKMS 4, 83).

IV

Für den sächsischen Hof bot das Gutachten kaum einen Ansatzpunkt für ein Vorankommen in der Religionsfrage. Kurfürst Moritz und seine Räte standen unter dem Druck der kaiserlichen Forderung, dem Interim gegenüber endlich eine entschiedene, positive Haltung einzunehmen. Als der Text des Meißener Gutachtens ohne Wissen der Verfasser von Matthias Flacius in Magdeburg veröffentlicht wurde, war die Situation noch gespannter.[15] Flacius hat in diesen Wochen Melanchthon und seine Umgebung immer wieder bestürmt, in einem gemeinsamen öffentlichen Protest *aller* Wittenberger Theologen das Augsburger Interim in *allen* Teilen zu verwerfen. Als Melanchthon hierzu keine Bereitschaft zeigte, sondern an der vom Kurfürsten und seinen Räten gewünschten mehr oder minder geheimen Beratungs- und Vermittlungspolitik festhielt, ließ Flacius unter den Pseudonymen Joannes Waremund, Theodor Henetus und Christian Lauterwar drei Streitschriften gegen das Interim im Druck erscheinen. Die erste dieser Schriften, die sich durch eine ebenso polemische wie seelsorgerlich-ermutigende, immer packende Sprache auszeichnet, trägt den Titel: „Ein gemeine protestation und klagschrifft wieder das Interim unnd andere geschwinde anschlege und grausame verfolgung der wiedersacher des Evangelij, allen Gotfürchtigen gewissen, zu dieser betrübten zeit, uberaus sehr nützlich unnd tröstlich zu lesen. Durch Joannem waremundum" (Blatt H 2ᵃ die Jahreszahl 1548, keine Angabe des Druckortes, der aber Magdeburg gewesen sein dürfte). Flacius fordert grundsätzliche Bereitschaft zum Widerstand gegen die ‚neue, verführerische Lehre'. Weil Christus vor Pilatus nicht geschwiegen habe, sei es die Pflicht der christlichen Kirche, „ihre Lehr und unschuldt zu jeder zeit öffentlich darzuthuen und zu verteidigen" (Bl.A 3ᵇ). Die Verfasser des Augsburger Interim „beschmeissen das hochwirdige Abentmal des Herrn mit greulichen mißbreuchen ... also nemlich mit opfern für die todten, mit proceß tragen, mit anbeten und der gleichen, welches in Göttlichem wort nicht allein nicht geboten, sondern viel mehr auffs hefftigst verbo-

---

[15] CR 7,13. Die Druckausgabe erschien ohne Angabe des Druckortes unter dem Titel: „Bericht vom Interim der Theologen zu Meißen versamelt. Anno 1548." Zum Ablauf der Ereignisse vgl. J. HERRMANN/G. WARTENBERG, Einführung. Die Ereignisse vom 26. Mai 1548 bis zum 8. Januar 1551, in: PKMS 4, 11-37; bes. 15-20.

ten ist" (Bl.C 2ᵇ). Man fordere das Gebet zu den Heiligen, doch von der Notwendigkeit evangelischer Predigt höre man nichts und dies sei „der bittre Tod der Christenheit". „Denn die Predigt Götlichs worts ist allein der fruchtbare regen und heilsame weid, on welchem die gewissen baldt versmachten und umbkömmen, wie solches unter dem Babstumb viel fromer hertzen lange zeit gefület und tewer beweinet haben" (Bl.D 3ᵇ). Im Blick auf die Vermittlungsbemühungen von Theologen wie Agricola – vielleicht sind aber schon hier die Wittenberger Kollegen mit ihren Gutachten gemeint – fordert Flacius: „Last uns auch ein schew und eckel haben vor denen, die durch jhr vernünfftige klugheit zu thoren werden und lassen sich bedüncken, man solle von wegen gemeines friedes den abgesagten Gottes feinden etwas zu gefallen in der Religion nachlassen" (Bl.G 3ᵃ). Die Schrift schließt mit einem Ausblick auf das Kommen Christi und einem Aufruf zur Martyriumsbereitschaft. „Wer das Creutz nicht tragen wil, der mag dem Teuffel nachfolgen und hie gute Tage suchen. Aber hundert tausent mal besser ist es, mit Christo leiden, als mit dem Teuffel regieren" (Bl.H 1ᵃ). Die beiden anderen anonymen Schriften von Flacius zum Augsburger Interim behandeln thematisch vor allem die Lehre vom Meßopfer als die „fürnehmste Abgötterei und Hauptstück papistischer Lehre".[16]

Auch die Theologen des gefangenen Kurfürsten Johann Friedrich meldeten sich zu Wort. Nikolaus von Amsdorff[17], Justus Menius, Caspar Aquila, Johannes Aurifaber und zwölf weitere ernestinische Theologen veröffentlichen in Weimar Ende Juli 1548 die Schrift „Der Prediger der Jungen Herrn, Johans Friderichen Hertzogen zu Sachssen etc. Sönen, Christlich Bedencken auff das

---

[16] Weil FLACIUS von Venedig nach Deutschland gekommen war, benutzte er für eine seiner Flugschriften das Pseudonym „Henetus" = Venezianer: „Ein kurtzer bericht vom Interim, darauss man leichtlich kan die leer und Geist desselbigen Buchs erkennen. Durch Theodorum Henetum allen fromen Christen zu dieser zeit nützlich und tröstlich ... 1548" (kein Druckort vermerkt). Bl. B 2a dieser Schrift schreibt Flacius: „Denn so uns das verdienst Christi sol durch die Messen zugewendet werden, so wirdt es endtlich wider dahin komen, das man die Messe für ein Opffer halten wirdt, welche uns vergebung der sünden und alles guts verdiene". Die Trennung des Kommunionsempfangs von der Messe führe zur Opfervorstellung zurück (man vgl. dazu Augsb. Interim 87f., 103f., 135, wo sich das Problem differenzierter darstellt.) – Ebenfalls ohne Angabe des Druckorts erschien die dritte pseudonyme Schrift des Flacius zum Augsburger Interim: „Wider Das Interim. Papistische Meß, Canonem, und Meister Eissleuben, durch Christianum lauterwar, zu dieser zeit nützlich zu lesen ... [Bl. D 4a:] Anno 1549."– Mit „Meister Eissleuben" (Eisleben) ist J. Agricola gemeint; über ihn: JOACHIM ROGGE, Artikel „Agricola" in: TRE 2 (1978) 110-118.

[17] Amsdorffs Anteil am adiaphoristischen Streit beschreibt: ERNST-OTTO REICHERT, Amsdorff und das Interim. Erstausgabe seiner Schriften zum Interim mit Kommentar und historischer Einleitung, Diss. theol. Halle/Saale (Masch.) 1955; vgl. ferner JOACHIM ROGGE, Artikel „Amsdorff" in: TRE 2 (1978) 487-497; 492f. – ROBERT KOLB, Nikolaus von Amsdorff (1483-1565): popular polemics in the preservation of Luther's legacy (= Bibliotheca humanistica et reformatorica, 24), Nieuwkoop 1978.

Interim".[18] In diesem Text werden alle Abschnitte des Augsburger Interim kritisch analysiert. Zu Art. 26 und der Forderung, die „Ceremonien" wieder einzuführen, heißt es lapidarisch: „Dieser Artickel Restituirt und Confirmirt das gantze Bapstumb. Und ob gleich in vorigen Artickeln etwas leidlichs gesagt wörde, so wirdt doch solchs durch diesen Artickel alles umbgestossen. Das wer dieses Interim annemen wolte, der selbige gleich so leicht das gantze Bapstumb annemen möchte" (Bl.C 2^b).

V

In den bewegten Wochen und Monaten des Herbstes und Winters 1548/1549 bemühte sich Kurfürst Moritz von Sachsen weiterhin beharrlich, zwischen den Forderungen des Kaisers (vgl. CR 7, 127f.) und dem Widerstand der sächsischen Theologen, Räte und Landstände zu vermitteln, um eine beide Seiten befriedigende Kirchenordnung für Kursachsen erarbeiten zu können. Eine direkte Annahme oder Ablehnung des Augsburger Interim stand spätestens seit dem Meißener Gutachten nicht mehr zur Diskussion. Man mußte jetzt nach einer theologischen Lehrdarstellung suchen, die den status quo und die Tradition der Mehrzahl der Gemeinden im sächsisch-albertinischen Raum wiedergab und zugleich den theologischen Grundlinien des kaiserlichen Interim wenigstens in etwa entsprach. Zu diesem Werk benötigte Moritz die Mithilfe Melanchthons, den er hartnäckig verteidigte, als der Kaiser seine Ausweisung aus Kursachsen forderte.[19] Weil Melanchthon so oft betont hatte, daß die Rechtfertigungslehre als „Principal vom Glauben" im Zentrum aller weiteren Entscheidungen stehen müsse, wurde an diesem Thema zuerst weitergearbeitet. Auf einer Zusammenkunft in Pegau wurde Ende August 1548 ein von Melanchthon stammender Vorentwurf zur Rechtfertigungslehre (CR 7, 48-64; vgl. MBW 5, 5209) mit den beiden katholischen Bischöfen von Naumburg (J. Pflug) und Meißen (Johann v. Maltiz) sowie mit Melanchthons Schüler Paul Eber und dem Berater des Kurfürsten in Fragen der Gestaltung des Kirchenwesens, Georg von Anhalt, gründlich diskutiert und leicht überarbeitet

---

[18] Nach Bl. C 2b der Druckausgabe wurde dieses „Christlich Bedencken" von den Unterzeichnern „auff E. F. G. gnediges begeren inn unthertenigkeit auffs kurtzts und so gutt als es inn eyl hat geschehen mügen" verfaßt. Im Zusammenhang der Erörterung des Sakraments der Priesterweihe (Augsb. Interim 92f.) heißt es: „Auch von der weise der Ordination odder Weihe zu solchen emptern, mit schmiren, Blatten scheren, Alben, Kaseln, Stolen, Mannipeln etc. und was sonst zu der Papistischen Pfafferey mehr gehört, ist alles one schrifft, Ja widder die schrifft. Denn Christus zu seinen Aposteln nirgent gesagt hat: Gehet hin, haltet winckelmess und opffert etc., Sondern so hat er gesagt: Gehet hin, Prediget das Evangelium und Teuffet etc." (Bl. B 4b).

[19] Belege hierfür außer CR 7, 127f. bei O. RITSCHL II, 338f.

(CR 7, 120-122; MBW 5, 5268). Obgleich man sich nicht darüber einigen konnte, ob dieser „Pegauer" Rechtfertigungsartikel eine zutreffende und zulässige Interpretation der Rechtfertigungslehre des Augsburger Interim darstelle, wurde die Diskussion für abgeschlossen erklärt und Melanchthon konnte sich von nun an bei den weiteren Verhandlungen auf einen von ihm selbst stammenden Text zur Rechtfertigungslehre berufen (vgl. CR 7, 178; 259). Damit war für Melanchthon der entscheidende Anstoß des kaiserlichen Religionsdiktats aus dem Weg geräumt. Nun konnte das durch Art. 26 des Augsburger Interim angezeigte Problem der kirchlichen Zeremonien in Angriff genommen werden. Auf einem Theologentag in Torgau im Oktober des gleichen Jahres erklärten die Beauftragten des Kurfürsten (vgl. CR 7, 174-178), man könne auf keinen Fall alles übernehmen, „was die Väter gehalten haben, auch die Adiaphora und willkührliche Ding"; denn einerseits seien viele Bräuche, die den Vätern wichtig waren, längst aufgegeben und zum andern habe es „viel contrarii ritus bei den Alten" gegeben. Man solle gegenwärtig von folgender Formel ausgehen: „Was noch im Brauch ist bei den andern, das Adiaphoron ist und göttlicher Lehre nicht zuwider, das wollten wir auch halten" (CR 7, 174; vgl. MBW 5, 5333; PKMS 4, 168f.).

Nach diesen Vorbereitungen wurden die Wittenberger Theologen im November 1548 zu einer weiteren Beratung in das Kloster Altzella bestellt, wo sie nun anhand der sächsischen Kirchenordnung von 1539[20] eine konkrete Aufstellung tolerierbarer Zeremonien und Adiaphora aufstellen sollten. Die Antwort lautete: Man könne solche Mitteldinge „als in Festen, Gesang, Kleidung, Lection, Speis und viel dergleichen, welche zu zierlicher Gleichheit dienen", dulden; nicht annehmbar seien „abgöttische Ceremonien" wie das Chrisma bei der Taufe, das Umhertragen der geweihten Hostie bei den Fronleichnamsprozessionen und vor allem der canon missae mit der Anrufung der Heiligen (CR 7, 210). Aus den verschiedenen Gutachten und Stellungnahmen der Theologen bildeten die kursächsischen Juristen ein Verzeichnis der „Adiaphoren oder Mittelceremonien, der man sich verglichen" habe (CR 7, 215-221; das sog. *Interim Cellense* bzw. der *Zellische Abschied*; vgl. MBW 5, 5359). Dieser Text wurde am 17. Dezember 1548 von Kurfürst Moritz von Sachsen und Kurfürst Joachim II. von Brandenburg in Jüterbog als eine gemeinsame „Abrede" in der Religionsfrage unterzeichnet; man versicherte sich gegenseitig, „daß wir uns beide befleißigen wollen, dieselbigen Artikel in rechtem christlichen Verstand bei unsern Unterthanen mit ihrer Bewilligung ins Werk zu bringen"; lediglich die Frage des Meßkanons wurde offen gelassen und weiterer Beratung anheim-

---

[20] Die Kirchenordnung Herzog Heinrichs von 1539 bei: EMIL SEHLING, Die Ev. Kirchenordnungen des 16. Jahrhunderts Bd. I,1 (1902) 264ff. Ein Vergleich der hierin aufgezählten Zeremonien und Gottesdienstformen mit dem Arbeitsergebnis von Altzella bzw. der *Zellische Abschied* spricht für die Gewissenhaftigkeit der Arbeit der Wittenberger Theologen.

Der Streit um die Adiaphora

gestellt (CR 7, 248f.). Zu Weihnachten 1548 erhielt Kurfürst Moritz auf dem Leipziger Landtag nach keineswegs einfachen Verhandlungen mit den Städten und der Ritterschaft diese „Bewilligung" seiner Untertanen (CR 7, 265-267; PKMS 4, 265f.; vgl. MBW 5, 5388). Eine förmliche Veröffentlichung des Textes, die ihn durch landesherrliches Mandat zum Gesetz erhoben hätte, unterblieb. Auch eine Unterschrift der Wittenberger Theologen wurde nicht gefordert (zur gesamten Entwicklung vgl. PKMS 4, 167-253).

Das *Leipziger Interim* (CR 7, 258-264) – so wurde das Schriftstück von seinen Gegnern bald benannt[21] – beginnt mit der Versicherung, daß man im Gehorsam gegen den Kaiser in der Religionsfrage um Ruhe, Frieden und Einigkeit bemüht sei; die Aufrichtigkeit dieses Vorsatzes wird vor „Gott selbst, deme aller Menschen Herzen bekannt", bezeugt (CR 7, 259). Sodann folgt die in Torgau, Altzella und Jüterbog vorbereitete Formel über die Adiaphora. Sie lautet nun: Wir bedenken, „daß alles das, was die alten Lehrer in den Adiaphoris, das ist, in Mitteldingen, die man ohne Verletzung göttlicher Schrift halten mag, gehalten haben, und bei dem andern Theil noch im Brauch blieben ist, hinfürder auch gehalten werde, und daß man darinne keine Beschwerung noch Wegerung suche oder fürwende, dieweil solches ohne Verletzung guter Gewissen wohl geschehen mag" (CR 7, 259; hier alle folgenden Zitate bis 264). Auf diese Einleitung folgen die eigentlichen Lehrartikel: Die Pegauer Rechtfertigungsformel; die Anerkennung der Lehrautorität der ‚im heiligen Geist versamleten wahren christlichen Kirche', die „wider die heilige Schrift nichts ordnen soll noch kann"; die Forderung nach der Unterordnung aller „Kirchendiener" unter den „obersten und [die] andern Bischoffen", sofern diese „ihre bischofliche Ampt nach göttlichem Befehl ausrichten, und dasselbige zu Erbauung und nicht zu Zerstörung brauchen". Im Artikel von der Taufe fehlt die Erwähnung des umstrittenen Chrisma, doch ist davon die Rede, daß man neben dem Exorzismus und dem Bekenntnis der Paten die „andern alten christlichen Ceremonien" in der Taufhandlung beibehalten solle. Dann werden Firmung, Buße, „Beicht und Absolution und was dem anhängig" gefordert. Die Ölung der Kranken soll wieder eingeführt werden, „wiewohl [sie] in diesen Landen in vielen Jahren nicht in Gebrauch gewesen". Die Ordination soll nach einem Examen, das kein „Scheinexamen" ist, von den Bischöfen vorgenommen werden. Bei der Messe werden das traditionelle Zeremoniell und die herkömmliche Kleidung der Geistlichen gefordert. Bilder können in der Kirche geduldet werden, wenn sie der „Erinnerung" dienen und „kein abergläubischer Zulauf" zu ihnen geschieht. Der Horengesang und ein ausführlicher Festtagskalender (einschließlich Fronleichnam, mehrerer Heiligen- und Marienfeste) werden

---

[21] Vgl. die ausführliche Beschreibung der Zusammensetzung und Herkunft des Textes und seiner Teile in: MBW 5, 5387; kritische Edition durch J. Herrmann und G. Wartenberg, in: PKMS 4, 254-260.

vorgeschrieben. Die Fastenregeln sollen als „äußerliche Ordnung" nach dem Befehl des Kaisers beachtet werden. Von den „Kirchendienern" wird ein ordentlicher Lebenswandel gefordert; damit man sie von weltlichen Personen unterscheiden und ihnen „wie billig ... Reverenz" erweisen könne, sollen sie an ihrer Kleidung als priesterlicher Stand erkennbar sein. Das Leipziger Interim schließt mit einer Friedensformel, die weitere Vergleichsverhandlungen „in andern Artikeln" anhand des Maßstabes „der Schrift und alten Lehrer" grundsätzlich in Aussicht stellt.

Noch während des Leipziger Landtages hatten die dort versammelten Theologen einige wichtige schriftliche Interpretationen zu diesem Text abgegeben (CR 7, 267-269; 270; PKMS 4, 267; vgl. MBW 5, 5389): Die „Confirmation" (Firmung) sei „nicht ärgerlich, sondern nützlich und löblich", weil sie Gelegenheit zur Katechisation der „jungen Leut von 12 oder 15 Jahren" gebe; die Krankensalbung solle ohne „alle abergläubische Stück" geschehen; bei der Messe komme es zentral auf die „Communio und Reichung des Sacraments" an (damit waren die sog. Stillmessen ausgeschlossen) und beim Fronleichnamsfest solle die Predigt über den rechten Gebrauch der Sakramente im Mittelpunkt stehen. Melanchthon hob in seinen Erläuterungen mit Nachdruck hervor, daß der vorgelegte Text nicht von ihm „allein bedacht und gestellt" sei, „sondern von andern mehr Pastoren und Predigern" erarbeitet wurde; er empfahl die Annahme „ohne weitere Disputation", weil die „rechte Lehr" gewahrt sei und das Ganze dem Frieden diene (CR 7, 269).

Eine erste kritische Anfrage erreichte die Wittenberger Theologen von Georg Buchholzer, der im Namen der Berliner Prediger am 7. Januar 1549 besorgt fragt, ob man tatsächlich bereit sei, „wieder Weihwasser, Salz, Kräuter, Palmen, Fladenweihen, alle Processionen mit Fahnen und Kreuzen, Ölung bei der Tauff und Krancken" und die Vigilien einzuführen (CR 7, 292-296; PKMS 4, 285-287). Anlaß dieser Anfrage war eine aufsehenerregende Predigt Agricolas am 23. Dezember 1548 in der Schloßkirche zu Cölln an der Spree, in der dieser über die Vereinbarungen der Kurfürsten Moritz und Joachim II. in Jüterbog berichtet hatte. Die Berliner Prediger bitten um Auskunft, „was ihr res adiaphoras nennet und meinet" (CR 7, 295). Ähnliche Fragen richtete auch die Hamburger Geistlichkeit in einem von Johannes Äpinus[22] verfaßten Schreiben an Melanchthon (CR 7, 366-382; vgl. MBW 5, 5495). Es geht um eine präzise Begriffsbestimmung dessen, was ein Adiaphoron sei; die Formel von Jüterbog (CR 7, 370) sei zu diplomatisch; man müsse beachten: „Adiaphora ... quae vere sic vocantur, inclusa sunt certis finibus, quos, si transgrediuntur, Adiaphora esse desinunt, fiuntque corruptelae, profanationes, seminaria superstitionis, conscientiarum laquei et aptae occasiones reducendi veterem abusum et

---

[22] Über seine Stellung im adiaphoristischen Streit: HANS DÜFEL, Artikel „Äpinus" in: TRE 1 (1977) 535-544; 541.

impietatem" (CR 7, 373f.). Melanchthon antwortete im Ton freundlich, in der Sache weitschweifig und entschuldigend; es stünden so große Dinge auf dem Spiel, daß es nutzlos sei, „de vestitu aut re simili rixari" (CR 7, 382-386; Zitat 385; vgl. MBW 5, 5504).

VI

Der wuchtigste Angriff gegen das Leipziger Interim und seine Verfasser ging von Flacius aus. Er hatte kurz vor einem erneuten Konvent der Wittenberger Theologen im April 1549 in Torgau (CR 7, 363-366; MBW 5, 5501), auf dem über eine Agende verhandelt werden sollte, Wittenberg verlassen, weil er nicht der tatenlose Zuschauer aller Veränderungen in Sachsen werden wollte.[23] Er ging zunächst nach Hamburg, wo ihn Äpinus in dem Vorsatz bestärkte, von dem durch keine Zensurbestimmungen eingeschränkten Magdeburg aus den publizistischen Kampf gegen das Leipziger Interim zu führen. Zusammen mit Gallus, Amsdorff[24] und anderen in Magdeburg versammelten Lutheranern veröffentlichte er in den nächsten Jahren über 90 Schriften, die dem Kampf gegen die „Adiaphoristen" gewidmet waren.[25] Die theologischen Grundpositionen des Flacius und seiner Mitstreiter waren die gleichen geblieben, die schon in der Auseinandersetzung um das Augsburger Interim sichtbar geworden waren. Die erste Flugschrift des Flacius gegen das Leipziger Interim erschien ohne Angabe des Druckortes unter einem neuen Pseudonym: „Wider den Schnöden Teuffel, der sich jtzt abermals in einen Engel des liechtes verkleidet hat, das ist wider das newe Interim. Durch Carolum Azariam Gotsburgensem ... 1549." Flacius eröffnet seine Polemik mit einem apokalypti-

---

[23] Aus der älteren Literatur vgl. vor allem: WILHELM PREGER, Matthias Flacius Illyricus und seine Zeit, 2 Bde., Erlangen 1859/1861 (Nachdruck 1964), Bd. I, 63ff.; hier auch ausführliche Zitate aus der ‚Entschuldigungsschrift', die Flacius an die Wittenberger Universität richtete. Vgl. ferner: O. RITSCHL II, 351ff.

[24] E.-O. REICHERT, Amsdorff und das Interim, hat insgesamt 16 Schriften von Amsdorff zum Streit um die Adiaphora gesammelt, davon 9 aus der Zeit nach dem Mai 1549.

[25] Da eine neuere Bibliographie fehlt, muß W. PREGER, Bd. II, 539-572 als umfassendste Sammlung herangezogen werden. Aus der neueren Flacius-Literatur seien hervorgehoben: MIJO MIRKOVIC, Matija Vlacic Ilirik, Zagreb 1959; JÖRG BAUR u.a., Matthias Flacius Illyricus 1575-1975 (= Schriftenreihe des Regensburger Osteuropainstituts Bd. 2) Regensburg 1975; JÖRG BAUR, Flacius – Radikale Theologie, in: ZThK 72 (1975) 365-380; MAX TRATZ, Matthias Flacius Illyricus, in: JMLB 22 (1975) 9-42. – PETER F. BARTON, Matthias Flacius Illyricus, in: Gestalten der Kirchengeschichte. Bd. 6: Die Reformationszeit, hg.v. Martin Greschat, Stuttgart u.a. 1981, 277-293; OLIVER K. OLSON, Art. „Flacius Illyricus, Matthias (1520-1575)", in: TRE 11 (1983) 206-214 (Lit.); RUDOLF KELLER, Der Schlüssel zur Schrift. Die Lehre vom Wort Gottes bei Matthias Flacius Illyricus, Hannover 1984 (AGTL.NF 5); DERS., Art. „Gnesiolutheraner", in TRE 13 (1984) 512-519 (Lit.).

schen Stimmungsbild; dann folgt eine der für seinen Angriffsstil typischen Schmähungen seiner Gegner: „Stumme hunde ... die wol jhrem Herrn, wenn sie jn herkomen sehen, mit dem schwantz, stim und geberden freundtlich schmeicheln, und umb jhn her hupffen und springen; wenn sie aber sehen, das der Wolff jres Herrn Christi Schefflein zureisset, so dörffen sie das maul nicht auffthun" (Bl.A 2^a). Flacius will die „listigen falstricke der falschen Propheten" aufdecken, „mit welchen sie die Armen einfeltigen gewissen gefencklich dem Antichristischen joch unterwerffen wollen" (Bl.A 3^a). Im Mittelpunkt der theologischen Argumentation steht das mit Gal 5 begründete Verständnis christlicher Freiheit, demzufolge Adiaphora in dem Augenblick aufhören, unverfängliche Mitteldinge zu sein, in dem sie als notwendiger ‚Gottesdienst' gefordert werden. „Wenn die Adiaphora oder Mittleding uns mit solchem Wahn furgehalten werden (wie jtzt im Interim geschicht), als sein sie Gottes dienst zur Religion und Seeligkeit notwendig, So sind sie nicht mehr Adiaphora ... sonder Gotlose ding. Denn es ist ein Gotloser fürwitz, das man aus unnöthigen Wercken nötige machen und den Gottes dienst darein, darinnen kein Gottes dienst ist, stellen wil" (Bl.A 4^b). Bei der Kritik der einzelnen Bestimmungen des Leipziger Interim hebt Flacius immer wieder hervor, daß die Formulierungen so vage seien, daß man alle ‚unflätigen, schändlichen Irrtümer des Papsttums' in sie hineininterpretieren könne. Scharf wird die grundsätzliche Vermittlungsbereitschaft der Wittenberger verurteilt: „Der gröste Narr muss der sein, der da meinet, man könne von Krieg und verherung frey sein, so man sich mit Gottlosen menschen, die dreck und koth sind, versünet, und Gott den Almechtigen gestrengen richter ertzürnet ... Darumb jhr lieben Deudschen, last uns nicht undanckbar seyn dem Himlischen Allmechtigen Vater, der in diesen letzten zeiten dieser Nation am ersten und reichlichsten seynen einigen Son und den rechten Wegk zu Ewiger Seligkeit offenbaret hat. Ah, umb Gottes willen last uns unsern Getrewen Einigen Heilandt nicht verleugnen, Sondern jhn mit bestendigem gemüth unvertzagt bekennen und uber solcher bekentnis alles gern und frölich leiden" (Bl.C 3^{a-b}).

Auf Anraten Melanchthons ließ Kurfürst Moritz von Sachsen im Juli 1549 einen „Auszug" aus den Bestimmungen des Leipziger Interim veröffentlichen und an die Superintendenten und Pfarrer versenden (CR 7, 426-428; PKMS 4, 450-453; vgl. MBW 5, 5588). Dieser „Auszug" war rechtlich ein selbständiger Erlaß des Kurfürsten und bildete die gesetzliche Norm für die praktische Durchführung des Beschlusses des Leipziger Landtages.[26] Inhaltlich gibt er die Bestimmungen des Leipziger Interim korrekt wieder; durch die knappe Darstellungsform auf einem einzigen Druckbogen treten jedoch die problematischen

---

[26] Aus der älteren Lit. vgl.: ALBERT CHALYBAEUS, Die Durchführung des Leipziger Interims, Diss. phil. Leipzig, Chemnitz 1905.

Einzelforderungen (Konfirmation, Krankensalbung, Meßordnung und Meßliturgie, Chorhemden, Horengesang, Heiligenbilder, Fronleichnamsfest, Fastengebot) besonders augenfällig hervor. Gleichzeitig mit der Versendung dieses „Auszuges" erging ein Einführungsmandat des Kurfürsten an die Amtsleute im Lande und an die Räte der Städte, in dem gefordert wird, die Befolgung des „Auszugs" seitens der Pfarrer zu überwachen (CR 7, 424-426; PKMS 4, 449f.). Somit waren die Geistlichen bei der Einführung des Leipziger Interim in Sachsen unter obrigkeitliche Aufsicht gestellt und es kam an verschiedenen Orten – etwa wegen der Weigerung eines Pfarrers, das Chorhemd zu tragen oder wegen polemischer Predigten – zu Bestrafungen und Amtsenthebungen; doch blieb die Zahl und der Umfang solcher Disziplinierungen gering.[27]

Flacius veröffentlichte sogleich eine neue Protestschrift: „Widder den auszug des Leipsischen Interims, oder das kleine Interim. Durch Math. Flacium Illyricum ... (Bl.B 4:) Gedruckt zu Magdeburg bey Christian Rödinger Anno 1549." Charakteristisch für die Argumentationsweise des Flacius ist es, daß er die knappen Formulierungen des „Auszugs" grundsätzlich so auslegt, als seien sie absichtlich (betrügerisch) für eine „katholische" Interpretation offen gehalten worden. Von der Kindertaufe heißt es im „Auszug": „Die Kindertaufe mit dem Exorcismo, Absagung, Beistand und Bekentniß der Pathen und andern christlichen Ceremonien soll gelehrt und gehalten werden" (CR 7, 426). Flacius vermutet, daß bei der Taufe die lateinische Sprache, die Eltern und Paten nicht verstehen können, gebraucht werden solle und daß mit der ‚sophistischen Redeweise von den andern christlichen Ceremonien' nichts anderes als „Cresam und geweihet saltz" wieder eingeführt würden (Bl.A 3^b). Belege, daß man in Kursachsen das Leipziger Interim praktisch so auslege, kann er nicht beibringen. Bei der Konfirmation befürchtet Flacius die Bindung der „göttlichen Gnade" an ein „bischoffliches affenspiel", und in der vorgeschriebenen Meßliturgie sei die „gantze Papistische Messe gefasset", mit dem Anrufen der Heiligen im canon missae und der priesterlichen Konsekration der Elemente (Bl.A 4^b). Luthers deutsche Kirchenlieder, „durch welche so fein die leute sind unterweiset, getröstet, die kirche erbaut, Gott gepreiset und gelobet" worden, sollten nun durch die alten lateinischen Gesänge verdrängt werden, was „epicureisch und viehisch" sei. „Was die kleider belanget, weis ich (Gott lob) sehr woll, das auch ein narren kappe anziehen fur Gott ein Mittelding sey. Aber

---

[27] A. CHALYBAEUS, Die Durchführung 59ff. weist die Absetzung von drei Superintendenten (in Chemnitz, Zwickau und Torgau) und von 5 Diakonen nach und analysiert einige weitere Streitfälle. Wichtig ist die Bemerkung, „daß bei den ... Absetzungen niemals der Widerstand gegen das Leipziger Interim offiziell als Absetzungsgrund geltend gemacht worden ist ... Infolgedessen konnte von den Freunden des Leipziger Interims mit scheinbarer Berechtigung abgeleugnet werden, daß diese Absetzungen wegen des Interims erfolgt seien, obgleich der unzweifelhafte Zusammenhang mit demselben klar auf der Hand liegt"(59).

weil sie an etliche örter gar abgethan und nicht viel besser denn ein narren kappe geachtet sind, können sie nicht widder in den gebrauch one grosse ergernis kommen" (Bl.B 1ᵃ). Insgesamt laufe alles darauf hinaus, „wie sie diesen abtrünnigen hauffen zu der rechten Catholischen Bepstlichen Kirchen widderumb bringen und unsere newerunge (wie sie es heißen) in ihre Römischen Ceremonien verendern" (Bl.B 2ᵃ).

VII

Melanchthon stand diesen „Lästerschriften" aus Magdeburg nicht nur empört, sondern im Grunde verständnislos gegenüber. Für ihn stellte sich die Problematik in der konkreten Situation nach dem verlorenen Krieg und unter der Androhung des kaiserlichen Religionsdiktats so dar: Dürfen Pastoren wegen derartiger Querelen ihre Gemeinden verlassen und den erklärten Gegnern der Reformation Platz machen? Darf man durch hartnäckigen Widerstand gegen Äußerlichkeiten neue Unruhen hervorrufen, wo doch „durch Gottes Gnad rechte Lehr und christliche Ceremonien in Kirchen dieser Land noch unverändert sind", während es etwa in Wien und Paris zu blutigen Ausschreitungen wegen kultisch-zeremonialer Fragen kommt und aus Mainz scharfe gegenreformatorische Parolen zu hören sind (Melanchthon an König Christian III. von Dänemark am 17. August 1549, CR 7, 445; MBW 5, 5610)? Melanchthon hat in seinen um Erklärung bemühten Briefen aus jener Zeit nirgendwo bestritten, daß die weltliche Obrigkeit das Nachgeben in der Frage der Adiaphora verlangt hatte (vgl. etwa CR 7, 323f.). Aber die gleiche Obrigkeit hatte die rechte Lehre im „Principal vom Glauben" nicht nur unangetastet gelassen, sondern geholfen, sie wiederherzustellen! War es da nicht erlaubt, daß man zeitweise eine gewisse „servitus", einen erzwungenen Gehorsam, auf sich nahm (CR 7, 314f., 321-326; 341f.)? Hinter dem Streit um die Adiaphora wird bei Melanchthon die Frage sichtbar, ob es nicht ein legitimes Recht der weltlichen Obrigkeit sei, über Angelegenheiten der äußeren Kirchenordnung zu entscheiden, während über die das Heil betreffende Lehre allerdings nur Christus selber zu bestimmen habe.[28] In einem Schreiben an die Pastoren in Frankfurt am Main hat Melanchthon die hier zu beachtende Grenzlinie zu zeichnen versucht (CR 7, 321-326; MBW 5, 5409; 5412). Interessanterweise geht er wie Flacius von der Frage nach dem Gottesdienst aus; zum „cultus Dei" gehören: Wahrer Glaube, Gebet, Liebe, Hoffnung, Geduld, Bekenntnis der Wahrheit, Keuschheit, Gerechtigkeit gegen die Nächsten und andere Tugen-

---

[28] Statt vieler Literatur-Angaben zu diesem wichtigen Thema der Theologie Melanchthons sei nur hingewiesen auf: WILHELM MAURER, Historischer Kommentar zur Confessio Augustana, Bd. I, Gütersloh 1976, 143ff., 192ff., Bd. II (1978) 163ff.

den. Dann fährt Melanchthon fort: „Sine hac doctrina et sine his virtutibus libertas externa in cibis, vestitu et similibus Adiaphoris non est libertas Christiana, sed nova politia, gratior fortasse populo, quia pauciora vincula habet" (CR 7, 325). Eben diese Zuspitzung des Streits um die Adiaphora zu einem Streit um einen christlichen oder einen politischen Freiheitsbegriff findet sich auch bei Pfeffinger, der sich als erster Verteidiger Melanchthons gegen Flacius mit einer Flugschrift zu Wort gemeldet hat. „Freiheit ist nichts für unruhige Leute, auch wenn sie zornig auf uns sind, dieweil wir Erweiterung der Freiheit nicht suchen, welches so hätte geschehen können, wie sie sagen, wenn wir mit unserm Geschrey den Fürsten des Volks Ungunst und Aufruhr im Anfang gedrawet hätten. Wir sind aber nicht bedacht, Meuderey anzurichten und den gemeinen Mann wider sein ordenliche Obrigkeit zu hetzen."[29]

Unter ausdrücklichem Hinweis auf die Veröffentlichung Pfeffingers gaben Flacius und Gallus 1550 den vollen Text des Leipziger Interim im Druck heraus; sie fügten einige zugehörige Dokumente bei und versahen das Ganze mit polemischen Kommentierungen.[30] Es war die erklärte Absicht dieser umfangreichen Publikation, die politischen Gruppierungen in Kursachsen gegeneinander und insgesamt gegen die Wittenberger Theologen auszuspielen. Auf dem Leipziger Landtag hätten der Adel und die Städte dem großen Ansehen Melanchthons vertraut und ihre erheblichen Bedenken gegen das neue Interim nur widerwillig zurückgestellt; nur die „Meisnische Landtschafft" habe mit ihrem beharrlichen Widerstand ein Exempel abgegeben, das wiederum von Melanchthon als Ausrede gegenüber dem Kurfürsten benutzt worden sei (Bl.B 1[a-b]). Bitterer Spott wird über den „hochgelehrten und hochbegabten" Melanchthon ausgeschüttet, der sich von einfachen Laien und deren Mut habe beschämen lassen (Bl.B 1[b]). In der Einzelkritik der Anordnungen des Leipziger Interim werden die bekannten Argumente wiederholt. Über die Kleidervorschriften für die Geistlichen wird nur noch gespottet: „Machet die Pfarherrn herlich an dem kleide und Mammelukkisch an dem glauben und Religion, wie die Churtisanen, das wird eine feine Reformation der Kirchen Christi geben"

---

[29] Zitiert nach H.Chr. v. Hase, Die Gestalt der Kirche Luthers (s. Anm. 3), 55; zur Reaktion auf Pfeffinger vgl.: O. Ritschl II, 346 Anm. 2.

[30] Der volle Titel dieser Schrift lautet: „Der Theologen bedencken, odder (wie es durch die ihren in offentlichem Druck genennet wirdt) Beschluß des Landtages zu Leipzig, so im December des 48. Jars von wegen des Augspurgischen Interims gehalten ist. Welchs bedencken oder beschluß wir, so da widder geschrieben, das Leipzigsche Interim genennet haben. Mit einer Vorrede und Scholien, was und warumb jedes stück bisher fur unchristlich darin gestrafft ist. Durch Nicolaum Gallum und Matthiam Flacium Illyricum ... 1550 [Bl. P 3:] Gedruckt zu Magdeburgk durch Michel Lotther." Gerade an dieser materialreichen Veröffentlichung wird sichtbar, daß Flacius vorzügliche Informationen über den Ablauf der Verhandlungen besaß. Von dem bisher unveröffentlichten Leipziger Interim besitzt er mehrere Exemplare, „auch eins, welchs mit Philippi Melanthonis eigener Hand an vielen örten corrigirt ist" (Bl. C 4b).

(Bl.J 2ᵃ). Melanchthon wird aufgefordert, in einer gedruckten Schrift zu bezeugen, daß er das Leipziger Interim nie unterschrieben habe; man bedauert, daß weitere Druckschriften der Wittenberger zum adiaphoristischen Streit fehlen; im Buch von Pfeffinger erkenne man kein „Anzeichen der Buße" (Bl.K 1ᵇff.).

In der Tat sind die meisten Veröffentlichungen in diesem Streit von den Flacianern ausgegangen. Erst zu einem Zeitpunkt, als der eigentliche Streitanlaß längst nicht mehr aktuell war, erschien lateinisch und deutsch ein „Gründlicher und wahrhafftiger Bericht aller Rathschlag und antwort, so die Theologen zu Wittenberg ... nachmals in Mitteldingen geraten ... von den Professoren in der Universitet zu Wittenberg in Druck verordnet, Wittenberg 1559" (vgl. BSLK 841 Anm. 1). Ein Jahr zuvor waren die Briefe der Wittenberger „Scholastici" erschienen, deren Kampfweise gegen die Flacianer Otto Ritschl „verwerflich ... ja kritiklos gehässig" genannt hat.[31] In diesem Sammelwerk ist ein Brief abgedruckt, den Melanchthon nach jahrelangem Schweigen im adiaphoristischen Streit am 4. September 1556 an Flacius gerichtet hat (vgl. CR 8, 839-844). Hier werden die Differenzen, aber auch die noch bestehenden grundsätzlichen Gemeinsamkeiten deutlich sichtbar. Melanchthon beklagt noch nach sechs Jahren mit bitteren Worten, daß Flacius die ‚Leipziger Formel' veröffentlicht habe, die er, Melanchthon, niemals unterschrieben habe. Er habe seinerzeit vielmehr „de rebus magnis" gekämpft, nämlich gegen die Wiedereinführung der Messe mit dem canon missae. Damals habe ihm der Kurfürst mit eigenen Worten versprochen, ‚er fordere nicht, daß die Lehre oder irgendeine notwendige Sache abgeändert werde, sondern daß man äußere Riten wie Feiertage, Lesungen und Gewänder beibehalte' (CR 8, 841). Diese Dinge seien von den Juristen, nicht von den Theologen, als Adiaphora bezeichnet worden. Er habe gewußt, daß auch die leisesten Änderungen dem Volk unerwünscht seien; weil jedoch die Lehre unangetastet geblieben sei, habe er lieber diese „servitus" hingenommen, als das Predigtamt aufzugeben („deserere ministerium Evangelii"). Wegen der Mitteldinge habe er sich auch deshalb zurückgehalten, weil viele dieser Riten in einzelnen Gemeinden sowieso noch in Brauch waren. Noch einmal wiederholt Melanchthon den ihm wichtigsten Bekenntnissatz: „Doctrinam confessionis nunquam mutavi" (CR 8, 841). Er beschließt diesen Abschnitt seines Briefes mit der Beteuerung, wie wichtig ihm die Eintracht unter den Gemeinden („ecclesiarum concordia") sei. „Fateor etiam hac in re a me peccatum esse, et a Deo veniam peto, quod non procul fugi insidiosas illas deliberationes. Sed illa, quae mihi falso a te et a Gallo obiiciuntur, refutabo" (CR 8, 842).

---

[31] O. RITSCHL II, 360; er vermutet als ‚maßgeblichen Hintermann dieser angeblichen Studentenarbeiten' Paul Crell.

Flacius hat gewußt, daß die Wittenberger Theologen vor allem in der Frage der Wiedereinführung des Meßkanons ständig aufs heftigste bedrängt worden waren. Eine entsprechende Mitteilung Melanchthons zitierte er schon 1549 in „Widder den auszug des Leipsischen Interims" (Bl.B 2ᵃ). Zwei weitere Streitschriften des Jahres 1550 sind insbesondere diesem Thema gewidmet[32], wie auch die unter dem Pseudonym Christian Lauterwar 1549 erschienene Flugschrift gegen die „Papistische Meß" ausgerichtet war.

Flacius konnte gerechterweise den Wittenbergern an diesem Punkt kein Nachgeben vorwerfen; deshalb richtete sich seine Polemik vor allem gegen die Abendmahlslehre des Agricola und gegen die Sakramentspredigten des unter kaiserlichem Druck zum Bischof von Merseburg gewählten Michael Helding (gen.: Sidonius).[33] Daß es in dem Gegenüber von evangelischer Abendmahlslehre und katholischer Meßopferpraxis längst nicht mehr um ein Adiaphoron ging, wußten die Wittenberger ebensogut wie Flacius.[34] Amsdorff hat diese Einsicht in seiner „Antwort, Glaub und Bekenntnis auff das schöne und liebliche Interim ... 1548" eindrucksvoll zum Ausdruck gebracht: „Und in Summa, es leit alles an der Messe. So die Messe stehet und bleibet, als ein rechter warer Christlicher Gottesdienst, So stehet und bleibet das Babstumb, mit allen seinen affen und Pfaffen, und wir Lutherischen fallen dahin mit unser Lehr und glauben als Ketzer und Buben. Fellet aber die Messe als ein menschen gedichte und ein rechte ware Abgötterey, so fellet dahin das gantze Babstumb mit München, Pfaffen und allen jhren Gottesdienst, und wir Lutherischen bleiben mit unser Lehr und glauben ewiglich. Das weis ich fürwar und gewis als ein theures werdes wort. Quia Verbum Domini Manet In Aeternum" (Bl.E 4ᵃ). Flacius hat in seiner viel zitierten Definition der ‚Gemeinen Regel von Ceremonien' den Bogen wesentlich weiter gezogen: „Alle Ceremonien und Kirchen gebrauch, sie sind an ihnen selbst so frei als sie immer wollen, Wenn Zwang, falscher Wahn, als wären sie ein Gottesdienst und müssten gehalten werden,

---

[32] Besonders derbe Angriffe enthält: „Widder die newe Reformation D. Pfeffingers, des Meisnischen Thumbherrn. Durch Matth. Fl. Illyr. ... (Bl. F 2b) Gedruckt zu Magdeburg bey Christian Rödinger 1550." Bl. C 4a heißt es: „O jhr Leutbescheisser, jhr Sophisten und verfürer der christlichen kirche." – Eine in die Details der Meßliturgie kritisch einführende Arbeit, die wie andere Veröffentlichungen des Flacius ausführlich Luther-Texte mit abdruckt, ist: „Zwey Capitel Polydori Virgilij vom Namen und Stifftern der Mess, ausgangen zu eine(m) anfang widder des Sydonij predigten. Daraus erscheinet, wie er in seinen predigten öffentlich leugt, da er sagt, das die gantze Christenheit von 1500 Jaren her die Papistische Mess allezeit eintrechtiglich gehalten habe. Und das der Canon in allen seinen stücken von der Apostel zeit her im brauch gewesen sey. Item, Widderlegung D. Mart. Luth. des grewels der Stillmesse, so man den Canon nennet. (Bl. F 2b:) Gedruckt zu Magdeburg, bey Christian Rödinger Anno 1550."
[33] ERICH FEIFEL, Der Mainzer Weihbischof Michael Helding (1506-1561). Zwischen Reformation und katholischer Reform, Mainz 1962.
[34] Vgl. hierzu O. RITSCHL II, 343f.; auch M. BUCER erwähnt im Zusammenhang mit den Adiaphora das Problem der Messe (CR 7, 733).

Verleugkung, Ärgernis, öffentlicher Anfang zum gottlosen Wesen darzu kömpt, und wenn sie die Kirche Gottes, in waserley Weise solchs geschehen mag, nicht bauen, sonder verstören und Gotte verhöhnen, so sinds nicht mehr Mittelding" (vgl. BSLK 1058 Anm. 5). Mit anderen Worten: ‚Wo es das Bekenntnis gilt oder Ärgernis entstehen kann, ist nichts ein Mittelding' (vgl. BSLK 1057 Anm. 2).

VIII

Von einer zwangsweisen Durchsetzung von Adiaphora konnte in Kursachsen seit 1550 nicht mehr die Rede sein. Als Karl V. im März 1550 erneut einen Reichstag nach Augsburg einladen ließ, erklärten die kursächsischen Räte im Auftrag von Kurfürst Moritz, daß eine erzwungene Einführung des Interim nicht ratsam sei und daß man es wegen des soeben in Trient wiedereröffneten Konzils ganz erlassen solle; die erneute Schwenkung der Politik des Kurfürsten warf hier ihre Schatten voraus. Tatsächlich wurde durch den Passauer Vertrag von 1552 die Geltung des Augsburger wie des Leipziger Interim faktisch aufgehoben.[35] Die geschichtliche Entwicklung schien der vorsichtig abwartenden Haltung Melanchthons im nachhinein Recht zu geben. Aber der von Magdeburg aus geführte Streit um die Adiaphora erzwang die theologische Einsicht, daß auch an sich belanglos erscheinende Sachen und Handlungen durch den „casus confessionis" zu wirklichen Entscheidungsfragen des Bekenntnisses werden *können*.[36] Flacius und seine Mitstreiter erkannten in einer keineswegs eindeutigen geschichtlichen Situation, daß dieser „casus confessionis" 1548/1549 zumindest unmittelbar bevorstand, als man ohne Anhören der einzelnen Gemeinden aus übergeordneten politischen, nicht theologischen Gesichtspunkten den Versuch unternahm, die reformatorische Bewegung durch einen nach mehreren Seiten hin offenen Reformkatholizismus behutsam aufzufangen. Die Forderung nach der Wiederherstellung der kirchlichen Einheit durch Restauration alter, „ehrlicher" kirchlicher Lebensäußerungen verkannte aber den tiefer liegenden, theologisch und nicht pragmatisch begründeten Sinn der bereits vollzogenen gottesdienstlichen Reformen.

Melanchthon verlor in dem Streit um die Adiaphora viel von seiner zunächst vorhandenen Autorität. Er meinte, die kritische Situation von 1548 mit

---

[35] ERNST BIZER, Reformationsgeschichte 1532 bis 1555, in: KiG 3 K (1964) 160-164.
[36] Zur Unterscheidung zwischen „casus confessionis" und „status confessionis" vgl. H. v. HASE, Die Gestalt der Kirche Luthers, 61 Anm. 64; der Begriff „casus confessionis" sei von Flacius geprägt worden (siehe das Flacius-Zitat in BSLK 1057 Anm. 2) und bezeichne ein Ereignis, den Kampf für das Evangelium in einer konkreten Abwehrsituation, während der „status confessionis" den zuständlichen, fest umschriebenen Besitz, die Summe der von einer Konfession bejahten Glaubenssätze umfasse; vgl. auch BERNHARD LOHSE, Der interimistische Streit, in: HDThG II, Göttingen 1980, 108-113.

Argumenten aus dem Jahr 1530 bewältigen zu können. Er sah nicht deutlich, daß die Wiedereinführung bestimmter Zeremonien und Bräuche unter Androhung von Gewalt etwas qualitativ anderes ist, als die gelassene Beibehaltung von ‚schweifenden Sachen, wo nur Christus das Seine erhält‘. Hier wird aus christlicher Freiheit heraus gehandelt, dort steht diese Freiheit auf dem Spiel. Melanchthon forderte beharrlich die Absicherung der rechten *Lehre* im „Principal vom Glauben". Doch unabhängig von der Frage, ob die „Pegauer" Rechtfertigungsformel das reformatorische Grundanliegen zutreffend wiedergibt, sollte zu denken geben, daß Melanchthon in jenen Wochen und Monaten nicht ganz zentral mit der anderen Frage befaßt war, ob die angeordneten Übungen und Bräuche die im Gottesdienst geschehende bedingungslose *Zusage* der Rechtfertigung des Sünders möglicherweise undeutlich machen könnten. Statt immer wieder zu fragen, ob die Adiaphora die *doctrina* beeinträchtigen können, wäre es sinnvoller gewesen, zu fragen, ob Zeremonien die Eindeutigkeit der *promissio* verdunkeln können. Denn aus der Korrektheit der Lehre folgt nicht automatisch die Eindeutigkeit der Heilsgabe, die an die Gottesdienst feiernde Gemeinde ausgeteilt werden soll. So richtig es ist, daß die Kirche Jesu Christi allein durch die reine Evangeliumspredigt und die evangeliumsgemäße Verwaltung der Sakramente konstituiert wird, „nec necesse est ubique similes esse traditiones humanas seu ritus aut cerimonias ab hominibus institutas" (CA 7, BSLK 61, 9ff.), so waren die Väter der Konkordienformel aufgrund der im adiaphoristischen Streit gewonnenen Einsichten veranlaßt, diesem Artikel das notwendige, bleibend gültige Bekenntnis hinzuzufügen: „Wir gläuben, lehren und bekennen auch, daß zur Zeit der Bekanntnus ... die ganze Gemeine Gottes, ja ein jeder Christenmensch ... schuldig sein, vormüge Gottes Worts die Lehre *und was zur ganzen Religion gehöret* frei öffentlich ... zu bekennen, und daß alsdann in diesem Fall auch in solchen Mitteldingen den Widersachern nicht zu weichen, noch leiden sollen, ihnen dieselbigen von den Feinden *zu Schwächung des rechten Gottesdienstes* und Pflanzung und Bestätigung der Abgötterei mit Gewalt oder hinderlistig aufdringen zu lassen" (FC SD X, 10, BSLK 1057, 6ff.).[37]

Im Streit um die Adiaphora war es letztlich um die Frage gegangen, ob eine solche „Schwächung des rechten Gottesdienstes" unmittelbar drohe oder nicht. Melanchthon empfand diese Gefahr nicht; Flacius sah schon gleich zu Beginn der Auseinandersetzungen den ‚bittren Tod der Christenheit‘ vor Augen, falls die Evangeliumspredigt hinter den Zeremonien zurücktreten werde. Es kommt bei der Betrachtung der damaligen Ereignisse heute nicht darauf an, der einen oder anderen Seite im Streit eine richtigere Situationsanalyse zu attestieren.

---

[37] Hervorhebungen vom Vf.; zur theologischen Würdigung von Art. X der FC vgl. WALTHER V. LOEWENICH, Luthers Erbe in der Konkordienformel, in: Luther 48 (1977) 53ff., 70.

Geblieben ist vielmehr – wie es auch die Verfasser der Konkordienformel gesehen haben – das bleibende theologische Recht der Forderung des Flacius, alle gottesdienstlichen Ordnungen daran zu messen, ob „sie vornemlich die predigt des worts Gottes ... in erweckung der waren Gotfürchtigkeit in der menschen hertzen ... fördern helffen".[38] An diesem Maßstab allein entscheidet sich, ob ein kirchlicher Brauch als ein Adiaphoron geduldet werden kann oder nicht.

---

[38] Zur theologischen Bewertung vgl. H. E. WEBER, Reformation, Orthodoxie u. Rationalismus Bd. I,1, 186f. Das Flacius-Zitat findet sich: „Ein buch von waren und falschen Mitteldingen ... widder die schedliche Rotte der Adiaphoristen ... 1550", Bl. L 1b. – Eine Zusammenfassung des Forschungsstandes bietet GUNTHER WENZ, In statu confessionis, in: ders., Theologie der Bekenntnisschriften der evangelisch-lutherischen Kirche. Eine historische und systematische Einführung in das Konkordienbuch, Bd. 2, Berlin/New York 1998, 734-749.

II. Zur Theologiegeschichte des 19. Jahrhunderts

Zur Wirkungsgeschichte der Confessio Augustana im 19. Jahrhundert

Eine historisch-theologische Skizze*

1. Die Confessio Augustana im Spannungsfeld der Frage nach Union und Bekenntnis

„Nach der Heiligen Schrift, die als göttliches Buch über allen menschlichen Büchern steht, ist die Augsburgische Confession, als das bedeutendste und folgenreichste Bekenntniß ihres seligmachenden Inhalts und als Stiftungsurkunde der sichtbaren Evangelischen Kirchengemeinschaft, die wichtigste Schrift in der christlichen Kirche." Mit diesen Worten eröffnete am 16. Juni 1830 der spätere Generalsuperintendent von Ost- und Westpreußen, Ernst Wilhelm Christian Sartorius, eine Artikelfolge zum 300jährigen Jubiläum der Confessio Augustana in Ernst Wilhelm Hengstenbergs Evangelischer Kirchen-Zeitung.[1] Sartorius, der seit 1824 in Dorpat Dogmatik lehrte und sich als entschiedener Gegner des theologischen Rationalismus bereits einen Namen gemacht hatte, zeichnet in diesem Aufsatz das Augustana-Verständnis des orthodoxen Neuluthertums im ersten Drittel des 19. Jahrhunderts unter einem historischen und einem dogmatisch-polemischen Aspekt, die beide für das im wiedererwachten konfessionellen Luthertum seit den Harmsschen Thesen von 1817 übliche Argumentationsverfahren charakteristisch sind.[2]

---

* Vortrag, gehalten auf der Jahrestagung 1980 des Vereins für Rheinische Kirchengeschichte am 5. Juni 1980 auf der Ebernburg bei Bad Münster am Stein.

[1] ERNST SARTORIUS, Die Augsburgische Confession 1530 und 1830, in: Evangelische Kirchen-Zeitung (im folgenden abgekürzt: EKZ) 6 (1830) 377-387; ANONYM, Die Augsburgische Confession und der Rationalismus, in: EKZ 7 (1830) 473-485; ANONYM, Schriften, zunächst durch die dritte Jubelfeier der Augsburgischen Confession veranlaßt, in: EKZ 7 (1830) 697-712. – Zur Bestimmung der Verfasserschaft einzelner Artikel der EKZ ist unentbehrlich: ANNELIESE KRIEGE, Geschichte der Evangelischen Kirchen-Zeitung unter der Redaktion Ernst Wilhelm Hengstenbergs, Diss. theol. Bonn 1958. – Über E. W. Chr. Sartorius (1797-1859) vgl. RE² 13, 402-405; RE³ 17, 488-491.

[2] Zur Gesamtthematik vgl.: HOLSTEN FAGERBERG, Bekenntnis, Kirche und Amt in der deutschen konfessionellen Theologie des 19. Jahrhunderts, Uppsala 1952; FRIEDRICH WILHELM KANTZENBACH, Das Bekenntnisproblem in der lutherischen Theologie des 19. Jahrhunderts, in: NZSTh 4 (1962) 243-317; DERS., Gestalten und Typen des Neuluthertums. Beiträge zur Erforschung des Neokonfessionalismus im 19. Jahrhundert, Gütersloh 1968; HANS-JÖRG

In seinem geschichtlichen Rückblick geht Sartorius davon aus, daß die historische Bedeutung der Confessio Augustana auch von ihren „Widersachern" nicht bestritten werden könne, denn als integraler Bestandteil der Friedensinstrumente von Münster und Osnabrück habe sie nicht nur für das Deutsche Reich reichsrechtliche Geltung und Wirksamkeit erhalten, sondern auch „weiter hinaus wurde das Panier getragen; denn alle Schweden, Dänen, Norweger und Preußen haben dazu geschworen, und die Ehsten, Letten, Finnen, so wie alle Lutheraner Rußland's, Frankreich's und anderer Länder erkennen darin das Palladium ihres Glaubens und ihrer Rechte. Keine andere Protestantische Bekenntnißschrift ist zu solchen Ehren gelangt; und wenn nun die Reformation die wichtigste Begebenheit in der christlichen Kirche, die Augsburgische Confession aber die wichtigste Schrift in dem ganzen Bereiche der Reformation ist, so ergibt sich schon daraus ihre alle anderen kirchlichen Schriften übertreffende Wichtigkeit". Die Confessio Augustana sei der ‚felsenfeste, unantastbare' Grund, auf dem die Evangelisch-Lutherische Kirche in Deutschland erbaut wurde; unter „eben diesem Schirm" habe aber auch „ihre Schwester, die Reformirte Kirche in Deutschland, sich geborgen" (EKZ 6, 1830, 377f.).

In diesen Formulierungen von Sartorius kommen zwei Grundelemente der Ekklesiologie des konfessionellen Neuluthertums im 19. Jahrhundert zur Sprache: Die konstitutive Bedeutung des Bekenntnisses für die Kirche und sein ökumenischer Anspruch.[3] Mit dem Hinweis auf die bis zum Jahre 1806 unantastbar gültige, danach de facto fortbestehende reichsrechtliche bzw. staatskirchenrechtliche Bedeutung der Confessio Augustana innerhalb der reformatorischen Bekenntnisschriften und Bekenntnissammlungen hat Sartorius in der Tat fernerhin den weitesten Rahmen bezeichnet, innerhalb dessen die Wirkungsgeschichte des Augsburger Bekenntnisses im 19. Jahrhundert zu betrachten ist. Für den Bereich Preußens wäre hier insbesondere auf den § 39 in Teil II. Titel 11 des *Allgemeinen Landrechts für die Preußischen Staaten* vom 5. Februar 1794 hinzuweisen, wo es heißt: „Protestantische Kirchengesellschaften des Augsburgschen Glaubensbekenntnisses sollen ihren Mitgliedern wechselseitig die Theilnahme auch an ihren eigenthümlichen Religionshandlungen nicht versagen, wenn dieselben keine Kirchenanstalt ihrer eigenen Religions-

---

REESE, Bekenntnis und Bekennen. Vom 19. Jahrhundert zum Kirchenkampf der nationalsozialistischen Zeit, Göttingen 1974; ULRICH KÜHN, Das Bekenntnis als Grundlage der Kirche. Nachdenkenswerte und problematische Aspekte der Rückbesinnung auf das Bekenntnis in der lutherischen Theologie des 19. Jahrhunderts, in: Bekenntnis und Einheit der Kirche. Studien zum Konkordienbuch, hg. v. Martin Brecht und Reinhard Schwarz, Stuttgart 1980, 393-413. FRIEDRICH WILHELM KANTZENBACH/JOACHIM MEHLHAUSEN, Art. „Neuluthertum", in: TRE 24 (1994) 327-341 (Lit.).

[3] U. KÜHN, a.a.O., 393; 397ff. – Kühn berücksichtigt leider nicht den für die Ekklesiologie des Neuluthertums sehr aufschlußreichen Aufsatz von WILHELM SCHNEEMELCHER, Confessio Augustana VII im Luthertum des 19. Jahrhunderts, in: EvTh 9 (1949/1950) 308-333.

partey, deren sie sich bedienen können, in der Nähe haben."[4] Mit dieser Bestimmung des bedeutendsten und umfassendsten Gesetzeswerkes des deutschen aufgeklärten Absolutismus wird die Confessio Augustana im Staatskirchenrecht des ausgehenden 18. Jahrhunderts als Mittel zur Förderung einer sog. „Aushilfs-Union" eingesetzt.[5] Dabei nimmt das *Allgemeine Landrecht* ein wichtiges Element preußischer Toleranztradition auf, die in der Confessio Augustana seit dem Übertritt des Kurfürsten Johann Sigismund zum reformierten Bekenntnis (1613) immer wieder eine Hilfe zur Begrenzung konfessioneller Auseinandersetzungen und zur Förderung interkonfessioneller Irenik gesehen hatte. So wurde die Confessio Augustana 1631 von den Kurbrandenburgischen und Hessischen reformierten Theologen im Leipziger Gespräch weithin anerkannt, und die überwiegend mit reformierten Theologen milder Observanz besetzte Fakultät in Frankfurt an der Oder hatte ihrem Kurfürsten Georg Wilhelm während des Dreißigjährigen Krieges bereits 1633 gutachtlich geraten: „Man lasse es noch bei dem jetzigen Stande eine Zeitlang mit Lehren und Ceremonien hinpassieren, und gebe einem Jeden seine Confession frei, wie bishero geschehen. Denn damit habe man viel mehr ausgerichtet, als wann mit Stürmen und Verjagen das Werk wäre getrieben worden. Das unnütze Zanken und Disputieren werde sich von selbst legen. Nur über der allgemeinen augsburgischen Confession halte man fest."[6]

In die gleiche Richtung wollte die königliche Kabinettsordre vom 4. April 1830 zielen, in der Friedrich Wilhelm III. seinen Entschluß mitteilte, den Gedenktag der Confessio Augustana in allen evangelischen Kirchen des Landes gottesdienstlich begehen zu lassen und „an dieses erfreuliche Ereignis die weiteren Schritte zu knüpfen, durch welche das heilsame Werk der Union, für das sich seit so langem die Stimmen so vieler Wohlgesinnten erhoben haben ... der Vollendung näher geführt werden kann".[7] Die Absicht des Königs, das 1817

---

[4] Vgl. ERNST RUDOLF HUBER/WOLFGANG HUBER, Staat und Kirche im 19. und 20. Jahrhundert. Dokumente zur Geschichte des deutschen Staatskirchenrechts, Bd. I, Berlin 1973, 5.

[5] WALTER GÖBELL, Die Rheinisch-Westfälische Kirchenordnung vom 5. März 1835. Ihre geschichtliche Entwicklung und ihr theologischer Gehalt, Bd. 1, Duisburg 1948, 159f.; ERNST RUDOLF HUBER, Deutsche Verfassungsgeschichte seit 1789, Bd. 1, Stuttgart ²1975, 458ff.; aus der älteren Literatur sei hervorgehoben: GÜNTHER HOLSTEIN, Die Grundlagen des Evangelischen Kirchenrechts, Tübingen 1928, 243ff.; 251.

[6] HEINRICH V. MÜHLER, Geschichte der evangelischen Kirchenverfassung in der Mark Brandenburg, Weimar 1846, 145; WALTHER HUBATSCH, Geschichte der Evangelischen Kirche Ostpreußens, Bd. I, Göttingen 1968, 122ff.; WOLFGANG GERICKE, Glaubenszeugnisse und Konfessionspolitik der Brandenburgischen Herrscher bis zur Preußischen Union 1540 bis 1815, Bielefeld 1977 (= Unio und Confessio Bd. 6), 32-36.

[7] Zitat nach RUDOLF MOHR, Die Besonderheiten der 300-Jahrfeier der Confessio Augustana im preußischen Rheinland, in: MEKGR 26 (1977) 135-165; 136 (Lit.); vgl. insgesamt: JOACHIM MEHLHAUSEN, Augustana-Jubiläum und Julirevolution, in: J.F. Gerhard Goeters/Rudolf Mau, Die Geschichte der Evangelischen Kirche der Union. Bd. I: Die Anfänge der Union unter landesherrlichem Kirchenregiment (1817-1850), Leipzig 1992, 210-220 (Lit.).

begonnene Unionswerk im Jubiläumsjahr der Confessio Augustana zum Abschluß zu bringen, ließ sich nicht verwirklichen. Die Auseinandersetzungen um den Bekenntnisstand in der Union verschärften sich vielmehr im gleichen Zeitraum und führten dann in der Regierungszeit Friedrich Wilhelms IV. zu dem für die königliche Kirchenpolitik „typisch gewordenen Rhythmus: ordre, contreordre, desordre".[8] Doch was in der von Friedrich Wilhelm III. verfügten Kanzelabkündigung am Sonntag vor der Augustana-Jubelfeier am 20. Juni 1830 gesagt wurde, gab gewiß nicht nur die persönliche Überzeugung und Erwartung des Königs wieder: „Dieses herrliche Bekenntniß wurde nächst der heiligen Schrift die Grundlage, auf welcher sich der neue Bau der Evangelischen Kirche erhob, und ist seit dreihundert Jahren das öffentliche Zeugniß von dem Glauben derselben geblieben; wie auch wir uns freudig zu demselben bekennen, es als ein theures Kleinod ehren, und unter göttlichem Beistande ferner treu und standhaft an demselben halten wollen."[9]

Die vielfach nachweisbaren Bemühungen, das theologisch wie kirchenpolitisch gleicherweise zentrale Thema *Union und Bekenntnis* durch einen wie auch immer gearteten Rückgriff auf die Confessio Augustana für das 19. Jahrhundert zu lösen oder zumindest einer Lösung näher zu bringen, haben die Wirkungsgeschichte des Bekenntnisses für den hier zu betrachtenden Zeitraum entscheidend beeinflußt. Erst als die mit diesen beiden Stichworten – *unio et confessio* – bezeichneten und provozierten theologischen und kirchenpolitischen Fronten und Streitfragen aufhörten, jede Beschäftigung mit dem Bekenntnistext in ihren Bann zu ziehen, konnte ein neuer Abschnitt der Augustana-Rezeption beginnen.[10] Am Anfang des Jahrhunderts (und auf jeden Fall vor 1817) stand die Frage im Vordergrund des Interesses, welche Funktion die Confessio Augustana in der aktuellen konfessionspolitischen Auseinandersetzung übernehmen könne. Hier wäre etwa an Friedrich Samuel Gottfried

---

[8] J. F. GERHARD GOETERS, Unionsliteratur, in: JVWKG 61 (1968) 175-203; 177. – Vgl. auch: KLAUS WAPPLER, Der theologische Ort der preußischen Unionsurkunde vom 27.9.1817, Berlin 1978 (= ThA 35).

[9] Zitat nach: EKZ 7 (1830) 473. – Nähere Einzelheiten über die Anordnungen der Regierung für die Gestaltung der Festgottesdienste bei R. MOHR, a.a.O., 136-144.

[10] Eine vorzügliche Analyse der Entwicklung gibt schon 1934 Hans Emil Weber in seinem Aufsatz „Von Recht und Sendung evangelischer Union", abgedruckt in: HANS EMIL WEBER, Gesammelte Aufsätze, hg. v. Ulrich Seeger, München 1965 (= TB 28), 64-96. H. E. Weber erinnert daran, daß ein 1853 gefaßter Beschluß des Evangelischen Kirchentages, die Confessio Augustana als gemeinsames Bekenntnis für alle seine Mitglieder zu erklären, eine Gegenkundgebung außerpreußischer Lutheraner hervorrief. Erst bei den 400-Jahrfeiern der Confessio Augustana ist dann eine wirkliche Wende zu konstatieren; a.a.O., 77. – Vgl. auch: RUDOLF HERMANN, Zur theologischen Würdigung der Confessio Augustana, in: LuJ 12 (1930) 162-214; HEINRICH BORNKAMM, Die Literatur des Augustana-Gedächtnisjahres, in: ZKG 50 (1931) 207-218; RUDOLF MOHR, Vom Umgang mit dem Erbe. Die vierte Säkularfeier zur Übergabe der Confessio Augustana 1930, in: DtPfBl (1980) 284-287.

Sack zu erinnern, der 1812 in seiner Schrift „Über die Vereinigung der beiden protestantischen Kirchenparteien in der Preußischen Monarchie" (^{2}1818) den Vorschlag gemacht hatte, für die unierte Kirche solle neben dem Apostolikum nur noch die Augustana als Bekenntnisgrundlage gelten.[11] Doch erst die Unionsurkunde für Baden aus dem Jahre 1821 erhielt im § 2 einen besonderen „Bekenntnisparagraphen", der nach einem interessanten synodalen Diskussionsgang – der hier nicht darzustellen ist – die Confessio Augustana wie folgt rezipierte: „Diese vereinigte evangelisch-protestantische Kirche legt den Bekenntnisschriften, welche späterhin mit dem Namen symbolische Bücher bezeichnet wurden und noch vor der wirklichen Trennung in der evangelischen Kirche erschienen sind, und unter diesen namentlich und ausdrücklich der Augsburgischen Konfession im allgemeinen, sowie den besonderen Bekenntnisschriften der beiden bisherigen evangelischen Kirchen im Großherzogtum Baden, dem Katechismus Luthers und dem Heidelberger Katechismus das ihnen bisher zuerkannte normative Ansehen auch ferner mit voller Anerkenntnis desselben insofern und insoweit bei, als durch jenes erstere mutige Bekenntnis vor Kaiser und Reich das zu Verlust gegangene Prinzip und Recht der freien Forschung in der Heiligen Schrift als der einzigen sichern Quelle des christlichen Glaubens und Wissens wieder laut gefordert und behauptet, in diesen beiden Bekenntnisschriften aber faktisch angewendet worden, demnach in denselben die reine Grundlage des evangelischen Protestantismus zu suchen und zu finden ist."[12]

Auf einige historische Ungenauigkeiten und theologische Widersprüche in diesem § 2 der Badischen Unionsurkunde hat Otto Friedrich aufmerksam gemacht und es fragt sich in der Tat, ob diese „unierte Kirche die CA als Aushängeschild bei sich anbrachte, nur um damit den Eindruck der staatskirchenrechtlichen Zugehörigkeit zu den Augsburger Religionsverwandten und damit zu den anerkannten Kirchen ... zu erwecken, in Wirklichkeit aber die CA für den Inhalt der Lehre der Kirche nicht mehr für verpflichtend sah".[13] Gegen diese kritische Vermutung läßt sich das Argument ins Feld führen, daß auf der Badischen Unions-Synode eine explizite Einigungsformel für die Sakraments- und Abendmahlslehre gefunden worden war, durch die der seit den Tagen Kurfürst Friedrich III. von der Pfalz für dieses Territorium umstrittene Artikel 10 der Confessio Augustana eine neue, in der damaligen theologiegeschicht-

---

[11] Vgl. ERICH FOERSTER, Die Entstehung der Preußischen Landeskirche unter der Regierung König Friedrich Wilhelms des Dritten, Bd. 1, Tübingen 1905, 190f.
[12] Zitat nach: OTTO FRIEDRICH, Einführung in das Kirchenrecht, Göttingen ^{2}1978, 162; vgl. insgesamt JOHANNES EHMANN, Union und Konstitution. Die Anfänge des kirchlichen Liberalismus in Baden im Zusammenhang der Unionsgeschichte, Karlsruhe 1994 (= VVKGB 50) (Lit.).
[13] O. FRIEDRICH, a.a.O., 163.

lichen Situation unionsfähige Interpretation erhalten hatte.[14] Doch auch wenn man nicht auf solche Details eingehen will, so ergibt sich für das erste Drittel des 19. Jahrhunderts insgesamt ein recht eindeutiges Bild:

In der Diskussion über das Thema *Union und Bekenntnis* ist in diesem Zeitraum immer wieder auf die Confessio Augustana als ein mögliches Einheitsband verwiesen worden, aber eine theologisch relevante Auslegung der einzelnen CA-Artikel auf die Unionsproblematik hin wurde allenfalls in Privatarbeiten punktuell vorgenommen. Der Verweis auf den Text von 1530 blieb in der Regel rein deklaratorisch. So enthält bekanntlich der Urtext der Rheinisch-Westfälischen Kirchenordnung vom 5. März 1835 weder eine Aussage über das Bekenntnis noch eine solche über den Bekenntnisstand; erst als die Synoden des Jahres 1850 die Kirchenordnung zum Gegenstand ihrer Beratungen machten, wurde auch eine besondere Ergänzung über den Bekenntnisstand und die Union in langwierigen Verhandlungen erarbeitet. Durch die Kabinettsordre vom 25. November 1855 ist dann der Rheinisch-Westfälischen Kirchenordnung eine „Einleitung" vorangestellt worden, in der die Frage des Bekenntnisstandes der Gemeinden geregelt und die Augsburgische Konfession im § II neben anderen Bekenntnisschriften des 16. Jahrhunderts mit Namen genannt wird.[15] Bei den „Verhandlungen der evangelischen General-Synode zu Berlin vom 2. Juni bis zum 29. August 1846" ist man, durch ein von Carl Immanuel Nitzsch vorgetragenes Kommissions-Gutachten geleitet, sogleich von dem Grundsatz ausgegangen, ein Ordinationsformular der Kirche der Union müsse eine „Hinweisung auf die Symbole im Allgemeinen" enthalten, „sodann ein materielles Bekenntniß, gegründet auf Urworte der apostolischen Predigt".[16] Der Versuch, ein „materielles Bekenntnis" aus „Urworten der reformatorischen Bekenntnisse" oder etwa auf der Grundlage der Confessio Augustana zusammenzustellen, ist in Berlin 1846 nicht unternommen worden. Das sogenannte „Nitzschenum" stellt biblische Grundaussagen zusam-

---

[14] O. FRIEDRICH, a.a.O., 157-167. – Zur Gesamtproblematik vgl.: JOHANNES MÜLLER, Die Vorgeschichte der Pfälzischen Union. Eine Untersuchung ihrer Motive, ihrer Entwicklung und ihrer Hintergründe im Zusammenhange der allgemeinen Kirchengeschichte, Witten 1967 (= UKG 3); SONJA SCHNAUBER/BERNHARD H. BONKHOFF, Quellenbuch zur Pfälzischen Kirchenunion und ihrer Wirkungsgeschichte bis zur Mitte des 19. Jahrhunderts, Speyer 1993 (=VVPfKG 18) (Lit.).

[15] Zusammenstellung der Texte bei: THEODOR MÜLLER (Hg.), Kirchenordnung für die evangelischen Gemeinden der Provinz Westfalen und der Rheinprovinz. Neu bearb. v. P. Schuster, Berlin 1892, 4ff.; vgl. hierzu insgesamt JOACHIM MEHLHAUSEN, Bekenntnis und Bekenntnisstand in der Evangelischen Kirche im Rheinland. Die geschichtliche Entwicklung der Präambel und der Grundartikel der rheinischen Kirchenordnung 1835-1952, in: MEKGR 32 (1983) 121-158.

[16] Verhandlungen der evangelischen General-Synode zu Berlin vom 2. Juni bis zum 29. August 1846. (Amtlicher Abdruck), Berlin 1846, 138.

men und die Berufung auf die Confessio Augustana bleibt im Zusammenhang der Formulierungen des Ordinationsformulars ganz allgemein.[17]

Einen anderen Weg hat Julius Müller in seiner Schrift „Die evangelische Union, ihr Wesen und göttliches Recht" (1854) aufgezeigt. Er stellte zunächst die Frage: „Wäre es, um die Übereinstimmung in der Lehre als Grundlage der evangelischen Union zur Darstellung zu bringen, nicht das zweckmäßigste Verfahren, aus den Bekenntnisschriften der Reformationszeit eine auszuwählen und sie als Symbol der vereinigten evangelischen Kirche aufzustellen?" und gab dann die im weiteren Verlauf seiner Untersuchung wohlbegründete Antwort: „Soll dieser Weg eingeschlagen werden, so kann die Wahl unmöglich auf eine andre Bekenntnisschrift fallen als auf die augsburgische Konfession. Sie hat unter den Bekenntnisschriften der Reformation unbestritten die hervorragendste Stellung, nicht bloß durch die großartigen Umstände, unter denen sie hervortrat, durch das ausgebreitete kirchliche und staatsrechtliche Ansehen, das sie erlangt hat, sondern auch durch die einfache, auf das Wesentliche, Grundlegende gerichtete Natur ihres Inhalts."[18]

In dem „Entwurf des Konsensus der innerhalb der evangelischen Kirche Preußens geltenden lutherischen und reformirten Bekenntnißschriften", den Julius Müller im zweiten Teil seines Buches vorgelegt hat, wird der Versuch unternommen, die Lehraussagen der Confessio Augustana möglichst vollständig und wörtlich in den 26 Bekenntnisartikeln zu berücksichtigen.[19] Dieser

---

[17] Verhandlungen ..., Zweite Abtheilung 78f.; 82f.; vgl. ferner: ALBERT HAAS, Grundlinien der Unionstheologie von K. I. Nitzsch, Diss. theol. Göttingen 1964; WILHELM SCHNEEMELCHER, Carl Immanuel Nitzsch. 1787-1868, Bonner Gelehrte, Beiträge zur Geschichte der Wissenschaften in Bonn. Evangelische Theologie, Bonn 1968 (= 150 Jahre Rheinische Friedrich-Wilhelms-Universität zu Bonn 1818-1968), 15-30. – JOACHIM COCHLOVIUS, Bekenntnis und Einheit der Kirche im deutschen Protestantismus 1840-1850, Gütersloh 1980 (= Die Lutherische Kirche. Geschichte und Gestalten Bd. 3), 189ff., 255f.; JOACHIM MEHLHAUSEN, Das Recht der Gemeinde. Carl Immanuel Nitzschs Beitrag zur Reform der evangelischen Kirchenverfassung im 19. Jahrhundert (s.u. 273-299); WILHELM H. NEUSER, Landeskirchliche Reform-, Bekenntnis- und Verfassungsfragen. Die Provinzialsynoden und die Berliner Generalsynode von 1846, in: Goeters/Mau, Geschichte der EKU (s. Anm. 7) I, 342-366 (Lit.).

[18] JULIUS MÜLLER, Die evangelische Union, ihr Wesen und göttliches Recht, Berlin 1854, 141. – Der Text erschien auch gesondert: JULIUS MÜLLER, Der Konsensus lutherischer und reformirter Lehre in der evangelischen Kirche Deutschlands. Zwei Entwürfe, Berlin 1854 (der ‚zweite Entwurf' stammt von Ernst Friedrich Ball). Zu Julius Müller vgl. JOACHIM MEHLHAUSEN, Art. „Müller, Julius (1801-1878)", in: TRE 23 (1994) 394-399 (Lit.).

[19] J. MÜLLER, Die evangelische Union, 170ff. – Einige Jahre zuvor hatte J. Müller im Rückblick auf die Berliner Generalsynode von 1846 vor einer „enthusiastischen" Überbewertung der Confessio Augustana als eines möglichen Unionsbekenntnisses gewarnt. Niemand könne in Abrede stellen, daß die Confessio Augustana den „Lutherischen Typus" zum Ausdruck bringe. „Läßt sich dieß nicht in Abrede stellen, was bedeuten dann die neuern Versuche, die Augustana zum eigentlichen Unionsbekenntnis zu stempeln anders, als daß die Union der Sache nach einem Übertritt der Reformirten zur Lutherischen Kirche werden soll? Wie nun solchen

Entwurf einer die konkrete theologische Situation der eigenen Zeit berücksichtigenden Adaption der Confessio Augustana ist im 19. Jahrhundert ohne Folgen geblieben und hat auch in der neueren theologiegeschichtlichen Literatur nicht die Beachtung gefunden, die ihm wohl zustände.[20] Daß Julius Müller aber nicht völlig alleine stand, zeigt eine Bemerkung von Friedrich Julius Stahl, der 1859 den ökumenischen Anspruch der Confessio Augustana in die keineswegs nur rhetorisch gemeinten Worte faßte: „Sollte es nicht recht und heilsam gewesen seyn, daß wir mit den Reformirten und Unirten gemeinsam ein Bekenntniß zur Augustana, so weit wirklich der Glaube an sie ein gemeinsamer ist, ablegten? Allerdings, die Lutheraner der alten Zeit hätten das nicht für erlaubt erachtet ... Das aber halten wir eben für den wirklichen Fortschritt der Erkenntniß, daß wir hierin anders stehen."[21] Stahl forderte seit 1846 öffentlich immer wieder eine „Konföderation" der Konfessionen, einen evangelischen Kirchenbund, in dem der allgemeine theologische Konsens aller evangelischen Bekenntnisse durch die Confessio Augustana zum Ausdruck gebracht werden sollte. Die Idee eines derartigen Kirchenbundes bestimmte nicht nur Teile der Diskussion auf der Berliner Generalsynode, sondern beherrschte vor allem die dreitägigen Verhandlungen des ersten Wittenberger Kirchentages im Septem-

---

Übertritt Niemand wird im Ernst eine Union der Lutherischen und Reformirten nennen wollen, so dürfte es uns auch gewiß nicht lange an Theologen, Rechtslehrern, Staatsmännern fehlen, die den Reformirten die Konsequenzen, die für sie aus der Einigung auf der specifischen Grundlage der Augustana flössen, begreiflich machen würden." JULIUS MÜLLER, Die erste Generalsynode der evangelischen Landeskirche Preußens und die kirchlichen Bekenntnisse, Breslau 1847, 80f.

[20] W. SCHNEEMELCHER, a.a.O. (s. Anm. 3), 321f. – KLAUS-MARTIN BECKMANN, Unitas Ecclesiae. Eine systematische Studie zur Theologiegeschichte des 19. Jahrhunderts, Gütersloh 1967, 87ff.

[21] FRIEDRICH JULIUS STAHL, Die lutherische Kirche und die Union. Eine wissenschaftliche Erörterung der Zeitfrage, Berlin 1859, 436. – Gegen Stahls Rückgriff auf die Confessio Augustana polemisierte mit Nachdruck Christian Carl Josias Bunsen. Er bezog sich auf Äußerungen Stahls in: FRIEDRICH JULIUS STAHL, Über christliche Toleranz. Ein Vortrag gehalten auf der Veranstaltung des Evangelischen Vereins in Berlin für kirchliche Zwecke am 29. März 1855, Berlin 1855. Bunsen gab zu bedenken: „Der deutsche Protestantismus (sagt er [Stahl] 22) hat einen höhern Beruf als den, welchen der ‚Evangelische Bund' der Engländer anstrebt. Sein Beruf ist nicht das Bündniß der Sekten, sondern die Einheit der Kirche, und dieser Kirche Siegel ist ‚ein öffentliches weltgeschichtlich abgelegtes Bekenntniß', die Augustana. Merken wir es wohl, es kann hier nur vom unverbesserten, unveränderten Bekenntniß von 1530 die Rede sein: Melanchthon's Milderung wurde ja nie öffentlich abgelegt, sondern nur feierlich anerkannt. Wenn wir dieses nun als Glaubensnorm annehmen, ohne Gehalt der Artikel zu unterscheiden (was, wie wir bald sehen werden, nach Herrn Stahl nicht angeht), so müssen wir unsere reformirten Glaubensbrüder in der Abendmahlslehre verdammen." CHRISTIAN CARL JOSIAS BUNSEN, Die Zeichen der Zeit. Briefe an Freunde über die Gewissensfreiheit und das Recht der christlichen Gemeinde, Bd. 2, Leipzig 1855 (^{3}1856), 134. – Vgl. ferner: FRIEDRICH JULIUS STAHL, Wider Bunsen, Berlin 1856. – Vgl. auch: ERICH GELDBACH, Art. „Bunsen, Christian Karl Josias", in: TRE 7 (1981) 414-416.

ber 1848. Auch hier vertrat Stahl die Auffassung, Lutheraner, Reformierte und Vertreter des Unionsgedankens könnten die Confessio Augustana als Grundlage einer solchen Konföderation anerkennen; allerdings hatte Stahl eingeräumt, daß die Reformierten dies nur „im staatsrechtlichen Sinn ohne Aufgeben ihrer Sonderlehren" tun müßten.[22] Wenn hier auch sichtbar wird, daß Stahl vorrangig kirchenpolitisch interessiert war und die mit der Confessio Augustana gegebenen ekklesiologischen Anfragen an ein Unionsbekenntnis nicht ausdiskutieren wollte, so ändert dies doch nichts an der grundsätzlichen Bereitschaft eines der einflußreichsten Vertreter des konservativen Protestantismus im 19. Jahrhundert, Kircheneinheit durch den Rückgriff auf die Confessio Augustana herbeizuführen.

2. Die Beurteilung der Confessio Augustana durch die „Evangelische Kirchen-Zeitung" und die „Kritische Prediger-Bibliothek" im Jahre 1830

An zwei exemplarischen, in der Literatur bislang noch nicht berücksichtigten überschaubaren Texten sei konkret dargestellt, von welch unterschiedlichen Voraussetzungen aus die Confessio Augustana in dem hier zu betrachtenden Zeitraum interpretiert worden ist. Es wird zu zeigen sein, daß die Augustana-Rezeption in der Regel völlig von der vorgegebenen theologischen Position der einzelnen Autoren abhängig blieb. Ansätze zu einer eigenständigen „Hermeneutik des Bekenntnisses", die eine Wirkungsgeschichte der Confessio Augustana im engeren Sinne auslösen konnten, lassen sich wohl frühestens von der Jahrhundertmitte an feststellen.[23] Zur Analyse der Situation im ersten Drittel des 19. Jahrhunderts folgen wir den – bewußt als Gegensätzen ausgewählten – Jubiläumsbeiträgen des Jahres 1830 in der *Evangelischen Kirchen-Zeitung* und in der *Kritischen Prediger-Bibliothek* des für den kirchlichen Rationalismus der Zeit repräsentativen Johann Friedrich Röhr.[24]

In seiner Artikelfolge für die Evangelische Kirchen-Zeitung stellte E. W. Chr. Sartorius als Sprecher der neulutherischen Orthodoxie die These auf, daß die historische Bedeutung der Confessio Augustana auch von ihren Gegnern anerkannt werden müsse. Nur wollten diese „sie damit in den Archiven der

---

[22] J. COCHLOVIUS, a.a.O., 165. – FRIEDRICH WILHELM KANTZENBACH, Augsburg 1530-1980. Ökumenisch-europäische Perspektiven, München 1979 (= TEH 204), 75ff.
[23] Vgl. U. KÜHN, a.a.O. (s. Anm. 2), 406ff.; MANFRED JACOBS, Das Bekenntnisverständnis des theologischen Liberalismus im 19. Jahrhundert, in: Bekenntnis und Einheit der Kirche. Studien zum Konkordienbuch, hg. v. Martin Brecht und Reinhard Schwarz, Stuttgart 1980, 415-465.
[24] Kritische Prediger-Bibliothek. Herausgegeben von D. Johann Friedrich Röhr, Bd. 11, 1. Heft, Neustadt a.d.Orla 1830: Schriften über die Augsburgische Confession, 89-116 (im folgenden abgekürzt: Krit.-Pred.-Bibl.). Über F. J. Röhr (1777-1848) vgl. RGG³ 5, 1136f.

Vorzeit immerhin ehrenvoll ad Acta legen, wenn ihnen nur nicht zugemuthet würde, neben jener geschichtlichen Wichtigkeit derselben auch ihre unverbrüchliche Wahrheit anzuerkennen, ja eben in ihrer dogmatischen Geltung den tiefsten Grund ihrer historischen Bedeutung zu finden". Zwei gegnerische Gruppen faßte Sartorius dabei in den Blick: Die Katholiken und die Rationalisten. Die ersteren hätten nach der Auffassung des konfessionellen Theologen durchaus ein Recht zu solchem Widerspruch, denn trotz der Übereinstimmung in „mehreren Hauptdogmen" haben sie „wegen der Abweichung in den übrigen die Augsburgische Confession stets bekämpft und verworfen". Dem Rationalisten hingegen wird von Sartorius das Recht zur Kritik oder zur historisch-kritischen Relativierung der Confessio Augustana rundweg abgesprochen. Er handle „treulos", wenn er sich als angeblicher Protestant unter dem Schirm ihrer Rechte und Privilegien berge und dennoch sie selbst überall zu durchlöchern strebe, ja sie „alsbald ganz beseitigen würde, wenn nur jene Rechte und Privilegien nicht allzu fest mit ihr verbunden wären". Die rationalistische, aufgeklärtem Denken verpflichtete Forderung nach Lehrfreiheit innerhalb der protestantischen Kirche wird mit den Worten zurückgewiesen: „Das heißt freilich, sich alle Freiheit nehmen, aber den Anderen keine lassen; das heißt Lehrfreiheit fordern für die Theologen, aber Hörzwang für die Laien, die sich Alles gutwillig gefallen lassen müssen, was den freien Herren vorzutragen beliebt. Und das soll Protestantisch seyn? ein solcher geistlicher Despotismus soll recht und erlaubt seyn in der Evangelischen Kirche, die, gerade im Gegensatz der Katholischen, die Geistlichen nicht zu Herren, sondern zu Dienern der Gemeinde macht?" (EKZ 6, 1830, 379f.).

In einer gesondert erschienenen „Apologie des ersten Artikels der Augsburgischen Confession gegen alte und neue Gegner" (Dorpat und Hamburg 1829, ²1853) hat Sartorius die theologischen Sachaussagen näher bestimmt, die im Streit zwischen neulutherischer Orthodoxie und theologischem Rationalismus nach seiner Ansicht zur Verhandlung anstehen müßten. Es sei dies zunächst die Trinitätslehre und sodann die Christologie. Sartorius sieht nun gerade in der Confessio Augustana die Christologie und die Soteriologie im „Mittelpunkt des Ganzen" stehen. „In ihm, dem Gottmenschen, concentriren sich alle theologischen und anthropologischen Artikel [sc.: der Confessio Augustana], in ihm dem Heiland alle Artikel der Heilsordnung sammt den Lehren von der Kirche und den Gnadenmitteln, und alle verworfenen Irrthümer und Mißbräuche streiten direct oder indirect wider ihn und werden deßwillen verworfen (vgl. Luther, Walch. Th. 10, 1208[25]). Die Augsburgische Confession ist daher, kurz zu sagen, ein Bekenntniß Christi und insonderheit des Verdienstes Christi als des alleinigen Grundes der Rechtfertigung, Heiligung und Beseligung aller Menschen. Diese allein seligmachende Wahrheit in mehreren

---

[25] = WA 50, 268f. („Die drei Symbola oder Bekenntnis des Glaubens Christi" 1538).

Artikeln (2, 3, 4, 5, 6, 12, 13, 15, 18, 20, 21) auf's Bestimmteste ausgesprochen, zieht sich durch die ganze Confession als der goldene Verknüpfungsfaden hindurch und schimmert besonders auch überall in der Apologie derselben hervor, weil eben sie am meisten angefochten, am meisten auch verfochten werden mußte" (EKZ 6, 1830, 381f.).

Dieser bemerkenswerte christologische und soteriologische Interpretationsansatz zur Confessio Augustana wurde von Sartorius mit bissigen Randglossen zu Äußerungen des Heidelberger Rationalisten Heinrich Eberhard Gottlob Paulus versehen, der im 12. Band seiner Zeitschrift *Sophronizon* (1819-1831) die evangelische Kirche eine „Selbstüberzeugungskirche" genannt und „Selbstüberzeugung" sowie „Überzeugungstreue" als ‚Prinzip des Protestantismus' herausgestellt hatte und die Confessio Augustana lediglich als einen geschichtlich bedingten Vermittlungsvorschlag zwischen zwei streitenden Religionsparteien verstanden wissen wollte (EKZ 6, 1830, 379-381).[26] Solchen „unbestimmten Träumereien ... von Principien des Protestantismus" stellte Sartorius seine Auffassung von dem „bestimmten Grundcharakter ... der Confessio augustissima" entgegen. Es gehe ja aus jenen Träumereien des Rationalisten hervor, daß auch er fühle, „wie zu der Einheit der Kirche Einheit der Principien und Grundsätze das erste Erforderniß" sei, „was bei den Protestanten umso weniger geläugnet werden" könne, „da sie ja sonst über die Grenzen einzelner Länder hinaus gar keine äußere Einheit besitzen". Doch wenn der Rationalist sage, „der Hauptgrundsatz des Protestantismus sey freie, d.h. ungebundene, unbestimmte, ja unbestimmbare Forschung der heiligen Schrift", so müsse dem von der Rechtfertigungslehre der Confessio Augustana her und mit CA 8 entgegengehalten werden: „Bei entschiedener und consequenter Einstimmigkeit über das Princip findet man überall in der christlichen Kirche auch Einstimmigkeit der Glaubenslehren, so daß die Verschiedenheit derselben nicht einer Unklarheit der Schrift zur Last gelegt werden kann ... So bildet sich das Symbol als constituirender Mittelpunkt der Kirche, welcher ... immerdar derselbe bleibt, und damit er es bleiben könne, in feste schriftliche Form fixirt werden muß" (EKZ 6, 1830, 383).

Der kurze Textauszug zeigt, daß die Beschäftigung mit der Confessio Augustana den konfessionellen Theologen im ersten Drittel des 19. Jahrhunderts sofort in die methodologischen und hermeneutischen Grundsatzdebatten der zeitgenössischen Ekklesiologie hineinführte. „Das Bekenntnis ist Ausweis gemeinsamen Verständnisses der Heiligen Schrift und macht die Kirche zur Kirche. Das Bekenntnis wird hier geradezu zu einer nota ecclesiae."[27] Auf kei-

---

[26] Zu H.E.G. Paulus vgl. FRIEDRICH WILHELM GRAF, Frühliberaler Rationalismus. Heinrich Eberhard Gottlob Paulus (1761-1851), in: Ders. (Hg.), Profile des neuzeitlichen Protestantismus, Bd. 1: Aufklärung, Idealismus, Vormärz, Gütersloh 1990, 128-155 (Lit.).

[27] U. KÜHN, a.a.O. (s. Anm. 2), 396.

nen Fall soll das Bekenntnis des 16. Jahrhunderts als theologiegeschichtliches Dokument in einer wie auch immer gearteten kritischen Distanz gelesen werden, sondern es muß von einem zuvor erfaßten „Mittelpunkt" her unmittelbar aufgeschlossen werden. Zu einer solchen Hermeneutik im Umgang mit dem Bekenntnis wird der konfessionelle Theologe gedrängt, weil er von dem nicht weiter hinterfragten Axiom ausgeht, gerade dieser bestimmte Bekenntnistext bilde den „constituierenden Mittelpunkt der Kirche, welcher immerdar derselbe bleibt". August Friedrich Christian Vilmar hat diesen hermeneutischen Grundsatz für den Umgang mit dem Bekenntnis der Kirche in seinen zwischen 1855 und 1868 mehrfach gehaltenen Vorlesungen über die Augsburger Konfession in die Formel gefaßt: „Dieser Mittelpunkt der Augsburgischen Confession will vor allem Andern verstanden und gefaßt sein, ehe von einer Erklärung und von einem Verständnis der Augsburgischen Confession die Rede sein kann."[28] Interessanterweise fehlt aber bei Vilmar an dieser Stelle der Rekurs auf die Rechtfertigungslehre. Statt dessen wird auf eine pneumatologisch mitbestimmte Erfahrungsfrömmigkeit und Erlebnischristologie verwiesen.[29] Das Bekenntnis der Kirche, dessen konstitutive Bedeutung einesteils so stark betont wird, erweist sich hier andererseits als das ‚jeweils abschließende Resultat des von der Kirche im Ganzen Erlebten und Erfahrenen', und auch die Confessio Augustana wird im Vollzug dieser Reduktion auf eine gemeinkirchliche Erfahrung hin interpretiert.[30] Daß eine von der Aufklärung und der Neologie herkommende Theologie eine derartige Bekenntnishermeneutik nicht mitvollziehen konnte, ist wohl der Hauptgrund für die Verständigungsschwierigkeiten unter den Theologen des 19. Jahrhunderts im Blick auf die Augustana-Rezeption.

Der Beitrag zum Augustana-Jubiläum in der *Kritischen Prediger-Bibliothek* zeigt schon bei der historischen Beurteilung und Einordnung der Ereignisse des Jahres 1530 einen für die nichtkonfessionelle Position charakteristischen eigenen Ansatz. Als Hauptdatum der Reformation wird der Speyerer Protestationsreichstag von 1529 bezeichnet, nicht das Jahr 1517 und schon gar nicht das

---

[28] AUGUST FRIEDRICH CHRISTIAN VILMAR, Die Augsburgische Confession erklärt. Hg. v. K. W. Piderit, Gütersloh 1870, 40f. – Auf die Bedeutung der 1829/1830 einsetzenden intensiven Beschäftigung Vilmars mit der Confessio Augustana hat Johannes Haußleiter zuerst hingewiesen in: RE² 16, 482f. Eine Analyse der Rede Vilmars zur 300-Jahrfeier der Confessio Augustana steht noch aus. Vgl. F.W. KANTZENBACH, Augsburg 1530-1980 (s. Anm. 22), 70ff.

[29] Vgl. F. W. KANTZENBACH, Gestalten und Typen des Neuluthertums (s. Anm. 2), 90ff.; W. SCHNEEMELCHER, a.a.O., (s. Anm. 3), 326.

[30] Vgl. KARL BARTH, Die protestantische Theologie im 19. Jahrhundert, Zürich 1947, 574f. – Eine aufschlußreiche Variante der Auseinandersetzung mit dem Bekenntnisverständnis der konfessionellen Theologie findet sich in der Reformationspredigt von Johann Tobias Beck aus dem Jahre 1857, auf die eine heftige Polemik der EKZ folgte. Darstellung und Literaturhinweise bei: WILLI HOFFMANN, Das Verständnis der Natur in der Theologie von J. T. Beck, Diss. theol. Bonn 1975, 33ff.

Jahr 1530. Als die evangelischen Stände den Grundsatz aufstellten, „daß in Sachen der religiösen Überzeugung kein durch äußere Stimmenmehrheit oder irgend eine menschliche Auctorität herbeigeführter Zwang Statt finden könne und dürfe", sei 1529 das „für alle Folgezeit wahre und wesentliche Grundprincip der evangelisch-protestantischen Kirche" zur Sprache gebracht worden (Krit.- Pred.-Bibl. 11, 1830, 90). Vor diesem Hintergrund gesehen habe die Confessio Augustana „einen professionarisch apologetischen, nicht aber einen dogmatisch-symbolischen Charakter". Zur verpflichtenden Bekenntnisschrift sei die Confessio Augustana „wider ihre ursprüngliche Bestimmung" erst in der Folgezeit gemacht worden. Das Aufkommen eines katholisch-hierarchischen Geistes in der protestantischen Kirche und die „listigen Machinationen ihrer Gegner trugen das Ihrige dazu bei, sie für dieselbe zum Kopfe des papiernen Papstes zu machen, der in den übrigen symbolischen Schriften Leib und Gliedmaßen erhielt". Die Säkularfeiern von 1529 und 1530 gäben zunächst Anlaß, darüber nachzudenken, ob die im 16. Jahrhundert errungene Glaubens- und Gewissensfreiheit im Jahre 1830 überhaupt noch lebendig sei oder ob man nicht vielmehr „Todtenfeiern" abhalten müsse. Schriften zur Confessio Augustana seien nur dann „erfreulich" und nicht „betrübend", „wenn sie durch eine treue geschichtliche Darstellung des betreffenden Ereignisses und seines eigenthümlichen Charakters den protestantischen Sinn des jetzigen Geschlechtes" wecken und nähren helfen (Krit. – Pred. – Bibl. 11, 1830, 90-92).

Die Röhrsche Prediger-Bibliothek zitiert in diesem Zusammenhang eine Bemerkung des Ronneburger Superintendenten Johann Georg Jonathan Schuderoff, der schon zum Reformationsjubiläum des Jahres 1817 mit einem Kirchenverfassungsreformprogramm hervorgetreten war, in dem die Abschaffung der bindenden und verpflichtenden Bekenntnisschriften gefordert wurde.[31] Damals hatte Schuderoff eine Regelung der „inneren Angelegenheiten" der Kirche wie folgt vorgeschlagen: „Der Kirchenrath, als Vertreter der Gemeinde, setzt weniger fest, was gelehrt werden soll, als: was nicht gelehrt werden darf. Selbst die symbolischen, oder Bekenntnißbücher giebt er nicht als unabänderliche Lehrvorschrift, sondern blos als den Codex, in welchem die Ansichten derer, welche gerade zu dieser und dieser Zeit die Repräsentanten der Gemeinden bildeten, niedergelegt seien, eingedenk, daß, sie als unabänderliche und stehende Vorschrift geltend machen zu wollen, den freien Geist bannen und das Lebensprincip des Protestantismus ertödten hieß."[32] Zum Augustana-Jubiläum des Jahres 1830 wünschte sich der einflußreiche Herausgeber des *Journals für Veredelung des Prediger- und Schullehrerstandes* solche Beiträge, die

---

[31] JONATHAN SCHUDEROFF, Grundzüge zur evangelisch-protestantischen Kirchenverfassung und zum evangelischen Kirchenrechte. Verfaßt und zum Reformations-Jubiläum herausgegeben, Leipzig 1817. – Über J. Schuderoff s. E. FOERSTER, a.a.O. (s. Anm. 11), 91-93.
[32] J. SCHUDEROFF, a.a.O., 65f.

„in dem wahren lebendigen Geiste, nicht aber im Buchstaben des Christenthums und nicht in der Einseitigkeit gearbeitet werden, welche das Daseyn und Bestehen der christlichen Kirche, wie sie Jesus im Sinne hatte, von den Ansichten und Worten der Bekenntnißschriften der Protestanten abhängig macht. Diese haben ihre Zeit erlebt und hatten für das Jahrhundert, in welchem wir uns von der römischen Kirche trennten, ihre hohe Bedeutung und Geltung. Aber sogar in der Erkenntniß des tiefsten Grundes, aus welchem wir nicht wieder zu denen zurückkommen, von welchen wir uns ausschieden, sind wir seit drei Jahrhunderten weiter gekommen und stehen unfehlbar höher und sehen weiter, als die Reformatoren und die Verfasser der symbolischen Bücher unserer Kirche" (Krit. – Pred. Bibl. 11, 1830, 91).

Mit derartigen Formulierungen wurden die Überlegungen weitergeführt, die bereits in dem sogenannten „Symbolstreit" der neologischen Bewegung im letzten Drittel des 18. Jahrhunderts zur Sprache gebracht worden waren. Vor allem Johann Salomo Semlers Stellungnahmen zum öffentlichen Religionsrecht wirkten hier fort.[33] Aus dieser weit verbreiteten und vielfach popularisierten Grundhaltung heraus sind nicht nur im ersten Drittel des 19. Jahrhunderts und anläßlich des Augustana-Jubiläums von 1830 eine Fülle von kirchengeschichtlichen Informationsschriften zur Confessio Augustana erschienen, die für die Wirkungsgeschichte des Bekenntnisses letztlich folgenreicher gewesen sind als manche inhaltsschweren theologischen Grundsatzthesen zur konstitutiven Bedeutung der Augustana für die Wesensbestimmung der Kirche. Friedrich Wilhelm Philipp von Ammon hat in seinem „Denkmal der dritten Säcularfeier der Übergabe der Augsburgischen Confession in den deutschen Bundesstaaten" (Erlangen 1831) eine wertvolle Materialsammlung dieser Gelegenheitsschriften hinterlassen.[34] Das Schrifttum reicht von allgemeinverständlichen Schilderungen des Ablaufs der Ereignisse und Kurzkommentaren zur Confessio Augustana[35] bis zu wissenschaftlichen Ansprüchen der Zeit genügenden Quellenpublikationen, die wie das „Urkundenbuch zu der Geschichte des Reichstags zu Augsburg im Jahre 1530" von Karl Eduard Förstemann (Halle 1833/1835) noch heute wichtige Hilfsmittel der reformationsgeschichtlichen Forschung sind. Neue Textausgaben der Confessio Augustana brachten

---

[33] Vgl. EMANUEL HIRSCH, Geschichte der neuern evangelischen Theologie, Bd. 4, Gütersloh ⁵1975, 48ff.; 102ff.; GOTTFRIED HORNIG, Die Freiheit der christlichen Privatreligion. Semlers Begründung des religiösen Individualismus in der protestantischen Aufklärungstheologie, in: NZSTh 21 (1979) 198-211.

[34] Vgl. auch FRIEDRICH WILHELM PHILIPP V. AMMON, Evangelisches Jubelfestbuch zur dritten Säcularfeier der Augsburgischen Confession, oder die Augsburger Confession, Geschichte ihrer Übergabe und ihrer ersten und zweiten Säcularfeier, Erlangen 1829.

[35] Sehr ergiebig ist das „Sachregister zum Kayser'schen Bücherlexicon 1750 bis 1832, Leipzig 1838"; dort werden über 60 Titel aus den Jahren 1829 bis 1831 aufgeführt.

Zur Wirkungsgeschichte der Confessio Augustana im 19. Jahrhundert 109

unter anderen Johann August Heinrich Tittmann[36] und Christian Wilhelm Spieker[37] im Jubiläumsjahr 1830 heraus. An der Grenze zwischen wissenschaftlicher und populärer Darstellung steht Andreas Gottlob Rudelbach, der zunächst eine kürzere Einführung in die Confessio Augustana schrieb (1830)[38] und 1841 seinen lutherischen Standpunkt in einem umfassenderen Werk zum Ausdruck brachte.[39]

Auf ein besonders merkwürdiges Erzeugnis der rationalistischen Flugschriften-Literatur zum Augustana-Jubiläum von 1830 hat die Evangelische Kirchen-Zeitung in ihrer Ausgabe vom 28. Juli 1830 ausführlich aufmerksam gemacht. Unter dem Pseudonym Aleithozetetes erschien in Neustadt an der Orla ein „Glaubensbekenntniß denkgläubiger Christen, welches im Jahre 1830 als am 300jährigen Jubelfeste, wegen Übergabe der Augsburgischen Confession der Mitwelt vorgelegt werden sollte, zur Vergleichung, Prüfung und Beherzigung. Eine Lesefrucht ohne Noten und Citate". In dieser Broschüre wurden alle Artikel der Confessio Augustana in der Sprache „denkgläubiger Christen" des Jahres 1830 neu geschrieben und um einen „Vorartikel", der ein rationalistisches hermeneutisches Programm enthält, erweitert. Um einen Eindruck von dem Stil und der Argumentationsweise dieses Textes zu vermitteln, sei der Anfang von Artikel 3 hier zitiert: „Über seine Person und sein Amt wird gelehrt, daß der Mensch Jesus unter merkwürdigen Umständen, jedoch wie jeder andere Mensch, entstanden und geboren und als ein Mensch erfunden, mit Fleisch und Blut, wie andere Kinder auf Erden, von dem ewig weisen Gott und Vater

---

[36] Die Augsburgische Confession deutsch und lateinisch nach den Originalausgaben Melanchthons, hg. v. J. A. H. Tittmann, Dresden 1830.

[37] Das Augsburgische Glaubensbekenntniß und die Apologie desselben. Mit kritischen, geschichtlichen und erläuternden Bemerkungen von CHR. W. SPIEKER, 2 Bde., Berlin 1830. – Weitere Ausgaben im Jubiläumsjahr: Das Augsburgische Glaubensbekenntniß in deutscher Sprache nach der ersten Ausgabe Melanchthons. Hg. und mit einigen Anmerkungen begleitet von GUSTAV FRIEDRICH WIGGERS, Rostock 1830; Die ungeänderte, wahre Augsburgische Confession und die drei Hauptsymbole der christlichen Kirche, mit historischen Einleitungen und erläuternden Anmerkungen von M. CHRISTIAN HEINRICH SCHOTT, Leipzig 1829; Geschichte des Reichstags zu Augsburg im Jahre 1530 und der dazu gehörenden Documente, dargestellt von MORIZ FACIUS, Leipzig 1830. – Vor dem Jubiläumsjahr erschienen: Das Augsburgische Glaubensbekenntniß, aus dem lateinischen Original in's Deutsche übertragen von ERNST SARTORIUS, Frankfurt 1824; Das Augsburgische Bekenntniß nach der Wittenberger Ausgabe von 1533 – die Glaubensbekenntnisse, woraus das Augsburgische entstanden seyn soll, nebst der katholischen Widerlegung der 17 Torgauischen Artikel ... Mit einer kurzen Einleitung und Prüfung von D. JOH. MENO VALETT, Hannover 1826; MARTIN CUNOW, Die Augsburgische Confession und die Geschichte ihrer Übergabe; nebst einer Einleitung, enthaltend eine kurze Darstellung der seit Beginn der Reformation vorangegangenen Begebenheiten, Dresden 1829.

[38] A. G. RUDELBACH, Die Augsburgische Confession 1530, Leipzig 1830.

[39] A. G. RUDELBACH, Historisch-kritische Einleitung in die Augsburgische Konfession. Nebst erneuerter Untersuchung der Verbindlichkeit der Symbole und der Verpflichtung auf dieselben, Dresden und Leipzig 1841.

durch seine allwaltende Fürsehung von Jugend auf geleitet, mit Gaben und Kräften ausgerüstet und dazu vorbereitet worden ist, die unter seinem Volke herrschenden, von den Propheten der Vorzeit aufgestellten und genährten Hoffnungen auf einen Messias zu erfüllen ..." (EKZ 7, 1830, 477). Die Evangelische Kirchen-Zeitung nannte dies den Umschlag der christlichen Freiheit in „bloße Anarchie" (EKZ 7, 1830, 485).

3. Festreden und Festpredigten zum Augustana-Jubiläum 1830 (Hegel, Nitzsch, Schleiermacher)

In einer gewissen Nähe zur Reformationsdeutung und zum Kirchenverständnis der rationalistischen Theologie der Zeit – die er sonst so heftig bekämpfte – steht Hegels Interpretation des Augsburger Reichstages von 1530, die er in seiner Berliner Universitätsrede zum 25. Juni 1830 vorgetragen hat.[40] Für Hegel ist der Akt der Übergabe der Confessio Augustana durch die Fürsten und die Vertreter der Städte an den Kaiser das entscheidende reformatorische Ereignis („vis ejus diei praecipua", SW XX, 532), und daß es gerade Laien waren, die hier das von Aberglauben und Irrtum gereinigte Evangelium öffentlich bekannten und somit die Unabhängigkeit des religiösen Glaubens von jeder priesterlichen Vermittlung zum Ausdruck brachten, wird als Schritt in eine neue Freiheit bezeichnet („Qua re laicis, qui antea fuerant, licere de religione sentire edixerunt, nobisque hanc libertatem inaestimabilem vindicarunt", SW XX, 533). In seiner „Philosophie der Geschichte" hat Hegel eben diesen Gedanken in die Worte gefaßt: „Es gibt jetzt keinen Unterschied mehr zwischen Priester und Laien, es ist nicht eine Klasse ausschließlich im Besitz des Inhalts der Wahrheit wie aller geistigen und zeitlichen Schätze der Kirche; sondern es ist das Herz, das innerste Bewußtsein, Gewissen, die empfindende Geistigkeit des Menschen, was zum Bewußtsein der Wahrheit kommen kann und kommen soll, und diese Subjektivität ist die aller Menschen."[41] Und mit einer Anspielung auf CA 5 sagte Hegel im gleichen Zusammenhang: „Von dieser Gewißheit sagt die lutherische Kirche, daß sie nur der heilige Geist bewirkt, d.h. eine Gewißheit, die nicht dem Individuum nach seiner partikulären Besonderheit, sondern nach seinem Wesen zukommt. Die lutherische Lehre ist darum ganz katholisch; es ist nur alles weggeschnitten, was dem Verhältnisse der Äußerlichkeit angehört und aus ihm fließt."[42] Hegel ging in seiner Gedenkrede auch auf

---

[40] GEORG WILHELM FRIEDRICH HEGEL, Sämtliche Werke, hg. v. Hermann Glockner, Bd. 20, Stuttgart ³1958, 532-544 (im folgenden zitiert: SW XX). Zu dieser Rede s. das Vorwort von H. GLOCKNER, SW XX, XVII, und E. HIRSCH, Geschichte ..., Bd. 5, 154-156.

[41] GEORG WILHELM FRIEDRICH HEGEL, Vorlesungen über die Philosophie der Weltgeschichte, Bd. 2/IV., hg. v. Georg Lasson, Hamburg 1968 (= PhB Bd. 171 d), 880.

[42] A.a.O.

die Frage ein, ob sich nicht die Bekenner von Augsburg durch die Abfassung eines schriftlichen Lehrtextes selbst wieder Fesseln angelegt hätten und somit die behauptete Freiheit nur deklaratorisch geblieben sei („ita enim eos, qui se liberos esse declararint, catenas mutasse tantum", SW XX, 537). Hegels Antwort wiederholt das von den rationalistischen Theologen stets vorgebrachte Argument: Die Confessio Augustana sei eine Magna Charta, auf der die evangelische Kirche gründe („qua ecclesia evangelica se conditam et constitutam esse promulgavit", SW XX, 537); als Fessel könne sie nicht angesehen werden, weil in der durch sie begründeten Gemeinschaft die Freiheit zu jeder Form wissenschaftlicher Forschung gewährleistet sei und der einzelne gerade dazu angehalten werde, selbstverantwortlich („sua sponte") zu ermitteln, „quod justum, quod verum, quod divinum sit" (a.a.O.). Hegel hat im weiteren Verlauf der Rede auf die sozialethischen Konsequenzen seines christlich-protestantischen Freiheitsverständnisses hingewiesen („quae vitae humanae officia sint") und – ohne wörtliche Zitate aus der Confessio Augustana anzuführen – CA 20 auf die Formel gebracht: „Divinae libertatis recuperatae ejusque solius fructus est libertas et justitia civilis" (SW XX, 542). Mit einer Verneigung vor dem Stifter der Berliner Universität und einer erneuten Beteuerung der akademischen Lehr- und Lernfreiheit schloß diese Augustana-Festrede, die wichtige ethische und rechtspolitische Aspekte der „protestantischen Freiheitsidee" Hegels sichtbar macht, aber keine textbezogene Auslegung der Bekenntnisurkunde bietet.[43]

Philipp Konrad Marheineke hat in seiner „Geschichte der teutschen Reformation" den Akt der Übergabe der Confessio Augustana an den Kaiser ähnlich hervorgehoben, wie dies in Hegels Festrede geschehen ist. Nach einer weitgehend aus den Quellen geschöpften Darstellung der Augsburger Verhandlungen heißt es in der Bewertung der Ereignisse des 25. Juni 1530: „Ein neues Gefühl belebte und durchdrang sie von diesem großen Augenblick an. Durch das feste Band eines gemeinsamen Glaubens fühlten sie sich jetzt mehr denn je zuvor innig verbunden. Luther schrieb an Cordatus: mich freut es ausnehmend, zu dieser Stunde gelebt zu haben, in der Christus durch seine Bekenner in solcher Versammlung gepredigt worden, in solchem ganz schönen Bekenntniß. Welch ein Unterschied zwischen diesem Tage und dem zu Worms vor neun Jahren! Vor Kaiser und Reich, ja vor der ganzen christlichen Welt standen sie, mit einem großen Gebet im Herzen, ihre Rechtfertigung darstellend in ihrem Bekenntniß, in vollkommenster Einigkeit mit allen wahrhaft gläubigen und christlichen Gemüthern in der ganzen Welt und auf einer Höhe, von wo sie mit göttlicher Zuversicht auf viele Jahrhunderte hinsehen konn-

---

[43] Auf eine Auseinandersetzung mit der Hegel-Literatur zum Thema muß hier aus Raumgründen verzichtet werden.

ten."⁴⁴ Die Confessio Augustana wird in dieser historiographischen Tradition des 19. Jahrhunderts also weniger von bestimmten inhaltlichen Aussagen her gewürdigt, sondern vielmehr als Lebensakt und Zeugnis der christlichen Gemeinde *in statu confessionis* hochgeschätzt.⁴⁵

Der Gedanke, daß die Confessio Augustana gerade dem Laien in der Kirche eine neue Freiheit und Mündigkeit eröffnet habe, findet sich interessanterweise auch in einer der beiden Festpredigten, die Carl Immanuel Nitzsch zum Augustana-Jubiläum von 1830 gehalten hat.⁴⁶ Nitzsch begann seine erste Predigt (über 1. Petr 1,25) mit einer Schilderung der „Reichsversammlung zu Augsburg" und faßte dann den Inhalt der gesamten Confessio Augustana „in eine kürzere Summe" zusammen (dieser Predigtabschnitt kann in gewisser Weise als eine Vorform des ‚Nitzschenum' von 1846 angesehen werden!⁴⁷). Die Bedeutung des Augsburger Bekenntnisses für die Gegenwart brachte Nitzsch anschließend auf die Formel: „Darauf muß doch von jeder Seite her die Feier des Augsburgischen Bekenntnisses, als auf den rechten Grund der Freude und des Lobes, zurückkommen ...: daß es für uns eine christliche Gemeinde-Wahrheit giebt." Durch das Bekenntnis werde jedem Christen die heilige Schrift in die Hand gegeben und aufgeschlossen. Das Verhältnis der Schrift zum Bekenntnis sei folgendermaßen bestimmt: „Evangelische Christen lassen sich zwar durch den Katechismus zur Erkenntniß der heiligen Schrift hinleiten und helfen, aber sie haben auch Recht und Pflicht, zuzusehen in den göttlichen Urkunden, ob es sich also verhalte, wie es der Lehrer gesagt hat ... Ihr werdet, endlich mündig geworden als christliche, geistliche Menschen ... bei euch selbst den Prüfstein haben, auf welchen alle Weissagungen, alle Geister der in der Welt lauten Lehre zu bringen sind" (a.a.O. 172f.).

Bei einer kirchlichen Nachfeier des Augustana-Jubiläums hat Nitzsch noch einmal gepredigt (über Psalm 119,46-48) und dabei die „segensreichen" Wir-

---

44 PHILIPP MARHEINEKE, Geschichte der teutschen Reformation, 2. Theil, Berlin ²1831, 511.
45 Eine inhaltsbezogene Darstellung der Lehraussagen der Confessio Augustana gibt Marheineke in: PHILIPPUS MARHEINEKE, Institutiones Symbolicae, Berlin ³1830 (passim). – Die oben angezeigte Reduktion der Confessio Augustana auf ein „Prinzip" begegnet auch bei KARL VON HASE, Handbuch der Protestantischen Polemik gegen die Römisch-Katholische Kirche, Leipzig ⁶1894, 5f.; vgl. auch: DERS., Evangelische Dogmatik, Leipzig ³1842, 24: „Denn durch die nothgedrungene Losreißung von der unfehlbaren Kirche kam der Protestantismus als nothwendige Entwicklungsform des Christenthums zum festen Bestehn, nehmlich das Christenthum in der Form subjectiver Freiheit. Aber dieses Princip wirkte nur als mächtiger Trieb und seine erste dogmatische Gestaltung galt für die Sache selbst."
46 CARL IMMANUEL NITZSCH, Predigten aus der Amtsführung in Bonn und Berlin. Neue Gesammt-Ausgabe, Bonn 1867, 165-181. – HENNING THEURICH, Theorie und Praxis der Predigt bei Carl Immanuel Nitzsch (= SThGG 16), Göttingen 1975.
47 Vor allem die Methode der Textraffung – hier die CA, dort biblische Kernstellen – wäre bei einem Einzelvergleich zu beachten.

kungen des Bekenntnisses „für Schule und Erziehung" zum Thema erhoben.[48] Drei Gedanken gliedern diese Predigt: 1. Die Confessio Augustana habe mit dem reformatorischen Schriftprinzip „den natürlichen Bund zwischen dem Glauben an das Evangelium und allem wissenschaftlichen Fleiße" wiederhergestellt; 2. die Rechtfertigungslehre „trieb auf die stärkste Nothwendigkeit christlicher Erkenntniß und innerlicher Ausbildung zu christlicher Selbständigkeit hin" und 3. „durch die abgestellten Mißbräuche vermehrten sich die Mittel aller heilsamen Bildung". In der Durchführung beider Predigten von Nitzsch fehlen weitere direkte Bezüge zum Text der Confessio Augustana; nur der Akt der Bekenntnisübergabe wird wiederholt in stilisierter Form nacherzählt.[49]

Die beiden Festpredigten von Nitzsch darf man wohl als typische Vertreter ihrer Gattung ansehen.[50] Sie nehmen den Gedenktag zum Anlaß für allgemeine Reflexionen über das Wesen der Reformation und tragen daher zur Wirkungsgeschichte des Bekenntnisses unmittelbar nur wenig bei. Sie haben wohl dazu verholfen, die Erinnerung an das Bekenntnis zumindest in allgemeiner Form in den Gemeinden wach zu halten. Zudem enthalten sie wertvolle Hinweise auf die theologische und kirchenpolitische Stellung des jeweiligen Predigers und sie sind vor allem für die Geschichte der Homiletik von besonderem Reiz. Da in einigen deutschen Landeskirchen derartige Augustana-Festpredigten nicht nur von den Konsistorien an alle Pfarrer in Auftrag gegeben wurden, sondern auch schriftlich zu den Akten angefordert worden sind, dürften manche kirchliche Archive hier noch unveröffentlichtes Material verwahren, das, zusammen mit den zahlreichen gedruckt vorliegenden Augustana-Predigten, ein interessantes Bild der Reformationsdeutung im deutschen Protestantismus des Jahres 1830 vermitteln könnte.[51]

Schleiermachers „Predigten in Bezug auf die Feier der Übergabe der Augsburgischen Konfession 1830"[52] heben sich von der bisher erwähnten Gattung der Festpredigt mit allgemein-thematischem Bezug deutlich ab. Denn Schleiermacher behandelte in jeder dieser zehn Predigten eine durch die

---

[48] A.a.O., 174-181; die Predigt wurde unter der Überschrift: „Wie segensreich die zu Augsburg behauptete Reformation für Schule und Erziehung geworden" veröffentlicht.
[49] A.a.O., 165f.; 167; 176.
[50] Vgl. H. THEURICH, a.a.O., 129ff. (Predigten zur Reformationsfeier); vgl. auch WICHMANN von MEDING, Kirchenverbesserung. Die deutschen Reformationspredigten des Jahres 1817, Bielefeld 1986 (= Unio u. Confessio 11) (Lit.).
[51] Vgl. R. MOHR, a.a.O. (s. Anm. 7), 143ff.; 160f. (Literatur).
[52] FRIEDRICH SCHLEIERMACHER, Kleine Schriften und Predigten. Hg. v. Hayo Gerdes und Emanuel Hirsch, Bd. 3: F. SCHLEIERMACHER, Dogmatische Predigten der Reifezeit. Ausgewählt u. erläutert von E. Hirsch, Berlin 1969, 13-154. – Vgl. ANDREAS REICH, Friedrich Schleiermacher als Pfarrer an der Berliner Dreifaltigkeitskirche 1809-1834, Berlin/New York 1992 (= SchlAr 12) (Lit.).

Augsburgische Konfession gestellte theologische Problematik, und zwar in der Reihenfolge: Christliche Freiheit, Bekenntnis und Heilige Schrift, Gesetz und Glaube, Glaubensgerechtigkeit, Meßopferlehre und Christologie, Beichte und Sündenbekenntnis, Ordination und Predigtamt, Bekenntnis und Häresie, Heiligkeit Gottes und – abschließend – Der Weg der Kirche. Dabei wurde von Schleiermacher jedem dieser Themen eine Schriftstelle zugeordnet, die die Funktion des Predigt-Textes erhielt.[53] Emanuel Hirsch hat in der von ihm kommentierten Textausgabe der Augustana-Predigten Schleiermachers auf die Fülle der Verbindungen und Querverweise zu anderen Schriften Schleiermachers aufmerksam gemacht und zugleich die „mitschwingenden Beziehungen auf Schleiermachers Verhältnis zu Bibel, Reformation und zeitgenössischer Philosophie" an vielen Stellen aufgedeckt.[54] So wird der theologische Gedankenreichtum dieser Predigten erkennbar, die Schleiermacher selbst allerdings ausdrücklich und mit guten Gründen nicht als eine systematische Auslegung des Augsburger Bekenntnisses verstanden wissen wollte.[55]

Schleiermacher begab sich in diesen Predigten in einen kritischen Dialog mit ausgewählten Einzelaussagen der Confessio Augustana, die er von seinem eigenen theologischen Ansatz her souverän beurteilte, ohne ihnen als den Formulierungen des kirchlichen Lehrbekenntnisses autoritative Verbindlichkeit zuzuerkennen. Seine seit 1819 wiederholt geäußerte Überzeugung, daß die evangelische Lehre nicht auf dem Buchstaben der Bekenntnisschriften gründen könne, sondern allein auf deren Geist, der wiederum durch den gegenwärtig in der Kirche wirkenden Gemeingeist allein erfaßt werde, kommt in dem oft zitierten Satz zum Ausdruck: „Die Feier [sc. der Confessio Augustana] gilt ja überhaupt nicht der Urkunde, daß sie verfaßt worden und daß sie gerade so geworden, sondern ihrer Übergabe; nicht das Werk wird gefeiert, sondern die That."[56] Ähnlich wie in Hegels Universitätsrede wird die „Tat" der Übergabe

---

[53] Schleiermachers Überschriften und Predigttexte: 1. Warnung vor selbstverschuldeter Knechtschaft (1. Kor 7,23); 2. Die Übergabe des Bekenntnisses als Verantwortung über den Grund der Hoffnung (1. Petr 3,15); 3. Das Verhältnis des evangelischen Glaubens zum Gesetz (Gal 2,16-18); 4. Von der Gerechtigkeit aus dem Glauben (Gal 2,19-21); 5. Das vollendete Opfer Christi (Hebr 10,12); 6. Ermunterung zum Bekenntnis der Sünden (Jak 5,16); 7. Vom öffentlichen Dienst am göttlichen Wort (Eph 4,11-12); 8. Von dem Verdammen Andersgläubiger in unserm Bekenntnis (Luk 6,37); 9. Daß wir nichts von dem Zorne Gottes zu lehren haben (2. Kor 5,17f.); 10. Das Ziel der Wirksamkeit unserer evangelischen Kirche (Phil 1,6-11).
[54] A.a.O., Bd. 3, 347-375.
[55] F. SCHLEIERMACHER, Kleine Schriften ... Bd. 2: Schriften zur Kirchen- und Bekenntnisfrage. Bearbeitet von Hayo Gerdes, Berlin 1969, 278.
[56] F. SCHLEIERMACHER, Kleine Schriften ... Bd. 2, 230; vgl. auch 264f. – Aus der umfangreichen Sekundärliteratur seien hervorgehoben: MARTIN HONECKER, Schleiermacher und das Kirchenrecht, München 1968 (= TEH 148), 24f.; MARTIN DAUR, Die eine Kirche und das zweifache Recht. Eine Untersuchung zum Kirchenbegriff und der Grundlegung kirchlicher Ordnung in der Theologie Schleiermachers, München 1970 (= JusEcc 9), 162ff.: „Was schließlich die Augsburgische Konfession selbst anbetrifft, so hält er [sc. Schleiermacher] es für einen ‚Unsinn,

des Bekenntnisses von Schleiermacher als das historische Ereignis angesehen, das der Augustana gegenwärtige Bedeutung und Bedeutsamkeit verleihe. Zwei große „Trefflichkeiten" werden allerdings auch dem „Werk", also dem Text des Bekenntnisses, zugesprochen: Dieses „Werk" habe mit großer Umsicht und einer aus reicher christlicher Erfahrung stammenden Einsicht, besonnen und ohne Übertreibung, die Abschaffung der Mißbräuche im Gottesdienst und in der Lehre gefordert; ferner habe es mit rechter Klarheit, mit dem größten Ernst, Demut und Treue des Herzens „den einen großen Hauptpunkt des Glaubens aufgefaßt und dargelegt" die Rechtfertigungslehre.[57] Diese beiden Sachaussagen gaben Schleiermacher hinreichend Anlaß, sich an der Confessio Augustana „in hohem Maaße [zu] erfreuen". Darüber hinaus aber wollte er dazu anregen, daß das Bekenntnis „seinem Geist und seinem Wesen" nach angeeignet werde und man dürfe nicht besorgt sein, wenn man an ihm „auch noch Fehler finde".[58] In der achten Augustana-Predigt machte Schleiermacher seine Hörer ausführlich „auf einiges von dem mangelhaften und unvollkommnen" aufmerksam, „das jenem Werke anhängt". Er nannte zunächst die Verdammungssätze der Augustana[59] und später in einer weiteren Predigt die in der Erbsündenlehre (und im deutschen Text von CA 3) enthaltene Vorstellung vom Zorn Gottes.[60]

---

der sich nicht größer denken läßt' (PT, 641), sie für alle Zeiten als bindend ansehen zu wollen, ist sie doch in Wahrheit nur vorläufiger ‚Ausdruck der Kirche, bis dieser Ausdruck durch fortgehende Bibelforschung sich ändert' (640)", a.a.O., 164. – HANS-JOACHIM BIRKNER, Deutung und Kritik des Katholizismus bei Schleiermacher und Hegel, in: Hans-Joachim Birkner/ Heinz Liebing/Klaus Scholder, Das konfessionelle Problem in der evangelischen Theologie des 19. Jahrhunderts, Tübingen 1966, 7-20.

[57] Schleiermacher definiert den Rechtfertigungsartikel hier wie folgt: "... daß nicht unvollkommenes äußeres Werk, nicht eigenes Verdienst den Frieden mit Gott bringen könne, sondern daß die Gerechtigkeit vor Gott dadurch erlangt wird, wenn wir im herzlichen Glauben den in uns aufnehmen, den Gott gesandt hat, auf daß wir in dieser Gemeinschaft mit ihm das Leben mögen haben, und wenn wir nicht erwarten, daß aus dieser Gemeinschaft alles Gute entspringen müsse, ohne daß wir ja doch auf dieses Gute als solches einen verdienstlichen Werth legen", F. SCHLEIERMACHER, Kleine Schriften ..., Bd. 3, 28.

[58] A.a.O., Bd. 3, 34; vgl. auch folgenden Predigtabschnitt: „Sehen wir nun zuerst auf das Werk dieses Tages, nämlich die Schrift des Bekenntnisses: so dürfen wir es wol in gewisser Beziehung nicht anders als mit großer Nachsicht beurtheilen. Wir haben seitdem vielfältige Erfahrungen davon gemacht, wie schwierig es ist, wenn streitige Punkte in der Lehre des Glaubens auseinander gesetzt werden sollen, alsdann Ton und Ausdrukk in Worten und Formeln so zu treffen, daß einer die Zuversicht haben kann, er selbst und Andere werden sich lange daran halten können", a.a.O., Bd. 3, 26.

[59] A.a.O., Bd. 3, 108-122.

[60] „Nun gehört zu denjenigen Unvollkommenheiten unseres Glaubensbekenntnisssses, weswegen ich nicht gerade wünschte, daß wir es gleichsam aufs Neue seinem ganzen wörtlichen Inhalt nach als unser eignes annähmen und bestätigten, auch dieses, daß darin noch viel zu viel die Rede ist von einem Zorne Gottes, was sich doch mit dieser vom Apostel selbst uns gegebenen Darstellung des Christenthums gar nicht verträgt, sondern mit derselben in offenbaren Widerspruch steht", a.a.O., Bd. 3, 123f.

Schleiermacher hat bei seinem kritischen Umgang mit der Confessio Augustana den „Beruf des Reformators" für sich in Anspruch genommen, den er in seinem 1831 entstandenen Sendschreiben „An die Herren D.D.D. von Cölln und D. Schulz" so begründete: Die Verfasser der Bekenntnisse des 16. Jahrhunderts „waren Theologen wie wir; und wir haben denselben Beruf Reformatoren zu seyn wie sie, wenn und so weit es nötig ist und wenn und so weit wir uns geltend machen. Und so stellen wir auch ihre Werke den unsrigen gleich".[61] Und im Blick auf Melanchthons ständige Weiterarbeit an der Confessio Augustana merkte Schleiermacher an: „Liegt ja doch offen genug zu Tage, daß der Verfasser selbst ihr nicht lange seinen ungetheilten Beifall geschenkt, daß er nicht nur im einzelnen gebessert hat, so bald er konnte ... sondern Melanchthon hat ja rathsam gefunden, sie hernach in seiner Confession der sächsischen Gemeinen, die er eine Repetition der augsburgischen Confession nennt, ganz umzuarbeiten. Und dabei hat ihn keinesweges nur der Gedanke geleitet, daß die Sache für das Concilium anders müsse oder könne gestellt seyn, als für den Kaiser und die Fürsten; sondern daß sich der Gegenstand in ihm immer lebendig bewegte, das nöthigte ihm eine andere frische Darstellung desselben ab."[62]

In der „Vorrede" zu den Augustana-Predigten hat Schleiermacher behauptet, daß jeder, der seine „Glaubenslehre anders als nur dem Titel nach" kenne, sich in ihr „aufs genaueste" über seine „persönliche Übereinstimmung oder Abweichung von der Augsburgischen Confession" informieren könne.[63] Doch auch für die „Glaubenslehre" läßt sich keine scharf umgrenzte Augustana-Rezeption nachweisen. Schleiermacher zitierte in der „Glaubenslehre" die Confessio Augustana wie andere reformatorische Bekenntnisse und Bekenntnisschriften mit einiger Regelmäßigkeit knapp dreißigmal. An keiner Stelle äußerte er sich als systematischer Theologe expressis verbis über sein Verhältnis zu dieser Bekenntnisschrift des Jahres 1530. Daß einzelne Formulierungen in der „Glaubenslehre" von den Aussagen der reformatorischen Bekenntnisschriften her mitgeprägt sind, hat Martin Stiewe durch Einzelanalysen nachgewiesen.[64] Aber insgesamt bleibt Schleiermachers Beziehung zum Lehrbekenntnis der Kirche auch in der „Glaubenslehre" dialektisch beweglich. Oberster Grundsatz

---

[61] A.a.O., Bd. 2, 237f. – Vgl. auch Schleiermachers Brief an Joachim Christian Gaß vom 23. Juli 1830, in: Fr. Schleiermacher's Briefwechsel mit J. Chr. Gaß, hg. v. W. Gaß, Berlin 1852, 225f.
[62] F. SCHLEIERMACHER, Kleine Schriften ..., Bd. 2, 229.
[63] A.a.O. Bd. 2, 266.
[64] MARTIN STIEWE, Das Unionsverständnis Friedrich Schleiermachers. Der Protestantismus als Konfession in der Glaubenslehre, Witten 1969 (= Unio und Confessio 4), 100. – Vgl. ferner: VOLKER WEYMANN, Glaube als Lebensvollzug und der Lebensbezug des Denkens. Eine Untersuchung zur Glaubenslehre Friedrich Schleiermachers, Göttingen 1977 (= SThGG 25), 125f.

ist: Der Buchstabe des historischen Bekenntnisses könne und dürfe die weitere Lehrentwicklung in Theologie und Kirche nicht beschränken und behindern. Norm der Lehrentwicklung sei und bleibe allein die Heilige Schrift, die durch das Bekenntnis nicht gebunden werde. So hat Schleiermacher interessanterweise im Zusammenhang mit seiner Darstellung der „Pneumatologie" in der „Glaubenslehre" gegen die sonstige Übung kein einziges Zitat aus den Bekenntnisschriften in den Text bzw. in die Anmerkungen eingebracht! Von den verschiedenen Gründen, die nach Schleiermacher selbst ein solches Vorgehen gelegentlich nötig und möglich machen können, kommt wohl nur der in Betracht, daß die Lehre vom Heiligen Geist ihm in den Bekenntnisschriften „nicht schriftgemäß genug" behandelt erschien. Denn in den Bekenntnisschriften wird die Pneumatologie aus der Trinitätslehre heraus entfaltet, während Schleiermacher sie bekanntlich in das erste Hauptstück „Von dem Entstehen der Kirche" einordnet und die Trinitätslehre als den „wahren Schlußstein" der christlichen Lehre an das Ende des gesamten Werkes stellte.[65] In einer Fußnote zur „Vorrede" zu den Augustana-Predigten hat Schleiermacher seine Leser daran erinnert, daß er selber als reformierter Prediger vor seiner Ordination die Confessio Sigismundi habe unterschreiben müssen; doch diese Unterschrift habe den Zusatz enthalten: „so weit sie mit der heiligen Schrift übereinstimmt" – und dazu merkt Schleiermacher an: „... wodurch jede lästige Verpflichtung wiederum aufgehoben wird."[66]

Schleiermachers Schriften zur Kirchen- und Bekenntnisfrage aus dem Jahre 1831 haben eine heftige Polemik der Evangelischen Kirchen-Zeitung zur Folge gehabt, die hier nicht im einzelnen dargestellt werden kann.[67] Zu einer öffentlichen, die theologischen Fragen vertiefenden Diskussion über die Confessio Augustana ist es im Verlauf dieser Debatte nicht gekommen. Die von Hengstenberg mit übergroßer Schärfe geführte Attacke gegen Schleiermacher dürfte vielmehr entscheidend dazu beigetragen haben, daß eine besonnene Diskussion des Bekenntnisproblems und eine sachbezogene Inhaltsanalyse der Confessio Augustana auf Jahre hinaus nicht zustande kam. An die Stelle von Argumenten

---

[65] F. SCHLEIERMACHER, Der christliche Glaube nach den Grundsätzen der evangelischen Kirche im Zusammenhange dargestellt. Hg. v. Martin Redeker, Berlin 1960, Bd. 2, 458ff. – MARTIN TETZ (Hg.), Friedrich Schleiermacher und die Trinitätslehre, Gütersloh 1969 (= TKTG 11), 11ff. (Literatur); WILFRIED BRANDT, Der Heilige Geist und die Kirche bei Schleiermacher, Zürich/Stuttgart 1968 (= SDGSTh 25), 51f., verweist auf § 27 I der „Glaubenslehre" (a.a.O., Bd. 1, 148f.); dort die oben stehenden Argumente. – Vgl. ferner M. JACOBS, a.a.O. (s. Anm. 23), 424-427.
[66] F. SCHLEIERMACHER, Kleine Schriften ..., Bd. 2, 266.
[67] EKZ 8 (1831) 105-117 („Über das neueste Sendschreiben des Herrn Dr. Schleiermacher an die Herren DD. v. Cölln und D. Schulz zu Breslau in Bezug auf den Streit wegen der Lehreinheit in der Evangelischen Kirche"); vgl. die Anmerkungen von H. Gerdes in: F. SCHLEIERMACHER, Kleine Schriften ..., Bd. 2, 287-292.

trat die polemische Diffamierung der Argumente. Kennzeichnend für diesen Vorgang ist das Diktum der Evangelischen Kirchen-Zeitung: „Das also haben die Ausführungen des Herrn Dr. Schleiermacher ... uns hinreichend bewiesen, daß in der jetzigen Zeit die erzwungene Unterschrift der symbolischen Bücher bei den Predigern, und gar den Professoren, den Zustand der Kirche im Ganzen nicht sehr verändern würde; man würde sich eben zu helfen wissen, auf die eine oder andere Art."[68]

Blickt man auf die äußeren Ereignisse, so sieht man in den folgenden Jahren im Bereich der preußischen Landeskirche vor allem Bestätigungen der Voraussage Hengstenbergs; die Entstehung der Altlutherischen Kirche und die Bewegung der Lichtfreunde können als die extremen Exponenten der Gesamtentwicklung angesehen werden. In der Sache ist nach 1830 aber doch ein Fortschritt erzielt worden, der sich als Präzisierung der hermeneutischen Frage einer Zuordnung von Schrift und Bekenntnis beschreiben läßt. Carl Immanuel Nitzsch hat die Erfahrungen der zurückliegenden Jahre in seinem Referat vor der Berliner Generalsynode 1846 in die Worte gefaßt: „Eine Verpflichtung blos auf die Schrift ist zu weit, ist daher nichts, ohne ein Symbol; eine Verpflichtung auf ein Symbol nichts, ohne die Schrift. Beides muß gegenseitig belebend aufeinander wirken. Nun ist zwar in der reformirten Kirche im Allgemeinen der Hinblick auf Symbole geringer gewesen, und es hat Theologen in ihr gegeben, welche auf die Schrift allein, ohne Symbol, gedrungen. Aber diese haben dann ihren Zuhörern wiederum eine solche Buchstäbelei in der Schrift selbst zugemuthet, daß man lieber unter der Augsburgschen Confession stehen mag, als unter einer so angespannten Anwendung der Schrift. Andererseits ist der Sinn einer Verpflichtung auf die Schrift allein wieder so weit genommen worden, daß man darunter der bloßen Subjectivität hat Raum lassen wollen, als fehle jedes Object in der Lehre, und als müsse man die Wahrheit erst suchen, ohne noch eine zu haben."[69] Nitzsch hat mit diesen Sätzen gezeigt, aus welchen Überlegungen heraus für ihn und seine theologischen Mitstreiter 1846 eine Lösung der Unionsproblematik mit Hilfe der Confessio Augustana allein nicht mehr in Frage kam.[70]

---

[68] EKZ 8 (1831) 114f.
[69] Verhandlungen der evangelischen General-Synode (s. Anm. 16), 136.
[70] Vgl. ferner JOHANNES HYMMEN, Die Unionsfrage auf der preußischen Generalsynode von 1846, in: JEVWKG 68 (1975) 101-141 und HELMUT ZEDDIES, Bekenntnis als Einigungsprinzip. Der Einfluß des Bekenntnisbegriffs auf die theologischen Voraussetzungen kirchlicher Zusammenschlüsse, Berlin 1980 (= ThA 11), bes. 118-153. Zeddies arbeitet hier am Beispiel von CA VII die grundsätzlichen Fragen der Bekenntnishermeneutik in kritischer Auseinandersetzung mit der konfessionellen Theologie des 19. Jahrhunderts (128-133) deutlich heraus.

4. Die Confessio Augustana in der konfessionellen Dogmatik und in den „Glaubenslehren" des 19. Jahrhunderts

Die auf Schleiermacher folgende und auf ihn sich berufende, theologiegeschichtlich so bedeutsame Unterscheidung zwischen einer konfessionell ausgerichteten „Dogmatik" und Darstellungen der „Christlichen Glaubenslehre" hat für die weitere Wirkungsgeschichte der Confessio Augustana im 19. Jahrhundert erhebliche Bedeutung gehabt. Das Bekenntnis wurde für die konfessionelle Dogmatik inhaltlich wie formal sehr intensiv in Anspruch genommen, während es in den „Glaubenslehren" nahezu unberücksichtigt blieb. Drei Beispiele seien als Beleg angeführt.

Carl Immanuel Nitzsch hat in seinem „System der Christlichen Lehre" die Confessio Augustana noch nicht einmal in den ekklesiologischen Paragraphen wörtlich zitiert.[71] Die Begründung für dieses Verfahren findet sich in der Bestimmung über den Begriff und Zweck des Systems der christlichen Lehre: Sie sei „als theologische Wissenschaft betrachtet eine Art der systematischen Theologie" und unterscheide sich als solche „nicht allein vom homiletischen und katechetischen Vortrage in der Gemeinde ... sondern auch vom Katechismus christlicher Lehre; denn sie will nicht wie der Katechism für einen Text der öffentlichen Lehre und des öffentlichen Bekenntnisses, welchen die Kirchengemeinschaft anerkennt, noch für Begründung des gemeinen Wissens vom Christenthume angesehn werden."[72]

Noch deutlicher wird diese Differenzierung zwischen konfessioneller Dogmatik und „Glaubenslehre" in dem Programm, das Alexander Schweizer seiner „Christlichen Glaubenslehre nach protestantischen Grundsätzen" vorangestellt hat. Hier heißt es: „Da das Glaubensbewußtsein wie die Theologie des evangelischen Protestantismus dem symbolischen Dogmatismus schon lange wieder entwachsen ist, so wird die gesunde Entwicklung dadurch bedingt, daß die Glaubenslehre im bestimmten Unterschied von der Dogmatik als der Kirchensatzungs-Wissenschaft angebaut werde."[73] Für einen Rückgriff auf ein Bekenntnis des 16. Jahrhunderts besteht aus methodologischen Erwägungen heraus kein Anlaß. Richard Rothe hat schließlich zwischen dem „dogmatischen Thatbestand", der „aus den symbolischen Büchern der evangelischen Kirche zu erheben" sei, und der „entwickelnden Ausführung der in den Symbolen gegebenen Dogmen" unterschieden, bei welcher der Dogmatiker „theils aus der dogmatischen wissenschaftlichen Tradition der evangelischen Kirche" schöp-

---

[71] CARL IMMANUEL NITZSCH, System der Christlichen Lehre, Bonn 1829, ⁶1851, §§ 185-189, 358-366.
[72] A.a.O., 1.
[73] ALEXANDER SCHWEIZER, Die Christliche Glaubenslehre nach protestantischen Grundsätzen dargestellt, 2 Bde., Leipzig 1863-1872, ²1877, Bd. 1, 26.

fen müsse, „theils aus seinen eigenen wissenschaftlichen Mitteln".[74] Wo solche Grenzziehungen vorgenommen werden, da teilt man die Texte der kirchlichen Lehrentscheidungen und Bekenntnisse nahezu exklusiv der konfessionellen Dogmatik zu und berücksichtigt sie aus den genannten programmatischen Vorüberlegungen heraus überhaupt nicht oder nur sehr bedingt in jenen theologischen Werken, die als eigenständige, neue Entwürfe der zeitgenössischen Theologie vor die Öffentlichkeit treten. Wilhelm Gaß hat diese Entwicklung wohl als erster in ihrer ganzen Tragweite erkannt und die nun möglich und zugleich notwendig werdende „Theologiegeschichtsschreibung" neben der älteren Dogmengeschichtsschreibung eröffnet.[75]

Die Gegenposition zu den skizzierten Entwürfen der Vermittlungstheologie sei exemplarisch durch ein Zitat von Theodosius Harnack belegt: „Die Arbeit der lutherischen Theologie kann sich nur innerhalb der Bestimmungen dieses Artikels [sc. CA 7] bewegen, die zwar vertieft, näher präzisiert und weitergeführt sein wollen, die aber nicht durchbrochen werden können, ohne sogleich das Gebiet der schwärmerischen civitas platonica oder der römischen politia canonica zu betreten."[76] Mit diesem „goldenen Artikel der Augustana" sei in einer Zeit völliger Verwirrung über den Begriff der Kirche „die richtige Spur der normalen und schriftgemäßen Anschauung" wiedergefunden worden. Harnack hob weiter hervor, daß durch CA 7 definitiv „sowohl die einzuhaltenden Grenzen als die einzuschlagende Richtung" bestimmt worden seien. Aus der vorgezeichneten Wesensdefinition ergebe sich sodann auch die kirchliche Lehre über die notae ecclesiae.

Wilhelm Schneemelcher hat Anspruch und Verwirklichung der hier sich zu Wort meldenden Augustana-Rezeption im 19. Jahrhundert einer sorgfältigen Analyse unterzogen. Das Ergebnis seiner Untersuchungen zu Claus Harms, Johann Gottfried Scheibel, Julius Müller, Theodor Wangemann, Wilhelm Löhe, August Friedrich Christian Vilmar, Adolf von Harleß, Johann Wilhelm Friedrich Höfling und Theodosius Harnack lautet: „Der Kirchenbegriff des Luthertums im 19. Jahrhundert hält der Prüfung durch den Art. VII des Augsburgischen Bekenntnisses nicht stand. Er ist romantisiert. Die Romantik hat mit dem Begriff des Organismus und der organischen Entfaltung das Denken des Jahrhunderts bestimmt. Die neulutherische Orthodoxie hat (zum Teil

---

[74] RICHARD ROTHE, Zur Dogmatik, Gotha 1863, 27.
[75] Vgl. hierzu JOACHIM MEHLHAUSEN, Die Bedeutung der Theologiegeschichte für den Religionsunterricht. Zur Standortbestimmung einer theologischen Disziplin im Umfeld der allgemeinen Religionspädagogik, in: EvErz 30 (1978), 308-320; v.a. 312f.
[76] THEODOSIUS HARNACK, Die Kirche, ihr Amt, ihr Regiment. Grundlegende Sätze mit durchgehender Bezugnahme auf die symbolischen Bücher der lutherischen Kirche, zur Prüfung und Verständigung (1862), Neudruck Gütersloh 1947, 22. – HEINRICH WITTRAM, Die Kirche bei Theodosius Harnack, Göttingen 1963.

Zur Wirkungsgeschichte der Confessio Augustana im 19. Jahrhundert   121

im Gefolge der Erweckungsbewegung) diese Gedanken umgebogen zu einer konfessionsmorphologischen Ideologie. Von hier aus wird deutlich, warum man bei kaum einem der angeführten Theologen der Bereitschaft begegnet, den konfessionellen Lehrbestand von der Schrift her in Frage stellen zu lassen, daß bei kaum einem die Frage auftaucht, ob man nicht mit den Reformierten sich zusammen unter das Wort stellen und dann seine Lehre prüfen sollte."[77] Ein derartiger Bekenntnispositivismus führte nicht an der Frage nach der Bekenntnishermeneutik vorbei. Als Hinweis hierfür mag die Tatsache dienen, daß es auch innerhalb des deutschen Luthertums seit dem Beginn des 19. Jahrhunderts immer wieder Auseinandersetzungen über die Interpretation von CA 7 gegeben hat. Die von Harnack geforderte Auslegung des Kirchenartikels „innerhalb seiner Bestimmungen" erwies sich als unerhört schwierig. Der erste lutherische Historiograph der Geschichte des neueren deutschen Protestantismus, Karl Friedrich August Kahnis, schrieb im Jahre 1862: „Wie oft haben wir Lutheraner uns in Konferenzen, Religionsgesprächen, engeren Disputationen an der Bestimmung der Kirche Art. VII der Augsburgischen Konfession ... die Zähne zerbissen. Nie, nie haben wir uns einigen können."[78]

Trotz solcher Mißverständnisse, Verlegenheiten und Aporien hat die Confessio Augustana im 19. Jahrhundert überall dort, wo sie im kirchenrechtlichen Sinne als verbindliches Bekenntnis in Geltung geblieben ist, vor allem eine wirksame *theologiekritische* Funktion gehabt. Die Notwendigkeit, neue theologische Entwürfe an der Norm des Bekenntnisses zu prüfen, führte zu jenem Prozeß, den Hermann Fischer eine „interpretierende Identifikation und identifizierende Interpretation" genannt hat, in dessen Verlauf positiv die „Funktion der Vergewisserung der Selbigkeit des Verständnisses, negativ diejenige eines Schutzes vor willkürlichen theologischen Selbstermächtigungen" wahrgenommen werde.[79] Eben diesen Aspekt der Wirkungsgeschichte der Confessio Augustana im 19. Jahrhundert kann man an den theologiekritischen, argumentativen Abschnitten der großen konfessionellen Dogmatiken etwa von Luthardt, Gottfried Thomasius und Kahnis ablesen. Ihn hatte schon Tholuck vor Augen, als er zur Wiederentdeckung der lutherischen Bekenntnisschriften des 19. Jahrhunderts anmerkte: „Ich leugne nicht, daß bei diesen Studien mir die lutherische Kirche in ihrer Lehre, in ihren Instituten und in vielen ihrer Repräsentanten sehr theuer geworden und daß ich damit auch das Streben

---

[77] W. Schneemelcher, a.a.O. (s. Anm. 3), 332.
[78] Zit. n. Klaus Scholder, Die Bedeutung des Barmer Bekenntnisses für die Evangelische Theologie und Kirche, in: EvTh 27 (1967), 435-461; 443 Anm. 23.
[79] Hermann Fischer, Bekenntnis und Argumentation. Hermeneutische Probleme heutigen Umgangs mit dem Augsburger Bekenntnis, in: Bernhard Lohse/Otto Hermann Pesch (Hg.), Das „Augsburger Bekenntnis" von 1530 damals und heute, München/Mainz 1980, 237-252; 251.

Derjenigen habe besser würdigen lernen, welche in unserer Zeit den Neubau der Kirche auf ihren historischen Grundlagen sich haben am Herzen liegen lassen. Wie sehr es Noth thut, einem diffluirenden Subjektivismus und seinen luftigen Phantasmagorien gegenüber die Kirche auf der historischen Basis ihres Bekenntnisses zu gründen, wird je länger je mehr offenbar."[80]

Die historisch-theologische Skizze zur Wirkungsgeschichte der Confessio Augustana im 19. Jahrhundert hat kein in sich geschlossenes Bild der Rezeption und Interpretation des Bekenntnisses sichtbar gemacht; aber auch eine weiter ausgreifende Darstellung wird kaum zu einem grundsätzlich anderen Ergebnis kommen können. Zu unterschiedlich waren die methodischen Beurteilungskriterien, die theologischen Fragestellungen und vor allem die kirchenpolitischen Zielsetzungen, mit denen die evangelischen Theologen des 19. Jahrhunderts an diesen Text herantraten. Aber es bleibt wohl festzuhalten, daß sich Wirkungsgeschichte auch dort vollzieht, wo die Beschäftigung mit einem der bleibenden Texte aus der Geschichte der Kirche in eine Vielzahl einander widerstreitender Einzelimpulse auseinanderzufallen scheint. So hat die Confessio Augustana trotz aller Differenzen und Interferenzen in ihrer Auslegung im 19. Jahrhundert eine sehr lebensvolle Geschichte gehabt – vielfältig anregend, oft innovierend und immer wieder zurücklenkend auf die unüberholbaren Fragestellungen und Antworten reformatorischer Theologie.[81]

---

[80] KARL FRIEDRICH AUGUST KAHNIS, Der innere Gang des deutschen Protestantismus, 2. Theil, Leipzig ³1874, 249. – DERS., Die Lutherische Dogmatik historisch-genetisch dargestellt, 1. Bd., Leipzig 1861, 124-128. – Vgl. auch MARTIN KÄHLER, Geschichte der protestantischen Dogmatik im 19. Jahrhundert, hg. v. Ernst Kähler, München 1962 (= TB 16), 190-192.

[81] Einen Überblick über den aktuellen Stand der Diskussion bietet GUNTHER WENZ, Theologie der Bekenntnisschriften der evangelisch-lutherischen Kirche. Eine historische und systematische Einführung in das Konkordienbuch, Bd. 1, Berlin/New York 1996, bes. 28-44 (Lit.).

Kirche zwischen Staat und Gesellschaft

Zur Geschichte des evangelischen Kirchenverfassungsrechts in Deutschland im 19. Jahrhundert

I. Hauptaspekte der Gesamtentwicklung

Die Geschichte des evangelischen Kirchenverfassungsrechts in Deutschland[1] ist im 19. Jahrhundert im wesentlichen von zwei Bewegungen bestimmt worden, die – einander ergänzend und zugleich sich wechselseitig voraussetzend – insgesamt sehr zielstrebig in die gleiche Richtung wiesen. Man kann die erste dieser beiden Bewegungen als eine langsame Ablösung der Kirche vom Staat bezeichnen, die zweite als eine stufenweise Ausbildung eines eigenständigen kirchlichen Rechtskreises, der sich vom staatlichen Recht immer deutlicher abzuheben begann, rechtssystematisch aber nach dessen Prinzipien gestaltet blieb.

Beide Entwicklungen vollzogen sich sowohl im Bereich der kirchenleitenden Instanzen in den einzelnen deutschen Landeskirchen als auch in der akademischen Disziplin der Kirchenrechtswissenschaft. Hinzu kam seit der Zeit des

---

[1] Grundlegende Literatur für den gesamten Zeitraum: EMIL FRIEDBERG, Das geltende Verfassungsrecht der evangelischen Landeskirchen in Deutschland und Österreich, Leipzig 1888, 1-27; DERS., Lehrbuch des katholischen und evangelischen Kirchenrechts, Leipzig ³1889; WILHELM KAHL, Lehrsystem des Kirchenrechts und der Kirchenpolitik, Freiburg/Leipzig 1894; KARL KÖHLER, Lehrbuch des deutsch-evangelischen Kirchenrechts, Berlin 1895; PAUL SCHOEN, Das evangelische Kirchenrecht in Preußen, 2 Bde., Berlin 1903/1910 ND Aalen 1967; GOTTLIEB LÜTTGERT, Evangelisches Kirchenrecht in Rheinland und Westfalen, Gütersloh 1905; K. GOSSNER, Preußisches evangelisches Kirchenrecht, Bd. 1, Berlin ²1914; JOHANN VIKTOR BREDT, Neues evangelisches Kirchenrecht für Preußen I-III, Berlin 1921-1927; GÜNTHER HOLSTEIN, Die Grundlagen des evangelischen Kirchenrechts, Tübingen 1928; ERNST RUDOLF HUBER, Deutsche Verfassungsgeschichte seit 1789 I-IV, Stuttgart u.a. 1960-1969; SIEGFRIED GRUNDMANN, Abhandlungen zum Kirchenrecht, Köln/Wien 1969; HERBERT FROST, Strukturprobleme evangelischer Kirchenverfassung. Rechtsvergleichende Untersuchungen zum Verfassungsrecht der deutschen evangelischen Landeskirchen, Göttingen 1972; ERNST RUDOLF HUBER/ WOLFGANG HUBER, Staat und Kirche im 19. und 20. Jahrhundert. Dokumente zur Geschichte des deutschen Staatskirchenrechts I+II, Berlin 1973-1976 (zit.: HUBER/HUBER); ADALBERT ERLER, Kirchenrecht. Ein Studienbuch, München ⁴1975, 53-66; OTTO FRIEDRICH, Einführung in das Kirchenrecht, Göttingen ²1978, 106-210; GEORG RIS, Der „kirchliche Konstitutionalismus". Hauptlinien der Verfassungsbildung in der evangelisch-lutherischen Kirche Deutschlands im 19. Jahrhundert, Tübingen 1988 (JusEcc 33); MARTIN HECKEL, Gesammelte Schriften. Staat – Kirche – Recht – Geschichte. Hg.v. K. Schlaich, 4 Bde., Tübingen 1989/ 1997 (JusEcc 38/58); AXEL Frhr. v. CAMPENHAUSEN, Staatskirchenrecht, München ³1996 (Lit.).

Vormärz ein immer intensiver werdendes Interesse der Öffentlichkeit an der Verfassung der evangelischen Landeskirchen. In der zeitgenössischen Publizistik fand diese Diskussion ein vielfältiges, aufmerksam wahrgenommenes Echo. Zentrales Thema war die von den Vertretern des frühen Liberalismus aufgestellte Forderung, den evangelischen Kirchen müsse die Selbstverwaltung unter Beteiligung von Laien in kollegialen Leitungsorganen (presbyterial-synodales Verfassungsprinzip) ermöglicht werden.

1. Die Ablösung der Kirche vom Staat

Die erste der beiden Bewegungen führte Schritt für Schritt zum Abbau jener überaus engen institutionellen Verbindung der evangelischen Kirche mit dem Staat, die in den deutschen Ländern seit der Reformation herangewachsen war und im sogenannten *Territorialsystem* ihre kirchenrechtstheoretische Begründung gefunden hatte. Die staatskirchenrechtliche Theorie des *Kollegialismus* interpretierte und legitimierte im 18. Jahrhundert unter dem Einfluß der Aufklärung das Landesherrliche Kirchenregiment neu. De facto schrieb der Kollegialismus die innergesellschaftliche Stellung der Kirchen als vom Staat institutionell zu verwaltender Einrichtungen noch einmal fest. Doch durch die Unterscheidung zwischen der kirchlichen Kirchengewalt (*iura in sacra*) und der staatlichen Kirchenaufsicht (*iura circa sacra*) eröffnete die Kollegialtheorie den Prozeß zu einer verstärkten Besinnung innerhalb der Kirchen auf ihr Wesen und ihre vom Staat grundsätzlich unabhängige Eigenart. Das gesamte 19. Jahrhundert ist dann im Blick auf diese Problemstellung von dem Bemühen der Juristen und Theologen geprägt, für Kirche und Staat ein differenzierendes und zugleich abgrenzendes neues Selbstverständnis zu gewinnen, das eine Trennung der beiden Größen ohne den gleichzeitigen Abbruch aller Beziehungen zwischen ihnen ermöglichen sollte.

Gefördert wurde diese Entwicklung durch die auf dem Wiener Kongreß 1814/1815 geschaffene territoriale Neuordnung Europas, die in Deutschland fast überall konfessionell gemischte Staaten entstehen ließ und das Ende des alten Reichskirchenrechts heraufführte. Durch die *Säkularisation* verlor die katholische Kirche ihre weltliche Hoheitsgewalt und den überwiegenden Teil ihres Vermögens. Im Zuge der zu Beginn des 19. Jahrhunderts in den meisten deutschen Staaten einsetzenden Verfassungsbewegung (*Konstitutionalismus*) änderte sich auch die Stellung der regierenden Fürsten. Die Verfassungen wiesen ihnen eine nicht mehr unumschränkte Stellung im Staatsgefüge zu und begrenzten ihre Macht durch die Aufteilung der Herrschaftsbefugnisse auf Fürst und Parlament. Dies bedeutete nicht in jedem Fall, daß bereits durch die Verfassungsurkunde auch die Kompetenzen der Landesherren in den religiösen Angelegenheiten neu definiert worden wären. Es entstand vielmehr in den meisten deutschen Staaten ein neuer Regelungsbedarf. Da fast alle Verfassungen des Frühkonstitutionalismus die individuelle Glaubens- und Bekenntnisfreiheit ausdrücklich in ihren Schutz nahmen, waren die Herrscher gezwungen, die konfessionelle Neutralität des Staates zu betonen. Diese Neutralität verstärkte die Tendenz zu einer Distanzierung des Staates von den Kirchen. Zugleich wurde die *Parität* zu einem wichtigen Teilprinzip des Staatskirchenrechts, das die gleichwertige Rechtsstellung der Kirchen zum Staat garantierte. Ihren Abschluß fanden diese Einzelentwicklungen im Trennungskonzept der staatskirchenrechtlichen Artikel der Weimarer Reichsverfassung (Art. 135-141 WRV). Die am 11. August 1919 in Weimar getroffenen Grundsatzentscheidungen bestimmen bis heute das Verhältnis von Kirche und Staat in Deutschland (Art. 140 GG).

2. Die Herausbildung einer kirchlichen Verfassungsautonomie

Die zweite das 19. Jahrhundert im Bereich des Kirchenverfassungsrechts prägende Bewegung führte über zahlreiche Zwischenstationen zur Wiederherstellung der schon im Laufe der Reformation verlorengegangenen Verfassungsautonomie für die evangelischen Landeskirchen in Deutschland. Es muß allerdings hervorgehoben werden, daß die vor 1918 erlassenen Kirchenverfassungen noch unter den Bedingungen des Landesherrlichen Kirchenregiments entstanden waren, d.h. sie wurden auch dort, wo eine Eigenbeteiligung der Kirchen im Prozeß der Verfassungsbildung möglich war, in letzter Verantwortung von der Landesobrigkeit in Kraft gesetzt und legitimiert. Auch die kirchlichen Verwaltungsinstanzen (*Konsistorien*, *Geistliche Ministerien*, *Oberkirchenräte* o.ä.) blieben Einrichtungen, die vom Landesherrn personell besetzt und in ihren Dienstgeschäften durch seine Beauftragten überwacht wurden. Nur sehr langsam kam es im kirchlichen Verwaltungsbereich zu einer gewissen Selbständigkeit der obersten und mittleren Kirchenbehörden.

Der schon von Schleiermacher zu Beginn des 19. Jahrhunderts benutzte Begriff *Kirchenverfassung* (s.u. II.2.) bezeichnete nicht „von vornherein – wie heute – eine Sonderform der Gesetze (eine gesonderte Art der Rechtsquelle), die als Verfassungsgesetz Vorrang vor allen anderen Gesetzen hat [...] und die nur mit qualifizierten Mehrheiten geändert werden kann. [...] ‚Kirchenverfassung' bedeutet anfänglich nicht viel mehr als einen Ausschnitt aus der Kirchenordnung, in dem sich die zentralen Organisationsvorschriften finden."[2] Doch trotz solcher Einschränkungen kommt der kirchlichen Verfassungsbewegung (*kirchlicher Konstitutionalismus*) große Bedeutung zu: Sie ermöglichte eine Verselbständigung des Kirchenrechts gegenüber dem Staatsrecht und führte zur Ausbildung eines eigenständigen kirchlichen Rechtskreises, der

---

[2] KLAUS SCHLAICH, Art. „Kirchenrechtsquellen. Evangelische", in: TRE 19 (1990) 45-51; 48f.

formal allerdings in enger Anlehnung an die allgemeine Rechtssetzung gestaltet wurde. Dieses neue kirchliche Recht war bis zum Ende des 19. Jahrhunderts in den deutschen Einzelstaaten bereits so weit ausgebildet, „daß der Fortfall des Summepiskopats im Jahre 1918 rechtlich nur noch als ein innerkirchlicher Vorgang verstanden werden konnte. Zugleich erwies sich dabei die im 19. Jahrhundert gewonnene kirchliche Verfassungsform auch ohne den Summepiskopat als tragfähig genug, um die notwendige Neuordnung durchzuführen."[3]

3. Das Landeskirchentum

Die geschilderten Entwicklungen vollzogen sich im 19. Jahrhundert in der für den deutschen Protestantismus charakteristischen dezentralisierten Weise. Das Recht der evangelischen Kirchen in Deutschland war im gesamten hier zu betrachtenden Zeitraum *Landesrecht* bzw. *Landeskirchenrecht*. Der Begriff *Landeskirche* ist erst im frühen 19. Jahrhundert aufgekommen, obgleich die mit ihm bezeichnete besondere Verfassungsgestalt der Konfessionskirchen in Deutschland bereits seit der Mitte des 16. Jahrhunderts Bestand hatte.[4] Der Begriff verwies im 19. Jahrhundert insbesondere auf die Privilegierung einer einzelnen bekenntnisbestimmten Kirche durch den Staat, auf dessen Territorium sie sich befand. Jeder Staat konnte innerhalb seiner Grenzen allerdings auch mehrere Konfessionskirchen anerkennen und als seine Landeskirchen auf unterschiedliche Weise fördern. Im letzten Drittel des Jahrhunderts trat dann – insbesondere durch die preußischen Annektionen nach 1866 – die ganz neue Situation ein, daß das Gebiet einer Landeskirche nicht mehr mit dem des Staates identisch sein mußte.[5]

Die Entwicklung des Kirchenverfassungsrechts in den etwa 30 landeskirchlichen Territorien war weder in ihrem Verlauf noch in ihren Ergebnissen in ganz Deutschland gleichförmig; es gab manche Sonderbewegungen und vor allem Phasenverschiebungen bei Reformen, die zumeist politische Hintergründe hatten. Doch insgesamt verlief die Geschichte des Kirchenverfassungsrechts in den deutschen Einzelstaaten im 19. Jahrhundert unter zumindest vergleichbaren politischen und theologischen Vorbedingungen. Die generellen Tendenzen der Rechtsentwicklung stimmten trotz charakteristischer Sonderbewe-

---

[3] ERNST-VICTOR BENN, Entwicklungsstufen des evangelischen Kirchenrechts im 19. Jahrhundert, in: ZevKR 15 (1970) 2-19; 19.

[4] H. FROST, Strukturprobleme (Anm. 1), 298-300; JOACHIM MEHLHAUSEN, Art. „Landeskirche", in: TRE 20 (1990) 427-434; 428.

[5] KONRAD MÜLLER, Staatsgrenzen und evangelische Kirchengrenzen. Gesamtdeutsche Staatseinheit und evangelische Kircheneinheit nach deutschem Recht. Hg. und mit einer Einleitung versehen durch A. Frhr. v. Campenhausen, Tübingen 1988 (JusEcc 35), bes. 21-41.

gungen in einzelnen Landeskirchen weithin überein. Unübersehbar ist, daß der großen Preußischen Landeskirche auf vielen Gebieten des Kirchenverfassungsrechts eine Vorreiter- und Vorbildfunktion zukam.[6]

4. Die Kirchenrechtswissenschaft

Parallel zur Geschichte des evangelischen Kirchenverfassungsrechts ist die Geschichte der *Kirchenrechtswissenschaft* und ihrer Theoriebildungen im 19. Jahrhundert zu sehen. Über einen weiten Zeitraum hinweg dominierte die von Friedrich Carl v. Savigny (1779-1861) und Carl Friedrich Eichhorn (1781-1854) begründete *Historische Rechtsschule* das evangelische Kirchenrecht.[7] Als deren Hauptleistung sind die großen Quellenerschließungen anzusehen, die den Stoff des Kirchenrechts erstmals systematisch ordneten und zugänglich machten. In dieser Tradition wirkte schulbildend Aemilius Ludwig Richter (1808-1864), dessen immer wieder überarbeitetes und neu aufgelegtes Lehrbuch[8] ein zuverlässiges Bild vom Stand der Kirchenrechtswissenschaft seit der Jahrhundertmitte bietet. Richters wichtigste Schüler waren Otto Mejer (1818-1893), Richard Wilhelm Dove (1833-1907), Paul Hinschius (1835-1898) und Emil Friedberg (1837-1910). Neben rechtshistorischen und rechtssystematischen Werken erarbeiteten diese Kirchenrechtslehrer vor allem Beiträge zum kirchlichen Verfassungsrecht und zum Amtsrecht. Im Jahre 1861 begründete Dove mit anderen Richter-Schülern die *Zeitschrift für Kirchenrecht*, die zu einem wichtigen wissenschaftlichen Organ der Kirchenrechtswissenschaft wurde.[9]

Als einer der Wortführer der Restauration in der evangelischen Kirche wirkte der dem erweckten lutherischen Konfessionalismus verpflichtete Friedrich Julius Stahl (1802-1861).[10] Seit seiner Berufung nach Berlin war Stahl bemüht, Elemente des Episkopalsystems in die Verfassung der Preußischen Landeskir-

---

[6] Vgl. die Einzelbeiträge in: J.F.GERHARD GOETERS/JOACHIM ROGGE (Hg.), Die Geschichte der Evangelischen Kirche der Union. Ein Handbuch I+II, Leipzig 1992/1994.

[7] Vgl. JOACHIM MEHLHAUSEN, Art. „Geschichte/Geschichtsschreibung/Geschichtsphilosophie. 19.-20. Jahrhundert", in: TRE 12 (1984) 643-658; bes. 649-652 (Lit.).

[8] AEMILIUS LUDWIG RICHTER, Lehrbuch des katholischen und evangelischen Kirchenrechts. Mit besonderer Rücksicht auf deutsche Zustände [1842]. Nach dem Tode des Verfassers mit eingehender Berücksichtigung der neueren Entwicklung im Gebiete des Staates und der Kirchen bearbeitet von R. W. Dove, Leipzig ⁷1874.

[9] Zeitschrift für Kirchenrecht, hg. v. R. Dove (ab Jg. 4 auch v. E. Friedberg) Berlin (u.a.) 1 (1861) – 47 (1917); seit 1912 Deutsche Zeitschrift für Kirchenrecht; zur Geschichte der kirchenrechtlichen Zeitschriften vgl. ZevKR 1 (1951) 1f.

[10] Vgl. ARIE NABRINGS, Friedrich Julius Stahl – Rechtsphilosophie und Kirchenpolitik, Bielefeld 1983 (UnCo 9); WILHELM FÜSSL, Professor in der Politik: Friedrich Julius Stahl (1802-1861). Das monarchische Prinzip und seine Umsetzung in die parlamentarische Praxis, Göttingen 1988 (SHKBA 33).

che einzubringen; trotz der Unterstützung durch Freunde und Ratgeber, die dem König sehr nahe standen (u.a. Leopold und Ernst Ludwig von Gerlach), gelang dies aber nicht. Für das konfessionelle Neuluthertum Erlanger Prägung wirkte der Kirchenrechtslehrer Christoph Gottlieb Adolf Frhr. v. Scheurl (1811-1893). Scheurl hatte großen Einfluß auf die Diskussionen zum Verhältnis von Kirche und Staat in seiner Heimatkirche (s.u. V.3.a) und gab wichtige Impulse zu Fragen der Kirchenverfassung und des Eherechts sowie des Bekenntnisses im Zusammenhang mit dem Kirchenrecht.[11]

Für die Kirche der Union war als Kirchenrechtslehrer und zugleich als Kirchenrechtspraktiker Emil Herrmann (1812-1885) von herausragender Bedeutung. Er entwarf das wegweisende Programm für eine Kirchenverfassung, die die konsistoriale und die synodale Ordnung vereinigen sollte (s.u. V.4.b.). Wilhelm Kahl (1849-1932), ein Schüler Richters, legte im Jahre 1894 einen bemerkenswerten kirchenrechtstheoretischen Neuansatz vor. Er machte den Vorschlag, zwischen *Kirchenrecht* und *Kirchenpolitik* zu unterscheiden. Die Lehre von der *Kirchenpolitik* müsse die Grundsätze über das richtige und zweckmäßige Handeln bei der Gestaltung des Rechtsverhältnisses zwischen Staat und Kirche sowie der Gemeinschaftsordnung innerhalb der Kirche enthalten; das *Kirchenrecht* hingegen habe Rechtssätze zu interpretieren und anzuwenden. Mit dieser Unterscheidung wollte Kahl dazu beitragen, daß das neue Synodalwesen mit seinen seit der Jahrhundertmitte immer stärker in den Vordergrund tretenden Kirchenparteien eine auch rechtstheoretisch fundierte Stellung in der evangelischen Kirche erhalte.[12]

Kahls Erwägungen fanden nicht die ihnen gebührende Aufmerksamkeit, weil kurz zuvor Rudolph Sohm (1841-1917) mit seiner aufsehenerregenden These, daß das Kirchenrecht im Widerspruch zum Wesen der Kirche stehe, der gesamten Kirchenrechtstheoriediskussion eine ganz neue Richtung gegeben hatte (s.u. VI.). „Sohm lebte im Zeitalter des Historismus und ist von ihm geprägt. Gleichwohl war er kein Historist. Er war vielmehr ein existentieller Denker. Er suchte immer mit Leidenschaft in den juristischen Phänomenen und Zusammenhängen nach dem grundsätzlichen Gehalt für den christlichen Glauben und das Existenzverständnis des Menschen. Dieser Trieb verlieh seinen Schriften den Glanz, die vorwärtsdrängende Kraft, die spannende Wir-

---

[11] A. v. Scheurl lehrte von 1836 bis 1881 in Erlangen; er war Mitherausgeber der *Zeitschrift für Protestantismus und Kirche* (ZPK) und veröffentlichte u.a.: Die verfassungsmäßige Stellung der evangelisch-lutherischen Kirche in Baiern zur Staatsgewalt, Erlangen 1872; Der christliche Staat, Nürnberg 1885; eine Rezension von Scheurl zu: FRIEDRICH JULIUS STAHL, Der christliche Staat, Berlin 1858 erschien in: ZPK 35 (1858) 279-297.
[12] W. KAHL, Lehrsystem (Anm. 1); über ihn vgl. ECKHARD LESSING, Kirchenpolitik als Wissenschaft. Eine Erinnerung an Wilhelm Kahl (1849-1932), in: Heiner Faulenbach (Hg.), Standfester Glaube, FS J.F.G. Goeters, Bonn 1991, 341-354.

kung auf seine Leser."[13] Die Debatte über Sohms These bestimmte in der Folgezeit die Auseinandersetzungen um eine grundsätzliche Begründung des evangelischen Kirchenrechts.[14]

Einen über die von Sohm ausgelösten Kontroversen hinausweisenden neuen Entwurf legte Günther Holstein (1892-1931) vor, der unter Rückgriff auf Schleiermachers Verständnis des Kirchenrechts die Unterscheidung zwischen der „Rechtskirche" und der „Wesenskirche" in die kirchenrechtliche Literatur einbrachte.[15] Holstein suchte nach einem Ausgleich zwischen der theologisch begründeten Eigenständigkeit der evangelischen Kirche und ihrer traditionellen Verbindung zur öffentlichen Ordnung, die er nicht preisgeben wollte. Der frühe Tod Holsteins verhinderte, daß er selbst diesen Ansatz weiter ausführen und seine Tragfähigkeit überprüfen konnte. Erst nach den Erfahrungen, die während der Weimarer Republik und in der Zeit der nationalsozialistischen Herrschaft von Kirchenrechtslehrern, Kirchenrechtspraktikern und Theologen in kirchenleitender Verantwortung gemacht worden waren, wurden ganz neue Theorieansätze entwickelt, die den Rechtspositivismus des 19. Jahrhunderts endgültig überwinden sollten.[16]

Zahlreiche bedeutende Kirchenrechtslehrer haben im 19. Jahrhundert sowohl mit ihren wissenschaftlichen Arbeiten als auch durch ihre Beratungstätigkeit für die kirchenleitenden Instanzen des Landesherrlichen Kirchenregiments auf die Entwicklung Einfluß nehmen können. Viele dieser Hochschullehrer waren nämlich zugleich auch Kirchenrechtspraktiker, die in Konsistorien, Oberkirchenräten und anderen kirchlichen Leitungsinstanzen sowie im letzten Drittel des Jahrhunderts auch als Mitglieder der Synoden unmittelbar an den Entscheidungen beteiligt waren und diese mitgestalten konnten. Dies gilt vor allem für die herausragenden Persönlichkeiten aus dem späten 19. Jahrhundert E. Herrmann und W. Kahl.

Im Verlauf des gesamten 19. Jahrhunderts wurden gewichtige Beiträge zu kirchenrechtlichen Fragen auch von Vertretern der wissenschaftlichen Theologie erarbeitet. So haben in der preußischen Unionskirche Carl Immanuel Nitzsch, Julius Müller und Isaak August Dorner großen Einfluß auf die Ent-

---

[13] HANS DOMBOIS, Das Recht der Gnade. Ökumenisches Kirchenrecht III. Verfassung und Verantwortung, Bielefeld 1983, 255.

[14] A.a.O., 255-262.

[15] G. HOLSTEIN, Grundlagen (Anm. 1); über ihn vgl. OTTO VON CAMPENHAUSEN, Günther Holstein. Staatsrechtslehrer und Kirchenrechtler in der Weimarer Republik, Pfaffenweiler 1997 (Lit.).

[16] Zu den neuen Ansätzen im 20. Jahrhundert vgl. die Übersichten bei HERBERT WEHRHAHN, Die Grundlagenproblematik des deutschen evangelischen Kirchenrechts 1933-1945, in: ThR NF 18 (1950) 69-90; 112-147; 19 (1951) 221-252; S. GRUNDMANN, Abhandlungen (Anm. 1), 18-52; KLAUS SCHLAICH, Die Grundlagendiskussion zum evangelischen Kirchenrecht. Ein Lagebericht, in: PTh 72 (1983) 240-255; MARTIN HONECKER, Art. „Kirchenrecht. Evangelische Kirchen", in: TRE 18 (1989) 724-749 (Lit.).

wicklung der Kirchenverfassungsfrage gehabt (s.u. V.4.a.). Für die süddeutschen lutherischen Kirchen ist Theodosius Harnack (1816-1889) zu nennen; für den südwestdeutschen Liberalismus in der zweiten Hälfte des 19. Jahrhunderts Daniel Schenkel (1813-1885), der Begründer des *Protestantenvereins*. Es ist im Einzelfall oft nicht leicht zu entscheiden, ob erste Impulse für konkrete Neuerungen und Reformen von den juristischen Kirchenrechtslehrern oder von den ebenfalls mit diesen Fragen beschäftigten Theologen ausgingen.

5. Die Beteiligung von Laien an der Leitung der Kirche

Spätestens seit der Zeit des Vormärz ist noch eine weitere neue Bewegung für die Geschichte des evangelischen Kirchenverfassungsrechts in Deutschland wichtig geworden: Das erstarkte gesellschaftliche und politische Selbstbewußtsein des gebildeten evangelischen Bürgertums meldete sich bei den Fragen nach der künftigen Verfassungsgestalt der Kirche zu Wort und brachte – ob von liberaler oder von konservativer Warte aus – unüberhörbar seine Forderungen und Erwartungen in die Diskussion ein. Weil seit den Karlsbader Beschlüssen von 1819 eine strenge Zensur die öffentliche Debatte über politische Verfassungsreformen beschränkte bzw. ganz verbot[17], wichen viele interessierte Nichttheologen auf die weniger streng überwachte Kirchenverfassungsdebatte aus, wodurch Theologie und Kirche geradezu in die Rolle von Stellvertretern im gesellschaftspolitischen Diskurs des Vormärz gerieten. So stritten auf der Berliner Generalsynode von 1846 Laien unbefangen und selbstbewußt mit den Kirchenjuristen und Theologen über alle der Synode zur Verhandlung vorgelegten Themen (s.u. V.4.a.). Über eine weitverzweigte kirchliche Publizistik wurden Fragen des evangelischen Kirchenrechts und der kirchlichen Verfassung öffentlich gemacht und gelegentlich geradezu popularisiert.[18] Dies hatte zur Folge, daß sich die Geschichte des evangelischen Kirchenrechts im 19. Jahrhundert in einem spannungsreichen Gegenüber und auch Miteinander von vier unterschiedlich einflußreichen Gruppierungen vollzog: 1. Dem Landesherrlichen Kirchenregiment mit seinen kirchenleitenden Instanzen, 2. der kirchlich-gesellschaftlichen Öffentlichkeit, 3. der wissenschaftlichen Theologie und 4. der Kirchenrechtswissenschaft.

---

[17] Vgl. EDDA ZIEGLER, Literarische Zensur in Deutschland 1819-1848. Materialien, Kommentare, München/Wien 1983.

[18] Vor allem auf den seit 1865 regelmäßig abgehaltenen „Protestantentagen" des *Protestantenvereins* wurden Kirchenverfassungsfragen vor einer großen Öffentlichkeit diskutiert. Vgl. zum kirchenpolitischen Kontext dieser Vorgänge CLAUDIA LEPP, Protestantisch-liberaler Aufbruch in die Moderne. Der deutsche Protestantenverein in der Zeit der Reichsgründung und des Kulturkampfes, Gütersloh 1996 sowie GANGOLF HÜBINGER, Kulturprotestantismus und Politik. Zum Verhältnis von Liberalismus und Protestantismus im wilhelminischen Deutschland, Tübingen 1994.

Diese an Konflikten nicht arme Geschichte ist insgesamt durch ein produktiv zu nennendes Streiten um die rechte Gestalt der Kirche als öffentlicher Institution geprägt. Dabei ging es zugleich auch um übergreifende Anliegen wie die Emanzipation des Individuums durch die staatlich geschützte Religionsfreiheit, die laizistische Gleichheit aller Bürger im nachrevolutionären Staat und die möglichst weitgehende Säkularisierung der allgemeinen Rechtsordnung, also die Freiheit der Gesellschaftsordnung vom Einfluß der Kirchen und ihrer Lehren.

In der folgenden Übersichtsdarstellung wird nicht der Versuch unternommen, alle einzelnen Elemente der komplexen Gesamtentwicklung jeweils gesondert herauszuarbeiten. Es sollen vielmehr nur die wichtigsten Grundsatzentscheidungen mit ihren Entstehungsbedingungen sichtbar gemacht werden, um die bis in die Gegenwart hinein relevanten Ausformungen der Kirchenrechtstheorie und -praxis jener Zeit hervorzuheben. Eine Berücksichtigung aller territorialen Sonderentwicklungen ist in einer Übersichtsdarstellung nicht möglich. Die Geschichte des evangelischen Kirchenverfassungsrechts im 19. Jahrhundert läßt sich aber durchaus anhand typischer regionaler Vorgänge erfassen und beschreiben.

II. Die Folgen der Säkularisation

1. Der Reichsdeputationshauptschluß (1803) und der Deutsche Bund (1815)

Durch die Säkularisation[19] der rechtsrheinischen kirchlichen Territorien im *Reichsdeputationshauptschluß* (RDH) vom Februar/März 1803[20] und durch die nachfolgenden territorialen Umgestaltungen entstanden in Deutschland konfessionell ganz neu zusammengefügte Staatsgebilde. Die jetzt zum Regelfall werdende Konfessionsmischung zwang die Landesherren dazu, den vielerorts bereits stillschweigend praktizierten Grundsätzen der *Parität* und *Toleranz* nun auch offizielle Geltung zuzugestehen. Nur so war eine Integration der neuen Landesteile mit ihrer je eigenen geschichtlichen Vergangenheit und ihrer besonderen konfessionellen Prägung überhaupt möglich. Zudem enthielt § 63 RDH zwei fundamentale, den *status quo* des Bekenntnisstandes und des Vermögens der Kirchen sichernde Bestimmungen, die für die weitere Entwicklung von großer Bedeutung sein sollten:

---

[19] Zum Begriff *Säkularisation* vgl. S. GRUNDMANN, Abhandlungen (Anm. 1), 404-410; JOSEF KIRMEIER, Einzug von Kirchengut und Säkularisation. Die Begriffe und ihre Geschichte bis zur Französischen Revolution, in: Josef Kirmeier/Manfred Treml (Hg.), Glanz und Ende der alten Klöster. Säkularisation im bayerischen Oberland 1803, München 1991, 23-27.

[20] Vgl. ELISABETH FEHRENBACH, Vom Ancien Régime zum Wiener Kongreß, München/Wien 1981 (OGG 12) (Lit.).

„[1] Die bisherige Religionsübung eines jeden Landes soll gegen Aufhebung und Kränkung aller Art geschützt seyn; [2] insbesondere jeder Religion der Besitz und ungestörte Genuß ihres eigenthümlichen Kirchenguts, auch Schulfonds nach der Vorschrift des Westphälischen Friedens ungestört verbleiben; [3] dem Landesherrn steht jedoch frei, andere Religionsverwandte zu dulden und ihnen den Genuß bürgerlicher Rechte zu gestatten."[21]

Der erste Satz von § 63 RDH garantierte für die Konfessionskirchen in jedem Territorium den Besitzstand vom 25. Februar 1803. Satz 3 grenzte diese Garantie jedoch insofern wieder ein, als er dem Landesherrn die Möglichkeit eröffnete, zu einem Prinzip beschränkter Toleranz überzugehen. Dabei wurde offen gelassen, ob die bislang im Territorium offiziell nicht zugelassene Konfession lediglich geduldet werden müsse, oder ob es in der Kompetenz des Landesherren stehe, allen drei reichsrechtlich anerkannten Konfessionen (Katholiken – Lutheraner – Reformierte/Augsburger Konfessionsverwandte) die gleiche Form staatsbürgerlicher Gleichberechtigung zu gewähren. Die hierdurch eröffnete grundsätzliche konfessionelle Gleichstellung aller Bürger in einem Territorium hatte allerdings keine unmittelbar wirksam werdende Autonomie der Kirchen zur Folge. Das Gegenteil war vielmehr zunächst der Fall. Als die deutschen Einzelstaaten von der genannten Kompetenz Gebrauch machten, gaben die Garantien von § 63 RDH – einschließlich der Besitzstandsgarantie des Kirchengutes – den Kirchenverwaltungsbehörden Gelegenheit, die bislang nur auf eine Konfession ausgerichtete staatliche Kirchenaufsicht nun auf zwei oder gar drei Konfessionen auszuweiten. Der Einzug des kirchlichen Eigentums verpflichtete zwar die erwerbenden Staaten, Staatsleistungen (*Dotationen für kirchenregimentliche Zwecke*) an die Kirchen zu erbringen. Doch gerade diese Verpflichtung hatte die Folge, daß staatliche Verwaltungsstellen durch die Bemessung und Verteilung der Dotationen tief in die Planung und Gestaltung innerkirchlicher Aufgaben eingreifen konnten.

Auch die jetzt zur Regel werdende ausschließliche Ausbildung von Geistlichen an staatlichen Universitäten gab dem Staat weitere Einflußmöglichkeiten auf das kirchliche Leben. Betroffen war hiervon insbesondere die Ausbildung der katholischen Geistlichen. Während die katholische Kirche die gesamte Ausbildung der Geistlichen als zu ihrem „innersten Rechte" gehörend betrachtete, sah es der moderne Kulturstaat als seine Pflicht an, über die wissenschaftliche Vorbildung der Geistlichen mitzubestimmen. Durch ein Studium der künftigen Geistlichen an den staatlichen Universitäten sollte dafür gesorgt werden, daß diesem Stand eine solide wissenschaftliche Bildung und eine gewisse Liberalität vermittelt werde. „Der Kirche wurde lediglich das Recht zugestanden, nach Abschluß des wissenschaftlichen Studiums der künftigen Geist-

---

[21] Zit. nach ERNST RUDOLF HUBER (Hg.), Dokumente zur deutschen Verfassungsgeschichte. Bd. 1: Deutsche Verfassungsdokumente 1803-1850, Stuttgart u.a. ³1978, 22.

lichen deren praktische Ausbildung [...] selbständig zu regeln."[22] Gegen päpstliche Proteste schlossen die Regierungen der Oberrheinischen Kirchenprovinz im Oktober 1818 einen Staatsvertrag, in dem zum Ausdruck gebracht wurde, daß für die Ausbildung künftiger Geistlicher theologische Fakultäten einzurichten seien; dies war der Anstoß zur späteren (1831) Errichtung der Katholisch-theologischen Fakultät zu Marburg. In den evangelischen Landeskirchen war es seit den Tagen der Reformation üblich, daß neue Generationen von Pfarrern an den Evangelisch-theologischen Fakultäten der Landesuniversität ausgebildet wurden. Die Errichtung und Unterhaltung dieser Fakultäten galt als Ausdruck der *cura religionis* des Landesherren. Bei den Berufungen von Theologieprofessoren nahmen die protestantischen Landesherren – auch im 19. Jahrhundert – durchaus eigene konfessionelle und theologiepolitische Interessen wahr. Die durch den RDH eingeleitete Entflechtung von Kirche und Staat beließ den Regierungen insgesamt also fast alle bisherigen Einflußmöglichkeiten auf die Kirchen ihres Territoriums; einige neue Aufgabenbereiche kamen zunächst sogar noch hinzu.

Nach den Befreiungskriegen von 1813/1815 und nach dem Wiener Kongreß fiel das gesamte Staatskirchenrecht endgültig in die Kompetenz der Länder. Die durch den Reichsdeputationshauptschluß ausgelösten großen Gebietsveränderungen wurden festgeschrieben und im Zusammenhang mit der Bewegung des Frühkonstitutionalismus im Landesrecht verankert.[23] Bis 1821 erhielten 24 monarchische Staaten und 4 patrizisch regierte Städte (von 38 im *Deutschen Bund* versammelten Mitgliedern) neue oder überarbeitete Verfassungen, die auf Art. 16 der *Deutschen Bundesakte* vom 8. Juni 1815 Rücksicht nehmen mußten. Er bestimmte: „Die Verschiedenheit der christlichen Religions-Partheyen kann in den Ländern und Gebiethen des deutschen Bundes keinen Unterschied in dem Genusse der bürgerlichen und politischen Rechte begründen."[24] Die Parität war von nun an zu einem Prinzip des staatlichen Rechts geworden und bedeutete nicht mehr ein vertragliches Ausgleichsverhältnis zwischen verschiedenen Religionsparteien.[25]

---

[22] JÖRG KRIEWITZ, Die Errichtung theologischer Hochschuleinrichtungen durch den Staat, Tübingen 1992 (JusEcc 42), 3; zur Errichtung der Katholisch-theologischen Fakultät zu Marburg ebd., 3-6; MARTIN HECKEL, Die theologischen Fakultäten im weltlichen Verfassungsstaat, Tübingen 1986 (JusEcc 31), 10-16.

[23] JOACHIM MEHLHAUSEN, Art. „Konstitutionalismus", in: TRE 19 (1990) 535-540 (Lit.). Aus der zeitgenössischen Literatur sei hervorgehoben JONATHAN SCHUDEROFF, Grundzüge zur evangelisch-protestantischen Kirchenverfassung und zum evangelischen Kirchenrechte, Leipzig 1817.

[24] E. R. HUBER (Hg.), Dokumente (Anm. 21), 1, 89.

[25] Vgl. die umfassende Analyse des Begriffs *Parität* bei M. HECKEL, Gesammelte Schriften (Anm. 1), 1, 106-226; 227-323.

2. Die Rechtsstellung der Kirchen im Frühkonstitutionalismus

a. Die kirchenrechtlichen Artikel der frühkonstitutionellen *Staatsverfassungen* (z.B. Bayern 1818; Baden 1818; Württemberg 1819; Hessen 1820; Kurhessen 1831; Sachsen 1831; Hannover 1833) kodifizierten den bereits durch die Kollegialtheorie aufgestellten Unterschied zwischen der staatlichen Kirchenaufsicht und der kirchlichen Kirchengewalt. Die für die künftige Entwicklung entscheidende Frage war, durch wen die kirchliche Kirchengewalt, also das *ius in sacra*, ausgeübt werden sollte. Zum Zeitpunkt der Entstehung der ersten frühkonstitutionellen Verfassungen gab es in keinem der deutschen Länder bereits wirklich selbständige evangelische Kirchenbehörden, die im Gegenüber zur staatlichen Kirchenaufsicht (Kirchenhoheit) das *ius in sacra* hätten wahrnehmen können. Erste theoretische Ansätze zur Ausbildung der Idee einer kirchlichen Selbstverwaltung gab es allerdings seit Beginn des 19. Jahrhunderts.

b. Besonders weitblickend war Friedrich Daniel Ernst Schleiermacher (1768-1834), der im Zusammenhang mit den Stein-Hardenbergschen Reformen der preußischen Staatsverwaltung vom Ministerium den Auftrag erhalten hatte, eine neue Kirchenverfassung zu entwerfen. Seinen „Vorschlag" legte er dem Minister Ende des Jahres 1808 vor (erste Druckveröffentlichung erst 1861).[26] Etwa zum gleichen Zeitpunkt waren in Preußen im Zuge der Verwaltungs- und Behördenreform die Konsistorien und anderen kirchlichen Zentralbehörden aufgehoben worden. An die Stelle des lutherischen Oberkonsistoriums, des reformierten Kirchendirektoriums und des Consistoire supérieur der Französisch-Reformierten war die *Sektion für den Kultus und den öffentlichen Unterricht* im Innenministerium getreten; in der staatlichen Mittelinstanz traten an die Stelle der Provinzialkonsistorien die *Geistlichen und Schul-Deputationen* bei den Regierungspräsidenten. Diese weltlichen Behörden nahmen nun für die evangelische Kirche in Preußen sowohl das *ius circa sacra* wie das *ius in sacra* wahr.[27]

---

[26] FRIEDRICH SCHLEIERMACHER, Vorschlag zu einer neuen Verfassung der protestantischen Kirche im preussischen Staate. 1808, in: Ders., Schriften zur Kirchen- und Bekenntnisfrage. Bearb.v. H. Gerdes, Berlin 1969, 119-136; vgl. MARTIN HONECKER, Schleiermacher und das Kirchenrecht, München 1968 (TEH NF 148); MARTIN DAUR, Die eine Kirche und das zweifache Recht. Eine Untersuchung zum Kirchenbegriff und der Grundlegung kirchlicher Ordnung in der Theologie Schleiermachers, München 1970 (JusEcc 9); ALBRECHT GECK, Schleiermacher als Kirchenpolitiker. Die Auseinandersetzungen um die Reform der Kirchenverfassung in Preußen (1799-1823), Bielefeld 1997 (UnCo 20).

[27] Vgl. E.R. HUBER, Verfassungsgeschichte (Anm. 1), 1, 460f; J.F.GERHARD GOETERS, Die Reorganisation der staatlichen und kirchlichen Verwaltung in den Stein-Hardenbergschen Reformen: Verwaltungsunion der kirchenregimentlichen Organe, in: J.F.G. Goeters/J. Rogge (Hg.), Geschichte der EKU (Anm. 6), 1, 54-58.

In dieser Situation empfahl Schleiermacher, der Staat solle sich „der inneren Verwaltung der Kirche gänzlich entschlagen und diese ihr selbst mit einem solchen Grade von Unabhängigkeit zurückgeben, daß sie als ein sich selbst regierendes lebendiges Ganzes dastehe."[28] Als kirchenleitende Instanzen schlug Schleiermacher Geistlichkeitssynoden für die einzelnen Provinzen vor, an deren Spitze ein Kapitel mit einem Bischof und mehreren kollegial zusammenwirkenden Theologen stehen solle. Nach Schleiermachers Ansicht gehörten folgende Angelegenheiten zum Aufgabenkreis des Kapitels: Fragen des Gottesdienstes, Durchführung von Visitationen, Beurteilung der Begabung der Prediger und ihres Lebenswandels, Leitung des Elementarlehrerseminars, Auswertung der Synodalverhandlungen, Hirtenbriefe sowie Aufsicht über die Schulen. Allerdings sollte es den Kapiteln ebenso wie den Bischöfen nicht gestattet sein, „in Glaubenssachen" und im Blick auf die „Lehrbestimmungen" irgendetwas „festzusetzen oder zu verwerfen" (§ 12). Die staatliche Kirchenaufsicht wäre im Auftrag des Königs über das gesamte preußische Kirchenwesen durch einen hohen Beamten, in den einzelnen Bistümern durch einen Bevollmächtigten wahrzunehmen.[29]

Schleiermachers Vorschläge für ein neues System der Selbstverwaltung der evangelischen Kirche sind 1808 in Preußen nicht berücksichtigt worden. Die Steinsche Reform beließ zunächst die kirchliche Kirchengewalt wie die staatliche Kirchenaufsicht in der Hand staatlicher Behörden. Ob dies als ein Rückfall in ein Staatskirchentum reinsten Stils zu bewerten ist, oder als eine vorübergehende „Inanspruchnahme des *jus reformandi* für die Staatsgewalt, die sich auf ihre alte Pflicht besann, bei zwingender Notwendigkeit zur Verbesserung des Kirchenwesens mit ihren Kräften Beistand zu leisten", wird in der Literatur unterschiedlich beurteilt.[30] Im Jahre 1815 wurden dann in Preußen neue Provinzialkonsistorien geschaffen, die allerdings wiederum reine Staatsbehörden blieben. Auch die Ausgliederung der *Sektion für Kultus und öffentlichen Unterricht* aus dem Ministerium des Innern und die Schaffung des *Ministeriums der geistlichen, Unterrichts- und Medizinalangelegenheiten* als neuer selbständiger Zentralbehörde (1817) legten in Preußen das *ius in sacra* immer noch nicht in die Hände einer kirchlichen Selbstverwaltung.[31]

c. Ganz ähnlich verlief die Entwicklung auch in jenen deutschen Ländern, die in ihren politischen Verfassungsurkunden schon zu Beginn des 19. Jahrhunderts die Grundsätze der Gewissensfreiheit, der Toleranz und der Parität

---

[28] F. SCHLEIERMACHER, Vorschlag (Anm. 26), 120.
[29] Ebd., 130-136.
[30] E.R. HUBER, Verfassungsgeschichte (Anm. 1), 1, 461.
[31] KLAUS WAPPLER, Karl von Altenstein und das Ministerium der geistlichen, Unterrichts- und Medizinalangelegenheiten, in: J.F.G. Goeters/J. Rogge (Hg.), Geschichte der EKU (Anm. 6), 1, 115-125.

festgeschrieben hatten. Diese Verfassungsgebote hatten zunächst nicht zur Folge, daß kirchliche Selbstverwaltungsorgane geschaffen worden wären. Auch in den der Deutschen Bundesakte verpflichteten, gemischt-konfessionellen, säkularen und paritätischen konstitutionellen Staaten blieb es bis weit über das erste Drittel des 19. Jahrhunderts hinaus bei der Praxis, daß staatliche Kirchenaufsicht *und* kirchliche Kirchengewalt in der Hand von Behörden oder Leitungsinstanzen lagen, die der Landesherr selbst einrichtete, besetzte und kontrollierte. Dieses Festhalten am Kirchenregiment des Landesherrn konnte allerdings nicht mehr staatsrechtlich begründet werden. Es war der Rückgriff auf die im Kollegialsystem erneuerte Vorstellung vom Landesherrn als einer *duplex persona* notwendig, um dieses Verfahren zu legitimieren. Der Landesherr wurde nach dieser Lehre zu einer Person erklärt, die in Personalunion das Landesherrliche Kirchenregiment *und* die staatliche Kirchenaufsicht innehabe.[32]

In einem Territorium mit einem evangelischen Herrscherhaus konnte diese Praxis zunächst noch mit einer gewissen Plausibilität vertreten werden.[33] Wie aber ließ sich die Lehre von der *duplex persona* des Landesherren in solchen Bundesstaaten begründen, in denen ein katholischer Fürst das Landesherrliche Kirchenregiment wahrnahm?

d. Besonders umsichtig ist diese Frage in den staatskirchenrechtlichen Artikeln der Verfassung des Königreichs *Württemberg* vom 25. September 1819 behandelt worden.[34] In ihnen wurde zunächst die verfassungsmäßige Autonomie jeder christlichen Kirche garantiert: „§ 71. Die Anordnungen in Betreff der innern kirchlichen Angelegenheiten bleiben der verfassungsmäßigen Autonomie einer jeden Kirche überlassen." § 72 brachte die Kirchenhoheit des Königs zum Ausdruck: „Dem Könige gebührt das obersthoheitliche Schutz- und Aufsichtsrecht über die Kirchen. Vermöge desselben können die Verordnungen der Kirchengewalt ohne vorgängige Einsicht und Genehmigung des Staats-Oberhauptes weder verkündet noch vollzogen werden."[35] Dem württembergischen König stand also das *ius circa sacra* uneingeschränkt bei allen christlichen Kirchen des Landes zu. Von diesem Recht, das dem König als Staatsoberhaupt zukam, wurde sein Recht als Inhaber des Landesherrlichen Kirchenregiments der evangelischen Kirche unterschieden, das ihm aus seiner Stellung als *praecipuum membrum* dieser Kirche zuwuchs.

---

[32] M. Heckel, Gesammelte Schriften (Anm. 1), 1, 363.
[33] Vgl. die kritische Problemanzeige von M. Heckel, ebd., 2, 1027-1030.
[34] Der Text der Württembergischen Verfassung bei E.R. Huber (Hg.), Dokumente (Anm. 21), 1, 187-219; zu den Sachfragen vgl. Siegfried Hermle, Die Evangelische Kirchenregierung in Württemberg. Hintergrund, Entstehung und Wirksamkeit des Gesetzes von 1898, in: BWKG 91 (1991) 189-241 (Lit.).
[35] E.R. Huber (Hg.), Dokumente (Anm. 21), 1, 196.

Ausdrücklich regelte die Württembergische Verfassung nun den „Fall [...], daß der König einer andern, als der evangelischen Confession, zugethan wäre" (§ 76). In einem solchen Fall sollten die Bestimmungen älterer „Religions-Reversalien" in Geltung treten.[36] Solange ein württembergischer König der evangelischen Kirche angehörte, konnte er als *duplex persona* seine hoheitlichen Rechte über die Kirchen durch Verwaltungseinrichtungen ausüben, die er selbst bestellt hatte: Die Kirchenhoheit durch das Innenministerium, das Landesherrliche Kirchenregiment durch das Königliche Oberkonsistorium und durch den *Synodus*. Der württembergische *Synodus* war allerdings keineswegs ein synodales kirchliches Repräsentativorgan, sondern er wurde aus dem Oberkonsistorium und den sechs evangelischen Prälaten (Generalsuperintendenten) gebildet, wobei man davon ausging, daß die Prälaten die Sprecher der Kirche selbst seien.[37] Eine Regelung darüber, wie die Aufgaben zwischen Konsistorium und *Synodus* zu verteilen seien und wie der Innenminister in seiner Eigenschaft als Minister des Kirchen- und Schulwesens bei der kirchlichen Gesetzgebung beteiligt werden müsse, enthielt die Württembergische Verfassung von 1819 nicht.

So bot auch die Württembergische Verfassung keinen Ansatzpunkt zur konkreten Wahrnehmung der in § 71 garantierten kirchlichen Autonomie durch ein vom König tatsächlich unabhängiges kirchliches Gremium. Die Person des evangelischen Landesherrn blieb die Klammer, die Kirche und Staat zusammenhielt, obgleich die Tendenz unübersehbar war, daß beide Bereiche begannen, sich voneinander zu lösen. So war bei den Verhandlungen der Verfassunggebenden Ständeversammlung in Württemberg bereits ein Antrag gestellt worden, in den § 75 der Verfassung die Bestimmung einzufügen, daß das Kirchenregiment nicht nur durch das Konsistorium und den Synodus, sondern auch durch „freigewählte Mitglieder der Gemeinde" ausgeübt werden solle.[38] In diesem seinerzeit abgelehnten Antrag ist der Ansatz für eine sehr frühe, vorwärtsweisende Weiterentwicklung des evangelischen Kirchenverfassungsrechts hin zu einer selbständigen synodalen Leitungsinstanz zu erkennen (s.u. V.).

e. In einem Territorium mit einem katholischen Herrscherhaus waren Sonderregelungen notwendig, um die in der Person des Königs verwurzelte doppelte Leitungsfunktion praktizieren zu können. Als Beispiel sei hier *Bayern* erwähnt, dem durch die Säkularisation von 1803/1806 neben großen katholischen Gebieten auch traditionsreiche protestantische Territorien zugefallen

---

[36] S. HERMLE, Kirchenregierung (Anm. 34), 191f.
[37] Vgl. WILHELM LEMPP, Der Württembergische Synodus 1553-1924. Ein Beitrag zur Geschichte der Württembergischen Evang. Landeskirche, in: BWKG Sonderheft 12 [o.J.] 1959].
[38] KARL RIEKER, Die evangelische Kirche Württembergs in ihrem Verhältnis zum Staat, Leipzig 1887, 68f.

waren, nämlich das lutherische Fürstentum Brandenburg-Ansbach, die Reichsstadt Nürnberg mit ihrem Landgebiet, die bikonfessionelle Reichsstadt Augsburg sowie die Grafschaften Castell, Öttingen und Teile von Hohenlohe.[39] Der 1806 zum König erhobene katholische Kurfürst Max I. Joseph, der mit der lutherischen Prinzessin Karoline von Baden verheiratet war, hatte schon vor 1806 Anstrengungen unternommen, den Protestanten in seinem Territorium eine gewisse Parität neben der katholischen Kirche zuzugestehen.[40] Die erste Bayerische Verfassung aus dem Jahre 1808 war in ihrem staatskirchenrechtlichen Teil bereits von den Grundsätzen der Gewissensfreiheit, der Toleranz und der Parität bestimmt. Durch eine Instruktion für die Kirchensektion des Innenministeriums wurde die Zuständigkeit eines vom König eingesetzten Generalkonsistoriums „für die in eine Gesamtgemeine vereinigten evangelischen Kirchengemeinen des ganzen Königreichs" festgesetzt.[41] Noch ganz im Geiste des Territorialismus verfügte dann das Religionsedikt vom 24. März 1809 die volle Unterordnung der Kirche unter den Staat in äußeren wie in „gemischten" Angelegenheiten. Als Anhang zu diesem Religionsedikt wurde das sog. *Protestantenedikt* publiziert, das zwar das Kirchenregiment als staatliche Aufgabe beibehielt, dessen Ausübung aber einem selbständigen, jedoch dem Staatsministerium des Innern „unmittelbar untergeordneten" Oberkonsistorium übertrug.[42]

Die zweite Bayerische Verfassung vom 26. Mai 1818 schrieb die Parität der drei christlichen „Kirchen-Gesellschaften" endgültig fest (Tit. IV § 9).[43] In einem neuerlichen Religionsedikt, das zusammen mit der neuen Verfassung erlassen wurde, waren den drei christlichen Hauptkonfessionen als „öffentlichen Kirchengesellschaften" „alle innern Kirchen-Angelegenheiten" ausdrücklich zur Selbstverwaltung zugeschrieben worden. Der § 38 dieses Religionsedikts (26. Mai 1818) zählte folgende „Angelegenheiten" auf: Die Glaubenslehre, die Form und Feier des Gottesdienstes, die geistliche Amtsführung, den religiösen Volks-Unterricht, die Kirchen-Disziplin, die Approbation und Ordination der Kirchendiener, die Einweihung der zum Gottesdienst gewidmeten Gebäude und der Kirchhöfe sowie die Ausübung der Gerichtsbarkeit in

---

[39] Vgl. die Übersichtsdarstellung von GERHARD PFEIFFER, Art. „Bayern", in: TRE 5 (1980) 369-379 (Lit.) und WALTER DEMEL, Der bayrische Staatsabsolutismus 1806/08-1817. Staats- und gesellschaftspolitische Motivationen und Hintergründe der Reformära in der ersten Phase des Königreichs Bayern, München 1983.

[40] Vgl. GÜNTER HENKE, Die Anfänge der evangelischen Kirche in Bayern. Friedrich Immanuel Niethammer und die Entstehung der Protestantischen Gesamtgemeinde, München 1974 (JusEcc 20), 35-39.

[41] Ebd., 180-186.

[42] Ebd., 186-209.

[43] Text der Bayerischen Verfassung vom 26. Mai 1818 bei E.R. HUBER (Hg.), Dokumente (Anm. 21), 1, 155-171; 162.

rein geistlichen Sachen.[44] Mit einer immer noch aus den Theorien des Territorialismus und des Kollegialismus abgeleiteten Begründung wurde die kirchliche Kirchengewalt jedoch wieder eingeschränkt:

„§ 57. Da die hoheitliche Oberaufsicht über alle innerhalb der Gränzen des Staats vorfallenden Handlungen, Ereigniße und Verhältniße sich erstreckt, so ist die Staatsgewalt berechtigt, von demjenigen, was in den Versammlungen der Kirchen-Gesellschaften gelehrt und verhandelt wird, Kenntniß einzuziehen. § 58. Hiernach dürfen keine Gesetze, Verordnungen oder sonstige Anordnungen der Kirchen-Gewalt nach den hierüber in den Königlichen Landen schon längst bestehenden General-Mandaten ohne Allerhöchste Einsicht und Genehmigung publicirt und vollzogen werden."[45]

Als „Versammlungen der Kirchen-Gesellschaften" nach § 57 des Religionsedikts von 1818 konnten für die evangelische Kirche in Bayern nur die wiederum vom König eingesetzten Konsistorien gelten. Auch das 1818 eingerichtete Oberkonsistorium sollte zwar „das oberste Episcopat und die daraus hervorgehende Leitung der protestantischen inneren Kirchenangelegenheiten" im Rahmen von Verfassung und Religionsedikt selbständig ausüben, es blieb aber zugleich dem Innenministerium unterstellt und war also keine autonome kirchliche Leitungsinstanz. Um die Präsenz des Protestantismus in der Ministerialbürokratie überhaupt zu gewährleisten, wurde folgende Regelung verfügt: Der 1825 als „Ministerialsection für die Angelegenheiten der Kirche und des Unterrichts" gebildete *Oberste Kirchen- und Schul-Rath* mußte unter seinen drei Räten einen Protestanten haben; ferner wurde dem Staatsministerium des Innern ein protestantischer Referent für die kirchlichen Angelegenheiten zugeteilt. Mit allen diesen Verwaltungseinrichtungen übte der katholische König in Bayern de facto die Kirchenaufsicht und das Kirchenregiment über die evangelische Kirche seines Landes aus.[46]

3. Die Veränderung der Gesamtsituation

Die auf den Reichsdeputationshauptschluß folgende Säkularisation, die Deutsche Bundes-Akte von 1815 und der Frühkonstitutionalismus hatten als politische Ereignisse zunächst keine unmittelbare Veränderung der staatskirchenrechtlichen Grundordnung in den deutschen Ländern zur Folge. Aber weil in den gemischt-konfessionellen deutschen Ländern nach dem Wiener Kongreß die Grundsätze der Glaubens- und Gewissensfreiheit, der Toleranz und der Parität offiziell Anerkennung fanden, war das Staatskirchentum älterer Prä-

---

[44] Text des Religionsedikts vom 26. Mai 1818 bei HUBER/HUBER (Anm. 1), 1, 126-139; 131.
[45] Ebd., 1, 133f.
[46] Vgl. FERDINAND MAGEN, Protestantische Kirche und Politik in Bayern. Möglichkeiten und Grenzen in der Zeit von Revolution und Reaktion 1848-1859, Köln/Wien 1986, 36-43.

gung im Grunde schon zu diesem Zeitpunkt überholt; es besaß in den Grundnormen des staatlichen Rechts eigentlich keine Stütze mehr. Die dennoch fortgeführte und an manchen Orten sogar intensivierte bürokratische Wahrnehmung der staatlichen Kirchenaufsicht und des Landesherrlichen Kirchenregiments durch die weltliche Obrigkeit konnte die tiefgreifende Änderung der Gesamtsituation – die Säkularisierung des Rechts und deren Folgen für das Staatskirchenrecht – für eine gewisse Zeit überdecken, sie aber nicht rückgängig machen.[47]

Die in der bürgerlichen Gesellschaft des 19. Jahrhunderts aufkeimenden freiheitlichen Bestrebungen des Liberalismus[48] haben langfristig auch in jenen Staaten des Deutschen Bundes das evangelische Kirchenverfassungsrecht verändert, wo sie zunächst mit Entschlossenheit von politisch-reaktionären Regierungen zurückgedrängt worden waren.[49] Der Prozeß der Loslösung der Kirche vom Staat hatte mit der Durchsetzung des Grundsatzes der Parität[50] im konfessionell gemischten Staat begonnen; die Regierungspraxis der weltlichen Obrigkeit konnte diesen Prozeß verlangsamen, ihn aber nicht zum Stillstand bringen.

III. Die kirchlichen Unionen

1. Die Ausgangslage

Die allgemeine theologiegeschichtliche und geistesgeschichtliche Situation zu Beginn des 19. Jahrhunderts war für den Gedanken einer Zusammenführung der seit fast 300 Jahren getrennten protestantischen Konfessionskirchen günstig gestimmt.[51] Der in der Theologie vorherrschende Geist eines milden Rationalismus[52] neigte dazu, die überlieferten Lehrdifferenzen zwischen Luthera-

---

[47] Vgl. zum Gesamtprozeß der Säkularisierung M. HECKEL, Gesammelte Schriften (Anm. 1), 2, 773-911.
[48] Vgl. zum Liberalismus insgesamt LOTHAR GALL (Hg.), Liberalismus, Königstein/Ts. ³1985; DIETER LANGEWIESCHE, Liberalismus in Deutschland, Frankfurt/M. 1988; zur Entwicklungsgeschichte des kirchlichen Liberalismus im 19. Jahrhundert vgl. JOACHIM MEHLHAUSEN, Der kirchliche Liberalismus in Preußen, in: J.F.G. Goeters/J. Rogge (Hg.), Geschichte der EKU (Anm. 6), 2, 120-151 (Lit.).
[49] Geschichtliche Übersicht und Literatur bei DIETER LANGEWIESCHE, Europa zwischen Restauration und Revolution 1815-1849, München ²1989 (OGG 13).
[50] Vgl. die Anm. 25 genannte Arbeit von M. Heckel.
[51] JOACHIM MEHLHAUSEN, Theologie zwischen Politik und Kirche im 19. Jahrhundert, in: Wolf-Dieter Hauschild (Hg.), Das deutsche Luthertum und die Unionsproblematik im 19. Jahrhundert, Gütersloh 1991, 11-27.
[52] Vgl. FRIEDRICH WILHELM GRAF, Protestantische Theologie und die Formierung der bürgerlichen Gesellschaft, in: Ders., Profile des neuzeitlichen Protestantismus. Bd. 1: Aufklärung –

nern und Reformierten für wenig erheblich zu halten. Die unter dem Einfluß der Historischen Rechtsschule einsetzende Sammlung und Erforschung der Kirchenordnungen und kirchlichen Gesetze aus der Zeit der Reformation und der konfessionellen Orthodoxie führte zu Einsichten, die geeignet waren, die alten Bekenntnispositionen zu historisieren und damit zu relativieren. Aus der geschichtlichen Distanz heraus betrachtet, erschien es nicht mehr zwingend notwendig, daß etwa wegen der Differenzen in der Abendmahlslehre oder in der Lehre von der Prädestination die Wege der Reformatoren so weit auseinander hätten führen müssen. Die Streitsucht der orthodoxen Theologen erregte bei Rationalisten wie bei Spätpietisten eine tiefe Abneigung gegen den konfessionellen Hader, der vor allem die Kirchengeschichte des 17. und 18. Jahrhunderts geprägt hatte. Für den Pietismus wie für die Erweckungsbewegung war die persönliche Herzensfrömmigkeit entscheidend; abstrakte theologische Lehrdifferenzen wurden als bloße intellektuelle Denkübungen angesehen, die auf den lebendigen Glauben des einzelnen und der Gemeinde keinen Einfluß nehmen dürften.[53] Auch der Deutsche Idealismus mit seinem Programm einer organischen Interpretation geistesgeschichtlicher Entwicklungen konnte die alten konfessionellen Lehrgegensätze in einer übergreifenden Zusammenschau auf ein Wesenszentrum hin neu deuten und in eine höhere Synthese hinein aufheben.[54]

Eine Unterscheidung zwischen der „Hauptsache" im Christentum und dem „Außerwesentlichen" wurde schon gegen Ende des 18. Jahrhunderts gefordert.[55] Zahlreiche Schriften bereiteten aus solchem Geiste heraus die Union zwischen Lutheranern und Reformierten vor.[56] Die öffentliche Zustimmung zu solchen Ideen war vor allem in jenen Gebieten groß, in denen seit Jahrhunderten lutherische und reformierte Gemeinden nebeneinander gelebt hatten; die Frage war nur, wie eine solche Vereinigung rechtlich auszugestalten sei. So

---

Idealismus – Vormärz, Gütersloh 1990, 11-54 (Lit.); JOACHIM MEHLHAUSEN, Rationalismus und Vermittlungstheologie. Unionstheologie und Hegelianismus an den preußischen Fakultäten, in: J.F.G. Goeters/J. Rogge (Hg.), Geschichte der EKU (Anm. 6), 1, 175-210 (Lit.).

[53] Vgl. MARTIN BRECHT, Einleitung, in: Ders./Klaus Deppermann/Ulrich Gäbler/Hartmut Lehmann (Hg.), Geschichte des Pietismus. Bd. 1: Der Pietismus vom siebzehnten bis zum frühen achtzehnten Jahrhundert, Göttingen 1993, 1-10; ULRICH GÄBLER, „Erweckung" – Historische Einordnung und theologische Charakterisierung, in: Ders., „Auferstehungszeit". Erweckungsprediger des 19. Jahrhunderts. Sechs Portraits, München 1991, 161-186.

[54] Man vgl. etwa GEORG WILHELM FRIEDRICH HEGEL, Rede bei der dritten Säkular-Feier der Übergabe der augsburgischen Konfession, in: SW, hg.v. Hermann Glockner, Stuttgart ³1958, 20, 532-544; hierzu JOACHIM MEHLHAUSEN, Augustana-Jubiläum und Julirevolution, in: J.F.G. Goeters/J. Rogge (Hg.), Geschichte der EKU (Anm. 6), 1, 210-220.

[55] Belege bei KLAUS WAPPLER, Der theologische Ort der preußischen Unionsurkunde vom 27.9.1817, Berlin 1978 (ThA 35).

[56] Belege bei KLAUS WAPPLER, Reformationsjubiläum und Kirchenunion (1817), in: J.F.G. Goeters/J. Rogge (Hg.), Geschichte der EKU (Anm. 6), 1, 93-115.

war die Bereitschaft zur Praktizierung einer gemeinsamen evangelischen Gemeindefrömmigkeit längst vorhanden, ehe es zu einer Rechtsgestalt von Unionsgemeinden kommen konnte; dies führte an verschiedenen Orten zu einer eigentümlichen Spannung zwischen hochgestimmten Erwartungen und sehr nüchternen rechtspraktischen Erfordernissen in der Unionssache.[57]

Die grundsätzlich vorhandene Bereitschaft, das Nebeneinander von zwei Kirchen der Reformation in eine neue Einheit hinein aufzuheben, kam den Interessen der Inhaber des Landesherrlichen Kirchenregiments in jenen Territorien entgegen, die durch die Gebietsveränderungen nach dem Wiener Kongreß in besonderem Maße mit den Folgen der Konfessionsverschiedenheit ihrer Untertanen konfrontiert waren. Dies galt insbesondere für Preußen, das durch den Erwerb der neuen westlichen Provinzen einen starken Zuwachs an reformiertem Kirchentum zu verzeichnen hatte und schon seit dem Konfessionswechsel von Kurfürst Johann Sigismund (1614) keine konfessionell einheitliche Landeskirche mehr besaß.[58] Im kirchenrechtlichen Sinne kannte man in Preußen seit dem *Allgemeinen Landrecht* (ALR) von 1794 das Institut der *Aushilfsunion* (ALR II, 11 § 39). Es bestimmte: Kirchen verschiedenen Bekenntnisses sollten sich wechselseitig ihre kirchlichen Räume für Gottesdienste zur Verfügung stellen, wenn die andere Konfession kein eigenes Gebäude zur Feier des Gottesdienstes in der Region besaß.[59] In einer solchen Aushilfsunion kam ein aufgeklärter Geist der Duldsamkeit zum Ausdruck, der von wechselseitigen Verketzerungen absehen wollte; weitere Konsequenzen kirchenrechtlicher Art hatte die Aushilfsunion des *Allgemeinen Landrechts* allerdings nicht.

Im frühen 19. Jahrhundert entstanden Unionen in den Landeskirchen von *Nassau* (1817), *Preußen* (1817), *Pfalz* (1818) und *Baden* (1821). Im Fürstentum *Hanau* sowie im Großherzogtum *Fulda* und im Fürstentum *Isenburg* wurden nach einer Synode, die 1818 in Hanau stattgefunden hatte, Unionen zwischen lutherischen und reformierten Gemeinden geschlossen. Nach dem Vorbild der Pfalz kam es 1820 zu einer Union im Fürstentum *Lichtenberg*. In *Rheinhessen* ergab eine vom Staatsministerium angeordnete Abstimmung unter den Pfarrern und Gemeinden ein einmütiges Ja zur Union, die daraufhin vom Landesherrn verfügt wurde (1822); die gemeinsame Abendmahlslehre und die

---

[57] Ebd., 94-98. Zu den grundsätzlichen theologischen und kirchenrechtlichen Fragen vgl. ALFRED ADAM, Bekenntnisstand und Bekenntnisbildung im Bereich der deutschen Unionskirchen des 19. Jahrhunderts, in: ZevKR 9 (1962/63) 178-200.
[58] Vgl. WALTER DELIUS, Der Konfessionswechsel des brandenburgischen Kurfürsten Johann Sigismund, in: JBBKG 50 (1977) 125-129; WOLFGANG GERICKE, Glaubenszeugnisse und Konfessionspolitik der Brandenburgischen Herrscher bis zur Preußischen Union. 1540-1815, Bielefeld 1977 (UnCo 6).
[59] Text des ALR in Auszügen bei HUBER/HUBER (Anm. 1), 1, 3-11; Gesamtausgabe von HANS HATTENHAUER (Hg.), Allgemeines Landrecht für die Preußischen Staaten von 1794. Textausgabe. Mit einer Einführung, Neuwied ³1996.

Abendmahlsliturgie wurden in einer Vereinigungsurkunde festgehalten. In weiteren Gebietsteilen Hessens wurden die einzelnen Gemeinden ermächtigt, Unionen zu schließen; die letzte derartige Gemeinde-Union erfolgte 1848 in *Offenbach a.M.* In *Anhalt-Bernburg* und *Anhalt-Dessau* kam es 1820/27 zu einer Union, ohne daß der Bekenntnisstand neu bestimmt wurde.

2. Die Union in Preußen

Die Kabinettsordre König Friedrich Wilhelms III. vom 27. September 1817, die als „Gründungsurkunde" der preußischen Unionskirche angesehen wird, war der Sache nach eine werbende Einladung an die einzelnen Gemeinden der Preußischen Landeskirche, dem „Beispiel" des Königs zu folgen, der „das bevorstehende Säkularfest der Reformation in der Vereinigung der bisherigen reformierten und lutherischen Hof- und Garnison-Gemeine Potsdam, zu einer evangelisch-christlichen Gemeine feiern, und mit derselben das Heilige Abendmahl genießen" wolle.[60]

In ihrer Form war die Kabinettsordre kein Befehl; sie war vielmehr im rechtlichen Sinne ein sog. *Publikandum*, mit dem der König seine eigene Stellungnahme zu einem aktuellen Problem zur Kenntnis gab. Der von dem reformierten Hofprediger Rulemann Friedrich Eylert (1770-1852) mit kirchendiplomatischer Geschicklichkeit entworfene Text verwies in seinem ersten Abschnitt auf die Kirchenpolitik der preußischen Herrscher seit Kurfürst Johann Sigismund (1608-1619) und benannte jene Vorgänger Friedrich Wilhelms III., die bereits eine Wiedervereinigung der getrennten reformatorischen Kirchen angestrebt hätten. Kernpunkt der dann folgenden theologischen Argumentation war die These, es sei möglich, das „Außerwesentliche" am Christentum beiseitezulassen und die „Hauptsache ..., worin beide Confessionen Eins sind", festzuhalten. Aus dieser These wurde die Folgerung gezogen:

„Eine solche wahrhaft religiöse Vereinigung der beiden, nur noch durch äußere Unterschiede getrennten protestantischen Kirchen ist den großen Zwecken des Christenthums gemäß; sie entspricht den ersten Absichten der Reformatoren; sie liegt im Geiste des Protestantismus; sie befördert den kirchlichen Sinn; sie ist heilsam der häuslichen Frömmigkeit; sie wird die Quelle vieler nützlichen, oft nur durch den Unterschied der Confession bisher gehemmten Verbesserungen in Kirchen und Schulen."[61]

---

[60] Zum Text der Kabinettsordre vom 27.9.1817: Kritische Ausgabe bei K. WAPPLER, Der theologische Ort (Anm. 55), 9f; Kopie des handschriftlichen Entwurfs von R. Eylert mit Übertragung in: J.F.G. Goeters/J. Rogge (Hg.), Geschichte der EKU (Anm. 6), 1, 88-92; Kopie eines zeitgenössischen offiziellen Drucks bei WALTER ELLIGER (Hg.), Die Evangelische Kirche der Union. Ihre Vorgeschichte und Geschichte. Unter Mitarbeit von Walter Delius und Oskar Söhngen, Witten 1967, 195f; Textnachdruck bei GERHARD RUHBACH (Hg.), Kirchenunionen im 19. Jahrhundert, Gütersloh ²1968 (TKTh 6), 34f.

[61] J.F.G. Goeters/J. Rogge (Hg.), Geschichte der EKU (Anm. 6), 1, 91.

Diese Formulierungen hoben den werbenden, keineswegs imperativen Charakter des königlichen Unionsaufrufs hervor. Die kirchenrechtlichen Aspekte wurden mit ähnlich behutsamer Zurückhaltung angesprochen. Der König sei „weit ... davon entfernt", die Union den Gemeinden „aufdringen und in dieser Angelegenheit etwas verfügen und bestimmen zu wollen". Er achte die „Rechte und Freiheit" der reformierten und der lutherischen Kirche in seinen Staaten. Die Union sollte also nicht durch eine Rechtssetzung des Kirchenregiments herbeigeführt werden. Sie habe „nur dann einen wahren Werth, wenn weder Überredung, noch Indifferentismus an ihr Theil haben, wenn sie aus der Freiheit eigener Überzeugung rein hervorgehet, und sie nicht nur eine Vereinigung in der äußeren Form ist, sondern in der Einigkeit der Herzen, nach ächt biblischen Grundsätzen, ihre Wurzeln und Lebenskräfte hat."[62] Die im Schlußabschnitt der Kabinettsordre angesprochenen konkreten nächsten Schritte brachten die gleiche Grundtendenz zum Ausdruck. Die vorgesehene Feier eines Unionsabendmahls in der Garnisonskirche zu Potsdam fiel ausschließlich in die Kompetenz Friedrich Wilhelms III., weil diese Kirche und ihre Gemeinde als Militärgemeinde nur dem König als ihrem Patronatsherren unterstellt war. Die vom König erhoffte Nachahmung seines Beispiels in den Gemeinden blieb „der weisen Leitung der Consistorien, dem frommen Eifer der Geistlichen und ihrer Synoden" überlassen. Sie sollten „die äußere übereinstimmende Form der Vereinigung" selbst bestimmen.[63]

Jede Analyse des berühmten Unionsaufrufs vom 27. September 1817 muß zu dem Ergebnis kommen, daß die kirchenrechtlichen Aspekte der Union mit größter Zurückhaltung behandelt worden sind. Dies war deshalb notwendig, weil eine Vereinigung der beiden bekenntnisverschiedenen protestantischen Kirchen nicht vom Landesherrlichen Kirchenregiment her dekretiert werden konnte. „Nun stand gewiß dem König als dem summus episcopus der Kirchen beider Konfessionen auch das *jus in sacra* zu; er besaß damit eine innerkirchliche Kompetenz nicht nur in Fragen des Organisations-, Amts- und Disziplinarrechts, sondern auch in Fragen des Kultus und der Konfession. Aber das *jus in sacra* des Landesherrn war beschränkt auf die Wahrung des Kultus und der Konfession gegen Irrtum und Verderbnis, gegen Verfälschung und Abfall. Es umfaßte dagegen kein *jus reformandi* im Sinne eines Rechtes zur freien Änderung des Bekenntnisstandes. Dieser Grenze seiner summepiskopalen Gewalt war Friedrich Wilhelm III. sich durchaus bewußt. Sein Ziel war eine Bekenntnisvereinigung ohne Ausübung eines Bekenntniszwangs."[64]

Bei den die Union vorbereitenden Reorganisationen der kirchlichen Verwaltung in den Jahren zwischen 1815 und 1817 hatte Friedrich Wilhelm III.

---

[62] Ebd., 1, 92.
[63] Ebd.
[64] E.R. HUBER, Verfassungsgeschichte (Anm. 1), 1, 464f.

ausschließlich als Inhaber des Kirchenregiments gehandelt und eine weitgehende Verwaltungsunion geschaffen. So waren im April 1815 neue Provinzialkonsistorien eingerichtet worden, bei denen es sich um reine Staatsbehörden handelte, die die alte Konsistorialverfassung nicht wiederherstellten. Im Mai 1816 wurde die Errichtung von Presbyterien in den Kirchengemeinden sowie von Kreis- und Provinzialsynoden angeordnet. Die ebenfalls angekündigte Generalsynode wurde allerdings nicht einberufen, und die Presbyterien wurden bald wieder aufgehoben.[65] Alle diese Maßnahmen führten zu einer die Union verwaltungstechnisch vorbereitenden Bürokratisierung des evangelischen Kirchenwesens in Preußen. Für die kirchenrechtliche Weiterentwicklung waren aber nicht diese – in der Literatur oft kritisierten – Aktionen des Landesherrlichen Kirchenregiments folgenreich, sondern die Tatsache, daß unmittelbar vor und nach dem Unionsaufruf des Königs erstmals in der Geschichte der Preußischen Landeskirche die Beteiligung der Gemeinden an Entscheidungsprozessen wenigstens ansatzweise in den Blick kam.

Gewiß waren die Synoden der Jahre 1817-1819 reine Geistlichkeitssynoden, die nur beratende Funktionen hatten und der wissenschaftlichen Fortbildung der Pfarrerschaft dienen sollten. Aber schon die Versammlung der Berliner Geistlichen, die am 1. Oktober 1817 unter Schleiermachers Vorsitz tagte, faßte den kirchenrechtsgeschichtlich bedeutsamen Beschluß, „das Reformationsfest durch eine gemeinsame Abendmahlsfeier nach einem Ritus, nämlich dem des Brotbrechens, und mit einer neuen Verteilungsformel rein biblischen Wortlauts zu feiern".[66] Als Vertreter des Oberkonsistoriums übermittelte Gottfried August Ludwig Hanstein (1761-1821) diesen Beschluß an den König, der ihn billigte und nur hinsichtlich des Termins der Feier noch abänderte. Dies Verfahren änderte nichts an dem grundsätzlich wichtigen neuen Sachverhalt, daß eine regionale Geistlichenversammlung einen kirchenleitenden Beschluß von erheblicher Tragweite gefaßt hatte. Im weiteren Verlauf der Unionssache in Preußen wurde immer deutlicher, daß das Kirchenregiment bereit war, den einzelnen Gemeinden ein Mitentscheidungsrecht einzuräumen. So förderte gerade der Streit um die Union (und wenig später um die Agende[67]) das Aufkommen der für die Geschichte des evangelischen Kirchenverfassungsrechts im 19. Jahrhundert entscheidend wichtigen Mitbeteiligung der Gemeinden an der Kirchenleitung, die schließlich zum Einbau des Synodalwesens in die wiederhergestellte Konsistorialverfassung geführt hat (s.u. V.).

---

[65] J.F. GERHARD GOETERS, Die kirchliche Reformdiskussion, in: J.F.G. Goeters/J. Rogge (Hg.), Geschichte der EKU (Anm. 6), 1, 83-87.
[66] ERICH FOERSTER, Die Entstehung der Preußischen Landeskirche unter der Regierung König Friedrich Wilhelms des Dritten. Ein Beitrag zu Geschichte der Kirchenbildung im deutschen Protestantismus, Bd. 1, Tübingen 1905, 279.
[67] Vgl. WILHELM H. NEUSER, Agende, Agendenstreit und Provinzialagenden, in: J.F.G. GOETERS/ J. ROGGE (Hg.), Geschichte der EKU (Anm. 6), 1, 134-159 (Lit.).

3. Die Union in Nassau

Das Herzogtum Nassau war nach dem Reichsdeputationshauptschluß zwischen 1806 und 1816 entstanden und setzte sich aus etwa 40 älteren Territorien und Gebietsfetzen zusammen.[68] Etwa die Hälfte der ca. 300.000 Einwohner des neuen Herzogtums waren Katholiken, gut ein Viertel gehörte zur lutherischen, ein knappes Viertel zur reformierten Konfession. Nach geheimen Vorverhandlungen beim Regierungspräsidenten Karl Ibell (1780-1834) legten der lutherische und der reformierte Generalsuperintendent ihrem Herzog Wilhelm (1816-1839) als dem Inhaber des Kirchenregiments einen Vorschlag für die Gestaltung der „dritten Jubelfeier der Reformation" vor. Es sei die Überlegung aufgekommen, ob diese Feier nicht Anlaß sein könne, die „äußere Scheidewand wegzuschieben, welche die beiden protestantischen Kirchen des Vaterlandes ... bisher noch trennte". Im Geiste seien diese Kirchen sich bereits einig. Man wolle sich nicht über die Gewissen anderer erheben, freue sich aber, viele Gleichgesinnte gefunden zu haben. Deshalb bitte man den Herzog, eine dem Schreiben anliegende „Proposition zur Vereinigung der beiden protestantischen Kirchen des Herzogtums Nassau" zu prüfen.[69]

Für die Kirchenverfassungsgeschichte bedeutsam ist an diesen Vorgängen, daß hier zumindest im Ablauf des äußeren Verfahrens der Eindruck hervorgerufen worden ist, der Wunsch nach einer Union zwischen Reformierten und Lutheranern in Nassau sei nicht vom Inhaber des Landesherrlichen Kirchenregiments ausgegangen, sondern von den Sprechern der Gemeinden an diesen herangetragen worden. Herzog Wilhelm unterstrich seinerseits diesen Aspekt, indem er nicht selbst eine Entscheidung traf, sondern eine aus Geistlichen zusammengesetzte Synode berief und diese um ein Gutachten zur „Proposition" der Generalsuperintendenten bat. Die Nassauische Unions-Synode tagte vom 5. bis 9. August 1817 in Idstein und erstattete anschließend dem Herzog Bericht. Hier heißt es:

Man sei in einmütiger Übereinstimmung freudig und dankbar auf den Vorschlag der Generalsuperintendenten eingegangen; man glaube, daß durch eine Vereinigung der bisher getrennten protestantischen Konfessionen „einem unter den einsichtsvollen und gebildeten Glaubensgenossen ... schon lange und allgemein gehegten Wunsche entsprochen werde". Die meisten Protestanten seien zu einer „gebildeten, von Vorurteilen und früheren Befangenheiten freien Ansicht" über ihre Konfession gekommen; sollte es hier und da noch minder gebildete oder „in der Form befangene Glaubensgenossen" geben, so werde es wohl gelingen, diese durch Belehrung der Seelsorger bald „auf die Bahn der in

---

[68] Ausführliche Darstellung mit Dokumenten bei ALFRED ADAM, Die nassauische Union von 1817, in: JHKGV 1 (1949) 35-408.
[69] Zit. nach G. RUHBACH (Hg.), Kirchenunionen (Anm. 61), 12.

den Lehren des Evangeliums tief gegründeten Eintracht und der allgemeinen Liebe zu bringen". Die Synode bat den Herzog schließlich, der Vereinigung der beiden Konfessionen „die erforderliche Sanktion zu erteilen und sie demnächst in Vollziehung bringen zu lassen".[70]

Dem Votum der Idsteiner Synode entsprach der Herzog durch den Erlaß eines *Unionsediktes* vom 11. August 1817. Dieses Edikt betonte, daß die Union auf Wunsch und Bitten der Generalsuperintendenten und der Synode herbeigeführt werde. Der Landesherr hatte also die Union nicht selbst erlassen und so in einer Bekenntnisfrage eine Entscheidung getroffen, sondern er erteilte dem ihm „vorgelegten Gutachten der Generalsynode" seine „landesherrliche Bestätigung".[71]

In eindrucksvoller Weise läßt die Entstehung der Nassauischen Union den Beginn eines neuen Abschnitts in der Geschichte des evangelischen Kirchenverfassungsrechts erkennen. Selbst wenn angenommen werden müßte, daß die geheimen Vorverhandlungen zwischen den Generalsuperintendenten und dem Regierungspräsidenten auf eine Initiative des Herzogs oder seiner politischen Berater zurückzuführen sind, so ist doch im weiteren Verlauf des Geschehens mit großer Sorgfalt darauf geachtet worden, daß Staat und Kirche hier als zwei jeweils selbständig und in eigener Verantwortung handelnde Größen unterschieden werden konnten. Die Nassauische Union signalisiert hiermit bereits 1817 das Ende des Staatskirchentums der älteren Prägung. Zugleich zeichnet sie im Zusammenwirken von Synode *und* Landesherrlichem Kirchenregiment ein Modell der Koordination und Kooperation vor, das zukunftsweisende Bedeutung für die weitere Entwicklung im 19. Jahrhundert gehabt hat.

4. Die Union in der Pfalz

Noch einen Schritt weiter ging man bei der Einführung der Union in der Pfalz.[72] Als nach dem Wiener Kongreß 1816 die linksrheinische Pfalz entstand und zu Bayern fiel, gab es in diesem Gebiet neben einer katholischen Minorität 120 lutherische und 112 reformierte Pfarreien. Kein deutsches Territorium hatte seit der Reformation eine so wechselvolle Konfessionsgeschichte erleiden müssen wie das frühere Herzogtum Zweibrücken (Rheinpfalz) mit seinen

---

[70] Text des Berichts der Synode an den Herzog vom 9. August 1817 ebd., 13f.
[71] Ebd., 16.
[72] Vgl. insgesamt JOHANNES MÜLLER, Die Vorgeschichte der Pfälzischen Union. Eine Untersuchung ihrer Motive, ihrer Entwicklung und ihrer Hintergründe im Zusammenhange der allgemeinen Kirchengeschichte, Witten 1967; SONJA SCHNAUBER/BERNHARD H. BONKHOFF (Hg.), Quellenbuch zur Pfälzischen Kirchenunion und ihrer Wirkungsgeschichte bis zur Mitte des 19. Jahrhunderts, Speyer 1993; RICHARD ZIEGERT (Hg.), Vielfalt in der Einheit. Theologisches Studienbuch zum 175jährigen Jubiläum der Pfälzischen Kirchenunion, Speyer 1993.

umliegenden kleineren Herrschaften (1529 lutherisch; 1588 reformiert; 1668 lutherisch; 1678 katholisch; 1731 lutherisch; 1755 katholisch). Nach der Besetzung der pfälzischen Gebiete durch die Franzosen waren die konfessionellen Unterschiede zwischen Lutheranern und Reformierten durch administrative Akte zunehmend nivelliert worden. So entstanden zwischen 1802 und 1805 unter französischer Oberherrschaft bereits zahlreiche Kirchengemeinden mit Unionscharakter.[73]

Als die Rheinpfalz am 1. Mai 1816 vom Königreich Bayern in Besitz genommen worden war, leitete die bayerische königliche Regierung eine organisatorische und verwaltungsmäßige Angliederung der bisher rechtlich selbständigen protestantischen Kirchen der Pfalz an die Protestantische Gesamtgemeinde des Königreichs Bayern ein. Hierzu wurde ein eigenes Konsistorium in Speyer eingerichtet. In richtiger Einschätzung der Lage vor Ort erkannte man im Konsistorium, daß dieses Kirchengebiet am besten in Gestalt einer Unionskirche neu zu ordnen sei. Man versandte im Februar 1818 ein Rundschreiben an sämtliche protestantische Gemeinden, in dem es hieß:

„Überall vereinigen sich die beiden protestantischen Confessionen in Namen und That, wie sie, dem Geiste des Evangeliums und ihrer innern Überzeugung nach, schon längst Brüder waren." Es sei offenkundig, daß die Protestanten des Rheinkreises sich diesem „schönen Wunsch aller aufrichtigen Freunde wahrer Religiosität" anschließen wollten, um sich in einer Evangelisch-christlichen Kirche zu vereinigen. Der bayerische König stehe solchen Vereinigungsplänen mit großem Wohlwollen gegenüber. Aber weil der König wisse, „daß kein Mensch das Recht haben soll, über das Gewissen zu gebieten" und weil niemand „in Glaubens-Sachen nach menschlichem Gutdünken oder eigenmächtiger Willkühr Gesetze" geben dürfe, solle zunächst der Wille der Gemeinden durch eine Abstimmung erkundet werden.[74]

Das Konsistorium ordnete eine Abstimmung über die Union unter den Hausvätern in allen Gemeinden an, die in der ersten Hälfte des Jahres 1818 durchgeführt wurde. Diese Abstimmung war der „denkwürdige Fall eines ersten Plebiszits auf deutschem Boden."[75] Von den Mitgliedern der beiden Konfessionen stimmten 40.167 Hausväter für und nur 541 gegen die Vereinigung. Erst nach diesem eindrucksvollen Abstimmungsergebnis berief der bayerische König eine Generalsynode nach Kaiserslautern ein, die den Auftrag erhielt, für die Union eine Ordnung zu erarbeiten. Dabei sollten die kirchliche Lehre, die Liturgie, der Schulunterricht, das Kirchenvermögen und die Kirchenverfassung

---

[73] J. MÜLLER, Vorgeschichte (Anm. 72), 148-213.
[74] Der Text des „Umschreibens des Generalkonsistoriums" vom 2. Februar 1818 bei S. SCHNAUBER/B.H. BONKHOFF (Hg.), Quellenbuch (Anm. 72), 64-70; dort auch eine Analyse des Abstimmungsverhaltens und der Abstimmungsergebnisse (70f).
[75] Huber/Huber (Anm. 1), 1, 663 A.4.

mit berücksichtigt werden. Die Synode beriet in der Zeit vom 5. bis zum 15. August 1818 über diese Gegenstände und faßte „die also erhaltenen Resultate in einem allgemeinen Beschluß zusammen". Dieser Beschluß erhielt am 10. Oktober 1818 – unter Ausklammerung des § 3 – „die erbetene landesherrliche Bestätigung" und wurde so zur *Urkunde der Vereinigung beider protestantischen Konfessionen im Rheinkreise*.[76]

Die Kaiserslauterner Synode hatte unter dem Einfluß von Vertretern eines sehr weitgehenden theologischen Rationalismus im § 3 der Urkunde zunächst folgende Formulierung für den Bekenntnisstand der Pfälzischen Unionskirche beschlossen: „Die protestantisch-evangelisch-christliche Kirche erkennt, außer dem neuen Testament, nichts andres für eine Norm ihres Glaubens. Sie erklärt, daß alle, bisher bey den protestantischen Confessionen bestandenen, oder von ihnen dafür gehaltenen, symbolischen Bücher völlig abgeschafft seyn sollen u. daß endlich die Kirchenagende, und andre Religionsbücher, indem sie die jetzigen Grundsätze der vereinigten protestantischen Kirche aussprechen, der Nachwelt nicht zur unabänderlichen Norm des Glaubens dienen, und die Gewissensfreiheit einzelner protestantisch-evangelischer Christen nicht beschränken sollen."[77]

Gegen diese in der Tat alle Bekenntnistraditionen einer Kirche der Reformation umstürzende Formulierung erhob das lutherische Oberkonsistorium in München energischen Einspruch. Der König ließ daraufhin in die Vereinigungsurkunde eine neue, „oktroyierte" Fassung des Bekenntnisparagraphen einfügen. Hiergegen erhob die Pfälzische Generalsynode Einspruch und erklärte, die Änderung des § 3 der Vereinigungsurkunde sei ein unzulässiger Eingriff der staatlichen Kirchenbehörde in den innerkirchlichen Bereich. Nach zähen Verhandlungen in den Jahren 1821/22 wurde endlich eine Kompromißformel gefunden, die – wenn auch unter Bedenken auf beiden Seiten – in die *Urkunde der Vereinigung beider protestantischen Konfessionen im Rheinkreise* eingesetzt werden konnte.[78]

5. Die Union in Baden

Als nach der Auflösung der Kurpfalz deren rechtsrheinische Gebiete an Baden gelangten (1803), strebte das Kirchenregiment die Errichtung einer umfassen-

---

[76] Der Text der Pfälzischen Vereinigungs-Urkunde im Auszug bei HUBER/HUBER (Anm. 1), 1, 665-672; vollständiger Text mit einer Synopse der verschiedenen Fassungen bei S. SCHNAUBER/ B.H. BONKHOFF (Hg), Quellenbuch (Anm. 72), 143-164.
[77] Ebd., 144.
[78] Text der Endfassung des Bekenntnisparagraphen der Pfälzischen Vereinigungs-Urkunde bei HUBER/HUBER (Anm. 1), 1, 665; S. SCHNAUBER/B. H. BONKHOFF (Hg.), Quellenbuch (Anm. 72), 246; vgl. auch BERNHARD H. BONKHOFF, Geschichte der Vereinigten Protestantisch-Evangelisch-Christlichen Kirche der Pfalz 1818-1861, München 1986, 143-146.

den unierten Landeskirche an und setzte zunächst eine Verwaltungsunion mit dem Sitz in Karlsruhe durch (1807), ohne allerdings den Widerstand der reformierten Pfarrerschaft gegen die Union überwinden zu können.[79] Doch im Reformationsgedenkjahr 1817 kam es zu einer Gemeindebewegung für die Union zunächst in Mannheim und Heidelberg, die über mehrere lokale Konferenzen schließlich zur Einberufung einer Generalsynode führte. Obwohl die Reformierten im Großherzogtum Baden in der Minderheit waren (261.000 Lutheraner, 67.000 Reformierte), wurde die Generalsynode aus 44 geistlichen und weltlichen Abgeordneten beider Konfessionen paritätisch (Verhältnis 23 zu 21) zusammengesetzt. Unter der Leitung von Johann Peter Hebel (1760-1826) beriet die Synode vom 7.-26. Juli 1821 in Karlsruhe über die Verfassungsfrage und billigte die Vereinigung der Gemeinden im Großherzogtum zu einer Kirche der Union.

Zur künftigen gemeinsamen Abendmahlslehre sollte von der nächsten Synode ein Katechismus-Text erarbeitet werden, für den man 1821 bereits eine Einigungsformel festlegte. Zu den Bekenntnisgrundlagen der Unionskirche wurden „namentlich und ausdrücklich" die Augsburgische Konfession, Luthers Katechismen und der Heidelberger Katechismus gezählt. Das „mutige" Augsburger Bekenntnis habe „vor Kaiser und Reich das zu Verlust gegangene Prinzip und Recht der freien Forschung in der Heiligen Schrift als der einzigen sichern Quelle des christlichen Glaubens und Wissens wieder laut gefordert und behauptet", in den beiden anderen Bekenntnisschriften aber sei „die reine Grundlage des evangelischen Protestantismus zu suchen und zu finden".[80]

6. Kirchenrechtliche Nachwirkungen der Unionsschlüsse

Die Entstehungsgeschichten der Nassauischen Union, der Pfälzischen Union, der Union in Baden und die oben nur kurz erwähnte Entstehung der Union in Rheinhessen sowie in anderen Hessischen Landesteilen und im Fürstentum Lichtenberg[81] machen auf einen bedeutsamen Fortschritt in der Entwicklung

---

[79] Vgl. die Übersichten bei GUSTAV ADOLF BENRATH, Art. „Baden", in: TRE 5 (1980) 100; O. FRIEDRICH, Kirchenrecht (Anm. 1), 148-167.

[80] Vgl. insgesamt HERMANN ERBACHER (Hg.), 150 Jahre Vereinigte Evangelische Landeskirche in Baden 1821 bis 1971. Dokumente, Aufsätze, Karlsruhe 1971; JOHANNES EHMANN, Union und Konstitution. Die Anfänge des kirchlichen Liberalismus in Baden im Zusammenhang der Unionsgeschichte (1797-1834), Karlsruhe 1994 (Lit.); Geschichte der badischen evangelischen Kirche seit der Union 1821 in Quellen. Hg. vom Vorstand des Vereins für Kirchengeschichte in der Evangelischen Landeskirche in Baden zum Kirchenjubiläum 1996, Karlsruhe 1996 (VVKGB 53) (Lit. und Biogramme).

[81] Auch in den Gemeinden des Fürstentums Lichtenberg wurde eine Abstimmung unter den Familienvätern durchgeführt; vgl. HUGO FRÖHLICH, Die Union im Fürstentum Lichtenberg, Düsseldorf 1961, 37-40; das Ergebnis lautete 2.723 Ja-, 11 Nein-Stimmen.

des evangelischen Kirchenverfassungsrechts im 19. Jahrundert aufmerksam: In allen Fällen wurde – wenn auch auf unterschiedliche Weise – das Prinzip der Gemeindebeteiligung in die Entscheidungsfindung mit einbezogen.

a. Die Einführung eines demokratisch-plebiszitären Elements in die Entscheidungsfindung zu kirchenrechtlichen Fragen ist zwar Episode geblieben und hat bis zum Ende des Jahrhunderts keine Nachahmung gefunden. Doch auch als einmaliger Vorgang macht diese Abstimmung sichtbar, daß ein deutliches Bewußtsein dafür herangewachsen war, daß Fragen des kirchlichen Rechts und der Kirchenordnung nicht mehr an der Gemeinde vorbei allein vom Landesherrlichen Kirchenregiment getroffen werden konnten. Man kann hier eine tiefgreifende Bewußtseinsänderung beobachten, die vor allem in einem gestärkten Selbstbewußtsein auf der kirchlichen Seite zum Ausdruck kam. Die zahlreichen in der Öffentlichkeit mitgeteilten Informationen über die Feier des Reformationsjubiläums von 1817[82] und die damit verbundenen Unionsbemühungen hatten die Frage nach Wesen, Gestalt und Auftrag der evangelischen Kirche neu belebt. In zahlreichen Broschüren und Zeitungsartikeln, in Predigten und Vorträgen waren den interessierten Gebildeten unter den evangelischen Christen ekklesiologische Themen nahe gebracht worden. Die Gemeindeglieder wollten nicht mehr unkundig und stumm bleiben; sie erwarteten, daß man ihnen auch in Fragen der kirchlichen Rechtsordnung Gelegenheit zur Mitsprache gebe. Da die Unions- und Bekenntnisthematik eine Gewissensentscheidung des einzelnen Christen berührte, war sie besonders gut geeignet, um der staatlichen Obrigkeit mit einer zum Widerspruch bereiten Haltung zu begegnen.

b. Der sehr weit vorpreschende Beschluß der Pfälzischen Synode zum Bekenntnisparagraphen der Vereinigungsurkunde zeigt, daß auch die reinen Geistlichkeitssynoden des frühen 19. Jahrhunderts nicht mehr bloße Pfarrkonvente sein wollten, auf denen man Mitteilungen der leitenden Kirchenbehörde entgegennahm. Hier entwickelte sich im kirchlichen Raum eine ganz neue Art synodaler Gesprächs- und Verhandlungskultur, die in der wohl bedeutendsten öffentlichen Versammlung des Vormärz, der Berliner Generalsynode von 1846 (s.u. V.4.a.) ihren konzentriertesten Ausdruck fand. Die Verhandlungen der Pfälzischen Synode mit dem Oberkonsistorium in München zeigten, daß man sich auf beiden Seiten bewußt war, wie weit voneinander entfernt die Interessen und Positionen waren, die es auszugleichen galt. Auf der einen Seite stand die der Aufklärung und einem frühliberalen Geist verpflichtete Theologie der pfälzischen Kirchenvertreter, die sich mit der Forde-

---

[82] Vgl. WICHMANN VON MEDING, Kirchenverbesserung. Die deutschen Reformationspredigten des Jahres 1817, Bielefeld 1986 (UnCo 11) (Lit.); K. WAPPLER, Reformationsjubiläum (Anm. 56).

rung nach Gewissensfreiheit zu Wort meldeten; dem gegenüber stand das gut verständliche Bemühen der Verantwortlichen im Kirchenregiment, die Einheit der Lehre und damit die Einheit der Landeskirche im Staat zu bewahren.

c. Die *Protestantisch-evangelisch-christliche Kirche der Bairischen Pfalz* hatte sich nach Vollzug der Union als eine selbständige Landeskirche innerhalb Bayerns konstituiert. So gab es im Königreich Bayern von nun an zwei evangelische Landeskirchen. Das Oberkonsistorium in München konnte in den Jahren zwischen 1818 und 1821 ein zu weites Auseinandertreten der beiden protestantischen Kirchen im bayerischen Staate verhindern; es mußte sich aber damit abfinden, daß das in Bayern selbst vorherrschende traditionsbewußte konfessionelle Luthertum nur noch wenige Berührungspunkte mit den in der Pfalz vertretenen theologischen und kirchenpolitischen Positionen hatte. Das Konsistorium in Speyer blieb zunächst noch dem Oberkonsistorium in München unterstellt. Doch im Jahre 1848 wurde es unmittelbar dem bayerischen Kultusministerium zugeordnet; die Trennung der beiden protestantischen Kirchen im Königreich Bayern wurde damit auch verwaltungsmäßig festgeschrieben.[83] Dies waren kirchenrechtliche Neuerungen, die später – insbesondere seit den preußischen Neuerwerbungen nach 1866 – auch in anderen deutschen Staaten zu erheblichen Problemen führen sollten.

IV. Die Rheinisch-Westfälische Kirchenordnung

1. Entstehungsgeschichte

Die *Rheinisch-Westfälische Kirchenordnung* vom 5. März 1835 ist als „das herausragende Beispiel eines konstruktiven Verfassungskompromisses im Bereich des evangelischen Kirchenverfassungsrechts" bezeichnet worden.[84] Dieses in fast zwanzigjährigen Verhandlungen erarbeitete Kirchenverfassungswerk hat für die Weiterentwicklung des evangelischen Kirchenverfassungsrechts in Deutschland eine bis in die Gegenwart fortwirkende Bedeutung gehabt.

Als Preußen durch die Entscheidungen des Wiener Kongresses 1815 die Provinzen Rheinland und Westfalen zugesprochen erhielt, war das Landesherrliche Kirchenregiment in Berlin vor die Frage gestellt, ob und wie die dort überlieferte presbyterial-synodale Verfassungstradition mit der herkömmlichen Konsistorialverfassung in Preußen verbunden werden könne. Die reformierten und lutherischen Gemeinden in Jülich, Kleve und Berg (Rheinland), sowie in der Grafschaft Mark (Westfalen) hatten jahrhundertelang unter einer katholi-

---

[83] HUBER/HUBER (Anm. 1), 1, 664.
[84] Ebd., 1, 599.

schen Landesobrigkeit leben müssen.[85] In dieser Zeit der „Kirche unter dem Kreuz" waren den Gemeinden und ihren Gliedern viele Beschwernisse zugemutet worden. Aber da die katholischen Herrscher an dem inneren Wesen und der äußeren Ordnung dieser evangelischen Gemeinden in der Diaspora wenig oder gar keinen Anteil nahmen, war es den Nachkommen der reformatorischen Bewegung in diesem Gebiet gelungen, weitgehend autonome kirchliche Ordnungen zu entwickeln und zu bewahren. Die im Widerstand gegen den Willen der katholischen Landesobrigkeit seit Generationen erfahrenen und erprobten Gemeindeleitungen waren nach 1815 keineswegs bereit, nun einfach die Anordnungen des Berliner Kirchenregiments hinzunehmen, bloß weil das Summepiskopat in den Händen eines frommen evangelischen Fürsten lag. Die Rheinischen und die Westfälischen Gemeinden waren entschlossen, von Anfang an das eigene Erbe einer presbyterial-synodalen Kirchenverfassung gegen die Ansprüche der preußischen Konsistorien zu verteidigen.

Als der preußische Oberpräsident der Provinz Westfalen, Ludwig Frhr. v. Vincke (1774-1844), der zugleich Vorsitzender des neugegründeten Konsistoriums der alten Grafschaft Mark war, die dort amtierenden Geistlichen nach ihrem Selbstverständnis fragte, gab Wilhelm Bäumer (1783-1848) als Sprecher der reformierten Pfarrer folgende Erklärung ab:

„Das Wesentliche unserer Synodalverfassung besteht darin, daß die Synode eine Verbindung von Gemeinden, nicht von Predigern ist wie bei den Lutheranern, besteht in der Anordnung der Eltesten und deren wesentlicher Verschiedenheit von den Kirchenältesten bey den Lutheranern, in den Hausbesuchungen und Kirchenvisitationen, in [ihrer Teilnahme an] den Klassikal- und Synodalversammlungen."[86]

Die theologische Grundidee der presbyterial-synodalen Kirchenverfassung besteht – wie es Bäumer zum Ausdruck brachte – in der mit Mt 18,15-20 begründeten Überzeugung, daß die Kirche ohne Bischöfe und landesherrliche Obrigkeit maßgeblich von Ältesten, also sog. Laien, mitgeleitet werden könne. Diese „revolutionäre Neuerung"[87] war im Calvinismus auf der Grundlage von Calvins Vier-Ämter-Lehre entwickelt worden. In der *Genfer Kirchenordnung*

---

[85] Übersichtsdarstellungen bei ERWIN MÜLHAUPT, Rheinische Kirchengeschichte. Von den Anfängen bis 1945, Düsseldorf 1970, 184-255; ALBERT ROSENKRANZ, Kurze Geschichte der Evangelischen Kirche im Rheinland bis 1945, Neukirchen-Vluyn ²1975, 38-86; vgl. auch HERTHA KÖHNE, Die Entstehung der westfälischen Kirchenprovinz, Witten 1974; WERNER DANIELSMEYER/OSKAR KÜHN (Hg.), Kirchenordnung der Evangelischen Kirche von Westfalen mit Anmerkungen, Bielefeld ⁴1976, 8-16.
[86] Zit. nach WILHELM H. NEUSER, Die Entstehung der Rheinisch-Westfälischen Kirchenordnung, in: J.F.G. Goeters/J. Rogge (Hg.), Geschichte der EKU (Anm. 6), 1, 241-256; 245; vgl. auch JÖRG VAN NORDEN, Kirche und Staat im preußischen Rheinland 1815-1838. Die Genese der Rheinisch-Westfälischen Kirchenordnung vom 5.3.1835, Köln 1990 (SVRKG 102).
[87] WILHELM NEUSER, Art. „Calvins Theologie", in: EKL³ 1 (1986) 621-630; 628.

(1541), dann insbesondere in der Kirchenordnung der Hugenotten (*Confessio Gallicana*, 1559) sowie im *First Book of Discipline* der Kirche von Schottland (1560) hatte dieses Grundprinzip eine erste, ausschließlich unter theologischen Gesichtspunkten erarbeitete Ausformung erhalten.[88] Dabei wurde die Beteiligung der Ältesten am Leitungsamt ursprünglich nicht mit dem Priestertum aller Glaubenden begründet. In ihrer Urgestalt wollte die presbyterial-synodale Kirchenverfassung ein *iure divino* – von Gott gesetztes – „Funktionsrecht zur Geltung bringen, das in der Herrschaft des Hauptes durch die Gnadengabe des Wortes wurzelt".[89] Der Presbyter war in diesem Kirchenordnungentwurf nicht Repräsentant der Gemeinde, sondern Beauftragter Christi. Das kirchliche Leitungsgremium sollte auch nicht primär der Verwaltung der Gemeinde dienen. Zur Sicherung der Kirchenzucht überwachten Pfarrer und Älteste in gleichberechtigter, gemeinsamer Verantwortung die Heiligung der Gemeinde, der Glieder am Leibe Christi.[90]

Die weitere Geschichte der presbyterial-synodalen Kirchenverfassung ist dadurch gekennzeichnet, daß über einen Zeitraum von fast 300 Jahren hinweg eine solche kirchliche Ordnung nur von kleineren Gemeinschaften unter den besonderen Lebensbedingungen der Diaspora praktiziert werden konnte. Insbesondere dort, wo eine mächtige katholische Staatsführung der reformierten Minderheit in ihrem Territorium gegenüberstand, konnten sich presbyterial-synodale Leitungsorgane bilden und am Leben erhalten, weil die katholische Obrigkeit keinen Anlaß sah, in diese ihr völlig fremden Kirchenverfassungsfragen dirigistisch einzugreifen.

Die meist durch Wahlen, seltener durch Berufung (Kooptation) zustandegekommenen Basisorgane einer presbyterial-synodal verfaßten Kirche hießen: *consistoire* (Frankreich), *Kirk Session* (Schottland), *keerkenraad* (Niederlande) und in Deutschland *Presbyterium*. Abgesandte aus diesen Gremien bildeten zur Entscheidung überregional bedeutsamer Fragen eine Synode. Über die Niederlande war die presbyterial-synodale Kirchenverfassung in westdeutsche und süddeutsche Flüchtlingsgemeinden gelangt. Wichtige Stationen auf dem Wege der weiteren Ausbildung dieses Kirchenverfassungsmodells waren der Weseler Konvent (1568), die Emdener Kirchenordnung (1571) und die reformierten Kirchenordnungen von 1662 für Kleve und Mark sowie von 1671 für Jülich

---

[88] Vgl. E.F. KARL MÜLLER, Die Bekenntnisschriften der reformierten Kirche (1903), ND Zürich 1987, 111-153; 221-232; JAMES K. CAMERON, The First Book of Discipline, Edinburgh 1972.

[89] JAN WEERDA, Presbyterialverfassung, in: EKL[1] 3 (1959) 304-309; 309.

[90] JAN WEERDA, Ordnung zur Lehre. Zur Theologie der Kirchenordnung bei Calvin, in: Ders., Nach Gottes Wort reformierte Kirche, München 1964 (ThB 23), 132-161; vgl. insgesamt JOACHIM MEHLHAUSEN, Art. „Presbyterial-synodale Kirchenverfassung", in: TRE 27 (1997) 331-340.

und Berg.⁹¹ Der synodale Aufbau der in den neuen preußischen Westprovinzen bislang geltenden reformierten Ordnung umfaßte vier Gremien: *Kirchenrat* (oder Konsistorium bzw. Presbyterium), *Klassenkonvent, Provinzialsynode, Generalsynode.* Generalsynoden fanden alle drei Jahre statt; in der Zeit zwischen den Tagungen der Generalsynode nahm deren Vorstand (*Präses, Assessor, Scriba*) als *Moderamen* die laufenden Geschäfte wahr.⁹²

Seit der Franzosenzeit war es in diesen Gebieten allerdings nicht mehr zur Einberufung einer reformierten Generalsynode gekommen, und auch im Selbstverständnis der Leitungsämter hatte es unter dem Einfluß der geistigen Strömungen der Zeit nicht unerhebliche Veränderungen gegeben. Die in ein kirchenleitendes Amt – gleich welcher Ebene – gewählten oder berufenen Laien verstanden sich zunehmend deutlicher und bewußter als Repräsentanten ihrer Gemeinde. An die Stelle eines Kreises von Gemeindegliedern „im besonderen Dienst" (*collegium qualificatum*) trat eine „Gemeindevertretung", die nach demokratisch-republikanischen Ideen die Interessen der Gesamtgemeinde innergesellschaftlich durchzusetzen bemüht war.⁹³ Diese im Blick auf die Ursprünge der presbyterial-synodalen Kirchenverfassung als theologischer Substanzverlust anzusehenden Veränderungen im Selbstverständnis der Leitungsgremien begünstigten allerdings jenen Kompromiß, der in der *Rheinisch-Westfälischen Kirchenordnung* von 1835 schließlich gefunden wurde.

Der preußische König Friedrich Wilhelm III. wollte keine Kirchenordnung in einer seiner Provinzen dulden oder gar gutheißen, die sein Summepiskopat praktisch negiert oder zumindest ignoriert hätte. Ein erster Entwurf für eine evangelische Kirchenverfassung in den Westprovinzen, der im Sommer 1817 von Berlin aus bekanntgegeben wurde, brachte diese Grundhaltung des Königs und seiner Berater sehr deutlich zum Ausdruck. Verfasser des Entwurfs war der Hofprediger und Oberkonsistorialrat Friedrich Ehrenberg (1776-1852), ein enger Vertrauter des Königs, der selbst in der reformierten Tradition stand. Ehrenberg schlug für die Westprovinzen zwar ein Ordnungsmodell vor, das in seiner Grundstruktur dem reformierten Anliegen entsprach: Die Leitung der Kirche sollte durch *Presbyterien, Kreissynoden, Provinzialsynoden* und eine *Generalsynode* wahrgenommen werden. Aber schon auf der Ebene der Kreissynode wurde das reformierte Modell dadurch erheblich verändert, daß an diesen Synoden nur die Pfarrer des Kirchenkreises – also keine Laien-Ältesten – teilnehmen sollten. Den beiden westlichen Provinzialsynoden war nach diesem

---

⁹¹ Vgl. ULRICH SCHEUNER, Die Beschlüsse des Weseler Konvents in ihrer Auswirkung auf die Entwicklung der Kirchenordnung in Rheinland-Westfalen, in: Weseler Konvent 1568-1968, Düsseldorf 1968, 163-191.
⁹² W.H. NEUSER, Entstehung (Anm. 86), 242f.
⁹³ U. SCHEUNER, Beschlüsse (Anm. 91), 175f.

Entwurf nur eine Beratungskompetenz für das Kirchenregiment in Berlin eingeräumt worden. Die Leitung der evangelischen Kirche in den preußischen Westprovinzen sollte durch je einen Generalsuperintendenten erfolgen, der auf Vorschlag des königlichen Konsistoriums vom König selbst in sein Amt zu berufen wäre und Mitglied des Konsistoriums sein müßte.[94]

Dieser „Berliner Entwurf", der in den Kreis- und Provinzialsynoden des Rheinlands und Westfalens 1817/18 beraten wurde, löste erheblichen Widerspruch bei der Pfarrerschaft aus. Vor allem im Rheinland sammelten sich um den Budberger Pfarrer Wilhelm Roß (1772-1854)[95] mehrere, zu energischem Widerstand bereite Theologen. In einer protestierenden Eingabe der westfälischen Provinzialsynode an das Konsistorium wurde die Kritik auf die Grundsatzfragen zugespitzt: Eine Kirchenordnung dürfe nicht dadurch zustandekommen, daß die Regierung der Pfarrerschaft einen Entwurf vorlege, vielmehr müsse eine neue Ordnung „wie unsere bisherigen Kirchenordnungen von der Kirche ausgehen und den Staatsbehörden zur Genehmigung vorgelegt werden". Darüber hinaus forderte man nachdrücklich, daß das in den Westprovinzen seit alter Zeit verbürgte und bewährte Recht der Gemeinden zur freien Predigerwahl nicht angetastet werde.[96]

Obwohl der Widerstand der Geistlichkeit in den Westprovinzen für die preußischen Verwaltungsinstanzen ebenso unerhört wie – im Blick auf die Autorität der neuen Regierung – bedenklich war, verhielt man sich in Berlin in den folgenden Jahren sehr besonnen. Die rheinisch-westfälischen Kirchenvertreter entdeckten ihrerseits im Verlauf der Verhandlungen, daß sie dem Konsistorium gegenüber einen gewissen Verhandlungsspielraum dadurch besaßen, daß sie die Kirchenverfassungsfrage mit der Frage nach der Annahme der Unions-Agende verknüpfen konnten. Bei der jahrzehntelangen Suche nach einem Kompromiß[97] erwies sich insbesondere Wilhelm Roß als ein ungewöhnlich geschickter kirchlicher Diplomat. Nachdem Roß 1818 zum Superintendenten der Kreissynode Moers und später zum Präses der Provinzialsynode Jülich-Kleve-Berg gewählt worden war, erhielt er 1828 einen Ruf nach Berlin als Oberkonsistorialrat und Propst an St. Nikolai, wo er von nun an die Interessen der westlichen Kirchenprovinzen direkt vertreten konnte. Roß, von dem kein Geringerer als Theodor Fontane gesagt hat, er sei bei Hofe *persona gratissima* gewesen und habe „das Essentielle des Christentums" so überzeu-

---

[94] Vgl. W.H. NEUSER, Entstehung (Anm. 86), 246f.
[95] HANS-WILHELM RAHE, Bischof Roß. Vermittler zwischen Rheinland-Westfalen und Preußen im 19. Jahrhundert, Köln 1984 (= SVRKG 77).
[96] Der Text der Stellungnahme bei WILHELM RAHE, Eigenständige oder staatlich gelenkte Kirche? Zur Entstehung der westfälischen Kirche 1815-1819, Bethel 1966 (JVWKG. B 9), 126-155.
[97] Darstellung bei W.H. NEUSER, Entstehung (Anm. 86), 250-255.

gend vertreten, daß er „siegreich" sein mußte,[98] führte in Verhandlungen mit Minister v. Altenstein schließlich die Wende in dem Verfassungskonflikt herbei.

2. Grundzüge der Rheinisch-Westfälischen Kirchenordnung

Die am 5. März 1835 durch eine Kabinettsordre in Geltung gesetzte *Rheinisch-Westfälische Kirchenordnung*[99] ist ein Kompromiß, der die beiden an sich entgegengesetzten Prinzipien einer Konsistorialverfassung und einer Synodalverfassung miteinander verbindet. Die auffälligste Besonderheit dieses „konstruktiven Verfassungskompromisses" besteht darin, daß beide Systeme fast selbständig nebeneinander stehen. Die der Kirchenordnung vorangestellte Kabinettsordre betont, daß der wichtigste Grund für den Erlaß dieser Ordnung das „Bedürfnis" sei, „die evangelischen Gemeinden der Provinz Westphalen und der Rheinprovinz ... untereinander zu verbinden". Diese wohlüberlegte Formulierung sollte der Fehldeutung entgegentreten, die neue Ordnung sei ein Ausdruck der Bereitschaft des Königs, konstitutionelle Strömungen in der Kirche anzuerkennen. Aus der Sicht der Regierung hatte diese Kirchenordnung vielmehr die Funktion, ein Bindeglied zwischen traditionell sehr unterschiedlich geprägten Kirchengebieten zu sein; zugleich sollte sie den Abschluß der Unions-Bemühungen in den Westprovinzen dokumentieren. Damit wurde anderen preußischen Provinzen das mögliche Argument genommen, sie könnten ebenso wie das Rheinland und Westfalen eine eigene „Kirchenverfassung" einfordern.

Wegen der so nachdrücklich betonten bloß provinziellen Bedeutung der neuen Ordnung wurde von einer Veröffentlichung in der Gesetzsammlung abgesehen; es erfolgte nur eine Bekanntmachung durch die Regierungsblätter der beiden westlichen Provinzen. Gleichzeitig ordnete der König die Einführung der Unions-Agende (mit besonderen Provinzial-Anhängen) für die Westprovinzen an. Ein Zustimmungsbeschluß der rheinischen und westfälischen Synoden zur neuen Kirchenordnung wurde nicht eingeholt. In dem Ausbleiben eines neuerlichen Protestes gegen diese „obrigkeitliche" Einführung der neuen Kirchenordnung „lag die stillschweigende Anerkennung des Landesherrn als Trägers der Kirchengewalt" durch die Gemeinden und Synoden.[100]

Die *Rheinisch-Westfälische Kirchenordnung* von 1835 umfaßt 148 Paragraphen in 13 Abschnitten. Zunächst werden in aufsteigender Linie die Aufgaben und Rechte (a) der Ortsgemeinde, (b) des Kirchenkreises und (c) der Provinzial-

---

[98] THEODOR FONTANE, Fragmente und frühe Erzählungen. Nachträge, hg.v. Rainer Bachmann/ Peter Bramböck, München 1975, 404.
[99] Text bei WALTER GÖBELL, Die Rheinisch-Westfälische Kirchenordnung vom 5. März 1835. Ihre geschichtliche Entwicklung und ihr theologischer Gehalt, I Duisburg 1948, II Düsseldorf 1954; II, 391-422; ein Auszug bei HUBER/HUBER (Anm. 1), 1, 600-605.
[100] G. LÜTTGERT, Evangelisches Kirchenrecht (Anm. 1), 83.

kirche beschrieben. Es folgen Abschnitte über die Pfarrwahl (diese wird den Gemeinden zugestanden) und über die Aufgaben des Pfarrers. Ein besonders umfangreicher Abschnitt (§§ 75-116) regelt den öffentlichen Gottesdienst und die Fragen der Amtshandlungen. Im letzten Drittel der Ordnung werden das Visitationswesen und Aufsichtsfragen behandelt. Der abschließende, nur einen Paragraphen umfassende Abschnitt 13 (= § 148) handelt von der „Staats-Aufsicht über das Kirchen-Wesen".

W. H. Neuser hat festgestellt: „Liest man sie [die Rheinisch-Westfälische Kirchenordnung von 1835] von vorne nach hinten, so dominiert die kirchliche Selbständigkeit. Liest man sie vom § 148 her, so war auch eine staatskirchliche Deutung möglich."[101] In der Tat sind in der aufsteigenden Linie von der Gemeinde über den Kirchenkreis zur Provinzialsynode die Prinzipien der presbyterial-synodalen Grundordnung gut bewahrt. In allen Leitungsgremien sind Älteste vertreten und die Synoden dürfen ihre Vorsteher auf Zeit selbst wählen. Innerhalb des Presbyteriums kommt dem (gewählten) Kirchmeister das Recht zu, das Gemeindevermögen zu verwalten und er trägt die Verantwortung für dessen rechte Nutzung. Zusammen mit dem Präses des Presbyteriums – dem von der Gemeinde gewählten Pfarrer – tätigt der Kirchmeister Einnahmen und Ausgaben. Die „Handhabung der Kirchenzucht innerhalb der gesetzlichen Grenzen" wird als erste Aufgabe des Presbyteriums genannt. Weitere Aufgaben dieses Gremiums sind die Wahl bzw. Beteiligung an der Wahl der „unteren Kirchen-Bedienten" und der „Elementar-Schullehrer" sowie die Aufnahme der vom Prediger geprüften Konfirmanden (§ 14 a.c.d.).

Die *Rheinisch-Westfälische Kirchenordnung* von 1835 übertrug also einen großen Teil der Leitungsaufgaben in der Gemeinde dem Presbyterium, das nach der altreformierten Ämterlehre zusammengesetzt werden sollte (*Prediger, Älteste, Kirchmeister, Diakon*). Jegliche Ämterhierarchie im Gemeindebereich wurde vermieden. Ähnliches ist für die beiden nachfolgenden Leitungsebenen der *Kreis-* und *Provinzialsynode* zu sagen. Doch liest man diese Kirchenordnung „von hinten", dann wird das konsistoriale, dem Landesherrlichen Kirchenregiment entstammende Ordnungsprinzip sehr deutlich erkennbar: Die „Staatsaufsicht über das Kirchenwesen" steht nach § 148 dem Ministerium der Geistlichen Angelegenheiten, dem Provinzial-Konsistorium und den Landesregierungen zu. Diese rein staatlichen Institutionen, die vom König eingerichtet und personell besetzt werden, repräsentieren das Konsistorialprinzip. Für jede der beiden Provinzen wurde zudem das Amt eines – vom König berufenen – Generalsuperintendenten eingerichtet. Diese Generalsuperintendenten sollten an den Verhandlungen der Provinzialsynoden teilnehmen und dort die Rechte des Staates vertreten. Sie hatten das Recht, an die Synode Anträge zu richten.

---

[101] W.H. NEUSER, Entstehung (Anm. 86), 256.

In der Person des Generalsuperintendenten wurden somit die presbyterial-synodale und die konstoriale Ordnung gleichsam zusammengebunden.

Eine schon am 14. Mai 1829 verfügte Instruktion beschrieb die für Preußen geltende Funktion des Generalsuperintendentenamtes, das hier erst nach den Freiheitskriegen eingeführt worden war, während es in fast allen anderen deutschen Landeskirchen als personales Leitungsamt seit dem 16. Jahrhundert bekannt war.[102] In der preußischen Ausformung hatte das Amt des Generalsuperintendenten eine doppelte Funktion: 1. Durch persönliche Kontakte mit den Geistlichen einer Kirchenprovinz sollte sich der Generalsuperintendent eine genaue eigene Anschauung „von der Beschaffenheit des evangelischen Kirchenwesens" in seinem Verantwortungsbereich verschaffen. Er mußte wahrgenommene „Gebrechen" möglichst schnell entfernen und die „gedeihliche Entwicklung des Beifallswürdigen" fördern. Der Generalsuperintendent unterstand bei diesen Tätigkeiten unmittelbar dem Minister der Geistlichen Angelegenheiten und war gleichsam dessen geistlicher Vertreter. Der preußische Generalsuperintendent war aber auch 2. Mitglied des Konsistoriums, in dem er nach dem Präsidenten die erste Stelle einnahm und über ein bedeutsames Vetorecht verfügte. Wurde nämlich ein Beschluß des Konsistoriums gegen seine Stimme gefaßt, so konnte er fordern, daß die Entscheidungen angehalten und einer höheren Instanz erneut vorgelegt wurden. Auf der Ebene des Konsistoriums hatte der Generalsuperintendent also einen sehr selbständigen und kaum an Weisungen gebundenen Wirkungskreis.

Diese Doppelfunktion des Generalsuperintendenten brachte es mit sich, daß dieses Amt gerade in den Westprovinzen entweder zugunsten des presbyterial-synodalen oder des konsistorialen Grundprinzips wahrgenommen werden konnte. Der Generalsuperintendent konnte vorrangig in den Gemeinden und bei den Pfarrern mit der Autorität des Landesherrlichen Kirchenregiments auftreten und sich als Vertreter der „Staatsaufsicht über das Kirchenwesen" in Erinnerung bringen. Er konnte aber auch im Konsistorium die Interessen der Gemeinden und Synoden mit Nachdruck vortragen und allzu obrigkeitliche Entscheidungen sistieren. Durch eine ebenso kluge wie weitsichtige Personalpolitik gelang es den preußischen Kirchenbehörden, dem Amt des Generalsuperintendenten gerade in den westlichen Provinzen Respekt und schließlich auch wohl begründetes Vertrauen zu verschaffen.[103]

3. Wirkungsgeschichte

U. Scheuner hat die Ansicht vertreten, daß die *Rheinisch-Westfälische Kirchenordnung* von 1835 „in der Grundlage eine Einfügung der beiden Kirchen-

---

[102] Vgl. H. FROST, Strukturprobleme (Anm. 1), 281f.
[103] Vgl. G. HOLSTEIN, Grundlagen (Anm. 1), 325-333.

gebiete in eine konsistoriale Ordnung landesherrlicher Leitung" biete, „die nur gewisse presbyterial-synodale Elemente in sich aufnahm".[104] Es ist zu fragen, ob diese Wertung jene Ordnung nicht zu einseitig „von hinten nach vorne" liest. Auf die Gesamtentwicklung des evangelischen Kirchenverfassungsrechts hin gesehen ist die Rheinisch-Westfälische Ordnung wohl doch eher als ein bedeutender Entwicklungsschritt auf dem Wege zu einer von der Kirche selbst verantworteten Ordnung anzusehen: Die presbyterial-synodalen Elemente dieser Kirchenordnung waren und blieben zukunftsweisend. Das Prinzip einer Synodalverfassung war – trotz aller Einschränkungen – erstmals innerhalb der Strukturen des Landesherrlichen Kirchenregiments in die Praxis umgesetzt worden. Gewiß war – an der theologischen Grundidee einer presbyterial-synodalen Kirchenverfassung gemessen – der Kompromiß von 1835 mit Mängeln belastet. Diese Mängel haben eine gedeihliche Entwicklung des evangelischen Kirchenwesens in den beiden preußischen Westprovinzen im weiteren Verlauf des 19. Jahrhunderts aber nicht stören können.[105] Erst hundert Jahre später – in der Zeit des Nationalsozialismus – sind diese Schwächen von einer nach der bloßen Macht in der Kirche strebenden Kirchenpartei erkannt und skrupellos ausgenutzt worden.[106]

Doch trotz aller kritischen Einwände bleibt festzuhalten: Es war ein großer Fortschritt, daß 1835 zwei große evangelische Provinzialkirchen eine Verfassung erhielten, in der das Kirchenregiment einer periodisch tagenden Ämtersynode und einem von dieser Versammlung eingesetzten Synodalausschuß übertragen war. Noch wichtiger war die Stärkung der Ortsgemeinde, der nicht zu unterschätzende Selbstverwaltungsrechte eingeräumt wurden und damit die Chance, sich als eigenständige geistliche Einheit im großen Ganzen der Landeskirche zu erfahren und zu definieren. Deshalb sei dem Urteil von J. Heckel beigepflichtet, der seine Analyse der Rheinisch-Westfälischen Kirchenordnung von 1835 mit den Worten beschloß: „Die [von dieser Kirchenordnung] neu geordnete Kirche genoß eine Selbständigkeit, die zwar weit hinter der erstrebten Freiheit zurückblieb, aber deren sich kein anderer Teil der

---

[104] U. SCHEUNER, Beschlüsse (Anm. 91), 176.
[105] Die Rheinisch-Westfälische Kirchenordnung enthielt in ihrer Fassung vom 5. März 1835 noch keine Aussage über den Bekenntnisstand der beiden Provinzialkirchen. Nach langjährigen Verhandlungen erreichten die Vertreter der westlichen Kirchenprovinzen jedoch, daß ein Bekenntnisparagraph in die Ordnung eingefügt wurde; vgl. HUBER/HUBER (Anm. 1), 2, 322-325; JOACHIM MEHLHAUSEN, Bekenntnis und Bekenntnisstand in der Evangelischen Kirche im Rheinland. Die geschichtliche Entwicklung der Präambel und der Grundartikel der rheinischen Kirchenordnung 1835-1952, in: MEKGR 32 (1983) 121-158.
[106] Vgl. H. FROST, Strukturprobleme (Anm. 1), 447f.; zur Weiterentwicklung nach 1945 vgl. J.F. GERHARD GOETERS, Das Erbe des Kirchenkampfes in der Rheinischen Kirchenordnung von 1952, in: ZevKR 38 (1993) 267-283; ALBERT STEIN, 40 Jahre Rheinische Kirchenordnung, in: ZevKR 38 (1993) 283-300.

Monarchie damals in gleichem Maße erfreute. Und vor allem wurden die beiden Provinzen zu einheitlichen großen Kirchenkörpern zusammengeschmolzen, deren geistliche Autorität und kirchenpolitische Kraft dem heimischen Kirchenwesen in den späteren Kämpfen um die Selbständigkeit der evangelischen Kirche innerhalb des preußischen Staates die Führung sicherte."[107]

V. Die Ausbildung der Synodalverfassungen

1. Theologische und rechtliche Aspekte der Kirchenverfassungsdiskussion

a. Im Verlauf des 19. Jahrhunderts fand im deutschen evangelischen Kirchenrecht eine ausgedehnte Debatte über die theologische und rechtliche Begründung sowie die praktische Erprobung kirchlicher *Verfassungen* statt. Schon Schleiermacher hatte 1808 seinen vom Freiherrn vom Stein angeforderten Entwurf einer neuen Kirchenordnung einen „Vorschlag zu einer neuen Verfassung der protestantischen Kirche im preußischen Staat" genannt (s.o. II.2.). Andere Theologen und Kirchenrechtslehrer sind ihm in der völlig unbefangenen Verwendung des Verfassungsbegriffs gefolgt. So gerieten bereits durch die Verwendung des Begriffs die kirchenrechtlichen Überlegungen über die „Verfassung der Kirche der Zukunft"[108] in die Nähe der allgemeinen politischen Verfassungsdiskussion. Das Streben nach einer Erweiterung der kirchlichen Autonomie konnte – je nach Standort – als konstitutionelle Bewegung in der Kirche mit den Argumenten des politischen Liberalismus gefordert und gefördert oder von den theologischen Grundsätzen der konservativen Kirchenpolitiker aus als Politisierung und Demokratisierung der Kirche scharf zurückgewiesen werden. In der Sache ging es bei allen derartigen Überlegungen stets um die Frage nach der Einrichtung von synodalen Leitungsstrukturen in den evangelischen Landeskirchen. Die Synodalverfassung war das erklärte Kirchenverfassungsideal der Liberalen in Theologie und Kirche.[109]

---

[107] JOHANNES HECKEL, Das blinde, undeutliche Wort ‚Kirche'. Gesammelte Aufsätze. Hg.v. Siegfried Grundmann, Köln/Graz 1964, 671 (= Rezension zu W. Göbell [Anm. 99], 651-671).

[108] Diese Formel erscheint im Titel des seinerzeit viel beachteten Buches von CHRISTIAN CARL JOSIAS BUNSEN, Die Verfassung der Kirche der Zukunft, Hamburg 1845. Vgl. auch CARL AUGUST CREDNER, Die Berechtigung der protestantischen Kirche Deutschlands zum Fortschritt auf dem Grunde der heiligen Schrift. Aus den in Deutschland allgemeine Gesetzeskraft habenden Bestimmungen urkundlich nachgewiesen, Frankfurt a.M. 1845.

[109] In Preußen entstand der theologische und kirchliche Liberalismus aus der Kirchenverfassungsbewegung im Umkreis der Schleiermacher-Schüler Ludwig Jonas, Emil Gustav Lisco, Adolf Sydow, Heinrich Eltester und Heinrich Krause, die 1848 den „Berliner Unionsverein" gründeten, der sich die kirchliche Verfassungsfrage in Preußen zur Hauptaufgabe machte; vgl. J. MEHLHAUSEN, Liberalismus (Anm. 48), 128-137.

Bis weit über die Mitte des 19. Jahrhunderts hinaus gab es in den deutschen evangelischen Landeskirchen – sieht man von den westlichen preußischen Provinzen einmal ab – keine Institutionen, in denen und durch die sich die Kirchenglieder konkret an der Leitung der Kirche hätten beteiligen können. Wo Synoden einberufen wurden, waren diese reine Geistlichkeitssynoden und hätten eher „Pfarrkonvente" oder „Pfarrerkonferenzen" genannt werden müssen. Die Kompetenz solcher Geistlichkeitssynoden erstreckte sich lediglich auf eine Beratung der vom Inhaber des Landesherrlichen Kirchenregiments eingesetzten kirchlichen Oberbehörden, die auch die Tagesordnungen dieser Versammlungen durch vorgefertigte Proponenden bestimmten. Im Zuge der Ausbildung der kirchlichen Autonomie, war auf längere Sicht eine kirchenrechtlich geordnete Mitbeteiligung von Gemeindegliedern an den Leitungsaufgaben eine unumgängliche Notwendigkeit. Hier bot die *Rheinisch-Westfälische Kirchenordnung* von 1835 (s.o. IV.) ein Lösungsmodell an, das eine durchaus praktikable Verbindung presbyterial-synodaler Elemente aus alter reformierter Tradition mit den Strukturen einer Konsistorialverfassung darstellte. Durch dieses Vorbild war schon sehr früh eine Entwicklung vorgezeichnet, die auf ein gemischtes System und Gleichgewicht zwischen episkopalen, konsistorialen und synodalen Elementen hinauslief.

Man sollte die Gesamtentwicklung, die in den einzelnen Landeskirchen bis 1918 unterschiedlich – wenn auch nicht völlig verschieden – verlief, allerdings nur mit Zurückhaltung mit dem schon im 19. Jahrhundert oft gebrauchten Begriff eines „kirchlichen Konstitutionalismus" zu charakterisieren versuchen.[110] Denn die im Zusammenhang mit der Ausbildung des Synodalwesens in Deutschland im 19. Jahrhundert entstandenen und als „Kirchenverfassung" bezeichneten Gesetze sind im rechtstechnischen Sinne keine „Konstitutionen".[111] Die besonderen Merkmale einer „Konstitution" können die kirchlichen Verfassungen schon deshalb nicht haben, weil im kirchlichen Bereich – auch unter den Prämissen des Landesherrlichen Kirchenregiments – die Notwendigkeit einer Abgrenzung zwischen verschiedenen Gewalten, die zugleich verschiedene gesellschaftliche Mächte repräsentieren, entfällt. Der Konstitutionalismus bezweckte „die freiheitsbewahrende Beschränkung der Staatsgewalt; erwachsen ist er aber aus der Dreiteilung der Staatsfunktionen und deren Zuordnung zu verschiedenen Mechanismen."[112] Gerade die Einsicht in diese Herkunft und Grundstruktur der politisch-konstitutionellen Bewegung er-

---

[110] Vgl. G. Ris, Konstitutionalismus (Anm. 1), 138f. (dort in den Anm. die Belegstellen zur Lit.).
[111] Vgl. ADALBERT ERLER, in: HDRG 2 (1978) 1119-1122; E. R. HUBER, Verfassungsgeschichte (Anm. 1), 1, 389.
[112] G. Ris, Konstitutionalismus (Anm. 1), 139; vgl. dazu H. DOMBOIS, Das Recht der Gnade (Anm. 13), 3, 317-320. J. MEHLHAUSEN, Konstitutionalismus (Anm. 23), 539.

schwert es, das Modell unmittelbar auf die Kirchenverfassungsentwicklung zu übertragen. Man wird allenfalls davon sprechen können, daß „mit gewissen Modifikationen [...] diese Ansätze [sich] ebenfalls im kirchlichen Bereich" finden.[113] Die zu einer größeren Autonomie der evangelischen Landeskirchen führende Verfassungsentwicklung seit der zweiten Hälfte des 19. Jahrhunderts hat viel eher ihr Charakteristikum darin, daß es – erstmals seit dem Reformationsjahrhundert – zu einer Mitbeteiligung von Laien am Kirchenregiment in den großen Landeskirchen gekommen ist. Begleitet wurde diese Entwicklung von einer kräftig aufblühenden kirchlichen Publizistik, die den damaligen Pluralismus der kirchenpolitischen Positionen für eine breite Leserschaft öffentlich sichtbar machte.[114]

b. Die kirchenrechtlichen Fragestellungen berührten stets auch die seit 1846 immer mehr in den Vordergrund des öffentlichen Interesses tretenden *kirchlichen Einigungsbestrebungen* im deutschen Protestantismus. Die aus verschiedenen Motiven erhoffte Emanzipation der evangelischen Kirchen vom Staat schien einen Zusammenschluß des zersplitterten Landeskirchentums in Deutschland nicht nur zu ermöglichen, sondern geradezu zu gebieten.[115] Zur Förderung derartiger Bestrebungen entwickelte man ein Konferenzmodell, bei dem wiederum den Laien eine wichtige Rolle zufiel. Durch vorbereitende, von Privatpersonen verantwortete kirchliche Konferenzen sollte der Weg zu einer deutschen (National-)Synode geebnet werden. Die wichtigste Rechtsfrage auf derartigen Konferenzen (Köthener Konferenz, Sandhof-Konferenzen, Bonner Evangelische Konferenz, Wittenberger Vorkonferenz, Wittenberger Konferenz/Kirchentag u.a.) war das Problem, ob eine deutsche Bundeskirche mit zentraler Bestimmungsmacht anzustreben sei oder nur ein lockerer Kirchenbund, der den einzelnen Landeskirchen weitgehende rechtliche Selbständigkeit ließ.[116]

Die im Verlauf des 18. Jahrhunderts von evangelischen Kirchenrechtslehrern erarbeitete Unterscheidung zwischen der kirchlichen Kirchengewalt (*iura in sacra*) und der staatlichen Kirchenaufsicht (*iura circa sacra*) sollte sich bei der Diskussion derartiger Fragen und insbesondere bei der Ausbildung der Synodalverfassungen in den deutschen evangelischen Landeskirchen als der wichtigste Beitrag des Kollegialismus zur Geschichte des evangelischen Kirchenrechts

---

[113] G. RIS, Konstitutionalismus (Anm. 1), 139.

[114] Vgl. GOTTFRIED MEHNERT, Programme evangelischer Kirchenzeitungen im 19. Jahrhundert, Witten 1972.

[115] Ein wichtiges zeitgenössisches Dokument für diese Überzeugung ist KARL HASE, Die evangelisch-protestantische Kirche des deutschen Reichs. Eine kirchenrechtliche Denkschrift, Leipzig 1849 ²1852.

[116] Vgl. FRIEDRICH MICHAEL SCHIELE, Die Kirchliche Einigung des Evangelischen Deutschland im 19. Jahrhundert, Tübingen 1908 (SGV 50); JOACHIM MEHLHAUSEN, Art. „Konferenzen, Kirchliche", in: TRE 19 (1990) 413-419 (Lit.).

erweisen.[117] Denn gerade diese Differenzierung machte es möglich, bei fortbestehendem Landesherrlichem Kirchenregiment die „kirchliche Kirchengewalt" in die Verantwortung neu gebildeter Institutionen zu übertragen, in denen auch Vertreter des „Kirchenvolks" mitwirken konnten.

c. Der ursprüngliche theologische Grundgedanke einer presbyterial-synodalen Kirchenordnung sah in den an der Kirchenleitung mitbeteiligten *Laien-Ältesten* Beauftragte Christi, die ausschließlich in der Verantwortung vor dem Herrn der Kirche und im Zusammenwirken mit den übrigen von ihm eingesetzten Ämtern (*Pastoren, Doktoren, Diakone*) Kirchenleitung und Kirchenzucht üben sollten. Unter dem Einfluß parlamentarisch-demokratischer Vorbilder wurde diese ausschließlich theologisch bestimmte Amtsauffassung zu einem „Repräsentations"-Modell umgestaltet oder doch zumindest sehr stark von entsprechenden nichttheologischen Ideen überlagert: Die an der Leitung mitbeteiligten „Laien" werden nun als „Vertreter" bzw. „Repräsentanten" des gesamten Kirchenvolks oder einzelner Gruppen in der Kirche angesehen.[118] Ihre Aufgabe sei es, die Anliegen der Gemeindebasis gegenüber dem Inhaber des Landesherrlichen Kirchenregiments und den von ihm eingesetzten kirchlichen Oberbehörden mit Nachdruck zu vertreten. Das Entstehen von *Kirchenparteien* in der evangelischen Kirche (etwa seit 1846) ist ein beredtes Zeugnis dafür, daß diese Umformung der altreformierten presbyterial-synodalen Ordnungsvorstellung in ein „Repräsentations"-Modell weithin Geltung erhalten konnte. Die in solchen kirchlichen Parteien organisierten und engagierten Laien und Theologen verstanden sich vor allem als Vertreter der Interessen bestimmter Gruppen im zunehmend pluralistisch werdenden deutschen Protestantismus. Die Synoden wurden zu Foren, auf denen mit Mitteln der Kirchenpolitik um Einfluß und Machtanteile in der Kirche gestritten wurde.[119]

2. Kirchenrechtliche Folgewirkungen der Reichsverfassung von 1848/49

Die politischen Ereignisse der Jahre 1848/49 hatten auch für die weitere Entwicklung in den evangelischen Landeskirchen in Deutschland tiefgreifende Bedeutung. Die vor allem von Vertretern des Liberalismus in der Zeit des Vormärz und während der Frankfurter Paulskirchenversammlung erarbeiteten und zur Diskussion gestellten neuen staatskirchenrechtlichen Grundsätze wurden zwar durch die ablehnende Haltung des preußischen Königs Friedrich

---

[117] Vgl. KLAUS SCHLAICH, Die Kirche als Anstalt und Verein. Zur Kollegialtheorie des 18. Jahrhunderts, in: Gerhard Rau/Hans-Richard Reuter/Klaus Schlaich (Hg.), Das Recht der Kirche. Bd. II: Zur Geschichte des Kirchenrechts, Gütersloh 1995, 174-192.
[118] Vgl. H. FROST, Strukturprobleme (Anm. 1), 174f.
[119] Vgl. JOACHIM MEHLHAUSEN, Kirchenpolitik. Erwägungen zu einem undeutlichen Wort, in: ZThK 85 (1988) 275-302 (s.u. 336-362).

Wilhelm IV., der die ihm angetragene deutsche Kaiserkrone zurückwies, daran gehindert, bald in die Praxis umgesetzt zu werden. Doch auf längere Sicht behielt das 1848/49 erstmals in die Gestalt von politischen Verfassungssätzen gebrachte liberale Modell einer Neuordnung des Verhältnisses von Staat und Kirche prägende Kraft. Das evangelische Kirchenverfassungsrecht ist den staatskirchenrechtlichen Grundsätzen der Paulskirchenverfassung in Theorie und Praxis bis über das Jahr 1918 hinweg verpflichtet geblieben.[120]

Die von der Frankfurter Nationalversammlung beschlossenen und in der *Verfassung des Deutschen Reiches* vom 28. März 1849 verkündeten „Grundrechte des Deutschen Volks" (§§ 144-156) hatten auch neue staatskirchenrechtliche Normen festgesetzt.[121] Sie mußten – wo immer sie wirksam werden sollten – zu einer weitgehenden Trennung von Kirche und Staat führen. Diese auf den Schutz der geistigen Freiheit des Individuums bezogenen liberal-kulturstaatlichen Grundrechte sprachen jedem Deutschen die „volle Glaubens- und Gewissensfreiheit" zu (§ 144); sie erklärten ferner, daß durch das „religiöse Bekenntniß ... der Genuß der bürgerlichen und staatsbürgerlichen Rechte weder bedingt noch beschränkt" werde (§ 146). Eine solche von der Verfassung gewährleistete Neutralität des Staates gegenüber den religiösen Bekenntnissen mußte folgerichtig dazu führen, daß den Kirchen bzw. Religionsgemeinschaften die selbständige Ordnung und Verwaltung ihrer Angelegenheiten zu übertragen war. Nach erheblichen Auseinandersetzungen, bei denen vor allem die von katholischen Kreisen vorgetragenen Besorgnisse ausgeräumt werden mußten, die Kirchen könnten Sondergesetzen unterworfen werden, erhielt der zentrale staatskirchenrechtliche § 147 der *Reichsverfassung von 1849* folgenden Wortlaut:

„[1] Jede Religionsgesellschaft ordnet und verwaltet ihre Angelegenheiten selbständig, bleibt aber den allgemeinen Staatsgesetzen unterworfen. [2] Keine Religionsgesellschaft genießt vor andern Vorrechte durch den Staat; es besteht fernerhin keine Staatskirche. [3] Neue Religionsgesellschaften dürfen sich bilden; einer Anerkennung ihres Bekenntnisses durch den Staat bedarf es nicht."[122]

Mit diesen Formulierungen war eine schroffe Trennung von Kirche und Staat abgewiesen worden; denn Glaubensfreiheit, Parität und Autonomie wurden in den Grenzen der allgemeinen Staatsgesetze verankert. Als „lex regia" hat der Gesetzesvorbehalt des § 147 S. 1 die staatskirchenrechtliche Grundordnung in Deutschland bis zur Gegenwart entscheidend geprägt („Schrankenklausel").[123]

---

[120] Vgl. E.R. HUBER, Verfassungsgeschichte (Anm. 1), 6, 864-873.

[121] Vgl. E.R. HUBER, ebd. 2, 779f.

[122] Text der Verfassung des Deutschen Reichs vom 28. März 1849 u.a. bei E. R. HUBER (Hg.), Dokumente (Anm. 21), 1, 375-395; 391. Zum Begriff „Religionsgesellschaft" vgl. JOACHIM MEHLHAUSEN, Art. „Religionsgesellschaften", in: TRE 28 (1997) 624-631 (Lit.).

[123] Vgl. zum Begriff A. v. CAMPENHAUSEN, Staatskirchenrecht (Anm. 1), 114-123 (Lit.).

Die den Religionsgesellschaften zugesprochene Selbständigkeit in der Ordnung und Verwaltung ihrer Angelegenheiten konnte in der Folgezeit überall dort, wo dieser Grundsatz Anerkennung in der Landesgesetzgebung erhielt, insbesondere von der katholischen Kirche schnell und energisch wahrgenommen werden. Viel schwieriger gestaltete sich die Entwicklung in den evangelischen Landeskirchen, in denen bis 1918/19 die Voraussetzungen des Landesherrlichen Kirchenregiments bestimmend blieben. Eine Trennung von Staat und evangelischer Kirche nach dem Maßstab der Paulskirchen-Verfassung trat im 19. Jahrhundert in keinem deutschen Lande ein. Es wurden aber verschiedene Trennungs-Modelle entworfen und in die Praxis überführt, die schrittweise dazu beitrugen, daß der Autonomieanspruch der evangelischen Landeskirchen mehr und mehr Berücksichtigung finden konnte. Dabei hat in allen Fällen das Institut einer Synodalordnung eine wichtige Rolle gespielt.[124]

3. Die Entstehung der Kirchenverfassungen in den deutschen Mittelstaaten

a. Bayern

Die evangelischen Gemeinden in *Bayern*[125] hatten bereits aufgrund des *Protestantenedikts* von 1818 (s.o. II.2.e.) ein Oberkonsistorium erhalten, das dem Staatsministerium des Innern untergeordnet war, in diesem Rahmen aber die Aufgaben des Summepiskopats selbständig ausüben konnte. Für die Rheinpfalz wie für das rechtsrheinische Bayern waren jährliche Diözesansynoden der Geistlichkeit und alle vier Jahre zusammentretende Generalsynoden am Sitz der Konsistorien in Ansbach und Bayreuth vorgesehen, die unter Leitung eines Mitglieds des Oberkonsistoriums und in Gegenwart eines königlichen Kommissärs innere Kirchenangelegenheiten beraten sollten. Ein presbyterialer Unterbau entstand nur langsam. Im Jahre 1823 berief der König in die zum erstenmal zusammentretenden Generalsynoden 6 bzw. 5 Laien (bei 36 bzw. 34 Geistlichen). 1836 wurde das Verhältnis von Synodalen weltlichen Standes zu den Geistlichen auf 1:2 festgelegt. Im Revolutionsjahr 1848 konnte ein Verhältnis von 1:1 durchgesetzt werden; diese Regelung ist aber bald danach auf Anordnung des Königs wieder zurückgenommen worden.

---

[124] Vgl. HANNS KERNER, Art. „Kirche und Staat im 19. und 20. Jahrhundert", in: TRE 18 (1989) 386-397 (Lit.).

[125] Statt vieler Einzelverweise vgl. insgesamt HUBER/HUBER (Anm. 1), 2, 366-370. 1002-1011; HELMUT BRUCHNER, Die synodalen und presbyterialen Verfassungsformen in der protestantischen Kirche des rechtsrheinischen Bayern im 19. Jahrhundert, Berlin 1977 (Lit.); MICHAEL KÖRNER, Staat und Kirche in Bayern 1886-1918, Mainz 1977 (VKZG. F 20) (Lit.); OTTO J. VOLL/JOHANN STÖRLE, Handbuch des Bayerischen Staatskirchenrechts, München 1985 (Lit.); F. MAGEN, Protestantische Kirche (Anm. 46); UWE RIESKE-BRAUN, Zwei-Bereiche-Lehre und christlicher Staat. Verhältnisbestimmungen von Religion und Politik im Erlanger Neuluthertum und in der Allgemeinen Ev.-Luth. Kirchenzeitung, Gütersloh 1993 (LKGG 15) (Lit.).

Im Jahre 1849 tagte in (rechtsrheinisch) Bayern eine erste *Vereinigte Generalsynode*, die zwei weitgehende Forderungen erhob: 1. Der König möge auf seinen Summepiskopat verzichten und 2. sollten die Beratungsergebnisse der Synode künftig als Beschlüsse gelten. Beide Ansinnen der Synode an das Kirchenregiment wurden zurückgewiesen. Lediglich die wenigen reformierten Gemeinden im rechtsrheinischen Bayern erhielten 1853 durch eine Entschließung des Königs eine Synodalordnung, die grundsätzliche Forderungen der reformierten Theologie an eine Synodalordnung berücksichtigte (Laienbeteiligung, Einrichtung eines Moderamen) und diesen Gemeinden auch sonst eine verhältnismäßig große Autonomie verlieh. Dieses Entgegenkommen im Blick auf die reformierte Minorität konnte die Forderung nach einer Ausgestaltung presbyterialer und synodaler Verfassungsformen in der gesamten protestantischen Kirche Bayerns rechts des Rheins nicht zum Verstummen bringen. Unter dem Einfluß demokratischer Strömungen kam es 1856/57 zu einer breit angelegten publizistischen Aktion für eine Synodalreform, die in „Adressen" der Augsburger und Münchener Protestanten und in einer Publikation im „Nürnberger Correspondenten" ihren Höhepunkt hatte. Die Forderung an das Oberkonsistorium, man möge die immer noch bestehende Konsistorialverfassung durch eine Synodalverfassung ablösen, wurde jedoch zurückgewiesen. Im Jahre 1873 erneuerten die liberalen Kirchenvorstände Augsburgs ihre Forderung. Diese neuerliche „Augsburger Adresse" hatte zum Ziel, daß man das protestantische Kirchenwesen in Bayern nicht bloß durch eine Veränderung des kirchlichen Verfassungssystems reformieren wollte, sondern daß man zugleich daran interessiert war, den bestehenden Charakter einer lutherischen Bekenntniskirche zu überwinden. Wohl infolge dieses antikonfessionellen Grundtenors stieß die Petition auf einhellige Ablehnung bei der Generalsynode von 1873, die sich nicht veranlassen ließ, über die in der Petition auch enthaltene Idee einer reinen Presbyterial-Synodalverfassung zu diskutieren. Aber der Gedanke, durch eine Stärkung des synodalen Verfassungselementes die Selbständigkeit der evangelischen Kirche in Bayern zu erweitern, blieb trotz aller Widerstände – die vor allem aus dem Münchener Oberkonsistorium und von der Erlanger Theologischen Fakultät kamen – in der kirchlichen Öffentlichkeit lebendig.

Die protestantische Kirche in Bayern links des Rheins (*Pfälzische Kirche*) erhielt 1876 in Erweiterung ihrer Verfassung aus dem Jahre 1818 eine „Revidierte Wahlordnung", die von den Presbyterien über die Diözesansynode bis zur Generalsynode die Mitbeteiligung von Gemeindegliedern an den Leitungsaufgaben garantierte. Presbyter, die zuvor nur kooptiert werden konnten, waren nunmehr zu wählen und somit in ihrer rechtlichen Stellung erheblich besser abgesichert. Ferner durften die Diözesansynoden und die Generalsynode Ausschüsse bilden, die in der Zeit zwischen dem Zusammentreten der Synoden deren Rechte wahrnehmen konnten.

Die Generalsynode der protestantischen Kirche in Bayern (rechts des Rheins) beschäftigte sich 1877 wiederum mit der Frage nach einer synodalen Verfassungsreform. Da das Oberkonsistorium in München auch zu diesem Zeitpunkt starken Widerspruch geltend machte, kam es erst 1881 – unter Mitwirkung des Erlanger Kirchenrechtslehrers Adolf v. Scheurl (s.o. I.4.) – zu einer bedingten Stärkung der Stellung der Generalsynode: Es sollte künftig keine kirchenregimentlichen Anordnungen in Fragen der Lehre, der Liturgie, der Kirchenordnung und Kirchenverfassung mehr geben können, ohne daß die Generalsynode zuvor angehört worden sei. Die Generalsynoden erhielten durch das konkurrierende Zustimmungsrecht endlich Anteil an der Gesetzgebungskompetenz. Die seit 1849 geübte Praxis der gemeinsamen Tagungen wurde nun zur Regel erklärt. Zur Stärkung des synodalen Elements trug schließlich eine Verordnung vom 25. Juni 1887 bei, die nach dem Vorgang der Pfälzischen Kirche die Bildung eines Generalsynodalausschusses genehmigte, der zur Hälfte mit weltlichen Mitgliedern zu besetzen war. Seine Aufgabe bestand u.a. darin, die Vorlagen für die Generalsynode vorzubereiten und „über alle seiner Berathung unterstellten Gegenstände ... besondere schriftliche Gutachten [dem Kgl. Oberkonsistorium] einzureichen."

b. Baden

In Baden[126] hatte eine vom Großherzog einberufene Generalsynode im Jahre 1821 die Unionsurkunde, eine „Kirchenordnung" und eine „Kirchenverfassung" für die Badische Landeskirche beschlossen. Diese „Kirchenverfassung" ist eine der frühesten verfassungsrechtlichen Ordnungen der evangelischen Landeskirchen, in der Repräsentativorgane vorgesehen waren, und zwar:

1. *Diözesansynoden*, bestehend aus den Pfarrern und gewählten Kirchengemeindevertretern in der Hälfte der Zahl der Geistlichen. Diese Synoden sollten alle drei Jahre unter dem Vorsitz des Dekans und in Anwesenheit eines landesherrlichen Kommissars tagen. 2. *Pfarrsynoden*, die als reine Geistlichenversammlungen der Fortbildung der Pfarrer dienen sollten. 3. Die *Generalsynode*, die etwa je zur Hälfte aus Geistlichen und weltlichen (gewählten) Deputierten zusammengesetzt wurde. Sie „repräsentiert die gesamte evangelische Landeskirche".

Ein Zusammentritt der *Generalsynode* wurde von Großherzog Leopold allerdings erst 1834 genehmigt. Zu diesem Zeitpunkt bestanden starke Spannungen zwischen den Landständen und der Regierung, die zu einer Auflösung der Zweiten Kammer geführt hatten; in dieser Situation sollte es nicht auch noch auf dem kirchlichen Gebiet zu Konfrontationen kommen. Die nächsten

---

[126] Statt vieler Einzelverweise vgl. insgesamt HUBER/HUBER (Anm. 1), 2, 379-390. 1021-1026; H. ERBACHER (Hg.), Vereinigte Evangelische Landeskirche in Baden (Anm. 80); O. FRIEDRICH, Kirchenrecht (Anm. 1), 157-210; J. EHMANN, Union und Konfession (Anm. 80).

Tagungen der *Badischen Generalsynode* fanden 1843 und 1855 statt. Wichtigste Synodalthemen waren der „positive Ausbau der Union" und die Auseinandersetzung um den neuen Unions-Katechismus. Die auch in Baden im Revolutionsjahr 1848 von den Vertretern des Liberalismus in Gang gesetzte Debatte über eine Kirchenverfassungsreform kam erst 1860/61 durch einen staatsgesetzlichen Eingriff zum Abschluß. Eine Entschließung Großherzog Friedrichs I. „über die rechtliche Stellung der Kirchen und der kirchlichen Vereine im Staat" vom 9. Oktober 1860 erklärte das Staatskirchentum in Baden grundsätzlich für beendet. Die beiden großen christlichen Kirchen erhielten das Recht, ihre Angelegenheiten frei und selbständig zu ordnen und zu verwalten; sie blieben aber „öffentliche Korporationen mit dem Rechte der öffentlichen Gottesverehrung" (§ 1). An die Stelle der Kirchenverfassung von 1821 trat – nach Anhörung der Generalsynode und nach der Übernahme einiger von ihr geforderter Änderungen – am 5. September 1861 die *Verfassung der vereinigten evangelisch-protestantischen Kirche des Großherzogtums Baden.* Vorbilder dieser Verfassung waren die *Rheinisch-Westfälische Kirchenordnung* von 1835 und die *Kirchenverfassung von Oldenburg* (1853). Ausdrücklich betonte die Verfassung die Verbundenheit mit dem deutschen Gesamtprotestantismus: „Sie [die Badische Landeskirche] hält es für ihre Aufgabe, in eine organische Verbindung mit den übrigen evangelischen Kirchen Deutschlands zu treten" (§ 2 Abs. 2).

Die Badische Kirchenverfassung von 1861 hatte die Besonderheit, daß sie den Grundsatz des Konstitutionalismus ausdrücklich zur Sprache brachte. So hieß es in § 4: „Der evangelische Großherzog hat als Landesbischof das den evangelischen Fürsten Deutschlands herkömmlich zustehende Kirchenregiment und übt dasselbe nach den Bestimmungen dieser Verfassung aus". In ihren Einzelbestimmungen stärkte die Badische Kirchenverfassung das presbyterialsynodale Element und das Mitwirkungsrecht der Laien an der Leitung der Kirche auf allen Ebenen. Den Kirchengemeinden wurde das Pfarrerwahlrecht zugesprochen. Die vom Großherzog einzuberufende *Generalsynode* bestand aus dem Prälaten, aus 7 vom Großherzog berufenen geistlichen oder weltlichen Mitgliedern, 24 von Geistlichen zu wählenden Pfarrern und 24 von Wahlmännern gewählten Laien (§ 60). Die Generalsynode erhielt das Gesetzgebungsrecht, und zwar in der Form, daß sie Gesetze beschloß und der Großherzog diese Gesetze bestätigte und verkündete. Verweigerte der Großherzog seine Zustimmung, dann mußte die Generalsynode erneut in die Beratung und Beschlußfassung eintreten.

Der *Oberkirchenrat* in Karlsruhe blieb auch nach den Bestimmungen der neuen Verfassung die oberste Kirchenbehörde der Landeskirche, durch die der Großherzog sein Kirchenregiment ausübte. Aber vier Mitglieder des von der Generalsynode gewählten Synodalausschusses traten als außerordentliche Mitglieder zum Oberkirchenrat hinzu und ermöglichten so eine Verbindung zwischen dem synodalen und dem konsistorialen Verfassungselement.

Die Badische Kirchenverfassung von 1861 garantierte eine weitgehende Autonomie dieser Landeskirche. Auf dem Gebiet der kirchlichen Vermögensverwaltung blieben allerdings wichtige Aufsichts- und Genehmigungsrechte bei den zuständigen Staatsbehörden. Das Kirchenvermögen sollte unter gemeinsamer Verantwortung von Kirche und Staat stehen. Das bedeutete, daß in den Kirchengemeinderäten die politische Gemeinde mit vertreten sein mußte und daß der Oberkirchenrat hinsichtlich der kirchlichen Vermögensverwaltung die Stellung einer Staatsbehörde einnahm.

c. Hessen

Im Großherzogtum Hessen[127] hatte unter den Pfarrern schon um 1830 eine Bewegung begonnen, die sich zum Ziel setzte, eine Presbyterial- und Synodalordnung für die Landeskirche zu schaffen. Nach der Märzrevolution von 1848 berief der Mitregent Ludwig eine Kommission, die eine „zeitgemäße Entwicklung der inneren Verfassung der evangelischen Kirche des Großherzogthums in der Art" anbahnen sollte, „daß namentlich den Gliedern des nichtgeistlichen Standes die ihnen gebührende Mitwirkung nicht länger vorenthalten bleibt". Als sich die Arbeit der Kommission länger hinzog, wurde von Großherzog Ludwig III. am 14. November 1849 eine „Verordnung" erlassen, „die zeitgemäße Entwicklung der inneren Verfassung der evangelischen Kirche des Großherzogtums Hessen betreffend". In dieser „Verordnung" wurde das presbyterialsynodale Element der noch geltenden Verfassung verstärkt. Danach dauerte es bis zum Jahre 1874, ehe eine völlig neue Kirchenverfassung in Kraft gesetzt werden konnte. Die durch ein Edikt Großherzog Ludwigs III. am 6. Januar 1874 erlassene *Verfassung der evangelischen Kirche des Großherzogtums Hessen* ordnete die Leitung der evangelischen Kirche auf drei Ebenen:
1. *Kirchengemeindevertretung* und *Kirchenvorstand*, 2. *Dekanats-Synode*, 3. *Landes-Synode*. Auf allen drei Ebenen waren geistliche und weltliche Vertreter gleichmäßig zu berücksichtigen. Das *Oberkonsistorium* wurde als „die höchste kirchliche Behörde" bezeichnet, „durch welche der Großherzog das ihm zustehende Kirchenregiment ausübt". Diesem Oberkonsistorium kam ein sehr weit gezogener „Wirkungskreis" zu. Er reichte von der „Wahrung und Fortbildung der gesammten kirchlichen Ordnung nach Maßgabe der Verfassung und der Kirchengesetze" (§ 131.1) über „die oberste Aufsicht über Lehre, Kultus und Kirchenzucht" (§ 131.2) bis zur „Oberaufsicht über die Dienstthätigkeit und den Wandel aller Beamten und Diener der Kirche" (§ 131.13). Das Ober-

---

[127] Statt vieler Einzelverweise vgl. insgesamt HUBER/HUBER (Anm. 1), 2, 39-42. 272-290. 998-1001; HEINRICH STEITZ, Geschichte der Evangelischen Kirche in Hessen und Nassau, T. 1-5, Marburg 1961-1977; KARL HERBERT, Durch Höhen und Tiefen. Eine Geschichte der Evangelischen Kirche in Hessen und Nassau. Hg.v. Leonore Siegele-Wenschkewitz unter Mitarbeit von Gury Schneider-Ludorff, Frankfurt a.M. 1997 (Lit.).

konsistorium konnte auch außerordentliche Visitationen anordnen und es übte über alle Visitationen die Aufsicht aus (§ 131.14). In dringenden Fällen konnte es Entscheidungen treffen, die in die Kompetenz der Landessynode gehörten; allerdings mußte in solchen Fällen nachträglich die Zustimmung der Synode eingeholt werden. „Erhält die Verfügung [des Oberkonsistoriums] die Zustimmung der Synode nicht, so ist sie sofort außer Wirksamkeit zu setzen" (§ 136 Abs. 2). Auch in Hessen blieb die kirchliche Vermögensverwaltung unter staatlicher Aufsicht. Das hatte zur Folge, daß in Finanzfragen das Oberkonsistorium der Aufsicht der Ministerien des Innern und der Justiz unterstellt blieb. Entsprechende staatliche Aufsichtsrechte gab es auch auf der Ebene der Dekanate und der der Kirchengemeinden.

Insgesamt waren die Mitwirkungs- und Gestaltungsmöglichkeiten der Landessynode in Hessen noch vielfach eingegrenzt. Das Landesherrliche Kirchenregiment übte auch nach 1874 in fast allen kirchlichen Bereichen die Kirchenhoheit aus; es galt aber – obwohl es dem Großherzog direkt unterstellt blieb – als eine Behörde für die Selbstverwaltung der evangelischen Kirche.

d. Württemberg

In Württemberg[128] lagen seit 1806 die Aufgaben der Kirchenleitung beim Königlichen Konsistorium, das zusammen mit den sechs Prälaten den sog. *Synodus* bildete. Hinter dieser Ordnung stand die in Württemberg bereits seit der Reformation vertraute Vorstellung, daß das Konsistorium die königlichen Episkopalrechte vertrete, während die zum *Synodus* hinzugezogenen Prälaten (Generalsuperintendenten) die Sprecher der Kirche selbst seien. Nach 1848 war es nicht mehr möglich, diese de facto reine Konsistorialverfassung völlig unverändert aufrecht zu erhalten. Durch eine Verordnung vom 25. Januar 1851 ließ König Wilhelm I. *Pfarrgemeinderäte* in der württembergischen Landeskirche einrichten. Diese Pfarrgemeinderäte (Presbyterien) besaßen jedoch keinerlei kirchliche Leitungsfunktionen im engeren Sinne. Die gewählten Ältesten sollten vielmehr „dem Geistlichen in der christlichen Berathung der Gemeindeglieder" beistehen, „um zu belehren, zu trösten, zu ermahnen und zu warnen" (§ 7). Vor einer anstehenden Wiederbesetzung einer Pfarrstelle sollten die Ältesten der Oberkirchenbehörde eine „Äußerung über den kirchlichen Zustand der Gemeinde und das Vorhandenseyn besonderer ... Bedürfnisse und Verhältnisse" vorlegen (§ 32). Von einer Ergänzung der vorgegebenen Konsistorialverfassung durch ein presbyteriales Element konnte in Württemberg nach

---

[128] Statt vieler Einzelverweise vgl. insgesamt HUBER/HUBER (Anm. 1), 2, 370-379. 1011-1021; HEINRICH HERMELINK, Geschichte der Evangelischen Kirche in Württemberg von der Reformation bis zur Gegenwart, Stuttgart/Tübingen 1949, 386-395; GERHARD SCHÄFER, Zu erbauen und zu erhalten das rechte Heil der Kirche. Eine Geschichte der Evangelischen Landeskirche in Württemberg, Stuttgart ⁵1991 (Lit.).

der Verordnung von 1851 nicht die Rede sein. Auch die 1854 in Württemberg ebenfalls durch eine königliche Verordnung eingeführten *Diözesansynoden* bedeuteten keine wirkliche Veränderung der überlieferten Verfassungsstruktur. Die Diözesansynoden – zu gleichen Teilen aus Geistlichen und Ältesten zusammengesetzt – hatten lediglich das Recht der Beratung und Begutachtung von „Wünschen und Beschwerden", die an die „höhere Kirchenbehörde" zu richten waren. Von der Oberkirchenbehörde an die Synoden ergangene Fragen mußten beantwortet und „von derselben erteilte Aufträge" vollzogen werden.

Die Schaffung einer *Landessynode* war in Württemberg bereits im Jahre 1819 durch die Prälaten in der *Verfassunggebenden Ständeversammlung* ins Gespräch gebracht worden. Damals hatte man den Wunsch geäußert, nicht eine Synode neben das bestehende Kirchenregiment zu stellen, sondern den *Synodus* durch von der Gemeinde gewählte Mitglieder zu ergänzen. Dieser Vorschlag wurde 1845 und 1858 je noch einmal wiederholt. Ausdrücklich wurde erklärt, daß man keine Nachahmung der politischen Strukturen wolle, also kein Gegenüber von Kirchenregiment und Synode, sondern eine Versammlung, „in welcher alle Kreise der kirchlichen Tätigkeit, Einsicht und Erfahrung zur gemeinschaftlichen Arbeit verbunden und dem Kirchenregiment, das sie umschlössen, zur Unterstützung, Erfrischung, Reinigung und Stärkung beigegeben wären."[129] König Wilhelm I. widersetzte sich allen diesen Vorschlägen. Unter seinem Nachfolger König Karl wurde dann im Dezember 1867 eine „Verordnung betreffend die Einführung einer Landessynode" veröffentlicht. Die jetzt gefundene Lösung für das so lange Zeit diskutierte Synodenproblem war der politischen Ständevertretung nachgebildet. Die Landessynode sollte als das Kontrollorgan des Kirchenregiments verstanden werden. So hieß es in § 1: „Die Landes-Synode ist zu Vertretung der Genossen der evangelischen Landeskirche, gegenüber von dem landesherrlichen Kirchenregiment bestimmt." So hatte die Landessynode ein Begutachtungsrecht zu Vorlagen des Kirchenregiments; sie durfte „Anträge, Wünsche und Beschwerden, sei es in Sachen der Gesetzgebung oder der Verwaltung" an das Konsistorium richten („worauf jedenfalls motivirter Bescheid ertheilt werden wird"), und „ohne ihre Zustimmung durften kirchliche Gesetze weder gegeben, noch verändert oder authentisch interpretirt noch aufgehoben werden" (§ 14).

Die erste württembergische *Landessynode* trat 1869, die zweite 1875 und die dritte 1878 zusammen. Die dritte Landessynode beriet und bestätigte den Entwurf einer ihr vorgelegten neuen *Kirchengemeinde- und Synodalordnung*, deren staatliche Bestätigung 1884 in der Zweiten Kammer aber nicht erreicht

---

[129] Zit. nach KLAUS SCHOLDER, „Wir sind es doch nicht, die da könnten die Kirche erhalten ...". Vortrag anläßlich des 100jährigen Bestehens der Württembergischen Evangelischen Landessynode, in: Worte – Beschlüsse – Handreichungen. Wichtige Entschließungen der Württembergischen Evangelischen Landessynode seit 1946, Stuttgart 1989, 7-18; 9.

werden konnte. So dauerte es bis zum Jahre 1888, ehe in Württemberg ein *Kirchengemeindegesetz* und eine *Landessynodalordnung* in Kraft traten. Beide Gesetze bedeuteten allerdings keine Änderung des traditionellen württembergischen Staatskirchenrechts; das Konsistorium blieb nach wie vor als oberste kirchliche Verwaltungsbehörde dem Kultusministerium unterstellt und führte zusammen mit den Prälaten nahezu alle kirchenleitenden Aufgaben selbstverantwortlich aus. Die Landessynode erhielt das Recht der Gesetzgebung; Erlaß und Veröffentlichung solcher Gesetze erfolgte durch den Landesherrn. Für das Verständnis der Landessynode nach der Synodalordnung von 1888 war wiederum die Formulierung des § 1 bezeichnend: „Die Landessynode bildet die Vertretung der Gesamtheit der Kirchengemeinden." Im Kommissionsbericht hieß es, mit diesen Worten wolle man zum Ausdruck bringen, daß die Landessynode, „zur Gemeinschaft der Arbeit mit dem Kirchenregiment berufen, nicht wie ein politischer Vertretungskörper dem Kirchenregiment gegenüber gestellt sei."[130] Die in der Landessynode versammelten Vertreter der „Kirchengenossen" waren trotz dieses Vorsatzes de facto im konstitutionellen Sinn ein Gegenüber zum Kirchenregiment.

e. Hannover

In Hannover[131] sah das Staatsgrundgesetz von 1833 für den Erlaß neuer Kirchenordnungen oder deren Veränderung in wichtigen Teilen einen festen *modus procedendi* vor. Der König mußte sich in derartigen Fällen von einer Versammlung von geistlichen und weltlichen Personen beraten lassen, die teils von ihm selbst zu bestimmen waren, teils von den Pfarrern und Gemeinden gewählt werden sollten. Diese Grundbestimmung war trotz Veränderungen der politischen Verfassung in den Jahren 1840, 1848 und 1855 erhalten geblieben. Im November 1862 nahm der damalige Kultusminister Karl Lichtenberg (1816-1883) einen höchst aktuellen Anlaß wahr, um durch die Einberufung einer *Vorsynode* die in der Hannoverschen Staatsverfassung von 1840 vorgesehene Verfassungsneubildung für die evangelische Kirche in Gang zu bringen.

---

[130] Ebd., 11. – Vgl. ferner SIEGFRIED HERMLE, Kirchenleitung und Landessynode. Geschichte und Bedeutung der Landessynode in der württembergischen Landeskirchenverfassung im 19. und 20. Jahrhundert, Stuttgart/Berlin/Köln 1995.
[131] Statt vieler Einzelverweise vgl. insgesamt HUBER/HUBER (Anm. 1), 2, 43-46; 336-340; 988-992; KARL KNOKE, Die Kirchenvorstands- und Synodalordnung der evangelisch-lutherischen Kirche Hannovers vom 9. Oktober 1864, Gütersloh 1916; PHILIPP MEYER, Der Zusammenschluß der lutherischen Territorialkirchen Hannovers zur evangelisch-lutherischen Landeskirche, in: JGNKG 57 (1959) 128-146; RUDOLF SMEND, Zur neueren Bedeutungsgeschichte der evangelischen Synode, in: ZevKR 10 (1963/64) 248-264; HANS-WALTER KRUMWIEDE, Kirchengeschichte Niedersachsens. Bd. 2: Vom Deutschen Bund 1815 bis zur Gründung der Evangelischen Kirche in Deutschland 1948, Göttingen 1996 (Lit.).

Der Widerstand gegen einen durch königliche Verordnung im April 1862 eingeführten neuen evangelisch-lutherischen Katechismus hatte in der Bevölkerung so unerwartete Ausmaße angenommen, daß die gesamte bestehende kirchliche Ordnung in Frage gestellt schien. Die Mitglieder der vom Oktober bis zum Dezember 1863 tagenden *Vorsynode* (je 24 von den Geistlichen und von den Gemeinden gewählte Personen sowie 16 vom König Ernannte) berieten und beschlossen eine Kirchenvorstands- und Synodalordnung, die mit einigen von der Ständeversammlung verlangten Änderungen im Oktober 1864 die Bestätigung des Königs fand. Durch diese Ordnung erhielt die lutherische Landeskirche Hannovers eine presbyterial-synodale Verfassung, die in sorgfältigem Vergleich mit dem Kirchenverfassungsrecht der anderen deutschen Landeskirchen ausgearbeitet worden war.

Die entscheidende Neuerung war die Einführung einer *Landessynode*. Diese sollte sich folgendermaßen zusammensetzen: Je 29 gewählte geistliche und weltliche Synodale, je 6 vom König zu ernennende Synodale; ferner der Präsident des Landeskonsistoriums, der Abt von Loccum sowie „einen von der theologischen Fakultät zu wählenden theologischen und einen vom Könige zu ernennenden juristischen Professor" der Universität Göttingen (§ 58). Die Landessynode erhielt eine weitgehende Beratungsaufgabe gegenüber dem Kirchenregiment. Sie hatte ein Zustimmungsrecht zu allen vom König zu erlassenden Kirchengesetzen. Auch bei der Einführung neuer Katechismen, Gesangbücher und Agenden durch die Kirchenregierung war ihre Zustimmung notwendig. Neue finanzielle Verpflichtungen der Kirche bedurften ebenfalls der Billigung durch die Landessynode. Ausdrücklich wurde festgestellt, daß „die Lehre kein Gegenstand der Gesetzgebung" der Landeskirche sei (diese Formulierung findet sich zuvor schon in der Ordnung von Oldenburg, später in Württemberg und in anderen landeskirchlichen Synodalordnungen). Der von der Synode zu wählende *Synodalausschuß* vertrat nicht, wie nach anderen Ordnungen, die Landessynode in der Zeit zwischen ihren Tagungen, „sondern hatte in seinem Bereich wesentlich den Charakter einer kirchlichen Sonderbehörde."[132]

Die 1866 erfolgende Annexion Hannovers durch Preußen gab dem Arbeitsergebnis der *Vorsynode* eine nicht vorauszusehende kirchengeschichtliche Bedeutung: Die neue Synodalordnung trug ganz entscheidend dazu bei, daß der Bestand der Hannoverschen Landeskirche gegen alle Integrationsversuche der preußischen Landeskirche verteidigt werden konnte. Die Verfassung von 1864/ 66 blieb bestehen; der preußische König trat als Summepiskopus in die Funktion des hannoverschen Königs, der preußische Kultusminister in die kirchenhoheitliche Funktion des hannoverschen Kultusministers ein. Das hannoversche Luthertum behielt seine kirchliche Selbständigkeit.

---

[132] R. SMEND, Bedeutungsgeschichte (Anm. 131), 253.

f. Oldenburg

In Oldenburg[133] waren im Februar 1849 die Grundrechte der Paulskirchenverfassung zum Bestandteil des Staatsgrundgesetzes erklärt worden. Auf dieser Grundlage erhielt Oldenburg durch die Generalsynode noch im gleichen Jahre eine Kirchenverfassung, die das Landesherrliche Kirchenregiment abschaffte und seine Rechte und Pflichten auf einen gewählten Oberkirchenrat übertrug. Dieser Oberkirchenrat sollte ausschließlich der Synode gegenüber verantwortlich sein. Dieses wohl revolutionär zu nennende *Oldenburgische Kirchenverfassungsgesetz* vom 15. August 1849 folgte konsequent den Grundsätzen einer presbyterial-synodalen Ordnung und verband sie mit einem demokratischen Staatsverständnis. Die theologische Position der Verfasser dieses Gesetzes wurde besonders deutlich in Art. 2 sichtbar, der die Bekenntnisgrundlage der Kirche hätte umschreiben müssen. Hier begnügte man sich mit der negativen Formel: „Sie [die Oldenburgische evangelische Kirche] duldet keine Beschränkung der Glaubens- und Gewissensfreiheit, weder durch Bekenntnisschriften noch durch kirchliche Anordnungen und Einrichtungen".

Im Jahre 1852 revidierte Großherzog August das Staatsgrundgesetz und forderte von der evangelischen Kirche – der er die staatliche Finanzierung weitgehend entzogen hatte – , wieder die Anerkennung seines Landesherrlichen Kirchenregiments. Die Generalsynode mußte eine neue Verfassung erarbeiten, die 1853 in Kraft trat. Die presbyterial-synodale Grundordnung mit den gewählten Körperschaften auf der Gemeindeebene und in der Landeskirche (Synode) blieb erhalten; doch das Landesherrliche Kirchenregiment wurde nun durch einen vom Großherzog ernannten *Oberkirchenrat* wahrgenommen. Dieser setzte sich aus fünf Mitgliedern zusammen, von denen mindestens zwei Theologen und zwei Nichttheologen sein sollten (unter ihnen ein Rechtskundiger; Art. 106). Das lutherische Bekenntnis wurde durch die Verfassung von 1853 wiederhergestellt. Eine 1867 eingebrachte Petition nach völliger Lehrfreiheit wurde von der Landessynode 1870 abgelehnt.

g. Sachsen

Im Königreich Sachsen[134] nahmen seit der Konversion Augusts I. zum Katholizismus (1697) die Minister *in Evangelicis* (Justiz-, Kultus-, Finanz- und In-

---

[133] Statt vieler Einzelverweise vgl. insgesamt HUBER/HUBER (Anm. 1), 2, 46-50; 341-348; EMIL PLEITNER, Oldenburg im 19. Jahrhundert, 2 Bde. Oldenburg 1899/1900; HUGO HARMS, Ereignisse und Gestalten der Geschichte der Evangelisch-Lutherischen Kirche in Oldenburg 1520-1920, Oldenburg 1966; ALBRECHT ECKHARDT (Hg.), Geschichte des Landes Oldenburg, Oldenburg 1987 (Lit.); UDO SCHULZE, Die Oldenburger Kirchenverfassung von 1849 und ihre Revision von 1853. Theologische, kirchliche und politische Hintergründe einer Kirchenordnung nach der Revolution von 1848, in: JGNKG 90 (1992) 135-158 (Lit.).

[134] Statt vieler Einzelverweise vgl. insgesamt HUBER/HUBER (Anm. 1), 2, 350-353. 1031-1036; FRANZ BLANCKMEISTER, Sächsische Kirchengeschichte, Leipzig ²1906.

nenminister) das Landesherrliche Kirchenregiment für den König wahr. Die Leitung der Landeskirche unterstand seit 1835 einem dem Kultusminister untergeordneten Landeskonsistorium, dessen Mitglieder der König berief. Auf der mittleren kirchlichen Ebene übernahmen besondere *Kirchen- und Schuldeputationen* bei den Kreisdirektionen die konsistorialen Aufgaben. Erst 1868 wurde eine *Kirchenvorstands- und Synodalordnung* erlassen, die dem Laienelement die Möglichkeit zur Vertretung und Mitleitung der Kirche einräumte. Die neu geschaffene *Landessynode* trat seit 1871 alle fünf Jahre zusammen (24 Geistliche, 30 Laien, 2 Professoren, 8 von den Ministern *in Evangelicis* zu berufende Mitglieder).

Der Erlaß von Gesetzen, die den Gottesdienst oder die Kirchenverfassung betrafen, und die „Abänderung allgemeiner kirchlicher Einrichtungen" wurden an die Zustimmung der Synode gebunden. Das Kirchenregiment verpflichtete sich, „alle wichtigeren, das Interesse der Landeskirche berührenden Fragen der Synode zur Erklärung" vorzulegen (§ 40). Ein 1873 in Kraft getretenes Kirchengesetz bestimmte dann die Zuständigkeiten zwischen den Ministern *in Evangelicis*, der *Landessynode* und dem im gleichen Jahr neu errichteten *Evangelisch-lutherischen Landeskonsistorium*, das gegenüber der seit 1835 bestehenden Behörde gleichen Namens wesentlich erweiterte Befugnisse erhielt. So gingen alle Geschäfte und Befugnisse des Kirchenregiments, „welche bisher dem Ministerium des Kultus und öffentlichen Unterrichts zustanden, [...] auf das Landeskonsistorium über" (§ 4). Obwohl das Landeskonsistorium den Ministern in der Ausübung der *iura in sacra* nominell unterstellt blieb, erlangte es in der Praxis doch eine immer größere Unabhängigkeit.

h. Die Hansestädte

In den Hansestädten[135] Bremen, Hamburg und Lübeck lag das Landesherrliche Kirchenregiment – mit einer im einzelnen unterschiedlichen Nuancierung – seit Ausgang des 16. Jahrhunderts beim Rat bzw. bei dem Senat der Städte. Diese ließen ihre summepiskopalen Rechte durch eigens bestellte Kommissionen und Ausschüsse wahrnehmen, die gegenüber der Stadtregierung weisungs-

---

[135] Statt vieler Einzelverweise vgl. insgesamt KARL H. SCHWEBEL, Bremens kirchliche Versorgung im Spiegel der konfessionellen und theologischen Richtungskämpfe 1522-1992, in: HosEc 3 (1961) 9-40; HANS GEORG BERGEMANN, Staat und Kirche in Bremen, in: ZevKR 9 (1962/63) 228-259; OTTO WENIG, Rationalismus und Erweckungsbewegung in Bremen. Vorgeschichte, Geschichte und Gehalt des Bremer Kirchenstreits von 1830-1852, Bonn 1966 (Lit.); ANDREAS RÖPCKE (Hg.), Bremische Kirchengeschichte im 19. und 20. Jahrhundert, Bremen 1994; FRIEDRICH RODE, Die Trennung von Staat und Kirche in Hamburg, Hamburg 1909; HANS GEORG BERGEMANN, Staat und Kirche in Hamburg während des 19. Jahrhunderts, Hamburg 1958; MARTIN HENNIG, Beiträge zur nordelbischen und zur hamburgischen Kirchengeschichte, Hamburg 1988; WOLF-DIETER HAUSCHILD, Kirchengeschichte Lübecks, Lübeck 1981 (Lit.).

und berichtspflichtig blieben. Auch hier meldeten sich seit der Zeit des Vormärz Kirchenverfassungsbewegungen zu Wort und forderten die Übertragung des Kirchenregiments auf synodale Vertretungsorgane der Gemeinden.

In *Bremen*, wo den Einzelgemeinden traditionell große Selbständigkeit zugestanden wurde, entwickelten sich im Lauf des 19. Jahrhunderts verschiedene Gemeindeordnungen, die eine *Gemeindevertretung* mit dem Konvent der beitragszahlenden Gemeindeglieder vorsahen. Bei diesen Gemeindevertretungen lag das Pfarrwahlrecht und die Verwaltung des kirchlichen Besitzes. Die Oberhoheit über alle Gemeindevertretungen verblieb beim Senat, der durch eine kirchliche Kommission aber nur selten in die Selbständigkeit der Gemeinden eingriff. Ein Versuch, ein gemeindeübergreifendes synodales Leitungsgremium zu schaffen, führte 1876 zur Bildung der *Bremischen Kirchenvertretung*, die auf freiwilliger Basis Richtlinien für die Praxis kirchlichen Handelns erarbeiten sollte. Theologische Richtungskämpfe führten jedoch schon 1881 zum Ausscheiden von vier „positiven" Gemeinden. Die Gesamtvertretung blieb bis zur Aufhebung des Landesherrlichen Kirchenregiments in Bremen ein Torso; die Einzelgemeinden (in der Gestalt von Personalgemeinden) entschieden weiterhin selbständig über alle wichtigen Leitungsaufgaben.

In *Hamburg* kam die Forderung nach einer Trennung von Kirche und Staat 1848 auf und wurde von Anfang an mit der Forderung nach einer Neugestaltung der gesamten Verfassung der Hansestadt in Richtung auf eine repräsentative Demokratie hin verbunden. Im Jahre 1860 erhielt Hamburg eine neue Verfassung, die das Verhältnis von Senat und Bürgerschaft neu bestimmte und der Bürgerschaft bei Wahlen größere Rechte einräumte. Die Verfassung gewährte Religionsfreiheit und sah die Trennung von Staat und Kirche vor. Doch erst nach zehnjährigen Verhandlungen konnte 1870 die *Verfassung der evangelisch-lutherischen Kirche im hamburgischen Staate* verabschiedet werden (weitere Bestimmungen durch die Verfassung von 1896). Ein Oberaufsichtsrecht und Schutzrecht des Staates über die Kirche blieb bestehen. Doch allein die aus den Gemeinden heraus gebildete *Synode* war berechtigt, verbindliche kirchliche Ordnungen und Gesetze zu erlassen. Die kirchliche Verwaltung und Dienstaufsicht lag für alle Gemeinden beim *Kirchenrat*, der aus zwei Senatoren, dem *Senior* der Pfarrerschaft, zwei weiteren Pfarrern und vier von der Synode zu wählenden Laien bestand. Die evangelisch-lutherischen Mitglieder des Senats behielten das Patronat, sie bestätigten die Beschlüsse der Synode sowie der Pastorenwahlen und ernannten die beiden Vertreter des Senats im Kirchenrat. Diese aus liberalem Geist vollzogene Trennung von Kirche und Staat in Hamburg war bereits so weitgehend, daß beim Fortfall des Landesherrlichen Kirchenregiments nur noch letzte lose Bindungen beseitigt werden mußten.

Auch in *Lübeck* wurde seit 1848 intensiv über die Trennung von Kirche und Staat diskutiert. Die Mehrzahl der Pfarrer sprach sich grundsätzlich für eine solche Trennung aus; strittig blieb aber, wie die auch künftig für notwendig erachtete Verbindung zwischen Staat und Kirche zu gestalten sei. Das *Geistliche Ministerium*, das für den Senat das Kirchenregiment wahrnahm, sprach sich schon bald für ein synodales Vertretungsorgan aus. Doch erst 1851 ging eine Kommission daran, die Grundzüge für ein solches Kirchenverfassungswerk zu erarbeiten. Im Mai 1852 wurde ein Entwurf einer *Kirchengemeinde-Ordnung* veröffentlicht. Die Kirchenhoheit sollte nach diesem Entwurf beim Senat verbleiben, aber von diesem auf einen *Kirchenrat* übertragen werden. Dessen Vorsitzender sollte zwar ein Senator sein, aber durch die Mitgliedschaft des Seniors und zweier Gemeindevorsteher wären erstmals die Gemeinde und das geistliche Amt direkt an der Kirchenleitung beteiligt worden. Das Geistliche Ministerium sollte seine kirchenleitenden Funktionen abgeben. Der *Synode* waren erhebliche Kompetenzen zugedacht, auch wenn sie rechtlich nur als Erweiterung des Kirchenrats gelten sollte, um eine allzu starke Demokratisierung des Kirchenwesens durch Wahlen zu verhindern. Dem Senat ging die vorgeschlagene Trennung von Kirche und Staat zu weit; er verschleppte die weiteren Beratungen und erließ erst 1860 eine *Ordnung für die evangelisch-lutherischen Kirchengemeinden der Stadt Lübeck und zu St. Lorenz*, die als synodales Element lediglich die Errichtung von *Gemeindeausschüssen* vorsah. Es vergingen weitere 35 Jahre, bis Lübeck eine *Kirchenverfassung* erhielt (Verabschiedung 2. Januar 1895), mit der vom Senat „wesentliche Theile seiner bisherigen Befugnisse dem Kirchenrathe und der Synode" übertragen wurden. Diese neue Ordnung der Lübecker Kirche war konsistorial und episkopal geprägt, da die entscheidenden Leitungsaufgaben dem Kirchenrat zugeteilt wurden, in dem der Senior einziges geborenes Mitglied war. Das synodale Element war am schwächsten ausgeprägt; immerhin stand der Synode (Vertretung der Gesamtheit der Kirchengemeinden) ein Mitgenehmigungsrecht für neue Ordnungen und Gesetze zu und sie konnte selbständig alle Fragen des kirchlichen Lebens erörtern.

4. Die Kirchenverfassungsentwicklung in den älteren Provinzen der Preußischen Landeskirche

a. Die Regierungszeit Friedrich Wilhelms IV.

In Preußen war es schon wenige Jahre nach dem Regierungsantritt König Friedrich Wilhelms IV. (1840-1857) zur Einberufung von Synoden gekommen (1843 Kreissynoden; 1844 Provinzialsynoden), die nach dem Vorbild der *Rheinisch-Westfälischen Kirchenordnung* von 1835 eine Mitbeteiligung am Kirchenregiment des Landesherrn wahrnehmen sollten. Zu den Beratungsthemen, die diesen Synoden vorgelegt wurden, gehörte ausdrücklich auch die Frage nach einer für alle preußischen Provinzen geltenden neuen (ersten) Kirchenverfassung. Nach dieser gründlichen Vorbereitung wurde durch einen „Oeffentlichen Erlaß" die erste *Evangelische General-Synode* einberufen. Die Synode tagte in Berlin vom 2. Juni bis 29. August 1846.[136] Auf ihr wurde in einer für die damalige Zeit einzigartigen Weite der theologischen Argumentation und der kirchenpolitischen Differenzierung darüber beraten, auf welche Weise die bestehende Konsistorialverfassung durch presbyterial-synodale Verfassungselemente ergänzt oder gar abgelöst werden könne.[137]

Die zu gleichen Teilen aus Geistlichen (37) und Laien (38) zusammengesetzte Generalsynode war vom König einberufen worden, aber nur ein Drittel der Synodalen hatte der König selbst ernannt. Dies waren die acht Präsidenten der Provinzialkonsistorien und die acht Generalsuperintendenten sowie die fünf Mitglieder des Geistlichen Ministeriums. Je sechs Professoren der Theologie und Jurisprudenz wurden von ihren Fakultäten in die Synode entsandt. Die übrigen Mitglieder der Generalsynode – auch die Laien – waren aufgrund einer Vorschlagsliste der Konsistorialpräsidenten und Generalsuperintendenten von den Provinzialsynoden gewählt worden. Es überraschte die damalige kirchliche Öffentlichkeit, wie ausgewogen die Zusammensetzung der Synodalversammlung war. Alle innerkirchlichen Richtungen waren vertreten – nur die konfessionelle Orthodoxie der Gruppe um Ernst Wilhelm Hengstenberg (1802-1869)[138] und seine *Evangelische Kirchen-Zeitung* wirkte – zum Erstaunen vieler Beobachter – unterrepräsentiert. Die Generalsynode tagte in der Kapelle des Königlichen Schlosses. Leiter der Beratungen war Kultusminister Johann Albrecht Friedrich Eichhorn (1779-1856), der sich den Vorsitz mit dem von der Synode gewählten Vizepräsidenten, dem Berliner Generalsuperintendenten Daniel Amadeus Gottlieb Neander (1775-1869), nicht selten teilte und nie dirigistisch in die Verhandlungen eingriff.

Die Generalsynode verabschiedete nach ausführlichen und zum Teil äußerst kontrovers geführten Debatten im Plenum und in der zuständigen Kirchenverfassungs-Kommission schließlich einen vor allem von dem Bonner

---

136 Vgl. WILHELM H. NEUSER, Landeskirchliche Reform-, Bekenntnis- und Verfassungsfragen. Die Provinzialsynoden und die Berliner Generalsynode von 1846, in: J.F.G. GOETERS/J. ROGGE (Hg.), Geschichte der EKU (Anm. 6), 1, 342-366. Zum gesamten Zeitraum vgl. MARTIN FRIEDRICH, Die preußische Landeskirche im Vormärz, Waltrop 1994 (Lit.); KLAUS DUNTZE, Kirche zwischen König und Magistrat. Die Entwicklung der bürgerlichen Kirche im Spannungsfeld von Liberalismus und Konservatismus im Berlin des 19. Jahrhunderts, Frankfurt a.M. u.a. 1994 (Lit.).

137 Weitere Hauptberatungsgegenstände der Generalsynode waren neben der Kirchenverfassung die Lehrunion und die Verpflichtung der Geistlichen auf die Bekenntnisschriften; vgl. Verhandlungen der evangelischen General-Synode zu Berlin vom 2. Juni bis zum 29. August 1846. (Amtlicher Abdruck), Berlin 1846, 2, 45-85. 86-102. 103-134; eine gute zeitgenössische Berichterstattung bietet GUSTAV KRÜGER, Berichte über die erste evangelische Generalsynode Preußens im Jahre 1846. Mit einem Anhange der wichtigsten Actenstücke, Leipzig 1846.

138 Vgl. JOACHIM MEHLHAUSEN, Art. „Hengstenberg, Ernst Wilhelm", in: TRE 15 (1986) 39-42 (Lit.).

Theologieprofessor Carl Immanuel Nitzsch (1787-1867)[139] erarbeiteten Verfassungsentwurf, in dem insgesamt der presbyterial-synodalen Selbstverwaltung der Gemeinden und Kirchenprovinzen ein deutliches Übergewicht vor dem königlichen Konsistorium eingeräumt wurde. Bei einer Einzelabstimmung über ein wichtiges Detail beschloß die Generalsynode mit der äußerst knappen Mehrheit von 30:29 Stimmen, daß die Superintendenten künftig nicht mehr allein vom König zu ernennen seien, vielmehr müsse dieser aus einem ihm von den Kreissynoden vorgelegten Dreiervorschlag den künftigen Superintendenten auswählen. Zum Landesherrlichen Kirchenregiment heißt es in den „Hauptsätzen" des Verfassungsentwurfs: „Der Landesfürst bleibt hiernach die anordnende Macht in der Kirche, er kann sie aber für gewisse Gegenstände nur im Einverständniß mit der [Landes-]Synode ausüben."[140]

Die entschiedenste Gegenposition zum Kommissions-Entwurf von C. I. Nitzsch vertrat auf der Generalsynode der Berliner Kirchenrechtslehrer Friedrich Julius Stahl, der eine repristinierende Episkopalverfassung für die Preußische Landeskirche durchzusetzen versuchte. Doch in den entscheidenden Abstimmungen unterlag Stahl der Mehrheit der Synodalen, die sich aus Vermittlungstheologen um C. I. Nitzsch und Julius Müller zusammensetzte[141] und der sich die wenigen auf der Synode vertretenen Repräsentanten der liberalen Richtung (der Berliner Oberbürgermeister Heinrich Wilhelm Krausnick [1797-1882] und der Schüler Schleiermachers, Adolf Sydow [1800-1882]) anschlossen.

König Friedrich Wilhelm IV., der als hochgebildeter Laientheologe den Verhandlungsergebnissen der Generalsynode mit größtem Interesse entgegengesehen hatte, bestätigte diesen Verfassungsentwurf nicht, weil er seinen eigenen – von altkirchlichen und anglikanischen Vorbildern geprägten – Kirchenreformplänen überhaupt nicht entsprach.[142] Nach den revolutionären Ereignissen des Jahres 1848, die den preußischen König in seiner tiefen Abneigung gegen einen „kirchlichen Konstitutionalismus" nur noch bestärkt hatten, wurde in Preußen mit der Staats-Verfassung von 1848/50 zwar das Selbstverwaltungsrecht für die Kirchen und Religionsgesellschaften zur Verfassungs-

---

[139] Vgl. JOACHIM MEHLHAUSEN, Das Recht der Gemeinde. Carl Immanuel Nitzschs Beitrag zur Reform der evangelischen Kirchenverfassung im 19. Jahrhundert, in: ZKG 100 (1989) 33-57 (s.u. 273-299).
[140] Verhandlungen (Anm. 137), 2, 120 (§ 13. 4).
[141] Vgl. J. MEHLHAUSEN, Vermittlungstheologie (Anm. 52), 188-204.
[142] Vgl. JOACHIM MEHLHAUSEN, Friedrich Wilhelm IV. Ein Laientheologe auf dem preußischen Königsthron, in: Henning Schröer/Gerhard Müller (Hg.), Vom Amt des Laien in Kirche und Theologie. FS Gerhard Krause, Berlin-New York 1982, 185-214 (s.u. 247-272). Zu Friedrich Wilhelm IV. vgl. insgesamt WALTER BUSSMANN, Zwischen Preußen und Deutschland. Friedrich Wilhelm IV. Eine Biographie, Berlin 1990; FRANK-LOTHAR KROLL, Friedrich Wilhelm IV. und das Staatsdenken der deutschen Romantik, Berlin 1990; DAVID E. BARCLAY, Anarchie und guter Wille. Friedrich Wilhelm IV. und die preußische Monarchie, Berlin 1995.

norm erklärt (Art. 12 bzw. 15), aber es kam zunächst zu keiner Neueinrichtung presbyterialer und synodaler Organe, die diese Selbstverwaltung hätten wahrnehmen können. Der König interpretierte Art. 15 der revidierten Verfassung vielmehr dahingehend, daß lediglich eine organisatorische Scheidung der staatlichen und der kirchlichen Oberbehörden notwendig sei. So kam es am 29. Juni 1850 zur Einsetzung des *Evangelischen Oberkirchenrats* (EOK) in Berlin.[143] Er sollte eine von Minister und Parlament unabhängige kirchliche Oberbehörde sein, deren Mitglieder der König persönlich berief. Der EOK in Berlin und die ihm nachgeordneten provinzialen Konsistorien sowie die Generalsuperintendenten nahmen von nun an für die gesamte preußische Landeskirche das kirchliche Kirchenregiment wahr. Die Kirchenhoheit lag weiterhin beim Kultusminister. Der EOK selbst sei – so wurde von Regierungsseite aus immer wieder betont – eine unabhängige kirchliche Behörde und somit befähigt, den Verfassungsauftrag des Art. 15 vollgültig wahrzunehmen. „Der Monarch hatte kein direktes Weisungs- und Eingriffsrecht. Aber er blieb über sein Ernennungsrecht in den Grenzen von Bekenntnis, Recht und Verfassung der Herr des Kirchenregiments."[144]

Das Begehren nach einer presbyterial-synodalen Leitung der evangelischen Landeskirche ist in der Folgezeit in Preußen nicht mehr verstummt. Der EOK mußte sich von seinen ersten Anfängen an mit diesem Problemkreis immer wieder beschäftigen. Schon im November 1850 legte der Präsident des EOK, Rudolph v. Uechtritz (1803-1863), eine Denkschrift zur Verfassungsfrage dem Kultusminister vor, in der für die Einführung einer synodalen Verfassung durch den König argumentiert wurde. Doch Friedrich Wilhelm IV. lehnte dieses Vorhaben erneut ab. Es entsprach nach wie vor nicht seinen eigenen Kirchenverfassungsideen; zudem schenkte der König seinen konservativen Ratgebern zunehmend Gehör, die in einer kirchlichen Verfassung und einer Synodalordnung eine Einbruchstelle für liberale Ideen in die evangelische Kirche sahen. Die seit Juni 1848 im Berliner *Unionsverein* versammelten Liberalen[145] und die Opposition in der Zweiten Preußischen Kammer erlaubten es jedoch nicht, daß das Thema gänzlich von der Tagesordnung gestrichen wurde. Man wies in immer neuen Eingaben darauf hin, daß die Erfüllung des Verfassungsauftrages durch die Einrichtung des EOK eine Verschleierung der realen Tatsachen sei. Niemals werde die evangelische Kirche ihre eigenen Angelegenheiten durch den EOK „selbständig" verwalten und ordnen können; in dieser Rechtskonstruktion bleibe eine unmittelbare Bindung der Kirche an das Lan-

---

[143] Vgl. HARTMUT SANDER, Die oktroyierte Verfassung und die Errichtung des Evangelischen Oberkirchenrats (1850), in: J.F.G. Goeters/J. Rogge (Hg.), Geschichte der EKU (Anm. 6), 1, 402-418.
[144] THOMAS NIPPERDEY, Religion im Umbruch. Deutschland 1870-1918, München 1988, 85.
[145] Vgl. J. MEHLHAUSEN, Liberalismus (Anm. 48), 130-135.

desherrliche Kirchenregiment und die staatlichen Aufsichtsstellen bestehen. Nur eine aus Kirchenwahlen hervorgegangene „rechtsbeständige constituirende Generalsynode" könne den Verfassungsauftrag erfüllen und der evangelischen Kirche eine Ordnung geben, durch die sie ihre Angelegenheiten selbständig verwalten werde.[146] Doch trotz solcher Petitionen von außen und mancher gut gemeinten Vermittlungsvorschläge des in der Kirchenfrage so hoch engagierten Königs blieb bis in die 60er Jahre hinein das Kirchenverfassungsproblem in Preußen unerledigt.

b. Die Bismarck-Ära

Noch einmal erschwert wurde die preußische Kirchenverfassungsfrage in der Bismarck-Ära[147], als durch die militärischen Siege Preußens große, zum Teil konfessionell sehr eigengeprägte Landesteile in den preußischen Staat integriert wurden (Hannover, Kurhessen, Nassau, Frankfurt am Main und Schleswig-Holstein). Gerade angesichts des Neuerwerbs großer lutherischer Landesteile entstand bei konfessionellen Lutheranern der Plan, die Preußische Landeskirche zu einer hierarchisch geordneten Bischofskirche umzugestalten, in der Synoden wieder im wesentlichen Geistlichkeitssynoden hätten sein sollen. Von den in Preußen mächtigen Vertretern der *Positiven Union*[148] hingegen wurde daraufhingearbeitet, für alle Provinzen eine gemischte presbyterial-konsistoriale Kirchenverfassung einzuführen; dem EOK wäre in diesem Falle die Aufgabe zugekommen, das gesamte Kirchengebiet verwaltungsmäßig zu vertreten. Im Hintergrund dieser Konzeption stand die Erwartung, es werde über kurz oder lang zur Bildung einer großdeutsch-unierten Nationalkirche kommen, in der sich alle deutschen evangelischen Landeskirchen unter preußischer Führung vereinen könnten. Doch schon am Widerstand der Kirchenglieder in den von Preußen annektierten Gebieten scheiterte bereits im Ansatz jede derart globale Lösung der Verfassungsfrage. Sowohl der König als auch der EOK standen bald wieder vor dem alten Problem, dem Verfassungsbegehren für die altpreußischen Kirchengebiete mit einem Lösungsvorschlag entgegenkommen zu müssen.

Im Jahre 1869 wurden erneut Provinzialsynoden vom Kirchenregiment einberufen, deren Beratungen der Vorbereitung einer neuen preußischen

---

[146] Ebd., 135.
[147] Zum gesamten Abschnitt vgl. GERHARD BESIER, Preußische Kirchenpolitik in der Bismarckära. Die Diskussion um eine Neuordnung der kirchlichen Verhältnisse in Preußen zwischen 1866 und 1872, Berlin 1980 (VHK 49); hierzu auch eine Textsammlung: DERS. (Hg.), Preußischer Staat und Evangelische Kirche in der Bismarckära, Gütersloh 1980 (TKTh 25).
[148] Vgl. ECKHARD LESSING, Zwischen Bekenntnis und Volkskirche. Der theologische Weg der Evangelischen Kirche der altpreußischen Union (1922-1953) unter besonderer Berücksichtigung ihrer Synoden, ihrer Gruppen und der theologischen Begründungen, Bielefeld 1992 (UnCo 17), 40-50.

Generalsynode dienen sollten. Den Provinzialsynoden wurden zwei kirchenregimentliche Entwürfe vorgelegt: eine *Provinzialsynodalordnung* und eine Revision der kirchlichen *Gemeindeordnung*. Vor allem die Brandenburger Provinzialsynode nahm die Beratung dieser Vorlagen zum Anlaß, grundsätzlich über die Kirchenverfassungsfrage zu debattieren. Deutlich wurden zwei Konzeptionen sichtbar: 1. Soll die Synode eine korporative Repräsentation gegenüber dem Kirchenregiment darstellen? Soll sie wie ein Parlament gegenüber einer Regierung Kontrollfunktionen wahrnehmen und Machtmißbrauch in der Kirche zu verhindern versuchen? Oder ist es denkbar, daß 2. durch eine „vereinigende" Synodalverfassung die verschiedenen Kräfte und Mächte in der evangelischen Kirche zu einer gemeinsamen Leitungstätigkeit zusammengeführt werden können? Diese alternativen Fragen mußten nach 1870 für die preußische Landeskirche endgültig beantwortet werden. Zu lange dauerte die Verfassungsdiskussion bereits an, als daß sie noch weiter hätte vertagt werden können.

Durch einen Erlaß vom 10. September 1873 berief König Wilhelm I. eine Generalsynode für die acht Provinzialkirchen der altpreußischen Union (die sechs östlichen Provinzen sowie Rheinland und Westfalen). Auf dieser außerordentlichen Generalsynode, die vom 24. November bis zum 18. Dezember 1875 in Berlin tagte, kam es dann zu einer Zusammenfassung der verschiedenen Konzepte aus der kirchlichen Verfassungsdiskussion der zurückliegenden Jahrzehnte und zur Ausarbeitung einer *Generalsynodalordnung* für die Evangelische Kirche der altpreußischen Union.[149] Das Beratungsergebnis dieser Synode ist zu Recht „als Endpunkt der Kirchenverfassungsentwicklung des Jahrhunderts" bezeichnet worden.[150]

Der Generalsynode von 1875 lag ein Proponendum des EOK vor, dessen Grundzüge der EOK-Präsident Emil Herrmann erarbeitet hatte.[151] Herrmann ging ganz selbstverständlich von dem Fortbestehen des Landesherrlichen Kirchenregiments aus. Sein Ziel war es, jede nur denkbare Konfrontation zwischen Kirchenregiment und Synode durch die Synodalverfassung schon im Vorhinein auszuschließen. Deshalb sollte die künftige Generalsynode die Vertreter des Kirchenregiments sowie die (geistlichen und weltlichen) Synodalen in der Weise in die gemeinsame Verantwortung führen, daß nur durch einen bereits auf der Synode geschlossenen freien Konsens kirchenleitende Entscheidungen zustandekommen konnten. Diesem Ziel diente in Herrmanns Vorschlag die sorgfältig durchdachte Zusammensetzung der Generalsynode (§ 2):

---

[149] Die wichtigsten Texte bei HUBER/HUBER (Anm. 1), 2, 943-951.
[150] G. RIS, Konstitutionalismus (Anm. 1), 204.
[151] Vgl. ARTUR V. KIRCHENHEIM, Emil Herrmann und die preußische Kirchenverfassung, Berlin 1912.

Ein Drittel der 194 Synodalen sollten in die Synode gewählte Geistliche sein, ein Drittel gewählte Laien, die aber „als weltliche Mitglieder entweder zur Zeit der Kirche [im Ehrenamt] dienen oder früher gedient haben" (§ 2 Abs. 3.2); das letzte Drittel sollte ohne einen besonderen Schlüssel für das Verhältnis von Geistlichen und Laien aus der Mitte der Provinzialsynoden in die Generalsynode entsandt werden. Nur ein knappes Viertel der Mitglieder der Generalsynode erhielt seinen Platz kraft Amtes; die Synode bestand also in ihrer großen Majorität aus gewählten Persönlichkeiten, die sich zuvor in anderen kirchlichen Gremien bewährt und ausgezeichnet haben mußten. Diese Regelung sorgte dafür, daß möglichst viele kompetente Kenner des kirchlichen Lebens in der Generalsynode Sitz und Stimme hatten. Ferner war durch dies Verfahren dafür gesorgt, daß zwischen den synodalen Leitungsebenen in der preußischen Landeskirche (Kreissynoden – Provinzialsynoden – Generalsynode) ein lebendiger Austausch stattfinden konnte. Innerhalb dieser Gesamtregelung war etwa ein Fünftel der Synode durch den Inhaber des Landesherrlichen Kirchenregiments zu bestimmen. Die sechs theologischen Fakultäten Preußens entsandten je einen Vertreter in die Generalsynode (§ 2. Abs. 2).

Im Verfassungsaufbau ergab sich nach dem Entwurf der *Generalsynodalordnung* für die Preußische Landeskirche ein System mit einer aufsteigenden und einer absteigenden Linie: Sowohl von der Gemeindebasis her konnten Pfarrer und Laien über die Mittelinstanzen hinweg Glieder des höchsten Leitungsgremiums werden; andererseits bestimmte das Landesherrliche Kirchenregiment über die Generalsuperintendenten und die Superintendenten die Leitung in den Kirchengemeinden vor Ort mit. Ein *Generalsynodalvorstand* und ein *Synodalrat* (7 bzw. 18 Personen) stellten als außerordentliche Mitglieder des EOK (12) in der Zeit zwischen den Tagungen der Generalsynode eine kontinuierliche Verbindung zwischen dem synodalen und dem konsistorialen Verfassungselement her.

Während ihrer Tagung vom 24. November bis zum 18. Dezember 1875 diskutierte die Generalsynode den Entwurf Herrmanns mit großer Intensität. Noch einmal prallten die Positionen der konfessionell-konservativen Partei und der Liberalen heftig aufeinander. Doch die Idee einer „vereinigenden" Synode war überzeugender als die Wiederholung der alten Gegensätze. Das Proponendum, das die prebyterial-synodale Selbstbestimmung, die Konsistorialverwaltung und das Landesherrliche Kirchenregiment in eine ebenso spannungsvolle wie zuletzt ausgewogene neue Einheit zusammenfügte, fand schließlich eine zustimmende Mehrheit. Als den „Wirkungskreis" der Generalsynode beschrieb § 5 der Generalsynodalordnung:

„Die Generalsynode hat mit dem Kirchenregimente des Königs der Erhaltung und dem Wachsthum der Landeskirche auf dem Grunde des evangelischen Bekenntnisses zu dienen; Regiment, Lehrstand und Gemeinden zur Gemeinschaft der Arbeit an dem Aufbau der Landeskirche zu verbinden; auf

Innehaltung der bestehenden Kirchenordnung in den Thätigkeiten der Verwaltung zu achten; ... die Fruchtbarkeit der Landeskirche an Werken der christlichen Nächstenliebe zu fördern; die Einheit der Landeskirche gegen auflösende Bestrebungen zu wahren; der provinziellen kirchlichen Selbstständigkeit ihre Grenzen zu ziehen und sie in denselben zu schützen; die Gemeinschaft zwischen der Landeskirche und anderen Theilen der evangelischen Gesammtkirche zu pflegen; zur interkonfessionellen Verständigung der christlichen Kirche zu helfen, und überhaupt ... Alles zu thun, wodurch die Landeskirche gebaut und gebessert und die Gesammtkirche in der Erfüllung ihrer religiösen und sittlichen Aufgabe gefördert werden mag."

Der König setzte die neue Synodalordnung durch einen Erlaß vom 20. Januar 1876 in Kraft. Alle kirchenregimentlichen Funktionen, die bisher noch vom Kultusminister ausgeübt worden waren, wurden auf den EOK übertragen. Dies bedeutete allerdings nicht, daß staatliche Aufsichtsrechte über die Kirche und ein Reservatrecht des Landesherrn gänzlich weggefallen wären; diese blieben – wie auch in den anderen Landeskirchen mit einer synodalen Leitung – bis an das Ende des Jahrhunderts bestehen.[152]

VI. Ausblick

Die Entwicklungsgeschichte des evangelischen Kirchenverfassungsrechts vollzog sich im 19. Jahrhundert in dem spannungsreichen Feld *Kirche zwischen Staat und Gesellschaft*. Staatliche Instanzen versuchten gerade in diesem Zeitraum, die ihnen seit dem 16. Jahrhundert zustehenden traditionellen kirchenleitenden Positionen zu verteidigen, obgleich im Grunde seit der Aufklärung ein Loslösungsprozeß der Kirchen vom Staat eingesetzt hatte und die Autonomieforderungen für die Kirchen mit immer dringlicheren und auch überzeugenderen theologischen, rechtlichen und allgemein gesellschaftlichen Argumenten vorgetragen wurden. Für das 19. Jahrhundert ist besonders kennzeichnend, daß den Fragen des protestantischen Kirchenverfassungsrechts gesamtgesellschaftliche Relevanz zugeschrieben wurde und daß sie die große Aufmerksamkeit der gebildeten bürgerlichen Bevölkerungsschicht auf sich zogen. In der Zeit des Vormärz, als die strengen Zensurbestimmungen fast alle öffentlichen politischen Meinungsäußerungen unmöglich machten, wichen liberale Freiheitsforderungen ganz bewußt auf das Feld der ungleich offeneren Verfassungsdiskussion in der Kirche aus. Aufmerksame Zeitgenossen wie Karl Bernhard Hundeshagen (1810-1872) haben beobachtet, daß auf dem Felde

---

[152] Vgl. E. FRIEDBERG, Lehrbuch (Anm. 1), 176f. 486f. Zur Generalsynodalordnung insgesamt vgl. E. R. HUBER, Verfassungsgeschichte (Anm. 1), 4, 849-853.

kirchenverfassungsrechtlicher aber auch allgemein ekklesiologischer Fragen geradezu stellvertretend gestritten wurde, anstelle einer nicht erlaubten politisch-parlamentarischen Debatte über die politische Staatsform.[153] So kam es zu den Überlagerungen der innerkirchlichen Diskussion durch Parolen wie der vom „kirchlichen Konstitutionalismus" oder der „Demokratisierung" der kirchlichen Leitungsorgane. Diesem Phänomen korrespondierte die Vermischung der Frage nach der kirchlichen Einigung des deutschen Protestantismus mit der Frage nach dem deutschen Nationalstaat.

Es ist eine insgesamt der Bewunderung werte Leistung gewesen, die im Zusammenwirken von Theologen und Kirchenrechtslehrern unter diesen schwierigen Bedingungen erbracht worden ist. Es gelang, den unaufhaltsamen Loslösungsprozeß der evangelischen Kirche vom längst säkular gewordenen Staat so zu steuern, daß anstelle einer einem Bruch gleichkommenden schroffen Trennung ein Differenzierungsvorgang eingeleitet wurde, der sehr alte Verbindungen und wechselseitige Prägungen nur behutsam löste und neue Entwicklungen für die Zukunft nicht unmöglich machte. Eine schroffe Trennung hätte beide, Kirche wie Staat, beschädigt und in erhebliche Schwierigkeiten gebracht. Es ist wohl nicht möglich, zwei mächtige gesellschaftliche Größen, die über Jahrhunderte hinweg durch allgemeine geistige und insbesondere auch rechtliche Verbindungen gestaltend aufeinander eingewirkt haben, plötzlich auseinanderzureißen. Das Wissen um diesen Sachverhalt hat bei den verantwortlichen Theologen und Kirchenrechtslehrern, aber auch bei den meisten Politikern, die sich selbst als evangelische Christen verstanden, im Hintergrund der Bemühungen um die neue Rechtsgestalt des Staat-Kirche-Verhältnisses gestanden.

Ganz am Ende des 19. Jahrhunderts wurde die evangelische Kirchenrechtswissenschaft mit der damals als besonders provozierend empfundenen These von R. Sohm konfrontiert, das Kirchenrecht stehe mit dem Wesen der Kirche im Widerspruch. „Das Wesen der Kirche ist geistlich; das Wesen des Rechts ist weltlich."[154] Gerade im Blick auf die so beachtlichen praktischen, rechtstechnischen Leistungen, die aus den Bemühungen der evangelischen Kirchenrechtslehrer in den letzten Jahrzehnten des 19. Jahrhunderts hervorgegangen waren, klang Sohms These für die Beteiligten und Betroffenen nicht nur provozierend, sondern verletzend. Man wußte, daß Sohm die kirchlichen Verhältnisse der Gegenwart vor Augen hatte, und daß er insbesondere dem Erscheinungsbild der evangelischen Landeskirchen in der Spätzeit des Landes-

---

[153] ANONYM [Karl Bernhard Hundeshagen], Der deutsche Protestantismus, seine Vergangenheit und seine heutigen Lebensfragen im Zusammenhang der gesammten Nationalentwicklung beleuchtet von einem deutschen Theologen, Frankfurt/M. 1847, 186.
[154] RUDOLPH SOHM, Kirchenrecht. 1. Bd. Die geschichtlichen Grundlagen, Leipzig 1892 (ND München/Leipzig 1923), 1.

herrlichen Kirchenregiments die Berechtigung absprechen wollte, in einer geistlichen Kontinuität und inneren Verbindung zur Urgemeinde Jesu Christi zu stehen. Dies erklärt die Heftigkeit, mit der über Sohms exegetische, historische und rechtsphilosophische Prämissen gestritten wurde. Insgesamt hat die reiche Literatur über Sohm in seinem Werk mehr widerlegbare Annahmen aufgedeckt, als der Überprüfung standhaltende historische und theologische Begründungen. Und doch war Sohms Provokation ein in sich konsequenter und auch notwendiger Schlußakzent in einer langen Entwicklung: Die Geschichte des evangelischen Kirchenrechts im 19. Jahrhundert sollte nicht mit einer wie auch immer gearteten Verabsolutierung jenes Rechtspositivismus schließen dürfen, der sich im Dienst für die rechtlich verfaßte evangelische Kirche der damaligen Zeit so unbestreitbar trefflich bewährt hatte. Sohms herausfordernde These war eine Mahnung, die dazu aufforderte, die evangelische Kirchenrechtswissenschaft und ihre Vertreter auf ganz andere Problemstellungen theologischer wie juristischer Art vorzubereiten, die bald auf sie zukamen.

Das evangelische Kirchenrecht hat im 19. Jahrhundert mit großer Aufmerksamkeit die neuen innergesellschaftlichen Entwicklungen wahrgenommen und auf sie einzugehen versucht, ohne von ihnen um das eigene Proprium gebracht zu werden. Besonders im Zusammenhang mit den Arbeiten an den neuen Kirchenverfassungen in der zweiten Hälfte des 19. Jahrhunderts wird dies deutlich. Die schließlich in den Landeskirchen erreichten Verfassungskompromisse waren – trotz aller Unterschiede im einzelnen – tragfähig genug, um 1918/19 den im Wortsinne revolutionären Umbruch in der Rechtsgeschichte des deutschen Protestantismus aushalten zu können, ohne daß es zu ernsten Krisen innerhalb der einzelnen Landeskirchen kam. Sie boten nicht zuletzt eine Grundlage, auf der sich nach dem Erlöschen des landesherrlichen Summepiskopats im 20. Jahrhundert das synodale Bischofsamt in der evangelischen Kirche entwickeln konnte.[155] Der plötzliche Fortfall des fast vierhundert Jahre alten Rechtsinstituts des Landesherrlichen Kirchenregiments führte in keiner deutschen Landeskirche zu einem Verfassungsnotstand, der die Gemeinden daran hätte hindern können, den ihnen aufgetragenen Dienst der Verkündigung, Seelsorge und Diakonie gerade in dieser allgemein so tief erschütterten Zeit wahrzunehmen.

---

[155] Zum synodalen Bischofsamt vgl. HANS LIERMANN, Das evangelische Bischofsamt in Deutschland seit 1933, in: ZevKR 3 (1954) 1-29; WILHELM MAURER, Das synodale evangelische Bischofsamt seit 1918, in: FuH 10 (1955) 55-68 = DERS., Die Kirche und ihr Recht, Tübingen 1976 (JusEcc 23), 388-448; GERHARD TRÖGER, Das synodale Bischofsamt, in: TRE 6 (1980) 694-697 (Lit.); GERHARD MÜLLER, Das Bischofsamt – historische und theologische Aspekte, in: ZevKR 40 (1995) 257-279.

Die religionsphilosophische Begründung der spekulativen Theologie Bruno Bauers*

Bruno Bauer (6. September 1809 – 13. April 1882) ist der Nachwelt hauptsächlich als einer der Anführer der junghegelschen Bewegung in Erinnerung geblieben. Das Interesse der theologie- und philosophiegeschichtlichen Forschung gilt nahezu ausschließlich den kritisch-polemischen Schriften der Jahre 1840 bis 1843, deren erklärtes Ziel die „Entlarvung" Hegels als eines „Atheisten" und „Antichristen", sowie die völlige Destruktion des Christentums und aller Theologie ist.[1] Für die Marx-Engels-Forschung bedeutsam ist die Auseinandersetzung zwischen Bruno Bauer und seinem Jugendfreund Karl Marx, die in der von Karl Marx und Friedrich Engels gemeinsam verfaßten Streitschrift *Die heilige Familie, oder Kritik der kritischen Kritik. Gegen Bruno Bauer &*

---

* Erweiterte Fassung eines Vortrags, der am 2.2.1966 vor der Ev.-theol. Fakultät der Rheinischen Friedrich-Wilhelms-Universität Bonn anläßlich der feierlichen Promotion gehalten wurde. Zu allen Einzelfragen sei auf die Diss. des Vf. verwiesen (Dialektik, Selbstbewußtsein und Offenbarung. Die Grundlagen der spekulativen Orthodoxie Bruno Bauers in ihrem Zusammenhang mit der Geschichte der theologischen Hegelschule dargestellt, Bonn [Univ.-Druck] 1965).

[1] Es handelt sich um folgende Schriften und Aufsätze B. Bauers: ANONYM, Die evangelische Landeskirche Preußens und die Wissenschaft, Leipzig 1840; ²1840 mit B. Bauers Namen. – Kritik der evangelischen Geschichte der Synoptiker. 1. u. 2. Bd., Leipzig 1841. – ANONYM, Die Posaune des jüngsten Gerichts über Hegel den Atheisten und Antichristen. Ein Ultimatum, Leipzig 1841 (wieder abgedr. in: Die Hegelsche Linke. Texte ausgewählt u. eingeleitet v. Karl Löwith, Stuttgart 1962, 123-225). – ANONYM, Hegel's Lehre von der Religion und Kunst von dem Standpuncte des Glaubens aus beurtheilt, Leipzig 1842. – Kritik der evangelischen Geschichte der Synoptiker und des Johannes. Dritter u. letzter Bd., Braunschweig 1842. – Die gute Sache der Freiheit und meine eigene Angelegenheit, Zürich u. Winterthur 1842. – Das entdeckte Christenthum. Eine Erinnerung an das achtzehnte Jahrhundert und ein Beitrag zur Krisis des neunzehnten, Zürich/Winterthur 1843 (wieder abgedr. in: ERNST BARNIKOL, Das entdeckte Christentum im Vormärz. Bruno Bauers Kampf gegen Religion und Christentum und Erstausgabe seiner Kampfschrift, Jena 1927). – Der christliche Staat und unsere Zeit, in: Hallische Jahrbücher für Deutsche Wissenschaft und Kunst, hg. v. Arnold Ruge u. Theodor Echtermeyer (= HJB) 1841 Nr. 135ff., 537-539; 541-550; 553-555; 557f. – Theologische Schaamlosigkeiten, in: Deutsche Jahrbücher für Wissenschaft und Kunst, hg. v. Arnold Ruge (= DJB) 1841 Nr. 117ff., 465-467; 469-474; 477-479. – Bekenntnisse einer schwachen Seele, in: DJB (1842) Nr. 148f., 589-596. – Die Juden-Frage, in: DJB (1842) Nr. 274f., 1093-1126. – Johann Christian Edelmann oder Spinoza unter den Theologen, in: DJB (1842) Nr. 302f., 1205-1212. – Leiden und Freuden des theologischen Bewußtseins, in: Anekdota zur neuesten deutschen Philosophie und Publicistic, hg. v. Arnold Ruge, Bd. II 1843, 89-112.

Die religionsphilosophische Begründung der Theologie Bruno Bauers 189

Consorten (Frankfurt a. M. 1845) ihren abschließenden Höhepunkt fand.² Gegenüber den Ereignissen und Schriften dieser Jahre ist Bruno Bauers Wirksamkeit nach 1848 als konservativer Publizist und Mitarbeiter der *Kreuzzeitung* weithin unbekannt geblieben, und seine frühe spekulativ-theologisch begründete „Orthodoxie" findet in der Literatur zumeist nur als der rätselvolle Hintergrund der späteren Religionskritik beiläufige Erwähnung.³

Auf den folgenden Seiten wird der Versuch unternommen, im Rahmen einer biographischen Skizze die zahlreichen theologischen und religionsphilosophischen Arbeiten Bruno Bauers aus der Zeit vor 1840 selbst zu Wort kommen zu lassen; es gilt festzustellen, welche Ziele der unmittelbare Schüler Philipp Marheinekes und G. W. F. Hegels anstrebte, so lange er sich noch im Lager der Rechtshegelianer befand. Die Analyse der frühen Schriften Bruno Bauers wird zeigen, daß bereits in der zwischen 1834 und 1839 entworfenen spekulativen „orthodoxen" Theologie jene subjektivistische Auslegung der Hegelschen Religionsphilosophie vorherrscht, die nach 1839 das charakteristische Kennzeichen der radikal objektlosen, atheistischen „Philosophie des Selbstbewußtseins"⁴ werden sollte. Der anscheinend unvermittelte Übergang Bruno Bauers von der Hegelschen Rechten zur Linken steht damit in einem neuen Licht.⁵ Darüber hinaus wird sichtbar, daß es vor allem eine von apologetischen Motiven geleitete Auseinandersetzung mit der Methodik der historisch-kritischen Erforschung des Alten und Neuen Testaments war, die den Anstoß sowohl zur Ausbildung als auch zur Preisgabe des spekulativ-„orthodoxen" Systems gab. Das Bemühen um theologisch-systematische Bewältigung der historischen Frage, nicht Reflexion auf die religionsphilosophische Begründung der Theologie, hat die Wandlung des „orthodoxen" Theologen Bruno Bauer zum radikalen Religionskritiker zur Folge gehabt.

I
Die Berliner Jahre 1834-1839

Bruno Bauer habilitierte sich nach zwölfsemestrigem Studium der Theologie und Philosophie in Berlin am 15. März 1834 als Privatdozent für Religions-

---

² Eine vermutlich von B. Bauer stammende Erwiderung auf die „Heilige Familie" findet sich in dem anonymen Aufsatz: Charakteristik Ludwig Feuerbachs, in: Wigand's Vierteljahrsschrift (1845) III, 86-146; vgl. dazu MEGA I, 5, 541 ff.
³ Vgl. u.a.: Karl Löwith, Von Hegel zu Nietzsche. Der revolutionäre Bruch im Denken des neunzehnten Jahrhunderts, Stuttgart ⁴1958, 366f. – Auguste Cornu, Karl Marx und Friedrich Engels, Bd. I, Berlin 1954, 129; 142f. – Ernst Barnikol, Bruno Bauer, der radikalste Religionskritiker und konservativste Junghegelianer, in: Das Altertum, hg. v. J. Irmscher, VII, 1961, 41 ff. – S. auch den Literaturnachtrag (u. 219f.).
⁴ Eine vorzügliche kritische Darstellung gibt Jürgen Habermas, Das Absolute und die Geschichte. Von der Zwiespältigkeit in Schellings Denken (Diss. phil. Bonn), 1954, 18 ff.
⁵ Vgl. K. Löwith, a.a.O. 426 Anm. 142.

philosophie und Altes Testament.⁶ Vom Winter-Semester 1834/35 bis zum Sommer-Semester 1839 hielt er mit offensichtlich mäßigem Erfolg bei der Studentenschaft in Berlin Vorlesungen, vor allem in seinen Fachdisziplinen; jedoch las er auch über das Johannes-Evangelium (WS 1834/35; SS 1839), das Leben Jesu (SS 1835), die Synoptiker (WS 1838/39; SS 1839) und über dogmengeschichtliche Themen (WS 1834/35; WS 1835/36; WS 1836/37). Während der sechs Berliner Jahre veröffentlichte Bruno Bauer 43 ausführliche Rezensionen und größere Aufsätze; die Mehrzahl der Rezensionen erschien in dem offiziellen Organ der Hegelschule, den Berliner *Jahrbüchern für wissenschaftliche Kritik* (JWK); vier bisher unbekannt gebliebene Rezensionen fanden Aufnahme in Friedrich August Gottreu Tholucks *Litterarischem Anzeiger für christliche Theologie und Wissenschaft überhaupt* (ThLA);⁷ die Autorschaft Bruno Bauers für diese anonym erschienenen Artikel ist durch einen an anderer Stelle von ihm selbst gegebenen Hinweis eindeutig gesichert.⁸ Einige besonders aufschlußreiche Aufsätze veröffentlichte Bruno Bauer in der von ihm herausgegebenen *Zeitschrift für spekulative Theologie* (ZspTh). Diese Zeitschrift war nach Überwindung einiger Bedenken der Zensurbehörde und des Kultusministeriums am 16. Mai 1836 konzessioniert worden und erschien vom Sommer 1836 bis zum Frühjahr 1838 mit insgesamt sechs Heften.⁹ Sie sollte die spekulativ-theologische Hegelschule repräsentieren und das Forum sein, auf dem „die Wissenschaft ihre encyklopädische Thätigkeit continuirlich fortsetzen, bis ins Einzelne fortführen und bei Fragen, die die Gegenwart so lebhaft bewegen, ausüben könnte".¹⁰ Mit diesen Worten hatte Bruno Bauer nahezu alle namhaften Hegelschüler um Mitarbeit gebeten; wohl nicht zuletzt aufgrund der „besonderen Theilnahme", mit der sich „Hr. Dr. Marheineke der Sache angenommen" hatte, fand sich ein überraschend großer „Verein von Gelehrten" bereit, gemeinsam mit dem kaum bekannten Privatdozenten die neue Zeitschrift herauszugeben.¹¹ Es wurden u.a. Beiträge folgender Hegelianer veröffentlicht: Ferdinand Christian Baur, Carl Daub, Johann Eduard Erdmann, Karl Fried-

---

⁶ JOHANNES ASEN, Gesamtverzeichnis des Lehrkörpers der Universität Berlin, Bd. I, Leipzig 1955, 9. – WALTER ELLIGER, 150 Jahre Theologische Fakultät Berlin. Eine Darstellung ihrer Geschichte von 1810 bis 1960 als Beitrag zu ihrem Jubiläum, Berlin 1960, 44f.
⁷ ThLA (1834) Nr. 77ff. (Dez.) 614-634; 1835 Nr. 36ff. (Juni) 281-296; 303f.; Nr. 48ff. (Juli) 379-408; Nr. 77ff. (Dez.) 711-723; 727-732; 735-744. Eine Stellungnahme zu B. Bauers Aufsätzen erschien in: ThLA (1836) Nr. 35ff. (Juni) 273ff.
⁸ ZspTh I, 2 (1836) 203 Anm.
⁹ Die Entstehungsgeschichte der Zeitschrift erzählt unter Benutzung des ministerialen Aktenmaterials DIETER HERTZ-EICHENRODE, Der Junghegelianer Bruno Bauer im Vormärz (Diss. phil. Berlin) 1959, 15-19.
¹⁰ ZspTh, Ankündigung, 1, 7.
¹¹ Im Archiv des Ferd. Dümmler-Verlags, Bonn, befinden sich mehrere, die ZspTh betreffende Aktenstücke sowie fünf bisher unveröffentlichte Briefe B. Bauers aus dem Jahr 1840.

Die religionsphilosophische Begründung der Theologie Bruno Bauers 191

rich Göschel, Philipp Marheineke, Karl Rosenkranz und Julius Schaller. David Friedrich Strauß, der jegliche Zusammenarbeit mit Bruno Bauer, diesem „Schaf im Löwenfell", strikt abgelehnt hatte, gelang es nicht, seinen Freund Wilhelm Vatke dazu zu bewegen, aus dem Herausgeberstab auszutreten.[12] Daß Bruno Bauer die am 15. Januar 1838 ablaufende einjährige Präklusivfrist verstreichen und die Zeitschrift mit dem ersten Heft des Jahrgangs 1838 eingehen ließ, geschah aus wirtschaftlichen Gründen; es war noch nicht einmal gelungen, 100 Exemplare abzusetzen, und der Verleger Ferdinand Dümmler sah sich gezwungen, das Verlustgeschäft einzustellen.

Fast gleichzeitig mit dem Erscheinen des letzten Heftes der *Zeitschrift für spekulative Theologie* veröffentlichte Bruno Bauer seine zweibändige *Religion des Alten Testamentes in der geschichtlichen Entwickelung ihrer Principien dargestellt* (RAT I, II).[13] Dieses umfangreiche Werk, in dem Bruno Bauer seine spekulativ-theologischen Entwürfe aus den vergangenen Jahren zusammenfaßt und an „einem concreten Beispiel" erprobt,[14] ist als erster Teil einer „Kritik der Geschichte der Offenbarung" konzipiert, die im zweiten Teil „die apokryphische Literatur des AT, die chaldäischen Paraphrasen, Philo und Josephus" behandeln und „zur Darstellung der geschichtlichen Vermittlung des Christenthums zusammenfassen" sollte.[15] Ein dritter Teil hätte abschließend „den Religionsbegriff" darzustellen, „wie er im Selbstbewußtseyn Christi und in der Vorstellung der urchristlichen Gemeinde erschienen ist".[16] An den Anfang des Gesamtwerkes stellt Bruno Bauer eine ausführliche religionsphilosophische Einleitung über die „Idee der Offenbarung". Diese für das Verständnis der theologischen Bemühungen des jungen Bruno Bauer wichtigste Arbeit ist seit dem Erscheinungstage nahezu völlig unbeachtet und unbekannt geblieben. Die *Jahrbücher für wissenschaftliche Kritik* brachten 1839 eine zwar lobende, in der Sache jedoch sehr oberflächliche und verständnislose Renzension;[17] gründlicher und ergiebiger ist eine 1840 anonym in *Rheinwald's Repertorium für die theologische*

---

[12] HEINRICH BENECKE, Wilhelm Vatke in seinem Leben und seinen Schriften dargestellt, Bonn 1883, 185f. – B. Bauer hatte sich den Unwillen von D. Fr. Strauß durch seine Rezension des „Leben Jesu" zugezogen (in: JWK [1835] Nr. 109ff. [Dez.] 879-894; 897-912; 1836 Nr. 86ff. [Mai] 681-694; 697-704). Vgl. DAVID FRIEDRICH STRAUß, Streitschriften zur Vertheidigung meiner Schrift über das Leben Jesu und zur Charakteristik der gegenwärtigen Theologie, Heft 3, Tübingen 1837, 101ff.

[13] BRUNO BAUER, Kritik der Geschichte der Offenbarung. Ersten Theiles erster und zweiter Band. Die Religion des Alten Testamentes in der geschichtlichen Entwickelung ihrer Principien dargestellt, Berlin 1838.

[14] JWK (1838) Nr. 101ff. (Juni) 837.

[15] RAT II, V. – Vgl. auch ZspTh III, 2 (1838) 438.

[16] RAT I, XVI.

[17] JWK (1839) Nr. 14f. (Jan.) 109-120 (Stein).

Literatur und kirchliche Statistik erschienene Besprechung, in der Bruno Bauers spekulative Exegese mit Wilhelm Vatkes Thesen zur Geschichte des Alten Testaments verglichen wird.[18] Als Kuriosum sei ferner erwähnt, daß F. W. J. Schelling kurz vor seinen Prozessen gegen Heinrich Eberhard Gottlob Paulus auch Bruno Bauer des Plagiats verdächtigt hat. In einem Brief vom 23. Dezember 1840 an seinen Sohn Fritz schreibt Schelling: „Ein gewisser Bruno Bauer, der früher Ideen, so er aus einem Hefte meiner Philosophie der Offenbarung gestohlen, mit frecher Stirn als eigne (natürlich verdorben, damit das Plagiat weniger auffalle) debütierte, hat nun eine Kritik des Evangelium Johannes herausgegeben ... Dieser Kerl ist infam und verdient die literarische Staupe".[19] Wie unbegründet die Verdächtigung Schellings ist, wird die Analyse der Bauerschen Spekulation zeigen.

So erfolglos für Bruno Bauer die Veröffentlichung der „Religion des Alten Testamentes" blieb, so folgenreich wurde die Herausgabe einer im Winter 1838/39 entstandenen Broschüre, die zunächst nichts weiter als eine konsequente, wenn auch „bittre Zugabe" zu dem größeren Werk sein sollte. Es handelt sich um die Schrift *Herr Dr. Hengstenberg. Ein Beitrag zur Kritik des religiösen Bewußtseins. Kritische Briefe über den Gegensatz des Gesetzes und des Evangelium.*[20] In sieben Briefen an seinen jüngeren Bruder Edgar trägt Bruno Bauer als eine Art Propädeutik zum theologischen Studium eine schonungslose Kritik der Theologie Ernst Wilhelm Hengstenbergs vor, gegen die er bereits in der „Religion des Alten Testamentes" und noch früher in mehreren Aufsätzen in der „Zeitschrift für spekulative Theologie" gewichtige Einwände erhoben hatte.[21] Diese Kontinuität in der kritischen Beurteilung E. W. Hengstenbergs durch Bruno Bauer muß betont werden, damit nicht fälschlich durch die allerdings gewandelte Form der Auseinandersetzung das für Bruno Bauer gleich gebliebene theologische Anliegen verdeckt werde. Die „Kritischen Briefe" treten nicht mit dem Anspruch auf, sachlich etwas Neues zu sagen; Bruno Bauer meint, er habe sich durch den überwiegend „positiven", nicht polemischen Inhalt seiner „Religion des Alten Testamentes" das Recht erworben, „auch, wenn es Not thut, die negative Seite nach auswärts zu kehren".[22] Es geht ihm um eine Änderung des kritischen Verfahrens bei gleichbleibender kritischer Position.

---

[18] Rheinw. Rep. XXIX (1840) 2, 127-133.

[19] Zit. n. ALEXANDER HOLLERBACH, Der Rechtsgedanke bei Schelling. Quellenstudien zu seiner Rechts- und Staatsphilosophie, Frankfurt/M. 1957, 64.

[20] BRUNO BAUER, Herr Dr. Hengstenberg. Ein Beitrag zur Kritik des religiösen Bewußtseins. Kritische Briefe über den Gegensatz des Gesetzes und des Evangelium, Berlin 1839, 6 (= Kritische Briefe).

[21] ZspTh II, 2 (1837) 439-466. – RAT I, 140; 257f.; II, 129-132; 268-270; 304ff.; 325 Anm. 3; 335-343; 361 Anm. 4; 370 Anm. 3; 429 u.ö.

[22] Kritische Briefe, 6.

Bisher hatte Bruno Bauer versucht, E. W. Hengstenbergs Methodik, seine „Haltung" zu kritisieren, indem er deren „Einseitigkeiten" hervorhob.[23] So sah er vor Erscheinen der „Kritischen Briefe" seine Aufgabe darin, „die Uneinigkeit und gegenseitige Beschränkung der polemischen Stellung des Herrn Verf. [sc.: Hengstenbergs] und seiner gehaltvollen, der Spekulation selbst zugewandten Reflexionen und Anschauungen" nachzuweisen.[24] Nun aber hat Bruno Bauer in einem achtjährigen „Kampf", während dessen „die Werke des Herrn Dr. Hengstenberg mir nie aus dem Sinn, wie fast nie aus meinen Händen kamen",[25] einsehen müssen, daß E. W. Hengstenberg auf die gestellten Prinzipienfragen gar nicht antworten könne, da seine Methode eben darin bestehe, „seine Gründe von aller Welt Enden zusammenzuholen".[26] Mit der Einsicht in den synkretistischen Charakter der von E. W. Hengstenberg vertretenen Orthodoxie wird für Bruno Bauer die bisher angestrebte und immer wieder erbetene und geforderte Diskussion über die theologische Methodologie sinnlos. An ihre Stelle hat nun die offene Polemik zu treten, die auf „die atomistische Weise" des Gegners eingeht und an verschiedenen exegetischen und systematischen Einzelfragen nachzuweisen versucht, daß eine Theologie, die die Frage nach ihrer Methode nicht eindeutig beantworten könne, mit zwingender Notwendigkeit zu ständig ungewissen und widersprüchlichen Ergebnissen kommen müsse. Zum Beweis dieser These untersucht Bruno Bauer in seiner Streitschrift eine Reihe von Sätzen aus der Schlußabhandlung des soeben erschienenen zweiten Bandes der *Authentie des Pentateuches* von Ernst Wilhelm Hengstenberg;[27] ihnen entsprechen die Überschriften der einzelnen „Kritischen Briefe".[28] In einem Schlußwort faßt Bruno Bauer das Ergebnis der Untersuchung zusammen: „Ich habe nun Alles gethan, was bei der Kritik von Arbeiten, wie sie Herr Dr. Hengstenberg liefert, zu thun ist, Einzelheiten und immer wieder Einzelheiten, Gründe und nur Gründe, die durch ihre Anzahl wirken wollen, beleuchtet. Ich habe mehr gethan, ich habe dem Einzelnen nicht nur Einzelnes entgegengestellt, sondern das Einzelne, das ich erwiederte, in seinem allgemeinen Princip zu bestimmen gesucht. Etwas Überflüssiges habe ich eigentlich damit geleistet, da ich in meiner zusammenhängenden Darstellung des Gesetzes das Einzelne bereits aus seinem Princip zu entwickeln mich bemüht habe. Aber doch ist es nach dem Laufe dieser Welt nicht überflüssig, wenn man sieht,

---

[23] ZSpTh II, 2 (1837) 441. – RAT II, 335ff.
[24] ZSpTh II, 2 (1837) 443.
[25] Kritische Briefe, 8f.
[26] A.a.O. – Vgl. Rheinw. Rep. XXIX (1840) 2, 133.
[27] Ernst Wilhelm Hengstenberg, Die Authentie des Pentateuches, 2. Bd., Berlin 1839, 544ff.
[28] „Der Glaube an die Unsterblichkeit" (Brief 2); „Die Lehre von der Vergeltung" (Brief 3); „Die Heimsuchung der Schuld der Väter an den Kindern" (Brief 4); „Der Particularismus des Gesetzes" (Brief 5); „Die Äußerlichkeit des Gesetzes" (Brief 6).

wie Behauptungen nie aufhören, dem Begriff gegenüber sich zu behaupten, so lange sie nicht in ihrem eigenen Gebiete aufgesucht werden und hier ihr Schicksal erfahren".[29]

Bruno Bauer hat 1842 in einer Selbstdarstellung seiner Entwicklung den Eindruck zu erwecken versucht, der aufmerksame Leser hätte gerade aus der Streitschrift gegen E. W. Hengstenberg ersehen müssen, „wie ich zur Theologie stand ... [und] daß ich mit der Sophistik des apologetischen Standpunktes gebrochen hatte".[30] Es liegt in der Tat nahe – und diese Folgerung ist später auch oft ausgesprochen worden – in den „Kritischen Briefen" das Dokument des entscheidenden Umbruchs der theologischen Anschauungen des jungen Bruno Bauer zu sehen. Diese Deutung ist jedoch nicht richtig; tatsächlich bedeuten die „Kritischen Briefe" nicht mehr als den Übergang von der indirekten Kritik an E. W. Hengstenbergs Theologie zur direkten Polemik. Bruno Bauers eigene theologische Position hat sich zu diesem Zeitpunkt nicht gewandelt. Es wird später gezeigt werden, daß erst Probleme, die in der Auseinandersetzung mit E. W. Hengstenberg noch nicht einmal in der Frageform auftauchen, zur Auflösung der spekulativen Theologie Bruno Bauers geführt haben. Alle Versuche, Bruno Bauers Streitschrift aus dem Jahre 1838/39 zum Signal seiner junghegelschen Religionskritik zu erklären, simplifizieren das Problem der Entwicklungsgeschichte seiner theologischen Arbeit und müssen als nachträgliche Umdeutungen des Textes und seiner Absichten gewertet werden. So ist es charakteristisch, daß die von Arnold Ruge herausgegebenen *Hallischen Jahrbücher* anfangs keine Notiz von Bruno Bauers Schrift nahmen. Erst nach eineinhalb Jahren erschien eine anonyme Rezension, die Bruno Bauers Polemik als ein „wahres Meisterwerk" feierte und mit den Worten schloß: „Bauer hat sich hierdurch ein heiliges Verdienst um unsere Religion, um unsere höchsten und heiligsten Güter erworben".[31] Wenige Wochen später schrieben die *Hallischen Jahrbücher* sogar: „Es ist längst bekannt, daß der Hauch der Gegenwart diesen Theologen von einer abstrusen Scholastik befreit und zur vollkommenen Wiedergeburt aus dem Geiste der Wahrheit und Freiheit geführt hat".[32] Wie die Quellen aber unmißverständlich zeigen, sahen im Frühjahr 1839 weder die Junghegelianer noch die konservativen Althegelianer in Bruno Bauers

---

[29] Kritische Briefe, 129.

[30] B. BAUER, Die gute Sache der Freiheit, 23. – Der ausgezeichnet informierte anonyme Vf. des Aufsatzes: Bruno Bauer oder die Entwickelung des theologischen Humanismus unserer Tage. Eine Kritik und Characteristik, in: Wigand's Vierteljahrsschrift (1845) III, 52-85 bemerkt: „Nach seinen vorliegenden Schriften kann er unmöglich schon 1839 das Bewußtsein von 1842 errungen haben. Er scheint überhaupt die Neigung zu haben, sein späteres Bewußtsein auf den früheren Standpunkt zurückzuschieben" (65).

[31] HJB III (1840) Nr. 122, 972; 976.

[32] HJB III (1840) Nr. 276, 2206.

Die religionsphilosophische Begründung der Theologie Bruno Bauers 195

Broschüre eine Wendung nach links; Arnold Ruge zählte Bruno Bauer sogar noch im Oktober 1839 zur „Reaction in der Philosophie".[33] Auf der anderen Seite hatte E. W. Hengstenberg die grundsätzliche Differenz zwischen der eigenen theologischen Position und Bruno Bauers spekulativer Theologie längst vor dem Erscheinen der „Kritischen Briefe" erkannt und Bruno Bauer entsprechend abgeurteilt,[34] wie er ihm auch nie Gelegenheit zur Mitarbeit an der „Evangelischen Kirchen-Zeitung" gab.[35]

Fragt man nach den äußeren Gründen, die Bruno Bauer veranlaßt haben könnten, den einflußreichen E. W. Hengstenberg in dem schroffen, herausfordernden Ton der „Kritischen Briefe" anzugreifen, so ist man auf Vermutungen angewiesen. In der von E. W. Hengstenberg gegebenen ironischen Lesart der Zusammenhänge könnte ein Körnchen Wahrheit stehen: Hengstenberg schrieb 1843 in einer seiner berühmten Neujahrsansprachen für die „Evangelische Kirchen-Zeitung", Bruno Bauer sei dem den Hegelianern freundlich gesonnenen Minister Altenstein[36] für eine Beförderung zum apl. Professor zu „orthodox" gewesen; der Minister „nahm Anstoß an den Offenbarungselementen, welche Bauer dem freien Selbstbewußtseyn aufgedrungen hatte". Daraufhin habe Bruno Bauer „die den Charakter eines Absagebriefes tragende Schrift: Herr Dr. Hengstenberg verfaßt."[37] In der Tat dürfte es für den seit fünf Jahren in schwierigen wirtschaftlichen Verhältnissen lebenden, unbesoldeten Privatdozenten wichtig gewesen sein, gegenüber der vorgesetzten Behörde die eigene theologische Position unmißverständlich zu formulieren. Als nun das große, schwer überschaubare Werk über die „Religion des Alten Testamentes" echolos zu bleiben schien oder sogar als „kirchlich-orthodoxierend-hegel'scher, höchst confuser Synkretismus"[38] abgetan wurde, sah sich Bruno Bauer gezwungen, die längst abgesteckte Grenze zwischen seiner spekulativen Theologie und der in Berlin immer mehr Einfluß gewinnenden konfessionalistischen Orthodoxie E. W. Hengstenbergs in einer selbständigen Schrift auch für das größere Publi-

---

[33] ARNOLD RUGE, Briefwechsel und Tagebuchblätter aus den Jahren 1825-1880, hg. v. P. Nerrlich, 1. Bd., 1886, 181.
[34] ERNST WILHELM HENGSTENBERG, Authentie, 2. Bd., 208; 620.
[35] S. das Autorenverzeichnis bei ANNELIESE KRIEGE, Geschichte der Evangelischen Kirchen-Zeitung unter der Redaktion Ernst Wilhelm Hengstenbergs. Ein Beitrag zur Kirchengeschichte des 19. Jahrhunderts (Diss. theol. Bonn) 1958, Bd II.
[36] Die Hochschulpolitik des ersten preuß. Kultusministers schildert MAX LENZ, Geschichte der Königlichen Friedrich-Wilhelms-Universität zu Berlin, II, 1, Halle 1910, 14f.; 177ff.
[37] ERNST WILHELM HENGSTENBERG, Die Bruno Bauer'sche Angelegenheit, in: EKZ (1843) Nr. 6f., 41-50.
[38] CARL LUDWIG WILLIBALD GRIMM, Die Glaubwürdigkeit der evangelischen Geschichte mit Bezug auf Dav. Friedr. Strauß und Bruno Bauer und die durch Dieselben angeregten Streitigkeiten, Jena 1845, 186.

kum eindeutig zu kennzeichnen. An ein Weiterkommen in Berlin war nun allerdings nicht mehr zu denken. Schon die Beförderung des ungleich vorsichtigeren Wilhelm Vatke hatte bei der Fakultät und beim Hofe die größten Schwierigkeiten bereitet. Gegen die Stimmen von E. W. Hengstenberg, August Neander und Friedrich Strauß hätte Bruno Bauer in der Fakultät nicht die geringsten Chancen für irgendeine Förderung gehabt. Wohl aber blieb der Ausweg offen, mit Unterstützung des Ministers Altenstein an eine andere Universität berufen zu werden.

II
Die Umhabilitation nach Bonn

Eine derartige Möglichkeit bot sich, als zu Ostern 1839 durch den Weggang Ernst Rudolf Redepennings nach Göttingen an der Evangelisch-theologischen Fakultät in Bonn ein fest besoldetes Extraordinariat frei wurde.[39] Bevor die Bonner Fakultät eigene Entschlüsse über die Wiederbesetzung hatte fassen können, wandte sich Bruno Bauer auf Anraten Philipp Marheinekes am 9. April 1839 an den Dekan und erbat die Zulassung als Privatdozent an der Rheinischen Friedrich-Wilhelms-Universität. Wenig später wurde dem Dekan der Evangelisch-theologischen Fakultät zu Bonn, Carl Immanuel Nitzsch, durch den Bonner Regierungsbevollmächtigten und Kurator der Universität, Philipp Joseph von Rehfues, vertraulich mitgeteilt, daß es das ausdrückliche Anliegen des Ministers sei, „in geeigneter Weise dahin zu wirken, daß dem p. Bauer, dessen vorzügliche wissenschaftliche Qualifikation nach seinen bisherigen schriftstellerischen Leistungen ... jede thunliche Berücksichtigung verdient, die von ihm gewünschte Zulassung als Privatdozent ... nicht erschwert werde".[40] Die Bonner Fakultät bestand zu diesem Zeitpunkt aus den Professoren Johann Christian Wilhelm Augusti, Friedrich Bleek, Carl Immanuel Nitzsch und Karl Heinrich Sack, sowie den Privatdozenten Johannes Gottfried Kinkel und Johann Georg Sommer.[41] Für diese Fakultät der Vermittlungstheologen mußte der angekündigte Zuwachs aus Berlin von vorneherein höchst problematisch sein. C. I. Nitzsch, der die Verhandlungen mit Rehfues führte, versicherte dem Regierungsbevollmächtigten zwar schriftlich, daß man keinen grundsätzlichen Einwand gegen Bruno Bauers Theologie erheben wolle, „viel-

---

[39] OTTO RITSCHL, Die evangelisch-theologische Fakultät zu Bonn in dem ersten Jahrhundert ihrer Geschichte 1819-1919, Bonn 1919, 19f.
[40] Zit. n. D. HERTZ-EICHENRODE, a.a.O. 38.
[41] O. RITSCHL, a.a.O. 86ff.; vgl. auch HEINER FAULENBACH (Hg.), Das Album Professorum der Evangelisch-Theologischen Fakultät der Rheinischen Friedrich-Wilhelms-Universität Bonn 1818-1933, Bonn 1995, 25-67 (Biogramme u. Lit.).

mehr sei eine Einmischung des spekulativen Elements in den theologischen Lehrbetrieb in Bonn nur erwünscht"; doch bestehe Anlaß zu erheblichen Bedenken gegen Bruno Bauers „hochfahrenden" Charakter, seine „Vermessenheit", mit der er Männer und Werke kritisiere, die in jeder Beziehung über ihm ständen.[42] Es ist sehr unwahrscheinlich, daß sich C. I. Nitzsch mit diesen Worten vor E. W. Hengstenberg stellen wollte; zudem berichtet Bruno Bauer später, man habe in Bonn von der Existenz seiner „Kritischen Briefe" erst durch die Rezension in den „Hallischen Jahrbüchern" Kenntnis bekommen.[43] Es ist anzunehmen, daß Bruno Bauers soeben erschienene kritische Rezension des Werkes von Julius Müller, *Vom Wesen und Grunde der Sünde*, der Anlaß für die gereizte Bemerkung des Bonner Dekans gewesen ist.[44] C. I. Nitzsch schloß sein Schreiben an den Kurator der Universität mit den Worten: „Wärme und praktischen Geist finde ich auch nicht in ihm. Ich bin gewiß, daß diese Berufung uns einen viel wissenschaftlicheren Mann zuführen wird, als jene frühere von Berlin her, die uns so übel ausgeschlagen ist:[45] aber das kann uns nicht verargt werden, daß wir nach den hiesigen Erfahrungen und Umständen bei neuer Veranlassung auf eine ausgezeichnetere und gefahrlosere Ergänzung gerechnet hätten."[46]

Gestützt auf ein positives Gutachten Philipp Marheinekes beharrte der Minister jedoch auf seinem Vorsatz und gab eindeutig zu verstehen, daß er bald nach der Umhabilitierung das freie Extraordinariat in Bonn Bruno Bauer zu übertragen gedenke. Angesichts dieser klaren Stellungnahme des Ministers blieb der Fakultät faktisch keine Handlungsfreiheit. Man forderte Bruno Bauer auf, eine Darstellung seines Entwicklungsganges und seiner jetzigen Absichten bei der Fakultät einzureichen.[47] Nach einem lateinischen Vortrag vor dem Fakultätskollegium und einem daran anschließenden, nur fünfminütigen Kolloquium in der Wohnung des Dekans, durfte sich Bruno Bauer am 2. November

---

[42] A.a.O. 20.

[43] Briefwechsel zwischen Bruno Bauer und Edgar Bauer während der Jahre 1839-1842 aus Bonn und Berlin, Charlottenburg 1844 (= Briefe), 81f.

[44] JWK (1839) Nr. 41ff. (März) 321-342; 345-350. – Vgl. auch B. Bauers frühere Kritik an August Neander, in: JWK (1835) Nr. 101ff., 817-830; 833-848; Nr. 7ff. (Juli) 49-62; 65-78; 81-88.

[45] Amadeus Arendt war 1831, aus Berlin kommend, in Bonn Privatdozent für Kirchengeschichte geworden, schied aber schon Ostern 1832 aus dem Lehrkörper aus, da er zum Katholizismus übertrat; vgl. O. RITSCHL, a.a.O. 19.

[46] A.a.O. 20.

[47] Gutachten der Evangelisch-theologischen Fakultäten der Königlich Preußischen Universitäten über den Licentiaten Bruno Bauer in Beziehung auf dessen Kritik der evangelischen Geschichte der Synoptiker. Im Auftrage des vorgesetzten Hohen Ministeriums herausgegeben von der Evangelisch-theologischen Fakultät der Rheinischen Friedrich-Wilhelms-Universität, Berlin 1842 (= Gutachten), 61.

1839 in einer öffentlichen Habilitationsrede als neuer Privatdozent der Bonner Evangelisch-theologischen Fakultät vorstellen.[48] In einem Brief an seinen Bruder Edgar berichtet Bruno Bauer, er habe auf die Frage Friedrich Bleeks, ob er auch weiterhin Männer wie August Neander und Julius Müller polemisch aburteilen werde, „in aller Seelenruhe" geantwortet, „ich hätte mich allerdings während der 5½ Jahre, die ich an der Universität in Berlin docirt habe, im Gegensatz entwickelt, hätte es aber jetzt als eine Unvollkommenheit erkannt, wenn man sich immer mit dem Gefühl und Bewußtseyn des Gegensatzes herumtrage ... und daß ich gerade deshalb aus meiner bisherigen Lebenssphäre herausgetreten sey, um mich einmal ruhig in mir selbst zu sammeln und das Princip – wohlverstanden: das Princip, zu dem ich mich bekenne, desto klarer und sicherer für mich auszuarbeiten. Da man auch nichts Anderes als diese Entschiedenheit für das philosophische Princip von mir erwartet hatte, so war der Friede geschlossen."[49]

III
Die Situation der Hegel-Schule im Jahre 1839

Unternimmt man den Versuch, die Grundlagen der Theologie des jungen Bruno Bauer zu erkennen, so wird man vor die Aufgabe gestellt, jene Formel, mit deren Hilfe 1839 zwischen dem neuen Privatdozenten und der Bonner Fakultät der „Friede" geschlossen werden konnte, genauer zu bestimmen. Mit der Auskunft, es sei an die Abhängigkeit der theologischen Spekulation Bruno Bauers von der Hegelschen Religionsphilosophie zu denken, ist wenig gesagt. Die theologische Hegelschule war 1839, acht Jahre nach Hegels Tod und vier Jahre nach dem Erscheinen der wichtigen Arbeiten von David Friedrich Strauß, Ferdinand Christian Baur und Wilhelm Vatke,[50] längst in eine Vielzahl divergierender Schulrichtungen auseinandergegangen, für die ein verbindendes und verbindliches „Princip" wohl kaum gefunden werden kann, es sei denn, man wollte sich mit dem bloßen Hinweis auf die Methodik der dialektischen Vermittlungen begnügen. Wenig brauchbar erscheint auch das von Carl Ludwig Michelet 1838 geprägte und seither oft wiederholte Einteilungsschema, das die

---

[48] Briefe 6f. – MEGA I, 1/2, 238; 241.
[49] Briefe 7f.
[50] DAVID FRIEDRICH STRAUSS, Das Leben Jesu, kritisch bearbeitet, 1. Bd., Tübingen 1835. – FERDINAND CHRISTIAN BAUR, Die christliche Gnosis oder die christliche Religions-Philosophie in ihrer geschichtlichen Entwicklung, Tübingen 1835. – WILHELM VATKE, Die biblische Theologie wissenschaftlich dargestellt. 1. Bd.: Die Religion des Alten Testamentes nach den kanonischen Büchern entwickelt. 1. Theil, Berlin 1835. – Die einschneidende Bedeutung dieser 1835 erschienenen Werke für die Geschichte der Schule haben die Beteiligten selbst erkannt und betont; vgl. H. BENECKE, a.a.O. (Anm. 12) 91ff.

Differenzen innerhalb der Schule anhand der zur Sprache kommenden Hauptthemen aufzuzeigen sucht.[51] Denn mit der von Michelet vorgeschlagenen Aufteilung in eine „anthropologische", „theo-logische" und „christologische" Fragerichtung[52] übernimmt der heutige Betrachter bedeutsame sachliche Vorentscheidungen, die zu diesen Problemstellungen überhaupt erst führten: die Vorgeschichte der Auseinandersetzungen kommt gar nicht in den Blick!

Aufschlußreicher ist es, die Gruppierung der spekulativen Schule unter dem Gesichtspunkt des jeweiligen methodologischen Ansatzes vorzunehmen, der die Debatte bestimmte. Hier zeigt sich, daß alle theologische Spekulation zu Beginn des 19. Jahrhunderts von zwei deutlich unterschiedenen methodologischen Prinzipien beherrscht wurde: der *spekulativen Synthetik* und der *spekulativen Analytik*. Diese Differenzierung klingt bereits in dem klassischen Gründungsaufruf zu einer theologischen Spekulation in der Nachfolge der philosophischen Identitätssysteme an, in der 8. Vorlesung Schellings *Über die Methode des akademischen Studiums* aus dem Jahre 1802;[53] sie wird präzisiert in den *Theologumena* Carl Daubs[54] und erstmals praktiziert in den Systementwürfen von Isaak Rust,[55] Philipp Marheineke[56] und Karl Rosenkranz.[57] Vom Identitätsaxiom in seiner Hegelschen Formulierung ausgehend soll einerseits der gesamte geschichtliche Stoff der christlichen Religion in einer dialektischen Synthese zu einem organisch gegliederten Ganzen vereint werden, und zwar mit dem Ziel, die Vernünftigkeit und Wahrheit des Ganzen durch die

---

[51] CARL LUDWIG MICHELET, Geschichte der letzten Systeme der Philosophie in Deutschland von Kant bis Hegel. 1. u. 2. Theil, Berlin 1837/38; II, 363ff.

[52] Entsprechend den Themenkreisen „Unsterblichkeit" (Feuerbach, Weiße, I. H. Fichte, Göschel); „Persönlichkeit Gottes" (Weiße, Gabler, Schaller); „Leben Jesu" (Strauß).

[53] FRIEDRICH WILHELM JOSEPH SCHELLING, Studium Generale. Vorlesungen über die Methode des akademischen Studiums. Eingeleitet u. erläutert v. H. Glockner, Stuttgart 1954, 106-116. „Wenn das Christentum nicht nur überhaupt, sondern auch in seinen vornehmsten Formen historisch notwendig ist, und wir hiermit die höhere Ansicht der Geschichte selbst als eines Ausflusses der ewigen Notwendigkeit verbinden: so ist darin auch die Möglichkeit gegeben, es historisch als eine göttliche und absolute Erscheinung zu begreifen, also die einer wahrhaft historischen Wissenschaft der Religion oder der Theologie" (116).

[54] CAROLUS DAUB, Theologumena sive doctrinae de religione christiana ex natura Dei perspecta repetendae capita potiora, Heidelberg 1806, § 68, 246f.; §§ 87ff., 302ff.; § 99, 329ff.; § 104, 355ff.

[55] ISAAK RUST, Philosophie und Christenthum oder Wissen und Glauben, Mannheim 1825.

[56] PHILIPP KONRAD MARHEINEKE, Die Grundlehren der christlichen Dogmatik als Wissenschaft. Zweite, völlig neu ausgearbeitete Aufl., Berlin 1827. (Die Bemerkung von E. HIRSCH, Geschichte der neuern ev. Theologie, V, 366f., Marheineke sei „der erste Dogmatiker, der von Hegel sich hat dazu anregen lassen, die Dogmatik trinitarisch zu gliedern", ist nicht richtig. Bereits die 1. Aufl. der „Grundlehren" [1819], die noch nicht unter dem Einfluß Hegels steht, zeigt denselben Aufbau.)

[57] KARL ROSENKRANZ, Encyklopädie der theologischen Wissenschaften, Halle 1831, ²1845.

widerspruchsfreie Zuordnung der Einzelteile zueinander sichtbar zu machen; unter diesem methodologischen Gesichtspunkt entstehen die triadisch organisierten Systeme der spekulativen Dogmatik, Religionsgeschichte und der theologischen Enzyklopädie; in ihnen wird das System zur Apologie des in ihm gefaßten Inhalts.[58] Zum anderen wird gefordert, die einzelnen Teile gemäß der in ihnen enthaltenen, dem Ganzen gegenüber allerdings stets nur relativen Vernünftigkeit und Wahrheit analytisch aus ihrer Stellung im Systemaufbau zu rekonstruieren. Im Verlauf solcher apriorischer Rekonstruktion geschichtlicher Abläufe und Einzeldaten soll ein verbindlicher Maßstab gewonnen werden, der einer spekulativen Exegese der biblischen Texte zugrundegelegt werden könnte.[59]

Beide Positionen, die *spekulative Synthetik* so gut wie die *spekulative Analytik*, verstehen sich selbst als theologisch-apologetische Unternehmen: Die Stringenz ihres Wahrheitserweises soll insbesondere die von der historisch-kritischen Methode der Schriftforschung präsentierten Aporien und Widersprüche innerhalb der traditionellen biblischen und dogmatischen Theologie aufheben.[60] Nun zeigt gerade die Arbeit des jungen Bruno Bauer, in welch hohem Maß die hier bewußt gesuchte Auseinandersetzung mit der historischen Kritik und ihrer rationalen Methodik das Schicksal der spekulativ-theologischen Hegelschule bestimmte. Bruno Bauer fand um 1835 folgende Problemlage vor: In den ersten spekulativ-synthetischen Systementwürfen war die Frage unbeantwortet geblieben, ob die Historizität der im System verarbeiteten Aussagen und Daten für das System selbst von Belang sei. Die von den Hegelianern anfangs gegebene Auskunft, der Stellenwert im dialektisch gefügten Aufriß widerlege gerade alle Bedenklichkeiten eines historischen Positivismus, konnte die unerläßliche Begründung für einen solchen Umgang mit dem geschichtlichen Material auf die Dauer nicht ersetzen. Es sollte sich nur zu bald zeigen, daß die Anfrage der historisch-kritischen Exegeten lediglich zurückgewiesen, die Gültigkeit ihrer Methode aber keineswegs widerlegt war.

---

[58] „Quatenus religio non nisi ad sese pertinet, ejus idea, ceu forma, ipsi, ceu essentiae, absolute par est". C. DAUB, a.a.O. 247. Vgl. hierzu insgesamt FALK WAGNER, Die vergessene spekulative Theologie. Zur Erinnerung an Carl Daub anläßlich seines 150. Todesjahres, Zürich 1987 (= ThSt[B] 133).

[59] Als erstes Programm hat zu gelten: WILHELM VATKE, in: JWK (1830) Nr. 96ff. (Nov.) 768-784. – Vgl. JOACHIM WACH, Das Verstehen. Grundzüge einer Geschichte der hermeneutischen Theorie im 19. Jahrhundert. Bd. 2, Die theologische Hermeneutik von Schleiermacher bis Hofmann, Tübingen 1929, 263ff.

[60] „Als Seele der ganzen Auslegung ... wirkt diese Interpretation, obgleich von der andern Seite Resultat, auch auf die grammatische und historische zurück, sofern gewisse Sprachelemente und Sätze, besonders in formeller Beziehung erst aus dem allgemeinen Geiste des Christenthums bestimmt werden können." W. VATKE, a.a.O. 77f.

An dieser Stelle suchte die *spekulative Analytik* Abhilfe zu schaffen. Aber auch die von Wilhelm Vatke,[61] Leonhard Usteri,[62] Conrad Stephan Matthies[63] und Friedrich Billroth[64] unternommenen Vorstöße in Richtung auf eine spekulativ-analytische Exegese blieben auf halbem Wege stecken. Entweder verwehrte man den Ergebnissen historisch-kritischer Forschung apodiktisch jegliche Einrede in die Aussagen der nicht empirischen Spekulation – wiederholte also die Einseitigkeit der spekulativen Systematiker – oder die aus dem philosophischen Religionsbegriff abgeleitete spekulative Interpretationsmethode wurde mit der rationalen historischen Kritik in eine unreflektierte Verbindung gezwängt. Das *Leben Jesu* von David Friedrich Strauß ist nach Bruno Bauers Urteil ein beredtes Zeugnis solcher methodologischer Inkonsequenz. Im Hauptteil dieses Werkes werde eindeutig nach Kriterien rein kritischer Rationalität vorgegangen und dann, völlig übergangslos, in der berühmten „Schlußabhandlung" eine spekulative Rekonstruktion der Christologie skizziert, ohne daß auf eine Vermittlung zwischen den disparaten Methoden reflektiert worden sei.[65] Die Arbeit von D. Fr. Strauß zeige keinen Ausweg aus dem Antagonismus von historischer und systematischer Theologie, wohl aber erbringe sie einen unumstößlichen Beweis für den seit der Aufklärungszeit vorhandenen „Unterschied des Selbstbewußtseins und seines historischen Bewußtseins".[66] Neue Vermittlungsversuche seien angesichts dieses eindeutigen Befundes unsinnig; die den neuzeitlichen Theologen zunehmend beunruhigende Differenz von Glauben und Wissen, Vernunft und Offenbarung, Dogma und Geschichte müsse vielmehr als Endergebnis eines umfassenden geistesgeschichtlichen Prozesses betrachtet werden, der, wie alle geschichtlichen Abläufe, schlechthin nicht umgekehrt werden könne. D. Fr. Strauß habe keineswegs ein neues Stadium der Bibelkritik heraufbeschworen, sondern lediglich ein längst vorhandenes Faktum konstatiert: „Dieser Prozeß mußte aber nicht erst eintreten, weil er schon vorhanden war und durch das moderne Bewußtsein als eine übermäch-

---

[61] Außer der Anm. 59 genannten Arbeit sind folgende Aufsätze W. Vatkes aus der Zeit vor Erscheinen seiner „Religion des Alten Testamentes" heranzuziehen: JWK (1832) Nr. 108ff. (Dez.) 864-886; 1833 Nr. 120 (Dez.) 957-960; 1834 Nr. 106ff. (Juni) 891-894; 897-908.

[62] LEONHARD USTERI, Entwickelung des Paulinischen Lehrbegriffes in seinem Verhältnisse zur biblischen Dogmatik des Neuen Testamentes. Ein exegetisch-dogmatischer Versuch, Zürich 1824; wichtig die 4. Aufl. 1832.

[63] CONRAD STEPHAN MATTHIES, Erklärung des Briefes Pauli an die Galater, Greifswald 1833. – DERS., Erklärung des Briefes Pauli an die Epheser, Greifswald 1834. – DERS., Erklärung des Briefes Pauli an die Philipper, Greifswald 1835. – DERS., Propädeutik der Neutestamentlichen Theologie, Greifswald 1836.

[64] JOHANN GUSTAV FRIEDRICH BILLROTH, Beiträge zur wissenschaftlichen Kritik der herrschenden Theologie besonders in ihrer praktischen Richtung, Leipzig 1831. – DERS., Commentar zu den Briefen des Paulus an die Corinther, Leipzig 1833.

[65] JWK (1835) Nr. 109ff. (Dez.) 879-894; 897-912.

[66] A.a.O. 886.

tige Gewalt sich hindurchzieht. Er ist schlechterdings nicht aufzuheben und nur in seiner wissenschaftlichen Vollendung kann er sein Ziel und seine Beruhigung erreichen".[67] An die Stelle der von Rationalisten und Supranaturalisten aller Schattierungen gegen D. Fr. Strauß ins Feld geführten apologetischen Methode, die einzelne Ungenauigkeiten oder Widersprüche in dem *Leben Jesu* zu entdecken bemüht sei, um so wenigstens einen Teil des traditionellen biblisch-dogmatischen Jesus-Bildes zu bewahren, hat nach Bruno Bauers Vorstellung die Reflexion auf die „innre Nothwendigkeit", also die Entstehungsgeschichte jenes Umbruchs im historischen Bewußtsein zu treten. Es komme darauf an, die Genesis des nunmehr manifesten „Unterschieds des Selbstbewußtseins und seines historischen Bewußtseins" zu erhellen; erst wenn das gelungen sei, könne ein neues hermeneutisches Programm entworfen werden.

Aus diesem Gedankengang gewinnt Bruno Bauer bereits vor 1835 den für seine weitere Arbeit charakteristischen Maßstab zur Kritik der zeitgenössischen Theologie. In zahlreichen Rezensionen, deren kompromißlose Schärfe ihm so viele äußere Schwierigkeiten einhandelte, stellt er mit herausfordernder Monotonie den Theologen der verschiedensten Schulrichtungen[68] die Frage: Wie wird in dem hier vorliegenden hermeneutischen Entwurf das erkennende Subjekt dem zu erkennenden Objekt zugeordnet? In nahezu allen Fällen lautet die Antwort: Die erkenntnistheoretische Problematik wird von den zeitgenössischen Theologen nicht hinreichend erkannt und dennoch durch (wenn auch noch so sparsame) Übernahme von Elementen der rationalen historisch-kritischen Methode im immer gleichen Sinne gelöst![69] Es habe wenig Bedeutung, welchen klassischen theologischen Positionen sich der einzelne Theologe „ver-

---

[67] A.a.O. 885. Vgl. JWK (1836) Nr. 14f. (Juli) 111f.: „Der Unterschied unseres modernen Bewußtseins und zwar in seiner höchsten Form des spekulativen Wissens und der biblischen Form der absoluten Wahrheit muß durch die Exegese nothwendig gewonnen werden, wenn man nicht überrascht werden will durch Bestrebungen, die die Herausstellung desselben sich zur Hauptaufgabe machen dürften. Je schärfer der Unterschied des allgemeinen Selbstbewußtseins und der biblischen Form der Vorstellung entwickelt wird, um so mehr wird denen, die von hier aus einen Angriff gegen die historische Form der biblischen Vorstellung unternehmen wollen, im Voraus der Boden entzogen sein; zumal wenn die andre nothwendige Seite der Exegese hinzukommt, das unterschiedene wieder in Beziehung, die biblische Form und das moderne Bewußtsein in Einheit zu setzen."

[68] B. Bauers Rezensionen beschäftigen sich mit: R. Matthäi, C. L. Hendewerk, Chr. Heydenreich, E. Tollin, F. A. Staudenmayer, F. Hitzig, A. Neander, C. Ullmann, D. Fr. Strauß, H. A. G. Hävernick, C. v. Lengerke, C. S. Matthies, E. G. Bengel, J. Chr. Fr. Steudel, Fr. H. Ranke, F. W. C. Umbreit, R. Stier, H. Ewald, W. M. L. de Wette, A. Tholuck, E. W. Hengstenberg, J. E. Erdmann, F. Bähr, W. Münscher, J. Müller, D. Schulz, A. Fr. Gfrörer u.a.

[69] „Der Glaube fiel unversehens und durch eigene Schuld immer tiefer der Macht anheim, die in ihrem innersten Grunde nicht bekämpfen konnte, wenn er nicht seine eigene sinkende Gestalt bekämpfen wollte ... Die Saiten, welche die Aufklärung anschlug, tönten im Reich des Glaubens wieder, aber der Glaube merkte nicht, daß die Aussagen der Aufklärung das Echo seiner innersten Gedanken waren und daß er selber in die Aufklärung übergegangen sei." JWK (1835) Nr. 109 (Dez.) 880.

Die religionsphilosophische Begründung der Theologie Bruno Bauers 203

pflichtet" fühle, – stets werde ihm durch die historische Methode der biblische bzw. dogmatische Text zum „Gegenstand" verobjektiviert. Niemanden dürfe es verwundern, wenn in der Folge einer solchen erkenntnistheoretischen Grundhaltung das geschichtliche Offenbarungszeugnis primär in seiner „Widersprüchlichkeit" zum eigenen Denken und Vorstellen sichtbar werde. „Der Kampf der Kritik gegen den Inhalt des Glaubens ist wesentlich ein Widerstreit des Bewußtseins und des Gegenstandes. Jenes beruft sich auf die allgemeinen Gesetze, die ihm inwohnen und greift den Gegenstand nicht nur deshalb an, weil er sonstigen historischen Kenntnissen widerspricht und diesen sich nicht einordnen lasse, sondern dem allgemeinen Vernunftgesetz nicht conform sei. Offenbar muß daher die größere Kraft des Widerstandes in dem ideellen Boden des Bewußtseins liegen, denn dieser ist allgemeiner Natur und reicht Kraft derselben über jede einzelne formell-geschichtliche Beweisführung hinaus. Den äußeren Zwang des historischen Beweises zersetzt das Bewußtsein sogleich, weil er seiner freien Allgemeinheit nicht adäquat ist."[70] Handelt es sich also um eine „in dem ideellen Boden des Bewußtseins" liegende, vom subjektiven Verstehen her bedingte Krise der Theologie, so hat es nach Bruno Bauers Urteil schlechterdings keinen Sinn, ihr durch Verfeinerung oder Radikalisierung der historisch-kritischen Methodik begegnen zu wollen. Vielmehr gilt es, sich auf den vom Identitätsaxiom gewiesenen Ausgangspunkt zu besinnen und von ihm aus eine theologische Hermeneutik zu entwerfen, in welcher die von der philosophischen Erkenntnistheorie längst überholten rationalistischen Positionen mitsamt der ihnen zugrundeliegenden Subjekt-Objekt-Spaltung radikal preiszugeben seien.[71] Die „Differenz der Idee und Erscheinung", der dogmatischen und historischen Theologie, sei evident; es sei nun die Aufgabe der spekulativen Theologie, die übergreifende Identität im Entwurf einer neuen theologischen Erkenntnislehre wieder sichtbar zu machen.[72] In einem Brief Bruno Bauers an Ferdinand Christian Baur heißt es: „Wenn freilich für das Bewußtsein Hegels

---

[70] ZspTh II, 2 (1837) 411.
[71] JWK (1838) Nr. 101ff. (Juni) 817-838; bes. 826f. (Rezension des ersten Bandes der „Streitschriften" von D.F. Strauß).
[72] „Die geschichtliche Gewißheit der absoluten Wahrheit zerfällt einerseits durch den Widerspruch des Bewußtseins, welches die Wahrheit in einzelnen getrennten Fakten zu besitzen glaubt, und durch den Widerspruch, in den die absolute Wahrheit fällt, wenn sie in die individuelle Erscheinung übergeht. Die Aufdeckung dieser Widersprüche geschieht in der Kritik der evangelischen Berichte und der apostolischen Lehre. Die Kirche löst die Widersprüche der biblischen Gewißheit, indem sie dieselben in der formellen Einheit ihres Lehrbegriffs zusammenfaßt. Aber auch die nur formelle Dialektik ihres Bewußtseins ... zerfällt vor der Forderung des allgemeinen Begriffs, wie sie zunächst der Verstand in der Aufklärung gleichfalls nur formell geltend macht ... Der Verstand mußte daher mit seiner leeren Einheit und Allgemeinheit den Untergang der objektiven Realität herbeiführen und diese Bewegung des Bewußtseins und des Objekts wird abgeschlossen in der Form des Selbstbewußtseins, welches den Inhalt als die wirkliche Bestimmtheit des Geistes weiß." A.a.O. 831.

diese Differenz der Idee und Erscheinung noch nicht existiert, so hat sie doch im allgemeinen Bewußtsein der Schule einen Gegensatz hervorgerufen und die Schule mit dem Glück einer neu beginnenden Geschichte beschenkt."[73]

IV

Bruno Bauers frühes spekulativ-theologisches Programm

Erstes Kennzeichen der von Bruno Bauer nach 1835 entwickelten spekulativen Theologie ist der radikale Verzicht auf die Hilfsmittel der historisch-kritischen Schriftforschung. Dieser Verzicht ist erkenntnistheoretisch begründet und darf nicht als Ausdruck einer kirchlich- oder konfessionell-orthodoxen Bibelgläubigkeit gewertet werden.[74] Bruno Bauers Ziel ist es, die Wandlungen des historischen Bewußtseins mitsamt den in ihnen zutage tretenden Interferenzen als Begleiterscheinungen im Werdegang des endlichen „Selbstbewußtseins" zu deuten. Der rationalistische Kritiker sehe immer nur die „Widersprüche" im historischen Ablauf, da er statisch, von der einmal bezogenen Position seines Bewußtseins aus, die Geschichte zu erfassen und zu verstehen versuche. Der spekulative Theologe dagegen wisse: „Das ist vielmehr die Hauptsache, daß die Einheit der Idee in der Vereinzelung ihrer Momente ... erkannt werde und ... ihre adäquate Erkenntniß auch in der Exegese gewonnen werde."[75] Um diese „Einheit der Idee in der Vereinzelung ihrer Momente" der Kritik gegenüber behaupten zu können, muß sich Bruno Bauer um den Nachweis bemühen, daß die von einem verobjektivierenden Verstehen als „Widersprüche" bezeichneten geschichtlichen Erscheinungen im „Begriff" logisch präformiert und

---

[73] Zit. n. ERNST BARNIKOL, Das ideengeschichtliche Erbe Hegels bei und seit Strauß und Baur im 19. Jahrhundert, 1961 (= WZ Halle-Wittenberg, Gesellsch.- u. Sprachwiss. Reihe X, 1), 287.

[74] S. vor allem B. Bauers Auseinandersetzung mit Julius Müller, in: JWK (1839) Nr. 41ff. (März) 321-342; 345-350. – In der Vorrede zum 2. Bd. der RAT beschreibt B. Bauer sein Verhältnis zur „positiven" und zur „negativen" (=historisch-kritischen) Theologie folgendermaßen: „Die innere Macht jener beiden Partheien, zu denen er zunächst im Verhältniß steht, erkennt der Verfasser vom Grund seiner Seele an, und er müßte sich selbst sein Lebenselement entziehen, wenn er aus dem Umkreis jener allgemeinen Mächte heraustreten wollte. Aber das Positive und die negative Dialektik mit ihren Qualen – denn auch das Positive quält durch seine Schranke, wenn es nur als Objekt festgehalten wird – und mit ihrer Seligkeit muß er nach dem Princip der Philosophie, in die er sich gestellt hat, in andrer Weise vereinigen als diejenigen thun, denen das einzige Resultat der negativen Dialektik nichts als die inhaltlose, unbeschränkte Freiheit und die leere Subjectivität ist, die, um Inhalt zu bekommen, die Idee doch wieder nur als Postulat betrachten muß ... Doch das Princip der Entwicklung, das er der Methode der neueren Philosophie verdankt, daß die äußere Schranke, an welcher die gläubige Theologie das Positive festhält, und die Kritik es nur listig ergreift und vernichtet, die innere Bestimmtheit und Realität des absoluten Geistes in seinem geschichtlichen Werden selbst sey, dieß Princip wird in seiner weiteren Fortbildung die gegenwärtigen Gegensätze auflösen." RAT II, VIIIf.

[75] JWK (1834) Nr. 78 (April) 650.

somit spekulativ erklärbar seien. Vor allem in der großen religionsphilosophischen Einleitung zu seiner *Religion des Alten Testamentes* hat Bruno Bauer diesen Nachweis zu führen versucht. Dabei schlägt er folgenden Weg ein: Er geht von „der empirischen und subjectiven Erscheinungsform des Begriffes der Offenbarung"[76] aus, stellt also eine phänomenologische Analyse des biblischen Offenbarungsverständnisses an den Anfang, und fragt dann, ob sich innerhalb des allgemeinen philosophischen Religionsbegriffs eine Entwicklungsstufe finden lasse, auf der die phänomenologisch erfaßten Eigentümlichkeiten der biblischen Offenbarungsreligion „nothwendig gesetzt sind".[77] Auf diese Weise soll die logische Möglichkeit für das Auftreten einer Offenbarungsreligion spekulativ aus dem Begriff der Religion erwiesen, und aus der logisch notwendigen Struktur einer Offenbarungsreligion überhaupt die Eigentümlichkeiten der biblischen Offenbarung abgeleitet werden.

Im Verlauf des ersten Arbeitsganges wird die Paradoxie des in Form menschlicher Rede ergehenden göttlichen Offenbarungswortes hervorgekehrt und erneut darauf hingewiesen, daß der durch seine erkenntnistheoretischen Voraussetzungen an ein starres Subjekt-Objekt-Schema gebundene rationalistische Exeget niemals den *dynamisch-prozessualen* Charakter der geschichtlichen biblischen Offenbarung erfassen könne; er sei bestenfalls in der Lage, ein einzelnes, aus dem Prozeß der Offenbarungsgeschichte herausgegriffenes Objekt gegen andere Objekte abzugrenzen und punktuell zu analysieren; nie werde es ihm gelingen, den durch das Nomen Offenbarung prädizierten umgreifenden Zusammenhang zwischen Subjekt und Substanz, Gott und Mensch, zu erkennen.[78]

Im zweiten Arbeitsgang, der Deduktion der subjektiven Erscheinungsformen des allgemeinen philosophischen Religionsbegriffs, stellt Bruno Bauer die Stufenfolge „Gefühl", „Anschauung" und „Vorstellung" auf[79] und ändert damit die von Hegel in verschiedenen Gestalten vorgetragene[80] Deduktion ab. Er hat sogar noch 1839, als ihm von Philipp Marheineke die Bearbeitung der religionsphilosophischen Vorlesungen Hegels für eine Neuauflage der „Ge-

---

[76] RAT I, XVIII.
[77] RAT I, XXX.
[78] RAT I, XXIVff. – „Allein eine sehr wesentliche Differenz blieb immer zurück, besonders weil B[auer] eine Geschichte, also ein Werden, eine Entwicklung der Offenbarung wollte und der orthodoxen Vermischung verschiedenartiger Stufen in dem Processe des religiösen Geistes entgegentrat." Wigand's Vierteljahrsschrift (1845) III, 60 (s.o. Anm. 30).
[79] RAT I, XXXIIff.
[80] Alle Vorlagen Hegels, in denen die Entwicklungsstufen des subjektiven theoretischen Geistes oder des philosophischen Religionsbegriffs beschrieben werden, nennen als Schlußglied der Trias das „Denken"; Mittelglied ist die „religiöse Vorstellung", nur ausnahmsweise das „Gefühl".

dächtnisausgabe" anvertraut wurde,[81] dieses sein eigenes Schema in den Hegel-Text eingearbeitet![82] Der Sinn der vorgenommenen Änderung ist leicht zu erkennen: Es gilt, die bei Hegel zwischen dem Bildlichen und dem Gedanklichen oszillierende religiöse „Vorstellung" aus der Mehrdeutigkeit[83] herauszuführen und eben im Hinblick auf die von der historischen Kritik aufgeworfenen Fragen zu präzisieren. Nach Bruno Bauers Deduktion vollzieht sich im religiösen „Vorstellen" ein Verstehen, das, im strikten Unterschied zu „Gefühl" und „Anschauung", die Freiheit des endlichen und des unendlichen Geistes gleichermaßen wahrt. Denn auf der Stufe der religiösen „Vorstellung" gebe die Substanz, Gott, dem endlichen Ich ihre eigene Subjektivität dergestalt kund, daß dieses die freie Möglichkeit habe, die Kondeszendenz des unendlichen Geistes selbständig zu begreifen.[84] Dabei beschreibt Bruno Bauer die religiöse „Vorstellung" als einen synthetisierenden Vorgang, in dessen Verlauf der endliche Geist aus einer vom unendlichen Geist gesetzten raumzeitlichen, sinnlichen „Anschauung" mit Hilfe des Denkens und der Sprache die mit ihr „geoffenbarte" Wahrheit für sich erschließt.[85] So bedarf etwa die von Gott in Raum und Zeit gesetzte sinnliche Anschauung des historischen Jesus einer im endlichen Geist geschehenden Verifizierung, um zur geschichtlich wirksamen Offenbarung zu werden. Wäre der endliche Geist nicht in der Lage, die „That des Allgemeinen" als eine ihm einsichtige, ja von ihm selbst entdeckte Wahrheit zu erfassen, so könnte er diese auch nicht aneignen und Gottes offenbarendes Handeln bliebe ein „zielloses Sprechen".[86] Wird aber die innergeschichtlich lediglich als sinnliche „Anschauung" auftretende Tatoffenbarung Gottes im Medium der Sprache zum geistigen Eigentum des Menschen, so ereignet sich

---

[81] GEORG WILHELM FRIEDRICH HEGEL, Jubiläumsausgabe (= JA), hg. v. H. Glockner, Stuttgart ³1959, XV, 8f. – Briefe 10f.; 50.

[82] Vgl. die von Ph. Marheineke besorgte 1. Ausgabe der Vorlesungen Hegels über „die Philosophie der Religion" (1832) mit JA XV, 81f.; 128ff. – Schon Georg Lasson hat darauf hingewiesen (in: GEORG WILHELM FRIEDRICH Hegel, Sämtliche Werke, hg. v. G. Lasson, Bd. XII T. 1, Hamburg 1925 [= Phil. Bibl. F. Meiner Bd. 59], 319), daß B. Bauer in dem betr. Abschnitt eigenmächtige Textänderungen vorgenommen habe; auf die von uns hervorgehobene Änderung des Aufbaus geht G. Lasson nicht ein. Von den zeitgenössischen Rezensenten der Bauerschen Hegel-Ausgabe hat m.W. nur Eduard Zeller auf die Änderung aufmerksam gemacht (in: HJB IV [1841] Nr. 50ff., 197ff.; 202). Eine ins einzelne gehende Darstellung des Problems gibt die Diss. d. Vf., 237-267.

[83] Aus der neueren Lit. seien genannt: OTTO KÜHLER, Sinn, Bedeutung und Auslegung der Heiligen Schrift in Hegels Philosophie. Mit Beiträgen zur Bibliographie über die Stellung Hegels (und der Hegelianer zur Theologie, insbesondere) zur Heiligen Schrift, Leipzig 1934, 60ff. – ERIK SCHMIDT, Hegels Lehre von Gott. Eine kritische Darstellung, Gütersloh 1952 (= BFChTh 52), 53f. – S. auch den Literaturnachtrag (u. 219f.).

[84] RAT I, XXXVIII.

[85] „Der Geist in dieser wechselseitigen Bewegung zwischen dem Allgemeinen und Sinnlichen und als Synthese ist Vorstellung." RAT I, XL.

[86] JWK (1834) Nr. 6 (Juli) 47.

Die religionsphilosophische Begründung der Theologie Bruno Bauers 207

Offenbarung. „Die sinnliche Erscheinung macht er [sc.: der endliche Geist] sich selbst innerlich, indem er sie vorstellt und mit Freiheit in die allgemeine Form des Geistes aufnimmt. Er producirt in sich die Wahrheit, die außerhalb seiner in Form des selbständigen Seyns erscheint."[87] Jedes als religiöse „Vorstellung" zu bezeichnende religionsgeschichtliche Phänomen signalisiert das Vorhandensein „geoffenbarter" religiöser Erkenntnis; alle „Vorstellungen" aber bewegen sich in einander dialektisch bedingender Folge innergeschichtlich auf die „offenbare" Religion zu.[88]

Die skizzierte Spekulation Bruno Bauers beruht noetisch auf Hegels Verständnis der Logik, die – Ontologie und Metaphysik des Geistes umgreifend – die Voraussetzung der ontologischen Vernünftigkeit des Wirklichen in sich trägt; ihre spekulativ-theologische „Orthodoxie" ist von der Behauptung einer logischen und zeitlichen Priorität der ideellen Setzung des Inhalts der Offenbarung vor der reellen Produktion dieses Inhalts im endlichen Selbstbewußtsein abhängig.[89] Denn nur die sinnlich anschaubare Tatoffenbarung Gottes entbindet im endlichen Geist sprachlich artikulierbare Offenbarungserkenntnis. „Die Vorstellung wird unter der Voraussetzung, daß ihr Inhalt gegeben sey ohne Zuthun des subjectiven Geistes, d.h. sie hat die Anschauung zu ihrer Voraussetzung. Der Inhalt muß für den Geist, um vorgestellt zu werden, zunächst gesetzt werden, und daß er gesetzt wird, ist ein Factum, welches vor dem Geiste geschieht ... Der Gegenstand erscheint in diesem Factum und setzt seine Beziehung auf den subjectiven Geist."[90] Doch zugleich gilt: Im menschlichen Geist muß die Bedingung der Möglichkeit von Verstehen je schon vorgegeben sein, soll jene von Gott gesetzte Anschauung zu ihrem Ziele kommen. „Weil er [sc.: der endliche Geist] es ist, der sich vom sinnlich gegebenen Ausgangspunk-

---

[87] RAT I, XL.
[88] „Aller Ernst würde der Geschichte der Offenbarung fehlen, wenn wirklich immer nur derselbe absolute Inhalt im Bewußtseyn gelegen hätte ... Das bildet vielmehr das ernstliche und persönliche Interesse Gottes an der geschichtlichen Entwicklung seiner Offenbarung, daß sein Selbstbewußtseyn im subjectiven Geiste durch die Form selbst dem Inhalte nach beschränkt ist. Aus diesem Widerspruch fließt die Kraft jener angestrengten Spannung, mit welcher Gott persönlich gegen die Schranke eifert, um sein Selbstbewußtseyn zur absoluten Gegenwart im subjectiven Geiste zu setzen." RAT I, LVIII.
[89] „In der Erscheinung der Wahrheit, welche jetzt auftritt, ist Gott als unendliche Subjectivität die Voraussetzung seines geschichtlichen Werdens und er geht aus freier Zweckbestimmung in die sinnliche Erscheinung ein und ist die übergreifende Macht über jede einzelne Gestalt derselben. Diese Gestalten sind Darstellung des Allgemeinen, welches sie ideell setzt und ihre Sinnlichkeit aufhebt. Daß Gott den Sohn zeugt, dieses sinnliche Geschehen ist zugleich That des Allgemeinen und als das ewige Zeugen des Sohnes über die Beschränktheit des Raums und der Zeit erhaben. Die allgemeine Wahrheit ist als Voraussetzung zugleich in der Geschichte Christi und als der göttliche Rathschluß der Erlösung oder als der Logos frei präexistirend vor ihr." RAT I, XXXIX.
[90] RAT I, XLIII.

te erhebt und diesem sein unmittelbares Seyn nimmt, so ist die Wahrheit durch seine Thätigkeit."[91] Bruno Bauer spricht die äußerste Konsequenz seines spekulativen Offenbarungsbegriffs unbefangen aus: „So ist es richtig, daß Gott Product der Vorstellung ist, in dieser wird; denn sein Selbstbewußtseyn im Endlichen vermittelt Gott im endlichen Geiste und es wird im religiösen Geist."[92]

Die in der religiösen „Vorstellung" entdeckte transzendentale Dialektik von ideeller Setzung und reeller Produktion aus dem endlichen Geist vermag nach Bruno Bauers Überzeugung jene Paradoxie des Offenbarungswortes zu enträtseln, die im Verlauf der phänomenologischen Analyse des biblischen Offenbarungsbegriffs beschrieben worden war; sie ermögliche die Auflösung des „Widerspruchs", daß *göttliche* Rede als *Menschenwort*, und *menschliche* Rede als *Gottes*wort erklinge. Zugleich wird mit Hilfe der transzendentalen Dialektik der religiösen „Vorstellung" die spekulativ-theologische Hermeneutik begründet: Es sei zwar nicht möglich, die Kondeszendenz Gottes, der Substanz, als dialektisches Kontinuum „ewiger Rathschlüsse" apriorisch zu deduzieren; aber auf der Subjektseite könne in einer „erinnernden Reproduction"[93] die dialektisch bewegte Entwicklungsgeschichte der menschlichen Verstehensfähigkeiten lückenlos nachgezeichnet werden. Bruno Bauers groß angelegte *Kritik der Geschichte der Offenbarung* will nachprüfen, ob die in der Bibel berichteten geschichtlichen *Tat*offenbarungen Gottes zum genannten Zeitpunkt überhaupt jene theologische Auslegung erfahren konnten, die ihnen in der biblischen Überlieferung zugeschrieben wird. In der praktischen Durchführung der spekulativ-kritischen Exegese kommt es darauf an, Bewußtseinsstand und Bewußtseinsinhalte der Offenbarungsempfänger von Abraham bis Paulus zu ermitteln und anschließend zu untersuchen, ob die dem Einzelnen zugekommene sinnliche „Anschauung" (*Tat*offenbarung) nach den Gesetzen der dialektischen Begriffslogik in jene neue religiöse „Vorstellung" umgeformt werden konnte, die im Kanon als zu ihr gehörig tradiert wird. Die Entwicklungsgeschichte des endlichen „Selbstbewußtseins" wird für Bruno Bauer zum Maßstab, an dem die biblischen Berichte kritisch gesichtet und schließlich innergeschichtlich eingeordnet werden sollen!

In der *Religion des Alten Testamentes* deutet Bruno Bauer nach diesem, seinem „Princip", die biblische Theologie des Alten Testaments als eine dialektisch voranschreitende Heilsgeschichte, deren Kontinuität durch Hinweis auf die Gleichartigkeit des Offenbarungsvorganges (ideelle Setzung – reelle Produktion), und deren innere Widerspruchslosigkeit durch Hinweis auf die Logik der Entwicklung des endlichen Selbstbewußtseins gegen alle Einreden ra-

---

[91] RAT I, XL.
[92] RAT I, XLVIII.
[93] RAT I, XCIIIf.

tionalistischer Kritik verteidigt werden. Wesentlicher „Inhalt" dieser Heilsgeschichte ist das „Werden des absoluten Selbstbewußtseyns", die real-dialektische Verschmelzung von Subjekt und Substanz; darum ist gerade der spekulativ-„orthodoxe" Theologe aufgerufen, jenseits der immer kontingenten einzelnen Offenbarungs-„Inhalte" den universalen Sinn des umgreifenden Offenbarungsprozesses zum Verstehen zu bringen. „Gott theilt in der Offenbarung nicht nur gewisse Begriffe u. dgl. dem menschlichen Geiste mit, so daß er diesem selbst äußerlich bliebe und die Offenbarung nur ein Mittel wäre, um jene Begriffe und Kenntnisse in den menschlichen Geist zu bringen. In diesem Falle müßte allerdings neben einer solchen Mittheilung bloßer Kenntnisse eine erlösende Thätigkeit Gottes angenommen werden. Allein da die Offenbarung der Act ist, in welchem das Selbstbewußtseyn des absoluten Geistes wird, so ist sie selbst als dieses Werden schon die Aufhebung des Gegensatzes von Gott und Mensch oder sie ist in sich selbst schon die Erlösung."[94] Die soteriologisch gedeutete Offenbarungsgeschichte muß nach Bruno Bauers Überzeugung durch „Widersprüche" hindurch verlaufen, da die Verstehensfähigkeiten des endlichen Geistes dem strengen Gesetz dialektisch-antithetischen Fortschreitens unterworfen sind. Spekulativ-kritisch exegesieren heißt für den jungen Bruno Bauer: Die immanente Logik des im Offenbarungsempfänger sich vollziehenden Verstehensprozesses aufdecken; also: Was „wußte" Abraham? Welche sinnlich-anschaubare Tatoffenbarung wurde ihm zuteil? Welche neue geistige Erkenntnis konnte er aus der „Anschauung" gewinnen und für die Menschheit im Wort, also im Medium der Sprache, „produzieren"?

V
Die Krise der spekulativ-theologischen Analytik

Als Bruno Bauer 1839 das „Princip", zu dem er sich bekennt, auszuarbeiten gedenkt und sein Werk „ins Neue Testament" fortführen will, stößt er auf erhebliche Schwierigkeiten. Seinem „Princip" folgend müßte er zunächst zeigen, welche Wandlungen das „jüdische Volksbewußtseyn" in der Zeit nach der Bildung des Kanons des Alten Testaments durchlaufen mußte, um die „Anschauung" des historischen Jesus begreifen, also die in ihr ideell gesetzte Wahrheit vorstellend aneignen zu können. Bruno Bauer stellt fest, daß einem solchen Unternehmen zwei ungelöste Probleme im Wege stehen: „Die Geschichte des jüdischen Bewußtseyns ... ist, so sehr sie die Meinung für sich hat, daß sie so ziemlich, wenn nicht völlig bekannt sey, ein noch unbekanntes Gebiet ... Niemand hat z.B. die Frage beantwortet, wie die prophetische unmittelbare

---

[94] RAT I, LV. – „Die Form der Offenbarung erkannten wir in ihr selbst als ihren wesentlichen Inhalt, da sie das werdende und sich hervorbringende Selbstbewußtseyn des absoluten Geistes ist" a.a.O. LXIV; vgl. Kritische Briefe (s. Anm. 20), 25.

Anschauung vom Messias zu einem festen Reflexionsbegriff geworden sey."[95] Zum anderen fordert die vierfache Überlieferung der „evangelischen Geschichte" auch dem spekulativen Exegeten eine Vorentscheidung darüber ab, welcher der unterschiedlich erzählten Handlungsabläufe des Lebens Jesu denn der spekulativen Rekonstruktion unterzogen werden sollte. Eine gradlinige Fortführung der „Kritik der Geschichte der Offenbarung" vom Alten zum Neuen Testament wird angesichts der Besonderheit der neutestamentlichen Texte unmöglich: Bruno Bauer sieht sich gezwungen, seiner spekulativen Exegese literarkritische Untersuchungen vorangehen zu lassen! „Um zur wirklichen Geschichte zu gelangen, schlug daher der Verf. den entgegengesetzten Weg ein und hielt es vor allem für nothwendig, die Reflexion, die über der Geschichte ihr besonderes Reich erbaut hat und das ursprüngliche Licht derselben in fremdartigen Biegungen bricht, wieder der Reflexion zu unterwerfen, wodurch die gebrochene Erscheinung des Ursprünglichen aufgehoben wird und dieses in seiner wahren Gestalt zum Vorschein kommt. Wenn es nun darauf ankam, die evangelische reflectirende Geschichtsschreibung der Kritik zu unterwerfen, so mußte der Verfasser seinem Plan gemäß auch hier von dem äußersten, spätesten Gebilde anfangen, um von hier aus zu dem Ursprünglicheren zu gelangen."[96]

In der 1840 erscheinenden *Kritik der evangelischen Geschichte des Johannes* wird die Vermutung, daß das vierte Evangelium den weitesten Abstand von der „wirklichen Geschichte" habe, zum Beweis erhoben. In diesem Werk, das nichts anderes als eine Analyse der redaktionellen und kompositorischen Arbeit des Evangelisten geben will[97], kommt Bruno Bauer zu dem Ergebnis: Wir haben „kein Atom gefunden, das der Reflexionsarbeit des vierten Evangelisten sich entzogen hätte ... Dieses Evangelium befindet sich schon auf dem Boden der Theorie, es geht schon von einer allgemeinen Anschauung aus."[98] Das Offenbarungsereignis selbst, die sich im „vorstellenden" Begreifen der Augen- und Ohrenzeugen vollziehende Aneignung des unendlichen geistigen Inhalts der Jesus-„Anschauung", könne aus der späten theologischen Reflexion des Johannesevangeliums nicht rekonstruiert werden; dieses setze jene bereits als historisches Faktum voraus. Im vierten Evangelium sei die Geschichte zum „Gegenstand der Betrachtung" geworden und durchweg in der Darstellung einem schriftstellerischen „Pragmatismus" unterworfen, der wiederum von „der geistigen Anschauung", die der Evangelist „von dem Herrn hat", bestimmt wer-

---

[95] BRUNO BAUER, Kritik der evangelischen Geschichte des Johannes, Bremen 1840 (= KdJoh), Vf. – Briefe (s. Anm. 43), 17f.; 51.
[96] KdJoh VI.
[97] Albert Schwegler bezeichnet Bauers Methode zutreffend als „rein logische Analyse", in: ThJB, hg. v. Eduard Zeller (1842) 290.
[98] KdJoh 405; 414.

de.[99] So liege allen vermeintlich geschichtlichen Aussagen des Johannes-Evangeliums eine „dogmatische Abstraction" zugrunde, und „in der geschichtlichen Entwicklung, die der Verfasser [sc. Johannes] geben will, findet sich statt des Fortschrittes nur Stillstand und Wiederholung Eines und desselben. Dennoch wollte der Verfasser das Bedürfniß des Fortschrittes und der Bestimmtheit befriedigen, aber er konnte es nur in der sinnlichen Unmittelbarkeit und daher kommt die chronologische Genauigkeit, die sich an die Festreisen Jesu knüpft, und jene mechanische Motivirung des Hin- und Herziehens Jesu."[100] Im gleichen Zusammenhang schreibt Bruno Bauer noch im Jahre 1840: „Die Synoptiker dagegen ... stehen auch in der Anordnung des geschichtlichen Stoffes, wie wir später sehen werden, viel höher als unser Evangelist. Sie haben den Stoff zwar viel kühner als dieser angeordnet: aber kräftig, natürlich-gesund haben sie es gethan, wenigstens sind Marcus und Matthäus in dieser Beziehung ganz besonders ausgezeichnet. Tüchtige Hausmittel haben sie angewandt, so bildet z.B. eine natürliche Localität, wie der See Genesareth den Mittelpunkt, um den sich einzelne Geschichtsstoffe anreihen, oder ein hervorragendes Factum sammelt andere Facten um sich herum."[101] In der Erwartung also, in den synoptischen Evangelien Überlieferungsmaterial auffinden zu können, das nicht oder nur geringfügig durch schriftstellerischen „Pragmatismus" und „dogmatische Abstraction" umgeformt worden sei, hat Bruno Bauer die literarkritische Analyse der Synoptiker in Angriff genommen. Aus Briefen, die er im Frühjahr 1840 an seinen Berliner Verleger schreibt, geht allerdings hervor, daß er sich bereits während der Arbeit an dem Johannes-Kommentar über die Tragweite des gesamten Unternehmens im klaren ist.[102] Dennoch ist Bruno Bauer zunächst noch davon überzeugt, wenigstens in den „synoptischen Relationen von den Reden des Herrn" der gesuchten „wirklichen Geschichte" unmittelbar nahe kommen zu können.[103]

Der 1841 im Druck erscheinende erste Band der *Kritik der evangelischen Geschichte der Synoptiker* behandelt die Geburts- und Kindheitsgeschichten Jesu, die Berichte über den Täufer, den Beginn der galiläischen Wirksamkeit und schließt mit einer ausführlichen Analyse der Bergpredigt. In allen Abschnitten, auch und gerade in den Redestücken, stößt Bruno Bauer auf die keineswegs nur zusammenstellende, sondern den Stoff formende und zugleich umgestaltende Hand der Evangelisten. Ohne deren wohl durchdachte Eingriffe in das Überlieferungsmaterial sei es undenkbar, daß „einzelne, sporadisch

---

[99] KdJoh 174f.
[100] KdJoh 175.
[101] A.a.O.
[102] Briefe vom 5. Januar und 5. Februar 1840 von Bonn nach Berlin an Ferdinand Dümmler (Dümmlerarchiv, Bonn).
[103] KdJoh XIII; 38; 175; 182; 405; 409.

gebildete Erzählungen" zu dem vorliegenden „vortrefflichsten Ganzen" hätten verwoben werden können. „So viel sahen wir bis jetzt, daß sich nicht an verschiedenen Orten Erzählungen bilden können, die so sehr zusammengehören, daß der Anfang der einen nur an den Schluß der andern und an den Schluß der ersteren wieder der Anfang einer andern u.s.w. angefügt zu werden braucht, damit zuletzt ein harmonisches Ganze entstehe. Sondern wäre es wirklich der Fall, daß sich einzelne Erzählungen bilden könnten, die, an verschiedenen Orten und selbständig von einander geschaffen, überhaupt nur und im Ganzen demselben Anschauungskreise angehören und zur Ausarbeitung desselben dienen, so werden sie, wenn sie nun zusammenkommen, Vieles an sich haben, was ihre unmittelbare Verbindung unmöglich macht ... kurz: es wird sich so viel Widerspenstiges zwischen ihnen finden, daß es keiner geringen Anstrengung bedarf, sie in Zusammenhang zu bringen. Das ist schon als formelle Arbeit betrachtet eine That des Subjects – wenn es nur bei dem Formellen der Arbeit sein Bewenden haben könnte! Jede Veränderung des Ursprünglichen, jede Verschiebung und neue Wendung wird auch einen neuen Inhalt liefern: denn wird ein widersprechender Zug getilgt, so wird dafür ein neuer – und zwar woher? – aus der Combination und aus dem künstlerischen Selbstbewußtseyn gesetzt werden."[104] Diese Überlegungen zwingen Bruno Bauer zur Preisgabe der bisher verteidigten „Traditionshypothese". Nachdem bereits kurz zuvor Christian Hermann Weiße[105] und Christian Gottlob Wilke[106] unabhängig von einander und mit verschiedenen Methoden die Priorität des Markus-Evangeliums nachgewiesen hatten, kommt auch Bruno Bauer zu dem Schluß, daß in dem kanonischen Markus-Evangelium das „Urevangelium" enthalten sei, das von den wiederum untereinander literarisch abhängigen Seitenreferenten erweitert und umgestaltet worden sei.[107] Die Rückwirkung dieser exegetischen Erkenntnis auf die spekulativ-theologische Exegese ist sehr folgenreich: Sind die evangelischen Berichte nicht „aus der Überlieferung der Gemeinde entnommen"[108], sondern unter theologischen Gesichtspunkten komponierte „Kunstwerke", so wird es unmöglich, das neutestamentliche Offenbarungsgeschehen aus der Dialektik von religiöser „Anschauung" und „Vorstellung" erinnernd zu rekonstruieren.

---

[104] B. BAUER, Kritik der evangelischen Geschichte der Synoptiker. 1. Bd., Leipzig 1841 (= KdSyn I), 71f.

[105] CHR. H. WEIßE, Die evangelische Geschichte kritisch und philosophisch bearbeitet, 1. u. 2. Bd., Leipzig 1838.

[106] CHR. GOTTL. WILKE, Der Urevangelist, oder exegetisch-kritische Untersuchung über das Verwandtschaftsverhältniß der drei ersten Evangelien, Dresden 1838. – Vgl. WALTER SCHMITHALS, Art. „Evangelien, Synoptische", in: TRE 10 (1982), 570-626; dort eine Würdigung der Arbeiten von Wilke und B. Bauer 590,11-591, 33.

[107] KdSyn I, Vff. – Die „Bergpredigt des Matthäus" wird als „freie Fortbildung der Keime" verstanden, die sich in der „Schrift des Lukas finden", KdSyn I, 387.

[108] KdSyn I, V.

Für die unmittelbare sinnliche „Anschauung" des historischen Jesus findet sich – so Bruno Bauers neue Erkenntnis – in der literarischen Tradition kein einziger Beleg! Alle Überlieferung gehört in den Bereich der „Vorstellung", und „die Aufgabe der Kritik – die letzte, die ihr gestellt werden konnte – ist nun offenbar die, daß zugleich mit der Form auch der Inhalt darauf hin untersucht wird, ob er gleichfalls schriftstellerischen Ursprungs und freie Schöpfung des Selbstbewußtseyns ist".[109]

Zur Beantwortung dieser Frage führt Bruno Bauer 1841 eine weitere exegetische Erkenntnis ins Feld, die er in einem Brief an den Bruder als „Vollendung und letzte Bewährung" seiner Kritik bezeichnet.[110] In einer *Die messianischen Erwartungen der Juden zur Zeit Jesu* betitelten „Beilage" zum ersten Band der *Kritik der evangelischen Geschichte der Synoptiker* führt er den Nachweis, „daß das messianische Element der alttestamentlichen Anschauung vor dem Anfange der christlichen Aera sich nicht zu einem Reflexionsbegriffe vollendet habe."[111] Gab es vor dem Auftreten Jesu und „vor der Ausbildung der Gemeinde" den „Reflexions-Begriff" des Messias überhaupt noch nicht, so fehlt jene „jüdische Christologie", „welcher die evangelische hatte nachgebildet werden können".[112] Gerade der umgekehrte Vorgang habe stattgefunden: „Summa: der Hervorgang und die Ausbreitung des christlichen Princips, der Kampf desselben mit der Synagoge, endlich der Untergang des Tempeldienstes und die fortgesetzte Berührung der Juden mit der Kirche brachten es dahin, daß auch für das jüdische Bewußtseyn der Gedanke ‚des Messias' wichtig, bedeutend und der Mittelpunct einer ihm bis dahin unbekannten idealen Welt wurde."[113]

Der kritisch analysierende Exeget stößt nach Bruno Bauers Auffassung bei der Untersuchung der synoptischen Evangelien nicht nur auf ein Gewirr literarischer Abhängigkeiten, das an keiner Stelle einen sicheren Ausblick auf eine vorgegebene „wirkliche Geschichte" offen läßt, sondern darüber hinaus auf den erstaunlichen Tatbestand, daß es zu *Lebzeiten* Jesu jenes theologische Begriffsmaterial noch gar nicht gab, mit dem sein Kommen nach Auskunft der Synoptiker interpretiert wurde. Nicht die Gemeinde der Augen- und Ohrenzeugen eignete den unendlichen geistigen Inhalt der Jesus-Offenbarung „vorstellend" an, sondern erst „als er im Glauben der Seinigen auferstand und in der

---

[109] KdSyn I, XV.
[110] „Was ich in der Beilage zum ersten Bande über die Messianischen Erwartungen der Juden mitteile, hat meiner Polemik gegen Strauß und gegen alle bisherige Kritik letzte Bewährung gegeben. Ich habe damit die Kritik absolut vollendet und sie von allem Positiven befreit", Briefe (s. Anm. 43), 133.
[111] KdSyn I, 393.
[112] KdSyn I, XVII.
[113] KdSyn I, 416.

Gemeinde fortlebte, war er der Sohn Gottes, welcher den wesentlichen Gegensatz aufgelöst und versöhnt hatte ... Jetzt erst fuhren die schwankenden und haltungslosen Anschauungen der Propheten in den Einen Punct zusammen, in dem sie nicht nur erfüllt waren, sondern erst ihr gemeinsames Band und den Halt bekamen, der jede einzeln stützte und wichtig machte. Der Messias war nun als Begriff und feste Vorstellung mit seiner Erscheinung und mit dem Glauben an ihn gegeben und es entstand die erste Christologie. Wir besitzen sie in den Schriften des neuen Testaments."[114] Wenn auch alle einzelnen Beobachtungen am Text den Exegeten des Neuen Testaments in die zweite oder gar dritte nachchristliche Generation verweisen, so darf er nach Bruno Bauers Auffassung daraus keinesfalls den voreiligen Schluß ziehen, die Evangelisten seien „fromme Betrüger" und bloße Erfinder ihrer Botschaft gewesen. Evident sei lediglich, daß die neutestamentlichen Texte keine historischen Relationen lieferten, sondern – gerade dort, wo sie sich in die Form der Geschichtserzählung kleideten – Produkte immanenter Bewußtseinsprozesse seien. Schöpferisches Bewußtsein in der Gestalt theologischer Reflexion könne man aber so wenig „betrügerisch" nennen, wie es sinnvoll sei, Phidias einen Betrüger zu nennen.[115] Eine völlig andere Folgerung müsse gezogen werden: Die radikale Preisgabe jeder Behauptung einer transzendenten Begründung des Geschehens und der von ihm hergeleiteten theologischen Aussagen. Viel zu genau könne der Exeget erkennen, wie die Theologie des Neuen Testaments Stück für Stück *innerhalb* der literarischen Tradition, also in der Immanenz, herangewachsen sei. Diese Erkenntnis schließe nicht aus, daß das produktive religiöse Bewußtsein den „Anstoß zu seiner ersten Erregung von Außen, durch die Kunde von dieser geschichtlichen Person erhalten hat".[116] Doch mit diesem Satz sei dem Theologen nicht im mindesten geholfen: Die Form der „reflectirenden evangelischen Geschichtsschreibung" mache es unmöglich, in der rein literarischen Tradition historisches Urgestein entdecken zu können. Es fehlen die Kriterien, die zur immanenten Scheidung zwischen *mehr* oder *minder* literarisch geformten Stücken, zwischen solchen, die auf *erfundene* und solchen, die auf *historische* Fakten hinweisen, notwendig wären.[117] Im abschließenden dritten Band seiner *Kritik der evangelischen Geschichte der Synoptiker* spricht Bruno Bauer die Notwendigkeit, die Frage nach dem historischen Jesus ein für allemal zu sus-

---

[114] KdSyn I, 409f.
[115] „Wenn wir die Kategorie des Selbstbewußtseyns gebrauchen, so meinen wir nicht das empirische Ich, als ob dieses aus seinen bloßen Einfällen oder willkührlichen Combinationen jene Anschauungen gebildet habe ... Wir haben es hier vielmehr nur mit dem religiösen Selbstbewußtseyn in dem Stadium seiner schöpferischen Selbstentwicklung zu thun ... Zum Schluß könnten wir den Apologeten noch fragen, ob Phidias ein Betrüger war." KdSyn I, 81-83.
[116] KdSyn I, 82.
[117] Auf diesen Aspekt hat mit Nachdruck hingewiesen: JÜRGEN v. KEMPSKI, Über Bruno Bauer. Eine Studie zum Ausgang des Hegelianismus, in: APh 11, 1/2 (1961) 223-245.

pendieren, mit den Worten aus: „Die Frage, mit der sich unsere Zeit so viel beschäftigt hat, ob nämlich Dieser, ob Jesus der historische Christus sey, haben wir damit beantwortet, daß wir zeigten, daß Alles, was der historische Christus ist, was von ihm gesagt wird, was wir von ihm wissen, der Welt der Vorstellung und zwar der christlichen Vorstellung angehört, also auch mit einem Menschen, der der wirklichen Welt angehört, Nichts zu thun hat. Die Frage ist damit beantwortet, daß sie für alle Zukunft gestrichen ist."[118]

VI
Der Übergang zur radikalen Religionskritik

Der Übergang Bruno Bauers von der spekulativen Orthodoxie zur radikalen Religionskritik ist durch exegetische Erkenntnisse veranlaßt worden. Auf den hohen Rang der exegetischen Arbeit Bruno Bauers haben Franz Overbeck[119], William Wrede[120] und Albert Schweitzer[121] schon vor langer Zeit hingewiesen; daß Bauer der gesamten neutestamentlichen Forschung um Generationen voraus gewesen ist, könnte eine Untersuchung seiner einzelnen exegetischen Beiträge, die vor allem die redaktionsgeschichtliche Fragestellung in verblüffender Weise vorwegnehmen, gerade heute wieder deutlich machen. Die Auslegung, die Bruno Bauer selbst seinen Arbeitsergebnissen gab, stand unter dem Zwang der religionsphilosophischen Voraussetzungen seiner spekulativen Theologie. Der plötzliche Wechsel von der rechten zur linken Schulseite war möglich als „Konsequenz der objektlosen Subjektivierung"[122], die schon das „orthodoxe" System geprägt hatte. Bruno Bauer hat die Denkmittel der dia-

---

[118] KdSyn III, 308. – Im 1. Bd. der KdSyn heißt es noch „Wir retten die Ehre Jesu, wenn wir seine Person von dem Standpunct des Todes, auf welchen sie die Apologetik gebracht hat, wieder versetzen und ihr das lebendige Verhältniß zur Geschichte zurückgeben, welches sie, wie nun nicht mehr zu läugnen ist, gehabt hatte ... Wenn eine Anschauung, welche Himmel und Erde verbindet, Gott und Mensch vereinigt und den wesentlichen Gegensatz versöhnt, zur Herrschaft kommen und der Eine Punct werden sollte, auf welchen alle Kräfte des Geistes sich concentriren, so war zuvor Nichts mehr und Nichts weniger nothwendig, als daß eine Persönlichkeit auftrat, deren Selbstbewußtseyn in nichts Anderem als in der Auflösung dieses Gegensatzes seinen Inhalt und Bestand hatte und die nun dieß ihr Selbstbewußtseyn vor der Welt entwickelte und den religiösen Geist zu dem Einen Puncte hinzog, in welchem seine Räthsel gelöst sind. Jesus hat dieß ungeheure Werk vollbracht, aber nicht in der Weise vollbracht, daß er voreilig auf seine Person hingewiesen hätte – er entwickelte vielmehr vor dem Volke den Inhalt, der mit seinem Selbstbewußtseyn gegeben und Eins war, und erst auf diesem Umwege geschah es, daß seine Person, die er seiner geschichtlichen Bestimmung und der Idee, der er lebte, zum Opfer brachte, in der Anerkennung dieser Idee fortlebte." KdSyn I, 409.
[119] Fritz Lieb, Franz Overbeck und Bruno Bauer, in: ThZ 7 (1951) 233-235.
[120] William Wrede, Das Messiasgeheimnis in den Evangelien, Göttingen 1901, 280ff.
[121] Albert Schweitzer, Geschichte der Leben-Jesu-Forschung, Tübingen ²1921, 141-161.
[122] Ernst Bloch, Subjekt – Objekt. Erläuterungen zu Hegel. Erw. Ausg., Frankfurt a.M. 1962, 103.

lektischen Identitätsspekulation von Anfang an ausschließlich dazu verwandt, die Entwicklungsstadien der Verstehensfähigkeiten des *endlichen* Geistes zu ermitteln. Als 1839 der letzte Rest der „Objektseite" fortbrach, wurde die Autonomie des endlichen Selbstbewußtseins proklamiert und das Ich zum alleinigen Produzenten der Offenbarungsinhalte erklärt.[123] „Das Selbstbewußtseyn hatte es in den Evangelien mit sich selbst, wenn auch mit sich selbst in seiner Entfremdung, also mit einer fürchterlichen Parodie seiner selbst, aber doch mit sich selbst zu thun: daher jener Zauber, der die Menschheit anzog, fesselte und sie so lange, als sie sich noch nicht selbst gefunden hatte, Alles aufzubieten zwang, um ihr Abbild sich zu erhalten."[124] Die beschriebene Prävalenz der subjektiven Momente des Begriffs ist bei dem jungen Bruno Bauer jedoch ausschließlich Ausdruck eines höchst engagierten Interesses an der theologischen Hermeneutik gewesen, nicht schon von Anfang an junghegelscher Protest gegen die Entmachtung des endlichen Geistes. Nur unter diesem Gesichtspunkt wird schließlich der Bruch zwischen Karl Marx und Bruno Bauer verständlich, zu dem Marx gesagt hatte: „Herr Bauer war ein *Theologe* von Urbeginn an, aber kein gewöhnlicher, sondern ein *kritischer Theologe* oder *theologischer Kritiker*. Schon als das äußerste Extrem der *althegel'schen* Orthodoxie, als spekulativer Zurechtmacher alles *religiösen* und *theologischen Unsinns*, erklärte er beständig die *Kritik* für sein *Privateigenthum*. Er bezeichnete damals die *Straußische* Kritik als *menschliche* Kritik, und machte *ausdrücklich* im Gegensatz zu derselben das Recht der *göttlichen* Kritik geltend. Das große *Selbstgefühl*, oder *Selbstbewußtsein*, welches der versteckte Kern dieser Göttlichkeit war, schälte er später aus der religiösen Vermummung heraus, verselbständigte es als ein eigenes Wesen und erhob es unter der Firma: ‚das unendliche Selbstbewußtsein', zum Prinzipe der Kritik."[125] Das ist – gerade in der polemischen Zuspitzung – richtig gesehen. Man kann den gleichen Sachverhalt aber auch so beschreiben: Bruno Bauer wollte *verstehen*, nicht *verändern*. Seine theologische Arbeit scheiterte an dem Gegner, den er gerade als Theologe überwinden zu können gehofft hatte: der historischen Kritik.

VII
Der Entzug der venia legendi

In den Jahren, in denen Bruno Bauer in Bonn mit großer Intensität seinen exegetischen Untersuchungen über die Evangelien nachging, hatte sich seine äußere Stellung zunehmend verschlechtert. Die anfangs in Aussicht gestellte

---

[123] Posaune (s. Anm. 1), 137f.
[124] KdSyn III, 311f.
[125] F. ENGELS/K. MARX, Heilige Familie (s. Anm. 2), 226.

Professur war ihm immer noch nicht übertragen worden; zudem hatte Bruno Bauer in Karl Heinrich Sack einen entschiedenen Gegner innerhalb der Fakultät gefunden, der offensichtlich keine Gelegenheit vorübergehen ließ, seine Unzufriedenheit mit Bauers Person und seinem „System" der vorgesetzten Behörde gegenüber zum Ausdruck zu bringen.[126] Auf der anderen Seite hatte Bruno Bauer durch wiederholte, im Ton äußerst unkonziliante Eingaben beim Ministerium dafür gesorgt, daß sein Verhältnis zu den Bonner Kollegen immer schlechter wurde.[127] Als nach dem Tode Altensteins der kommissarische Leiter des Ministeriums, Adalbert von Ladenberg, den Kurator der Bonner Universität aufforderte, die Fakultät zu einer klaren Stellungnahme zu bewegen, ließ diese den Minister wissen, daß Bruno Bauer „seiner ganzen wissenschaftlichen Richtung nach nicht in die Fakultät passe und auch deren eigentliches Bedürfnis, nämlich Kirchengeschichte vorzutragen, nicht befriedigen könne".[128] Man erbat die freie Professur für Gottfried Kinkel. Als Bruno Bauer hierüber informiert wurde, beschloß er zunächst, zu resignieren und Bonn zu verlassen. Offensichtlich auf Drängen seines Förderers Philipp Marheineke wandte er sich im Herbst 1840 jedoch erneut an das Ministerium mit der Bitte um Beförderung. In einer Audienz bei dem Nachfolger Altensteins, dem soeben von Friedrich Wilhelm IV. berufenen Johann Albrecht Friedrich Eichhorn, wurde Bruno Bauer der Vorschlag unterbreitet, er solle Bonn verlassen, nach Berlin zurückkehren und hier ein möglichst „neutrales" kirchengeschichtliches Werk schreiben; für dieses Unternehmen wolle ihm das Ministerium eine finanzielle Unterstützung für zunächst ein Jahr gewähren und dann über seine weitere Verwendung entscheiden. Nach kurzem Schwanken lehnte Bauer diesen Vorschlag ab. In einem Brief an Eichhorn schreibt er, ihn würde das Bewußtsein peinigen, „daß das wissenschaftliche Princip, dem ich mich hingegeben habe, statt widerlegt zu werden, durch die Drangsale, ja durch den leiblichen Hunger seiner Anhänger erdrückt werden soll".[129] Daraufhin zog der Minister sein Angebot zurück und ließ Bauer mit einer Unterstützung von nur 100 Talern und mit der Ermahnung, in Bonn alles zu tun, „um Beschwerden von Seiten der Fakultät zu vermeiden", von Berlin abreisen.

---

[126] Vgl. ARNOLD RUGE, Ein nachträgliches Wort über bonner Kritik und Apologetik, in: HJB IV (1841) Nr. 106f., 423f.; 427f.; DERS., Die Politik des Christen K. H. Sack in Bonn. Eine Polemik gegen diesen Apologeten, in: Ges. Schr. III, 1846, 192ff. – KARL HEINRICH SACK, Über das Geschichtliche im Alten Testamente. Ein Sendschreiben. Mit einem Vorworte über die neueste Polemik der Hallischen Jahrbücher, Bonn 1841. – MEGA I, 1/2, 241. – Briefe (s. Anm. 43), 128ff.; 147.
[127] D. HERTZ-EICHENRODE, a.a.O. 73–76. – M. LENZ, Geschichte der Kgl. Friedrich-Wilhelms-Universität zu Berlin, II, 2, 25ff.
[128] D. HERTZ-EICHENRODE, a.a.O. 74.
[129] A.a.O. 75.

In Bonn traf Bruno Bauer erst nach Ablauf der Belegfrist für das Wintersemester 1840/41 ein, und so konnte er sich ohne größere Ablenkung durch Vorlesungsverpflichtungen sofort an die Ausführung seiner *Kritik der evangelischen Geschichte der Synoptiker* begeben.[130] Am 20. Juni 1841 sandte er ein Exemplar des ersten Bandes an den Minister mit der erneuten Bitte um Beförderung. Eichhorn sah sich daraufhin genötigt an alle theologischen Fakultäten der Universitäten in Preußen folgendes Schreiben zu richten: „Der Licentiat Bruno Bauer zu Bonn ist in seiner neuesten Schrift *Kritik der evangelischen Geschichte der Synoptiker* mit Ansichten hervorgetreten, welche das Wesentliche und den eigentlichen Bestand der christlichen Wahrheit in ihrem innersten Grund angreifen. Ich kann nicht umhin, nachdem der Verfasser mir seine Schrift sogar überreicht hat, davon officielle Notiz zu nehmen und veranlasse deshalb die Evangelisch-theologische Facultät, sich nach genommener Einsicht dieser Schrift baldigst gegen mich darüber gutachtlich zu äußern: 1. Welchen Standpunkt der Verfasser nach dieser seiner Schrift im Verhältniß zum Christenthum einnimmt, und 2. ob ihm nach der Bestimmung unserer Universitäten, besonders aber der theologischen Facultäten auf denselben, die licentia docendi verstattet werden kann. Berlin, den 20ten August 1841".[131] Die angeforderten Gutachten, ein höchst aufschlußreiches Selbstportrait der befragten Fakultäten[132], gingen noch im Laufe des Jahres 1841 im Ministerium ein. Sie enthielten keine einheitliche Antwort; die zweite Frage Eichhorns wurde sogar von der Mehrheit der Stimmen zugunsten Bruno Bauers entschieden. Als auch die Ministerialräte, denen die Angelegenheit zur Überprüfung der Rechtslage übergeben wurde, zu keinem klaren Ergebnis kamen, entschied der Minister in eigener Verantwortung.

Am 29. März 1842 mußte die Bonner Fakultät durch ihren Dekan, Friedrich Bleek, unter „Versicherung schmerzlichen Bedauerns" Bruno Bauer mitteilen, daß die 1839 verliehene licentia docendi „im Auftrag eines Hohen Ministeriums" zurückgenommen sei, da „sowohl die Ansicht über die evangelische Geschichte, welche Sie in ... [Ihrem] Werke unverhohlen und mit Nachdruck geltend zu machen suchen, als auch die Art und Weise, wie Sie sich in demselben ... zur Theologie und zur evangelischen Kirche überhaupt stellen, durch-

---

[130] Briefe 110f. – Das Belegbuch der Universität Bonn vermerkt: „Lic. Bauer hat nur eine Vorlesung gehalten, da ihm bei seiner späten Rückkunft von Berlin zur Haltung der anderen keine Zeit übrig blieb" (es handelte sich um ein publ. Kolleg über das „Leben Jesu"; 8 Hörer).
[131] Gutachten (s. Anm. 47), IIIf.
[132] Berlin, Bonn, Breslau, Greifswald, Halle, Königsberg. „Separatgutachten" einzelner Fakultätsmitglieder gaben Berlin (Marheineke, der sein Separatvotum auch noch selbständig drucken ließ: PHILIPP MARHEINEKE, Einleitung in die öffentlichen Vorlesungen über die Bedeutung der Hegelschen Philosophie in der christlichen Theologie, nebst einem Separatvotum über B. Bauers Kritik der evangelischen Geschichte, Berlin 1842), Breslau (Middeldorpf) und Greifswald (Schirmer, Finelius) ab.

aus unvereinbar seien mit der Stellung eines Lehrers der Theologie an einer Evangelisch-theologischen Facultät".[133]

Bruno Bauer verzichtete auf jeden juristischen Einspruch gegen diese Entscheidung; seine literarische Antwort auf das Vorgehen von Fakultät und Ministerium gab er mit der Schrift *Die gute Sache der Freiheit und meine eigene Angelegenheit* (Zürich und Winterthur 1842).[134] Mit Karl Marx, der in diesen Tagen aus Berlin nach Bonn gekommen war, feierte Bruno Bauer Abschied von der Stadt, in der seine akademische Laufbahn ein jähes Ende gefunden hatte. Dem Bruder berichtete er: „Neulich zog ich mit ihm [Karl Marx] ins Freie, um noch einmal alle die schönen Aussichten zu genießen. Die Fahrt war köstlich. Wir waren wie immer sehr lustig. In Godesberg mitheten wir uns ein paar Esel und galoppirten auf ihnen wie rasend um den Berg herum und durch das Dorf. Die Bonner Gesellschaft sah uns verwunderter wie je an. Wir jubelten. Die Esel schrieen."[135] Bruno Bauer zog wieder nach Berlin und lebte dort bis zum 13. April 1882 als freier Schriftsteller.[136]

Literaturnachtrag (in Auswahl)

JÖRG F. SANDBERGER, David Friedrich Strauß als theologischer Hegelianer, Göttingen 1972 (SThGG 5), 18-28 (Lit). – ERNST BARNIKOL, Bruno Bauer. Studien und Materialien. Aus dem Nachlaß ausgewählt und zusammengestellt von Peter Reimer u. Hans-Martin Sass, Assen 1972 (vgl. dazu meine Rezension in: ZKG 85 [1974] 443-445). – GEORG FERDINAND BERGER, B. Bauers Auseinandersetzung mit D.F. Strauß. Ein Versuch über die innere Kontinuität im Werk B. Bauers, in: NZSTh 16 (1974) 131-145. – JOACHIM MEHLHAUSEN, Der Umschlag in der theologischen Hegelinterpretation – dargetan an Bruno Bauer, in: Georg Schwaiger (Hg.), Kirche und Theologie im 19. Jahrhundert, Göttingen 1975 (SThGG 11), 175-197. – GODWIN LÄMMERMANN, Kritische Theologie und Theologiekritik. Die Genese der Religions- und Selbstbewußtseinstheorie Bruno Bauers, München 1979 (BevTh 84) (Lit.). – JOACHIM MEHLHAUSEN, Art. Bauer, Bruno (1809-

---

[133] Gutachten VIIf.

[134] Aus der reichen Aufsatz- und Flugschriften-Literatur, die nach dem Entzug der venia legendi erschien, seien hervorgehoben: EDGAR BAUER, Bruno Bauer und seine Gegner, Berlin 1842. – DERS., Der Streit der Kritik mit Kirche und Staat, Bern 1843. – OTTO FRIEDRICH GRUPPE, Bruno Bauer und die akademische Lehrfreiheit, Berlin 1842. – FRIEDRICH BREIER, Die Gutachten über Bruno Bauer, ein Zeichen der Zeit, Oldenburg 1843. – ERNST WILHELM HENGSTENBERG, Die Bruno Bauer'sche Angelegenheit, in: EKZ (1843) Nr. 6f. (Jan.), 41-50. – J. RÄBIGER, Lehrfreiheit und Widerlegung der kritischen Principien Bruno Bauers. Zugleich eine Auseinandersetzung mit Dr. Gruppe, Breslau 1843. – OTTO THENIUS, Das Evangelium ohne die Evangelien. Ein offenes Sendschreiben an Herrn Bruno Bauer, Leipzig 1843. – Eine Sammelrezension: ANONYM, Bruno Bauers Kritik der evangelischen Geschichte und die Literatur darüber. 1.-4. Artikel, Blätter f. lit. Unterhaltung (Brockhaus), 1844, Nr. 69ff., 273ff. – Weitere Literatur zum Vorgang in der Diss. des Vf. 416-418.

[135] Briefe (s. Anm. 43), 192.

[136] Zur weiteren Biographie Bruno Bauers vgl. JOACHIM MEHLHAUSEN, Bruno Bauer 1809-1882, in: Bonner Gelehrte. Beiträge zur Geschichte der Wissenschaften in Bonn. Evangelische Theologie, Bonn 1968, 42-66.

1882), in: TRE 5 (1980) 314-317 (Lit.). – FRIEDRICH WILHELM GRAF, Kritik und Pseudospekulation. David Friedrich Strauß als Dogmatiker im Kontext der positionellen Theologie seiner Zeit, München 1982 (MMHST 7) (Lit.). – FRIEDRICH WILHELM GRAF/FALK WAGNER (Hg.), Die Flucht in den Begriff. Materialien zu Hegels Religionsphilosophie, Stuttgart 1982, 9-63. – WALTER JAESCHKE, Die Religionsphilosophie Hegels, Darmstadt 1983 (EdF 201) (Lit.). – DERS., Die Vernunft in der Religion. Studien zur Grundlegung der Religionsphilosophie Hegels, Stuttgart 1986. – ERNST BARNIKOL, Das entdeckte Christentum im Vormärz. Bruno Bauers Kampf gegen Religion und Christentum und Erstausgabe seiner Kampfschrift. Zweite, wesentlich erweiterte Auflage besorgt von Ralf Ott, Aalen 1989. – LARS LAMBRECHT, Bauer, Bruno, in: Bernd Lutz (Hg.), Metzler Philosophen Lexikon, Stuttgart 1898, 81-84. – RUEDI WASER, Autonomie des Selbstbewußtseins. Eine Untersuchung zum Verhältnis von Bruno Bauer und Karl Marx (1835-1843), Tübingen 1994. – BRUNO BAUER, Über die Prinzipien des Schönen. De pulchri principiis. Eine Preisschrift. Hg. v. Douglas Moggach/Winfried Schultze, mit einem Vorwort von Volker Gerhardt, Berlin 1996. – JAN ROHLS, Protestantische Theologie der Neuzeit. Bd. I: Die Voraussetzungen und das 19. Jahrhundert, Tübingen 1997, 524f.; 537-540; 701f.; 799f.

Spekulative Christologie

Ferdinand Christian Baur im Gespräch mit David Friedrich Strauß und Julius Schaller

*Für Luise Abramowski
zum 8. Juli 1993*

I. Das Problem

In den letzten Jahren sind einige vorzügliche Arbeiten zur Geschichte der Spekulativen Theologie im 19. Jahrhundert erschienen.[1] Dennoch ist es derzeit nicht möglich, eine auch nur annähernd vollständige Geschichte der spekulativ-theologischen Schulen aus dem Umfeld des Deutschen Idealismus zu schreiben; selbst eine auch nur einigermaßen umfassende Darstellung eines Unterabschnittes zu einem solchen Werk, wie etwa die Geschichte der spekulativen Christologien der Hegelschule, kann immer noch nicht in Angriff genommen werden. Es fehlen viel zu viele gesicherte Einzelkenntnisse und grundlegende Gesamteinsichten, aber auch verläßliche Werkanalysen und präzise rezeptionsgeschichtliche Detailuntersuchungen, die insgesamt notwendig sind, um in das so ungemein lebhafte und vielstimmige Gespräch jener Theologen eine gewisse Ordnung zu bringen, die sich insbesondere von Hegel auf ganz neue Wege in der Erörterung über die Lehre von der Person Christi leiten ließen. Die großen zeitgenössischen Übersichtsdarstellungen des 19. Jahrhunderts – allen voran die Arbeiten von Ferdinand Christian Baur[2] – sind noch immer nicht überholte, geschweige denn überbotene Leistungen, über deren Materialreichtum man

---

[1] FRIEDRICH WILHELM GRAF, Kritik und Pseudo-Spekulation. David Friedrich Strauß als Dogmatiker im Kontext der positionellen Theologie seiner Zeit, München 1982 (= Münchener Monographien zur historischen und systematischen Theologie 7, hg. im Auftrag des Fachbereichs Evangelische Theologie von Wolfhart Pannenberg/Reinhard Schwarz). – Die Flucht in den Begriff. Materialien zu Hegels Religionsphilosophie, hg. v. Friedrich Wilhelm Graf/Falk Wagner, Stuttgart 1982 (= Deutscher Idealismus. Philosophie und Wirkungsgeschichte in Quellen und Studien, hg.v. Hans Michael Baumgartner u.a., Bd. 6; hinzuweisen ist insbesondere auf die ‚Einleitung' der Herausgeber, 9-63). – FALK WAGNER, Die vergessene spekulative Theologie. Zur Erinnerung an Carl Daub anläßlich seines 150. Todesjahres, Zürich 1987 (= Theologische Studien 133) (Lit.).

[2] FERDINAND CHRISTIAN BAUR, Die christliche Lehre von der Versöhnung in ihrer geschichtlichen Entwicklung von der ältesten Zeit bis auf die neueste, Tübingen 1838, 688-752; DERS., Die christliche Lehre von der Dreieinigkeit und Menschwerdung Gottes in ihrer geschichtlichen Entwicklung, Bd. 3: Die neuere Geschichte des Dogma, von der Reformation bis in die neueste Zeit, Tübingen 1843, 886-999; DERS., Kirchengeschichte des neunzehnten Jahrhunderts. Nach des Verfassers Tod hg. v. Eduard Zeller, Leipzig ²1877, 368-421.

nur staunen kann. Und doch ist es unerläßlich, daß sich die Forschung von den damals vorgenommenen positionellen Zuordnungen und Abgrenzungen löst, indem sie diese wiederum als Ausdruck einer Parteinahme im Streit der Schulen erkennen lehrt.

Ausgangspunkt aller derartigen Untersuchungen bleibt das *Leben Jesu* von David Friedrich Strauß. Seine „epochale Wirkung" ist darin begründet, daß jede der damals in Geltung stehenden theologischen Positionen in ihm „eine Antiposition zu sich selbst so identifizieren konnte", daß man in der Auseinandersetzung mit diesem Werk – und mit der These, die man in ihm zu erkennen meinte – die eigene Identität „aufzubauen oder zu kontinuieren vermochte".[3] Nicht nur in Bezug auf die christologische Fragestellung – und doch zumeist in enger Verbindung mit ihr – hat das *Leben Jesu* von Strauß eine solche Fülle von Selbstdarstellungen der zeitgenössischen Theologie provoziert, wie sie in der neueren Theologiegeschichte wohl einmalig ist.[4]

Ferdinand Christian Baur hat die besondere Wirkung des *Leben Jesu* von Strauß sehr präzise beschrieben. „Der Charakter der neuesten Zeit ist es, die Gegensätze in ihrer principiellen Bedeutung auszubilden. Dies ist besonders seit Strauss die klar ausgesprochene Tendenz der Zeit. Die falschen Vermittlungen, die nur auf Schein und Täuschung beruhen, sollen endlich aufhören, man will klar und entschieden wissen, was an jeder Richtung Wahres und Berechtigtes ist. Es muss sich daher trennen, was nicht länger zusammenbleiben kann".[5] Diesen um 1850 niedergeschriebenen Sätzen Baurs kontrastiert in bemerkenswerter Weise, daß Baur selbst *während* des Streits um das *Leben Jesu* nur wenige und recht unauffällige Stellungnahmen an die Öffentlichkeit gegeben hat. Die Baur-Literatur begnügt sich bislang zur Erklärung dieses Phänomens mit Hinweisen, die Baur selber gegeben hat. So heißt es bei Heinz Liebing – unter wörtlicher Aufnahme einer von Baur selbst stammenden Wendung –: „Baur ist in der Diskussion über das ‚Leben Jesu' zunächst ruhiger Zuschauer geblieben".[6] Peter C. Hodgson faßt seine sehr sorgfältigen Beobachtungen in den etwas präziseren Satz zusammen: „With respect to the content of Strauss's book, namely, its attack on the historicity of the Jesus of the Gospels, Baur remained silent".[7] Die Passage aus Baurs Vorlesungen zur Kirchenge-

---

[3] F. W. GRAF, Kritik und Pseudospekulation (wie Anm. 1) 84-86.

[4] Eine besonders reichhaltige Sammlung aus der Sicht eines Zeitgenossen bietet JOHANN HEINRICH EBRARD, Wissenschaftliche Kritik der evangelischen Geschichte. Ein Compendium der gesammten Evangelienkritik mit Berücksichtigung der neuesten Erscheinungen, Bd. 1-2, Frankfurt a.M. 1842, ³1868. Die umfassendste neuere Bibliographie findet sich bei F. W. GRAF, Kritik und Pseudospekulation (wie Anm. 1) 621-644.

[5] F.CHR. BAUR, Kirchengeschichte des 19. Jahrhunderts (wie Anm. 2) 407.

[6] HEINZ LIEBING, Historisch-kritische Theologie. Zum 100.Todestag Ferdinand Christian Baurs am 2. Dezember 1960, in: ZThK 57 (1960) 302-317; 312.

[7] PETER C. HODGSON, The Formation of Historical Theology. A Study of Ferdinand Christian Baur, New York 1966, 25.

schichte des 19. Jahrhunderts, auf die Liebing, Hodgson und viele andere Autoren ihr Urteil stützen, lautet wörtlich: „Als das Strauss'sche Leben Jesu erschien und die bekannte Bewegung hervorrief, blieb ich ruhiger Zuschauer. Die Sache hatte ohnedies für mich nichts Neues, da ich das Werk in meiner nächsten Nähe hatte entstehen sehen und mit dem Verfasser oft genug darüber gesprochen hatte. Ich hätte aber auch ebensowenig für als gegen dasselbe auftreten können, da mir damals die dazu nöthigen tiefern Studien noch fehlten. Erst nachdem ich das johanneische Evangelium zum Gegenstand von Vorlesungen gemacht hatte, sah ich mich in der Lage, eine neue selbständige Stellung in Hinsicht der evangelischen Geschichte einzunehmen".[8]

Der distanzierte, kühl objektivierende Ton, in dem Baur hier aus einem größeren zeitlichen Abstand heraus über sich und seine Stellung zu Strauß Rechenschaft ablegt, läßt aufhorchen. Waren das Erscheinen und die unmittelbare Wirkung des *Leben Jesu* für Baur tatsächlich ihn innerlich so wenig bewegende Ereignisse, nur weil er die Entstehung dieses Werkes miterlebt und mit begleitet hatte? Gibt es nicht vielleicht doch noch unentdeckte Hinweise auf eine frühe Auseinandersetzung des Lehrers mit der zentralen spekulativ-theologischen Frage seines Schülers, die schließlich aus Voraussetzungen hervorgegangen war, die er diesem selber vermittelt hatte und doch wohl auch – zumindest zeitweilig – mit ihm teilte? War Baur von Anfang an von der Provokation des *Leben Jesu* und dem in der „Schlußabhandlung" beschriebenen „Letzten Dilemma" der spekulativen Christologie nicht betroffen?

Die folgende Studie ist diesen Fragen gewidmet. Sie zeichnet zunächst den privaten und den öffentlichen Gesprächsgang nach, der zwischen Baur und Strauß in den Jahren zwischen 1835 und etwa 1840 stattgefunden hat. Sodann lenkt sie den Blick auf eine bislang noch nicht beachtete positionelle Stellungnahme Baurs zur Strauß-Debatte, die in einem kleinen Exkurs über den heute kaum mehr bekannten Hegelianer Julius Schaller in Baurs Werk *Die christliche Lehre von der Versöhnung in ihrer geschichtlichen Entwicklung* aus dem Jahre 1838 enthalten ist.[9]

II. Das Gespräch zwischen Baur und Strauß über das *Leben Jesu*

Man kann die Reaktion von Baur auf das *Leben Jesu* von Strauß wohl nur dann verstehen und richtig würdigen, wenn man sich vor Augen hält, daß zwischen dem älteren und dem jüngeren Tübinger Gelehrten zum Zeitpunkt des Erscheinens dieses Werkes bereits eine langjährige, freundschaftlich zu nennende

---

[8] F.CHR. BAUR, Kirchengeschichte des 19. Jahrhunderts (wie Anm. 2) 419.
[9] F.CHR. BAUR, Die christliche Lehre von der Versöhnung (wie Anm. 2) 737–741 Anm. 2.

Beziehung bestand. In dem meisterlichen Essay, den Wilhelm Dilthey 1865 über Baur geschrieben hat, findet sich der Satz: „Wenn irgendeiner, so war Strauß ein Schüler von Baur".[10] In Blaubeuren habe ihn dieser in das Altertum eingeführt. Von da ab in Tübingen sei Baurs Gedankenkreis der Mittelpunkt der theologischen Studien von Strauß gewesen. Baur habe ihn mit Schleiermacher und Hegel vertraut gemacht, und von Baur habe Strauß die für ihn so bestimmende Unterscheidung zwischen dem idealen und dem historischen Christus empfangen, durch welche die Theologie Schleiermachers in eine Krisis gebracht worden sei. Baur endlich sei es gewesen, „der auch für diese historische Untersuchung über Christus den Mythus als Erklärungsgrund, obwohl in engen Grenzen, anzuwenden bereits begonnen hatte". Zu einem Zeitpunkt, als Baur das Ziel einer historischen Analyse des Urchristentums „noch wie ein fernes Licht dunkel schimmernd" vor sich gesehen habe, habe Strauß als „ein genialer Schüler in jugendlichem Mute" dieses Ziel antizipieren zu dürfen gehofft.[11]

Auf diese, in nahezu allen Punkten wohl heute noch als zutreffend zu bezeichnende *Nähe* zwischen Baur und Strauß[12] folgt dann bei Dilthey der Hinweis auf die unübersehbare *Distanz* zwischen den beiden, nur um sechzehn Lebensjahre voneinander getrennten Gelehrten, die einen der merkwürdigsten Generationenkonflikte der neueren Theologiegeschichte markiert. Dilthey setzt mit einer psychologisierenden Analyse über den „Gegensatz der Naturen" von Baur und Strauß ein.[13] Dann verweist er auf eine grundsätzliche – und deshalb folgenreiche – Differenz in der Rezeption idealistischer bzw. spekulativ-theologischer Grundmotive. Bei Baur habe „die altväterische, rein theologische und mit der Kirche verwachsene Denkart, die in seinem supranaturalistischen Aus-

---

[10] WILHELM DILTHEY, Ferdinand Christian Baur, in: ders., Gesammelte Schriften, Bd. 4: Die Jugendgeschichte Hegels und andere Abhandlungen zur Geschichte des Deutschen Idealismus, Stuttgart/Göttingen ³1963, 403-432; 418.

[11] Ebd.

[12] P.C. Hodgson bemerkt: „His [Baurs] personal friendship for Strauss was perhaps too deep to allow him to be convinced that behind the facade of historical criticism lay a philosophical mind which was even more clearly breaking with the Christian faith and in fact repudiating the very synthesis of Church theology and ‚science' which Baur hoped to enhance" (P.C. HODGSON [wie Anm. 7] 74). Zum Verhältnis Baur-Strauß vgl. man auch die materialreiche, aber in der Gedankenführung sehr sprunghafte Passage in: ERNST BARNIKOL, Ferdinand Christian Baur als rationalistisch-kirchlicher Theologe, Berlin/DDR 1970, 18-24.

[13] „Und doch lag hier ein Gegensatz der Naturen und der ihnen entsprechend ausgebildeten Methoden vor, wie er nicht schärfer gedacht werden konnte! Man gewahrt, wie bei dem stärksten Gefühl gegenseitiger Achtung, ja des intimsten geistigen Zusammenhangs, dieser Gegensatz doch von beiden bis zur Abstoßung empfunden wird, bei Strauß in der kühlen Objektivität, in der er von seinem Meister redet, bei Baur unverhohlener in seinem Verfahren, die Arbeiten des Schülers als eine notwendige, aber von ihm überwundene Stufe zu bezeichnen." (W. DILTHEY [wie Anm. 10] 418).

gangspunkt lag", zeitlebens den „Hintergrund seiner Ideenwelt" gebildet. „Sein [...] großartiger Idealismus ließ ihn allezeit in der *Idee* der Versöhnung, der Einheit Gottes und des Menschen, dieser Idee, in welcher Christentum und moderne Spekulation in eins liefen, das ganze und wahre Christentum sehen". Die jüngere Generation der Schüler Baurs hingegen – für die Strauß als „die erste kühnste Repräsentation" zu gelten habe – stellte in den Mittelpunkt der Spekulation den Gedanken der „Immanenz Gottes in der Welt". Sie seien „mit dem Gefühl der *göttlichen Welt* ganz durchdrungen" gewesen. „Durch ihre Schriften pulsiert leidenschaftliche Begeisterung für das diese diesseitige Welt, in der wir atmen, durchdringende Göttliche, leidenschaftlichere Abneigung gegen die Schatten des Jenseits, welche die theologische Weltansicht auf diese heitere lichterfüllte Welt werfe, Schatten, welche den klaren Lebensgang der Menschen verdunkeln, die auf sich selber ruhende heitere Selbstgewißheit der Menschen zerstören. Das war der innerste Zug, der in den Schriften von Strauß, von Vischer, von Schwegler, von anderen, die durch Baurs Schule gegangen waren, hervortrat, ihm selber höchst fremdartig, ja beinahe antipathisch."[14]

Aus der unterschiedlichen Idealismus-Rezeption leitet Dilthey auch die Methodendifferenz zwischen Baur und Strauß ab. Das dialektische Verfahren von Strauß, „welches die widersprechenden Stellen der Evangelisten, als ganz gleichstehender, nicht weiter geprüfter Berichterstatter nebeneinander stellt und durch ihre Widersprüche die Glaubwürdigkeit des Faktums, das sie erzählen, in Frage stellte", habe einen polemischen Zweck gehabt, nämlich die Aufdeckung der unlösbaren Aporien, in die sich die zeitgenössische Exegese aller theologischen Schulen und Richtungen verrannt hatte. Die Bedeutung dieser analytisch-kritischen Zielsetzung des *Leben Jesu* habe Baur anerkennen können. Doch als „geschichtliche Forschung" mochte und wollte er diese Leistung seines Schülers nicht gelten lassen. Baurs eigenes Interesse sei auf eine „wirkliche Wiedererkenntnis der Geschichte des Urchristentums in ihrem ganzen Zusammenhang gerichtet" gewesen. Die „zersetzende Dialektik" des *Leben Jesu* könne nämlich nur „alte Vorstellungsweisen über die Geschichte des Christentums auflösen; die wahre historische zu geben war sie unfähig"; aber gerade das habe Baur gewollt. Und so erkläre sich die „merkwürdige Stellung, welche er dem epochemachenden Werk von Strauß gegenüber einnahm".[15]

Diltheys glänzende Überblicksdarstellung des Konflikts zwischen Baur und Strauß wird durch die uns erhalten gebliebenen Zeugnisse der privaten und öffentlichen Auseinandersetzung zwischen beiden in allen Punkten bestätigt. Nur eine Frage bleibt bei Dilthey ausgeblendet. Es ist dies die Frage, ob und wie Baur von dem spekulativ-theologischen „letzten Dilemma" der Schlußab-

---

[14] A.a.O. 419f.
[15] A.a.O. 420f.

handlung des *Leben Jesu*, also der Frage nach der spekulativen Grundlegung der Christologie, berührt und bewegt worden ist. Ging Baur tatsächlich über das Hauptanliegen seines jungen Freundes und Schülers einfach hinweg, nämlich über die These, daß eine Transformation der Kritik in Spekulation ein logisch notwendiger Denkvollzug sei, der auf die spekulative Wiederherstellung der negierten positiven Inhalte der evangelischen Geschichte nicht nur hinauslaufen könne, sondern mit innerer Notwendigkeit hinauslaufen müsse? Am Anfang seiner Arbeiten war der junge Strauß bekanntlich davon überzeugt, daß ihm die spekulative Rekonstruktion der Christologie sogar leichter fallen werde, als das mühselige Geschäft einer minutiösen kritischen Aufarbeitung der zeitgenössischen exegetischen Literatur. Weil ihn das Ziel einer neu und fest begründeten spekulativen Christologie lockte und faszinierte, begann Strauß – im Sinne einer Vorarbeit – mit der Untersuchung der Frage, ob und wie weit wir überhaupt in den Evangelien auf historischem Grund und Boden stehen. Sollte Baur dies alles nicht gewußt und nie kommentiert haben?

In der älteren und in der neueren Literatur werden von verschiedenen Autoren die Dokumente wohl vollständig zitiert, die im Hin und Her die Stellungnahmen von Baur über Strauß und von Strauß über Baur enthalten.[16] Dennoch wäre es eine reizvolle Aufgabe, diese Texte einmal in einen geschlossenen Zusammenhang zu bringen und historisch-kritisch zu kommentieren. Hier seien nur die einzelnen Stationen aufgezählt.

Über die Begleitung, die nach Baurs eigener Aussage das Werden des *Leben Jesu* durch ihn erfuhr, gibt es keine Belege. Der mündliche Austausch zwischen Lehrer und Schüler in Tübingen hat wohl nirgendwo einen schriftlichen Niederschlag gefunden. So ist die erste und älteste Quelle für Baurs Auseinandersetzung mit dem *Leben Jesu* in den Tübinger Stiftsakten zu suchen. Schon wenige Tage nach dem Erscheinen des ersten Bandes des *Leben Jesu* erging am 11. Juni 1835 ein Erlaß des Königlichen Studienrats in Stuttgart an das Inspektorat des Tübinger Stifts. Es wurde aufgefordert, unter Hinzuziehung seiner beiden außerordentlichen Mitglieder über die Frage zu beraten, „ob ein Repetent, der den größten Theil der evangelischen Geschichte für unächte und mythische Darstellung erkläre, und somit die geschichtliche Grundlage des Christenthums untergrabe, geeignet sey, die theologischen Studien der künfti-

---

[16] WILHELM LANG, Ferdinand Baur und David Friedrich Strauß, in: PrJ 160 (1915) 474-504; 161 (1915) 123-144; ADOLF RAPP, Baur und Strauß in ihrer Stellung zueinander und zum Christentum, in: BWKG 52 (1952) 95-149; 54 (1954) 182-186; ERNST BARNIKOL, Der Briefwechsel zwischen Strauß und Baur. Ein quellenmäßiger Beitrag zur Strauß-Baur-Forschung, in: ZKG 73 (1962) 74-125; P.C. HODGSON (wie Anm. 7) 73-86. Vorzügliche, auch aus noch ungedruckten Quellen geschöpfte Informationen enthält HORTON HARRIS, The Tübingen School, Oxford 1975.

gen christlichen Religionslehrer des Volkes zu leiten und zu beaufsichtigen?"[17] Deutlich geht aus dem Schreiben des Studienrats hervor, daß man in Stuttgart die besorgniserregenden Informationen über das *Leben Jesu* von Strauß ausschließlich einer Ankündigung des Werks im *Schwäbischen Merkur* verdankte! Ephorus Christoph Sigwart, Johann Christian Steudel und Friedrich Heinrich Kern, die zu diesem Zeitpunkt das Inspektorat des Stifts bildeten, beriefen auftragsgemäß auch die beiden außerordentlichen Mitglieder, nämlich den praktischen Theologen Christian Friedrich Schmid und Baur zu einem Beratungskollegium über das Werk von Strauß zusammen. In zwei Sitzungen wurde sehr sorgfältig mündlich über die Stuttgarter Anfrage beraten; danach fertigte Sigwart einen schriftlichen Entwurf für ein „admonendum", der mehrmals unter den fünf Gelehrten zirkulierte. Die Blätter, auf denen die Abänderungsanträge formuliert und kommentiert wurden, sind erhalten geblieben. Aus den Einträgen von Baur wird ersichtlich, daß er sich beharrlich für seinen Schüler einsetzte und einige Schärfen aus dem Text herauszustreichen bemüht war. Es ist aber auffallend, daß Baur lediglich mit allgemeinen Argumenten für die Freiheit wissenschaftlicher Forschung plädierte und zu Einzelheiten oder Thesen des Werkes von Strauß keinerlei Stellungnahme abgab. Mit den anderen Mitgliedern des Beratungskreises vertrat Baur schließlich die Ansicht, man müsse den zweiten Band des *Leben Jesu* abwarten, ehe man endgültig entscheiden könne; denn Strauß habe für diesen zweiten Band eine Schlußabhandlung angekündigt, die den dogmatischen Gehalt des Lebens Jesu als unversehrt aufzeigen werde.

Ganz ähnlich hat sich Baur ein knappes Jahr später verhalten, als er schriftlich seinen Austritt aus der lokalen Tübinger „Evangelischen Vereinigung" begründete. In dem bedeutsamen Schreiben vom 20. Dezember 1835[18] nimmt Baur sehr kritisch Stellung zu einem Votum des Präsidenten der „Evangelischen Vereinigung", der das Buch von Strauß als besorgniserregendes Zeitzeichen angeklagt und zugleich Carl August Eschenmayers *Ischariotismus*-Pam-

---

[17] FRIEDRICH TRAUB, Die Stiftsakten über David Friedrich Strauß, in: BWKG 27 (1923) 48-64; 28 (1924) 15-22. Dem freundlichen Entgegenkommen des derzeitigen Stiftsephorus, Eberhard Jüngel, verdankt der Verf. die Gelegenheit, die Stiftsakten erneut einsehen zu dürfen. Alle folgenden Zitate entstammen dem Bestand im Schuber Nr. 73 des Archivs des Evangelischen Stifts, Tübingen.

[18] Der in der Tübinger Universitätsbibliothek verwahrte Text (Baur-Nachlaß Signatur Md 750 V) wird in der Sekundär-Literatur wegen einer noch von Eduard Zeller stammenden Klassifizierung stets als *Gutachten* bezeichnet. Es handelt sich jedoch um einen förmlichen Brief (bzw. Briefentwurf), in dem Baur seinen Austritt aus der „Evangelischen Vereinigung" ausführlich begründet. Der Text ist jetzt veröffentlicht in: FERDINAND CHRISTIAN BAUR, Die frühen Briefe (1814-1835), hg. v. Carl E. Hester, Sigmaringen 1993 (= Contubernium 38), 129-144 (Nr. 75).

phlet dankbar begrüßt hatte.[19] In Baurs über zehn Seiten langem Schreiben kommt der Name von Strauß nur zweimal vor; nur eine sehr beiläufige Bemerkung streift die „mythische Ansicht" der Schrifterklärung.[20] Baur streitet auch hier allgemein für die Freiheit der theologischen Wissenschaft; seinen Austritt aus der „Evangelischen Vereinigung" begründet er nicht mit einer inhaltsbezogenen Stellungnahme *für* Strauß und dessen Werk, sondern ausschließlich mit seiner tiefen Ablehnung der diffamierenden Schrift von Eschenmayer. Er, Baur, wolle sich nicht der Gefahr aussetzen, eines Tages auch als ein Judas Ischarioth verdammt zu werden.

Mit seinem Austritt aus der „Evangelischen Vereinigung" und mit seinen Erklärungen vor dem Vorsitzenden dieser Gesellschaft bezog Baur Position im württembergischen Pietistenstreit, den Johann Christian Friedrich Burk sofort nach Erscheinen des Buches von Strauß eröffnet hatte. Bereits am 26. Juli 1835 veröffentlichte die von Burk herausgegebene Zeitschrift *Der Christen-Bote* eine „Correspondenz"-Notiz, in der es hieß, man frage sich, „wie wir als consequente Männer noch immerfort Genossen einer Gesellschaft bleiben können, die ihre Fundamental-Grundsätze sich unter der Hand wegnehmen läßt, ohne sich dagegen zu wehren, oder im Angesicht der ganzen Gesellschaft solche furchtlos und treu zu behaupten". Der *Christen-Bote* hatte auf diese Frage geantwortet: „Wie der Bote gehört hat, ist diese allerdings höchst wichtige Frage bereits ein Gegenstand der Berathung unserer kirchlichen Oberbehörden geworden, und wird hoffentlich auf eine die Mitglieder der evangelischen Kirche Württembergs beruhigende Weise entschieden werden". Wiederum nur einen Monat später konnte der *Christen-Bote* dann melden, seine Hoffnungen seien erfüllt. „Das ‚Strauß'sche Leben Jesu' hat [...] einen Widerleger gefunden, der die Sache vornehmlich von der Seite auffaßte, von der sie den gebildeten Laien interessirt. Es hat nämlich der Tübinger Professor der Philosophie C.A.Eschenmayer kürzlich ein Buch herausgegeben, das neben vielen treffenden Bemerkungen gegen die Strauß'sche Verdächtigung der heiligen Geschichte ein sehr herrliches, freudiges Bekenntniß zu Christo und Seinem Evangelium [enthält]".[21] Zur Klärung der innerkirchlichen Frontstel-

---

[19] CARL AUGUST ESCHENMAYER, Der Ischariothismus unserer Tage. Eine Zugabe zu dem jüngst erschienenen Werke: Das Leben Jesu von Strauß, I. Theil, Tübingen 1835.

[20] Die Edition des Textes hat sichtbar gemacht, daß Baur später ganze Abschnitte dieses Briefes in der *Abgenöthigten Erklärung* fast wörtlich wieder verwendet hat; deshalb sei hier auf das unten in Anm. 27 zitierte Argumentationsmuster verwiesen. Den grundsätzlichen Befund beschreibt H. HARRIS (wie Anm. 16) 28 richtig so: „As a matter of fact, in the whole ten and a half pages of closely written Baurian minuscule, Strauss is scarcely mentioned, and certainly not defended. That Baur was sympathetic to Strauss's plight is not in question, but it cannot be said that Baur openly and actively supported the views in which he had formerly acquiesced".

[21] Der *Christen-Bote*, hg. v. Johann Christian Friedrich Burk, 5 (1835) Nr. 30 (26. Juli) 288; Nr. 46 (15. November) 447. Zur Charakterisierung des *Christen-Boten* und seiner Leserschaft

lungen in Württemberg waren Baurs Erklärungen Ende 1835 ebenso hilfreich wie eindeutig; doch zur unmittelbaren Auseinandersetzung mit den Thesen von Strauß trugen sie nicht viel aus.

Erst vom 10. Februar 1836 datiert die erste inhaltliche Stellungnahme Baurs über das *Leben Jesu* von Strauß. In dem vertraulichen Brief an den Freund Ludwig Friedrich Heyd bringt Baur seine Verwunderung darüber zum Ausdruck, daß das *Leben Jesu* einen solchen „panischen Schrecken" bei einem so großen Teil des theologischen Publikums ausgelöst habe.[22] Das Werk enthalte doch eigentlich nichts Neues, es verfolge nur „einen längst eingeschlagenen und betretenen Weg bis zu seinem natürlichen Ziel". Baur erkennt „die Konsequenz des Denkens" an, in der Strauß anderen Theologen überlegen sei; er kritisiert an seinem Schüler „neben der öfter verletzenden Kälte besonders gegen die Person Jesu das gar zu Negative der Kritik". Insgesamt komme ihm „das ganze Resultat nicht so revolutionär vor". Schon in dieser frühen brieflichen Äußerung ordnet Baur das *Leben Jesu* in die „Entwicklungsgeschichte" der Schriftauslegung ein – und relativiert es damit. Baur bewegt allenfalls die Frage, wie solche Ergebnisse der Wissenschaft zur Volksfrömmigkeit hin vermittelt werden könnten.[23]

Als Baur diesen Brief an Heyd schrieb, besaß er bereits zumindest ein Schreiben von Strauß aus dessen neuem Wohnort Ludwigsburg. In diesem Brief vom 6. November 1835 klingt die sehr leise vorgetragene Bitte an, es möge doch „ein gelegentliches Votum" in Straußens eigener Sache von Baur an die Öffentlichkeit gegeben werden.[24] Eine solche Erklärung ist dann im Spätsommer des nächsten Jahres in der *Tübinger Zeitschrift für Theologie* (TZTh) erschienen. Die *Abgenöthigte Erklärung gegen einen Artikel der evangelischen Kirchenzeitung*[25]

---

sowie zum sog. „Pietistenstreit" vgl. HEINRICH HERMELINK, Geschichte der Evangelischen Kirche in Württemberg von der Reformation bis zur Gegenwart, Stuttgart/Tübingen 1949, 376-383.

[22] A. RAPP (wie Anm. 16) 102.

[23] „Das Schwierigste bleibt freilich immer das Verhältnis zum Volk; doch stellt man sich gewiß die praktische Schwierigkeit auch weit größer vor, als sie wirklich ist, und das Schwierige wird immer erst von solchen gemacht, die solche Anlässe für ihre borniertenInteressen benützen zu müssen glauben. Daß man nur auf diesem Wege der kritischen Auffassung der Geschichte das Wesentliche und Minderwesentliche der Religion und des Christentums auch für die Bedürfnisse des Volkes immer richtiger scheiden lernt, muß doch zugegeben werden." (A.a.O. 103).

[24] E. BARNIKOL (wie Anm. 16) 79. Strauß glaubte, bereits in der „Vorrede" zu Baurs Schrift *Die sogenannten Pastoralbriefe des Apostels Paulus* (Tübingen 1835) „ein gelegentliches Votum" in seiner eigenen Sache entdecken zu können! Baur tritt in dieser „Vorrede" aber einzig und allein für das grundsätzliche Recht einer historischen Kritik ein, die ausschließlich dem „Interesse der Wissenschaft" folge und nicht „beim Alten und Hergebrachten" ein „ruhiges Verbleiben haben könne" (a.a.O. VII).

[25] FERDINAND CHRISTIAN BAUR, Abgenöthigte Erklärung gegen einen Artikel der evangelischen Kirchenzeitung, herausgegeben von D. E. W. Hengstenberg, Prof. der Theol. an der Univer-

brachte aber wieder nicht die von Strauß erhoffte inhaltliche Auseinandersetzung mit dem *Leben Jesu*. Baurs ‚Erklärung' war vielmehr eine Selbstverteidigung gegen die Angriffe der Hengstenbergschen Kirchenzeitung; im Blick auf den eigenen Schüler Strauß enthielt der umfangreiche Text nur wenige, inhaltlich recht problematische Passagen. Baur verwahrte sich dagegen, daß man ihn mit Strauß gleichstelle; er wehrte sich gegen den Verdacht, er stehe unter dem Einfluß des Jüngeren. Dies sei eine „durch nichts bewiesene, gehässige, meine theologische Selbständigkeit verdächtigende, und somit auch meine Ehre verletzende Beschuldigung".[26] Baur leugnet keineswegs, daß er „in einem befreundeten Verhältniß zu Dr. Strauß stehe"; er betont, daß er in ihm keine „dämonische Natur zu sehen" vermöchte; aber er erkärt kategorisch, daß er für „Grundsätze und Behauptungen" nicht verantwortlich sei, die er nicht selber aufgestellt habe.[27]

Wie bitter und schwer erträglich es für Strauß gewesen ist, daß sein verehrter Lehrer in dieser unpersönlichen und kühlen Form öffentlich auf Distanz zu ihm ging, belegt sein Brief vom 19. August 1836 an Baur, in dem es heißt: „Gerade weil ich mich Ihnen auf die innigste Weise durch Freundschaft und Dankbarkeit verbunden weiß, glaube ich [...] nicht verschweigen und Ihnen nicht verhehlen zu dürfen, daß in dieser Hinsicht Ihre Abhandlung zu dem Betrübendsten gehört, was mir in Rücksicht auf mein Buch widerfahren ist".[28] In einem eine Woche später geschriebenen Brief an seinen Freund Ludwig Georgii wird Strauß deutlicher: Wenn Baur die Gemeinschaft mit ihm abschwöre, um selber Ruhe zu bekommen, so sei es mit der Freundschaft zu Ende.[29]

---

sität zu Berlin. Mai 1936, in: TZTh 1836/III, 179-232 (wieder abgedruckt in: DERS., Ausgewählte Werke in Einzelausgaben, hg. v. Klaus Scholder, Bd. 1, Stuttgart-Bad Cannstatt 1963, 267-320; nach dieser Ausgabe die Seitenzahlen für die folgenden Zitate).

[26] A.a.O. 308.

[27] A.a.O. 309. – Die einzige inhaltliche Bezugnahme auf das *Leben Jesu* von Strauß findet sich in folgender Passage der *Abgenöthigten Erklärung*: „Das Eigenthümliche der Strauß'schen Kritik besteht, wie bekannt ist, in der mythischen Erklärung der Thatsachen der evangelischen Geschichte, wie sich dieselbe theils an sich aus dem Charakter der evangelischen Erzählungen, theils aus der Unhaltbarkeit der supranaturalistischen und rationalistischen Ansicht ergeben soll. Nun frage ich aber: Wo stützt sich denn meine Kritik auch nur an Einer Stelle meiner Schrift auf die mythische Ansicht? Wo verwerfe ich auch nur Ein historisches Faktum, das für das kritische Urtheil über diese Briefe von Wichtigkeit ist, einzig nur aus dem Grunde, weil es ein Wunder ist, oder wo argumentire ich einzig und allein aus dem innern Widerspruch des Inhalts? Überall gehe ich von bestimmten geschichtlich erhobenen Thatsachen aus, und suche auf dieser Grundlage erst die verschiedenen Fäden meiner kritischen Combinationen zu Einem Ganzen zusammenzuziehen. Dieses Festhalten am geschichtlichen Gegebenen ist das Eigenthümliche meiner Kritik, und es schien mir zeitgemäß, die Grundsätze dieser historischen Kritik nicht blos der bisher gangbaren Kritik [...] sondern selbst der Strauß'schen [...] gegenüber, geltend zu machen." (A.a.O. 294).

[28] E. BARNIKOL (wie Anm. 16) 89.

[29] A. RAPP (wie Anm. 16) 107f.

Spekulative Christologie 231

Strauß hat aber auch diese Enttäuschung überwunden und in weiteren Briefen an Baur um dessen Rat für die Neuauflagen des *Leben Jesu* und für die *Streitschriften* gebeten und von diesem auch einige allgemeine Hinweise erhalten, die er zu berücksichtigen versuchte.[30] Insgesamt aber blieb Baur dabei, sich zum Inhalt des *Leben Jesu* nicht öffentlich zu äußern. Die Haltung, die er später als die eines „ruhigen Zuschauers" bezeichnete, konnte aus der Sicht von Strauß durchaus zu Recht als eine wenig freundschaftliche Bemühung angesehen werden, durch das Vermeiden einer inhaltlichen Stellungnahme zum *Leben Jesu* Schaden von der eigenen Person fernzuhalten.

Baurs endgültige Distanzierung von Strauß dokumentieren zwei Passagen in seinen großen Werken von 1846 und 1847, dem *Lehrbuch der christlichen Dogmengeschichte* und den *Kritischen Untersuchungen über die kanonischen Evangelien*. Ernst Barnikol hat m.E. überzeugend nachgewiesen, daß die wenigen Strauß gewidmeten Zeilen in Baurs *Lehrbuch* von 1847 einen nachträglichen Einschub darstellen.[31] Zunächst hatte Baur in einem ganz kurzen Schlußabsatz auf die spekulative Theologie und deren Tendenz verwiesen, „das Transzendente des Jenseits in das Immanente des Diesseits herüberzunehmen". Dann nannte er die Namen Hegel, Marheineke und Strauß und schloß mit den Worten: „Nur die weitere Entwicklungsgeschichte des Dogmas kann auch hier darüber entscheiden, was an dieser neuesten Form des Bewußtseins vergänglich oder bleibend ist".[32] Durch den späteren Einschub wurde dann *Die christliche Glaubenslehre* von Strauß gleichsam als vorwissenschaftliche späteste Blüte eines nur negativ-kritischen Rationalismus abqualifiziert. Wie unerhört tief

---

[30] E. BARNIKOL (wie Anm. 16) 90-109.

[31] A.a.O. 120f. – Das *Lehrbuch der christlichen Dogmengeschichte* von Baur trägt in der 1. Auflage das Erscheinungsjahr 1847; es war aber schon Ende 1846 ausgedruckt worden. So erklärt es sich, daß Strauß bereits im November 1846 für das Buchgeschenk schriftlich danken und zu ihm Stellung nehmen konnte.

[32] FERDINAND CHRISTIAN BAUR, Lehrbuch der christlichen Dogmengeschichte, Stuttgart 1847, 284. Der möglicherweise erst nach Abschluß des Gesamtmanuskripts eingefügte kurze Abschnitt über Strauß hat folgenden Wortlaut: „Eben diess aber ist das Einseitige und Subjective dieses dogmengeschichtlichen Standpuncts, dass die Geschichte des Dogma's nur zur Kritik dienen soll. Die Dogmengeschichte kann daher in einer solchen Verbindung mit der Dogmatik nie zu ihrem Rechte kommen. Den glänzendsten Beleg dafür gibt die Strauss'sche Dogmatik. Obgleich sie in einem ganz andern Sinne, als diess bei den gewöhnlichen Lehrbüchern der Fall ist, auf der Durchführung der Ansicht beruht, dass die Geschichte des Dogma's auch seine Kritik sey, so ist doch auch aus ihr sehr klar zu sehen, dass die Geschichte, nur vom dogmatischen Standpuncte aus betrachtet, immer zu kurz kommt. Nicht die Geschichte als solche ist die Hauptsache, sondern die Kritik, und indem die Kritik sich nicht an das Positive, sondern an das Negative hält, das Dogma nur dazu sich aufbauen lässt, um seinen Bau sich wieder in sich zerfallen zu lassen, und zu zeigen, dass nichts an ihm sey, was bestehen kann, scheint es in letzter Beziehung überhaupt nur dazu da zu seyn, um sich kritisiren und kritisch negiren zu lassen. Der Rationalismus kann sich zur Geschichte des Dogma's nur negativ verhalten." (A.a.O. 42f). Vgl. die von Barnikol vorgenommene Textkritik (E. BARNIKOL [wie Anm. 16] 121).

Strauß durch diese wenigen Zeilen in dem neuen Buch seines Lehrers verletzt worden ist, belegt sein Brief vom 17. November 1846, aus dem einige Sätze zitiert seien: „[...] wenn ich somit die geflissentliche und fast ärgerliche Art, wie Sie sich bei jeder Gelegenheit mir entgegenstellen, auch ohne jene strategische oder besser diplomatische Absicht mir zu erklären weiß, so meine ich doch gerade von einem Historiker die Einsicht verlangen zu können, daß die betreffenden kritischen Fragen heute nicht so ruhig vom rein historischen Standpunkt aus verhandelt werden könnten, wenn nicht der dogmatische Punkt [...] im Grund und im innern Bewußtsein auch der Orthodoxen negativ erledigt wäre".[33]

Ein Jahr später hat Baur dann in der „Einleitung" zu seinen *Kritischen Untersuchungen über die kanonischen Evangelien* das *Leben Jesu* von Strauß aus dem Jahre 1835 endgültig und wiederum sehr kühl als eine inzwischen überholte Erscheinung einer spätrationalistischen, negativ-kritischen Schriftauslegung in die Forschungsgeschichte eingeordnet.[34] Mit allen „originellen, wahrhaft genialen Werken" teile das Strauß'sche „den großen Vorzug, ebensosehr über der Zeit, als in der Zeit zu stehen". Man habe Strauß gehaßt, „weil der Geist der Zeit sein eigenes Bild, wie er es in treuen, scharf ausgeprägten Zügen

---

[33] E. BARNIKOL (wie Anm. 16) 119. – Für die innere Stellung von Strauß zu Baur aufschlußreich sind noch folgende Sätze des Briefes: „Und wozu das alles? Nützen, möglicher machen kann Sie und Ihre jetzige Schule die Stellung nicht, die Sie sich zu mir zu geben suchen; darin haben die kirchlichen Machthaber und Tonangeber einen zu richtigen Instinkt, der sich nicht täuschen läßt, – er wird fort und fort, wenn er mich zu den Böcken stellt, Sie nicht zu den Schafen stellen. Schaden aber auf der andern Seite, schaden hätte es Ihrer Stellung, Ihrem Ruhme nicht können, auch wenn Sie gegen mich – das, was ich dafür halten muß – gerecht gewesen wären. Wer zuletzt lacht, lacht am besten; das Lachen aber ist längst an Ihnen und wird an mich wohl nie wieder kommen. Bin ich Ihnen etwas zu früh berühmt geworden, so bin ich dafür jetzt verschollen; die angemessenste Strafe für das allzu frühe Anfangen ist frühzeitiges Aufhören. Sie leben und wachsen, ich nehme nicht mehr ab, sondern bin schon tot, und habe mich in diese Rolle eines Verstorbenen so hineingewöhnt, daß ich dieses, was ich hier äußere, gewiß nicht geäußert, ja kaum empfunden haben würde, wenn es ein Fremder wäre, der mir so begegnete. Da es aber Sie sind, so ist es nicht literarische Empfindlichkeit, die bei mir immer mäßig war, sondern es ist mir unbequem, unsre bisherige Freundschaft mit einer Stellung reimen zu sollen, die ich selbst an einem Fremden feindselig und ungerecht finden würde." (Ebd.). – Nach dem Tode von Baur fragte Eduard Zeller bei Strauß an, ob Strauß die Biographie seines Lehrers schreiben wolle. Strauß gab die psychologisch sehr aufschlußreiche – und nachdenklich stimmende – abschlägige Antwort: „Wenn Ihr Euch fraget, ob wohl Baur, hätte man mich ihm als seinen Biographen vorgeschlagen, damit einverstanden gewesen wäre, so werdet Ihr, und wirst insbesondere Du, gewiß nicht mit Ja antworten können. Baur hat mich immer als seinen Ruben (Genesis 49,3.4) betrachtet, und dieser Ruben war wenigstens ehrlich genug, Dir die Josephsstelle von Herzen zu gönnen, und das Urtheil unseres Erzvaters, soweit es Dich betraf, selbst zu bestätigen." (Ausgewählte Briefe von David Friedrich Strauß, hg. v. Eduard Zeller, Bonn 1895, Nr.420 [15.Mai 1861] 432).

[34] FERDINAND CHRISTIAN BAUR, Kritische Untersuchungen über die kanonischen Evangelien, ihr Verhältniß zueinander, ihren Charakter und Ursprung, Tübingen 1847, 40-71.

ihm vorhielt, nicht zu ertragen vermochte. In diesem Reflex seines Zeitbewußtseyns, in welchem er sich selbst gegenständlich wurde, ging ihm jetzt erst das rechte Bewußtseyn über so Vieles auf, was er sich bisher noch nicht klar gemacht hatte, indem er jetzt erst seiner Widersprüche und Inconsequenzen, seiner falschen Voraussetzungen, der ganzen Negativität seines Wesens sich bewußt wurde. Alle, welche bisher in dem guten Glauben gelebt hatten, man könne beides zugleich seyn, freisinnig forschend und kirchlich gläubig, könne es mit dem Einen halten, ohne es mit dem Andern zu verderben, könne von dem Rechte der Wissenschaft, des freien Forschens und Denkens, mit dem besten Erfolg Gebrauch machen, ohne sich dem Verdacht auszusetzen, man sey ein Gegner des positiven Christenthums, könne an dem letztern mit allem Ernst und Eifer festhalten, ohne darüber die wissenschaftlichen Anforderungen aufgeben zu müssen, welche von der protestantischen Theologie nicht getrennt werden können, alle diese sahen sich mit Einem Male bitter getäuscht. Sie hatten nun nur die schwere Wahl, entweder anzuerkennen, daß auch sie schon auf den Wegen des so übel berüchtigten Kritikers gewandelt seyen, und darum kaum umhin können, auch den weiteren Weg mit ihm zu gehen, oder mit Verläugnung ihrer bisherigen freieren Überzeugungen der kirchlichen Orthodoxie, welche solchen Neuerungen gegenüber um so mehr als die beste Stütze des Staats und der Kirche galt, sich unbedingt in die Arme zu werfen."[35]

Diese im Zentrum gewiß zutreffende Beschreibung der *Wirkung* des *Leben Jesu* von Strauß übergeht allerdings einen höchst gewichtigen Sachverhalt. Obwohl Baur in seinen *Kritischen Untersuchungen* 1847 mehr als dreißig Druckseiten dem Werk seines Schülers – und dessen Wirkungsgeschichte – widmet, erwähnt er mit keinem Wort die spekulativ-theologische Grundkonzeption dieser Arbeit von Strauß. Indem Baur so die Durchführung des *Leben Jesu* auf eine Position bloßer Theologiekritik reduziert, teilt er die opinio communis der Theologie seiner Zeit, daß nämlich – wie Friedrich Wilhelm Graf es treffsicher formuliert hat – das *Leben Jesu* bei „einer kritischen Destruktion der neutestamentlichen Vorstellungsgehalte stehen bleibe, theologisch-positive Aussagen in ihm nicht zu finden seien und deshalb die *Kritik*-Position von Strauß aus dem Kreis der eigentlich theologischen Standpunkte auszuschließen sei [...] Dagegen ist festzustellen: Mit der Reduktion des Straußschen Denkens auf Kritik unterbieten die Kritiker seiner Theologie (bzw. sog. Anti-Theologie) den systematischen Anspruch, den zumindest Strauß selbst mit dem Vollzug von Kritik verband."[36] Alle bisher betrachteten Äußerungen von Baur über das *Leben Jesu* von Strauß scheinen konsequent auf einen einzigen Zielpunkt zuzulaufen: auf die theologiegeschichtliche Einordnung des Werkes als den Höhe-

---

[35] A.a.O. 47-49.
[36] F.W. GRAF, Kritik und Pseudospekulation (wie Anm. 1) 82.

und Schlußpunkt einer negativ-kritischen oder dialektischen Exegese, die aus sich selbst heraus kein anderes Ergebnis hervorbringe, als die Forderung nach einem ganz neuen methodischen Ansatz. Diesen Neuansatz findet Baur nun aber keineswegs in der von Strauß postulierten *spekulativen* Rekonstruktion der Christologie, sondern in seinen eigenen *historisch-kritischen* Forschungsergebnissen. Mit den Worten von Baur: „Wie jene Trennung der Kritik der Geschichte von der Kritik der Schriften die größte Einseitigkeit der Strauß'schen Kritik ist, so ist sie auch der Punkt, von welchem aus diese Kritik mit dem innern Triebe einer weitern Entwicklung über sich selbst hinausführt".[37] Die „Einleitung" zu Baurs *Kritischen Untersuchungen über die kanonischen Evangelien* schließt mit einer Skizze der sog. „geschichtlichen Auffassung", in der die „negative Kritik" durch die Entdeckung eines positiven Moments überwunden werden soll, nämlich durch die Entdeckung der Individualität und Subjektivität der einzelnen Evangelien, kurz: ihres „Tendenzcharakters".[38]

Die Forschungsgeschichte hat Baur letztendlich Recht gegeben. Eine auf bloße Kritik an den Widersprüchen in der „evangelischen Geschichte" reduzierte neutestamentliche Exegese konnte nach Strauß nichts entdecken, wodurch das Schlußergebnis jenes kritischen Arbeitsganges in den beiden Bänden des *Leben Jesu* überboten worden wäre. Selbst Bruno Bauers Bemühung um eine Überbietung der Strauß'schen Kritik hat dies nicht geleistet. Bruno Bauers Entdeckung des „schöpferischen Urevangelisten" weist eher – obgleich das keiner der Zeitgenossen sehen wollte – in die gleiche Richtung wie Baurs „Tendenzkritik". Bruno Bauer antizipierte Erkenntnisse, die erst über einhundert Jahre später in der neutestamentlichen Wissenschaft unter dem neuen Begriff „Redaktionskritik" Anerkennung gefunden haben.[39] Nun hat Strauß aber erklärtermaßen den kritischen Arbeitsgang im *Leben Jesu* nicht als Selbstzweck und erst recht nicht als Hauptziel des eigenen theologischen Bemühens angesehen. Nicht die *Destruktion* der überkommenen Christologie, sondern

---

[37] F.CHR. BAUR, Kritische Untersuchungen (wie Anm. 34) 41.

[38] „Gibt es daher einen, über jene negative Kritik hinausgehenden, ihr entgegengesetzten Standpunkt, so muß auf ihm gerade das das Gewisseste seyn, was auf jenem das Ungewisseste ist. Alles, was ein Evangelium Specifisches, Individuelles, rein Subjektives an sich haben kann, der eigene geistige Hauch der Idealität, der über dasselbe verbreitet ist, alles, was seine ganze Auffassungsweise des Christenthums von der der übrigen Evangelien so wesentlich unterscheidet, gibt ihm einen so eigenthümlichen Charakter und eine so bestimmte Tendenz, daß, wenn irgendwo, hier es möglich seyn muß, aus solchen Data auf den Ursprung zu schließen. Haben wir aber auch nur an Einem Evangelium den Beweis vor uns, daß ein Evangelium nicht blos eine einfache historische Relation ist, sondern auch eine Tendenzschrift seyn kann, so ist dieß überhaupt der Gesichtspunkt, aus welchem die Kritik die Evangelien zu betrachten hat." (A.a.O. 75f.).

[39] Zu Bruno Bauers Stellung innerhalb der spekulativen Hegelschule vgl. JOACHIM MEHLHAUSEN, Die religionsphilosophische Begründung der spekulativen Theologie Bruno Bauers, in: ZKG 78 (1967) 102-129 (s.o. 188-220); DERS., Der Umschlag in der theologischen Hegel-

Spekulative Christologie 235

die *Konstruktion* einer ganz neuen spekulativen Christologie ist das große theologische Thema des jungen Strauß gewesen. Niemand dürfte dies genauer gewußt haben als Baur. Denn wenn er das Werk in seiner „nächsten Nähe hatte entstehen sehen und mit dem Verfasser oft genug darüber gesprochen hatte", dann mußte er gehört haben, daß die spekulative Neukonstruktion der Christologie *die* kühne Idee war, der Strauß nachjagte. Es bleibt auch nach der Durchsicht der bislang bekanntgewordenen Stellungnahmen Baurs zu Strauß die Frage: Sollte Baur zu diesem zentralen Anliegen seines Schülers nie etwas gesagt haben?

Im Jahre 1838, als die Diskussion um das *Leben Jesu* von Strauß ihren Höhepunkt schon fast überschritten hatte, veröffentlichte Baur seine erste große dogmengeschichtliche Monographie, *Die christliche Lehre von der Versöhnung in ihrer geschichtlichen Entwicklung von der ältesten Zeit bis auf die neueste.*[40] In diesem Werk findet sich – von der Forschung bislang nicht beachtet – ein Exkurs zur christologischen Fragestellung von Strauß, der endlich belegt, welche Position Baur selbst in dieser bedeutsamen Diskussion eingenommen hat. Baur führt das Gespräch mit Strauß allerdings nicht direkt – er spricht hier nicht einmal den Namen seines Schülers aus –, sondern er wendet sich einem anderen jungen Hegelianer zu, dem Hallenser Philosophen Julius Schaller.

III. Das Gespräch zwischen Baur und Schaller über die spekulative Christologie

Julius Schaller (geb. 13. Juli 1810 in Magdeburg, gest. 21. Juni 1868 im Asyl Karlsfeld) ist ein nahezu vergessenes Mitglied der an Talenten so reichen Hegelschen Schule.[41] Der Sohn eines Predigers begann in Halle mit dem

---

interpretation – dargetan an Bruno Bauer, in: Kirche und Theologie im 19. Jahrhundert. Referate und Berichte des Arbeitskreises Katholische Theologie, hg. v. Georg Schwaiger, Göttingen 1975 (= Studien zur Theologie und Geistesgeschichte des neunzehnten Jahrhunderts 11), 175-197; GODWIN LÄMMERMANN, Kritische Theologie und Theologiekritik. Die Genese der Religions- und Selbstbewußtseinstheorie Bruno Bauers, München 1979 (= Beiträge zur evangelischen Theologie 84). – Walter Schmithals definierte im Jahr 1982 das Ziel der synoptischen Redaktionskritik mit den Worten: „Sie [...] fragt [...] nach den Evangelien als integralen Schriften bzw. nach den Evangelisten als Schriftstellern"; WALTER SCHMITHALS, Art. „Evangelien", in: TRE 10 (1982) 570-626; 609, 28-30. Damit ist im Kern die Intention Bruno Bauers umschrieben (vgl. auch die positive Würdigung Bauers durch W. SCHMITHALS a.a.O. 591, 8-33).

[40] FERDINAND CHRISTIAN BAUR, Die christliche Lehre von der Versöhnung in ihrer geschichtlichen Entwicklung von der ältesten Zeit bis auf die neueste, Tübingen 1838.

[41] Über Schaller informieren ebenso lückenhaft wie widersprüchlich in Einzelheiten: ADB 30, 562f. und Philosophen-Lexikon, hg. v. Werner Ziegenfuß/Gerhard Jung, Bd. 2, Berlin 1950, 417. Ziegenfuß/Jung geben als Geburtsdatum den 13. Juli 1807 an; Ließmann läßt in ADB Schaller bereits 1819 mit dem Studium an der Universität Halle beginnen! Dieser Druckfehler

Theologiestudium; durch enge Beziehungen zu dem ebenfalls aus Magdeburg stammenden Karl Rosenkranz wurde Schaller in die Hegelsche Philosophie eingeführt. Schaller promovierte im April 1833 in Halle mit einer schmalen Arbeit über Leibniz[42]; noch im Dezember des gleichen Jahres wurde ihm nach der Vorlage einer erweiterten Fassung seiner Dissertation in Halle die venia legendi für Philosophie verliehen.[43] Bis 1838 war Schaller Privatdozent in Halle; dann erhielt er eine außerordentliche Professur und nach weiteren 23 Jahren einer erfolgreichen Lehrtätigkeit 1861 eine ordentliche Professur für Philosophie am gleichen Ort. Schon 1867 mußte Schaller wegen einer Gemütskrankheit seine Lehrtätigkeit aufgeben; ein Jahr später starb er in einer Heilanstalt an einer Lungenentzündung. Schallers Oeuvre ist überhaupt noch nicht erschlossen; sein Nachlaß, in dem sich nach einer Bemerkung von Julius Bergmann „reiche Schätze" fanden[44], muß als verschollen gelten. 1837 veröffentlichte Schaller eine *Apologie und Erläuterung des Hegelschen Systems*[45], 1838 einen Aufsatz über Hegels Vorlesungen über die Geschichte der Philosophie[46], eine Rezension zu Hermann Friedrich Wilhelm Hinrichs *Genesis des Wissens*[47], einen Aufsatz *Zur Charakteristik der mythischen Erklärung der evangelischen Geschichte*[48] und die Schrift *Der historische Christus und die Philosophie. Kritik der*

---

ist dann von anderen Autoren unverbessert abgeschrieben worden. Als bislang verläßlichste Quelle für die Biographie Schallers muß herangezogen werden: JULIUS BERGMANN, Julius Schaller [Nekrolog], in: PhM 1 (1868) 434-436. Einen kurzen Eintrag über Schaller bietet auch: Kirchliches Handlexikon, hg. v. Carl Meusel u.a., Bd. 6, Leipzig 1900, 4. Immer noch unentbehrlich ist JOHANN EDUARD ERDMANN, Die deutsche Philosophie seit Hegels Tode. Faksimile-Neudruck der Berliner Ausgabe 1896 mit einer Einleitung von Hermann Lübbe, Stuttgart-Bad Cannstatt 1964 (zu Schaller: 658f.; 733).

[42] CAROLUS JULIUS SCHALLER, De Leibnitii philosophiae historia dissertatio, 15 Bl. 4°, Halle-Wittenberg Phil. Diss. vom 3. April 1833.

[43] CAROLUS JULIUS SCHALLER, De Leibnitii Philosophia Dissertatio. Quam amplissimi philosophorum ordinis consensu pro venia Philosophiam in Academia Fridericiana docendi publice defendet Die XVIII. Decembr. MDCCCXXXIII Hora X-XII [75 S.] Halae.

[44] J. BERGMANN (wie Anm. 41) 435: „In seinem Nachlasse müssen sich noch reiche Schätze finden. Dem Schreiber dieses zeigte der Verewigte im Jahre 1863 ein umfangreiches Manuscript zur Naturphilosophie, auf deren Darstellung die der Geschichte der Naturphilosophie folgen sollte, und am 27. März 1867 schrieb er ihm, dass er bis Pfingsten eine kleine Schrift über Lessing fertig zu schaffen hoffe. Es wäre aufs Dringendste zu wünschen, dass von den Schöpfungen dieses so edlen, tiefen und klaren Geistes nichts verloren ginge!"

[45] JULIUS SCHALLER, Die Philosophie unserer Zeit. Zur Apologie und Erläuterung des Hegelschen Systems, Leipzig 1837.

[46] JULIUS SCHALLER, Über G. W. F. Hegel's Vorlesungen über die Geschichte der Philosophie, in: *Hallische Jahrbücher für deutsche Wissenschaft und Kunst* (1838) Nr. 81ff (April), Sp. 641ff.

[47] JULIUS SCHALLER, Rezension zu Hermann Friedrich Wilhelm Hinrichs, Die Genesis des Wissens. Erster metaphysischer Theil, Heidelberg 1837, in: *Jahrbücher für wissenschaftliche Kritik* (1838) Nr. 95ff. (Mai), Sp. 773-797.

[48] JULIUS SCHALLER, Zur Charakteristik der mythischen Erklärung der evangelischen Geschichte, in: *Zeitschrift für spekulative Theologie* III, 2 (1838) 263-347.

Grundidee des Werks das Leben Jesu von Dr. D. F. Strauss.[49] In den *Hallischen Jahrbüchern* erschien noch im gleichen Jahr eine ebenso umfangreiche wie bedeutsame Rezension der Schallerschen Schrift aus der Feder von Wilhelm Vatke.[50]

Baur hat Schallers Beitrag zur Strauß-Debatte offensichtlich erst in die Hand bekommen, als das der Hegelschen Lehre gewidmete Schlußkapitel seiner *Versöhnungslehre* vom Drucker bereits gesetzt war. Er hielt diesen neuesten Beitrag „über die große Frage der Zeit" aber für so bedeutsam, daß er noch eine über fünf Druckseiten laufende Anmerkung einrücken ließ.[51] Baur erklärt, es freue ihn, die Schrift von Schaller noch erwähnen zu können, „und die Hauptideen derselben im Wesentlichen mit der [... eigenen] Entwicklung der Momente, um welche es sich in der neuesten Gestaltung des Dogmas handelt, zusammentreffen zu sehen".[52] Die spekulative Christologie, die Schaller in der Auseinandersetzung mit Strauß entwickelt hatte, fand also 1838 die praktisch uneingeschränkte Zustimmung Baurs! Indem Baur nun mit Schaller in ein Gespräch eintritt, nimmt er Stellung zu jenem kritisch fragenden Hauptsatz, in dem die spekulative Christologie des jungen Strauß ihren Antrieb und ihre Mitte hat:

„Das ist ja gar nicht die Art, wie die Idee sich realisirt, in Ein Exemplar ihre ganze Fülle auszuschütten, und gegen alle andern zu geizen; in jenem Einen sich vollständig, in allen übrigen aber immer nur unvollständig abzudrücken; sondern in einer Manchfaltigkeit von Exemplaren, die sich gegenseitig ergänzen, im Wechsel sich setzender und wiederaufhebender Individuen, liebt sie ihren Reichthum auszubreiten."[53] Strauß selbst hatte dann als Lösung dieses

---

[49] JULIUS SCHALLER, Der historische Christus und die Philosophie. Kritik der Grundidee des Werks das Leben Jesu von Dr. D. F. Strauss, Leipzig 1838. – Weitere Arbeiten von Schaller: JULIUS SCHALLER, Rezension zu Ludwig Feuerbach, Geschichte der neueren Philosophie, Ansbach 1837, in: *Jahrbücher für wissenschaftliche Kritik* (1839) Nr.4f (Januar), Sp. 28-38; DERS., Geschichte der Naturphilosophie von Baco von Verulam bis auf unsere Zeit, T. 1, Leipzig 1841; DERS., Rezension zu H. C. W. Sigwart, Der Spinozismus, historisch und philosophisch erläutert mit Beziehung auf ältere und neuere Ansichten, Tübingen 1839, in: *Allgemeine Literatur-Zeitung* (1841) Nr. 27ff (Februar), Sp. 209ff.; DERS., Vorlesungen über Schleiermacher, Halle 1844; DERS., Leib und Seele. Zur Aufklärung über Köhlerglaube und Wissenschaft, Weimar 1855; DERS., Psychologie, T. 1: Das Seelenleben des Menschen, Weimar 1860.

[50] WILHELM VATKE, Rezension zu J. Schaller, Der historische Christus (wie Anm. 49), in: *Hallische Jahrbücher für deutsche Wissenschaft und Kunst* 1(1838) Nr. 283ff (November/Dezember), Sp. 2257-2259; 2265-2304; 2311f.

[51] F.CHR. BAUR, Lehre von der Versöhnung (wie Anm. 40) 737-741.

[52] A.a.O. 737.

[53] DAVID FRIEDRICH STRAUß, Das Leben Jesu kritisch bearbeitet. Dritte mit Rücksicht auf die Gegenschriften verbesserte Auflage, Bd. 2, Tübingen 1839, 766f. In der 1. Auflage des *Leben Jesu* fehlte der Halbsatz „in jenem Einen sich vollständig, in allen übrigen aber immer nur unvollständig abzudrücken"; sonst hat Strauß an jener berühmten Passage nichts geändert.

Problems die Formel angeboten: „Das ist der Schlüssel der ganzen Christologie, daß als Subject der Prädicate, welche die Kirche Christo beilegt, statt eines Individuums eine Idee, aber eine reale, nicht Kantisch unwirkliche, gesetzt wird. In einem Individuum, einem Gottmenschen, gedacht, widersprechen sich die Eigenschaften und Functionen, welche die Kirchenlehre Christo zuschreibt: in der Idee der Gattung stimmen sie zusammen."[54]

Eine Diskussion *dieser* Frage und *dieser* These war für Strauß viel wichtiger als alle Erörterungen über die von ihm aufgedeckten Widersprüche in der Berichterstattung der Evangelisten und in den Harmonisierungsbemühungen der Exegeten. Strauß hatte – in allen drei Auflagen des *Leben Jesu* – den Gattungsbegriff unbestimmt gelassen und damit die konstruktive Weiterarbeit gerade derjenigen Theologen und Philosophen seiner Zeit herausgefordert, die der von ihm gestellten Grundsatzfrage Recht geben konnten. Zu ihnen gehörte 1838 auch Baur. Wie schon in der *Christlichen Gnosis*[55] so kritisiert er auch in seiner *Versöhnungslehre* „die Incongruenz des Urbildlichen und Geschichtlichen in der Schleiermacher'schen Christologie".[56] Gegen Alexander Schweizers Verteidigung der Schleiermacherschen Christologie erklärt Baur, daß die Idee, wenn sie denn in *einem* Individuum zur Erscheinung komme, „auch auf der höchsten Stufe einer solchen Manifestation nur relativ" erscheinen könne. Das bedeute: Selbst wenn man mit Schleiermacher und Schweizer Christus die „specifische Dignität ... und specifische Würde" zuschreibe, „der Größte auf dem Gebiete der Religion, das größte religiöse Genie" zu sein, dann bleibe doch die auf empirischem Wege nicht zu beantwortende Frage, ob nicht doch noch ein anderes, größeres religiöses Genie kommen könne. Auch auf dem Wege der Spekulation sei diese Frage nicht zu beantworten, „denn, wenn die Idee im Individuum überhaupt nicht absolut, sondern nur relativ erscheinen kann, wer will die Grade dieser Relativität mit einem absoluten Maßstab bestimmen?"[57]

An dieser Stelle gibt Baur 1838 seinem Schüler Strauß im Blick auf die spekulative christologische Hauptfrage endlich unumwunden Recht. Er schreibt: „Wenn man daher auch noch so weit davon entfernt ist, Christus als einen bloßen Religionsveranlasser anzusehen, so muß doch auf der andern Seite auch dem Satz, daß die Art, wie die Idee sich realisirt, nicht diese ist, in Ein Exemplar ihre ganze Fülle auszuschütten, sein Recht bleiben, und man ist nicht berechtigt, die specifische Dignität Christi, als Religionsstifters, der absoluten Erscheinung der Idee in dem Individuum gleichzusetzen, oder dem Be-

---

[54] A.a.O. (3. Aufl.) 767. Diese Sätze blieben von der 1. bis zur 3. Auflage des *Leben Jesu* unverändert.
[55] FERDINAND CHRISTIAN BAUR, Die christliche Gnosis oder die christliche Religions-Philosophie in ihrer geschichtlichen Entwicklung, Tübingen 1835, 643-656.
[56] F.CHR. BAUR, Lehre von der Versöhnung (wie Anm. 40) 621 Anm. 1.
[57] A.a.O. 622.

Spekulative Christologie 239

griffe des Gottmenschen zu substituiren."⁵⁸ Es ist bedauerlich, daß – so weit ich sehe – in den bisher bekannt gewordenen Strauß-Texten kein Echo auf diese bedeutsame Zustimmung des Lehrers zu seinem Schüler – wenigstens in Hinsicht auf die Fragestellung! – zu finden ist. Durch die Übernahme der Strauß'schen These grenzt sich Baur zugleich von seinem „verehrten Freunde" Kern⁵⁹ und von Carl Ullmann⁶⁰ ab, die beide eine Totalität der Erscheinung der Idee in Christus zu verteidigen versuchten. Ganz kompromißlos sagt Baur in diesem Zusammenhang, die einzige Form „in welcher das Individuum absolut mit Gott Eins werden kann, ist nur die kirchliche Theorie, bei dieser bleibe man also auch, und substituire ihr keinen von ihr wesentlich verschiedenen Begriff".⁶¹ Mit anderen Worten: Die Zentralaussagen der kirchlichen Christologie sind *Bekenntnissätze*, denen man weder durch geschichtliche noch durch spekulative Beweisführungen in der Person Jesu ein *historisch* gegebenes und faßbares Erscheinungsbild zuordnen kann. Baur sagt, natürlich müsse man Christus „auf die intensivste Weise" von der Idee der Einheit Gottes und des Menschen durchdrungen denken, und in ihm die Realität dieser Einheit „so vollkommen, als es nur immer einem Individuum möglich ist, in sich darstellend" denken, „aber dabei bleibt es doch immer zugleich ebenso wahr und unbestreitbar, daß das Individuum unter der Idee steht".⁶²

Baurs *Versöhnungslehre* von 1838 ist wohl das Werk, in dem seine Verbundenheit mit und seine Nähe zu Hegel so deutlich zutage liegt wie in keiner anderen Arbeit zuvor oder hernach.⁶³ Daß das Christentum im Hegelschen

---

⁵⁸ Ebd.
⁵⁹ FRIEDRICH HEINRICH KERN, Erörterung der Hauptthatsachen der evangelischen Geschichte, in Rücksicht auf Strauß's Schrift: ‚Das Leben Jesu', in: TZTh (1836) II, 14-160; (1836) III, 3-59. Auch die Bestimmung des Gattungsbegriffs, die Isaak August Dorner vorgeschlagen hatte, kann Baur nicht übernehmen; vgl. ISAAK AUGUST DORNER, Über die Entwicklungsgeschichte der Christologie, besonders in den neueren Zeiten. Eine historisch-kritische Abhandlung. Dritte Periode. Die Zeit der Versuche, das Göttliche und das Menschliche in Christus in gleicher Berechtigung und in wesentlicher Einheit zu betrachten, in: TZTh (1836) I, 96-240; zur These von Strauß 173f Anm. Baurs Abgrenzung: F.CHR. BAUR, Lehre von der Versöhnung (wie Anm. 40) 732.
⁶⁰ CARL ULLMANN, Noch ein Wort über die Persönlichkeit Christi und das Wunderbare in der evangelischen Geschichte. Antwortschreiben an Herrn Dr. Strauß, in: ThStKr 11 (1838) 277-369. Ullmann hatte das ‚Leben Jesu' von Strauß rezensiert in: ThSTKr 9 (1836) 770-816. – Man muß sich vor Augen halten, daß Baur mit seiner Zurückweisung der Lösungsvorschläge von Kern, Dorner und Ullmann positionell nahe an die Seite der Fragestellung von Strauß getreten ist. Über Baurs generelles Verhältnis zu seinen Tübinger Kollegen und zu Ullmann informiert sehr zuverlässig H. HARRIS (wie Anm. 16) 36-43.
⁶¹ F.CHR. BAUR, Lehre von der Versöhnung (wie Anm. 40) 623.
⁶² A.a.O. 624.
⁶³ Der Einfluß Hegels wird bereits in der *Einleitung* des Werks evident, in der Baur die triadische Begriffsvermittlung ausdrücklich aus der Hegelschen Philosophie ableitet. Die Lehre von der Versöhnung sei in der neuzeitlichen Theologiegeschichte immer stärker nach ihrer „subjectiven"

Sinne „den Charakter der absoluten Religion" habe, daß durch Christus „die absolute Idee ... in das Bewußtseyn der Menschheit eingetreten" sei, ist ihm hier unumstritten gewiß. Hegels Religionsphilosophie wird als „der höchste metaphysische Standpunct" bezeichnet, „auf welchen man sich stellen kann, aber auch stellen muß", wenn die Realität der Versöhnung mehr bedeuten soll, als eine bloß in der Subjektivität einzelner Individuen bewußte Befindlichkeit.[64] Wenn Baur sich nun – mit seinem Schüler Strauß – nicht in der Lage sieht, die Einheit der Idee „mit dem historischen Individuum Jesu von Nazareth geradezu" zu identifizieren[65], dann bleibt für die spekulative Theologie die Aufgabe, die kategoriale Bestimmung des neuen Subjekts der Gott-Mensch-Einheit genauer vorzunehmen, als dies von Strauß in der „Schlußabhandlung" des *Leben Jesu* geleistet worden ist.

Es ist bemerkenswert, daß Baur in diesen entscheidenden Absätzen seiner *Versöhnungslehre* den Namen von Strauß nicht erwähnt. Baur setzt sich un-

---

Seite hin ausgelegt worden. „Je mehr aber die Subjectivität nicht nur zu ihrem Recht kam, sondern auch in ihrer ganzen Einseitigkeit sich geltend machte, desto mehr trieb sie dadurch den subjectiven Geist zur Anerkennung der Nothwendigkeit, sich seiner subjectiven Willkür zu entledigen, und das Allgemeine und Objective, das der Subjectivität allein ihren festen Haltpunct gibt, sich zum Bewußtseyn zu bringen. Es geschah dieß zuerst durch die, in der absoluten Gesetzgebung der practischen Vernunft einen neuen Umschwung des Geistes ankündigende, Kant'sche Philosophie, und die drei in engem Zusammenhang an einander sich anschließenden Momente, das sittliche Bewußtseyn der Kant'schen Philosophie, das christliche Bewußtseyn der Schleiermacher'schen Glaubenslehre und das Selbstbewußtseyn des absoluten Geistes, zu welchem die Hegel'sche Religions-Philosophie sich fortbewegte, sind ebenso viele Epochen des Fortschritts des Dogma's in dem lezten Stadium seines Entwicklungsgangs." (A.a.O. 14; vgl. auch 712-718). Zum „Hegelianismus" Baurs s. FRIEDRICH WILHELM GRAF, Ferdinand Christian Baur, in: Klassiker der Theologie, hg. v. Heinrich Fries/Georg Kretschmar, Bd. 2, München 1983, 89-110; 101-104. – Graf/Wagner bemerken zu Recht: „Eine Darstellung der Hegel-Rezeption F. Chr. Baurs, die dem systematischen Anspruch sowohl seines Programms einer an der Realisierung der freien Subjektivität sich orientierenden Christentumsgeschichte als auch der Hegelschen Philosophie gerecht wird, fehlt" (F.W. GRAF/F. WAGNER, [wie Anm. 1] 43 Anm. 129). Vgl. auch RUDOLF SMEND, De Wette und das Verhältnis zwischen historischer Bibelkritik und philosophischem System im 19. Jahrhundert, in: ders., Epochen der Bibelkritik. Gesammelte Studien Bd. 3, München 1991 (= Beiträge zur evangelischen Theologie 109), 145-154, bes. 152-154.

[64] F.CHR. BAUR, Lehre von der Versöhnung (wie Anm. 40) 713f.
[65] „Der Gottmensch [...] ist der allgemeine, ursprüngliche, nach dem Bilde Gottes geschaffene, urbildliche Mensch, dessen Begriff nothwendig mit dem biblisch christlichen Begriff von Christus, als dem zwar mit dem Vater identischen, aber auch von Ewigkeit, seiner wesentlichen Bestimmung nach, Mensch werdenden Sohn Gottes zusammenfällt. Wird nun der Gottmensch in diesem Sinne, wie von dem hierin weit mehr an Daub als an Hegel sich anschließenden Marheineke geschieht, mit dem historischen Individuum Jesu von Nazareth geradezu identificirt, so ist dieß nicht nur ein wissenschaftlich nicht gerechtfertigter Sprung, sondern auch eine die Spekulation von der Geschichte gewaltsam losreißende Einseitigkeit, welcher die Hegel'sche Religions-Philosophie, hierin auf der Grundlage der Schleiermacher'schen Glaubenslehre fortbauend, sehr entschieden entgegentritt." (A.a.O. 734f).

zweideutig mit Strauß und dessen spekulativ-christologischer Fragestellung auseinander; aber er sagt nur sehr verallgemeinernd: „Hier ist demnach der Ort, wo die [...] neuere Theorie von der Person Christi zu ihrem Rechte kommt".[66] Und inhaltlich führt er aus: Es gebe zwischen der einseitig die Menschheit Jesu von Nazareth betonenden „rein ebionitischen Vorstellung von der Person Jesu" und der ebenso unhaltbaren Identifikation von Person und Idee „Raum genug, um Jesu eine Würde und Erhabenheit zu vindiciren, die ihn von allen andern Menschen specifisch unterscheidet, und hoch über sie stellt".[67] Der historische Jesus von Nazareth wird also von Baur mit den höchsten nur denkbaren, d.h.: einem Individuum zuzusprechenden, Prädikaten ausgezeichnet. Die vollkommene Ausbildung der Idee der Versöhnung und damit der Einheit von Gott und Mensch entwickelt sich aber nach Baurs Ansicht erst *nach* Jesu Auftreten innergeschichtlich in jenem ewigen Prozeß, „in welchem der subjektive Geist fort und fort ringen muß, die objektive Einheit mit Gott, nachdem sie ihm zum Bewußtseyn gekommen ist, auch subjektiv zu realisiren, und mehr und mehr die Schranke zu durchbrechen, die das subjektive Bewußtseyn von dem Absoluten trennt, mit welchem es sich zur concreten lebendigen Einheit zusammenschließen soll."[68]

Mit diesen doch etwas deklaratorisch-blassen Aussagen, die Strauß gewiß nicht zufriedengestellt haben dürften, sollte Baurs *Versöhnungslehre* ursprünglich schließen. Doch dann las Baur Schallers spekulativ-theologischen Christologie-Entwurf und war offenkundig so beeindruckt, daß er dessen „Hauptsätze" noch dem eigenen Werk beifügte. Schallers Buch enthält zwei umfangreiche, Strauß kritisierende Hauptteile, auf die dann ein recht kurzer Schlußteil folgt, der einen fast genial zu nennenden Lösungsvorschlag zu Straußens „Letztem Dilemma" enthält. Schaller kritisiert zunächst den undeutlichen Gattungsbegriff von Strauß.[69] Dann erhebt er bedenkenswerte Einwände gegen die von Strauß vorgenommene Übertragung der Mythos-Vorstellung auf die Person Christi: Man dürfe Christus nicht zur „mythischen Person" machen, vielmehr müsse man erkennen, daß „alle mythischen Bestandtheile der evangelischen Geschichte [...] an der Person Christi ihre allgemeine historische Basis" haben. Die Person des historischen Christus, der Glaube an ihn, „das begeisterte Erfassen seiner göttlichen Persönlichkeit" hätten Mythenbildungen in der christlichen Gemeinde ausgelöst, die „weit davon entfernt" seien, die „heilige Geschichte zu verunstalten". Durch solche Mythenbildung sei diese „heilige Geschichte" vervollständigt „und die geistige Bedeutung und ewige Wahrheit

---

[66] A.a.O. 735 Anm. 1.
[67] A.a.O. 735.
[68] A.a.O. 737. Die beste Darstellung der Christologie Baurs in dessen „Hegelian Period" bietet H. HARRIS (wie Anm. 16) 168-172.
[69] J. SCHALLER, Der historische Christus und die Philosophie (wie Anm. 47) 57-66.

derselben zur Anschauung" gebracht worden. Der Mythos sei produktive Interpretation und erweiternde Auslegung der Begegnung mit dem historischen Christus.[70]

Baur hat beide Strauß kritisierenden Gedankengänge Schallers kurz und ohne eigene Wertungen referiert. Doch zu Recht sieht er nicht in diesen Passagen des jüngst erschienenen Buches die „äußerste Spitze, die das Dogma von der Versöhnung in seiner spekulativen Bewegung" durch Schallers Beitrag „erreicht hat".[71] Ausführlich – und mit untrüglichem Gespür für eine vorwärtsweisende Argumentation – wendet sich Baur dem abschließenden Teil dieser „Kritik der Grundidee" des *Leben Jesu* von Strauß zu. Hier wird durch Baur folgende Überlegung von Schaller zur Diskussion gestellt:

Es habe wenig Sinn, so hatte Schaller hervorgehoben, die Frage nach der Einheit der Idee von Gott und Mensch und damit die Frage nach der innergeschichtlichen Realisierung der Versöhnung der mit Gott entzweiten Welt auf den historischen Jesus zu projizieren. Wer dies tue, der übersehe die neutestamentlichen Zentralaussagen über den Tod und die Auferstehung Christi. Wäre wirklich nur der historische Jesus das Subjekt der Prädikate gewesen, die in der kirchlichen Christologie versammelt sind, dann wäre „dieser historische Christus [...] nicht der Erlöser, sondern das Gegentheil von alle dem, [...] die Spitze des Egoismus, denn er behält die ganze Fülle der Göttlichkeit, die Offenbarung und Einheit mit Gott, für sich allein, stößt Alle von der Gott-

---

[70] „Vor Allem ist also hervorzuheben: daß nie und nirgends Christus selbst eine mythische Person sein kann, so daß er noch etwas Anderes als sich selbst darstellte und bedeutete, *sondern Christus ist vielmehr der gedeutete Mythus,* die thatsächlich existirende Erklärung desselben, also die Aufhebung alles Mythischen zur Wirklichkeit und zur absoluten Einheit von Form und Inhalt. Sobald man Christus selbst zum Mythus macht, verwirft man die geoffenbarte unendliche Freiheit des einzelnen Subjekts, und verkennt damit den wesentlichen Inhalt der christlichen Religion. Alle mythischen Bestandtheile der evangelischen Geschichte haben also an der Person Christi ihre allgemeine historische Basis, und sind aus dem Glauben an ihn, aus dem innigsten Verständniß seines Wesens, aus dem begeisterten Erfassen seiner göttlichen Persönlichkeit hervorgegangen; sie sind daher so weit davon entfernt, die heilige Geschichte zu verunstalten, daß sie dieselbe vielmehr vervollständigen, und die geistige Bedeutung und ewige Wahrheit derselben zur Anschauung bringen." (A.a.O. 121).

[71] F. CHR. BAUR, Lehre von der Versöhnung (wie Anm. 40) 741. – Baur verweist abschließend noch auf JOHANN WILHELM HANNE, Rationalismus und speculative Theologie in Braunschweig. Ein Versuch über das würkliche Verhältniß beider zum christlichen Glauben, nebst einer speculativ-dogmatischen Entwickelung der Menschwerdung und Versöhnung Gottes in ihrer Nothwendigkeit und Würklichkeit, Braunschweig 1838. J. W. Hanne war Mitarbeiter der *Hallischen Jahrbücher* und wurde vor allem bekannt durch eine Anti-Strauß-Schrift (Der moderne Nihilismus und die Strauß'sche Glaubenslehre im Verhältniß zur Idee der christlichen Religion. Eine kritische Beleuchtung und positive Überwindung des Grundprincips und der Hauptconsequenzen der destructiven Philosophie, Bielefeld 1842). 1861 wurde Hanne als Professor der Theologie und Pastor an St. Jakobi nach Greifswald berufen; er veröffentlichte u.a.: Anti-Hengstenberg. Drei protestantische Briefe nebst einem Anhang protestantischer Thesen, Elberfeld 1866. Eine Zuordnung Hannes zur spekulativen Schule steht noch aus.

menschlichkeit aus, und giebt denen, die an ihn glauben, nicht den Frieden sondern die Unseligkeit der unbefriedigten Hoffnung und die Gewißheit der unauflösbaren Entzweiung mit Gott zum Lohne."⁷² Welches Gottesverhältnis und Gottesbewußtsein der historische Jesus auch immer gehabt haben mag, sei deshalb von untergeordneter Bedeutung, weil dieser einzelne Mensch gestorben ist und mit ihm das zugehörige Gottesbewußtsein wieder aus der Welt verschwand. „Die Trauer der Jünger um den Tod Jesu ist nicht bloß die Trauer um ein geliebtes Individuum, sondern die Trauer um die irdische Menschlichkeit Jesu überhaupt".⁷³ Der Tod Jesu sei die „lauteste Mahnung" für den Glauben, „die Person Christi christlich und nicht jüdisch zu nehmen", d. h. den historischen Jesus nicht mit Messias-Prädikaten zu überdecken und ihm damit seine wahre Menschlichkeit zu nehmen.

Aber auch die Auferstehung habe für den Glauben eine wesentlich andere Bedeutung als für den Unglauben. „Daß aber ein einzelnes Exemplar der Gattung vom Tode wieder aufersteht, ist zunächst weiter nichts als ein seltsames Ereigniß, ein merkwürdiger Fall, welcher so wie jedes Faktum überhaupt bezweifelt, dann aber auch auf verschiedene Weise erklärt und betrachtet werden kann."⁷⁴ Eine „wesentlich geistige Bedeutung" erhalte die Auferstehung erst dann, wenn sie als Christi „wirkliche geistige Gegenwart", als seine „ununterbrochene Gegenwart bis ans Ende der Welt in Allen, die an ihn glauben", begriffen werde. Christi Auferstehung realisiere sich – und dies ist die überraschende Pointe der Darlegung Schallers – in der Bildung der Gemeinde. Nicht – wie bei Strauß – in der Idee der „Gattung" liegt für Schaller der „Schlüssel der ganzen Christologie", sondern in der Wirklichkeit der christlichen Gemeinde als dem Leib Christi. Schaller entwickelt diesen weit nach vorne weisenden Entwurf einer spekulativen Christologie folgendermaßen:

Der durch Christus in Gang gesetzte „Prozeß des Glaubens" verwirkliche sich in der „Bildung der Gemeinde". Als „Leib Christi" sei die Gemeinde „der wirklich wieder auferstandene, geistig lebendige Christus". Die Gemeinde *erinnere* sich nicht bloß an Christus „als einer vergangenen Erscheinung, als eines zeitlich und räumlich fernen Faktums", sondern jedes Glied der Gemeinde *erkenne* in der Person und Geschichte Christi das *eigene Wesen*, die *eigene Idee* und *wahrhafte Wirklichkeit*. Auf diese Weise sei „auch Gott in der Gemeinde wirklich und wahrhaftig als Person, als sich selbst wissend gegenwärtig".⁷⁵ Der

---

⁷² J. SCHALLER, Der historische Christus und die Philosophie (wie Anm. 49) 127.
⁷³ A.a.O. 128.
⁷⁴ A.a.O. 128f.
⁷⁵ „Dieser geistige Prozeß des Glaubens ist die Bildung der *Gemeinde*. Schon nach den Worten der Bibel ist sie der *Leib* Christi, somit die Erscheinung, das Dasein seiner Innerlichkeit, oder die Gemeinde ist der wirklich wieder auferstandene, geistig lebendige Christus; die Gemeinde erinnert sich nicht bloß seiner als einer vergangenen Erscheinung, als eines zeitlich und räum-

Schlüssel zur spekulativen Christologie wird von Schaller in der Vorstellung gefunden, daß Christus in seiner Gemeinde in der Form präsent sei, daß er *als Gemeinde existiere!* Diese geistgewirkte wahrhafte Gegenwart Christi mache begreifbar, warum und in welchen Entwicklungsschritten es zur innergeschichtlichen Ausformung der christologischen Bekenntnisaussagen kommen konnte und kommen mußte. Die spekulative Christologie Schallers will das „Letzte Dilemma" von Strauß lösen, indem sie zum Subjekt der Prädikate, „welche die Kirche Christo beilegt", die christliche Gemeinde selbst setzt, – allerdings nicht als eine religiöse Vorstellungen produzierende Gruppe von subjektiv empfindenden Individuen, sondern als eine Gemeinschaft, in der Christus der „wirklich und wahrhaftig als Person" gegenwärtige Herr ist.

In Schallers gedankenreichem Buch wird die hier aufblitzende neue Konstruktion für eine spekulative Christologie noch durch einen knappen Hinweis auf eine spekulative Deutung der Taufe und durch eine ausführliche spekulative Interpretation des Abendmahls vertieft.[76] Die deutliche Unterscheidung einer *Christentumsgeschichte* bzw. *Glaubensgeschichte* von einer *allgemeinen Menschheitsgeschichte* wäre der nun notwendige nächste Schritt zur weiteren Entfaltung des Gedankens, daß Christus *als Gemeinde existierend* spekulativ vorgestellt werden müsse. Ob diese Explikation der Christologie – von Hegel ausgehend – für die Schule eine Denkmöglichkeit sein könnte, war eine 1838 überhaupt noch nicht diskutierte Frage. Sie hätte aber gestellt werden müssen, wenn der von Strauß in die spekulative Christologie eingeführte Gattungsbegriff mit Schaller konsequent durch den Begriff und die Wirklichkeit der christlichen Gemeinde ersetzt worden wäre.

Schon Baurs an sich sehr sorgfältiges Referat des Schallerschen Gedankenganges zeigt, wie leicht man in der Mitte des vorigen Jahrhunderts über die entscheidende Pointe dieses christologischen Entwurfes hinwegsehen konnte. Baur schreibt: „Darin besteht daher das Wesen der Versöhnung, daß der

---

lich fernen Faktums, sondern jeder Einzelne erkennt in der Person und Geschichte Christi *sein eigenes Wesen*, seine Idee und wahrhafte Wirklichkeit; die Erinnerung an ihn ist also eine durchgreifende That des Willens, eine Umgestaltung des ganzen Menschen von Grund aus, und wie die Gottmenschlichkeit Christi kein bloßes Bild war, so ist auch Gott in der Gemeinde wirklich und wahrhaftig als *Person*, als sich selbst wissend gegenwärtig." (A.a.O. 131).

[76] „Als die Concentration und die höchste Vollendung des christlichen Kultus wird mit Recht das Abendmahl angesehen. Ist uns dies nur ein Gedächtnißmahl, ein Andenken an die Person, an die Thaten und Schicksale Christi, so bleibt Christus immer als ein fernes Objekt des Bewußtseins außer uns stehen [...] Im Abendmahl zieht sich der Einzelne aus der Mannichfaltigkeit irdischer Interessen, aus der ganzen Äußerlichkeit der weltlichen Verhältnisse in das einfache Selbstgefühl seiner unendlichen Allgemeinheit zurück [...] Dieser absolut innere Proceß der Befreiung ist kein kahles Andenken, keine historische Erinnerung an die äußere Erscheinung Christi, sondern vielmehr seine wirkliche persönliche Gegenwart, die geistige Realität seines Auferstandenseins, die sich immer erneuernde That der Erlösung, die praktische Widerlegung der mythischen Auffassung von der Person Christi." (A.a.O. 133f.).

Spekulative Christologie

Mensch als freies Subjekt weiß, was der Mensch an sich ist, und durch dieses Wissen wird die Menschheit als Gattung zum Reich Gottes, zur Gemeinde."[77] Die Begriffe „Menschheit", „Gattung", „Reich Gottes" und „Gemeinde" werden von Baur wie Synonyma verwendet, – und damit ist die Spitze von Schallers neuer These bereits wieder abgebrochen!

Baurs *Lehre von der Versöhnung* aus dem Jahre 1838 ist ein sehr fortschrittsoptimistisches Buch. Überzeugt davon, daß die „Arbeit des Geistes" unaufhaltsam voranschreite, sieht er in der Christentumsgeschichte wie in der Menschheitsgeschichte einen einzigen, in die Freiheit führenden Emanzipationsprozeß. Niemand könne auf einen älteren Standpunkt zurückkehren, „ohne mit dem Selbstbewußtseyn des Geistes in Widerstreit zu kommen". Wie ein Motto heißt es dann: „Nur vorwärts geht der Zug des Geistes, was aber einmal in seiner Negativität erkannt ist, bleibt ein auf immer überwundenes und aufgehobenes Moment."[78] Im Horizont eines solchen Emanzipationsbewußtseins und Freiheitsbewußtseins könnte Schallers christologischer Entwurf wie ein Zurücktreten zu längst überwundenen kirchlich-theologischen Traditionen erscheinen. Der in Schallers Christologie gewiß enthaltene Traditionalismus dürfte mit dazu beigetragen haben, daß Baur diesem Lösungsvorschlag der spekulativ-christologischen Frage generell zustimmen konnte. Doch zugleich war die vermeintlich *rückwärts* gerichtete Tendenz dieser Traditionsbindung auch der Anlaß, daß Baur die weitreichende Pointe von Schallers Entwurf nicht aufnahm und nicht weiterdachte.

Strauß und Baur haben sich später unabhängig voneinander je noch einmal mit Schaller auseinandergesetzt. Strauß verteidigte 1841 im zweiten Band seiner *Glaubenslehre* den eigenen Gattungsbegriff gegen Schallers Kritik. Obgleich ein gewisser Respekt vor Schallers Argumentation bei Strauß zu spüren ist, bleibt es doch bei einer ziemlich schroffen Ablehnung der Anfragen Schallers.[79] Schallers Hinweis auf die christliche Gemeinde als Subjekt einer spekulativen Christologie wird von Strauß überhaupt nicht aufgenommen. Strauß beschließt das Kapitel über die spekulative Christologie mit der Bemerkung, „daß, um die Christologie über den Standpunkt meiner Schlußabhandlung zum Leben Jesu hinauszuführen, noch das erste verständige Wort vorzubringen ist".[80]

---

[77] F.CHR. BAUR, Lehre von der Versöhnung (wie Anm. 40) 740.
[78] A.a.O. 742.
[79] DAVID FRIEDRICH STRAUSS, Die christliche Glaubenslehre in ihrer geschichtlichen Entwicklung und im Kampfe mit der modernen Wissenschaft dargestellt, Bd. 2, Tübingen/Stuttgart 1841, 227-233. – Da Strauß aus der 137 Seiten umfassenden Schrift Schallers nur bis zur Seite 96 referiert, liegt die Vermutung nahe, daß er die beiden Schlußkapitel („Die Geschichte Christi" [106-124] und „Der Glaube, das christliche Leben und die Philosophie" [125-137]), in denen Schaller seinen eigenen Lösungsvorschlag entwickelt hat, nicht zur Kenntnis nahm.
[80] A.a.O. 240.

Baur hat seinerseits 1843 in dem Werk *Die christliche Lehre von der Dreieinigkeit und Menschwerdung Gottes in ihrer geschichtlichen Entwicklung* Schallers Buch noch einmal ausführlich in seine Überlegungen einbezogen. Der Grundton dieses neuen Referats ist erheblich zurückhaltender als die erfreute Zustimmung von 1838. Baur meint jetzt, Schaller lege in seine Erörterung mehr hinein, „als die Consequenz seiner Deduction" gestatte.[81] Der Strauß'schen Christologie gegenüber könne Schaller nur die Frage zu erwägen geben, „ob die historische Person Christi nicht höher zu stellen sey, als von Hegel und Strauß geschehen ist, ob es demnach nicht einen vermittelnden Weg gibt, auf welchem die Trennung des historischen und idealen Christus, wie sie das Resultat der speculativen Betrachtung ist, in einem an den kirchlichen Begriff des Gottmenschen wenigstens annähernden Sinne ausgeglichen werden kann?"[82]

Mit einer offenen Frage schließt das Gespräch, das Baur mit Strauß und Schaller geführt hat. Die spekulative Christologie ist nie bis zu einem von ihren Bearbeitern gemeinsam gesetzten Schlußpunkt weiterentwickelt worden. Aber im Verlauf dieses vielstimmigen Gesprächs sind derart bemerkenswerte, bis heute faszinierende Problemanalysen zu der Frage nach dem Verhältnis des historischen Jesus zum Christus des Glaubens zutage getreten, daß es sich wohl lohnt, die Geschichte dieses Gesprächs weiter zu erforschen.[83]

---

[81] F.Chr. Baur, Dreieinigkeit, Bd. 3 (wie Anm. 2) 992.
[82] Ebd.
[83] Ein eindrucksvolles Beispiel für die Fortführung des kritischen Dialogs in unsere Gegenwart hinein bietet: Martin Hengel, Bischof Lightfoot und die Tübinger Schule, in: ThBeitr 23 (1992) 5-33.

Friedrich Wilhelm IV.
Ein Laientheologe auf dem preußischen Königsthron

I.

Bettina von Arnim beschließt einen ihrer zahlreichen Briefe an ihren „allergnädigsten König" Friedrich Wilhelm IV. von Preußen mit den Worten: „Es ist mir nun nach dem letzten Schreiben von Euer Majestät sehr problematisch, ob der *Zug Ihrer Seele*, auf den Sie es ankommen lassen wollen, von Gott zum Guten bewegt werde! und wenn es nicht geschieht, dann fühl ich mich in tiefster Seele betrogen, in allem, was ich so lange hegte! – Und das ist auch sehr traurig! am 29. Juli 1849. Euer Majestät untertänigste Bettine Arnim".[1]

Bettinens Besorgnis wird in den immer noch recht spärlichen Untersuchungen der protestantischen Kirchengeschichtsschreibung zur Regierungszeit und Person Friedrich Wilhelms IV. allenthalben bestätigt.[2] Daß dieser preußische König in bewegter Zeit bei seinen Regierungsgeschäften nur dem ‚Zug seiner Seele' folgen wollte und von der aufrichtigen, frommen Zuversicht durchdrungen war, ‚Gott werde ihn zum Guten bewegen', wird nicht bestritten; daß jedoch letztlich nur Stillstand und Enttäuschung das Ergebnis dieses Regierungsvorhabens waren, ist immer wieder zu hören. Mit Vorliebe wird ein geistreiches Bonmot von David Friedrich Strauß weitergegeben, der 1847 seinen Weg in die Politik mit zeitkritischen Vorträgen begonnen hatte, die er unter dem Buchtitel *Der Romantiker auf dem Throne der Cäsaren, oder Julian der Abtrünnige* einer großen Öffentlichkeit zugänglich machte.[3] Die negativen Urteile über die Regierungszeit Friedrich Wilhelms IV. gründen aber nur zum Teil – wie bei Strauß – in der Enttäuschung der Liberalen des Vormärz, die von einem rechtzeitigen, energisch-pragmatischen Handeln des Königs in der Verfassungsfrage die Abwendung weitreichender innenpolitischer Fehlentwicklun-

---

[1] BETTINA V. ARNIM, Werke und Briefe. Bd. 5 hg. v. Joachim Müller, Darmstadt 1961, 368.
[2] Die ältere Lit. bei: EWALD SCHAPER, Die geistespolitischen Voraussetzungen der Kirchenpolitik Friedrich Wilhelms IV. von Preußen, Stuttgart 1938. – KURT SCHMIDT-CLAUSEN, Vorweggenommene Einheit. Die Gründung des Bistums Jerusalem im Jahre 1841, Berlin/Hamburg 1965, 221-367. – REINER STRUNK, Politische Ekklesiologie im Zeitalter der Revolution, München/Mainz 1971, 161-168. - JOACHIM COCHLOVIUS, Bekenntnis und Einheit der Kirche im deutschen Protestantismus 1840-1850, Gütersloh 1980, 142-145.
[3] KARL HARRAEUS, David Friedrich Strauß. Sein Leben und seine Schriften unter Heranziehung seiner Briefe dargestellt, Leipzig 1901, 188-219.

gen erwarteten; auch die von Bettina v. Arnim in ihrem *Königsbuch*[4] so bewegend geschilderten sozialen Mißstände in den großstädtischen Armenvierteln können nur sehr bedingt als Folgen des Regierungsstils Friedrich Wilhelms IV. angesehen werden. Nachhaltiger hat vielmehr auf die Beurteilung Friedrich Wilhelms IV. jene Gesamtdeutung der neueren deutschen Geschichte eingewirkt, die Heinrich von Treitschke in seinem monumentalen Werk[5] vorgetragen hat: Von Königsgrätz und Sedan aus betrachtet erscheint die Friedenspolitik Friedrich Wilhelms IV., die – wie vor allem der Vertrag von Olmütz zeigte – jede kriegerische Auseinandersetzung nach Kräften mied, als ein geradezu peinlicher Mangel an Entschlossenheit und Mut; und angesichts der Kaiserproklamation von Versailles mußten Treitschke und seine Nachfolger das Verhalten des Königs in den Märzunruhen des Jahres 1848 als tiefste Demütigung der preußischen Krone und als ein persönliches Versagen des auf Gottes Hilfe hoffenden Herrschers empfinden und beschreiben.

Die Friedenspolitik des Königs sollte jedoch in anderen Zusammenhängen gesehen werden. Sie wurzelte in persönlichen Kriegserfahrungen, die Friedrich Wilhelm IV. bei verschiedenen Gefechten während des Freiheitskrieges gesammelt hatte; sie war aber vor allem Ausdruck und Folge einer tiefreligiösen Grundhaltung, aus der die Verpflichtung des Christen zum Dienst am Frieden hervorging. Zehn Tage vor dem Ausbruch der Straßenkämpfe in Berlin schrieb der König am 9. März 1848: „Mein Gebet zu Gott, mein Sehnen und Wünschen geht nach *Frieden in Europa*. Dennoch fürcht' ich den Krieg nicht. Ich kenne ihn aber und das ist genug, alles Erlaubte zu thun, um ihn unnöthig zu machen. Ich habe aber eine Überzeugung, eine Gewißheit (menschlich zu reden), wie's nur in Menschen Überzeugung und Gewißheit geben kann, *daß die Aufrechterhaltung des Friedens lediglich in die Hände der Großmächte* und unter diesen ganz eminent in Englands Hände gegeben ist".[6] Von solchen Äußerungen her gesehen wäre an Leopold von Rankes Sicht der Zusammenhänge zu erinnern, die dem Betrachter erneut die Frage nahelegt, ob die Regierungszeit Friedrich Wilhelms IV. nicht als eine Periode der Bewahrung von politischen Chancen für Preußen, Deutschland und Europa anzusehen sei und als eine Zeit, in der es tapfer und klug war, Krieg und Revolution mehr zu fürchten, als eine persönliche Demütigung des Trägers der Krone. Besonderes Interesse verdient in jedem Fall die theologische Grundhaltung, also die *Laientheologie*, die den König bei seinen Entscheidungen bestimmte und leitete.

---

[4] BETTINA V. ARNIM, Werke und Briefe. Bd. 3 hg. v. Gustav Konrad, Darmstadt 1963.
[5] HEINRICH V. TREITSCHKE, Deutsche Geschichte im Neunzehnten Jahrhundert. 5. Teil: Bis zur März-Revolution, Leipzig [5]1908.
[6] LEOPOLD V. RANKE, Aus dem Briefwechsel Friedrich Wilhelms IV. mit Bunsen, Leipzig 1873, 178.

Friedrich Wilhelm IV. wollte mit seinen so oft kritisierten vorsichtigen Entscheidungen immer nur ‚den Boden vorbereiten' für künftige Entwicklungen der Innen- und Außenpolitik, deren erhofftes organisches Wachstum nach seiner Überzeugung in der Mitte des 19. Jahrhunderts von zwei Feinden gleicherweise bedroht war: dem revolutionären Umsturz und der starren absolutistischen Gewalt. In dieser Situation war es das erklärte Ziel des Königs, „wahr und wahrhaftig das Werk der Umkehr aus der Revolution in die Wege der göttlichen Ordnungen und Rechte im Namen des HErren" einzuleiten.[7] Hier klingt der Grundsatz einer von der Erweckungsbewegung geprägten und von Ludwig von Hallers Staatslehre beeinflußten idealen Vorstellung von den Pflichten eines christlichen Herrschers an, mit dem ein wichtiges Element der Laientheologie Friedrich Wilhelms IV. bereits genannt ist. Friedrich Wilhelm IV. beschreibt diesen Grundsatz gelegentlich mit den Worten: „Die Absicht muß Gottes sein, nicht der Menschen. Die Könige *müssen* aber trachten, die rechte Zeit zu treffen für die Einrichtungen, die sie dann vor dem HErrn hinstellen und warten, ob er sich dazu bekennen wolle und sie brauchen, wie es uns ahndet."[8] Weil Friedrich Wilhelm IV. auch in seiner Kirchenpolitik an dieser frommen, patrimonialen Auffassung vom Auftrag eines christlichen Herrschers festhielt, wurden in den Jahren zwischen 1840 und 1858 nur wenige kirchliche Neuerungen gegenüber der Regierungszeit seines Vaters, König Friedrich Wilhelm III., herbeigeführt. Aber diesem Minimum an kirchenpolitischer Aktion steht eine in der neueren deutschen Kirchengeschichte einmalige Fülle theologischer Reflexion des Herrschers gegenüber, die sich in mehreren Denkschriften, zahlreichen Briefen und vielen Notizen des Königs niedergeschlagen hat.[9] Friedrich Wilhelm IV. folgt in diesen Texten den Spuren seiner theologisch gebildeten Lehrer, Seelsorger und Freunde; auch bringt er immer wieder Lese-

---

[7] RANKE, Briefwechsel, 242.
[8] A.a.O., 95.
[9] Wichtige Hinweise auf die Archivalien gibt: JOHANNES HECKEL, Ein Kirchenverfassungsentwurf Friedrich Wilhelm IV. von 1847, in: Ders., Das blinde, undeutliche Wort ‚Kirche'. Ges. Aufsätze, hg. v. Siegfried Grundmann, Köln/Graz 1964, 434-453 (= ZRG. Kan. Abt. 12 [1922] 444-459); in diesem Aufsatz werden auch die Veröffentlichungen von Briefen und Aufsätzen des Königs in der Memoirenliteratur des 19. Jahrhunderts recht vollständig aufgezählt. - Das *Evangelische Zentralarchiv* in Berlin verwahrt noch zahlreiche unausgewertete Akten betr. Friedrich Wilhelm IV. und die Evangelische Landeskirche unter den Signaturen Gen. I, 1; II, 1; II, 2; II, 3; II, 4; II, 16; VIII, 22; XII, 1; Präs. I, 1; I, 13. Gen. I, 1 und Gen. II, 1 betreffen die Fragen der konfessionellen Behandlung bei den Kirchenbehörden, den Konsistorien und dem Evangelischen Oberkirchenrat; ebenso Präs. I, 13. In Gen. II, 2.3.4.16 sowie in Präs. I, 1 geht es um die Fragen der Externa und Interna der Evangelischen Landeskirche, um die Verfassungsfrage und damit zusammenhängend um die Einsetzung des EOK. Gen. VIII, 22 und Gen. XII, 1 behandeln die Frage der Union und die damit zusammenhängenden Fragen der Agende und Liturgie (diese Hinweise verdankt der Verf. der freundlichen Hilfe der Herren *Dr. Fischer* und *Dr. Sander* vom Ev. Zentralarchiv in Berlin).

früchte mit ein, die er bei seiner recht planlosen, aber extensiven Lektüre theologischer Fachliteratur eingesammelt hatte. Doch ihren unverwechselbaren eigenen Klang gewinnen diese laientheologischen Erwägungen des Königs erst durch die selbständige Verbindung traditioneller theologischer Topoi, aus denen ungewohnte, oft überraschende und gelegentlich weit vorausschauende Schlußfolgerungen und Handlungsanweisungen abgeleitet werden.

Das besondere Charisma eines Laientheologen könnte nach dem Beispiel Friedrich Wilhelms IV. gerade darin gesehen werden, daß er - nur von wenigen elementaren Glaubensaussagen ausgehend und zugleich unabhängig von jeder Rücksichtnahme auf systematisch-theologische Strukturierung - die Freiheit zur selbständigen Verknüpfung und Konkretisierung theologischer Sätze für sich in Anspruch nimmt. Friedrich Wilhelm IV. zog übrigens für seine eigene Person durchaus korrekt keine besondere Trennungslinie zwischen dem akademisch ausgebildeten Theologen und dem Laientheologen, wie sein erfrischend selbstbewußter Umgang mit Theologen vom Fach und ihren Büchern hinlänglich zeigt; wohl aber unterschied er zwischen dem Laien und dem ordinierten Diener am Wort, dessen Auftrag es sei, ‚dem Herrn Seelen zu gewinnen'. Doch auch bei dieser Unterscheidung hatte er durchaus Verständnis für die reformatorische Lehre vom Priestertum aller Gläubigen. Eine Anekdote berichtet, der König habe im Kreise mehrerer Geistlicher „von der Herrlichkeit des evangelischen Predigtamtes" gesprochen und gesagt: „Glauben Sie mir, meine Herren, ich habe schon manchmal gewünscht, ein Prediger des Evangeliums zu sein." Daraufhin habe einer der Geistlichen geantwortet: „Ew. Majestät sind es schon einmal gewesen. Durch Ew. Majestät Thronrede ist ein Schuhmachergesell zur Erkenntniß der Wahrheit und zum Glauben an den Herrn gekommen. Dieser Gesell ist jetzt ein gesegneter Missionar in China." Tief bewegt soll der König geantwortet haben: „Wenn ich droben vor dem Throne des Königs aller Könige werde stehen, wie werde ich mich freuen, wenn auch nur diese eine Seele durch mich errettet ist."[10]

Auf welchem Wege kam Friedrich Wilhelm IV. zu seinen laientheologischen Grundüberzeugungen und welche Beiträge zur Lösung ihn bedrängender kirchlicher Zeit- und Streitfragen hat er aus ihnen abgeleitet? Beide Fragen sind bisher nur unzureichend beantwortet worden und werden umfassend erst im Zusammenhang einer großen Biographie behandelt werden können, die alle gedruckten und ungedruckten Quellen auswertet und im einzelnen nachweist und nachzeichnet, welche Anregungen Friedrich Wilhelm IV. durch die zeitgenössische Theologie erhielt. Doch für eine die Konturen herausarbeitende Skizze liegt genug Material vor.

---

[10] WILHELM ZIETHE, Friedrich Wilhelm IV. König von Preußen. Ein christliches Lebensbild, Berlin ³1880, 214.

Friedrich Wilhelm IV.

II.

Der am 15. Oktober 1795 in Berlin geborene Kronprinz wuchs unter unruhigen äußeren Lebensbedingungen auf. Die nach dem Zusammenbruch Preußens 1806 notwendig werdenden häufigen Ortswechsel der Familie, der frühe Tod der Mutter (19. Juli 1810) und die aufwühlenden Ereignisse des Jahres 1813 erschwerten die Ausbildung des hochbegabten, aber psychisch unausgeglichenen Knaben, der seine Umwelt durch jähe Gefühlsausbrüche und plötzliche Stimmungsschwankungen von jung auf erschreckte.[11] Erster Erzieher des Kronprinzen war - neben der Königin Luise - seit 1800 der frühere Rektor an der Schule des Klosters Liebfrauen zu Magdeburg, Johann Friedrich Delbrück, ein aufgeklärter Philanthrop und frommer Spätrationalist. Weil der offensichtlich sehr nachsichtige Delbrück dem auffälligen Temperament des Knaben immer weniger gewachsen war, wurde 1809 ein neuer Prinzenerzieher bestellt. Dem Rat des Freiherrn von Stein folgend betraute Friedrich Wilhelm III. im Jahre 1809 den früheren Prediger an der französischen reformierten Gemeinde in Berlin, Johann Peter Friedrich Ancillon, mit der weiteren Ausbildung seines Sohnes.[12] Ancillon hatte sich als Historiker und beratender Staatsmann beim Hofe hohes Ansehen erworben; er vertrat eine konservative, an der friderizianischen Epoche orientierte Geisteshaltung und hat die Interessen des Kronprinzen in entscheidenden Entwicklungsjahren (1809-1814) auf ein weites Feld literarischer, historischer und philosophischer Gegenstände gelenkt, die er ihm in den Unterrichtsstunden mit eindrucksvoller Rhetorik und großer Wärme vortrug. Ancillon ließ es zu, daß Friedrich Wilhelm, seinen schwärmerischen Neigungen folgend, auch Anregungen und Einflüsse der literarischen Romantik in sich aufnahm. Die musische Begabung des Kronprinzen wurde durch Zeichen- und Malunterricht von Schinkel und Rauch mit beachtlichem Erfolg gefördert.[13]

Im Januar 1813, wenige Wochen vor dem denkwürdigen Aufruf des Königs an das preußische Volk, wurde Friedrich Wilhelm in Potsdam durch Bi-

---

[11] Vgl. Kurt Borries, Art.: Friedrich Wilhelm IV., in: NDB 5 (1961) 563-566 (Lit.); K. Schmidt-Clausen, Vorweggenommene Einheit, 221-230. – Eine zeitgemäße Biographie steht immer noch aus [vgl. jetzt im Literaturnachtrag Walter Bussmann, Malve Gräfin Rothkirch, Dirk Blasius und David E. Barclay]; so ist auch die Frage nach dem psychologischen Hintergrund der oft geschilderten Eigenheiten des Königs ebensowenig wissenschaftlich untersucht, wie es eine zuverlässige Auskunft darüber gibt, welcher medizinische Befund die Leiden des Königs 1857/58 ausgelöst hat (Schlaganfall mit Lähmung des Sprachzentrums? Gesichtsrose? „Geisteskrankheit"?).

[12] Paul Haake, J. P. F. Ancillon und Kronprinz Friedrich Wilhelm IV. von Preußen, München 1920 (mit Briefen).

[13] Der reiche Bestand an Zeichnungen und Gemälden von der Hand des Königs wird erst jetzt wissenschaftlich untersucht. Vgl. jetzt im Literaturnachtrag den Ausstellungskatalog von Gerd Bartoschek u.a.

schof Friedrich Samuel Gottfried Sack konfirmiert, der ihn zuvor auch unterrichtet hatte. Das nach der Tradition des preußischen Hofes bei diesem Anlaß vom Kronprinzen öffentlich gesprochene Glaubensbekenntnis[14] läßt die spätrationalistische, aber zur Erweckungstheologie hin offene Frömmigkeit Sacks erkennen, die auch den kirchlichen Unterricht des Kronprinzen bestimmt haben dürfte. Der Konfirmand beteuert in diesem Bekenntnis „demutsvoll" seine „Abhängigkeit von Gott", dem „Schöpfer, Herrn und höchsten Gebieter" und verspricht, sich „vor dem thörichten Hochmuthe hüten" zu wollen, „als wäre ich etwas und vermöchte ich etwas ohne Gott". Gottes Gebot sage, was gut sei und was der Herr von den Menschen fordere. „Auch richtet Gott mein Thun schon in dieser Welt durch die Unruhe meines Herzens, wenn ich sündige, und durch die bitteren Früchte des Unrechtthuns". Der Konfirmand bekennt sich sodann „mit Freuden für einen Jünger Jesu Christi. Es sollen mich keine Umstände, welche es auch sein mögen, von diesem freimütigen Bekenntnisse meines Glaubens an meinen Erlöser abhalten ... Mein heiliger Vorsatz ist, und mein stetes Bestreben soll es sein, daß mein christlicher Glaube zu meiner Besserung und Heiligung in mir wirksam bleibt. Denn ohne Besserung und Heiligung würde ich nicht Theil nehmen können an der Seligkeit des Christenthums. Ich weihe mich daher der Tugend, wie sie Jesus gelehrt und geübt hat, und will dem Beispiele, das er mir gegeben hat, in Gottesliebe und Menschenliebe immer ähnlicher zu werden suchen."[15]

Gegen den Widerstand Ancillons übernahm Barthold Georg Niebuhr in den Jahren 1814 und 1815 den Unterricht des Kronprinzen in Finanzkunde und Staatswissenschaft.[16] Mit diesem Erziehungsauftrag verbanden Niebuhr und seine Freunde aus dem Kreis der preußischen Reformer die große Hoffnung, dem künftigen König von Preußen ihre Auffassung vom Staate und von der Freiheit nahebringen zu können, „ja sie durch ihn im neuen Vaterland zu verwirklichen".[17] Aber obgleich Friedrich Wilhelm eine tiefe, nahezu schwär-

---

[14] Vgl. zur Tradition der Glaubensbekenntnisse der preußischen Herrscher WOLFGANG GERICKE, Glaubenszeugnisse und Konfessionspolitik der Brandenburgischen Herrscher bis zur Preußischen Union 1540-1815, Bielefeld 1977 (Unio und Confessio 6).

[15] Zitiert nach W. ZIETHE, Friedrich Wilhelm IV., 33f. – Vgl. auch: Glaubensbekenntniß des Prinzen Friedrich Wilhelm Kronprinzen von Preußen, hg. v. Dr. Fr. Sam. Gottfr. Sack, Berlin 1813.

[16] Über B. G. Niebuhr vgl. BARTHOLD C. WITTE, Der preußische Tacitus. Aufstieg, Ruhm und Ende des Historikers Barthold Georg Niebuhr 1776-1831, Düsseldorf 1979; besonders 95ff., 105ff., 141ff., 157ff.

[17] B. C. WITTE, Der preußische Tacitus, 97. – „Auch die Hoffnung der Reformer auf den Kronprinzen erwies sich als irrig. Niebuhr setzte zwar seine Stunden für diesen noch fort, doch bemerkte er nun an Friedrich Wilhelm eine ‚schreckliche Veränderung', denn ‚gewisse Leute setzten ihm arge Dinge in den Kopf', und überhaupt sei der Kronprinz jetzt fähig, ‚indolent zu werden' und in seiner Aufmerksamkeit sehr vermindert, ja ihm gegenüber gezwungen und

Friedrich Wilhelm IV.   253

merische Freundschaft zu Niebuhr anknüpfte und sie ihm bis über den Tod hinaus bewahrte, erwies sich die Hoffnung der Reformer auf den Kronprinzen als irrig. Die konservativ-romantischen Neigungen und Überzeugungen Friedrich Wilhelms hinderten ihn, tätig an die Seite des älteren Freundes zu treten. Dies ist nicht nur auf den Einfluß Ancillons zurückzuführen. Entscheidend für die weitere Entwicklung des Kronprinzen war vielmehr seine Beziehung zu mehreren der Erweckungsbewegung nahestehenden Männern am Königshof. Hier sind vor allem die Brüder von Gerlach zu nennen, von denen der nur fünf Jahre ältere Leopold von Gerlach der engste und vertrauteste Ratgeber des Kronprinzen und jungen Königs geworden ist.[18] Neben ihm steht der aus Ungarn stammende Offizier und Politiker Joseph Maria von Radowitz, der seit 1823 als Generalstabsoffizier und Prinzenerzieher in Berlin lebte.[19] Radowitz war unter dem Einfluß der Erweckungsbewegung zum überzeugten Katholiken geworden; er lebte in einer mittelalterlich-ständisch orientierten Gedankenwelt und vermittelte Friedrich Wilhelm neben einer hohen Achtung für die Religiosität eines romantisch gefärbten Katholizismus vor allem Verständnis für die Staatsrechtstheorien des ‚Systematikers der Gegenrevolution und Restauration', Ludwig von Haller.[20] Schließlich gewann Friedrich Wilhelm durch die bei einem Rombesuch angeknüpfte Freundschaft mit Christian Carl Josias Bunsen[21] nicht nur einen weiteren Gesprächspartner, vor dem er vertrauens-

---

zurückhaltend. Er hatte recht: Ancillon und reaktionäre Höflinge hatten Geist und Seele des Kronprinzen gewonnen, und seither beherrschten diesen die konservativ-romantischen Neigungen, die den späteren Friedrich Wilhelm IV. zur tragischen Figur der Revolution von 1848 werden ließen", a.a.O. 105f.

[18] Vgl. HANS-JOACHIM SCHOEPS, Das andere Preußen. Konservative Gestalten und Probleme im Zeitalter Friedrich Wilhelms IV., Berlin ³1964; DERS., Aus den Jahren preußischer Not und Erneuerung. Tagebücher und Briefe der Gebrüder Gerlach und ihres Kreises, Berlin 1963; DERS., Ungedrucktes aus dem Gerlachschen Familienarchiv, in: ZRGG 17 (1965) 250-259; DERS., Neue Quellen zur Geschichte Preußens im 19. Jahrhundert, Berlin 1968. - FRIEDRICH WILHELM KANTZENBACH, Ernst Ludwig von Gerlach und August von Bethmann-Hollweg. Zwei Juristen und Laientheologen in innerer Auseinandersetzung, in: ZRGG 9 (1957) 257ff.

[19] FRIEDRICH MEINECKE, Radowitz und die deutsche Revolution, Berlin 1913. - ERNST RUDOLF HUBER, Deutsche Verfassungsgeschichte seit 1789. Bd. 2: Der Kampf um die Einheit und Freiheit, Stuttgart u.a. ²1975, 343 (Kurzbiographie mit übersichtlicher Einordnung in die Gruppen des preußischen Konservativismus, 331-345; Lit. 324f.).

[20] Der aus Bern stammende, zum Katholizismus übergetretene Staatsrechtslehrer Karl Ludwig v. Haller (1768-1854) gilt zu Recht als der für die „Kronprinzenpartei" wichtigste nichttheologische Lehrer; er gab mit seinem Hauptwerk („Die Restauration der Staatswissenschaften", 1816-1825) der Epoche der Restauration ihren Namen. Zahlreiche staatstheoretisch-politische Beiträge v. Hallers erschienen im konservativen *Berliner Wochenblatt* (1831-1840) und später in der *Kreuzzeitung* (seit 1848). Sein Einfluß auf die Gebrüder v. Gerlach, Radowitz und die anderen konservativen Freunde und Berater Friedrich Wilhelms IV. bedarf einer besonderen Untersuchung.

[21] Über ihn ERICH GELDBACH in: TRE 7 (1981) 415f.

voll seine persönlichsten Gedanken aussprechen konnte, sondern auch einen wichtigen Vermittler von Kenntnissen der Anglikanischen Kirche und ihrer Verfassung[22].

Auf ausdrücklichen Wunsch Friedrich Wilhelms III. ist der Kronprinz von mehreren Fachministern in die Fragen ihres Ressorts eingeführt worden. Die Grundzüge der Rechtswissenschaft erläuterten ihm der Begründer der historischen Rechtsschule, Friedrich Carl von Savigny und der wiederum zur Erweckungsbewegung gehörende Karl Wilhelm von Lancizolle. Carl Richter unterrichtete den Kronprinzen in Geographie; mit Alexander von Humboldt führte er über Jahre hinweg naturwissenschaftliche Bildungsgespräche. Auffallend ist, daß neben dem Kontakt zu den Hofpredigern und zu Ancillon keine weiteren Theologennamen in der Liste der unmittelbaren Lehrer Friedrich Wilhelms auftauchen. Die romantisch-erweckte neue Glaubensrichtung, die den Kronprinzen so nachhaltig geprägt hat, war eine *Laienbewegung*, die es jedem einzelnen Christen zutraute, daß er sich selbst durch das Studium der Heiligen Schrift, durch Sündenerkenntnis, Gebet und christlichen Lebenswandel auf den Empfang der Heils- und Gnadengabe vorbereiten könne und vorbereiten müsse.[23] Friedrich Wilhelm IV. wurde von seinen erweckten Freunden früh zum gründlichen Bibelstudium angehalten; die Herrnhuter Losungen begleiteten ihn sein Leben lang. Vor dem Empfang des Abendmahls pflegte er eine sorgfältige Selbsterforschung vorzunehmen, die er gelegentlich auf einen Zettel niederschrieb, den er in seine Bibel legte. Als Beispiel sei hier der Gebetszettel vom Gründonnerstag des Jahres 1845 wiedergegeben, der einen Einblick in die Sünden- und Gnadenvorstellung des Königs vermittelt und

---

[22] Bunsen verbrachte das Jahr 1838 in England und berichtete dem Kronprinzen u.a. über das neueste Buch von William Ewart Gladstone, The State in its Relations to the Church (1838). „Dieses Buch ist gerade, was Ew. Königl. Hoheit mit größerer Begierde lesen und besser verstehen werden, als vielleicht irgend jemand. Das Buch ist ein Ereigniß" (Brief Bunsens aus London vom 13. Dezember 1838, RANKE, Briefwechsel 44 A.1). Bunsen informierte den Kronprinzen auch über die „Oxford-Bewegung", a.a.O., 43ff.

[23] Vgl. ERICH BEYREUTHER, Die Erweckungsbewegung, Göttingen 1963 (KIG Bd. 4, R 1), R 33f. In einem Brief an Bunsen anläßlich des Todes von Kaiser Nikolaus I. v. Rußland, einem Ereignis, das auf Friedrich Wilhelm einen tief religiösen Eindruck machte, hat der König ein aufschlußreiches Bekenntnis abgelegt: „Möchte Ihnen hienieden schon, geliebter Freund, die Seeligkeit *der Reue* beschieden seyn. Ich habe Ihre Seele lieb und möchte Sie, mit Ihren Gaben und Ihrem Wissen und Glauben, als ein *glorreiches Werkzeug in den Händen des HErrn* sich über die böse Zeit, wie ein Banner entfalten sehen. Die Regel, um *das* zu seyn, steht unwandelbar mit Gottes Schrift in der Epistel von Quinquagesima [1.Kor. 13,9] ... Eine Kluft zwischen Ihrem Wünschen und geistreichen Fordern einerseits und andererseits zwischen den reellen *Zuständen* kann nur und soll die Liebe ausfüllen. Sie erzeugt nothwendig den Haß der Welt, wie unterm Himmel die Wirkung der Wärme auf die Kälte Zersetzung der Atmosphäre erzeugt. Aber – ‚die Liebe siegt', gewiß wahrhaftig. Die abgedroschene Phrase ‚die Wahrheit siegt', ist grundfalsch. *Die* siegt *nur* und *kann* nur siegen durch *die Liebe Christi*, des Menschgewordenen Wortes" (RANKE, Briefwechsel 325f.).

zugleich die Traditionsverbundenheit seiner erbaulichen Sprache zum Ausdruck bringt:
„Ich will mich prüfen nach dem Gesetz. Richte Du mich nach der Gnade, die Du, König der Ehren, Allerheiligstes Lamm Gottes, unterm Fluch der Menschensünde zusammenbrechend im unausdenk- und unausdankbaren Siegeskampfe für Adams sündiges Geschlecht errungen hast. Hilf mir nun, o Herr, wenn ich mich jetzt selbst prüfe – hilf mir mit Deiner Antwort – hilf mir, daß alles durch Deine Gnade mir Vorbereitung werde ... Ja hilf mir Herr! an Leib und Seele und führe Du mich selbst zum heiligen Tische, daß ich unter dem Dreimal-Heilig-Rufen meiner Seele im Sacrament Deines Tod und Hölle besiegenden Lebens theilhaftig werde."[24]

Zur Selbsterforschung und Bußgesinnung gehört nach dem Grundmuster erweckter Frömmigkeit die Bereitschaft zur tätigen Nächstenliebe unabdingbar hinzu. Friedrich Wilhelm IV. hat als Privatmann und als königlicher Stifter und Bauherr diesen Auftrag sehr ernst genommen. Dabei verstand er nicht nur die Errichtung karitativer Stiftungen (z.B. Bethanien-Krankenhaus in Berlin) als Erfüllung des in der Thronrede vom 11. April 1847 vor dem Vereinigten Landtage abgelegten feierlichen Bekenntnisses nach Josua 24,15 („Ich und mein Haus, wir wollen dem Herrn dienen"), sondern auch seine ungewöhnlich intensive Kirchbautätigkeit, die ihm gelegentlich den Beinamen „der Kirchenerbauer" einbrachte, muß in diesem Zusammenhang gesehen werden. Ob es sich um den Kölner Dombau handelte[25] oder um eine der zahlreichen kleinen Schinkel-Kirchen im südlichen Rheinland[26] – immer ging es dem König subjektiv um die Erfüllung eines frommen Versprechens. Bei der Grundsteinlegung zur Friedenskirche in Potsdam schrieb Friedrich Wilhelm IV. an Bischof Eylert: „Es scheint mir passend, eine Kirche, welche zu einem Palastbezirk gehört, der den Namen Sanssouci trägt, dem ewigen Friedenfürsten zu weihen, und so das weltlich negative ‚ohne Sorgen' dem geistlich positiven ‚Frieden' entgegen oder vielmehr gegenüber zu stellen."[27]

In kritischen Situationen hat Friedrich Wilhelm IV. seine Freunde gelegentlich mit der Aufforderung überrascht, alle „Hoffnung" im Gebet zu suchen. So schreibt er nach den März-Unruhen in Berlin an den ‚geliebten Freund'

---

[24] Zitiert nach ALFRED V. REUMONT, Aus König Friedrich Wilhelms IV. gesunden und kranken Tagen, Leipzig 1885, 60. – Vgl. auch: Gebete Weiland Friedrich Wilhelms IV., Berlin 1882.

[25] THOMAS PARENT, Die Hohenzollern als Protektoren der Kölner Domvollendung, in: Hugo Borger (Hg.), Der Kölner Dom im Jahrhundert seiner Vollendung, Bd. 2: Essays, Köln 1980, 114-124 (Lit.).

[26] Zur Bautätigkeit des Königs: LUDWIG DEHIO, Friedrich Wilhelm IV. von Preußen. Ein Baukünstler der Romantik, hg. v. Hans-Herbert Möller, München/Berlin 1961 [vgl. auch die oben Anm. 13 genannte Lit.].

[27] Zitiert nach W. ZIETHE, Friedrich Wilhelm IV. (s. Anm. 10), 85.

Anton Graf zu Stolberg-Wernigerode: „Meine Hoffnung ruht nicht auf ‚weisem' Blick in die Zukunft, sondern in der Zuversicht, auf den Namen des lebendigen Gottes, unseres Heylandes. Das waren meine letzten Worte an Sie beym Scheiden in Berlin und ich forderte Sie zum Gebet auf in dem Bewußtsein des gemeinsamen Bittens mit mir und allen denen, die auf die Verheißung bauen, welche *solchem* Gebete zugesagt ist durch den Mund der Ewigen Wahrheit selbst".[28] Der König gründet seine „Zuversicht auf die Wendung der Dinge zum Heil" im Gebet auf die „Verheißungen des Herrn" und „nicht auf Selbstvertrauen". Diese innere Haltung, die ein Bekenntnis eigener Schuld wiederum einschließt[29], erwartet Friedrich Wilhelm IV. auch bei seinen Ratgebern und Vertrauten. Dem König ist der naheliegende Vorwurf gemacht worden, daß ein solches allgemeines Schuldbewußtsein vor Gott die notwendige rationale Einsicht in eigene politische Fehler zu substituieren drohe und in einen unverantwortlichen Quietismus führe.[30] Bei dieser Argumentation wird jedoch übersehen, daß Friedrich Wilhelm IV. im gleichen Zusammenhang davon spricht, daß er „täglich warnte, täglich auf Aczion drang, täglich befahl, von den lieben Verblendeten aber nicht gehört und nicht gehorcht wurde".[31] Selbst Bismarck, der im Juni 1848 „in der Stimmung eines Frondeurs" zum König gekommen war, um „seine Mißstimmung über die in den Märztagen von Friedrich Wilhelm an den Tag gelegte Schwäche" unverhohlen zu zeigen, ist von dieser Haltung „überwältigt" worden.[32] Schuldbekenntnis vor Gott[33]

---

[28] OTTO GRAF ZU STOLBERG-WERNIGERODE, Anton Graf zu Stolberg-Wernigerode. Ein Freund und Ratgeber König Friedrich Wilhelms IV., München/Berlin 1926 (HZ.Bh.8), 118.

[29] „Die eigene Schuld erkenne und bekenne ich so lebhaft und vielleicht lebhafter als Sie und die Schuld meiner alten, treuen (aber Schwierigkeit machenden, die Gefahr nicht erkennenden oder läugnenden) Räthe ist mir jetzt so klar wie vor dem 18. März. – Gott Lob! meinen geliebten Anton keine Schuld der Art trifft ..." (Brief an den Grafen Stolberg, Juni 1848, a.a.O., 118f.). – „Der Geist der Zeit wird als grandiose Apologie dahin gestellt, wo der HErr nicht empfiehlt, sondern *befiehlt*, die *Sünde* zu erkennen. Man glaubt, ehrlich dem *Fortschritt* zu huldigen, ihn mitzumachen und – es geht ventre à terre *rückwärts* in's Verderben ... Sie müssen sich bekehren und leben, für mich, für Ihre Zeit, für die Kirche Gottes leben" (Brief an Bunsen, Mai 1848, RANKE, Briefwechsel, 186f.).

[30] O. GRAF ZU STOLBERG, A. Graf zu Stolberg, 64f. - E. SCHAPER, Die geistespolitischen Voraussetzungen (s. Anm. 2), 1ff., 43ff. – KARL HAENCHEN (Hg.), Revolutionsbriefe 1848. Ungedrucktes aus dem Nachlaß König Friedrich Wilhelms IV. von Preußen, Leipzig 1930.

[31] Brief an den Grafen Stolberg, Juni 1848, a.a.O., 119.

[32] OTTO FÜRST V. BISMARCK, Gedanken und Erinnerungen (Volksausgabe), Stuttgart/Berlin 1913, Bd. 1, 63.

[33] Diesem Schuldbekenntnis vor Gott widerspricht es nach Ansicht des Königs keineswegs, wenn im Gespräch mit den Zeitgenossen über den gleichen politischen Sachverhalt zu energisch-pragmatischem Handeln aufgefordert wird. So sagte Friedrich Wilhelm IV. in dem Gespräch mit Bismarck über die Märzunruhen: „Man ist immer klüger, wenn man von dem Rathaus kommt; was wäre denn damit gewonnen, daß ich zugäbe, ‚wie ein Esel gehandelt zu haben'? Vorwürfe sind nicht das Mittel, einen umgestürzten Thron wieder aufzurichten, dazu bedarf ich des Beistandes und thätiger Hingebung, nicht der Kritik" (a.a.O.).

und Gebet stehen bei Friedrich Wilhelm IV. nicht an Stelle der „Aczion", sondern sie dienen der seelischen Befreiung und damit eben auch der neuen politischen Entscheidungsfindung. „Ich stehe vom Gebet täglich *gestärkt* und *freudig* gemacht auf, denn meine Zuversicht zu Ihm hat neue Nahrung erhalten, die den Blick auf die eigne Sündhaftigkeit nur trüben, aber nie erschüttern kann."[34]

Schriftstudium, Sündenerkenntnis, Gebet, Annahme des im Sakrament angebotenen „Tod und Hölle besiegenden Lebens" und Heiligung – das sind die wesentlichen Elemente der Erweckungstheologie, die Friedrich Wilhelm IV. in früher Jugend aufnahm und in den achtzehn Jahren seiner Regierungszeit auch als politisch Handelnder mit bewundernswerter Energie festgehalten hat. Diese schlichten Grundaussagen einer erweckten Frömmigkeit und Heilserkenntnis wurden von Friedrich Wilhelm IV. nicht auf den Raum der eigenen Individualität begrenzt bezogen und somit privatisiert, sondern er hat sie in seiner exponierten politischen Position bewußt immer neu als Maßstäbe eingesetzt und als regulative Prinzipien benutzt, um konkreten Handlungsanweisungen für den christlichen Herrscher auf die Spur zu kommen. Die hierzu notwendige theologische Reflexion macht – auch wo sie dilettantisch bleibt – die Denkarbeit des königlichen Laientheologen bleibend interessant.

III.

In Wiederaufnahme einer der vornehmsten altpreußischen Tugenden, der Toleranz, begann Friedrich Wilhelm IV. seine Regierung mit einer großzügigen Amnestie politischer Strafgefangener und der Opfer der sogenannten Demagogen-Verfolgungen von 1819, zu denen auch Ernst Moritz Arndt und der ‚Turnvater' Friedrich Ludwig Jahn zählten. Parallel zu diesem Vorgehen bemühte sich der König um eine Beilegung der Streitigkeiten zwischen der preußischen Krone und der katholischen Kirche. Als erster wurde der wegen seiner Intransigenz hinsichtlich der Mischehenfrage auf der Festung Kolberg inhaftierte Erzbischof von Posen-Gnesen, Martin von Dunin, freigelassen und rehabilitiert; sodann erhielt der in Minden festgesetzte Kölner Erzbischof, Clemens August Freiherr zu Droste-Vischering, eine persönliche Ehrenerklärung des preußischen Königs, und die Nachfolgefrage für die Kölner Diözese wurde von dem preußischen Sondergesandten in Rom mit äußerster Zuvorkommenheit erledigt. Der unvermittelte Verkehr der Bischöfe mit dem Heiligen Stuhl wurde freigegeben, eine katholische Abteilung beim Kultusministerium einge-

---

[34] O. Graf zu Stolberg, A. Graf zu Stolberg (s. Anm. 28), 118.

richtet und die Behandlung der Mischehen der Entscheidung der Bischöfe überlassen.³⁵

Schon diese ersten versöhnlichen Akte, in denen gewissermaßen ein Bußbekenntnis des Sohnes für zu harte Entscheidungen des Vaters zum Ausdruck kommt, brachten dem König mehr Mißtrauen als Anerkennung ein. Die auf den Kampf gegen den Ultramontanismus eingeschworenen konservativen protestantischen Gruppen warfen dem König unkluge Vertrauensseligkeit vor, und sie fühlten sich in ihrer Besorgnis bestätigt, als 1844 die Wallfahrt zum Heiligen Rock über eine Million Pilger zu Demonstration des selbstbewußten, klerikal gesonnenen Katholizismus in Trier vereinigte.³⁶ In der Bevölkerung wurde die Meinung verbreitet, Friedrich Wilhelm IV. stehe unter dem Einfluß seiner katholisch erzogenen Gemahlin Elisabeth, der Tochter des bayerischen Königs, auf die man auch das Engagement für den Kölner Dombau zurückführte.³⁷ Wieder einmal geisterte das Gerücht von der Erfüllung der alten *Lehninschen Weissagung* umher, derzufolge der letzte Hohenzoller die Einheit der katholischen Kirche wiederherstellen werde.

Friedrich Wilhelm IV. hat unter den – wie er sie nannte – „Katholisierungsgerüchten" gelitten, sich durch sie aber nicht beirren lassen. Sein Entgegenkommen gegenüber der katholischen Kirche gründete weder in Liberalismus noch in Indifferentismus, sondern in seinem theologischen Verständnis von der geistgewirkten Einheit aller Kirchentümer und Konfessionen, das die Anwendung nicht geistlicher Zwangsmittel im Verkehr der Kirchen unterein-

---

³⁵ Vgl. die Übersichtstdarstellung bei: E. R. HUBER, Deutsche Verfassungsgeschichte Bd. 2, 257ff., 478ff. – Eine aus den Quellen geschöpfte Darstellung der Beteiligung Friedrich Wilhelms IV. an der Beilegung des Streites mit der katholischen Kirche gibt FRIEDRICH KEINEMANN, Das Kölner Ereignis. Sein Widerhall in der Rheinprovinz und in Westfalen, 2 Bde., Münster 1974 (= Veröffent. d. Hist. Kommission Wesfalens XII. - Publikationen der Ges. f. Rhein. Geschichtskunde LIX); in dem Quellenteil bringt der Verf. unter Nr. 244 einen Brief Friedrich Wilhelms IV. an den Erzbischof Clemens August bei, der bisher unbeachtete Perspektiven eröffnet; insgesamt zeigt die Darstellung sehr deutlich, daß Friedrich Wilhelm IV. weder seinen Vater desavouieren wollte, noch den Erzbischof, dessen religiöse Haltung ihm sehr entsprach, kränken mochte (vgl. dazu ROBERT STUPPERICH, JVWKG 68 [1975] 186-188).

³⁶ Vgl. die zeitgenössische Textsammlung *Heil.-Rock-Album*. Eine Zusammenstellung der wichtigsten Aktenstücke, Briefe, Adressen, Berichte und Zeitungsartikel über die Ausstellung des heiligen Rockes in Trier, Leipzig o.J. – FRIEDRICH HEYER, Die katholische Kirche vom Westfälischen Frieden bis zum Ersten Vatikanischen Konzil, Göttingen 1963 (KIG Bd. 4, N 1), N 121 (Lit.).

³⁷ Friedrich Wilhelm IV. hatte 1823 die katholische Prinzessin Elisabeth, die Tochter des Königs Max I. Joseph v. Bayern geheiratet; die Verbindung war durch den Bruder Elisabeths, den späteren König Ludwig I., angeregt worden. 1829 trat Elisabeth zur evangelischen Kirche über. Aufmerksame Zeitgenossen beobachteten kritisch, daß die Königin während des Kölner Domfestes von 1842 „beim Pontifikalamt instinktiv katholische Andachtsgesten" aufnahm (vgl. TH. PARENT, Die Hohenzollern als Protektoren [s. Anm. 25], 117).

ander ausschließe. Seinen Kritikern warf er vor, sie seien sich nur in einem Punkte einig, nämlich „im Verwerfen alles Dessen, was die Kirche wirklich bauen kann, allein bauen kann, d.h. zu deutsch: Verwerfung des Leibes, den uns Gott gemacht, und der nicht wie Rom dem Geiste seine Gesetze auflegt, sondern in welchem ... der heilige Geist, den ich trotz Schleiermacher und Neander wahrhaft glaube, schafft und regiert".[38]

Wie sich Friedrich Wilhelm IV. die auch von ihm für sachlich notwendig gehaltene theologische Auseinandersetzung mit dem Katholizismus vorstellte, zeigt ein Ereignis aus dem Jahre 1854, als Pius IX. das Dogma von der *immaculata conceptio Mariae* vorbereitete. Der König will einen „Broschürenkrieg" gegen die neue Lehrdefinition auf keinen Fall unterstützen, denn die „teutsche Taktlosigkeit, Plumpheit, Glaubenslosigkeit und Überstudiertheit" werde die Sache in wenigen Monaten so gründlich verpfuscht haben, „daß Rom vor Wonne brüllen wird". Angemessen und sinnvoll sei allein eine schnell zu berufende Konferenz führender protestantischer Kirchenmänner aus ganz Europa, auf der „eine kurze Ansprache an die Gesammt-Kirche Christi auf Erden" zur neuen Lehre formuliert werden müsse. Wenn die evangelische Kirche nicht zur Mumie geworden sei, so müsse sie bei dieser Gelegenheit Zeugnis von ihrem Glauben ablegen. „Sie muß das nicht etwa allein als Jüngerinn Luthers und Calvins thun, sie muß es als die wahrhafte Jüngerinn des HErrn, in der Treue gegen die apostolische Lehre, mit Benutzung des Zeugnisses der Väter der Kirche des Abend- und Morgenlandes, mit Einem Wort, als der *reine, nicht irrende, wahrhaft katholische Theil der Kirche auf Erden thun.*"[39] Ein solches protestantisch-ökumenisches Wort zur Mariologie ist nicht zustandegekommen. Der vom König befürchtete fruchtlose „Broschürenkrieg" brach aus und bereitete den Boden vor für spätere kultur-kämpferische Auseinandersetzungen.

Doch an einem anderen Ort gelang es Friedrich Wilhelm IV. schon 1841, ein Stück kirchlicher Einigung in ökumenischem Geiste sichtbar zu machen. Als nach dem Abschluß des sog. Meerengenvertrages die Türkei auch Preußen gegenüber zu einigem Entgegenkommen bereit war, griff der König den schon länger vorliegenden Plan auf, durch die Stiftung eines anglikanisch-preußisch-protestantischen Bistums in Jerusalem ein Protektorat und Missionszentrum für alle im Gebiet des Sultanats lebenden evangelischen Christen zu schaffen.[40] Dank der unermüdlichen Diplomatie des Freundes C.J. Bunsen konnte dieses Projekt tatsächlich verwirklicht werden. 1841 wurde der erste Bischof zu St. Jacob in Jerusalem in sein Amt eingeführt; 1845 folgte der aus der französi-

---

[38] RANKE, Briefwechsel, 344.
[39] A.a.O, 346.
[40] K. SCHMIDT-CLAUSEN, Vorweggenommene Einheit (s. Anm. 2), 19ff.

schen Schweiz stammende Samuel Gobat; erst nach dessen Tod im Jahre 1879 wurde auf Betreiben Bismarcks der Vertrag mit der Anglikanischen Kirche nicht mehr erneuert.[41]

Auch bei diesem kühnen Unternehmen einer *vorweggenommenen Einheit* in der Ökumene stieß Friedrich Wilhelm IV. auf viel Ablehnung und Widerspruch. Der österreichische Botschafter in London befürchtete allen Ernstes die Gründung eines neuen Schmalkaldischen Bundes; die Oxford-Bewegung in England protestierte gegen das Zusammenwirken mit einer häretischen Unionskirche und die Berliner Pfarrerschaft verweigerte die Abkündigung einer Kollekte für den Bau eines Spitals in Jerusalem mit der Begründung, der Vertrag mit der Anglikanischen Kirche bedeute einen Einbruch der Episkopalverfassung in die preußische Landeskirche.

Den Überbringern der Berliner Synodalpetition teilte der König schroff mit, die Berliner Prediger müßten Jerusalem und die Jerusalemer Kirche in der Kochstraße verwechselt haben. Wenn er, der König, aus seiner Privatschatulle Geld für Kirche, Schule und Spital in Jerusalem gegeben habe, so gehe das niemanden etwas an. Wollten die Berliner Pfarrer die Kollekte nicht empfehlen, so möchten sie es bleiben lassen; er könne ihnen aber nicht verschweigen, daß sie ihm wie die Bewohner Konstantinopels im Jahre 1453 erschienen, die während der Belagerung der Stadt über das Problem der Erleuchtung durch Nabelbeschau gestritten hätten.[42]

Diese empfindliche Reaktion verrät etwas von dem cholerischen Temperament Friedrich Wilhelms IV., sie zeigt aber auch, wie wenig er bereit war, sich durch konfessionalistische Argumente von seiner weitgespannten Idee einer *nicht irrenden, wahrhaft katholischen Kirche auf Erden* abbringen zu lassen. Das Jerusalemer Bistumsprojekt läßt ferner erkennen, wie der König die geglaubte Einheit der Kirche in den verfaßten Kirchen sichtbar zum Ausdruck gebracht wissen wollte. Er war sich im Unterschied zu seinem Vater darüber im klaren, daß kirchliche Rechtssetzungsakte nicht einseitig von dem Inhaber des Landesherrlichen Kirchenregiments durchgesetzt werden dürfen. Eine Beteiligung von der Basis, der Einzelgemeinde her, schien Friedrich Wilhelm IV. zwingend geboten, sofern diese Mitwirkung nicht im Sinne liberaler Verfassungsvor-

---

[41] Der Nachfolger Bischof Gobats, Bischof Barclay, starb bereits nach kurzer Zeit, so daß jetzt Preußen einen Bischof ernennen mußte. Die zu diesem Zweck seit 1882 geführten Verhandlungen kamen aber nicht voran und scheiterten schließlich. Entscheidendes Hindernis für eine Verständigung der Vertragspartner war die von Preußen erhobene Forderung, die Bestimmung aufzuheben, nach der jeder Bischof des ökumenischen Bistums Jerusalem die *39 Artikel* zu unterschreiben hatte und sich der Bischofsweihe nach anglikanischem Ritus unterziehen mußte. Da England eine Änderung dieser Bestimmungen ablehnte, hob Kaiser Wilhelm I. als preußischer König den Vertrag am 3. November 1886 auf (vgl. K. SCHMIDT-CLAUSEN, Vorweggenommene Einheit, 377).

[42] RANKE, Briefwechsel, 87ff. – K. SCHMIDT-CLAUSEN, Vorweggenommene Einheit, 101ff.

stellungen als plane Demokratisierung des Kirchenregiments mißdeutet werde. Der König wollte durch Bereitstellung kleiner und kleinster organisatorischer Strukturen eine Neuentwicklung der Kirchenverfassung in Gang setzen, durch die analog zur missionarischen Ausbreitung der Alten Kirche im Lauf der Zeit auch neue kirchliche Großformen und -organisationen hervorgebracht werden könnten. Dieser Vorgang, den der König eine „Granulation" nannte[43] und dem romantische Organismusvorstellungen zugrundeliegen[44], kann auf das Jerusalemer Bistumsprojekt wie folgt übertragen werden: Zunächst werden durch die gemeinsame missionarische und diakonische Arbeit von Anglikanern, Lutheranern, Reformierten und Unierten unter dem äußeren Schutz zweier europäischer Großmächte ganz schlicht *die* Dienste getan, die der Gemeinde Jesu Christi an diesem Ort wie überall in der Welt aufgetragen sind. Was aus der Keimzelle solcher Arbeit im Prozeß der „Granulation" einmal hervorwachsen wird und welche Strukturen ihm zu eigen sein werden, das ist nach Friedrich Wilhelms IV. Überzeugung nicht vorhersehbar und läßt sich eben deshalb auch nicht kirchenregimentlich vorab festsetzen. So war es in sich konsequent, daß in dem Jerusalemer Bistum Gottesdienste und Amtshandlungen nach den verschiedenen Ordnungen und Agenden der beteiligten Kirchen abgehalten wurden; die Möglichkeit des organischen Wachstums einer eigenen Gottesdienstordnung wurde offen gehalten. Friedrich Wilhelm IV. wagte es, ökumenische Arbeit bewußt als Experiment zu beginnen.

Die theologische Begründung für sein Vertrauen in den „Granulationsprozeß", der Verfassungsstrukturen der Kirche immer wieder neu hervorbringen werde, wenn sich die Gemeinde Jesu Christi nur um ihren elementaren Auftrag der *Verkündigung, Seelsorge* und *Diakonie* sammle, hat Friedrich Wilhelm IV. in einem brieflich geführten Streitgespräch mit C.J. Bunsen folgendermaßen gegeben: „Ich fürchte, theuerster Freund, daß in unseren kirchlichen Ansichten, bei vieler *factischer* Übereinstimmung, ein Grundunterschied, und *zwar* in der Basirung des ganzen Gebäudes waltet. Sie wollen die Kirche frisch von *unten* bauen und ziehen aus unserer ‚evangelischen Freyheit' die Berechtigung dazu. Ich sage fest ohne Wanken meine Überzeugung, ‚daß die Kirche gebaut ist, daher kein Christ das Recht hat, einen andern Bau zu fördern, *als den gegebenen*' ... Der HErr sorgt dann wahrhaftig und *gewiß dafür*, daß das, was der *Glaube* ursprünglich gebaut und *derselbe Glaube* wieder zu Tage fördert, nicht vor Alter zusammenbricht, sondern wie eine unterdrückte

---

[43] RANKE, Briefwechsel, 342. – Gelegentlich spricht Friedrich Wilhelm IV. auch von „Agglomeration unzähliger kleiner *Kirchen* in apostolischem Sinne des Wortes" bei der Mission; a.a.O., 336f., 339.

[44] Vgl. HELMUT PRANG (Hg.), Begriffsbestimmung der Romantik, Darmstadt ²1972, (WdF 150), 303-314.

und befreyte Pflanze wachse und gedeihe."[45] Die *ursprünglich gebaute* Kirche aber ist für Friedrich Wilhelm IV. die von den Aposteln „gestiftete" Ortsgemeinde mit nur zwei Ämtern: „Die beiden Gemeinde-Ämter nun sind das der Seelenhirten, der Ältesten, *einen* ihres Gleichen an der Spitze, der nur dadurch sich von seinen Gesellen, Mitältesten, unterschied, daß er das Amt durch Handauflegung der Apostel oder ihrer Jünger erhalten hatte und es allein wieder verlieh, wie er es erhalten hatte und dadurch die Einheit der Gemeinde repräsentirte. Zweitens das der *Helfer, Diener, Diaconen,* dazu bestimmt, die Früchte der Wirksamkeit des Ältesten oder Bischofsamtes für's Gemeindeleben, nämlich die guten Werke ... zu verwalten".[46] In anderen Entwürfen hat Friedrich Wilhelm IV. seine Vorstellung vom Amt und den Ämtern in der „apostolischen" Kirche stärker ausdifferenziert.[47] Die Grundstruktur dieser Ämterlehre ist jedoch immer dieselbe und stets in der gleichen Weise „laientheologisch" begründet: „Ich las Milner und Neander's Kirchengeschichte, die Apostel-Geschichte, die heiligen Briefe und vieles Andere schlug ich nach, oder erforschte ich mündlich, namentlich über Englands und Schwedens und der Brüdergemeinde Kirchen-Verfassung. Alles dies nun durchwühlte ich, um Steine zu dem dritten *neuen* Bau, der die zwei alten protestantischen Kirchen fassen sollte, zu finden. Was ich beinahe wie ein Spiel der Phantasie begonnen, wurde in vielen Jahren unter der Arbeit zu einem ernsten Lebenszweck und ich rief nun fleißig um die göttliche Hülfe und den Segen des Herrn, daß Er mir das Rechte zeigen wolle. Ich war vollkommen muthlos geworden, und erkannte es endlich als unthunlich und thöricht, etwas drittes Neues zu suchen. – Dann, wie die Sonne ging's in mir auf. Das einzig Mögliche und das wahrhaft Nothwendige sei seit 1800 Jahren da, als Vermächtniß der Apostel. Es sei nur grade so, wie damals *gebaut* worden, wieder zu *bauen*, zu *bauen*, aber nie einzuführen."[48]

Das Eigentümliche dieses laientheologischen Entwurfs ist weniger der zutage tretende Biblizismus, als vielmehr die souveräne Unbekümmertheit, mit der ein neutestamentliches Theologumenon – die *oikodome* – über alle theologie- und kirchengeschichtlichen Vermittlungen hinweg absolut gefaßt wird. Weil die Apostel mit den „beyden unzweifelhaft apostolischen Ordnungen" der „*Ältesten* und der *Diener*" Gemeinden „gebaut" haben, muß nach Ansicht Friedrich Wilhelms IV. gesagt werden können: „Hier endet die eigentliche und

---

[45] RANKE, Briefwechsel, 357f. – „Ich glaube, wie ich mein Credo glaube, daß jede, auch die corrupteste Kirchenverfassung von segensreicher Wirkung sein muß, wenn Gottesfurcht und [Gottes-] Erkenntniß allgemein sind" (a.a.O., 53).
[46] A.a.O., 51.
[47] Vgl. ERNST BENZ, Bischofsamt und apostolische Sukzession im deutschen Protestantismus, Stuttgart 1953, 126-147.
[48] RANKE, Briefwechsel, 50.

wirkliche Gestaltung der Kirche, das Nicht-Zufällige, sondern durch die heilige Schrift und älteste Geschichte *Gegebene* ... Was darüber hinausgeht, ist nicht apostolische Gestaltung, sondern entweder *geographisches* Arrangement *oder obrigkeitliche Anordnung*".[49] Nach vielen Jahren der „ernsten und lebendigen Beratungen" in offiziellen und privaten Kreisen bekennt Friedrich Wilhelm IV. seinem Freunde Bunsen, seiner Auffassung sei „nichts Erträgliches, nichts, was Hand und Fuß hatte, entgegengetreten"; unter allgemeinem höflichem Lob habe er nur den „Grund-Ton" gehört: „„Was fällt diesem Layen ein, sich um Dinge zu bekümmern, *über die wir einig sind, uns nun einmal nicht bekümmern zu wollen – apage!*"".[50]

IV.

Friedrich Wilhelms „Ideal", nämlich die „Anwendung der apostolischen Verfassung auf ein Land und (eine) Kirche unserer Zeit", wird erstmals in dem vielzitierten „Sommernachtstraum"-Brief des Kronprinzen an C.J. Bunsen vom März 1840 entfaltet.[51] Nach der Thronbesteigung hat der König sein Ideal nicht – wie wohl in schwärmerischem Überschwang gelegentlich geplant[52] – zu verwirklichen begonnen. Die Beilegung des vom Vater mit so viel Härte geführten Kampfes gegen die Altlutheraner[53] und die Auseinandersetzung mit

---

[49] A.a.O., 357.
[50] A.a.O., 355. Im gleichen Brief an Bunsen (vom 10. Juni 1855) gibt Friedrich Wilhelm IV. auch eine Definition des „Laien". „Unter Layen aber verstehe ich alle Vorsteher selbständiger Familien, die sich zu Kirche, Sacrament und Haus-Gottesdienst halten und sonst unsträflich vor dem Publikum wandeln" (a.a.O., 357). Von solchen „Layen" sollen im Zusammenwirken mit Kirchenbeamten auf eigenen Synoden „wichtige Fragen des Kirchen-Regiments, wenn sie die äußere Erscheinung betreffen", behandelt werden; offensichtlich sollen bei diesen Tagungen Theologen nicht beteiligt werden! Wiederholt hebt der König hervor, daß die in der Kirche tätigen Laien zu ordinieren sind: „Ich wünsche und hoffe, daß nach dem Vorbilde der reformirten Kirche aus dem Schooße der Gemeinde sich Männer finden werden, Männer gesucht werden, welche die Zahl der Ältesten vermehren, aber gerade wie die Pfarrer vom Bischof ordinirt werden und so mit ihm das Presbyterium bilden und das Collegium der Presbyter in der Urkirche wieder aufleben lassen" (a.a.O., 55). Vgl. auch J. Heckel, Kirchenverfassungsentwurf (s. Anm. 9), 448f.
[51] Ranke, Briefwechsel, 47-76. - Das positive Urteil über diesen berühmten Brief, das K. Schmidt-Clausen aufgrund einer sorgfältigen Textanalyse gefällt hat, muß festgehalten werden. Der Versuch, Gladstones Ideen der Allianz zwischen Kirche und Staat auf preußische Verhältnisse anzuwenden und die zahlreichen, „selbständig verarbeiteten Entlehnungen" aus Thomas Arnolds „Principles of Church Reform" (London 1833) sind wesentlich bedeutender, als die beiläufige Einfügung des vom König auch sonst gerne benutzten Wortes „Sommernachtstraum" (vgl. K. Schmidt-Clausen, Vorweggenommene Einheit, 292; J. Heckel, Kirchenverfassungsentwurf, 440f.).
[52] J. Heckel, Kirchenverfassungsentwurf, 440.
[53] Vgl. die Übersichtsdarstellung bei E. R. Huber, Deutsche Verfassungsgeschichte Bd. 2, 272-275; 279f. (Lit. 268f.).

den „Protestantischen Lichtfreunden" waren die ersten Aufgaben, die Friedrich Wilhelm IV. als Inhaber des Landesherrlichen Kirchenregiments in Angriff nahm. Beide Aufgaben wurden mit der für den König charakteristischen Auffassung von Toleranz gelöst.[54] Sodann ging der König an die Aufarbeitung der beiden wichtigsten offenen Fragen *innerhalb* der Preußischen Landeskirche: *Union* und *Kirchenverfassung*. Zunächst wurden für die östlichen Provinzen Preußens Kreissynoden der Pfarrer einberufen, aus denen 1844 die hauptsächlich von den Superintendenten gebildeten Provinzialsynoden hervorgingen, auf denen in freier Beratung über alle ‚gegenwärtigen Bedürfnisse' der Kirche gesprochen werden sollte. Den Zweck dieser von unten nach oben aufsteigenden Synodalversammlungen umschreibt ein Erlaß vom 10. Juli 1843 mit den Worten, „daß die evangelische Kirche, wenn ihr wahrhaft und dauernd geholfen werden soll, nicht nur von Seiten des Kirchenregimentes geleitet, sondern vornehmlich aus eigenem inneren Leben und Antrieb erbaut sein will".[55] Die von den Provinzialsynoden erarbeiteten Proponenden wurden sodann der 1846 nach Berlin einberufenen ersten Generalsynode zu weiterer Beratung und Beschlußfassung vorgelegt.

Die Generalsynode tagte vom 2. Juni bis zum 29. August 1846 in der Kapelle des Berliner Schlosses unter Vorsitz von Kultusminister Friedrich von Eichhorn. Die 75 Mitglieder der Synode - etwa die Hälfte waren ordinierte Theologen - waren durch kirchliche Wahlen und durch Berufung zusammengekommen; so repräsentierte die Versammlung recht ausgewogen alle innerkirchlichen Gruppen. Von der kirchlichen Linken, die der liberale Berliner Oberbürgermeister Heinrich Wilhelm Krausnick anführte, bis zur äußersten Rechten, die sich um den sächsischen Konsistorialpräsidenten Karl Friedrich Göschel und um Friedrich Julius Stahl scharte, fehlte in dieser Notabelnversammlung keine der seinerzeit wichtigen Stimmen[56]; zahlenmäßig überwog

---

[54] „Wenn Friedrich Wilhelm IV. ‚tolerant' ist, dann, um die Landeskirche vom Unglauben zu reinigen, ‚Lichtfreunden' und anderen den Auszug aus ihr zu erleichtern und so die ‚Gläubigen' unzweideutiger beieinander zu haben" (K. SCHMIDT-CLAUSEN, Vorweggenommene Einheit, 279). Vgl. auch R. STRUNK, Politische Ekklesiologie, 161 ff.

[55] Zitiert nach *Verhandlungen der evangelischen General-Synode zu Berlin vom 2. Juni bis zum 29. August 1846* (Amtlicher Abdruck), Berlin 1846, 1.

[56] Vgl. zur Vorgeschichte und zur Zusammensetzung der General-Synode von 1846 JOHANNES HEINTZE, Die Grundlagen der heutigen preußischen Kirchenverfassung in ihren Vorstadien seit der Generalsynode von 1846, Greifswald 1931; DERS., Die erste Preußische Generalsynode 1846, in: JBBKG 41 (1966) 123-141. - JOHANNES HYMMEN, Die Unionsfrage auf der Preußischen Generalsynode von 1846, in: JVEKGW 68 (1975) 101-141. – Mit der Rolle von Julius Stahl auf der Synode beschäftigt sich J. COCHLOVIUS, Bekenntnis und Einheit, 161-166. – Eine Analyse der Verhandlungsprotokolle und eine damit verbundene Positionsbestimmung der einzelnen Synodalen steht noch aus – trotz der hilfreichen Aufsätze von J. Heintze und J. Hymmen. Die ältere Lit. bei J. HECKEL, Kirchenverfassungsentwurf, passim

etwas die Gruppe der Vermittlungstheologen, die zudem mit Carl Immanuel Nitzsch und Julius Müller zwei herausragende Theologen vorweisen konnte.

Der König begrüßte die Synodalen mit einer seiner berühmten Stegreifreden, in der er unter anderem sagte: „Von meiner Seite und der der Verwaltung wird in keiner Weise eine Influencirung Ihrer Beratungen beabsichtigt. Nur vollste Freiheit der Beratung und Überzeugung kann hier Segensreiches wirken. Aber auch ich werde in voller Freiheit *der* Überzeugung, die auf unwandelbaren Grundsätzen beruht, das Ergebnis Ihres Wirkens prüfen, mich demselben anschließen oder mich ihm gegenüberstellen. Ein Wort wünsche ich Ihnen ans Herz zu legen ... Bleiben Sie nicht innerhalb der engen Schranken unseres Landes, ja unsers Bekenntnisses stehen. Erheben Sie den Blick über diese engen Grenzen hinaus auf die gesammte christliche Kirche auf Erden, auf ihren Ursprung, ihre Geschichte, auf die Mitwelt, die Zukunft, und erwägen Sie die gegenwärtige Zeit der Kirche ... Unsere Kirche hat ihre bestimmte Mission, ihren Beruf, innerhalb der allgemeinen Kirche Christi. Und dieser Beruf ist kein anderer als der, der an die ganze Kirche aller Zeiten ergangen, der in der Lebenskraft der apostolischen Zeit wirklich ausgeführt worden ist."[57]

Schon diese ersten Worte des Königs zeigen deutlich, daß er die Synode von Anfang an als reines Beratungsgremium auffaßte, an dessen Beschlüsse er nicht gebunden sei. Das Kirchenregiment blieb in der Hand des Landesherrn. Liberal-demokratische Vorstellungen hat Friedrich Wilhelm IV. für die Kirche aus theologischen Erwägungen heraus stets abgelehnt.[58] Dies war den Synodalen gewiß bewußt. Dennoch machte sich große Enttäuschung breit, als nach Abschluß der Synode keine[59] der vorgetragenen Empfehlungen zur Ausführung kam. Man hat immer wieder behauptet, das von der Synode mit großer Mehrheit gebilligte Ordinationsformular mit dem darin enthaltenen *Symbolum biblicum* für die Union, dem sog. „Nitzschenum", habe den besonderen Unwillen des Königs hervorgerufen und seine ungnädige Behandlung aller Synodalbeschlüsse zur Folge gehabt.[60] Das ist nicht richtig. Zwar kämpfte die einfluß-

---

und GERHARD BESIER, Preußische Kirchenpolitik in der Bismarckära, Berlin/New York 1980 (VHK 49), 28-31, der hervorhebt, daß „zur Überraschung ihrer Gegner" weder die Gebrüder Gerlach noch Ernst Wilhelm Hengstenberg zu den ernannten Synodalen gehörten (a.a.O., 29). [Zur Zusammensetzung der Generalsynode vgl. jetzt den im Literaturnachtrag genannten Aufsatz von Wilhelm H. Neuser, 349f.; eine Namensliste 365f.].

[57] Zitiert nach GUSTAV KRÜGER, Berichte über die erste evangelische Generalsynode Preußens im Jahre 1846. Mit einem Anhange der wichtigsten Actenstücke, Leipzig 1846, 25f.

[58] K. SCHMIDT-CLAUSEN, Vorweggenommene Einheit, 343-362. - R. STRUNK, Politische Ekklesiologie, 161-168.

[59] Vgl. J. HYMMEN, Die Unionsfrage, 107. – Zur Verwirklichung der von der Synode im Zusammenhang des Verfassungsentwurfs angeregten Neuordnung des „Oberkonsistoriums" vgl. G. BESIER, Preußische Kirchenpolitik, 32ff.

[60] So zuerst H. v. Treitschke: „... die neue Ordinationsformel schien ihm [Friedrich Wilhelm

reiche Anhängerschaft Ernst Wilhelm Hengstenbergs mit allen Mitteln gegen dieses Ordinationsformular.[61] Aber der König konnte sich über den konfessionellen Eifer solcher Ratgeber souverän hinwegsetzen. „Ich bekenne", so schreibt er an Friedrich von Maltzan, „furchtlos und auf die Gefahr hin, von protestantischen Eiferern für einen Teufelsbraten gehalten zu werden, daß ich weder an eine reformierte Kirche, noch an eine lutherische Kirche, noch an irgendeine besondere Kirche glaube. Ich glaube allein an ‚die Kirche', welche ich mit der Christenheit in jedem Gottesdienst bekenne, nämlich die eine heilige apostolische Kirche".[62] Und in einer kurz vor der Generalsynode erlassenen Kabinettsordre empfahl Friedrich Wilhelm IV. nahezu in derselben Weise, wie es dann bei Julius Müller und Carl Immanuel Nitzsch geschehen ist, man solle „die Verpflichtung auf den wörtlichen Inhalt der symbolischen Bücher fallen" lassen und statt dessen „dem Ordinanden unmittelbar vor der Handauflegung die Fundamentallehren christlicher Kirche, in gedrängtestem Ausdruck ... mit dem Versprechen" vorlegen, danach zu lehren und zu predigen.[63]

Es war nicht die Unions- und Bekenntnisfrage, deren von der Generalsynode präsentierte Lösung den König enttäuschte. Vielmehr entsprach die von der Synode in Angriff genommene Neuordnung der kirchlichen Verfassung so wenig den Erwartungen und theologischen Grundüberzeugungen Friedrich Wilhelms IV., daß ihm daneben alle anderen in Angriff genommenen Projekte unwichtig erschienen.

Die Synode hatte in langen Beratungen (16 Sitzungen) einen völlig neu konzipierten Verfassungsentwurf diskutiert und in vielen Punkten akzeptiert, der eine von der Krone ausgehende Konsistorialverfassung mit Synoden in aufsteigenden Kreisen, ausgehend von der Wahl des Presbyteriums durch die Gemeinde, zu verbinden versuchte. Im Schnittpunkt des Konsistorial- und des Synodalprinzips steht nach diesem Entwurf die Person des Königs. Als *summus episcopus* beruft er die Generalsynode, ernennt deren Präsidenten und verleiht

---

IV.] unchristlich, und darum betrachtete er auch den Verfassungsentwurf mit Argwohn" (a.a.O., 368).

[61] Die von E. W. Hengstenberg herausgegebene *Evangelische Kirchen-Zeitung* beschloß den ersten Artikel in einer Folge von polemischen Beiträgen zur Synode mit einem „Schlußwort der Redaktion", in dem es heißt: „Wir eröffnen mit diesem Aufsatz den Kampf gegen das von der Synode vorgeschlagene Ordinationsformular, und wünschen, hoffen und bitten, daß derselbe, in diesen Blättern und anderwärts, mit dem Eifer fortgesetzt werde, wie er der hochwichtigen Sache angemessen ist. Diese Aufdeckung der Blößen des neuen Symbols scheint uns für jetzt die allein zweckmäßige Bekämpfung desselben von Seiten derjenigen zu seyn, die das Bekenntniß der Kirche im Herzen und auf dem Herzen tragen" (EKZ 1846 Nr. 77, 26. September, 662).

[62] Zitiert nach K. SCHMIDT-CLAUSEN, Vorweggenommene Einheit (s. Anm. 1), 288.

[63] Vgl. J. HECKEL, Kirchenverfassungsentwurf, 441f.

ihren Beschlüssen durch seine Bestätigung Rechtskraft; als oberste Spitze der Administration ernennt er die Präsidenten des Oberkonsistoriums und wirkt über diese und den Minister für Geistliche Angelegenheiten auf die kirchliche Verwaltung und das Disziplinarwesen ein. „Der Landesfürst bleibt hiernach die anordnende Macht in der Kirche, er kann sie aber für gewisse Gegenstände nur im Einverständniß mit der Synode ausüben ... Das Consistorium behält die gesammte Vollziehung, Verwaltung und Disciplin" (§§ 13,4+14 der *Hauptsätze* des Entwurfs).[64]

Die skizzierte Zentralisierung der höchsten kirchlich-repräsentativen und der höchsten kirchlich-administrativen Gewalt hat Friedrich Wilhelm IV. entschieden abgelehnt. Wie ein roter Faden zieht sich durch alle seine Äußerungen zur Kirchenverfassungsfrage der Wunsch, die Funktionen eines *summus episcopus* seiner Landeskirche wieder abgeben zu dürfen. Ein oft zitierter Satz des Königs aus dem Jahre 1845 lautet: „Ich sehne mich nach dem Augenblick, wo ich dem Gräuel des Landesherrlichen Episkopats widersagen kann, wie dem Satan in der Taufe".[65] Die Frage, um die das Nachdenken des königlichen Laientheologen immer wieder kreiste, lautete: Wo finde ich die „rechten Hände", in die ich das „Lehen" des Landesherrlichen Kirchenregiments zurückgeben kann? Auf diese Frage, die für den König geradezu zum Kriterium der Eindeutigkeit seiner eigenen theologischen Laienexistenz geworden war, gab der Verfassungsentwurf der Generalsynode überhaupt keine Antwort. Denn die Mehrheit der Synodalen hatte das Verfassungsproblem historisch-genetisch durchdacht und seine Lösung in einer behutsam auf die Zeitumstände zugeschnittenen Restauration der Kirchenrechtslehren des 17. Jahrhunderts gesucht. Die zahlreichen historisierenden Argumentationsreihen in den Diskussionsbeiträgen der Synodalen belegen dies deutlich. Friedrich Wilhelm IV. hingegen erwartete einen die gesamte Kirchenverfassungsgeschichte des Protestantismus ignorierenden und überspringenden revolutionären Neuansatz unmittelbar bei der „apostolischen" Zeit. Friedrich Wilhelm IV. argumentierte insofern ausschließlich theologisch, als für ihn der Rückgriff auf die „apostolische Zeit" kein historisches Argument war, sondern eine notwendige Konsequenz seines Glaubens an den Dritten Artikel. Weil die Kirche - offenbarungstheologisch gedacht – Stiftung ihres Herrn ist, ist sie immer ‚schon da'. „Am

---

[64] Einer der entscheidenden Sätze in dem bedeutenden Kommissionsgutachten zur Verfassungsfrage lautet: „Indem wir hiernach es als Aufgabe erkennen, die Kirchenverfassung ihres territorialistischen Charakters zu entkleiden, so erkennen wir es doch keineswegs zugleich als Aufgabe, sie von der landesherrlichen Kirchengewalt zu lösen. An dieser halten wir vielmehr mit voller Entschiedenheit fest, und zwar nicht aus Noth, sondern aus Grundsatz" (*Verhandlungen der evangelischen General-Synode*, 2. Abt., 115).

[65] LUDWIG V. GERLACH, Aufzeichnungen aus seinem Leben und Wirken, 2. Bd., Schwerin 1903, 451.

Abend des Auferstehungstages hatte der Herr den Aposteln ‚feierlich das Ministerium' der zu ‚gründenden Heilsanstalt' übertragen. Wer das nicht annimmt, muß den heiligen Akt des Anhauchens und Anredens nothwendig in die Kategorie der Aufführungen, der Repräsentazionen setzen, was dem Zeitgeiste sehr behagen mag, der Wahrheit aber nicht entspricht. Die Stiftung der Kirche selbst geschah am Pfingsttage, wo, wohl zu merken: die Amtsträger sowohl als *alle* Anwesenden, Gläubigen und Gläubigwerdenden mit denselben wunderbaren Gaben angethan wurden. Diese gleichmäßige Ausgießung der Gaben ist außerordentlich überlegungswürdig. Ultra-Protestanten ziehen daraus gern den Schluß, daß aus der gleichmäßigen Ausgießung über alle Gläubigen auch das vollkommen gleiche Recht Aller in der Kirche hervorgehe. Schade für sie, daß die Apostelgeschichte, die apostolischen Briefe und bis auf die Apokalypse diese Theorien fast auf jeder Seite auf das Entschiedenste zu Schanden machen. Überall tritt völlig unwiderleglich die Ausübung des 40 Tage vorher ihnen vom Herrn übertragenen besonderen Amtes von Seiten der Apostel hervor, und zwar eines Amtes, aus göttlicher Autorität stammend" (a.a.O., 454). Nach diesem, *aus göttlicher Autorität* stammenden *gegliederten Amt* fragt der Laie Friedrich Wilhelm IV. die Theologen seiner Zeit und erhält nach eigener Auffassung immer nur historisierende Antworten, die seiner radikalen theologischen Fragestellung nicht genügen.

V.

Friedrich Wilhelm IV. hat in seinen eigenen Verfassungsentwürfen[66] vorgeschlagen, von der Ortsgemeinde auszugehen, die er nach reformierter Tradition *Kirche* nennt. Jede „Kirche" solle einen übersichtlichen Umfang haben – allenfalls in der Größe der bestehenden Superintendentursprengel – so daß die Vorsteher einer solchen „Kirche" mit allen „Familienhäuptern" ein persönliches Verhältnis anknüpfen und pflegen können. In jeder dieser „Kirchen" gibt es nur *ein* kirchliches Amt, das sich nicht im hierarchischen Sinne nach Ständen, sondern nach Aufgaben und Diensten aufgliedert. Alle Ämter bedürfen der Ordination; aber nur das Hirten- bzw. Pfarramt wird grundsätzlich im Hauptberuf ausgeübt und erfordert ein Universitätsstudium. Die „Aufseher", „Hirten" und „Diakone" bilden als Vertreter des *einen,* funktional gegliederten

---

[66] Diese Skizze stützt sich auf folgende Texte: RANKE, Briefwechsel, 46-76 (aus dem Jahre 1840); L. V. GERLACH, Aufzeichnungen Bd. 2, 444-510 (aus dem Jahre 1845); J. HECKEL, Kirchenverfassungsentwurf, 448-453 (aus dem Jahre 1847). – Die umfassendste Darstellung bisher bei K. SCHMIDT-CLAUSEN, Vorweggenommene Einheit, 303-342. – Weitere Äußerungen Friedrich Wilhelms IV. sind enthalten in: LUDWIG RICHTER, König Friedrich Wilhelm IV. und die Verfassung der evangelischen Kirche, Berlin 1861.

kirchlichen Amtes, gemeinsam das Presbyterium, das sich durch Berufungen, nicht durch Wahlen ergänzt. Ein Mitglied des Presbyteriums wird zum Bischof der Einzel-„Kirche" gewählt; wählbar ist jedes Mitglied des Presbyteriums, keineswegs nur die Pfarrer. Dieser Bischof oder Aufseher (die Bezeichnung ist dem König völlig nebensächlich) hat das Presbyterium nach dem Kollegiatsprinzip als *primus inter pares* zu leiten. Er ist nach außen hin der „Einheitspunkt seiner Kirche"; er beruft und leitet die Versammlungen und stellt die letzte Instanz dar, an die „obrigkeitliche Behörden rescribiren". Bei Berufungen in das Presbyterium steht ihm ein Vetorecht zu; alle Ordinationen werden von ihm vollzogen.

Friedrich Wilhelm IV. war der Ansicht, daß man in Preußen etwa 350 derartige „Kirchen" mit eigenen Presbyterien und Bischöfen einrichten müsse. Kein Bischof dürfe einen ihn äußerlich hervorhebenden staatlichen Rang erhalten; jeder Bischof müsse vor seinem Amtsantritt eine gewisse Zeit Presbyter und vor allem Diakon gewesen sein, damit er die praktischen Aufgaben der Gemeinde kenne und für die Wiederbelebung von Diakonie und Mission sachkundig eintreten könne. Eine besondere Dotation der Bischöfe wird ausgeschlossen. Die Presbyterien entsenden Abgeordnete in ihre Provinzialsynode; aus den Mitgliedern der Provinzialsynoden gehen die Mitglieder der Landessynode hervor. Das Prinzip der Ämterkollegialität ist bei der Zusammensetzung der Synoden jeweils zu wahren. Bei den Synodaltagungen sollen nur geistliche Fragen behandelt werden. Klagen über Mißbrauch der bischöflichen Gewalt müssen auf der Ebene der Provinzialsynode abschließend behandelt werden. Fragen des Bekenntnisses und der Lehre gehören vor die Landessynode.

In die Hände einer solchen „apostolisch" gestalteten Kirche, die in allen innerkirchlichen Angelegenheiten frei von staatlichen Eingriffen ist, wollte der König das Lehen des Summepiskopats zurückgeben, das die Reformatoren in einer Notsituation dem Landesherrn anvertraut hatten. Gelänge dies, so werde der Landesherr „statt *Summus episcopus* (was er nicht sein *konnte*) oberster Ordner und Schirmherr der Kirche, was er von Rechts wegen sein *muß*". Die Übergabe des Landesherrlichen Kirchenregiments an die „apostolisch" gestalteten „Kirchen" werde also keinen völligen Rückzug der Krone von den kirchlichen Angelegenheiten bedeuten. Bestehen bliebe ein Rechtsinstitut in der Art der mittelalterlichen Kirchenvogtei, in der dem Landesherrn die Verantwortung für die ordnungsgemäße Abwicklung öffentlich-rechtlich wirksamer Verwaltungsakte der Kirche zukäme. Der König dachte also an keine völlige Trennung von Staat und Kirche, sondern an eine Emanzipation der Kirche vom Staat in bezug auf alle *geistlichen* Aufgaben und Verantwortlichkeiten.

Friedrich Wilhelm IV. hat seine – im klassischen Wortsinn – laienhaften, kühnen und unabhängigen Verfassungspläne für die evangelische Kirche nicht einmal im Ansatz verwirklichen können. Er begann zwar noch im Vormärz mit der Umstrukturierung der kirchlichen Oberbehörden, aber auch diese ersten

Schritte waren aus prinzipiellen Erwägungen heraus nur halbherzig konzipiert. Der König wartete darauf, daß erste Schritte von der Kirche ausgingen. Erst wenn die Kirche sich „zur Selbständigkeit kräftig fühlte", konnte nach seiner Ansicht die Bindung der Kirche an den Staat gelockert werden. „Staatlicherseits die Kirche vom Staat zu trennen, war also nicht ein Geschenk an die Kirche, sondern ein Attentat auf sie".[67]

Die 1848 oktroyierte, 1849/50 revidierte *Verfassungsurkunde für den preußischen Staat* betonte ausdrücklich die kirchliche Selbständigkeit.[68] Auf dieser Basis ist dann im Juni 1850 mit dem *Evangelischen Oberkirchenrat* in Berlin eine vom konstitutionellen Minister unabhängige kirchliche Zentralbehörde errichtet worden, die immerhin 100 Jahre Bestand haben sollte. Des Königs eigene, wenig glückliche Kabinettsordren-Politik vertiefte in der Folgezeit die allseitige Unzufriedenheit. Einen letzten Versuch, wenigstens einen kleinen Teilbereich seiner Pläne der Verwirklichung näher zu bringen, unternahm Friedrich Wilhelm IV. 1856 praktisch auf eigene Faust. Auf der sog. *Monbijou-Konferenz* sollte die Frage des Diakonats für eine neue Generalsynode vorberaten werden. Obgleich das Stichwort Diakonie durch die Arbeit Wicherns inzwischen überall neu ins Gespräch gekommen war, mußte der König die Enttäuschung erleben, daß sich die Konferenzteilnehmer nicht für berufen erklärten, das Diakonat als besonderes innerkirchliches Amt anzuerkennen.

Der Laie Friedrich Wilhelm IV. hatte gehofft, man könne den Blick von der kirchlichen Zentralgewalt wegwenden und ihn so auf die Einzelgemeinde, ihre Aufgaben und Dienste lenken, daß dort ein neues kirchlich-theologisches Selbstbewußtsein, eine „Gehe-Kraft", erwachse. Die Hoffnung dieses Laien für seine Kirche ging im Grunde ganz schlicht davon aus, daß auch die anderen Laien in der Kirche zu dem Bewußtsein kämen, ein „apostolisches" Amt in dieser Kirche zu haben. Ein Amt, das keinen niedrigeren Rang hat als die übrigen Dienste, weil es nur *ein* Amt in der von ihrem Herrn gestifteten Kirche gibt. Um solche Bewußtseinsveränderung hat sich der König fleißig argumentierend und immer wieder das Gespräch suchend lange Jahre bemüht. Hier sah er seine besondere Aufgabe, mitten hindurch durch die starren Fronten seiner amtsbewußten konservativen Berater und seiner um bloße Demokratisierung der Kirche bemühten innenpolitischen Gegner, denen an einer theologischen Begründung der Dienste und Ämter in der Kirche nicht viel lag. Aber beide

---

[67] J. HECKEL, Kirchenverfassungsentwurf, 444. – Zur Haltung des Königs im Blick auf innenpolitische Liberalisierungstendenzen vgl. HANS-JOACHIM SCHOEPS (Hg.), Briefwechsel zwischen Ernst von Bodelschwingh und Friedrich Wilhelm IV., Berlin o.J. (1968).

[68] E. R. HUBER, Deutsche Verfassungsgeschichte Bd. 3, 112-118 (Lit.); der Text mit einleitender Kommentierung bei ERNST RUDOLF HUBER/WOLFGANG HUBER, Staat und Kirche im 19. und 20. Jahrhundert. Dokumente zur Geschichte des deutschen Staatskirchenrechts, Bd. II, Berlin 1976, 34-38.

Gruppen wollten seine theologischen Einsichten letztlich gar nicht hören. Weil es der preußische König war, der hier sprach, vernahm man seine Stimme immer schon in einem bestimmten Amtskontext: Der innenpolitischen Opposition erschienen die frommen Reden des „Romantikers auf dem Throne der Cäsaren" ridikül; die konservativen Berater hingegen haben *de facto* das gesagt, was Friedrich Wilhelm IV. selbst ihnen als Antwort auf seine theologischen Fragen in den Mund gelegt hat: „Was fällt diesem Layen ein, sich um Dinge zu bekümmern, *über die wir einig sind, uns nun einmal nicht bekümmern zu wollen – apage!*"[69] Der König hätte sich dieser ihn peinigenden Situation durch Schweigen oder durch Machtworte entziehen können; daß er seiner selbstgewählten Aufgabe beharrlich treu geblieben ist, bis ihn seine dunkle Krankheit am Sprechen hinderte, war wohl ein Laiendienst, über den heute noch nachzudenken ist.

Literaturnachtrag

OTTO BÜSCH (Hg.), Friedrich Wilhlem IV. in seiner Zeit. Beiträge eines Colloquiums, Berlin 1987; hieraus sei besonders hingewiesen auf folgende Beiträge: GÜNTHER GRÜNTHAL, Bemerkungen zur Kamarilla Friedrich Wilhelms IV. im nachmärzlichen Preußen, 39-47; HANS-CHRISTOF KRAUS, Das preußische Königtum und Friedrich Wilhelm IV. aus der Sicht Ernst Ludwig von Gerlachs, 48-93; FRANK-LOTHAR KROLL, Politische Romantik und romantische Politik bei Friedrich Wilhelm IV., 94-106; GÜNTER RICHTER, Friedrich Wilhelm IV. und die Revolution von 1848, 107-131; CORNELIUS STECKNER, Friedrich Wilhelm IV., Karl Friedrich Schinkel, Wilhelm Stier und das Projekt einer protestantischen Mater Ecclesiarum, 232-255; FRIEDRICH VOGEL, Die Krankheit Friedrich Wilhelms IV. nach dem Bericht seines Flügeladjutanten, 256-271. – HANNS

---

[69] RANKE, Briefwechsel, 355. – Nach seinem Tode ist Friedrich Wilhelm IV. zumindest von einigen seiner Weggenossen mehr Verständnis und menschliche Anteilnahme zugekommen. Hier wäre besonders zu nennen FRIEDRICH JULIUS STAHL, Zum Gedächtniß Seiner Majestät des hochseligen Königs Friedrich Wilhelm IV. und seiner Regierung. Vortrag gehalten im evangelischen Verein zu Berlin am 18. März 1861, Berlin 1861, wo es u.a. heißt: „Er war als oberster Regierer der Kirche selbst immer eingedenk, daß die Kirche Gott mehr zu gehorchen hat, als den Menschen. Der geistliche Charakter, das Gepräge von Freiheit, Innerlichkeit, Salbung, welchen das Kirchenregiment von ihm empfing, steht als ein Musterbild im neueren Protestantismus ... Das ist die Regierung Friedrich Wilhelm des Vierten. Sie war nicht vom Glück getragen. Sie war der Lauf des christlichen Dulders. Sein Loos war Anfeindung, Verkennung, Verläumdung, war Undank von allen Seiten ... Aber in weitem Umfang sind seine Gedanken ... durch. Er hat trotz aller Erschütterung und Umwandlung in Preußen das Königthum stark und selbständig und die bürgerlichen und kirchlichen Einrichtungen ohne Bruch mit der Vergangenheit hinterlassen, und neue politische Einrichtungen gesunder und lebenskräftiger Art aus seinem Geiste gegründet ... Der kirchliche Zustand hat seit ihm ein ganz anderes Antlitz, und von der Aussaat, die er hier gelegt, wird sicher noch in Zukunft eine reiche Pflanzung ausgehen" (a.a.O., 18; 20f.). Einblicke in das Verhältnis Friedrich Wilhelms IV. zu F. J. Stahl vermittelt die Kieler jur. Diss. von OLAF K. F. KOGLIN, Die Briefe Friedrich Julius Stahls (Univ. Druck Kiel 1975), mit zehn bisher unveröffentlichten Briefen aus dem Briefwechsel beider, Stahls Stellung im EOK betreffend (1853-1857).

CHRISTOF BRENNECKE, Eine heilige apostolische Kirche. Das Programm Friedrich Wilhelms IV. von Preußen zur Reform der Kirche, in: BThZ 4 (1987) 231-251. – WALTER BUSSMANN, Zwischen Preußen und Deutschland. Friedrich Wilhelm IV. Eine Biographie, Berlin 1990. – FRANK-LOTHAR KROLL, Friedrich Wilhelm IV. und das Staatsdenken der deutschen Romantik, Berlin 1990. – MALVE GRÄFIN ROTHKIRCH, Der „Romantiker" auf dem Preußenthron. Portrait König Friedrich Wilhelms IV., Düsseldorf 1990. – DIRK BLASIUS, Friedrich Wilhelm IV. 1795-1861. Psychopathologie und Geschichte, Göttingen 1992 (Lit.). – J.F. GERHARD GOETERS/RUDOLF MAU (Hg.), Die Geschichte der Evangelischen Kirche der Union. Bd. I: Die Anfänge der Union unter landesherrlichem Kirchenregiment (1817-1850), Leipzig 1992, 271-418 (Lit.); hieraus sei besonders verwiesen auf folgende Beiträge: J.F. GERHARD GOETERS, Die kirchlichen Vorstellungen König Friedrich Wilhelms IV. und das Ministerium Eichhorn, 271-283; DIETRICH MEYER, Der Friedensschluß mit der katholischen Kirche, 283-290; KLAUS WAPPLER, Das Bistum Jerusalem (1841) und der Kölner Dombau, 290-298; WILHELM H. NEUSER, Landeskirchliche Reform-, Bekenntnis- und Verfassungsfragen. Die Provinzialsynoden und die Berliner Generalsynode von 1846, 342-366. – DAVID E. BARCLAY, Anarchie und guter Wille. Friedrich Wilhelm IV. und die preußische Monarchie, Berlin 1995 (Lit.). – FRIEDRICH WILHELM IV. Künstler und König. Zum 200. Geburtstag. Ausstellung vom 8. Juli bis 3. September 1995, hg.v. der Generaldirektion der Stiftung Preußische Schlösser und Gärten Berlin-Brandenburg unter Mitarbeit von Gerd Bartoschek u.a. Frankfurt/M. 1995. – PETER LANDAU, Friedrich Wilhelm IV. von Preußen und die Religionsfreiheit. Zur Entstehungsgeschichte des Grundrechts der Vereinigungsfreiheit von Kirchen und Religionsgesellschaften, in: Juristen Zeitung (JZ) 50 (1995) 909-916.

Das Recht der Gemeinde
Carl Immanuel Nitzschs Beitrag zur Reform der
evangelischen Kirchenverfassung im 19. Jahrhundert[1]

1. C. I. Nitzsch als Theoretiker und Praktiker des Kirchenrechts

„Eine Kirche gedeiht in derselben Proportion, in welcher die Glieder derselben zur Thätigkeit kommen." Mit dieser des Nachdenkens noch immer werten Sentenz hat Carl Immanuel Nitzsch am 11. August 1846 vor dem Plenum der ersten Evangelischen Generalsynode in Preußen seine Parteinahme für das „Recht der Gemeinde" begründet.[2] Dabei ging es ihm näherhin darum, die Mitwirkung der Ortsgemeinde an der gesamtkirchlichen Gesetzgebung und Verwaltung institutionell zu sichern. Die Verfassung der Kirche und ihre Verwaltung dürften der einzelnen Gemeinde nicht bloß als „Effluenz von einer Centralgewalt" entgegentreten. Dabei sei es prinzipiell von untergeordneter Bedeutung, ob sich diese zentrale Instanz theologisch als das *iure divino* legitimierte Leitungsrecht eines monokratischen Episkopats verstehe oder im territorialistischen System als die unbegrenzte Vollmacht des Landesherrn über sein Territorium, in der die kirchlichen Angelegenheiten geistlicher wie weltlicher Art eingeschlossen seien. Der Grundsatz eines solchen „Rechts der Gemeinde" zur Mitwirkung am Kirchenregiment werde bereits in den lutherischen Bekenntnisschriften ausgesprochen; und dieses Recht sei gegenwärtig besonders

---

[1] Erweiterte Fassung eines Vortrages, der bei einer Gedenkfeier anläßlich des 200. Geburtstages von Carl Immanuel Nitzsch (1787-1868) am 20. November 1987 in Bonn gehalten wurde. Zu dieser Gedenkfeier luden die Evangelisch-Theologische Fakultät der Rheinischen Friedrich-Wilhelms-Universität zu Bonn und die Evangelische Kirche im Rheinland ein, die beide dem Wirken von C. I. Nitzsch sehr viel verdanken. Der Gedenkvortrag war zugleich Teil der Eröffnung eines von der Deutschen Forschungsgemeinschaft geförderten Symposions zu dem Thema: „Die Bedeutung von Carl Immanuel Nitzsch für die Praktische Theologie und die kirchliche Praxis", das von Henning Schröer und Friedrich Wintzer (beide Bonn) geleitet wurde. Auf dem Symposion wurden folgende Referate diskutiert: Reinhard Schmidt-Rost (Tübingen), „Eigenthümliche Seelenpflege". C. I. Nitzschs wissenschaftliche Grundlegung einer speziellen Seelsorgelehre; Volker Drehsen (Tübingen), „Die kirchliche Ausübung des Christentums". Programm und Gestalt der Praktischen Theologie von C. I. Nitzsch; Eberhard Winkler (Halle/Saale), C. I. Nitzschs Wirken in Wittenberg und Berlin; Henning Theurich (Bonn), „Predigt zur Auferbauung der Gemeinde". Ein Beitrag zur Frage nach dem Subjekt kirchlichen Handelns. – Vgl. zu diesen Vorträgen PthI 2 (1988) 265-339.

[2] Verhandlungen der evangelischen General-Synode zu Berlin vom 2. Juni bis zum 29. August 1846 (Amtlicher Abdruck), Berlin 1846 (= Verhandlungen GS 1846), 407.

dringlich zu fordern, weil „Agitationen" gegen das derzeit herrschende Kirchenregiment dann aufhören würden, „wenn der Familienvater, der Presbyter sich als Glied eines geordneten Ganzen wisse", an dessen Gestaltung er beteiligt sei.[3] Mitbeteiligung fördere die Mitverantwortung und trage so zur Verbesserung der gesamten innerkirchlichen Lage bei.

Wie kühn ein solches Plädoyer für das „Recht der Gemeinde" im Jahre 1846 war und welchen Mißverständnissen derjenige sich aussetzte, der es formulierte, mag die Kritik der *Evangelischen Kirchen-Zeitung* Ernst Wilhelm Hengstenbergs zeigen. Dort schreibt im Oktober des Jahres 1846 ein Korrespondent zu den Verfassungsverhandlungen auf der Berliner Generalsynode: „Wir erinnern daran, daß jede Modifikation der Verfassung, welche das Kirchenregiment den Gemeinden ... d. i. der Menge, ganz oder theilweise in die Hände gibt, – denen, welche nicht dem Herrn und Seinen Gliedern dienen, sondern ‚auch mitreden' wollen, – jede Modifikation, welche das dem innersten Wesen der Kirche widersprechende Princip ‚von unten' feststellt oder stärkt, im Gegensatz des ‚gottmenschlichen' Princips ‚von oben' – daß jede solche Modifikation das Recht und die Freiheit der Kirche gefährdet und ihre Geistesschätze dem Despotismus des Fleisches bloßstellt."[4] Hengstenberg sagte es dann im Neujahrsgruß 1847 seinen Lesern noch unverblümter: Die Repräsentanten und Fürsprecher der presbyterial-synodalen Verfassung in den westlichen Provinzen Preußens seien voller Vorliebe für ihre provinzielle Partikularität und eifrig damit beschäftigt, „auch die übrigen Provinzen mit ihr zu beglücken"; zugleich seien diese Theologen unfähig, „sich auch nur denkend in das Wesen einer anderen Verfassung zu versenken". Um den „Kern" dieser Synodalvertreter

---

[3] „Denn eine Consistorial- und Presbyterialverfassung höben sich im Prinzipe gegenseitig auf. Nun frage sich, wie sie denn zusammen bestehen könnten. Da müsse die eine und die andere sich ändern, müsse ihren ausschließlichen Charakter aufgeben. Die Consistorialgewalt sei entweder territorialistisch, oder das Consistorium sei eine Art von Capitel einer bischöflichen Gewalt; in beiden Fällen sei es aber dasselbe, nämlich Effluenz von einer Centralgewalt. Das Consistorium als Verwaltungsbehörde müsse in Vereinigung mit Presbyterial-Institutionen das Gemeinderecht anerkennen. Es gebe nur eine Vereinigung von beiden Seiten; wenn das landesherrliche Regiment anerkannt werde, so müsse auch das *Recht der Gemeinde* anerkannt werden. Es müsse also das *jus circa sacra* ein positives Element für die evangelische Kirche werden; auf der anderen Seite müsse die Gemeinde anerkannt werden, in ihrem positiven Rechte mitzuwirken zur Gesetzgebung und Verwaltung. In beiden müsse irgend ein Ineinandergehen gesetzt werden ... Es sei ja natürlich, daß die Pflicht Jedem lieb werde, wenn er auch die derselben entsprechenden Rechte erhalte, und eine Kirche gedeihe in derselben Proportion, in welcher die Glieder derselben zur Thätigkeit kämen. Agitationen hörten auf, wenn der Familienvater, der Presbyter sich als Glied eines geordneten Ganzen wisse" (Verhandlungen GS 1846, 407; Hervorhebung vom Vf.).

[4] Evangelische Kirchen-Zeitung (= EKZ) Berlin, 39 (1846), Nr. 82, 715. – Zu E. W. Hengstenberg und der EKZ vgl. JOACHIM MEHLHAUSEN, Art. „Hengstenberg, E. W.", in: TRE 15 (1986), 39-42 (Lit.).

aus dem Rheinland und aus Westfalen bilde sich eine „Schale" von solchen Zeitgenossen, „welche in der mehr und mehr zur demokratischen umzubildenden presbyterianischen Verfassung ein Mittel zur Realisierung ihrer liberalen Tendenzen, zur Beseitigung des ‚gouvernementalen Regiments' und zugleich des Bekenntnisses der Kirche erblicken."[5]

Weder der zur Anklage stilisierte Demokratie-Verdacht noch die Unterstellung liberaler politischer Tendenzen können Nitzsch treffen. Eine Abschaffung des Landesherrlichen Kirchenregiments lag ihm 1846 überhaupt nicht im Sinn. Selbst 1867, als er seine Überlegungen zum evangelischen Kirchenrecht endgültig systematisch zusammenfaßte, sprach er sich zu diesem Fragenkreis äußerst behutsam aus. Eine „Kirchengewalt" gehöre „zur Lebensentwicklung der Kirche selbst"; und an „diesem Lebensgesetze" habe auch die „thatsächlich gegebene landesfürstliche Kirchengewalt eine Stütze wie sie so oder so in Deutschland vom Ursprung der Reformation her" bestehe.[6] Mit einer bloßen Abschaffung dieses Rechtsinstituts sei nichts zu erreichen; es komme vielmehr darauf an, „die Gemeinen aus der Passivität in ein mitwirkendes Interesse" zu ziehen „und eine geordnete Freiheit des Theilnehmens an dem wesentlichen kirchlichen Thun als Ziel" zu setzen. Man dürfe solchen „langsamen Fortgang ... nicht auf Fruchtlosigkeit des ganzen Unternehmens, noch auf Reue, sondern nur auf die Sicherheit des Willens bei großer Vorsicht und somit selbst auf Segen deuten, wenn nur von oben herab und von unten herauf die für die Gegenwart und Zukunft nothwendigen Grundsätze für den Aufbau nicht engherzig und muthlos verletzt oder aufgegeben werden."[7] Es geht Nitzsch um ein organisches Wachstum der Kirchenverfassungsreform. Und es sind für ihn zuallererst theologische Erwägungen, die ihn zum Anwalt des „Rechts der Gemeinde" machen.

Es ist bekannt, daß Nitzsch die Ekklesiologie zum zentralen Thema der Praktischen Theologie gemacht hat. Schon Wilhelm Dilthey hat präzise beschrieben, wie Nitzsch als erster das Programm Schleiermachers ausführte, indem er alle wesentlichen „Funktionen und Lebenstätigkeiten der Kirche" aus

---

[5] EKZ 40 (1847), Nr. 1, 2f. – Die Ausführungen von Nitzsch zum „Recht der Gemeinde" nennt Hengstenberg „gutmütige und phantastische Redensarten", die wie Seifenblasen zerplatzten, wenn man sie mit den „Thatsachen des Gustav-Adolphvereins" konfrontiere (a.a.O., 4f.). Hengstenberg spielt hier auf den für ihn empörenden Sachverhalt an, daß der Gustav-Adolf-Verein 1846/47 längere Zeit geschwankt hatte, ob man den aus dem Amt entlassenen Königsberger Militärpfarrer Julius Rupp – einen Hauptvertreter der spätrationalistischen „Lichtfreunde" – aus dem Verein ausschließen müsse. Hengstenberg sprach die Sorge aus, verfassungsmäßig selbständige Gemeinden könnten dogmatischen Fragen mit einer ähnlich unentschlossenen und „schwankenden Tendenz" beggnen (a.a.O., 36-40).

[6] CARL IMMANUEL NITZSCH, Praktische Theologie. Bd. 3, 2. Abt. Die evangelische Kirchenordnung, Bonn 1867 (= PTh III, 2), 332.

[7] PTh III, 2, 342f.

ihrem „urbildlichen Begriff" entfaltete.[8] In neuerer Zeit haben Friedrich Wintzer,[9] Henning Theurich,[10] Dietrich Rössler[11] und Volker Drehsen[12] diesen Sachverhalt genauer analysiert und seine Relevanz für heutige Konzepte der Praktischen Theologie sichtbar gemacht. Hingegen ist immer noch nicht zureichend dargestellt worden, wie Nitzsch als praktisch handelnder Kirchenmann im Widerstreit der theologischen und kirchenpolitischen Richtungen seiner Zeit zu wirken bemüht gewesen ist. Hier gibt es noch eine Forschungslücke, deren Schließung über das allgemeine historiographische Interesse hinaus einen reichen Gewinn für die Lehre vom evangelischen Kirchenrecht und seiner theologischen Begründung verspricht.[13] Nitzsch ist während seines langen Berufslebens nie ausschließlich Universitätstheologe gewesen. Von den Wittenberger Anfängen an bis zu den letzten Lebensjahren in Berlin hat er neben der akademischen Lehrtätigkeit immer auch kirchliche Leitungsämter innegehabt: Als Propst und Superintendent in Wittenberg; als „vicarius" der evangelischen Gemeinde in Bonn;[14] als Deputierter der rheinischen Provinzialsynode und deren Assessor (Vize-Präses); als Mitglied der Preußischen Generalsynode von 1846; als Berater des Berliner Oberkonsistoriums[15] und als Mit-

---

[8] WILHELM DILTHEY, Gesammelte Schriften. Bd. 11: Vom Aufgang des geschichtlichen Bewußtseins, Stuttgart/Göttingen ²1960, 39-56; 46f. – Vgl. CARL IMMANUEL NITZSCH, Praktische Theologie. Bd. 1. Allgemeine Theorie des kirchlichen Lebens, Bonn 1847 ²1859 (= PTh I), §§ 28–38.

[9] FRIEDRICH WINTZER, C. I. Nitzschs Konzeption der Praktischen Theologie in ihren geschichtlichen Zusammenhängen, in: EvTh 27 (1969), 93-109.

[10] HENNING THEURICH, Theorie und Praxis der Predigt bei Carl Immanuel Nitzsch, Göttingen 1975 (= StThGG 16) mit einer vollständigen Nitzsch-Bibliographie; DERS., Art. „Nitzsch, Carl Immanuel (1787-1868)", in: TRE 24 (1994) 576-581 (Lit.).

[11] DIETRICH RÖSSLER, Grundriß der Praktischen Theologie, Berlin/New York 1986, 33-36.

[12] VOLKER DREHSEN, Neuzeitliche Konstitutionsbedingungen der Praktischen Theologie. Aspekte der theologischen Wende zur sozialkulturellen Lebenswelt christlicher Religion, 2 Bde., Gütersloh 1988, 1, 136-155; DERS., Kirchentheologische Vermittlung. Carl Immanuel Nitzsch 1787-1868, in: Friedrich Wilhelm Graf (Hg.), Profile des neuzeitlichen Protestantismus. Bd. 1: Aufklärung Idealismus Vormärz, Gütersloh 1990, 287-318 (mit einem Verzeichnis der „unpublizierten Quellen": 310-313).

[13] Für nahezu alle biographischen Details bleibt vorerst die klassische Nitzsch-Biographie von Willibald Beyschlag unersetzlich: W. BEYSCHLAG, Karl Immanuel Nitzsch. Eine Lichtgestalt der neueren deutsch-evangelischen Kirchengeschichte, Berlin 1872.

[14] WOLFGANG EICHNER, Die Rolle von Nitzsch als ‚vicarius' der evangelischen Gemeinde in Bonn, in: MEKGR 36 (1987), 165-184. Zur Beteiligung von Nitzsch an der Bearbeitung der rheinisch-westfälischen Kirchenordnung von 1835 vgl. JOACHIM MEHLHAUSEN, Bekenntnis und Bekenntnisstand in der Evangelischen Kirche im Rheinland. Die geschichtliche Entwicklung der Präambel und der Grundartikel der rheinischen Kirchenordnung 1835-1952, in: MEKGR 32 (1983), 121-158; 128f.

[15] Bisher war unklar, ob Friedrich Wilhelm IV. lediglich plante, Nitzsch in das Oberkonsistorium zu berufen, oder ob es tatsächlich zu einer Berufung kam. Eberhard Winkler machte den Verf.

glied des *Evangelischen Oberkirchenrats*; und schließlich auf der einflußreichen Stelle des Propstes zu St. Nicolai in Berlin und als Superintendent für die Hälfte der Berliner Pfarrerschaft.[16]

In allen diesen Funktionen hat Nitzsch unermüdlich an Fragen der Kirchenordnung und Kirchenverfassung gearbeitet. Zahlreiche Referate und Gutachten aus seiner Feder liegen gedruckt vor; das noch ungedruckte Material ist kürzlich neu gesichtet worden (V. Drehsen), bleibt aber zunächst noch unerschlossen. Lebendig und aussagekräftig werden alle diese Unterlagen erst dann, wenn man sie hineinstellt in den Kontext der Zeit, in das Stimmengewirr und in die Problemvielfalt der Jahre zwischen 1810 und 1868, in der eine in ihrer Intensität einzigartige theologische Diskussion über Fragen der Kirchenverfassungsreform geführt worden ist. Das Ausbleiben weithin sichtbarer oder gar spektakulärer Reformtaten hat dem Irrtum Vorschub geleistet, in jener Zeit sei im Bereich des evangelischen Kirchenrechts nur Stillstand zu konstatieren; erst die Sohm-Harnack-Kontroverse und dann der tiefe Einschnitt durch die Aufhebung des Landesherrlichen Kirchenregiments im Jahre 1918 hätten die Grundsatzdiskussion zum evangelischen Kirchenrecht in Bewegung gebracht. Historische und theologiegeschichtliche Detailforschung wird demgegenüber sichtbar machen können, daß gerade im 19. Jahrhundert über Grundsatzfragen evangelischer Kirchenordnung und Kirchenverfassung[17] theologisch viel umfassender und tiefgreifender nachgedacht worden ist, als in der Frühzeit der Weimarer Republik, in der man sich zunächst weithin mit pragmatischen Lösungen zufriedengab, die ihrerseits auf theologischen Überlegungen aufruhten, die viel früher angestellt worden waren.[18] Daß dies zum Nachteil der kirchenleitenden Arbeit und damit zum Schaden der evangelischen Kirche in

---

freundlicherweise darauf aufmerksam, daß aus der Personalakte eindeutig hervorgeht, daß Minister Eichhorn am 21. Januar 1848 dem König 15 Mitglieder für das Oberkonsistorium vorschlug, unter denen Nitzsch an 13. Stelle stand; der König sprach die Berufung am 28. Januar 1848 aus (ZA Merseburg 2.2.1 Nr. 22807 S. 23). In jedem Fall war dieser Auftrag nur von kurzer Dauer; vgl. W. BEYSCHLAG, Nitzsch 322.

[16] W. BEYSCHLAG, Nitzsch 455f.; vgl. PTh III, 2, VIIIf.

[17] Nitzsch bevorzugt den Begriff „Kirchenordnung" und gibt hierfür auch eine interessante Begründung an: „Es kommt für unsere Aufgabe etwas darauf an, den Begriff *Ordnung* in seiner Scheidung von *Gesetz* und *Recht* aufrecht zu erhalten und doch *die Elemente von beiden* darin anzuerkennen." PTh III, 2, 14. Er kann jedoch – dem Sprachgebrauch der Zeit folgend – den Begriff „Kirchenverfassung" synonym verwenden: PTh I (§ 86), 458ff.; PTh III, 2, 344ff. Vgl. auch CARL IMMANUEL NITZSCH, System der Christlichen Lehre (1829), Bonn [6]1851 (§ 196), 379 u.ö.

[18] Eine neuere Monographie zu diesem wichtigen Fragenkreis fehlt. Vgl. zum Gesamtproblem: HERBERT FROST, Strukturprobleme evangelischer Kirchenverfassung. Rechtsvergleichende Untersuchungen zum Verfassungsrecht der deutschen evangelischen Landeskirchen, Göttingen 1972 (Lit.). Für das 19. Jahrhundert vgl. JOACHIM MEHLHAUSEN, Kirche zwischen Staat und Gesellschaft (s.o. 123-187).

Deutschland insgesamt geschah, hat sich spätestens 1933 gezeigt. Nitzschs Entwurf eines evangelischen Kirchenrechts vom Recht der Gemeinde her bleibt ein bedenkenswerter theologischer Ansatz, der insbesondere dazu verhilft, die Rechtsgestalt der Kirche nicht von ihren Außenbeziehungen her zu bestimmen, sondern im Blick auf die Handlungen der Kirche selbst.[19] „Wir ... finden vor allem die Aufgabe vor, das objective kirchliche Leben, nämlich die Gründe und Zwecke desselben, als die rechte Selbstthätigkeit der christlichen Gemeinschaft deutlich und geltend zu machen, und so ist für uns die kirchliche ordnende Thätigkeit auf das Vierfache: auf die Lehre, auf den Gottesdienst und das Parochialverhältniß, auf die Sitte und die Zucht, endlich auf die Haushaltung und die Armenpflege gerichtet."[20] In welchem Kontext Nitzsch diese Auffassung entwickelte und zur Geltung zu bringen versuchte, sei durch den Rückblick auf einen kleinen Ausschnitt seines praktischen kirchlichen Handelns gezeigt.

2. C. I. Nitzsch auf der Berliner Generalsynode von 1846

Vom 2. Juni (Pfingsten) bis zum 29. August 1846 tagte in 56 Sitzungen in der Kapelle des Berliner Schlosses die erste preußische Generalsynode.[21] Selten ist in neuerer Zeit eine große Kirchenversammlung mit so viel Hoffnung auf

---

[19] Zur theologischen Diskussion des Problems in der Gegenwart vgl. GERHARD SAUTER, In der Freiheit des Geistes. Theologische Studien, Göttingen 1988, 117-127.

[20] PTh III, 2, X.

[21] Außer dem in Anm. 2 genannten amtlichen Verhandlungsprotokoll ist heranzuziehen: GUSTAV KRÜGER, Berichte über die erste evangelische Generalsynode Preußens in dem Jahre 1846. Mit einem Anhange der wichtigsten Actenstücke, Leipzig 1846. – Von den zeitgenössischen Veröffentlichungen zur Generalsynode seien hervorgehoben: Album der Evangel. Generalsynode zu Berlin 1846 (Verzeichnis der Mitglieder, Bild der Königlichen Schloßkapelle, Sitzordnung und je auf einem Albumblatt handschriftliche Widmungen der Teilnehmer. Nitzsch trug in das Album ein: „Weil wir wissen, daß der *Herr* zu fürchten ist, fahren wir schön mit den Leuten, Gott aber sind wir offenbar. 2 Cor 5 [11]. Dr. Carl Immanuel Nitzsch, Assessor der Rheinischen Prov. Syn. Prof. d. Theologie zu Bonn, geb. zu Borna im Königr. Sachsen d. 21. Sept. 1787". Der Widmungseintrag verrät etwas von der Grundstimmung, in der Nitzsch an der Synode teilnahm). – Vgl. ferner JULIUS MÜLLER, Die erste Generalsynode der evangelischen Landeskirche Preußens und die kirchlichen Bekenntnisse, Breslau 1847. AEMILIUS LUDWIG RICHTER, Die Verhandlungen der preußischen Generalsynode. Übersichtliche Darstellung nach der amtlichen Ausgabe der Protokolle, Leipzig 1847. – Sekundärliteratur: JOHANNES HEINTZE, Die Grundlagen der heutigen preußischen Kirchenverfassung in ihren Vorstellungen seit der Generalsynode von 1846, Greifswald 1931; DERS., Die erste Preußische Generalsynode 1846, in: JBBKG 41 (1966), 123-141. – JOHANNES HYMMEN, Die Unionsfrage auf der Preußischen Generalsynode von 1846, in: JVEKGW 68 (1975), 101-141. – JOACHIM MEHLHAUSEN, Friedrich Wilhelm IV. Ein Laientheologe auf dem preußischen Königsthron, in: Henning Schröer/Gerhard Müller (Hg.), Vom Amt des Laien in Kirche und Theo-

Erneuerung begonnen worden. Selten hat man mit solcher Konzentration des dialogischen Bemühens um Konsensfindung die großen innerkirchlichen Probleme der eigenen Zeit zu lösen versucht. Selten ist schon vor dem Zusammentritt einer Synode deren Berechtigung, Qualifikation und Sinn so ungestüm in Frage gestellt worden wie in diesem Falle. Und wohl fast nie in der Geschichte der Kirche haben die Verhandlungsergebnisse einer Synode so lange in den Akten schlummern müssen, bis sie wenigstens als neu aufgegriffene Anregungen einen gewissen Niederschlag in der kirchlichen Gesetzgebung fanden.

Diese Besonderheiten hängen aufs engste mit der Kirchenpolitik König Friedrich Wilhelms IV. von Preußen zusammen, deren Motive und Zielsetzungen für die Zeitgenossen weitaus schwerer zu durchschauen waren als für die Nachwelt.[22] Friedrich Wilhelm IV. hatte sich gleich nach der Thronbesteigung im Jahre 1840 daran gemacht, die von seinem Vater, Friedrich Wilhelm III., hinterlassenen ungelösten kirchlichen Probleme aufzuarbeiten. Zunächst legte er den von Friedrich Wilhelm III. mit großer Härte geführten Kampf gegen die separatistischen Alt-Lutheraner bei; sodann wurden die wegen ihrer Intransigenz in der Mischehenfrage inhaftierten katholischen Erzbischöfe freigelassen und durch eine persönliche Ehrenerklärung des preußischen Königs rehabilitiert. Auch mit den rationalistischen „Lichtfreunden" versuchte der König zum Ausgleich zu kommen. Die von Friedrich Wilhelm IV. bei alledem praktizierte Toleranz war nicht – wie manche Zeitgenossen es zunächst deuteten – Folge einer liberalen Gesinnung. Der König wollte vielmehr der evangelischen Landeskirche in Preußen nach außen hin Ruhe verschaffen und sie zugleich von innen her von „Elementen des Unglaubens" reinigen, damit die „Gläubigen unzweideutiger beieinander" wären. Mit der gleichen Intention wandte sich Friedrich Wilhelm IV. auch den beiden wichtigsten offenen Fra-

---

logie. FS für Gerhard Krause, Berlin/New York 1982, 185-214 (s.o. 247-272). – WILHELM H. NEUSER, Kirche zwischen Romantik und Konstitutionalismus – die Preußische Generalsynode von 1846, in: MEKGR 33 (1984) 201-227; DERS., Landeskirchliche Reform-, Bekenntnis- und Verfassungsfragen. Die Provinzialsynoden und die Berliner Generalsynode von 1846, in: J.F. Gerhard Goeters/Rudolf Mau (Hg.), Die Geschichte der Evangelischen Kirche der Union, Bd. I: Die Anfänge der Union unter landesherrlichem Kirchenregiment (1817-1850), Leipzig 1992, 342-366 (Lit.).

[22] Es muß daran erinnert werden, daß die wichtigsten Texte zu den Kirchenverfassungsplänen Friedrich Wilhelms IV. erst 1873 von Leopold v. Ranke veröffentlicht worden sind; vgl. JOHANNES HECKEL, Ein Kirchenverfassungsentwurf Friedrich Wilhelms IV. von 1847, in: ders., Das blinde, undeutliche Wort ‚Kirche'. Ges. Aufsätze, hg. v. Siegfried Grundmann, Köln/Graz 1964, 434-453. KURT SCHMIDT-CLAUSEN, Vorweggenommene Einheit. Die Gründung des Bistums Jerusalem im Jahre 1841, Berlin/Hamburg 1965, 221-367. JOACHIM COCHLOVIUS, Bekenntnis und Einheit der Kirche im deutschen Protestantismus 1840-1850, Gütersloh 1980, 142-145. HANNS CHRISTOF BRENNECKE, Eine heilige apostolische Kirche. Das Programm Friedrich Wilhelms IV. von Preußen zur Reform der Kirche, in: BThZ 4 (1987), 231-251.

gen innerhalb der preußischen Landeskirche zu: dem Problem der Union und der Verabschiedung einer Kirchenverfassung. Beide Themenkreise waren aus sachlichen wie aus theologischen Gründen eng miteinander verbunden. Hier kamen fernerhin auch politische Gesichtspunkte mit ins Spiel: Eine organische innere Verbindung der beiden westlichen Provinzen der Monarchie mit den sechs älteren östlichen Provinzen war nur möglich, wenn in diesen Kirchenordnungsfragen Fortschritte erzielt werden konnten.

Im Jahre 1843 wurden für die östlichen Provinzen (Brandenburg, Pommern, Sachsen, Preußen, Posen, Schlesien) „Kreis-Synodal-Versammlungen der Geistlichen" einberufen. Der entsprechende Ministerialerlaß vom 10. Juli 1843 betonte, die Berufung der Synodalversammlungen erfolge in der Überzeugung, „daß die evangelische Kirche, wenn ihr wahrhaft und dauernd geholfen werden soll, nicht nur von Seiten des Kirchenregiments geleitet, sondern vornehmlich aus eigenem, inneren Leben und Antrieb erbaut sein will".[23] Aufgabe der Kreissynoden sei es, in freier Beratung zunächst ein klares Bild von „dem Zustande der kirchlichen Gemeinde-Verhältnisse" in ihrem Bereich zu entwerfen; dann sollten Vorschläge erarbeitet werden, „wie und mit welchen Mitteln eine Besserung der wahrgenommenen Mängel zu bewirken sei".[24] Die Arbeitsergebnisse der Kreissynoden wurden den 1844 einberufenen Provinzialsynoden vorgelegt. Teilnehmer dieser Synodalversammlungen waren die Superintendenten jeder Provinz, hohe Militärgeistliche, Abgeordnete der theologischen Fakultäten der Landesuniversitäten und je ein von der Pfarrerschaft eines Kirchenkreises „freigewählter Geistlicher"; Laien nahmen an diesen von den Generalsuperintendenten geleiteten Provinzialsynoden nicht teil. Die Protokolle der Synoden wurden gedruckt und der Öffentlichkeit zugänglich gemacht. Gleichzeitig wurde im Ministerium der Geistlichen Angelegenheiten das gesamte Material gesammelt und in sieben „Denkschriften" zusammengefaßt. Die Themen dieser Denkschriften zeigen, wie umfassend man in dieser Phase an der Erneuerung der preußischen Landeskirche gearbeitet hat.[25] Die Berufung der Generalsynode sollte einen Abschluß der synodalen Verhandlungen auf allen Ebenen bilden, „durch welchen die aus den unteren kirchlichen Kreisen heraufgestiegene Beratung in ein Resultat zusammengefaßt und der Weisheit des obersten Schutz- und Schirmherrn der Kirche anheimgestellt werden kann".[26] In die Generalsynode wurden Abgeordnete aus den östlichen

---

[23] Verhandlungen GS 1846, 1.
[24] Verhandlungen GS 1846, 2.
[25] Die Denkschriften sind abgedruckt im Anhang zu: Verhandlungen GS 1846, 1-134. Sie betreffen die Themen: 1. „Heilighaltung des Eides", 2. „Erleichterung der Geistlichen in ihren administrativen Amtsgeschäften", 3. „Vorbildung für den geistlichen Beruf", 4. „Emeritirung und Pensionirung der Geistlichen", 5. „Verpflichtung der Geistlichen auf die Bekenntnißschriften", 6. „Angelegenheiten der Union", 7. „Die Kirchenverfassung".
[26] Verhandlungen GS 1846, 2.

Provinzen sowie aus dem Rheinland und aus Westfalen berufen. Im Unterschied zu den voraufgegangenen Kreis- und Provinzialsynoden wurde die Generalsynode aus Geistlichen und Laien zusammengesetzt, wobei die Sitzverteilung mit 38:37 eine Stimme Mehrheit für die Laien bedeutete. Vorsitzender der Generalsynode war als Vertreter des Landesherrn der in kirchlichen und theologischen Fragen überaus sachkundige Kultusminister Friedrich von Eichhorn.[27] Nur ein Drittel der Synodalen war im engeren Sinne ausschließlich vom Landesherrn berufen worden; die anderen Mitglieder der Generalsynode waren entweder von ihren entsendenden Gremien frei gewählt worden (so die Vertreter aus dem Rheinland und aus Westfalen sowie die sechs Theologieprofessoren und die ebenfalls sechs Juraprofessoren) oder aus Vorschlagslisten der Provinzialsynoden vom Kirchenregiment ausgewählt worden.[28] Insgesamt war so eine kirchliche Notabelnversammlung zustandegekommen, in der die verschiedenen Richtungen der damaligen preußischen Landeskirche ziemlich gleichmäßig vertreten waren. Als Exponenten der konservativen Richtung waren der Jurist und Kirchenrechtslehrer Friedrich Julius Stahl und der sächsische Konsistorialpräsident Karl Friedrich Göschel anzusehen. Den linken Flügel der Liberalen repräsentierte der Berliner Oberbürgermeister Heinrich Wilhelm Krausnick.[29] Auf den Einwand, mit dieser einen Person sei „die Religion des Berliner Magistrats" auf der Synode doch nur sehr schwach vertreten, entgegnete Hengstenbergs Kirchen-Zeitung: „Dies erinnert an jenes Mädchen, welches auf den Vorwurf, daß sie ein uneheliches Kind habe, erwiderte: es sey ja nur ein ganz kleines Kind".[30]

---

[27] Die Verhandlungsprotokolle belegen, mit welch großem Geschick und Sachverstand Minister Eichhorn die Generalsynode geleitet hat; zu seiner Person vgl. STEPHAN SKALWEIT, in: NDB 4, 376f.

[28] Verhandlungen GS 1846, 2f. – Vgl. WILHELM H. NEUSER, Die Zusammensetzung der Generalsynode, in: Goeters/Mau (Hg.), Geschichte der EKU, Bd. I (s. Anm. 21), 349f., 365f. (Namenliste).

[29] JÜRGEN WETZEL, „... taub für die Stimme der Zeit". Zwischen Königstreue und Bürgerinteressen. Berlins Oberbürgermeister H. W. Krausnick von 1834 bis 1862, Berlin 1986 (Ausstellungskataloge des Landesarchivs Berlin 4). J. Wetzel stilisiert den Berliner Oberbürgermeister, den seine eigenen Zeitgenossen als profilierten Liberalen ansahen (s. die folgende Anm.), zu einem konservativen Kommunalpolitiker, dem das politische Gespür für die revolutionäre Bewegung des Jahres 1848 völlig gefehlt habe. Krausnicks Position auf der Generalsynode kommt in der – sonst materialreichen – Studie nicht zur Sprache. Vgl. auch JÜRGEN WETZEL, Heinrich Wilhelm Krausnick, in: Wolfgang Ribbe (Hg.), Stadtoberhäupter. Biographien Berliner Bürgermeister im 19. und 20. Jahrhundert, Berlin 1992, 83-106.

[30] EKZ 39 (1846), Nr. 81, 704. – Als besonders verwerflich sah die EKZ den Umstand an, daß Krausnick in das Album der Synode (s. Anm. 21) „eine Stelle aus der Adresse des Magistrats zu Berlin vom August 1845" an den König eingetragen haben solle (a.a.O., 706). Bei dieser „Adresse" handelte es sich um eine Eingabe an den König, in der gegen die EKZ Beschwerde geführt wurde und die Sorge zum Ausdruck kam, in Preußen könnten zwei Kirchenparteien entstehen, eine rationalistische und eine orthodoxe (zum Hintergrund dieser Auseinandersetzungen vgl. GERHARD BESIER, Preußische Kirchenpolitik in der Bismarckära, Berlin/New York

Die größte Fraktion der Generalsynode setzte sich aus Vertretern der im weitesten Sinne von Schleiermacher herkommenden Vermittlungstheologen zusammen. Hier sind allerdings genauere Differenzierungen vorzunehmen. So klagte Nitzsch über die „etwas excentrischen Schleiermacherianer", die ihm das Leben ebenso schwer machten, wie die „Strenggläubigen". Nitzsch meinte wohl vor allem August Twesten, den Nachfolger Schleiermachers auf dessen Berliner Lehrstuhl.[31] Nitzsch selber war nicht als Bonner Theologieprofessor in die Generalsynode berufen bzw. gewählt worden, sondern als Assessor der rheinischen Provinzialsynode und als Oberkonsistorialrat. Er galt von Anfang an als einer der wichtigsten Wortführer der theologisch wie kirchenpolitisch vermittelnden Richtung. Diese Rolle nahm er bewußt an, klagte aber in seinen Briefen über die oft sehr schwierige „Stellung zwischen den Parteien".[32] Stützen konnte er sich auf seinen Bonner Fakultätskollegen Karl Heinrich Sack (1789-1875), auf Julius Müller aus Halle sowie auf den Königsberger Kollegen Isaak August Dorner. Vorzüglich war auch die Beziehung zu dem Konsynodalen Moritz August von Bethmann-Hollweg, dem damaligen Bonner Universitätskurator. Nitzsch hat diesem bedeutenden liberal-konservativen Politiker zwanzig Jahre später den letzten Band seiner *Praktischen Theologie* mit den Ausführungen zur evangelischen Kirchenordnung gewidmet – „in vielbewährter Gemeinschaft evangelischer Wahrheit, Einheit und Freiheit".[33] Je länger die Synode dauerte, desto stärker wurden jedoch die Anfeindungen, denen Nitzsch in der Öffentlichkeit ausgesetzt war. An seine Frau schrieb er: „Manche von denen, die mir sonst die ganze Hand gaben, geben mir jetzt kaum zwei Finger". Aber er fügte hinzu: „Mein Gewissen ist ruhig; ich habe mich frei und ganz ausgesprochen und muß bei dem bleiben mein Leben lang."[34]

Auf der Grundlage einer Geschäftsordnung, die der Generalsynode vom Ministerium vorgegeben war, wählten die Synodalen auf der zweiten Sitzung

---

1980 [= VHK 49], 26-30 und aus der zeitgenössischen Literatur LUDWIG V. GERLACH, Aufzeichnungen aus seinem Leben und Wirken, hg. v. J. v. Gerlach, Bd. 1, Schwerin 1903, 432-439). Tatsächlich hat Krausnick mit Angabe der Quelle im „Album" aus der Immediateingabe vom 22. August 1845 zitiert; der Eintrag lautet: „Wir halten fest an unserem Christenthum, aber wir wißen auch, daß dasselbe Christenthum, wie es ewig und unwandelbar ist in seinem Wesen, so sich stets erneuernd in den Seelen der Menschen und der Entwickelung des Menschengeistes in der Geschichte sich anschließend, in stets neure Formen des Gedankens und des Wortes, des Lebens und der kirchlichen Gestaltung sich seinen Ausdruck giebt und verwirklicht".

[31] W. BEYSCHLAG, Nitzsch 295.
[32] A.a.O.
[33] PTh III, 2, V. – Zu den beiden bedeutendsten Mitstreitern von Nitzsch auf der Generalsynode vgl. JÖRG ROTHERMUNDT, Art. „Dorner, Isaak August (1809-1884)", in: TRE 9 (1982), 155-158 (Lit.).– JOACHIM MEHLHAUSEN, Art. „Müller, Julius (1801-1878)", in: TRE 23 (1994), 394-399 (Lit.).
[34] W. BEYSCHLAG, Nitzsch 296.

des Plenums die Mitglieder für acht Kommissionen, in denen die einzelnen Verhandlungsgegenstände vorbereitet werden sollten. Dabei handelte es sich um folgende Themenbereiche: 1. Lehrfragen, 2. Kirchenverfassung und Kirchenordnung, 3. Ausbildung der Pfarrer, 4. Förderung der pfarramtlichen Wirksamkeit, 5. Öffentlicher Gottesdienst und „Privat-Erbauung", 6. Kirche und Schule, 7. Verhältnis der Landeskirche zu anderen Kirchen und Religionsgesellschaften, 8. Verhältnis der Kirche „zu gewissen, unter dem Einflusse der bürgerlichen Gesetzgebung stehenden Institutionen".[35] Nitzsch war auf Vorschlag der rheinischen Synodalen zu einem der zunächst acht Mitglieder der ersten Kommission gewählt worden. Hinter dem generellen Arbeitsauftrag dieser Kommission stand die außerordentlich schwierige Aufgabe, für das Plenum der Generalsynode Vorlagen zu den Themen „Verpflichtung der Geistlichen auf die Bekenntnisschriften" und „Angelegenheiten der Union" zu erarbeiten. Der Vorsitzende der Generalsynode machte von dem ihm nach der Geschäftsordnung zustehenden Recht Gebrauch und ergänzte die bereits gewählte erste Kommission um je einen Professor der Theologie und der Jurisprudenz, nämlich Julius Müller und Franz Anton Niemeyer[36], damit die Kommission bei der Weite ihrer Aufgabenstellung über zureichenden fachkundigen Rat verfüge. Innerhalb der Kommission wurde dann Nitzsch zum Referenten in der Ordinationsfrage bestimmt, Müller zum Referenten für die Angelegenheiten der Union. Was beide Theologen hier in zahlreichen Kommissionssitzungen und auf 23 Plenarsitzungen an intensiver argumentativer theologischer Arbeit geleistet haben, ist zwar in Umrissen bekannt, es verdiente jedoch noch unbedingt der in die Quellen eindringenden Analyse und Darstellung.[37]

Zum Thema „Union" gelangte die Generalsynode auf ihrer 35. Sitzung zu einem mehrheitlich verabschiedeten Zwischenergebnis: In eine künftige Kirchenordnung sollte zur Bestimmung des Bekenntnisstandes der preußischen Landeskirche „etwas Dreifaches aufgenommen werden": 1. Die Benennung der in der Landeskirche geltenden Bekenntnisse, 2. eine Erklärung über „das Ansehen dieser Bekenntnisschriften" und 3. eine „Darlegung des Consensus der Bekenntnisschriften".[38] Die Kommission wurde beauftragt, zu allen drei

---

[35] Verhandlungen GS 1846, 26.
[36] Verhandlungen GS 1846, 25.
[37] Eine zusammenfassende Darstellung bietet GEORG RIS, Der „kirchliche Konstitutionalismus". Hauptlinien der Verfassungsbildung in der evangelisch-lutherischen Kirche Deutschlands im 19. Jahrhundert, Tübingen 1988 (= JusEcc 33), 186-194 (dort auch die ältere Literatur). – Auf ein Programm zur „Verständigung über die christliche Kirchenverfassung" von Nitzsch aus dem Jahre 1842 verweist W. BEYSCHLAG, Nitzsch 205.
[38] Verhandlungen GS 1846, 345; 527 (Referat Nitzsch). – In der Literatur herrscht Verwirrung hinsichtlich der „Konsensdokumente" der Generalsynode von 1846. Es handelt sich um drei Texte, die nach eingehender Beratung verabschiedet wurden:
1. *Ein Ordinationsformular* (Verhandlungen GS 1846, 368f.; hierzu Plenumsdiskussion mit

Punkten neue Vorlagen zu erarbeiten. Bis diese Arbeit erledigt war, konnte sich das Plenum der Generalsynode dem zweiten zentralen Thema stellen, der Kirchenverfassungsfrage.[39]

> Abänderungsvorschlägen a.a.O., 369-404; Schlußabstimmung 404: 48 Ja, 14 Nein).
> 2. *Eine Auflistung der in der preußischen Landeskirche geltenden Symbole* (Verhandlungen GS 1846, Anhang 82; hierzu Plenumsdiskussion mit Abänderungsvorschlägen a.a.O., 531-545; Schlußabstimmung 545: 54 Ja, 8 Nein).
> 3. *Ein ausgeführter Lehrkonsensus* (Verhandlungen GS 1846, Anhang 83-85; Verhandlung desselben und Abstimmung wie zu 2.).

In der Schlußabstimmung wurden diese „Resultate ... für geeignet" erklärt, „der Kirche als Grundlage für die Feststellung einer Lehrordnung zu dienen" und die Synode beschloß, „dieselben dem hohen Kirchenregiment zur weiteren kirchenverfassungsmäßigen Behandlung zu übergeben" (a.a.O., 545).

Das viel zitierte „Nitzschenum" war *ein* Element des sehr umfangreichen, von Nitzsch vorgetragenen Gutachtens der ersten Kommission über die *Verpflichtung der Geistlichen auf die Bekenntnisschriften* (Verhandlungen GS 1846, Anhang 65-81, dort 78f.); es sollte als „Vorhaltung bei der Ordination" dienen. Über diesen Text hat die Synode in einer fünftägigen Generaldebatte, die sich auf alle Einzelfragen der Ordination bezog, kontrovers verhandelt (a.a.O., 139-205). Über das „Nitzschenum" ist aber nie abgestimmt worden! Denn nach der Unterbrechung der Plenumsarbeit zum Thema „Verpflichtung der Geistlichen auf die Bekenntnisschriften" legte die erste Kommission am 7. August 1846 einen neuen Text für den Ordinationsvorhalt vor, der als ausgeführtes dreiteiliges Ordinations-Formular zwar wichtige Elemente des „Nitzschenum" enthält, insgesamt aber ein neuer Entwurf ist (a.a.O., 368f.). Dieses Formular und nicht das „Nitzschenum" wurde beschlußmäßig verabschiedet (oben Ziffer 1.). Nitzsch selbst erklärte jetzt, das „frühere Formular" habe die Kommission nur vorgelegt, „um ein Bild des Gedankens der Sache zur Anschauung zu bringen"; nun habe sich die Kommission bei einer Gegenstimme und einer Enthaltung auf das neue Formular „vereinigt" (a.a.O., 368). Da das eigentliche „Nitzschenum" – von Nitzsch selber als „Bekenntniß des Lehramtes" bezeichnet – in der Literatur nicht verläßlich zugänglich ist, sei es hier nach dem Text des amtlichen Protokolls wiedergegeben:

„... so bekenne sich der Diener am Worte zum Glauben an Gott den Vater, allmächtigen Schöpfer Himmels und der Erden; und an Jesus Christus, seinen eingebornen Sohn, der sich selbst entäußerte und Knechtsgestalt annahm und als Prophet von Gott mächtig von That und Wort den Frieden verkündigt, der um unserer Sünde willen dahin gegeben und um unserer Gerechtigkeit willen auferwecket (ist), sich gesetzt hat zur Rechten Gottes und herrscht als Haupt der Gemeinde ewiglich; und an den heiligen Geist, durch welchen wir Jesum einen Herrn heißen, und erkennen, was uns in ihm geschenkt ist, der den Gläubigen bezeuget, daß sie Gottes Kinder sind, und ihnen das Pfand unvergänglichen Erbes wird, das behalten wird im Himmel.

Insbesondere bezeuge das evangelische Lehramt, daß wir nicht durch des Gesetzes Werke, sondern aus Gnaden selig werden durch den Glauben, der das Herz erneuet, und in der Liebe kräftig die Früchte des Geistes hervorbringt." (Verhandlungen GS 1846, Anhang 79).

Ausdrücklich hatte Nitzsch bei der Einbringung dieses Textes hervorgehoben, daß mit ihm der Union „noch keine allgemeine dogmatische Grundlage gegeben" sei; deshalb müsse eine „Kirchenordnung der Union" auch noch eine „kurze materielle Lehrordnung" enthalten (a.a.O., 79). Es ist also nicht richtig, das „Nitzschenum" bereits als den Entwurf eines „Unionsbekenntnisses" zu bezeichnen. Die Intention der Berliner Generalsynode von 1846 ging dahin, die oben genannten drei Dokumente *gemeinsam* als „Grundlage für die Feststellung einer Lehrordnung" in der Kirche der Union zu verwenden.

[39] Verhandlungen GS 1846, 358-367.

Am 6. August 1846 eröffnete Friedrich Julius Stahl als Referent der zuständigen zweiten Synodalkommission die Verhandlungen über die Kirchenverfassung. Hier ging es im Kern der Angelegenheit um die Grundsatzfrage, ob und wie die in den westlichen Provinzen seit der Kirchenordnung von 1835 geltende Presbyterialverfassung[40] auch in den östlichen Provinzen eingeführt werden solle, wo die evangelische Kirche noch nahezu ausschließlich von den königlichen Konsistorien und Oberbehörden geleitet wurde.[41] Die vorbereitende Synodalkommission hatte dem Plenum ein kompliziert gegliedertes, umfangreiches Gutachten vorgelegt, das neben einem schon recht weit ausgeführten Kirchenverfassungsentwurf[42] noch „Hauptsätze", „Grundzüge" und „Motive" der Entscheidung enthielt.[43] Bringt man die Empfehlungen der Kommission auf einen Punkt, so lief alles darauf hinaus, daß in den östlichen Provinzen die Konsistorialverfassung beizubehalten sei; presbyteriale und synodale Einrichtungen seien im Bereich der Landeskirche allenfalls hilfsweise und nebenher auszubilden. Das vielschichtige und uneinheitliche Gutachten war ein Spiegelbild der kontroversen Gesprächssituation in der zweiten Kommission, in der mit dem Greifswalder Theologieprofessor Karl Voigt, dem Präses der rheinischen Provinzialsynode Franz Friedrich Graeber sowie dem sächsischen Generalsuperintendenten Johann Friedrich Möller Theologen höchst unterschiedlicher Prägung vertreten waren, – ohne daß man einen von ihnen als ebenbürtigen Kontrahenten von Stahl bezeichnen könnte.[44] Vor allem in den „Hauptsätzen" und in den „Grundzügen" hatte sich die konservative Position deutlich durchsetzen können.

Überraschenderweise folgte Stahl bei seinem Plenumsvortrag nicht dem von der Geschäftsordnung der Generalsynode vorgeschriebenen Verfahren. Er gab keine Einführung in das gedruckt vorliegende Gutachten, sondern Stahl hielt es für angebracht, seine „persönliche Auffassung" mitzuteilen; das Gutachten hätten die Synodalen bereits in den Händen, „eine mündliche Wiederholung seines Inhalts ... scheine deshalb zwecklos".[45] Stahl kündigte an, er werde auch über „die Principien der Commission" referieren, was er aber –

---

[40] Vgl. WALTER GÖBELL, Die Rheinisch-Westfälische Kirchenordnung vom 5. März 1835. Ihre geschichtliche Entwicklung und ihr theologischer Gehalt. Bd. 1, Duisburg 1948, Bd. 2, Düsseldorf 1954; WILHELM H. NEUSER, Die Entstehung der Rheinisch-Westfälischen Kirchenordnung, in: Goeters/Mau (Hg.), Geschichte der EKU, Bd. I (s. Anm. 21), 241-256.
[41] Vgl. E. R. HUBER, Verfassungsgeschichte (s. Anm. 28), Bd. I, 458-472.
[42] Verhandlungen GS 1846, Anhang 128-134.
[43] Verhandlungen GS 1846, Anhang 114-128 (mit der „Einleitung" des Kommissions-Referenten Stahl).
[44] Zur Rolle Stahls auf der Berliner Generalsynode vgl. die bei G. RIS (s. Anm. 37), 101-106; 190-194 genannte neuere Literatur.
[45] Verhandlungen GS 1846, 358.

nach Ausweis des Protokolls – nur äußerst summarisch getan hat.[46] Nach dieser ungewöhnlichen Einleitung entwickelte Stahl zunächst einen kirchengeschichtlichen Überblick über die Wesensmerkmale des Territorialsystems und des Kollegialsystems. Dann ging er mit unverblümter Offenheit zu einer Kritik am Modell einer presbyterial-synodalen Kirchenverfassung über. Diese Verfassungsform sei zwar „eine edle Gestaltung tiefen christlichen Sinnes", sie bilde aber „nur eine Seite des Kirchenwesens vorherrschend aus, nämlich die der Gemeinde, weniger dagegen die der stabilen Theile der Gewalt". Schon die ständigen Wahlen in einer presbyterial verfaßten Kirche und der durch sie bedingte „unausgesetzte Wechsel" seien etwas, was es vor Calvin in der Kirche nie gegeben habe. „Das habe schon vom mechanischen Gesichtspunkte aus einen Mangel, weil dadurch die Festigkeit, die Spitze, die einheitliche Macht fehle, deren wir in Deutschland um so mehr bedürften, da bei uns nicht ein Einheitspunkt in fester übereinstimmender Lehre gegeben sei, wie z. B. in Schottland." Hinzu müsse aber auch noch „ein ethischer Gesichtspunkt" der Kritik kommen: Seit der Französischen Revolution sei bei einem großen Teile der Nation „ein Umschwung der Ideen eingetreten". „Während die Entwickelung eine Zeitlang auf individuelle Freiheit allein, auf die Macht der Gemeinde gegangen, so gehe sie nun auf Anerkennung eines Höhergegebenen, auf historische Continuität, auf Anerkennung menschlicher Obern, die über uns gesetzt seien. Wenn jene Freiheit ihre Verklärung im Christenthum habe ... so finde auch diese scheinbar entgegengesetzte Richtung ihr Centrum und ihre Verklärung im Christenthum, indem sie nicht nur Menschlichem sich unterwerfen wolle, sondern auch dem, was durch göttliche Fügung geworden und über uns gesetzt sei ... Die Festigkeit gegenüber Auctoritäten, die historische Continuität gewinne wieder eine Macht in den Gemüthern, und werde auch aus diesem Kampfe ... siegreich hervorgehen."[47] Deutlicher konnte man den Geist der Restauration im Vormärz wohl kaum in Worte bringen.

Nun war der Stahl'sche Dualismus von Kirche und Gemeinde seit 1840 allgemein bekannt und konnte die Berliner Synodalen nicht überraschen. In seinem bedeutenden Werk über die *Kirchenverfassung nach Lehre und Recht der Protestanten*[48] hatte Stahl die Kirche als transpersonale, theonome Heilsanstalt beschrieben, die jenseits des konstituierenden Willens der Gemeindeglieder von Christus selbst gestiftet und geordnet sei. Die Gemeinde ist für Stahl bloß eine soziologisch in Erscheinung tretende Gruppe gläubiger Personen, der alles objektiv Institutionelle fehle. „Die Menschen werden Anhänger der Kirche nicht dadurch, daß sie dieselbe errichten, sondern dadurch, daß sie in dieselbe

---

[46] Verhandlungen GS 1846, 360.
[47] Verhandlungen GS 1846, 359.
[48] FRIEDRICH JULIUS STAHL, Die Kirchenverfassung nach Lehre und Recht der Protestanten (1840), Erlangen ²1862.

berufen und aufgenommen werden."⁴⁹ Es konnte niemanden verwundern, daß Stahl diese seine Position nun auch vor der Generalsynode zum Ausdruck brachte. Aber es war zumindest befremdlich, daß er ein Kommissionsreferat dazu nutzte, die aktuellen Konsequenzen seiner Kirchenrechtstheorie so brüsk zum Ausdruck zu bringen. Das presbyterial-synodale System wurde als bloße Zeitströmung eines zur Demokratisierung der Kirchenleitung weiterwirkenden Kollegialismus denunziert. Hier war Nitzsch – auch ohne daß sein Name genannt wurde – eindeutig der zuerst Herausgeforderte. Stahls Referat enthielt aber noch eine zweite Eigenmächtigkeit und gezielte Kritik. Gegen Schluß seines Vortrages nannte er die Gründe, die die zweite Kommission der Generalsynode veranlaßt hätten, bei ihrem Gutachten nicht von einem „Vorbilde apostolischer Kirchenverfassung auszugehen und *danach* die gegenwärtige Einrichtung zu bestimmen". Eine apostolische Kirchenverfassung sei nämlich ein Ideal, in das jeder hineintrage, was ihm wichtig erscheine. Neues, Schöpferisches hervorzurufen sei nicht von dem Willen und Entschluß der Menschen abhängig. Die Kirchenverfassung sei immer nur dann schöpferisch, wenn sie einer „neuen Lebensregung" in der Kirche zu Hilfe komme. „Eine solche neue Lebensregung habe die Commission in dem keimenden Institute der Diaconie gefunden; sie sei aber der Ansicht gewesen, daß man dasselbe seiner freien Entwickelung überlassen müsse und ihm nicht bestimmte Bahnen anweisen dürfe. Sie habe nicht selbst das Leben durch die Kirchenverfassung gründen wollen, sondern nur die nothwendigen Gelände gezogen, und dabei dem Herrn der Kirche es überlassen, seine Reben wachsen zu machen."⁵⁰

Jeder der anwesenden Synodalen konnte wissen, gegen wen diese Absage an das Ideal einer „apostolischen Kirchenverfassung" gerichtet war. König Friedrich Wilhelm IV. hatte die Synodalen am 11. Juni 1846 feierlich empfangen und ihnen in einer Stegreifrede das eigene Konzept einer Kirchenverfassungsreform vorgetragen, so wie er es ein Jahr später in seinem berühmten *Sommernachtstraum* dem Freunde Christian Carl Josias Bunsen anvertraut hat.⁵¹ Der königliche Laientheologe sehnte sich aufrichtig nach dem Augenblick, „wo ich dem Gräuel des Landesherrlichen Episkopats widersagen kann, wie dem Satan in der Taufe". Die Frage, um die sein ernstes Nachdenken kreiste, lautete: Wo finde ich die „rechten Hände", in die ich dieses „Lehen" des Summepiskopats zurückgeben kann? Fast alle Synodalen – auch Stahl, aber mit Ausnahme von Nitzsch – hatten das Verfassungsproblem historisch-genetisch durchdacht und seine Lösung in einer so oder so auf die Zeitumstände zugeschnittenen Restauration der Kirchenrechtslehren des 16. und 17. Jahr-

---

⁴⁹ F.J. STAHL, Kirchenverfassung, 75.
⁵⁰ Verhandlungen GS 1846, 360.
⁵¹ G. KRÜGER (s. Anm. 21), 25f. – Vgl. die in Anm. 21 u. 22 genannte Literatur zum Kirchenverfassungsprogramm Friedrich Wilhelms IV.

hunderts gesucht. Friedrich Wilhelm IV. hingegen hoffte auf einen die gesamte Kirchenverfassungsgeschichte des Protestantismus überspringenden revolutionären Neuansatz unmittelbar bei der „apostolischen" Zeit. Man hat diese Hoffnung des Königs immer wieder mit dem wenig aussagekräftigen Epitheton „romantisch" bedacht, das David Friedrich Strauß schon 1847 benutzte, um seine Enttäuschung über Friedrich Wilhelm IV. zum Ausdruck zu bringen[52]; man könnte diese Hoffnung aber auch als einen ebenso ungewöhnlichen wie innovatorischen Impuls ernst nehmen, dessen Umsetzung in die Wirklichkeit des kirchlichen Verfassungswesens wenigstens einmal durchdacht sein will.[53]

Im Sommer 1846 beschwor Friedrich Wilhelm IV. die Berliner Synodalen anläßlich einer feierlichen Audienz im Sternsaal des Schlosses, ökumenisch-weiträumig zu denken und zu konzipieren und nicht „innerhalb der engen Schranken unseres Landes, ja unseres Bekenntnisses stehen" zu bleiben, sondern „die gesammte christliche Kirche auf Erden" im Blick zu behalten. Die eigene Kirche habe „ihre bestimmte Mission, ihren Beruf, innerhalb der allgemeinen Kirche Christi". Und dieser „Beruf" sei „kein anderer als der, der an die ganze Kirche aller Zeiten ergangen, der in der Lebenskraft der *apostolischen Zeit* wirklich ausgeführt worden ist." Danach richtete der König an die Synodalen den Appell: „Vernehmen Sie darum den Ruf an uns, daß wir uns in *apostolischer Kraft* erheben und gestalten ... Das ist bei mir keine leere Phrase, sondern ein Wort aus der in mir lebendig gewordenen Anschauung der Gesamtgeschichte christlicher Kirche." Und der König fügte den Satz hinzu: „Dies ist der einzige Maßstab, mit dem ich Ihre Arbeiten messen werde."[54] Daß ausgerechnet der hochkonservative Friedrich Julius Stahl im ersten Redebeitrag einer sich noch über viele Sitzungen hinziehenden Verfassungsdebatte auf der Generalsynode es wagte, den Denkanstoß des Königs so kühl und pragmatisch argumentierend zurückzuweisen, zeigt, wie wenig Rückhalt, ja Respekt der König bei seinen konfessionalistischen Ratgebern genoß. Im Grunde zeichnete sich hier schon das Schicksal aller Synodalbeschlüsse von 1846 ab. Der König würde später so verfahren, wie er es im vertrauten Kreise angekündigt hatte: „Fällt das Ergebnis der Synode ungünstig aus, so macht man sein Buch zu und alles bleibt, wie es war."[55]

Erst vor dem bislang geschilderten Hintergrund wird deutlich, in welcher schwierigen Situation sich Nitzsch in dieser Phase der Generalsynode befand.

---

[52] DAVID FRIEDRICH STRAUSS, Der Romantiker auf dem Throne der Cäsaren, oder Julian der Abtrünnige, Mannheim 1847 (= GS 1, 175-216).
[53] Ohne jede Bezugnahme auf den hier dargestellten Kontext aus dem 19. Jahrhundert ist ein entsprechender Ansatz nach 1945 in der „Kirchlich-theologischen Sozietät in Württemberg" beraten worden; vgl. HERMANN DIEM, Restauration oder Neuanfang in der Evangelischen Kirche?, Stuttgart 1946, insbesondere 55-57.
[54] G. KRÜGER (s. Anm. 21), 26 (Hervorhebungen vom Vf.).
[55] Zit. nach J. HEINTZE, Grundlagen (s. Anm. 21), 57.

Sein Eintreten für das Recht der Gemeinde konnte von den beiden extremen Fraktionen nur mißverstanden werden. Denn beide – Konservative wie Liberale – legten an diese Forderung den Maßstab eines politisch-emanzipatorischen Freiheitsverständnisses an. Die einen, um dieses Verständnis im Namen einer „höhergegebenen", von Gott gesetzten Instanz in seine Schranken zu weisen, die anderen, um diesem Freiheitsverständnis endlich auch im Raum der Kirche Geltung zu verschaffen. Nitzsch mußte demgegenüber die theologische, näherhin: ekklesiologische Begründung seines Kirchenverfassungsgrundsatzes deutlich machen. Dabei ging er während der Synodalverhandlungen mit bemerkenswerter Besonnenheit, ja durchaus auch mit taktischer Klugheit vor. Zunächst sorgte er dafür, daß die von Stahl provozierte Polarisierung nicht zu einem Eklat führte, der die Generalsynode hätte sprengen können. Nachdem acht Synodale in z. T. sehr heftigen Redebeiträgen gegen Stahls Position Front gemacht hatten, brachte Nitzsch einen wohl durchdachten Abänderungsantrag zum Kommissions-Vorschlag ein, der für die östlichen preußischen Provinzen zunächst nur den „Weg" für eine allmähliche „Vereinigung der Consistorial- und Presbyterial-Synodal-Verfassung" bahnen wollte. Es komme darauf an, die bestehenden konsistorialen Einrichtungen mit der presbyterialsynodalen Ordnung so in Berührung zu bringen, daß es langfristig zu einer Durchdringung aller kirchlichen Leitungsebenen durch das presbyteriale Prinzip kommen könne. Nitzsch argumentierte hier von einem gesamtkirchlichen Interesse her und setzte sich nicht dem Verdacht aus, das „Recht der Gemeinde" bedeute im kongregationalistischen Sinne eine Verabsolutierung der Ortsgemeinde und ihrer Interessen.

In einer späteren Sitzung der Synode versuchte Nitzsch zu zeigen, wie hilfreich die von ihm vorgeschlagene Verfassungserneuerung gerade für die Konsistorien sein könne. „So sei es möglich, daß die Consistorien freier würden durch ihre Bedingtheit nach unten hin, daß, indem sie nicht ohne Weiteres Gesetze geben können, sie nach oben selbständiger werden ... Besonders um den Consistorien eine rechte Selbständigkeit zu verschaffen, sei es nöthig, daß ihrer Wirksamkeit substituirt werde die presbyteriale Thätigkeit."[56] Nitzsch war auch klug genug, nicht die Fehler von Vize-Generalsuperintendent Johann Abraham Küpper aus Koblenz und von Bischof Roß zu wiederholen, die mit begeisterten Beschreibungen der rheinisch-westfälischen Ordnung für diese Verfassungsform zu werben versuchten. Beide erreichten nur, daß sich andere Synodale zu Worte meldeten, die in der Tat äußerst mißliche Details über die rheinisch-westfälischen Zustände zu berichten wußten. Nitzsch argumentierte weder historisch noch juristisch und schon gar nicht pragmatisch-deskriptiv. Er ging von dem einen – allerdings beharrlich variierten – theologischen Grund-

---

[56] Verhandlungen GS 1846, 407.

satz aus, daß kirchliche Ordnungsfragen vom Recht und Anspruch der Gemeinde her durchdacht werden müssten. Diesen einen Grundsatz verdankte Nitzsch der (später so von ihm genannten) „logischen Analysis des Kirchenbegriffs".[57] Bei dieser Analyse ging Nitzsch von der aus dem Neuen Testament erhobenen Dialektik aus, daß das Reich Jesu „eben nicht *von* dieser Welt, aber *in* der Welt" sei und sich nur „mittels innerer, innerlicher, göttlicher Erweckung zum Glauben an den Gekreuzigten und Auferstandenen, folglich nur unter bestehender Scheidung zwischen Welt und neuem Menschenthum fortpflanzen und ausbreiten" könne.[58] Die Gemeinde stehe an dieser Schnittstelle zwischen Heilsoffenbarung und Welt. Sie habe „Träger oder Werkzeug" der berufenden, rechtfertigenden und heiligenden Gnade zu sein. Die „Lebensbedingungen" aller christlichen Gemeinden zu allen Zeiten seien folglich gleich; immer gehe es um „diejenigen Handlungen, durch welche sie, was Christi Vermächtniß ist, empfängt, genießt, gewährt und mittheilt". Nicht Ämter und Ordnungen seien primär, sondern Funktionen in Erfüllung eines eindeutigen Auftrags. Kirchliche Ordnung lasse sich aus der „logischen Analysis" dieser Lebensbedingungen und dieses Auftrags entwickeln. In den Verben *empfangen, genießen, gewähren, mitteilen* seien teleologisch die Elemente kirchlicher Ordnung angelegt. Wenn eine kirchliche Verfassung vom „Recht der Gemeinde" ausgehe, folge sie dieser Teleologie – und mitnichten einem innerweltlich-emanzipatorischen Anspruch einer Ortsgemeinde. „Mit anderen Worten, die kirchliche Ordnung muß der Heilsordnung dienen und darf in keinem Elemente unmittelbare Bedingung der letzteren werden."[59]

Vermutlich ist es Nitzsch nicht bewußt gewesen, daß er mit diesem Ansatz den Vorstellungen und Hoffnungen seines theologisch gebildeten Königs am weitesten entgegengekommen war. Denn darum sollte sich die Synode nach dem Wunsch des Königs ja bemühen: Einen neuen biblisch-theologischen Denkansatz für die Verfassungsfrage zu finden, der sich von allen historisierenden Verfassungstheorien souverän löste. Stahl hingegen hatte in seinem weit ausholenden Schlußreferat zum Verfassungsthema vor der Generalsynode zum Ausdruck gebracht, warum er diesem Ansatz nicht folgen konnte. Stahl unterschied Gemeinde und Kirche als zwei qualitativ zu differenzierende Berei-

---

[57] PTh III, 2, X.
[58] PTh III, 2, 10.
[59] A.a.O. – Auf die Bedeutung des Reich-Gottes-Gedankens für die Bestimmung des Verhältnisses von Christentum und Kirche in der Ekklesiologie von Nitzsch hat Wolfhart Pannenberg aufmerksam gemacht: „Der Gedanke des Reiches Gottes in seiner Differenz zur Kirche hindert die Kirche auf allen Ebenen ihrer Organisation daran, sich als Selbstzweck zu begreifen, und kann sie theologisch dazu motivieren, sich auch innerhalb der Christenheit als eine Institution neben anderen zu erkennen und ihre Tätigkeit als Dienst an einer für sich nicht kirchlichen und heute religiös überwiegend pluralistischen Gesellschaft zu verstehen" (WOLFHART PANNENBERG, Wissenschaftstheorie und Theologie, Frankfurt/M. 1973, 441).

che. Unter Gemeinde seien die im Glauben verbundenen Menschen zu denken, „unter Kirche das Höhere über ihnen, die Institution". Jede Gemeinde, auch die erweckteste, habe „eine höhere bindende Macht über sich, und diese sei theils ein göttlich geordnetes, wie das Wort Gottes, die Sacramente und die Nothwendigkeit der Ämter, theils ein historisches, wie das bestehende Kirchenregiment". Predigt und Sakramentsverwaltung geschähen nicht „im Namen der Gemeinde, sondern im Namen der Kirche". Wenn die Gemeinden ihre Prediger selbst wählten, so würden sie dazu von der Kirche ermächtigt; ebenso werde das Kirchenregiment nicht im Namen der Gemeinde, sondern im Namen der Kirche geführt. Die Gemeinde sei nur der „Inbegriff der Jetztlebenden, Kirche dagegen die Institution, welche von der ersten Gründung an durch alle Zeiten eine Continuität" bilde. Beide Begriffe seien untrennbar; die Kirche realisiere sich nur in der Gemeinde und die echte christliche Gemeinde sei notwendig zugleich Kirche, aber sie müßten doch unterschieden werden, „zumal in jetziger Zeit, wo der Begriff der Gemeinde häufig den der Kirche absorbire".[60] Gegen Schluß seines Vortrags gab Stahl deutlich zu verstehen, daß sein Kirchenverständnis gegen die Zeitströmung eines weiterwirkenden Kollegialismus gerichtet war und jeden Ansatz im Kirchenrecht bekämpfen wollte, der das *Recht der Gemeinde* zur Geltung zu bringen versuchte. Weil der Kirche durch Christus selber eine feste innere Ordnung eingestiftet sei, müsse in ihr das Legitimitätsprinzip herrschen, das nicht durch Einsprüche einzelner Christen oder gar durch Majoritätsbeschlüsse in Frage gestellt werden dürfe. Denn sonst würde „die Majorität Vicarius Christi sein, in der Art, wie der Papst zu Rom nach katholischer Auffassung Vicarius Christi ist".[61] Nach dieser eindeutigen Positionsbestimmung nahm Stahl vor dem Plenum der Generalsynode die Grundformel von Nitzsch auf und erteilte ihr eine entschiedene Absage. Gerade in diesen Sätzen wird aber die Schwäche der Theorie Stahls deutlich. Stahl konnte seine Absage nicht argumentativ begründen, sondern er mußte sie unter Berufung auf ein nicht näher benanntes *göttliches Gebot* thetisch setzen: „Die Commission habe das Recht, das der christlichen Gemeinde im weitesten Sinne gebühre, anerkannt, sie habe allen Getauften Rechte zugestanden ... aber eine volle Übertragung der Rechte apostolischer Gemeinden und besonders des

---

[60] Verhandlungen GS 1846, 430. – Schon 1840 hatte Stahl die Differenz zwischen Gemeinde und Kirche so beschrieben: „Eine Unterscheidung, für welche zur Zeit der Reformation kein Bedürfniß war, aber für uns das dringendste Bedürfniß ist, ist die von Kirche und Gemeinde ... Gemeinde bezeichnet die im Glauben verbundenen Menschen, Kirche bezeichnet die Gottesstiftung über den Menschen. Die Gemeinde entsteht durch Willen und That der Menschen, ihre innere Entschließung zum Glauben, ihren äußeren Beitritt; die Kirche ist ein Werk, Anstalt, Reich von Gott gegründet und von Gott fortwährend erhalten" (F.J. STAHL, Kirchenverfassung 67).
[61] Verhandlungen GS 1846, 432.

ganzen Verwaltungsrechts, habe sie nicht für *göttlich geboten* ansehen können."[62]

Die Geschäftsordnung der Generalsynode sah eine erneute Sachdebatte nach dem Schlußwort des Kommissions-Referenten nicht vor. So konnte Nitzsch an dieser Stelle nicht noch einmal antworten. In dem ein Jahr später erscheinenden ersten Band seiner *Praktischen Theologie* hat Nitzsch die gebotene Auseinandersetzung mit Stahl – ohne dessen Namen zu nennen – fortgeführt. In den vier Abschnitten über „Christenthum und Kirche" (§ 29), „Die Einzelgemeine und der kirchliche Verband" (§ 34), „Der Kanon und die Gemeinde-Gewalt" (§ 35) und „Die Gemeine in der Gemeine" (§ 36) entwickelt er sein Gemeindeverständnis und sichert es vor schwärmerischen oder gar separatistischen Fehldeutungen.[63] Die von Nitzsch gezeichnete Linie führt von der Gemeinde zur Kirche, ohne daß dies eine Steigerung vom Unvollständigen zum Vollkommeneren bedeutete. Die Gemeinde ist Kirche in ihrer einfachsten und doch schon vollständigen Gestalt. Die Kirche als der Zusammenschluß von Gemeinden kann keine höhere Dignität oder institutionalisierte Vollmacht über die Gemeinden für sich beanspruchen, weil es in ihr auf allen nur denkbaren Ebenen ein einziges, unveränderbares Kontinuum gibt: das die Gemeinde wie die Kirche stiftende und erhaltende Wort. „Die Gläubigen haben als Gemeine das Recht, dieselbigen Thätigkeiten fortzusetzen, durch welche sie gläubig und in den Wirkungskreis der Gnade Jesu Christi versetzt worden sind; und demgemäß das Recht nach der Regel des Urbildlichen und Unveränderlichen das Veränderliche ihres Gemeinde-Daseins auf eine für die Betheiligten verbindliche Weise zu bestimmen. Beides zusammengefaßt ist die kirchliche Gewalt."[64]

In der Schlußabstimmung der Generalsynode zur Kirchenverfassungsvorlage erlebte Nitzsch die Genugtuung, daß nach der viertägigen Debatte 42 Synodale für seinen nur geringfügig modifizierten Beschlußantrag stimmten, während der von Stahl verteidigte Kommissionsentwurf in der Grundsatzentscheidung nur 19 Stimmen erhielt. Dieses Votum der Generalsynode eröffnete für die östlichen Provinzen Preußens eine behutsame, organisch voranschreitende Einführung presbyterial-synodaler Verfassungselemente. Doch die Beschlüsse der Berliner Generalsynode von 1846 blieben für lange Jahre ohne jede praktische Folge. Die von Nitzsch vorgeschlagene und von der Mehrheit der

---

[62] A.a.O. (Hervorhebung vom Vf.).
[63] PTh I, 142 – 196.
[64] PTh I, 188. – In seinen Predigten hat Nitzsch gegenwartsbezogene und zeitkritische Fragen behandelt, interessanterweise aber kaum Bezug auf die innerkirchlichen Bekenntnis- und Verfassungsfragen genommen. Dies ist ein Teilergebnis der Untersuchungen von H. THEURICH (s. Anm. 10). Theurich setzt sich auch mit der Kritik auseinander, die von Karl Barth gegen Nitzsch gerichtet worden ist (178-209; insbes. 208f.).

Das Recht der Gemeinde 293

Synode bejahte Durchdringung der Konsistorialverfassung durch das presbyterial-synodale Prinzip wurde nicht eingeleitet. Sieht man von der Errichtung des *Evangelischen Oberkirchenrats* in Berlin (1850)[65] einmal ab, so kann man nur von einem völligen Fehlschlag der Bemühungen um eine Kirchenverfassungsreform in Preußen sprechen. Die Ereignisse des Jahres 1848, später die Thronbesteigung Wilhelms I. und die völlig neuen Prinzipien und Problemstellungen der preußischen staatlichen Kirchenpolitik in der Bismarck-Ära schienen sogar die letzten Spuren der Reformdiskussion aus der Mitte der 40er Jahre zu verwehen.[66] Aber der kirchenrechtliche Grundgedanke von Nitzsch, daß sich evangelische Kirchenordnung an der Gemeinde orientieren müsse, an ihrem durch das Evangelium gestellten Auftrag und den daraus abzuleitenden Pflichten und Rechten, hat Bestand gehabt. Es kann hier nicht aufgezeigt werden, auf welchen Wegen der Vermittlung[67] das Konzept von Nitzsch wenigstens teilweise Eingang in die preußische *Generalsynodalordnung* von 1876[68] gefunden hat, und wie es weiterwirkte in den Verfassungsneubildungen der 20er Jahre unseres Jahrhunderts und bis in die Gegenwart hinein. Wenn etwa in der derzeit geltenden Kirchenordnung der Evangelischen Kirche im Rheinland bereits von den „Grundartikeln" her der Aufbau des Ganzen theologisch an der Ortsgemeinde und ihrem Auftrag orientiert ist[69], dann haben wir hiermit eine späte Verwirklichung dessen vor uns, wofür sich Nitzsch 1846 so nachdrücklich eingesetzt hatte.

---

[65] Vgl. OSKAR SÖHNGEN (Hg.), Hundert Jahre Evangelischer Oberkirchenrat der altpreußischen Union 1850-1950, Berlin 1950; HARTMUT SANDER, Die oktroyierte Verfassung und die Errichtung des Evangelischen Oberkirchenrats (1850), in: Goeters/Mau (Hg.), Geschichte der EKU, Bd. I (s. Anm. 21), 402-418.

[66] Vgl. G. BESIER (s. Anm. 30), 43ff.

[67] Wichtige Hinweise auf die Ansatzpunkte der Wirkungsgeschichte gibt: WILHELM SCHNEEMELCHER, Carl Immanuel Nitzsch 1787-1868, in: Bonner Gelehrte. Beiträge zur Geschichte der Wissenschaften in Bonn. Evangelische Theologie (= 150 Jahre Rheinische Friedrich-Wilhelms-Universität zu Bonn 1818-1968), Bonn 1968, 15-20; insbes. 15f.; 30. Das in Anm. 1 genannte Bonner Nitzsch-Symposion hat gezeigt, daß die Wirkungsgeschichte von Nitzschs Theologie weiter reicht, als gemeinhin angenommen; hier sind aber noch zahlreiche Einzeluntersuchungen notwendig.

[68] Vgl. ERNST RUDOLF HUBER/WOLFGANG HUBER, Staat und Kirche im 19. und 20. Jahrhundert. Dokumente zur Geschichte des deutschen Staatskirchenrechts, Bd. II, Berlin 1976, 943-951. – Im Einführungserlaß vom 20.1.1876 zur Generalsynodalordnung wird hervorgehoben, daß „den Gemeindegliedern wesentliche Befugnisse der Theilnahme an der kirchlichen Gesetzgebung und Verwaltung übertragen" worden seien (a.a.O., 944). Vgl. auch JOACHIM ROGGE, Die außerordentliche Generalsynode von 1875 und die Generalsynodalordnung von 1876. Fortschritt und Grenzen kirchlicher Selbstregierung, in: J. Rogge/Gerhard Ruhbach (Hg.), Die Geschichte der Evangelischen Kirche der Union. Bd. II: Die Verselbständigung der Kirche unter dem königlichen Summepiskopat (1850-1918), Leipzig 1994, 225-233 (Lit.).

[69] J. MEHLHAUSEN, Bekenntnis und Bekenntnisstand (s. Anm. 14), 146-148.

3. C. I. Nitzschs Entwurf einer evangelischen Kirchenordnung aus dem Jahre 1867

Im Jahr der Berliner Generalsynode begann Nitzsch mit der Arbeit an seinem wissenschaftlichen Hauptwerk, der *Praktischen Theologie*. Die zweite Abteilung des dritten Bandes, in der die Lehre von der evangelischen Kirchenordnung enthalten ist, konnte von dem viel beschäftigten Autor erst im Mai 1867 – ein Jahr vor seinem Tode – abgeschlossen werden. So ist gerade mit diesem Schlußteil ein altersweises, aus reicher Erfahrung geschöpftes Buch entstanden, das die 1846 nur skizzierte Grundlegung und Gliederung einer evangelischen Kirchenordnung nun von „Anfang bis Ende" durchführt.[70] Eine monographische Würdigung dieses bedeutenden Werkes liegt noch nicht vor;[71] so sei hier eine auf das wesentlich Neue aufmerksam machende Skizze versucht.

Ganz am Schluß der *Praktischen Theologie,* in einem 723. Paragraphen des Gesamtwerks, hat Nitzsch seine „Grundsätze der evangelischen Kirchenverfassung, mit besonderer Rücksicht auf unsre Gegenwart und Zukunft" noch einmal gebündelt.[72] Bemerkenswert ist, daß Nitzsch in diesem Paragraphen seinen eigenen theologischen Ansatz weiter elementarisiert und vereinfacht hat. Nitzsch geht jetzt nicht mehr von der Gemeinde und ihrem Recht als der Basis des gesamten kirchenordnenden Handelns aus, sondern ganz schlicht von einem getauften Kind. Evangelische Kirchenordnung wird nach den Anweisungen und Erfordernissen einer katechetischen Theologie entworfen; die Pflichten, die die christliche Gemeinde gegenüber einem jeden neuen Gliede hat, ergeben den Rahmen für ihre Ordnung und bestimmen die wichtigsten Punkte, an denen innerkirchliches Recht zu setzen ist.

Der Paragraph 723 der *Praktischen Theologie* beginnt mit den Worten: „Jedes Christenkind hat als solches Bestimmung, um des Reiches Gottes willen Mitglied der Gemeine Christi zu werden, mithin auch, durch Stufen des Unterrichts, der Erziehung und Einsegnung zur Mündigkeit als Communicant hinauf zu kommen."[73] Dieser Ansatz erinnert in gewisser Weise an Bugenhagens *Braunschweiger Kirchenordnung* von 1528, die ebenfalls von der Taufe und der Erziehung der jungen Christen zur Mündigkeit mitverantwortlicher Gemeindeglieder ausgegangen ist.[74] Der ebenso selbstverständliche wie ein-

---

[70] PTh III, 2, X.
[71] Vgl. die bei G. Ris (Anm. 37), 132-134 genannte neuere Literatur.
[72] PTh III, 2, 344-358.
[73] PTh III, 2, 344.
[74] EKO 6, I, 1, 348-455. – Vgl. hierzu GERHARD MÜLLER, Johannes Bugenhagen. Sein Ansatz – seine Wirkungsgeschichte – Lehren für die Zukunft, in: ZSRG. Kan. Abt. 77 (1986), 277-303. HORST J. EDUARD BEINTKER, Fortsetzung und Festigung der Reformation. Neuordnung in evangelischen Kirchen unter Bugenhagens Anleitung mittels seiner Braunschweiger Kirchenordnung von 1528, in: ThZ 44 (1988), 1-31 (Lit.).

leuchtende Anspruch eines jeden „Christenkindes", zur innergemeindlichen Mündigkeit geführt zu werden, bestimmt zunächst einen zentralen Aufgabenbereich des kirchlichen Amtes und legt darüber hinaus zumindest die Umrisse der zu bildenden kirchlichen Ordnung fest. Auch in seinem Spätwerk deutet Nitzsch das kirchliche Amt funktional: Der Amtsträger hat und erhält Autorität ausschließlich von den Aufgaben her, die ihm übertragen werden. Letzter Auftraggeber ist nun gewiß nicht das einzelne getaufte Kind, sondern Christus, der diesen Menschen zum Glauben ruft und will, daß er „zum lebendigen Gottesdienste umgebildet" werde. Wie schon 1846/47 ist für Nitzsch die Gemeinde die Schnittstelle zwischen Heilsoffenbarung und Welt. Im Anspruch des Kindes auf Unterricht und Erziehung zur Mündigkeit des Glaubens begegnet Christus der Gemeinde mitten in der Welt. Grundsätzlich ist die gesamte Gemeinde von diesem Anspruch betroffen, „sodaß, nach diesem Standpunkt zu reden, die ganze mündige Gemeinde Amtlichkeit hat".[75] Es sind für Nitzsch bloß praktische Erwägungen, die dafür sprechen, die „kirchliche Arbeit im Ganzen auf Zeit oder lebenslänglich" auf einzelne Personen zu übertragen. Wichtiger ist ihm, daß „keiner ein sprödes Atom" sei, „keiner eine bloß monadische Erscheinung, sondern Jeder ein lebendiges Glied". Um hier nun Eindeutigkeit herbeizuführen, ist die „Nothwendigkeit rechtlicher Forderungen" unumgänglich. Kirchenrecht und Amtsauftrag bedingen sich wechselseitig. Überall dort, wo im gehorsamen Hören auf das Wort Gottes nach reformatorischem Verständnis „das ordentliche Predigtamt, das Gemeindegebet, das zwiefache Sacrament, die Sonntagsfeier, die Katechese und Seelsorge mit Armenpflege auf stätige Weise ausgeübt" werden, ist „Kirchengewalt" gegeben, und zwar „in der Vollmacht einer haushaltenden und ordnenden Thätigkeit der Kraft und Möglichkeit nach".[76] Diese „Kirchengewalt" soll wahrgenommen werden von dem kleinen Kollegium der Hausväter und Prediger, der Presbyter und Pastoren am Ort. Die kirchliche Ordnung tritt zu diesem Kreise nicht von außen hinzu, sondern sie ist – wie es Günther Holstein fein formuliert hat – „dem Leben der Gemeinde in gewisser Weise eingeboren".[77] Zugleich behält diese im weitesten Sinne aus dem katechetischen Auftrag hervor-

---

[75] PTh III, 2, 344. Vgl. hierzu den Aufsatz von Carl Immanuel Nitzsch, Verständigungen über die christliche Kirchenverfassung, insbesondere über das Amt des Ältesten, in: Monatsschrift für die evangelische Kirche der Rheinprovinz und Westphalens 1 (1842) 26-52.

[76] PTh III, 2, 346.

[77] Günther Holstein, Die Grundlagen des evangelischen Kirchenrechts, Tübingen 1928, 178. – Nitzsch formuliert ähnlich: „Hat sich die einem Gemeinleben eingeborne Ordnung, wie das allezeit Bedürfniß bleibt, durch Reflexion der Weisen zur Satzung erhoben, so bleibt diese letztre doch menschlich, geschichtlich, beweglich, und durch dieselbe Gabe der Weisheit, die zur Satzung mitwirkt, muß auch ihr Inhalt auf die ursprüngliche lebendige Ordnung zurückgeführt werden, also erneuert, erweitert, bestimmt werden können" (System [s. Anm. 17] § 190, 367).

gewachsene Ordnung eine lebendige Beweglichkeit. Kirchenordnung kann und darf „dem Veränderliche[n] im Dasein der Gemeine" folgen, denn sie ist *Recht* – „die Befugniß zu handeln" – und nicht *Gesetz* oder *Pflicht*.[78] „Es kommt für unsre Aufgabe etwas darauf an, den Begriff *Ordnung* in seiner Scheidung von *Gesetz* und *Recht* aufrecht zu erhalten und doch *die Elemente von beiden* darin anzuerkennen. Die evangelische Reformation spricht, sofern sie ganz ihre eigne Sprache redet, und nachdem sie zwischen Kirchen- und Staatsgewalt in der Augsburger Confession genau geschieden hat, sofort von – Ordnung."[79] Die Begriffe „Gesetz" und „Recht" haben nach Nitzschs Interpretation „in der allgemeinen socialen Bedeutung" immer auch die Funktion, die Stabilität und Integrität des jeweiligen Sozialwesens zu gewährleisten und zu sichern. Die christliche Gemeinde als der Ort der Verwirklichung der göttlichen Heilsökonomie bedarf solcher Hilfsmittel nicht, „und diesen andren Charakter [sc. der Gemeinde] drückt der Name *Ordnung* aus. Die Kirchenordnung ist als solche an sich selbst nicht heilbewirkend, sondern fügt sich der in ihren Mitteln, in göttlichen Stiftungen wirkenden Gnade dienstbar an ... Die Ordnung kommt zum Leben und aus dem Leben hinzu als bildsames und anzupassendes Gefäß, und die innere Bestimmtheit der Gemeine bleibt Zweck und Grund alles Äußeren".[80]

Nitzsch hebt selbst hervor, daß er mit dieser Konzeption einer evangelischen Kirchenordnung ganz dicht bei den frühen Ordnungsentwürfen der Reformation steht. Etwa bei den Beschlüssen der Homberger Synode von 1526, bei Luthers frühesten Ordnungsratschlägen vor dem Bauernkrieg und vor den Visitationserfahrungen des Jahres 1527, die beide für die problematische Entwicklung des evangelischen Kirchenrechts so einschneidende Bedeutung hatten. Was in der Frühzeit der Reformation nicht gelungen war, sieht Nitzsch deutlich: Die Einzelgemeinde muß zum freiwilligen – nicht durch die Obrigkeit verfügten! – Verzicht auf Teile des ihr zustehenden Ordnungsrechts bereit sein und diese „Befugniß zu handeln" einem übergeordneten Rechtskreis aus einer theologisch begründeten Einsicht heraus übertragen. In der Reformationszeit habe der evangelische Landesherr diese Rechte und Befugnisse an sich genommen, weil in der Krisensituation nach 1525/27 nur „vom Staate die Mittel gewonnen" werden konnten, „der Bewegung Beruhigung zu verschaf-

---

[78] PTh III, 2, 14.
[79] A.a.O. – Nitzsch hat sein Verständnis der Kirchenordnung insbesondere in kritischer Auseinandersetzung mit Richard Rothe gewonnen; vgl. den Ansatz in: System (s. Anm. 17), § 198, 380f. Anm.
[80] PTh III, 2, 16. – „Sie [sc. die Kirche] übt also eine ordnende Thätigkeit, welche ihrerseits wieder Gegenstand einer theologischen Kunstlehre *(politica sacra)* werden muß" (PTh III, 2,1). Zu diesem Begriff vgl. JOACHIM MEHLHAUSEN, Kirchenpolitik. Erwägungen zu einem undeutlichen Wort, in: ZThK 85 (1988), 275-302 (s.u. 336-362).

fen".⁸¹ Warum aber sind übergeordnete kirchliche Rechtskreise, also größere kirchliche Verbände bis hin zur Landeskirche, in der Gegenwart überhaupt noch notwendig? Nitzsch deutet eine ebenso schlichte wie überzeugende Antwort auf diese Frage an, indem er – ohne Schleiermachers Namen zu nennen – den Grundgedanken der Paragraphen 323 bis 325 der *Kurzen Darstellung des theologischen Studiums*⁸² aufnimmt. Es geht um das Predigtamt. Dieses Amt wäre ohne die Vermittlung einer möglichst umfassenden theologischen Bildung in der Gefahr, „dem einseitigen Prophetismus" anheimzufallen.⁸³ Würde die Theologenausbildung als Recht der Einzelgemeinde in Anspruch genommen und von ihr in eigener Verantwortung durchgeführt, so würde die theologische Bildung der Prediger in jedem Falle verengt und insgesamt bald verkümmern. Denn jede Gemeinde bliebe bei der Zurüstung der nächsten Predigergeneration in ihren eigenen theologischen Denkmustern gefangen, und es käme zur Wiederholung, ja Potenzierung von Einseitigkeiten, „da sich in der bloßen einzelnen Gemeine die Überlieferung der Wissenschaft nicht fortsetzen läßt".⁸⁴ Die Gemeinden würden sich selber großen Schaden zufügen, wenn sie ihr Recht gerade an dieser Stelle einklagten. Letztlich sind es also die impliziten Forderungen von Artikel 7 der *Confessio Augustana,* die den möglichst umfassenden Zusammenschluß von reformatorischen Gemeinden zu Gemeindeverbänden und Landeskirchen notwendig machen. Die Einzelgemeinde gibt ihr zustehende Rechte freiwillig an höhere Leitungsinstanzen ab, um das geordnete Predigtamt zu erhalten. Dies ist nach Nitzsch der einzig legitime theologische Grund für die Bildung „des kirchlichen Verbandes". Die unerläßliche Bedingung, die bei diesem Rechtsverzicht allerdings zu stellen ist, lautet: Auf den übergeordneten kirchlichen Verfassungsebenen muß das kollegiale Miteinander von Ältesten und Predigern wiederkehren, das für die Ordnung der Einzel-

---

81 PTh III, 2, XI; vgl. auch 332-343.
82 FRIEDRICH SCHLEIERMACHER, Kurze Darstellung des theologischen Studiums zum Behuf einleitender Vorlesungen. Kritische Ausgabe hg. v. Heinrich Scholz, Darmstadt o. J. (= Leipzig ³1910), 124-126.
83 „Das ordentliche Predigtamt, welches unter den jetzigen Welt- und Geschichts-Umständen ohne Vermittlung der theologischen Bildung, wenn wir nicht wider den Sinn der Evangelischen Reformation dem einseitigen Prophetismus anheimfallen wollen, unhaltbar wird, fordert an sich selbst schon einen möglichst großen kirchlichen Verband, da sich in der bloßen einzelnen Gemeine die Überlieferung der Wissenschaft nicht fortsetzen läßt" (PTh III, 2, 346f.).
84 A.a.O. – Vgl. auch die Verhältnisbestimmung der Einzelgemeinde zum kirchlichen Verband, in: PTh I, 183 und System (s. Anm. 17), § 196, 379. Sein Verständnis der Zuordnung des Theologiestudiums zum „Begriff dieser Wissenschaft" skizzierte Nitzsch erstmals 1829 in den Einleitungs-Paragraphen zum System. Die in den nachfolgenden Auflagen in den „Anmerkungen" geführte Auseinandersetzung mit kritischen Einwänden verdient besondere Beachtung.

gemeinde konstitutiv ist. Man könnte sagen: In der Wiederkehr dieses gemeindlichen Verfassungs-Grundprinzips auf allen Leitungsebenen der Kirche bleibt das Recht der Gemeinde bewahrt und aufgehoben.[85]

Wilhelm Dilthey hat in seiner begeisterten Dankadresse an Carl Immanuel Nitzsch zum 16. Juni 1860 – dem fünfzigsten Jahrestag seiner Habilitation – die spekulative Intuition des Jubilars gerühmt. Nitzsch habe vor der Aufgabe gestanden, „alle Mittel der Spekulation, der religiösen Nachempfindung, der historischen Untersuchung" zu *einer* Methode verknüpfen zu müssen. „Denn erst im Verständnis der konkretesten Funktionen der Kirche kommt die Betrachtung zur Ruhe, welche mit der Idee der Religion anhebt".[86] Die besondere Stellung von Nitzsch innerhalb der Theologiegeschichte des 19. Jahrhunderts hat Dilthey wohl richtig gesehen und zutreffend beschrieben. Setzt man für die von Dilthey gewählten Begriffe Namen ein, dann heißt das: Nitzsch mußte die von Hegel, Schleiermacher und Ferdinand Christian Baur ausgegangenen Impulse für die theologische Arbeit aufnehmen und zu verknüpfen versuchen. Nun gibt es Hinweise dafür, daß sich Nitzsch schon zu Beginn seines Studiums insbesondere mit den Systementwürfen des Deutschen Idealismus und mit einzelnen Vertretern der spekulativen Theologie gründlich auseinandergesetzt hat.[87] Welche Auswirkungen diese Beschäftigung für die Ausbildung von Nitzschs eigener theologischer Position gehabt hat, ist noch nicht hinreichend erhellt. Aber als besonders charakteristisch für sein Gesamtwerk ist hervorzuheben, daß er die Anregungen spekulativer Theologie immer mit den Erfahrungen und Erkenntnissen aus seiner eigenen praktischen kirchlichen Wirksamkeit konfrontiert hat. Nur was sich bei dieser kritischen Gegenüberstellung bewährte, durfte stehen bleiben.

So ist auch der zuletzt referierte Gedanke über eine „Aufhebung" des *Rechts der Gemeinde* im *Recht der Kirche* von einer ebenso großen praktischen Nüchternheit geprägt wie von einer das Nachdenken bleibend anregenden spekulativen Dialektik erfüllt. Das gilt endlich auch für den Schlußabschnitt der *Prak-*

---

[85] PTh III, 2, 347f.; vgl. auch PTh I, 188f. – Zum Rückbezug auf CA 7 vgl. JOACHIM MEHLHAUSEN, Zur Wirkungsgeschichte der Confessio Augustana im 19. Jahrhundert. Eine historisch-theologische Skizze, in: MEKGR 30 (1981), 41-71 (s.o. 95-122). Für die Augustana-Rezeption und -Interpretation bei Nitzsch aufschlußreich sind die beiden Festpredigten, die er im Jubiläumsjahr 1830 gehalten hat: CARL IMMANUEL NITZSCH, Predigten aus der Amtsführung in Bonn und Berlin. Neue Gesammt-Ausgabe, Bonn 1867, 165-181.

[86] W. DILTHEY (s. Anm. 8), 50.

[87] W. BEYSCHLAG, Nitzsch 40ff.; W. SCHNEEMELCHER (s. Anm. 67), 16-18. Schneemelcher gibt aber auch einen wichtigen Hinweis auf die Abgrenzung der Position von Nitzsch gegenüber der spekulativen Theologie (a.a.O., 25). Nitzsch selbst registrierte gelegentlich „von Seiten der Speculativen schweres Mißfallen" an Einzelheiten seiner Theologie (Auseinandersetzung mit Karl Rosenkranz): System (s. Anm. 17), 3f., Anm. l.

tischen Theologie, in dem Nitzsch seinen Lesern den Rat gibt, bei allen wichtigen kirchenleitenden Entscheidungen zuerst die „Meinung" und den „Willen" der Gemeinden zu erfragen. Denn – das ist das Credo von Carl Immanuel Nitzsch – die *Gemeinde* ist der Ort, an dem die Kirche den Auftrag Christi konkret erfüllt, *indem sie sein Vermächtnis empfängt, genießt, gewährt und mitteilt*. Aus dieser Einsicht heraus beschließt Nitzsch sein Werk mit den Worten: „Das ist immer die Hauptsache in kleinen und großen Kirchensachen, daß das wirkliche kirchliche Bewußtsein zum Worte komme, dadurch sich zeitgemäß fortentwickele und die ganze Handlung für das kirchliche Thun und Erfahren zum Segen mache."[88]

---

[88] PTh III, 2, 358. – Die von Nitzsch formulierten einhundert „Protestantische[n] Theses" schließen mit einem ähnlichen Gedanken: „Der wesentliche christliche Cultus ist Glaube, Hoffnung, Liebe; zur Vermittlung desselben hat Christus die Gemeinschaft des Wortes, des Gebetes und Sacramentes eingesetzt. Diese Mittel in Bewegung gesetzt von den Gläubigen, und nach Gelegenheit des Ortes und der Zeit in die Naturverhältnisse zwischen dem beschaulichen und thätigen, dem gemeinsamen und eigenthümlichen Leben sittlich eingeordnet, geben den christlichen Cultus im engeren Sinne", in: CARL IMMANUEL NITZSCH, Eine protestantische Beantwortung der Symbolik Dr. Möhler's, Hamburg 1835, 250.

Ernst Troeltschs „Soziallehren" und Adolf von Harnacks „Lehrbuch der Dogmengeschichte"

Eine historisch-systematische Skizze

I
Harnack zu Troeltsch

Ich nähere mich dem mir gestellten Thema zunächst von einem der beiden Endpunkte her: Den Spuren, die Ernst Troeltschs *Soziallehren* in Adolf von Harnacks *Dogmengeschichte* hinterlassen haben. Am 15. Dezember 1909 schreibt Harnack im Vorwort zur vierten Auflage des dritten Bandes seiner *Dogmengeschichte*, er habe sich die dringliche Frage vorgelegt, „ob es nicht geboten sei, den gesammten Stoff in einen noch weiteren Zusammenhang zu rücken". Denn Gesichtspunkte wie diejenigen, welche Troeltsch in seinen *Soziallehren* mit „so viel Umsicht und Feinheit geltend gemacht" habe, hätten sich für eine solche Erweiterung des eigenen Werks angeboten. Doch dann zählt Harnack Erwägungen auf, die ihn veranlaßt hätten, an dem Stoff- und Gliederungskonzept von 1885/1890 festzuhalten. Gewiß sei „das Dogma in seiner Geschichte auch vom ‚Sociologischen' beeinflußt worden; aber gegenüber den Einflüssen, die sich in umgekehrter Richtung geltend gemacht haben, bedeuten sie wenig". Hierin werde Troeltsch ihm wohl beistimmen. Man könne die These bestreiten, „daß es eine isolirte Dogmengeschichte" gebe, „aber solange die relative Isolirung aus verschiedenen Gründen zweckmäßig erscheint, ist es geboten, das Leben der Dogmengeschichte in Bezug auf das Sociologische als Activum zu conjugiren, aber freilich nicht zu verschweigen, daß es auch ein Passivum hat. Die sociologischen Probleme sind demnach der allgemeinen Kirchengeschichte und der Geschichte der kirchlichen Ethik zuzuweisen; die Passivität der letzteren trotz allem Ringen, ein Activum zu bleiben, ist ja unverkennbar."[1]

In wenigen, fein formulierten Zeilen hat Harnack hier ein Gesamturteil über die *Soziallehren* von Troeltsch skizziert, das auch heute noch nachdenklich macht. Bemerkenswert und hervorzuheben ist zunächst der große Re-

---

[1] ADOLF V. HARNACK, Lehrbuch der Dogmengeschichte. Erster Band: Die Entstehung des kirchlichen Dogmas, Tübingen ⁵1931; Zweiter und Dritter Band: Die Entwickelung des kirchlichen Dogmas, Tübingen ⁵1932 (nach dieser „photomechanisch" gedruckten Auflage wird im Folgenden zitiert, und zwar abgekürzt: Harnack, LDG I, II, III). Harnack, LDG III, VIIf. Vgl. auch unten Anm. 8.

spekt, den Harnack dem Werk seines jüngeren Kollegen schon zu diesem frühen Zeitpunkt zollt. Halten wir uns vor Augen, daß zur Zeit der Niederschrift dieses „Vorwortes" noch dreizehn Jahre eines regen Gedankenaustausches und einer reichen wissenschaftlichen Arbeitsleistung vor den beiden Gelehrten lagen.[2] Harnacks eindrucksvolles Schlußwort zu der Beziehung zwischen ihm und dem jüngeren, vor ihm verstorbenen Kollegen lautete: Troeltsch sei „unstreitig der deutsche Geschichtsphilosoph unseres Zeitalters, ja nach Hegel der erste große Geschichtsphilosoph, den Deutschland erlebt hat", gewesen. Dieser kaum mehr zu steigernde ehrende Nachruf bezog sich dann 1923 auf ganz andere Schriften von Troeltsch.[3] Aber schon 1909 steht die nahezu vorbehaltlose Anerkennung für die wissenschaftliche Arbeitsweise von Troeltsch im Vordergrund der zahlreichen Anmerkungen, in denen sich Harnack mit „den Geschichtsbetrachtungen" von Troeltsch auseinandersetzt. Er, der mit kritischen Urteilen über Veröffentlichungen der zeitgenössischen Historikerzunft nicht gerade zurückhaltend umging, lobt mit geradezu herzlich klingenden Worten bei Troeltsch die „Umsicht und Feinheit" der Argumentation; die „vorzügliche Weise", mit der Troeltsch „die treibenden Kräfte und leitenden Ideen" der Kirchengeschichte herausarbeite, „ohne die Wirklichkeit der Dinge und die Kraft und Zartheit persönlichen Lebens zu verletzen." Harnack erkennt an, daß Troeltsch mit „immer schärfer werdendem Auge ... die elementaren und wirtschaftlichen Zustände und Entwicklungen" heranziehe und so „die Geschichtsschreibung, mit Einschluß der Dogmengeschichte, wirklich auf [eine] höhere Stufe" erhebe. Harnack gibt zu, daß er selber bisher bestimmte Konsequenzen nicht in der Richtung ausgearbeitet habe, „in der sie Troeltsch

---

[2] Man vgl. die Darstellung der beiderseitigen Beziehungen bei AGNES v. ZAHN-HARNACK, Adolf von Harnack, Berlin 1936. A. v. Zahn-Harnack faßt ihre Beobachtungen in dem feinen Urteil zusammen: „Der Gegensatz, in dem die Temperamente Harnacks und Troeltschs standen, machte ihre Gespräche unerhört lebendig und für den Zuhörer geradezu spannend; wo sie sich zu einem Werk vereinigten, wie etwa bei der Dante-Feier im Jahr 1921, da gab es einen Zusammenklang von höchstem Reiz." (Ebd., 437; vgl. auch 9; 367f.; 413f.).

[3] In der während der Trauerfeier am 3. Februar 1923 gehaltenen Gedenkrede für Ernst Troeltsch hob Harnack hervor, daß die Veröffentlichungen aus der Berliner Zeit den Höhepunkt im Schaffen von Troeltsch gebildet hätten. „Hier handelte es sich ihm darum, die Ideen als reale *Werte* darzustellen, deren Realität der Wirklichkeit der ökonomischen Elemente nicht nachsteht, ja sie letztlich beherrscht. In diesem Sinne rang er mit *Marx* und mit jedem Denker, der nur das Ökonomische gelten ließ, oder der in der Geschichte nur Kulissen sah und ihr produzierendes und sich steigerndes Leben verkannte. Hat er diese Aufgabe zum Abschluß gebracht, hat er sie gelöst? Wer darf so töricht fragen! In immer neuen Anläufen, zuletzt noch in seinem großen Werk über den Historismus, dessen ersten Band er vor wenigen Wochen beendet hat, hat er Unvergängliches zur Lösung der Aufgabe beigetragen. Die Worte, mit denen er diesen Band beschlossen hat, sind in Wahrheit sein wissenschaftliches Testament und zeigen zugleich seinen ganzen Ernst und die bescheidene Würde seiner Haltung." ADOLF v. HARNACK, In Memoriam Ernst Troeltsch, in: ders., Erforschtes und Erlebtes, Giessen 1923, 360-367; Zitate 364f.

so meisterhaft gezogen hat"[4]. Und gelegentlich heißt es in einer Fußnote bei Harnack, es sei ihm „eine besondere Freude zu sehen", daß Troeltsch für die Zeit vom 10. Jahrhundert bis zur Reformation das Dogma ebenso wie er selbst „ganz wesentlich *auch* als Function der kirchenpolitischen Entwicklung" sehe und eine entsprechende Darstellung „als richtig und nothwendig" anerkenne.[5] Die Aufzählung solcher lobenden und zustimmenden Bemerkungen Harnacks über Troeltsch ließe sich fortsetzen.

Doch neben den affirmativen Aussagen und den einen hohen kollegialen Respekt zum Ausdruck bringenden Einzelurteilen Harnacks steht von Anfang an ein weit reichender grundsätzlicher Einwand, der uns erst im engeren Sinne an unser Thema heranführt. Das Dogma – so Harnack – sei in seiner Geschichte *auch* vom Soziologischen beeinflußt worden; aber die Einflüsse „in umgekehrter Richtung" seien bedeutender gewesen.[6] Dieser Einwand besagt: Troeltsch habe methodisch einen Teilaspekt der Gesamtproblematik einer Dogmengeschichte verabsolutiert, und fatalerweise jenen Teilaspekt, dem auf das Ganze gesehen das geringere Gewicht zukomme. Die *Soziallehren* hätten also primär nicht danach fragen dürfen, „in welcher Weise der christliche Glaube als assoziierende Macht die Organisation der Gemeinden und dann auch ihre Dogmenbildung bestimmte",[7] sondern danach, welchen Einfluß das kirch-

---

[4] HARNACK, LDG I, 44f. „Troeltsch hat ... geurtheilt, daß die Dogmenhistoriker die fundamentale Bedeutung des von den Theologen der alten Kirche übernommenen reinen Naturrechts ... verkannt und unbeachtet gelassen hätten. Allein der ganze Aufbau dieses zweiten Bandes meiner Dogmengeschichte, wie er von der ersten Auflage her unverändert geblieben ist, zeigt doch wohl, daß die Bedeutung der ‚natürlichen Theologie', welche das (stoische) Naturrecht als Kern umschließt, nicht verkannt ist. Richtig ist, daß die Consequenzen nicht in der Richtung gezogen sind, in der sie Troeltsch in jenen Abhandlungen so meisterhaft gezogen hat; aber das hätte genöthigt, in die Dogmengeschichte eine Geschichte der Ethik und der kirchlichen Sociologie aufzunehmen." HARNACK, LDG II, 156f. Anm. 5.

[5] HARNACK, LDG III, 333 Anm. 1. Handelndes Subjekt der Kirchenpolitik ist an dieser Stelle für Harnack die Kirche, Objekt der Kirchenpolitik ist der mittelalterliche Staat, dem die „Lehre vom Universalepiskopat des Papstes und von der Überordnung der geistlichen Gewalt über die weltliche" in Gestalt kirchlicher „Centraldogmen" aufgezwungen werden soll (ebd.); zur Begriffsbestimmung vgl. JOACHIM MEHLHAUSEN, Kirchenpolitik. Erwägungen zu einem undeutlichen Wort, in: ZThK 85 (1988) 275-302 (s.u. 336-362).

[6] „Gewiß ist das Dogma in seiner Geschichte auch vom ‚Sociologischen' beeinflußt worden; aber gegenüber den Einflüssen, die sich in umgekehrter Richtung geltend gemacht haben, bedeuten sie wenig, und es ist m.E. wichtig, dies stark zum Ausdruck zu bringen. Auch Troeltsch wird mir hierin beistimmen." HARNACK, LDG III, VIIf.

[7] So die Formulierung bei MANFRED WICHELHAUS, Kirchengeschichtsschreibung und Soziologie im neunzehnten Jahrhundert und bei Ernst Troeltsch, Heidelberg 1965, 85. Beim 3. Kongreß der Ernst-Troeltsch-Gesellschaft im September 1988 in Augsburg trug M. Wichelhaus in seinem Kommentar zu meinem Vortrag die These vor: „Harnack interessierte sich für soziologische Phänomene, sofern diese als Folgen von Mission und Ausbreitung des Christentums betrachtet werden können. Er interessierte sich nicht für soziologische Phänomene, die als Ursachen und Bedingungen für Gebilde des Christentums betrachtet werden können. Ein

liche Dogma seinerseits auf die Sozialgestalt der christlichen Gemeinschaften gehabt habe. Es ist erstaunlich und zugleich herausfordernd, daß Harnack ausgerechnet diese zentrale Kritik in die Bemerkung ausmünden läßt, Troeltsch werde ihm „hierin beistimmen". Dieser Satz sagt doch nicht weniger und nicht mehr, als daß Troeltsch im innersten Zentrum seiner historiographischen These selber von Unsicherheiten und Zweifel bedrängt werden könne. Wir werden uns fragen müssen, wie diese pointierte Aussage von Troeltsch her zu sehen und zu deuten ist. Doch zunächst sei noch auf den zweiten Abschnitt in Harnacks „Vorwort" hingewiesen, der für unser Thema besonders erhellend ist.[8]

Nach über zwanzigjähriger Arbeit an seinem „Lehrbuch" ist Harnack zu dem selbstkritischen Eingeständnis bereit, daß man eine „isolirte" Dogmengeschichtsschreibung, so wie er sie vorgelegt habe, grundsätzlich in Frage stellen könne. Hier berühren wir das an dieser Stelle nicht weiter zu verfolgende Problem des Dogmenbegriffs bei Harnack und zugleich seine These vom dreifachen Ausgang des altkirchlichen Dogmas in Reformation, Katholizismus und Sozinianismus. Für unsere Fragestellung wichtig sind zwei spezielle Aspekte dieser Aussage: *Erstens*, daß Harnack diese Methodenkritik ausgerechnet im Zusammenhang mit den Erwägungen zu Troeltschs *Soziallehren* anstellt und somit anzeigt, daß dieses Werk ihn in der selbstkritischen Einstellung zum Programm einer „isolirten Dogmengeschichte" zumindest bestärkt haben muß. *Zweitens*, daß Harnack 1909 dennoch nicht willens ist, vor dem Anspruch des eigenen Programms zu resignieren, sondern eher offensiv davon spricht, man müsse „das Leben der Dogmengeschichte in Bezug auf das Sociologische als Activum ... conjugiren". Man dürfe nur nicht verschweigen, „daß es auch ein Passivum" gebe. Das pointierte Dictum Harnacks bringt die Überzeugung zum Ausdruck, daß den kirchlichen Lehrbildungen in den Hauptepochen der Dogmengeschichte eine kulturprägende und das gesellschaftliche Leben formende Kraft zuzuschreiben sei; nur in einem sekundären – und deshalb nicht mehr normativen – Bereich gebe es auch reziproke Rückwirkungen des Sozial-

---

solches Interesse gefährdete ihm die Anschauung vom Wesen des Christentums als Kulturfundament. Die Versicherung Harnacks, mit Ernst Troeltsch dabei letztlich einer Meinung zu sein, enthält die bange Frage, ob sich Ernst Troeltsch unmerklich zum marxistischen Materialisten gewandelt haben könne. Ernst Troeltsch hat zur marxistischen Unterbau-Lehre erklärt, sie enthalte ‚eine niemals zu umgehende, wenn auch in jedem Einzelfall besonders zu beantwortende Fragestellung' [GS IV, 11]."

[8] „Man kann es bestreiten, daß es eine isolirte Dogmengeschichte giebt – ich schließe mich der Bestreitung freiwillig an –, aber solange die relative Isolirung aus verschiedenen Gründen zweckmäßig erscheint, ist es geboten, das Leben der Dogmengeschichte in Bezug auf das Sociologische als Activum zu conjugiren, aber freilich nicht zu verschweigen, daß es auch ein Passivum hat. Die sociologischen Probleme sind demnach der allgemeinen Kirchengeschichte und der Geschichte der kirchlichen Ethik zuzuweisen; die Passivität der letzteren trotz allem Ringen, ein Activum zu bleiben, ist ja unverkennbar." HARNACK, LDG III, VIII.

status der christlichen Gemeinden und ihrer Glieder auf die Ausgestaltung der kirchlichen Lehre selbst. Weil das „Activum" dem „Passivum" vorgeordnet ist, wird für die Geschichtsschreibung eine übersichtliche Arbeitsteilung möglich. Dies besagt der Nachsatz, in dem Harnack die Empfehlung ausspricht, „die sociologischen Probleme ... der allgemeinen Kirchengeschichte und der Geschichte der kirchlichen Ethik zuzuweisen".⁹

An einer etwas versteckten Stelle seines Gesamtwerkes gibt Harnack zu dieser Empfehlung eine ausführliche Begründung. Dort heißt es: Die Dogmengeschichte könne von Troeltschs Darstellung der mittelalterlichen Soziallehren „leider nur einen beschränkten Gebrauch machen; denn sie würde sich sonst zu weit von ihrer eigentlichen Aufgabe entfernen". Das Hauptziel der Dogmengeschichtsschreibung sei es, „die Entstehung des schliesslich *formulirten* Dogmas zu erklären". Die *„eigentlich* socialen d.h. wirthschaftlichen Fragen" hätten zwar für „die Peripherie der Kirchengeschichte eine hohe Bedeutung", aber auf die „Glaubens- und Sittenlehre" hätten sie nur wenig Einwirkung gehabt. Harnack spitzt seine These im gleichen Zusammenhang sogar noch weiter zu und erklärt, Dogmatik und Ethik hätten umgekehrt auf die *eigentlich sozialen d.h. wirtschaftlichen Fragen* nicht zurückgewirkt. „So war es im 1. und 2. Jahrhundert, so war es im Mittelalter, und so ist es heute. Ich bin in dieser aus den Quellen selbst gewonnenen Überzeugung auch durch die sieben Hefte von Troeltsch ‚Die Sociallehren der christlichen Kirchen' nicht erschüttert worden."¹⁰

Man könnte solche Sätze als den eindeutigen Ausdruck eines tiefgehenden Dissenses zur Kenntnis nehmen und konstatieren, daß Harnack zwar den wis-

---

⁹ HARNACK, LDG III, VIII (s. Anm. 8). In diesen Sätzen kommt Harnacks in der Tradition des deutschen Idealismus stehende und an der Historischen Schule orientierte Überzeugung zum Ausdruck, alle Geschichte sei „Institutionsgeschichte" und das historische Bemühen müsse sich deshalb „primär dem Dogma in seiner Erscheinung als formuliertes Bekenntnis, als Schriftkanon und als hierarchisch gegliedertes Amt" zuwenden. Vgl. hierzu ADOLF MARTIN RITTER, Hans von Campenhausen und Adolf von Harnack, in: ZThK 87 (1990) 323-339; Zitat 331.

¹⁰ „Von Troeltsch's ausführlicher Darstellung der mittelalterlichen Sociallehren ... kann die Dogmengeschichte leider nur einen beschränkten Gebrauch machen; denn sie würde sich sonst zu weit von ihrer eigentlichen Aufgabe entfernen. Immer muß sie ihren eigentlichen Zweck, die Entstehung des schließlich *formulirten* Dogmas zu erklären, im Auge behalten. Man mag gegen die Beschränkung auf diesen Zweck erhebliche Einwendungen machen – so lange man ihn anerkennt, muß man den Stoff und die Fragestellungen nach ihm einschränken. Es kommt aber noch hinzu, daß die *eigentlich* socialen d.h. wirthschaftlichen Fragen zwar für die Peripherie der Kirchengeschichte eine hohe Bedeutung haben, aber auf ihre Glaubens- und Sittenlehre wenig eingewirkt haben und umgekehrt diese nicht auf sie. So war es im 1. und 2. Jahrhundert, so war es im Mittelalter, und so ist es heute. Ich bin in dieser aus den Quellen selbst gewonnenen Überzeugung auch durch die sieben Hefte von Troeltsch ‚Die Sociallehren der christlichen Kirchen' nicht erschüttert worden – ich bin es um so weniger, als auch Troeltsch selbst im Grunde derselben Ansicht ist." HARNACK, LDG III, 333f. Anm. 1.

senschaftlichen Rang von Troeltschs *Soziallehren* anerkannte, ihrem zentralen Anliegen jedoch strikt ablehnend gegenüberstand. Doch so leicht macht es uns Harnack nicht. Auch in der zuletzt zitierten Passage seiner *Dogmengeschichte* begnügt sich Harnack nämlich nicht mit dem Aufweis einer unterschiedlichen methodologischen Grundauffassung, sondern er fügt eine Metakritik hinzu, indem er erklärt: Er sei in seiner eigenen Überzeugung durch die Lektüre der *Soziallehren* um so weniger erschüttert worden, „als auch Troeltsch selbst im Grunde derselben Ansicht ist".[11] Damit ist gemeint: Das Wirtschaftliche sei für die Ideologie der Kirche ebenso wie für ihre Praxis „ein ganz geringer Factor, soweit sie nicht selbst Geld und Gut braucht". Man könne das bedauern und sich daran die Bedeutungslosigkeit der Kirche klar machen oder man könne diesen für viele gewiß überraschenden Sachverhalt preisen – nur gelte es, diese Tatsache unumwunden anzuerkennen. Es solle natürlich nicht verkannt werden, „welche Bedeutung die Kirche für das Sociologische und umgekehrt gehabt" habe, aber „in den Kern der Fragen, die mit den Kirchenfragen gegeben sind, dringt das auch nicht. Wer sich für Kirchen- und Dogmengeschichte nicht um der Religion, d.h. um Gottes und des Jenseits, willen interessirt, findet bei ihr überhaupt nicht seine Rechnung, sondern muß sich begnügen als Kirchenhistoriker die Brocken zu essen, die von dem Tische der Profanhistorie fallen".[12] Diesen Bemerkungen korrespondiert Harnacks Bewertung der zeitgeschichtlichen Aspekte in den Arbeiten von Troeltsch: „Die Neigung, die Neuheit der geistigen und religiösen Probleme der Gegenwart zu überschätzen, weil die wirtschaftlichen und technischen Zustände fast im Handumdrehen neue geworden sind, scheint mir in den Geschichtsbetrachtungen von Troeltsch nicht unbedenklich; aber die Zeit wird keinen Fehler schneller heilen als diesen."[13]

Unser erster Zugangsversuch zu dem gestellten Thema hat zu einem irritierenden Ergebnis geführt. Harnack respektiert die wissenschaftliche Leistung von Troeltsch und tritt an etlichen Stellen seiner *Dogmengeschichte* in eine Detaildiskussion mit einzelnen Thesen und Forschungsergebnissen von Troeltsch ein. Harnack weist aber gerade die neue, wissenschaftsgeschichtlich gesehen geradezu revolutionäre These von Troeltsch energisch zurück, die Sozialgestalt der christlichen Kirchen und ihrer Gruppen habe auf die Entstehung und Formulierung des kirchlichen Dogmas einen entscheidenden Einfluß genommen. Gleich zweimal hebt Harnack in diesem Zusammenhang in

---

[11] Ebd.
[12] HARNACK, LDG III, 334 A. 1. Zum Grundsätzlichen vgl. WILHELM SCHNEEMELCHER, Das Problem der Dogmengeschichte. Zum 100. Geburtstag Adolf von Harnacks, in: ZThK 48 (1951) 63-89; WOLF-DIETER HAUSCHILD, Art. „Dogmengeschichtsschreibung", in: TRE 9 (1982) 121f.
[13] HARNACK, LDG I, 45 A. 1.

pointierter Formulierung hervor, er sei in dieser negativen Beurteilung des Gesamtphänomens mit Troeltsch letztlich einer und derselben Meinung, er spreche also nur unumwunden aus, was bei Troeltsch allenfalls zwischen den Zeilen zu lesen sei.

Liegt hier lediglich ein Mißverständnis vor? Oder wollte Harnack dem geschätzten jüngeren Kollegen eine Rückzugslinie anbieten und diese zugleich mit seiner eigenen Autorität abdecken, ehe Troeltsch nur noch ‚die Brocken zu essen bekam, die von dem Tische der Profanhistorie fallen'? Was bedeutet Harnacks Zuweisung der „sociologischen Probleme" an die allgemeine Kirchengeschichte und an die Geschichte der kirchlichen Ethik gerade in diesem Zusammenhang?

In einer Selbstanzeige zum dritten Band der vierten Auflage seiner Dogmengeschichte hat Harnack im Jahre 1910 darauf hingewiesen, daß Troeltsch mit ihm in bezug auf die Würdigung Luthers und der deutschen Reformation „fast den ganzen Weg" zusammengehe; aber er glaube dann „Konsequenzen ziehen zu müssen, die ich für überstürzt und unzutreffend halte. Sie mögen für die ‚Kulturgeschichte' ein gewisses Recht haben, für die Religions- und Kirchengeschichte kommt ihnen dieses Recht nicht zu. Sieht man aber näher zu, so gelten diese Konsequenzen auch nach Troeltsch für die Religions- und Kirchengeschichte nicht, in welcher er vielmehr Luther und der Reformation wesentlich gerecht wird. Aber wird nicht von der Ideen- und Kulturgeschichte, in welcher diese eine schlechte Note erhalten, zuviel Aufhebens gemacht? Ich meine von *der* Ideen- und Kulturgeschichte, die übrig bleibt, wenn man von ihr die Geschichte der Religion, der öffentlichen und privaten, abgezogen hat." Worum es hier im Kern der Sache geht, sagt Harnack dann mit folgenden Worten, deren vibrierendes Pathos anzeigt, wie wichtig es für ihn und sein eigenes Christentums- und Kulturverständnis ist, daß die „Geschichte der Religion, der öffentlichen und privaten" nicht hinter der „Ideen- und Kulturgeschichte" zurücktreten dürfe: „Wir Theologen haben allen Grund – selbst auf die Gefahr hin, für einseitig oder rückständig zu gelten – dabei zu beharren, daß die feierlichen Fragen des religiösen Gewissens, wie es durch das Christentum erzogen ist, auch heute noch das verborgene Fundament und Hauptstück der Kultur bilden, mag das zur Zeit noch so verdeckt sein und auch die gemeine Geschichtsschreibung davon wenig Notiz nehmen."[14]

Wird mit alledem nicht deutlich, daß für Harnack im Diskurs zwischen den *Soziallehren* und seiner eigenen *Dogmengeschichte* viel mehr und viel Grundsätzlicheres auf dem Spiele stand, als nur methodologische Fragen der Dogmengeschichtsschreibung und einzelne Periodisierungsprobleme, wie die in der Literatur immer wieder behandelte Differenz in der Wertung und Zu-

---

[14] ADOLF V. HARNACK, Lehrbuch der Dogmengeschichte, 3. Bd., 4. Aufl., Tübingen 1910 [Selbstanzeige], in: ThLZ 35 (1910) 308f.

ordnung der Reformation Martin Luthers zu Mittelalter oder Neuzeit?[15] Unser Vergleich der beiden Werke führt offenkundig weit über derartige Fragestellungen hinaus. Harnacks Troeltsch-Kritik zeigt, daß ihm angesichts der *Soziallehren* die Autonomie und der absolute Vorrang jenes *verborgenen Fundamentes und Hauptstücks der Kultur* gefährdet erscheint: Die Absolutheit der *feierlichen Fragen des religiösen Gewissens*. So viel Kritik sich das Dogma und mit ihm die Dogmatik von der historischen Forschung auch gefallen lassen müssen, sie bleiben für Harnack *formulierte* Ergebnisse einer fundamentalen geistigen Erfahrung der Menschheit, auf der alle neuzeitliche Kultur gründet. Mit geradezu überscharfer Hellsicht sieht Harnack in den *Soziallehren* eine Gefährdung dieser kulturbegründenden und kulturtragenden Basis, sofern in diesem Werk tatsächlich die Dogmatik zum bloßen „Ausdruck für die soziale Weltgestaltung und für das Verhältnis der Sozialgestalt der Religion zum Ganzen der *Gesellschaft*" werden sollte. Es wäre dann „nur folgerichtig, die Ethik der Dogmatik vorzuordnen und davon auszugehen, daß dogmatische Sätze Fragen der Lebensgestaltung und ihre Beantwortung symbolisieren."[16] Sieht man diese weitreichenden Konsequenzen, dann geht es wohl nicht an, mit Michael Pye zu sagen: „There is no difference in principle between the assumptions of this work [sc. die *Soziallehren*] and Harnack's History of Dogma".[17]

---

[15] Diesem Sachthema ist der ausführlichste Exkurs im dritten Band des *Lehrbuchs der Dogmengeschichte* gewidmet (HARNACK, LDG III, 690-692). Zur grundsätzlichen Fragestellung wichtig ist folgende Passage: „Es bestehen vielmehr wirkliche Differenzen in unserer Betrachtung, die sich folgerecht in der Periodisierung der Geschichte ausdrücken. Für mich stehen zwei Thatsachen im Vordergrund: Der Glaubensgedanke Luthers und sodann seine *That, daß er nämlich Millionen von Menschen der Papstkirche entrissen und diese damit auf die Stufe einer Partikularkirche herabgedrückt hat*. Diesen beiden Thatsachen kommt nichts in der Geschichte gleich. Hiernach ist zu periodisiren. Daß es fortan keine *Kirche* mehr giebt, sondern etwas ganz anderes, nämlich *Kirchen*, entwurzelt die ganze Ekklesiastik, selbst wenn Luther nicht auch dem Kirchendogma durch seine Kritik an den Concilien u.s.w. die Lebenswurzel durchschnitten hätte. In der tapferen individuellen Glaubensforderung und Glaubensgewißheit liegt das positive Complement zu dieser Zerstörung. Für Troeltsch steht die *Ideengeschichte* im Vordergrund, und von hier aus scheinen die rückständigen Elemente in der Reformation bez. die, welche sie mit dem Mittelalter verbinden, die entscheidenden. Daß es nach der Reformation *neuer* Anstöße und Erkenntnisse bedurfte, um aus dem Mittelalter herauszukommen, leugne ich nicht; aber ich urteile über Herkunft, Werth und Bedeutung dieses Neuen und über den Werth, der andrerseits im Augustinismus, Asketismus etc. auch heute noch steckt, etwas anders als Troeltsch." (Harnack, LDG III, 691; Hervorhebungen im Original).
[16] GERHARD SAUTER, Art. „Dogmatik I", in: TRE 9 (1982) 56, 21ff.
[17] MICHAEL PYE, Ernst Troeltsch and the End of the Problem about ‚Other' Religions, in: John Powell Clayton (Hg.), Ernst Troeltsch and the Future of Theology, Cambridge 1976, 172-195; Zitat 190. Vgl. auch WILHELM PAUCK, Harnack and Troeltsch. Two Historical Theologians, New York 1968, 76; HARRY LIEBERSOHN, Troeltsch's Social Teachings and the Protestant Social Congress, in: Friedrich Wilhelm Graf/Trutz Rendtorff (Hg.), Troeltsch-Studien Bd. 6: Ernst Troeltschs Soziallehren, Gütersloh 1993, 241-257; bes. 243-245; 255f.

II
Troeltsch zu Harnack

Ich nähere mich dem mir gestellten Thema noch einmal und gehe nun von dem anderen der beiden Endpunkte aus, der zugleich der Ausgangspunkt ist: Den Spuren, die Harnacks *Dogmengeschichte* in den *Soziallehren* von Troeltsch hinterlassen hat. Hier verweist man in der Literatur gerne auf jene Erklärungen, die Troeltsch 1921 in der Selbstdarstellung „Meine Bücher" abgegeben hat.[18] Troeltsch beschreibt in diesem oft zitierten Text rückblickend seine neue soziologische Fragestellung und erklärt, daß man „von einer reinen Dogmen- und Ideengeschichte des Christentums nicht mehr sprechen" könne, „wenn man dieses Problem begriffen" habe. Brauchbare Vorarbeiten gebe es nicht. Entstanden sei „eine Geschichte der christlich-kirchlichen Kultur, *eine volle Parallele zu Harnacks Dogmengeschichte,* bei der ich alles Religiöse, Dogmatische und Theologische nur als Untergrund der sozialethischen Wirkungen oder als Spiegel und Rückwirkung der soziologischen Umgebungen ansah, je nach den Zeiten bald mehr so, bald mehr so."[19] Was heißt das – so muß man doch fragen – nach den vorausgegangenen eindrucksvollen, die Neuheit hervorhebenden Erwägungen: „Eine volle Parallele zu Harnacks Dogmengeschichte"? Meines Wissens hat bislang nur Trutz Rendtorff diese Frage gestellt und Troeltsch hier nicht bloß wörtlich zitiert, sondern auch die ebenso notwendige wie weitreichende Interpretation hinzugefügt: „Die Soziallehren sind, obwohl ein historisches Buch, durch und durch ein Werk der Zeit- und Gegenwartsdiagnose. Als *Parallel- und Gegenentwurf zu Harnacks Dogmengeschichte* war es zugleich der Entwurf einer praktischen und gesellschaftsbezogenen Realgeschichte des Christentums. Das in den Soziallehren verfolgte Programm zielte also auf die Überwindung der Kluft von Religion und Moderne gleichsam ‚von unten' her, von der Soziologie her."[20] Parallelentwurf? – Gegenentwurf? fragen wir genauer nach.

Eine zunächst noch völlig an der Oberfläche des Textes verbleibende statistische Durchsicht ergibt: In den *Soziallehren* findet man etwa 40 Verweise auf Arbeiten von Harnack. Von diesen Verweisen betreffen lediglich fünf Harnacks

---

[18] ERNST TROELTSCH, Meine Bücher (1921, 1923). – Vgl. Ernst-Troeltsch-Bibliographie, hg., eingeleitet und kommentiert von Friedrich Wilhelm Graf und Hartmut Ruddies: A 1921/29 (197f.), GS IV, 3-18.

[19] GS IV, 11f. (Hervorhebungen von mir).

[20] TRUTZ RENDTORFF, Die umstrittene Moderne in der Theologie. Ein transkultureller Vergleich zwischen der deutschen und der nordamerikanischen Theologie, in: Troeltsch-Studien Bd. 4: Umstrittene Moderne. Die Zukunft der Neuzeit im Urteil der Epoche Ernst Troeltschs, hg. v. Horst Renz/Friedrich Wilhelm Graf, Gütersloh 1987, 374-389; Zitat 379 (Hervorhebungen von mir).

Lehrbuch der Dogmengeschichte.²¹ Von diesen Referenzen sind drei völlig allgemein und tragen für eine Verhältnisbestimmung beider Autoren zueinander nichts aus.²² Von den beiden übrigbleibenden Verweisen betrifft einer eine Sachauseinandersetzung zur Deutung der „innerkirchlichen Askese"²³ und so bleibt nur *eine* Stelle, die zur Charakterisierung und Beurteilung der *Dogmengeschichte* aussagekräftig ist. Auf diese Textstelle wird zurückzukommen sein. Das von Troeltsch in den *Soziallehren* am häufigsten zitierte Werk Harnacks ist dessen *Mission und Ausbreitung des Christentums*;²⁴ dann folgt *Das Mönchtum, seine Ideale und seine Geschichte*.²⁵ Zwei aussagekräftige Verweise gehen auf jene „lehrreiche Besprechung" ein, die Harnack dem ersten Stück der *Soziallehren* in den *Preußischen Jahrbüchern* im März 1908 gewidmet hatte²⁶; die übrigen Verweise betreffen verschiedene Arbeiten Harnacks.²⁷

---

21 Man vgl.: ANNETTE DÖRING/CHRISTINE GERICKE, Namenregister zu Troeltschs „Die Soziallehren der christlichen Kirchen und Gruppen" (GS I), in: Mitteilungen der Ernst-Troeltsch-Gesellschaft IV, Augsburg 1989, 150. Auf Harnacks LDG verweist TROELTSCH in: GS I, 146 Anm. 68; 209 Anm. 98; 445 Anm. 206; 798 Anm. 437; 939 Anm. 506.

22 GS I, 146 Anm. 68; 445 Anm. 206; 939 Anm. 506.

23 GS I, 798 Anm. 437.

24 ADOLF v. HARNACK, Die Mission und Ausbreitung des Christentums in den ersten drei Jahrhunderten (1902), 2 Bde., Leipzig ⁴1924 (Neudruck Leipzig 1980); Troeltsch zitiert nach der Ausgabe von 1906 und zwar in: GS I, 17 Anm. 10; 23ff.; 38 Anm. 23; 91 Anm. 42; 113 Anm. 57; 117 Anm. 60; 120 Anm. 61; 134 Anm. 67; 152 Anm. 71; 236 Anm. 109.

25 ADOLF v. HARNACK, Das Mönchtum, seine Ideale und seine Geschichte. Eine kirchenhistorische Vorlesung (1881), Gießen ⁷1907; Troeltsch zitiert nach der Ausgabe von 1907 und zwar in: GS I, 96 Anm. 46a; 111 Anm. 55a; 231 Anm. 106; 237f. Anm. 110.

26 ADOLF v. HARNACK, Das Urchristentum und die sozialen Fragen (1908), in: ders., Aus Wissenschaft und Leben, Bd. II: Zur Geschichte des Urchristentums, Giessen 1911, 253-273; Troeltsch geht in zwei ausführlichen Anmerkungen auf Harnacks Besprechung ein. Zu Harnacks These, der urchristliche Liebeskommunismus sei „nicht dafür disponiert" gewesen, „an den Zuständen überhaupt zu ändern", vielmehr habe die urchristliche Gemeinde „ohne es zu wissen und zu wollen, zu einer langsamen Umbildung im Rahmen des Gegebenen ... zu einer allgemeinen Versittlichung der Verhältnisse" beigetragen und „neben der Ideologie ihres schwebenden Liebeskommunismus überhaupt kein eigentümliches soziales Programm" entwickelt (ebd., 271f.), sagt Troeltsch: „Das ist natürlich alles richtig. Aber einmal scheint mir dabei die Fremdheit des neuen Ganzen gegen die Welt und deren ideeller Grund doch unterschätzt zu sein, andererseits glaube ich, daß in diesem geschichtlichen Sachverhalt doch tiefere prinzipielle Konsequenzen und Untergründe enthalten sind, die der besonderen Formulierung bedürfen. Die ‚langsame Umbildung im Rahmen des Gegebenen' enthält eine eigentümliche Opposition gegen das Gegebene verbunden mit einer eigentümlichen Akzeptierung und stellt damit gleich am Anfang das Problem des Verhältnisses der revolutionären und der konservativen Elemente in der christlichen Idee, ein Problem, das in ihrer ganzen Geschichte immer wieder kehrt." (GS I, 75f. Anm. 36a). In der zweiten Anmerkung geht es um den „Unterschied zwischen Caritat und Sozialpolitik". Während *Harnack* die These zu belegen versucht, die urchristliche Liebestätigkeit wolle zur Notlage gewordene wirtschaftliche Zustände verändern (ebd., 268-270), erklärt Troeltsch: „Gewiß ist die auf die Person gehende, mit den religiösen Kräften motivierte und verbündete Liebestätigkeit bei der Überfülle menschli-

Die Bevorzugung von Harnacks *Mission und Ausbreitung des Christentums* hat, wie Manfred Wichelhaus nachgewiesen hat, ihren Grund darin, daß Harnack in dieser Arbeit keineswegs einseitig ideengeschichtlich vorgeht, sondern „eine Fülle von sozialgeschichtlichen Motivierungen" vorträgt.[28] Gleich bei der ersten Erwähnung dieser Arbeit von Harnack merkt Troeltsch an, das Buch enthalte „die besten mir bekannten Sammlungen zur Sozialgeschichte des Christentums".[29] Hier wäre der Frage nachzugehen, ob es nicht – natürlich neben Max Weber – auch dieses Werk Harnacks war, das Troeltsch zu seinem großen Unternehmen ermutigt haben könnte. Doch blicken wir auf die *Dogmengeschichte*. Troeltsch nennt sie an jener eindrücklichen Stelle in den *Soziallehren* ein „glänzendes" Werk, das „den Stand der Forschung bis heute beherrscht". Troeltsch sieht die Bedeutung der *Dogmengeschichte* näherhin darin, daß sie „den Schwerpunkt [sc. der Dogmengeschichtsschreibung] von der dialektischen Entwickelung auf die psychologische Erklärung verlegt" habe. Und Troeltsch fügt hinzu: „Aber man wird darin noch weiter gehen müssen, und gerade die modernen soziologischen Forschungen und Fragestellungen werden hier den Kreis der psychologischen Bedingungen für die Ideenbildung bedeutsam erweitern."[30]

Mir scheint es der Hervorhebung wert, daß Troeltsch an dieser Stelle die historiographische Grundsatzfrage betont. Ist es aus der Sicht uns heute bewe-

---

chen Leidens und bei den seelischen Bedürfnissen des Menschen eine unentbehrliche und unersetzlich große Sache; aber aus ihr allein entsteht keine Soziallehre, keine Sozialreform und keine Sozialpolitik. Um es dazu zu bringen, muß noch anderes hinzukommen. Das allein wollte ich sagen." (GS I, 81 Anm. 36e). Troeltsch betont, daß hinter dieser Differenz zwischen ihm und Harnack „im Grunde eine andere Auffassung des Verhältnisses von Gott und Welt, von Natur und Geist, von Allgemein-Zuständlichem und Persönlich-Individuellem" liege (ebd.). Erst der Calvinismus gewinne „ein Auge ... für die materielle, äußerliche und zuständliche Bedingtheit der geistigen Werte" und entwickle „eine radikale, die allgemeinen Zustände politisch und wirtschaftlich formende Konsequenz" (GS I, 82).

[27] Besonders aufschlußreich ist die bedeutsame Anm. 504a (GS I, 935f.), in der Troeltsch „die gegenwärtige protestantische Theologie" unter dem Gesichtspunkt ihres Verhältnisses zur Organisationsform des Staatskirchentums „zu gruppieren" versucht. Harnack halte eine prinzipielle Lösung des Problems überhaupt für untunlich und wünsche „nur ein verständiges tolerantes Kirchenregiment, das den Geistlichen Bewegungsfreiheit läßt, also eine rein faktische Auflösung des Kirchentums und seine Wahrung lediglich durch Beseitigung ganz extremer Geistlicher, über deren Extremität ein wesentlich die Persönlichkeit in Betracht ziehendes Spruchgericht entscheidet nach bestem Wissen; das mag dann den Übergang zu späteren glücklicheren Formationen bilden. *Eine Auffassung, die durchaus der Mischung von Spiritualismus und Historismus in seiner Theologie entspricht.*" (GS I, 936; Hervorhebung von mir). Troeltsch bezieht sich hierbei auf ADOLF v. HARNACK, Aus Wissenschaft und Leben, Bd. II. Giessen 1911, 81-94 („Christus als Erlöser"); 146-152 („Soll in Deutschland ein Weltkongreß für freies Christentum gehalten werden? Offener Brief an D. Rade").

[28] M. WICHELHAUS, Kirchengeschichtsschreibung (s. Anm. 7), 63.
[29] GS I, 17 Anm. 10.
[30] GS I, 209 Anm. 98.

gender Fragestellungen nicht in der Tat sinnvoller, *diesem* Aspekt des Verhältnisses von Troeltsch zu Harnack nachzugehen, als den bekannten materialen Differenzen in Einzelfragen, die nicht zuletzt durch die neue Forschungslage in der neutestamentlichen Wissenschaft, in der Patristik, Mediaevistik und Reformationsgeschichtsschreibung im guten Sinne dialektisch „aufgehoben" sind? Derartige seinerzeit kontroverse Einzelfragen betrafen heute nicht mehr dominante Problemstellungen wie die Verschränkung von Gottesliebe und Nächstenliebe, den eschatologischen Charakter der Predigt Jesu, das Verhältnis von Kult und Recht, die „Hellenisierungs-Problematik" und so fort bis zu der seinerzeit so heftig umstrittenen Grenzziehung zwischen Mittelalter und Neuzeit. Zu alledem kann hier auf die Analysen von Wichelhaus und Apfelbacher verwiesen werden[31], auf die Beiträge im 3. Band der *Troeltsch-Studien* und auf die sonstige Sekundärliteratur.[32]

In dem so inhaltsschweren Schlußabschnitt der *Soziallehren* hat Troeltsch sein Interesse an den methodologischen Aspekten der Dogmengeschichtsschreibung noch einmal zusammenfassend zum Ausdruck gebracht. Dabei hat er wie in einem kleinen Vexierspiegel die Entwicklung der Dogmengeschichtsschreibung seit Ferdinand Christian Baur dem Leser vorzuzeigen versucht. Ohne Zweifel haben wir in diesem kurzen Textstück Troeltschs Beurteilung und Wertung der *Dogmengeschichte* Harnacks in einer besonders konzisen Fassung vor uns; es fragt sich nur, unter welcher der Chiffren, die Troeltsch in geradezu änigmatischem Stile hier seinen Lesern vorlegt. Da heißt es: Die Dogmengeschichte sei „weder eine immanente Entwickelung der christlichen Gottesidee, noch ein Amalgam antiker Mysterienmythologie und spekulativer Philosophie, noch eine Anhäufung kirchlicher Lehrbestimmungen, noch ein unmittelbarer Ausdruck der jeweiligen christlichen Lebensstimmung".[33] Um diese vier Formeln bestimmten Autoren und Entwicklungsstadien der Dogmengeschichtsschreibung zuweisen zu können, bedürfte es der Heranziehung anderer grundsätzlicher Äußerungen von Troeltsch zur Dogmengeschichte.[34] Für unsere Frage nach der inneren Beziehung zwischen den *Soziallehren* und

---

[31] M. WICHELHAUS, Kirchengeschichtsschreibung (s. Anm. 7); KARL-ERNST APFELBACHER, Frömmigkeit und Wissenschaft. Ernst Troeltsch und sein theologisches Programm, München/Paderborn/Wien 1978 (BÖTh 18).

[32] Troeltsch-Studien Bd. 3, hg.v. Horst Renz/Friedrich Wilhelm Graf, Gütersloh 1984. Zur neueren Sekundärliteratur sei verwiesen auf FRIEDRICH WILHELM GRAF, Internationale Troeltsch-Literatur 1973-1990, in: Mitteilungen der Ernst-Troeltsch-Gesellschaft V, Augsburg 1990 und deren Fortführung ebd. VI-IX, Augsburg 1991-1995/96.

[33] GS I, 969.

[34] Man vgl. etwa ERNST TROELTSCH, Die kulturgeschichtliche Methode in der Dogmengeschichte. – Bedeutung der lex naturae für Katholizismus und Reformation (Besprechung von: REINHOLD SEEBERG, Lehrbuch der Dogmengeschichte II, Erlangen 1899), in: GS IV, 739-752; DERS., Rez.: August D. Dorner, Grundriss der Dogmengeschichte, Berlin 1899, in: Göt-

Harnacks *Dogmengeschichte* ist vor allem die positive Wendung wichtig, die Troeltsch seinem Gedankengang gibt. „Die religiöse Lehre ist der Ausdruck der zunächst im Kultus sich sammelnden und ausströmenden religiösen Lebendigkeit und die Ausbildung des Gedankens, soweit Gedanken überhaupt zu diesem Zwecke nötig waren."[35] Die Abhängigkeit der gesamten christlichen Vorstellungswelt und des Dogmas von den soziologischen Grundbedingungen, von der jeweiligen Gemeinschaftsidee, werde durch die drei „Haupttypen der soziologischen Selbstgestaltung der christlichen Idee" – *Kirche, Sekte, Mystik* – erhellt. Diese Haupttypen seien Abstraktionen, „aber von dieser Abstraktion aus versteht man doch die Dogmengeschichte sehr viel klarer und einfacher, als das bisher der Fall war". Und nun zählt Troeltsch tatsächlich Konsequenzen auf, die in Harnacks sorgenvoller Rückfrage an ihn angeklungen waren: „Alles Philosophische und rein Dogmatische ist sekundär. Die hinter dem Kultus und der jeweiligen Gemeinschaftsidee liegende instinktive Fassung der Gottesidee selbst hat man sich dialektisch klar zu machen nie das Bedürfnis empfunden. Man hat nur die Einzelheiten verkettet und systematisiert. Die eigentlich religiöse Grundidee selbst liegt im Unbewußten und hier wiederum eingebettet in die instinktiv damit gegebene Gemeinschafts- und Kultusidee".[36]

Was Harnack die *feierlichen Fragen des religiösen Gewissens* nannte, und für die er ein Interesse *um Gottes und des Jenseits willen* forderte, wird von Troeltsch mit einem ganz neuen Akzent versehen. Troeltsch behauptet, die „eigentlich religiöse Grundidee" liege im Unbewußten, und sie sei von vornherein eingebettet in eine instinktiv mit ihr gegebene Gemeinschaftsidee; alles Philosophische und rein Dogmatische sei sekundär. Troeltsch betont, daß sich individuelles religiöses Bewußtsein – bei Harnack das „religiöse Gewissen" – in einer kulturgeschichtlichen oder soziologischen Perspektive immer nur in Verbindung mit einem Gemeinschafts- und Kultbewußtsein greifen lasse. Wenn dem wirklich so ist, dann muß das Verhältnis von Religion und Individualität ganz neu bestimmt werden, und ein „Grundproblem der Religionstheorie Ernst Troeltschs"[37] kommt in diesem Diskurs mit Harnack in den Blick.

---

tingische gelehrte Anzeigen 163 (1901) 265-275 (Ernst-Troeltsch-Bibliographie [s. Anm. 18], A 1901/12); DERS., Protestantisches Christentum und Kirche in der Neuzeit, in: Geschichte der christlichen Religion, hg.v. Paul Hinneberg, Berlin/Leipzig ²1909 (Die Kultur der Gegenwart. Teil I. Abteilung IV), 431-755 (Ernst-Troeltsch-Bibliographie [s. Anm. 18], A 1906 4b, bes. 744f.; DERS., Adolf v. Harnack und Ferdinand Christian v. Baur. Aus der Festgabe für D.Dr. A. von Harnack zum siebzigsten Geburtstag dargebracht von Fachgenossen und Freunden, Tübingen 1921 (Ernst-Troeltsch-Bibliographie [s. Anm. 18], A 1921/8a).

[35] GS I, 969.
[36] Ebd.
[37] FRIEDRICH WILHELM GRAF, Religion und Individualität. Bemerkungen zu einem Grundproblem der Religionstheorie Ernst Troeltschs, in: Troeltsch-Studien Bd. 3 (s. Anm. 32), 207-230.

Inwiefern darf man angesichts dieser folgenreichen neuen Akzentsetzung noch von einer „vollen Parallele zu Harnacks Dogmengeschichte" sprechen? Die „Parallele" zwischen den beiden Werken kann vor diesem Hintergrund doch nur noch darin gesehen werden, daß die *Soziallehren* ebenso wie Harnacks *Dogmengeschichte* das historische Material auf den je eigenen Grundlagen exemplarisch gesichtet und geordnet haben. Harnack tat dies auf der Grundlage eines Theologieverständnisses, das in der zum *formulierten Dogma* führenden Denkbewegung die Basis und den tragenden Grund aller neuzeitlichen (Gewissens-) Kultur erkennt. Es sind individuell faßbare Persönlichkeiten, die diesen Prozeß in Gang halten, ihm neue Impulse geben und an den großen Epochenzäsuren als geistige Führer und Lehrer die Weltanschauung und das Geschichtsbild für Generationen neu entwerfen. Troeltsch hingegen ordnete den geschichtlichen Stoff auf der Grundlage der Überzeugung, daß „alle Verbindungen [sc. des Christentums] mit Kultur und Gesellschaft den Charakter eines sekundären Kompromisses bzw. einer den ursprünglichen Gegensatz relativierenden Akkomodation" haben.[38] Die Religion ist in diesem vielschichtigen Prozeß ein wichtiger Faktor der Sozialgestaltung, aber nicht die primäre oder gar einzige schöpferische Macht. Und Troeltsch betont, daß die großen religiösen Persönlichkeiten in ihrem Wirken stets in einem umfassenden Kausalzusammenhang gesehen werden müssen, in dem ihr religiöses bzw. theologisches Denken immer auch durch soziale und ökonomische Kräfte mitbestimmt wird.

Eine innere Parallele der beiden hier betrachteten Werke könnte man noch in dem *Entwicklungsgedanken* erkennen, der für Troeltsch wie für Harnack – in differenzierter Interpretation und Anwendung – wichtig gewesen ist. Nach einer rückblickenden Äußerung von Troeltsch war es Harnacks „neues organisches Bild des Werdens" geschichtlicher Abläufe, das den Studienanfänger beeindruckte[39]; und noch im Jahre 1902 bleibt für Troeltsch in seinem Vortrag über *Die Absolutheit des Christentums und die Religionsgeschichte* „die idealistisch-evolutionistische Theorie als eigentlicher Gegenstand der Kritik und Besinnung übrig", weil sie bis in die Gegenwart hinein das lösende Wort biete, „wo man die kirchliche Historie nicht festhalten" könne. Troeltsch bezieht sich hier – durchaus affirmativ – auf Harnacks *Wesen des Christentums* und bemerkt in einer Fußnote, nur „ketzermacherscher Unverstand" habe „vom De-

---

[38] T. RENDTORFF, Die umstrittene Moderne in der Theologie (s. Anm. 20), 380. M. Wichelhaus stellte auf dem 3. Kongreß der Ernst-Troeltsch-Gesellschaft (vgl. Anm. 7) die These auf: „Ernst Troeltsch nannte seine Soziallehren ‚eine volle Parallele zu Harnacks Dogmengeschichte' [GS IV, 11]. Aber gibt es eine Parallelität außer im Zeitraum vom ersten bis an das achtzehnte Jahrhundert heran, für den Ernst Troeltsch wie Harnack Materialien sichtet und ordnet? Beide entwerfen ihre Darstellung auf je eigenen Grundlagen. Ernst Troeltsch spricht von Parallele, liefert aber einen Gegenentwurf."

[39] E. TROELTSCH, Meine Bücher (s. Anm. 18), GS IV, 5.

ismus" Harnacks sprechen können.⁴⁰ Doch in der Besprechung der Züricher Antrittsrede von Walther Köhler hat Troeltsch im Jahre 1913 seine nun vorrangig *kritische* Beurteilung der von Harnack verkörperten Kirchengeschichtsschreibung grundsätzlich zum Ausdruck gebracht. Harnack habe die Organisation des christentumsgeschichtlichen Stoffes durch die in ihm sich entwickelnde Idee – also die Konzeption der Tübinger Schule – als eine unzutreffende Rationalisierung der Geschichte empfunden und daher die irrationalen Momente der großen schöpferischen Persönlichkeiten in den Vordergrund gestellt. Von dem unberechenbaren Auftreten dieser Persönlichkeiten her, von ihren irrational hervortretenden Lebensinhalten und ihrem persönlich-suggestiven Einfluß aus habe Harnack die großen Mächte und Ereignisse der Christentumsgeschichte zu verstehen versucht. Es komme nun aber darauf an, über Harnack hinaus die soziologische Methode in die Geschichtsforschung einzuführen, denn das rein Ideologische und das Soziologische überdeckten einander ständig, und die von Harnack in den Vordergrund gestellten großen schöpferischen Persönlichkeiten seien eben immer zugleich auch Exponenten vorgegebener soziologischer Bildungen. „Ich habe diesen verwickelten und jedesmal von Fall zu Fall zu klärenden Tatbestand in meinen ‚Soziallehren' darzustellen versucht. Auch Harnack hat doch nicht bloß die Persönlichkeiten, sondern vor allem die Institutionen gegen die bloße Ideologie geltend gemacht, womit freilich nur erst ein Teil des hier vorliegenden Problems in Arbeit genommen ist. Damit aber ist etwas in die historischen Kausalitäten eingeführt, das weder Idee noch Persönlichkeit ist, sondern in dem Naturgesetz der soziologischen Selbstgestaltung alles Ideellen und in dem historischen Zufall des Aufeinanderstoßens und Verschmelzens dieser verschiedenen Bildungen begründet ist." Weil die den geschichtlichen Entwicklungsgang bestimmenden soziologischen Gesetze „psychologische Naturgesetze" seien, die mit dem ideologischen Element „die allerkompliziertesten Verhältnisse" eingehen, sei es kaum möglich, „für eine so komplizierte Erscheinung wie das Christentum eine leitende Idee zu finden, die den ganzen historischen Komplex in dauernder organischer Entwicklungsnotwendigkeit umspannte".⁴¹

Dies wird von Troeltsch ein Jahr nach dem Erscheinen der Buchausgabe der *Soziallehren* gesagt und erschwert es dem heutigen Leser, im Entwicklungsgedanken mehr zu entdecken, als allenfalls eine temporäre und marginale Par-

---

⁴⁰ ERNST TROELTSCH, Die Absolutheit des Christentums und die Religionsgeschichte, Tübingen/Leipzig 1902, 21f. Anm. 1.

⁴¹ ERNST TROELTSCH, Ideologische und soziologische Methoden in der Geschichtsforschung (Besprechung von: WALTHER KÖHLER, Idee und Persönlichkeit in der Kirchengeschichte, Tübingen 1910), in: GS IV, 721-724 (Ernst-Troeltsch-Bibliographie [s. Anm. 18], A 1913/27a), Zitate 722f.

Troeltschs „Soziallehren" und Harnacks „Dogmengeschichte"   315

allele zwischen dem Werk der beiden großen Gelehrten. Es ist – darauf sei noch hingewiesen – ja geradezu eine Koinzidenz im Widerspruch, daß Troeltsch gegen Harnack die Nichtidentität von Urchristentum und Gegenwartschristentum entwicklungsgeschichtlich meinte belegen zu können.[42]

III
Nähe und Distanz, Anknüpfung und Widerspruch

Ich nähere mich dem mir gestellten Thema noch ein drittes Mal und gehe jetzt von dem – bewußt schlicht formulierten – Zwischenergebnis aus, das die beiden ersten Zugänge sichtbar gemacht haben:

Harnack schätzte Troeltschs *Soziallehren*, aber dieses Werk erfüllte ihn mit der ebenso tiefen wie ernsten Sorge, durch die hier angewandte Methode der Geschichtsschreibung könne „das verborgene Fundament und Hauptstück der Kultur" – *nämlich die Denkbewegung des christlichen Glaubens* – relativierend in Frage gestellt werden.

Troeltsch schätzte Harnacks *Dogmengeschichte*, aber er konnte deren „positiven Geist und ... festes altes Glaubenserbe"[43] nicht für sich übernehmen. Harnacks letztlich *von einem personalistischen Glaubensverständnis bestimmte Religionstheorie* war für Troeltsch fragwürdig geworden.

Je weiter Troeltsch in seinen eigenen Arbeiten voranschritt, desto deutlicher wurde ihm diese Grenzlinie bewußt. Der in diesem Zusammenhang wichtigste Text von Troeltsch ist sein 1921 entstandener Beitrag zur „Festgabe für D.Dr. A. von Harnack ... zum siebzigsten Geburtstag" mit dem Titel *Adolf v. Harnack und Ferd. Christ. v. Baur*.[44] Mit einer der Bewunderung bleibend würdigen Noblesse und Aufrichtigkeit hat Troeltsch hier seine Nähe *und* Distanz, seine Anknüpfung *und* seinen Widerspruch zu Harnacks Werk in Worte gefaßt.

---

[42] Vgl. GUNNAR V. SCHLIPPE, Die Absolutheit des Christentums bei Ernst Troeltsch auf dem Hintergrund der Denkfelder des 19. Jahrhunderts, Neustadt a.d. Aisch 1966; DIETRICH KORSCH, Zeit der Krise und Neubau der Theologie. Karl Holl als Antipode Ernst Troeltschs, in: Troeltsch-Studien Bd. 4 (s. Anm. 20), 211-229; bes. 222-224. Troeltsch kritisiert Harnacks Interpretation der Entwicklung vom Urchristentum zur Frühkatholischen Kirche auch anderenorts; man vgl. ERNST TROELTSCH, Richard Rothe. Gedächtnisrede gehalten zur Feier des hundertsten Geburtstages, Freiburg i.Br. 1899, 27f.

[43] E. TROELTSCH, Harnack/Baur (s. Anm. 34), 288: „Er ist ein positiver Geist und hat ein festes altes Glaubenserbe im Blute. Der Reichtum und die Suggestionskraft der Historie beraubt ihn nicht des Steuers und vor allem nicht des Glaubens an einen absoluten Kern- und Zielgedanken des Christentums. Das Wesen des Christentums ist ihm nicht das relativ Allgemeine zerfließender historischer Erscheinungen, sondern Ursprung, tragende Kraft und ewiges Ziel alles christlichen Werdens."

[44] E. TROELTSCH, Harnack/Baur (s. Anm. 34).

Zunächst rühmt Troeltsch Harnack als den seit Ferdinand Christian Baur ersten, „der wieder die Kirchengeschichte zum Inbegriff der Theologie" gemacht habe, „und ihr damit eine zentrale Stellung unter den historischen, von Wesen und Entstehung unseres Kulturkreises handelnden Geisteswissenschaften gegeben hat".[45] Troeltsch verteidigt sodann das „Goethe-Christentum" Harnacks gegen Ironie (gemeint ist Reinhold Seeberg) und „rohe Beschimpfung" (gemeint ist Franz Overbeck). Das so bezeichnete Christentum Harnacks sei der gedankliche Hintergrund der Harnackschen Auffassung vom Wesen des Geistes und seines Werdens, „vermöge dessen zugleich die Anschauung der Geschichte die Idee ersetzen kann, weil sie selbst eine Idee ist und doch zugleich die Konkretheit und Unbegrifflichkeit des Lebens bewahrt". Harnacks psychologischer Realismus entspringe völlig seinem historischen Instinkt und seinem Wirklichkeitssinn; beide bewahrten ihn davor, mit Albrecht Ritschl und seiner Schule ein supranaturales Christentum gegen „alle außerchristliche Welt" behaupten zu müssen.[46] Harnack habe ein Bild „der Universal- und Religionsgeschichte" entworfen, „wo alles nach völlig gleichen Methoden erkannt und gestaltet ist und nur innerhalb des religiösen Lebens das Christentum rein faktisch sich durch Größe, Tiefe und Wirkungskraft einzigartig heraushebt".[47] Harnacks Bestimmung der „Absolutheit" des Christentums sei keine künstliche Rettung von der Skepsis des Historismus, sondern das „Herz ... [seiner] Historik und seiner religiösen Deutung der Geschichte, ihm selber so naiv und eigengewachsen natürlich, wie er es hier auch von allen anderen erwartet".[48] Der Nachsatz klingt wie eine vertrauensvolle Antwort auf Harnacks besorgte Fragen. Harnack hatte in seinem kritischen Gespräch mit dem jüngeren Kollegen an hervorgehobenen Stellen wiederholt gesagt, Troeltsch könne doch in letzter Konsequenz gar nicht *das* meinen, was in der Methodik seiner Geschichtsschreibung potentiell angelegt sei.[49] Aber eben die hier angesprochene

---

[45] Ebd., 282.
[46] Ebd., 285f.
[47] Ebd., 286.
[48] Ebd., 289.
[49] Zur grundsätzlichen Problematik vgl. K.-E. APFELBACHER, Frömmigkeit und Wissenschaft (s. Anm. 31), 179ff. – Schon die 15. Lizentiaten-These des jungen Ernst Troeltsch aus dem Jahre 1891 und die in ihr ausgesprochene Ritschl-Kritik ist bei dieser Fragestellung zu beachten. Vgl. Troeltsch-Studien Bd. I, hg.v. Horst Renz/Friedrich Wilhelm Graf, Gütersloh ²1985, 300; FRIEDRICH WILHELM GRAF, Der „Systematiker" der „Kleinen Göttinger Fakultät". Ernst Troeltschs Promotionsthesen und ihr Göttinger Kontext, in: Ebd., 235-290; bes. 253-259; 286f.; FRIEDRICH WILHELM GRAF/HARTMUT RUDDIES, Ernst Troeltsch, Geschichtsphilosophie in praktischer Absicht, in: Joseph Speck (Hg.), Grundprobleme der großen Philosophen, Göttingen 1986, 128-164; hier bes. der Absatz über das Krisenbewußtsein von Ernst Troeltsch (136-140). – VOLKER DREHSEN, Zeitgeistanalyse und Weltanschauungsdiagnostik in kulturpraktischer Absicht. Ein exemplarischer Kommentar Ernst Troeltschs zur theologischen und religiösen Lage seiner Zeit, in: Mitteilungen der Ernst-Troeltsch-Gesellschaft VIII, Augsburg 1994, 3-31.

„naive und eigengewachsen natürliche" religiöse Deutung der Geschichte war Troeltsch längst nicht mehr möglich – wenn er sie je angestrebt haben sollte. Unser Thema führt uns – wenn wir diesen Dialog zwischen Troeltsch und Harnack weiterdenken – zu einem Grundproblem der Religionstheorie von Troeltsch und damit zu einem noch nicht gelösten, vielleicht in seiner Bedeutung noch kaum erkannten Dilemma der theologischen Denkbemühungen unseres Jahrhunderts. Vor dem von ihm selber gezeichneten Hintergrund der Position Harnacks muß die Rückfrage Troeltschs lauten: Ist eine tatsächlich gegebene, „naive und eigengewachsen natürliche" Religiosität [des Individuums] bereits zureichende Rechtfertigung für den Geltungsanspruch „der" Religion oder gar „des" Christentums überhaupt?[50] Troeltsch hat in seinem Festschriftbeitrag für den siebzigjährigen Harnack diesen Problemkreis thematisch weit ausgezogen. Er faßte seine „wirklichen Bedenken" gegenüber Harnacks positivem Geist und dessen „festes altes Glaubenserbe" in den Fragen zusammen, „ob es richtig ist, in diesem sehr partikulären europäischen Entwicklungsergebnis wirklich das Letzte und Allgemeine, allen Menschen und Völkern Einleuchtende zu sehen und ob es möglich ist, sich trotz aller historischen Kritik so naiv und unmittelbar zu dem ‚Lebensbilde' Jesu zu verhalten"? Die Antwort, die Troeltsch 1921 mit großer subjektiver Aufrichtigkeit geben mußte, lautete: nein. Der von Harnack vorausgesetzte Begriff des Ethischen und der Bruderliebe als einer „eindeutigen und von aller Metaphysik unabhängigen Sache, die aus dem Gottvertrauen nur den Zuschuß von Kraft, Mut und Freudigkeit empfängt", sei für ihn „unmöglich". Troeltsch verweist noch einmal auf Harnacks Rezension des ersten Teiles der *Soziallehren* aus dem Jahre 1908. In dieser Rezension war es bereits um die Interpretation der „Liebesethik" Jesu gegangen; Troeltsch hatte darauf 1912 in den *Soziallehren* mit nachdenklicher Zurückhaltung geantwortet. Aber nun (1921) fügt Troeltsch hinzu: „Darüber ist ja auch Harnack seinerzeit in eine Polemik gegen mich

---

[50] Man vgl. zu dieser Frage ERNST TROELTSCH, Luther, der Protestantismus und die moderne Welt (1907/8), in: GS IV, 202-254 (Ernst-Troeltsch-Bibliographie [s. Anm. 18], A 1908/9a). Trutz Rendtorff hat die hier hervorgehobene Differenz zwischen Harnack und Troeltsch in anderem Zusammenhang so beschrieben: „Während Troeltsch mit Harnack die Überzeugung von der konstruktiven Bedeutung historischer Forschung für die Theologie teilte, erinnerte er doch gegenüber Harnack daran, daß die historische Methode von sich aus gerade nicht zu absoluten Wesensbestimmungen vorstoßen könne und wolle. Die rekonstruierende Arbeit der historischen Forschung setzt sich nach Troeltsch vielmehr in der konstruierenden Tätigkeit des gegenwartsbezogenen Systematikers und Religionsphilosophen fort, der gleichsam auf eigene Rechnung und im Rahmen individueller Einsicht und Erfahrung zu Ergebnissen kommt, die nicht den zwingenden Charakter wissenschaftlichen Beweises haben können." TRUTZ RENDTORFF, Theologische Orientierung im Prozeß der Aufklärung. Eine Erinnerung an Ernst Troeltsch, in: Rudolf Vierhaus (Hg.), Aufklärung als Prozeß, Hamburg 1988, 19-33; Zitat 26 (im gesamten Aufsatz zahlreiche weitere Verweise auf das Verhältnis Troeltsch-Harnack).

eingetreten, die sehr viel tiefer auf die Wurzeln geht, als wir beide es dabei ausgesprochen haben."[51]

Wer Harnacks *Dogmengeschichte* mit Troeltschs *Soziallehren* zu vergleichen unternimmt, der suche nach diesen *sehr viel tiefer auf die Wurzeln* gehenden Fragen. Hier wurde nur ein Anfang gemacht.

---

[51] E. TROELTSCH, Harnack/Baur (s. Anm. 34), 290. Abschließend bemerkt Troeltsch: „Wie weit ich selbst zu seiner Schule gehöre, weiß ich nicht recht; auch nicht, wieweit Harnack einer solchen Einreihung von seiner Seite zustimmen würde. Aber das weiß ich, daß derjenige Teil meines Wissens, der die Kirchen- und Dogmengeschichte betrifft, ihm aufs allertiefste verpflichtet ist, ja aus seinen und Ritschls unendlich fruchtbaren Arbeiten geradezu hervorgewachsen ist. Die starken Umwandlungen, die diese Gedanken und Ergebnisse dann unter meinen Händen erfahren haben, zu schildern und zu begründen, muß ich hier unterlassen." (Ebd., 291).

III. Zur Theologiegeschichte des 20. Jahrhunderts

Zur Methode kirchlicher Zeitgeschichtsforschung

*Helmut Gollwitzer zum
29. Dezember 1988*

I
Das Problem

Helmut Gollwitzer hat im dritten Heft dieses Jahrgangs der *Evangelischen Theologie* das Problem, über das hier nachgedacht werden soll, in ebenso temperamentvoller wie erhellender Weise angesprochen. Er tat dies eher beiläufig und ohne den Anspruch, einen besonderen Beitrag zu einer Methodendiskussion leisten zu wollen. Gerade wegen dieser indirekten Form der Mitteilung sollten die Zeitgeschichtsforscher dem Zeitzeugen Helmut Gollwitzer dankbar sein. Denn aus einer reichen kirchlich-theologischen Erfahrung heraus – und zugleich in aktueller Betroffenheit – wurde hier ein durchaus verwickelter Sachverhalt in eine geradlinige und eindeutige Aufgabenstellung zusammengefaßt. Es geht um das Problem, mit welcher Zielsetzung und mit welcher Methode die jüngst vergangene Geschichte unserer Kirche zu erforschen und darzustellen sei.

Gollwitzer schreibt über einen um Öffentlichkeitswirkung sehr bemühten kirchlichen Zeitgeschichtsforscher, sein „Mangel als Historiker" bestehe darin, „daß er begierig enthüllt, wo er solidarisch verstehen oder mindestens mit historischem Verständnis einordnen sollte."[1] *Enthüllen – verstehen – einordnen*: Nehmen wir zunächst diese Trias auf! Das erste der drei Verben steht störend in der Reihe und macht somit auf ein Problem aufmerksam. Das Wort *enthüllen* hat einen abwertenden Bedeutungsgehalt; es führt zu Assoziationen wie „Enthüllungs-Journalismus" oder „chronique scandaleuse", und es gehört zu einer ganz anderen Sprach- und Ausdrucksebene als die beiden folgenden Verben der klassischen hermeneutischen Terminologie. *Enthüllen* erinnert an den nichtakademischen Ursprung der Zeitgeschichtsschreibung und provoziert die Frage nach ihrem wissenschaftlichen Charakter und ihrer kirchlichen Relevanz.[2] Doch was geschieht, wenn wir uns für einen Augenblick zum Advokaten

---

[1] HELMUT GOLLWITZER, Kirchenkampf und „Judenfrage", in: EvTh 48 (1988) 273-277; 275.
[2] Auf diese grundsätzlichen Einwände gegen die kirchliche Zeitgeschichtsschreibung, die sich nicht auf „eine respektable akademische Tradition abstützen" könne, verweist V. Conzemius in seinem *Vorwort* zu: VICTOR CONZEMIUS/MARTIN GRESCHAT/HERMANN KOCHER (Hg.), Die Zeit nach 1945 als Thema kirchlicher Zeitgeschichte, Göttingen 1988, 9.

des Angegriffenen machen und dem Verb *enthüllen* seine Provokation nehmen, indem wir es in das sachlich-neutrale *dokumentieren* umwandeln? Ist dann die Aufgabenstellung einer wissenschaftlichen kirchlichen Zeitgeschichtsforschung bereits zureichend beschrieben? Für einen ersten Ansatz mag eine solche Formel ausreichen; es bleibt aber der von Gollwitzer herausgeforderte Denkanstoß: Gibt es eine erkennbare Grenzlinie zwischen dem Enthüllen und dem Dokumentieren? Wenn Ja, wo liegt sie? In der Person und Intention dessen, der da dokumentierend oder enthüllend am Werke ist? Oder nicht vielleicht doch auch in der Sache, die da bearbeitet wird, und die selbst als reine Dokumentation enthüllende Wirkung haben kann? Oder wird die Grenzlinie gar von einer dritten Instanz gezogen, die sich gegen die Aufdeckung von bestimmten Sachverhalten und Tatbeständen zur Wehr setzt und damit die Dokumentation zur Enthüllung ihrer *eigenen* Interessen werden läßt? Alledem ist nachzudenken. — Ein Blick auf die von Gollwitzer benutzten adverbialen Bestimmungen ergibt das gleiche Fragemuster. Wieder könnte man dem ersten Wort („begierig") seine anklagende Schärfe nehmen, indem man es in das schlichte Wort „fleißig" umwandelte. Doch erneut bliebe die spezifische Differenz zwischen beiden Begriffen zu bestimmen. Die übrigen Forderungen Gollwitzers („solidarisch verstehen" — „mit historischem Verständnis einordnen") weisen darauf hin, daß kirchliche Zeitgeschichtsforschung denselben methodischen Grundanforderungen zu unterwerfen ist, wie jeder andere Zweig der historischen Wissenschaft.[3] Nur nebenbei sei bemerkt, daß Gollwitzers Formulierung an ein Dictum von Adolf v. Harnack erinnert, der vor genau einhundert Jahren von den „drei Erfordernissen des Historikers" gesprochen hat, nämlich: „Sachkenntniss, freimüthige Kritik und Fähigkeit, sich auch in fremde Interessen und Gedanken zu finden".[4]

Es besteht in der Literatur weitgehend Einverständnis darüber, auf welchen konkreten Zeitraum sich die Zeitgeschichtsforschung zu beziehen habe: Jene Jahrzehnte, die von einer je heute noch lebenden Generation von Zeitzeugen bewußt miterlebt und mitgestaltet worden sind.[5] In einem glänzenden Entwurf zu einer Begriffsgeschichte des Wortes „Zeitgeschichte" hat Reinhart Koselleck daran erinnert, daß alle Historien unseres Kulturraumes seit ihrer wissenschaftlichen Begründung immer schon eine „Geschichte der Zeit-

---

[3] Vgl. den Überblick bei JOACHIM MEHLHAUSEN, „Geschichte/Geschichtsschreibung, 19.-20. Jahrhundert", in: TRE 12 (1984) 643-658 (Lit.).
[4] ADOLF v. HARNACK, Lehrbuch der Dogmengeschichte, Bd. 1, Freiburg ²1888, 27.
[5] Statt vieler Einzelbelege sei verwiesen auf: EBERHARD JÄCKEL, Begriff und Funktion der Zeitgeschichte, in: Eberhard Jäckel/Ernst Weymar (Hg.), Die Funktion der Geschichte in unserer Zeit, Stuttgart 1975, 162-176; und FRITZ ERNST, Zeitgeschehen und Geschichtsschreibung, in: ders., Gesammelte Schriften, hg. v. Gunther G. Wolf, Heidelberg 1985, 289-341.

genossenschaft" gewesen sind.⁶ Von Herodot und Thukydides über Caesar und Tacitus bis hin zu Friedrich dem Großen und Churchill habe es „immer schon Zeitgeschichte gegeben", und man könne nur hoffen, „daß es dabei bleiben möge" (21). Doch seit der Französischen Revolution – und erst recht unter den technischen und industriellen Voraussetzungen des 20. Jahrhunderts – habe die Zeitgeschichte „eine neue Qualität der Fragestellungen" gewonnen. Deshalb lasse sich die Zeitgeschichtsschreibung nicht mehr auf die Ereignisgeschichte, speziell die politische Geschichte, beschränken, sondern dem heutigen Zeithistoriker sei die Aufgabe gestellt, „die unwiederholbaren Entscheidungszwänge zu rekonstruieren, nach denen alles anders wurde, am 30. Januar 1933 oder nach dem 20. Juli 1944" (28f). Die gleiche Aufgabenstellung gilt für den kirchlichen Zeithistoriker. Sie führt ihn auf ein Konfliktfeld, dessen eine Begrenzungslinie mit dem Stichwort „Rechtfertigungszwang" angedeutet sei und dessen andere Begrenzung durch den stereotypen Einwand ungenügender Distanz gesetzt wird. Wer „begierig enthüllt", der täuscht seinem Leser vor, er habe dieses Konfliktfeld bereits erfolgreich umschritten und endgültig parzelliert; wer *sine ira et studio* bloß „dokumentiert", der versagt seinem Gesprächspartner den notwendigen – weil alleine nach vorne weisenden – Beitrag zur Klärung des Selbstbewußtseins der heute lebenden und zum Handeln verpflichteten Generation.⁷

Kirchliche Zeitgeschichtsschreibung hat sich zu bewähren, indem sie sich auf dieses Konfliktfeld begibt. Sie muß dort nach einem Dritten jenseits von Enthüllung und Dokumentation forschend suchen: der Erkenntnis eigener Gefährdungen und heutiger Aufgaben, die aus der unlösbaren Verbindung und Zusammengehörigkeit der Generationen erwachsen. Ernst Bizer pflegte diesen Sachverhalt im kirchengeschichtlichen Proseminar mit den schlichten Worten zu umschreiben: Durch das Studium der Kirchengeschichte solle der Theologe sein *Erbe* und seinen *Auftrag* erkennen lernen.⁸

II
Ein Blick zurück

Kirchliche Zeitgeschichtsforschung hat sich nach 1945 zunächst als Erforschung des sogenannten „Kirchenkampfes" neu etabliert. Der Rat der EKD berief 1955 eine „Kommission für die Geschichte des Kirchenkampfes in der

---

⁶ REINHART KOSELLECK, Begriffsgeschichtliche Anmerkungen zur ‚Zeitgeschichte', in: V. Conzemius u.a. (Hg.), Die Zeit nach 1945 (s. Anm. 2), 17-31.
⁷ Vgl. hierzu die Überlegungen von E. Herms zur Frage nach dem „Nutzen des Geschichtsstudiums": EILERT HERMS, Schuld in der Geschichte. Zum „Historikerstreit", in: ZThK 85 (1988) 349-370; 364f.
⁸ JOACHIM MEHLHAUSEN, In Memoriam Ernst Bizer, in: EvTh 37 (1977) 306-325 (s.u. 528-547).

nationalsozialistischen Zeit". Erste Arbeitsaufträge für die Kommission waren die Erstellung einer Bibliographie und eines Nachweises der vorhandenen Archivalien aus der Zeit zwischen 1933 und 1945. Über die Arbeitsweise dieser Kommission und über den Wandel im Verständnis des Begriffs „Kirchenkampf" ist in jüngster Zeit verschiedentlich berichtet worden;[9] dies muß hier nicht wiederholt werden. Nur zwei leise Korrekturen an dem gängigen Bild jenes Abschnitts der Forschungsgeschichte seien angebracht:

Die erste Phase der Kirchenkampf-Geschichtsschreibung, in der zumeist das eigene Erleben betont und thematisiert wurde, war nicht so ephemer und unergiebig, wie dies häufig behauptet wird. In ihr gab es zwar apologetische und polemische Fortsetzungen des alten Streits, in denen der Einschnitt des Jahres 1945 kaum reflektiert wurde. Die *Kirchenkampf-Legenden* von Friedrich Baumgärtel sind ein relativ später (1959), aber deutlicher Beleg für derartige Historiographie.[10] Es gab aber bereits sehr früh Arbeiten, die den späteren „wissenschaftlichen" Darstellungen dadurch überlegen waren und überlegen blieben, daß sie die *theologischen* Fragen, Einsichten und Herausforderungen der jüngsten kirchlichen Vergangenheit *für die Gegenwart zur Herausforderung* machten. Man lese unter diesem Aspekt etwa die aus Londoner Rundfunkvorträgen zusammengestellte kleine Geschichte der Bekennenden Kirche von Werner Koch (1946)[11] oder das Vorwort und die überleitenden Textabschnitte in Heinrich Hermelinks großer Kirchenkampf-Dokumentation aus dem Jahre 1950.[12] Aufmerksam zu machen ist ferner auf den bemerkenswerten Sachverhalt, daß die evangelische Kirchenkampf-Geschichtsschreibung zwischen 1955 und 1985 ihr eigenes methodisches Vorgehen und ihre Zielsetzung nicht reflektiert hat; die wenigen marginalen Äußerungen zu diesem Thema[13] machen

---

[9] KURT MEIER, Kirchenkampfgeschichtsschreibung, in: ThR 46 (1981) 19-57; 101-148; 237-275; DERS., Neuere Konzeptionen der Kirchenkampfhistoriographie, in: ZKG 99 (1988) 63-86 (Lit.); VICTOR CONZEMIUS, Katholische und evangelische Kirchenkampfgeschichtsschreibung im Vergleich: Phasen, Schwerpunkte, Defizite, in: ders. u.a. (Hg.), Die Zeit nach 1945 (s. Anm. 2), 35-57 (Lit.).

[10] FRIEDRICH BAUMGÄRTEL, Wider die Kirchenkampf-Legenden, Neuendettelsau ²1959 (= erweiterte Auflage), ³1976. Um diese Darstellungsweise richtig einordnen zu können, sollte man sie mit einem Text des gleichen Autors aus der Zeit nach 1933 vergleichen; etwa mit der Streitschrift F. Baumgärtels gegen Dietrich Bonhoeffer: FRIEDRICH BAUMGÄRTEL, Die Kirche ist Eine – die alttestamentlich-jüdische Kirche und die Kirche Jesu Christi?, Greifswald 1936.

[11] WERNER KOCH, Bekennende Kirche gestern und heute. Was jedermann von ihr wissen sollte, Stuttgart 1946 (= Kirche für die Welt H. 6).

[12] HEINRICH HERMELINK (Hg.), Kirche im Kampf. Dokumente des Widerstands und des Aufbaus in der Evangelischen Kirche Deutschlands von 1933 bis 1945, Tübingen/Stuttgart 1950.

[13] Man vgl. etwa das auf die notwendigsten Informationen beschränkte *Vorwort* von Heinz Brunotte/Ernst Wolf/Kurt Dietrich Schmidt zum ersten Band der *Arbeiten zur Geschichte des Kirchenkampfes* in: OTTO DIEHN, Bibliographie zur Geschichte des Kirchenkampfes 1933-1945, Göttingen 1958 (= AGK 1), 5f. – Ebenfalls nur Informationen allgemeiner Art enthält

das Defizit nur noch deutlicher sichtbar. Die Dokumentation des Verlaufs der Bekenntnis-Synoden und die monographische Behandlung zentraler Einzelthemen schienen den Forschungsauftrag so selbstverständlich zu definieren, daß eine Reflexion zu den Methodenfragen anscheinend nicht nötig war. Sogar die großen Gesamtdarstellungen zum Kirchenkampf kamen ohne derartige Prolegomena aus. Erst mit dem „Barmen-Gedenken" des Jahres 1984 setzte hier ein zaghaftes Umdenken ein. Anders verfuhr man im Bereich der „profanen" Zeitgeschichtsforschung. Das im September 1950 gegründete *Institut für Zeitgeschichte*[14] (ursprünglich sollte der Name lauten: Deutsches Institut für Geschichte der nationalsozialistischen Zeit) eröffnete den ersten Jahrgang seines Periodikums, der *Vierteljahrshefte für Zeitgeschichte,* mit einer grundsätzlichen Erwägung von Hans Rothfels zum Thema „Zeitgeschichte als Aufgabe".[15] In diesem bedeutenden Essay betont Rothfels, Motiv und Movens für die Zeitgeschichtsforschung müsse das Krisenbewußtsein in der nach 1945 gegebenen „universalen Konstellation" sein (2). Diese „spezifische Betroffenheit durch die Geschichte" dürfe das jeder historischen Methode abzuverlangende Streben nach Objektivität nicht einschränken. Die Zeitgeschichtsforschung teile mit allen Formen geschichtlicher Betrachtung „das Risiko des Irrens, ja mit dem menschlichen Leben selbst das eigentümliche Proportionsverhältnis von Wagnis und Gewinn. Je näher wir den Dingen sind, desto leichter mögen wir ihren Kern verfehlen und von vorgefaßten Meinungen abgezogen werden, um so eher aber verfügen wir auch über Möglichkeiten der Korrektur und des Zugangs zu den Gelenkstellen" (5). Rothfels plädierte von

---

das *Vorwort* von Georg Kretschmar/Klaus Scholder zum ersten Band der *Arbeiten zur Kirchlichen Zeitgeschichte* in: JÖRG THIERFELDER, Das Kirchliche Einigungswerk des württembergischen Landesbischofs Theophil Wurm, Göttingen 1975 (= AKiZ.B 1), XI-XIII. – Keine methodologischen Erwägungen im engeren Sinne, sondern Hinweise auf die Auswertung kirchlicher Statistiken und anderer Quellengruppen enthält WILHELM NIEMÖLLER, Erwägungen zur Geschichtsschreibung des Kirchenkampfes, in: Ernst Wolf (Hg.), Zwischenstation. FS Karl Kupisch, München 1963, 197-207. – Kurt Meier eröffnete 1972 den ersten Band seiner Gesamtdarstellung des Evangelischen Kirchenkampfes mit einem Rückblick auf die jüngste Forschungsgeschichte und einer Begründung der besonderen Bedeutung einer umfassenden territorialkirchengeschichtlich orientierten Darstellungsweise: KURT MEIER, Der Evangelische Kirchenkampf, Bd. 1 Göttingen 1976, VII-XV. – Über Klaus Scholders Verständnis der Kirchlichen Zeitgeschichte urteilt Gerhard Besier: „Obwohl es sich ... um grundsätzliche Überlegungen handelt, kann man doch nicht eigentlich von metahistorischen Abhandlungen sprechen; auch da, wo Scholder theoretisch denkt, bleibt er konkret, spricht in Exempeln und gestaltet mit dramaturgischer Brillanz. Es ist eine gegenständlich eingebundene, am Spezialfall illustrierte Historik, die diesen Anspruch streng genommen gar nicht macht und doch Maßstäbe setzt" (KLAUS SCHOLDER, Die Kirchen zwischen Republik und Gewaltherrschaft. Ges. Aufsätze hg.v. Karl-Otmar v. Aretin/Gerhard Besier, Berlin 1988, 11).

[14] HELLMUTH AUERBACH, Die Gründung des Instituts für Zeitgeschichte, in: VZG 18 (1970) 529-554.

[15] HANS ROTHFELS, Zeitgeschichte als Aufgabe, in: VZG 1 (1953) 1-8.

Anfang an für die Internationalisierung der Zeitgeschichtsforschung (5), schrieb aber den deutschen Zeitgeschichtsforschern insbesondere die Aufgabe zu, keine „leeren Räume" offenzulassen, in die „Legenden sich einzunisten neigen" (8). Gerade den letzten Gedanken hat Martin Broszat 1988 aufgegriffen, als er die Frage „Wozu Zeitgeschichtswissenschaft?"[16] mit der Bemerkung beantwortete, es komme darauf an, die „historischen Schattenwinkel" zu erhellen, „in denen die mächtigen Geschichtsmythen zu hausen pflegen". Durch die Auffüllung des Vakuums, das zwischen der abgeschlossenen Geschichte der Vorfahren und der Gegenwart liege, müsse Zeitgeschichtsforschung rechtzeitig dazu beitragen, daß die jeweils jüngste Vergangenheit später nicht allzuleicht verschönt und stilisiert werde. Schließlich geht es um den „Pluralismus der Lesarten" (Jürgen Habermas[17]) gerade in einer um Objektivität bemühten Zeitgeschichtsforschung: Sie wird „immer auch bestrebt sein, die schiere Beliebigkeit von Frageansätzen oder Relevanzbestimmungen zu überwinden und den Versuch machen, wenigstens eine Hierarchie der Bedeutungsgehalte und damit ein Gerüst für unterschiedliche Geschichtsbetrachtungen und -bewertungen zu schaffen". „Was eine demokratische Gesellschaft in dem – besonders empfindlichen – Grenzbereich zwischen Geschichte und Gegenwart der Zeitgeschichtsforschung schon erlaubt, wie gelassen sie auch zeitgeschichtliche Kritik aushält, das stellt einen Indikator der politischen Kultur einer Gesellschaft dar."[18]

Vergleichbare grundsätzliche Erwägungen sind von (evangelischen) kirchlichen Zeitgeschichtsforschern im Blick auf ihr eigenes Aufgabenfeld bislang nicht angestellt worden; dieses Versäumnis mag die oft beklagte Isolation, ja Nichtbeachtung der kirchlichen Zeitgeschichtsforschung[19] zumindest mit verursacht haben. Wer sich aus der mühevollen kritischen Arbeit an der Selbst-

---

[16] MARTIN BROSZAT, Wozu Zeitgeschichtswissenschaft?, in: Verlagsbeilage zu VZG 36 (1988) 1.
[17] JÜRGEN HABERMAS, Eine Art Schadensabwicklung. Kleine Politische Schriften VI, Frankfurt/M. 1987, 118; DERS. in: „Historikerstreit". Die Dokumentation der Kontroverse um die Einzigartigkeit der nationalsozialistischen Judenvernichtung, München/Zürich 1987, 74f. – Der hervorzuhebende Satz von Habermas lautet: „Der unvermeidliche, keineswegs unkontrollierte, sondern durchsichtig gemachte Pluralismus der Lesarten spiegelt nur die Struktur offener Gesellschaften." Er eröffne erst die „Chance, die eigenen identitätsbildenden Überlieferungen in ihren Ambivalenzen deutlich zu machen. Genau dies ist notwendig für eine kritische Aneignung mehrdeutiger Traditionen" (a.a.O. 74). – Die kirchliche Zeitgeschichtsforschung hat wohl Anlaß, diesen Aspekt auch für das von ihr zu bearbeitende Material grundsätzlich zu bedenken.
[18] M. BROSZAT, Wozu Zeitgeschichtswissenschaft?, 1.
[19] Statt vieler Einzelbelege vgl. das *Vorwort* der Herausgeber zu: JOCHEN-CHRISTOPH KAISER/MARTIN GRESCHAT (Hg.), Der Holocaust und die Protestanten. Analysen einer Verstrickung, Frankfurt/M. 1988 (= Konfession und Gesellschaft. Beiträge zur kirchlichen Zeitgeschichte Bd. 1), VIIf. und: V. CONZEMIUS, Kirchenkampfgeschichtsschreibung (s. Anm. 9), 52.

definition einer Disziplin und ihrer Methoden meint heraushalten zu können, darf sich nicht über mangelnde Solidarität der Kollegenschaft beschweren.

III
Die gegenwärtige Situation

Die Zeitgeschichtsforschung hat derzeit auch und gerade im Bereich der evangelischen Kirche unseres Landes eine hohe Konjunktur. Doch die überaus zahlreichen Veröffentlichungen ergeben insgesamt ein diffuses Bild vom Stand der gesamten Disziplin. Viele Projekte werden durch den „Festkalender" der „Jubiläen" zu runden Jahreszahlen in Gang gesetzt – ein für das allgemeine öffentliche Interesse legitimer, für die Selbstbestimmung einer wissenschaftlichen Disziplin aber äußerst fataler Mechanismus! Eine Koordination einzelner Arbeitsvorhaben findet offensichtlich viel zu selten statt. Die Folge sind Parallelveröffentlichungen, die keineswegs in jedem Falle sinnvolle Ergänzungen ergeben, sondern leider nur zu oft überflüssige Doppelarbeit dokumentieren. Die „Kirchenkampf-Kommission" der EKD wurde 1971 in die *Evangelische Arbeitsgemeinschaft für Kirchliche Zeitgeschichte* umgebildet. Die Aufgabe dieser neuen Einrichtung (wiederum eine vom Rat der EKD berufene Kommission) besteht darin, „die wissenschaftliche Erforschung der kirchlichen Zeitgeschichte zu verfolgen, ihre Ergebnisse nutzbar zu machen und durch eigene Unternehmungen zu fördern. Sie bemüht sich dabei um die Klärung wissenschaftlicher Grundlagenfragen. Sie ist bestrebt, innerhalb der EKD zeitgeschichtliche Forschungsvorhaben zu koordinieren. Mit anderen Einrichtungen der Zeitgeschichtsforschung arbeitet sie zusammen. Sie fördert den internationalen Austausch der Arbeitsergebnisse zur kirchlichen Zeitgeschichtsforschung."[20] In konsequenter Wahrnehmung dieser Aufträge könnte die „Arbeitsgemeinschaft" unseren Kirchen einen wichtigen Dienst leisten: Den aus der Zeitgeschichte zu ermittelnden Beitrag zur Klärung des Selbstbewußtseins der heute zum kirchlichen Handeln verpflichteten Generation. Jürgen Moltmann nannte 1962 die Herausgabe von Texten aus den Anfängen der dialektischen Theologie „ein Experiment, in welchem *zur Selbstprüfung der Gegenwart* festgestellt werden kann, ob diese Ansätze zu einer neuen Begründung evangelischer Theologie wirklich zum Tragen gekommen sind, oder ob es sich lediglich um eine Episode ... gehandelt hat."[21] In analoger Weise müßte kirchliche Zeitgeschichts-

---

[20] Amtsblatt der EKD 1981, 336f. – CARSTEN NICOLAISEN, Die Arbeit der Evangelischen Arbeitsgemeinschaft für kirchliche Zeitgeschichte, in: AHF, Jahrbuch der historischen Forschung (1978) 80-84.

[21] JÜRGEN MOLTMANN (Hg.), Anfänge der dialektischen Theologie, I, München 1962 (= TB 17), IX (Hervorhebung vom Vf.).

forschung zur Selbstprüfung der Gegenwart beitragen, indem sie klären hilft, welche theologischen Traditionen, innerkirchlichen Handlungsmuster und Entscheidungskriterien aus der jüngsten Vergangenheit fortwirken, und wo (und warum!) es Abbrüche, Interdependenzen und Neuansätze gibt. Einer kirchlichen Kommission kann es meines Erachtens durchaus zugemutet und abverlangt werden, daß sie sich auf diese ekklesiologische Perspektive ihrer Arbeit konzentriert und den Prozeß der Selbstprüfung der Gegenwart am zeitgeschichtlichen Material immer wieder in Gang setzt und in Gang hält. Dieser Klärungsprozeß muß unabhängig vom Diktat des erwähnten „Festkalenders" vonstatten gehen; er sollte – so weit das irgend möglich ist – frei bleiben vom individuellen wissenschaftlichen Forschungsinteresse einzelner kirchlicher Zeithistoriker, das sich mit uneingeschränktem Recht heute auf diesen und morgen auf jenen Gegenstand richten darf und in freier Entscheidung richten muß. Das von Gollwitzer geforderte solidarische Verstehen der kirchlichen Zeitgeschichte dürfte dort, wo es sich tatsächlich um *kirchliche* Zeitgeschichtsforschung handelt, nie bloß objektbezogen sein, sondern müßte die Selbstprüfung der Gegenwart immer mit einschließen. In Aufnahme der Formulierungen von Martin Broszat sei für ein solches Unternehmen der Satz gewagt: Was eine Kirche in dem – besonders empfindlichen – Grenzbereich zwischen Geschichte und Gegenwart der Zeitgeschichtsforschung schon erlaubt, wie gelassen sie auch zeitgeschichtliche Kritik wahrnimmt, aushält und zu verarbeiten beginnt, das stellt einen Indikator der vom Evangelium geschenkten Freiheit dieser Kirche dar. Auch im Bereich der Zeitgeschichtsforschung hat die *libertas christiana* die *libertas ecclesiae* kritisch zu bewachen![22]

Angesichts der Überfülle des zur Bearbeitung anstehenden Materials heißt dies – in kleine Münze umgewechselt – konkret: 1. Edition bzw. Dokumentation solcher Quellen der kirchlichen Zeitgeschichte, die nach sorgfältiger Vorüberlegung eine Blickfelderweiterung für die Selbstprüfung der Gegenwart versprechen. Hierzu dürften vor allem Texte aus dem Bereich der kirchlichen Institutionengeschichte gehören (Verfassung, Rechtssetzung, Leitung, Organisationsformen, Verbandswesen usw.); denn in diesem Umfeld sind Traditionszusammenhänge besonders wirksam geblieben und fordern deshalb den kritischen Vergleich mit gegenwärtigen Formen kirchlicher Institutionalisierung heraus. 2. Monographische Behandlung von Einzelfragen der jüngsten Kirchengeschichte, über die in der Gegenwart entweder besonders kontroverse oder besonders konsonante Ansichten und Urteile im Umlauf sind. Beides – der vertraute Dissens wie die überraschende Einmütigkeit – kann auf eine

---

[22] Vgl. ERNST WOLF, Libertas christiana und libertas ecclesiae, in: EvTh 9 (1949/50) 127-142. – JOACHIM MEHLHAUSEN, Kirchenpolitik. Erwägungen zu einem undeutlichen Wort, in: ZThK 85 (1988) 275-302; 288 (s.u. 336-362; 348).

unzureichende Verarbeitung von Traditionsbeständen hinweisen.[23] 3. Biographische Detailuntersuchungen zu solchen Personen der kirchlichen Zeitgeschichte, deren „Zeugnischarakter als testes indelebiles ... die Historiker in Pflicht" nimmt[24], *und* ihrer damaligen entschiedensten Gegner! Aus verständlichen Gründen wurde die im Nachsatz genannte Personengruppe bislang in der kirchlichen Zeitgeschichtsforschung nahezu völlig übergangen. Für die geforderte Selbstprüfung der Gegenwart ist es aber notwendig, daß auch Müller, Hossenfelder, Oberheid, Kerrl usw. als individuell erkennbare Akteure sichtbar gemacht werden. Sie dürfen nicht in der bisher üblichen, ebenso schematischen wie schemenhaften Generalisierung als „die" Gegner „der" Bekenntnisfront in den Darstellungen auftauchen. Die heutige Generation wird die damaligen Vorgänge nur dann „solidarisch verstehen" und „mit historischem Verständnis einordnen" können, wenn ihr profilierte Portraits aller Hauptbeteiligten vorliegen.[25]

Kurt Meier hat zu Beginn des Jahres 1988 ein weit ausgreifendes Tableau der neueren Konzeptionen der Kirchenkampfhistoriographie und der kirchlichen Zeitgeschichtsforschung gezeichnet.[26] Er konstatiert einen „Konzeptionspluralismus", der von „religionspolitischen" Orientierungen (66) bis hin zu „unverkennbar enthüllungsjournalistisch-moralistischen Tendenzen" der Darstellung reicht (77). Die aus großer Sachkenntnis und Übersicht gewonnenen Urteile Kurt Meiers zeigen an, daß die gegenwärtige Situation der kirchlichen Zeitgeschichtsforschung in unserem Land wie in einem Spiegelbild den derzei-

---

[23] Vgl. HANNAH ARENDT, Fragwürdige Traditionsbestände im politischen Denken der Gegenwart. Vier Essays, Frankfurt/M. o.J. [1957]. – Die angesprochene Fragestellung führt zu dem auch von der kirchlichen Zeitgeschichtsforschung zu behandelnden Problem, ob auf die Entwicklung nach 1945 der Begriff „Restauration" angewendet werden kann oder sogar angewendet werden muß. Die Frage wurde nach 1945 erstmals gestellt von HERMANN DIEM, Restauration oder Neuanfang in der Evangelischen Kirche?, Stuttgart ²1947. – Aus ganz anderer Perspektive die gleiche Fragestellung bei: WALTER DIRKS, Der restaurative Charakter der Epoche, in: FH 5 (1950) 942-954; EUGEN KOGON, Die Aussichten der Restauration. – Über die gesellschaftlichen Grundlagen der Zeit, in: FH 7 (1952) 165-177. – Aus einem Abstand von fast 30 Jahren wird die „Betrachtung der Nachkriegszeit" von H. Gollwitzer ihrerseits zum zeitgeschichtlichen Dokument: HELMUT GOLLWITZER, Die Gestalt des Lobes Gottes in der politischen Welt der Bundesrepublik, in: EvTh 20 (1960) 511-531; bes. 514ff.

[24] R. KOSELLECK, Begriffsgeschichtliche Anmerkungen (s. Anm. 6), 28.

[25] Durch einen Hinweis von K. Scholder angeregt, bin ich einem kleinen – aber sachlich bedeutsamen – Detail in der theologischen Argumentation von H. Oberheid nachgegangen; dabei ergab sich, daß ein solcher Blick auf die „Gegenseite" neue Einsichten in das Gesamtgeschehen eröffnen kann: JOACHIM MEHLHAUSEN, Bekenntnis und Staat. Die historische und gegenwärtige Bedeutung der 5. Barmer These, in: Trutz Rendtorff (Hg.), Charisma und Institution, Gütersloh 1985, 211-220. Vgl. jetzt ferner HEINER FAULENBACH, Ein Weg durch die Kirche. Heinrich Josef Oberheid, Köln 1992 (SVRKG 105).

[26] K. MEIER, Neuere Konzeptionen der Kirchenkampfhistoriographie (s. Anm. 9).

tigen innerkirchlichen Pluralismus anschaulich macht. Dieser Sachverhalt fordert eine Metakritik heraus: Es genügt nicht, den Konzeptionspluralismus der kirchlichen Zeitgeschichtsforschung einfach zur Kenntnis zu nehmen und ihn allenfalls mit der bekannten kirchenpolitischen Positionsvielfalt unserer Tage zu erklären. Der Pluralismus der Konzeptionen muß vielmehr Gegenstand innerdisziplinärer und dann nach Möglichkeit auch interdisziplinärer Reflexion werden. Sollte sich die kirchliche Zeitgeschichtsforschung damit abfinden, daß sie ein getreues Spiegelbild des innerkirchlichen Pluralismus abgibt, dann verlöre sie nicht zuletzt die Verbindung zur allgemeinen Geschichtswissenschaft und zu den Gesellschaftswissenschaften, in denen die Grenzziehungen *dieses* Pluralismus wenig Relevanz haben. Hier steht die Chance des interdisziplinären Austausches auf dem Spiel. Darauf haben die Kirchenhistoriker Martin Greschat, Jochen-Christoph Kaiser und Kurt Nowak zusammen mit dem allgemeinen Geschichtswissenschaftler Anselm Doering-Manteuffel soeben zu Recht nachdrücklich aufmerksam gemacht.[27] Kirchliche Zeitgeschichte tut nicht nur „gut daran, die allgemeine Gesellschafts- und Zeitgeschichte mitzureflektieren und sie auf ihre Impulse für kirchliches Handeln zu befragen"[28], sondern sie muß neben ihrem besonderen kirchlichen Auftrag ihre gesamtgesellschaftliche Mitverantwortung als den zweiten Brennpunkt einer Ellipse erkennen, die von dem ihr vorgegebenen historischen Material gebildet wird. Hier handelt es sich immer noch um dieselbe „doppelte Aufgabe" des modernen Kirchenhistorikers, die Ernst Troeltsch 1911 klassisch beschrieben hat.[29] Auf eine einfache Formel gebracht: Kirchliche Zeitgeschichtsforschung darf sich nicht in ein binnenkirchliches Getto begeben. Ihr Thema sind Kirche *und* Gesellschaft. Dies deshalb, weil die Kirche, von der hier die Rede ist, mitten in

---

[27] In: J.-CHR. KAISER/M. GRESCHAT (Hg.), Der Holocaust (s. Anm. 19), VIIf.

[28] GERHARD BESIER u.a. (Hg.), Einführung der Herausgeber, in: KZG 1 (1988) 5: „Da es aber unbestreitbar Wechselwirkungen zwischen kirchlichen und gesellschaftlichen Entwicklungen gibt, tut auch Kirchliche Zeitgeschichte gut daran, die allgemeine Gesellschafts- und Zeitgeschichte mitzureflektieren und sie auf ihre Impulse für kirchliches Handeln zu befragen. Aber auch eine umgekehrte Fragerichtung erscheint denkbar und möglich. D.h. beispielsweise, daß Kirchliche Zeitgeschichte schon allgemein akzeptierte moralisierende Schuldurteile, etwa über gesellschaftliche Verfaßtheiten, nicht einfach nur [zur?] Grundlage ihres historisch-theologischen Argumentierens macht, sondern einer Verteufelung dieser Welt wehrt, indem sie solchen Vorwürfen nachgeht, gegebenenfalls politische Legendenbildungen als solche entlarvt und damit eine allgemeine Nachdenklichkeit auslöst." – Daß sich die kirchliche Zeitgeschichts*wissenschaft* weder an ‚moralisierenden Schuldurteilen' noch an ‚Legendenbildungen', die zur ‚Verteufelung dieser Welt' führen, beteiligen darf, müßte selbstverständlich sein. Viel problematischer erscheint mir die Absicht der Herausgeber der KZG, den Gesellschaftswissenschaften bloß in der beschriebenen Weise korrigierend, ja ‚entlarvend' gegenüberzutreten zu wollen. – Zum „historiographischen Anspruch" von Besier vgl. die kritische Analyse von FRIEDRICH WILHELM GRAF, Historie in höherer Absicht, in: ThR 50 (1985) 411-427.

[29] ERNST TROELTSCH, Die Soziallehren der christlichen Kirchen und Gruppen, Aalen 1977 (= GS 1, ND der Ausg. Tübingen 1922); VII.

der Gesellschaft stand und steht, und weil der Weg dieser Kirche in der jüngsten Vergangenheit auf weiten Strecken auch der Weg dieser Gesellschaft war. Kirchliche Zeitgeschichte hat eine weiterreichende Aufgabe, als nur „mitzureflektieren", was in der allgemeinen Gesellschafts- und Zeitgeschichte bedacht und gesagt wird.

Kirchliche Zeitgeschichtsforschung muß sich – um ihres *kirchlichen* Auftrags willen! – als integralen Bestandteil der allgemeinen Geschichtswissenschaft verstehen. Anderenfalls gäbe ausgerechnet diese theologische Disziplin eine Grundeinsicht über das Verhältnis von Kirche und Welt (bzw. Gesellschaft) preis, um deren Auslegung und Vertiefung sich zumal die Systematische Theologie seit Jahrzehnten bemüht.[30] Helmut Gollwitzer hat 1962 in einem Aufsatz, der aus damaliger Sicht die jüngste kirchliche Zeitgeschichte kritisch reflektierte, mit Bitterkeit bemerkt: „Zu den Enttäuschungen in der deutschen Theologie gehört es, daß die Erfahrungen der Jahre 1933 bis 1945 nicht hingereicht haben, den theologischen Betrieb vor dem Rückzug in einen theologischen Elfenbeinturm zu bewahren, in dem die theologische Arbeit unbewegt von den Anfechtungen der Menschheit um sie her bleibt."[31] Es ist nicht zuletzt das Verdienst von Gollwitzer, daß man die Situationsanalyse von 1962 nicht mehr auf das Jahr 1988 übertragen kann oder gar übertragen muß. Um so schlimmer wäre es, wenn die kirchliche Zeitgeschichtsforschung – oder auch nur gewisse Strömungen in ihr – hier eine Ausnahme machte. Sie darf sich nicht auf Fragestellungen oder Themenkreise festlegen, die nur noch für den parallel arbeitenden Fachkollegen von Interesse sind. Es gibt gerade theologisch überzeugende Gründe dafür, daß sich die kirchliche Zeitgeschichtsforschung nicht *neben*, sondern *in* unserer Gesellschaft und deren Reflexionswissenschaften ihr besonderes Arbeitsfeld zu suchen hat. Die kirchliche Relevanz der Zeitgeschichtsforschung steht und fällt mit deren konkretem Gesellschaftsbezug. Auf der anderen Seite sollte die kirchliche Zeitgeschichtsforschung selbstbewußt darauf aufmerksam machen, welche schwerwiegenden Folgen für die allgemeine Geschichtswissenschaft entstehen, wenn diese den Austausch mit ihr verweigerte. Die Geschichtswissenschaft verlöre dann – wie die Herausgeber der „Beiträge zur kirchlichen Zeitgeschichte" programmatisch sagen – die christentumsgeschichtliche und religionswissenschaftliche Signatur der Moderne aus dem Blick.[32] Beide Disziplinen haben begründeten Anlaß, den interdisziplinären Dialog und die Kooperation zu suchen.

---

[30] Statt vieler Einzelverweise: HELMUT GOLLWITZER, Forderungen der Umkehr. Beiträge zur Theologie der Gesellschaft, München 1976.
[31] HELMUT GOLLWITZER, Die Kirche in der deutschen Situation, in: EvTh 22 (1962) 285-297; 291f. Wieder abgedruckt in: DERS., Forderungen der Freiheit. Aufsätze und Reden zur politischen Ethik, München ²1964, XXV-XXXVII; XXXII.
[32] In: J.-CHR. KAISER/M. GRESCHAT (Hg.), Der Holocaust (s. Anm. 19), VII.

IV
Das erstrebenswerte Ziel

Kirchliche Zeitgeschichtsforschung muß mit Hilfe der klassischen historisch-kritischen Methoden für die jüngste Vergangenheit festzustellen versuchen, „wie es eigentlich gewesen" ist.[33] Sie hat ferner den Auftrag, sich um solidarisches Verstehen zu bemühen und die erkannten Sachverhalte mit historischem Verständnis in einen theologie- und kirchengeschichtlichen Gesamtzusammenhang einzuordnen, wo immer das schon möglich ist. Als theologische Disziplin sollte sie das Ziel vor Augen haben, Beiträge zur Selbstprüfung der Gegenwart und zur Erhellung des Selbstbewußtseins der heute lebenden Christen zu liefern. Das erstrebenswerte Ziel der kirchlichen Zeitgeschichtsforschung ist die Entdeckung relevanter heuristisch-kritischer Fragen für Theologie und Kirche *heute*.

In diesem Katalog der Grundanforderungen an die kirchliche Zeitgeschichtsforschung fehlen die Begriffe „Urteil" und „Wertung". Sie fehlen, weil auch im Bereich der kirchlichen Zeitgeschichtsschreibung einer vorschnellen „Historisierung" der Zeit des Nationalsozialismus[34] zu widerstehen ist. In vielen zeitgeschichtlichen Veröffentlichungen unserer Tage wird ständig „bewertet", „geurteilt" und „verurteilt". Die Autoren solcher Beiträge praktizieren mit ihren Werturteilen eine Gesamtdistanzierung von dieser Epoche, die das Entdecken der relevanten heuristisch-kritischen Fragen für die Gegenwart nahezu unmöglich macht. Die Distanzierung unterstellt, daß die Geschichte der jüngsten Vergangenheit von einem neutralen, objektiven Gesichtspunkt aus geschrieben werden könne; die produktiv zur Selbstprüfung und Selbstkritik herausfordernde Betroffenheit dessen, der eben doch noch *Zeitgenosse* des Geschehens ist, wird verdrängt. Über die Fülle der Argumente hinaus, die im „Historikerstreit" zu diesem Problem geltend gemacht worden sind, muß hier auch eine theologische Rückfrage gestellt werden, die sich ausdrücklich auf den kirchengeschichtlichen Aspekt bezieht. Es gibt von kirchlichen Zeitgeschichtsforschern stammende Aufsätze und Bücher, die nur mit der einen Absicht geschrieben wurden, Schuldzuweisungen mit neuem Archivmaterial zu untermauern. Wer kirchliche Archive und Akten daraufhin durchsieht, ob er eine – bislang für relativ unbescholten geltende – Person der kirchlichen Zeitgeschichte bei einem verräterischen, dummen oder bösen „Vermerk" ertappen kann,

---

[33] LEOPOLD v. RANKE, SW XXXIII, VII.
[34] MARTIN BROSZAT, Plädoyer für eine Historisierung des Nationalsozialismus, in: Merkur 39 (1985) 373-385. – Auf die Diskussionen, die das Plädoyer von Broszat ausgelöst hat, kann hier nicht eingegangen werden; vgl. zuletzt: MARTIN BROSZAT/SAUL FRIEDLÄNDER, Um die „Historisierung des Nationalsozialismus". Ein Briefwechsel, in: VZG 36 (1988) 339-372. – MARTIN BROSZAT, Was heißt Historisierung des Nationalsozialismus?, in: HZ 247 (1988) 1-14.

um diesen Menschen dann öffentlich anzuklagen und zu verurteilen, der muß sich die Frage gefallen lassen, ob er nicht ein oberflächliches und theologisch unzureichend durchdachtes Verständnis von „Schuld" vertritt. Die Schuld unserer Kirche – auch die Schuld ihrer aller Achtung würdigen Vertreter – hat größere Ausmaße und reicht in tiefere Dimensionen, als daß man sie gleichsam grammweise aus Aktenvermerken und Verfügungen von Oberkirchenräten und Landesbischöfen zusammenkehren könnte. Über die Schuld in der jüngsten Geschichte unserer Kirche darf nicht aus solcher vermeintlich objektiven Distanz heraus geforscht und geurteilt werden. Die sogenannten „interessanten Funde" aus den Archiven sind immer auch kritische Herausforderungen für den, der sie entdeckt. Die Frage nach der Schuld, die „schon *begangen worden ist*", hängt zusammen mit der Frage nach der Schuld, „die wir *heute noch begehen können*."[35]

Derartige Überlegungen entbinden den kirchlichen Zeithistoriker nicht von der Pflicht eines jeden Historikers, alles wichtige Material öffentlich zugänglich zu machen. Aber es geht hier um die oben angesprochene spezifische Differenz zwischen dem Enthüllen[36] und dem Dokumentieren. Zwischen beiden Veröffentlichungsformen gibt es nicht nur eine Grenzlinie, sondern einen tiefen Graben. „Enthüllung" qualifiziert sich selber dadurch, daß sie das neue Quellenmaterial sofort – und angeblich definitiv – mit einem aus der Distanz gefällten historischen Werturteil versieht. Die neue zeitgeschichtliche Einsicht soll gar nicht der Selbstprüfung der Gegenwart und der Erhellung des eigenen Selbstbewußtseins dienen. Bei der Enthüllung findet ein produktiver Verstehensvorgang aus der Betroffenheit der Zeitgenossenschaft heraus nicht statt; der enthüllende Historiker ist sich seiner eigenen Position längst sicher. Eben das Gegenteil sollte die kirchliche Zeitgeschichtsforschung durch ihre Quellenveröffentlichungen zu erreichen versuchen: Die Erschütterung oder wenigstens heilsame Verunsicherung starrer Positionen in Theologie und Kirche. Das Bemühen um die Entdeckung solcher herausfordernden ekklesiologischen Wahrheitsfragen muß in der kirchlichen Zeitgeschichtsforschung an die Stelle der distanzierten Beurteilung und Bewertung von Einzelheiten aus der jüngsten kirchlichen Vergangenheit treten. Nicht eine rückwärts gerichtete historische Kritik ist gefordert; das erstrebenswerte Ziel ist die kritische Prüfung der

---

[35] EILERT HERMS, Schuld in der Geschichte 363. – Zur theologischen Klärung und Urteilsbildung zum Schuld-Begriff vgl. das Themenheft von *Glaube und Lernen*, 1 (1986), 96-174 (Lit.). – Von H. Gollwitzers zahlreichen Beiträgen zum Thema sei hier die Bußtags-Rundfunkansprache aus dem Jahre 1954 hervorgehoben: HELMUT GOLLWITZER, Schuld und Vergebung, in: ders., Forderungen der Freiheit, 351-355.

[36] Da Ranke bereits zitiert wurde, sei kurz darauf hingewiesen, daß bei ihm der Begriff „enthüllen" noch die ganz andere Bedeutung der *Entzifferung* der Geschichte als einer „Hieroglyphe Gottes" hatte (SW LIII/LIV, 89f.).

Gegenwart und des eigenen – immer gefährdeten – Standorts in Theologie und Kirche.[37]

Helmut Gollwitzer hat in seinem eingangs erwähnten Aufsatz ein instruktives Beispiel für das hier Gemeinte bereitgestellt. Er berichtet, wie weit er persönlich zu Beginn des Kirchenkampfes „von den politischen Anschauungen der führenden Leute der werdenden Bekennenden Kirche" entfernt gewesen sei. Doch dann habe „die Gemeinsamkeit der Sache Jesu Christi die politischen Meinungsdifferenzen" nicht nur relativiert, sondern auch einen „politischen Lernprozeß" in Gang gesetzt; dieser sei bei ihm bis 1937 – als er nach Berlin ging und Mitarbeiter in der Leitung der Bekennenden Kirche wurde – schon so weit fortgeschritten gewesen, „daß die politischen Differenzen kein Thema mehr waren" (275).

Dieser kurze Bericht des Zeitzeugen Helmut Gollwitzer stellt unserer Generation eine Reihe von heilsam verunsichernden und in jedem Fall sehr nachdenklich machenden Fragen: Haben die politischen Meinungsdifferenzen in Theologie und Kirche heute bei uns nur deshalb eine derart dauerhafte und tiefgreifende Macht, weil uns „die Gemeinsamkeit der Sache Jesu Christi" verloren gegangen ist? Suchen wir *diese* Gemeinsamkeit überhaupt mit einem alles andere relativierenden Ernst und Eifer? Haben wir es möglicherweise verlernt, zwischen der „Sache Jesu Christi" und unseren politischen Anschauungen theologisch qualifiziert zu unterscheiden? Sind wir wirklich bereit, uns von dieser „Sache" in einen „politischen Lernprozeß" hineinziehen zu lassen? Und warum ist dies alles so – wenn es so ist?

Wir werden den Jubilar Helmut Gollwitzer nicht besser ehren können, als durch ein sehr selbstkritisches und vor allem beharrliches Nachdenken über diese Fragen.

Literaturnachtrag

Tagungsbericht über eine Tagung der *Evangelischen Arbeitsgemeinschaft für Kirchliche Zeitgeschichte* am 4. und 5. Juli 1990 in Arnoldshain zum Thema: „Methode, Auftrag und Arbeitsergebnisse der Kirchlichen Zeitgeschichtsforschung", in: MITTEILUNGEN der Evangelischen Arbeitsgemeinschaft für Kirchliche Zeitgeschichte 11 (1991) 1-76; hieraus besonders: CARSTEN NICOLAISEN, Zwischen Theologie und Geschichte. Zur Kirchlichen Zeitgeschichte heute, 41-54; GÜNTHER VAN NORDEN, Zehn Thesen zur Methodologie der Kirchlichen Zeitgeschichte, 55-64; KURT NOWAK, „Pluralismus der Lesarten". Fortsetzung des Gesprächs mit Joachim Mehlhausen, 65-72. – GERHARD BESIER/ HANS G. ULRICH, Von der Aufgabe kirchlicher Zeitgeschichte – ein diskursiver Versuch, in: EvTh 51 (1991) 169-182. – KZG 5 (1992) H. 1: Themenschwerpunkt: Zur Historik Kirchlicher

---

[37] Vgl. die Beispiele in: JOACHIM MEHLHAUSEN, Die Wahrnehmung von Schuld in der Geschichte. Ein Beitrag über frühe Stimmen in der Schulddiskussion nach 1945, in: ders. (Hg.), ... und über Barmen hinaus. Studien zur Kirchlichen Zeitgeschichte. FS für Carsten Nicolaisen zum 4. April 1994, Göttingen 1995, 471-498 (s.u. 458-484).

Zeitgeschichte; hieraus besonders: MICHAEL WELKER, Historik kirchlicher Zeitgeschichte und systematisch-theologische Urteilsbildung, 31-40; PETER MASER, Kirchliche Zeitgeschichte nach der Wende, 69-93. – Christoph Markschies, Arbeitsbuch Kirchengeschichte, Tübingen 1995 (UTB 1857). – ANSELM DOERING-MANTEUFFEL/KURT NOWAK (Hg.), Kirchliche Zeitgeschichte. Urteilsbildung und Methoden, Stuttgart/Berlin/Köln 1996 (KoGe 8); hieraus besonders: WERNER K. BLESSING, Kirchengeschichte in historischer Sicht. Bemerkungen zu einem Feld zwischen den Disziplinen, 14-59; KURT NOWAK, Allgemeine Zeitgeschichte und Kirchliche Zeitgeschichte. Überlegungen zur Integration historiographischer Teilmilieus, 60-78; MARTIN GRESCHAT, Die Bedeutung der Sozialgeschichte für die Kirchengeschichte. Theoretische und praktische Erwägungen, 101-124; DAVID J. DIEPHOUSE, Kirchliche Zeitgeschichte und Sozialgeschichte. (Rand-)Bemerkungen aus US-amerikanischer Perspektive, 230-247.

Kirchenpolitik

Erwägungen zu einem undeutlichen Wort[1]

1. Das Problem

Eine Miniatur aus der neueren kirchlichen Zeitgeschichte mag exemplarisch zeigen, warum das so oft benutzte Wort *Kirchenpolitik* ein undeutliches, ja ein vieldeutiges Wort genannt werden muß.

Im August 1945 wechselten Martin Niemöller und der württembergische Landesbischof Theophil Wurm miteinander zwei Briefe. In diesen Briefen ging es um eine Grundsatzentscheidung für den Neubau der evangelischen Kirche in Deutschland nach dem Zusammenbruch der nationalsozialistischen Herrschaft, deren Tragweite unsere kirchliche Wirklichkeit bis zum heutigen Tage bestimmt. Es ging um die Frage: Wer ist legitimiert, diesen Neubau durchzuführen? Martin Niemöller vertrat die Auffassung, „daß die Evang. Kirche in Deutschland seit 1934 rechtmäßig nur durch die Bekennende Kirche" vertreten werde, näherhin durch deren kompromißlosen Dahlemer Flügel.[2] In diesem Sinn hätten sich die Vertreter der Kirche in Barmen und auf den übrigen Bekenntnissynoden klar ausgesprochen. Die Durchführung dieses Anspruchs sei von den Nationalsozialisten mit Gewalt verhindert worden, der Staat sei mit der Kirche *seinen* Weg gegangen, und diejenigen kirchlichen Gruppen und landeskirchlichen Führungen, „die sich dem Machtspruch gebeugt haben, haben dies unter dem Druck weltlicher Macht getan. Die Hemmungen durch

---

[1] Tübinger Antrittsvorlesung vom 27. Januar 1988; für den Druck geringfügig überarbeitet und mit Anmerkungen versehen. – Ein Wort zur Wahl des Themas: Das Lebenswerk von Klaus Scholder (12. Januar 1930 – 10. April 1985) war der Sammlung und Sichtung, der Darstellung und Deutung dessen gewidmet, was durch kirchenpolitisches Handeln auf den verschiedenen Ebenen in jüngster Zeit getan und versäumt worden ist. Die Antrittsvorlesung wurde gehalten in dankbarem Gedenken an den bedeutenden Gelehrten, aber auch an den selber kirchenpolitisch handelnden Vorgänger auf dem Tübinger Lehrstuhl für Kirchenordnung. – Über K. Scholders eigenes Verständnis des Wortes und der Sache der Kirchenpolitik informiert sehr facettenreich der von Karl Otmar v. Aretin und Gerhard Besier hg. Band seiner Gesammelten Aufsätze: KLAUS SCHOLDER, Die Kirchen zwischen Republik und Gewaltherrschaft, Berlin 1988. Vgl. ferner die Beiträge von JÜRGEN MOLTMANN, GERHARD SCHULZ, HILDEGARD HAMM-BRÜCHER, CORNELIUS ADALBERT v. HEYL und WOLFGANG SCHERFFIG in dem Klaus Scholder gewidmeten Heft der EvTh 47 (1987) 475-555.

[2] GERHARD SCHÄFER, Die Evangelische Landeskirche in Württemberg und der Nationalsozialismus. Eine Dokumentation zum Kirchenkampf. Bd. 6: Von der Reichskirche zur Evangelischen Kirche in Deutschland 1938-1945, Stuttgart 1986, 1377.

das Naziregime sind jetzt fortgefallen; der Verwirklichung von Barmen usw. steht keine weltliche Macht mehr im Wege". Die Impulse für den Neubau müßten also von der Bekennenden Kirche ausgehen. Stehe sie „zu ihrem Bekenntnis und zu ihrer Verpflichtung von 1934", so sei es ihre Aufgabe, die „Versöhnung mit all denjenigen christlichen Kreisen in der Evang. Kirche wiederherzustellen zu versuchen, die sich vom Weg der Bekennenden Kirche aus Schwachheit oder Berechnung getrennt haben". Eine Bestimmung des künftigen „Weges der Kirche durch die ‚Neutralen' oder gar durch positive Vertreter der Kerrlschen Kirchenausschuß-Politik (wie Gerstenmaier) scheint mir völlig unmöglich und würde das Ende alles dessen bedeuten, wofür die Evang. Kirche 12 Jahre hindurch Opfer an Gut und Leben gebracht hat".[3] Gegenüber dieser grundsätzlichen Haltung Martin Niemöllers vertrat Bischof Wurm die Ansicht, der Neubeginn könne in Form einer großen Sammlungsbewegung vor sich gehen, an der sich alle Personen und Gruppen beteiligen dürften, die nicht unmittelbar durch die nationalsozialistische bzw. deutsch-christliche Ideologie korrumpiert worden seien. Wurm verwies auf die „Dreizehn Sätze" des *Kirchlichen Einigungswerkes* aus den Jahren 1942/43, die auch nach Kriegsende „eine gemeinsame Grundlage für alle auf dem Boden des biblischen evangelischen Glaubens stehenden Brüder bilden sollten, besonders auch in der praktischen kirchlichen Haltung und im Streben nach Erneuerung des Kirchenregiments".[4]

Den beiden Konzeptionen von Martin Niemöller und Theophil Wurm liegen ekklesiologische Fundamentalentscheidungen zugrunde, wie sie schon in den ersten Jahrhunderten der Kirchengeschichte leidvoll durchstritten worden sind.[5] Niemöller war im August 1945 zunächst bereit, den mühsamen Weg eines völligen Neubaus der evangelischen Kirche von unten nach oben zu gehen. Jede Gemeinde müsse vor die Frage gestellt werden, ob sie bereit sei, sich auf die Aussagen der Bekenntnissynoden von Barmen (und Dahlem) zu verpflichten. Aus solchen bekennenden Gemeinden müßten dann neue, bekenntnisgebundene kirchliche Leitungsorgane hervorwachsen.[6] Daß dies nicht an allen Orten und in allen Landeskirchen gelingen werde, war vorauszusehen. Niemöllers radikales Konzept schloß zumindest die Möglichkeit in sich ein,

---

[3] A.a.O., 1378.
[4] A.a.O., 1380. – Vgl. JÖRG THIERFELDER, Das Kirchliche Einigungswerk des württembergischen Landesbischofs Theophil Wurm, Göttingen 1975 (= AGK.B 1).
[5] Schon während des „Kirchenkampfes" sind Vergleiche zur Alten Kirche gezogen worden; das belegt: ERNST WOLF, Ecclesia pressa-ecclesia militans, in: ThLZ 72 (1947) 223-232.
[6] Vgl. WOLF-DIETER HAUSCHILD, Die Kirchenversammlung von Treysa 1945 (Vorlagen H. 32/33), Hannover 1985; JOACHIM MEHLHAUSEN, Die Konvention von Treysa. Ein Rückblick nach vierzig Jahren, in: ÖR 34 (1985) 468-483; JÖRG THIERFELDER, Theophil Wurm und der Weg nach Treysa, in: BWKG 85 (1985) 149-174. – GERHARD BESIER/HARTMUT LUDWIG/JÖRG THIERFELDER (Hg.), Der Kompromiß von Treysa. Die Entstehung der Evangelischen Kirche in Deutschland (EKD). Eine Dokumentation, Weinheim 1995.

daß man auf das jahrhundertealte Modell einer flächendeckenden protestantischen Volkskirche in Deutschland werde verzichten müssen. Wurm hingegen wollte mit seinem „Einigungswerk" auch nach dem Kriege gerade die Volkskirche bewahren; sie habe in der Not des Zusammenbruchs nach dem 8. Mai 1945 unerhört wichtige neue Aufgaben für Gesellschaft und Staat erhalten. Im Blick auf diese neuen seelsorgerischen und diakonischen Verpflichtungen meinte Wurm es nicht verantworten zu können, noch einigermaßen intakte kirchliche Strukturen preiszugeben, nur um einem ekklesiologischen Rigorismus zu gehorchen.[7]

Es ist hier nicht der Ort, über die vielfältigen theologischen Aspekte und Probleme dieser beiden Grundhaltungen weiter nachzudenken.[8] Ich will vielmehr auf den bemerkenswerten Sachverhalt aufmerksam machen, daß Wurm wie Niemöller an entscheidender Stelle ihrer Argumentation das Wort *Kirchenpolitik* in die Auseinandersetzung einbringen: In Niemöllers Brief vom 5. August 1945 heißt es, die Bekennende Kirche habe den Anspruch, die allein rechtmäßige Vertretung der Evangelischen Kirche in Deutschland zu sein, seit 1934 klar ausgesprochen, „und, wie ich überzeugt bin, im vollen Bewußtsein ihrer kirchlichen Verantwortung, und nicht etwa aus taktischen oder strategischen, *kirchenpolitischen* Gründen".[9] Der Kontext läßt keinen Zweifel zu: Niemöller setzt das „Bewußtsein kirchlicher Verantwortung" den „kirchenpolitischen Gründen" entgegen, die näherhin abwertend als „Taktik und Strategie" bezeichnet werden. Wurm beschreibt das Ziel seines „Einigungswerks" im Antwortbrief vom 10. August 1945 mit den Worten: „Die Deutschen Christen waren für uns längst keine Gesprächspartner mehr. Die Absicht war rein darauf gerichtet, die, die glaubensmäßig und weithin auch theologisch zusammengehören, aber *kirchenpolitisch* getrennt sind, zu gemeinsamem Handeln zusammenzubringen".[10] Was heißt das: „Glaubensmäßig und weithin auch theolo-

---

[7] Diese Grundhaltung Th. Wurms kommt bereits in seinem bemerkenswerten „Wort an die Gemeinde und an unser Volk" zum Ausdruck, das er zwei Tage nach Kriegsende, am 10. Mai 1945, in Stuttgart bei einer öffentlichen Kundgebung gesprochen hat; s. GERHARD SCHÄFER, Landesbischof D. Wurm und der nationalsozialistische Staat 1940-1945. Eine Dokumentation, 1968, 479f.

[8] Vgl. aus der zeitgenössischen Literatur: HERMANN DIEM, Restauration oder Neuanfang in der Evangelischen Kirche?, Stuttgart 1946; ferner die Aufsätze von HANS-JOACHIM IWAND, ERNST WOLF, HERBERT WEHRHAHN, PAUL SCHEMPP und HERMANN DIEM, in: PAUL SCHEMPP (Hg.), Evangelische Selbstprüfung. Beiträge und Berichte von der gemeinsamen Arbeitstagung der Kirchlich-theologischen Sozietät in Württemberg und der Gesellschaft für Evangelische Theologie ... vom 12. bis 16. Oktober 1946, Stuttgart 1947; GERHARD EBELING, Kirchenzucht, Stuttgart 1947 (bes. 45-53); PAUL SCHEMPP, Das Evangelium als politische Weisheit (1948), in: ders., Theologische Entwürfe, hg.v. R. Widmann, München 1973 [ThB 50], 102-147.

[9] G. SCHÄFER (s. Anm. 2), 1377 (Hervorhebung vom Vf.).

[10] A.a.O. 1380 (Hervorhebung vom Vf.).

gisch zusammengehören, aber kirchenpolitisch getrennt sein"? Welche innere Beziehung besteht in dieser Trias: *Glaube – Theologie – Kirchenpolitik*? Haben Glaube und Theologie zusammengenommen ein größeres Gewicht als die Kirchenpolitik, weil diese – mit Niemöller gesprochen – bloße „Taktik und Strategie" ist? Aber zeigt nicht gerade der besondere Konflikt, von dem beide Kirchenmänner zu Recht so bewegt und ernst sprechen, daß eben die Kirchenpolitik ein überaus folgenreicher Störfaktor sein kann, der eine zulänglich erscheinende Einheit in Theologie und Glaube wieder aus ihrer Balance bringt?

Anhand der zeitgeschichtlichen Miniatur lassen sich diese Fragen nicht beantworten. Wie Tausende vor ihnen und nach ihnen haben Martin Niemöller und Theophil Wurm das undeutliche Wort Kirchenpolitik spontan und unreflektiert benutzt. Man meint zu wissen, was mit diesem Wort zum Ausdruck gebracht werden soll; aber gerade wegen des bloßen Meinens redet man aneinander vorbei. Das Wort kaschiert den Konflikt, statt ihn deutlich hervortreten zu lassen. Sucht man nach Hilfsmitteln zur Erhellung des Wortes und seiner Bedeutungsgehalte, so stößt man auf ein verblüffendes – ich wage zu sagen: nahezu einzigartiges – Phänomen. Unsere doch recht schreibfreudige Zunft der Kirchenhistoriker und Zeitgeschichtsforscher hat bislang keinen Aufsatz, keine Miszelle, geschweige denn eine begriffsgeschichtliche Monographie zum Stichwort „Kirchenpolitik" hervorgebracht. Alles, worauf man etwa einen nachfragenden Studenten verweisen könnte, sind drei recht kurze Wörterbuchartikel. Zwei von ihnen sind jeweils dreißig Jahre alt[11] und ihrerseits einer viel älteren Vorlage von Martin Schian[12] verpflichtet. Sehr hilfreich hingegen ist eine Problemskizze von Roman Herzog im Evangelischen Staatslexikon[13], die ganz konsequent auf jeden Literaturhinweis verzichtet. Herzog vertritt hier die Ansicht, der gesamte Themenkreis sei bisher „wenig durchdacht, nicht zuletzt deshalb, weil es innerhalb der Kirchen aus nur z. T. verständlichen Gründen umstritten ist, ob es für sie Verhaltensweisen gibt und geben darf, die sich in ihrem Wesen und vor allem in ihren Erscheinungsformen politischen Auseinandersetzungen vergleichen lassen. Die beiden folgenden Abschnitte können bei dieser Sachlage bestenfalls einen Problemaufriß versuchen. Eine umfassende, systematische Darstellung der mit der Kirchenpolitik zusammenhängen-

---

[11] GÜNTHER HARDER, Art. „Kirchenpolitik", in: EKL 2 (1958) 773-778; KARL KUPISCH, Art. „Kirchenpolitik", in: RGG^3 3 (1959) 1499-1501 (dort jeweils die ältere Literatur).
[12] MARTIN SCHIAN, Art. „Kirchenpolitik", in: RGG^2 3 (1929) 949-952; DERS., Art. „Kirchenpolitik", in: Politisches Handwörterbuch, hg.v. Paul Herre, 1 (1923) 968f. – Das Staatslexikon der Görres-Gesellschaft enthielt in seiner 2. Aufl. (3 [1902] 512-535) einen Art. „Kirchenpolitik, preußische" von Julius BACHEM, in dem jedoch nur die Staat-Kirche-Beziehungen in Preußen beschrieben werden, während der Begriff unreflektiert bleibt.
[13] ROMAN HERZOG, Art. „Kirchenpolitik", in: EStL^3 1 (1987) 1649-1654 (= EStL^2 [1975] 1202-1206).

den Fragen ist derzeit (noch) nicht möglich".[14] Dieser Zurückhaltung im Durchdenken des Wortes steht ein nahezu inflationärer Gebrauch des Substantivs „Kirchenpolitik" und insbesondere des Adjektivs „kirchenpolitisch" gegenüber. Ob es sich um wissenschaftliche Arbeiten zur kirchlichen Zeitgeschichte handelt oder um die Berichterstattung von Synoden und anderen kirchenleitenden Gremien – oder um die Debatten auf solchen Foren –: stets meint man, auf dies Wort angewiesen zu sein, das doch noch am Anfang seines Weges zum verständigungsfähigen Begriff ist.[15]

2. Definitionsvorschläge

Eine Durchsicht des derzeitigen Wortgebrauchs ergibt zunächst folgenden allgemeinen Befund: Das Wort „Kirchenpolitik" wird zur Bezeichnung von drei verschiedenen Handlungskomplexen verwendet. Bei diesem dreifachen Wortgebrauch überlagern sich mehrere Bezugsebenen und – was folgenreicher ist – völlig unterschiedliche Politik-Begriffe. Während in der Politikwissenschaft der Begriff der „Politik" oder des „Politischen" seit langer Zeit in einer Fülle von Theorieansätzen und systematischen Begriffsbestimmungen sorgfältig ausdifferenziert wird[16], kommt im praktischen Umgang mit dem Wort „Kirchenpolitik" das jeweils zugrundeliegende Politikverständnis erstaunlicherweise gar nicht bewußt in den Blick, obgleich ein solches Verständnis implizit (und eben unreflektiert) immer gegenwärtig ist. Ich stelle nun drei systematisch-strukturierende Definitionsvorschläge zur Diskussion. Sodann soll in einer begriffsgeschichtlichen Skizze jeweils nach dem zugrundeliegenden Politikverständnis gefragt werden. Schließlich gilt es, wenigstens im Ansatz nach der theologischen Relevanz und Problematik der mit dem Wort gemeinten Sache kritisch zu fragen.

A

Das Wort „Kirchenpolitik" beschreibt erstens die Gesamtheit der Handlungsanweisungen und Maßnahmen, die ein Staat bzw. dessen Regierung (oder auch

---

[14] R. Herzog, EStL³ 1, 1650.
[15] Als Beleg für dieses Desiderat und zugleich als reiche Materialsammlung aus jüngster Zeit kann dienen: Wolf-Dieter Hauschild, Kirche – Staat – Politik, in: KJ 112 (1985) Lfg. 2, Gütersloh 1988.
[16] Carl J. Friedrich, Prolegomena der Politik, Berlin 1967; Frieder Naschold, Politische Wissenschaft. Entstehung, Begründung und gesellschaftliche Einwirkung, (1970) Freiburg ³1972; Axel Görlitz, Politikwissenschaftliche Propädeutik, (1972) Hamburg ²1983; Ders., Politikwissenschaftliche Theorien, 1980; Wolfgang W. Mickel (Hg.), Handlexikon zur Politikwissenschaft, Bonn 1986; Hans Maier, Politische Wissenschaft in Deutschland, München 1985; Dirk Berg-Schlosser/Herbert Maier/Theo Stammen, Einführung in die Politikwissenschaft, München ⁴1985.

eine Partei) in bezug auf kirchliche und religiöse Gemeinschaften einleitet, festsetzt und durchzuführen versucht. Handelndes *Subjekt* der Kirchenpolitik ist hier der Staat in seinen jeweils zuständigen und autorisierten Organen. *Objekte* der Kirchenpolitik sind die Kirchen bzw. Religionsgemeinschaften, die sich im Herrschaftsbereich dieses Staatswesens befinden. *Ziel* der Kirchenpolitik ist eine *zumeist* auf dem Wege der Gesetzgebung erfolgende rechtliche Ordnung der Beziehungen zwischen dem Staat und den Kirchen[17] sowie eine Festschreibung der Kompetenzen und Gestaltungsmöglichkeiten, die ihnen in diesem Gemeinwesen eingeräumt werden sollen. *Maßstab* der Kirchenpolitik nach diesem Verständnis ist die mehr oder minder durchreflektierte Grundeinstellung des jeweiligen Staates zum Phänomen der Religion bzw. des Christentums.

B

Das Wort „Kirchenpolitik" beschreibt zweitens die Gesamtheit der Ansprüche und Forderungen, die eine Kirche bzw. deren autorisierte Organe an einen Staat oder eine Gesellschaft richten und durchzusetzen versuchen. Handelndes *Subjekt* der Kirchenpolitik ist hier die Kirche in ihren zu solchem Tun bevollmächtigten Organen.[18] *Objekte* der Kirchenpolitik sind staatliche Entscheidungsinstanzen – besonders der Legislative –, aber auch gesellschaftliche Verantwortungsträger in den verschiedenen Bereichen.[19] *Ziel* der Kirchenpolitik

---

[17] Aus Gründen der Übersichtlichkeit wird im folgenden der Hinweis auf andere religiöse Gemeinschaften nicht wiederholt. – Im Blick auf andere Religionsgemeinschaften sind bereits Sonderbildungen in Gebrauch genommen worden wie etwa „Islampolitik" (gemeint ist die Politik der Bundesregierung gegenüber den in der Bundesrepublik lebenden Muslimen); vgl. ALFRED ALBRECHT, Religionspolitische Aufgaben angesichts der Präsenz des Islam in der Bundesrepublik Deutschland, in: Heiner Marré/Johannes Stüting (Hg.), Essener Gespräche zum Thema Staat und Kirche 20, Münster 1986, 82-119.

[18] Hier ist eine sorgfältige Differenzierung des kirchlichen Handelns auf den verschiedenen Ebenen unerläßlich; als Problemskizzen sind die beiden Voten des Theologischen Ausschusses der *Arnoldshainer Konferenz* hilfreich: *Möglichkeiten und Grenzen eines politischen Zeugnisses der Kirche und ihrer Mitarbeiter*, Neukirchen-Vluyn 1982; *Was gilt in der Kirche?* Die Verantwortung für Verkündigung und verbindliche Lehre in der Evangelischen Kirche, Neukirchen-Vluyn 1985. – Analog zu dem im letztgenannten Votum der Arnoldshainer Konferenz eingeführten Begriff des „gegliederten Lehramtes" (46) wird man auch von einem „gegliederten kirchenpolitischen Amt bzw. Auftrag" der Kirche sprechen müssen.

[19] Derzeit ist dieser Auftrag im Bereich der EKD institutionalisiert im Amt des „Bevollmächtigten des Rates der Evangelischen Kirche in Deutschland am Sitz der Bundesrepublik Deutschland"; ihm entsprechen auf der Ebene der Landeskirchen die Ämter der „Beauftragten bei den Landesregierungen". Zur theologischen Begründung dieses „pastoralen" und „diplomatischen" Auftrags vgl. HERMANN KUNST, Verbindungsstellen zwischen Staat und Kirchen, in: HdbStKirR 2 (1975) 273-283. Entsprechende Kontakte zu anderen gesellschaftlichen Verantwortungsträgern (Parteien, Verbänden, Gewerkschaften usw.) werden ebenfalls von

ist die Wahrnehmung bzw. Durchsetzung der an den Staat bzw. an die Gesellschaft gerichteten Ansprüche und Forderungen der Kirche. Dieses Ziel fächert sich in der Praxis in ein thematisch nahezu unbegrenzt weites Spektrum von Einzelzielen auf. *Maßstab* der Kirchenpolitik nach diesem Verständnis ist der mehr oder minder konkretisierte und mehr oder minder aktualisierte Öffentlichkeitsanspruch des Evangeliums.

C

Das Wort „Kirchenpolitik" beschreibt drittens die Gesamtheit der Diskurse und Auseinandersetzungen, die innerhalb einer Kirche über deren Selbstverständnis, Standortbestimmung und Auftrag stattfinden. Handelnde *Subjekte* der Kirchenpolitik sind hier Einzelpersonen oder Gruppen innerhalb der Kirche. Eine spezielle Beauftragung oder Autorisierung ist grundsätzlich nicht erforderlich.[20] *Objekte* der Kirchenpolitik sind ebenfalls Einzelpersonen oder Gruppen innerhalb der Kirche, vor allem solche, denen Handlungskompetenzen und Entscheidungsfunktionen übertragen wurden. *Ziel* der Kirchenpolitik ist eine Verständigung und Entscheidung über den evangeliumsgemäßen Weg dieser Kirche in der konkreten geschichtlichen Situation. *Maßstab* der Kirchenpolitik nach diesem Verständnis *muß* in einer Kirche der Reformation die an Schrift und Bekenntnis gebundene Grundordnung der jeweiligen Kirche sein.

Ich fasse die Definitionsvorschläge zusammen: Nimmt man den Standort der Kirche bzw. der Religionsgemeinschaft ein, so bezeichnet kirchenpolitisches Handeln drei verschiedene Bewegungsrichtungen. Zunächst eine von Staat oder Gesellschaft auf die Gemeinschaft zukommende Aktivität; sodann eine von der Gemeinschaft auf den Staat bzw. die Gesellschaft hin wirkende Tätigkeit; und schließlich eine innerhalb der Gemeinschaft selbst Orientierung suchende Bewegung, die dann in der Regel wieder nach außen wirksam werden will. Auf der Grundlage dieser noch weitgehend formalen Analyse des Wortfelds sei nun der Versuch unternommen, in drei begriffsgeschichtlichen Skizzen nach dem jeweils zugrundeliegenden Politikverständnis und insbesondere nach der theologischen Bedeutung und Relevanz des je Gemeinten zu fragen.

---

den Beauftragten wahrgenommen; darüberhinaus kommt es zu regelmäßigen Kontakten und Konsultationen zwischen den kirchlichen Leitungsgremien und den gesellschaftspolitisch einflußreichen Gruppierungen (zur *Gesellschaftspolitik* vgl. StL[7] 2 [1986] 978-985; ESL[7] [1980] 506-508). Man wird sich deutlicher, als dies gemeinhin geschieht, vor Augen halten müssen, daß mit alledem „Kirchenpolitik" betrieben wird. „Hinter der Beauftragung eines Bevollmächtigten steht die Einsicht, daß nur das ständige Gespräch mit den politisch Verantwortlichen die Chance bietet, kirchliche Sachbeiträge im politischen Raume zur Wirkung kommen zu lassen" (H. KUNST, a.a.O. 279).

[20] Zu den „kirchenpolitischen Aspekten" des allgemeinen Priestertums vgl. GERHARD KRAUSE/ HENNING SCHRÖER, in: EStL[3] 2 (1987) 2651f.

3. Zur Begriffsgeschichte, zum Politikverständnis und zur theologischen Relevanz von Kirchenpolitik

3.1 Staatliche Kirchenpolitik

Das zunächst definierte Verständnis des Wortes Kirchenpolitik ist leicht überschaubar, und es ließe sich ohne besondere Schwierigkeiten in die Form eines fest umrissenen Begriffs überführen. Wenn im allgemeinen Sprachgebrauch nur dieser Bedeutungsinhalt vorkäme, wäre eine weitere Reflexion über das Wort oder den Begriff nahezu überflüssig. Die Schwierigkeiten ergeben sich allein aus dem Umstand, daß es die beiden anderen Bedeutungsvarianten eben auch gibt. Zur Überschaubarkeit der ersten Wortbedeutung trägt nicht unerheblich bei, daß es das Phänomen eines solchen, von außen auf die Religionsgemeinschaften und Kirchen einwirkenden staatlichen Handelns zu allen Zeiten und an allen Orten gegeben hat und gewiß auch künftig geben wird. Bleiben wir im Bereich der christlichen Kirche: Von der ersten Christenverfolgung über die Konstantinische Wende bis zum Kulturkampf der Bismarckära und dem „kirchenpolitischen System"[21] der Weimarer Reichsverfassung und unseres Grundgesetzes – immer hat es staatliche Kirchenpolitik gegeben. Nur die Maßstäbe und Zielsetzungen sind von Land zu Land und von Epoche zu Epoche ständig im Wandel. Daß sich für dieses nahezu unendlich variable Handeln der staatlichen Instanzen erst sehr spät in der deutschen Sprache[22] der zusammenfassende Allgemeinbegriff „Kirchenpolitik" eingefunden hat, hängt aufs engste mit der Begriffsgeschichte des deutschen Wortes „Politik" zusammen.[23]

Bis in die Mitte des 18. Jahrhunderts hinein steht die Bedeutungsgeschichte des Wortes „Politik" im Zeichen von zwei großen Entwicklungssträngen. Der erste folgt christlich-aristotelischer Tradition und bezieht politisches Handeln

---

[21] Der Terminus ist in den Kommentarwerken zum Grundgesetz fest verankert; vgl. auch KONRAD HESSE, Der Bedeutungswandel der kirchenpolitischen Artikel der Weimarer Reichsverfassung, in: Helmut Quaritsch/Hermann Weber (Hg.), Staat und Kirchen in der Bundesrepublik, Bad Homburg v.d.H. 1967, 221-229; aus der älteren Literatur: HANS RIEDER, Staat und Kirche nach modernem Verfassungsrecht, Berlin 1928, 11-23 („Das kirchenpolitische System nach der Weimarer Reichsverfassung").

[22] Auf die Notwendigkeit, in einer Begriffsgeschichte auch auf andere Sprachen einzugehen, kann hier nur hingewiesen werden. Eine reiche Geschichte hat in jedem Fall das englische Wortpaar „Ecclesiastical polity". Das opus magnum aus dem ausgehenden 16. Jahrhundert ist: RICHARD HOOKER, Of the Laws of Ecclesiastical Polity (8 Bde., 1593-1662; vgl. TRE 15, 581); eine Definition des Begriffs gibt Hooker in III, 2, 1. – Die schottische Kirchenordnung von 1560 (The First Book of Discipline, hg.v. James K. Cameron, Edinburgh 1972) gibt im 9. Kapitel eine Definition der „Policie of the Kirk" (180f.). Zum neueren Wortgebrauch von „church polity" vgl. R.S. PAUL, The Assembly of the Lord. Politics and Religion in the Westminster Assembly and the ‚Grand Debate', Edinburgh 1985.

[23] Man vgl. zum folgenden insbesondere VOLKER SELLIN, Art. „Politik", in: GGB 4 (1978) 789-874 (Lit.).

ethisch auf die *beatitudo* oder *felicitas* der Gemeinschaft. Politik gilt als das Bemühen um die sittlich „gute Ordnung" des sozialen Zusammenlebens. Politik ist – bei eingeräumter Möglichkeit ihrer schlechten Realisation – a priori ein ethisches, am Gemeinwohl orientiertes Handeln.[24] Diesem normativ-ontologischen Politikbegriff trat ein realistischer zur Seite, der, wohl auf Machiavelli zurückzuführen, zunächst auch noch werthaft besetzt war: Politik sei Streben nach Machtanteil und Machtbehauptung. In der politischen Auseinandersetzung gehe es um den Erwerb und Erhalt von gesellschaftlich durchsetzungsfähigem Einfluß. Der Machtpolitiker werde alles tun und zulassen, wenn es nur dem Erhalt der Macht diene. Dieser werthaft-negative, „machiavellistische" Akzent haftet zumal dem Adjektiv „politisch" in der Umgangssprache bis heute an. So konnte erst der im 18. Jahrhundert aufkommende wertfreie Politikbegriff[25], der nur die Technik und die Grundsätze staatlichen Handelns zum Ausdruck bringen will, jene zahlreichen Wortverbindungen möglich machen, wie „Handelspolitik", „Justizpolitik" und eben auch „Religions-" bzw. „Kirchenpolitik".[26] Auf die Weiterbildung des sogenannten realistischen (deduktiven, empirischen) Politikbegriffs durch Max Weber und die spätere Ausformung eines dialektisch-kritischen Begriffsverständnisses sei hier nur stichwortartig verwiesen[27], obgleich diese neuen Paradigmen des Politikverständnisses für eine umfassende Analyse des Wortfeldes „Kirchenpolitik" von erheblicher Bedeutung sind.

Ebenfalls nur zur vorläufigen Abgrenzung innerhalb der Begriffsgeschichte sei erwähnt, daß die bei Luther gelegentlich anklingende Wortverbindung *politia ecclesiastica*[28] und die von Melanchthon recht oft benutzten Formeln

---

[24] A.a.O. 802-806.

[25] A.a.O. 831-838.

[26] V. SELLIN verweist auf eine besonders reichhaltige Aufzählung von Unterdisziplinen der Politik bei August Ludwig Schlözer (1793), in der die „Religionspolitik" unter dem Oberbegriff der „Aufklärungspolitik" aufgeführt wird (a.a.O. 847 Anm. 369).

[27] Max Webers berühmte Definition, Politik heiße „Streben nach Machtanteil oder nach Beeinflussung der Machtverteilung" und wer Politik betreibe, der erstrebe „Macht ... entweder als Mittel im Dienst anderer Ziele – idealer oder egoistischer –, oder Macht ‚um ihrer selbst willen'", führt zu der notwendigen Unterscheidung zwischen einem „politisch orientierten Handeln" und dem „eigentlich ‚politischen' Handeln, dem *Verbands*handeln der politischen Verbände"; dabei ist nach M. Weber unter „politisch orientiertem Handeln" die „ausgesprochen *nicht* gewaltsame Beeinflussung des politischen Verbandshandelns" zu verstehen (MAX WEBER, Wirtschaft und Gesellschaft. Grundriß der verstehenden Soziologie, Studienausgabe hg.v. Johannes Winckelmann, Köln/Berlin 1964, 40;1043). Zu den Konsequenzen dieser Unterscheidung für den Begriff „Kirchenpolitik" s.u. Anm. 69 und 78. – Zum dialektisch-kritischen Theorie-Ansatz in der Politikwissenschaft vgl. D. BERG-SCHLOSSER u.a. (s. Anm. 16), 62-86.

[28] Eine Durchsicht der rund 700 Eintragungen zum Stichwort *politia* im Tübinger Register zur WA ergibt, daß Luther die Zusammenstellung der Worte „politia" und „ecclesia (ecclesiastica)" tunlichst vermieden hat. Luthers ständig wiederholte und variierte Mahnung lautet: "Non

politia ecclesiastica bzw. *politia canonica*²⁹ in einen anderen Zusammenhang gehören. Sie dienen der Bestimmung des Wesens der Kirche, die unter gewissen Aspekten auch für die Reformatoren mit anderen „Politien" (Gemeinschaften) vergleichbar ist.³⁰ Die Herborner reformierten Theologen Wilhelm Zepper und Heinrich Alsted haben die Wortverbindung *politia ecclesiastica* dann in der Literatur weitergegeben, Zepper sogar in Form eines selbständigen Buchtitels.³¹ So konnte Gisbert Voetius in seiner zwischen 1663 und 1676 erschienenen voluminösen *Politica Ecclesiastica* im Widmungsbrief an den Leser betonen, „titulum nihil insolens nihil novum sonare". Seine eigene Begriffsdefinition lautet in der kürzesten Fassung: „Politica ecclesiastica ... est scientia sacra regendi ecclesiam visibilem".³² Thomas Hobbes eröffnet den dritten Teil seines *Leviathan* (1651) mit einem Kapitel *De politicae christianae principiis* und beschließt seine Ausführungen zur christlichen Staatsreligion mit der Bemerkung: „Atque haec de regno Dei et politica ecclesiastica dicta sufficiant".³³ Mit anderer Akzentuierung konnte Leibniz 1681 von Pierre Jurieu die Formel „la politique du clergé" übernehmen, um die Haltung des staatstreuen Priesterstandes gegen die Hugenotten zu bezeichnen.³⁴

Diese Andeutungen mögen zunächst genügen, um die Notwendigkeit (und Ergiebigkeit!) einer begriffsgeschichtlichen Detailuntersuchung des Wortfeldes

---

debent politica dicta trahi in ecclesiam" (WA 40/1, 293, 2f.; vgl. WA 2, 224, 34f.; WA 25, 324, 14f.; WA 39/II, 42, 3f.; 52, 4-7; WA 40/1, 209, 1f.; WA 40/III, 112, 10-13; 194, 6f.; 590, 4f.; WA 49, 30, 8-10 und sehr oft). Dennoch kann man mit W. Maurer sagen, daß Luther „eine äußerlich sichtbare, herrschaftlich organisierte politia ecclesiastica" kennt (WILHELM MAURER, Die Kirche und ihr Recht. Gesammelte Aufsätze zum evangelischen Kirchenrecht, hg.v. Gerhard Müller und Gottfried Seebass, Tübingen 1976 [JusEcc 23], 184 [unter Hinweis auf WA 31/II, 693, 17-22; 743, 14f.]).

[29] Hier nur einige Belege aus den BSLK: 296, 17 (23); 297, 9f. (26); 398, 55; 400, 3f. – Zur Verwendung von „politicus" und „politia" bei Melanchthon vgl. ROLF BERNHARD HUSCHKE, Melanchthons Lehre vom Ordo politicus, Gütersloh 1968 (SEE 4).

[30] In einem für die Begriffsgeschichte des Wortes „Kirchenpolitik" wichtigen Aufsatz hat Albrecht Ritschl 1869 diese Formulierung m.W. erstmals benutzt: ALBRECHT RITSCHL, Die Begründung des Kirchenrechts im evangelischen Begriff von der Kirche, in: ders., Gesammelte Aufsätze, Bonn 1893, 100-146; 134.

[31] WILHELM ZEPPER, De politia ecclesiastica sive forma ac ratio administrandi et gubernandi regni Christi, quod est ecclesia in his terris (1595), Herborn ²1607. Zur Interpretation des Begriffs „politia ecclesiastica" durch Zepper vgl.: JAN R. WEERDA, Wilhelm Zepper und die Anfänge reformierter Kirchenrechtswissenschaft in Deutschland (1955), in: ders., Nach Gottes Wort reformierte Kirche, München 1964 [TB 23], 162-189; 170f.

[32] GISBERT VOETIUS, Politica Ecclesiastica I-IV, Amsterdam 1663-1676, I, 1.

[33] THOMAS HOBBES, Opera Philosophica quae latine scripsit omnia, ed. Wilhelm Molesworth, London 1839-1845 (ND Aalen 1961), III, 265; 448.

[34] GOTTFRIED WILHELM LEIBNIZ, Sämtliche Schriften und Briefe. Akademie-Ausgabe, IV, 3, Berlin 1986, 212-218.

„Kirchenpolitik" aufzuzeigen. Es bleibt allerdings festzuhalten, daß erst nach der Französischen Revolution – in deren Verlauf ja in extensiver Weise staatliche Kirchenpolitik betrieben worden ist – das Wort in der hier gemeinten inhaltlichen Fassung (= staatliche Kirchenpolitik) im *deutschen* Sprachraum heimisch geworden ist.[35]

Wird mit dem Wort Kirchenpolitik nur dieses eine, in sich allerdings nahezu unendlich variable, Einwirken der Staaten auf die Kirchen bezeichnet, dann sollte es heute im qualifizierten Sinne als ein Begriff verstanden werden, dem keine theologischen Konnotationen beizumischen sind – und dies aus theologischen Gründen! Diese Aussage mag überraschen. Ich halte sie jedoch für geboten und will sie zur ersten These meiner Erwägungen erheben.

In einer von Peter Koslowski 1984 geleiteten Tagung von Philosophen, Politologen, Historikern und Theologen über *Die religiöse Dimension der Gesellschaft*[36] hat Hans Maier im Diskurs mit Hermann Lübbe auf einen wohl kaum zu widerlegenden Sachverhalt aufmerksam gemacht: Die in unserem Jahrhundert durchgeführten vielfältigen und verschiedenartigen Trennungssysteme von Staat und Kirche haben in keinem Land zu *der* Form der Entflechtung geführt, die ursprünglich beabsichtigt war.[37] Dies gelte nicht nur für die Trennungskonzepte in westlichen Demokratien, sondern auch für die im Ansatz viel radikalere Trennungspolitik in kommunistischen Staaten.[38] Hans Maier will aufgrund dieser Tatsache nun keine These darüber aufstellen, welche der beiden grundsätzlich denkbaren Ordnungen – Staatskirchen- oder Trennungssystem – besser zum modernen demokratischen Staat passe, oder auch nur darüber, ob und inwieweit die Demokratie ein bestimmtes staatskirchenpolitisches Gefälle, etwa zur konfessionellen Neutralität des Staates oder zum Trennungssystem hin, geschaffen habe. Viel eher läßt sich nach seiner Ansicht die These begründen, daß der moderne demokratische Staat dazu neige, extreme Polarisierungen zu vermeiden und die Gegensätze in einem System des Ausgleichs sich einpendeln zu lassen. „Von hier aus gesehen äußert sich die

---

[35] Sollte eine ausgeführte Begriffsgeschichte zum Wort „Kirchenpolitik" die hier genannte Datierung endgültig belegen können, dann wäre auch R. Kosellecks These erhärtet, daß alle relevanten Grundbegriffe der modernen Politik in der „Sattelzeit" von 1770 bis 1830 geprägt wurden: REINHART KOSELLECK, Einleitung, in: GGB 1, 1972, XIII-XXVII. Allerdings ist sogleich hinzuzufügen, daß die spezifische Prägung des Wortes „Kirchenpolitik" als Emanzipationsbegriff (s.u. Abs. 3.2) eine bemerkenswerte Besonderheit darstellt. – Vgl. auch das Kapitel „Kirchenpolitik" in: REINER PREUL, Kirchentheorie. Wesen, Gestalt und Funktionen der Evangelischen Kirche, Berlin/New York 1997, 219-224.

[36] PETER KOSLOWSKI (Hg.), Die religiöse Dimension der Gesellschaft. Religion und ihre Theorien, Tübingen 1985 (Civitas Resultate, Bd. 8).

[37] HANS MAIER, Politik und Religion, in: P. Koslowsky (s. Anm. 36) 130-143; HERMANN LÜBBE, Zwischen Staatskirchensystem und Trennungssystem, ebd. 144-150.

[38] A.a.O. 131f. 137f.

Wirkung der modernen Demokratie ... auf die Kirche in einer stillen, aber nachdrücklichen Erosion sowohl der im Staatskirchensystem wie der im Trennungssystem gesicherten Form des Nebeneinanderlebens von Kirche und Staat, Religion und Politik. Dieser Erosionsprozeß scheint mir der eigentlich bezeichnende staatskirchenpolitische Vorgang unserer Zeit zu sein."[39] Dieser Sachverhalt könnte gerade in unserem Land dazu verführen, in die so oder so verbleibende staatliche Kirchenpolitik nun doch wieder eine traditionelle *cura religionis* und *advocatia ecclesiae*[40] hineinzudefinieren. Gerade die Diskussionsbeiträge zu Hans Maiers Vortrag auf der Civitas-Tagung machen dies deutlich.[41] Staatliche Kirchenpolitik in unserer Zeit muß aber meines Erachtens im Ansatz und in ihrem Selbstverständnis von einem bereits vollzogenen Trennungssystem ausgehen können und ausgehen dürfen, auch wenn der empirische Befund uns allenortes nur „hinkende Trennungen" vor Augen führt. Wenn in einer postrevolutionären offenen Gesellschaft eine demokratisch gewählte Regierung eine kirchenfreundliche Kirchenpolitik betreibt und den Kirchen für ihre Arbeit hilfreiche Angebote macht, so ist dies für die betroffenen Kirchen natürlich ein erheblicher und höchst erfreulicher Gewinn. Es kommt in solcher Kirchenpolitik zum Ausdruck, daß die Trennung von Staat und Kirche nur den Bereich des Institutionellen betrifft und nicht den gemeinsamen Rechtsgrund aufgehoben hat. Nur ein ungeschichtliches Denken und Argumentieren könnte in der gegenwärtigen Situation auch auf einer Trennung im Bereich dieses gemeinsamen Rechtsgrundes von Staat und Kirche insistieren. Mit welchen theologischen Argumenten eine solche Forderung überhaupt gestützt werden könnte, ist aber noch nicht gesagt worden. Die durchaus sinnvolle Diskussion über die kirchenpolitischen Thesen der FDP aus dem Jahre 1973, in der solche theologischen Erwägungen ihren Platz gehabt hätten, ist bekanntlich ohne wesentliche Ergebnisse bald wieder eingestellt worden.[42]

Die Kirchen der Reformation dürfen aus einer ihnen entgegenkommenden, sie in der Gesellschaft privilegierenden Kirchenpolitik des Staates keinen grundsätzlich einklagbaren Rechtsanspruch ableiten. Hier wäre an die immer noch bedenkenswerte Mahnung von Hermann Diem zu erinnern, der in einem Artikel mit der Überschrift „Kirchenpolitik in Bonn" schon vor fast vierzig Jahren

---

[39] A.a.O. 132. – Zu den gesellschaftlichen und politischen Aspekten der funktionalen Religionstheorie vgl. auch HERMANN LÜBBE, Religion nach der Aufklärung, Graz 1986.
[40] MARTIN HECKEL, Art. „Cura Religionis", in: EStL³ 1 (1987) 425f.
[41] P. KOSLOWSKY (s. Anm. 36), 151-158.
[42] Vgl. PETER RATH (Hg.), Trennung von Staat und Kirche? Dokumente und Argumente, Reinbek 1974. – Zur neueren kirchenrechtlichen Grundsatzdiskussion über das Verhältnis von Kirche und Staat vgl. KLAUS SCHLAICH, Konfessionalität – Säkularität – Offenheit. Der christliche Glaube und der freiheitlich-demokratische Verfassungsstaat, in: Trutz Rendtorff (Hg.), Charisma und Institution, Gütersloh 1985, 175-198.

unserer Kirche den theologisch begründeten[43] dringlichen Rat gegeben hat, den jungen Staat der Bundesrepublik nicht auf eine einklagbare kirchenfreundliche Kirchenpolitik festzulegen. „Eine ihrer Sache sichere Kirche könnte z.B. fröhlich jedes Jahr die Staatsleistungen ... neu beschließen lassen, um bei dieser Gelegenheit zu erfahren, wie hell ihr Licht geleuchtet hat. Solange die Kirche sich aber von vorneherein durch Rechte und Privilegien sicherstellen will, wird deren Wahrnehmung und Erhaltung zur steten Fessel werden, die sie selbst nicht zur Freiheit des Glaubens kommen und diese für die Welt nicht mehr glaubwürdig verkündigen läßt."[44] Man sollte bei diesen Worten Hermann Diems nicht primär auf das spitze Beispiel der Zahlungsweise von „Staatsleistungen" achten, sondern auf den theologischen Grundgedanken zur Beurteilung staatlicher Kirchenpolitik. Diesen Grundgedanken hat Ernst Wolf im gleichen Zusammenhang ebenfalls vor vierzig Jahren in einer eindringlichen Analyse der „politisch-kirchenpolitischen Parole" von der „Freiheit der Kirche" herausgestellt. „Es ist ein Irrtum zu meinen, daß die politische Freiheit der Kirche die Bedingung sei für die Freiheit des Christenlebens. Vielmehr lebt die echte, von Anspruch auf und Sorge um Selbsterhaltung und Sicherung ihres Bestandes nicht verworrene Freiheit der Kirche von der *libertas christiana*, d.h. von der Freiheit des Evangeliums."[45] Die *libertas christiana* hat die *libertas ecclesiae* kritisch zu bewachen, und zwar auch in der Abwehr der Versuchungen, die in einer auf bestimmte Normen festgelegten staatlichen Kirchenpolitik schlummern können. Wer der staatlichen Kirchenpolitik aus theologischen Gründen eine grundsätzliche Entscheidungsfreiheit zugesteht, der trägt dazu bei, daß die notwendige Fundamentalunterscheidung zwischen Kirche und Welt nicht verdunkelt wird.[46] Denn die Fundamentalunterscheidung verlangt auf der einen Seite, daß sich der Staat nicht als solcher religiös definiert und

---

[43] Hinter der Argumentation von Hermann Diem steht unverkennbar KARL BARTH, Christengemeinde und Bürgergemeinde, München 1946. Barth lehnt in dieser Schrift bekanntlich jede Form einer „Reichsgottespolitik" ab (20) und beschreibt in verschieden ausformulierten Definitionen den Zeugnis- und Bekenntnischarakter des politischen Handelns der „Christengemeinde" in der „Bürgergemeinde" (21-23, „Lichterlehre") sowie die Maßstäbe der „inneren Politik" der Kirche (29-31; 36).– Vgl. auch KARL BARTHS Äußerungen zur Kirchenpolitik in: Politische Entscheidung in der Einheit des Glaubens, München 1952 (TEH.NF 34), 14; 19.

[44] Zit. nach ERNST WOLF, Von den Grenzen der Kirchenpolitik, in: EvTh 9 (1949/50) 189-192; 190.

[45] ERNST WOLF, Libertas christiana und libertas ecclesiae, in: EvTh 9 (1949/50) 127-142; 140. Wolf grenzt sich in diesem Aufsatz ausdrücklich von der „politisch-kirchenpolitischen Parole" ab, zu der sich die Formel von der libertas ecclesiae entwickelt habe. Vgl. ferner: ERNST WOLF, Libertas christiana. Grundsätzliche Erwägungen zur Frage nach der „biblischen Autorität für die soziale und politische Botschaft der Kirche heute", München 1949 (TEH.NF 18), 22-36.

[46] GERHARD EBELING, Usus politicus legis – usus politicus evangelii (1982), in: ders., Umgang mit Luther, Tübingen 1983, 131-163; DERS., Theologisches Verantworten des Politischen. Luthers Unterrichtung der Gewissen heute bedacht, ebd. 164-201.

bindet; und erst aufgrund dieser Fundamentalunterscheidung kann die Kirche dann ihrerseits eine eigene Politik zu Staat und Gesellschaft hin entwickeln, wie dies schon in Art. 28 des Augsburger Bekenntnisses gesagt worden ist. Dort zitieren die Verfasser Phil 3,20 *(nostra politia in coelis est*[47]*)* und ziehen daraus die Folgerung: „Ad hunc modum *discernunt* nostri utriusque potestatis officia, et iubent *utramque* honore afficere et agnoscere, *utramque* Dei donum et beneficium esse."[48] Eine von theologischen Beimischungen und kirchlichen Ansprüchen völlig befreite Fassung des Begriffs der *staatlichen Kirchenpolitik* könnte diesem notwendigen Unterscheidungsbemühen dienlich sein.

3.2 Politik der Kirche

Das Verständnis des Wortes „Kirchenpolitik" in dem Sinne, daß hier die Kirche als handelndes Subjekt verstanden wird, ist erst im vorigen Jahrhundert in der Zeit des Vormärz aufgekommen. Dieser Sachverhalt ist deshalb nicht verwunderlich, weil die neue Wortbedeutung ein wenigstens im Ansatz neues, emanzipatorisches kirchliches Selbstbewußtsein voraussetzt. Zwar wünschte schon Schleiermacher, daß das „Complicat zwischen Staat und Kirche" aufgelöst werde, aber er plädierte für eine nichts übereilende, „von unten auf" voranschreitende Entwicklung.[49] So ist in seinen Kirchenverfassungsentwürfen noch kein Raum für eine eigenständige kirchliche Politik. In der *Christlichen Sitte* wird allerdings gesagt, daß „alle Staatsverbesserungen überwiegend aus der Berathung entstehen müssen", an der sich auch diejenigen beteiligen sollen, „die nicht in der politischen Organisation sind"; und hier schließt Schleiermacher Vertreter des „christlichen Geistes" ausdrücklich ein.[50] Die Kirche selbst aber erscheint noch nicht als *politisch* handelndes Subjekt.

---

[47] BSLK 123, 4. Die Vulgata-Fassung lautet übrigens: „Nostra autem *conversatio* in caelis est".
[48] BSLK 123, 10-13 (Hervorhebungen vom Vf.).
[49] HERMANN WEISS (Hg.), Schleiermacher's Darstellung vom Kirchenregiment, Berlin 1881, 154-157; dort auch Schleiermachers Urteil über „Geistliche", die „sich zum Meister der ganzen Politik" machen: „Der Geistliche muß davon ausgehen, daß er in der Politik kein Sachkundiger ist, da er nie den Beruf haben kann, irgend einen politischen Akt zur Gewissenssache zu machen" (153f.).
[50] FRIEDRICH SCHLEIERMACHER, Die christliche Sitte nach den Grundsätzen der evangelischen Kirche im Zusammenhange dargestellt, hg.v. Ludwig Jonas, Sämmtliche Werke, I. Abt., Bd. 12, Berlin ²1884, 266. – Aus Schleiermachers Vorlesungen über *Politik* (Sommer-Semester 1833), die Christian August Brandis in Bruchstücken herausgegeben hat, läßt sich zumindest in Andeutungen entnehmen, wie Schleiermacher in seiner Spätzeit die „politischen Rechte" der Konfessionen bestimmte: Im Sinne einer eindeutigen Unterscheidung von „religiösen" und „politischen Interessen" tritt Schleiermacher für „Concordate" ein, die den jeweiligen Einflußbereich festlegen. „Eine reine Lösung kann sich aber doch nicht eher ergeben, als wenn der Einfluß von dem Punkte außer dem Staate von der Art ist, daß er sich gar nicht mehr auf das politische erstrecken kann. Dies könnte aber nur geschehen, wenn die geistliche Autorität

In einer Gruppe von Theologen nach Schleiermacher, die dem politischen Liberalismus des Vormärz nahestanden, sind die ekklesiologischen Entwürfe der vorangegangenen Generation als „bloße Theoriensucht" kritisiert worden. So entstand das neue Verständnis des Wortes Kirchenpolitik im Zusammenhang einer grundsätzlichen Theorie-Praxis-Reflexion. Hier ist vor allem auf den bedeutenden Heidelberger Philosophen und Theologen Karl Bernhard Hundeshagen hinzuweisen.[51] Seit 1847 forderte er für die Lehre von der Kirche die Ausbildung der „rechten praktischen Begriffe", um den „alles Bestimmte verflüchtigenden Spiritualismus derjenigen Bildungsweise, welche seit den letzten hundert Jahren die specifisch deutsche geworden ist", abzulösen und durch eine „besonnene Kirchenpolitik" zu ersetzen.[52] In vergleichbarer Absicht gab Karl Rudolf Hagenbach in seiner *Encyklopädie und Methodologie der Theologischen Wissenschaften* seit 1845 den jungen Theologen den Rat, sich in der praktischen Theologie zunächst mit den „bereits angebauten Felder[n]" der Homiletik, Katechetik und Liturgik zu beschäftigen, dann aber „den Blick weiter zu tragen in die noch unangebauten der Kirchenpolitik und des Kir-

---

in Bezug auf alles, was auf das bürgerliche Leben sich bezieht, für incompetent sich erklärte; denn so lange sie noch das Gewissen in politischer Hinsicht bindet, findet sie sich gegen den Gemeingeist in Opposition". Mißtrauen „läßt sich nur beseitigen durch die deutlichste Erklärung, daß die Geistlichen keinen politischen Einfluß haben; und solche Erklärung kann nur durch Trennung des Kirchenregiments von der politischen Gewalt Nachdruck erhalten" (FRIEDRICH SCHLEIERMACHER, Sämmtliche Werke, III. Abt., Bd. 8, Berlin 1845, 208-210). – Vgl. auch ALBRECHT GECK, Schleiermacher als Kirchenpolitiker. Die Auseinandersetzungen um die Reform der Kirchenverfassung in Preußen (1799-1823), Bielefeld 1997 (UnCo 20).

[51] Über Karl Bernhard Hundeshagen s.: EIKE WOLGAST, in: TRE 15 (1986) 701-703; THOMAS NIPPERDEY, Geschichtsschreibung, Theologie und Politik im Vormärz: Carl Bernhard Hundeshagen, in: ders., Gesellschaft, Kultur, Theorie. Gesammelte Aufsätze zur neueren Geschichte, 1976 (= Kritische Studien zur Geschichtswissenschaft 18), 228-258.

[52] KARL BERNHARD HUNDESHAGEN, Beiträge zur Kirchenverfassungsgeschichte und Kirchenpolitik, insbesondere des Protestantismus, 1. Bd., Frankfurt a.M. 1864, VIIf.; DERS. (anonym), Der deutsche Protestantismus, seine Vergangenheit und seine heutigen Lebensfragen im Zusammenhang der gesammten Nationalentwicklung beleuchtet von einem deutschen Theologen, Frankfurt a.M. 1847, 315; DERS., Die Bekenntnißgrundlage der vereinigten evangelischen Kirche im Großherzogthum Baden. Eine historische Untersuchung als Beitrag zum Badischen Landeskirchenrecht und zur Gesetzgebungspolitik der evangelischen Kirche Deutschlands, sammt Vorwort und Beilagen, Frankfurt a.M. 1851; DERS., Über die Natur und die geschichtliche Entwicklung der Humanitätsidee (Akademische Festrede 22. November 1852), Heidelberg 1852, 38 (zur „praktischen Politik" im Gegensatz zu einer „Politik der Illusionen"); DERS., Zur Geschichte, Ordnung und Politik der Kirche, Gotha 1875. – Für die Begriffsgeschichte des Wortes „Kirchenpolitik" ist beachtenswert, daß Hundeshagen in seinen *Beiträgen zur Kirchenverfassungsgeschichte* anmerkt: „Es könnte der Fall sein, dass der Leser eine wissenschaftliche Erörterung des in der theologischen Welt ohnehin noch nicht recht einheimisch gewordenen Begriffes der Kirchenpolitik vermisste. Daher sei hier bemerkt, dass der Verfasser vorgezogen hat[,] seine Vorstellungsweise von derselben aus den einschlägigen Ausführungen des Buches selbst entnommen zu sehen, anstatt auf theoretische Erörterungen darüber einzugehen, zu denen sich vielleicht später Anlass und Gelegenheit ergibt" (a.a.O. VI).

chenrechts".[53] Kirchenpolitik wird als ein gestaltendes Handeln der Kirche verstanden, das im Raum der Kirche entworfen und verantwortet werde, das aber zugleich über die Grenzen innerkirchlicher und innertheologischer Auseinandersetzungen hinausreiche. Man wird an Heinrich Heine erinnert, der schon 1834 gespottet hatte, die evangelische Kirche in Deutschland habe wegen ihrer Abhängigkeit vom Staate keine eigene Kirchengeschichte gehabt und schon gar nicht Kirchen-Geschichte gemacht, sondern sich mit dem Surrogat der „theologischen Streitigkeiten der Wittenberger, Leipziger, Tübinger und Halleschen Universitätsgelehrten"[54], also der Theologiegeschichte, abspeisen lassen.

Vor diesem zeitkritischen Hintergrund ist die neue Wortbedeutung zu sehen und zu verstehen. Eine sich vom Staat emanzipierende Kirche und eine von der Theorie zur kirchlichen Praxis und zur innergesellschaftlichen Wirksamkeit drängende wissenschaftliche Theologie sollen sich im gemeinsamen *kirchenpolitischen* Handeln treffen. Erstes Ziel solcher Kirchenpolitik war unstreitig die Emanzipation der Kirche vom Staat, die sich in der Forderung nach einer selbständigen kirchlichen Verfassung konkretisierte. Aufgrund seiner Herkunft aus dem politischen Liberalismus des Vormärz hat das mit diesem neuen Sinngehalt gefüllte Wort Kirchenpolitik eine polemische Spitze „gegen staatliche, kirchliche oder andere Beschränkungen der individuellen Freiheit"; das hat (mit Grimm) schon Carl Schmitt scharfsichtig diagnostiziert.[55] So nennt Karl Hase seine kämpferische kirchenrechtliche *Denkschrift* über die Verfassung einer evangelisch protestantischen Kirche des deutschen Reichs „eine kirchlich-politische Schrift, die unter allen Einflüssen der Bewegung des ausgehenden Jahres 1848 verfaßt ist".[56] Eduard Zeller hofft im Jahre 1848, „daß das Einheitsstreben und die kirchenpolitische Einsicht stark genug sein werde, um die protestantische Kirche vor einem Zerfallen in die Einzelgemeinden ... zu

---

[53] Diese Formulierung findet sich erstmals in der 2. Aufl. des Buches und ist bis in die von E. Kautzsch betreute Überarbeitung von 1884 (11. Aufl.) unverändert erhalten geblieben; vgl. Karl Rudolf Hagenbach, Encyklopädie und Methodologie der Theologischen Wissenschaften, Leipzig (1833) ²1845, 328; ¹¹1884, 426. Die Kapitelüberschrift „Kirchenpolitik. Kirchenrecht" erscheint erstmals ⁹1874, 443 (= 10. und 11. Aufl.); die von Max Reischle ergänzte 12. Aufl. (1889) bietet hier nichts Neues.

[54] Heinrich Heine, Zur Geschichte der Religion und Philosophie in Deutschland (1834/35), in: ders., Sämtliche Schriften, hg.v. Klaus Briegleb, Bd. 5, München/Wien 1976, 544.

[55] „Es gibt infolgedessen eine liberale Politik als polemischen Gegensatz gegen staatliche, kirchliche oder andere Beschränkungen der individuellen Freiheit, als Handelspolitik, als Kirchen- und Schulpolitik, Kulturpolitik, aber keine liberale Politik schlechthin, sondern immer nur eine liberale Kritik der Politik." (Carl Schmitt, Der Begriff des Politischen. Text von 1932 mit einem Vorwort und drei Corollarien, Berlin 1963, 69; vgl. auch a.a.O. 30 Anm. 6: „Ebenso gab es eine Kirchenpolitik nur da, wo eine Kirche als politisch beachtlicher Gegenspieler vorhanden war").

[56] Karl Hase, Die evangelisch protestantische Kirche des deutschen Reichs. Eine kirchenrechtliche Denkschrift, Leipzig ²1852, IV.

bewahren", und spricht im gleichen Zusammenhang von den „Folgen der Kirchenemancipation", durch die die Theologie „in strengere Abhängigkeit von der Kirche geraten" könne.[57] Sehr bald setzte jedoch eine Verallgemeinerung des eben erst gewonnenen neuen Begriffs ein. Nicht nur kirchlich-emanzipatorische Bestrebungen, sondern jedwede Wirksamkeit von Kirchenvertretern konnte Kirchenpolitik genannt werden. Das „machiavellistische" Politikverständnis bestimmte nun meistens den Begriff. Bemerkenswert ist hier ein streitbarer Artikel von Albrecht Ritschl gegen Ernst Wilhelm Hengstenberg aus dem Jahre 1852, der das Wort „Kirchenpolitik" zwar nicht benutzt, die Kritik an Hengstenberg aber durchgehend auf das Aufspüren der „tieferliegenden Perfidie eines Politicus" ausrichtet.[58] Karl Schwarz kann schon 1856 die Vertreter der „Unionsdoctrin" als Ausbeuter „einer kirchenpolitischen Frage" bezeichnen und wenige Seiten später August Friedrich Christian Vilmar als „enfant terrible der kirchlich-politischen Reaction".[59] Konsequent mündete diese Entwicklung im letzten Drittel des 19. Jahrhunderts in die Institutionen der kirchenpolitischen Parteien, die unter verschiedenen Programmen und Parolen Einfluß auf Synoden, Konsistorien und die gesamte Öffentlichkeit zu nehmen versuchten.[60]

---

[57] EDUARD ZELLER, Kleine Schriften, hg.v. Otto Leuze, Bd. 3, Berlin 1911, 242 (aus dem 1849 geschriebenen Aufsatz „Die Trennung der Kirche vom Staat in ihrer Bedeutung für die Theologie", a.a.O. 238-248). – H. v. Treitschke nannte im Rückblick „die kirchenpolitische Bewegung des Jahres 1848" einen „Abfall von den alten Überlieferungen des deutschen Staates" und versuchte nachzuweisen, daß das „Schlagwort ‚Trennung von Staat und Kirche' ... in der deutschen Geschichte keinen Boden" habe (s. HEINRICH v. TREITSCHKE, Aufsätze, Reden und Briefe, hg.v. K.M. Schiller, Bd. 3, Meersburg 1929, 592f.).

[58] ALBRECHT RITSCHL, Gesammelte Aufsätze, Bonn 1893 („Herr Dr. Hengstenberg und die Union" [1852], 52-67), 61 und öfter. – Für die abschätzig gemeinte Verwendung des Wortes „Kirchenpolitiker" gibt es schon im 19. Jahrhundert eine Fülle von Belegen; hier nur eine feine, ins Positive gewendete Fassung von A. v. Harnack (über A. Ritschl): „Daß er ganz und gar Theologe war und von der Theologie aus Vorschriften zu geben wagte, daß ihm jeder Zug des Traditionalisten, des Liturgikers, des Virtuosen, der mit sich reden läßt, des Latitudinariers, der Andere reden läßt, des Kirchenpolitikers, der mit indirekten Mitteln arbeitet, fehlte – das war das Befremdlichste und Anstößigste an dieser kraftvollen Persönlichkeit" (ADOLF v. HARNACK, Zur gegenwärtigen Lage des Protestantismus. Ein Vortrag, 1896 [Hefte zur „Christlichen Welt" 25], 11).

[59] KARL SCHWARZ, Zur Geschichte der neuesten Theologie, Leipzig ²1856, 340; 363 Anm.; 402. – Die Belege bei Karl Schwarz zeigen, daß es nicht erst die innerkirchlichen Gegner der Liberalen waren, die dem Begriff seine emanzipatorische Spitze nahmen, indem sie ihn verallgemeinerten. Eine leider nicht datierte Notiz aus dem handschriftlichen Nachlaß R. Rothes deutet auf dieselbe Entwicklung hin: „Die einzige heilsame Politik für die Kirche ist, sich fortwährend mit allen christlichen Strömungen auf den übrigen Lebensgebieten in lebendiger Berührung und aufrichtiger Freundschaft zu erhalten" (RICHARD ROTHE, Stille Stunden. Aphorismen aus dem handschriftlichen Nachlaß, Wittenberg ²1888, 314).

[60] Als erster Zusammenschluß einer kirchenpolitischen Gruppe ist die Berliner Tiergartenversammlung der Liberalen am 1. August 1845 – vor der ersten Preußischen Generalsynode

Die skizzierte Entstehungsgeschichte der zweiten Wortbedeutung von Kirchenpolitik hatte zur Folge, daß bis in den Kirchenkampf, ja bis in die Gegenwart hinein, der Hauptgegenstand solcher „Politik der Kirche" festgelegt erscheint: Kirchenpolitik habe es mit Fragen der Kirchenverfassung und mit der Ausbildung selbständiger kirchlicher Organisationsstrukturen zu tun, die einer außerhalb oder innerhalb der Kirche stehenden Instanz plausibel gemacht oder gar abgerungen werden müßten. Das Wort deckt dann in letzter Konsequenz nur noch die mehr oder minder legitime Vertretung kirchlicher Verbandsinteressen in Gesellschaft und Staat ab. So dachte wohl auch Karl Barth, als er die berühmten Sätze niederschrieb: „Es ist kein Schimpf, sondern es hat seine besondere Ehre, Politiker oder auch Kirchenpolitiker zu sein. Es ist aber etwas anderes, Theologe zu sein. Es kann immer den Verlust der theologischen Existenz bedeuten, wenn ein Theologe Politiker oder Kirchenpolitiker wird."[61] Nun ist Karl Barth dem Buchstaben dieses hohen Dictums genau 25 Tage lang treu geblieben. Daß er an den Bonner Kirchenwahlen vom 23. Juli 1933 mit einer eigenen Wahlliste teilnahm, hat er später selber als einen Schritt in die Kirchenpolitik bezeichnet. Niemand wird sagen, daß Karl Barth mit dieser Entscheidung für die Kirchenpolitik seine theologische Existenz preisgegeben habe. Man wird ihm vielmehr zustimmen, wenn er 1938 seinen Kritikern erklärt: „Daß ich kirchenpolitisch ... zu werden begann", war doch nichts anderes, als „daß die praktische Relevanz, der Kampf- und Bekenntnischarakter einer theologischen Lehre ... sichtbar geworden ist".[62]

---

von 1846 – anzusehen (s. GERHARD BESIER, Preußische Kirchenpolitik in der Bismarckära, Berlin 1980, 29; dort auch weitere Lit. zur Entwicklung der kirchenpolitischen Parteien; vgl. ferner JOACHIM MEHLHAUSEN, Art. „Parteien", in: TRE 26 [1996] 26-37; bes. 33f.) – Otto v. Bismarck hat in seinen großen Reden das Wort „Kirchenpolitik" oft benutzt; hier nur ein Beispiel: „Sie [die Mitglieder der Fortschrittspartei] benutzten der Kirchenpolitik staats- und reichsfeindliche Politik mitzutreiben. Und diese Partei spricht in ihren Organen jetzt von politischer Ehre" (OTTO V. BISMARCK, Werke in Auswahl [Jahrhundertausgabe], Bd. 7, hg.v. Alfred Milatz, Darmstadt 1981, 405). Von Bismarck stammt auch die Wortbildung „Kirchturmspolitik"; vgl. OTTO LADENDORF, Historisches Schlagwörterbuch, Berlin/Straßburg 1906 (= ND Hildesheim 1968), 168. – Die Begriffsgeschichte des Wortes „Kirchenpolitik" ist im Kontext der Begriffsgeschichten von „politischer Protestantismus" und auch „Kulturprotestantismus" zu sehen; vgl. hier die grundlegenden Vorarbeiten: HEINZ GOLLWITZER, Vorüberlegungen zu einer Geschichte des politischen Protestantismus nach dem konfessionellen Zeitalter, Opladen 1981 (Rhein.-Westf. Adad. d. Wissenschaften, G 253), 7-12; FRIEDRICH WILHELM GRAF, Kulturprotestantismus. Zur Begriffsgeschichte einer theologiepolitischen Chiffre, in: ABG 28 (1987) 214-268.

61 KARL BARTH, Theologische Existenz heute! (1933). Neu hg. u. eingeleitet v. Hinrich Stoevesandt, München 1984 (TEH 219), 31.
62 KARL BARTH, „Parergon". Karl Barth über sich selbst, in: EvTh 8 (1948/49) 268-282; 274f. Zur Entstehung dieses Barth-Textes vgl. die Fußnote von E. WOLF, a.a.O. 268f. Wie Barth das Wort „Kirchenpolitik" im Sommer 1934 verwendet hat, belegt: KARL BARTH, Texte zur Barmer Theologischen Erklärung. Mit einer Einleitung von Eberhard Jüngel und einem Editions-

Es gibt also gute Gründe, das Wort Kirchenpolitik nicht dadurch zu verharmlosen, daß man es in den innerkirchlichen Bereich des sogenannten Verbandsinteresses abschiebt. Der gesamte Kirchenkampf hat gezeigt, daß ein auf Staat und Gesellschaft gerichtetes kirchenpolitisches Handeln von einem Augenblick zum anderen in eine Situation führen kann, in der assertorisches und konfessorisches Reden und Handeln geboten sind. Aus dieser Einsicht leite ich die zweite These meiner Erwägungen ab. Sie lautet: Wird das Wort Kirchenpolitik in dem Sinne verstanden, daß die Kirche Subjekt des Handelns ist, dann hat dieser Begriff in jedem Falle hohe theologische Relevanz und verlangt von jedem, der ihn benutzt, daß er sich die möglichen Konsequenzen solchen Redens und Tuns vor Augen stellt.

Dem großen Kirchenrechtslehrer Wilhelm Kahl gebührt der Ruhm, als erster methodisch konsequent und definitorisch präzise über die hier gemeinte Bedeutung des Wortes Kirchenpolitik gehandelt zu haben. Kahls *Lehrsystem des Kirchenrechts und der Kirchenpolitik* (1894) hat wegen der zur gleichen Zeit ausbrechenden Kontroverse zwischen Sohm und Harnack nicht die ihm gebührende Aufmerksamkeit in Jurisprudenz und Theologie gefunden. Auch Kahls eigene kirchenpolitische Aktivitäten in der Frühzeit der Weimarer Republik werden allenfalls in Fußnoten erwähnt. Kahls wichtigste These lautet: „Das Kirchenrecht enthält Rechtssätze, die Kirchenpolitik Rechtsgrundsätze". Die Kirchenpolitik sei der „Inbegriff der Grundsätze über das richtige und

---

bericht hg.v. Martin Rohkrämer, Zürich 1984, 25; 32; 37. – Auf den uferlosen Gebrauch und Verbrauch des Wortes „Kirchenpolitik" während der Jahre vor und nach 1933 kann hier nicht näher eingegangen werden. Schon 1920 (!) erschien im *Protestantenblatt* eine Satire unter der Überschrift „Ich mag von Kirchenpolitik nichts mehr hören!" (in: PrBl 53 [1920] Nr. 40, 325-327). Eine Fundgrube für die Verwendung des Wortes im Kirchenkampf sind alle zeitgenössischen kirchlichen und theologischen Zeitschriften sowie die von Kurt Dietrich SCHMIDT gesammelten *Bekenntnisse und grundsätzlichen Äußerungen zur Kirchenfrage*, Göttingen 1933, 1934, 1935. Selbständige theologische Reflexionen zur Politik (innerhalb) der Kirche finden sich bei OTTO PIPER, Vom Machtwillen der Kirche, Tübingen 1929 (SGV 138); DERS., Jungevangelische Tagung für Kirchenpolitik, in: ThBl 8 (1929) 184-186; DERS., Kirchenwahlen und Gemeindepolitik, in: Der Reichsbote 60 (10.5.1932) Nr. 112. Hervorzuheben ist ferner die Entscheidung der Reichsleitung der Jungreformatorischen Bewegung unmittelbar nach den Kirchenwahlen vom 23. Juli 1933: „Ein fast hoffnungsloser kirchenpolitischer Kampf liegt hinter uns ... Dieser Kampf war ein Kampf um die Macht, genauer ein Kampf um die Frage, ob für den Neubau der Kirche die kirchliche Rechtsordnung oder der revolutionäre Anspruch der Deutschen Christen grundlegende Geltung haben sollte ... Entschieden wurde er erst durch den Einsatz unkirchlicher bzw. nichtkirchlicher Faktoren. So wurde ohne und gegen unseren Willen aus diesem kirchenpolitischen Kampf mehr und mehr ein staatspolitischer Kampf gemacht, indem alles, was gegen die Deutschen Christen stand, als politisch unzuverlässig, ja als staatsfeindlich hingestellt wurde ... Die Reichsleitung ... ist zu dem Schluß gekommen, ihre ‚kirchenpolitische' Aufgabe mit diesem Tage [d.h. nach der Kirchenwahl] als abgeschlossen zu erklären" (Die Jungreformatorische Bewegung und die Kirchenpolitik. 16 Thesen, in: JK 1 [1933] Nr. 9, 99-101; 99f.).

zweckmäßige Handeln bei Gestaltung des Rechtsverhältnisses zwischen Staat und Kirche sowie der Gemeinschaftsordnung innerhalb der Kirche selbst".[63] Ich greife die These von Wilhelm Kahl als Theologe auf, obgleich mir bewußt ist, daß für einen Juristen heute die Unterscheidung zwischen positiven *Rechtssätzen* und allgemeinen *Rechtsgrundsätzen* problematisch ist.[64] Für den Theologen ergibt sich aus der Differenzierung von Wilhelm Kahl die Frage nach der theologischen Legitimation alles dessen, was als Politik der Kirche bezeichnet werden kann. Dabei ist die personale Ebene von der Sachebene zu unterscheiden, nicht aber zu trennen. Nach evangelischem Selbstverständnis kann die Frage: *Wer* redet kirchenpolitisch legitim? nicht von der anderen Frage gelöst werden, *was* die Kirche als Kirche in ihrer Politik theologisch zu verantworten hat.[65] Gewiß kommen verschiedene Verantwortungsträger in den Blick, je nachdem ob einzelne Christen oder „die" Kirche politisch handelnd auf den Plan treten. Mit Gerhard Ebeling ist zu sagen: „Im Unterschied zu ‚christlicher Äußerung', die auch jedem einzelnen Christen und irgendwelchen Gruppen von Christen zusteht, muß ‚kirchliche Äußerung' in irgendeiner Weise als Funktion einer kirchlichen Instanz erkennbar sein".[66] Eine privatisierende Inanspruchnahme des Wortes Kirchenpolitik und der Sache der kirchlichen Politik kann niemandem untersagt werden. Aber da es kirchliche Äußerungen in Gesellschaft und Staat hinein gibt – und somit de facto eine von der Kirche zu verantwortende Kirchenpolitik –, erhält die Legitimationsfrage nicht nur in bezug auf die handelnden Personen, sondern insbesondere hinsichtlich der Sachautorität höchste theologische Relevanz. Im Rückgriff auf Wilhelm Kahls Definition ist zu fragen: Haben wir einen „Inbegriff der Grundsätze über das richtige und zweckmäßige Handeln der Kirche", oder begnügen wir uns mit einem von Fall zu Fall zustandekommenden situationsbezogenen Konsens, weil wir trotz der Erfahrungen aus dem Kirchenkampf nicht ernstlich damit rechnen, durch unsere Kirchenpolitik in den *status confessionis* geraten zu können?

---

[63] WILHELM KAHL, Lehrsystem des Kirchenrechts und der Kirchenpolitik. Erste Hälfte. Einleitung und allgemeiner Teil [mehr nicht erschienen], Freiburg i.Br./Leipzig 1894, VI.

[64] Vgl. KARL LARENZ, Methodenlehre der Rechtswissenschaft, Berlin ^{5}1983, 130-155.

[65] Vgl. MARTIN HONECKER, Sind Denkschriften „kirchliche Lehre"?, in: ZThK 81 (1984) 241-263; 249; EILERT HERMS, Die Lehre im Leben der Kirche, in: ZThK 82 (1985) 192-230. – Über das Politik-Verständnis der „Demokratie-Denkschrift" der EKD (*Evangelische Kirche und freiheitliche Demokratie.* Der Staat des Grundgesetzes als Angebot und Aufgabe, Gütersloh 1983) informiert der materialreiche und instruktive Rezeptionsbericht von KLAUS TANNER, in: ZEE 32 (1988) 119-128.

[66] GERHARD EBELING, Kriterien kirchlicher Stellungnahme zu politischen Problemen, in: ders., Wort und Glaube, Bd. 3, Tübingen 1975, 611-634; 616; vgl. auch DERS., Kirche und Politik, ebd. 593-610. Zu der bereits in der Alten Kirche „unhistorischen Alternative von Theologie und Kirchenpolitik" vgl. CHRISTOPH MARKSCHIES, Ambrosius von Mailand und die Trinitätstheologie, Tübingen 1995 (BHTh 90), 2f.

Zwei als Fragen formulierte Konkretionen: Betreibt die Evangelische Kirche in Deutschland mit der Veröffentlichung ihrer „Denkschriften" Kirchenpolitik? Wenn Ja, dann müßte die inhaltliche Legitimation solcher Äußerungen auf theologische Grundsätze zurückgeführt werden können, die von den beteiligten Gliedkirchen gegebenenfalls assertorisch und konfessorisch bis zur letzten Konsequenz zu vertreten wären. Wer kann diese Grundsätze aufzählen? Wo kann man sie nachlesen? Wer hat die „Bedingungen ihrer Konsensfähigkeit" überprüft?[67] Wollen die „Denkschriften" aber nur dialogorientierte Anregungen bieten, also keine Kirchenpolitik betreiben, dann fragt es sich doch, ob unsere Kirchen der immer wieder beschworenen politischen Verantwortung ihrer Verkündigung nicht gerade mit solchen „Denkschriften" schlicht ausweichen. – Das andere Frage-Beispiel zur Konkretion: Eine Synode nimmt durch feierlichen Beschluß den Satz „Rassismus ist Sünde" auf ihre Verantwortung. Stellt sie damit einen für ihr weiteres Handeln verbindlichen theologischen Grundsatz auf? Wenn Ja, dann müssen aus diesem Beschluß auch nach außen wirkende, also kirchenpolitische Ansprüche und Forderungen an Gesellschaft und Staat abgeleitet werden. Anderenfalls wäre der Beschluß ein Sprung auf der Stelle. Sollte der beschlossene Satz aber nicht zu kirchenpolitischem Handeln führen dürfen, dann wäre seine deklaratorische Hohlheit nicht mehr zu bemänteln.

Man kann hinter den angedeuteten Verlegenheiten im Umgang mit dem Wort und der Sache der Kirchenpolitik ein sehr ernst zu nehmendes theologisches Argument erkennen, das in einer Kirche der Reformation auf keinen Fall überhört werden darf: Die Unterscheidung von Zeugnis und Machtanspruch. So hat Ernst Wolf einmal gesagt, „die Klerikalisierung der Welt" stelle „*die* Grenze der Kirchenpolitik dar".[68] Vielleicht hat die große Zurückhaltung, unser „undeutliches Wort" zum präzisen Begriff zu erheben und es dann unbefangen in Gebrauch zu nehmen, etwas mit dieser Grenze zu tun. Welcher evangelische Theologe möchte schon einem kirchenpolitischen Wirken zustimmen, das auf eine Klerikalisierung der Welt hinausliefe? Also auf das Durchsetzen eigener Überzeugungen oder gar doktrinärer Machtansprüche gegenüber Gesellschaft und Staat? Aber eine Kirchenpolitik, die ihrer theologischen

---

[67] E. HERMS (s. Anm. 65), 225.
[68] E. WOLF (s. Anm. 44), 189. – G. Ebeling skizziert die Position einer sich zu Unrecht auf Luther berufenden politischen Theologie so: „Das christlich Folgerichtigste sei die völlige Verschmelzung theologischer und politischer Verantwortung – nicht etwa zwecks Klerikalisierung der Politik, sondern im Interesse der Politisierung der Theologie, um sie direkt für politische Parteinahme und Aktion einsetzen zu können." Ebeling setzt dieser Position das Luther-Wort entgegen: „Praedicator non debet politica agere" (WAT 1, 81, 27f., Nr. 181, Februar/März 1532) (G. EBELING, Theologisches Verantworten des Politischen [s. Anm. 46], 171). – Eine theologisch überzeugende Abgrenzung von einer klerikalisierenden Kirchenpolitik, die „den Staat allmählich zu verkirchlichen" versucht, gibt K. BARTH, Christengemeinde und Bürgergemeinde (s. Anm. 43), 7-19.

Grundsätze in christlicher Freiheit gewiß wäre, würde ja nie auf eine solche Klerikalisierung der Welt aus sein, sondern ausschließlich die Bezeugung der Forderungen des Evangeliums in der Welt zum Ziel haben.[69]

3.3 Politik in der Kirche

Das Wort Kirchenpolitik wird gegenwärtig besonders oft dazu verwendet, um die Diskurse und Auseinandersetzungen zu bezeichnen, die sich *innerhalb* unserer Kirchen auf verschiedenen Ebenen vollziehen. Das Ziel solcher Diskurse und Auseinandersetzungen ist, eine innerkirchliche Willens- und Handlungseinheit wenigstens im Ansatz zu konstituieren und zu erhalten. Zur Präzisierung dieses Wortgebrauchs sind zumindest zwei Reflexionsgänge unerläßlich: 1. Eine theologische Auseinandersetzung mit dem *integrativen Politikbegriff* und 2. eine theologisch-ekklesiologische Verständigung über das *Phänomen des Pluralismus* in der Kirche. Die erste Aufgabe hat Günther Holstein schon 1928 in Angriff genommen; leider hat er – so weit ich sehe – keine Nachfolger gefunden.[70] Die zweite Aufgabe ist trotz etlicher hilfreicher Beiträge in der neueren Literatur und trotz der Pluralismus-Studie der Arnoldshainer Konferenz (1977) noch nicht befriedigend gelöst.[71] Hier kann für beide Bereiche nur eine Problemskizze gegeben werden.

---

[69] Theologisches Unterscheidungskriterium sollte das jeweilige Verhältnis der Kirchenpolitik zu allen Gestalten der „vis humana" sein. Durch die Erinnerung an CA 28 (*sine vi humana, sed verbo* [BSLK 124, 9]) sei verdeutlicht, daß es hier nicht um eine Scheidung in verschiedene Bereiche geht, sondern um unterschiedliche Ebenen und Gestalten der Handlungsweise. Die von Max Weber angebotene Unterscheidung zwischen einem machtorientierten „eigentlich politischen Handeln" und einem „politisch orientierten Handeln", das die *nicht* gewaltsame Beeinflussung zum Ziel hat, bleibt hilfreich; ebenso seine soziologische Definition der Macht als der „Chance, innerhalb einer sozialen Beziehung den eigenen Willen auch gegen Widerstreben durchzusetzen, gleichviel worauf diese Chance beruht". Eine auf Klerikalisierung der Welt hinauslaufende Kirchenpolitik, die sich unbedenklich der Machtmittel bedient, die der Kirche in der Gesellschaft auch heute (noch) zur Verfügung stehen, ist mit M. Weber als „Hierokratie" zu bezeichnen und aus theologischen Gründen entschieden abzulehnen (die Begriffe bei M. Weber [s. Anm. 27], 38-41).

[70] Günther Holstein, Die Grundlagen des evangelischen Kirchenrechts, Tübingen 1928 (345-350: „Kirchenpolitik und Kirchenrechtspolitik"). – Die zwischen 1950 und 1960 recht intensiv geführte Auseinandersetzung mit dem Werk von G. Holstein konzentrierte sich auf dessen Kirchenbegriff und berührte die Integrationsvorstellung nicht; vgl. etwa Herbert Wehrhahn, Kirchenrecht und Kirchengewalt, Tübingen 1956; Johannes Heckel, Rezension zu H. Wehrhahn, Kirchenrecht, in: ZRG 74 (1957) Kan. Abt. 43, 496-503; Siegfried Grundmann, Abhandlungen zum Kirchenrecht, Köln/Wien 1969 (bes. 201-204 [1959]; 431-439 [1959/1960]).

[71] Vgl. Roman Herzog/Joachim Mehlhausen, Art. „Pluralismus, pluralistische Gesellschaft", in: EStL³ 2 (1987) 2539-2552 (Lit.). – Hans Hattenhauer, Pluralistische Kirche im pluralistischen Staat? Toleranz – Relativismus – Wertpluralismus, in: Wolfgang Böhme (Hg.), Wie pluralistisch darf die Kirche sein?, Karlsruhe 1987, 9-24. Vgl. auch die Beiträge in: Joachim Mehlhausen (Hg.), Pluralismus und Identität, Gütersloh 1995 (VWGTh 8).

Der von Rudolf Smend 1923 in das Staatsrecht eingeführte Begriff der Integration hat in der Politikwissenschaft große Resonanz gefunden.[72] Besondere Akzente erhielt die politische Integrationstheorie durch die Beiträge von Carl Schmitt, dessen Einfluß auf einige zeitgenössische evangelische Theologen bislang – aus naheliegenden Gründen – nur sehr zurückhaltend untersucht worden ist.[73]

Alle politischen Integrationstheorien gehen im Ansatz von derselben Grundanschauung aus: Die in einer Gemeinschaft in ständigem Wandel befindlichen gesellschaftlichen Kräfte sollen durch politisches Handeln integrierend so zusammengefaßt werden, daß ein einheitlicher Handlungswille zustandekommen kann. Dabei will Integration weder eine bloße Addition der Meinungen erzielen noch deren oberflächlichen Ausgleich. Ziel der Integration ist der als neue Sinneinheit zu verstehende *magnus consensus*. Dieser orientiert sich an den gestellten Aufgaben, setzt sich mit denkbaren Lösungsmöglichkeiten auseinander, um zur Entscheidung für eine Handlungsanweisung zu kommen, die von möglichst vielen Mitgliedern der Gemeinschaft bejaht und deshalb mitverantwortet werden kann.

Es gibt m.E. keinen stringenten Einwand dagegen, das politische Integrationsmodell auch für Entscheidungsprozesse im kirchlichen Raum in Anspruch zu nehmen. Neuere systematisch-theologische Beiträge zur Theorie und Theologie kirchenleitenden Handelns beschreiben den Prozeß der innerkirchlichen Konsensfindung in vergleichbarer Weise.[74] Wer die Willensbildung auf evangelischen Synoden oder in kirchenleitenden Gremien (auf allen Ebenen) miterlebt, weiß, daß dort heute in der Regel im Sinne eines integrativen Politikbegriffs verhandelt und entschieden wird.

---

[72] RUDOLF SMEND, Die politische Gewalt im Verfassungsstaat und das Problem der Staatsform, in: Festgabe der Berliner Juristischen Fakultät für Wilhelm Kahl ... am 19. April 1923, 1923, T. III, 3-25. – D. GOELDNER, Integration und Pluralismus im demokratischen Rechtsstaat, 1977; AXEL FRHR. v. CAMPENHAUSEN, Rudolf Smend (1882-1975). Integration in zerrissener Zeit, in: Fritz Loos (Hg.), Rechtswissenschaft in Göttingen. Göttinger Juristen aus 250 Jahren, Göttingen 1987 (Göttinger Universitätsschriften A, Bd. 6), 510-527 (Lit.).

[73] C. SCHMITT (s. Anm. 55). – Über C. Schmitts Nachwirkung in der Bundesrepublik vgl. die Skizze von JÜRGEN HABERMAS, Die Schrecken der Autonomie, in: ders., Eine Art Schadensabwicklung. Kleine politische Schriften VI, Frankfurt a.M. 1987, 101-114; zur zeitgenössischen C. Schmitt-Rezeption in der Theologie vgl. KLAUS TANNER, Die fromme Verstaatlichung des Gewissens. Zur Auseinandersetzung um die Legitimität der Weimarer Reichsverfassung in Staatsrechtswissenschaft und Theologie der zwanziger Jahre, Göttingen 1989 (AKiZ B. 15).

[74] MARTIN SEILS, Die Rolle der Dogmatik in der Praxis der Kirchenleitung, in: EvTh 44 (1984) 3-11; SIEGFRIED H. SUNNUS, Was bedeutet die theologische Wissenschaft für die Entscheidungsfindung in kirchlichen Leitungsgremien? Oder: Wie plausibel sind theologische Argumente?, in: EvTh 46 (1986) 524-535; GERHARD SAUTER, Theologie und Kirchenleitung, Düsseldorf 1986; DERS., Art. „Consensus", in: TRE 8 (1981) 182-189 (Lit.); DERS., Was ist Wahrheit in der Theologie? Wahrheitsfindung und Konsens der Kirche, in: ders., In der Freiheit des Geistes. Theologische Studien, Göttingen 1988, 57-82 (Lit.).

Es ist aber notwendig, mit Nachdruck auf die Grenze solchen integrativen kirchenpolitischen Handelns aufmerksam zu machen. Nach reformatorischem Verständnis ist die Kirche *creatura verbi divini*.[75] Ihr zentraler Auftrag besteht darin, dieses ihre eigene Existenz begründende, schaffende und erhaltende Wort frei von allen Bindungen zu verkündigen. Im staatlichen und gesellschaftlichen Bereich ist das Maß dessen, was den politischen Willen als Inhalt erfüllen soll, sehr weit gespannt.[76] Für das Handeln der Kirche nach reformatorischem Verständnis hingegen bleibt die Gesamtrichtung stets durch die *viva vox evangelii* bestimmt. Das Evangelium darf nicht durch doktrinäre oder organisatorische Fixierungen eingeengt werden; auch jedes innerkirchliche Politikmodell steht unter diesem kritischen Vorbehalt. Günther Holstein hat den Sachverhalt auf die einprägsame Formel gebracht: „Die Kirche gleicht ... einer Gemeinschaft, die mit einem konkreten und geschlossenen Regierungsprogramm arbeitet".[77] Die Verkündigung des Wortes kann nicht Gegenstand und Inhalt der Politik der Kirche sein. Gegenstand und Inhalt integrativer Kirchenpolitik dürfen vielmehr nur solche Fragen werden, die nach den jeweils besten Voraussetzungen für die Entfaltung des die Kirche begründenden, schaffenden und erhaltenden freien Wortes suchen. Integrative Kirchenpolitik hat den Auftrag, dem freien Wort seinen freien Lauf nach bestem Vermögen zu erleichtern; das Wort selber kann und darf nicht Gegenstand kirchenpolitischer Bemühungen werden. Daraus ergibt sich für die Praxis des politischen Handelns in der Kirche eine wichtige Grundregel, die ich als dritte These meiner Erwägungen herausstellen will: Nicht alles und jedes kann und darf Gegenstand integrierender Kirchenpolitik werden. Wer unsere Synoden und Kirchenleitungen, Gemeindekirchenräte, Presbyterien, Ausschüsse und kirchlichen Kammern kennt, der weiß, daß gegen diese Grundregel oft verstoßen wird. Zu selten wird geprüft, ob eine vorhandene Meinungsvielfalt überhaupt zu einem einheitlichen Handlungswillen zusammengefaßt werden muß. Im gesellschaftlichen und staatlichen Bereich gibt es wohl die Notwendigkeit, alle gemeinschaftlichen Probleme dem integrierenden politischen Willensbildungsprozeß zu unterziehen. Weil der Weg der Kirche aber vom freien Evangeliumswort bestimmt wird, kann und darf es in ihr auch einen Pluralismus von Anschauungen geben. Der Kanon des Neuen Testaments ist hierfür elementares und maßstabsetzendes Beispiel. In der Kirche des freien Wortes kann in sehr vielen Fällen die Majorität mit einer dissentierenden Minorität und die Minorität mit einer dissentierenden Majorität zusammen bleiben; nicht, um dem Harmonie-

---

[75] WA 2, 430, 6-8; WA 6, 561, 1; WA 7, 721, 9-14.
[76] Eine Grenze bildet der änderungsresistente Grundrechtsteil der Verfassung (Art. 1 und 20 GG sowie Art. 79 Abs. 3 GG); vgl. THEODOR MAUNZ/REINHOLD ZIPPELIUS, Deutsches Staatsrecht, München [26]1985, §§ 18-21 (Lit.).
[77] G. HOLSTEIN (s. Anm. 70), 348.

bedürfnis Genüge zu tun, sondern aus der Einsicht, daß das freie Wort unterschiedene Antworten herausfordern kann. Werner Jetter hat das in seinem Pluralismus-Aufsatz so zum Ausdruck gebracht: „Am Vermögen oder Unvermögen, den Pluralismus in der Kirche auszuhalten, ... entscheidet es sich, ob die Kirche Kirche bleibt oder Sekte wird. Denn in der Anstrengung der Kooperation erwartet sie die Kirchenleitung Gottes und die Taten des Heiligen Geistes".[78] Von den ungezählten kirchenpolitischen Aktivitäten unserer Tage erscheinen mir diejenigen am bedenklichsten, die keine Ruhe geben wollen, bis die jeweilige Ansicht durch einen Integrationsprozeß zu einer – und sei es noch so mühsamen – innerkirchlichen Akzeptation gekommen ist. Hier fehlt die glaubende Gelassenheit Luthers, der nach getaner Arbeit mit seinem Philipp Wittenbergisch Bier trank, während das Evangelium seinen Weg durch Kursachsen nahm.

Auch die Frage nach dem Sinn kirchenpolitischer Parteien in unseren Kirchen sollte unter diesem Aspekt kritisch beantwortet werden. Weil in solchen „Arbeitsgemeinschaften" die Technik integrativen kirchenpolitischen Handelns besonders gut beherrscht wird, entsteht die lustvolle Neigung, sich jedweder Sach- oder Personalentscheidung zu bemächtigen, um sie nach allen Regeln kirchenpolitischer Kunst in die Integration zu zwingen.

Es bleibt die Frage, nach welchen Kriterien zu unterscheiden sei: zwischen solchen Gegenständen, die von einer besonnenen und ihrer Sache gewissen Kirchenpolitik in der Kirche zum Konsens zu führen sind, und solchen, die man in der Meinungsvielfalt belassen kann. Auf Faustregeln und Rezepte sollte hier niemand hoffen; es wäre aber gewiß schon ein großer Gewinn, wenn die Frage selbst öfter gestellt würde, als das bislang geschieht. Ein Hilfsmittel zur Orientierung können unsere Kirchenordnungen sein und in ihnen vornehmlich die sogenannten „Grundartikel". Gerade in diesen Texten ist viel Erfahrung aus dem geschichtlichen Leben der einzelnen Kirchen aufbewahrt.[79] Es ist eine schöne Aufgabe, diese Erfahrungen aus ihrer zur Deklaration erstarrten

---

[78] WERNER JETTER, Der Pluralismus in der Kirche – Reaktion oder Konzeption?, in: ThPr 1 (1966) 29-55; 55. – Vgl. auch FRIEDRICH WILHELM GRAF, Theonomie. Fallstudien zum Integrationsanspruch neuzeitlicher Theologie, Gütersloh 1987. – Eine bewußte Wahrnehmung und Anerkennung des innerkirchlichen Pluralismus – in lokaler und ökumenischer Dimension! – könnte dazu beitragen, daß latente Machtverhältnisse in den Kirchen offengelegt werden; zugleich würde die so dringend gebotene Konfliktbereitschaft gefördert. Jede überzogene Integrationsbemühung wirkt kontraproduktiv und führt nur zu neuen Ausgrenzungen. Eine theologisch kontrollierte und methodisch durchdachte *Politik in der Kirche* könnte schließlich anderen gesellschaftlichen Kräften Signale für die Modalitäten der Konfliktbewältigung geben.

[79] Als Beispiel: JOACHIM MEHLHAUSEN, Bekenntnis und Bekenntnisstand in der Evangelischen Kirche im Rheinland. Die geschichtliche Entwicklung der Präambel und der Grundartikel der rheinischen Kirchenordnung 1835-1952, in: MEKGR 32 (1983) 121-158.

Präambelexistenz aufzuwecken. Auf jeden Fall muß sich an den „Grundartikeln" jene Unterscheidung vollziehen, die legitime Gegenstände integrativer Kirchenpolitik von nicht zur Diskussion stehenden Bekenntnisaussagen trennt. Eberhard Jüngel hat in Auseinandersetzung mit der Barmen-Interpretation von Paul Althaus gesagt: „Politische und kirchenpolitische Gefährdungen der Kirche" fielen nicht unter das Genus des status confessionis. „Wer auf sie in Gestalt eines Bekenntnisses antwortet, macht sich im Grunde einer μετάβασις εἰς ἄλλο γένος schuldig".[80] Dieser Mahnung ist zuzustimmen; sie setzt aber voraus, daß wir uns darüber verständigt haben, was eine *kirchenpolitische* Gefährdung der Kirche sei. So führt auch dieser Gedankengang wieder zu der Einsicht, daß es an der Zeit ist, daß wir für Theologie und Kirche aus dem viel gebrauchten, undeutlichen Wort Kirchenpolitik einen durchdachten, präzise bestimmten Begriff gewinnen.

4. Ausblick

Ich fasse meine Erwägungen in drei Wünsche zusammen:
1. Ich wünsche uns allen *Gelassenheit,* wenn es um die Kirchenpolitik des Staates geht. Übt ein Staat eine hilfreiche cura religionis und advocatia ecclesiae aus, so kann dies für die Kirche eine sehr gute Gabe sein. Aber die Kirche Jesu Christi steht und fällt nicht mit der Quantität und Qualität solcher Kirchenpolitik. Das sagt das Evangelium; das lehrt die Geschichte der Kirche.
2. Ich wünsche uns allen *Mut,* wenn es um jene Kirchenpolitik geht, mit der Aufträge des Herrn der Kirche gemeinsam öffentlich bezeugt und auch ausgeführt werden sollen. Hier ist Mut notwendig, weil es zum *casus confessionis* kommen kann. Es müßte jeder Generation gelingen, wenigstens zwei oder drei derartige Aufträge konkret zu benennen und sie zum weithin erkennbaren gemeinsam verantworteten Ziel der Politik der Kirche zu setzen, die nicht aufhört diesen Auftrag allen Zeitgenossen zur Gewissensfrage zu machen.

---

[80] E. JÜNGEL, Einleitung (s. Anm. 62), XIX. – Über *Kirchenpolitik, Bekennen und Status confessionis* hat Hans v. Soden (in einer eindrucksvollen *Kollegerklärung* gesprochen, die er nach seiner Wiedereinsetzung in das akademische Lehramt im November 1934 verlesen hat: „Dieser Einsatz seiner Wahrheitserkenntnis ist der Beitrag, den der Theologe aus seiner besonderen Verantwortung zur Kirchenpolitik zu leisten hat. Er hat von hier aus die kirchenpolitische Lage an seinem Teil zu gestalten und nicht sich von der kirchenpolitischen Lage kneten zu lassen. Theologie ist nicht dazu da, aus kirchenpolitischen Nöten Tugenden des Glaubens zu machen, sondern hat gegen den Anspruch der Kirchenpolitik auf Wahrheitsentscheidung entschlossen zu protestieren ... Ich, der ich für einen Kirchenpolitiker gelte, kämpfe um garnichts anderes als um den Primat der Theologie vor der Politik in der Kirche" (ERICH DINKLER/ERIKA DINKLER-von SCHUBERT [Hg.], Theologie und Kirche im Wirken Hans von Sodens. Briefe und Dokumente aus der Zeit des Kirchenkampfes 1933-1945, ²1986 [AKiZ A, Bd. 2], [122-125] 123-125). – Vgl. FRIEDRICH DELEKAT, Kirchenpolitische Verbindlichkeit und Verbindlichkeit des Glaubens, in: ders., Theologie und Kirchenpolitik, München 1955 [TEH.NF 46], 5-13).

Kirchenpolitik dieser Art und mit dieser Begründung ist weder Taktik noch Strategie; als gemeinsam verantwortetes praktisches Handeln der Kirche bildet sie mit Glaube und Theologie eine unauflösbare Trias.

3. Ich wünsche uns allen *Wachsamkeit,* wenn es um jene Kirchenpolitik geht, durch die aus der Vielfalt der Meinungen in der Kirche ein gemeinsamer Handlungswille gewonnen werden soll. Es gibt viele Aufgaben in der Kirche, die im Grundsatz nach denselben Methoden zu bearbeiten sind, wie dies in einer integren Demokratie geschieht. Wachsamkeit ist geboten vor einem kirchenpolitischen Aktivismus, der keine theologischen Unterscheidungen mehr treffen kann. Kirchenpolitischem Handeln muß bewußt bleiben, daß es immer nur um die Hilfs- und Zuarbeit für das Wort geht, „durch das Gott alle Dinge trägt"; dieses Wort steht allerdings souverän über allen Gestalten der Kirchenpolitik.

Der Schriftgebrauch in Bekenntnissen und grundsätzlichen Äußerungen zur Kirchenfrage aus der Anfangszeit des Kirchenkampfes

I
Vorüberlegungen

Klaus Scholder hat schon im Jahre 1975 darauf aufmerksam gemacht, daß der Begriff „Kirchenkampf" verschiedene Bedeutungswandlungen erfahren hat und folglich nur in einer genau differenzierenden Begriffsbestimmung Verwendung finden sollte.[1] Im „prägnanten Sinn" sei der Begriff um die Jahreswende 1933/ 34 entstanden, „als sich im Abwehrkampf gegen das deutsch-christliche Kirchenregiment das Bewußtsein von der grundsätzlichen theologischen Bedeutung der – bis dahin meist Kirchenstreit oder Kirchenwirren genannten – Auseinandersetzungen in der evangelischen Kirche durchzusetzen begann."[2] In der Tat dürfte es auch heute noch ratsam sein, den Begriff „Kirchenkampf" in diesem prägnanten und engen Sinn primär oder gar ausschließlich auf die Auseinandersetzungen *in* den evangelischen Kirchen in Deutschland zwischen dem Beginn des Jahres 1933 und dem Spätsommer 1934 zu beziehen. Denn nur in diesem kurzen Zeitraum ist eine einigermaßen übersichtlich zu nennende Konfrontation im deutschen Protestantismus erkennbar, die entsprechend mit einem einzigen Begriff umschrieben und gedeutet werden kann.

Seit 1935 verlaufen die Grenzziehungen zwischen den miteinander konkurrierenden und streitenden theologischen sowie kirchenpolitischen Gruppierungen in einer derart verwirrenden Vielfalt der Positionen und kontroversen Themen, daß es im Grunde unmöglich wird, diese Auseinandersetzungen unter einem einzigen Schlagwort zu subsumieren. In den ersten zwanzig Monaten nach der sogenannten Machtergreifung Adolf Hitlers hingegen ging es in den evangelischen Kirchen in Deutschland hauptsächlich um ein einziges Thema: die Frage, in welcher Form und in welchem Umfang das kirchenpolitische Programm der Deutschen Christen den *Auftrag*, die *Ordnung* und vor allem die *Leitung* der evangelischen Kirche auf den verschiedenen institu-

---

[1] KLAUS SCHOLDER, Art. „Kirchenkampf", in: EStL² (1975) 1177-1200; 1177 (= EStL³ 1 [1987] 1606-1636 mit einem Nachtrag von CARSTEN NICOLAISEN, ebd. 1636-1640).
[2] A.a.O., 1177.

tionellen Ebenen bestimmend prägen dürfe. Die Einmütigkeit, mit der die im Mai 1934 in Barmen versammelten Synodalen der *Ersten Bekenntnissynode der Deutschen Evangelischen Kirche* die „Lehr- und Handlungsweise der herrschenden Kirchenpartei der Deutschen Christen und des von ihr getragenen Kirchenregiments"³ ablehnten und verwarfen, zeigt, daß man zumindest bis zu diesem Zeitpunkt den „Kirchenkampf" noch als die Auseinandersetzung zwischen nur *zwei* unterschiedlichen theologischen und kirchenpolitischen Grundpositionen auffassen und erfahren konnte. Für diese Phase gilt: „lm Sprachgebrauch der sich formierenden Bekennenden Kirche bezeichnete Kirchenkampf ausschließlich den Kampf in der Kirche um die Kirche."⁴

Die aus heutiger Sicht seinerzeit vorrangig notwendig gewesene Auseinandersetzung von Theologie und Kirche mit der Ideologie und der unrechtmäßigen Herrschaftspraxis des Nationalsozialismus fand in jenen Monaten nur am Rande des Hauptgeschehens statt und wurde wenigen Außenseitern überlassen.⁵ Im Februar 1934 hat Martin Niemöller die damalige Situation aus der Sicht der Bekennenden Kirche mit den Worten beschrieben: „Es ist nach wie vor unsere Überzeugung: der Kampf, der seit dem Sommer 1933 gegen ein Gewaltregiment in der Deutschen evangelischen Kirche geführt worden ist, war und ist noch ein Ringen um die bekenntnismäßige Haltung und das evangeliumsgemäße Handeln *in unserer Kirche*."⁶ Die Kirche und nicht die nationalsozialistische Unrechtsherrschaft ist das primäre und zentrale Thema des Kirchenkampfes gewesen.

Die neueste Kirchengeschichtsschreibung hat sich auf vielfältige Weise mit dem hier nur ganz kurz skizzierten Sachverhalt kritisch auseinandergesetzt. Kurt Nowak hat für diese Problematik die bedenkenswerte These aufgestellt, daß die 1933/34 zuerst erfolgte Konzentration auf die innerkirchlichen Fragen zu einem bis in die Gegenwart in der evangelischen Kirche unseres Landes nachwirkenden „reduktionistischen Bewußtsein" geführt habe. Während der

---

[3] ALFRED BURGSMÜLLER/RUDOLF WETH (Hg.), Die Barmer Theologische Erklärung. Einführung und Dokumentation, Neukirchen-Vluyn ³1984, 32.

[4] K. SCHOLDER, a.a.O., 1177; vgl. JOACHIM MEHLHAUSEN, Art. „Nationalsozialismus und Kirchen", in: TRE 24 (1994) 43-78.

[5] Vgl. aus der umfangreichen Literatur folgende weiterführende Veröffentlichungen: GÜNTHER VAN NORDEN, Widerstand im deutschen Protestantismus 1933-1945, in: Klaus-Jürgen Müller (Hg.), Der deutsche Widerstand 1933-1945, Paderborn 1986 (UTB 1398), 108-134 (Lit.); PETER STEINBACH/JOHANNES TUCHEL (Hg.), Widerstand gegen den Nationalsozialismus, Bonn 1994 (Lit.); DIES. (Hg.), Lexikon des Widerstandes 1933-1945, München 1994 (Lit.); WOLFGANG BENZ/WALTER H. PEHLE (Hg.), Lexikon des deutschen Widerstandes, Frankfurt a.M. 1994 (Lit.); ANSELM DOERING-MANTEUFFEL/JOACHIM MEHLHAUSEN (Hg.), Christliches Ethos und der Widerstand gegen den Nationalsozialismus in Europa, Stuttgart/Berlin/Köln 1995 (KoGe 9) (Lit.).

[6] MARTIN NIEMÖLLER, Kirche? – Kirche! Ein Wort zur Stunde ernster Entscheidung, in: JK 2 (1934) 139-143; 140 (Hervorhebungen vom Vf.).

deutsche Protestantismus „bis zum NS-Herrschaftsantritt seine Wirksamkeit auf dreifache Weise entfaltete, nämlich als kirchlicher, als öffentlicher und als privater Protestantismus, ist er durch die Kirchen- und Religionspolitik des Regimes aus den öffentlichen (d.h. politischen, kulturellen, sozialen) wie aus den privaten Wirkungsräumen (d.h. protestantische Identität ohne Kirchenbindung) mehr und mehr verdrängt und auf seine kirchlichen Strukturen zurückgeworfen worden. Die kirchliche Seite hat daraus (nicht zuletzt unter der Dominanz bestimmter theologischer Konzepte) gleichsam eine Tugend gemacht, indem sie Christsein und aktive Kirchengliedschaft als identisch setzte."[7] Ist es richtig – so lautet die innere Leitfrage der nachfolgenden Überlegungen –, daß es zu dieser Reduktion auf die innerkirchlichen Fragen im hier betrachteten Zeitraum gekommen ist? War die Herausforderung durch die nationalsozialistische Ideologie und unrechtmäßige Herrschaftspraxis nicht gerade dazu angetan, den deutschen Protestantismus in seiner dreifachen Wirksamkeit als *kirchlicher,* als *öffentlicher* und als *privater* Protestantismus zu Reaktionen zu bewegen? Zur Beantwortung dieser Fragen, die für eine interpretierende Erhellung der jüngsten deutschen Kirchengeschichte von höchster Bedeutung sind, wird man sehr unterschiedliche Arbeitsprogramme entwickeln müssen. Hier sei ein bislang noch nicht begangener Weg eingeschlagen: Die seinerzeit als (noch) geschlossene Opposition gegen die Deutschen Christen auftretende Bekennende Kirche soll an einer zentralen Stelle beim Wort genommen werden, nämlich bei ihrem dezidiert ausgesprochenen theologischen Selbstverständnis, nichts anderes als eine „Schrifttheologie" zu vertreten.[8]

Welche Funktion hat die Heilige Schrift in den „Bekenntnissen und grundsätzlichen Äußerungen zur Kirchenfrage" gehabt, die in jenen Monaten in so reicher Anzahl veröffentlicht worden sind?[9] War es – wie K. Nowak sagt – die Kirchen- und Religionspolitik des NS-Regimes, die den deutschen Protestantismus zu einem Rückzug auf innerkirchliche Fragestellungen zwang, oder gab es von Anfang an selbstgesetzte theologische Grundsatzentscheidungen, die ihn aus den öffentlichen und privaten Wirkungsräumen verdrängten und auf seine kirchlichen Strukturen zurückwarfen?

---

[7] KURT NOWAK, Gesprächsbeitrag zu dem Arbeitspapier von Joachim Mehlhausen, in: Evangelische Arbeitsgemeinschaft für Kirchliche Zeitgeschichte (Mitteilungen 10), München 1990, 21-33; 27.

[8] Man vgl. exemplarisch die Verhandlungen und Entschließungen der Freien reformierten Synode zu Barmen-Gemarke am 3. und 4. Januar 1934, in: JOACHIM BECKMANN, Rheinische Bekenntnissynoden im Kirchenkampf. Eine Dokumentation aus den Jahren 1933-1945, Neukirchen-Vluyn 1975, 34-46, mit dem wegweisenden Vortrag von Karl Barth ebd., 34-46.

[9] KURT DIETRICH SCHMIDT (Hg.), Die Bekenntnisse und grundsätzlichen Äußerungen zur Kirchenfrage des Jahres 1933, Göttingen 1934. – DERS. (Hg.), Die Bekenntnisse und grundsätzlichen Äußerungen zur Kirchenfrage, Bd. 2: Das Jahr 1934, Göttingen 1935.

II
Die neue Kirchensprache der Deutschen Christen

Ein Blick auf die wenigen weit verbreiteten öffentlichen Kundgebungen deutschchristlicher Kirchenmänner aus den Jahren 1933/34 führt schnell zu einem eindeutigen Befund: Die Deutschen Christen waren darum bemüht, ihre Thesen und Forderungen in einer neuen Kirchensprache vorzutragen, deren hervorstechendstes Merkmal der Verzicht auf jenes traditionelle biblisch-theologische Begriffsmaterial ist, das seit der Reformation öffentliche Kundgebungen des deutschen Protestantismus geprägt und geformt hat.

Die von Joachim Hossenfelder im Mai 1932 verfaßten und veröffentlichten *Richtlinien der Glaubensbewegung „Deutsche Christen"* galten nahezu ein Jahr lang als offizielles Programm dieser Bewegung, die sich ausdrücklich nicht als „kirchenpolitische Partei in dem bisher üblichen Sinne" verstehen wollte.[10] In diesen zehn Sätzen findet sich kein einziges Schrift-Zitat; selbst Anklänge an biblische Sprach- und Ausdrucksformen fehlen. Lediglich in der die Judenmission ablehnenden 9. Richtlinie heißt es: „Die Heilige Schrift weiß auch etwas zu sagen von heiligem Zorn und sich versagender Liebe." Eine Rückführung dieses programmatischen Satzes auf einen bestimmten alt- oder neutestamentlichen Text ist kaum möglich. Hossenfelder argumentiert hier wie auch dort, wo er von der „christlichen Pflicht und Liebe den Hilflosen gegenüber" spricht (Ziffer 8), plakativ und allgemein; eine biblische Begründung für die als „Lebensbekenntnis" bezeichneten *Richtlinien* wird nicht einmal im Ansatz angestrebt. Zur Begründung der Thesen zieht Hossenfelder entweder allgemein bekannte politische Sachverhalte heran, oder er argumentiert mit den Grundsätzen der völkisch-nationalen Ideologie, die bei den Lesern als bekannt vorausgesetzt werden. So entsteht ein für kirchliche Verlautbarungen gänzlich neuer Sprachstil, der sich durch Nüchternheit, politischen Realitätssinn und eine über die kirchlichen Kreise im engeren Sinn hinausgreifende Allgemeinverständlichkeit auszeichnen will.

Die für die Kirchenwahlen im Juli 1933 nach einem verwickelten Redaktionsprozeß erarbeiteten neuen programmatischen *Ziele der Glaubensbewegung*

---

[10] Die *Richtlinien* beginnen mit den Sätzen: „Diese Richtlinien wollen allen gläubigen deutschen Menschen Wege und Ziele zeigen, wie sie zu einer Neuordnung der Kirche kommen können. Diese Richtlinien wollen weder ein Glaubensbekenntnis sein oder ersetzen, noch an den Bekenntnisgrundlagen der evangelischen Kirche rütteln. Sie sind ein Lebensbekenntnis." Die 4. Richtlinie erklärt: „Wir stehen auf dem Boden des positiven Christentums. Wir bekennen uns zu einem bejahenden artgemäßen Christus-Glauben, wie er deutschem Luther-Geist und heldischer Frömmigkeit entspricht." Mit der Formel „positives Christentum" wird Punkt 24 des Parteiprogramms der NSDAP vom 24. Februar 1920 zitiert. Der gesamte Text der *Richtlinien* J. Hossenfelders bei K. D. SCHMIDT, Bekenntnisse 1933, 135f. – Vgl. ferner SIEGFRIED HERMLE, Zum Aufstieg der Deutschen Christen. Das „Zauberwort" Volksmission im Jahre 1933, in: ZKG 108 (1997) 309-341.

„*Deutsche Christen*"[11] enthalten ebenfalls kein einziges Schriftzitat und nahezu keinerlei Anklänge an biblisch-theologische Redewendungen. Die einzelnen Stichworte dieses Programms werden jeweils ohne argumentative Begründung thetisch aus sich selbst heraus gesetzt. Es fehlen die noch in Hossenfelders *Richtlinien* enthaltenen Hinweise auf allgemeine theologische Zentralbegriffe wie „Reich Gottes", „Kreuz" und „Christus-Glaube". Lediglich in der Präambel findet sich eine Formel, die wenigstens im Ansatz traditioneller kirchlich-theologischer Sprache verpflichtet ist. Dort heißt es, den deutschen Kirchen müsse eine Gestalt gegeben werden, die sie fähig mache, „dem deutschen Volke den Dienst zu tun, der ihnen durch das Evangelium von Jesus Christus gerade für ihr Volk aufgetragen ist".[12] In einer Flugblatt-Fassung des in verschiedenen Überarbeitungen veröffentlichten Textes heißt es ausdrücklich: „Die ewige Wahrheit Gottes, wie sie uns in Jesus Christus geschenkt ist, soll in einer dem deutschen Menschen verständlichen Sprache und Art verkündet werden. Die Ausbildung und Führung der Pfarrer bedarf einer gründlichen Umgestaltung im Sinne größerer Lebensnähe und Gemeindeverbundenheit. Der Wortverkündigung durch erweckte, *nicht akademisch* vorgebildete Glaubensgenossen soll der Weg freigemacht werden."[13]

Als erstes Zwischenergebnis, das noch durch viele andere Belege untermauert werden könnte, ist festzuhalten: Die Deutschen Christen bestritten den Wahlkampf für die so entscheidende Kirchenwahl vom Juli 1933 mit einem Programm, das nicht nur jeglichen biblischen Bezug vermied, sondern insgesamt Anklänge an den Wählern vertraute Formen und Formeln der herkömmlichen Kirchensprache umging. Neben der bereits erwähnten Wendung „das Evangelium von Jesus Christus" taucht der Name Christus nur noch einmal in der Wortzusammenstellung „Missionsbefehl Christi" auf. Das Wort „Gott" wird lediglich viermal benutzt und ist immer ohne weitere Attribute absolut gesetzt.

Nicht viel anders verhält es sich bei den *Rengsdorfer Thesen*, die als dritter weit verbreiteter deutsch-christlicher Text aus der Frühzeit des Kirchenkampfes anzusprechen sind. Diese Thesen beginnen mit der Formel „Deus dixit".[14] Sie

---

[11] K. D. SCHMIDT, Bekenntnisse 1933, 143f.; zur Entstehung des Textes, der insbesondere von Karl Fezer geprägt wurde, vgl. THOMAS MARTIN SCHNEIDER, Reichsbischof Ludwig Müller. Eine Untersuchung zu Leben, Werk und Persönlichkeit, Göttingen 1993 (AKiZ B. 19), 111f.; RAINER LÄCHELE, Ein Volk, ein Reich, ein Glaube. Die „Deutschen Christen" in Württemberg 1925-1960, Stuttgart 1994, 31f.

[12] K. D. SCHMIDT, Bekenntnisse 1933, 143.

[13] Text nach: GÜNTHER VAN NORDEN, Der deutsche Protestantismus im Jahr der nationalsozialistischen Machtergreifung, Gütersloh 1979, 167-169; Zitat 168 (ein Flugblatt mit der gleichen Textfassung, jedoch einer Erweiterung am Anfang des Textes befindet sich im Besitz des Vf.).

[14] K. D. SCHMIDT, Bekenntnisse 1933, 91: „Das *Deus dixit* (Gott hat gesprochen) gibt der Offenbarung Gottes nur einen formalen, daher nicht zutreffenden Ausdruck. Es verführt die

wollen damit aber weder Gen 1 noch Joh 1 zitieren, sondern in einer Abbreviatur die Wort-Gottes-Theologie Karl Barths zur Sprache bringen. Dieser Formel wird die Sequenz „Deus creavit, salvavit, sanctificavit" gegenübergestellt, um ein „formales" und „existentielles" Offenbarungsverständnis von einem dynamischen Offenbarungsbegriff zu unterscheiden. In ihren sieben Punkten argumentieren die *Rengsdorfer Thesen* ohne Bezugnahme auf biblisch-theologische Aussagen und verwenden ein Sprachmaterial, das alle Anlehnungen an herkömmliche Ausdrucksformen der Theologen- wie der Frömmigkeitssprache konsequent vermeidet. Selbst in These 7, die als Paraphrase zu Röm 13,1 aufgefaßt werden könnte, fehlt jeder an sich naheliegende Anklang an den neutestamentlichen Text. Die Formel lautet: „Die Kirche schuldet dem Staate Gehorsam in allen irdischen Dingen. Der Staat hat der Kirche Raum für die Ausrichtung ihres Auftrages zu gewähren."

In der noch immer viel zu wenig erforschten deutsch-christlichen Klein-Literatur fehlen – so weit ich sehe – *grundsätzliche* Erörterungen über diesen von den Deutschen Christen so entschieden vollzogenen Bruch mit der überlieferten Kirchensprache. Hier tut sich für die Forschung die Aufgabe auf, nach eher beiläufigen Bemerkungen im deutsch-christlichen Schrifttum zu suchen, mit deren Hilfe dieser Wandel der Kirchensprache genauer erfaßt und gedeutet werden könnte. Ein interessantes Beispiel sei hier ausgewählt:

Der Kieler Ordinarius für Systematische Theologie, Hermann Mandel (1882-1946), hat im Februar 1934 in neun weit ausgreifenden *Thesen deutscher Reformation* einige bemerkenswerte Aussagen zum Umgang der deutsch-christlichen Theologie mit der Heiligen Schrift gemacht.[15] Mandel plädiert für eine „lebendige, dynamische Grundhaltung" des deutschen Protestantismus und polemisiert gegen dessen „Festlegung auf einmal abgeschlossene Lehre", die „zur Erstarrung und Versteinerung" führe. Von diesem Grundsatz ausgehend sieht Mandel als „Hauptgrund für die Erstarrung der Reformation in der bis heute herrschenden Orthodoxie [...] das Bibelprinzip, nach dem ‚die Wahrheit' ein für allemal vor zwei Jahrtausenden in einem Buch offenbart worden ist".[16] Werde die Offenbarung aber nicht als ein Vergangenheitsphänomen angesehen, das „aus Geschichtsurkunden oder Eingebungsbüchern zu lehren und zu erlernen wäre", sondern als „fortgehende Offenbarung Gottes, die durch Welt und Leben gegenwärtig zu uns spricht", dann entdecke man die „wesentliche Sprache des Ewigen" nicht in einer ‚übernatürlichen Wundergeschichte'. „Wesentliche Sprache des Ewigen" sei vielmehr „die natürliche Wirklichkeit in

---

Theologie zu einem ‚existenziellen Denken', das der Wirklichkeit nicht entspricht. Die Offenbarung Gottes liegt beschlossen in *Deus creavit, salvavit, sanctificavit* (Gott hat geschaffen, errettet, geheiligt). Gott ist Schöpfer und Erlöser, der der Welt den Heiligen Geist gibt."

[15] K. D. SCHMIDT, Bekenntnisse 1934, 180-185.
[16] H. MANDEL, a.a.O., 180.

ihrer natürlichen Wunderbarkeit, ihrer überwältigenden Größe und unergründlichen Tiefe".[17]

Mit diesen Bemerkungen gibt Mandel einen Hinweis auf den inneren Grund für den Wandel der Kirchensprache bei den Deutschen Christen: Wenn „wesentliche Sprache des Ewigen" nicht mit dem Offenbarungszeugnis der Heiligen Schrift im Innersten verknüpft ist, dann erhalten Ausdrucksformen der „natürlichen Wirklichkeit" die entsprechende Funktion. Sie müssen sich nur dadurch ausweisen, daß sie die „natürliche Wirklichkeit" in ihrer „überwältigenden Größe und unergründlichen Tiefe" zur Sprache bringen. Nicht der Kanon der Heiligen Schrift umgrenzt das Offenbarungszeugnis, sondern Offenbarung findet sich überall dort, wo „Wirklichkeit" aus einer Dimension der „Tiefe" heraus zu sprechen beginnt.

Eine theologische Kritik eines solchen Offenbarungsverständnisses läßt sich von der Wort-Gottes-Theologie her ebenso geradlinig wie entschieden formulieren. In dieser Kritik ist dann implizit auch eine Stellungnahme zur neuen Kirchensprache der Deutschen Christen enthalten. Geradezu klassisch hat diese Kritik Karl Barth im November 1933 in seinen Gegenthesen zu den *Rengsdorfer Thesen* ausgesprochen. Die „Theologie" der Rengsdorfer Thesen sei „eindeutig keine Theologie, sondern ein Spezimen der heute umgehenden, mit christlichen Begriffen arbeitenden Gnosis, die weder den ersten noch den zweiten noch den dritten Artikel als Bekenntnis zum Worte Gottes, sondern alle drei als Explikationen des menschlichen Selbstverständnisses (in der heute üblichen Betonung des nationalen Momentes) auffaßt und behandelt". Eine solche Gesamtanschauung sei „nicht zu diskutieren, sondern gerade um der christlichen Liebe willen restlos abzulehnen und zu bekämpfen".[18] Was eine solche Diskussionsverweigerung konstruktiv und insbesondere im Blick auf die Verwendung der Heiligen Schrift in entsprechenden Gegentexten gegen die Deutschen Christen bedeutete, hatte Barth bereits im Juni 1933 zum Ausdruck gebracht. „Das Bekenntnis der Kirche ist, wenn es weiterzubilden ist, nach Maßgabe der heiligen Schrift und auf keinen Fall nach Maßgabe der Positionen und Negationen einer zu einer bestimmten Zeit in Geltung stehenden, politischen oder sonstigen, auch nicht der nationalsozialistischen Weltanschauung weiterzubilden."[19] Dieser Forderung sind die wichtigsten Bekenntnis-

---

[17] A.a.O., 181. – Mandel steigert seine Kritik an einer biblischen Theologie zu der Anklage: „Wir zeihen die traditionelle Theologie des grundsätzlichen Antigermanismus, der zugunsten der Bibel und des Gottes Israels alles Deutsche, Nordische abwertet ...", a.a.O., 185.

[18] K. D. Schmidt, Bekenntnisse 1933, 92f. – Vgl. zum gesamten Themenkomplex die Aufsätze in: Wilhelm Hüffmeier (Hg.), Das eine Wort Gottes – Botschaft für alle. Bd. 1: Vorträge aus dem Theologischen Ausschuß der Evangelischen Kirche der Union zu Barmen I und VI, Gütersloh 1994.

[19] Karl Barth, Theologische Existenz heute!, München 1933, 24.

texte und grundsätzlichen Äußerungen zur Kirchenfrage aus dem Lager der Opposition gegen das deutsch-christliche Kirchenregiment in dem hier betrachteten Zeitraum gefolgt.

Es gab 1933/34 gewiß gute Gründe dafür, die in einer neuen nicht-biblischen Kirchensprache auftretenden Argumentationsreihen der Deutschen Christen nicht in ihren Einzelaussagen zu diskutieren, sondern ihnen ablehnende Texte entgegenzustellen, die ihrerseits entschieden und oft sogar exklusiv biblisch-theologischer Sprache verpflichtet sein wollten. Es sollte aber gefragt werden, ob die um eine interpretierende Erhellung der jüngsten deutschen Kirchengeschichte bemühte Geschichtsschreibung diese Diskussionsverweigerung und diese Parteinahme für eine biblisch-theologische Gegenargumentation schlicht wiederholen muß. Wird nicht dadurch, daß man die deutsch-christliche „Gnosis" in der historischen Betrachtung allenfalls beiläufig zitiert – aber wiederum nicht diskutiert –, das für die eigene Gegenwart so wichtige Verstehen des Zentrums der damaligen Konfrontation unnötig erschwert? In der frühen Phase des Kirchenkampfes haben die Hauptvertreter der Bekennenden Kirche das Phänomen der im deutsch-christlichen Lager entwickelten neuen, nicht-biblischen Kirchensprache faktisch ignoriert. Man hat aber – was folgenreicher war – auch die Einzelinhalte der in dieser Sprache ausformulierten neuen theologischen und kirchenpolitischen Zielsetzungen nicht zureichend diskutiert – jedenfalls nicht in den *gemeinsam* verantworteten grundsätzlichen Äußerungen zur Kirchenfrage. Wäre dies geschehen, dann hätte es – um nur ein Beispiel zu benennen – zu einer intensiven inhaltlichen Auseinandersetzung mit den antijüdischen und antisemitischen Implikationen dieser „Gnosis" kommen müssen. Es wäre dann – möglicherweise – jene klare und eindeutige Profilierung der Bekenntnisfront in einem zentralen kirchlich-theologischen *und* öffentlich-politischen Themenbereich entstanden, die gerade die engagierten heutigen Betrachter der damaligen Situation so schmerzlich vermissen und deren Fehlen als eines der schwerwiegendsten Defizite des Kirchenkampfes empfunden wird.[20] Gewiß hätten sich die Glieder der Bekennenden Kirche durch die Diskussion bestimmter Einzelthesen des deutsch-christlichen Lagers der Gefährdung ausgesetzt, daß sich die zumindest bis zum Mai 1934 aufrechterhaltene äußere Einmütigkeit der Bekenntnisfront als bloßer Schein erwiesen hätte. Dies dürfte übrigens nicht nur für das Thema „Antisemitismus" gelten, sondern ebenso für kontroverse Themenbereiche wie das Verhält-

---

[20] Vgl. die Literaturhinweise bei: JOACHIM MEHLHAUSEN, Die Erste Bekenntnissynode der Deutschen Evangelischen Kirche in Barmen 1934 und ihre Theologische Erklärung, in: VuF 34 (1989) 38-83; 81ff. und LEONORE SIEGELE-WENSCHKEWITZ (Hg.), Christlicher Antijudaismus und Antisemitismus. Theologische und kirchliche Programme Deutscher Christen, Frankfurt a.M. 1994 (Lit.).

nis von Kirche und Staat, christlichem Glauben und nationaler Gesinnung (Volkstum) oder auch für Fragen der Sozialethik (Familie, Beruf, Behindertenfürsorge, Diakonie u. a.).

Die aus grundsätzlichen Erwägungen heraus geforderte und auch praktizierte Ablehnung einer ins einzelne gehenden Diskussion mit den Deutschen Christen hat möglichereise einen sehr hohen Preis gekostet. Man wollte sich im Lager der Bekennenden Kirche nicht auf die von den Deutschen Christen eingeführte neue Kirchensprache und ihre Inhalte einlassen, weil man befürchtete, mit der Akzeptanz dieser Sprache auch die im anderen Lager vertretene Sache aufzuwerten. Statt dessen setzte man dem deutsch-christlichen Schrifttum eigene Kundgebungen entgegen, die ganz entschieden der traditionellen biblisch-theologischen Sprache verpflichtet waren. Zu fragen ist, wie bewußt bzw. wie reflektiert der Schriftgebrauch in den Texten der Vertreter der Bekenntnisfront zwischen 1933 und 1934 gewesen ist. Daß eine bloße Entgegensetzung – hier biblisch geprägte, dort nicht-biblische Kirchensprache – noch keine Lösung der anstehenden Konflikte bedeuten kann, mag einleuchten. Es mußte eine der Situation und dem Konflikt angemessene Hermeneutik für die Verwendung der Heiligen Schrift im Kirchenkampf entwickelt werden.

III
Der Schriftgebrauch in Texten der Bekennenden Kirche

Schon das *Altonaer Bekenntnis* vom 11. Januar 1933[21] läßt Elemente jenes Rückzugs auf die innerkirchlichen Strukturen erkennen, den K. Nowak als Merkmal des gesamten Kirchenkampfes bezeichnet hat. Im Blick auf den Schriftgebrauch in diesem Text ist zu sagen, daß nur an einer Stelle ein biblisches Votum wörtlich zitiert wird. In Art. 3, der „Vom Staate" handelt, heißt es: „Gottes Gebot macht nicht untüchtig zum politischen Handeln, sondern macht uns fleißig, ‚der Stadt Bestes zu suchen', Jer. 29,7."[22] Dieses Jeremia-Wort ist später noch in zahlreichen Texten der Opposition gegen die deutsch-christliche Kirchenregierung zitiert worden. Es trägt auf seine Weise aber nur sehr formal eine Aussage zu den aktuellen Konflikten bei. Wichtiger ist, daß das *Altonaer Bekenntnis* insgesamt eine Beschränkung auf innertheologische und innerkirchliche Sachfragen vornimmt, die es zu einem beinahe zeitlos erscheinenden Dokument theologischer Reflexion und Selbstvergewisserung

---

[21] REINHOLD GÜNTHER u.a., Das Altonaer Bekenntnis. Text und Theologie, Zeitgeschichte und Zeugen, Kiel 1983. – Vgl. ferner ENNO KONUKIEWITZ, Hans Asmussen. Ein lutherischer Theologe im Kirchenkampf, Gütersloh 1984 (LKGG 6), 49-62; zur historischen Einordnung vgl. KLAUS SCHOLDER, Die Kirchen und das Dritte Reich, Bd. I, Frankfurt a.M./Berlin 1986, 233-238.

[22] R. GÜNTHER, Altonaer Bekenntnis, 8.

werden läßt. Kämen nicht (in Art. 4) die Worte „Bürgerkrieg und Straßenkampf" vor, so wäre es nahezu unmöglich, die konkrete Situation zu rekonstruieren, aus der heraus dieses Bekenntnis entstanden ist.

Die schrecklichen Folgen der Straßenschlacht zwischen Kommunisten und Nationalsozialisten am 17. Juli 1932 in Hamburg-Altona veranlaßten Hans Asmussen und seine zwanzig Kollegen im Pfarramt nicht dazu, entschieden und konkret zu den unmittelbaren Anlässen und erkennbaren Hintergründen dieses blutigen politischen Konflikts Stellung zu nehmen. Man wollte – wie es im Vorspruch des *Altonaer Bekenntnisses* heißt – keinerlei „Bundesgenossenschaft im politischen Kampf" eingehen. Vielmehr soll den miteinander streitenden Parteien „von der Kirche Gottes Wort gesagt" werden. Durch dieses Wort werde offenbar, „wo der Staat, die Parteien und die einzelnen die von Gott gewollte und gesetzte Ordnung durchbrochen haben. Dies Wort ruft jeden an den ihm gebührenden Platz zurück und schafft so die erste Voraussetzung zur Gesundung. Wir aber glauben, daß uns das Wort von der rechten Ordnung durch die heilige Schrift gegeben ist."[23] In diesem Sinne will das *Altonaer Bekenntnis* von der ersten bis zur letzten Zeile Schrifttheologie zur Sprache bringen – und es tut dies gewiß in eindrucksvoller Form. Alles, was hier ausgesprochen wird, will „auf das Wort vom Kreuz" abzielen und „von ihm her gestaltet" sein. „Denn das Wort vom Kreuz wird am ehesten gehört, wo Menschen sich der Ordnung Gottes fügen und in den von Gott gesetzten Grenzen bleiben. Das Evangelium stellt uns alle an den rechten Platz und ist damit alleinige Hilfe und völliges Heil auch für unser irdisches Vaterland."[24] Die Heilige Schrift hat im *Altonaer Bekenntnis* eine grundsätzlich ideologiekritische Funktion. Sie wird von einer traditionellen lutherischen Zwei-Reiche-Lehre her ausgelegt und insbesondere unter dem theologischen Vorverständnis eines Ordnungsdenkens gehört. Für die Hamburger Pastoren um H. Asmussen sind die lutherischen Bekenntnisschriften die entscheidende hermeneutische Vorgabe beim Einsatz der Heiligen Schrift „in der Not und Verwirrung des öffentlichen Lebens" – so die Überschrift des Textes.

Ohne daß man hier von einer direkten Abhängigkeit sprechen kann, hat der im *Altonaer Bekenntnis* praktizierte Schriftgebrauch für die sich formierende Bekennende Kirche Nachwirkungen gehabt. Die aus der Heiligen Schrift (und den Bekenntnissen der Reformation) erhobenen theologischen Sachaussagen werden gleichsam als dritte, über den Parteien stehende, normative Instanz proklamiert. Eine Rückübertragung oder konkretisierende Handlungsanweisung für die bedrängenden politischen bzw. kirchenpolitischen Tagesereignisse wird allenfalls ansatzweise vorgenommen. Es geht primär um die allge-

---

[23] A.a.O., 5.
[24] A.a.O., 10.

meine theologische Normensetzung. Die konkrete Entscheidungsfindung bleibt dem einzelnen Hörer, Leser oder Nachsprecher des Bekenntnisses überlassen. Die Heilige Schrift wird hermeneutisch so zu erschließen versucht, daß aus allen ihren Teilen Leitlinien abgeleitet werden sollen, die bei einer individuellen ethischen oder auch politischen Entscheidung bestimmte Eckpositionen als mit dem Evangelium unvereinbar ausschließen.

Wie schwierig die Durchführung eines solchen Programms ist, soll an einem Beispiel verdeutlicht werden. Die Auslegung des fünften Gebots erhält im *Altonaer Bekenntnis* folgende Fassung: „Da wir glauben, daß Gott der Schöpfer des Lebens ist, müssen wir alle Verachtung des gegebenen Lebens als Sünde zurückweisen. Eine solche Verachtung des Lebens liegt vor, wenn das Verbrechen gegen das Leben nicht hart geahndet wird, wenn Volksglieder als untermenschlich gewertet werden, wenn der Respekt vor der deutschen Nation untergraben, sie selbst aber in Wehrlosigkeit den Angriffen und dem diplomatischen Spiel aller preisgegeben wird. So urteilen wir um unseres Glaubens willen, nicht auf Grund des Wertes, den das Einzelleben und die Nation darstellen, sondern im Blick auf den Schöpfer, der sie geschaffen hat."[25]

Auch wenn man die höchst überraschende Ausweitung des Tötungsverbots auf das Kollektiv der „deutschen Nation" zunächst aus der Betrachtung ausklammert, bleibt doch die Frage, ob mit der Formulierung, „alle Verachtung des gegebenen Lebens" sei Sünde, für die besondere Situation in Hamburg Anfang 1933 eine biblisch-theologische Erkenntnis zu Tage gefördert wurde, die eine entschiedene Parteinahme „in der Verwirrung und Not des öffentlichen Lebens" ermöglichen konnte. Zu den gewalttätigen Auseinandersetzungen zwischen Nationalsozialisten und Kommunisten – und ihren politischen Gegensätzen bzw. Zielen – sagt diese Formel nichts. Eine Konkretion der kirchlichen Stellungnahme mit einer mutigen Parteinahme bzw. öffentlichen Anklage fehlt. Ohne daß die Hamburger Pastoren von außen dazu veranlaßt oder gar gezwungen wurden, bewegten sie sich mit ihrer an die Öffentlichkeit gerichteten Äußerung auf eine rein innertheologische Fragestellung zu, nämlich das Problem, ob das fünfte Gebot *schöpfungstheologisch* oder vom *Wert des Menschenlebens* her zu begründen sei. Dies geschah in einer Situation, von der noch nicht gesagt werden konnte, die Verweigerung des Diskurses mit der Gegenseite sei geradezu theologisches Gebot.

Das *Loccumer Manifest* vom Mai 1933, mit dem die Beratungen zur Kirchenverfassungsfrage des Drei- bzw. Vier-Männer-Kollegiums abgeschlossen wurden, enthält kein wörtliches Schrift-Zitat.[26] Den grundsätzlichen Äußerungen

---

[25] A.a.O., 9. Zu Hans Asmussens Staatsverständnis vgl. man die parallel zum Altonaer Bekenntnis entstandene Schrift: HANS ASMUSSEN, Politik und Christentum, Hamburg 1933.

[26] K. D. SCHMIDT, Bekenntnisse 1933, 153f.; zur Entstehung vgl. K. SCHOLDER, Die Kirchen (s. Anm. 21), I, 388-411.

zur künftigen Struktur der Deutschen Evangelischen Kirche folgt jedoch ein kurzes trinitarisch gegliedertes Bekenntnis, das in biblisch-theologisch geprägter Sprache einen eigenständigen Schriftgebrauch erkennen läßt:

„Unter Zustimmung zu diesen Grundzügen der Verfassung der Deutschen Evangelischen Kirche bezeugen die in ihr vereinten Christen von dem Gemeinsamen, das sie auf Grund des Wortes Gottes und der reformatorischen Bekenntnisse verbindet:
Unser ganzes Vertrauen setzen wir auf den allmächtigen Gott, unseren Vater im Himmel. Ihm und seinem Gebot sind wir jeden Augenblick und überall verantwortlich.
Wir bekennen, daß wir vor Gott mit unserer bösen und verkehrten Art verloren sind. In fester Zuversicht blicken wir aber auf unsern Herrn Jesus Christus, den Sohn Gottes, der für uns auf Erden gekämpft und gelitten hat, gestorben und auferstanden ist. In ihm haben wir Vergebung und Freiheit, Leben und Seligkeit.
Gottes heiliger Geist ist der Geist der Wahrheit und der Kraft. Er treibt uns als Glieder der Kirche Jesu Christi, in Wort und Wandel aller Orten Bekenner und Streiter unseres Heilandes zu sein, vor allem in Familie und Beruf, in Volk und Vaterland.
Unter den Sorgen und Nöten des irdischen Lebens warten wir in Vertrauen und Verantwortung. Christus kommt wieder und bringt eine ewige Vollendung im Reiche seiner Herrlichkeit!" [27]

Bemerkenswert ist an diesem kleinen Bekenntnistext wohl vor allem, daß er je von einem in hoher Leitungsverantwortung stehenden Vertreter der lutherischen, der reformierten und der unierten Kirche gemeinsam gesprochen werden konnte. Durchaus vergleichbar mit den bekannten Bemühungen um die Ausformulierung eines *Symbolum biblicum* im 19. Jahrhundert wird hier von Kapler, Marahrens, Hesse (und Müller) biblisches Sprachpotential dazu verwandt, um – wie es in der Einleitung zu diesem Textteil heißt – das „Gemeinsame" zu bezeugen, das die in der Deutschen Evangelischen Kirche vereinten Christen „auf Grund des Wortes Gottes und der reformatorischen Bekenntnisse verbindet". Bis auf ganz wenige Ausnahmen lassen sich alle Einzelaussagen dieses Bekenntnisses auf biblische Formulierungen zurückführen. Unter den nicht-biblischen Wendungen sind besonders auffallend die Worte: „Christus, der [...] für uns auf Erden gekämpft [...] hat"; und: „Streiter unseres Heilandes zu sein, vor allem in Familie und Beruf, in Volk und Vaterland". Gerade diese Wendungen lassen den Einfluß des Zeitgeistes auf die Bekenntnisformulierung erkennen, und sie signalisieren eine doch recht weitgehende Freizügigkeit der Verfasser im Umgang mit der biblischen Überlieferung wie mit der Tradition

---

[27] K.D. SCHMIDT, Bekenntnisse 1933, 154.

der reformatorischen Bekenntnisschriften. Insgesamt aber zeigt auch dieser Text unter dem Aspekt der Leitfrage unserer Überlegungen, daß das Ganze innerkirchlichen Zielen dient und – ohne äußeren Zwang – den deutschen Protestantismus auf seine kirchlichen Strukturen hin festlegt. Dem Drei- bzw. Vier-Männer-Kollegium ging es um das schon seit so langer Zeit behandelte Problem einer engeren Gemeinschaft der reformatorischen Bekenntniskirchen. Das mit Worten der Heiligen Schrift im Mai 1933 formulierte Bekenntnis suchte einen Weg zwischen einer förmlichen „Union" und einem bloßen „Kirchenbund", wie er seit 1922 im DEKB bestanden hatte. Die konkrete zeitgeschichtliche Situation wurde aber bei diesen theologischen Bemühungen überhaupt nicht berührt. Umso deutlicher kamen die politischen Zeitereignisse in den berühmten Präambel-Sätzen des *Loccumer-Manifests* zur Sprache: „Unser heißgeliebtes deutsches Vaterland hat durch Gottes Fügung eine gewaltige Erhebung erlebt. In dieser Wende der Geschichte hören wir als evangelische Christen im Glauben den Ruf Gottes zur Einkehr und Umkehr, den Ruf auch zu einer einigen Deutschen Evangelischen Kirche."[28]

Im Umfeld der Kirchenwahlen im Juli 1933 sind nur recht wenige überregional bekannt gewordene Texte im Lager der nicht deutsch-christlichen Kirchenvertreter entstanden. Der Aufruf der *Jungreformatorischen Bewegung* zur Kirchenwahl vom Mai 1933[29] ist in seiner Struktur, seiner Sprache und in seiner Argumentationsweise den entsprechenden deutsch-christlichen Texten erstaunlich ähnlich. Die Heilige Schrift wird nicht zitiert, und die Anklänge an eine biblisch-theologische Sprache bzw. Ausdrucksform beschränken sich auf ein Minimum. Die Jungreformatoren gehen auf einzelne Positionen der Deutschen Christen ein und stellen ihnen ihre Gegenposition gegenüber. So kommt schon in der formalen Gestalt und in der Sprache dieses Textes zum Ausdruck, daß die Jungreformatorische Bewegung bei aller Distanz zu den Deutschen Christen doch auch in gewisser Nähe zu dieser kirchenpolitischen Gruppierung zu sehen ist.

Hingegen hat Karl Barth sowohl in seinem im Druck weit verbreiteten Wahlvortrag *Für die Freiheit des Evangeliums*,[30] in den Sätzen für die „Evangelische Bekenntnisgemeinschaft Bonn"[31] und in seinem in den „Theologischen Blättern" abgedruckten *Bekenntnis für die Kirchenwahl*[32] in höchster Konzentration und Konsequenz biblisch-theologische Argumentationsreihen vorge-

---

[28] A.a.O., 153.
[29] K. D. Schmidt, Bekenntnisse 1933, 145f.
[30] Karl Barth, Für die Freiheit des Evangeliums, München 1933 (ThEh 2). Vgl. insgesamt: Rudolf Smend, Karl Barth als Ausleger der Heiligen Schrift, in: ders., Epochen der Bibelkritik. Gesammelte Studien Bd. 3, München 1991 (BEvTh 109), 216-246.
[31] K. D. Schmidt, Bekenntnisse 1934, 98.
[32] K. D. Schmidt, Bekenntnisse 1933, 47.

tragen. Das den „Bonner Thesen" als programmatisches Motto angefügte Zitat aus Mt 23,8 („Einer ist euer Meister") kündigt in diesem Zusammenhang wohl erstmals den dann von K. Barth bis zur 1. Barmer These entschieden weiterentwickelten „Primat der Christologie" in der Auseinandersetzung mit den Deutschen Christen an. Statt eines eklektisch-biblizistischen Umgangs mit der Heiligen Schrift oder einer Lenkung des Schriftgebrauchs durch die Bekenntnisschriften des 16. Jahrhunderts fordert K. Barth, daß die Christologie als Voraussetzung und Mitte aller Theologie auch der hermeneutische Schlüssel im konkreten Konflikt sein und bleiben müsse.³³ Diese theologisch so weitreichende Grundsatzerkenntnis hatte zur Folge, daß in allen entscheidend von K. Barth mitgestalteten Texten aus der Frühzeit des Kirchenkampfes Schriftzitate nur äußerst sparsam eingebracht wurden. Nicht die an Beliebigkeit grenzende Fülle der biblischen Belege kann und soll überzeugen, sondern – wie es schon in dem Bonner Wahlvortrag vom 22. Juli 1933 heißt – die Botschaft von Jesus Christus.³⁴ Dem *solus Christus* muß das *sola scriptura* entsprechen – und umgekehrt.

Die von der *Freien reformierten Synode in Barmen-Gemarke* im Januar 1934 angenommene „Erklärung über das rechte Verständnis der reformatorischen Bekenntnisse in der Deutschen Evangelischen Kirche der Gegenwart" ist ein besonders eindrucksvolles Beispiel für K. Barths christologische Schriftauslegung im Zusammenhang seiner Auseinandersetzung mit den Deutschen Christen.³⁵ Barth entfaltet die in fünf Abschnitte aufgeteilte Thesenreihe konsequent aus dem christologischen Grund- und Ausgangssatz: „Die Kirche hat ihren Ursprung und ihr Dasein ausschließlich aus der Offenbarung, aus der Vollmacht, aus dem Trost und aus der Leitung des Wortes Gottes, das der ewige Vater durch Jesus Christus, seinen ewigen Sohn, in der Kraft des ewigen Geistes, als die Zeit erfüllt war, ein für allemal gesprochen hat."³⁶ K. Barth entfaltete diesen Grundsatz, indem er die exklusive Autorität, die das Christuszeugnis für sich beansprucht, beschrieb. In Abwehr jeglicher „natürlichen Theologie" und ihrer Rede von der „Gottesoffenbarung in Natur und Geschichte" müsse gelten: „Gott hat hier [in Jesus Christus] ein für allemal gesprochen. Alles andere, was möglich sein könnte, wird für mich nicht existieren, sondern für mich gilt das Wort, das Gott tatsächlich gesprochen hat. Der

---

[33] Vgl. WERNER H. SCHMIDT, „In der Heiligen Schrift bezeugt". Die 1. Barmer These und das Alte Testament, in: W. Hüffmeier (Hg.), Das eine Wort Gottes (s. Anm. 18), 15-36; HORST BALZ, Die Bedeutung der Schriftzeugnisse in These I der Barmer Theologischen Erklärung, in: ebd., 37-63.
[34] K. BARTH, Für die Freiheit des Evangeliums, 7f.
[35] J. BECKMANN, Rheinische Bekenntnissynoden (s. Anm. 8), 34-46.
[36] A.a.O., 38.

Der Schriftgebrauch in Bekenntnissen   377

Sohn ist nicht eine Erkenntnisquelle neben anderen, sondern er ist die einzige oder er ist es gar nicht." Der Ort, an dem die eine Offenbarung ihre Quelle hat, wird mit gleicher Deutlichkeit beschrieben: „Die Kirche hört das ein für allemal gesprochene Wort Gottes durch die freie Gnade des Heiligen Geistes in dem doppelten, aber einheitlichen und in seinen beiden Bestandteilen sich gegenseitig bedingenden Zeugnis des Alten und des Neuen Testaments [...] Damit ist abgelehnt die Ansicht: Die biblischen Schriften seien zu verstehen als Zeugnis der Geschichte menschlicher Frömmigkeit; maßgebend für die christliche Frömmigkeit sei aber vorwiegend oder ausschließlich das Neue Testament; es könne oder müsse darum das Alte Testament zugunsten des Neuen abgewertet, zurückgedrängt oder gar ausgeschieden werden."[37] Schon diese kurzen Auszüge aus K. Barths Thesenreihe für die *Freie reformierte Synode* zeigen, daß es ihm gelungen ist, von seiner christologisch begründeten Schrifttheologie aus jeweils unmittelbar bis zu jenen Hauptkontroverspunkten vorzustoßen, die im Januar 1934 eine Scheidung der Geister notwendig machten. Wie überraschend und völlig neu dieser Ansatz im „Kirchenkampf" war, könnte an vielen Verlautbarungen aufgezeigt werden, die von den um Vermittlung bemühten kirchlichen Kreisen ausgingen. Hier sei jedoch auf zwei Texte hingewiesen, die von entschiedenen Gegnern der Deutschen Christen verfaßt wurden, nämlich auf das von Eberhard Bethge in Dietrich Bonhoeffers Gesammelte Schriften aufgenommene *Flugblatt zur Kirchenwahl*, dessen Verfasser Franz Hildebrandt[38] war, und auf das sog. *Betheler Bekenntnis*, dessen Redaktionsgeschichte in die Zeit vom August bis zum November 1933 anzusetzen ist.[39]

Franz Hildebrandts *Flugblatt zur Kirchenwahl* ist ein originelles Dokument. Insgesamt zwölf Aussagen deutsch-christlicher Kirchenmänner werden zitiert und sollen durch die Entgegensetzung eines oder auch mehrerer Schriftworte widerlegt werden. Dies geschieht unter der Gesamtüberschrift: „Jede Glaubensbewegung, die keine Schwärmerei sein will, muß sich vor dem Wort Gottes verantworten!" Der jeweiligen Einleitungsformel: „Die Deutschen Christen sagen ..." wird die Formel entgegengesetzt: „Die Bibel sagt ...".[40] Für einen Wahlkampf-Handzettel ist dieses Verfahren sinnvoll, weil Neugier wie Interes-

---

[37] A.a.O., 38f.
[38] DIETRICH BONHOEFFER, Gesammelte Schriften, hg.v. Eberhard Bethge, Bd. 2, München 1959, 59-61.
[39] D. BONHOEFFER, Gesammelte Schriften 2, 91-119.
[40] Als Beispiele seien hier wiedergegeben: „Die Deutschen Christen sagen: Das Erscheinen Jesu Christi in der Weltgeschichte ist in seinem letzten Gehalt ein Aufflammen nordischer Art (Jaeger 15.7.). Die Bibel sagt: Dies ist das Buch von der Geburt Jesu Christi, der da ist ein Sohn Davids, des Sohns Abrahams (Matth. 1,1) ... Die Deutschen Christen sagen: Ein gottloser Volksgenosse steht uns näher als ein volksfremder, auch wenn er das gleiche Lied singt oder das gleiche Gebet betet (Hossenfelder, Hamburg 1.7.). Die Bibel sagt: Wer Gottes Willen tut, der

se des Lesers geweckt werden. Insgesamt vermittelt der kleine Text aber den Eindruck, als ob die Auseinandersetzung zwischen den beiden kirchlich-theologischen Kontrahenten mit Hilfe von biblischen Einzelbelegen geführt und entschieden werden könnte. Die Form der Argumentation hat die Folge, daß die Auseinandersetzung in einem punktuellen Pro und Contra stecken bleibt, wobei dem Schriftwort die Rolle eines *dictum probans* zufällt. Nun wird man an F. Hildebrandts kleines Flugblatt zur Kirchenwahl keine zu anspruchsvollen Maßstäbe anlegen dürfen. Das Papier ist eine vermutlich schnell niedergeschriebene Gelegenheitsarbeit, die nicht über den Tag hinaus bedeutsam sein wollte. Aber in Gestalt eines zugespitzten Beispiels wird an diesem Text doch sichtbar, daß es beim Schriftgebrauch im „Kirchenkampf" darauf ankam, die „Mitte der Schrift" deutlich zu bestimmen, wenn das biblisch-theologische Gegenargument gegen die Position der Deutschen Christen zu einer Klärung der Fronten führen sollte.

Auf die seinerzeit zu bewältigenden Schwierigkeiten macht insbesondere das *Betheler Bekenntnis* aufmerksam. Die Genese dieses Textes ist jetzt so weit aufgeklärt, daß gerade im Blick auf den Schriftgebrauch in den einzelnen Fassungen aufschlußreiche Beobachtungen möglich werden.[41] Wir können hier führenden Theologen der Bekennenden Kirche gleichsam beim kritisch-exegetischen Gespräch über den rechten Schriftgebrauch zuhören. Zwei Beispiele mögen die Sachlage beleuchten.

Dietrich Bonhoeffer und Hermann Sasse kam es im „Vorentwurf" auf die Feststellung an, daß weder die Heilige Schrift noch die lutherischen Bekenntnisschriften irgendwelche Aussagen zu einer „Ordnung der Rasse" machen. Sie argumentierten mit dem Hinweis auf Apg 17,26 und der „Herkunft des Menschengeschlechtes aus einem Menschen" (also mit Gen 1 und den entsprechenden Adam-Stellen).[42] Schon die sog. „Erstform" des *Betheler Bekenntnisses* modifizierte den Gedankengang ganz entscheidend – allerdings unter Beibehaltung des Hinweises auf Apg 17,26. Jetzt hieß es: „Bibel und Bekenntnisschriften wissen ferner um die Einheit des Menschengeschlechtes in seinem Ursprung und in seinem Ziel (Adam – Christus. Vgl. Act. 17,26). Mensch ist Mensch, und diese Einheit des Menschengeschlechtes fordert unseren Gehor-

---

ist mein Bruder und meine Schwester und meine Mutter (Mark. 3,35). Die Deutschen Christen sagen: Nur das Bestehen der Nation ermöglicht das Bestehen einer geordneten und dadurch arbeitsfähigen Kirche (Jaeger, Ev. Dtschld. 2.7.). Die Bibel sagt: Du bist Petrus, und auf diesen Fels will ich bauen meine Gemeinde und die Pforten der Hölle sollen sie nicht überwältigen (Matth. 16,18)" (a.a.O., 59f.).

[41] CHRISTINE-RUTH MÜLLER, Bekenntnis und Bekennen. Dietrich Bonhoeffer in Bethel (1933). Ein lutherischer Versuch, München 1989 (Studienbücher zur kirchlichen Zeitgeschichte Bd. 7).

[42] „Von einer Ordnung der Rasse wissen weder die Bibel noch die lutherischen Bekenntnisse etwas. Vielmehr ist auf Akta 17,26 und die Herkunft des Menschengeschlechtes aus einem Menschen zu verweisen." (CHR.-R. MÜLLER, Bekenntnis, 92).

sam. Aber diese Einheit entfaltet sich in der Geschichte in einer Mehrzahl von Stämmen und Völkern. Von dem modernen Begriff der Rasse reden allerdings weder die Bibel noch die Bekenntnisschriften."[43] Nach der Einarbeitung der gutachtlichen Stellungnahmen brachte dann die Letztform des *Betheler Bekenntnisses* genau das Gegenteil von Bonhoeffers und Sasses ursprünglicher Feststellung zum Ausdruck: Apg 17,26 wurde gestrichen, und der Textabschnitt lautete nun: „Die heute viel erörterte Frage, ob die Rasse zu den Schöpfungsordnungen gehört, ist aufgrund der heiligen Schrift und der Bekenntnisse so zu beantworten: Die Rasse gehört nicht wie die Ehe oder die Obrigkeit oder das Volk zu den dem Menschen durch Gottes Gebot aufgetragenen Lebensordnungen. Sie gehört zu den Naturordnungen, denen alles Leben auch außerhalb der Menschenwelt mit Notwendigkeit untersteht [...] In diesem Sinne darf die Tatsache der Rasse wie alle Ordnungen der Natur zu den divinae ordinationes im weiteren Sinne gerechnet werden. Den Wahrheitsgehalt der modernen Rassenlehre, die Gebundenheit des inwendigen Lebens an die Gestalt unserer Leiblichkeit bezeugt die heilige Schrift mit dem, was sie über unser Fleisch sagt."[44] Der nicht näher ausgeführte Hinweis auf Röm 7 und 8 diente nun als Stütze für die These, die Rasse gehöre zu den *divinis ordinationibus* im weiteren Sinne. Die Schlußfolgerung lautete nun: „Die Lehre von der Kirche von der Rasse [!] kann darüber nicht hinausgehen. Sie muß insbesondere alle Versuche, das Naturphänomen der Rasse mit den in einem direkten göttlichen Gebot an den Menschen begründeten institutionellen Ordnungen auf eine Stufe zu stellen, verwerfen."[45]

Ein zweites Beispiel: Im „Vorentwurf" war die Irrlehre verworfen worden, „als wäre die Kreuzigung Christi die alleinige Schuld des jüdischen Volkes, als hätten andere Völker und Rassen ihn nicht gekreuzigt. Alle Völker und Rassen, auch die höchststehenden, sind mit schuld an seinem Tode und machen sich täglich aufs neue mit schuldig, wenn sie den Geist der Gnade schmähen (Hebr. 10,29)".[46] Zu diesem kurzen Schlußteil im Kapitel über die Christologie ist dann schon in der „August-Fassung" der bedeutsame Abschnitt über „Die Kirche und die Juden" hinzugetreten. Der für die Ausarbeitung dieses Unterabschnittes hauptsächlich verantwortliche Wilhelm Vischer[47] zitierte statt Hebr 10,29 jetzt Hebr 10,30 und fügte Deut 32,35 hinzu. Dadurch entstand eine völlig neue Aussage: „Es kann nie und nimmer Auftrag eines Volkes sein, an den Juden den Mord von Golgatha zu rächen. ‚Mein ist die Rache, spricht der

---

[43] A.a.O., 131f.
[44] A.a.O., 182.
[45] A.a.O. – Vgl. insgesamt EBERHARD RÖHM/JÖRG THIERFELDER, Juden, Christen, Deutsche. 1933-1945. Bd. I: 1933 bis 1935, Stuttgart 1990, 194-196.
[46] CHR.-R. MÜLLER, Bekenntnis, 98f.
[47] A.a.O., 37f.

Herr' (5. Mose 32,35. Hebr. 10,30)."[48] Nun wird zwar den Völkern – wie im
„Vorentwurf" – das Recht zur Rache abgesprochen, aber ein grundsätzlicher
Vergeltungsanspruch ist neu zum Thema geworden! In der „Letztform des
Betheler Bekenntnisses" wurde dann mit einer völlig anderen – biblisch-begründeten! – Argumentation die bekannte Substitutionstheorie in krassester
Form entfaltet:

> „Die Kirche lehrt, daß Gott unter allen Völkern der Erde Israel erwählt hat zu Seinem Volke.
> Allein in der Kraft Seines Wortes und um Seiner Barmherzigkeit willen, keinesfalls aufgrund eines
> natürlichen Vorzugs (2. Mose 19,5-6; 5. Mose 7,7-11). Der Hohe Rat und das Volk der Juden
> haben den durch das Gesetz und die Propheten verheißenen Christus Jesus verworfen nach der
> Schrift. Sie wollten einen nationalen Messias, der sie politisch befreien und ihnen die Weltherrschaft bringen sollte. Das war und tat der Jesus Christus nicht, er starb durch sie und für sie. Durch
> die Kreuzigung und Auferweckung des Christus Jesus ist der Zaun zwischen den Juden und den
> Heiden abgebrochen (Eph. 2). An die Stelle des alttestamentlichen Bundesvolkes tritt nicht eine
> andere Nation, sondern die durch die in allen Völkern verkündigte Botschaft von Jesus Christus
> aus allen Völkern gesammelte christliche Kirche." [49]

Beide Beispiele mögen zeigen, wie wenig sinnvoll und ergiebig es in den Auseinandersetzungen des Kirchenkampfes war, zu bereits feststehenden theologischen Positionen die lediglich als Belege verstandenen Bibelstellen einfach
hinzuzuaddieren. Der Pluralismus der Positionen wurde durch diesen Schriftgebrauch überhaupt nicht beeinflußt. Insgesamt hat die Zahl der zitierten
Schriftstellen im *Betheler Bekenntnis* von einer Textfassung zur nächsten immer
mehr zugenommen. Die Klarheit und Entschiedenheit der ursprünglichen
Konzeption Bonhoeffers und Sasses wurde jedoch durch die Einarbeitung der
zwanzig Gutachten[50] völlig aufgelöst. Die Tatsache, daß alle Mitarbeiter am
Betheler Bekenntnis biblisch-theologisch argumentieren wollten – und auch
argumentierten –, hatte keinerlei den Konsens fördernden Einfluß auf die inhaltlichen Fragen.

Vor dem Hintergrund der Textgeschichte des *Betheler Bekenntnisses* wird
mit besonderer Deutlichkeit sichtbar, welchen hohen Rang der von einer theologisch sorgsam durchdachten Hermeneutik geleitete Schriftgebrauch in der
Barmer Theologischen Erklärung hat. Da es hierzu bereits vorzügliche Arbeiten
aus der Sekundärliteratur gibt, mögen einige Hinweise genügen. Klaus Wengst
hat durch Einzelexegesen nachgewiesen, daß die in der *Barmer Theologischen
Erklärung* herangezogenen Bibelstellen für das Zeugnis der Schrift *überhaupt*
stehen und daß sie in der jeweiligen These ihre verbindliche *Auslegung* erfahren.[51] „Die neutestamentlichen Zitate haben also die Funktion, die unbedingte

---

[48] A.a.O., 42.
[49] A.a.O., 190.
[50] A.a.O., 15.
[51] Klaus Wengst, Der Beitrag der neutestamentlichen Zitate zum Verständnis der Barmer Theologischen Erklärung, in: ThZ 41 (1985) 295-316. Vgl. auch die in Anm. 33 genannten Aufsätze von W.H. Schmidt und H. Balz.

Verbindlichkeit der in die gegebene Situation hineingesprochenen Thesen herauszustellen."[52] Diesen Anspruch hatte schon Hans Asmussen in seinem Synodalreferat zum Ausdruck gebracht: „Jeder unserer Sätze beginnt mit einer Schriftstelle, in welcher nach unserer Überzeugung eine ganze Reihe von Schriftstellen zusammengefaßt sind, die Gehorsam heischend vor uns treten."[53] Die den Barmer Thesen vorangestellten Schriftworte sind weder *dicta probantia* noch nachträglicher Zierrat, sie sind auch nicht „Motti", sondern – wie Eberhard Jüngel gesagt hat – „Anrede, die gehört zu haben im Folgenden bezeugt wird. Die Bibeltexte haben folglich über ihre semantische Bedeutung hinaus pragmatische Funktion: sie wirken auf die Betroffenen und qualifizieren deren Situation so, daß daraufhin die Wahrheit zu sagen möglich und notwendig wird."[54] Dieser besondere Schriftgebrauch in der *Barmer Theologischen Erklärung* wurde ermöglicht, weil K. Barth seit der Mitte des Jahres 1933 seine grundsätzliche Gegnerschaft gegen die Deutschen Christen konsequent von dem *einen* christologischen Zentralsatz aus entwickelt und konkretisiert hatte: „Einer ist euer Meister." Diese Entscheidung befreite die Verfasser der *Barmer Theologischen Erklärung* von dem Zwang, jeweils von irgendwelchen Schriftstellen her die Gegenthesen zu formulieren. Die Tatsache, daß zumindest einige der den Barmer Thesen vorangestellten Schriftworte im Redaktionsprozeß erst verhältnismäßig spät dem Ganzen zugewachsen sind, ist kein Ausdruck eines Mangels.[55] Weil im Grundsätzlichen die Frage nach dem Schriftgebrauch in der Auseinandersetzung mit den Deutschen Christen entschieden war, konnte es nicht mehr zu jenen mit Schriftzitaten belegten beliebigen Veränderungen kommen, die das *Betheler Bekenntnis* zunehmend entstellt haben. Bei der *Barmer Theologischen Erklärung* geht die hermeneutische Grundentscheidung dem Einsatz des einzelnen Schriftwortes normativ voraus. *Das Schriftverständnis bestimmt den Schriftgebrauch.* Die entschiedene Gegnerschaft zu den Lehren der Deutschen Christen ist biblisch-theologisch an einem Dreh- und Angelpunkt verankert und muß nicht fallweise neu bestimmt werden.

IV
Zusammenfassung

Die verschiedenen Gruppierungen der Bekennenden Kirche haben im Streit mit den Deutschen Christen von der Heiligen Schrift her zu argumentieren

---

[52] K. Wengst, Der Beitrag, 301.
[53] A. Burgsmüller/R. Weth (Hg.), Die Barmer Theologische Erklärung (s. Anm. 3), 47.
[54] Eberhard Jüngel, Mit Frieden Staat zu machen. Politische Existenz nach Barmen V, München 1984 (Kaiser Traktate 84), 15.
[55] Vgl. Carsten Nicolaisen, Der Weg nach Barmen. Die Entstehungsgeschichte der Theologischen Erklärung von 1934, Neukirchen-Vluyn 1985, 45f., und die Text-Synopse, 161-192.

versucht. Sie wollten sich um keinen Preis auf das Sprach- und Argumentationsniveau ihrer Gegner begeben. Diese wiederum beabsichtigten, mit ihrer neuen, nicht biblisch geprägten Kirchensprache den unverbrauchten, jungen Geist ihrer Bewegung unmißverständlich und kontrastreich zum Ausdruck zu bringen.

Die Frage, die sich dem kirchlichen Zeithistoriker heute angesichts dieser Konfrontation aufdrängt, lautet: Wurde durch die Grundsatzentscheidung der Bekennenden Kirche nicht der Blick für die ganze Weite der damals zur Verhandlung anstehenden Probleme so eingeengt, daß es gerade bei den entschiedensten Gegnern der Deutschen Christen zu einem Wahrnehmungsverlust kommen konnte? Förderte der exklusive Schriftgebrauch im Streit mit den Deutschen Christen den Rückzug auf innertheologische und innerkirchliche Bereiche, in denen die gesellschaftlich-politische und persönliche Verantwortung der deutschen Protestanten für längere Zeit nicht zureichend berücksichtigt wurden? Haben hier erst die besonderen gesellschaftlich-politischen Rahmenbedingungen in der Nachkriegszeit zu einer Neubesinnung geführt? Und wenn diese Frage bejaht werden muß – warum war es so?[56] Schließlich wäre zu fragen: Ist es denkbar, daß eine einseitige Berücksichtigung der Formel *sola scriptura* dazu führen kann, daß Theologie und Kirche in einer konfliktreichen Situation so auf sich selbst zurückgeworfen werden, daß es zu einem „reduktionistischen Bewußtsein" kommt, in dem die öffentliche und die personale Dimension des protestantischen Christseins verfehlt werden? Diese Fragen müssen weiter diskutiert werden.[57]

---

[56] Eine Problemskizze habe ich gegeben in: JOACHIM MEHLHAUSEN, Eine kleine Geschichte der evangelischen Kirche in der Bundesrepublik Deutschland. Erwägungen zu der Frage, warum es ein solches Buch nicht gibt, in: EvErz 42 (1990) 414-431.

[57] Einen kritischen Diskussionsbeitrag schrieb REINHARD SLENCZKA, Die Auflösung der Schriftgrundlage und was daraus folgt, in: ThR 60 (1995) 96-107; bes. 103-105.

Die Rezeption der Barmer Erklärung in der theologischen Arbeit der württembergischen Sozietät

In seinem 1981 vorgelegten Forschungsbericht zur Kirchenkampfgeschichtsschreibung hat Kurt Meier die Position der Kirchlich-theologischen Sozietät in Württemberg während des Kirchenkampfes zusammenfassend folgendermaßen beschrieben:

„Innerhalb der Landeskirche Württembergs spaltete sich die Bekenntnisfront auf: neben dem Landesbruderrat, der der Kirchenleitung Wurms verbunden blieb, steuerte die Kirchlich-Theologische Sozietät Pfr. Hermann Diems einen radikal-dahlemitischen Kurs. Während die Deutschen Christen, in gemäßigte DC und Nationalkirchler zerspalten, sich vergeblich bemühten, einen Landeskirchenausschuß in Württemberg einsetzen zu lassen, der ihnen größeren Spielraum hätte gewährleisten können, hat die Sozietät sich völlig uninteressiert daran gezeigt, ob die Kirchenleitung Wurms entmachtet würde oder nicht: eine Kirchenbehörde, die auf Reichsebene die Ausschußpolitik Kerrls toleriere, habe kein Recht, sie im eigenen Bereich abzulehnen. Daß die Intaktheit der Landeskirche auch der Sozietät eine volkskirchliche Existenzgrundlage bot, wurde hier bagatellisiert; Anspruch auf Kirchenregiment habe eine Kirchenleitung nur, wenn sie sich dem kirchlichen Notrecht und den darauf gegründeten bekenntniskirchlichen Organen zuordne."[1]

Hinter diesem so abschließend klingenden Urteil verbergen sich einige noch unbeantwortete Fragenkomplexe der Kirchenkampfgeschichtsschreibung und der theologischen Deutung des Verhaltens einzelner Personen, die an den damaligen Ereignissen in Württemberg führend beteiligt waren. So ist eine umfassende Geschichte der Kirchlich-theologischen Sozietät noch nicht geschrieben worden, und sie wird wohl auf absehbare Zeit auch nicht geschrieben werden können.[2] Ernst Bizer äußerte zwar im Jahre 1965 die Hoffnung, „daß wenigstens Hermann Diem noch die Geschichte der Sozietät erzählen" werde.[3] Doch schon ein Jahr später entgegnete Hermann Diem, daß sich diese Hoff-

---

[1] KURT MEIER, Kirchenkampfgeschichtsschreibung, in: ThR 46 (1981) 19-37; 101-148; 237-275; 389. Zitat: 131.

[2] Die materialreichste Übersicht bietet der Beitrag von MARTIN WIDMANN, Die Geschichte der Kirchlich-theologischen Sozietät in Württemberg, in: Karl-Adolf Bauer (Hg.), Predigtamt ohne Pfarramt? Die „Illegalen" im Kirchenkampf, Neukirchen-Vluyn 1993, 110-190. Eine umfassende Darstellung wird erst möglich sein, wenn zumindest für die Hauptvertreter der Sozietät Biographien vorliegen, die auch ungedruckte Quellen (Nachlässe, Korrespondenzen etc.) ausschöpfen. Bislang läßt sich nicht einmal der Mitgliederbestand der Sozietät genau beschreiben (vgl. K. WIDMANN, Geschichte 142f.).

[3] ERNST BIZER, Ein Kampf um die Kirche. Der „Fall Schempp" nach den Akten erzählt, Tübingen 1965, 12; HERMANN DIEM, Art. „Sozietät", in: RGG³ 6 (1962) 206f.

nung kaum verwirklichen lasse, „schon weil niemand das dazu notwendige Material vollständig gesammelt und gerettet hat"; er selber wolle sich jedenfalls nicht demselben Vorwurf aussetzen, der jetzt gegen Bizers Darstellung des „Fall Schempp" erhoben werde, „daß er ‚als Historiker' nicht mit so unvollständigen Quellen hätte arbeiten dürfen".[4]

Hermann Diems Warnung hat im Blick auf die gesamte Geschichte der Kirchlich-theologischen Sozietät gewiß auch heute noch volle Gültigkeit. Sie gilt aber nur eingeschränkt hinsichtlich einzelner Phasen und Aspekte dieser Geschichte, die durch die recht reiche zeitgenössische Kleinliteratur und insbesondere durch die Quellenpublikation von Gerhard Schäfer[5] so weit überschaubar geworden sind, daß eine interpretierende Darstellung gewagt werden kann. So sei hier der Versuch unternommen, die Rezeption der Theologischen Erklärung von Barmen durch führende Vertreter der württembergischen Sozietät in den ersten Jahren nach 1934 nachzuzeichnen. Mit diesem Versuch ist die leise Hoffnung verbunden, daß gerade bei diesem Aspekt auf die Gesamtgeschichte der Sozietät etwas von dem charakteristischen theologischen Profil dieser Gruppe sichtbar werde; ein Umriß, der andere Entscheidungen der Sozietät – etwa die klare Ablehnung des Kirchlichen Einigungswerks von Bischof Wurm in den letzten Kriegsjahren[6] oder die Kritik am kirchlichen Wiederaufbau nach 1945[7] – besser verstehen lehren könnte.

---

[4] HERMANN DIEM, Der „Fall Schempp" und die „Kirchliche-Theologische Sozietät in Württemberg", in: KiZ 21 (1966) 51-55; 51. Die Kritik, Bizer habe mit einer zu schmalen Quellenauswahl gearbeitet, findet sich insbesondere bei RICHARD FISCHER, Zum „Fall Schempp", in: BWKG 66/67 (1966/67) 319-374. – Eine Würdigung Schempps schrieb MARTIN WIDMANN, Zum Gedenken an Paul Schempp (1900-1959), in: EvTh 42 (1982), 366-381. – Eine private Sammlung von Dokumenten zur Geschichte der Kirchlich-theologischen Sozietät befindet sich im LKA Düsseldorf (Sammlung Härter). Weitere Akten der Sozietät werden im LKA Bielefeld (5,1 Nr. 671-687) verwahrt.

[5] GERHARD SCHÄFER, Die evangelische Landeskirche in Württemberg und der Nationalsozialismus. Eine Dokumentation zum Kirchenkampf, Bd. 1: Um das politische Engagement der Kirche 1932-1933, Bd.2: Um eine deutsche Reichskirche 1933, Bd. 3: Der Einbruch des Reichsbischofs in die württembergische Landeskirche 1934, Bd. 4: Die intakte Landeskirche 1935-1936, Bd. 5: Babylonische Gefangenschaft 1937-1938, Stuttgart 1971-1982; vgl. bes. Bd. 5, 311-398.

[6] JÖRG THIERFELDER, Die Kirchlich-theologische Sozietät und das Kirchliche Einigungswerk. In: Gottes Wort ist nicht gebunden. Wilhelm Niemöller zu seinem 80. Geburtstag am 7. April 1978, JK Beiheft 4 (1978) 29-34; DERS., Das Kirchliche Einigungswerk des württembergischen Landesbischofs Theophil Wurm, Göttingen 1975 (AKiZ B 1).

[7] HERMANN DIEM, Restauration oder Neuanfang in der Evangelischen Kirche?, Stuttgart 1946, ²1947; PAUL SCHEMPP (Hg.), Evangelische Selbstprüfung. Beiträge und Berichte von der gemeinsamen Arbeitstagung der Kirchlich-theologischen Sozietät in Württemberg und der Gesellschaft für Evangelische Theologie, Sektion Süddeutschland im Kurhaus Bad Boll vom 12. bis 16. Oktober 1946, Stuttgart 1947; GEORG KRETSCHMAR, Die „Vergangenheitsbewältigung" in den deutschen Kirchen nach 1945, in: Nordische und deutsche Kirchen im 20. Jahrhundert, hg.v. Carsten Nicolaisen, Göttingen 1982 (AKiZ B 13), 122-149; 131-133.

Ein genaues Gründungsdatum der Kirchlich-theologischen Sozietät in Württemberg gibt es bekanntlich nicht. Daß aus dem Freundeskreis um Hermann Diem, Heinrich Fausel, Paul Schempp und Ernst Bizer überhaupt ein nach außen wirkendes Gremium wurde, hängt aufs engste mit der Barmer Bekenntnissynode zusammen. Hermann Diem selber nennt allerdings erst den von ihm, von Heinrich Fausel und Paul Schempp unterschriebenen offenen Brief an den Vorsitzenden des Reichskirchenausschusses, Generalsuperintendent Wilhelm Zoellner, vom 31. Oktober 1935[8] als das Datum, von dem an es zu der auch nach außen sichtbaren Sammlung der Kirchlich-theologischen Sozietät in Württemberg gekommen sei, „in deren Namen ich von da an reden konnte". Und er fügte hinzu:

„Formal bestand diese auch jetzt noch lediglich aus einer Sammlung von Adressen derer, die auf ihren Wunsch zu unseren Tagungen eingeladen wurden und die Mitteilungen bekamen. Die Reichweite des Consensus unter diesen war von Fall zu Fall verschieden, und der um einen festen Kreis von Mitarbeitern sich bildende Personenkreis blieb stets offen."[9]

Das von Hermann Diem genannte Datum bezeichnet den Zeitpunkt, von dem an die Sozietät bewußt über die Grenzen Württembergs hinaus wirksam zu werden versuchte. Ernst Bizer hingegen setzt im Blick auf den Kirchenkampf in Württemberg die öffentliche Wirkungsgeschichte der Sozietät früher an und ermöglicht damit einen aufschlußreichen Einblick in die theologischen Erwägungen, die zu dieser Sammlung geführt haben. Nach Bizer ist das von Hermann Diem verfaßte und von zehn weiteren Theologen mitunterzeichnete *Wort württembergischer Pfarrer* zu der Frage „Wie können wir Kirche bleiben?" als erster Versuch der Sozietät zu werten, den Gemeinden in den Kirchenwirren theologisch klärende Hilfe zukommen zu lassen.[10] Dieses „Wort", das auf die Theologische Erklärung von Barmen noch nicht eingeht und wohl vor dem 31. Mai 1934 entstanden ist[11], bringt eine für die theologische Position

---

[8] G. SCHÄFER, Landeskirche 4, 442-450. Der „Zoellner-Brief" schließt mit den Worten: „Da wir als Glieder der Bekennenden Kirche vor deren Gesamtheit verantwortlich handeln, werden wir ihren Organen diesen Brief in Abschrift mitteilen, ebenso dem Oberkirchenrat in Stuttgart" (ebd., 449f.). Er wurde daraufhin auch außerhalb Württembergs im Druck verbreitet; vgl. JOACHIM BECKMANN (Hg.), Briefe zur Lage der Evangelischen Bekenntnissynode im Rheinland. Dezember 1933 bis Februar 1939, Neukirchen 1977, 465-468 (Brief zur Lage vom 13. November 1935).

[9] HERMANN DIEM, Ja oder Nein. 50 Jahre Theologe in Kirche und Staat. Stuttgart/Berlin 1974, 65; vgl. auch THEODOR DIPPER, Die Evangelische Bekenntnisgemeinschaft in Württemberg 1933-1945. Ein Beitrag zur Geschichte des Kirchenkampfes im Dritten Reich, Göttingen 1966 (AGK 17), 40 Anm. 12a.

[10] E. BIZER, Kampf, 24; 194-204.

[11] Bizer datiert das „Wort württembergischer Pfarrer" nicht; es wurde am 1. Juli 1934 gedruckt in: JK 2 (1934) 533-540. Zur genaueren Analyse der Entstehungsumstände des „Wortes" vgl. SIEGFRIED HERMLE, Die Kirche am Scheidewege. Eine Ausarbeitung Paul Schempps aus dem Jahre 1934, in: EvTh 51 (1991) 183-197.

der Sozietät entscheidend wichtige Differenzierung zur Sprache: Jedwede Trennung der kirchlichen Organisation und Verfassung vom Dienst an der Verkündigung des Evangeliums wird abgelehnt:

> „Der äußere Bau der Kirche läßt sich deshalb von ihrem Evangelium nicht trennen, weil Gottes Wort und menschliches Recht nicht nebeneinander in der Kirche herrschen können. Eins muß das andere ausschließen."[12]

Die Thematik von Barmen 3 ist sowohl für das Entstehen wie für die Wirksamkeit der Sozietät von fundamentaler Bedeutung. Paul Schempp hatte bereits am 30. Dezember 1933 in einem bedeutsamen Gutachten über die künftigen Aufgaben der auf freiwilliger Basis bestehenden Kirchlich-theologischen Arbeitsgemeinschaften (KTA) in Württemberg auf diese theologische Grundsatzfrage aufmerksam gemacht:

---

[12] E. BIZER, Kampf, 199. – An dieser Stelle sei auf ein in der Literatur bisher nicht beachtetes, bemerkenswertes Dokument hingewiesen. Die württembergischen Pfarrer H. Diem, H. Fausel, W. Gohl, M. Haug, H. Lang, W. Metzger und P. Schempp veröffentlichten Ende April 1933 ein „Wort zur kirchlichen Gleichschaltung". Dieser Text enthält Formulierungen, wie sie die Mitglieder der Kirchlich-theologischen Sozietät später nie wieder gebraucht hätten. „Gehorsam dem in der Schrift uns geoffenbarten Worte Gottes sind wir freudig gewillt, den Staat deutscher Nation als unsere Obrigkeit anzuerkennen [...] Der deutsche Staat vollzieht die Gleichschaltung seiner Kräfte in der Besinnung auf sein eigenes Wesen, Staat des deutschen Volkes zu sein. Er knüpft dabei an die großen Kräfte seiner Vergangenheit an und greift über das letzte Jahrhundert zurück auf den Geist von Potsdam. Er sucht den Einfluß volksfremder Ideen aus der französischen Revolution als Untreue gegen das eigene Wesen aufzudecken und demgegenüber deutsche Art aus deutscher Geschichte wieder lauter und rein zu erfassen. Des weiteren setzt dann der deutsche Staat seine ihm anvertrauten Machtmittel ein, um die artfremden Einflüsse auszuschalten, die widerstrebenden Kräfte zu beseitigen und einen falsch verstandenen Freiheitswillen des Einzelnen zu begrenzen [...] Endlich sucht der deutsche Staat mit den ihm gegebenen Mitteln das als unsrer deutschen Art eigen Erkannte zu stärken, das unsrem Volk von seinem Schöpfer durch die Geschichte mitgegebene Wesensgesetz zu erfüllen und alle rechten Kräfte unsrer Nation einzubauen in eine neue Volksgemeinschaft [...] Bei all dem ist aber der staatlichen Führung nur die Herrschaft über den irdischen Lebensbereich eingeräumt; sie vermag als weltliche Obrigkeit nicht über letzte Bindungen zu entscheiden. Sie kann den Unwilligen zertreten und aus ihrem Dienst entlassen, auch den Willigen belohnen; aber sie kann das Widerstreben des Herzens nicht brechen und ihren Dienst nur mit Hilfe natürlicher und rechtlicher Gesetze versehen." In der Weiterführung dieses Ansatzes der lutherischen Zwei-Regimenten-Lehre her heißt es dann aber auch: „Sich selbst aber würde die Kirche aufgeben, wenn sie irgendeiner Irrlehre Raum in sich verstattete [...] Wir empfinden es als ein Geschenk Gottes, wenn er durch die politische Erneuerung unseres Staatslebens auch unsere Kirche vor die Frage stellt, ob sie sich nicht eine Erneuerung vom Evangelium her schenken lassen wolle. Wir wissen aber, daß eine solche Erneuerung nur auf dem Wege von innen nach außen, nicht von außen nach innen kommen kann. So gewiß wir es von Herzen begrüßen, wenn die Unzulänglichkeiten des bisherigen kirchlichen Parlamentarismus und die Hemmungen des bisherigen Zusammenschlusses der deutschen Kirchen im Kirchenbunde überwunden werden, so wenig erwarten wir doch von dort her einen Gewinn für das Evangelium, wenn nicht diese Reformen selber schon aus dem Geiste des Evangeliums fließen." Der Text findet sich bei KURT DIETRICH SCHMIDT, Die Bekenntnisse und grundsätzlichen Äußerungen zur Kirchenfrage. Bd. 2: Das Jahr 1934, Göttingen 1935, 14-17.

„Eine Fehlentwicklung war die voreilige Aufnahme kirchenpolitischer Gesichtspunkte um die Teilnahme am kirchlichen Kampf in der von ganz verschiedenen Stellungen aus eingenommenen Front gegen die sog. Deutschen Christen. Das war eine Zusammenrottung, deren Gemeinschaft, an der allein gültigen des 3. Artikels gemessen, genauso unehrlich ist wie die der Reichskirche. So wenig die Reichskirche aus dem Geist der Vergebung der Sünden und dem Glauben an das Jüngste Gericht lebt, so wenig lebt die KTA oder der Notbund aus dem Glauben, der die Welt überwunden hat. Sie ist nicht Hüter des Bekenntnisses, weil sie gar keins zu hüten hat, so sie sich bloß über den Umfang der Bibel und den Wortlaut des Glaubensartikels (und das beides unter sich und mit ihren meisten Gegnern zugleich) einig ist."[13]

Die Mitglieder der Sozietät fanden sich über frühere Freundschaftsbeziehungen hinaus in der theologischen Einsicht zusammen, daß eine Trennung vermeintlich eigenständiger kirchenpolitischer und kirchenverfassungsrechtlicher Fragen vom Verkündigungsauftrag der Kirche unzulässig sei; sie vereinigten sich mit dem Vorsatz, in den Mittelpunkt der eigenen Arbeit nicht kirchenpolitische Fragen zu stellen, sondern „die gemeinsame Besinnung auf den Grund und die Aufgabe des evangelischen Predigtamtes gemäß dem Ordinationsgelübde".[14] Gerade weil einige von ihnen vor 1933 intensiv an den politischen Auseinandersetzungen beteiligt gewesen waren[15], wollten die Mitglieder der Sozietät jetzt nicht „das Sammelbecken der ‚politisch Mißvergnügten' sein", sondern verpflichtende theologische Arbeit der Art betreiben, „daß die theologische Arbeit das Handeln im Amt bestimmen sollte".[16]

Die vom April 1933 bis zum April 1934 erschienenen vier Hefte der „Blätter zur kirchlichen Lage" – der Vorläuferin der Zeitschrift „Evangelische Theologie"[17] – lassen erkennen, in welche Richtung dieser Ansatz führte. In den

---

[13] G. Schäfer, Landeskirche (s. Anm. 5), 3, 70.

[14] Ebd., 69. Die Arbeit der Sozietät konzentrierte sich insbesondere auf Fragen der Predigt. Dokumente dieser theologischen Besinnung sind: Predigten aus Württemberg, München 1936 (TEH 38). Hermann Diem, Warum Textpredigt? Predigten und Kritiken als Beitrag zur Lehre von der Predigt, München 1939.

[15] Joachim Mehlhausen, In Memoriam Ernst Bizer. 29.4.1904 – 1.2.1975, in: EvTh 37 (1977) 306-325; 312-318 (s.u. 528-547).

[16] E. Bizer, Kampf, 21f.: „Es waren anfangs sechs Leute, aber der Kreis wuchs schnell. Eine Organisation besaß er nicht und brauchte er lange Zeit nicht. Als sie nötig wurde, wurde ein Ausschuß gebildet, dessen Sprecher Hermann Diem war, der dann freilich damit eine große Last zu tragen bekam. Schempp schlug als einzigen Grundsatz für die Neugründung vor: ‚Der Verein hat sein Hauptaugenmerk darauf zu richten, daß er nicht vergißt, sich rechtzeitig aufzulösen'" (ebd., 22).

[17] Blätter zur kirchlichen Lage. In Verbindung mit Hermann Diem, Heinrich Fausel, Paul Schempp hg.v. Ernst Bizer. Heft I-III, Calw 1933; Heft IV, München 1934. Die Hefte II und III wurden später vom Chr. Kaiser Verlag, München, übernommen und mit überklebtem Verlagsnamen und -ort vertrieben. Über die Gründe für den Verlagswechsel und das Neuerscheinen der „Evangelischen Theologie", in der Paul Schempp als Mitherausgeber zeichnete, informiert H. Diem, Ja oder Nein, 33; vgl. ferner Joachim Mehlhausen, 50 Jahrgänge „Evangelische Theologie". Der Anfang im Jahre 1934, in: EvTh 50 (1990) 480-488.

Mittelpunkt mußte die Frage nach dem Bekenntnis der Kirche rücken. Vor allem Ernst Bizer und Hermann Diem erkannten sehr bald, daß ein bloßer Rekurs auf die Bekenntnisschriften des 16. Jahrhunderts noch keine zureichende Antwort auf die herausfordernde Frage der Deutschen Christen an die ‚Bekenntnistheologen' war, „was denn das württembergische Bekenntnis sei und wo es seither praktiziert" wurde.[18] Für Bizer war diese Fragestellung auch ein Anlaß für seine wissenschaftliche Beschäftigung mit der *Confessio Virtembergica* von 1551, die er allerdings erst nach den Kriegswirren herausgeben konnte und mit dem nachdenklichen Satz versah:

„Der gegenwärtige Zustand, wo das Bekenntnis ersetzt ist durch eine auch aus vielen anderen Quellen gespeiste Tradition, kann freilich nicht mit dem einfachen Rückgriff auf das alte Bekenntnis überwunden werden; aber er stellt uns mindestens die Aufgabe, zu fragen, wie diese Tradition und unsere eigene Lösung sich verhält zu dem, was wir als Erbe überkommen haben und worauf wir uns so gerne berufen, ohne es zu kennen."[19]

Daß der „einfache Rückgriff auf das alte Bekenntnis" nicht genüge, um im Kirchenkampf eine eindeutige Position beziehen zu können, hat auch Hermann Diem 1933/34 betont. Für die „Blätter zur kirchlichen Lage" schrieb er noch vor der Barmer Synode einen die grundsätzlichen theologischen Fragen erörternden Artikel unter dem Titel „Die Substanz der Kirche".[20] Diem fragt hier nach der Kontinuität im Wechsel der empirischen Erscheinungsformen der Kirche und nennt unter Rückgriff auf CA VII die „Verkündigung aufgrund der Schrift" und das antwortende Bekenntnis der Gemeinde die beiden konstitutiven Größen. „Das sichtbare Zeichen für das Vorhandensein dieser Gemeinschaft ist ihr Bekenntnis als Antwort auf die Predigt ... Die Sichtbarkeit der Kirche, welche zu ihrer Substanz gehört, besteht demnach darin, daß aufgrund der Schrift das Evangelium in Wort und Sakrament verkündigt wird und im Bekenntnis der Gemeinde die Antwort des Glaubens bekommt."[21] Dieses aktualisierte Verständnis des Bekenntnisses hat für die Barmen-Rezep-

---

[18] E. BIZER, Kampf, 23f. – In §1 der Verfassung der evangelischen Landeskirche in Württemberg vom 24. Juni 1920 heißt es: „Die evangelisch-lutherische Kirche in Württemberg, getreu dem Erbe der Väter, steht auf dem in der Heiligen Schrift gegebenen, in den Bekenntnissen der Reformation bezeugten Evangelium von Jesus Christus." Eine Aufzählung von einzelnen Bekenntnisschriften wird nicht gegeben; gültig ist also das Konkordienbuch von 1580, das am 31. Oktober 1579 von Herzog Ludwig III. unterzeichnet wurde (BSLK 763 Anm. 9) und danach nie förmlich außer Geltung gestellt worden ist. – Vgl. FRIEDRICH GIESE/JOHANNES HOSEMANN (Hg.), Die Verfassungen der Deutschen Evangelischen Landeskirchen, Bd. 1, Berlin 1927, 447.

[19] ERNST BIZER, Confessio Virtembergica. Das württembergische Bekenntnis von 1551, Stuttgart 1952, 134.

[20] HERMANN DIEM, Die Substanz der Kirche, in: Blätter zur kirchlichen Lage, Heft IV (1934) 25-50 (man achte darauf, daß es drei Veröffentlichungen von Diem unter diesem Titel gibt; vgl. Anm. 23 und 24).

[21] Ebd., 27.

tion von Hermann Diem eine außerordentlich weitreichende Bedeutung gehabt, die sich geradezu exemplarisch an dem Aufsatz über „Die Substanz der Kirche" ablesen läßt. Der im Januar 1934 niedergeschriebene Hauptteil des Aufsatzes gibt einen Überblick über die innere Geschichte der lutherischen Kirche seit der Reformation und schließt mit der negativen Feststellung, daß die Substanz der Kirche längst vor den Ereignissen des sogenannten Kirchenkampfes „erweicht und aufgelöst" war:

„Durch den totalen Staat wurde die Kirche mit ungleich größerem Nachdruck nach der ihr eigentümlichen Autorität gefragt als durch den liberalen Staat von Weimar; und da sie auf diese Frage die Antwort schuldig blieb, mußte es so kommen, wie es kam: Man berief sich wieder auf die Autorität von Schrift und Bekenntnis, hatte aber kein Lehramt mehr, das diese Autorität hätte geltend machen können. Auf der andern Seite hatte man keine bekennenden Gemeinden mehr, die dem Bekenntnisakt Autorität verliehen hätten."[22]

Als wenige Wochen nach der Niederschrift dieser Sätze die Theologische Erklärung von Barmen verabschiedet wurde, die Kirche also den geforderten „Bekenntnisakt" vollzogen hatte, war für Hermann Diem und seine Freunde eine völlig neue Situation entstanden. Diem trug der neuen Sachlage sofort Rechnung und fügte dem Abdruck seines Aufsatzes im Heft 27 der Schriftenreihe „Bekennende Kirche" ein Nachwort hinzu, in dem es heißt:

„Vorliegende Schrift wurde schon im Januar 1934 verfaßt. Ich meinte damals, von einer Berücksichtigung der kirchlichen Tagesereignisse absehen zu sollen, weil ich die hier aufgeworfenen Fragen nicht in deren Licht gesehen und mißdeutet haben wollte. Inzwischen ergab sich aber doch die Notwendigkeit, die Linien dieser Schrift bis zur jüngsten Gegenwart auszuziehen. Das geschieht in einer Fortsetzung, die unter demselben Titel in Heft 12 der ‚Evangelischen Theologie', März 1935, erscheinen wird."[23]

Diese zunächst nicht geplante Fortsetzung des Artikels über „Die Substanz der Kirche" zeigt, welche Bedeutung Hermann Diem vom ersten Augenblick an der Barmer Theologischen Erklärung zugesprochen hat: Sie ist für ihn und seine Freunde die längst notwendige, autoritative Wahrnehmung der Bekenntnispflicht der Kirche, Antwort auf das Hören des Evangeliums in einer konkreten Situation. So heißt es in dem 1935 erschienenen Fortsetzungsartikel: Die Kirche habe in Barmen zu ihrer eigentlichen Aufgabe zurückgefunden „und in gläubigem Handeln das zu sein" gewagt, „wozu ihr Bekenntnis sie verpflichtet – eben bekennende Kirche" zu sein:

„Die Kirche hatte zu ihrer inneren Autorität zurückgefunden, indem sie in der ausschließlichen Verantwortung vor der Heiligen Schrift auf dem ihr durch das Bekenntnis gewiesenen Weg autoritativ zu handeln wagte, womit die Geltung von Schrift und Bekenntnis Ereignis wurde."[24]

---

[22] Ebd., 49.
[23] HERMANN DIEM, Die Substanz der Kirche, München 1935 (Bekennende Kirche 27), 34.
[24] HERMANN DIEM, Die Substanz der Kirche, in: EvTh 1 (1934/35) 471-487; 477.

Ernst Wolf hat beim Abdruck der Barmer Erklärung in der „Evangelischen Theologie" die neue Situation auch aus der Sicht der Kirchlich-theologischen Sozietät präzise beschrieben:

„In dieser Einmütigkeit zwischen Lutheranern, Reformierten und Unierten bei aller Treue gegenüber dem Sonderbekenntnis dürfte die kirchengeschichtliche Bedeutung dieses Ereignisses zu erblicken sein; sie findet ihren evangelischen Ausdruck in dem Satz: ‚Wir befehlen es Gott, was dies für das Verhältnis der Bekenntniskirchen untereinander bedeuten mag'."

Ernst Wolf unterstreicht sodann die Traditionslinie, die von den Anfängen der Württembergischen Sozietät (den „Blättern zur kirchlichen Lage") über die neue Zeitschrift „Evangelische Theologie" nach Barmen führte mit den Worten: „Mit der Theologischen Erklärung und ihrer Haltung wird von den beteiligten reformatorischen Kirchen so die Aufgabe vorgezeigt, der die ‚Evangelische Theologie' nach ihrem Vermögen dienen zu wollen in ihrem Vorwort erklärt hat."[25]

Die Mitglieder und Freunde der Kirchlich-theologischen Sozietät haben in der Folgezeit mit großer Beharrlichkeit an dieser grundsätzlichen Beurteilung und Wertung der Barmer Theologischen Erklärung festgehalten. Sie verbanden diese Einstellung allerdings mit der nicht minder beharrlichen Forderung, aus dem notwendigen Bekenntnisakt nun auch Folgerungen für die innerkirchliche Ordnung zu ziehen. Der Weg von Barmen nach Dahlem ist wohl von kaum einer anderen innerkirchlichen Gruppierung so vorbehaltlos bejaht worden, wie von den Mitgliedern der Sozietät. Konsequenterweise stellte man nach der Rückziehung der Kommissare die Frage, wie die betroffenen Kirchenleitungen nun zu den Dahlemer Beschlüssen stünden: „Hatte auch jetzt noch zu gelten, was man in Dahlem erklärt hatte: ‚Die Verfassung der DEK ist zerschlagen. Ihre rechtmäßigen Organe bestehen nicht mehr'?"[26] Mit Sorge sah Hermann Diem, daß die ‚intakten' Landeskirchen nicht nur ihren Bekenntnisstand als undiskutierbaren Besitz in die Bekenntnisbewegung einbrachten, „sondern auch ihre ‚Intaktheit', welche nach ihrer Meinung ihrem Bekenntnisanliegen nur zur Empfehlung dienen konnte".[27] Paul Schempp äußerte in einem Brief an seinen Landesbischof vom 21. November 1934 seine Empörung darüber, daß man die Botschaft der Bekenntnissynode von Berlin-Dahlem in Württemberg aus taktischen Gründen unterschlage und „mit dem Vorwand der Unverständlichkeit für die Gemeinden die Kanzelabkündigung" verweigere:

„Die Barmer Erklärung gutheißen und zu den Akten legen, ist nicht geistliche Führung. Das Ziel einer Bekenntnisbildung, einer Lehr- und Gemeindezucht, einer geistlichen Einheit in der Verkün-

---

[25] ERNST WOLF, Redaktionelle Anmerkung zum Abdruck der Barmer Erklärung, in: EvTh 1 (1934/35) 113.
[26] H. DIEM, Die Substanz der Kirche, in: EvTh 1 (1934/35) 480.
[27] Ebd., 485.

digung, in der Visitation, in der Aktivierung der Gemeinden muß deutlich hervortreten. Die Ächtung der Theologie muß offen bekämpft werden."[28]

Dieser Brief wurde von Hermann Diem, Heinrich Fausel, Ernst Fuchs, Helmut Goes, Wilhelm Link, Adolf Sannwald und Richard Widmann mitunterzeichnet; Wurm nannte ihn ein „törichtes und anmaßendes Schreiben".[29] Die „Vereinbarung" zwischen den lutherischen Landeskirchen von Hannover, Württemberg und Bayern vom 12. Februar 1935 wurde von der Kirchlichtheologischen Sozietät unter anderem auch mit dem Argument abgelehnt, daß in ihr eine Berufung auf „bereits vorliegende Bekenntnisse (Barmen und Dahlem)" fehle.[30] Der offene Brief an den Vorsitzenden des Reichskirchenausschusses, Generalsuperintendent Wilhelm Zoellner, schloß mit den Worten:

„Unser Ja zu Barmen und alles, was wir seither in unseren Gemeinden öffentlich als Evangelium verkündigt und mit ihnen zusammen bekannt haben, verpflichtet uns nun auch dieses Nein vor unseren Gemeinden auszusprechen, und es, falls unsere württ. Kirchenregierung sich Ihnen unterstellen und Ihr Regiment bejahen sollte, auch dieser gegenüber zu wiederholen und ihr ebenfalls den ‚Gehorsam des Glaubens' zu versagen. Wo die geistliche Leitung fehlt, ist die ‚Intaktheit' einer Kirche notwendig zu Ende."[31]

Als am 3. Januar 1936 der Reichsbruderrat in Berlin seine bekannte Mehrheitsentscheidung fällte[32], bekräftigte die Sozietät in einem Rundschreiben ihren Entschluß, gegebenenfalls mit Barmen und Dahlem gegen die eigene Kirchenleitung vorzugehen. Sollte sich die württembergische Kirchenregierung dem Reichskirchenausschuß unterstellen, so müsse die Sozietät „das geistliche Widerstandsrecht aufgrund von CA Artikel XXVIII" vor den Gemeinden aussprechen, der Kirchenregierung „wegen ihrer Preisgabe der Bekennenden Kirche den geistlichen Gehorsam versagen und alle ihre Maßnahmen an Schrift und Bekenntnis mit Einschluß von Barmen und Dahlem prüfen".[33]

Innerhalb der Sozietät hat Hermann Diem in den Jahren 1935 und 1936 die Aufgabe übernommen, das Verhältnis der Theologischen Erklärung von

---

[28] G. Schäfer, Landeskirche (s. Anm. 5), 4, 23-30; 30.
[29] Ebd., 23 Anm. 21.
[30] Ebd., 187-192; 190.
[31] Ebd., 449.
[32] KJ 1933-1944, 112-114.
[33] G. Schäfer, Landeskirche 4, 486. – Im Bericht von der Sozietätssitzung am 29. September 1936 heißt es, daß man in Gegenwart der Vertreter der Kirchenleitung (Dr. Erich Eichele und Dr. Martin Haug) erklärt habe, „daß unsere Kirchenleitung sich seit Jahren darauf beschränkt, ihren durch die Ereignisse des Jahres 1933 zerstörten Verwaltungsapparat notdürftig in Gang zu halten, indem sie allen geistlichen Entscheidungen aus dem Weg geht, und sich bisher nicht bemüht hat, eine geistliche Ordnung an die Stelle der zerstörten formalrechtlichen zu setzen, wozu sie schon durch ihre Zustimmung zur Erklärung der Barmer Bekenntnissynode (siehe dort bes. die Thesen 3 und 4) verpflichtet gewesen wäre" (LKA Düsseldorf, Sammlung Härter).

Barmen zu den reformatorischen Bekenntnissen des 16. Jahrhunderts näher zu bestimmen. Er tat dies zunächst in einem Referat über „Schrift und Bekenntnis" am 7. Oktober 1935 vor dem Vorbereitenden Ausschuß der Theologischen Woche in Barmen und später in zwei Gutachten zur 3. und 4. Barmer These, die vom Lutherischen Konvent der Bekenntnissynode in Auftrag gegeben worden waren; diese Gutachten sind erst 1965 im Druck allgemein zugänglich gemacht worden.[34] In seinem Vortrag wiederholt Diem zunächst die These, daß das in Barmen zustandegekommene gemeinsam bekennende Handeln für die Reformationskirchen „ein Ereignis ohne Vorgang" gewesen sei. Dogmatisch betrachtet habe man mit der Barmer „Erklärung" eben das *getan*, was eine solche „Erklärung" zu einem „Bekenntnis" mache: Man bekannte sich zu bestimmten evangelischen Wahrheiten und verwarf bestimmte Irrtümer, und man tat dies nicht privatim, sondern die Beteiligten handelten im Namen der von ihnen vertretenen Kirchen und für diese verbindlich. In Dahlem habe man den nächsten Schritt getan und „übte auf Grund der Barmer Erklärung Kirchen- und Lehrzucht".[35] Bei der Frage, wie sich Barmen in Bezug auf die verpflichtende Kraft zu den reformatorischen Bekenntnissen verhalte, handele es sich nicht um ein Urteil über den „Gehalt", „Wert" oder die „kirchenge-

---

[34] HERMANN DIEM, sine vi – sed verbo. Aufsätze, Vorträge, Voten. Aus Anlaß der Vollendung seines 65. Lebensjahres hg.v. Uvo Andreas Wolf, München 1965 (TB 25), 60-89. Zur Beauftragung von Hermann Diem durch den Lutherischen Konvent der Bekenntnissynode der DEK vgl. auch H. DIEM, Ja oder Nein, 85 und ERNST WOLF, Barmen. Kirche zwischen Versuchung und Gnade, München 1957, ²1970, 93; 161; 171. – Im Bericht über die Sitzung des Ausschusses der Sozietät am 29. Oktober 1936 heißt es: „Fausel teilt mit, daß er als Gast zur erweiterten Vorstandssitzung des luth. Konvents der Bekenntnissynode der DEK eingeladen ist, und legt die Thesen vor, die dort beraten werden sollen ... der Konvent hat die Erklärung der Barmer Bekenntnissynode an den Bekenntnisschriften der luth. Kirche zu prüfen, wie das Schlink in der Festschrift für Karl Barth in vorbildlicher Weise für den 1. Satz besorgt hat. Dies sollte in der Form geschehen, daß die zwischen den Partnern von Barmen faktisch vorhandenen Kontroverspunkte vorangestellt werden; die Prüfung der Barmer Erklärung soll im Blick auf diese Punkte geschehen; der Konvent hat aber zunächst nur festzustellen, ob in Barmen lutherisch gelehrt wurde oder nicht – wobei der reformierte Konvent das Entsprechende zu tun hätte – und noch nichts über die mögliche Einigung mit den Reformierten zu dekretieren. Dieser modus procedendi scheint uns geboten zu sein, damit das Ergebnis der Prüfung nicht schon vorweggenommen wird, und die event. zustandekommende Einigung echt ist. Das heute beliebte ‚Subtraktionsverfahren', bei dem zuerst die Konsenspunkte aufgezählt, dann die ‚noch' kontroversen Punkte festgestellt werden, um weiter zu fragen, ob diese nach Umfang und Gewicht kirchentrennende Bedeutung haben, scheint uns schon im Ansatz falsch und nicht gegen den Einwand geschützt zu sein, daß die Lehre der Kirche eine, freilich nicht qualitativ zu verstehende, Einheit ist, und die Frage nach der Kirchengemeinschaft nicht bei den einzelnen Kontroverspunkten beantwortet werden kann. Fausel wird beauftragt, als Vertreter der Sozietät an der Sitzung teilzunehmen und unsere Anliegen vorzubringen" (LKA Düsseldorf, Sammlung Härter). Diem ist bei seinen Gutachten diesem modus procedendi gefolgt.

[35] HERMANN DIEM, Schrift und Bekenntnis, in: EvTh 2 (1935) 442-467; 462.

schichtliche Bedeutung" der verschiedenen Bekenntnisse, sondern ganz konkret um die Frage, „ob für Pfarrer, Lehrer und Glieder jener, in der Bekenntnissynode zusammengeschlossenen Kirchen Barmen heute dieselbe Bindung bedeutet wie etwa die Confessio Augustana. Diese Frage muß eindeutig bejaht werden, andernfalls hat man in Barmen und Dahlem ein gotteslästerliches Spiel getrieben."[36] Die Kirche könne bei ihrem Bekennen niemals unmittelbar auf die Schrift zurückgehen, sondern sie müsse sich an den bestimmten Weg halten, der durch die Bekenntnisse als Wahrheitszeugen der Heiligen Schrift bezeichnet sei. Frage man nun nach dem Verhältnis von Barmen zu den Bekenntnissen der Reformation, so müsse man festhalten, „daß beide Bekenntnisse an unserem Weg zur Schrift liegen, also keines das andere aufhebt". An Barmen komme man aber auf dem Weg zur Schrift *zuerst* vorbei „als der neuesten und darum für uns zuerst verpflichtenden Auslegung der reformatorischen Bekenntnisse". Dieses ‚zuerst' bedeute keinen „Wertunterschied". Man könne ja immer nur danach fragen, ob ein Bekenntnis noch verpflichtend sei und wieweit eine neue Verpflichtung eine alte aufhebe. Dazu sei allgemein zu sagen, daß die verpflichtende Kraft eines Bekenntnisses niemals durch ein Zurückgehen auf einen früheren Stand der Bekenntnisbildung aufgehoben werden könne. Man müsse aber die alten Zeugen anhören und sich mit ihnen anhand der Schrift auseinandersetzen. Daraus folge dann schließlich, daß ein neues Bekenntnis das bisherige nur insoweit – ganz oder teilweise – außer Kraft setze, „als es dieses nicht expliziert, sondern ausdrücklich als Irrtum erklärt. Damit ist für das Verhältnis von Barmen zu den reformatorischen Bekenntnissen alles gesagt."[37]

Ernst Wolf hat rückblickend wohl zu Recht darüber geklagt, daß es nur so wenige Versuche gegeben habe, die Barmer Sätze am lutherischen Bekenntnis im einzelnen zu prüfen. Eine solche Prüfung müsse bewußt von den Inhalten der theologischen Aussagen beiderseits ausgehen „und sie in bezug auf beide, Barmen und die lutherischen Bekenntnisschriften, ‚nachdenkend' und zugleich unter dem Wort der Hl. Schrift befragen".[38] Ernst Wolf erwähnt als positive Beispiele für eine solche ‚nachdenkende Prüfung' von Barmen zwei Aufsätze von Edmund Schlink und Heinrich Vogel sowie die (seinerzeit noch ungedruckten) Gutachten von Gerhard Gloege und Hermann Diem.[39] In der Tat sind Diems Gutachten formal und inhaltlich in der gesamten zeitgenössischen

---

[36] Ebd., 462.
[37] Ebd., 463. Vgl. auch HERMANN DIEM, Die Sichtbarkeit der Kirche, München 1936 (TEH 44), 13-15.
[38] E. WOLF, Barmen, 161.
[39] EDMUND SCHLINK, Die Verborgenheit Gottes des Schöpfers nach lutherischer Lehre, in: Theologische Aufsätze Karl Barth zum 50. Geburtstag, hg.v. Ernst Wolf, München 1936, 202-221 (auch gesondert erschienen: Die Verborgenheit Gottes des Schöpfers nach lutherischer Lehre.

Barmen-Literatur nahezu singuläre Erscheinungen. Mit großer systematischer Übersicht werden zur 3. und 4. Barmer These jeweils drei Fragenkomplexe benannt, von denen ausgehend geprüft werden soll, ob die theologischen Sachaussagen von Barmen den lutherischen Bekenntnisschriften entsprechen. Zu Barmen 3 lauten die Eingangsfragen:

„Die Prüfung hat im Blick auf die lutherisch-reformierte Kontroverse besonders zu fragen, ob in dieser These 1. über das Dasein der Kirche als sichtbarer Gemeinschaft innerhalb der Welt, 2. über die Gegenwart Christi in Wort und Sakrament, 3. über das Verhältnis von Botschaft, Glaube und Ordnung der Kirche lutherisch gelehrt worden ist."

Diem weist sodann noch auf die Akzentsetzungen innerhalb der Trinitätslehre in den lutherischen und den reformierten Bekenntnisschriften hin, die bei allen drei Fragen zu beachten seien. Das Ergebnis der Einzelprüfung kann hier nur summarisch zusammengefaßt werden: Diem stellt fest, daß die Aussagen der 3. Barmer These über das Dasein der Kirche als sichtbarer Gemeinschaft innerhalb der Welt nur dann zu beanstanden wären, „wenn sie dem Gehorsam des Glaubens als einem von dem Geschehen der Wortverkündigung isolierten Phänomen Zeugnischarakter zuschriebe. Das ist aber weder dem Wortlaut noch dem Sinn nach der Fall". Nicht die „Gemeinde von Brüdern" konstituiert Kirche oder bezeugt die Kirche vor der Welt, sondern das *verbum externum* macht Gemeinschaft im Glauben möglich, und diese Gemeinschaft wird nur dadurch Zeichen und Zeugnis, „daß sie hinweist auf das Wort, das sie zur congregatio zusammengerufen hat und noch ruft"![40] Im Blick auf die Lehre von Wort und Sakrament stellt Diem fest, daß Barmen 3 die Frage nach der Kirchengemeinschaft zwar aufwerfe, eine zukünftige Entscheidung aber weder antizipiere noch für unmöglich erkläre. Daß es trotz des gemeinsamen Beken-

---

Ein Beitrag zum lutherischen Verständnis der ersten Barmer These, München 1937); HEINRICH VOGEL, Der 4. Artikel des Augsburgischen Bekenntnisses und die 1. These der Theologischen Erklärung von Barmen. In: Theologia viatorum. Theologische Aufsätze von Martin Albertz u.a., München 1939, 115-133. – Gerhard Gloeges Gutachten wurde nicht gedruckt; vgl. aber GERHARD GLOEGE, Von der Kirchengewalt (1936), in: Heilsgeschehen und Welt. Theologische Traktate, Bd. 1, Göttingen 1965, 231-263. – Wie E. WOLF, Barmen, 93 mitteilt, wurde Hans von Soden beauftragt, Barmen 1 und 2 hinsichtlich ihrer Übereinstimmung mit dem lutherischen Bekenntnis zu überprüfen. Wie die v. Soden-Bibliographie (in: ThR 46 [1981] 206-218) zeigt, blieben auch diese Gutachten unveröffentlicht. Vgl. aber HANS VON SODEN, Art. 1 der Verfassung der Deutschen Evangelischen Kirche und die Barmer Theologische Erklärung, Gießen o.J. (1933) (wiederabgedr. in: DERS., Urchristentum und Geschichte II, Tübingen 1956, 272-293).

40 H. DIEM, sine vi – sed verbo, 64f. „Dieses Ineinander und zugleich Gegenüber von Kirche und Welt entspricht der iustificatio impii. Das primäre Zeichen für dieses Gegenüber ist das rechtfertigende Wort als ein verbum externum. Da dieses Wort den neuen Gehorsam fordert und im Glauben findet (Art. VI), wird auch dieser Gehorsam jenes Gegenüber bezeugen können und müssen. Dieser Gehorsam ist aber nicht eindeutig als solcher kenntlich zu machen, sondern immer nur in Verbindung mit dem Wort selbst, dem gehorcht wird" (ebd.).

nens im Gefolge von Barmen nicht zur Wiederaufnahme der Abendmahlsgemeinschaft zwischen Lutheranern und Reformierten gekommen sei, wertet Diem als „Symptom für das faktische Gewicht der Kontroverse" in der Lehre von der manducatio impii. Die Formulierung von Barmen 3 („... Gemeinde von Brüdern, in der Jesus Christus in Wort und Sakrament durch den Heiligen Geist als der Herr gegenwärtig *handelt*") habe im Interesse der Reformierten gelegen, die in einem an sich auch möglichen „gegenwärtig *ist*" eine Erinnerung an das „lutherische est" und damit ein Festlegen auf die lutherische Lehre hätten sehen können. „Die Lutheraner konnten dem ,handelt' zustimmen, weil für sie *hier* keine Entscheidung fällt."[41]

Zur Frage der Ordnung der Kirche und der Schlüsselgewalt stellt Diem fest, daß nach den lutherischen Bekenntnisschriften das *verbum externum* sowohl den einzelnen Amtsträgern wie der empirischen Gemeinde jeweils vorgeordnet ist. Daraus ergeben sich positiv und negativ bestimmte Weisungen für die Ordnung der Kirche:

„a. daß es in der Kirche nur die *geistliche* ‚Gewalt der Schlüssel' geben kann, welche die Gewalt Jesu Christi selbst ist, und die sichtbar und ausgeübt wird in der Gewalt des gepredigten und geglaubten Wortes; b. daß diese geistliche Gewalt, welche ihre Vollmacht allein von dem Wort her hat, mit dem sie bindet und löst, sich zur Ausübung ihres Amtes nicht der weltlichen Gewalt bedienen darf (‚sine vi humana, sed verbo': CA XXVIII, 21); c. daß die geistliche Gewalt und damit die Freiheit des Wortes nicht gehindert werden darf durch irgendwelche menschliche, und sei es eine innerhalb der Kirche selbst auftretende Gewalt, die der Gemeinde das Schlüsselamt nimmt oder einschränkt."

Die Gemeinde habe also nicht nur durch den Inhalt ihrer Botschaft, sondern auch durch ihre Ordnung, welche der Verkündigung dieser Botschaft diene, zu bezeugen, „,daß sie allein sein Eigentum ist, allein von seinem Trost und von seiner Weisung in Erwartung seiner Erscheinung lebt und leben möchte', wie die 3. Barmer These richtig lehrt."[42]

Die Prüfung der 4. Barmer These eröffnet Diem mit der Feststellung, daß hier jede Form von Herrschaft in der Kirche abgelehnt werde, die erscheinen könnte

„1. als Herrschaft des Amtsträgers über die Gemeinde oder umgekehrt, 2. als Herrschaft der Kirchenleitung über das Predigtamt, 3. als Herrschaft eines der Kirche von außen gegebenen Amtsträgers, der neben oder über ihren Ämtern stünde."[43]

Diese drei Auslegungspunkte zeigen, wie konkret Barmen 4 von Diem auf die kirchenpolitische Situation der Jahre 1935/36 bezogen wird. Besonderen Raum widmet das Gutachten dann der Frage, welche Autorität und welche Aufgaben

---

[41] Ebd., 67f.
[42] Ebd., 70-72; 72.
[43] Ebd., 73.

die Synoden nach den lutherischen Bekenntnisschriften haben. In kritischem Rückgriff auf das Amtsverständnis von Theodosius Harnack kommt Diem zu dem Schluß, daß eine Synode nicht als ein Organ der Gemeinde angesehen werden dürfe, das dem Predigtamt gegenüberstehe:

„Es gibt kein Amt der Gemeinde im Gegenüber zum Predigtamt, sondern Gemeinden und Amtsträger wirken *zu der Synode* zusammen. Reden und handeln sie in gegenseitiger Übereinstimmung in Auslegung der Heiligen Schrift unter Berufung auf den Heiligen Geist, so handelt damit die *Kirche im Amt,* und zwar als *Synode.*"

Eine Kirche, die ihr Zusammentreten zu Synoden so verstehe, sei in bezug auf „äußeren Bestand, Einigkeit und Kontinuität" gefährdeter als eine im Harnackschen Verständnis durch Amt und Bekenntnis „gesicherte" lutherische Kirche. Mit dieser Schlußbemerkung macht Diem deutlich, in welcher Hinsicht die Rezeption von Barmen 4 in eine Kontroverse mit Vertretern eines klassischen lutherischen Amtsverständnisses hineinführen muß. Diem skizziert die Gegenposition („in entsprechender Vergröberung") so:

„Die Synode mag einmal Bedeutung gehabt haben, nach Abschluß des Konkordienbuches braucht man sie nicht mehr und kann man sie eigentlich nicht mehr brauchen. Die facultas iudicandi et decernendi ex verbo Dei ist seit 1570 eingeschränkt auf die Tätigkeit der Auslegung und Entfaltung der Symbolischen Bücher."

Entsprechend hätten sich in den lutherischen Kirchen die Amtsträger nach 1933 damit begnügt, sich von Gemeindevertretungen Vertrauenserklärungen und Ermächtigungsgesetze geben zu lassen.[44]

Die Frage nach dem Verhältnis zwischen Kirchenleitung bzw. Kirchenregiment und Predigtamt wird von Diem besonders ausführlich erörtert, weil hier für die Societät die folgenreichsten Grundsatzentscheidungen fallen mußten. Diem hebt hervor, daß nach den lutherischen Bekenntnisschriften den Bischöfen keine andere potestas verliehen werde als allen anderen Ordinierten. Nur der Tätigkeitsbereich unterscheidet den Bischof von anderen Amtsträgern. Deshalb gelten für den Gehorsam dem Bischof gegenüber auch keine anderen Grundsätze als für den Gehorsam gegen irgendein anderes kirchliches Amt. „Für ihre Tätigkeit im Amt der Kirche gilt: Regieren sie mit dem Evangelium, so brauchen sie keine andere Gewalt; nehmen sie eine andere Gewalt zu Hilfe, so regieren sie nicht mit dem Evangelium."[45] Über diese völlig „ungesicherte" Stellung des Bischofs führten die Bekenntnisschriften mit vollem Bewußtsein nicht hinaus, denn jede Sicherung des Bischofsamtes könnte nur in der Einführung einer anderen potestas als der geistlichen Gewalt des Predigtamtes bestehen. Diem wendet sich auch gegen den von Thomas Breit unter-

---

[44] Ebd., 78f.
[45] Ebd., 83.

nommenen Versuch, den Gehorsam gegen das Kirchenregiment mit dem vierten Gebot zu begründen".[46] Das vierte Gebot gelte dem Predigtamt und also auch dem Bischof gegenüber „soweit und sofern er das Predigtamt ausübt, aber anders nicht". Die bestehenden Kirchenordnungen allerdings hätten eine zweite potestas in die Kirche eingeführt: „das mit Hilfe der staatlichen Exekutive herrschende Kirchenrecht – nicht nur *neben*, sondern *über* der potestas des Predigtamtes."[47] In dieser Fehlentwicklung sieht Diem von Barmen 4 herkommend den Hauptschaden der gegenwärtigen innerkirchlichen Situation. Den Bischöfen sei außer der einzig legitimen geistlichen potestas des Predigtamtes noch die öffentlich-rechtliche potestas ihrer kirchenregimentlichen Tätigkeit beigelegt worden:

„Er kann dann je nachdem mit der geistlichen Gewalt des Schlüsselamtes oder mit der weltlichen Gewalt des Disziplinargerichts regieren, kann sich für den Gehorsam gegen sein Kirchenregiment bald auf das mandatum Dei: ‚Wer euch hört, der hört mich', bald auf das 4. Gebot, bald auf die Tradition, bald auf seine persönliche Vertrauenswürdigkeit, bald auf seine verfassungsmäßigen Rechte und schließlich auch noch auf die Polizei berufen. Das alles ist die notwendige Folge davon, daß man das Kirchenregiment in der ‚Autorität der Ordnung' statt im kirchlichen Amt begründet und es ‚nur' iure humano in der Kirche herrschen läßt. Hier begreift man Luthers Haß gegen die Juristen in der Kirche, wenn man sieht, wie seine Prophezeihung sich erfüllt hat, daß auf dem Weg über das Kirchenrecht und die Konsistorien der Papst wieder in die evangelische Kirche einziehen werde."[48]

Diem faßt das Ergebnis seiner Prüfung in dem Satz zusammen: „Die 4. Barmer These entspricht wohl den lutherischen Bekenntnisschriften, aber nicht den Kirchenverfassungen und der kirchenregimentlichen Praxis der lutherischen Landeskirchen."[49]

Es ist bislang nicht bekannt, welchen Weg die Gutachten Hermann Diems zu Barmen 3 und 4 damals gegangen sind. Am 21. Dezember 1936 fand eine Aussprache der Sozietät mit der württembergischen Kirchenleitung statt, über die ein ausführliches, von Diem verfaßtes Protokoll erhalten ist.[50] Im Verlauf

---

[46] THOMAS BREIT, Bekenntnisgebundenes Kirchenregiment, München 1936 (Bekennende Kirche 45), 25: „Das Kirchenregiment hat Anspruch auf den Schutz, den das 4. Gebot gibt, solange nicht offenbar ist, daß es klar gegen das Bekenntnis handelt."

[47] H. DIEM, sine vi – sed verbo, 86. Auch in diesem Zusammenhang gewinnt Diem seine eigenen Aussagen zum Kirchenbegriff im kritischen Dialog mit THEODOSIUS HARNACK, Die Kirche. Ihr Amt. Ihr Regiment. Grundlegende Sätze mit durchgehender Bezugnahme auf die symbolischen Bücher der lutherischen Kirche zur Prüfung und Verständigung, Nürnberg 1862 (Nachdrucke Gütersloh 1934, 1952, 1957) 77ff. (bei Th. Harnack vgl. 64f.).

[48] H. DIEM, sine vi – sed verbo, 87.

[49] Ebd., 89.

[50] G. SCHÄFER, Landeskirche 4, 877-893. – Landesbischof Wurm interpretierte den Ursprung der Differenzen zwischen Kirchenleitung und Sozietät rückblickend folgendermaßen: „Als tiefste Ursache dafür, daß der Zwiespalt zwischen den beiden Teilen der Bekennenden Kirche nicht zu beseitigen war, sehe ich [...] nicht die Gegensätzlichkeit, sondern die allzugroße

dieser dreistündigen, sehr leidenschaftlich geführten Unterredung macht Diem an einer Stelle darauf aufmerksam, daß Oberkirchenrat Wilhelm Pressel „das Gutachten der Sozietät zur 4. Barmer These" bekannt sei.[51] Insgesamt liest sich das Protokoll dieses Gespräches, an dem Bischof Wurm, Oberkirchenrat Pressel und für die Sozietät Diem, Wilhelm Link und Gotthilf Weber teilnahmen, wie ein weiterer Kommentar zu Diems Gutachten. Wurm hatte eingangs erklärt, die Theologische Erklärung von Barmen sei die notwendige Abwehr des DC-Irrtums gewesen. In diesem Sinne bekenne er sich weiterhin zu ihr. Er lehne es aber ab, in Barmen eine vollständige Erklärung zu sehen, über die reformatorischen Bekenntnisse hinaus. Deshalb könne Barmen diesen nicht gleichgestellt werden. Er könne auch die Konsequenzen, welche die Vorläufige Kirchenleitung aus Barmen ziehe, nicht mit ziehen. Das sei in Oeynhausen offenbar geworden; aber schon in Dahlem habe Württemberg nicht mitgewirkt. Präses Koch habe selbst einmal geäußert, daß Dahlem III 3 sich nicht durchexerzieren lasse. Diem entgegnete Wurm, „die Fragen scheinen uns falsch gestellt. Ein quantitativ ‚vollständiges' Bekenntnis hat es nie gegeben. Ein Bekenntnis ist vollständig, indem es das, was es zu entscheiden hat, klar und eindeutig tut. Es geht auch nicht um ein Werturteil über Barmen im Vergleich zu den reformatorischen Bekenntnissen, sondern allein darum, ob Barmen die für uns heute kirchlich verpflichtende Auslegung der reformatorischen Bekenntnisse in den heute umstrittenen Fragen ist. In diesem Sinne ist Barmen für uns ganz genau ebenso verpflichtend wie die CA."[52] Das Gespräch kreiste anschließend um die Frage nach dem Verpflichtungscharakter von Barmen. Wurm bejahte für seine Person die „innere verpflichtende Kraft von Barmen", betonte aber, daß die württembergische Landeskirche Barmen nie offiziell in der Weise angenommen habe, wie man ein Bekenntnis annimmt. Darum könne die Erklärung von Barmen nicht der CA gleichgestellt werden. Diem hingegen erklärte: Solange die württembergische Kirchenleitung sich nicht mit Gründen der Schrift und der reformatorischen Bekenntnisse von Barmen lossage, sei sie gehalten, die innere Verpflichtung von Barmen genau so ernst zu nehmen

---

Verwandtschaft der ‚jungen' Kirche mit dem totalitären Staat. Gerade weil sie auch totalitär dachte, konnte sie auf irgendeine mittlere Linie sich nicht einlassen. Je stärker sie ihren Auftrag im Lichte Barthscher Gedanken sah, desto weniger konnte sie innerhalb der Kirche Toleranz im Sinne des Liberalismus gewähren. Entweder ganz oder gar nicht, entweder in absoluter Kampfstellung oder in Unterwerfung. Mit solchen Parolen lagen uns die Extremen auch in der württembergischen Kirche, die Anhänger der theologischen Sozietät, seit den stürmischen Tagen im Herbst 1934 beständig in den Ohren. Sie verstanden nicht, daß eine große Flotte vorsichtiger navigieren muß als ein kleiner Kreuzer und daß der einzelne sich manches leisten kann, was ein großer Verband unterlassen muß." In: THEOPHIL WURM, Erinnerungen aus meinem Leben, Stuttgart 1953, 133.

[51] G. SCHÄFER, Landeskirche (s. Anm. 5), 4, 880.
[52] Ebd., 878.

wie diejenige durch die reformatorischen Bekenntnisse. Wilhelm Pressel brachte den Gegensatz zwischen den Gesprächspartnern schließlich treffend und klar zum Ausdruck: Für die Sozietät sei das Bekenntnis konkret-gegenwärtige Grundlage des Handelns; für die Kirchenleitung dagegen sei die Verpflichtung des Bekenntnisses geistlich: das von den Bekenntnissen aus Geforderte sei der erstrebte Zielzustand, dem man nur schrittweise näher kommen könne. Diem antwortete:

„Das ist es allerdings: Für uns ist das Bekenntnis verpflichtende Grundlage des Handelns, für Sie der Idealzustand, bis zu dessen Verwirklichung man sich auch noch von anderen Gesichtspunkten leiten lassen muß. Für uns ist das Bekenntnis eine gefallene Entscheidung, bei der man unter allen Umständen zu stehen hat; für Sie ist das Handeln die Resultante aus verschiedenen Komponenten, unter denen sich freilich auch geistliche Gesichtspunkte finden. Wir haben das Letztere nie bezweifelt, aber wo das Evangelium ein Gesichtspunkt und eine Meinung unter anderen wird, da herrscht die Diplomatie und nicht der geistliche Gehorsam."[53]

Das Gespräch zwischen Kirchenleitung und Sozietät wurde schließlich abgebrochen, weil beide Seiten sich von einer längeren Fortsetzung keine weitere Klärung versprechen konnten. Es war aber erneut unmißverständlich deutlich geworden, daß die Mitglieder der Sozietät die Theologische Erklärung von Barmen als aktuelles Bekenntnis ohne Einschränkung ernst nehmen wollten und die aus diesem Bekenntnisakt der Kirche abzuleitende Scheidung *in* der Kirche nachdrücklich forderten; hierin konnten ihnen Wurm und die Vertreter der Kirchenleitung nicht folgen. Für Oberkirchenrat Pressel etwa war Barmen eine Grenzziehung zwischen der Kirche und dem Anspruch des Staates, ohne daß damit auch eine Entscheidungssituation innerhalb der Kirche geschaffen wäre.[54] Dem Vorwurf, das ‚positive Recht' in der Kirche ganz abschaffen zu wollen, begegneten die Vertreter der Sozietät mit dem Argument: „Die Sozietät ist nicht der Meinung, daß die Kirche keines positiven Rechts bedürfe, sie fordert aber, daß das Recht seinen dienenden Charakter behalte ... Rechtsentscheidungen dürfen nicht zur Aufhebung, sondern nur zur Praktizierung einer Glaubensentscheidung dienen."[55]

Als durch den Erlaß des Führers vom 15. Februar 1937 Wahlen zu einer Generalsynode in Aussicht standen[56], konzentrierte die Kirchlich-theologische Sozietät in Württemberg ihr Wahlprogramm auf „die sechs Sätze von Barmen". In einem Handzettel zur Wahl wird die Theologische Erklärung abge-

---

[53] Ebd., 881. Pressel notierte am Rand des Protokolls die Worte: „Gemeinheit"; „Nachträgliche Konstruktion" (ebd., Anm. 73f.).
[54] „Wir bewähren die Bindung an Barmen dadurch, daß wir dem Staat das Recht absprechen, in geistlichen Dingen zu urteilen" (ebd., 885).
[55] Ebd., 885f.
[56] KJ 1933-1944, 162.

druckt und als ein „Panier im Gehorsam gegen den Herrn der Kirche" bezeichnet. Dieses Panier habe die Bekenner Christi gesammelt und seine scheidende Kraft gegenüber den die Kirche verwüstenden und sprengenden Irrtümern der Deutschen Christen bewiesen:

> „Das Zeugnis von Barmen ist und bleibt das Panier der bekennenden Kirche. Es ist das Bekenntnis zu der Alleinherrschaft Jesu Christi in der Kirche. So lasset uns diese Fahne aufs neue entrollen und sie im Kampf der Kirche, der jetzt in sein entscheidendes Stadium eingetreten ist, vorantragen, damit an ihr sich die Scheidung der Geister und die Sammlung der bekennenden Gemeinde aufs neue vollziehe."[57]

Auf vier konkrete Gefährdungen der Kirche Jesu Christi macht das Flugblatt aufmerksam: Minister Kerrl habe gesagt:

> „Wahres Christentum sei das Christentum der Tat, der Partei. Gott lieben heiße: Die Nation über alles stellen. Den Nächsten lieben: den lieben, der mit uns gleichen Blutes ist. Wenn die Kirche lehre, Gott habe seinen Sohn als Juden auf die Welt geschickt, so sei das ein Versuch, die Partei lächerlich zu machen; das könne man sich nicht gefallen lassen."

Die Gemeinden sollten wissen, daß auch dieser dritte Versuch, die evangelische Kirche zu „ordnen" (nach der Wahl Ludwig Müllers und nach der Einsetzung der Kirchenausschüsse), letztlich von dem Willen bestimmt sei, „die evangelische Kirche der Weltanschauung des Mythus dienstbar zu machen".

Es fällt auf, daß in diesem, von Hermann Diem im Namen der Sozietät unterzeichneten Wahl-Flugblatt eine inhaltliche Explikation der Barmer Thesen fehlt. Die Polemik gegen die Deutschen Christen und gegen den namentlich genannten Alfred Rosenberg hatte aus der Sicht der Sozietät für die bevorstehende Wahl Vorrang. Es bleibt aber das besondere Verdienst der Sozietät, daß sie nicht nur in der eigenen theologischen Arbeit die Barmer Erklärung durchdacht hat[58], sondern ihren Wortlaut auch den Gemeindegliedern zugänglich machte. In einer Kirche, in der die Kirchenleitung wiederholt erklärt hatte, „daß die Landeskirche als solche nicht an Barmen gebunden sei"[59], sollte nach dem Willen der Sozietät diese „für uns maßgebliche Auslegung der reformatorischen Bekenntnisse" nun zur Entscheidung, damit aber auch zur Scheidung der Geister führen. So forderte die Sozietät am 27. April 1937, daß jedem

---

[57] Das vierseitige Flugblatt mit der Überschrift „Um was geht es?" (LKA Düsseldorf, Sammlung Härter).

[58] Vgl. auch den Rückblick, den Hermann Diem 1947 vorgenommen hat: HERMANN DIEM, Die Problematik der Konvention von Treysa, in: Paul Schempp, Evangelische Selbstprüfung (s. Anm. 7), 21-33, bes. 23-29. Innerhalb der Sozietät wurde Barmen keineswegs „an der Lehr-Elle der Bekenntnisschriften" gemessen, sondern um eine „verantwortliche Auslegung" gerungen, wie sie nach dem Wortlaut des Barmer Synodalbeschlusses den Bekenntniskonventen abverlangt war. Zur theologischen Sachfrage vgl. KLAUS SCHOLDER, Die Bedeutung des Barmer Bekenntnisses für die evangelische Theologie und Kirche, in: EvTh 27 (1967), 435-461; 452.

[59] G. SCHÄFER, Landeskirche (s. Anm. 5), 5, 313.

württembergischen Pfarrer die Frage vorzulegen sei, ob er sich auf Barmen verpflichtet wisse. Diese Erklärung müsse außerdem als zweiten Punkt die Anerkennung der durch Barmen und die folgenden Bekenntnissynoden bestellten leitenden Organe der Deutschen Evangelischen Kirche enthalten und als dritten Punkt die ausdrückliche Absage an sämtliche Richtungen der Deutschen Christen, sowie die Ablehnung aller Kirchenausschüsse im Reich, die nicht durch die Organe der Bekennenden Kirche anerkannt sind. Auf diese Konsequenzen, die an sich schon in Barmen enthalten seien, müsse unter den gegenwärtigen Umständen ausdrücklich aufmerksam gemacht werden, um den verpflichtenden Charakter von Barmen eindeutig sichtbar zu machen. Denn: *„Barmen ist nicht eine allgemeine Wahrheit, sondern ein kirchenbildendes Faktum".*[60]

Der Landesbruderrat in Württemberg konnte sich dieser Wertung der Theologischen Erklärung von Barmen durch die Sozietät nicht anschließen. Er vertrat die Überzeugung, daß grundsätzliche Entscheidungen über die *Lehre* eine andere Dignität besäßen als Entscheidungen über die *Ordnung* der Kirche.[61] Es wurden noch etliche Gutachten und Briefe hin und her gewechselt.[62] Doch die von der Sozietät geforderte, an Barmen orientierte Sammlung der Bekennenden Kirche in Württemberg kam nicht zustande. Aber im Grunde waren bereits 1937 die Grenzlinien gezogen, die bis zur Zeit der Frage nach „Restauration oder Neuanfang in der Evangelischen Kirche"[63], ja bis in die Gegenwart hinein, das Bild der von Barmen herkommenden evangelischen Christenheit in Deutschland bestimmen.

---

[60] Ebd., 315.
[61] Ebd., 330.
[62] Ebd., 319-384.
[63] Vgl. H. DIEM, Restauration (s. Anm. 7) und JOACHIM MEHLHAUSEN, Art. „Restauration", in: TRE 29 (1998) 87-93; bes. 91f. („Die Zeit nach 1945 – eine Restaurationsepoche?").

Kirchenkampf als Identitätssurrogat?

Die Verkirchlichung des deutschen Protestantismus nach 1933

Im März 1934 erschien in der von Klaus Mann herausgegebenen Exilzeitschrift *Die Sammlung* ein bemerkenswerter Aufsatz zur Stellung der christlichen Kirchen im nationalsozialistischen Deutschland unter der Überschrift „Die Erhebung der Christen". Der Autor dieser von der kirchlichen Zeitgeschichtsforschung erstaunlicherweise noch nicht beachteten scharfsichtigen Analyse der innerkirchlichen Situation in Deutschland in den ersten Monaten der Hitler-Diktatur war der schon im März 1933 nach Frankreich emigrierte jüdische Philosoph und Literat Ludwig Marcuse, den Ernst Troeltsch noch kurz vor seinem Tode in Berlin hatte habilitieren wollen.[1] In seiner 1960 erschienenen Autobiographie *Mein zwanzigstes Jahrhundert* schreibt Marcuse rückblickend: „Wir lebten [im Exil] nicht nur unter Meldungen vom wachsenden Unglück, auch von Hoffnungen. Wie sehr ich bereit war, den Silberstreifen am Horizont zu halluzinieren, zeigt mir der pompöse Titel eines Essays, den ich damals schrieb: ‚Die Erhebung der Christen'. Sie hatten sich nicht erhoben. Aber was sie taten, wirkte auf uns erhebend. Die einzigen Stimmen des Widerstands, die wir aus Deutschland hörten, waren protestantische und katholische. Sie waren nicht spontan. Sie wehrten sich nur gegen die gefährliche Konkurrenz: die ‚Deutschen Christen'. Aber sie sagten in Deutschland, was wir nur in Paris und Prag veröffentlichen konnten."[2]

Mit diesen beiläufig notierten Erinnerungen skizzierte Ludwig Marcuse bereits 1960 die Umrisse der inzwischen zu einem weit ausgreifenden Thema der Zeitgeschichtsforschung gewordenen Fragestellung, ob und wie der soge-

---

[1] LUDWIG MARCUSE, Die Erhebung der Christen, in: Die Sammlung. Literarische Monatsschrift unter dem Patronat von André Gide, Aldous Huxley, Heinrich Mann, hg.v. Klaus Mann, Amsterdam, 1 (1934) 339-354 (ND: Mit einem Vorwort von Friedrich H. Landshoff und einer Bibliographie von Reinhardt Gutsche, 2 Bde. München 1986). – KLAUS-WERNER SEGREFF, Art. „Marcuse, Ludwig (8.2.1894-2.8.1971)", in: NDB 16 (1990) 140f. (Lit.). Marcuse promovierte im Mai 1917 bei Ernst Troeltsch und war bis zu dessen Tod (1923) sein Assistent. Er veröffentlichte einen bedeutsamen Nachruf auf E. Troeltsch in: Berliner Tageblatt, Nr. 55 (2. Februar 1923). Eine Auswahlbibliographie der Veröffentlichungen L. Marcuses findet sich in: LUDWIG MARCUSE, Wie alt kann Aktuelles sein? Literarische Portraits und Kritiken. Hg., mit einem Nachwort und einer Auswahlbibliographie von Dieter Lamping, Zürich 1989.

[2] LUDWIG MARCUSE, Mein zwanzigstes Jahrhundert. Auf dem Weg zu einer Autobiographie, Zürich 1975, 210.

nannte Kirchenkampf der Jahre 1933 und 1934 als *Widerstand* gegen die nationalsozialistische Unrechtsherrschaft gedeutet werden dürfe.³ Die Lektüre jenes 1934 entstandenen Essays von Ludwig Marcuse ist heute zumindest aus dreifachem Grunde äußerst erhellend. *Zunächst* belegt dieser aus trauriger Empörung heraus geschriebene Traktat, daß es auch für unmittelbar miterlebende Zeitgenossen möglich war, die Motivationen zu erkennen und zu durchschauen, von denen die im sogenannten Kirchenkampf handelnden deutschen Protestanten bestimmt wurden, und welche Gestalt protestantischer Identität ihnen wichtig war. Die ältere Kirchenkampfforschung hätte so, wie sie geschrieben worden ist, nicht geschrieben werden können (oder zumindest nur mit einem sehr schlechten Gewissen), wenn die damaligen Autoren Ludwig Marcuses Zeitzeugnis gelesen und beim Wort genommen hätten. *Zweitens* hat Ludwig Marcuse schon im März 1934 jene Erkenntnis ausgesprochen, die heute erst nach sehr mühevollen Anstrengungen der Zeitgeschichtsforscher allgemeine Anerkennung zu gewinnen beginnt; die Erkenntnis, daß im Zentrum des sogenannten Kirchenkampfs das Programm einer bewußt und konsequent eingenommenen *unpolitischen* Haltung stand. Mit den Worten von Trutz Rendtorff: „Auch wenn man analytisch sagen kann, daß jede unpolitische Haltung als solche bereits eine politische Haltung sei, kommt es hier doch darauf an: Der entscheidende Punkt der Auseinandersetzung ist nicht die allgemeine Lage in Staat und Gesellschaft. Die Auseinandersetzung konzentrierte sich auf die besondere Selbständigkeit und Identität der Kirche. Es ist die Konzentration auf die Kompetenz, die dem Subjekt Kirche allein und exklusiv zugänglich ist, die Kompetenz in Sachen der Lehre. So ging es im Kirchenkampf um Häresie, um die Bekämpfung einer theologischen Fremdherrschaft in der Kirche und um die theologische Identität der Kirche."⁴ *Drittens* hat

---

³ KURT NOWAK, Kirche und Widerstand gegen den Nationalsozialismus 1933-1945 in Deutschland, in: Carsten Nicolaisen (Hg.), Nordische und deutsche Kirchen im 20. Jahrhundert, Göttingen 1982 (AKiZ B. 13), 228-270; JÜRGEN SCHMÄDEKE/PETER STEINBACH (Hg.), Der Widerstand gegen den Nationalsozialismus. Die deutsche Geschichte und der Widerstand gegen Hitler, München/Zürich 1985; ULRICH SCHNEIDER, Bekennende Kirche zwischen „freudigem Ja" und antifaschistischem Widerstand. Eine Untersuchung des christlich motivierten Widerstandes gegen den Faschismus unter besonderer Berücksichtigung der Bekennenden Kirche in Kurhessen-Waldeck und Marburg, Kassel 1986; PETER STEINBACH, Widerstandsdiskussion und Widerstandsforschung im Spannungsfeld politischer Entwicklungen, in: KZG I (1988) 29-50; GERHARD BESIER, Widerstand im Dritten Reich – ein kompatibler Forschungsgegenstand für gegenseitige Verständigung heute? Anfragen aus historisch-theologischer Perspektive, in: KZG I (1988) 50-68; WERNER KOCH, Widerstand der Bekennenden Kirche? Schwankend zwischen „Gottes Reich zur Linken" und „zur Rechten", in: Otto R. Romberg/Georg Schwinghammer/Martina Sprengel/Rüdiger Thomas (Red.), Widerstand und Exil 1933-1945, Bonn ³1989, 97-111; (vgl. auch die in Anm. 28 genannte Literatur).

⁴ TRUTZ RENDTORFF, Die Kirche als dogmatische Form der Freiheit. Ein Kapitel aus der Geschichte des christlichen Freiheitsbewußtseins, in: EvTh 38 (1978) 183-197; 194f.

Ludwig Marcuse in seinem zeithistorisch so bedeutsamen Essay erste Gründe dafür benannt, warum der deutsche Protestantismus nach 1933 diesen Rückzug auf innerkirchliche Positionen angetreten hat, der zu einem vielleicht bis heute nachwirkenden „reduktionistischen Bewußtsein" in der evangelischen Theologie und Kirche führte.[5] Ich gehe im folgenden diesen drei Einsichten Ludwig Marcuses nach, wobei der Schwerpunkt auf dem dritten Aspekt liegen soll und liegen muß, nämlich der Frage nach dem Grund, der Ursache und den Folgen jenes Wandels der protestantischen Identität.

Ludwig Marcuse schrieb im März 1934: „Der deutsche Pastoren-Aufstand ist in seinem Ursprung kein politisches Ereignis gewesen. Die Pastoren haben nicht im Februar, im März, im April die Bergpredigt den Aufreizungen zur Gewalt entgegengesetzt. Sie sind nicht mit den Worten ihres Heilands gegen die Konzentrationslager vormarschiert. Nicht der Reichstagsbrand, nicht der Prozeß, der ihm folgte, nicht die In-Acht-Erklärung der Hälfte des deutschen Volkes haben die geistlichen Hirten veranlaßt, die Befehle ihres Gottes den Machthabern zuzuschreien [...]. Es waren nicht Hitlers *Taten,* welche die Christen in die Opposition getrieben haben [...]. Der Kampf setzte erst in dem Augenblick wirklich ein, als dem Angriff auf die christliche Gesinnung der Angriff auf den kirchlichen Kult folgte. Diese Reihenfolge der Vorgänge darf nie vergessen werden."[6]

Mit diesen Sätzen ist der historische Sachverhalt exakt beschrieben. Die „Quelle der evangelischen Empörung" war nicht die Erkenntnis, daß eine Regierung rücksichtslos die Illusion zu zerstören begann, „daß christlicher Geist den deutschen Staat" beherrsche. Die nationalsozialistische Führung habe ihrerseits gar nicht erst den Versuch unternommen, „ein (heuchlerisches) Kompromiß zwischen christlicher Lehre und unchristlicher Tat" einzugehen. Marcuse meint, „dieses Kompromiß hätte dem neuen Staat nicht geschadet; die Pastoren hätten nie daran gedacht, ein wirkliches, lebendiges Christentum zu fordern, wenn man wenigstens das abgeschlossene Christentum der Kirchen unangetastet gelassen hätte."[7]

Hinter dieser Kritik Ludwig Marcuses steht eine deutlich erkennbare Vorstellung und Erwartung von dem, was der deutsche Protestantismus in der Frühzeit der nationalsozialistischen Herrschaft hätte leisten müssen: eine poli-

---

[5] Zu diesen Stichworten vgl. man KURT NOWAK, Gesprächsbeitrag zu dem Arbeitspapier von Joachim Mehlhausen, in: Mitteilungen der Evangelischen Arbeitsgemeinschaft für Kirchliche Zeitgeschichte 10 (1990) 21-33; 27; JOACHIM MEHLHAUSEN, Der Schriftgebrauch in Bekenntnissen und grundsätzlichen Äußerungen zur Kirchenfrage aus der Anfangszeit des Kirchenkampfes, in: Hans Heinrich Schmid/Joachim Mehlhausen (Hg.), Sola Scriptura, Gütersloh 1991 (s.o. 363-382).
[6] L. MARCUSE, Die Erhebung der Christen (Anm. 1), 340.
[7] Ebd.

tisch wirksame Parteinahme für die Erhaltung der Rechtsstaatlichkeit in Deutschland: ein beherztes Eintreten für die Präsenz des christlichen Geistes im staatlichen Bereich und insgesamt die Offenheit von Christentum und Kirche für solche innergesellschaftlichen Herausforderungen, die nicht unmittelbar theologische oder ekklesiologische Grundsatzfragen berührten. Es ist bemerkenswert, daß ein vielseitig gebildeter Nichtchrist im Jahre 1933 gerade diese Idealvorstellung vom Wesen und Auftrag des Protestantismus vor Augen hatte, und es bleibt die bis heute berechtigte Frage, warum die damals verantwortlich handelnden deutschen Protestanten diesem Ideal so wenig entsprachen.

Protestantische Theologie ist um 1900 – wie Friedrich Wilhelm Graf materialreich belegt hat[8] – vom Bewußtsein einer neuen, gesamtkulturellen Relevanz ihres Gegenstandes, der Religion, bestimmt gewesen. Dabei stand im Zentrum des protestantischen Kulturverständnisses der Begriff der sittlich-religiös geprägten Persönlichkeit, der in allen theologischen Lagern mit Pathos gebraucht wurde. Denn nur Persönlichkeiten, „die in moralischer Selbständigkeit ihr Handeln an religiös-sittlichen Idealen orientierten", schienen „die Verbindlichkeit tradierter Kulturwerte stärken bzw. die Plausibilität neuer Kulturwerte begründen und damit damit den Bestand wahrer Kultur garantieren" zu können.[9] Dieser so eindeutig zu belegende *personale* Aspekt der protestantischen Identität hat 1933 nicht als Motivation für das Handeln auch nur einer nennenswerten Minorität von protestantischen Theologen und Laien gewirkt. Die von Marcuse genannten Aktionen der Regierung Hitler in der kurzen Zeit vom Februar bis zum April 1933 widersprachen in ihrem Kern derart unverhohlen der auf den einzelnen bezogenen, personalen Wertehierarchie des Kulturprotestantismus der Jahrhundertwende, daß das Ausbleiben eines aus dieser Gesinnung heraus erfolgenden Protests fast unerklärlich erscheint.

Will man sich nicht – um mit Bruno Bettelheim zu sprechen – mit der psychologischen Erklärung von einem kollektiven „abgrundtiefen Schlaf des Gewissens"[10] begnügen, dann kommt man nicht daran vorbei, motivations-

---

[8] FRIEDRICH WILHELM GRAF, Rettung der Persönlichkeit. Protestantische Theologie als Kulturwissenschaft des Christentums, in: Rüdiger vom Bruch/Friedrich Wilhelm Graf/Gangolf Hübinger (Hg.), Kultur und Kulturwissenschaften um 1900. Krise der Moderne und Glaube an die Wissenschaft, Stuttgart 1989. 103-131; DERS., Kulturprotestantismus. Zur Begriffsgeschichte einer theologiepolitischen Chiffre, in: ABG 28 (1984) 214-268; DERS., Art. „Kulturprotestantismus", in: TRE 20 (1990) 230-243 (Lit.); GANGOLF HÜBINGER, Kulturprotestantismus und Politik. Zum Verhältnis von Liberalismus und Protestantismus im wilhelminischen Deutschland, Tübingen 1994 (Lit.).

[9] F.W. GRAF, Rettung der Persönlichkeit (Anm. 8), 123.

[10] BRUNO BETTELHEIM, Erziehung zum Überleben. Zur Psychologie der Extremsituation, München 1982, 272. Vgl. JOACHIM MEHLHAUSEN, Leben lernen. Gedenken an Bruno Bettelheim, Tübingen 1991, 38.

geschichtlich nach einem zwischen 1900 und 1933 erfolgten, offensichtlich sehr tiefgreifenden Wandel der Inhalte jener personalen protestantischen Wertehierarchie zu fragen. Denn nur ein solcher Wandel innerhalb der Wertehierarchie könnte erklären, warum es trotz des grundsätzlichen Fortbestehens der personalen Komponente in der protestantischen Identität nicht zu Konflikten größeren Ausmaßes mit der nationalsozialistischen Regierung zu einem Zeitpunkt kam, als deren Oppressionsmechanismen noch keineswegs so total ausgebildet waren, daß persönlicher Widerstand lebensgefährlich genannt werden mußte. Bei der Erforschung dieses Wandels in der Wertehierarchie werden wohl mit einiger Sicherheit die kollektiven Erfahrungen des Ersten Weltkriegs und seines Ausgangs in den Blick kommen, und es dürfte sich auch aus dieser Sicht der neueren deutschen Geschichte erweisen, daß die Jahre von 1914 bis 1918 – zumindest für die Generation der Weltkriegsteilnehmer – eine deutlichere Zäsur darstellen als der Regierungsantritt der Koalition Hitler/von Papen am 30. Januar 1933. Vom Jahr 1933 wird man schwerlich sagen können, es habe für die protestantische Theologiegeschichte etwas grundsätzlich Neues zu Tage gefördert. Deshalb eignet sich diese Jahreszahl auch kaum als ein hervorzuhebendes Eckdatum für eine theologiegeschichtliche Periodisierung. Das ideologisch-kirchenpolitische Programm der deutsch-christlichen Bewegung lag schon einige Zeit vor 1933 bereit und drängte unter den nun so günstig erscheinenden innenpolitischen Rahmenbedingungen lediglich mit Macht zur Verwirklichung. Der Erste Weltkrieg hingegen ist mit seinem Beginn, vor allem aber mit seinem in Deutschland als Trauma erfahrenen Ende, ein theologiegeschichtliches Datum von hoher Relevanz. Die Ideen von 1914 – das Pathos der Kriegsbegeisterung, der religiös gefärbte Nationalismus, die als Martyrium aufgefaßte Opferbereitschaft usw. – waren ohne Ausnahme tief in der protestantischen Theologie und Frömmigkeit verwurzelt. Das Scheitern dieser Ideen führte nicht nur die protestantische Universitätstheologie in eine weit über die zwanziger Jahre hinausreichende Krise. Wohl noch folgenreicher waren die Auswirkungen des Zusammenbruchs im Jahre 1918 auf die Mentalität und das Selbstverständnis zahlloser protestantischer Kirchenglieder. Die traditionelle Wertehierarchie des Protestantismus schien aus dem Gleichgewicht gebracht zu sein. Durch Überbetonung einzelner der in Frage gestellten Werte versuchte man das Gesamtsystem – und damit die eigene Identität – zu retten. Die von L. Marcuse beklagte Unfähigkeit der deutschen Protestanten, die ihnen in den ersten Monaten des Jahres 1933 entgegentretenden ethischen Herausforderungen im politischen Bereich zu erkennen und sich ihnen zu stellen. muß vor dem Hintergrund dieses sehr komplexen Geschehens gesehen werden.[11]

---

[11] Aus der umfangreichen Literatur zu dieser Thematik seien hervorgehoben: MARTIN GRESCHAT, Der deutsche Protestantismus im Revolutionsjahr 1918/1919, Witten 1974; KURT NOWAK,

Marcuses Kritik an den protestantischen Pastoren hat ihre besondere Spitze und Härte darin, daß sie sich gar nicht auf einen besonderen Kanon kulturprotestantischer sittlich-religiöser Werte beruft, sondern unmittelbar auf biblische Zentralaussagen zurückgreift. „Es wäre die Stärke des kämpfenden Protestantismus, wenn er dieser primitiven Vergötzung des Massen-Egoismus mehr als die Vergötzung eines alten heiligen Buches entgegensetzen würde. Er müßte aus diesem Buch den Geist befreien und den elementaren Irrlehren die noch elementareren schlichten Wahrheiten der Bibel entgegensetzen: ‚Du sollst nicht töten!'. ‚Liebe Deinen Nächsten wie Dich selbst!' Das waren jahrhundertelang Kalendersprüchlein. Das sind heute die Parolen, mit denen das Christentum siegen oder sterben muß."[12] Nach Marcuses Ansicht hätte der deutsche Kirchenkampf in dem Augenblick eine wirklich *politische* Dimension gewinnen können, in dem es zu einer solchen Besinnung auf die elementaren Wahrheiten der Heiligen Schrift gekommen wäre. Der deutsche Protestantismus hätte sich in einer ganz schlichten Weise am reformatorischen Schriftprinzip orientieren und den *usus politicus* der biblischen Gebote praktizieren müssen. Daß dies nicht geschah, führte Marcuse bemerkenswerterweise auch auf den Einfluß Karl Barths zurück. Bei der Niederschrift seines Essays kannte Marcuse die drei ersten Hefte der *Theologischen Existenz heute!*[13] und er nannte Barth respektvoll den „autoritativsten, mutigsten, beredtesten protestantischen Vorkämpfer gegen die ‚Deutschen Christen'."[14] Im April 1934 begegnete er dann Karl Barth persönlich, als dieser auf Einladung der *Freien protestantischen Theologischen Fakultät* in Paris seinen dreiteiligen Vortrag „Offenbarung, Kirche, Theologie" hielt, der als Heft 9 in der Reihe *Theologische Existenz heute!* auch in Deutschland veröffentlicht werden konnte.[15] Marcuse war gerecht genug, Barth zugutezuhalten, daß dieser „im Ausland besonders leise sein mußte". So schildert

---

Die „antihistorische Revolution". Symptome und Folgen der Krise historischer Weltorientierung nach dem Ersten Weltkrieg in Deutschland, in: Horst Renz/Friedrich Wilhelm Graf (Hg.), Umstrittene Moderne, Gütersloh 1987 (= Troeltsch-Studien Bd. 4), 133-171; FRIEDRICH WILHELM GRAF, Die „antihistorische Revolution" in der protestantischen Theologie der zwanziger Jahre, in: Jan Rohls/Gunther Wenz (Hg.), Vernunft des Glaubens. Wissenschaftliche Theologie und kirchliche Lehre. Festschrift zum 60. Geburtstag von Wolfhart Pannenberg, Göttingen 1988, 377-405; RUDOLF VON THADDEN, Protestantismus und Demokratie bei Ernst Troeltsch, in: ders., Weltliche Kirchengeschichte. Ausgewählte Aufsätze, Göttingen 1989, 164-182; KLAUS TANNER, Die fromme Verstaatlichung des Gewissens. Zur Auseinandersetzung um die Legitimität der Weimarer Reichsverfassung in Staatsrechtswissenschaft und Theologie in den zwanziger Jahren, Göttingen 1989 (AKiZ B.15); FRIEDRICH WILHELM GRAF, Schmerz der Moderne, Wille zur Ganzheit. Protestantismus 1914 – und was davon geblieben ist, in: LuM 28 (1989) 458-463.

[12] L. MARCUSE, Die Erhebung der Christen (Anm. 1), 349.
[13] Ebd., 342f.
[14] Ebd., 342.
[15] KARL BARTH, Offenbarung, Kirche, Theologie, München 1934 (TEH 9).

er in seiner Autobiographie die Begegnung mit den Worten: „Er sprach nicht davon, woran wir alle dachten; nur bisweilen kam ein Satz leise in die Nähe: daß es in der Kirche keine Götter gebe, keinen Pomp, keinen prätentiösen Glauben, keine ‚Diva', kein betrügerisches Jonglieren mit dem Worte ‚Dienst'. Ein maliziöses Lächeln schlich sich in das strenge Gesicht ein; in das leise, pastorale Stakkato mischte sich ein Unterton von herablassender Verachtung. Wir waren sehr bescheiden geworden. Wir labten uns schon an diesem leichten Anklang."[16]

In seinem Essay über „Die Erhebung der Christen" geht Marcuse mit geradezu leidenschaftlicher Sorgfalt der Frage nach, warum der deutsche Protestantismus die „Angriffe auf die evangelische Gesinnung" hinnahm und erst aufbegehrte, als mit den bekannten Willkürentscheidungen des Reichsbischofs Ludwig Müller und mit dem Sportpalast-Skandal vom 13. November 1933 *innerkirchliche* Grundwerte in Gefahr gerieten. Die generelle Antwort, die Marcuse im März 1934 geben konnte, lautet: „Für den Protestanten zergeht die Illusion, daß er in einem christlichen Staat lebt, erst in dem Moment, wo der Staat die beiden Testamente nicht mehr als Gotteswort anerkennt."[17] Erst als das „Allerheiligste des Protestantismus, das Fundament der Evangelischen Kirche [...] die Heilige Schrift" gefährdet war, „riefen die heutigen Lutheraner: ‚Das Wort sie sollen lassen stahn'. Sie fühlten, daß es keinen Halt mehr gäbe, wenn das letzte, schmale Stück Boden, auf dem sie noch standen, das Buch Gottes, zerstört würde."[18] Auch Karl Barths Manifeste bestätigen, „daß die protestantische Opposition ursprünglich keine politische Opposition gewesen ist." Karl Barth mache keine Offensive, die „dem Faschismus Terrain abgewinnen will. Er verteidigt eigentlich nur die Theologie, die nicht zulassen kann, daß man den heutigen ‚Auftrag unseres Herrn an seine Kirche' nicht mehr in der Heiligen Schrift, sondern ‚in dem großen Geschehen unserer Tage' erblickt [...]. Der Kampf, den Barth führt, ist kein unverbindlicher Weltanschauungs-Kampf; auch nicht eine Äußerung der ecclesia militans. Er ist nur ein defensiver und lokaler Existenzkampf in zwölfter Stunde."[19] Marcuse erkennt die Entschiedenheit, Entschlossenheit und auch die Tapferkeit der Mitglieder des Pfarrer-Notbundes an, die sich nicht den Vorwurf des Propheten zuziehen wollen, „stumme Hunde zu sein", sondern sich ihren Gemeinden gegenüber verpflichtet fühlen, „der Verfälschung der Wahrheit entgegenzutreten". Marcuse stellt ohne Abstriche fest, daß es an allen Ecken und Enden Deutschlands

---

[16] L. MARCUSE, Mein zwanzigstes Jahrhundert (Anm. 2), 211.
[17] L. MARCUSE, Die Erhebung der Christen (Anm. 1), 342.
[18] Ebd.
[19] Ebd., 343.

Geistliche gebe, „die das unverfälschte Wort der Heiligen Schrift, das heute wirklich oft nach Kreuzzug klingt, mutig und unbekümmert predigen."[20]
Nicht das Faktum eines beherzt geführten Kirchenkampfes wird in Frage gestellt, wohl aber sein Sinn, sofern es sich bei diesem Kampf um einen Kampf „in der Kirche um die Kirche" handelt.[21] Welchen Sinn hat ein Kampf für die innerkirchliche Identität, wenn zugleich die beiden anderen Bereiche, in denen sich protestantische Identität zu finden und zu bewähren hat – der personale Bereich und der politische Bereich – kampflos preisgegeben werden? Marcuses Antwort ist kurz und präzise: Die Reduktion auf die innerkirchlichen Fragen sei die falsche Bewegungsrichtung. Man dürfe nicht vergessen, „daß von hier aus kein Weg in's Freie" führe. Das Äußerste, was durch einen solchen Kirchenkampf erreicht werden könne, sei das Versprechen des Staates, „daß er vor den Kirchen-Toren mit dem Anspruch auf Weltanschauungstotalität Halt machen wird. Damit wäre aber nur etwas erreicht, wenn die protestantische Weltanschauung, wie sie jetzt Karl Barth im Kampf formuliert [...] reale Folgen haben könnte: wenn die Christen [...] einen Glauben formen würden, der nicht nur bestimmt ist, innerhalb der Kirche zu siegen. Das aber ist nicht der Fall. Weder der Protestant noch der Katholik hat ein anderes Ziel als die Abwehr."[22]

Marcuses Kritik am verkirchlichten Kirchenkampf impliziert ein Verständnis der protestantischen Identität, das die gleichzeitige innergesellschaftliche Präsenz der drei Dimensionen des *personalen,* des *politischen* und des *kirchlichen* Protestantismus zur Voraussetzung hat. Ein Rückzug auf einen der drei Bereiche läßt diesen zum Identitätssurrogat für die beiden anderen vernachlässigten Bereiche der protestantischen Gesamtidentität werden. Marcuse hatte 1934 nicht die Aufgabe, nach den Folgen eines Rückzugs des Protestantismus ausschließlich auf das personale oder das politische Gebiet zu fragen (was gegen-

---

[20] Ebd., 342.
[21] Die Formel „Kampf in der Kirche um die Kirche" geht auf Martin Niemöller zurück; vgl. MARTIN NIEMÖLLER, Kirche? – Kirche! Ein Wort zur Stunde ernster Entscheidung, in: JK 2 (1934) 139-143; 140. Klaus Scholder hat diese Wendung dann zur Definition erhoben: „Im Sprachgebrauch der sich formierenden Bekennenden Kirche bezeichnete Kirchenkampf ausschließlich den Kampf in der Kirche um die Kirche" (KLAUS SCHOLDER, Art. „Kirchenkampf", in: EStL³ 1 [1987] 1606f.). Trutz Rendtorff hat die Wendung „Kirche muß Kirche bleiben" als „Schlüsselformel für den Kirchenkampf" bezeichnet und darauf hingewiesen, daß Paul Tillich schon 1937 Kritik an diesem „Programm einer bewußt und konsequent *un*politischen Haltung" geübt habe; vgl. TRUTZ RENDTORFF, Die Kirche als dogmatische Form der Freiheit, in: EvTh 38 (1978) 194 A. 28.
[22] L. MARCUSE, Die Erhebung der Christen (Anm. 1), 345. In dem der katholischen Kirche gewidmeten Abschnitt seines Essays geht L. Marcuse vornehmlich auf Theodor Haecker ein; über ihn vgl.: HINRICH SIEFKEN (Bearb.), Theodor Haecker 1879-1945. Mit einer Haecker-Bibliographie von EVA DAMBACHER, Marbach a.N. 1989 (Marbacher Magazin 49/1989). Vgl. auch: THEODOR HAECKER, Tag- und Nachtbücher 1939-1945. Erste vollständige und kommentierte Ausgabe. Hg.v. Hinrich Siefken, Innsbruck 1989 (Brenner Studien Bd. IX).

wärtig höchst angebracht wäre!). Ihm ging es darum, die Folgen der beobachteten Verkirchlichung des Protestantismus aufzuzeigen. In immer neuen, temperamentvoll vorgetragenen Argumentationsketten legt er dar: „Wenn sich der Protestantismus dieser Tage dem gewalttätigsten Feind gegenüber nur zurückzieht auf die Buchstaben zweier alter Bücher [...] wenn er im modernen Heidentum [...] nur ‚die letzte, vitalste, vollendete Gestalt der großen neuprotestantischen Untreue gegen die Reformation' sieht, wenn er nicht (statt alte theologische Dogmen zäh zu verteidigen) die gewaltigen humanen Impulse freimacht, die im Christentum schlummern, wenn er sich auf den transcendenten Standpunkt Barths stellt: ‚Die Kirche hat überhaupt nicht den Menschen [...] zu dienen' – so wird er wohl nichts ausrichten gegen den mächtigsten Feind [...]. Die Existenz des Protestantismus hängt ganz gewiß davon ab, daß nicht der Buchstabe von Theologen verteidigt, sondern daß der Geist der Buchstaben von den Massen real durchgesetzt wird."[23] Eine wirkliche *ecclesia militans* hätte nach Marcuses Ansicht im Kirchenkampf die Aufgabe, „nicht den armen Teufeln eine reine Seele zu predigen, sondern mit Hilfe dieser armen Teufel zunächst einmal die großen mächtigen Feinde der Bergpredigt zu stürzen. Zu diesem Sturz ruft weder Faulhaber noch Häcker noch Barth auf. Nicht weil sie es in diesem Moment nicht wagten, sondern weil die Kirche immer nur das Ziel will, ohne den Weg zu diesem Ziel mitzuwollen; weil sie also das Ziel nicht ernstlich will." Marcuses Essay schließt mit den Sätzen: „Man hat oft genug geglaubt, daß die Worte Christi in unseren Tagen keine lebende Kraft mehr wären. Jetzt wird sich entscheiden, ob diese Worte leben oder sterben sollen. Sie werden bestimmt nur dann diese Zeit überleben, wenn ihre Bekenner sich nicht damit begnügen, als harmlose Sekte ein stilles, verborgenes, wirkungsloses Leben innerhalb eines mächtigen, heidnischen Kriegerstaats zu spielen."[24]

Als die Widerstandsforschung noch in ihren Anfängen steckte, hat Ernst Wolf die seither oft wiederholte These aufgestellt, die Bekennende Kirche sei in ihrem Kampf „streckenweise zu einer ‚Widerstandsbewegung wider Willen' gegen den NS-Staat geworden."[25] Mit dieser Formel wollte Ernst Wolf um-

---

[23] L. MARCUSE, Die Erhebung der Christen (Anm. 1), 349.
[24] Ebd., 354.
[25] ERNST WOLF, Zum Verhältnis der politischen und moralischen Motive in der deutschen Widerstandsbewegung, in: Walter Schmitthenner/Hans Buchheim (Hg.), Der deutsche Widerstand gegen Hitler. Vier historisch-kritische Studien, Köln/Berlin 1966, 215-255; 282-284; Zitat 230. E. Wolf hat seine für die Kirchenkampfforschung höchst wirksame Formel von der „Widerstandsbewegung wider Willen" wiederholt vorgetragen und begründet; vgl.: ERNST WOLF, Die evangelischen Kirchen und der Staat im Dritten Reich, Zürich 1963 (ThSt 74); DERS., Kirche im Widerstand? Protestantische Opposition in der Klammer der Zweireichelehre, München 1965. Wolf verwies dabei auf Hans Rothfels, der in scharfer Abgrenzung von einem rigoristischen Widerstandsbegriff, wie ihn aus dem Ausland zurückkehrende Emigranten vertraten, schon 1949 geschrieben hatte: „Vom Standpunkt geschichtlicher Wür-

schreiben, daß man sich die „sittliche Freiheit zum Widerstand nur in schweren Gewissensentscheidungen hat mühsam abringen können, auf dem Weg einer immer wieder auch von ‚Rückfällen' heimgesuchten, in keiner Weise programmatischen Entwicklung aus einer passiven Resistenz, aus einer aufgenötigten Defensive hin zu neuen und vielleicht zukunftsträchtigen wesentlichen Entscheidungen."[26] Ernst Wolf zählt „Schichten" bzw. eine Stufenfolge des kirchlichen Widerstandes auf, die mit dem Widerstand zur Sicherung des Bestandes der überkommenen landeskirchlichen Institutionen beginnt, weiterführt zum Widerstand im Ringen um die Freiheit des Evangeliums, von dort zu Konsequenzen über den *Raum der Kirche* hinaus im Kampf für das Menschsein des Menschen und in „gewisser Weise auch für die Rechtsstaatlichkeit des Staates" bis hin zu dem Versuch eines Widerstandes „in jenen Grenzsituationen des Konfliktes, die durch die Probleme von Krieg und Eidesverweigerung und schließlich Tyrannenmord gekennzeichnet sind."[27]

Die Geschichte des deutschen Protestantismus in der Zeit der nationalsozialistischen Herrschaft zeigt, daß nur ganz wenige Einzelne vom „Kampf in der Kirche um die Kirche" zu diesen weiterführenden Entscheidungen im

---

digung liegt es nahe zu fragen, ob die Kirchen nicht dadurch, daß sie innerhalb ihres eigensten Bereichs sich zu Wehr setzten, die Kräfte des aktiven Widerstands mit einem härteren Kern und einer schärferen Schneide versahen, als irgendeine äußere Revolte es hätte tun können" (HANS ROTHFELS, Die deutsche Opposition gegen Hitler. Eine Würdigung [Krefeld 1949], Frankfurt a.M./Hamburg 1958, 48), vgl. E. WOLF, Kirche im Widerstand? (Anm. 25), 8. – Welchen weiten Weg die evangelische Theologie nach dem Zweiten Weltkrieg in ihrem Nachdenken über den Widerstandsbegriff zurücklegen mußte, sei noch durch einen exemplarischen Hinweis belegt. In einem Sammelband zum Thema „Widerstand", zu dem Bundespräsident Theodor Heuss das Vorwort schrieb, vertrat Walter Künneth – neben zahlreichen anderen negativen Abgrenzungen – die These: „Die ethische Möglichkeit eines Widerstandes bedeutet grundsätzlich keine ethische Rechtfertigung" (WALTER KÜNNETH, Die evangelisch-lutherische Theologie und das Widerstandsrecht, in: Die Vollmacht des Gewissens, hg.v. der Europäischen Publikation e.V., I München 1956, 164-174; 172).

[26] E. WOLF, Zum Verhältnis der politischen und moralischen Motive in der deutschen Widerstandsbewegung (Anm. 25), 230.

[27] Ebd., 230f. – T. Rendtorff hat die These von E. Wolf folgendermaßen interpretiert: „Die Bekennende Kirche hat mit ihrem Bekenntnis und vor allem mit ihrem praktischen Widerstand gegen die nationalsozialistische Kirchenpolitik eine *Funktion* für den politischen Widerstand gehabt [...]. Die Formulierung ‚Widerstandsbewegung wider Willen' verweist auch darauf, daß die Existenz der Bekennenden Kirche gerade im Festhalten an ihrer allein kirchlich-theologischen Intention, in der sie sich der Gleichschaltung der Kirche widersetzte, eine politische *Funktion* ausübte" (TRUTZ RENDTORFF, Christen im Widerstand – einst und heute. Eine politische Ortsbestimmung des Protestantismus aus Anlaß des Gedenkens an Barmen 1934, in: Regina Claussen/Siegfried Schwarz [Hg.], Vom Widerstand lernen. Von der Bekennenden Kirche bis zum 20. Juli 1944, Bonn 1986, 115-131, 118; in diesem Sammelband finden sich weitere wichtige Beiträge zur Widerstands-Problematik von Hans-Adolf Jacobsen, Richard Löwenthal, Ger van Roon. Alexander Groß, Karl-Egon Lönne, Dietmar Mieth u.a.).

„Widerstand wider Willen" gelangt sind.[28] Im Zusammenhang unserer Überlegungen könnte man sagen, daß diese wenigen Personen die vernachlässigten bzw. preisgegebenen oder falsch besetzten Dimensionen der protestantischen Gesamtidentität für sich zurückerwarben, nämlich die personale und politische Verwirklichung des protestantischen Prinzips. So stehen sie als Zeugen gegen die eher pessimistische Sicht Ludwig Marcuses, der einen Rückweg aus dem Getto hinaus „in's Freie" nicht für möglich hielt und dem Identitätssurrogat keinerlei Selbsterneuerung zutraute. Nun hat schon Ernst Wolf vorsichtig formulierend gesagt, die Bekennende Kirche habe bloß „streckenweise" diesen „Widerstand wider Willen" geleistet. Zudem hat er eindrucksvoll beschrieben, welche schweren Auseinandersetzungen mit der „Last des nationalchristlichen Erbes" im deutschen Protestantismus notwendig waren, um hier überhaupt etwas in Bewegung zu bringen.[29] Gerade dieser Hinweis von Ernst Wolf kann vielleicht erklären helfen, warum es nach 1933 zu jener unübersehbaren Verkirchlichung des deutschen Protestantismus gekommen ist, die sich bis in den Schriftgebrauch und in die Kirchensprache der Zeit hinein nachweisen läßt. Die „Last des nationalchristlichen Erbes" hatte längst vor 1933 dazu geführt, daß vor allem die Vertreter einer konservativen lutherischen Staatslehre den Institutionen der parlamentarischen Demokratie von Weimar ihre Legitimität bestritten. Deshalb sah man in weiten Kreisen des deutschen Protestantismus nach 1933 auch keinen Anlaß, den mit neuen, rigorosen Ordnungsvorstellungen antretenden Nationalsozialisten kritisch zu begegnen. Eine mit theologischen Argumenten geführte Diskussion über die rechtspolitischen Rahmenbedingungen einer zeitgemäßen Staatsführung erschien geradezu als überflüssig, so lange eine „Staatsordnung" völlig formal als „gut Regiment [...] mit Zucht und Ehre" angesehen werden konnte (*Ansbacher Ratschlag*, These 5).[30] Eine weitergehende Rückfrage nach den Normen und Einzelkriterien des

---

[28] Vgl. GERHARD BESIER/GERHARD RINGSHAUSEN (Hg.), Bekenntnis, Widerstand, Martyrium. Von Barmen 1934 bis Plötzensee 1944, Göttingen 1986; GÜNTHER VAN NORDEN, Widerstand im deutschen Protestantismus 1933-1945, in: Klaus-Jürgen Müller (Hg.), Der deutsche Widerstand 1933-1945, Paderborn 1986, 108-134; MATTHIAS SCHREIBER, Friedrich Justus Perels. Ein Weg vom Rechtskampf der Bekennenden Kirche in den politischen Widerstand, München 1989; CHRISTOPH STROHM, Theologische Ethik im Kampf gegen den Nationalsozialismus. Der Weg Dietrich Bonhoeffers mit den Juristen Hans von Dohnanyi und Gerhard Leibholz in den Widerstand, München 1989; LEONORE SIEGELE-WENSCHKEWITZ, Ist Ethik eine Kategorie der Historiographie?, in: EvTh 51 (1991) 155-168. Vgl. ferner die Beiträge und Literaturangaben in: JOACHIM MEHLHAUSEN (Hg.), Zeugen des Widerstands, Tübingen ²1998.

[29] E. WOLF, Zum Verhältnis der politischen und moralischen Motive in der deutschen Widerstandsbewegung (Anm. 25), 231. Man vgl. hierzu auch: WOLFGANG HUBER, Der Streit um Luther im Kirchenkampf, in: ders., Konflikt und Konsens. Studien zur Ethik der Verantwortung, München 1990, 79-98.

[30] Text bei KURT DIETRICH SCHMIDT, Die Bekenntnisse und grundsätzlichen Äußerungen zur Kirchenfrage. Bd. 2: Das Jahr 1934, Göttingen 1935, 102-104; Zitat 103. – Zu den systema-

staatlichen Handelns wurde abgelehnt: die innere und äußere Selbständigkeit der mit den Ordnungsaufgaben betrauten staatlichen Institutionen sollte von Theologie und Kirche nicht angetastet werden. Nicht zuletzt deshalb wandte sich die Theologie ihren ureigenen, insbesondere ekklesiologischen Themen zu.

Sehen wir – mit Trutz Rendtorff – den Protestantismus „sowohl durch seine kirchliche Institutionalisierung repräsentiert wie durch Form und Inhalt eines Christentums außerhalb der Kirche, das sich in Formen der politischen und religiösen Kultur auf eigene Weise realisiert"[31], dann wäre zu fragen, ob die Mehrzahl der deutschen Protestanten im Jahre 1933 nicht wegen dieser „Last des nationalchristlichen Erbes" unfähig war, im Bereich eines „Christentums außerhalb der Kirche" kritisch auf Grenzüberschreitungen der nationalsozialistischen Ordnungspolitik zu reagieren. Aus irgendwelchen Gründen dennoch aufkeimende Unruhe mußte sich deshalb auf innerkirchliche und innertheologische Themenkreise richten, und hier ist dann gleichsam ein Stellvertretungskampf geführt worden. Hinter den hochtheologischen Differenzen etwa der *Barmer Theologischen Erklärung* und des *Ansbacher Ratschlags* müssen jene völlig verschiedenen Grundsatzentscheidungen in Fragen der politischen und religiösen Kultur gesehen werden, die die Antagonisten so weit voneinander trennten, daß ein kritisches Gespräch zwischen ihnen – zumal unter den gegebenen gesellschaftlichen und politischen Rahmenbedingungen – unmöglich war. An einem Beispiel sei dieser Sachverhalt verdeutlicht:

Die Entscheidungen von Paul Althaus und Emanuel Hirsch in den Jahren 1933/34 können wohl „nicht auf eine affirmative Akzeptanz politisch-kultureller Eigengesetzlichkeiten zurückgeführt werden". Sie haben ihren Grund wahrscheinlich im „Ausfall einer konkreten *theologischen* Vermittlung mit dem für die deutsche Gesellschaft seit dem späten 18. Jahrhundert grundlegenden Wandel von einer religiösen Einheitskultur zu einer offenen, pluralistischen Gesellschaft und insbesondere mit den neuen politisch-sozialen Realitäten nach 1918/19".[32] Wenn dem so ist, dann wäre die theologische Abgrenzung zu Karl Barth und dessen kirchenpolitischer Position ein gutes Beispiel für den *Stell-*

---

tisch-theologischen Fragen vgl. A. JAMES REIMER, Emanuel Hirsch und Paul Tillich. Theologie und Politik in einer Zeit der Krise, Berlin/New York 1995 (Lit.).

[31] TRUTZ RENDTORFF, Protestantismus zwischen Kirche und Christentum. Die Bedeutung protestantischer Traditionen für die Entstehung der Bundesrepublik Deutschland, in: Werner Conze/M. Rainer Lepsius (Hg.), Sozialgeschichte der Bundesrepublik Deutschland. Beiträge zum Kontinuitätsproblem, Stuttgart 1983, 410-440; 410. Vgl. ferner: DERS., Christentum zwischen Revolution und Restauration. Politische Wirkungen neuzeitlicher Theologie, München 1970, 80f.; DERS., Die Religion in der Moderne – die Moderne in der Religion. Zur religiösen Dimension der Neuzeit, in: ThLZ 110 (1985) 561-574.

[32] FRIEDRICH WILHELM GRAF, Konservatives Kulturluthertum. Ein theologiegeschichtlicher Prospekt, in: ZThK 85 (1988) 31-76; 75.

vertretungscharakter der kirchenkämpferischen Auseinandersetzungen. Der Streit um den Primat von Christologie oder Trinitätslehre, um die Zuordnung von Gesetz und Evangelium oder Evangelium und Gesetz, kann – aus dieser Sicht gesehen – als eine verschlüsselte Auseinandersetzung über die völlig verschiedenen gesellschaftlich-politischen Grundhaltungen der streitenden Parteien begriffen werden. Der sogenannte Kirchenkampf erscheint im Licht dieser Stellvertretungs-Hypothese weniger als ein Identitätssurrogat, sondern vielmehr als eine seinerzeit dringlich notwendige Vorklärung der Positionen in einem Teilbereich der protestantischen Gesamtidentität, nämlich im kirchlich-theologischen Bereich. Erst nachdem die Grenzlinien auf diesem Terrain abgesteckt waren, konnte auch eine Differenzierung im gesellschaftlich-politischen Bereich mit theologischen Argumenten vorgenommen und somit die Wiedergewinnung einer ganzheitlichen protestantischen Identität eingeleitet werden.

Betrachtet man den Kirchenkampf unter diesem Aspekt, dann gewinnt die Entwicklung nach 1945 besondere Bedeutung für die Geschichte des zeitgenössischen Protestantismus. Die ältere Kirchenkampfforschung betrachtete ihren historischen Gegenstand insgesamt von dem Resultat her, daß trotz hoher Gefährdung die evangelische Kirche in der Zeit zwischen 1933 und 1945 an vielen Orten *Kirche* geblieben war. Der Neuanfang nach 1945 sollte an die besten Traditionen der Bekennenden Kirche anknüpfen; eine wie auch immer geartete Fortsetzung des Kirchenkampfes über den 8. Mai 1945 hinaus schien völlig unnötig zu sein, zumal sich die Deutschen Christen – entgegen den Erwartungen toleranter angelsächsischer Kulturoffiziere – nahezu in Nichts aufgelöst hatten.[33] Gerade die besonders engagiert Beteiligten meinten, den „Ertrag" der innerkirchlichen Auseinandersetzungen festschreiben und sichern zu müssen[34]; primär also die mit dem dogmatischen Begriff von der „Königsherrschaft Christi" umschriebene prinzipiell kritische Haltung gegenüber der Gesamtgesellschaft, die „die Kirche als eine Art Alternative zu Staat und Gesellschaft begreift und als solche überall zur Geltung zu bringen sucht."[35] Allgemeiner gefaßt wird man sagen können, daß der ganz entscheidend von Karl Barth geprägte theologische Versuch, „den durch die Wirksamkeit des Wortes selbst geschaffenen Konsens der Glaubenden zu artikulieren"[36], für das kirchen-

---

[33] RAINER LÄCHELE, Religionsfreiheit und Vergangenheitsbewältigung. Die Deutschen Christen und die Besatzungsmächte nach 1945, in: EvTh 51 (1991) 131-154.
[34] Ein exzellentes Beispiel hierfür ist: PAUL SCHEMPP (Hg.), Evangelische Selbstprüfung. Beiträge und Berichte von der gemeinsamen Arbeitstagung der Kirchlich-theologischen Sozietät in Württemberg und der Gesellschaft für Evangelische Theologie, Sektion Süddeutschland im Kurhaus Bad Boll vom 12. bis 16. Oktober 1946, Stuttgart 1947.
[35] T. RENDTORFF, Protestantismus zwischen Kirche und Christentum (Anm. 31), 429.
[36] EILERT HERMS, Erfahrbare Kirche. Beiträge zur Ekklesiologie, Tübingen 1990, 148.

leitende Handeln im Nachkriegsprotestantismus tatsächlich grundlegende Bedeutung gehabt hat. Die Wirkungs- und Rezeptionsgeschichte der *Barmer Theologischen Erklärung* – insbesondere im Bereich der kirchlichen Lehrpflege und der Kirchenordnung[37] – mag hierfür als Beleg dienen. Der „verkirchlichte" Kirchenkampf hat unstreitig einen bleibenden „Ertrag" gehabt, insofern er die Notwendigkeit des Lehrkonsenses als Bedingung für kirchenleitendes Handeln zwingend neu sichtbar machte.

Begreift man den Kirchenkampf aber über das bisher Gesagte hinaus als eine – notwendig gewesene – Vorausabklärung in einem Teilbereich der protestantischen Identität, dann sind seine Akten nicht mit dem 8. Mai 1945 geschlossen worden. Es mußte vielmehr in der Folgezeit bis in unsere Gegenwart hinein darum gerungen werden, daß jene anderen Bereiche oder Aspekte der protestantischen Identität, die im Kirchenkampf der Jahre 1933 bis 1945 ausgeklammert worden waren, in einem bewußt weitergeführten Streit wiederentdeckt und wo immer möglich im kirchenpolitischen Konsens für die eigene Generation mit deutlich erkennbaren Konturen umschrieben würden.[38] Jeder Kenner der Geschichte des Nachkriegsprotestantismus im westlichen Teil Deutschlands weiß, daß diese Aufgabe hier wahrgenommen und angenommen worden ist. Zunächst vielleicht nur unbewußt oder halbbewußt und gelegentlich auch „wider Willen". Später dann jedoch hoch bewußt und mit klarer Zielsetzung. Insbesondere Trutz Rendtorff stritt und streitet dafür, daß der „Gewinn" des Kirchenkampfes nicht bloß als ein *Gewinn der Kirche* und *für die Kirche* angesehen wird. Gewiß sei die Gefährdung und Bewährung der Selbständigkeit der Kirche in der Zeit der nationalsozialistischen Herrschaft zum Ausgangspunkt zu nehmen. „Diese Selbständigkeit hat, historisch gesehen, ihr theoretisches Profil an dem Kirchenbegriff der Bekenntniskirche gefunden, der als eine ,dogmatische Form der Freiheit' angesehen werden kann."[39] Aber der Nachkriegsprotestantismus bleibe herausgefordert, den Gewinn des Kirchenkampfes als exemplarisch aufzufassen für „einen zu befördernden Gesamtzu-

---

[37] Vgl. JOACHIM MEHLHAUSEN, Die Erste Bekenntnissynode der Deutschen Evangelischen Kirche in Barmen 1934 und ihre theologische Erklärung. Ein Literaturbericht (1983-1989), in: VuF 34 (1989) 38-83; 75-80 („Zur ‚Barmen'-Rezeption in Kirchenordnungen"). Zur systematisch-theologischen Bedeutung dieser Entwicklung vgl.: EILERT HERMS, Konsensustexte und konfessionelle Identität, in: ders., Von der Glaubenseinheit zur Kirchengemeinschaft. Plädoyer für eine realistische Ökumene, Marburg 1989 (MThSt 27), 136-187; bes. 164-170. Vgl. ferner JOACHIM MEHLHAUSEN, Die Rezeption der Barmer Theologischen Erklärung in den evangelischen Landeskirchen nach 1945, in: Wolfhart Pannenberg/Theodor Schneider (Hg.), Verbindliches Zeugnis II: Schriftauslegung – Lehramt – Rezeption, Freiburg i.Br./Göttingen 1995 (DiKi 9), 219-245 (s.u. 500-527).

[38] Zum Begriff „Kirchenpolitik" vgl. JOACHIM MEHLHAUSEN, Kirchenpolitik. Erwägungen zu einem undeutlichen Wort, in: ZThK 85 (1988) 275-302 (s.o. 336-362).

[39] T. RENDTORFF, Protestantismus zwischen Kirche und Christentum (Anm. 31), 429.

stand des Gemeinwesens." Das bedeute: „Dann ist der Gewinn an Eigenständigkeit der Kirche einzubringen in den Neuaufbau der Republik, wobei die partnerschaftliche Rolle der Kirche im Verhältnis zu Staat und Gesellschaft eine moderne Umbestimmung der Zwei-Reiche-Lehre bedeutet und sich auf allen Ebenen konkretisiert als eine Kirche in der Demokratie bzw. in der Gesellschaft und in der Kultur."[40] Der „verkirchlichte" Kirchenkampf kann zu einem *Gewinn für das Gemeinwesen* werden, wenn die nach 1933 unter so großen Anstrengungen gewonnene Eigenständigkeit der Kirche dazu genutzt wird, in der Wirklichkeit von Staat und Gesellschaft Gefährdungen des Rechts, der Gerechtigkeit und des Friedens abzuwehren und diese Fundamente des Gemeinwohls selbst zu sichern und in allen Bereichen zur Geltung zu bringen.

Mit dieser These und ihrer konsequenten Durchführung kann das hier beschriebene Defizit des historischen Kirchenkampfes aufgearbeitet werden. Denn die Frage nach der gegenwärtigen und künftigen Gestalt des Protestantismus ist „grundlegend und umfassend die Frage nach seiner geschichtlichen und sozialen Wirklichkeit und Wirksamkeit als *Organisation* im Kontext und Wirkungszusammenhang der neuzeitlichen Gesellschaft und ihrer – samt und sonders organisationsmäßig verfaßten – Teilsysteme".[41] Eben diese Perspektive meinte Ludwig Marcuse, als er den unpolitischen Bekenntnis-Pastoren und -Theologen warnend zurief, sie dürften sich nicht damit begnügen, „als harmlose Sekte ein stilles, verborgenes, wirkungsloses Leben [...] zu spielen". Der historische Kirchenkampf könnte andererseits heute noch zum Identitätssurrogat für den zeitgenössischen Protestantismus werden, wenn man die hier aufgezeigte Nachgeschichte abbrechen ließe oder den Auftrag vergäße, den er in seiner Begrenztheit hinterlassen hat.

Die Verkirchlichung des deutschen Protestantismus nach 1933 sollte man als Zeithistoriker nicht bloß aus einer sicheren Distanz heraus beschreiben und bewerten. Auch bei diesem Phänomen aus der jüngsten deutschen Kirchengeschichte gilt es, die uns heute herausfordernde ekklesiologische Wahrheitsfrage hörbar zu machen. Zieht sich der deutsche Protestantismus gegenwärtig viel-

---

[40] Ebd. – Nur stichwortartig sei hier hingewiesen auf die von T. Rendtorff maßgeblich mitgestalteten „Denkschriften" der EKD, vor allem: Evangelische Kirche und freiheitliche Demokratie. Der Staat des Grundgesetzes als Angebot und Aufgabe, Gütersloh 1985 (man vgl. hierzu den informativen Literatur-Bericht von KLAUS TANNER, Späte Taufe der Demokratie?, in: ZEE 32 [1988] 119-128). T. Rendtorff hat die geschichtlichen Zusammenhänge selbst folgendermaßen hervorgehoben: „Sie [die Demokratie-Denkschrift] ist das Resultat aus geschichtlichen Erfahrungen dieses Jahrhunderts: Der deutsche Protestantismus stand der ersten Demokratie von Weimar mit Zurückhaltung und Mißtrauen gegenüber. Erst durch die Erfahrungen mit dem NS-Staat wurde der Zusammenhang zwischen der verfassungsmäßig garantierten Selbständigkeit der Kirche und den individuellen Freiheitsrechten sowie demokratischer Machtkontrolle erkannt" (TRUTZ RENDTORFF, Art. „Demokratie und Protestantismus", in: WdC 231-233).

[41] E. HERMS, Erfahrbare Kirche (Anm. 36), 157.

leicht auch auf *einen* der drei Bereiche zurück, die alle drei sein Wirkungsfeld sein sollten? Erst wenn der Protestantismus im personalen, im politischen und im kirchlichen Bereich *zugleich* die ihm gestellten Aufgaben erkennt und wahrnimmt, wird protestantische Identität möglich und beschreibbar werden. Nicht eine rückwärts gewandte historische Kritik an der nach 1933 eingetretenen Verkirchlichung des Protestantismus ist gefordert; das zu erstrebende Ziel ist die kritische Prüfung der Gegenwart und des eigenen – immer gefährdeten – Standorts in Theologie und Kirche.[42]

Es geht bei alledem um die Frage nach Erbe und Auftrag, um die Frage nach der Zuordnung der Kategorien „alt" und „neu" in der Geschichte. Einer der intimsten Kenner protestantischer Identität hat darüber einige Bemerkungen hinterlassen, in denen auch schon die Erkenntnis bewahrt ist, daß gerade in Umbruchsituationen der Protestantismus dazu neigt, zuerst seine eigene Kirchlichkeit zu verteidigen. Ich denke an den grandiosen „revolutionären Diskurs" zwischen der ebenso schönen wie klugen Gräfin Melusine und Pastor Lorenzen in Theodor Fontanes Roman *Der Stechlin*. In Pastor Lorenzen haben wir das wohl anziehendste und zugleich überzeugendste Portrait eines Protestanten aus der Zeit des Kulturprotestantismus vor uns, der sich in subtiler Weise seiner Identität und damit auch seiner Verantwortung vor dem Neuen gewiß war. Pastor Lorenzen gesteht seiner Gesprächspartnerin: „Ich [...] empfind' es als eine Gnade, da, wo das Alte versagt, ganz in einem Neuen aufzugehn [...]. Ob ein solches ‚Neues' sein soll (weil es sein muß), oder ob es nicht sein soll, um diese Frage dreht sich alles. Es gibt hier um uns her eine große Zahl vorzüglicher Leute, die ganz ernsthaft glauben, das uns Überlieferte – das Kirchliche voran (leider nicht das Christliche) – müsse verteidigt werden wie der salomonische Tempel [...]. Wenn ich zweifle, so gelten diese Zweifel nicht so sehr den Dingen selbst, als dem Hochmaß des Glaubens daran."[43]

Protestantische Theologie hat den Auftrag, an dem von Pastor Lorenzen beschriebenen Werk weiterzuarbeiten: Der wachsamen und fördernden Begleitung des Neuen, das in Kirche und Gesellschaft heranwächst und das Alte ablöst. Denn in solcher Wachsamkeit und in solcher Förderung vollzieht sich lebendige und vollständige protestantische Identität „als Realisierung des christlichen Prinzips der Freiheit".[44]

---

[42] Vgl. JOACHIM MEHLHAUSEN, Zur Methode kirchlicher Zeitgeschichtsforschung, in: EvTh 48 (1988) 508-521; 520 (s.o. 321-335; 333f.).

[43] THEODOR FONTANE, Der Stechlin. Roman. Nachwort von Max Rychner, Zürich 1975, 377.

[44] T. RENDTORFF, Protestantismus zwischen Kirche und Christentum (Anm. 31), 412. Vgl. ferner: DERS. (Hg.), Die Realisierung der Freiheit. Beiträge zur Kritik der Theologie Karl Barths. Von Falk Wagner, Walter Sparn, Friedrich Wilhelm Graf und Trutz Rendtorff, Gütersloh 1975; zu der durch diesen Band ausgelösten Diskussion vgl. TRUTZ RENDTORFF, Zur Krise und Kritik des neuzeitlichen Liberalismus. Eine Anmerkung, in: EvTh 47 (1987) 567-569.

Widerstand und protestantisches Ethos
Eine historische Skizze

Eine auch nur einigermaßen umfassende Darstellung der ethischen Begründungen für ein Widerstandsrecht gegen die Staatsgewalt im *deutschen* Protestantismus vom 16. Jahrhundert bis in die Gegenwart ist bislang noch nicht geschrieben worden. Die nachfolgende historische Skizze versucht, einen Überblick über die wichtigsten Ansätze zur Lösung der Frage zu geben, ob und unter welchen Bedingungen Christen zum Widerstand gegen rechtswidrig handelnde Regierungen aufgerufen oder gar zu ihm verpflichtet seien. Widerstand gegen die Staatsgewalt bedeutet in jedem Falle den Bruch der Legalität im Namen einer wie auch immer begründeten – aber für höherrangig gehaltenen – Legitimität. Die Übertretung des positiven Rechts kann im Namen des Naturrechts, im Namen allgemeiner moralischer Normen (wie der Menschenrechte) oder anderer Normen eines ungeschriebenen Rechts erfolgen. Welchen besonderen Beitrag – so ist zu fragen – hat die protestantische Theologie in ihrer Geschichte zu diesem Themenkreis geliefert? Wie wurde – wenn es denn überhaupt geschah – der höhere Rang des christlichen Ethos zur Geltung gebracht? Welche Entlastung durch die Verkündigung ihrer Kirche erfuhren Christen, die konkret in den Konflikt geraten waren, den Petrus in der Apostelgeschichte durch das Gebot ankündigt: „Man muß Gott mehr gehorchen als den Menschen" (Apg 5,29)?

Es wird sich zeigen, daß in der geschichtlichen Situation der Jahre 1933 bis 1945 die damals zum Handeln herausgeforderten Männer und Frauen nur in verschwindend geringem Umfang mit Hilfen aus der theologischen Ethik ihrer Zeit rechnen konnten. Einer der besten Kenner der Geschichte des Widerstandsrechts im deutschen Protestantismus, Ernst Wolf, hat zu der Frage, welche grundlegenden ethischen Einsichten und Weisungen zum Problem „Gewissen und totalitärer Staat" während der Gewaltherrschaft des Dritten Reichs bereitstanden, gesagt: „Eine ethische Theorie des Widerstands ist [im deutschen Protestantismus] kaum entwickelt worden. Ganz vereinzelt tauchte die alte Frage nach Widerstandsrecht, nach zuletzt revolutionärem Angriff auf die herrschende Regierung und auch nach dem Tyrannenmord auf. So etwa bei Karl Barth, der im Anschluß an das schottische Bekenntnis von 1560 [...] vom Glaubensgehorsam her den Gedanken erneuert, daß ‚der in der Liebe tätige Glaube an Jesus Christus' unter Umständen ‚unsere aktive (politische) Resistenz ebenso notwendig' machen könne, wie er, wenn wir nicht vor diese Wahl gestellt sind, die passive Resistenz oder auch unsere positive Mitarbeit (im Staat) notwendig macht'." Erst nach 1945 habe „man das Widerstandsproblem in der evangelischen Theologie neu aufzugreifen versucht".[1] E. Wolf schrieb dieses Resümee vor dreißig Jahren; es bleibt zu fragen, welche neuen Entwicklungen es seither gibt und welche Aufgaben der Kirchlichen Zeitgeschichtsforschung im Blick auf ethische und rechtliche Legitimationstheorien zum Widerstand gegen totalitäre Herrschaftsformen gestellt sind.

1. Widerstand und christliches Ethos im Protestantismus des 16. Jahrhunderts

Der deutsche Protestantismus entwickelte bereits im 16. Jahrhundert grundsätzliche theologische Überlegungen zu einer ethischen Theorie des Widerstandsrechts der Christen gegen eine rechtmäßig eingesetzte, aber rechtswidrig handelnde Obrigkeit.[2] Wichtige historische Anlässe für das Nachdenken der Theologen und Juristen zu diesem Thema waren zunächst (1.1.) die Unruhen des Bauernkriegs im Jahre 1525, dann (1.2.) die „Packschen Händel" des Jahres 1528, danach (1.3.) die politischen Zielsetzungen des in den Jahren 1530/31 gegründeten Schmalkaldischen Bundes und schließlich (1.4.) die Verfolgung der Hugenotten in Frankreich im letzten Drittel des 16. Jahrhunderts.

1.1. Der deutsche Bauernkrieg von 1525[3] hat die Reformatoren erstmals und sogleich mit großer Dringlichkeit vor die Frage gestellt, wie eine formal rechtswidrige Ausübung von Gewalt gegen bestehende Ordnungen und Herrschaftsgefüge ethisch zu beurteilen sei und wie man ihr begegnen müsse. Nach einer frühen Phase noch gewaltloser Demonstrationen der sozial sehr heterogen zu-

---

[1] ERNST WOLF, Kirche im Widerstand? Protestantische Opposition in der Klammer der Zweireichelehre, München 1965, 32f.; das eingeschlossene Barth-Zitat nach: KARL BARTH, Gotteserkenntnis und Gottesdienst nach reformatorischer Lehre, Zollikon 1938, 213f. Zur Gesamtthematik vgl. auch ERNST WOLF, Art. Widerstandsrecht, in: RGG³ 6 (1962) 1681-1692 und MAX GEIGER, Kirche, Staat, Widerstand. Historische Durchgänge und aktuelle Standortbestimmung, Zürich 1978 (= ThSt 124); GERHARD BESIER, Bekenntnis – Widerstand – Martyrium als historisch-theologische Kategorien, in: Gerhard Besier/Gerhard Ringshausen (Hg.), Bekenntnis – Widerstand – Martyrium. Von Barmen 1934 bis Plötzensee 1944, Göttingen 1986, 126-147; KZG 1 (1988) Themenschwerpunkt: Der Widerstand von Kirchen und Christen gegen den Nationalsozialismus. Weitere Literatur bei CHRISTOPH STROHM, Die Bedeutung von Kirche, Religion und christlichem Glauben im Umkreis der Attentäter des 20. Juli 1944, in: ZKG 108 (1997) 213-235.

[2] Vgl. HEINZ SCHEIBLE (Hg.), Das Widerstandsrecht als Problem der deutschen Protestanten 1523-1546, Gütersloh 1969 (= TKTG 10).

[3] Vgl. die Übersichten und Literaturverzeichnisse bei GOTTFRIED MARON, Art. „Bauernkrieg", in: TRE 5 (1980) 319-338 und PETER BLICKLE (Hg.), Der deutsche Bauernkrieg von 1525, Darmstadt 1985 (= WdF 460).

sammengesetzten Gruppe der Bauern war es im April 1525 zu den ersten Gewalttaten gekommen. Zu dem nun schnell an verschiedenen Orten eskalierenden Konflikt war die Antwort der protestantischen Theologen von Luther über Melanchthon, Johannes Brenz, Urbanus Rhegius und vielen anderen bis hin zu Zwingli letztendlich einmütig: Die Aktionen der Bauern wurden als „Aufruhr" qualifiziert und der Obrigkeit das uneingeschränkte Recht zugebilligt, diese gefährliche Störung der Ordnung mit Gewalt niederzuringen. Die Berufung der Bauern auf die Heilige Schrift und auf das „alte Recht" wurden nicht als zureichende ethische Begründung für ihr Handeln anerkannt; der von den Bauernführern vertretene Gedanke der aktiven Selbsthilfe in einer kollektiven Notsituation wurde energisch zurückgewiesen.

Die vielschichtigen Ereignisse, die mit dem Begriff Bauernkrieg nur allgemein umschrieben werden können, sind gerade *kein* Anlaß gewesen, im reformatorischen Lager erste ethische Begründungen für ein widerständiges Verhalten gegenüber der Obrigkeit zu entwickeln. Vielmehr bestimmte in der Folgezeit gerade die erschreckende Erinnerung an den Bauernkrieg die innere Einstellung vieler protestantischer Landesherren und ihrer Theologen, die sich durch diese Erfahrungen dazu verpflichtet fühlten, alle Phänomene der Insurrektion und der Auflehnung im Namen der bestehenden Ordnung möglichst schon im Keim zu bekämpfen.[4]

1.2. Etwas anders stellte sich eine innenpolitische Situation im Reich dar, die wenige Jahre später durch einen im diplomatischen Dienst betrügerisch agierenden Hasardeur heraufgeführt worden war. Der Vizekanzler Herzog Georgs von Sachsen, Otto von Pack, hatte im Januar 1528 dem Landgrafen Philipp von Hessen in höchster Vertraulichkeit die Mitteilung zukommen lassen, im Mai 1527 sei es in Breslau unter den mächtigsten katholischen Reichsfürsten zu einer Verschwörung gekommen, die die Ausrottung der protestantischen Ketzerei und die Aufteilung der evangelischen Länder unter den Verschwörern zum Ziele habe. Landgraf Philipp nahm diese Information ernst und suchte Partner für einen Gegenschlag. Er vereinbarte einen Schutzvertrag mit Kursachsen und führte mit Dänemark, Siebenbürgen, Frankreich und zahlreichen Fürsten und Städten in Nord- und Süddeutschland Verhandlungen über Gegenmaßnahmen.[5]

Luther hingegen riet im März 1528 in einem vertraulichen Gutachten für den kursächsischen Kanzler Gregor Brück entschieden davon ab, dem Breslauer Geheimbund durch einen Präventivkrieg Widerstand entgegenzusetzen. Er verwies auf Mt 26,52 („Wer das Schwert nimmt, der soll durchs Schwert

---

[4] Zu den sozialen, politischen und religiösen Folgen des Bauernkrieges vgl. HORST RABE, Reich und Glaubensspaltung. Deutschland 1500-1600, München 1989, 202-204.
[5] KARL DÜLFER, Die Packschen Händel. Darstellung und Quellen, Marburg 1958; H. SCHEIBLE, Widerstandsrecht (wie Anm. 2), 22.

umkommen") und hob hervor, daß „die feindsfürsten [...] doch noch nichts offentlichs gethan hetten" und daß es in Gottes Hand stehe, „iren heimlichen rat noch wol [zu] hindern".[6] Als sich wenig später herausstellte, daß Packs Behauptungen eine Fälschung waren, konnte sich Luther in seiner Einschätzung der Situation und in seinem Urteil vollauf bestätigt fühlen: eine bloß angekündigte Bedrohung des Rechts und des inneren Friedens im Reich biete keine zureichende ethische Begründung für ein aktives Widerstandshandeln der für die Ordnung des Ganzen verantwortlichen Stände und Magistrate.

1.3. Weitaus komplexer stellte sich die Situation nach dem Augsburger Reichstag von 1530 dar. Kaiser Karl V. hatte zum Abschluß des Reichstags erklärt, er werde sich in der Religionsfrage künftig so verhalten, „wie das irer Majestät als romischem christlichem kayser, obersten vogt und beschirmer der hailigen christlichen kirchen von ampts wegen irer gewissen nach zu thun geburt". Dies war eine unmißverständliche Drohung, der Kaiser werde gegen die Protestanten auch mit Waffengewalt vorgehen, wenn diese nicht zur Lehre der katholischen Kirche zurückkehrten. Für die angesprochenen Reichsstände wurde die Frage akut, ob man sich zur Abwehr eines solchen Angriffs zu einem bloßen Defensivbündnis zusammenschließen solle oder sogar durch offensive kriegerische Handlungen dem möglichen Angriff des Kaisers zuvorkommen dürfe.[7]

In den seit dem Sommer 1529 geführten Verhandlungen zur Gründung des Schmalkaldischen Bundes ist die Frage nach dem Recht eines bewaffneten Widerstands gegen den Kaiser von protestantischen Juristen und Theologen sehr intensiv diskutiert worden. Dabei kamen die unterschiedlichsten Positionen zu Wort. Luther hatte wiederum grundsätzliche Bedenken gegen jegliche Bündnispolitik, die auf einen Widerstand gegen den Kaiser ausgerichtet war. „Erstlich ist das gewis, das solch bündnis nicht aus Gott noch aus trawen zu Gott geschicht, sondern aus menschlicher witze."[8] Luther unterschied kriegerische Auseinandersetzungen zwischen gleichberechtigten Reichsständen – die er für möglich hielt – von einem Präventivkrieg gegen den Kaiser, der im Reich die Obrigkeit über alle Stände sei. Wenn der Kaiser den Plan haben sollte, mit

---

[6] H. SCHEIBLE, Widerstandsrecht (wie Anm. 2), 22.

[7] Vgl. zum Ganzen EKKEHARD FABIAN, Die Entstehung des Schmalkaldischen Bundes und seiner Verfassung 1524/29-1531/35. Darstellung und Quellen, Tübingen ²1962.

[8] H. SCHEIBLE, Widerstandsrecht (wie Anm. 2), 23; vgl. insgesamt die materialreiche ältere Arbeit von KARL MÜLLER, Luthers Äußerungen über das Recht des bewaffneten Widerstands gegen den Kaiser, München 1915 (= SBAW.PPH 1915/8) und GUNTHER WOLF (Hg.), Luther und die Obrigkeit, Darmstadt 1972 (= WdF 85); KARL DIETRICH ERDMANN, Luther über Obrigkeit, Gehorsam und Widerstand, in: Hartmut Löwe/Hans-Jürgen Roepke (Hg.), Luther und die Folgen, München 1983, 28-59; EIKE WOLGAST, Die Wittenberger Theologie und die Politik der evangelischen Stände. Studien zu Luthers Gutachten in politischen Fragen, Gütersloh 1977 (= QFRG 47).

Gewalt gegen die Lehre des Evangeliums vorzugehen, so könne man derzeit dennoch nicht mit gutem Gewissen gegen ihn zu Felde ziehen, weil „solchs unbillich und auch wider naturlich recht ist. Denn zu felde zihen und sich zur wehre stellen sol nicht geschehen, es sey denn thettliche gewalt oder unmeydliche not furhanden. Solchs aber zu frue ausziehen und sich wehren wollen wird nicht für notwehre, sondern für reitzung und trotzen angesehen widder die, so noch still sitzen und nichts gethan haben."[9] In einem gemeinsam mit Justus Jonas, Johann Bugenhagen und Philipp Melanchthon verfaßten Schreiben an den Kurfürsten Johann den Beständigen entwickelte Luther dann im März 1530 den Gedanken vom leidenden (passiven) Ungehorsam des Christen gegenüber einer gewalttätigen Obrigkeit, den er u.a. damit begründete, daß ein Jünger des leidenden und gekreuzigten Christus nicht für sich in Anspruch nehmen dürfe, ein leidensfreies Leben führen zu können.

In der Folgezeit hat sich Luther dann aber doch durch die Vorhaltungen der kursächsischen Juristen dazu bewegen lassen, die Bündnispolitik des Schmalkaldischen Bundes mitzutragen. Ihn überzeugte das Argument, daß die Bedrohung der Reformation durch den Kaiser nicht tatenlos hingenommen werden dürfe. Der einzelne Christ sei zwar verpflichtet, lediglich in der Gehorsamsverweigerung und in der Erduldung ihrer Konsequenzen Widerstand zu leisten. Die Fürsten hingegen seien dem Kaiser nicht bedingungslos zum Gehorsam verpflichtet. Wenn der Kaiser die föderalistische Struktur des Reiches mißachte, dürften die Fürsten – „in sonderheit [...] was den christlichen glauben belanget" – zur Aufrechterhaltung der politischen Ordnung auch gewaltsam widerstehen, weil ihnen die Wahrung der ersten Tafel des Dekalogs anvertraut sei.[10]

Luther ist später noch einen Schritt weitergegangen. Wenn sich die Rechtlosigkeit selbst zum Herrn der Welt aufschwinge, dann müsse dieser apokalyptische Tyrann nach 2. Thess 2,7-12 aktiv bekämpft werden und Widerstand werde zur Pflicht *aller* Christen. Ein solches dämonisch-totalitäres Machtgebilde konnte Luther allerdings in keiner der politischen Staatsordnungen seiner Zeit erkennen, sondern nur im Papsttum, das sich über die drei von Gott gesetzten „Hierarchien" hinwegsetze: die „oeconomia", die „politia" und die „ecclesia". In der Kirche „verdamme" der Papst das Evangelium und „zertrete" es durch das kanonische Recht; im Bereich des Politischen maße er sich die Herrschaft über das bürgerliche Recht (iura civilia) an und den „Hausstand" verderbe er durch das Verbot der (Priester-)Ehe. Diese Übertretungen der von Gott gesetzten Grundordnungen bewiesen, daß der Papst das „monstrum" nach Dan 11,36f. sei, das sich über Gott zu setzen versuche. Deshalb bejahte Luther 1539

---

[9] H. SCHEIBLE, Widerstandsrecht (wie Anm. 2), 48.
[10] Ebd. 75f.

in 70 Disputations-Thesen die Pflicht zum bewaffneten Widerstand gegen den Papst. „Si papa bellum moverit, resistendum est ei sicut monstro furioso et obsesso" [Wenn der Papst zum Krieg rüstet, dann ist ihm wie einem wilden, besessenen Tier zu widerstehen].[11] Wilhelm Maurer hat alle Texte zum Stichwort „gerechter Krieg" (iure bellare) bei Luther und seinen Wittenberger Weggefährten einer genauen Analyse unterzogen und ist zu dem Ergebnis gekommen: „Luther hat also keinen unbeschränkten Gehorsam gefordert und die von Gott gesetzte Obrigkeit von der Tyrannei wohl zu unterscheiden gewußt. Der bindungslos fordernde Diktator, der willkürlich seiner Machtgier folgt", stehe jedoch „außerhalb des Gesichtskreises der lutherischen Reformation und ihres Bekenntnisses."[12]

Diese gewichtigen Ansätze zu einer theologischen Begründung des Rechts zum aktiven Widerstand gegen eine verderbte weltliche oder kirchliche Obrigkeit sind im deutschen Luthertum nach Luthers Tod nicht weiterentwickelt worden. Auch der bemerkenswerte Nachsatz in Artikel XVI (7) der *Confessio Augustana* von 1530, der Christ müsse den Obrigkeiten in allem gehorsam sein, „nisi cum iubent peccare" [es sei denn, sie befehlen, Sünde zu tun], hat keine erkennbare Wirkungsgeschichte gehabt. Er trat ganz in den Schatten des ihm voranstehenden Hauptsatzes: „Itaque necessario debent christiani oboedire magistratibus suis et legibus" [Deshalb sind die Christen unbedingt verpflichtet, ihren Obrigkeiten und den Gesetzen zu gehorchen].[13] Die hinter diesen Sätzen des Augsburger Bekenntnisses stehende Lehre von den Zwei Reichen[14] hat im Luthertum die Ausbildung eines theologisch-ethisch begründeten Widerstandsrechts auf lange Zeit hin nicht bloß erschwert, sondern unmöglich gemacht. Die im Landesherrlichen Kirchenregiment etablierte enge Verbin-

---

[11] Ebd. 95-98; Zitate 97f. (= Thesen 51-56; 66). – H. Scheible merkt zur Thesenreihe vom April 1539 an: „Luthers Thesenreihe entwickelt in der spröden Gestalt einer akademischen Disputation die Pflicht des bewaffneten Widerstandes gegen den Papst und alle seine Handlanger bis hin zum Kaiser aus den Fundamenten seiner theologischen Ethik. Es ist dies das einzige Dokument dieser Auswahl, in dem der theologische Unterbau der politischen Problematik ‚Widerstandsrecht' deutlich sichtbar wird." (Ebd. 6). Zu Luthers Hierarchienlehre vgl. WILHELM MAURER, Luthers Lehre von den drei Hierarchien und ihr mittelalterlicher Hintergrund, Heidelberg 1970 (= SBAW.PPH 1970/4).

[12] WILHELM MAURER, Historischer Kommentar zur Confessio Augustana. Bd.1. Einleitung und Ordnungsfragen, Gütersloh ²1979, 129; vgl. auch ebd. 132f.; 149-160.

[13] BSLK 71,13-15.

[14] Vgl. aus der sehr umfangreichen Literatur: HEINRICH BORNKAMM, Luthers Lehre von den zwei Reichen im Zusammenhang seiner Theologie, Gütersloh (1958) ³1969; GERHARD EBELING, Die Notwendigkeit der Lehre von den zwei Reichen, in: ders., Wort und Glaube I, Tübingen ³1967, 407-428; MARTIN HONECKER, Zur gegenwärtigen Interpretation der Zweireichelehre, in: ZKG 89 (1978) 150-162; HANS-JOACHIM GÄNSSLER, Evangelium und weltliches Schwert. Hintergrund, Entstehungsgeschichte und Anlaß von Luthers Scheidung zweier Reiche oder Regimente, Wiesbaden 1983 (= VIEG 109).

dung von Kirche und Staat ließ es nicht zu, daß die Kirche dem für beide Bereiche verantwortlichen Fürsten als selbständig-kritische und damit widerständige Instanz gegenübertrat. Die in einer Landeskirche führenden Theologen haben zwar im Laufe der Jahrhunderte das Recht für sich in Anspruch genommen, ihren fürstlichen Herren Ratschläge zu geben. Kam es aber zum offenen Konflikt, so hatten sie keine Aussicht, ihre Überzeugung durchzusetzen, sondern sie mußten – wie das Beispiel des Liederdichters Paul Gerhardt zeigt – resignieren und das Land verlassen.

Klemens v. Klemperer hat darauf aufmerksam gemacht, daß es nicht nur diese viel berufene lutherische Zwei-Reiche-Lehre war, die in der Widerstandsfrage zu einer „folgenschweren Verkrustung des Luthertums" führte, sondern daß hier auch die Abkehr der gesamten lutherischen Schultheologie vom Naturrecht mit bedacht werden müsse. Besonders im deutschen Bereich habe sich „die öffentliche Rechtsauffassung unter dem Einfluß des Luthertums, der Romantik und des Historismus immer mehr von den allgemein-menschlichen Werten naturrechtlichen Gedankengutes" entfernt, „die sich mehr im westeuropäischen Denken eingebürgert hatten, zur Betonung des Besonderen im deutschen National- und Staatswesen. So kam es zu dem von Ernst Troeltsch besprochenen ‚Sonderweg' des deutschen Geistes, der, vorwiegend im Zeichen der deutschen Romantik, seine Entfremdung von der universalen Tradition des Naturrechtes und der Humanität und von dem europäischen Westen bedeutete."[15]

1.4. Die von K. v. Klemperer genannte eigenständige Entwicklung im „europäischen Westen" muß vor dem Hintergrund der reformiert-calvinistischen Tradition gesehen werden, die in diesem Raum ihre nachhaltigste Wirkung entfaltete. In der dem Calvinismus verpflichteten Ethik des Politischen hat es – vor allem unmittelbar vor und nach der gewaltsamen Unterdrückung der Hugenotten in Frankreich – eine zu weitreichenden Ergebnissen gelangende theologische Diskussion über das Widerstandsrecht der Christen gegen eine tyrannische Obrigkeit gegeben. Calvin selbst war noch wie Luther grundsätzlich davon ausgegangen, daß Widerstand gegen die Obrigkeit für den einzelnen Christen ausgeschlossen sei.[16] Allerdings sah Calvin in den Ständen und in den

---

[15] KLEMENS V. KLEMPERER, Naturrecht und der deutsche Widerstand gegen den Nationalsozialismus. Ein Beitrag zur Frage des deutschen „Sonderwegs", in: VZG 40 (1992), 323-337; 324; zu der ethischen Grundsatzfrage vgl. HEINZ-HORST SCHREY, Kennt der Protestantismus ein Naturrecht?, in: ZEE 5 (1961) 339-358.

[16] JOHANNES CALVIN, Unterricht in der christlichen Religion. Institutio christianae religionis. Übersetzt und bearbeitet von Otto Weber, Neukirchen-Vluyn ²1963 (= Inst. IV, 20, 22-24), 1050-1052; vgl. ERNST WOLF, Das Problem des Widerstandsrechts bei Calvin, in: Arthur Kaufmann/Leonhard E. Backmann (Hg.), Widerstandsrecht, Darmstadt 1972 (= WdF 173), 152-169.

„mittleren Magistraten" von Gott beauftragte Instanzen zur Begrenzung der königlichen Willkür. Wo es solche „Volksbehörden" (populares magistratus ad moderandam Regum libidinem constituti [Volksbehörden, die zur Mäßigung der Begierde der Könige eingesetzt sind]) gebe, „da verbiete ich diesen Männern nicht etwa, der wilden Ungebundenheit der Könige pflichtgemäß entgegenzutreten, nein, ich behaupte geradezu: Wenn sie Königen, die maßlos wüten und das niedrige Volk quälen, durch die Finger sehen, so ist solch ihr absichtliches Übersehen immerhin nicht frei von schändlicher Treulosigkeit; denn sie verraten ja in schnödem Betrug die Freiheit des Volkes, zu deren Hütern sie, wie sie wohl wissen, durch Gottes Anordnung eingesetzt sind!"[17] Mit diesem Ansatz, in dem er die ihm wohl durch Melanchthon vermittelte antike „Ephoren-Theorie" wieder aufnahm, begründete Calvin eine Entwicklung, die geradlinig zur Widerstandslehre der „Monarchomachen" führte.[18] Diese Staatstheoretiker und Publizisten entwickelten nach der Bartholomäusnacht vom 24. August 1572 eine den Widerstand legitimierende Staatslehre, die vor allem durch den Gedanken der Volkssouveränität und der legalen Tyrannenbekämpfung charakterisiert war. Wichtige theologische Stationen auf diesem Weg waren die von dem Reformator Schottlands, John Knox[19], verfaßte *Confessio Scotica* (1560) und eine Schrift Theodor Bezas, der von 1564 bis 1580 Nachfolger Calvins im Amt des Moderators der Genfer Pastoren war.

Im *Schottischen Bekenntnis* werden in Art. 14 jene Aufgaben aufgezählt, die dem Christen nach der zweiten Tafel des Dekalogs aufgetragen sind und die er „ad proximi utilitatem" [dem Nächsten zu Nutz] erfüllen sollte. Es werden folgende mit Zitaten aus der Heiligen Schrift gestützte Gebote nebeneinandergestellt: „vitae bonorum adesse, tyranidem opprimere, ab infirmioribus vim improborum defendere" [dem Leben der Guten nützlich sein, die Tyrannis unterdrücken, die Schwachen vor der Gewalt der Bösen schützen].[20] Handelt die Obrigkeit in der ihr von Gott verliehenen Autorität, nämlich „intra iuris et muneris sui terminos" [innerhalb der Grenzen des Rechtes und ihres Amtsauftrages], so muß man ihr gehorchen und darf sich nicht widerständig verhalten.[21] Diese oft zitierte Stelle aus dem *Schottischen Bekenntnis* ist der einzige

---

[17] J. CALVIN, Instit. IV, 20, 31 (ed. O. Weber, 1056; lat. Text in: J. CALVIN, Opera selecta, ed. Peter Barth/Wilhelm Niesel, Bd. 5, München ²1962, 501).
[18] Vgl. E. WOLF, Das Problem des Widerstandsrechts (wie Anm. 16), 162-164; vgl. auch die ältere Arbeit von KURT WOLZENDORF, Staatsrecht und Naturrecht in der Lehre vom Widerstandsrecht des Volkes gegen rechtswidrige Ausübung der Staatsgewalt. Zugleich ein Beitrag zur Entwicklungsgeschichte des modernen Staatsgedankens, Breslau 1916; ND Aalen 1961.
[19] Vgl. RICHARD L. GREAVES, John Knox. The Reformed Tradition and the Development of Resistance Theory, in: JMH 58 (1976) 1-31.
[20] BSRK 255, 2f.
[21] BSRK 255, 13-15.

Hinweis auf eine Widerstandspflicht der Christen in der gesamten protestantischen Bekenntnistradition.

Theodor Bezas Schrift *Du droit des magistrats* (De iure magistratuum in subditos et officio subditorum erga magistratus [Vom Recht der Regierungen gegenüber den Untertanen und von der Pflicht der Untertanen gegen die Regierungen]) konnte wegen ihrer politischen Brisanz nicht in Genf veröffentlicht werden; sie erschien ohne Angabe des Druckers und des Erscheinungsortes zuerst 1574, wahrscheinlich in Lyon.[22] Dieses Buch ist bis 1649 immer wieder im Original und in lateinischer Übersetzung an verschiedenen Orten nachgedruckt worden; es hatte für die Ausprägung der calvinistisch-reformierten Lehre von einem ethisch legitimierten Widerstandsrecht gegen die Obrigkeit überragende Bedeutung.

In zehn „Quaestiones" umkreiste Beza die Frage nach den Grenzen der Macht und Machtausübung der Obrigkeit. Aus der Heiligen Schrift, aus Vernunftbeweisen und insbesondere mit Beispielen aus der Geschichte belegte Beza die These, daß Könige ihr Amt ursprünglich von Gott durch die Wahl des Volkes empfangen hätten und daß deshalb das Volk einen Tyrannen auch stürzen dürfe. Beza unterschied drei „genera" der Untertanen: 1. *Privatpersonen*. Ihnen stehe es nicht zu, „vi aperta sese tyranno opponere" [sich mit offener Gewalt gegen den Tyrannen aufzulehnen], weil der Vertrag zwischen den Untertanen und dem König nicht mit dem einzelnen geschlossen worden sei, sondern auf einem öffentlichen Konsens aller beruhe.[23] 2. *Untere Obrigkeiten* (inferiores magistratus), die öffentliche Verwaltungsaufgaben wahrnehmen, wie im Alten Rom die Stadtpräfekten oder Provinzgouverneure. Das Gewissen dieser Personengruppe sei dahingehend zu stärken, daß sie „tentata omnia alia remedia, ad arma confugere, ut suos adversus tyrannidem manifestam tueantur" [nachdem alle anderen Mittel zur Abhilfe erschöpft sind, zu den Waffen greifen sollen, um die Ihren gegen eine offenkundige Tyrannis zu schützen].[24] 3. *Höchste Obrigkeiten* (supremi magistratus) erkennt Beza in jenen Institutionen, die in der Vergangenheit das Königtum geschaffen und von ihnen gewählte Personen damit beauftragt hätten, die Gesamtverantwortung für das gemeinsame Wohl eines Staates zu übernehmen. Wo diese Institutionen noch bestünden, hätten sie selbstverständlich das Recht, Widerstand zu praktizieren und Herrscher abzusetzen, wenn diese „in manifestos et deploratos tyrannos degenerent" [zu offenkundigen, beklagenswerten Tyrannen entartet sind]. Seien derartige Institutionen in einem Staat nicht mehr vorhanden, so müßten entsprechende Organe neu geschaffen bzw. wiederhergestellt werden. An die-

---

[22] THEODOR BEZA, De iure magistratuum, hg. v. Klaus Sturm, Neukirchen-Vluyn 1965, 9-12; 21-23.
[23] Ebd. 41.
[24] Ebd. 41-46.

sem Verfahren hätten sich alle verantwortungsbewußten Bürger eines Gemeinwesens zu beteiligen.[25] Den Verzicht Jesu und der Apostel auf Widerstand gegen die Staatsgewalt erklärte Beza aus dem Umstand, daß sie Privatpersonen gewesen seien und noch keine „inferioris magistratus" zum Schutz des Rechts gekannt hätten.[26]

Die von Calvin über Beza bis zu den „Monarchomachen" führende Entwicklungslinie hat vor allem im angelsächsischen Raum das positiv-rechtlich begründete aktive Widerstandsrecht der Stände in Richtung auf eine demokratisch-föderalistische Verfassung geprägt. Es hat zudem bei der Ausbildung der modernen Demokratie sowie der Kodifizierung der Menschenrechte eine wichtige Rolle gespielt. Ernst Troeltsch merkte in seinen *Soziallehren* zu Bezas *De iure magistratuum* an: „Das rationelle, in der Ethik des Calvinismus eingeschlossene und mit dem christlichen Individualismus verbundene Naturrecht des Calvinismus" zeige in dieser berühmten Schrift „seine Bedeutung und seine Konsequenzen".[27] Es verankerte in der calvinistisch-reformierten Ethik die Möglichkeit einer theologischen Legitimierung des aktiven Widerstands gegen eine Obrigkeit, die sich durch die Verletzung ihrer Amtspflicht eine tyrannische Herrschaft über die Untertanen anmaßt. „Beza bekundet damit unverkennbar gewisse Tendenzen zur Demokratisierung des Widerstandsrechts."[28] Für die protestantische Ethik außerhalb des Einflußbereichs der calvinistisch-reformierten Tradition – insbesondere in Deutschland – ist dieser Überlieferungsstrang wegen der Dominanz der lutherischen Position nicht wirksam geworden. Dies hatte sehr weitreichende Folgen.

2. Widerstand und christliches Ethos im deutschen Protestantismus des 19. und 20. Jahrhunderts

Die Frage nach einem ethisch begründeten Widerstandsrecht ist von den schulbildenden deutschen protestantischen Theologen des 19. Jahrhunderts in ihren Hauptwerken nicht als ein besonderes Thema behandelt worden. Äußerungen hierzu finden sich allenfalls beiläufig in Abschnitten, die der Lehre vom Staat gewidmet sind.

So erörterte Friedrich D. E. Schleiermacher die Widerstandsthematik in seiner *Christlichen Sitte* in dem Kapitel „Von der Staatsverbesserung".[29] Da

---

[25] Ebd. 75.
[26] Ebd. 83.
[27] ERNST TROELTSCH, Die Soziallehren der christlichen Kirchen und Gruppen (GS 1), Tübingen 1922, ND Aalen 1977, 688-692.
[28] E. WOLF, Das Problem des Widerstandsrechts (wie Anm. 16), 163.
[29] FRIEDRICH SCHLEIERMACHER, Die christliche Sitte nach den Grundsätzen der evangelischen Kirche im Zusammenhange dargestellt. Aus Schleiermacher's handschriftlichem Nachlasse und nachgeschriebenen Vorlesungen hg. v. Ludwig Jonas (=SW I, 12), Berlin ²1884, 264-272.

Schleiermacher seine Staatslehre konsequent von der Idee eines *Contrat social* aus entwickelt hat, konnte er dem einzelnen Bürger kein Widerstandsrecht zubilligen, weil dies einer einseitigen Auflösung des Gesellschaftsvertrages gleichkäme. „Alle Staatsverbesserungen" müßten „überwiegend aus der Berathung entstehen" und im friedlichen Konsens aller Beteiligten erarbeitet werden. „Wo die Obrigkeit den Vertrag verletzt: da ist kein Staat mehr und ein Ausbruch roher Gewalt; aber auch das christliche Handeln dagegen wird noch sehr eingeschränkt dadurch, daß niemand es üben darf, wenn ihm nicht gewiß ist, daß der Staatsvertrag gebrochen ist, und daß niemand dessen gewiß sein kann, ehe er sich dadurch in der Erfüllung seiner Pflichten gehemmt sieht. Und schon daraus geht hervor, daß das Handeln des Christen auch in diesem Falle nur ein ruhiges sein kann."[30] In Zusätzen zu diesem Text hat Schleiermacher betont, daß „auch zur Rettung des Staates aus der Anarchie jede gewaltthätige Handlung zu verwerfen" sei, denn ein neues positives Rechtsverhältnis könne „niemals durch Gewalt" entstehen, sondern nur durch „die freie Zustimmung derer", die es bilden wollen.[31] Folglich dürfe der „Unterthan [...] sich weder jemals als Obrigkeit geriren, noch der Obrigkeit Widerstand leisten, d.h. er darf nie, auch nicht in der Absicht, den Staat zu verbessern, auch nicht bloß momentan, den bürgerlichen Verein aufheben."[32]

In Schleiermachers Vorlesungsmanuskript über die *Lehre vom Staat* (1829) steht im Zusammenhang mit der Erörterung der Revolutionsthematik die eher deskriptiv wirkende Bemerkung: „Wenn nun einer so auf freilich ungesezliche und also zerstörende Weise, aber gegen eine Regierung wirkt, von welcher er glaubt, daß sie einen verderblichen Weg einschlage: so ist das ein Wagniß der Überzeugung und er umgiebt sich mit der Glorie eines Märtyrers. Es giebt aber auch defensive politische Verbrechen, die es eigentlich nur scheinbar sind, nämlich kräftige Opposition gegen eine ihre Befugniß überschreitende Regierung, sei es nun, daß sie eingreife in häusliches, religiöses, wissenschaftliches, oder daß sie ihre politische Befugniß überschreite."[33] Schleiermacher empfiehlt den Regierungen, bei der Verurteilung solcher Gesinnungstäter „zu beweisen, daß nicht parteiisch verfahren werde" und etwa – wie bei Kriegsgefangenen – auf die Verhängung der Todesstrafe zu verzichten, weil es leicht geschehen könne, „daß bei einem harten Verfahren die Verbrecher als Märtyrer erscheinen, ganz gegen das Interesse des Staats."[34] Über die ethischen Beweg-

---

[30] Ebd. 268f.
[31] Ebd. 270f.
[32] Ebd. 272; vgl. auch „Beilage B" [1822] § 9 ebd. 124f.
[33] FRIEDRICH SCHLEIERMACHER, Die Lehre vom Staat. Aus Schleiermacher's handschriftlichem Nachlasse und nachgeschriebenen Vorlesungen hg.v. Chr. August Brandis, Berlin 1845 (= SW III, 6), 149.
[34] Ebd. 150.

gründe solcher „politischen Verbrecher" – bei denen Schleiermacher möglicherweise an eine Gestalt wie den Kotzebue-Mörder Karl Ludwig Sand dachte – hat Schleiermacher in diesem Zusammenhang keine Erörterungen angestellt.

Auch in den deutschen theologischen Lehrbüchern der protestantischen Ethik im 19. Jahrhundert wurde das Widerstandsrecht praktisch überhaupt nicht behandelt. In seiner monumentalen *Geschichte der christlichen Ethik* hat Christoph Ernst Luthardt 1893 lediglich mit einem Satz auf Calvins Widerstandslehre nach Institutio IV, 20, 31 hingewiesen und bemerkt, „die Geschichte der reformirten Kirchen" habe „dazu mannigfache Belege geliefert." Luthardt distanziert sich dann sogleich von dem reformiert-calvinistischen Ansatz und erklärt: „Es ist eine von Luther und der deutschen Denkweise überhaupt verschiedene Grundstimmung; und unverkennbar herrscht hier von vornherein gegenüber der weltlichen Herrschaft Mißtrauen und Gegensatz vor, wie dieß deutscher Denkweise an sich fern liegt."[35] Aus der weiteren Geschichte der protestantischen Ethik des orthodoxen Zeitalters hat Luthardt nur noch auf Johann Gerhard verwiesen. Gerhards Bemerkungen zum Widerstandsrecht gegen eine „ungläubige oder häretische und gegen tyrannische Obrigkeit" beträfen allerdings ausschließlich römisch-katholische Herrscher und gehörten deshalb in den Zusammenhang der Kontroverstheologie, nicht einer politischen Widerstandstheorie, die dem Ethiker Luthardt auch an dieser Stelle überhaupt nicht in den Blick kommt.[36]

Der für eine gesamte Theologiestudentengeneration sehr einflußreiche Hallenser Bibeltheologe Martin Kähler streifte 1878 in seiner *Ethischen Untersuchung* über *Das Gewissen* die Widerstandsfrage unter der Überschrift „Sittliche Natur der Obrigkeit" lediglich ganz kurz. Er erklärte im Zusammenhang mit einer Interpretation von Röm 13, Paulus habe „die Neigung zur Widersetzlichkeit" befürchtet und deshalb an die auch außerhalb „offenbarter Einsicht" gültige Gewissenspflicht appelliert, „die göttliche Gesellschaftsordnung" zu achten. Ein theologisch-ethisch begründetes Recht auf Widerstand gegen die Obrigkeit aus Gewissensgründen wurde durch diese Paulus-Auslegung von Kähler eindeutig ausgeschlossen.[37] Albrecht Ritschl schließlich verwies 1875 in seinem *Unterricht in der christlichen Religion* im Abschnitt über den Staat zwar auf CA XVI und die dort formulierte „Einschränkung des pflichtmäßigen

---

[35] CHR. ERNST LUTHARDT, Geschichte der christlichen Ethik. 2. Hälfte: Geschichte der christlichen Ethik seit der Reformation, Leipzig 1893, 80.
[36] Ebd. 178.
[37] MARTIN KÄHLER, Das Gewissen. Die Entwickelung seiner Namen und seines Begriffes. Geschichtliche Untersuchung zur Lehre von der Begründung der sittlichen Erkenntniß, Halle 1878, 249f. Vgl. hierzu JAN ROHLS, Protestantische Theologie der Neuzeit. Bd. I: Die Voraussetzungen und das 19. Jahrhundert, Tübingen 1997, 848.

Gehorsams gegen den Staat", aber er merkte in einer Fußnote an, eine derartige Einschränkung sei „auf eine sehr entfernte Möglichkeit berechnet".[38] Der bedeutendste Ethiker des Kulturprotestantismus hielt es für nahezu unmöglich, daß es unter den europäischen Kulturstaaten seiner Zeit eine Obrigkeit geben könne, die „zu sündigen befiehlt".[39]

Diese wenigen Beispiele mögen als Beleg dafür genügen, daß die Frage nach einer ethischen Begründung des Widerstands gegen eine „tyrannische" Obrigkeit vom mittleren 19. Jahrhundert an die protestantische Hochschultheologie in Deutschland nicht beschäftigt hat. Ansätze zu einem theologisch-ethisch motivierten widerständigen Verhalten gegen die Regierungen des Deutschen Bundes, die in der Zeit vor 1848 für Aufsehen gesorgt hatten, waren nach der Jahrhundertmitte und erst recht nach der Reichsgründung von 1870 offensichtlich vergessen bzw. in ihrer zukunftsweisenden Bedeutung noch nicht erkannt worden. Dies gilt für den frühen – und zuletzt erfolgreichen! – Widerstand der Altlutheraner in Schlesien gegen die Berliner Unions-Kirchenpolitik, aber auch für manche Formen der theologisch begründeten Kirchen- und Staatskritik aus der Zeit des Vormärz.[40]

In der ersten Hälfte des 20. Jahrhunderts hielt die Abstinenz der theologischen Ethik zur Widerstandsfrage unvermindert an. Große theologische Nachschlagewerke wie die *Religion in Geschichte und Gegenwart* (1909-1913; ²1927-1932) enthielten das Stichwort „Widerstand/Widerstandsrecht" weder als Lemma noch erwähnten sie es im Generalregister. Selbst die reformiert-calvinistischer Tradition verpflichtete bedeutende *Ethik* des Zürcher Systematikers Emil Brunner ging im Jahre 1932 auf die Widerstandsthematik nur in einer – sachlich wenig präzisen – Anmerkung zum Befund im 16. Jahrhundert ein.[41]

---

[38] ALBRECHT RITSCHL, Unterricht in der christlichen Religion, Bonn ⁴1890, 58.

[39] Zu A. Ritschls Stellung in der Geschichte der evangelischen Ethik vgl. JAN ROHLS, Geschichte der Ethik, Tübingen 1991, 369f.; zum Kulturprotestantismus vgl. die Beiträge in: HANS MARTIN MÜLLER (Hg.), Kulturprotestantismus. Beiträge zu einer Gestalt des modernen Christentums, Gütersloh 1992 und GANGOLF HÜBINGER, Kulturprotestantismus und Politik. Zum Verhältnis von Liberalismus und Protestantismus im wilhelminischen Deutschland, Tübingen 1994.

[40] Vgl. zur altlutherischen Separation in Schlesien PETER HAUPTMANN (Hg.), Gerettete Kirche. Studien zum Anliegen des Breslauer Lutheraners Johann Gottfried Scheibel (1783-1843), Göttingen 1987. Zu den übrigen widerständigen Bewegungen sei als Beispiel verwiesen auf FRIEDRICH WILHELM GRAF, Die Politisierung des religiösen Bewußtseins. Die bürgerlichen Religionsparteien im deutschen Vormärz: Das Beispiel des Deutschkatholizismus, Stuttgart-Bad Cannstatt 1978; zur kirchen- und theologiepolitischen Situation im Vormärz vgl. JOHANNES HILBERT/JOACHIM MEHLHAUSEN, Religions- und Kirchenkritik in der öffentlichen Diskussion des Vormärz, in: J. F. Gerhard Goeters/Rudolf Mau (Hg.), Die Geschichte der Evangelischen Kirche der Union. Bd. I, Leipzig 1992, 298-317 (Lit.).

[41] EMIL BRUNNER, Das Gebot und die Ordnungen. Entwurf einer protestantisch-theologischen Ethik, Tübingen 1932, 659f.; vgl. insbes. 446-469.

Aus alledem folgte der für die Beteiligten und Betroffenen tief beunruhigende und eine quälende Unsicherheit nach sich ziehende Sachverhalt, daß es zu Beginn der nationalsozialistischen Gewaltherrschaft keine ethische Theorie des Widerstandsrechts im deutschen Protestantismus gab. Die wenigen evangelischen Christen, die sich über Resistenz, Abwehr und Protest hinaus zur Fundamentalopposition gegen den politischen Totalitarismus der Nationalsozialisten hindurchrangen[42], wurden bei dieser Entscheidung von ihrer Kirche und der in Deutschland öffentlich anerkannten Theologie ihrer Zeit völlig alleine gelassen.

Durch die Arbeiten von Eberhard Bethge und Christoph Strohm ist aufgezeigt worden, wie langwierig und unsäglich mühevoll etwa für Dietrich Bonhoeffer, Hans von Dohnanyi und Gerhard Leibholz die theologische Begründung der eigenen Gewissensentscheidung gewesen ist.[43] Für einige andere Vertreter des kirchlichen Widerstandes gegen den totalitären Unrechtsstaat der Nationalsozialisten ist ebenfalls herausgearbeitet worden, welche ethischen Grundüberlegungen in ihrem Kreis angestellt wurden und mit Hilfe welcher eigenverantworteter ethischer Axiome sie ihr Tun vor Gott und den Menschen meinten verantworten zu können und verantworten zu müssen. Hier sei exemplarisch verwiesen auf die Arbeit von Ger van Roon über den Kreisauer Kreis[44], auf die Untersuchung von Matthias Schreiber über Friedrich Justus Perels[45] und auf den entsprechenden Abschnitt in Klemens v. Klemperers Buch über den deutschen Widerstand auf der Suche nach Verbündeten sowie die tiefgreifende Gesamtanalyse zum Thema „Christlicher Widerstand im Dritten Reich" von Hans Maier.[46] In einem gesonderten Aufsatz hat K. v. Klemperer jüngst den Weg Dietrich Bonhoeffers in den Widerstand noch einmal analysiert und gezeigt, wie tief Bonhoeffers Wirken gegen den nationalsozialistischen Staat in

---

[42] Zur notwendigen Differenzierung des Widerstandsbegriffs sei verwiesen auf die Beiträge und Literaturhinweise in: PETER STEINBACH/JOHANNES TUCHEL (Hg.), Widerstand gegen den Nationalsozialismus, Bonn 1994 (Lit.); WOLFGANG BENZ/WALTER H. PEHLE (Hg.), Lexikon des deutschen Widerstandes, Frankfurt a.M. 1994 (Lit.). Eine Problemskizze und Literaturhinweise bietet ULRICH V. HEHL, Nationalsozialistische Herrschaft, München 1996 (EdG 39), 40-44; 89-100; 141-143.

[43] EBERHARD BETHGE, Dietrich Bonhoeffer. Theologe – Christ – Zeitgenosse, München ⁶1986, 889-896; CHRISTOPH STROHM, Theologische Ethik im Kampf gegen den Nationalsozialismus. Der Weg Dietrich Bonhoeffers mit den Juristen Hans von Dohnanyi und Gerhard Leibholz in den Widerstand, München 1989, bes. 30-53; 334-346.

[44] GER VAN ROON, Neuordnung im Widerstand. Der Kreisauer Kreis innerhalb der deutschen Widerstandsbewegung, München 1967, bes. 348-371; 372-385; 490; 503-506.

[45] MATTHIAS SCHREIBER, Friedrich Justus Perels. Ein Weg vom Rechtskampf der Bekennenden Kirche in den politischen Widerstand, München 1989.

[46] KLEMENS V. KLEMPERER, Die verlassenen Verschwörer. Der deutsche Widerstand auf der Suche nach Verbündeten 1938-1945, Berlin 1994, bes. 46-63; HANS MAIER, Christlicher Widerstand im Dritten Reich, in: Joachim Mehlhausen (Hg.), ... und über Barmen hinaus. FS Carsten Nicolaisen, Göttingen 1995 (AKiZ B. 23), 186-203.

theologisch-ethischen Grundentscheidungen verwurzelt war, die sich zu Recht auf Luther berufen durften. „Bonhoeffers Entscheidung für den Widerstand und die Entschuldigung des Tyrannenmordes war also doch nicht rein politisch, vielmehr lag ihre Rechtfertigung in seiner *theologia crucis*. Er verkörperte eindeutig einen christlichen Märtyrer: Bonhoeffers Widerstand war nur der Ausdruck seiner Theologie."[47]

Trotz dieser verdienstvollen Arbeiten bleiben für die meisten der damals am Widerstand Beteiligten noch viele Fragen offen. Es ist ein wichtiges Desiderat der Kirchlichen Zeitgeschichtsforschung, eine Gesamtgeschichte der ethischen Neubegründung des Widerstandsrechts während der Zeit des Nationalsozialismus zu erarbeiten. Eine solche Geschichte müßte aufzuzeigen versuchen, auf welchen Wegen und Umwegen die Frauen und Männer des Widerstandes gegen die nationalsozialistische Gewaltherrschaft innerhalb sehr kurzer Zeit ein mehrere Jahrhunderte altes Versäumnis der theologischen Ethik im deutschen Protestantismus aufzuarbeiten versuchten. Daß dabei der Rückgriff auf die grundsätzlichen Entscheidungen Luthers in der Widerstandsfrage eine wichtige Rolle gespielt hat, belegt eindrücklich ein Zusatz Dietrich Bonhoeffers zu seinem Ethik-Manuskript aus dem Jahre 1940.[48] Gleicherweise ist selbstverständlich auch nach der ethischen Motivation zum Widerstand bei denjenigen zu fragen, die außerhalb der christlich-kirchlichen Traditionslinie standen.

Besondere Beachtung verdient ferner die europäische Perspektive der Widerstandsforschung. Es muß gefragt werden, wie es sich mit dieser Problematik in den einzelnen europäischen Ländern und in den verschiedenen christlichen Konfessionen verhielt. Gab es überhaupt eine „christliche" Motivation für widerständiges Verhalten in den von Deutschland okkupierten europäischen Nationalstaaten? Lassen sich von Land zu Land charakteristische Unterschiede erkennen? Wo dominierte bei den Widerstandskämpfern der Wille zur nationalen und politischen Selbsterhaltung so eindeutig, daß es einer zusätzlichen „christlichen" Motivation für ein abweisendes Verhalten, für Resistenz und Widerstand gar nicht mehr bedurfte? Wie haben die verbrecherischen Gewaltmaßnahmen der deutschen Besatzer insbesondere gegen die Juden in den einzelnen europäischen Ländern auf das christliche Gewissen der Bevölkerung eingewirkt? Derartige Fragen sind Aufgabenbeschreibungen für die Kirchliche Zeitgeschichtsforschung, die sie in enger Zusammenarbeit mit den allgemeinen Zeithistorikern lösen sollte.

---

[47] KLEMENS V. KLEMPERER, Über Luther hinaus? Dietrich Bonhoeffer und der Widerstand gegen den Nationalsozialismus, in: Ernst Willi Hansen/Gerhard Schreiber/Bernd Wegner (Hg.), Politischer Wandel, organisierte Gewalt und nationale Sicherheit. Beiträge zur neueren Geschichte Deutschlands und Frankreichs. FS Klaus-Jürgen Müller, München 1995, 403-416; 415. – Vgl. ferner CHRISTOPH STROHM, Die Bedeutung von Kirche, Religion und christlichem Glauben im Umkreis der Attentäter des 20. Juli 1944, in: ZKG 108 (1997) 213-235.

[48] DIETRICH BONHOEFFER, Ethik, München 1992 (= DBW 6), 103 A.37.

3. Widerstand und christliches Ethos nach 1945 – Folgerungen und neue Entwürfe

Die Nachgeschichte der vielfältigen Erfahrungen aus der Zeit von 1933 bis 1945 ist erst seit wenigen Jahren zum Gegenstand zeithistorischer Forschungen geworden. Dabei stehen Untersuchungen im Vordergrund, die nach den Auseinandersetzungen fragen, die in beiden deutschen Staaten in den Jahren nach 1945 mit der nationalsozialistischen Vergangenheit stattfanden.[49] Solchen Forschungsansätzen muß unbedingt folgende Frage zugefügt werden: Wann, wie und in welchem Umfang hat der deutsche Protestantismus das Erbe jener Männer und Frauen rezipiert, die in großer Isolation die theologisch-ethische Frage nach dem Widerstandsrecht für sich in existentieller Entscheidung beantwortet und mit dem Einsatz des eigenen Lebens verantwortet haben? Ist das Thema „Widerstand und christliches Ethos", das für einige Jahre derart existentiell herausfordernd die Gemüter einiger weniger zutiefst bewegt hat, wieder aufgenommen und weitergeführt worden oder geriet es erneut in Vergessenheit? Nur die Grundzüge einer Antwort sind bislang bekannt.

Gleich nach dem Ende des Zweiten Weltkrieges gab es in der evangelischen Theologie und Kirche weithin eine ziemlich schroffe Distanzierung von dem „politischen" Widerstand, der zum Attentat des 20. Juli 1944 geführt hatte. Es wurde erklärt, die mit „Tyrannenmord" verbundenen Umsturzpläne der Widerstandskreise könnten vor dem Forum einer theologischen Ethik keinen Bestand haben. Briefe, die den Eltern von Dietrich und Klaus Bonhoeffer nach 1945 geschrieben wurden, sprechen eine beredte Sprache. So wollten Bielefel-

---

[49] Hier nur eine Auswahl: Axel Schildt/Arnold Sywottek (Hg.), Modernisierung im Wiederaufbau. Die westdeutsche Gesellschaft der 50er Jahre, Bonn 1993 (Lit.); hierin insbes. Peter Reichel, Zwischen Dämonisierung und Verharmlosung. Das NS-Bild und seine politische Funktion in den 50er Jahren. Eine Skizze, 679-692; Detlef Garbe, Äußerliche Abkehr, Erinnerungsverweigerung und „Vergangenheitsbewältigung": Der Umgang mit dem Nationalsozialismus in der frühen Bundesrepublik, 693-716; Frank Stern, „Ein freundlich aufgenähter Davidstern": Antisemitismus und Philosemitismus in der politischen Kultur der 50er Jahre, 717-732; Ines Reich, Das Bild vom deutschen Widerstand in der Öffentlichkeit und Wissenschaft der DDR, in: P. Steinbach/J. Tuchel (Hg.), Widerstand (wie Anm. 42), 557-571; Christiane Toyka-Seid, Der Widerstand gegen Hitler und die westdeutsche Gesellschaft. Anmerkungen zur Rezeptionsgeschichte des „anderen Deutschland" in den frühen Nachkriegsjahren, in: P Steinbach/J. Tuchel (Hg.), Widerstand (wie Anm. 42), 572-581; Werner Bergmann/Rainer Erb/Albert Lichtblau (Hg.), Schwieriges Erbe. Der Umgang mit Nationalsozialismus und Antisemitismus in Österreich, der DDR und der Bundesrepublik Deutschland, Frankfurt a.M./New York 1995; Anselm Doering-Manteuffel, Die Nachwirkungen des Antisemitismus der NS-Zeit im geteilten Deutschland, in: Franz D. Lucas (Hg.), Geschichte und Geist. Fünf Essays zum Verständnis des Judentums, Berlin 1995, 105-126; Joachim Mehlhausen, Zeugnis und Erbe. Vom Widerstand lernen, in: Ders. (Hg.), Zeugen des Widerstands, Tübingen ²1998, 243-273.

der Pfarrer gleich nach Kriegsende den Namen Dietrich Bonhoeffers nicht mit den Namen anderer Amtsbrüder zusammengestellt sehen, „die um ihres Glaubens willen getötet" wurden und keine „politischen Märtyrer" gewesen seien.[50] Die Brandenburgische Kirchenleitung erklärte noch im Juli 1945 zum Tag der ersten Wiederkehr des 20. Juli 1944: „Die Kirche Jesu Christi kann einen Anschlag auf das Leben eines Menschen niemals gutheißen, in welcher Absicht er auch ausgeführt werden mag."[51] Als Märtyrer der Bekennenden Kirche sollten nur Christen anerkannt werden, die, wie der Dickenschieder Pfarrer Paul Schneider, allein wegen ihrer angeblich völlig unpolitischen Evangeliumsverkündigung verfolgt und getötet worden waren.[52] Bei der ersten Kirchenvertreter-Versammlung der Nachkriegszeit in Treysa am 27. August 1945 nannte Landesbischof Theophil Wurm in seiner Begrüßungsansprache zwar die Namen von zehn Opfern des Nationalsozialismus, er umschrieb ihr Schicksal aber nur ganz allgemein und sprach die Widerstandsthematik nicht an.[53] In der *Stuttgarter Schulderklärung* vom 18./19. Oktober 1945 bekannte der neu gewählte Rat der Evangelischen Kirche in Deutschland: „Wohl haben wir lange Jahre hindurch im Namen Jesu Christi gegen den Geist gekämpft, der im nationalsozialistischen Gewaltregiment seinen furchtbaren Ausdruck gefunden hat; aber wir klagen uns an, daß wir nicht mutiger bekannt, nicht treuer gebetet, nicht fröhlicher geglaubt und nicht brennender geliebt haben."[54] Diese berühmt gewordene Formulierung verwendet einen äußerst vagen Widerstandsbegriff, der – wie Martin Greschat gezeigt hat – die Möglichkeit bot, den Text „in zwei grundsätzlich verschiedene Richtungen zu entfalten"[55]; so gab auch die *Stuttgarter Schulderklärung* zunächst keinen Anlaß zu einem wirklich neuen Anfang auf der Suche nach ethischen Begründungen für den antitotalitären Widerstand. Werner Elert vertrat im Jahre 1949 noch völlig unmodifiziert die herkömmliche Auffassung des konfessionellen Luthertums, derzufolge aktiver

---

[50] E. BETHGE, Bonhoeffer (wie Anm. 43), 1042f.
[51] Ebd. 1042.
[52] Vgl. ALBRECHT AICHELIN, Paul Schneider. Ein radikales Glaubenszeugnis gegen die Gewaltherrschaft des Nationalsozialismus, München 1994.
[53] „Besonders denken wir an die Brüder und Schwestern, die dem großen Kampf zum Opfer fielen [...] Wir preisen selig, die erduldet haben", in: FRITZ SÖHLMANN (Hg.), Treysa 1945. Die Konferenz der evangelischen Kirchenführer 27.-31. August 1945, Lüneburg 1946, 10; 12. Hinzuweisen ist in diesem Zusammenhang auch auf die Kriterien, nach denen in der Bekennenden Kirche die „Fürbittenlisten" zusammengestellt wurden; vgl. GERTRAUD GRÜNZINGER/ FELIX WALTER (Bearb.), Fürbitte. Die Listen der Bekennenden Kirche 1935-1944, Göttingen 1996, XVII-XXII.
[54] MARTIN GRESCHAT (Hg. in Zusammenarbeit mit CHRISTIANE BASTERT), Die Schuld der Kirche. Dokumente und Reflexionen zur Stuttgarter Schulderklärung vom 18./19. Oktober 1945, München 1982, 102.
[55] Ebd. 107f.

Widerstand "den Christen, die um Christi willen von Seiten der Staatsgewalt Schaden erleiden, [...] versagt ist".[56]

Angesichts dieser negativen Ausgangslage ist es erstaunlich, daß sich die Widerstandsthematik in der evangelischen Ethik der Nachkriegszeit schließlich doch hat durchsetzen können. Die Kirchliche Zeitgeschichtsforschung steht vor der Aufgabe, im einzelnen nachzuweisen, welche Impulse es waren und woher sie kamen, die hier für einen Neubeginn sorgten. Die Vermutung, es sei die Auseinandersetzung mit dem Werk Dietrich Bonhoeffers gewesen, die der evangelischen Theologie das Thema Widerstand neu stellte bzw. geradezu aufzwang, ist bei näherem Hinsehen nicht überzeugend. Die umfangreiche Bonhoeffer-Literatur hat erst recht spät Bonhoeffers persönlichen Beitrag zum konspirativen Staatsstreich zu ihrem Thema gemacht. Die besondere gesellschaftliche und theologiegeschichtliche Situation der frühen Nachkriegszeit hatte zur Folge, daß zunächst ganz andere Stichworte aus Bonhoeffers Leben und Werk Aktualität gewannen.[57]

Neu belebt wurde die Diskussion über die ethische Begründung eines antitotalitären Widerstands durch den "Remer-Prozeß" im Jahre 1952. Der frühere Major Otto Ernst Remer, der am 20. Juli 1944 auf persönlichen Befehl Hitlers den Militärputsch in Berlin niedergeschlagen hatte, war im Jahr 1951 auf Versammlungen der neonationalsozialistischen "Sozialistischen Reichspartei" mit der Behauptung aufgetreten, die Attentäter des 20. Juli müßten als "vom Auslande bezahlte Landesverräter" angesehen werden und es komme der Tag, an dem sie sich "vor einem deutschen Gericht zu verantworten" hätten. Der damalige Braunschweiger Generalstaatsanwalt Fritz Bauer nahm diese unerhörte Provokation zum Anlaß, um in den "Remer-Prozessen" nicht nur für die Wiederherstellung der Ehre der Männer des Widerstands zu streiten, sondern auch den Unrechtscharakter des nationalsozialistischen Regimes durch das Gericht eindeutig feststellen zu lassen.[58] Das Braunschweiger Gericht forderte "moraltheologische und historische Gutachten" von katholischen und evangelischen Theologen an, in denen zu der Frage Stellung genommen werden sollte, wie nach der Lehre der Kirchen ein Widerstandsrecht zu beurteilen sei.[59] Auf evangelischer Seite erstatteten Hans-Joachim Iwand und Ernst Wolf

---

[56] WERNER ELERT, Das christliche Ethos. Grundlinien der lutherischen Ethik, Tübingen 1949, 161-165.

[57] Man vgl. GERHARD KRAUSE, Art. "Bonhoeffer, Dietrich", in: TRE 7 (1981) 55-66; 62, 39-63, 54 und die dort aufgeführte ältere Literatur sowie DIETRICH BONHOEFFER, Konspiration und Haft 1940-1945, hg. v. Jørgen Glenthøj/Ulrich Kabitz/Wolf Krötke. Bearb. v. Herbert Anzinger, Gütersloh 1995 (= DBW 16) (Lit.).

[58] Vgl. RUDOLF WASSERMANN, Zur juristischen Bewertung des 20. Juli 1944: Der Remer-Prozeß in Braunschweig als Markstein der Justizgeschichte, in: Recht und Politik 20 (1984) 68-84.

[59] HERBERT KRAUS (Hg.), Die im Braunschweiger Remer-Prozeß erstatteten moraltheologischen und historischen Gutachten nebst Urteil, Hamburg 1953.

das angeforderte Gutachten, das langfristig eine bedeutende Wirkung gehabt hat.[60] Das katholische Gutachten legte Rupert Angermair vor.[61]

Iwand und Wolf griffen in ihrem Gutachten auf die oben dargestellte reformiert-calvinistische Tradition aus dem 16. Jahrhundert zurück und ergänzten sie durch Ausführungen von Karl Barth in dessen *Kirchlicher Dogmatik*.[62] Luthers Lehre, die „kompliziert und umstritten" sei, schließe es nicht aus, „die von ihm für das ‚Untier' der Papstherrschaft geltenden Konsequenzen der äußersten, von allen und vom einzelnen zu leistenden Widerstandspflicht auf den für Luther (noch) undenkbaren Fall einer Dämonisierung weltlicher Herrschaft, eines ‚Unrechtsstaates', der ‚ohne Gesetz' lebt, anzuwenden."[63] Auf der Grundlage dieser theologisch-historischen Argumentation kamen Iwand und Wolf zu dem Schluß, daß man den Männern des 20. Juli „von der evangelischen Glaubensauffassung her höchstens den Vorwurf machen" könne, „daß sie zu spät eingegriffen haben". Vielleicht dürfe man es als „eine Fügung Gottes ansehen, daß der Mißerfolg ihre Tat als ein reines Opfer erscheinen" lasse, „welches in den geistlichen und sittlichen Bezirken unseres Lebens größere Bedeutung haben könnte, als wenn das Attentat gelungen wäre. Wir haben als Christen nicht über den politischen Ertrag dieses Einsatzes zu befinden, wohl aber die Aufgabe, die sittliche Bedeutung der hier sichtbaren Staatsgesinnung als Ansatzpunkt für einen echten Neubau unseres bis in den Grund hinein zerrütteten Staatswesens zu würdigen."[64]

Nach der Veröffentlichung dieses Gutachtens wurde in den folgenden Jahren in den theologischen Ethiken von Helmut Thielicke[65] und Wolfgang Trillhaas[66] sowie in Beiträgen von Walter Künneth[67] die Widerstandsfrage neu

---

[60] Ebd. 9-18; auch in: JK 13 (1952) 192-201 (mit Anlagen); vgl. auch HANS-JOACHIM IWAND, Das Widerstandsrecht der Christen nach der Lehre der Reformatoren; und Zur theologischen Begründung des Widerstandes gegen die Staatsgewalt, in: ders., Nachgelassene Werke, Bd.2, München 1966, 193-229; 230-242.

[61] H. KRAUS (Hg.), Gutachten (wie Anm. 59), 29-39; vgl. auch RUPERT ANGERMAIR, Die Tötung eines Tyrannen nach katholischer Lehranschauung, in: Bernhard Pfister/Gerhard Hildmann (Hg.), Widerstandsrecht und Grenzen der Staatsgewalt, Berlin 1956, 122-132.

[62] Vgl. KARL BARTH, Die kirchliche Dogmatik III/4, Zollikon-Zürich ²1957, 513-515.

[63] Zit. nach JK 13 (1952) 196.

[64] Ebd. 198f.

[65] HELMUT THIELICKE, Theologische Ethik. II. Bd: Entfaltung. 2. Teil: Ethik des Politischen (1958), Tübingen ³1974, 399-514; vgl. auch DERS., Die nationalsozialistischen Verbrechen als Problem theologischer Ethik, in: Leo Scheffczyk/Werner Dettloff/Richard Heinzmann (Hg.), Wahrheit und Verkündigung. Michael Schmaus zum 70. Geburtstag, Bd. II München/Paderborn/Wien 1967, 1657-1670.

[66] WOLFGANG TRILLHAAS, Ethik, Berlin 1959, 390-393; ²1965, 372-377; 395; 421-424; ³1970, 429; 454; 483-487.

[67] WALTER KÜNNETH, Die öffentliche Verantwortung des Christen, Berlin 1952, 20f.; DERS., Das Widerstandsrecht als theologisch-ethisches Problem, München 1954.

und höchst kontrovers thematisiert. Auf einer im Juni 1955 in der Akademie Tutzing abgehaltenen Tagung über „Widerstandsrecht und Grenzen der Staatsgewalt" kamen u.a. Johannes Heckel, Ernst Wolf, Walter Künneth und Hermann Diem zu Wort.[68] Die Diskussion über antitotalitären Widerstand und christliches Ethos war neu in Gang gekommen.[69] Die Inhalte dieser Diskussion, die neuen Abgrenzungen, Kontroversen und Zielsetzungen können hier nicht wiedergegeben werden, – dies ist eine Aufgabe, der sich die Kirchliche Zeitgeschichtsforschung noch im Detail wird widmen müssen.[70]

---

[68] BERNHARD PFISTER/GERHARD HILDMANN (Hg.), Widerstandsrecht und Grenzen der Staatsgewalt. Bericht über die Tagung der Hochschule für Politische Wissenschaften, München, und der Evangelischen Akademie, Tutzing, 18.-20. Juni 1955, in der Akademie Tutzing, Berlin 1956. Während dieser Tagung, an der evangelische und katholische Staatsrechtslehrer und Theologen teilnahmen, wurden vier Referate zum „historischen Befund" gehalten: JOHANNES SPÖRL, Gedanken um Widerstandsrecht und Tyrannenmord im Mittelalter (11-31); JOHANNES HECKEL, Stellungnahme der Kirche der Reformation – Die Lutheraner (32-44); ERNST WOLF, Das Problem des Widerstandsrechts bei Calvin (45-58); FRANKLIN H. LITTELL, Die Freien Kirchen, die Sekten und das Widerstandsrecht (59-66). Es folgten Referate zur „heutigen Position". Neben den Theologen Walter Künneth, Hermann Diem und Rupert Angermair referierten: ALOIS DEMPF, Die heutige Position – staats- und rechtsphilosophisch (107-110); HERMANN RAUSCHNING, Die heutige Position – staats- und rechtsphilosophisch (132-142); PETER SCHNEIDER, Die heutige Position – staatsrechtlich (143-149).

[69] Vgl. zuletzt zusammenfassend MARTIN HONECKER, Grundriß der Sozialethik, Berlin/New York 1995, 354-376 (Lit.).

[70] Der vorliegende Beitrag beschränkt sich auf die Hauptlinien der Entwicklung im *deutschen* Protestantismus. Auf die europäische Dimension der Gesamtthematik verweisen die Beiträge von Jens Holger Schjørring, Ger van Roon, Wolfgang Altgeld, Christof Mauch und Jürgen Heideking in: ANSELM DOERING-MANTEUFFEL/JOACHIM MEHLHAUSEN (Hg.), Christliches Ethos und der Widerstand gegen den Nationalsozialismus in Europa, Stuttgart u.a. 1995 (KoGe 9). Zur besonderen Bedeutung des norwegischen Bischofs Eivind Berggrav (1884-1959) für eine im christlichen Ethos wurzelnde Widerstandshaltung gegen den Totalitarismus vgl. GUNNAR HEIENE, Eivind Berggrav. Eine Biographie. Mit einem Geleitwort von Eduard Lohse, Göttingen 1997. Vgl. ferner WOLFGANG BENZ, Anpassung – Kollaboration – Widerstand. Kollektive Reaktionen auf die Okkupation, Berlin 1996.

Jochen Klepper

Eine Gedenkrede und Anmerkungen zum Forschungsstand*

„Das Jüdische hat in meinem Leben zu weiten und tiefen Raum, als daß ich jetzt nicht in all dem Guten, das immer noch über meinem Leben reichlich bleibt, sehr leiden müßte. Denn mir ist, als gäbe die Heilsgeschichte der Juden der Weltgeschichte den Sinn."[1]

Dieser Tagebucheintrag des damals 30jährigen Jochen Klepper vom 27. März 1933 beleuchtet mit einer noch heute – oder gerade heute? – unsere Augen schmerzenden Helligkeit jene tatenlose Haltung nahezu aller evangelischer Christinnen und Christen in Deutschland angesichts der ersten Terrorwelle des nationalsozialistischen Regimes. Am 5. März 1933 hatten die vom Reichstagsbrand überschatteten Reichstagswahlen stattgefunden. Trotz aller Gewaltmaßnahmen gegen Kommunisten und Sozialdemokraten hatten doch noch einmal 56% aller deutschen Wähler ihre Stimme für andere Parteien

---

* Zum Gedenken an Jochen Kleppers 50.Todestag fand in Hamburg vom 10. bis 13. Dezember 1992 ein öffentliches Symposion statt, das von der *Evangelischen Akademie in Hamburg*, von der *Forschungsstelle für die Geschichte des Nationalsozialismus in Hamburg* und von der *Evangelischen Arbeitsgemeinschaft für Kirchliche Zeitgeschichte* gemeinsam durchgeführt wurde. Dem Symposion schloß sich eine Gedenkfeier in Hamburg-Wedel an. Der hier abgedruckte Vortrag wurde am 11. Dezember 1992 während des Jochen Klepper-Symposions gehalten. Die Vortragsfassung wurde für den Druck nur geringfügig überarbeitet. Die zugefügten Anmerkungen wollen über den bloßen Zitatennachweis hinaus auf den Stand und auf die Desiderate einer dem Rang Jochen Kleppers angemessenen Erforschung und Analyse seines Lebens und seines Werks aufmerksam machen.

[1] JOCHEN KLEPPER, Unter dem Schatten deiner Flügel. Aus den Tagebüchern der Jahre 1932-1942. Mit einem Geleitwort von Reinhold Schneider hg.v. Hildegard Klepper. Auswahl, Anmerkungen und Nachwort von Benno Mascher, Stuttgart 1956, 45 (zit.: Tagebücher; zahlreiche Nachdrucke). – Besprechungen: HUBERT BECHER SJ, Jochen Klepper und Robert Musil in ihren Tagebüchern, in: StZ 160 (1956/57) 328-342; WILHELM FRESENIUS, in: ThLZ 82 (1957) 613-615; KARL PAGEL, In tormentis scripsit. Zu Jochen Kleppers Tagebuch, in: Merkur 11 (1957) 1190-1199; GERHARD V. RAD, Die Tagebücher Jochen Kleppers, in: EvTh 17 (1957) 241-248; FRIEDRICH WILHELM KANTZENBACH, Jochen Kleppers Tagebücher – eine theologische Konfession, in: Luther 39 (1968) 32-38; WALTER DREß, „Vom Glauben überfallen ...". Zu Jochen Kleppers Tagebüchern, in: ders., Evangelisches Erbe und Weltoffenheit. Gesammelte Aufsätze. Hg.v. Wolfgang Sommer, Berlin 1980, 243-253. – Später erschien noch: HILDEGARD KLEPPER (Hg.), Überwindung. Tagebücher und Aufzeichnungen aus dem Kriege von Jochen Klepper, Stuttgart 1958. – Eine kritische Edition der gesamten im Nachlaß befindlichen Tagebuchaufzeichnungen Kleppers ist ein wichtiges Desiderat der zeitgeschichtlichen Forschung.

abgegeben als für die Nationalsozialisten, die sich bereits vor der Wahl als unumschränkte Beherrscher Deutschlands aufführten. Der „Tag von Potsdam" und das „Ermächtigungsgesetz" vom 24. März 1933 läuteten dann endgültig den Beginn der Gewaltherrschaft ein. Eine Welle des Terrors begann sich über ganz Deutschland zu ergießen, „ihre Opfer waren Kommunisten, Juden und andere wirkliche oder vermeintliche Gegner des Regimes."[2] Jochen Klepper notierte in sein Tagebuch: „Was uns schon jetzt an Antisemitismus zugemutet wird, ist furchtbar."[3] Und dann folgt wenige Tage später der ebenso lakonische wie beklemmende Satz: „Zu der ganzen jüdischen Boykottangelegenheit habe ich nur eins zu sagen: Ich traure um die evangelische Kirche."[4]

Da schreibt ein evangelischer Christ bereits im März 1933 jenes Urteil über unsere Kirche nieder, das wir, vor denen das unbegreifliche Ausmaß der damals noch ausstehenden Judenverfolgung und Judenvernichtung aufgedeckt liegt, nur tief erschrocken nachsprechen können: Trauer über eine Kirche, die schwieg, als sie reden mußte, die sich geräuschvoll mit sich selbst beschäftigte, als sie „die willkürliche Anwendung brutaler Gewalt" sah, „das leibliche und seelische Leiden unzähliger Unschuldiger, Unterdrückung, Haß und Mord" und keinen Weg fand, „ihnen zu Hilfe zu eilen". Diese Kirche ist, wie Dietrich Bonhoeffer bekannt hat, „schuldig geworden am Leben der schwächsten und wehrlosesten Brüder Jesu Christi."[5]

Jochen Kleppers frühe Tagebucheintragungen zeigen, daß man schon in den ersten Tagen der nationalsozialistischen Gewaltherrschaft sehr genau beides erkennen konnte: Die furchtbare Gestalt des Antisemitismus der braunen Diktatur und die Schuld der schweigenden, mit sich selbst beschäftigten evangelischen Kirche.[6]

Über die Geschichte der Kirchen in der Zeit des Nationalsozialismus sind in den letzten Jahrzehnten von deutschen Historikern und Kirchenhistorikern viele tausend Seiten wissenschaftlicher Literatur geschrieben und veröffentlicht worden. Zu manchen Einzelereignissen, wie der Ersten Bekenntnissynode der Deutschen Evangelischen Kirche in Barmen im Mai 1934, gibt es hunderte

---

[2] KLAUS SCHOLDER, Die Kirchen und das Dritte Reich. Bd. 1. Vorgeschichte und Zeit der Illusionen 1918-1934, Frankfurt a.M./Berlin/Wien 1977, 322f.
[3] Tagebücher 41.
[4] Tagebücher 46 (vom 29. März 1933).
[5] DIETRICH BONHOEFFER, Ethik. Zusammengestellt u. hg. v. Eberhard Bethge, München [10]1984, 121f.
[6] Aus der umfangreichen neueren Literatur zur Gesamtthematik seien hervorgehoben: JOCHEN-CHRISTOPH KAISER/MARTIN GRESCHAT (Hg.), Der Holocaust und die Protestanten. Analysen einer Verstrickung, Frankfurt a.M. 1988 (= Konfession und Gesellschaft. Beiträge zur kirchlichen Zeitgeschichte Bd.1); EBERHARD RÖHM/JÖRG THIERFELDER, Juden, Christen, Deutsche 1933-1945. Bd. 1: 1933 bis 1935, Stuttgart 1990; Bd.2/I: 1935 bis 1938, Stuttgart 1992; URSULA BÜTTNER (Hg.), Die Deutschen und die Judenverfolgung im Dritten Reich, Hamburg 1992 (= Hamburger Beiträge zur Sozial- und Zeitgeschichte Bd. 29).

von Titeln umfassende Spezialbibliotheken. Sieht man alle diese gewiß verdienstvollen Bücher und Aufsätze zur Kirchlichen Zeitgeschichte nach dem Namen Jochen Klepper durch, so findet man nahezu keinen einzigen Eintrag.[7] Kleppers Biographie als „Ein Leben zwischen Idyllen und Katastrophen" schrieb keiner der renommierten „Kirchenkampfforscher", sondern die in Paris lebende Professorin für Sozial- und Kulturgeschichte, Rita Thalmann.[8] Sie unternahm diesen „Versuch des Verstehens" mit einer ausdrücklich „den deutschen Lesern" zugedachten Aufforderung zur selbstkritischen Besinnung: „Das deutsche Volk hat heutzutage – wie alle Völker der Welt – das Recht und die Pflicht, *seine* Geschichte mit offenen Augen zu prüfen. Nur auf diesem Wege kann unmenschliche Vergangenheit bewältigt und menschliche Zukunft gestaltet werden."[9]

Um die Edition des noch längst nicht völlig erschlossenen Nachlasses von Jochen Klepper bemühten sich nicht die für solche Aufgaben eigens eingesetzten offiziellen Kommissionen der Evangelischen Kirche in Deutschland, sondern ein engagierter kleiner Freundeskreis.[10] Erst zum Todesgedenkjahr 1992

---

[7] Jürgen Henkys, der zahlreiche Einzelbeiträge zu Klepper veröffentlicht hat, ist zunächst als Hymnologe auf Klepper zugegangen; er hat aber auch zeitgeschichtliche Aspekte beleuchtet: JÜRGEN HENKYS, Jochen Klepper im Spiegel seiner persönlichen, politischen und geistlichen Gedichte, in: ZdZ 42 (1988) 170-176; DERS., Das Berlin Jochen Kleppers, in: Berliner Theologische Zeitschrift 6 (1989) 77-88.

[8] RITA THALMANN, Jochen Klepper. Ein Leben zwischen Idyllen und Katastrophen, München ²1992. Zu diesem Buch schrieb JÜRGEN HENKYS eine sorgfältig analysierende Rezension in: ThLZ 106 (1981) 846-848. Vgl. ferner: GÜNTER WIRTH, Jochen Klepper, Berlin ²1981 (vgl. auch den in Anm. 27 genannten Aufsatz von G. Wirth; in diesem Beitrag bringt Wirth gewichtige Argumente gegen das Deutungsmuster von R. Thalmann bei); HEINZ GROSCH, Nach Jochen Klepper fragen. Annäherung über Selbstzeugnisse, Bilder und Dokumente, Stuttgart 1982.

[9] R. THALMANN, J. Klepper 8.

[10] Neben J. Kleppers Schwester Hildegard Klepper und dem ersten Bearbeiter der Tagebücher, Benno Mascher (s. Anm.1), sind zu nennen: KURT IHLENFELD, Freundschaft mit Jochen Klepper, Witten-Berlin 1958, Windeck ²1979; EVA-JULIANE MESCHKE (Hg.), Jochen Klepper. Gast und Fremdling. Briefe an Freunde, Witten/Berlin ²1962; ILSE JONAS, Jochen Klepper – Dichter und Zeuge. Ein Lebensbild, Berlin 1968; ERNST G. RIEMSCHNEIDER (Hg.), Jochen Klepper. Briefwechsel 1925-1942, Stuttgart 1973 (im „Nachwort" zu diesem sorgfältig kommentierten Briefwechsel nennt Riemschneider die Namen der um Kleppers Nachlaß und Nachruf bemühten Personen [231]); DERS., Der Fall Klepper. Eine Dokumentation, Stuttgart 1975; RUDOLF WENTORF (Hg.), Nicht klagen sollst du: loben. Jochen Klepper in memoriam, Gießen-Basel 1967 (während der Klepper-Gedenkfeier in Hamburg Wedel am 11. Dezember 1992 hielt R. Wentorf eine Festrede, die aus der Sicht des Freundes noch einmal die Hauptstationen des Lebensweges von Klepper nacherzählte und nachdenklich interpretierte; dieser Beitrag des Zeitzeugen sollte der Öffentlichkeit zugänglich gemacht werden). Vgl. ferner: ARNO LUBOS, Jochen Klepper. Werke. Beschreibung und Biographie, Hollfeld/Ofr. 1978; OLIVER KOHLER (Hg.), In deines Herzens offene Wunde. In Erinnerung an Jochen Klepper (1903-1942), Hünfelden-Gnadenthal 1992; OSWALD BAYER, Leidend loben. Zum 50.Todestag Jochen Kleppers, in: EvKomm 25 (1992) 744f.

ist ein wichtiger theologischer Briefwechsel Kleppers von Heinrich Assel herausgegeben worden.[11]

Während die Fachhistoriker und die an der Zeitgeschichte interessierten Theologen an Jochen Klepper meinten vorübergehen zu dürfen, hat die im Gottesdienst versammelte Gemeinde den Liederdichter Klepper von Jahr zu Jahr tiefer zu schätzen gelernt. Von all dem Vielen, was da in Beiheften und Sonderausgaben zum Evangelischen Kirchengesangbuch als „Neues Lied" angeboten wurde und angeboten wird, ist das meiste längst schon wieder vergangen – aber zumindest ein halbes Dutzend der geistlichen Lieder aus dem *Kyrie* Jochen Kleppers ist zum unaufgebbaren Bestand der in unserer Sprache singenden evangelischen Christenheit geworden.[12]

Unser heutiges Gedenken an Jochen Klepper sollte bei dieser so auffällig widersprüchlichen Wirkungsgeschichte seines Werks einsetzen. Nur so werden wir Erhellendes für uns selber zu Tage fördern können und nicht bloß erschüttert vor jenen drei schwarzen Särgen auf dem Friedhof von Nikolassee stehen. Karl Pagel, einer der wenigen Weggefährten Kleppers bis in die letzte Lebenszeit hinein, hat über das dreifache Grab später die wohl heute noch gültigen Sätze geschrieben:

„Damals standen wir ratlos; aber das Tagebuch in seiner schonungslosen Offenheit macht deutlich, daß von Klepper aus gesehen kein anderer Weg blieb, wollte er sich nicht selber aufgeben, moralisch aufgeben. Wer nach anderen Motiven sucht, wird sie vergeblich suchen. Kein ‚Selbstmörder', wie es hier und da gröblich vereinfachend gesagt worden ist, sondern ein Mann, seines Wertes bewußt, der die Menschenwürde für sich und die beiden Menschen, für die er sich verantwortlich fühlt, auf die einzige, ihm gebliebene Weise verteidigt – gegen das fluchwürdige System der Unmenschlichkeit."[13]

„Von der Menschlichkeit in finsteren Zeiten" – dieses Wort Hannah Arendts[14] könnte wohl ein Schlüssel sein, um die gewiß widerspruchsvolle Persönlichkeit Jochen Kleppers ein wenig für unser Begreifen zu öffnen. Und

---

[11] HEINRICH ASSEL (Hg.), Der du die Zeit in Händen hast. Briefwechsel zwischen Rudolf Hermann und Jochen Klepper 1925-1942. Unter Mitarbeit von Arnold Wiebel hg.u. kommentiert, München 1992 (= BEvTh 113).

[12] JOCHEN KLEPPER, Kyrie. Geistliche Lieder (Berlin 1938), Bielefeld [19]1992. Auch in: JOCHEN KLEPPER, „Ziel der Zeit". Die gesammelten Gedichte, Bielefeld [4]1987, 43-95. – Im neuen *Evangelischen Gesangbuch* sind zwölf Lieder von Klepper enthalten. So ist die bemerkenswerte Situation entstanden, daß nahezu die Hälfte der Texte aus einem einzigen schmalen Liederbuch eines Autors Aufnahme in das offizielle Gesangbuch einer großen Kirche gefunden haben. Zur Bibliographie der Kirchenliedtexte von Klepper vgl. JÜRGEN HENKYS, in: MuK 63 (1993) 95-101.

[13] KARL PAGEL, In tormentis scripsit, in: Merkur 11 (1957) 1198.

[14] HANNAH ARENDT, Von der Menschlichkeit in finsteren Zeiten. Rede über Lessing, München 1960.

vielleicht gibt dieses Wort auch einen Hinweis darauf, warum die evangelische Kirche unseres Landes und ihre maßgeblichen Theologen in der Nachkriegszeit so achtlos an dem Erbe vorübergegangen sind, das Klepper ihnen hinterlassen hat.

Als Jochen Klepper nach ersten tastenden Versuchen als Journalist und Rundfunkkritiker die ihm gegebene eigene und unverwechselbare Stimme als Schriftsteller zu entdecken begann, war die „finstere Zeit" um ihn her bereits angebrochen, – und zwar für ihn schicksalhaft in zwei Bereichen zugleich: dem großen der Politik und dem kleinen des persönlich Familiären.

Beginnen wir mit dem ersten Bereich: Welche Verfinsterung des öffentlichen Lebens mit der Ernennung Adolf Hitlers zum Reichskanzler eingetreten war, hat Klepper sofort wahrgenommen und in seinem Tagebuch auf eine prägnante Formel gebracht: „31. Januar 1933. Hitler ist Reichskanzler. Noch einmal ist das verhängnisvollste Bündnis zustandegekommen, das Gustav Freytag die größte deutsche Gefahr nennt: das Bündnis zwischen dem Adel und dem Pöbel."[15] Klepper wußte sofort, was diese Verfinsterung des öffentlichen Lebens für ihn persönlich bedeutete. „Ich sehe meine Situation total klar. Nämlich: ich kann mich halten; ich habe kleine Teilerfolge; ich mühe mich furchtbar; aber ich darf nicht anfangen [...] Ich sehe mein Feld immer kleiner werden."[16] Das war in der Tat von Anfang an eine realistische Sicht; nur konnte der im Zwiegespräch mit sich selbst schonungslos offen umgehende Jochen Klepper im Februar 1933 noch nicht ahnen, wie klein das Feld bald werden sollte, auf dem er sich in der Öffentlichkeit noch bewegen durfte.

Wenn sich die Welt der Politik verfinstert und die Möglichkeit für den einzelnen Menschen ganz gering wird, an diesem öffentlichen Zustand etwas zu verändern, dann suchen viele Zuflucht im privaten Bereich, denn dann liegt es nahe – wie Hannah Arendt sagt –, „die Welt und ihre Öffentlichkeit gering zu achten, sie so weit als möglich zu ignorieren, oder auch sie zu überspringen und gleichsam hinter sie zu greifen – als wäre die Welt nur eine Fassade, hinter der sich Menschen verbergen –, um sich dann mit Menschen ungeachtet der Welt, die zwischen ihnen liegt, zu verständigen."[17] Dieser Rückzug in eine Privatfreiheit war Klepper zum gleichen Zeitpunkt in einem für ihn sehr wichtigen Bereich verwehrt.

Jochen Klepper war in Beuthen an der Oder in einem von Herrnhutischer Frömmigkeit geprägten Pfarrhaus aufgewachsen. Das für damalige Verhältnisse beachtliche Vermögen des Vaters ermöglichte den insgesamt fünf Klepper-Kindern eine überaus behagliche, ja materiell verwöhnte Jugendzeit, in der die

---

[15] Tagebücher 36.
[16] Tagebücher 37.
[17] H. ARENDT, Menschlichkeit (s. Anm. 14), 19.

ebenso gebildete wie elegante Mutter – eine im Kloster erzogene Katholikin, die erst durch ihre Heirat evangelisch wurde – eine alle Emotionen des Knaben an sich bindende Rolle spielte.[18] Vater und Mutter hatten manche Exaltiertheit des Heranwachsenden freundlich geduldet; auch der von psychosomatischen Krankheitsphänomenen begleitete Abbruch des Theologiestudiums[19] und der Beginn der zunächst sehr bescheidenen journalistischen Tätigkeit beim *Evangelischen Preßverband* in Breslau (seit 1929) trübte das Verhältnis zum Elternhaus nicht. Ob Kleppers damals erfolgter Beitritt zum Bund der Religiösen Sozialisten und seine Mitgliedschaft bei der SPD den durch und durch deutsch-national gesonnenen Vater empört haben, wissen wir nicht. Die entscheidende zweite Verfinsterung um Jochen Klepper – und nun im persönlich-privaten Bereich – trat erst ein, als er im Juni 1929 in das Haus der damals 39jährigen jüdischen Rechtsanwaltswitwe Hanni Gerstel-Stein einzog. Die Eltern Jochen Kleppers nahmen es zwar mit einer schier unfaßlichen Gelassenheit hin, daß Frau Stein ihre eigene Lebensversicherung belieh, um dem durch die Inflation und durch Krankheiten in finanzielle Schwierigkeiten geratenen Beuthener Pfarrhaus wieder aufzuhelfen. Aber die unverhohlen antisemitischen Töne, die diese Tat der Menschlichkeit einer Jüdin für eine Pfarrerfamilie zum Echo hatten, verbreiten Finsternis.[20]

Als Klepper dann am 28. März 1931 die standesamtliche Eheschließung mit Hanni Stein vollzog, brachen Vater und Mutter die innere Beziehung zu ihrem Sohn völlig ab; was blieb waren zum Teil sehr häßliche Kontakte wegen finanzieller Fragen. Nie wird in den bislang veröffentlichten Briefen die Ehefrau Kleppers auch nur mit einem Wort erwähnt. Eine Versöhnung mit dem Vater kommt bis zu dessen Tode nicht zustande. Erst als die Mutter 1936 ihrerseits einen psychischen Zusammenbruch erleidet, kommt es zu einer gequälten Versöhnung mit ihr, von der Klepper im Tagebuch schreibt, daß eine „furchtbare Fremdheit [...] in der Versöhnung" geblieben sei.[21]

---

[18] R. THALMANN, J. Klepper 17-23.
[19] Der kommentierte Briefwechsel mit Rudolf Hermann (s. Anm. 11) gibt jetzt nähere Auskunft über die Gründe für den Abbruch des Theologiestudiums.
[20] R. Thalmann zitiert aus den im Klepper-Nachlaß verwahrten Notizen von Hanni Stein: „Als Jochen die Regelung [der Schulden] in die Hand nahm und mit meinem Geld bezahlte, war Freude und Jubel unter den Kindern. Es wurde zwar als sehr störend empfunden, daß ich Jüdin bin, aber immerhin vermögend, da kann man ja nicht so genau sein!" (aaO 55). Am 8. Juli 1936 schrieb Klepper in sein Tagebuch: „Der Kleppersche Familienverband, der so lange Zeit hindurch wegen meines Beitritts an mich herantrat, bis ich endlich nachgab, schreibt: ‚Wir mußten darüber nachdenken, in welche Lage unsere Mitglieder gesetzt sind, die in staatlichen und sonstigen Beamten- und Parteistellungen tätig sind, nicht arischen Personen und deren Nachkommen gegenüber, durch die neuen bezüglichen Gesetze und Verordnungen. Es wurde bedauert, daß wir dadurch Ihre Mitgliedschaft nicht bestätigen können'" (Tagebücher 362).
[21] R. THALMANN, J. Klepper 142.

Fast zur gleichen Zeit hat Jochen Klepper also nicht nur den Ansturm des öffentlich-politischen Antisemitismus mit allen seinen schlimmen Konsequenzen für sein berufliches Leben auszuhalten, sondern auch erleben und erleiden müssen, daß das Gift des Judenhasses seine Beziehungen zu Mutter und Vater zerstörte. Was diese doppelte Verfinsterung für ihn bedeutete, hat Klepper – so weit uns bislang bekannt ist – noch nicht einmal seinem Tagebuch anvertraut. Bedenkt man jedoch, wie problematisch das Verhältnis Kleppers zu seinem Vater schon aus allgemeinen entwicklungspsychologischen Gründen gewesen ist[22], und stellt man in Rechnung, wie intensiv seine eigenen Lebenserwartungen und sein eigener Lebensstil durch das Vorbild der Mutter geprägt wurden, dann kann man wohl ahnen, wieviel Leid diese vom Antisemitismus zersetzte Elternbeziehung mit sich gebracht hat. Statt in der einst überschwenglich geliebten Mutter in schwerer Zeit eine Stütze und Ermutigung zu besitzen, trägt er an ihr als einer großen Last.

Die doppelte Verfinsterung hat Klepper umso stärker an die einzig verbleibende menschliche Beziehung gebunden: an seine Frau Hanni und deren beide Töchter aus erster Ehe, Brigitte und Reni Stein. Als Jochen Klepper seinem Tagebuch die Enttäuschung über die nicht geglückte Versöhnung mit der Mutter anvertraute, fügte er den Satz hinzu: „Die Ehe aber wird durch alles nur tiefer und inniger."[23] Klepper hat in seinen Tagebucheintragungen – vermutlich auch im damaligen Alltag – stets die Rolle des Mannes eingenommen, auf dessen Schultern die *ganze* Last und Verantwortung für die Ehefrau und deren Töchter lag. Dadurch wird für den Leser der Tagebücher die doch gewiß *auch* gegebene Realität verdeckt, daß zumindest bis 1938/39 Hanni Stein und ihre Töchter sehr aktive Menschen gewesen sind, die ihrerseits die schlimme Familiensituation zu bessern versuchten und sich wohl auch Sorgen und Gedanken darüber machten, daß der Ehemann und Vater durch ihr bloßes Dasein in den Sog der Judenverfolgung mit hineingerissen wurde.

Man kann Kleppers zähen und hartnäckigen Kampf um ein berufliches Überleben trotz seiner von den Nationalsozialisten kriminalisierten Ehe nach 1933 von zwei verschiedenen Seiten her betrachten und zu verstehen versuchen. Diese unablässige, quälende Folge von immer neuen und immer beschei-

---

[22] R. Thalmann macht nur sehr behutsam auf die Konfliktgründe aufmerksam (a.a.O. 23). Nicht übersehen werden darf das „komplexe Vater-Sohn-Verhältnis" des Gymnasiasten Klepper zu seinem Lehrer Erich Fromm in Glogau, bei dem er zwischen Oktober 1917 und März 1922 wohnte und dessen „eifersüchtige Obhut" Klepper erst nach einer tiefen Lebenskrise 1924 abschütteln konnte (a.a.O.). R. Wentorf machte in seinem Festvortrag (s. Anm. 10) zu Recht ganz unbefangen auf die homoerotische Komponente dieser Beziehung aufmerksam. Man wird die frühen Krisen in Kleppers Leben nur verstehen können, wenn man diesen Sachverhalt kennt und ihn in das Bemühen um Verstehen – auch der Ehe Kleppers – einbezieht.

[23] R. THALMANN, J. Klepper 142.

dener werdenden Berufstätigkeiten war wohl auf der einen Seite der verzweifelte Versuch, im nationalsozialistischen Gewaltregime doch noch den Freiraum gewinnen zu können, um den zweiten großen Roman, „Die Geschichte der Katharina von Bora und ihres Besitzes", abzuschließen.[24] Der Künstler Jochen Klepper, der sich von seinen Romanstoffen so ergreifen und packen ließ, daß sie ihn ganz und gar in Beschlag nahmen, erduldete nahezu jede Erniedrigung und Demütigung in seinem äußeren Lebensbereich, wenn ihm nur die Chance blieb, für das werdende Werk Stoff zu sammeln und Vorstudien zu treiben. Immer wieder wird im Tagebuch der neue Roman wie eine lebendige Person beim Namen genannt. So bezieht Klepper an seinem letzten Tauftag das Losungswort aus Galater 1,15.16 nicht auf sich selbst allein, sondern auch auf das Buch. Er schreibt: „Dies Wort gilt auch für den schweren Entschluß, in dieser Zeit, in dieser meiner Lage ‚Das ewige Haus' zu wagen."[25] Und während der letzten kurzen Reise – zwei Monate vor seinem Tod – notiert Klepper nach einem Gang durch die Stadt Würzburg: „Ich muß eine Stadt in ihren Häusern kennen. Ich bin dem Haus zu sehr verschrieben. Auch darum ist es so furchtbar, daß das ‚Ewige Haus' so schleppend und gequält entsteht. Entsteht es denn noch? Gibt Gott mir mein Werk und mich dem Werke zurück? Kann diese Reise etwas dafür bedeuten? Und kann noch irgend etwas für mich Bedeutung erlangen, was nicht in diese Frage eingeht?"[26]

Blickt man also auf den Künstler Jochen Klepper, dann kann man sein Erdulden all der vielen Zurücksetzungen und Demütigungen durch die nationalsozialistische Herrschaftsbürokratie als ein Leiden für das werdende Werk deuten. Zu wieviel Selbstverleugnung und Selbstüberwindung Klepper im Dienste des Kunstwerks fähig war, hatte ja schon die Entstehungsgeschichte des ersten großen Romans *Der Vater* gezeigt.[27] Um diesem Buch überhaupt eine Lebens- und Überlebenschance zu erstreiten, hatte Klepper mit Eingaben über Eingaben seine Aufnahme in die Reichsschrifttumskammer betrieben,

---

[24] JOCHEN KLEPPER, Die Flucht der Katharina von Bora. Aus dem Nachlaß hg. und eingeleitet v. Karl Pagel, Stuttgart 1951 (die erste Auflage trug noch den Vortitel: Das Ewige Haus. Geschichte der Katharina von Bora und ihres Besitzes. Romanfragment).
[25] Tagebücher 1057.
[26] Tagebücher 1107.
[27] Vgl. R.THALMANN, J. Klepper 86-94. – JOCHEN KLEPPER, Der Vater. Der Roman des Soldatenkönigs, Stuttgart 1937. Zur literarischen Würdigung dieses Werks vgl. man: FRANK WESTENFELDER, Genese, Problematik und Wirkung nationalsozialistischer Literatur am Beispiel des historischen Romans zwischen 1890 und 1945, Frankfurt a.M. u.a. 1989 (= EHS I,1101) 274-279 (Lit.); MANFRED BIELER, Hymnus auf einen Schmerzensreichen. Über Jochen Klepper: Der Vater (1937), in: Marcel Reich-Ranicki (Hg.), Romane von Gestern – Heute gelesen 1933-1945 (Bd.3), Frankfurt a.M. 1990, 127-134. F. Westenfelder und M. Bieler kommen mit unterschiedlicher Argumentation zu einem sehr kritischen Urteil über die literarische

seine Entlassung aus ihr mit allen ihm möglichen Mitteln wieder rückgängig zu machen versucht und schließlich auch „das Letzte" auf sich genommen, nämlich einen Brief an Goebbels zu schreiben und diesen mit „Heil Hitler" zu unterzeichnen.[28] Am Ende des Jahres 1937, das Klepper eine „jederzeit widerrufliche Sondergenehmigung zur schriftstellerischen Tätigkeit" gebracht und ihn unter die Aufsicht des Propagandaministeriums geführt hatte[29], dichtete er sein „neues Lied":

> *Der du die Zeit in Händen hast,*
> *Herr, nimm auch dieses Jahres Last*
> *und wandle sie in Segen.*
> *Nun von dir selbst in Jesu Christ*
> *die Mitte fest gewiesen ist,*
> *führ uns dem Ziel entgegen.*

In sein Tagebuch trug Klepper ein: „Das schwerste, schönste und bedeutsamste Jahr meines Lebens durfte beschlossen sein im Gebet. – Gott hat im alten Jahr ‚ein neues Lied' gegeben. Das muß nun geglaubt sein."[30]

Qualität des Romans. F. Westenfelder hebt besonders hervor, daß Kleppers Grundaussagen zu den Themen „Obrigkeit-Herrschaft-Politik-Soldatentum-Bürgertum" von den Nationalsozialisten mit Zustimmung rezipiert werden konnten. M. Bieler nennt Kleppers Prosa „eine Mischung aus Nibelungenlied, Dienstvorschrift und Kohelet [...] Es entsteht jener rauschhafte Sog, der mich einst mitriß" (132). Zusammenfassend bemerkt M. Bieler: „Sicher ist, daß viele Zeitgenossen Kleppers seinen Roman als ‚Nein' gegen den Nationalsozialismus verstanden [...] Diesen Lesern ist insofern zuzustimmen, als Kleppers Preußenkönig, verglichen mit Adolf Hitler, tatsächlich ein ‚Hüter der heiligen Ordnung' war. Den Roman ein Buch des Widerstands zu nennen, will mir trotzdem nicht gelingen" (133f). Wesentlich positiver ist das Urteil von WERNER WELZIG, Der Deutsche Roman im 20. Jahrhundert, Stuttgart 1970, 362-365. – Zu einem positiveren Gesamturteil kommt auch Günter Wirth in seiner gründlichen und materialreichen Studie über die Entstehung und die Rezeptionsgeschichte von Kleppers Roman. Wirth arbeitet insbesondere deutlich heraus, warum *Der Vater* als ein Werk der „inneren Emigration" bezeichnet werden dürfe; er bringt auch Beispiele einer „schroffen Kritik" des Romans durch überzeugte Nationalsozialisten bei (GÜNTER WIRTH, Geschichte in metaphorischer Gestalt. Jochen Klepper: „Der Vater", in: Sigrid Bock/Manfred Hahn [Hg.], Erfahrung Nazideutschland. Romane in Deutschland 1933-1945. Analysen, Berlin/Weimar 1987, 189-230, 484-491).

[28] E.G. RIEMSCHNEIDER, Der Fall Klepper (s. Anm. 10) 57-61. „Den Brief an Goebbels mußte ich mit ‚Heil Hitler' unterzeichnen. Ich habe nun das Letzte auf mich genommen" (a.a.O. 57).

[29] Der Präsident der Reichsschrifttumskammer hatte Klepper am 2. September 1937 mitgeteilt: „Auf Grund Ihres [...] Schreibens vom 24.4.37 ist Ihnen die jederzeit widerrufliche Sondergenehmigung zur schriftstellerischen Tätigkeit in meinem Zuständigkeitsbereich erteilt worden. Sie sind jedoch verpflichtet, jedes Manuskript vor der Veröffentlichung der Reichsschrifttumskammer zur Prüfung unter Bezugnahme auf dieses Schreiben vorzulegen" (E.G. RIEMSCHNEIDER, Der Fall Klepper 50; über die zusätzliche Aufsicht des Propagandaministeriums ebd. 57-102).

[30] Tagebücher 540.

Der in der Reichsschrifttumskammer für Kleppers Arbeiten zuständige Lektor, Alfred Richard Meyer, unterzog Kleppers Neujahrslied einer vernichtenden Kritik. „Dieses Gedicht [...] vertritt eine Gesinnung, die absolut *jüdisch* genannt werden muß. Es wird gesprochen von des Jahres Last, daß alles, was der Mensch beginnt, vor seinen Augen zerrinnt, daß des Menschen Tag und Werk vergeht, daß der Mensch im Winde treibt, daß die Menschen ihre Tage in Schuld verbringen, daß sie in ihrer Zeit vieles versäumen und verfehlen [...] Das heutige Deutschland darf bestimmt ein Neujahrslied in einem anderen, positiveren Ton erwarten, der es nicht nötig hat, auf die knechtische Einstellung der Psalmen zurückzugreifen."[31]

Klepper wurde wegen dieses Liedes am 12. Januar 1938 zu einer Unterredung in die Reichsschrifttumskammer bestellt; er erfuhr, daß im Augenblick nicht seine Ehe, nicht seine politische Vergangenheit zur Diskussion stünden, sondern „die knechtische Haltung", die in seiner Dichtung zu Wort komme. Klepper vertraute seinem Tagebuch an, daß er glücklich war, „daß es also sofort um das Zentrale ging. Das war ungleich mehr, als ich von dieser Stelle je erwarten konnte. Denn nun ist die Sache nicht mehr meine, sondern Christi Sache."[32]

Wieder kommt es bei Klepper zu einer von außen betrachtet kaum verständlichen Reaktion. Er unterwirft sich erneut „jeder Kontrolle" und bittet seinen Verleger Kurt Ihlenfeld, die neuen geistlichen Lieder nicht im Februar-Heft des *Eckart* zu veröffentlichen. Zu Hause rührt ihn die spontane Äußerung seiner Frau: „Ich bin also nicht mehr der Grund."[33]

Diese Episode, zu der es eine Fülle vergleichbarer Kontakte mit den Behörden gibt, erlaubt uns, tief in die innere Verfassung Kleppers in jenen Jahren zu blicken. In seinem Künstlertum ist er – gerade als bekennender Christ – völlig souverän und frei. Wenn es ihm gelingt, so zu sprechen, daß „seine Sache" nicht mehr die eigene Sache ist, sondern zu „Christi Sache" wird, dann kann er sich vollständig entlastet fühlen. Er steht nicht unter dem Zwang, durch oppositionelles oder resistentes Verhalten den Behörden gegenüber irgendetwas durchsetzen zu müssen. Es genügt, daß er leben und schreiben kann; welchen Weg sein Werk zur Öffentlichkeit hin finden mag, ist nicht seine Sorge, sondern die einer höheren Instanz, vor der alle braunen Machthaber zuletzt zuschanden werden. Klepper kämpft als Christ und als Künstler lediglich um Zeitfristen, in denen es ihm möglich ist, an seinem Werk weiter zu arbeiten.

Wir fragen: War es wirklich nur dieser dem Werk dienen wollende künstlerische Ehrgeiz, der Klepper davon abhielt, dem verachteten Regime in

---

[31] E.G. RIEMSCHNEIDER, Der Fall Klepper 54f.
[32] Tagebücher 544f.
[33] Tagebücher 545.

Deutschland rechtzeitig den Rücken zu kehren oder – als es hierzu zu spät war – in irgendeine Form der widerständigen Opposition einzutreten, wie er sie ganz in seiner Nähe bei einigen Vertretern der Bekennenden Kirche[34] und insbesondere bei Käthe Staritz[35] beobachten konnte? Warum diese ständigen Bittgänge zu den Behörden? Warum dieser verzweifelte, seine Gesundheit ruinierende Kampf darum, mit seinem literarischen Werk doch noch irgendwie im nationalsozialistischen Deutschland präsent zu sein?

Ganz und gar falsch wäre eine Antwort, die Jochen Klepper unterstellt, er habe die Unmenschlichkeit und Unwürdigkeit der herrschenden Männer nicht zureichend durchschaut und sich der Illusion hingegeben, es könne sich ohne eine vernichtende Katastrophe alles zum Besseren wenden. Solche unrealistischen Erwägungen waren Klepper völlig fremd. Aber auch die von der Biographin Rita Thalmann aufgestellte These, Kleppers „preussisch-lutherisch konservatives Weltbild", seine „Ideologie der ‚gottgewollten Bindungen'" habe ihn immer wieder in die Anpassung hineingeführt und „ihm den Weg zur verantwortungsvollen Tat versperrt"[36], kann nicht überzeugen. Klepper war ja überhaupt nicht entschlußlos und passiv. Wenn man die Wege und Aktivitäten Kleppers in den Jahren nach 1933 nachzeichnet, dann steht man eher vor einem Lebensbild, das durch Hektik und Aktionismus geprägt ist, als vor dem Lebenslauf eines Menschen, der sich durch die Ideologie gottgewollter Bindungen in Passivität hat führen lassen. Gerade die in sich problematischste Aktivi-

---

[34] Kleppers einzelne Kontakte mit Vertretern der Bekennenden Kirche – von Otto Dibelius bis Helmut Gollwitzer und von Heinrich Grüber bis Harald Poelchau und Emil Fuchs – sind überhaupt noch nicht erforscht. Hier liegt ein wichtiges Desiderat der Kirchlichen Zeitgeschichtsforschung vor. Gerade Kleppers sehr selbständige und differenzierte Einstellung zu „der" Bekennenden Kirche dürfte weiterführende Einsichten sichtbar machen.

[35] Katharina Staritz (1903-1953) war Kleppers Kommilitonin während seines Theologiestudiums in Breslau gewesen. Wegen eines Rundschreibens, das die Pfarrvikarin an ihre Breslauer Amtsbrüder geschickt hatte, wurde K. Staritz verhaftet und später in das KZ Ravensbrück gebracht. Als Klepper von Hans v.Soden über die Verhaftung von K. Staritz unterrichtet wurde, schrieb er in sein Tagebuch: „Ob es solche ‚illegale' kirchliche Tätigkeit der in Schlesien vom Amte suspendierten Vikarin ist, ob es [Reinhold] Schneiders Versendung von Privatdrucken heute nicht zu veröffentlichender Gedichte ist – hier steckt das gleiche Problem. Dies ist nicht Gottes Weg, uns zu Bekennern und Märtyrern zu machen. Wir müssen lernen, daß Gott auch ohne uns wirken kann" (Tagebücher 1042). Vgl. R. Thalmanns – berechtigte – kritische Rückfrage zu diesem Tagebucheintrag: R. THALMANN, J. Klepper 356. – Zu K. Staritz vgl. GERLIND SCHWÖBEL, „Ich aber vertraue". Katharina Staritz – eine Theologin im Widerstand, Frankfurt a.M. ²1992 (in der 2. Aufl. dieser ersten biographischen Würdigung von K. Staritz, die eine der ganz wenigen Christinnen war, die sich für die von den Ariergesetzen betroffenen Christen öffentlich einsetzte, wurden einige Briefe an Klepper und seine Frau abgedruckt: 207-217). K. Staritz wird von der Kirchlichen Zeitgeschichtsforschung wegen ihrer nahezu singulären Haltung in der Verfolgung der „nichtarischen" Christen noch sorgfältig zu hören und zu würdigen sein.

[36] R. THALMANN, J. Klepper 381.

tät Kleppers in den Jahren 1940 und 1941, nämlich seine Teilnahme als Soldat am Balkanfeldzug, ist von ihm tatkräftig dazu benutzt worden, Bewegung in sein Lebensschicksal zu bringen. Von „resignierender Duldsamkeit" kann da wirklich nicht die Rede sein.[37] Als Klepper dann wegen seiner jüdischen Frau auch noch für „wehrunwürdig" erklärt und nach Hause geschickt wurde, als man ihm also auch diese Möglichkeit zur Eigeninitiative nahm, schrieb er: „Nun mag es wohl in letzter Tiefe gehen. Ich komme aus dem Kriege, aber der Zukunft vor allem gilt das Gefühl, das mich bei der Heimkehr beherrscht: ‚Ich bin hindurch' (Römer 8). Das Schicksal heißt für mich ‚Überwindung', die Aufgabe ‚Trost'. Das ist mir immer klarer geworden. Das ‚Ewige Haus' ist nichts als ein Buch von Überwindung und Trost. Bin ich nun, von Engeln geleitet, an dem Ort, den Gott mir bereitet hat?"[38]

Das Schicksal heißt „Überwindung", die Aufgabe „Trost". Mit diesen Worten lenkt Klepper unsere Augen auf die zweite Betrachtungsebene, die uns helfen kann, sein Verhalten zu begreifen, ohne es letzten Endes unter abwertende Beurteilungskriterien zu stellen. Man kann Kleppers Verhalten in der Zeit des Nationalsozialismus als den Kampf des Künstlers für sein Werk verstehen, – für ein Werk, das seine Vollendung darin findet, die „Sache Christi" zur Sprache zu bringen. Man kann Kleppers Verhalten in der Zeit des Nationalsozialismus aber auch als das im höchsten Sinne aktive Bemühen verstehen, eine bestimmte Gestalt personaler protestantischer Identität im Lebensvollzug zu verwirklichen und damit Widerstand gegen das herrschende politische Unrechtsregime zu leisten.

Protestantische Identität hat dort, wo sie vollständig repräsentiert wird, stets drei Facetten. Sie setzt sich zusammen aus einer *personalen* Identität, einer *politischen* Identität und einer *kirchlichen* Identität. Ein Blick in die Geschichte des Protestantismus zeigt, daß eine gleichgewichtige Ausbildung aller drei Identitäten zugleich sehr selten ist. In der Zeit der nationalsozialistischen Herr-

---

[37] In der Zeitschrift *Junge Kirche* schrieb ein ungenannter Rezensent der „Tagebücher" schon 1958: „Dies Buch veraltet nicht. Es gehört wie die Schriften Bonhoeffers zu den entscheidenden Zeugnissen jener Jahre, mit denen wir geistig, geistlich und politisch immer noch nicht fertig geworden sind. Was bei Bonhoeffer kühner Angriff auf die Welt ist, wird hier zum Leiden an der Welt, zum Leiden, gerade weil K.[lepper] die Welt nicht passiv hinnimmt, sondern sie liebt und in ihr gestalten will" (JK 19 [1958] 663). Hans Jürgen Baden hat in seinem psychologisch sehr einfühlsamen Essay über Klepper und Reinhold Schneider geschrieben: „Er [Klepper] sah den Terror wachsen – aber er hielt das Militär für eine Art Oase inmitten der ideologischen Verkommenheit. Er hätte, ohne Zynismus, mit Gottfried Benn von der Emigration zur Wehrmacht sprechen können [...] Die soldatische Existenz stellt für ihn nicht nur ein Refugium dar; er hoffte zugleich, daß er auf diese Weise seiner Familie helfen könnte." HANS JÜRGEN BADEN, Extreme Existenzen – Jochen Klepper und Reinhold Schneider, in: Carsten Peter Thiede (Hg.), Über Reinhold Schneider, Frankfurt a.M. 1979, 183-201; 194.

[38] Tagebücher 960 (vom 8. Oktober 1941).

schaft setzten die führenden Vertreter der Bekennenden Kirche nahezu alle Akzente ausschließlich auf ihre kirchliche Identität.[39] Nach 1945 ist der deutsche Protestantismus weithin dadurch gekennzeichnet gewesen, daß er um eine neue politische Identität rang.[40] Die personale Komponente protestantischer Identität, die in den großen Romangestalten Theodor Fontanes so überzeugend verkörpert wird – man denke nur an den alten Stechlin und die Gräfin Melusine oder an Pastor Lorenzen –, diese personale Komponente ist im gegenwärtigen Bewußtsein evangelischer Christen kaum mehr aufzufinden. Jochen Klepper hat unter den ihm auferlegten unsäglich schweren Lebensbedingungen alle Kraft darauf konzentriert, personale protestantische Identität zu bewahren und zu bewähren und damit zugleich Menschlichkeit in finsteren Zeiten zu erhalten. Dabei orientierte er sich an einer Wertehierarchie lutherischer Prägung, in der für ihn ganz oben die sittliche Pflicht stand, Verantwortung für anvertraute Menschen unbedingt ernst zu nehmen.

Es wäre mehr als nur eine lieblose Ungerechtigkeit, wenn wir, die wir selbst nur Bruchstücke protestantischer Identität vorzeigen können, es dem Mann Jochen Klepper zum Vorwurf machten, daß er in seiner doppelt verfinsterten Zeit alles daran setzte, wenigstens in dem ganz kleinen, ihm verbleibenden Bereich der persönlich-privaten Existenz Menschlichkeit und damit die Identität als protestantischer Christ zu bewahren. Die ungezählten Bittgänge Jochen Kleppers, seine Bereitschaft, auch ganz bescheidene Aufgaben anzunehmen und sich den Forderungen der Behörden anzupassen, dienten nicht nur dem künsterlichen Werk, sondern zugleich immer auch dem Erhalt einer einigermaßen humanen Existenzform für seine Frau und die beiden Stieftöchter. Eine lutherische Pflichtenethik band Klepper an die Existenznorm der Treue.[41]

---

[39] Zu dem folgenreichen Rückzug führender Vertreter der Bekennenden Kirche auf rein innerkirchliche Probleme und Fragestellungen vgl.: JOACHIM MEHLHAUSEN, Der Schriftgebrauch in den Bekenntnissen und grundsätzlichen Äußerungen zur Kirchenfrage aus der Anfangszeit des Kirchenkampfes, in: Hans Heinrich Schmid/J. Mehlhausen (Hg.), Sola Scriptura. Das reformatorische Schriftprinzip in der säkularen Welt, Gütersloh 1991, 213-228 (s.o. 363-382); DERS., Kirchenkampf als Identitätssurrogat? Die Verkirchlichung des deutschen Protestantismus nach 1933, in: Friedrich Wilhelm Graf/Klaus Tanner (Hg.), Protestantische Identität heute, Gütersloh 1992, 192-203 (s.o. 402-417).

[40] Statt vieler Einzelbelege sei verwiesen auf: JOCHEN-CHRISTOPH KAISER/ANSELM DOERING-MANTEUFFEL (Hg.), Christentum und politische Verantwortung. Kirchen im Nachkriegsdeutschland, Stuttgart u.a. 1990 (= Konfession und Gesellschaft. Beiträge zur kirchlichen Zeitgeschichte Bd. 2); JOACHIM MEHLHAUSEN, Eine kleine Geschichte der evangelischen Kirche in der Bundesrepublik Deutschland. Erwägungen zu der Frage, warum es ein solches Buch nicht gibt, in: EvErz 42 (1990) 419-431.

[41] Am Beispiel der von Albrecht Ritschl aufgestellten „Tugendtafel" sei daran erinnert, welche Anforderungen an das Charakter-Profil einer personalen protestantischen Identität in dieser Tradition gestellt wurden. Ritschl unterschied mit einer biblisch-theologischen Begründung drei Gruppen von Tugenden: 1. Selbstbeherrschung und Gewissenhaftigkeit/Treue – sie be-

Klepper hat das Wort nie selbst benutzt, aber es war „Gottesdienst im Alltag der Welt", wenn er die trüben Tage der Ächtung und Verfolgung für diese drei einzig nahen Menschen durch noch so kleine Gesten zu erhellen versuchte. Die erste Eintragung im Tagebuch nach der Entlassung aus dem Wehrdienst lautet: „Um nicht ganz mit leeren Händen heimzukommen, besorgte ich in Fürstenwalde noch schöne Rosen für Hanni und Nelken für Renerle."[42] Rosen und Nelken für die gehetzte Frau und die den „Gelben Stern" tragende Stieftochter; für diese Frauen, deren Alltag von aberhundert demütigenden und verächtlich machenden Zwangsgesetzen umstellt und verfinstert war.

Es gibt eine recht frühe Tagebucheintragung Jochen Kleppers, die durch einen überraschenden Perspektivenwechsel den Leser betroffen und nachdenklich machen muß. Sie lautet: „Heute ist es fünf Jahre her, daß Hanni und ich uns kennenlernten. Ich habe Hanni nicht viel Gutes gebracht. Aber sie fragt nicht danach. Ich kann noch nicht darüber hinweg, denn mir hat diese Ehe nur Gutes gebracht. Was haben Arierparagraphen mit Hanni zu tun? Und daß wir kein Kind haben würden, hatte ich vorher zu bedenken."[43]

Klepper stellt hier den objektiven Sachverhalt auf den Kopf. Ohne Hanni Stein und ihre Kinder hätte Klepper nach 1933 zu einem allseits gefeierten Schriftsteller aufsteigen können, dem die Nationalsozialisten seine christlich-konservative Grundhaltung vermutlich recht lange nachgesehen hätten. Ihm wäre bis zum Kriegsende wohl kaum Ärgeres zugestoßen als Ernst Jünger, Rudolf Alexander Schröder oder Reinhold Schneider. Vielleicht hätte Klepper sogar noch den Weg in ein Pfarrhaus und auf eine Kanzel gefunden, nach denen er sich lebenslang sehnte. Aber auf einem solchen, vermeintlich helleren Lebensweg wäre Klepper um die eine, unfaßlich ernste Lebensaufgabe betrogen worden, nämlich: gegen das unmenschliche nationalsozialistische Regime durch die existentielle Parteinahme für drei entrechtete Menschen *Widerstand* zu leisten, der höher einzuschätzen ist als jene in der historischen Urteilsbildung stets umstrittene Haltung der „inneren Emigration", die im Schatten von Anklage

---

gründen „die Selbständigkeit und Ehrenhaftigkeit des Charakters". 2. Weisheit, Besonnenheit, Entschlossenheit, Beharrlichkeit – sie begründen „die Klarheit und Energie des Charakters". 3. Güte, Dankbarkeit, Gerechtigkeit – sie begründen „den Gemüthswert oder die Liebenswürdigkeit des Charakters" (ALBRECHT RITSCHL, Unterricht in der christlichen Religion, Bonn ⁴1890, 60f.). Otto Ritschl hat – noch zu Beginn des Zweiten Weltkriegs – auf den Grundvorstellungen seines Vaters aufbauend diese Ethik der protestantischen Persönlichkeit weiter entfaltet: OTTO RITSCHL, Ethologie des sozialen und des persönlichen Menschenlebens, 2 Bde. Halle 1940. Die besondere theologische Situation in Deutschland nach 1945 hatte zur Folge, daß dieser gesamte Traditionsstrang einer an der Bibel und der Reich-Gottes-Vorstellung orientierten personalen Pflichtenethik und protestantischen Charakter-Lehre völlig abgebrochen ist.

[42] Tagebücher 959.
[43] Tagebücher 176 (vom 26. April 1934).

und Apologie steht.[44] So wie das Auge sich selber nicht sieht, so hat Klepper die Aktivität seines Widerstands gegen die Nationalsozialisten in der Sorge für diese drei Menschen nicht wahrgenommen und schon gar nicht darüber geschrieben. Das höchste, was Klepper in dieser Hinsicht dem Tagebuch anvertraut, lautet: „Wohl dem, der auf die Seite der Leidenden gehört. – So schwer es ist, dies zu sagen."[45] Es gehört zur Tragik des Schicksals von Jochen Klepper hinzu, daß nach 1945 gerade dieser Aspekt seiner Existenz als Christ kaum beachtet worden ist.[46]

Dabei lohnt es sehr, nach den theologischen Voraussetzungen zu fragen, die Kleppers unbeirrbares Verhalten ermöglichten. Zumindest zwei Traditionsstränge haben Kleppers personale protestantische Identität bestimmt: seine Verwurzelung in einer „bibeltheologischen" Überlieferung, die über Rudolf Hermann auf die Erweckungstheologie des 19. Jahrhunderts sowie das Herrnhutertum der Brüdergemeine zurückverweist[47]; und eine Frömmigkeitspraxis, die fern von aller liturgischen Überhöhung in der gelebten Liturgie des christ-

---

[44] Ob und inwiefern Kleppers Haltung als *Widerstand* bezeichnet werden darf, setzt natürlich eine Verständigung über den zugrundegelegten Widerstandsbegriff voraus; man vgl. hierzu: HELLMUT SEIER, Kollaborative und oppositionelle Momente der inneren Emigration Jochen Kleppers, in: Jahrbuch für die Geschichte Mittel- und Ostdeutschlands (hg.v. Wilhelm Berges/Carl Hinrichs) 8 (1959) 319-347; in diesem Aufsatz werden die J. Klepper betreffenden Akten aus dem Archiv der ehemaligen Reichsschrifttumskammer in die Untersuchung mit einbezogen. Eine systematische Erschließung aller NS-Archive im Blick auf Klepper (etwa: Reichskulturkammer, Reichsministerium für Volksaufklärung und Propaganda usw.) ist noch nicht versucht worden. Die umfangreichste monographische Behandlung der Thematik „J. Klepper und die innere Emigration" stammt von: GÉRARD IMHOFF, Jochen Klepper. Contribution á l'étude de l'Emigration intérieure, Bern-Frankfurt a.M. 1982 (= EHS I,554).

[45] Tagebücher 591; vgl. auch 105.

[46] Dies zeigt etwa die mit so tiefer Sympathie geschriebene Besprechung der „Tagebücher" durch Gerhard v. Rad (s. Anm.1), in der Klepper aber getadelt wird, weil er sich der Bekennenden Kirche nicht angeschlossen hatte: „Daß Klepper bei solcher Grundeinstellung in diesen schweren Jahren keinen Weg zur ‚Bekennenden Kirche' fand, wird jeden Leser beschäftigen müssen. Klepper hat sich sogar nach gewissen Begegnungen oder nach dem Empfang gewisser Nachrichten diese seine ablehnende Haltung geradezu mit einer gewissen Genugtuung immer wieder bestätigt. Zu dieser Ablehnung, die auch heute noch schmerzlich berühren muß, hat mancherlei beigetragen. Daß Klepper über die Bekennende Kirche gar nicht recht Bescheid gewußt hat, wird immer wieder deutlich" (EvTh 17 [1957] 245).

[47] Kleppers Vater war von Herrnhutischer Frömmigkeit geprägt. Sowohl in Erlangen als auch in Breslau begegnete der Theologiestudent Klepper Vertretern einer „positiven" biblischen Theologie, die ganz bewußt an Traditionen der Erweckungsbewegung des 19. Jahrhunderts anknüpfen wollten. Außer zu R. Hermann hatte Klepper in Breslau besonders engen Kontakt mit dem Neutestamentler Ernst Lohmeyer (vgl. H. Assel [s. Anm.11] 17 u.ö.). Hubert Becher SJ (s. Anm.1) hebt in seiner präzisen Beschreibung der Grundzüge der Kleppersche Theologie die Bedeutung des „Sündenbewußtseins" hervor (333). Auch dieser Einzelzug verweist auf die gleiche theologische Tradition, nämlich die Verbindungslinie von Lohmeyer über Martin Kähler bis hin zu Julius Müller und Friedrich August Gottreu Tholuck.

lichen Kirchenjahres ihre festeste Stütze hat.[48] Beide theologischen Traditionsstränge, die hier nicht weiter analysiert werden können (aber der näheren Analyse dringlich bedürfen), begegnen dem Leser der Tagebücher Kleppers nahezu auf jeder Seite. Schon Reinhold Schneider hat hervorgehoben:

„Als die wichtigste Aussage der Tagebücher hätte Jochen Klepper ohne Zweifel die für fast jeden Tag, für jedes Jahr ausgewählten oder ihm geschenkten Worte der Schrift angesehen. Von ihnen her müssen diese Aufzeichnungen gelesen werden; nur das angenommene Wort wird sie verständlich machen: denn sie drücken nichts anderes aus, als ein Leben nach dem Wort, aus dem Wort, in ihm und unter seinem Gericht. Das Wort ist die eigentliche Autorität für Jochen Klepper, die Weisung, die nie versagt, wenn sie auch oft eine dunkle, bedrückende, erschreckende ist."[49]

Trotz des nicht abgeschlossenen Theologiestudiums war Kleppers Lebensweg ganz und gar von der Theologie her bestimmt. Theologie aber bedeutete für ihn: Studium der Heiligen Schrift – nicht als historisch-kritische Exegese, sondern als ein die eigene Existenz ansprechendes unmittelbares Hören auf das Wort der Schrift. Sein Tagebuch ist zu Recht ein „Buch ‚voller Bibel'" genannt worden.[50] Zur Bibel tritt das Kirchenjahr mit den Festzeiten. Es bildet einen „geschlossenen Kreis", der zum Leben gehört und es ordnet „und für den man voller Dankbarkeit sein muß."[51] So kann Klepper „es nie verwinden", daß das Epiphaniasfest „als der große Abschluß der Weihnachtszeit, erstorben, durch das karnevalsmäßige Silvester abgelöst ist."[52]

Aus dem als Autorität gehörten Wort der Schrift und aus dem Jahresrhythmus der christlichen Feste mit ihrer je eigenen Botschaft schöpfte Klepper die Kraft für die Erhaltung seiner personalen protestantischen Identität, die sich darin bewährte, daß er die ständig neu auftauchenden lebensbedrohenden Schwierigkeiten zu überwinden suchte und zugleich selbst durch seine Nähe noch Trost spenden konnte. Neben dieser Aufgabe blieb für Klepper kaum

---

[48] Klepper hat keiner der „liturgischen Bewegungen" seiner Zeit förmlich angehört, er stand ihnen aber nahe und wurde von deren führenden Vertretern aufmerksam wahrgenommen. Klepper erklärte seine Zurückhaltung damit, daß ihm „in der Kirche jeder besondere Zusammenschluß, von Menschen gewollt, so fremd" sei (Tagebücher 301; vgl. auch 432; 544; 554; 562; 661; 663 u.ö.). Zu den „liturgischen Bewegungen" vgl.: HANS-CHRISTOPH SCHMIDT-LAUBER, Art. „Liturgische Bewegungen" in: TRE 21 (1991) 401-406 (Lit.).

[49] REINHOLD SCHNEIDER, Zum Geleit, in: Tagebücher 10. Dieser Text R. Schneiders erschien als Vorabdruck zusammen mit Auszügen aus den Tagebüchern: R. SCHNEIDER, Jochen Klepper, in: Merkur 10 (1956) 856-872.

[50] K. PAGEL, In tormentis scripsit (s. Anm. 13) 1196. – Zu Kleppers Schriftverständnis und Schriftgebrauch vgl. KLAUS BAUMANN, Die Bedeutung der Bibel in Theorie und Wirklichkeit der Dichtung bei Jochen Klepper. Zum Problem der Einheit von Glaube und Wortkunst, Diss. Phil. Hamburg 1967; F.W. KANTZENBACH (s. Anm. 1) 35.

[51] Tagebücher 1016.

[52] Tagebücher 1015.

mehr Kraft übrig, um sich auch noch um eine besondere *kirchliche* Identität zu bemühen, die etwa in einem Engagement für den ihm gut bekannten „dahlemitischen" Flügel der Bekennenden Kirche Ausdruck hätte finden können.[53] Durch die Veröffentlichung des vollständigen Briefwechsels zwischen Rudolf Hermann und Jochen Klepper ist allerdings sichtbar geworden, daß Kleppers Beziehungen zur Bekennenden Kirche viel differenzierter darzustellen sind, als dies noch bei Rita Thalmann geschah. Nicht schon 1934, sondern erst 1940 begegnet man bei Klepper den kritischen Rückfragen an den Kirchenbegriff der Bekennenden Kirche und ihrer Hauptvertreter, die den Autor des *Kyrie* stutzig gemacht hatten, indem sie „Kampflieder" von ihm erbaten.[54]

Jochen Klepper hat seine fürsorgliche Nähe zu den Menschen, mit denen er sein Leben teilte, nie aufgegeben. Nachdem es gelungen war, die ältere der beiden Töchter kurz vor Kriegsausbruch aus Hitler-Deutschland herauszubringen[55], folgten die quälenden und immer wieder erfolglosen Bemühungen, auch die jüngere Tochter Reni vor der drohenden Deportation zu retten. Die Taufe von Frau und Tochter und die nachgeholte kirchliche Trauung erfolgten nicht mehr unter dem viel früher einmal erwogenen Aspekt, der „Übertritt" zur christlichen Gemeinde könne einen Schutz bedeuten.[56] Beim letzten gemeinsamen Weihnachtsfest muß Jochen Klepper sogar die Angst durchleiden, er könne mit seiner Frau vom Abendmahl ausgeschlossen werden.[57] Die Tochter verbirgt sich beim Weihnachtsgottesdienst in der Kirche hinter einer

---

[53] Hier müßte die Beziehung zwischen Klepper und Helmut Gollwitzer näher betrachtet werden. Bemerkenswert ist, daß Gollwitzer noch im Rückblick des Jahres 1975 sehr distanziert über Klepper berichtet (vgl. R. THALMANN, J. Klepper 270f.; Tagebücher 848; 851 u.ö.).

[54] Vgl. H. ASSEL (s. Anm. 11) 178 Anm. 163.

[55] R. THALMANN, J. Klepper 221-227. – Brigitte Stein konnte am 9. Mai 1939 nach England ausreisen; sowohl die Jüdische Gemeinde in Berlin als auch das vom Bischof von Chichester, George Bell, geförderte Emigrantenhilfswerk in London hatten die Emigration möglich gemacht. Die jüngere Tochter Renate Stein hätte zusammen mit ihrer Schwester ausreisen können. Wegen einer akuten Erkrankung blieb sie in Berlin. Doch weniger diese Krankheit als vielmehr der Wunsch, bei den Eltern bleiben zu können, führten zu dem folgenschweren Verzicht auf die Emigration (vgl. Tagebücher 918).

[56] Hanni Stein wurde am 18.12.1938 getauft; der Taufe folgte sogleich die „Einsegnung der Ehe" (vgl. Tagebücher 699f). Renate („Renata") Stein wurde am 9. Juni 1940 getauft (vgl. Tagebücher 893); am 17. April 1940 war sie aus der Jüdischen Gemeinde ausgetreten und hatte den Vater zugleich gebeten, „im Zusammenhang mit ihrem Austritt in dieser für das Judentum so schweren Zeit für sie einen Geldbetrag für den Hilfsfonds" zu überweisen (Tagebücher 871). Zu dem früheren Plan eines „Übertritts" zur Evangelischen Kirche vgl. Tagebücher 43. Unter dem 13. Mai 1933 notiert Klepper: „Der Geistliche, bei dem Hanni sich zur Taufe gemeldet hat, – ein politisch sinnlos gewordenes Beginnen – hat sich erst heut nach vielen Wochen zum ersten Male gemeldet. Mit religiösen Plattheiten. Hanni weiß hundertmal mehr vom Christentum als solche Pastoren. Bibellesen! Hanni will aus politischen Gründen nicht Dissidentin sein. Damit basta" (Tagebücher 58f.).

[57] Tagebücher 1008 (vom 25. Dezember 1941).

Säule, weil sie mit ihrem gelben Stern nicht gesehen werden will. Im Tagebuch heißt es: „Man hat noch keine Lösung für die christlichen Sternträger ‚überlegt'. – Welche Worte schafft diese Zeit, wie dies nun zum grausigen terminus technicus gewordene: die ‚Sternträger'–."[58]

Das gesamte Jahr 1942 vergeht mit angestrengten Bemühungen um eine Ausreiseerlaubnis und einen Platz in einem Zufluchtsland für die Tochter. Ende November werden alle Juden erneut statistisch erfaßt, diesmal auch die in „privilegierter Ehe" lebenden.[59] Damit rückt nun auch für Kleppers Frau die unmittelbare Gefährdung, die Deportation, immer näher. Anfang Dezember 1942 sieht es dann so aus, als ob sich doch noch alles zum Guten wenden könnte: Die schwedische Regierung erteilt für die fast zwanzigjährige Tochter eine Einreiseerlaubnis.[60] Noch einmal wendet sich Klepper an den Reichsinnenminister Frick, der früher der Familie mit einem „Schutzbrief" geholfen hatte. Doch auch der Innenminister kann nicht mehr helfen. Klepper hält im Tagebuch den Wortlaut der Antwort Fricks fest: „Ich kann keinen Juden schützen. Solche Dinge können sich ja der Sache nach nicht im Geheimen abspielen. Sie kommen zu den Ohren des Führers, und dann gibt es einen Mordskrach."[61] Für die Ausreisegenehmigung der Tochter ist im Reichssicherheitshauptamt in der Berliner Prinz-Albrecht-Straße der SS Hauptsturmführer Adolf Eichmann zuständig. Zweimal innerhalb von vierundzwanzig Stunden steht Jochen Klepper vor ihm. Am Nachmittag des 10. Dezember 1942 um 15 Uhr findet das zweite Gespräch statt. Die Ausreisegenehmigung nach Schweden wird nicht erteilt.[62]

Niemand weiß, was in dem Gespräch zwischen Klepper und Eichmann gesagt worden ist. Fast zwanzig Jahre später, am 24. Mai 1961, wurde in Jerusalem das Tagebuch Jochen Kleppers vom Gericht im Eichmann-Prozeß zu den Akten genommen; das Gericht erkannte die letzte Eintragung Kleppers als Beweis an.[63] Die Eintragung lautet:

---

[58] Tagebücher 1009.
[59] Zur Rechtslage christlich-jüdischer „Mischfamilien" vgl. URSULA BÜTTNER, Die Not der Juden teilen. Christlich-jüdische Familien im Dritten Reich. Beispiel und Zeugnis des Schriftstellers Robert Brendel, Hamburg 1988 (= Hamburger Beiträge zur Sozial- und Zeitgeschichte Bd. 24), bes. 11-71; EBERHARD RÖHM/JÖRG THIERFELDER, „Zwischen den Stühlen". Zur „judenchristlichen" Selbsthilfe im Dritten Reich, in: ZKG 103 (1992) 332-360.
[60] Tagebucheintrag vom 5. Dezember 1942: „Am Vormittag kam ein Anruf von Almqvist [Legationssekretär der schwedischen Gesandtschaft]: das schwedische Ministerium des Äußeren hat angerufen, daß für Renate die Einreiseerlaubnis erteilt ist. – Wir haben es dem Kinde nicht zu verheimlichen vermocht [...] obwohl ja der schwerste Schritt nun noch aussteht: eine zweite Audienz bei Minister Frick" (Tagebücher 1127f.).
[61] Tagebücher 1130.
[62] Tagebücher 1132.
[63] Während der 51. Sitzung des Eichmann-Prozesses in Jerusalem (am 24. Mai 1961) trug der Stellvertretende Oberstaatsanwalt Jaakov Baror den Fall der Familie Klepper vor und zitierte

456 Zur Theologiegeschichte des 20. Jahrhunderts

„Wir gehen heute nacht gemeinsam in den Tod.
Über uns steht in den letzten Stunden das Bild des Segnenden Christus, der um uns ringt.
In dessen Anblick endet unser Leben."[64]
Jochen Klepper ist denen nahe geblieben, die ihm anvertraut waren. Sein Zeugnis der Menschlichkeit in finsteren Zeiten bestand darin, daß er bis zur letzten Konsequenz auf der Seite der Leidenden blieb. Schon als junger Mann hatte Jochen Klepper über das theologische Problem der Selbsttötung nachgedacht; immer wieder taucht das Wort „Selbstmord" im Tagebuch auf. Nie hat er in Frage gestellt, daß Selbstmord schuldig mache.[65] Aber zuletzt konnte er

---

die Schlußeintragung des Tagebuches. Anschließend stellte der Oberstaatsanwalt den Antrag, daß diese „Urkunde" als Beweismittel der Anklage zu den Gerichtsakten genommen werde. Es entwickelte sich folgender Dialog zwischen dem Vorsitzenden (Mosche Landau), dem Richter (Benjamin Halevi), dem Verteidiger (Dr. Robert Servatius) und dem Ankläger: „*Vorsitzender*: Wer hat das Dokument beglaubigt? *Herr Baror*: Amtsgericht Zehlendorf-Berlin vom Mai. Das ist zu lesen zusammen mit dem Briefe des Herausgebers an den Generalstaatsanwalt in Frankfurt wo der Redakteur bestaetigt, dass die Handschrift auch von der Schwester beglaubigt wurde, und ein photostatischer Brief desselben Briefes an den Generalstaatsanwalt befindet sich ebenso bei uns in Handen. *Richter Halevi*: Wo liess Klepper dieses Tagebuch? *Herr Baror*: Anscheinend in den Haenden eines seiner Bekannten und durch seinen Bekannten ging die Sache nach dem Kriege natuerlich an die Oeffentlichkeit. Ich vertrete die Auffassung, dass aufgrund Paragraph 15 des Gesetzes zur Ahndung der Nazis und ihrer Helfer, diese Urkunde als Beweisstueck anzunehmen ist. *Vorsitzender*: Ist dieses Buch veroeffentlicht worden? *Herr Baror*: Das ist mindestens zweimal veroeffentlicht worden. Der letzte Teil des Tagebuches wurde in einem Buch veroeffentlicht, welches genannt ist ,Du hast mich heimgesucht bei Nacht', welches im Jahre 1960 in Muenchen erschienen ist. Der Gesamtumfang des Tagebuches Klepper wurde durch einen anderen Buchverlag zur Veroeffentlichung noch vorher gebracht, u.z. durch einen Verlag in Stuttgart. *Vorsitzender*: Also sie wollen auch den Brief des Herausgebers an den Generalstaatsanwalt, dass er die Bestaetigung von der Schwester erhalten haette, einreichen. *Herr Baror*: Jawohl. *Vorsitzender*: Dr. Servatius, Ihre Stellungnahme bitte zu diesem Tagebuch. *Dr. Servatius*: Ich habe keine Bemerkungen. *Vorsitzender*: Der Schriftsteller lebt nicht mehr. *Herr Baror*: Er beging mit Frau und Tochter Selbstmord am 10. September [sic] 1942. *Vorsitzender*: Entscheidung Nr. 54 – wir nehmen die Abschnitte aus dem Tagebuche Jochen Kleppers unter Beifuegung der Beglaubigung seiner Schrift auf Grund Para 15 des Gesetzes zur Ahndung der Nazis 1950 an" (nicht korrigiertes Zitat aus der unredigierten Niederschrift der Simultanübersetzung: Bezirksgericht Jerusalem. Strafakt 40/61. Der Generalstaatsanwalt des Staates Israel gegen Adolf, Sohn des Adolf Karl Eichmann. Protokoll der Sitzung 51. 24. Mai 1961; Archiv des Instituts für Zeitgeschichte München G 01).

64 Tagebücher 1133 (vom 10. Dezember 1942).
65 „Wir wissen, was der Selbstmord in unserem Falle wäre: dreifacher Mord, Ungehorsam gegen Gott, Preisgabe der Geduld, Flucht aus der Führung Gottes, Behaupten der negativen dem Menschen belassenen Macht, Hinwerfen des Vertrauens –. Aber er ist nicht die unvergebbare Sünde gegen den Heiligen Geist, ist nicht mehr als die Sünde, die der Christ unter dem *fortiter pecca* mit sich schleppt bis ans Ende. Ach, auch unser bis ans Ende getragenes Leben ist ein gar schlechtes Zeugnis für Gott. Ich kenne keinen Christen in der ,Heiligung'" (20. Oktober 1941, Tagebücher 969). Reinhold Schneider deutete den letzten Schritt Kleppers mit folgenden Worten: „Als ihm aber die Macht des Verbrechens die gelobte Gemeinschaft und Verant-

auch in diesem Schuldig-Werden nichts sehen, das größer wäre und mächtiger als die Zusage des Evangeliums von dem, der alle Schuld und Sünde vergibt.

> *Auch wer zur Nacht geweinet,*
> *der stimme froh mit ein.*
> *Der Morgenstern bescheinet*
> *auch deine Angst und Pein*
> *[...]*
> *Gott will im Dunkel wohnen*
> *und hat es doch erhellt.*
> *Als wollte er belohnen,*
> *so richtet er die Welt.*
> *Der sich den Erdkreis baute,*
> *der läßt den Sünder nicht.*
> *Wer hier dem Sohn vertraute,*
> *kommt dort aus dem Gericht.*

Im festen Glauben an die Wahrheit dieser Vergebungszusage ging Jochen Klepper mit den beiden geliebten Menschen, die er beschützen sollte und die sonst niemanden hatten, der bei ihnen blieb, in den Tod. Er wollte sie nicht auf dem Weg in die Deportation alleine lassen. Wir wissen heute, wohin dieser Weg geführt hätte.

Literaturnachtrag

EBERHARD RÖHM/JÖRG THIERFELDER, Juden, Christen, Deutsche 1933-1945, 3 Bde. in 5 Teilen, Stuttgart 1990-1995. – EMIKO DOROTHEA ARAKI, Jochen Klepper – Aufbruch zum ewigen Haus. Eine Motivsuche zu seinen Tagebüchern, Frankfurt/M. u.a. 1993 (Lit.). – TEA-WHA CHU, Nationalsozialismus und Verantwortung der christlichen Literatur. Zur Poetologie des Zwischen-den-Zeilen-Schreibens der christlichen Dichter in der Inneren Emigration 1933-1945, Frankfurt/ M. u.a. 1994 (= EHS I, 1483). – URSULA BÜTTNER, „Wohl dem, der auf die Seite der Leidenden gehört". Der Untergang des Dichters Jochen Klepper mit seinen Angehörigen als Beispiel für die Verfolgung jüdisch-christlicher Familien im „Dritten Reich", in: Joachim Mehlhausen (Hg.), „... und über Barmen hinaus". FS Carsten Nicolaisen, Göttingen 1995 (AKiZ B.23), 342-364. (Lit.) – MARTIN JOHANNES WECHT, Jochen Klepper – ein christlicher Schriftsteller im jüdischen Schicksal, dargestellt anhand seines Tagebuchs, Diss.theol. Heidelberg 1996 (Lit.). – JOACHIM MEHLHAUSEN, Jochen Klepper, in: Wolf-Dieter Hauschild (Hg.), Profile des Luthertums. Biographien zum 20. Jahrhundert, Gütersloh 1998 (LKGG 20), 397-426.

---

wortung nicht mehr erlaubte, nahm er seine Frau und die jüngste Tochter an die Hand und eilte zu Gott, ehe er sie gerufen hatte. Das war ein Akt des Glaubens: schütze, die ich nicht mehr schützen kann! Es war ein Selbstmord unter dem Kreuz, dem Zeichen der Liebe. Das Problem stellt sich in einer Gestalt, auf die es keine Antwort gibt" (REINHOLD SCHNEIDER, Verhüllter Tag, Köln/Olten ⁴1956, 117f.). Für Kleppers Auseinandersetzung mit der Suizidproblematik (er selbst benutzte immer das Wort „Selbstmord") sind folgende Tagebucheintragungen besonders aufschlußreich: Tagebücher 71; 76f.; 111; 283; 336; 969; 973; 983-986; 993; 1007; 1019f.; 1031; 1049; 1095; 1099f.; 1124.

Die Wahrnehmung von Schuld in der Geschichte
Ein Beitrag über frühe Stimmen in der Schulddiskussion nach 1945

1. Theologische Vorüberlegungen

Von Nathans Bildrede vom reichen Mann und dem armen Mann mit seinem einzigen kleinen Schäflein (2 Sam 12,1-4) über die reiche Beichtspiegel-Literatur des Mittelalters[1] bis hin zum *Allgemeinen Gewissensspiegel* im Katholischen Gebet- und Gesangbuch „Gotteslob" gibt es eine Überfülle von Zeugnissen, die eindrucksvoll belegen, daß Menschen zur Wahrnehmung von eigenem schuldhaften Verhalten auf fremde Hilfe angewiesen waren und wohl auch noch angewiesen sind. Die hohe seelsorgerische Weisheit einer als Ohrenbeichte praktizierten Einzel- oder Privatbeichte ist darin zu sehen, daß sie die „Funktion einer Instanz" übernehmen kann, „die mögliche Grenzüberschreitungen kontrolliert" und somit „die Zugehörigkeit zu einer objektiven Lebensform überwacht".[2] Daß eine Absolution im Sakrament der Buße erst dann erteilt werden sollte, wenn es wirklich zur Wahrnehmung der konkreten eigenen Schuld gekommen ist (*contritio cordis*) und diese Schuld mit Worten, die den Sachverhalt so genau wie möglich beschreiben, in das Ohr eines Bruders hinein gesprochen wurde (*confessio oris*), ist ein aus dem Spätmittelalter stammender pastoraltheologischer Gedanke von sehr weitreichender und tiefgehender Grundsatzbedeutung, dessen Weiterführung und Umformung in den verschiedenen Lehren der Psychotherapie und Klinischen Seelsorge bekannt ist.[3]

Luthers Bedenken gegen eine skrupulöse Aufzählung von Einzelsünden sind leicht zu beschreiben. Sie gipfeln in dem Satz: „Denn kein schwerer Ding bisher gewesen ist, wie wir alle versucht [erfahren] haben, denn daß man idermann zu beichten gezwungen [...] dazu dasselbige so hoch beschweret hat und die Gewissen gemartert mit so mancherlei Sunden zu erzählen [aufzuzählen], daß niemand hat konnen rein gnug beichten" (BSLK 725,37-726,4). Die

---

[1] Nur pars pro toto sei ein Verweis auf die wissenschaftliche Literatur gegeben: PETRONELLA BANGE, Spiegels der Christenen. Zelfreflectie en idealbeeld in laat-middeleeuwse moralistisch-didactische traktaten, Nijmegen 1986.
[2] DIETRICH RÖSSLER, Grundriß der Praktischen Theologie, Berlin/New York 1986, 157; man vgl. das Gesamtkapitel „Beichtvater, Erzieher, Berater", ebd., 156-165.
[3] Hier sei nur generell verwiesen auf JOACHIM SCHARFENBERG, Seelsorge als Gespräch, Göttingen 1972; ROBERT S. LEE, Principles of Pastoral Counseling, London ²1979.

Confessio Augustana beschrieb den gleichen Sachverhalt mit den Worten: „Die elend menschlich Natur steckt also tief in Sunden, daß sie dieselben nicht alle sehen oder kennen kann, und sollten wir allein von denen absolviert werden, die wir zählen können, wäre uns wenig geholfen" (CA XXV, BSLK 99,4-9). Für Luther und Melanchthon war im Blick auf die Beichte nicht die Einzelsünde, sondern die Vergebungsbedürftigkeit des Menschen überhaupt das zentrale theologische Thema. Deshalb lautete Luthers eigene Beichtlehre aufs kürzeste gefaßt: „So merke nu, [...] daß die Beichte stehet in zweien Stücken. Das erste ist unser Werk und Tuen, daß ich meine Sunde klage und begehre Trost und Erquickung meiner Seele. Das ander ist ein Werk, das Gott tuet, der mich durch das Wort, dem Menschen in Mund gelegt, losspricht von meinen Sunden, welchs auch das Furnehmste und Edelste ist, so sie lieblich und tröstlich machet" (BSLK 729,10-20).[4]

Das von Luther beschriebene „Sünde klagen" und „Trost begehren" ist im neuzeitlichen Protestantismus oft und im Grunde gegen Luthers Beichtlehre (vgl. BSLK 726,26-40) dahingehend ausgelegt und bis in die gottesdienstlichen Formulare hinein praktiziert worden, daß im Zusammenhang von Buße, Beichte und Vergebung vom einzelnen Christen nur ein ganz allgemeines, allerdings tief ernst zu nehmendes, Bewußtsein des Sünder-Seins gefordert wurde. Jeder Appell, Schuld möglichst konkret in das „Sünde klagen" einzubringen und zugleich die Wahrnehmungsfähigkeit für eigenes schuldhaftes Verhalten zu schärfen, erschien unter diesem Vorzeichen als Rückfall in jene skrupulösen *anxietates conscientiarum* (Gewissensängste; BSLK 726,11), die Luther um jeden Preis vermieden wissen wollte, damit die lebenspendende und das Leben bis in den Tod hinein bewahrende Gewißheit der Vergebungszusage des Evangeliums nicht wieder verdunkelt werde.[5]

Es fragt sich, ob der skizzierte Sachverhalt nicht ganz erhebliche Auswirkungen auf den Umgang evangelischer Christen mit der Frage nach ihrer persönlichen Schuld und insbesondere nach der Schuld der Christen und ihrer Kirchen in der Geschichte hatte und hat. Weil evangelische Christen nicht generell dazu angehalten werden, präzise zwischen der Schuld vor Gott (*coram Deo*) und dem ganz konkreten Schuldig-Werden vor und an einzelnen Menschen (*coram hominibus*) zu unterscheiden, kann es nur zu leicht geschehen, daß Letzteres unter dem Ersteren subsumiert wird und damit dem Bewußtsein entgleitet. Um noch einmal auf das mittelalterliche Buß- und Beichtinstitut

---

[4] Zur Gesamtthematik sei verwiesen auf MANFRED MEZGER, Art. „Beichte. Praktisch-theologisch", in: TRE 5 (1980) 428-439.

[5] Vgl. etwa als exemplarischen Text LUTHERS Sermon „Von der Bereitung zum Sterben" (1519; WA 2,685-697) und BERNHARD LOHSE, Die Privatbeichte bei Luther, in: KuD 14 (1968) 207-228; HANS JORISSEN, Die Bußtheologie der Confessio Augustana. Ihre Voraussetzungen und Implikationen, in: Cath(M) 35 (1981) 58-89.

zurückzukommen: Die in der vorreformatorischen Frömmigkeit weithin praktizierte und dann im Tridentinum in den Rang eines Dogmas erhobene gegenreformatorische Lehre, daß erst die dem Absolutionswort des Priesters nachfolgende „Genugtuung" (*satisfactio operis*) die Sündenvergebung „vollständig und vollkommen" mache (*ad integram et perfectam peccatorum remissionem requiri*; DH 1704), gewinnt unter dem Aspekt der Fundamentalunterscheidung *coram Deo – coram hominibus* vielleicht einen auch für die protestantische Theologie tragbaren, ja hilfreichen Sinn.[6] Die Behauptung, es könne für den Menschen irgendeine Form einer „Genugtuung vor Gott" geben außer dem Ruf „Ich glaube – Herr hilf meinem Unglauben" ist *a radice* unreformatorisch, weil sie der Rechtfertigungslehre „allein aus dem Glauben" widerspricht (vgl. BSLK 415,21f.). Vertretbar ist aber die Überlegung, daß dem Menschen, dem in der Zusage des Evangeliums seine Sünden vergeben wurden, nun der Auftrag ans Herz gelegt werden kann, das durch die eigene persönliche Schuld in die Welt gebrachte Leid anderer Menschen nach Kräften zu lindern und – wo immer dies möglich ist – die böse Tat wieder gut zu machen. Allerdings setzt die Erteilung eines solchen seelsorgerischen Auftrags voraus, daß schuldhaftes Handeln *coram hominibus* nicht allgemein, sondern in seiner immer besonderen zerstörerischen Wirkung auf die Lebenswirklichkeit ganz bestimmter Personen wahrgenommen wird. Denn nur wenn mit großer Nüchternheit und Klarheit erkannt worden ist, welche konkreten Schäden der unrecht Handelnde seinem Nächsten zugefügt hat, kann sichtbar werden, an welchen Stellen ein um Wiedergutmachung bemühtes Handeln ansetzen muß. Der so oft gesprochene und im Blick auf die Verbrechen der nationalsozialistischen Gewaltherrschaft gewiß zutreffende Satz, es gebe Dimensionen der Schuld in der Geschichte, die eine „Wieder-gut-Machung" ausschlössen, darf nicht dazu führen, daß man es unterläßt, die Schäden und Zerstörungen eindeutig zu beschreiben, die das eigene schuldhafte Handeln oder Unterlassen anderen Menschen zugefügt hat. Was aber eindeutig beschrieben werden kann, steht zumindest im Ansatz einem Handeln offen, das aus der Umkehr heraus besser wirken will, als in der Vergangenheit geschehen.

Es hieße, neue *anxietates conscientiarum* geradezu gewaltsam heraufzubeschwören, wenn man einen derartigen seelsorgerischen Auftrag nicht unter dem Gesichtspunkt befreiter und befreiender Liebe ansähe, sondern unter dem des zwingenden und die Sündenvergebung *coram Deo* bedingenden Gesetzes.

---

[6] Zum gesamten Umfeld der Lehre von der Beichte und von „genugtuenden Werken" vgl. die historisch, systematisch und ökumenisch bedeutsamen Untersuchungen von HANS-PETER ARENDT, Bußsakrament und Einzelbeichte. Die tridentinischen Lehraussagen über das Sündenbekenntnis und ihre Verbindlichkeit für die Reform des Bußsakramentes, Freiburg i.Br. 1981 und DOROTHEA SATTLER, Gelebte Buße. Das menschliche Bußwerk (satisfactio) im ökumenischen Gespräch, Mainz 1992.

Der Beichtrat des Seelsorgers an den allein aus Gnade *vor Gott* freigesprochenen Sünder, er möge doch wenigstens den Versuch unternehmen, ob er nicht im großen Unheil und Leid der ganzen Welt seinen von ihm selbst bewirkten, im Nachhinein wahrgenommenen und bereuten konkreten Schuldanteil auch wieder „gut-machen" könne, sollte im Sinne von Luthers Schlußworten im Freiheitstraktat verstanden werden: „Aus dem allen ergibt sich die Folgerung, daß ein Christenmensch nicht in sich selbst lebt, sondern in Christus und in seinem Nächsten; in Christus durch den Glauben, im Nächsten durch die Liebe. Durch den Glauben fährt er über sich in Gott, aus Gott fährt er wieder unter sich durch die Liebe und bleibt doch immer in Gott und göttlicher Liebe."[7]

Die jedem Christen gestellte Aufgabe, eigene Schuld so konkret wie nur irgend möglich wahrzunehmen, um deren Folgewirkungen wenigstens etwas eingrenzen zu können, läßt sich – das sollten diese Vorüberlegungen andeuten – auch in einer reformatorischen Theologie zur Geltung bringen. Dabei ist es durchaus denkbar, daß zur Selbsterforschung und Schulderkenntnis Wahrnehmungshilfen in Anspruch genommen werden, die im weitesten Sinne den alten Beichtspiegeln nachgeformt sind. Es wäre auch an das *mutuum colloquium* zu erinnern, das nach Luthers berühmter Beschreibung in den *Schmalkaldischen Artikeln* neben dem Predigtwort, der Taufe und dem Abendmahl die vierte Gestalt des Evangeliums ist.[8] Die in der evangelischen Theologie seit einiger Zeit mit zunehmender Intensität geführte Diskussion über „Schuld in der Geschichte"[9] kann man als *einen* Teil eines solchen „wechselseitigen Gesprächs"

---

[7] WA 7,38; zit. nach Karin Bornkamm/Gerhard Ebeling (Hg.), Martin Luther. Ausgewählte Schriften, Bd.1, Frankfurt/M. 1982, 263; zur systematischen Interpretation vgl. Eberhard Jüngel, Zur Freiheit eines Christenmenschen. Eine Erinnerung an Luthers Schrift, München ³1991.

[8] BSLK 449,28. Im Hintergrund der Formel steht Luthers Auffassung von der Kirchenzucht; dies unterstreicht die Relevanz der Formel für ihre Verwendung im Umfeld der Frage nach der geschichtlichen Schuld der Christen. Zur Formel selbst vgl. man Jürgen Henkys, Seelsorge und Bruderschaft. Luthers Formel „per mutuum colloquium et consolationem fratrum" in ihrer gegenwärtigen Verwendung und ursprünglichen Bedeutung, Stuttgart 1970; vgl. insges. ferner die Untersuchung von Susi Hausammann, Buße als Umkehr und Erneuerung von Mensch und Gesellschaft. Eine theologiegeschichtliche Studie zu einer Theologie der Buße, Zürich 1974 (= SDGSTh 33).

[9] Hier nur wenige besonders wichtige Titel: Martin Greschat (Hg.), Die Schuld der Kirche. Dokumente und Reflexionen zur Stuttgarter Schulderklärung vom 18./19. Oktober 1945, München 1982; Gerhard Besier/Gerhard Sauter, Wie Christen ihre Schuld bekennen. Die Stuttgarter Erklärung 1945, Göttingen 1985; Gerhard Sauter, Schulderkenntnis in der Bitte um Vergebung, in: GlLern 1 (1986) 109-119; Heinz Eduard Tödt, Umgang mit Schuld im kirchlichen Bekenntnis und in der Justiz nach 1945, in: Wolfgang Huber (Hg.), Protestanten in der Demokratie. Positionen und Profile im Nachkriegsdeutschland, München 1990, 123-143; Johannes Dantine, Buße der Kirche? Ekklesiologische Überlegungen im Bedenken von Geschichte (Österreich 1938-1988), in: Wolfgang Stegemann (Hg.), Kirche

auffassen. Das Ziel dieses Gesprächs dürfen keine Schuldzuweisungen an Dritte sein; es geht um die Schärfung der Wahrnehmungsfähigkeit für *eigene* Schuld in der je *eigenen* Geschichte.[10]

Bei den nachfolgenden Beispielen aus der frühen Nachkriegszeit wird deshalb ausschließlich danach gefragt, unter welchen Bedingungen jeweils die Zeitgeschichte und die Schuld der Christen und ihrer Kirchen in diesen Geschehensabläufen wahrgenommen wurden. Es wird gefragt: Gibt es besondere Wahrnehmungsbedingungen für geschichtliche Phänomene, die als schuldhaft und schuldbeladen erkannt und bezeichnet werden? Welche Rolle spielen bei solchen Wahrnehmungsvorgängen bereits feststehende Urteile über den Sinn von Geschichte insgesamt bzw. ein geprägtes Vorverständnis für eine (theologische) Geschichtsdeutung?

2. Frühe Stimmen zur Schulddiskussion nach 1945

2.1. Dietrich Bonhoeffer

Die Frage nach der Schuld oder zumindest nach der Mitschuld der Deutschen Evangelischen Kirche an den Unrechtstaten der nationalsozialistischen Herrscher ist bereits während des Zweiten Weltkriegs thematisiert worden. Das wichtigste theologische Dokument aus Deutschland ist ohne Frage der Abschnitt „Schuld, Rechtfertigung, Erneuerung" in Dietrich Bonhoeffers *Ethik*, der zwischen Frühjahr und Ende des Jahres 1941 entstanden sein dürfte.[11] Da dieser Text jedoch erst 1949 von Eberhard Bethge erstmals veröffentlicht wurde, setzt seine Wirkungsgeschichte frühestens mit den fünfziger Jahren ein. Dennoch müssen diese theologischen Reflexionen am Anfang aller Überlegungen zur frühen Schulddiskussion in der Nachkriegszeit stehen. Denn Bonhoeffer zeigt überaus eindrucksvoll, wie die Schuldfrage zu einem Zeitpunkt behandelt

---

und Nationalsozialismus, Stuttgart u.a. 1990, 97-111; EILERT HERMS, Schuld in der Geschichte, in: Ders., Gesellschaft gestalten. Beiträge zur evangelischen Sozialethik, Tübingen 1991, 1-24; WOLF-DIETER HAUSCHILD, Die evangelische Kirche und das Problem der deutschen Schuld nach 1945, in: JGNKG 89 (1991) 399-420. Für die systematische Grundlegung der Schulddiskussion bleibt unentbehrlich KARL JASPERS, Die Schuldfrage, Heidelberg 1946 (zahlreiche Aufl. bzw. Nachdrucke).

[10] Vgl. JOACHIM MEHLHAUSEN, Zur Methode kirchlicher Zeitgeschichtsforschung, in: EvTh 48 (1988) 508-521 (s.o. 321-335); die auf diesen Aufsatz folgende Diskussion hat zuletzt kritisch zusammengefaßt ANJA RINNEN, Kirchenmann und Nationalsozialist. Siegfried Lefflers ideelle Verschmelzung von Kirche und Drittem Reich, Weinheim 1995, 28-33.

[11] DIETRICH BONHOEFFER, Ethik, München 1992 (= DBW 6), 125-136; 127. – Zum zeithistorischen Kontext vgl. CHRISTOPH STROHM, Theologische Ethik im Kampf gegen den Nationalsozialismus. Der Weg Dietrich Bonhoeffers mit den Juristen Hans von Dohnanyi und Gerhard Leibholz in den Widerstand (HUWJK 1), München 1989.

Die Wahrnehmung von Schuld in der Geschichte 463

werden konnte, als noch sehr viele Deutsche mit einem einigermaßen glimpflichen Ausgang des Krieges rechneten und das Fortbestehen der nationalsozialistischen Herrschaft noch auf viele Jahre oder gar Jahrzehnte hin voraussetzten oder gar erhofften.

Der theologische Zentralgedanke, von dem Bonhoeffer ausging, lautete: Schulderkenntnis gibt es für den Glaubenden nur auf Grund der Gnade Christi. Deshalb ist der Ort, an dem Schulderkenntnis theologisch qualifiziert erfolgt, allein die Kirche. Diese Gemeinschaft, in der Jesus seine Gestalt mitten in der Welt verwirklicht, ist der Ort, an dem Schuld erkannt, bekannt und aufgenommen wird. Spricht die Gemeinde das Bekenntnis der Schuld, dann „fällt die ganze Schuld der Welt auf die Kirche, auf die Christen und indem sie hier nicht geleugnet, sondern bekannt wird, tut sich die Möglichkeit der Vergebung auf" (DBW 6,127). Dieser ausschließlich theologisch begründete Reflexionsansatz führte bei Bonhoeffer nicht dazu, daß seine Einzelaussagen zur Schuld der deutschen Kirche in den Jahren zwischen 1933 und 1941 in Allgemeinheiten stecken blieben. Bonhoeffer hat vielmehr, an den zehn Geboten entlanggehend, die konkrete Schuld der evangelischen Kirche – einschließlich der Bekennenden Gemeinden – ohne Wenn und Aber beim Namen nennen können. So heißt es etwa zum fünften Gebot: „Die Kirche bekennt, die willkürliche Anwendung brutaler Gewalt, das leibliche und seelische Leiden unzähliger Unschuldiger, Unterdrückung, Haß, Mord gesehen zu haben, ohne ihre Stimme für sie zu erheben, ohne Wege gefunden zu haben, ihnen zu Hilfe zu eilen. Sie ist schuldig geworden am Leben der Schwächsten und Wehrlosesten Brüder Jesu Christi" (DBW 6,130). Zum neunten Gebot heißt es: „Die Kirche bekennt, begehrt zu haben nach Sicherheit, Ruhe, Friede, Besitz, Ehre, auf die sie keinen Anspruch hatte und so die Begierden der Menschen nicht gezügelt, sondern gefördert zu haben" (DBW 6,131).

Mit derartigen Formulierungen hat Bonhoeffer den Anspruch zur Geltung gebracht, daß ein Schuldbekenntnis der Kirche nicht aus allgemeinen Sätzen bestehen darf, sondern beschreiben muß, worin diese Schuld im einzelnen konkret besteht. Zur Schärfung der eigenen Wahrnehmungsfähigkeit bediente sich Bonhoeffer des Dekalogs, den er wie einen Beichtspiegel benutzte. Aus dem Rückblick von über fünfzig Jahren kann man nur mit tiefem Respekt zur Kenntnis nehmen, wie differenziert und konkret das Ergebnis dieser Selbsterforschung ausgefallen ist. Denn für alle Einzelaussagen, die im Textteil „Schuld, Rechtfertigung, Erneuerung" der *Ethik* wie in einem Stenogramm festgehalten wurden, sind spätere ausführliche Explikationen möglich, die sich – bei nachfolgender zusätzlicher Information über das Geschehen – wie von selbst in das Schuldbekenntnis einfügen werden. So etwa, daß mit den „Schwächsten und Wehrlosesten" die Juden gemeint sind und daß mit der Formel „Sicherheit, Ruhe, Friede, Besitz, Ehre" auch etliche Aktionen und Unterlassungen der „Kirchenkämpfer" in ein kritisches Licht gerückt werden.

Bonhoeffer ist in der *Ethik* den Grundzügen einer Theologie der Beichte gefolgt, die er bereits in seinen Vorlesungen und Übungen im Predigerseminar Finkenwalde vorgetragen hatte. So sagte er in der Seelsorge-Vorlesung in einem Exkurs zu den „seelsorgerlichen Hilfsmitteln im Zusammenhang mit der Beichte": „Im Hintergrund steht der alte dogmatische Zusammenhang von contritio cordis, confessio oris und satisfactio operis. Wir müssen den neutestamentlich-evangelischen Sinn dieser Trias zurückgewinnen. Um die Notwendigkeit solcher Übungen kommen wir nicht herum."[12] Und im „Zweiten Katechismus-Versuch" vom Oktober 1936 schrieb Bonhoeffer: „Es gibt eine allgemeine und eine heimliche Beichte. In der allgemeinen bekenne ich mit der Gemeinde zusammen meine Sünde, ohne sie beim Namen zu nennen; in der heimlichen Beichte bekenne ich allein meine persönliche Sünde einem christlichen Bruder. [...] Warum soll ich die heimliche Beichte brauchen? Damit ich mich nicht selbst betrüge. Damit ich meinen Stolz breche. Damit ich gewiß sein kann, daß mir alle Sünden vergeben sind."[13] So stellte Bonhoeffer die Wahrnehmung von Schuld in einen ganz zentralen theologischen Begründungszusammenhang, der es ihm unmöglich machte, über geschichtliche Schuld nur in allgemeinen Abstraktionen zu sprechen.

2.2. Hans Asmussen, Adolf Freudenberg und Willem A. Visser't Hooft

Für viele Christen, die während des Zweiten Weltkrieges und kurz nach 1945 über die Schuld der Deutschen in ihrer jüngsten Geschichte nachzudenken begannen, war dieses Nachdenken von einer sie selbst prägenden geschichtlichen Erfahrung bestimmt: Der Erinnerung an die Diskussion über die „Kriegsschuldfrage" nach 1918/19. Die innenpolitische Situation in der Weimarer Republik war durch die mit diesem Stichwort bezeichneten Auseinandersetzungen vom ersten Tage an zutiefst belastet worden.[14] Nun stand man erneut vor der bedrückenden Frage, ob die Schuldthematik auch nach Ende des Zweiten Weltkrieges wieder zu unaufhebbaren Polarisierungen in der deutschen Bevölkerung selbst, aber auch im Gespräch mit den Kirchen der Ökumene und der Evangelischen Kirche in Deutschland führen werde. Gerade diejenigen,

---

[12] DIETRICH BONHOEFFER, Gesammelte Schriften, hg.v. Eberhard Bethge, Bd. 5, München 1972, 401.
[13] Ebd., Bd. 3, 366; vgl. auch ebd., Bd. 4, 448-452.
[14] Statt vieler Einzelbelege ein in das Zentrum der Kontroversen führendes zeitgenössisches Dokument: HERMANN U. KANTOROWICZ, Gutachten zur Kriegsschuldfrage 1914. Aus dem Nachlaß hg. und eingeleitet von Imanuel Geis. Mit einem Geleitwort von Gustav W. Heinemann, Frankfurt/M. 1967; vgl. ferner KLAUS SCHOLDER, Verhängnis und Schuld in der Geschichte, in: ders., Die Kirchen zwischen Republik und Gewaltherrschaft. Gesammelte Aufsätze, Berlin 1988, 58-72; bes. 59-63.

denen diese Zusammenhänge besonders klar vor Augen standen, hofften, aus der jüngst zurückliegenden Geschichte Lehren ziehen zu können, um alte Fehler nicht zu wiederholen.

In diesen Zusammenhang gehört ein Schreiben von Hans Asmussen an den damaligen Generalsekretär des in Bildung begriffenen Ökumenischen Rates der Kirchen, Willem A. Visser't Hooft, vom 13. Dezember 1942.[15] Asmussen sprach in seinem Brief die – aus der geschichtlichen Erfahrung der Jahre nach 1918 gespeiste – hoffnungsvolle Erwartung aus, ein Schuldbekenntnis der Christen in Deutschland nach dem neuen Weltkrieg möge im Ausland nicht „politisch" mißverstanden werden. Nach 1918 war jeder, der in der „Kriegsschulddiskussion" auch nur Nachdenklichkeit zeigte, sofort der Kollaboration mit den früheren Feinden und der Vaterlandsverachtung verdächtigt worden. Ein *gemeinsames* Schuldbekenntnis der deutschen evangelischen Christen lag damals außerhalb des Vorstellungshorizontes aller Beteiligten.[16] Deshalb schrieb Asmussen 1942 – subjektiv in der Überzeugung, aus erlebter Geschichte Lehren zu ziehen –: „Ich möchte so gerne, daß wir Christen an dem gegenwärtigen Krisenpunkt der Menschheitsgeschichte uns als Diener Jesu Christi beweisen. Wie wir innerhalb unseres Vaterlandes der Politisierung der Kirche widerstanden haben, so möchten wir auch gerne, daß die Christenheit überhaupt sich nicht vor einen politischen Wagen spannen läßt" (25). Die Schuldfrage dürfe nicht den Politikern überlassen werden. Ziel der evangelischen Christen in Deutschland und in der Ökumene müsse es vielmehr sein, daß man sich untereinander in priesterlicher Stellvertretung die Schuld bekenne und dann auch gültige Vergebung zuspreche. „Denn das erscheint mir ein unbedingtes Erfordernis der Zukunft zu sein, daß die Christen die Frage nach der Schuld so viel wie möglich der Welt entziehen, um sie mit Gott und vor Gott zu regeln" (26).

Hier klingt erstmals bei Asmussen die später mehrfach von ihm variierte Vorstellung an, ein Schuldbekenntnis gehöre ausschließlich in eine gottesdienstliche Versammlung der Weltchristenheit hinein.[17] Geradezu visionär meinte Asmussen einen ökumenischen Gottesdienst vor sich zu sehen, bei dem „die Priester Gottes aus allen Ländern eines Tages wieder zusammen werden beten und reden können, dann werden und sollen sich in ihnen die Schulden

---

[15] Die nachfolgenden Zitate aus M. GRESCHAT (Hg.), Schuld (s. Anm. 9), 25-30.
[16] Vgl. GERHARD BESIER, Krieg – Frieden – Abrüstung. Die Haltung der europäischen und amerikanischen Kirchen zur Frage der deutschen Kriegsschuld 1914-1933. Ein kirchenhistorischer Beitrag zur Friedensforschung und Friedenserziehung, Göttingen 1982 (Lit.).
[17] Vgl. ENNO KONUKIEWITZ, Hans Asmussen. Ein lutherischer Theologe im Kirchenkampf, Gütersloh 1984 (= LKGG 6), 238-243; 253-259; 267f.; GERHARD BESIER, Die Auseinandersetzung zwischen Karl Barth und Hans Asmussen – ein Paradigma für die konfessionelle Problematik innerhalb des Protestantismus?, in: BThZ 5 (1988) 103-123.

derer begegnen, denen sie als Priester gesetzt sind" (26). In einem solchen Gottesdienst müsse vollzogen werden, was das Amt der Priester sei, nämlich „der Welt Heil bringen", indem man „mit allen Schulden gemeinsam vor Gott trete". Nachdrücklich meinte Asmussen noch einmal davor warnen zu müssen, die Frage nach der Schuld der „politischen Propaganda" zu überlassen. Diese werde nur neues Unrecht aufhäufen und „eine furchtbare Drachensaat" säen, die eines Tages aufgehen werde. Man brauche ja nur an die Zusammenhänge von Versailles und dem gegenwärtigen Geschehen zu denken, „um die hier lauernden Gefahren vor Augen zu haben" (26).

Asmussen erhielt im Januar 1943 einen Antwortbrief von Adolf Freudenberg. Der ehemalige Legationsrat im Auswärtigen Amt, der wegen seiner „Mischehe" mit einer Jüdin nach England hatte flüchten müssen und dort Pfarrer wurde, war seit 1939 Sekretär des ökumenischen Komitees für Flüchtlingsfragen beim Ökumenischen Rat der Kirchen in London und Genf.[18] Freudenberg widersprach Asmussen ebenso ernst wie energisch. Der Friedensvertrag von Versailles dürfe in dem Gespräch über die Schuld Deutschlands jetzt keine Rolle mehr spielen. Er sei ein „miserabler Vertrag" gewesen, aber nun sei er „verjährt". Spätestens seit der Besetzung von Prag durch die Deutschen sei ein „neues Schuldbuch aufgeschlagen, und da besteht, was uns angeht, wirklich kein Zweifel über Soll und Haben" (28). Zwar dürfe man die Frage nach der Schuld nicht der internationalen politischen Arena überlassen, doch das könne nicht bedeuten, daß „wir als Kirche in Deutschland nicht deutlich von diesen Dingen zu unserem Volk reden sollten" (28).

Auch der von Asmussen unmittelbar angesprochene Visser't Hooft reagierte höchst zurückhaltend auf den Vorschlag zu einem großen ökumenischen Schuld- und Bekenntnis-Gottesdienst nach Kriegsende. Visser't Hooft betonte, Vergebung müsse von Gott *und* den Menschen erbeten werden. Der priesterlichen Vergebungsbitte und Zusage müsse die ganz konkrete Reue derer zur Seite treten, die durch ihr Versagen die Sünde des eigenen Volkes mit verschuldet hätten. „Nur wenn uns die Gnade gegeben wird, in einer sehr konkreten Weise zu bereuen, werden die alten Mißverständnisse der Vorkriegszeit und der Kriegszeiten sowie die neuen Mißverständnisse, die im Zusammenhang mit dem Friedensschluß entstehen müssen, aufhören, als Hindernisse christlicher Gemeinschaft zu wirken" (30).

Im Briefwechsel zwischen Asmussen, Freudenberg und Visser't Hooft kam es zu keiner konkreten Beschreibung von einzelnen schuldhaften Verhaltens-

---

[18] Vgl. ADOLF FREUDENBERG (Hg.), Befreie, die zum Tode geschleppt werden. Ökumene durch geschlossene Grenzen 1939-1945, München 1985; HARTMUT LUDWIG, Theologiestudium in Berlin 1937: Die Relegierung von 29 Theologiestudierenden von der Berliner Universität, in: Leonore Siegele-Wenschkewitz/Carsten Nicolaisen (Hg.), Theologische Fakultäten im Nationalsozialismus, Göttingen 1993 (= AKiZ B.18), 303-315; 313 Anm. 45.

weisen der Christen oder der Kirchen in Deutschland, wie sie Bonhoeffer für den Entwurf seiner *Ethik* nahezu zur gleichen Zeit hatte ausformulieren können. Von Freudenberg und Visser't Hooft wurde aber deutlich geltend gemacht, daß solche konkreten Fragen im Gespräch zwischen den Kirchen nach Kriegsende angesprochen werden müßten; auf welche Weise die Schuldwahrnehmung und die Beschreibung von Schuld erfolgen solle, sagten die beiden ökumenischen Theologen nicht. Sie waren durch den in Asmussens Anfrage enthaltenen dezidierten Deutungsansatz so einseitig herausgefordert, daß sie ihre Antworten ausschließlich dazu nutzten, Asmussen an diesem für ihn zentralen Punkt zu widersprechen. Für Asmussen wiederum war aus einer theologischen Grundsatzentscheidung heraus die Wahrnehmung konkreter Schuld *coram hominibus* nicht das Entscheidende, weil „die Frage nach der Schuld [...] vor Gott zu regeln" sei. Dieser theologische Satz wurde allerdings von der zweiten, nicht-theologischen Erwägung überlagert, als verantwortungsbewußter Zeitgenosse müsse man alles tun, um dem deutschen Volk nach dem Zweiten Weltkrieg eine so verwirrende und die Bevölkerung spaltende Debatte zu ersparen, wie sie nach „Versailles" eingetreten war. Deshalb schrieb Asmussen, man solle die Schuldfrage „so viel wie möglich der Welt entziehen". Das aber bedeutete, daß eine ausführliche öffentliche Diskussion der Frage nach der Schuld der einzelnen Christen und der Kirchen in der Nachkriegszeit von der theologischen Position Asmussen aus nicht zugelassen werden konnte.

2.3. Theophil Wurm

In mehrfacher Hinsicht repräsentativ für die frühe Nachkriegsdiskussion über die Schuldfrage ist das „Wort an die Gemeinde", das der württembergische Landesbischof Theophil Wurm am 10. Mai 1945 im vom Bombenkrieg verwüsteten Stuttgart sprach. Dieses „Wort" wurde von Wurm im Anschluß an seine Predigt zum Himmelfahrtsfest vom Balkon des Großen Hauses der Württembergischen Staatstheater aus gesprochen (weil die großen Kirchen in Stuttgart zerstört waren) und anschließend allen Pfarrämtern zur Verlesung im Pfingstgottesdienst übergeben.[19] Dabei richtete sich Wurm, wie schon die ersten Worte seiner Ansprache sagten, nicht bloß an die evangelischen Christen

---

[19] Der Text bei GERHARD SCHÄFER (Hg.), Landesbischof D.Wurm und der nationalsozialistische Staat 1940-1945. Eine Dokumentation in Verbindung mit Richard Fischer zusammengestellt, Stuttgart 1968, 479f.; zur Textgeschichte dieses vielfach überlieferten „Wortes" vgl. GERHARD BESIER/JÖRG THIERFELDER/RALF TYRA (Hg.), Kirche nach der Kapitulation. Bd.1: Die Allianz zwischen Genf, Stuttgart und Bethel, Stuttgart u.a. 1989, 96 Anm.1. Im Konzept der Ansprache wendet sich Wurm sogar im Namen der „beiden großen christlichen Kirchen" an alle „Volksgenossen"; vgl. JÖRG THIERFELDER, Theophil Wurm und der Weg nach Treysa, in: BWKG 85 (1985) 149-174; 155 Anm.18 und DERS., Zusammenbruch und Neubeginn. Die evangelische Kirche nach 1945 am Beispiel Württembergs, Stuttgart 1995, 86-88. Alle

in Stuttgart, sondern an das ganze deutsche Volk. Der Bischof trat hier mit dem Anspruch auf, „als Sprecher der ganzen bekennenden Kirche" im „schwersten und ernstesten" Augenblick in der „ganzen Geschichte des deutschen Volkes" allen Deutschen eine die jüngste Vergangenheit theologisch deutende Botschaft zu vermitteln. Wurm erklärte, das deutsche Volk sei von einem „ungeheuren und unmenschlichen Kampf [...] erschöpft und ausgeblutet". Der nationalsozialistischen Führung warf er vor: „Wieviel Not und Leid hätte vermieden werden können, wenn diejenigen, die in Deutschland die Führung hatten, ihre Macht gewissenhaft, gerecht, besonnen gebraucht hätten." In Wurms Ansprache folgten sodann Hinweise auf die Haltung der Christen während der zurückliegenden Jahre. Es habe – so Wurm – „von Seiten der beiden christlichen Kirchen nicht an Versuchen gefehlt, die Regierenden an ihre Verantwortung vor Gott und vor den Menschen zu erinnern". Aber diese Mahnungen seien entweder nicht beachtet oder als Einmischung in staatliche Angelegenheiten zurückgewiesen worden. Gleichzeitig sei im ganzen Volk – „besonders in der Beamtenschaft und bei der Jugend" – die Bekundung „christlicher Gesinnung möglichst unterdrückt" worden. Viele Menschen hätten sich durch das „neue großsprecherische Heidentum imponieren und durch Furcht vor wirtschaftlichen und beruflichen Nachteilen zum Abfall von Christus und seiner Kirche verführen" lassen (479).

Auf dieses Proömium der sorgfältig ausgearbeiteten Ansprache folgte ein Hauptteil, der nach dem Schema „Gesetz und Evangelium" aufgebaut ist. Zunächst werden die zehn Gebote im *usus elenchticus* kurz als Hilfen zur Wahrnehmung und Deutung der jüngsten Vergangenheit herangezogen. Leitend ist der Gedanke: Wenn in einem Volk das *erste* Gebot mißachtet werde, dann halte man bald auch alle nachfolgenden Gebote nicht mehr in Ehren. Es komme zu einem „inneren Verfall" des gesamten Volkes. Dieser „innere Verfall" der europäischen Kultur sei aber schon seit Jahrhunderten durch glaubenslose Welt- und Lebensanschauungen vorbereitet worden. In der soeben erlebten jüngsten Phase der deutschen Geschichte habe der Verfall seinen Höhepunkt erreicht; dem „inneren Verfall" *mußte* der „äußere Zerfall" folgen. Wurm sprach von den „Stätten der Gottesanbetung" und von den „Werken der menschlichen Kunst", von den „mächtigen Bauten der öffentlichen Gemeinwesen und des Gewerbefleißes", von den „Denkmälern der Vergangenheit und der Gegenwart", die alle in Trümmern lägen. Erst nach dieser Aufzählung der materiellen Verluste kam Wurm dann auch auf die Leiden der Menschen zu sprechen.

Zitate im obigen Text nach G. Schäfer. – Man vgl. auch die Ansprachen von Wurm, Asmussen, Niemöller u.a. anläßlich der 2. Sitzung des Rates der EKD am 18. und 19. Oktober 1945 in Stuttgart („Stuttgarter Schulderklärung"), in: CARSTEN NICOLAISEN/NORA ANDREA SCHULZE (Bearb.), Die Protokolle des Rates der Evangelischen Kirche in Deutschland. Bd.1: 1945/46, Göttingen 1995 (= AKiZ A. 5), 40-46.

"[...] und unter diesen Trümmern und auf den Schlachtfeldern liegen unzählige wertvolle Menschen, die Gutes und Großes auf allen Lebensgebieten hätten schaffen können". Angesichts dieses trostlosen Zustandes könne man nur mit dem Propheten klagen: „Ach, daß ich Wasser genug hätte in meinem Haupte und meine Augen Tränenquellen wären, daß ich Tag und Nacht beweinen möchte die Erschlagenen meines Volkes! (Jer 9,1)" (480).

Auf diesen dem *usus elenchticus legis* verpflichteten Abschnitt der Ansprache Wurms folgte die Ansage des Evangeliums. Theologisch sehr korrekt forderte Wurm von einem christologischen Zentralsatz ausgehend, daß es nun darauf ankomme, „alle die tiefgebeugten am Grabe ihres Glückes, ihrer Heimat, ihrer Habe stehenden Menschen auf den hinzuweisen, der allein den Trauernden Kraft und Trost spenden" könne, „unsern Herrn und Heiland". Aus der Zuversicht zu ihm und „aus der Gewißheit einer göttlichen Leitung der Dinge" erwachse „die Kraft zum Wiederaufbau der zerstörten irdischen Heimat". Das Gebot der Stunde laute: „Nicht klagen und anklagen, sondern vergeben und helfen." Nach einigen überleitenden Gedanken schloß das „Wort" des Bischofs mit einer Bemerkung zum Theodizeeproblem. „Wir wollen also nicht von Gott Rechenschaft fordern, warum er so Furchtbares hat geschehen lassen, sondern wir wollen in der Abkehr von ihm und seinen Lebensordnungen die tiefste Ursache unseres Elends erblicken. Darum muß unsere Losung sein: Zurück zu Christus und zurück zum Bruder. In dieser Losung wollen wir zusammenfinden! Gott der Herr segne alle, die diesen Weg gehen wollen!" (480).

In der neueren zeitgeschichtlichen Forschung wird zu Recht hervorgehoben, welche besondere Rolle das Konzept einer „Rechristianisierung der deutschen Bevölkerung" auf die binnenkirchliche Deutung der jüngsten Vergangenheit – vor allem in den westdeutschen Kirchen – gehabt habe.[20] Bischof Wurms Rede zwei Tage nach Kriegsende ist wohl der früheste Beleg für die theologischen Aspekte eines solchen Plans, durch Umerziehung Lehren aus der soeben erlebten Geschichte zu ziehen. Die Schuld der Christen und damit die Schuld der Kirche wird in einem zentralen Bereich diagnostiziert und wahrgenommen: der Mißachtung des ersten Gebots. Die weitreichende Folge einer primär an diesem Gebot orientierten Wahrnehmung von Schuld ist unübersehbar: Weil die Schuld im Zentrum der menschlichen Gottesbeziehung alle

---

[20] Vgl. MARTIN GRESCHAT, „Rechristianisierung" und „Säkularisierung". Anmerkungen zu einem europäischen konfessionellen Interpretationsmodell, in: Jochen-Christoph Kaiser/Anselm Doering-Manteuffel (Hg.), Christentum und politische Verantwortung. Kirchen im Nachkriegsdeutschland, Stuttgart u.a. 1990 (KoGe 2), 1-24. – Man vgl. ferner die Beiträge in dem Tagungsband des Göttinger Max-Planck-Instituts für Geschichte: HARTMUT LEHMANN (Hg.), Säkularisierung, Dechristianisierung, Rechristianisierung im neuzeitlichen Europa. Bilanz und Perspektiven der Forschung, Göttingen 1997.

nachfolgenden, mit Schuld beladenen Handlungen nicht nur qualitativ überwiegt, sondern diese geradezu mit der Gewalt eines Naturgesetzes nach sich zieht, verlieren im Bereich der zweiten Tafel des Dekalogs die Einzelheiten an Gewicht. Im Vergleich zu Bonhoeffers Anwendung des ganzen Dekalogs als eines in *allen* Teilen gleich wichtigen Beichtspiegels fallen bei Wurm die Konkretionen für die zweite Tafel äußerst blaß aus. „Wird das erste Gebot [...] mißachtet, so gibt's auch keine Heiligung des Sonntags mehr, keine Autorität der Eltern, keine Schonung menschlichen Lebens und Achtung vor menschlicher Würde, keine Unverletzlichkeit der Ehe, keine Rücksicht auf des Nächsten Eigentum, Ehre und Recht; dann ist der Begehrlichkeit nach dem, was der andere hat, Tür und Tor geöffnet, und als gut gilt, was dem Menschen nützt, nicht was Gott geboten hat" (479). Durch den Hinweis auf die jahrhundertealte schuldhafte Abwendung der europäischen Gesellschaft von Gott – die seit langem bekannte Säkularisierungsthese – historisierte und relativierte Wurm aber zugleich die Folgen der Übertretung des ersten Gebots. Wenn der „innere Verfall" von Kirche und Welt bereits seit Jahrhunderten durch atheistische Weltanschauungen vorbereitet wurde, dann erhält in dieser geschichtsmetaphysischen Deutung der Entwicklung das konkrete Unrechtshandeln von unzähligen Menschen in der Zeit des Nationalsozialismus nur noch die Qualität eines letzten – gewiß als furchtbar empfundenen – konsequenten Höhepunktes.

Vor dem Hintergrund einer solchen Analyse fällt die nach vorne weisende evangelische Paränese schematisch aus. Es geht um die Tröstung der tiefgebeugten Menschen „am Grabe ihres Glückes, ihrer Heimat, ihrer Habe". Sie sollen damit getröstet werden, daß ihnen zugesagt wird: es *gibt* eine „göttliche Leitung der Dinge". Was folgt aber aus diesem seelsorgerischen Zuspruch? Die Antwort lautet: Neue Kraft zum Wiederaufbau der „zerstörten irdischen Heimat"; und dann folgt der wohl problematischste Satz des gesamten Textes: „Nicht klagen und anklagen, sondern vergeben und helfen ist das Gebot der Stunde." Konkrete Schuldwahrnehmung *coram hominibus*, die selbstverständlich zu Klage und (Selbst-)Anklage führen muß, wurde in diesem „Wort an die Gemeinde" schon in der ersten Nachkriegsstunde für minder wichtig erklärt.

Die Ansprache Wurms ist durch einen übersichtlichen und fest gefügten theologischen Gedankengang geformt. Doch gerade durch ihn wird der Sprecher der Anstrengung enthoben, die konkrete Schuld- und Notsituation des 10. Mai 1945 im einzelnen wahrnehmen und beschreiben zu müssen. Was in den Metaphern dieses Textes zum Elend Deutschlands und der Deutschen bei Kriegsende gesagt wurde, könnte mit wenigen sprachlichen Änderungen ebenso zu jeder anderen persönlichen oder öffentlichen Not zu allen Zeiten gesagt werden. Das von Wurm benutzte theologische Deutungsmuster brachte die vor Augen liegende Wirklichkeit so schnell in eine bestimmte – in sich plausible und überschaubare – Ordnung, daß man sich fragen muß, ob hier nicht die

Wahrnehmungsfähigkeit desjenigen entscheidend gemindert wird, der dieses Schema in Anspruch nimmt. Insbesondere der Satz, die Toten des Krieges seien „wertvolle Menschen" gewesen, die „Gutes und Großes auf allen Lebensgebieten hätten schaffen können", verrät auch in theologischer Hinsicht einen Wahrnehmungsverlust im Blick auf die zahllosen Opfer der nationalsozialistischen Gewaltherrschaft. Ein Christ muß ohne Ansehen des „Wertes" die Tötung jedes Menschen beklagen und beweinen. Insgesamt ist das „Wort an die Gemeinde" von Bischof Wurm ein aufschlußreiches Beispiel für eine theologische Deutung zeitgeschichtlicher Erfahrungen, in der fehlende Konkretion dazu geführt hat, daß diese Geschichtsdeutung keine aufrüttelnden und über den Tag hinausweisenden Impulse für ein Handeln geben konnte, dem es darauf ankommt, geschehene und erkannte Schuld nicht in veränderter Gestalt neu zu begehen. Jeder Hinweis auf eine mögliche Wiedergutmachung begangener Schuld fehlte in diesem Text schließlich völlig. Der Aufruf, dem ersten Gebot neue Geltung in den christlichen Gemeinden zu verschaffen, ist ein allgemeiner Appell, der erst bei einer Auslegung in die konkrete Lebenswirklichkeit der Christen hinein praktische Gestaltungskraft erhalten kann.

2.4. Martin Niemöller

Neben die Ansprache von Bischof Wurm vom 10. Mai 1945 sei ein Dokument gestellt, das eine völlig andere Zuordnung von Wirklichkeitswahrnehmung und theologischer Interpretation erlebter eigener Geschichte erkennen läßt. Martin Niemöller berichtet, er habe nach der Befreiung aus der Gefangenschaft in seiner Tasche einen Ausweis getragen, in dem zu lesen war, daß er vom 1. Juli 1937 bis zum 24. Juni 1945 als politischer Häftling und persönlicher Gefangener des Führers seiner Freiheit beraubt gewesen sei.[21] Mit diesem Dokument sei er zunächst „mit sehr viel gutem Gewissen beladen" in die Frei-

---

[21] Auch dieser Text ist in mehreren Versionen überliefert; die obige Darstellung folgt MARTIN NIEMÖLLER, Reden 1945-1954, Darmstadt 1958, 30-32; im gleichen Band ist auch Niemöllers Rede auf der Kirchenversammlung in Treysa 1945 abgedruckt, die wichtige Aussagen zur Schuldthematik enthält (11-15); ferner ein Brief vom 10.11.1945 „Zum Schuldbekenntnis" (16-18) sowie Auszüge aus der in den gleichen Zusammenhang gehörenden Schrift MARTIN NIEMÖLLER, Zur gegenwärtigen Lage der evangelischen Christenheit, Tübingen/Stuttgart 1946 (43-55). Vgl. ferner: MARTIN NIEMÖLLER, Über die deutsche Schuld, Not und Hoffnung, Zürich 1946. – Aus der Sekundärliteratur sei verwiesen auf: LEONORE SIEGELE-WENSCHKEWITZ, Auseinandersetzungen mit einem Stereotyp. Die Judenfrage im Leben Martin Niemöllers, in: Dies. (Hg.), Christlicher Antijudaismus und Antisemitismus. Theologische und kirchliche Programme Deutscher Christen, Frankfurt/M. 1994, 261-291 (= Wiederabdruck aus: URSULA BÜTTNER [Hg.], Die Deutschen und die Judenverfolgung im Dritten Reich, Hamburg 1992, 275-301); CARSTEN NICOLAISEN, Art. „Niemöller, Martin", in: BBKL 6 (1993) 735-748 (mit Bibliogr.); DERS., Art. „Niemöller, Martin", in: TRE 24 (1994) 502-506 (Lit.).

heit gezogen. „Wer will mir denn eigentlich nachweisen, daß die Schuld, die jetzt von meinem Volk eingefordert wird, mich irgend etwas angeht? Schon stand ich in der Reihe und gab das Paket weiter" (30f.). Doch dann sei ihm eines Tages etwas widerfahren:

„Ich bin mit meinem Auto in der Nähe von Dachau vorbeigefahren. Meine Frau war dabei und sagte: ‚Könnte ich nicht einmal die Zelle sehen, wo du in den letzten Jahren gesessen hast?' Ich sage: ‚Ich will sehen, was sich tun läßt', und fuhr hin und bekam die Erlaubnis, mit meiner Frau den Zellenbau zu betreten und ihr die Zelle zu zeigen. Da geschah etwas. Als wir wieder herauskamen, führte uns der begleitende amerikanische Offizier eine Mauerwand entlang. An der war ich auch oft entlang gegangen. Darin war ein großes Tor. Das hatte ich nie offenstehen sehen. Diesmal stand es offen. Ich wußte, was dahinter war, und trotzdem trat ich ein. Ich stand mit meiner Frau vor dem Krematorium in Dachau, und an einem Baum vor dem Gebäude hing ein weißgestrichenes Kistenbrett mit einer schwarzen Inschrift [...] Dort stand zu lesen: ‚Hier wurden in den Jahren 1933 bis 1945 238.756 Menschen verbrannt' [...] Meine Frau wurde ohnmächtig, als sie diese Viertelmillionenzahl las. Die hat mich nicht bewegt. Denn sie sagte mir nichts neues. Was mich in diesem Augenblick in einen kalten Fieberschauer jagte, das war etwas anderes. Das waren die anderen zwei Zahlen: ‚1933 bis 1945', die da standen [...] Und ich wußte, die zwei Zahlen, das ist der Steckbrief des lebendigen Gottes gegen Pastor Niemöller. Mein Alibi reichte vom 1. Juli 1937 bis Mitte 1945. Da stand: 1933 bis 1945. Adam, wo bist du? [...] Wo warst du 1933 bis zum 1. Juli 1937? – Und ich konnte dieser Frage nicht mehr ausweichen. 1933 war ich ein freier Mann. 1933 – in diesem Augenblick, dort im Krematoriumshof fiel es mir ein –, ja 1933, richtig: Hermann Göring rühmte sich öffentlich, daß die kommunistische Gefahr beseitigt sei. Denn alle Kommunisten, die noch nicht um ihrer Verbrechen willen hinter Schloß und Riegel sitzen, sitzen nun hinter dem Stacheldraht der neu gegründeten Konzentrationslager. Adam, – wo bist du? Mensch, Martin Niemöller, wo bist du damals gewesen? Die ganze Sache hat mir ja gar keinen Eindruck gemacht; irgendwo im Winkel des Herzens habe ich vielleicht gedacht: eigentlich sind wir doch auf diese Art und Weise die ganze Gottlosengefahr losgeworden. Aber daß diese Menschen, die ohne Gesetz, ohne Anklage, ohne Untersuchung, ohne Urteil [...] einfach ihrem Beruf, ihrer Familie, ihrem Leben weggenommen, der Freiheit beraubt wurden, daß diese Menschen eine Frage Gottes an mich waren, auf die ich im Angesicht Gottes damals hätte antworten müssen, daran habe ich nicht gedacht. Ich war damals kein freier Mensch. Ich hatte mich damals bereits meiner wahren Verantwortung begeben. Und jetzt war der Steckbrief da, und diesem Steckbrief konnte ich nicht mehr ausweichen. Und ich habe an dem Tage, als wir später nach Hause kamen, das Kapitel Matthäus 25 mit neuen Augen gelesen: ‚Ich bin gefangen und krank gewesen und ihr seid nicht zu mir gekommen'. Als Christ hätte ich 1933 wissen dürfen und wissen müssen, daß aus jedem dieser Menschenbrüder – mochte man sie Kommunisten heißen oder sonstwie – Gott in Jesus Christus mich fragte, ob ich ihm nicht dienen wollte. Und ich habe diesen Dienst verweigert und habe mich meiner Freiheit begeben [...] mich auch schuldig gemacht" (31f.).

Was an diesem Bericht Niemöllers als einem Dokument der Kirchlichen Zeitgeschichte so überzeugend sichtbar wird, ist nicht nur das persönliche Erlebnis dieses Mannes, sondern der in der Darstellung des Geschehens zutage tretende Erkenntnisvorgang: Die überraschende neue Wahrnehmung eines einfachen, aber präzisen Sachverhalts – hier einer Reihe von Monats- und Jahresdaten – führt den Wahrnehmenden zu einer theologischen Einsicht, die ihm zugleich jüngst erlebte Geschichte ganz neu erschließt. Eben diese Abfolge muß zu denken geben, weil sonst nur zu oft das Umgekehrte zu beobachten ist: Vorgeformte theologische Einsichten oder Erkenntnisse werden an die geschichtlichen Ereignisse herangetragen, um diese zu deuten. Es ist gewiß eine lohnende Aufgabe, möglichst viele frühe Dokumente zur „Schuld der Kirche" nach 1945 unter dem hier aufgezeigten Differenzierungsaspekt zu betrachten. Eine solche Sichtung des reichlich vorhandenen Materials könnte vielleicht folgende These in das Gespräch über „Schuld in der Geschichte" einbringen: „Schuld in der Geschichte" wird eher dann erkannt, wenn man von einer möglichst genauen Betrachtung der Fakten ausgeht und die theologische Rückfrage erst nachfolgen läßt, als wenn man von einer – noch so qualifiziert durchdachten – theologischen Geschichtsdeutung aus zu den historischen Fakten vorzudringen versucht.

2.5. Heinrich Vogel

Heinrich Vogel, der von 1937 bis zur Schließung im Jahre 1941 Dozent und Leiter der Kirchlichen Hochschule Berlin gewesen war, hat 1946 eine kleine Schrift unter dem Titel „Gottes Gnade und die deutsche Schuld" veröffentlicht.[22] In den hier versammelten Texten – einer Ansprache vor der Brandenburgischen Bekenntnissynode am Bußtag 1945 (3-15), einem Vortrag zu Luthers 400. Todestag am 18. Februar 1946 (16-30) und einer Predigt anläßlich der Wiedereröffnung der Berliner Universität am 10. März 1946 (31-39) – ist in besonders eindrucksvoller Weise das Bemühen erkennbar, eine theologische Deutung der jüngsten Geschichte mit einer möglichst genauen Benennung der „deutschen Schuld" zu verbinden.

In seinem Synodalvortrag betonte Vogel ähnlich wie Landesbischof Wurm in seinem „Wort an die Gemeinde", daß „wir durch die tausend Fragen der Not und Schuld vor eine letzte Frage, eben die *Gottesfrage*, gestellt sind". An die Synodalen gewandt erklärte Vogel: „Damit, daß die Synode gerufen ist, die mit der großen Gesamtnot und Gesamtschuld gestellte Frage vor Gott zu bringen, die Frage und ihre Antwort vor *seinem* Angesicht zu hören, ist sie an den *einen* Ort gerufen, wo wir es nicht mehr mit menschlichen Instanzen, nicht mit den Maßstäben und Urteilen eines säkularen Gerichtshofes zu tun haben! Ein ander Ding ist es, die Kriegsschuldfrage, die Schuldfrage, die aus der unermeßlichen Katastrophe des sogenannten christlichen Abendlandes aufsteigt, ‚politisch', geistesgeschichtlich zu stellen und zu beantworten, und ein sehr ander Ding ist es, diese Frage *vor Gott* zu stellen, d.h. ja doch als von Gott gestellt, an sich selber gestellt zu hören und ihr stille zu halten!" (4f.). Vogel fügte diesen Sätzen dann aber die entscheidend wichtige Bemerkung hinzu, daß der Mensch, der die Schuldfrage *vor Gott* stelle, sich nicht der von ihm „im politischen

---

[22] HEINRICH VOGEL, Gottes Gnade und die deutsche Schuld, Berlin 1946 (Hervorhebungen wie im Original). Zu H. Vogel vgl. GERHARD BESIER, Heinrich Vogel – ein Lutheraner im bruderrätlichen Flügel der Bekennenden Kirche, in: BThZ 8 (1991) 232-244.

Raum [...] geforderten Verantwortung mit der Berufung auf den Ort vor Gottes Angesicht entziehen" könne oder dürfe (5). Deshalb forderte Vogel die Synodalen auf, ihre Wahrnehmungsfähigkeit für die Schuld *coram hominibus* zu schärfen: „Daß die deutsche Frage in der Tat zur Judenfrage wurde, daß wir an Israel schuldig wurden wie noch kein Volk der Weltgeschichte vor uns, das sollte uns ein unüberhörbares Zeichen und Signal sein!" (10).

Dieses frühe und sehr deutliche Bekenntnis Vogels zur deutschen Schuld an Israel ist von ihm auf der Synodaltagung der Evangelischen Kirche in Deutschland in Berlin-Weißensee im April 1950 mit den Worten wiederholt worden, ihm gehe es „mit nackten, dürren Worten gesagt, [um] ein Schuldbekenntnis dieser Generalsynode der Evangelischen Kirche in Deutschland an der Schuld unseres Volkes gegenüber Israel [...] Wir [...] haben alle wörtlich zu sagen: mea maxima culpa – unsere Schuld. Die Kirche insbesondere hat ihre Schuld zu bekennen mit dem deutschen Volk an Israel".[23] Durch seine beharrlich weiter verfolgte Forderung ist Vogel zu einem der wichtigsten Anreger und Wortführer in jener so dringend notwendigen Diskussion geworden, die Jahrzehnte später zu den bekannten Synodalentscheidungen geführt hat, mit denen christliche Kirchen in Deutschland nach der Schoa ihr Verhältnis zum Judentum ganz neu zu bestimmen versuchten. Vogels theologischer Deutungsansatz zur „deutschen Schuld" hat im Bereich der ernstesten aller zeitgeschichtlichen Erfahrungen in Deutschland in diesem Jahrhundert dazu geführt, daß es wenigstens im Ansatz zu konkreter „Umkehr und Erneuerung" kommen konnte.[24]

Auch in seinem Vortrag „Luthers Vermächtnis an uns heute" hat Vogel seine theologische Deutung der jüngsten deutschen Geschichte als Abfall von Gott mit ganz konkreten Fragen nach der Schuld des einzelnen Christen ver-

---

[23] Zur Initiative Vogels auf der Synode in Berlin-Weißensee, die zu der bekannten „Erklärung zur Schuld an Israel" führte, vgl. SIEGFRIED HERMLE, Evangelische Kirche und Judentum – Stationen nach 1945, Göttingen 1990 (= AKiZ B. 16), 350-358; 351.

[24] Vgl. u.a. Christen und Juden. Eine Studie des Rates der Evangelischen Kirche in Deutschland, hg. im Auftrag des Rates von der Kirchenkanzlei der Evangelischen Kirche in Deutschland, Gütersloh 1975 ³1979; BERTOLD KLAPPERT/HELMUT STARCK (Hg.), Umkehr und Erneuerung. Erläuterungen zum Synodalbeschluß der Rheinischen Landessynode 1980 „Zur Erneuerung des Verhältnisses von Christen und Juden", Neukirchen-Vluyn 1980; Christen und Juden II. Zur theologischen Neuorientierung im Verhältnis zum Judentum. Eine Studie der Evangelischen Kirche in Deutschland, Gütersloh 1991; EVANGELISCHER ARBEITSKREIS KIRCHE UND ISRAEL IN HESSEN UND NASSAU (Hg.), „... zur Umkehr gerufen ...". Ein Lese- und Arbeitsbuch zur Erweiterung des Grundartikels der Evangelischen Kirche in Hessen und Nassau, Heppenheim 1992; Kirche und Israel. Zur Erneuerung des Verhältnisses von Christen und Juden. Proponendum zur Änderung des Grundartikels der Kirchenordnung (Handreichung für Mitglieder der Landessynode, der Kreissynoden und der Presbyterien in der Evangelischen Kirche im Rheinland Nr. 45), Düsseldorf 1993; JOACHIM MEHLHAUSEN, Bewahren und Erneuern. Theologische Grundsätze des Dialogs zwischen Christen und Juden, in: Nes Ammim Jahrbuch 1993/94, Düsseldorf 1995, 5-22.

bunden. Vogel fragte: „Wo ist der deutsche Mensch, der damals, als die ungeheuerlichen Dinge in den Konzentrationslagern, die dämonischen Unmenschlichkeiten an den Juden geschahen, als die kleinen Völker eins nach dem andern niedergetreten wurden, mit Grausen und Entsetzen in sich die Frage hörte: *Was sagt Gott dazu?* Wo ist der deutsche Mensch, der die deutsche Schuld nicht erst nach dem erfolgten Zusammenbruch des Machtwahnes durch das Radio vernahm und sich dann vielleicht obendrein noch beide Ohren zustopfte, sondern der damals, als der Erfolgsgötze von Millionen und aber Millionen angebetet wurde, und seine Siege den Menschen in seinem Machtwahn ins Recht zu setzen schienen –, der damals die Steine schreien hörte zu Gott, während die Menschen schwiegen?! [...] wer hat uns gewiesen, nach jenen Orgien, die der Hochmut und die Unmenschlichkeit unter uns feierten, die Frage nach unserer Schuld – und zwar aus *Gottes* Mund! – allzu schnell zu verdrehen in die Frage nach der Schuld der andern?! Unter dem *Kreuz Jesu Christi* jedenfalls sind wir nach *unserer* Schuld gefragt" (25). Vogels Ausführungen aus der frühen Nachkriegszeit belegen, daß eine grundsätzliche theologische Deutung der Zeitgeschichte „im Angesicht Gottes" (*coram Deo*) Raum lassen kann für Fragen, die auf die Alltagserfahrungen der Christen eingehen und in diesem Bereich (*coram hominibus*) Schuld höchst konkret diagnostizieren und zur Umkehr aufrufen.

Diesen Texten von Theologen zur Schuldfrage seien drei Beiträge zur Seite gestellt, die von Nicht-Theologen stammen. Bei den ausgewählten Autoren – Ernst Wiechert (1887-1950), Rudolf Alexander Schröder (1878-1962) und Reinhold Schneider (1903-1958) – handelt es sich um seinerzeit viel gelesene und insbesondere als moralische Instanzen nach Kriegsende besonders hoch geachtete Schriftsteller. Sie hatten in der Zeit des Nationalsozialismus je auf ihre Weise Widerstand geleistet bzw. ein resistentes Verhalten gegenüber dem Nationalsozialismus praktiziert[25] und sind dafür bestraft worden oder hatten doch zumindest Nachteile in Kauf nehmen müssen. Jeder dieser drei Autoren konnte für sich zudem den Anspruch erheben, ein gebildeter Laientheologe zu sein. Was hatten sie zu der Frage nach der „Schuld in der Geschichte" unmittelbar nach dem Zusammenbruch im Jahre 1945 ihren deutschen Leserinnen und Lesern zu sagen?

---

[25] Zur Differenzierung des Widerstandsbegriffs und zum Resistenzbegriff sei insgesamt verwiesen auf die Beiträge in: PETER STEINBACH/JOHANNES TUCHEL (Hg.), Widerstand gegen den Nationalsozialismus, Bonn 1994, bes. HANS MAIER, Das Recht auf Widerstand, ebd. 33-42; vgl. ferner die Übersicht bei JOACHIM MEHLHAUSEN, Art. „Nationalsozialismus und Kirchen", in: TRE 24 (1994) 43-78; 67f. (Lit.) sowie HANS MAIER, Christlicher Widerstand im Dritten Reich, in: Joachim Mehlhausen (Hg.), ... und über Barmen hinaus. FS Carsten Nicolaisen, Göttingen 1995 (= AKiZ B. 23), 186-203.

2.6. Ernst Wiechert

Am 11. November 1945 hielt Ernst Wiechert mit Genehmigung der Militärbehörden im Münchener Schauspielhaus eine Rede, die als „deutscher Beitrag zum geistigen Wiederaufbau, den Deutschland der Welt schuldig ist", bald darauf unter dem Titel „Rede an die deutsche Jugend", veröffentlicht worden ist.[26] Der seinerzeit viel gelesene Autor zivilisationskritischer Romane mit zumeist religiöser Nebenthematik war 1933 aus dem Schuldienst ausgeschieden. Im Jahre 1938 kam Wiechert wegen kritischer Äußerungen über die Nationalsozialisten und wegen seines Eintretens für Martin Niemöller und Eduard Spranger für einige Monate in das Konzentrationslager Buchenwald; er erhielt Schreibverbot und lebte bis zum Ende der nationalsozialistischen Herrschaft unter der Aufsicht der Gestapo.[27]

Wiechert, dessen Romane eine tiefe Sehnsucht nach Daseinsharmonie und nach einem organisch geordneten „Einfachen Leben" (so der Titel eines seiner Bücher) zum Ausdruck bringen, ging in seiner „Rede an die deutsche Jugend" entschlossen von den Disharmonie- und Dissonanzerfahrungen der Zeit des Nationalsozialismus aus. Die Dissonanzen etwa zwischen dem Weimar der Klassiker und dem nahe bei Weimar gelegenen Konzentrationslager Buchenwald der Nationalsozialisten, zwischen Charlotte von Stein und den „Henkern des Regimes", zwischen den Morden des 30. Juni 1934 und der Beteiligung der deutschen Generalität bei der Hochzeit von Göring, dem „Brandstifter der Bewegung mit seiner ‚hohen Frau'" (23f.), wurden von Wiechert mit sprachlicher Meisterschaft und emotionaler Leidenschaft zur Sprache gebracht. Aus der Wahrnehmung dieser für jeden erkennbaren schrillen Dissonanzen erwuchs für Wiechert die Erkenntnis der geschichtlichen Schuld der Deutschen, in die er sich mit allen Menschen, die in dieser Zeit in Deutschland gelebt und überlebt hatten, einbezog. Wiechert sagte: „Wir sahen zu. Wir wußten von allem. Wir zitterten vor Empörung und Grauen, aber wir sahen zu. Die Schuld ging über das sterbende Land und rührte jeden einzelnen von uns an. Jeden einzelnen, außer denen, die auf dem Schafott oder am Galgen oder im Lager den Tod

---

[26] Es gibt zahlreiche Ausgaben und Nachdrucke dieser Rede seit der Erstveröffentlichung München 1945; hier wurde benutzt ERNST WIECHERT, Rede an die Deutsche Jugend, Berlin 1947.

[27] Zu E. Wiechert vgl. HELMUT OLLESCH, Ernst Wiechert, Wuppertal-Barmen ²1956; JÖRG HATTWIG, Das Dritte Reich im Werk Ernst Wiecherts. Geschichtsdenken, Selbstverständnis und literarische Praxis, Frankfurt/M. u.a. 1984; GUIDO REINER (Hg.), Ernst Wiechert heute, Frankfurt/M. 1993. – Wiechert schrieb 1939 einen Bericht über seine Erfahrungen im Konzentrationslager Buchenwald, der 1945 unter dem Titel: Der Totenwald. Ein Bericht, gedruckt wurde und 1947 in Paris in französischer Übersetzung erschien; vgl. ERNST WIECHERT, Der Totenwald. Eine Mauer um uns baue. Tagebuchnotizen und Briefe, München/Wien 1979. In seinem letzten Roman hat Wiechert die Thematik „Schuld und Sühne" nach dem Zweiten Weltkrieg noch einmal behandelt: ERNST WIECHERT, Missa sine nomine, München 1950.

statt der Schuld wählten" (26). Auf die Haltung der Bekennenden Kirche anspielend erklärte Wiechert ferner, die Christen hätten „nach den Worten des Johannes-Evangeliums: ‚Am Anfang war das Wort'" zu leben vorgegeben. „Aber statt des Gotteswortes setzten wir das Menschenwort, und das Menschenwort war der Fluch eines ganzen Zeitalters. Bedenkt das wohl und vergeßt es nicht!" (30). Hier kommt bei Wiechert eine auch von anderen scharfsichtigen zeitgenössischen Nicht-Theologen geübte Kritik am Verlauf des „Kirchenkampfes" zur Sprache, in dem man sich zu einseitig auf die Verteidigung kirchlicher Rechtsstandpunkte festgelegt habe und schließlich bei internen kirchenpolitischen Streitereien angelangt sei, die nichts mehr mit der notwendigen Auseinandersetzung mit dem nationalsozialistischen Unrechtsregime und seiner menschenverachtenden Ideologie zu tun gehabt hätten.[28]

Wiechert stellte in die Mitte seiner Rede eine herausfordernde Frage, die nach Kriegsende innerhalb und außerhalb der Kirchen von in Deutschland lebenden Menschen fast nie öffentlich ausgesprochen worden ist: Die Frage nach einer Buße für das gesamte deutsche Volk. Wiecherts Antwort lautete: „Laßt uns erkennen, daß wir schuldig sind und daß vielleicht hundert Jahre erst ausreichen werden, die Schuld von unseren Händen zu waschen. Laßt uns aus der Schuld erkennen, daß wir zu büßen haben, hart und lange" (27). Das gesamte deutsche Volk müsse zu einer so präzisen Wahrnehmung seiner Schuld gelangen, daß es der Einsicht nicht ausweichen könne, für lange Zeit keinen Anspruch auf „Glück und Heim und Frieden" zu haben. Dies deshalb nicht, „weil die anderen glücklos und heimlos und friedlos durch uns wurden". Das deutsche Volk habe zwölf Jahre lang Gericht gehalten „nach dem Gesetz des ‚Übermenschen': ‚Auge um nichts, Zahn um nichts, Blut um nichts'". Wenn die Deutschen jetzt selbst von den Siegern gerichtet würden, dann könne *jedes* Urteil immer nur ein gerechteres Urteil sein als alle Urteile, die im Namen Deutschlands in der jüngsten Vergangenheit gesprochen wurden. Diesen Sätzen fügte Wiechert die in ihrer Kraßheit erschreckende Aufforderung hinzu: „Zunächst aber laßt uns einen neuen Anfang setzen, einen neuen Grenzstein vor einem neuen Feld. Laßt uns ausrotten, was unseren Weizen verdarb, mit Ähre und Halm und Wurzeln ausrotten, ja mit dem Boden, der die Wurzeln trug. Laßt uns die Henker auslöschen von unserer Erde, die Marktschreier, die falschen Propheten. Laßt es uns ohne Haß tun, wie der Pflug ohne Haß das Unkraut wendet, aber laßt es uns ohne Gnade tun, wie sie ohne Gnade waren. Wer Gnade mit dem Aussatz hat, verdirbt" (28).

---

[28] Vgl. die Nachweise bei JOACHIM MEHLHAUSEN, Kirchenkampf als Identitätssurrogat? Die Verkirchlichung des deutschen Protestantismus nach 1933, in: Friedrich Wilhelm Graf/Klaus Tanner (Hg.), Protestantische Identität heute, Gütersloh 1992, 192-203; 288-293 (s.o. 402-417).

Es gibt wohl kein anderes Wort eines während der Zeit des Nationalsozialismus und unmittelbar danach in Deutschland lebenden prominenten christlichen Autors (Wiechert verlegte seinen Wohnsitz allerdings wenig später in die Schweiz), das in solcher Unerbittlichkeit die Frage nach dem Umgang mit den Hauptverantwortlichen der nationalsozialistischen Diktatur beantwortet hat. Wiecherts Schuldwahrnehmung wurde durch die Tiefe der Dissonanzerfahrung – hier Buchenwald, dort Weimar – bestimmt; aus ihr gab es für ihn keinen direkten Ausweg und keine schnelle Rückkehr in eine neue Harmonie der Friedenszeit. Erst der Durchgang durch die Katharsis des Gerichts mache neuen Anfang möglich. Wiechert erinnerte in seiner Rede an den Vogel im Märchen, der alle tausend Jahre herbeifliege, um ein „Körnchen aus dem Demantberg" zu brechen. So lange wie das Abtragen dieses Berges werde es dauern, bis die deutsche Schuld aufgehoben sei. Doch trotz dieser Perspektive ermutigte Wiechert die deutsche Jugend, einen neuen Anfang zu wagen: „Laßt uns die Liebe statt des Wortes an den Anfang setzen, und selbst wenn es nicht wahr wäre, selbst wenn die Liebe am Ende stände statt am Anfang, so laßt uns mit diesem Irrtum beginnen, weil es ein heilsamer Irrtum ist als eine zweideutige Wahrheit. Laßt uns dann denken, daß zwölf Jahre lang nichts mit solchem Haß verfolgt und gekreuzigt worden ist als die Liebe. Sie war das Gegenbild des Antichrist, die Märchenwurzel, von der man wußte, daß sie die Mauern des Turmbaus sprengen kann" (31).[29]

2.7. Rudolf Alexander Schröder

Am 18. Februar 1946 beging die Evangelisch-theologische Fakultät der Universität Tübingen mit einem Festakt in feierlicher Weise das Gedächtnis an Luthers 400. Todestag. Bei dieser Gelegenheit wurden drei Ehrenpromotionen ausgesprochen. Den Ehrendoktor-Titel erhielten Professor Dr. Hendrik Kraemer aus Leyden, Pfarrer Wolfgang Metzger und der Dichter und Schriftsteller Rudolf Alexander Schröder. Die von Rektor und Dekan unterzeichnete Urkunde sprach Schröder die Würde eines Doktors der Theologie zu als „dem priesterlichen Hüter und Pfleger der deutschen Sprache, dem lebendigen Vermittler großer antiker Dichtung, dem bahnbrechenden Erneuerer des evangelischen Kirchenliedes, dem mutigen Bekenner des Evangeliums in schwerer Prüfungszeit".[30] Die Kirchliche Zeitgeschichtsforschung hat Schröders Rolle

---

[29] Ähnliche Ansätze wie bei Wiechert finden sich bei MARIE LUISE KASCHNITZ, Von der Schuld, in: Die Wandlung 1 (1945/46) 143-147; EUGEN KOGON, Gericht und Gewissen, in: FH 1 (1946) 25-37; bes. 36f.; MARTIN DIBELIUS, Selbstbesinnung des Deutschen [1946], hg.v. Friedrich Wilhelm Graf, Tübingen 1997, bes. 47f.

[30] Zitate und Einzelinformationen nach den im Dekanat der Evangelisch-theologischen Fakultät der Eberhard-Karls-Universität Tübingen verwahrten Unterlagen und Korrespondenzen zur Ehrenpromotion.

im „Kirchenkampf" bislang nicht erhellt. Er galt 1945 aber unumstritten als eine der hervorgehobenen konservativen geistigen Autoritäten protestantisch-humanistischer Prägung, die sich während der nationalsozialistischen Herrschaft nicht hatten korrumpieren lassen.[31] Das Nürnberger Amt für Gemeindedienst hatte Schröder im Kriege das Recht zur freien Wortverkündigung verliehen und ihn in den Notdienst der evangelischen Predigthelfer berufen.[32]

Schröder hielt seine Tübinger Dankrede erst am 30. Juli 1946, weil unter den damaligen Verkehrsverhältnissen eine Reise von Sonnleiten ins Schwabenland im Winter nicht möglich war. Schröder stellte seine Rede unter die Überschrift „Dichten und Trachten".[33] In einer weit ausholenden Reflexion, in der überaus kunstvoll theologische, philosophische und insbesondere sprachanalytische Erwägungen miteinander verwoben werden, entwarf Schröder eine kontemplative Anthropologie, in deren Mitte das Wort Gen 8,21 steht: „Denn das Dichten und Trachten des menschlichen Herzens ist böse von Jugend auf." Zur Deutung der Schuldfrage wies Schröder auf die „inneren und äußeren Schrecken" hin, die das Erleben der jüngsten Vergangenheit geprägt hätten; er sprach von der „höllischen Sackgasse, in die hinein wir uns verrannt haben". Über diese ganz allgemeinen Umschreibungen ist Schröder aber nicht hinausgekommen. Er hat in seiner Rede keine einzige Person der Zeitgeschichte, kein bestimmtes Ereignis aus der Vorkriegs- und Kriegszeit beim Namen genannt. Charakteristisch für seinen Umgang mit der jüngst vergangenen Geschichte sind Formulierungen wie diese: „Das Deutschland unsrer Träume ist nicht mehr; auch das Deutschland, in dem einmal in friedlicher Stille gedacht und gedichtet werden durfte, wird nicht mehr sein" (31).

Um die unentrinnbare Macht der geschichtlichen Schuld der Deutschen zu beschreiben, benutzte Schröder das Bild vom „Magnetberg", der die Schiffe an sich zieht und an dem sie zerschellen: „Wo immer wir einsam oder gemeinsam das Segel [...] der ‚Besinnung' setzen, immer treibt und zieht es wie mit Zaubergewalt das Schiff unsrer Gedanken oder unsres Gesprächs gegen den Magnetberg, den eisernen, den unersteigbaren unsrer Verschuldung, hinter und über dem sich dann in noch schwindelnderer, noch unüberwindlicherer Steile das Gebirg der allgemeinen Schuld, der ‚alte starre Fels' des bösen Trachtens und Dichtens aller Menschenherzen erhebt." Durch die „Rätsel" des „Scheiterns"

---

[31] Vgl. die zeitgenössische Darstellung von RUDOLF ADOLPH, Leben und Werk von Rudolf Alexander Schröder. Ein Brevier, Frankfurt/M. 1958 und CARL J. BURCKHARDT, Am Grabe Rudolf Alexander Schröders, in: Merkur 16 (1962) 996-999.
[32] Vgl. ALBERT STEIN, Evangelische Laienpredigt. Ihre Geschichte, ihre Ordnung im Kirchenkampf und ihre gegenwärtige Bedeutung, Göttingen 1972 (= AGK 27), 62.
[33] RUDOLF ALEXANDER SCHRÖDER, Dichten und Trachten, Berlin 1947. – Vgl. auch Ders., Vom Beruf des Dichters in der Zeit [Rede aus dem Sommer 1947], in: Merkur 1/2 (1947/48) 863-876 (mit „Worten des Gedenkens" zum 70. Geburtstag des Dichters von Ernst Robert Curtius).

und der „Widersprüche" erschüttert, rief Schröder seinen Tübinger Hörerinnen und Hörern im Sommer 1946 zu: „Grauenvoll, dieser Berg der Schuld, grauenvoll seine Unentrinnbarkeit" (32). Die erhabene Abstraktheit solcher Rede über die deutsche Schuld ließ offensichtlich die Wahrnehmung und das Bezeichnen von Konkretionen aus der jüngst vergangenen Geschichte nicht zu. Der Dichter war bemüht, leidenschaftlich und ernst die deutsche Schuld zu beschwören, aber er blieb doch nur bei gleichnishaften Umschreibungen seiner allgemeinen Anthropologie stehen, die von ihrem Ansatz, der Erbsünden-Lehre her, völlig zeitlos zu jeder geschichtlichen Situation die stets gleichbleibende Aussage wiederholte: „Das Dichten und Trachten des menschlichen Herzens ist böse von Jugend auf."

Auch die Hoffnung für eine neue Zukunft, die Schröder seinen Hörern aufzuzeigen versuchte, blieb abstrakt und allgemein. Schröder verwies gegen Ende seiner Rede darauf, daß die Christen „ein Volk der Hoffnung" seien. Die Hoffnung der Christen setze „grade da ein, sie entfaltet grade da ihre Schwingen, wo alle übrige Hoffnung zuschanden werden läßt. Im Abgrund der Verzweiflung, am Fuße des Magnetbergs ist ihr Ort, grade da, denn sie hat ihren Ursprung am Kreuz und unterm Kreuz". Überall, wo menschliches Dichten „im Gehorsam geschieht, geschieht es unter einem andern [...] Gesetz. Es ist das Gesetz des Wandels, der selig machenden Verwandlung durchs Kreuz hindurch" (34). Schröder beschloß seine Tübinger Rede mit den als Verheißung für die Nachkriegszeit gemeinten Worten: „Wo Dichterwort und Lehrwort sich sub signo crucis verbünden, und wo Gott den Bund segnet, da trägt er lebendige Frucht des Glaubens, der Hoffnung und der Liebe. Denn in diesem Bund tritt das prophetische Wort unter den Gehorsam, das Gesetzeswort in die Freiheit der Kinder Gottes" (38). Die Übertragung dieser Aussagen in die geschichtliche Lebenswirklichkeit der Nachkriegszeit überließ der Redner seinen Hörerinnen und Hörern, ohne ihnen irgendeinen hilfreich-konkreten Rat für die zu bewältigende Aufgabe zu geben.

2.8. Reinhold Schneider

Während bei R.A. Schröder die Wahrnehmung der konkreten geschichtlichen Situation ein Jahr nach Kriegsende völlig hinter seinen allgemeinen Reflexionen zu einer biblisch-theologisch und humanistisch fundierten Anthropologie zurücktrat sowie zu einer bloß verbal angerufenen *theologia crucis*, hat ein anderer deutscher Schriftsteller etwa zur gleichen Zeit der Frage nach der Schuld der Deutschen eine sehr bemerkenswerte Direktheit verleihen können. Der katholische Erzähler, Lyriker, Dramatiker und Kulturhistoriker Reinhold Schneider war gegen Ende der nationalsozialistischen Herrschaft unter Anklage wegen Vorbereitung zum Hochverrat gestellt worden. Man warf ihm ferner illegale Verbreitung religiöser Schriften vor und verdächtigte ihn der Verbindung zu Widerstandskreisen. Nur das Kriegsende verhinderte einen Urteilsspruch.[34]

Schneider schrieb bald nach Kriegsende eine Betrachtung nieder, die unter der Überschrift „Der Mensch vor dem Gericht der Geschichte" an verschiedenen Orten veröffentlicht worden ist.[35] Der Anfang dieser geschichtstheologischen Betrachtung liest sich fast wie ein kritisches Echo auf das öffentliche „Wort" von Landesbischof Theophil Wurm vom 10. Mai 1945. Schneider schrieb, den „Untergang der Denkmäler und Bauten, den wir früher nicht verwunden hätten, verschmerzen wir leicht" (7). Ihm gehe es um den Menschen, „über den die Geschichte hinweggetost ist, und der sich gleichwohl wieder aus der Geschichte erheben muß". Dieser Mensch müsse sich mit der Frage nach der Schuld auseinandersetzen. Es gebe zwar verschiedene Stufen der Verantwortung wie der Schuld; aber die gemeinsame Schuld mache die ehedem Mächtigen wie die weniger Verantwortlichen einander ähnlich. Jeder sei mitschuldig, der „nur ein einziges Mal an das Recht dieses Mächtigen Adolf Hitler glaubte". Aus dem Zirkel der Schuld befreie allein „schonungslose Wahrhaftigkeit" (20). Schneider entwickelte im weiteren Verlauf seines Essays sehr klar das Dilemma, das sich aus der Abstufung der Mitverschuldung ergibt. Seine Forderung an *alle* Deutschen lautete: „Unsere Auseinandersetzung mit Adolf Hitler ist nicht zu Ende und kann nicht zu Ende sein; in gewisser Weise sind wir vor der Ewigkeit mit ihm verbunden. In ernstlicher Gewissenserforschung müssen wir trachten, frei zu werden; zu ihr aufzurufen und anzuleiten ist die erste Sache Aller, die Verantwortung tragen für das Ganze, für Heute und Morgen, und deren Herz stark genug ist, für das Volk und die Welt zu schlagen" (40f.).

Um unverbindliche allgemeine Aussagen zu vermeiden, formulierte Schneider eine im Grunde sehr schlichte Kontrollfrage für die geforderte Gewissenserforschung. Sie lautet: Jeder einzelne Deutsche müsse sich fragen: *Was hätte ich getan, sofern Adolf Hitler gesiegt hätte?* Schneider betonte: Niemand, keine geistliche und keine weltliche Autorität habe das Recht, die Antwort auf diese Frage durch eine Entscheidung von oben her vorwegzunehmen und damit das Gewissen des einzelnen zu ersticken. Nur wenn jeder sich dieser nüchternen Gewissensfrage stelle und eine ehrliche Antwort gebe, könne sich das Leben der Deutschen erneuern. Denn nur durch eine solche Antwort werde „der Schutt

---

[34] Zu R. Schneider vgl. CARSTEN PETER THIEDE (Hg.), Über Reinhold Schneider, Frankfurt/M. 1980; CORDULA KOEPCKE, Reinhold Schneider. Eine Biographie, Würzburg 1993; bes. hingewiesen sei auf CARL FRIEDRICH V. WEIZSÄCKER, Reinhold Schneider in unserer Zeit, in: Merkur 27 (1973) 813-826.

[35] REINHOLD SCHNEIDER, Der Mensch vor dem Gericht der Geschichte, in: Ders., Schriften zur Zeit, Baden-Baden 1946, 7-41. Auf Einladung der Universität Freiburg i.Br. trug Schneider den Text am 21. Februar 1946 dort vor.

aus der Trümmerstadt unserer Seele" geräumt. Wer bereit sei, sich dieser Frage zu stellen, „koste sie was sie wolle", der dürfe „vielleicht hoffen, das Gericht der Geschichte, und das heißt für uns: das Gericht über diese unsere Zeit zu bestehen" (41f.).

In keinem anderen öffentlichen Wort zur „Schuldfrage" ist nach 1945 eine vergleichbar nüchterne – und praktikable – Kontrollfrage für die Gewissenserforschung der Deutschen ausformuliert worden, sieht man von den berühmten Differenzierungen des Schuldbegriffs bei Karl Jaspers einmal ab.[36] Der öffentliche und private Gebrauch dieser Kontrollfrage hätte dazu beitragen können, die Wahrnehmungsfähigkeit für eigene Schuldverstrickungen in der jüngst vergangenen Geschichte zu schärfen und der Schulddiskussion insgesamt die notwendige Konkretheit zu geben. Diese Kontrollfrage hätte – um auf die theologischen Vorüberlegungen zurückzukommen – die Funktion eines Gewissensspiegels übernehmen können, der hilft, die notwendige *contritio cordis* herbeizuführen, die ihrerseits Vorbedingung für ein persönlich verantwortetes Schuldbekenntnis und für den Entschluß ist, aus der Schuld in der Geschichte Lehren für die Zukunft zu ziehen.

3. Die bleibende Aufgabe

Die hier vorgestellten Texte gehören unterschiedlichen literarischen Gattungen an und haben jeweils einen eigenen Situationsbezug, der einen direkten Vergleich kaum zuläßt. Gemeinsam ist ihnen jedoch – und darauf sollte es

---

[36] K. Jaspers unterschied vier Schuldbegriffe: 1. *Kriminelle Schuld*: „Verbrechen bestehen in objektiv nachweisbaren Handlungen, die gegen eindeutige Gesetze verstoßen. Instanz ist das Gericht, das in formellem Verfahren die Tatbestände zuverlässig festlegt und auf diese die Gesetze anwendet." 2. *Politische Schuld*: „Sie besteht in den Handlungen der Staatsmänner und in der Staatsbürgerschaft eines Staates, infolge derer ich die Folgen der Handlungen dieses Staates tragen muß, dessen Gewalt ich unterstellt bin [...] Es ist jedes Menschen Mitverantwortung, wie er regiert wird. Instanz ist die Gewalt und der Wille des Siegers, in der inneren wie in der äußeren Politik." 3. *Moralische Schuld*: „Für Handlungen, die ich doch immer als dieser einzelne begehe, habe ich die moralische Verantwortung, und zwar für alle meine Handlungen, auch für politische und militärische Handlungen, die ich vollziehe. Niemals gilt schlechthin ‚Befehl ist Befehl' [...] Die Instanz ist das eigene Gewissen.". 4. *Metaphysische Schuld*: „Es gibt eine Solidarität zwischen Menschen als Menschen, welche einen jeden mitverantwortlich macht für alles Unrecht und alle Ungerechtigkeit in der Welt, insbesondere für Verbrechen, die in seiner Gegenwart oder mit seinem Wissen geschehen. Wenn ich nicht tue, was ich kann, um sie zu verhindern, so bin ich mitschuldig. Wenn ich mein Leben nicht eingesetzt habe zur Verhinderung der Ermordung anderer, sondern dabeigestanden bin, fühle ich mich auf eine Weise schuldig, die juristisch, politisch und moralisch nicht angemessen begreiflich ist. Daß ich noch lebe, wenn solches geschehen ist, legt sich als untilgbare Schuld auf mich [...] Instanz ist Gott allein." (KARL JASPERS, Schuldfrage [s. Anm. 9], 31f.). – Man vgl. hierzu die brieflichen Bemerkungen von Hannah Arendt vom 17. August 1946, in: HANNAH ARENDT – KARL JASPERS, Briefwechsel 1926-1969, hg. v. Lotte Köhler u. Hans Sauer, München/Zürich ²1987, 88-93.

ankommen –, daß sie unmittelbar aus der Konfrontation mit der Erfahrung des Zusammenbruchs der nationalsozialistischen Diktatur und dem Ende des Zweiten Weltkrieges stammen und in dieser Situation die Frage nach der Schuld in der Geschichte stellen. So weit die Einzelaussagen dieser Texte auch auseinanderliegen mögen, so konvergieren sie doch in *einem* Punkt, nämlich dem Gelingen oder Verfehlen der Konkretion in der Schulderkenntnis. Heinz Eduard Tödt hat darauf aufmerksam gemacht, daß „in früheren Zeiten [...] Kriege, Katastrophen und Revolutionen oft große religiöse Erweckungs- und Erneuerungsbewegungen zur Folge gehabt" haben. „Derartiges hat sich nach 1945 wohl individuell, auch in Gruppen, aber nicht in großem Stil ereignet. Indem der Protestantismus sich weitgehend gegen das konkrete Schuldbekenntnis sperrte, hat er sich die Möglichkeit der Erneuerung aus einer zentralen Glaubensdimension heraus versperrt und dem Geschenk der Rechtfertigung allein aus Gnade verweigert. So ist die Sache zur Beschämung von Theologie und Kirche ins Säkulare abgewandert."[37] Dies hätte nicht geschehen müssen, denn in den theologischen Vorüberlegungen konnte ja sichtbar gemacht werden, daß das jahrhundertealte Beichtinstitut der christlichen Kirchen Handlungsanweisungen zur Selbsterforschung bereithält, die auch heute noch wirksam und theologisch legitimiert sind. Und ferner gilt: „Der Glaube ist befreit und verpflichtet, nach der Schuld in der Geschichte zu fragen. [...] Nur wenn diese Schuld so genau wie möglich identifiziert und zugewiesen wird, haben wir heute eine Chance, sie nicht in veränderter Gestalt erneut zu begehen."[38] Die Kirchliche Zeitgeschichtsforschung beschreibt hier also eine Aufgabe, die weit über das Jahr 1945 hinaus der Theologie, den Kirchen und allen Christen gestellt ist.

Mit der gleichen Intention hatte Karl Barth in seinem Briefwechsel mit Ernst Friedlaender schon vor Kriegsende am 12. März 1945 geschrieben: „Mir liegt nicht an den Begriffen der Schuld bzw. der Kollektivschuld. [...] Mir liegt aber alles daran, daß die Deutschen, und zwar so oder so alle Deutschen für das seit 1933 Geschehene die *Verantwortung* übernehmen. Wobei es sich nicht in erster Linie um die geschehenen ‚Verbrechen', sondern in erster Linie um den Weg handelt, der zu den ‚Verbrechen' (Oradour usw.) geführt hat und führen mußte. An diesen Verbrechen als solchen mögen in der Tat nur verhältnismäßig wenig deutsche Menschen beteiligt gewesen sein. Den Weg, der dahin führte, sind sie in Form von Taten und Unterlassungen, von direkter oder indirekter Mitwirkung, von ausdrücklicher oder stillschweigender Zustim-

---

[37] H.E. Tödt, Umgang mit Schuld (s. Anm. 9), 132; Tödt verweist im Anschluß auf die „säkularen" Arbeiten zur Schuldthematik von: Alexander Mitscherlich/Margarete Mitscherlich, Die Unfähigkeit zu trauern. Grundlagen kollektiven Verhaltens, Frankfurt/M. 1967 und Ralph Giordano, Die zweite Schuld oder Von der Last Deutscher zu sein, Hamburg 1987.
[38] E. Herms, Schuld in der Geschichte (s. Anm. 9), 18; 23.

mung, von unzweideutig aktiver oder von bloß ‚pro forma' (!) gemeinter ‚Partei'-Nahme, von politischer Gleichgültigkeit oder auch von allen möglichen politischen Irrtümern und Fehlrechnungen *alle* gegangen."[39]

In einem im November 1944 verfaßten und zunächst in englischer Sprache veröffentlichten Aufsatz[40] schrieb Hannah Arendt: „Inzwischen geht es weder darum, das Selbstverständliche zu beweisen, nämlich daß Deutsche nicht seit Tacitus Zeiten bereits latente Nazis waren, noch das Unmögliche zu demonstrieren, daß alle Deutschen eine nazistische Gesinnung haben; sondern darum sich zu überlegen, welche Haltung man einnehmen kann, wie man es ertragen kann, sich mit einem Volke konfrontiert zu finden, in welchem die Linie, die Verbrecher von normalen Menschen, Schuldige von Unschuldigen trennt, so effektiv verwischt worden ist, daß morgen niemand in Deutschland wissen wird, ob er es mit einem heimlichen Helden oder einem ehemaligen Massenmörder zu tun hat." (337). Arendt verwies sodann auf das seit „mehr als zweitausend Jahren" herangewachsene „Gerechtigkeits- und Rechtsempfinden der abendländischen Menschheit", für das der Satz grundlegend sei, daß „zur Schuld ein Bewußtsein, schuldig zu sein" gehöre, wie auf der anderen Seite „zum Strafen eine Überzeugung von der Verantwortungsfähigkeit des Menschen" (339). Wie es um das „Bewußtsein der eigenen Schuld" bei durchschnittlichen NS-Tätern bestellt sei, belegte Arendt mit dem Verhörprotokoll eines Zahlmeisters aus einem Konzentrationslager. Das Beispiel und der Argumentationsgang von Arendt weisen mit erschütternder Deutlichkeit darauf hin, daß „eine Vorbedingung modernen politischen Denkens" darin besteht, „in Furcht und Zittern endlich [zu begreifen], wessen alles der Mensch fähig ist" (334), also: die Wahrnehmungsfähigkeit für individuelle Schuld wie für „Schuld in der Geschichte" zu wecken, zu fördern und unablässig zu schärfen.

Übernahme von Verantwortung im Zusammenhang mit der Frage nach der „Schuld in der Geschichte" setzt eine möglichst genaue *Kenntnis des Geschehenen*, der *eigenen Mitbeteiligung* sowie deren *Folgen für andere Menschen* voraus. Solche Kenntnis gewinnt aber nur der, dessen Wahrnehmungsvermögen scharf genug ist, um die genannten drei Bereiche voneinander unterscheiden zu können. Die vorgestellten Beispiele aus der Schulddiskussion in der frühen Nachkriegszeit sollten in Erinnerung rufen, daß es Zugänge zur Schuldfrage gibt, die solches unterscheidende Wahrnehmungsvermögen fördern, weil sie – im weitesten Sinne der Erzählung Nathans und den Beichtspiegeln des Mittelalters vergleichbar – all jene Allgemeinheiten und bloß formelhaften Deutungsversuche beiseite reißen, hinter denen sich zuletzt doch nur Flucht vor der Verantwortung verbirgt.

---

[39] KARL BARTH, Offene Briefe 1945-1968. Hg. v. Diether Koch, Zürich 1984 (= GA V.15), 18.
[40] HANNAH ARENDT, Organisierte Schuld, in: Die Wandlung 1 (1945/46) 333-344 (zur Bibliographie dieses Artikels vgl. DIES., Ich will verstehen. Selbstauskünfte zu Leben und Werk. Mit einer vollständigen Bibliographie. Hg. v. Ursula Ludz, München/Zürich 1996, 266f. Nr. 058).

Die Konvention von Treysa

Ein Rückblick nach vierzig Jahren

1. Die Ausgangssituation im August 1945 in Treysa

Vorgeschichte und Verlauf der „Konferenz der evangelischen Kirchenführer" in Treysa vom 27. bis 31. August 1945 sind durch die neuere kirchliche Zeitgeschichtsforschung so weit erhellt worden[1], daß die wesentlichen Elemente des Kompromisses zu erkennen sind, den die *Konvention von Treysa* ohne Zweifel darstellt. Doch wegen der äußerst unbefriedigenden Quellenlage sind viele Detailfragen über den Gang der Verhandlungen und das Zustandekommen der einzelnen Beschlüsse immer noch unbeantwortet. Keineswegs zum Abschluß gekommen ist die theologische Interpretation dessen, was damals unter schwierigsten Bedingungen geleistet worden ist; insbesondere die Frage nach der Beurteilung und Bewertung der „Vorläufigen Ordnung der Evangelischen Kirche in Deutschland"[2] ist und bleibt aktuell. Gewiß wird man auch nach vierzig Jahren mit Karl Barth generell sagen können: „Die Vorgänge in Treysa [...] waren nicht eben erbaulich. Es hat aber in der Kirchengeschichte sicher im Ergebnis schlechtere Kompromisse gegeben als den, den man dort schließlich gefunden hat".[3] Welche Optionen durch die damaligen Weichenstellungen

---

[1] Hier nur die wichtigsten Titel: ARMIN BOYENS, Treysa 1945 – Die evangelische Kirche nach dem Zusammenbruch des Drittens Reiches, in: ZKG 82 (1971) 29-53. – ANNEMARIE SMITH-VON OSTEN, Von Treysa 1945 bis Eisenach 1948. Zur Geschichte der Grundordnung der Evangelischen Kirche in Deutschland. Göttingen 1980 (= AKiZ B.9). – WOLF-DIETER HAUSCHILD, Art. „Evangelische Kirche in Deutschland", in: TRE 10 (1982) 656-677 (Lit.). – GERHARD BESIER/GERHARD SAUTER, Wie Christen ihre Schuld bekennen. Die Stuttgarter Erklärung 1945, Göttingen 1985, 9-15. – GERHARD BESIER, Auf dem Weg nach Treysa 1945. Weichenstellungen in der evangelischen Kirche nach der Kapitulation, in: LuM 24 (1985) 306-308. S. ferner den Literaturnachtrag.

[2] Textgrundlagen sind die zeitgenössischen Editionen: FRITZ SÖHLMANN (Hg.), Treysa 1945. Die Konferenz der evangelischen Kirchenführer 27.-31. August 1945, Lüneburg 1946 (zit.: F. Söhlmann). – JOACHIM BECKMANN (Hg.), Kirchliches Jahrbuch für die Evangelische Kirche in Deutschland 1945-1948, Gütersloh 1950 (zit.: KJ 1945-1948); ergänzend heranzuziehen sind jetzt die Aktenveröffentlichungen durch CARSTEN NICOLAISEN/NORA ANDREA SCHULZE (Bearb.), Protokolle des Rates der EKD, Bd. I und GERHARD BESIER/HARTMUT LUDWIG/JÖRG THIERFELDER (Hg.), Der Kompromiß von Treysa (s. den Literaturnachtrag u. 499).

[3] KARL BARTH, Die evangelische Kirche in Deutschland nach dem Zusammenbruch des Dritten Reiches, Zollikon-Zürich 1945, 35.

ausgeschlossen worden sind, welche Entwicklungsmöglichkeiten eröffnet und welche verbaut wurden, das sind Fragen, die fern von jeder hypothetischen Geschichtskonstruktion die gegenwärtige Situation der Evangelischen Kirche in Deutschland immer noch ganz unmittelbar betreffen. Die von Hermann Diem bereits ein halbes Jahr nach der Treysaer Versammlung gestellte programmatische Frage „Restauration oder Neuanfang in der Evangelischen Kirche?"[4] bleibt wichtig, weil es – zumal nach dem Scheitern der EKD-Reform im Jahre 1976 – keinem Beteiligten gleichgültig sein kann und gleichgültig sein darf, welchem Erbe er verpflichtet ist. Es könnte ja sein, daß in Treysa aus höchst anerkennenswerten Gründen bestimmte neue ekklesiologische Konzeptionen nicht aufgenommen wurden, die noch heute darauf warten, weitergedacht und nach Möglichkeit in die kirchlichen Entscheidungen der Gegenwart eingebracht zu werden.

In der bisher veröffentlichten Literatur über die Treysaer Versammlung herrscht in einem Punkt Einmütigkeit: Der Treysaer Kompromiß war realistisch und in hohem Maße situationsbezogen. Er berücksichtigte die nahezu hoffnungslos erscheinende Notlage der deutschen Bevölkerung vor dem ersten Nachkriegswinter, in der eine zu diakonischen und humanitären Hilfsleistungen grundsätzlich immer noch fähige Großinstitution wie die Evangelische Kirche ihre Handlungsfähigkeit nach innen wie nach außen nicht aufs Spiel setzen durfte und deshalb zur Einheit geradezu verpflichtet war. Ein neuer „Kirchenkampf" mit hochtheologischen Streitpunkten wäre gerade bei *den* Christen auf völliges Unverständnis gestoßen, die nach dem Zusammenbruch des Dritten Reiches von ihrer Kirche mit neuer Dringlichkeit seelsorgerischen Beistand, Wegweisung für die Zukunft und Hilfe in den Nöten des Tages erwarteten. Diese Grundeinstellung gerade der treuesten Gemeindeglieder stand den in Treysa Versammelten deutlich vor Augen.[5] Ähnlich realistisch konstatierte man in Treysa das vorfindliche Ergebnis der innerkirchlichen Auseinandersetzungen seit Beginn der nationalsozialistischen Ära. Man ließ sich darauf ein, die Konzeptionen jener drei Gruppierungen untereinander zu vermitteln, die sich aufgrund ihres theologischen Selbstverständnisses jeweils durchaus zugetraut hätten, die Frage nach einer neuen Ordnung für die Evangelische Kirche selbständig zu beantworten. Das Wesen dieses Kompromisses hätte darin bestehen müssen, daß jede dieser drei Gruppen eingestandenermaßen auf bestimmte Teilaspekte ihrer eigenen Vorstellungen verzichtete; ob dies so geschehen ist, bleibt zu fragen.

In Treysa begegneten sich die kirchenpolitischen Konzeptionen des „Kirchlichen Einigungswerkes", des „Lutherrates" und des „Bruderrates der Bekennenden Kirche", jeweils repräsentiert durch die hochangesehenen Persönlich-

---

[4] HERMANN DIEM, Restauration oder Neuanfang in der Evangelischen Kirche?, Stuttgart ²1947.
[5] Vgl. F. SÖHLMANN, a.a.O. 19f.; 25f.; 31f. u.ö.

keiten von Landesbischof Theophil Wurm (Württemberg), Landesbischof Hans Meiser (Bayern) und den soeben aus langer KZ-Haft befreiten Pastor Martin Niemöller. Wurm hatte zielstrebig und tatkräftig zu der Treysaer Kirchenführerkonferenz eingeladen; es war ihm gelungen, im Vorfeld der Versammlung bedrohliche Sonderentwicklungen zu verhindern, die das gesamte Unternehmen schon vor der ersten gemeinsamen Sitzung hätten scheitern lassen. Wurm vertrat seit 1941 mit großem Engagement das Projekt eines „Kirchlichen Einigungswerkes"[6], in dem mit Ausnahme der entschiedenen „Deutschen Christen" alle innerprotestantischen Richtungen wieder zusammengeführt werden sollten, die seit den Krisenjahren 1933 bis 1935 in tiefe Gegensätzlichkeiten zueinander geraten waren. Hinter diesem Konzept stand die Vorstellung, daß die Polarisierungen in der Deutschen Evangelischen Kirche von einem Konfliktpotential ausgelöst worden waren, das letztlich *außerhalb* der Kirche und ihrer Verkündigung seine – ideologische – Heimat hatte. Es müßte möglich sein, durch konsequente Ausscheidung dieser Fremdeinflüsse die evangelische Einheit wiederherzustellen, wobei eine Anknüpfung an die Erkenntnisse von „Barmen" und eine sorgfältige Besinnung auf die Grundlagen von Schrift und Bekenntnis unentbehrliche Wegweiser zu sein hätten. Der restaurative Charakter[7] dieses Modells ist unverkennbar. Die ihm zugrundeliegende Beurteilung der frühen Phase des Kirchenkampfes mußte allerdings bei all denen Widerspruch auslösen, die in jenen Ereignissen eine tiefer reichende Störung und eine *innere* Bedrohung von Theologie und Kirche zu erkennen meinten. Martin Niemöller brachte diese Kritik kurze Zeit vor der Treysaer Versammlung so zum Ausdruck: „Eine Bestimmung des Weges der Kirche durch die Neutralen oder gar durch positive Vertreter der Kerrl'schen Kirchenausschußpolitik (wie Gerstenmaier) scheint mir völlig unmöglich und würde das Ende alles dessen bedeuten, wofür die Evangelische Kirche zwölf Jahre hindurch Opfer an Gut und Leben gebracht hat."[8]

Das Konzept des von Hans Meiser geführten „Lutherrates" hatte im August 1945 strukturell manche Ähnlichkeit mit Wurms „Einigungswerk", bis auf den entscheidenden Differenzpunkt, der sich in dem Plan einer möglichst sofortigen Gründung einer „Evangelisch-lutherischen Kirche Deutschlands" manifestierte.[9] In der Beurteilung der zurückliegenden Jahre stand Meiser ganz nahe bei der Einschätzung Wurms. So konnte der „Lutherrat" unter Meisers Leitung am 27. August 1945 – unmittelbar vor Beginn der Treysaer Beratun-

---

[6] JÖRG THIERFELDER, Das Kirchliche Einigungswerk des württembergischen Landesbischofs Theophil Wurm, Göttingen 1975 (= AKiZ B. 2).
[7] Zum Begriff vgl.: JOACHIM MEHLHAUSEN, Art. „Restauration", in: TRE 29 (1998), 87-93.
[8] Zit. nach A. BOYENS, a.a.O. 39.
[9] A. SMITH-VON OSTEN, a.a.O. 92-101.

gen – mit erstaunlicher Entschiedenheit behaupten: „Die im ‚Rat der Evang.-Luth. Kirche Deutschlands' zu einem Bund zusammengeschlossenen Landeskirchen haben in dem vergangenen Jahrzehnt im Gehorsam gegen das Bekenntnis der lutherischen Reformation den Irrlehren der Zeit, besonders der Deutschen Christen, widerstanden. Sie wissen sich aufgerufen, die Neuordnung der DEK in der gleichen Gemeinschaft kirchlicher Entscheidung zu beginnen."[10] Hier schien also Anknüpfung an eine der Fortsetzung würdige Tradition bruchlos möglich. Im Blick auf die Ausrufung einer „Evangelisch-lutherischen Kirche Deutschlands" war das Konzept Meisers aber keineswegs restaurativ, sondern revolutionär im Sinne eines herkömmliche Gestaltungen sprengenden Neuansatzes. Denn die Ausrufung einer solchen Lutherischen Kirche hätte im August 1945 die traditionellen landeskirchlichen Gliederungen aufgebrochen. Otto Dibelius spricht in seinen Lebenserinnerungen davon, daß es „wie ein Schlag durch die Reihen der Unierten" gegangen sei, „als es bekannt wurde: die Lutheraner tun ihre eigene Vereinigte Lutherische Kirche auf!". Meiser habe gehofft, „daß die Unionskirchen des 19. Jahrhunderts sich jetzt, nach dem neuen, großen Zusammenbruch Deutschlands, auflösen würden [...] Diese große lutherische Kirche werde dann mit den übrigbleibenden kleinen reformierten und unierten Resten eine Verwaltungsgemeinschaft bilden; sie selbst aber werde der eigentliche Repräsentant des deutschen Protestantismus sein!"[11] Über die Befürchtungen von Dibelius hinaus wird man sich rückblickend fragen müssen, ob es nicht auch in den bisher rein lutherischen Landeskirchen zur Bildung von konfessionell ausgegrenzten Minoritätsgemeinden oder gar Minoritätskirchen gekommen wäre, und dies nicht zuletzt in Folge der großen Wanderungsbewegungen durch die Flüchtlingsströme in ganz Deutschland. Wurms Veto, mit dem er die sofortige Ausrufung einer Lutherischen Kirche verhinderte, bewahrte nicht nur die organisatorische Einheit des deutschen Protestantismus, sondern zugleich den Bestand der herkömmlich gegliederten und zirkumskribierten Landeskirchen. Der am Tag der Treysaer Versammlung veröffentlichte „Beschluß der vertretenen Provinzialkirchen" in der „Altpreußischen Union" (APU), der die Umgestaltung der bisherigen Kirchenprovinzen der APU in selbständige, bekenntnisgebundene Landeskirchen bekanntgab bzw. einleitete[12], hatte dieselbe weitreichende Konsequenz.

---

[10] F. SÖHLMANN, a.a.O. 180. – Zur Vorgeschichte vgl. WOLF-DIETER HAUSCHILD, Vom „Lutherrat" zur VELKD 1945-1948, in: Joachim Mehlhausen (Hg.), ... und über Barmen hinaus. FS Carsten Nicolaisen, Göttingen 1995 (AKiZ B. 23), 451-470.

[11] OTTO DIBELIUS, Ein Christ ist immer im Dienst. Erlebnisse und Erfahrungen in einer Zeitenwende, Stuttgart ²1963, 263. – Vgl. auch THEOPHIL WURM, Erinnerungen aus meinem Leben, Stuttgart 1953, 180f.

[12] F. SÖHLMANN, a.a.O. 98-102. Der bereits vollzogene Übergang zu neuen bekenntnisgebundenen Leitungen wird angezeigt für Rheinland, Westfalen, Berlin-Brandenburg und Schlesien. „In den übrigen Provinzen sind solche Leitungen zu bilden." (99).

Die dritte in Treysa zur Diskussion stehende Konzeption für die Neugestaltung der Evangelischen Kirche in Deutschland wurde vom „Reichsbruderrat der Bekennenden Kirche" vertreten, der sich seit 1937 erstmals wieder zusammengefunden hatte. Martin Niemöller hatte in seinen ersten Äußerungen zur Sache konsequent gefordert, man müsse bei den Bekenntnissynoden von Barmen und Dahlem anknüpfen und aus dem bisherigen kirchlichen „Notrecht" das für die Evangelische Kirche schlechthin verbindliche *Recht der Kirche* entwickeln.[13] Rücksicht auf die „Neutralen" bzw. die sogenannten „intakten Kirchen" sei nicht möglich, wenn man den seinerzeit „feierlich vor Gott übernommenen Anspruch nunmehr durchführen" wolle.[14] Der Neubau der Kirche müsse von unten, von der Gemeinde her, erfolgen. Das hätte konkret bedeutet: Zumindest vorläufiger Verzicht auf die Bildung einer für die gesamte Evangelische Kirche in Deutschland zuständige Dachorganisation. Statt dessen hätten sich die Bekennenden Gemeinden vor Ort neu zusammenfinden müssen, um nach einer erneuten Verpflichtung auf die Bekenntnisentscheidungen von Barmen und Dahlem neue Leitungsgremien zu wählen. Die Übertragung der gesamtkirchlichen Verantwortung wäre dann erst nach dem Zusammentreten einer Reichsbekenntnissynode möglich geworden. Ein solcher Neuaufbau „von unten nach oben", der die Mitwirkung und Zustimmung der einzelnen Gemeinden ermöglichte, ist unmittelbar nach Kriegsende vor allem von Karl Barth der evangelischen Christenheit in Deutschland dringlichst angeraten worden. Es sei der „fundamentale Konstruktionsfehler aller bisherigen deutschen Kirchenverfassungen, der eigentümliche Trugschluß fast alles bisherigen Nachdenkens und Redens über die Kirche" gewesen, daß man die Kirchen „mit geradezu erschreckender Selbstverständlichkeit immer wieder von oben nach unten" gebaut habe.[15]

Martin Niemöller, der in der Zeit unmittelbar vor und nach Treysa mit Karl Barth in intensivem Gedankenaustausch stand[16], hat dieses auf seine Weise tatsächlich energisch nach vorne weisende Konzept schon in den eigenen Reihen nicht durchsetzen können. Bereits vor Beginn der Treysaer Versammlung verabschiedete der „Reichsbruderrat" bei einer Zusammenkunft am 21. August 1945 in Frankfurt am Main ein erheblich modifiziertes Programm und

---

[13] A. BOYENS, a.a.O. 38-40. – Zur Sache besonders wichtig: HERBERT WEHRHAHN, Kirchenrechtliche Vorfragen zur Erneuerung des evangelischen Kirchenwesens in Deutschland, in: Paul Schempp (Hg.), Evangelische Selbstprüfung. Beiträge und Berichte von der gemeinsamen Arbeitstagung der Kirchlich-theologischen Sozietät in Württemberg und der Gesellschaft für Evangelische Theologie, Sektion Süddeutschland. Bad Boll 12. bis 16. Oktober 1946, Stuttgart 1947, 155-169.

[14] Zit. nach A BOYENS, a.a.O. 39.

[15] K. BARTH, Die evangelische Kirche (s. Anm. 3) 46f.

[16] Vgl. die vorzügliche Dokumentation in: KARL BARTH, Gesamtausgabe V.7: Offene Briefe 1945-1968, hg. v. Diether Koch, Zürich 1984, 76-94.

kam damit der dringlichen Bitte von Wurm entgegen, die Frankfurter Tagung „nicht als eine Gegensynode, sondern als eine Vorsynode für Treysa" zu qualifizieren.[17] Im Frankfurter „Beschluß des Reichsbruderrates" wird nicht mehr ein einheitliches Verfahren für *alle* evangelischen Kirchen und Gemeinden gefordert, sondern es heißt, die Landesbruderräte hätten die Pflicht, *„wo erforderlich,* die Bildung neuer vorläufiger Kirchenleitungen herbeizuführen, bei ihrer Aufstellung maßgebend mitzuwirken, alsdann auf sie die kirchenregimentlichen Befugnisse zu übertragen und sich ihnen ratend und helfend zur Seite zu stellen".[18] Ziffer II.5 dieses Beschlusses deutet reichlich vage an, warum anstelle eines einheitlichen Vorgehens eine fallweise Lösung möglich sei: „Mancherlei Schwierigkeiten, die seit der Bekenntnissynode der DEK in Bad Oeynhausen (Februar 1936) zwischen den Notorganen der bekenntnisgebundenen Leitung und der Konferenz der Landeskirchenführer bestanden, sind fortgefallen. Nunmehr ist es geboten, in allen Landeskirchen zu Leitungen zu kommen, die an das Bekenntnis gebunden, ihr kirchliches Reden und Handeln eindeutig vom Bekenntnis bestimmt sein lassen. Alsdann bedarf es einer im gleichen Sinn gebundenen und bestimmten Zusammenfassung der Landeskirchen." Die unübersehbare Verharmlosung des Bruchs in der Bekennenden Kirche seit 1936 („mancherlei Schwierigkeiten") und der verallgemeinernde Rückzug auf ein nur noch formales Bekenntnisverständnis („das" Bekenntnis statt einer Bindung an Barmen und Dahlem) haben der Position des „Reichsbruderrates" schon vor Beginn der Verhandlungen in Treysa die ursprünglich intendierte zukunftsweisende Zielsetzung und Prägnanz genommen. Der „Bruderrat" beanspruchte zwar, überall dort auch weiterhin Träger von Verantwortung und Pflichten zu sein, wo „aus der gemeinsamen Anerkennung der Sätze von Barmen kraft des kirchlichen Notrechts [...] Organe der Leitung" erwachsen seien (II.3); er erklärte sich aber bereit, diese „kirchenregimentlichen Befugnisse" auf neue vorläufige Kirchenleitungen zu übertragen (I).

Auf die Frage nach den Gründen für die Selbstbeschränkung des „Bruderrats" gibt es eine Reihe einleuchtender Antworten. Aus dem Abstand von vierzig Jahren ist die gewichtigste Erklärung die folgende: Durch den Beschluß war die Position des „Bruderrats" überhaupt konsensfähig geworden. Ein Neuaufbau der Deutschen Evangelischen Kirche von der Basis der Bekennenden Gemeinden her hätte mit großer Wahrscheinlichkeit zumindest zwei Evangelische Kirchen in Deutschland zur Folge gehabt: Eine konservativ geprägte große Lutherische Kirche unter bischöflicher oder gar erzbischöflicher Führung und eine Sammlung Bekennender Gemeinden mit charismatischen Persönlichkeiten in ihrer Leitung. Ob man in Frankfurt vor dieser Alternative bewußt zu-

---

[17] Zit. nach A. BOYENS, a.a.O. 40; vgl. A. SMITH-VON OSTEN, a.a.O. 48-69.
[18] F. SÖHLMANN, a.a.O. 175 (Hervorhebung vom Vf.).

rückschreckte, läßt sich beim derzeitigen Stand der Quellenveröffentlichungen nicht sagen. Martin Niemöller hat in einem Brief an Karl Barth verbittert angemerkt, er sei in Frankfurt „ausgebootet" worden.[19] Aber zu diesen grundsätzlichen Erklärungen für die Kursbestimmung des „Bruderrats" in Frankfurt treten noch etliche weitere, eher pragmatische, aber nichtsdestoweniger einleuchtende Hinweise: Es gab sachliche Schwierigkeiten, in kürzester Zeit ein wirklich eindeutiges alternatives Konzept auszuarbeiten und darzulegen; das Maß der Verbindlichkeit der Bekenntnissynoden war auch im „Bruderrat" keineswegs unumstritten;[20] man sah die geistliche Notwendigkeit, sich mit den Kirchenführern der „intakten" Landeskirchen zu arrangieren, denen man weder die Orientierung an der Heiligen Schrift noch an den Bekenntnissen der Kirche pauschal absprechen konnte; ferner sah man die Personalnot in den eigenen Reihen und die ungeheuren Schwierigkeiten, die einer Aktivierung der Gemeinden in jenen Monaten entgegenstanden; und schließlich dürfen die psychologischen Momente nicht übersehen werden, die den in Frankfurt tagenden Mitgliedern des „Bruderrats" zu schaffen machten, „nämlich Erschöpfung durch den Krieg, durch Haft und durch die Arbeit in der Illegalität und Angst vor erneuter Isolierung; die Gefahr der ghettohaften Existenz taucht immer wieder in den Diskussionen auf".[21]

Schärfster Kritiker der Grundsatzentscheidung des „Reichsbruderrats" ist Hermann Diem gewesen. In seinem Vortrag über „Die Problematik der Konvention von Treysa" sprach er von einer „Methode [...] welche man in der Kirchengeschichte immer dann anwandte, wenn man an Stelle einer nicht vorhandenen Einheit im Glauben eine aus anderen Gründen wünschbare Einigkeit demonstrieren wollte: Man machte die Türen möglichst weit auf und vermied es, die Theologische Erklärung von Barmen mit ihren Abgrenzungen der Einigung zugrunde zu legen; vielmehr einigte man sich auf ein neues Programm, das unter Zurückstellung des ‚Trennenden' das ‚Gemeinsame' betonte." Der Einzug von führenden Mitgliedern der Bekennenden Kirche in die Konsistorien sei kein „Sieg" der Bekennenden Kirche gewesen (im anderen Lager sprach man seinerzeit mit scharfem Unterton sogar von einer „Machtergreifung durch die BK"). „Mit weit mehr Recht könnte man darin einen Sieg

---

[19] K. BARTH, GA V.7 (s. Anm. 16) 80.
[20] Vgl. JOACHIM MEHLHAUSEN, Die Rezeption der Barmer Erklärung in der theologischen Arbeit der württembergischen Sozietät, in: Wolf-Dieter Hauschild u.a. (Hg.), Die lutherischen Kirchen und die Bekenntnissynode vom Barmen, Göttingen 1984, 271-288 (s.o. 383-401).
[21] A. SMITH-VON OSTEN, a.a.O. 65. – Eberhard Bethge hat mir gelegentlich erzählt, er sei während der Frankfurter Bruderratstagung im Grunde von einem einzigen Problem gefangen gewesen, nämlich der Frage: Wo und wie kann ich Nachricht über das Schicksal von Dietrich Bonhoeffer erhalten? – Eine solche Mitteilung mag eilfertigen Kritikern jener Tagungen (auch der von Treysa) zu denken geben.

der Konsistorien und eine Selbstauflösung der BK sehen, denn in Wirklichkeit ist nur eine teilweise personelle Auswechslung in den Konsistorien erfolgt, die Organe der BK aber haben mit ihrem Auftrag und ihrer Vollmacht zu existieren aufgehört. Soweit sie noch bestehenblieben [...] haben sie ihre kirchenleitenden Befugnisse an ihre Freunde in den Konsistorien abgegeben und haben sich selbst auf die Funktion einer ‚Bußbewegung' reduziert."[22]

Zusammenfassend läßt sich sagen: Schon vor Beginn der „Kirchenführerkonferenz" in Treysa waren die beiden weit nach vorne weisenden Optionen für eine Neuordnung der kirchlichen Verhältnisse im Nachkriegsdeutschland aus der Diskussion herausgenommen worden. Der Plan zur Gründung einer „Evangelisch-lutherischen Kirche Deutschlands" scheiterte am Veto des württembergischen Landesbischofs; das Konzept eines Neubaus der Evangelischen Kirche von der Basis Bekennender Gemeinden her hatte im „Reichsbruderrat" nicht durchgesetzt werden können. Der Kompromiß von Treysa konnte sich nun im Umfeld jener kirchenpolitischen und theologischen Überzeugungen bilden, die durch das „Kirchliche Einigungswerk" bereits vorgegeben waren. Wurm steuerte hier seinerseits ein Entgegenkommen bei, indem er in Treysa darauf verzichtete, daß „Die 13 Sätze über Auftrag und Dienst der Kirche" zur Gesprächsgrundlage gemacht wurden, mit denen er Ostern 1943 zum „Einigungswerk" aufgerufen hatte.[23] Diese „Sätze" wären wegen ihrer Entstehungszeit und Entstehungsumstände für viele Mitglieder des „Reichsbruderrats" eine kaum zu akzeptierende Vorlage für die Verhandlungen gewesen.

2. Die Grundzüge des Treysaer Kompromisses[24]

In ihrem präambelartigen Abschnitt I gibt die Konvention von Treysa eine außerordentlich harmonisierende Deutung der jüngsten deutschen Kirchengeschichte. Die Evangelische Kirche in Deutschland sei „in Abwehr der Irrlehren der Zeit und im Kampf gegen einen staatskirchlichen Zentralismus zu einer kirchlich gegründeten inneren Einheit geführt worden", die über das hinausreichte, was im Deutschen Evangelischen Kirchenbund von 1922 erreicht worden sei. Diese Einheit sei „zuerst auf den Bekenntnissynoden in Barmen, Dahlem und Augsburg sichtbar geworden", ihr habe die Arbeit des „Kirchlichen Einigungswerkes" und der „Landeskirchenführerkonferenz" gedient. Mit dieser Deutung, die die Brüche von Dahlem und Bad Oeynhausen einfach ausblendet, wird für den neuen Beginn eine entscheidende Weichenstellung

---

[22] HERMANN DIEM, Die Problematik der Konvention von Treysa, in: P. Schempp (Hg.), Evangelische Selbstprüfung (s. Anm. 13) 21-33; 22f.
[23] KJ 1933-1944, 423-425.
[24] Alle Zitate nach F. SÖHLMANN, a.a.O. 96-98.

vollzogen. Was seinerzeit zu einem Auseinandergehen der einzelnen Gruppierungen der Bekennenden Kirche geführt hatte, erhält in dieser Deutung der Ereignisse nicht mehr den Rang ekklesiologischer Fundamentaldifferenzen. Der gesamte Kirchenkampf wird als Abwehr von „Irrlehren der Zeit" und als Kampf „gegen einen staatskirchlichen Zentralismus" interpretiert. Indem die Konvention von Treysa die Auseinandersetzungen des Kirchenkampfes gleichsam aus dem kirchlichen Binnenraum heraussetzt und sie als gemeinsame Abwehrbewegung gegen äußere Angriffe sehen lehrt, umgeht sie die Notwendigkeit, auch nur eine einzige inhaltliche Aussage darüber machen zu müssen, welche theologischen Streitfragen die so ernst beschworene Einheit der Kirche gefährdet hatten. Schließlich ist es eine äußerst kühne Konstruktion, wenn in der Treysaer Konvention das „Kirchliche Einigungswerk" und die „Landeskirchenführerkonferenz" in die Nähe der Bekenntnisentscheidungen von Barmen und Dahlem gerückt werden.

Der zweite Abschnitt der Konvention von Treysa behandelt grundlegende Rechtsfragen. Hierzu war der Versammlung ein von Wurm angefordertes großes Gutachten von Erik Wolf vorgetragen worden[25]; darüber hinaus lag der Versammlung offensichtlich auch noch eine ebenfalls von Erik Wolf erstellte Beschlußvorlage vor, die nur geringfügig abgeändert worden ist.[26] In ihr werden die drei Alternativen aufgezählt, die man bei einer Neugründung der Evangelischen Kirche in Deutschland ausschließen müsse. Der leitende Gesichtspunkt, der dem oder den Verfassern dieses Textes vor Augen stand, war die Frage nach der Rechtskontinuität der Kirche über die Wirren der jüngsten Vergangenheit hinweg. Eine Anknüpfung der neuen Ordnung an die Verfassung der *Deutschen Evangelischen Kirche* (DEK) vom 11. Juli 1933[27] sei „abgesehen von allem Grundsätzlichen" deshalb nicht möglich, weil „die Ämter dieser Verfassung unheilbar diskreditiert" seien. Diese Feststellung ist im Blick auf die bisherigen Amtsinhaber gewiß richtig gewesen. Doch durch die Fixierung auf die Amtsträger hat man sich in Treysa die Chance entgehen lassen, wenigstens den theologisch so bedeutsamen Artikel 1 der Verfassung der DEK aufzunehmen, an den bekanntlich auch die Barmer Theologische Erklärung anknüpft. Wäre ein solcher Hinweis aufgenommen worden, dann enthielte die Treysaer Konvention immerhin einen substantiellen theologischen Aussagesatz, der zudem vorzüglich dazu geeignet gewesen wäre, die beschworene Rechtskontinuität inhaltlich aufzuweisen. Es ist leider nicht bekannt, ob diese Möglichkeit in Treysa beraten worden ist.

---

[25] ERIK WOLF, Gutachten über die rechtmäßige Neuordnung der Leitung der Evangelischen Kirche in Deutschland, in: F. Söhlmann, a.a.O. 181-195. Zu diesem Gutachten vgl. man die ausführliche Darstellung von A. SMITH-VON OSTEN, a.a.O. 81-91.
[26] A.a.O. 128-130.
[27] KJ 1945-1948, 16 ist die Jahreszahl „1935" ein Druckfehler.

Die zweite der in Treysa verworfenen Alternativen betrifft den *Deutschen Evangelischen Kirchenbund* von 1922. Auf seine Verfassung zurückzugehen sei schon deshalb unmöglich, „weil arbeitsfähige Organe des Bundes angesichts der veränderten staatsrechtlichen Verhältnisse und der noch unabgeschlossenen Neuordnung der Landeskirchen nicht gebildet werden könnten". Mit dieser nüchternen Feststellung hat man in Treysa auf die Teilung Deutschlands in Besatzungszonen Rücksicht nehmen müssen und zudem – unausgesprochen – den Gebietsverlust im Osten Deutschlands realistisch in die Überlegungen einbezogen. Daß es auch eine Reihe von theologischen und organisatorischen Schwächen der Kirchenbundesverfassung von 1922 gab, die es nicht geraten erscheinen lassen konnten, gerade dort wieder anzuknüpfen, mußte wohl nicht ausdrücklich gesagt werden.

Besondere Aufmerksamkeit verdient die dritte der verworfenen Alternativen, die sich mit dem Rechtsanspruch der „Notorgane" der *Bekennenden Kirche* befaßt. Auf diesen Problembereich, der für das Zustandekommen des „Kompromisses" von größter Bedeutung war, gehen auch die in Treysa zusätzlich verabschiedeten „Erläuterungen zu der vorläufigen Ordnung der EKiD" ein.[28] Der Text der Treysaer Konvention spricht von einer „wachsenden Gemeinsamkeit" zwischen der „Bekennenden Kirche" und den im Amt befindlichen Kirchenleitungen, die eine einfache Bestätigung der Notorgane der BK unnötig mache. Die „Erläuterungen" fügen hinzu: „Die Bestellung eines Rates der EKD durch die Kirchenversammlung in Treysa bedeutet, daß der Bruderrat der Bekennenden Kirche in Deutschland seine kirchenregimentlichen Funktionen diesem Rat als vorläufiger Leitung der EKD für die Zeit des Bestehens dieser vorläufigen Leitung überträgt." Mit dieser Formulierung wird das Angebot der Frankfurter Reichsbruderrats-Tagung von den Führern der „intakt" gebliebenen Landeskirchen angenommen. Die Betonung der „Vorläufigkeit" der Regelung konnte den Vertretern des „Bruderrats" die Zustimmung erleichtern. Der spätere Kritiker der Treysaer Konvention, Hermann Diem, notierte unmittelbar nach Bekanntgabe des Ergebnisses mit Erleichterung, „[...] daß noch alle Möglichkeiten offen sind".[29] Rückblickend fragt man sich allerdings, ob irgend jemand realistisch mit der Möglichkeit rechnen konnte, daß einmal übertragene „kirchenregimentliche Funktionen" auch wieder zurückgenommen würden. Mit dieser Integration des „Bruderrats" und seiner Funktionen in die neue EKiD schloß die Konvention von Treysa den wegweisenden Kompromiß. Personell fand er seinen Niederschlag in der Bestellung Martin Niemöllers zum stellvertretenden Ratsvorsitzenden, – einer Funktion, in der er von Wurm nicht gerade intensiv konsultiert wurde.[30]

---

[28] F. SÖHLMANN, a.a.O. 98. Das Verhältnis der beiden Texte zueinander bedarf noch der quellenmäßigen Erforschung.
[29] H. DIEM, Restauration oder Neuanfang (s. Anm. 4) 8 (Vorwort zur 1. Auflage).
[30] K. BARTH, GA V.7 (s. Anm. 16) 80f.

Doch wichtiger als die Personalentscheidungen sollte für die Zukunft der EKiD das grundsätzliche Problem werden: Indem man unter der These von der „wachsenden Gemeinsamkeit" de facto zu gemeinsamer Arbeit zusammenfand, stellte man die mit guten Gründen so dringlich erwünschte kirchlichorganisatorische Einheit her. Eine Einheit in den theologischen, kirchenpolitischen und gesellschaftsdiakonischen Sachfragen mußte aber erst in den ungezählten Einzelentscheidungen der künftigen Arbeit gesucht werden, – und dies unter Partnern, die während des Kirchenkampfes als Gegner leidvoll erfahren hatten, wie weit ihre theologischen Grundpositionen auseinanderlagen! Der Pluralismus in der EKD, der ihr auf ihrem bisherigen Wege so viel zu schaffen gemacht hat und sie oft bis zum Zerreißen belastete, begann mit der Treysaer Formel von der „wachsenden Gemeinsamkeit". Es ist eine reizvolle – allerdings aus den vorhandenen Quellen kaum zuverlässig zu beantwortende – Frage, ob man sich im August 1945 über die theologischen und insbesondere die ekklesiologischen Schwächen dieser Formel überhaupt unterhalten hat. Pluralismus und Pluralität in der Kirche – zumal einer Volkskirche – signalisieren Chancen *und* Gefahren.[31] Sie fordern dazu heraus, den Konsens in der diskursiven Mitteilung des Glaubens zu suchen und theologische Wahrheitskriterien gerade in der Dialogpraxis zu ermitteln.[32] Derart anspruchsvollen Anforderungen ist die EKD mit ihren verfassungsmäßigen Organen gerade durch den Treysaer Kompromiß bleibend und ernstlich verpflichtet. Aus dem Abstand von vierzig Jahren sei die Behauptung gewagt, daß in dem alternativen Modell einer Lutherischen Kirche und einer neben ihr bestehenden Bekennenden Sammlung viele Einzelentscheidungen jeweils mit größerer Entschiedenheit und Eindeutigkeit zustande gekommen wären. Aber welchen Belastungen wären die einzelnen Glieder unserer Kirche in diesen vierzig Jahren ausgesetzt worden! Wie oft hätte es Übertritte hin und her gegeben! Und muß man für diesen hypothetischen Fall nicht auch fragen: Wären nicht viele Entscheidungen hüben und drüben oberflächlicher durchdacht worden, als es in der zum kontroversen Diskurs genötigten EKD dann geschehen ist? Nach dem Urteil von Hermann Diem hat man in Treysa den konfliktträchtigen Kompromiß nur wagen können, weil „dieses Einigungswerk in erster Linie von dem Vertrauen zu den führenden Personen" getragen war.[33] Von daher gesehen ist es verständlich, daß es während der wenigen Treysaer Tage in den Einzel- und

---

[31] Vgl. HARTMUT LÖWE, Über Pluralismus und Pluralität in der Kirche. Chancen und Grenzen, in: KuD 24 (1978) 18-31. – Pluralismus in der Kirche. Chancen und Grenzen. Eine Stellungnahme der Arnoldshainer Konferenz, Berlin 1977. – Vgl. ferner die Beiträge in: JOACHIM MEHLHAUSEN (Hg.), Pluralismus und Identität, Gütersloh 1995 (VWGTh 8).
[32] Zu diesem Themenbereich vgl. man die wichtigen Artikel *Consensus* und *Dialogik* von GERHARD SAUTER, in: TRE 8 (1981) 182-189 und 703-709.
[33] H. DIEM, Die Problematik (s. Anm. 22) 24.

Gruppengesprächen vor allem um Personalfragen ging. Der hartnäckige Widerstand des „Bruderrats" gegen eine Beteiligung des hannoverschen Landesbischofs August Marahrens[34] hatte über die Person des in seiner Landeskirche von hohem Ansehen getragenen Mannes hinweg exemplarische Bedeutung.

Der dritte Abschnitt der Konvention von Treysa zählt die praktischen Aufgaben auf, vor denen die EKD 1945 stand. Unter nachdrücklicher Betonung der Selbständigkeit der Landeskirchen werden fünf „gemeinsame Anliegen" aufgezählt: Mitarbeit in der Ökumene; Wahrnehmung der kirchlichen Belange nach außen; Durchführung kirchlicher Hilfswerke; Beratung und Unterstützung von Landeskirchen bei der Wiederherstellung bekenntnisgemäßer Ordnungen und die Vorbereitung einer endgültigen Ordnung für die EKD. – Hinsichtlich der ökumenischen Kontakte war schon vor Treysa das Problem eines kirchlichen „Schuldbekenntnisses" beraten worden.[35] Mitglieder des „Reichsbruderrats" hatten bereits in Frankfurt ein „Wort an die Pfarrer" erarbeitet, das sehr entschiedene Sätze zur Schuldfrage enthielt. Wegen Meinungsverschiedenheiten zwischen Niemöller und Meiser konnte es vom neugewählten Rat nicht verabschiedet werden; in der Sache wurde es durch die „Stuttgarter Schulderklärung" vom 19. Oktober 1945 ersetzt.[36] Die „Wahrnehmung der Belange nach außen" hat man in Treysa durch einen drei Punkte umfassenden „Beschluß zur Schulfrage" erstmals in Angriff genommen.[37] Mit einem „Wort an die Gemeinden" zeigte die Versammlung in Treysa ihre Bereitschaft, über die Grenzen der Landeskirchen hinweg den Öffentlichkeitsanspruch der Gesamtkirche geltend zu machen. In diesem keineswegs unproblematischen „Wort"[38] wird der Versuch unternommen, vor allem seelsorgerisch-tröstend auf die Gemeinden zuzugehen. Alle weiteren Dokumente, die in den zeitgenössischen Quellenveröffentlichungen mit abgedruckt werden, können nicht als Beschlüsse der Kirchenführerkonferenz oder des neuen Rates angesehen werden.[39] Mit der Errichtung des „Evangelischen Hilfswerkes" unter der geschäfts-

---

[34] A. SMITH-VON OSTEN, a.a.O. 103-105.
[35] MARTIN GRESCHAT/CHRISTIANE BASTERT (Hg.), Die Schuld der Kirche. Dokumente und Reflexionen zur Stuttgarter Schulderklärung vom 18./19. Oktober 1945, München 1982. – MARTIN GRESCHAT (Hg.), Im Zeichen der Schuld. 40 Jahre Stuttgarter Schuldbekenntnis. Eine Dokumentation. Mit einem Geleitwort von Wolfgang Huber, Neukirchen-Vluyn 1985. – GERHARD BESIER, Wie Christen ihre Schuld bekennen (s. Anm. 1) 9-27.
[36] A. SMITH-VON OSTEN, a.a.O. 137-140.
[37] F. SÖHLMANN, a.a.O. 104f.
[38] Vgl. die Kritik von M. GRESCHAT, Die Schuld der Kirche (s. Anm. 35) 60f.
[39] A. BOYENS, a.a.O. 30; A. SMITH-VON OSTEN, a.a.O. 135-140. Dies gilt auch für die sog. „Kundgebung der Kirchenkonferenz der Evangelischen Kirche in Deutschland zur Verantwortung der Kirche für das öffentliche Leben. Treysa – August 1945" in: Friedrich Merzyn (Hg.), Kundgebungen, Worte und Erklärungen der Evangelischen Kirche in Deutschland 1945-1959, Hannover 1959, 3f.

führenden Leitung von Eugen Gerstenmaier zeigte der Rat in seiner konstituierenden Sitzung an, daß er im Bereich der Diakonie und sozialen Fürsorge gesamtkirchliche Verantwortung zu übernehmen bereit war. Hinsichtlich der „Beratung von Landeskirchen bei der Wiederherstellung bekenntnisgemäßer Ordnungen" ist in Treysa nichts geschehen. Noch einmal sei Hermann Diem zitiert: „Will man ‚bekenntnismäßige' Ordnungen schaffen, so muß erst klar sein, welches Bekenntnis die Grundlage bilden soll."[40] Eben diese Frage ist aber durch den Kompromiß von Treysa nicht beantwortet worden. Erst in der Präambel der *Grundordnung* der EKD vom 13. Juli 1948 ist eine Aussage über die (altkirchlichen) Bekenntnisse gemacht worden.[41]

3. Ein „neuer Weg" oder „das Neue irgendwie das Alte"?

Der Referent für Religion und Erziehung beim Amerikanischen Hauptquartier in Frankfurt, Major E.L.V. Crum, begrüßte die Treysaer Versammlung mit den Worten: „Diese Tagung ist ein geschichtlicher Anlaß. Sie haben eine Gelegenheit, wie sie wenige Versammlungen vorher gehabt haben, nämlich die moralische Integrität Ihres Volkes zu sichern. Sie müssen als geschlossene Einheit handeln, um dieses Werk gut zu tun."[42] Der Rückblick auf Treysa nach vierzig Jahren vermittelt den Eindruck, daß die dort versammelten Kirchenführer stärker die Mahnung zur Einheit als den Aufruf zur Sicherung der „moralischen Integrität" unseres Volkes gehört hatten. Doch jeder Bericht über Treysa wäre unvollständig, der nicht die bedeutende Rede Martin Niemöllers erwähnte, in der „ein Ton angeschlagen" wurde, der „in allem, was wir bisher gehört haben, zweifellos zu kurz gekommen ist". Niemöller lehnte es in dieser Rede ab, die Not des Jahres 1945 bloß auf die Tatsache des verlorenen Krieges zurückzuführen, – wie es damals viele taten. Wer könnte denn wünschen, Deutschland hätte diesen Krieg gewonnen? Wo würden wir erst stehen, wenn Hitler gesiegt hätte? „Nein, die eigentliche Schuld liegt auf der Kirche; denn sie allein wußte, daß der eingeschlagene Weg ins Verderben führte, und sie hat unser Volk nicht gewarnt, sie hat das geschehene Unrecht nicht aufgedeckt oder erst, wenn es zu spät war. Und hier trägt die Bekennende Kirche ein besonders großes Maß von Schuld; denn sie sah am klarsten, was vor sich ging und was sich entwickelte [...] Deshalb haben wir Buße zu tun und umzukehren im rechten Gehorsam, deshalb mit Ernst zu fragen, wie es nun *anders, ganz anders* werden kann und soll [...] Wir werden dazu *neue Wege* zu beschreiten

---

[40] H. DIEM, Die Problematik (s. Anm. 22) 26.
[41] A. SMITH-VON OSTEN, a.a.O. 360f.; 369ff.
[42] F. SÖHLMANN, a.a.O. 11.

haben, wir werden anders sprechen müssen, als die Kirche bisher gesprochen hat. Gott helfe uns zu einer entschlossenen Umkehr."[43]

Der Ton, den Martin Niemöller mit diesen Worten angeschlagen hat, brachte sicherlich das zum Ausdruck, was nicht nur jener amerikanische Major, sondern mit ihm viele Christen im In- und Ausland als Wort der Kirche in jener Stunde erwarteten und erhofften. Weil sorgfältige Protokolle fehlen, wissen wir nicht, welches Echo Niemöllers Ansprache bei den versammelten 120 Männern der Kirche (Frauen waren nur als Hilfspersonal anwesend) ausgelöst hat. Blickt man nur auf die in der Tat äußerst nüchterne *Konvention von Treysa*, in der auch nicht die leiseste Spur von Buße, Umkehr und „ganz neuem Weg" zu entdecken ist, so bliebe man bei einer großen Verlegenheit und Ratlosigkeit stehen. Sollte der auf seine Weise so souveräne Pragmatiker Otto Dibelius Recht haben, der bei seinem Rückblick auf Treysa schrieb: „Es mußte etwas Neues geschaffen werden. Und – *dies Neue mußte irgendwie das Alte sein*. Denn darüber war bei niemandem ein Zweifel, daß die deutsche Gesamtkirche im Grunde doch noch bestand. Ihre Organe waren tot, ihre Repräsentanten waren tot. Aber die Kirche lebte [...] Als wir uns in Treysa trafen, wußten wir: die Gesamtkirche ist da! Es galt nur, ihr wieder eine Form zu geben und die rechten Männer an die Leitung zu stellen."[44]

Ein drittes Zitat kann vielleicht den Hinweis zu einer hilfreichen, gerechten Antwort auf die Frage geben, wie dieser Kompromiß von Treysa nach vierzig Jahren zu sehen und zu bewerten ist. Hans Joachim Iwand predigte in der Schlußandacht der Konferenz über I Kor 6,1-10 und sagte: „Es muß alles unbegreiflich bleiben, wunderbar, unerklärlich. Auch das, was uns gestern geschenkt worden ist, das einmütige Zeugnis zu der neuen Leitung unserer Evangelischen Kirche in Deutschland hat wieder das eine offenbar gemacht: unsere große Armut. Es ist niemals in der Bekennenden Kirche anders gewesen, *wir mußten immer wieder bis ans Ende unserer eigenen Weisheit geführt werden* und so wird es auch bleiben müssen."[45] Die große Nüchternheit der „Vorläufigen Ordnung der Evangelischen Kirche in Deutschland" vom 30. August 1945 bringt eine theologische und geistliche Erfahrung zum Ausdruck, die nur aus ihrem zeitgeschichtlichen Kontext heraus angemessen verstanden werden kann. Hier spricht eine kirchenleitende Versammlung „nach unerhörten Geschehnissen in einem Augenblick trostloser Zerstörung"[46] ausschließlich von dem, was im Augenblick realistisch getan werden konnte. Den *ganz neuen, den ganz*

---

[43] F. SÖHLMANN, a.a.O. 23f. (Hervorhebungen hier und in den Anm. 44/45 belegten Zitaten stammen vom Vf.).
[44] O. DIBELIUS, Ein Christ (s. Anm. 11) 257f.
[45] F. SÖHLMANN, a.a.O. 41f.
[46] Dies waren die Eingangsworte der Eröffnungsansprache von Wurm; F. SÖHLMANN, a.a.O. 12.

anderen Weg konnte man herbeisehnen; als eine gemeinsam zu ergreifende Möglichkeit war er nicht sichtbar. Man stand in vielfacher Hinsicht „am Ende der eigenen Weisheit". Aber weil man nicht nur die eigene Not, sondern auch die Not der Gemeinden sah, wollte man die Hände nicht untätig in den Schoß legen und wagte den kaum berechenbaren Schritt auf die „wachsende Gemeinsamkeit" zu und ließ alle Optionen auf besonders eindrucksvolle Zukunftspläne für die Evangelische Kirche in Deutschland in der Hand dessen, der allein seiner Kirche helfen kann. Noch 1948 in Eisenach, beim Abschluß der verfassunggebenden Kirchenversammlung der Evangelischen Kirche in Deutschland, hat Theophil Wurm bekannt: Was wir gebaut haben „ist zwar kein stolzer Dom, eher eine Baracke, wie wir sie neben den zerstörten Domen in unseren Großstädten auch finden. Aber auch eine Baracke gewährt Schutz gegen Regen, auch in einer Baracke kann man das Wort Gottes verkündigen und hören."[47] Um in diesem Bilde zu bleiben: In Treysa wurde der Grundstein für diese Baracke gelegt; für ein Gebäude, das dem wandernden Gottesvolk wohl angemessener ist als mancher Dom. Wer die jüngste Kirchengeschichte kennt, weiß, wann dieses Selbstverständnis der Evangelischen Kirche in Deutschland in Vergessenheit geraten ist; jeder aufmerksame Beobachter der kirchlichen Zeitgeschichte kann aber auch sehen, daß viele der in Treysa ausgeklammerten Probleme nicht einfach liegengeblieben sind, sondern daß sie sich selber nach zwanzig oder dreißig Jahren – oft völlig überraschend – wieder zu Worte gemeldet haben. Es geht auch heute nicht darum, die Konvention von Treysa aus kritischer Distanz bloß zu analysieren und zu beurteilen, sondern an den Fragen weiterzuarbeiten, die damals offenbleiben mußten.

Literaturnachtrag

WOLF-DIETER HAUSCHILD, Die Kirchenversammlung von Treysa 1945, Hannover 1985 (Vorlagen 32/33). – CARSTEN NICOLAISEN/NORA ANDREA SCHULZE (Bearb.), Die Protokolle des Rates der Evangelischen Kirche in Deutschland. Bd. I: 1945/46. Im Auftrag der Ev. Arbeitsgemeinschaft für Kirchliche Zeitgeschichte und des Ev. Zentralarchivs in Berlin. Mit einer Einleitung von Wolf-Dieter Hauschild, Göttingen 1995 (AKiZ A.5) (Lit.). – GERHARD BESIER/HARTMUT LUDWIG/JÖRG THIERFELDER (Hg.), Der Kompromiß von Treysa. Die Entstehung der Evangelischen Kirche in Deutschland (EKD) 1945. Eine Dokumentation. Bearb. v. Michael Losch/Christoph Mehl/Hans-Georg Ulrichs, Weinheim 1995 (Schriftenreihe der Pädagogischen Hochschule Heidelberg, Bd. 24) (Lit.). – HELMUT E. THORMANN (Hg.), Der Beginn der Evangelischen Kirche in Deutschland (EKD) in Hephata. Treysaer Kirchenkonferenz vom 27. bis 31. August 1945, Hephata 1995 (Ausstellungskatalog).

---

[47] Eisenach 1948. Verhandlungen der verfassunggebenden Kirchenversammlung der Evangelischen Kirche in Deutschland vom 9.-13. Juli 1948. Hg. im Auftrage des Rates von der Kirchenkanzlei der Evangelischen Kirche in Deutschland, Berlin 1951, 195.

Die Rezeption der Barmer Theologischen Erklärung in den evangelischen Landeskirchen nach 1945

1. Die Problemstellung

Kein Text aus der neueren protestantischen Kirchen- und Theologiegeschichte hat in den letzten sechzig Jahren eine so vielschichtige und auch verwickelte Rezeptionsgeschichte durchlaufen wie die *Theologische Erklärung* der in Barmen tagenden *Ersten Bekenntnissynode der Deutschen Evangelischen Kirche* vom 31. Mai 1934. Diese Aussage wird nicht nur durch die kaum mehr überschaubare Fülle von Veröffentlichungen zu diesem Text belegt[1], sondern auch durch die innere Struktur des hier zu beobachtenden Rezeptionsvorganges, zu dessen Besonderheiten es gehört, daß von seinem Abschluß immer noch nicht gesprochen werden kann.

Der aus der Literaturwissenschaft und der Rechtsquellenlehre stammende Begriff *Rezeption* setzt im allgemeinen Verständnis voraus, daß zwischen einem zu rezipierenden Text und seinen Empfängern zunächst ein Verhältnis der wechselseitigen Fremdheit in verschiedenen Abstufungen besteht. Was vertraut ist oder aus unmittelbar Vertrautem neu hervorwächst, muß im kommunikationstechnischen Sinne nicht erst rezipiert werden; solche Neubildungen werden als Ausdrucksmöglichkeiten des je schon Bekannten im Doppelsinn des Wortes sogleich und unvermittelt wahrgenommen und angeeignet. Je fremder hingegen eine neu aufkommende Formel innerhalb eines durch gemeinsame Sprache umgrenzten Kommunikationszusammenhanges klingt, desto verwickelter und vielschichtiger wird der Rezeptionsvorgang verlaufen, sofern er überhaupt intendiert wird und gelingen kann.[2]

Aus einer Gesamtsicht heraus betrachtet zeigt die Rezeptionsgeschichte der *Barmer Theologischen Erklärung* das bemerkenswerte Phänomen, daß dieser

---

[1] Vgl. WOLF-DIETER HAUSCHILD, Bekenntnis und kirchliche Identität. Das Jubiläum der Barmer Theologischen Erklärung 1934-1984, in: KJ 111 (1984) 255-377; CARSTEN NICOLAISEN, Barmen 1934-1984. Bibliographie der 1983-1986 erschienenen Titel, in: KJ 111 (1984) 379-398; JOACHIM MEHLHAUSEN, Die Erste Bekenntnissynode der Deutschen Evangelischen Kirche in Barmen 1934 und ihre Theologische Erklärung. Ein Literaturbericht (1983-1989), in: VF 34 (1989) 38-83.

[2] Vgl. zum Begriff *Rezeption* und zu seiner Geschichte HANS ROBERT JAUSS, Rezeption, Rezeptionsästhetik, in: HWP 8 (1992) 996-1004 (Lit.); DIETMAR SCHANBACHER, Rezeption, juristische, in: HWP 8 (1992) 1004-1008 (Lit.).

Text zum Zeitpunkt seiner Entstehung in einem nicht unbeträchtlich großen kirchlichen Umfeld keineswegs als sonderlich fremd aufgefaßt worden ist. Die einstimmige Akklamation der in Barmen versammelten Synodalen zu der leicht überarbeiteten Beschlußvorlage belegt diesen Sachverhalt.³ Die Selbstverständlichkeit, mit der in durchaus unterschiedlichen theologischen und kirchenpolitischen Lagern die *Barmer Erklärung* als „unumgängliche theologische Grundlage der Deutschen Evangelischen Kirche als eines Bundes der Bekenntniskirchen"⁴ bezeichnet worden ist, unterstreicht, daß man hier zunächst keine fremde, der Rezeption erst noch bedürftige Botschaft hörte. Doch im weiteren Verlauf des sogenannten Kirchenkampfes und erst recht in der Phase des Neuaufbaus der Evangelischen Kirche in Deutschland nach 1945 veränderte sich die Einstellung zu diesem Text. Er wurde für viele Zeitgenossen in dem Sinne immer fremder, daß man sich mit zunehmender Dringlichkeit und Unbefangenheit fragte, *ob* und *wie* und *in welchen Bereichen* die *Barmer Theologische Erklärung* denn *anzunehmen, aufzunehmen* und zu *übernehmen* sei; also: ob und wie und in welchen Bereichen sie rezipiert werden könne oder rezipiert werden müsse.

In dieser im Grunde bis heute andauernden Reflexionsphase erhielt ein Satz Karl Barths geradezu den Charakter einer hermeneutischen Beschwörungsformel. Karl Barth hatte in einem Grußwort zu Martin Niemöllers 60. Geburtstag am 14. Januar 1952 geschrieben: „Zu irgend einer Barmer Romantik haben wir alle keine Zeit und zu irgend einer Barmer Orthodoxie wahrhaftig keine Lust. Barmen war ein Ruf nach vorwärts."⁵ Die Formel, Barmen sei „ein Ruf nach vorwärts", sollte dem Rezeptionsgeschehen ursprünglich einen kräftigen Antrieb und ein deutliches Ziel geben. Nur zeigte sich im Verlauf des nahezu inflationären Gebrauchs dieser beschwörenden Formel, daß sie überhaupt nicht kommunikationsfördernd war, sondern nahezu ausschließlich zu neuen Abgrenzungen und damit zu Verwicklungen im Rezeptionsprozeß führte. Die Zielrichtung des Rufs „vorwärts" wird durch den Standort dessen bestimmt, der ihn ausspricht. Ein „Ruf nach vorwärts" ist kein eindeutiger Kompaß für *alle*, die ihn hören, und es kommt schon zu Bewegungen in recht verschiedene Richtungen, ob man diese Worte in Erlangen, Tübingen oder an der Hum-

---

³ Vgl. GERHARD NIEMÖLLER, Die erste Bekenntnissynode der Deutschen Evangelischen Kirche zu Barmen. I. Geschichte, Kritik und Bedeutung der Synode und ihrer Theologischen Erklärung, Göttingen ²1984 (= AGK 5), 87; CARSTEN NICOLAISEN, Der Weg nach Barmen. Die Entstehungsgeschichte der Theologischen Erklärung von 1934, Neukirchen-Vluyn 1985, 58.
⁴ So die Formulierung im Schlußsatz der *Theologischen Erklärung*; vgl. ALFRED BURGSMÜLLER/ RUDOLF WETH (Hg.), Die Barmer Theologische Erklärung. Einführung und Dokumentation, Neukirchen-Vluyn ⁵1993, 42 (im folgenden zit. als A. Burgsmüller/R. Weth).
⁵ MARTIN ROHKRÄMER (Hg.), Karl Barth. Texte zur Barmer Theologischen Erklärung. Mit einer Einleitung von Eberhard Jüngel und einem Editionsbericht, Zürich 1984, 172.

boldt-Universität in Berlin im Zusammenhang mit der *Barmer Theologischen Erklärung* programmatisch ausruft.

Die von Theologen in den letzten Jahren geführte Diskussion über den Begriff *Rezeption* hat einige hilfreiche Differenzierungen erkennen lassen. Man kann Rezeption in einem sehr weiten theologischen Horizont „auf die memoria der Geschichte Jesu Christi" insgesamt beziehen. So verfuhr Hartmut Löwe, der im Anschluß an Franz Wolfinger folgende Definition vorlegte: „Rezeption ist der Vorgang, der dem Gedächtnis des Glaubens alte und neue Einsichten zuführt, die zur Geschichte Jesu Christi, ihrem Verständnis und dem aus ihr folgenden Handeln gehören."[6] In dieser Sicht des Rezeptionsgeschehens erfüllt im Grunde jede theologisch qualifizierte Beschäftigung mit einem Text aus der Theologie- und Kirchengeschichte die Aufgabe, aus dem „Gedächtnis der ganzen Kirche" heraus, das „größer und umfassender als das eines Einzelnen" ist, „an Übersehenes, Vergessenes und Verdrängtes zu erinnern". Denn die Kirche braucht „auf ihrem Weg durch die Zeit Strukturen, Ordnungen und Regeln, die die Erinnerungen des Glaubens vor dem Vergessen bewahren, neue Einsichten dem Gedächtnis der Kirche einprägen, die Rezeption von Entscheidungen und Weichenstellungen möglich machen oder verhindern."[7]

Rezeption ist in diesem von Löwe beschriebenen Verständnis nahezu deckungsgleich mit einer innerhalb der Kirche sich vollziehenden Auslegungsgeschichte theologischer Texte. Das Gegenteil zu solcher Rezeption wäre nicht die begründete Ablehnung oder gezielte Abwehr einzelner theologischer Sachaussagen, sondern das eher zufällige Vergessen gerade dieser „Erinnerungen des Glaubens".

Sehr viel enger grenzte Eilert Herms den Rezeptionsbegriff ein. Innerkirchlich könne von einer allseitigen Rezeption einer neuen Lehraussage nur dann gesprochen werden, wenn diese „politisch durchzusetzen" sei und eine „Umgestaltung kirchlicher Ordnung" zur Folge habe.[8] Die Auseinandersetzung mit einer rezeptionsfähigen neuen Ausformulierung von kirchlicher Lehre – etwa eines ökumenischen Konsenses – hat nach Herms die Aufgabe und das Ziel, zu einer „verbindlich rezipierten (mit kirchenrechtlicher Gültigkeit ausgestatteten) Lehreinheit" zu führen.[9] Als „Beispiel" für diesen Vorgang nennt Herms „die in einigen deutschen Landeskirchen erfolgte Aufnahme der theolo-

---

[6] HARTMUT LÖWE, Die Kirchen vor der Aufgabe der Rezeption von Ergebnissen ökumenischer Gespräche und Verhandlungen, in: Jan Rohls/Gunther Wenz (Hg.), Vernunft des Glaubens. Wissenschaftliche Theologie und kirchliche Lehre. FS zum 60. Geburtstag von Wolfhart Pannenberg, Göttingen 1988, 637-651; 639.
[7] Ebd.
[8] EILERT HERMS, Von der Glaubenseinheit zur Kirchengemeinschaft. Plädoyer für eine realistische Ökumene, Marburg 1989 (= MThSt 27),VIII; XII.
[9] Ebd. VIII.

gischen Erklärung von Barmen in die rechtsgültige Gestalt kirchlicher Lehre". Dadurch sei offensichtlich „einem durch spezifische geschichtliche Erfahrungen geweckten Bedürfnis Rechnung getragen" worden, nämlich „die als kirchliche Lehre gültigen Lehrbekenntnisse des 16. Jahrhunderts an einem bestimmten Punkt vor einem *inhaltlichen* Mißverständnis zu bewahren; nämlich vor dem Mißverständnis, die Unterscheidung der zwei Regimente (CA XVI, XXVIII) als Beschränkung der ethischen Verpflichtungskraft des Glaubens bloß auf den kirchlich-religiösen Binnenraum zu verstehen."[10]

Rezeption ist in diesem von Herms beschriebenen Verständnis nahezu deckungsgleich mit einer innerkirchlichen Lehrentfaltung oder Lehrentwicklung, die in den rechtsgültigen Ordnungen der Kirche ihre für kirchenleitendes Handeln bestimmte Fassung und Ausformulierung jeweils neu finden muß. Das Gegenteil zu solcher Rezeption wäre die zur Wahrung der konfessionellen Identität bewußt vorgenommene Ausklammerung bzw. Abwehr einer neuen Lehraussage, die in den geltenden Sammlungen kirchlicher Ordnungstexte allenfalls in Form eines Verwerfungssatzes Erwähnung finden kann.

Der Ansatz von Herms fordert dazu auf, im Blick auf die Rezeption neuer theologischer Lehraussagen eine wichtige grundsätzliche Unterscheidung vorzunehmen. Zu unterscheiden ist zwischen der theologischen Lehraussage eines einzelnen Christen oder einer zufällig zustandegekommenen innerkirchlichen Gruppe und den Lehraussagen jener autorisierten kirchenleitenden Instanzen, denen die Verantwortung für die rechte Lehre in der jeweiligen Kirche anvertraut ist. Auf diese notwendige Unterscheidung hatte bereits Schleiermacher hingewiesen. Schleiermacher schrieb im § 323 seiner *Kurzen Darstellung des theologischen Studiums*: „Es sei zu bestimmen, wie die kirchliche Autorität eines jeden [evangelischen Kirchen-] Vereins, anerkennend, daß Änderungen in den Lehrsätzen und Formeln [der Kirchen] nur entstehen dürfen aus den Forschungen einzelner, wenn diese in die Überzeugung der Gemeine aufgenommen werden, diese Wirksamkeit der freien Geistesmacht beschützen, zugleich aber die Einheit der Kirche in den Grundsätzen ihres Ursprungs festhalten könne."[11] Dies bedeutet: Die Entfaltung und Weiterentwicklung kirchlicher Lehre wird in der Regel durch die „freie Forschung" einzelner Theologen in Bewegung gehalten; aber es ist Aufgabe der „kirchlichen Autorität", unter dem Gesichtspunkt der „Einheit der Kirche in den Grundsätzen ihres Ursprungs" den innerkirchlichen Rezeptionsvorgang verantwortlich zu überwachen. Durch das von Herms vorgetragene Rezeptions-Verständnis wird die seit vielen Jahrzehnten verstummte Debatte über die Notwendigkeit einer *Dogmengeschichte*

---

[10] Ebd. 164f.
[11] FRIEDRICH SCHLEIERMACHER, Kurze Darstellung des theologischen Studiums zum Behuf einleitender Vorlesungen. Kritische Ausgabe hg.v. Heinrich Scholz, Leipzig 1910 (ND Darmstadt o.J.), 124.

des Protestantismus neu belebt, die zuletzt Otto Ritschl 1908 in seinen seither nicht überholten „Prolegomena" zu dieser Disziplin präzise und kenntnisreich beschrieben hatte.[12]

Die mittlere Position zwischen Löwe und Herms hat Hermann Fischer eingenommen, der „Grade oder Stufen von Verbindlichkeit" im Rezeptionsprozeß unterscheidet. „Deklarierte Lehre" habe eine andere Art von Verbindlichkeit als nichtdeklarierte, „gleichwohl aber wirksame, rezipierte und faktisch in Geltung stehende Lehre". Vor dem Maßstab der Verbindlichkeit könne nur solche Lehre bestehen, die durch „die Evidenz ihrer Aussage und Qualität ihrer Begründung" ausgezeichnet sei. Eine *absolute* Verbindlichkeit der Lehre könne es allerdings nach evangelischem Verständnis nicht geben; deshalb müsse man im Gefüge solcher abgestuften Verbindlichkeit folgendermaßen unterscheiden: Es gebe eine Rezeption, die *„unterhalb* der Bekenntnisse der evangelischen Kirche anzusiedeln" sei, die aber *„oberhalb* der professionellen dogmatischen Arbeit" stehe, „die lediglich das Ringen eines Individuums um die christliche Wahrheit repräsentiert. Aber christliche Lehre, ob als Bekenntnis, als ökumenischer Einigungstext oder als dogmatische Aussage formuliert, ist nie die absolute christliche Wahrheit, sondern bleibt dem Streit um die Wahrheit ausgesetzt."[13]

Rezeption ist in diesem von Fischer beschriebenen Verständnis ein auf mehreren Ebenen gleichzeitig stattfindender Prozeß. Um zur verbindlichen Lehre zu führen, bedarf das Rezeptionsgeschehen einer besonderen Deklaration, die – nach Prüfung an Schrift und Tradition – diese Lehre in „Gültigkeit" setzt. So heißt es bei Fischer ausdrücklich: „Das gilt auch für die ‚Barmer Theologische Erklärung' [...] Durch den einstimmigen Synodenbeschluß gewinnt sie eine Qualität, die ihr als konzentrierter Ausdruck der Theologie K. Barths nicht zukommt."[14] Das Gegenteil zu solcher Rezeption wäre eine individuelle theologische Meinung, die zwar weitreichende Wirkung haben kann, aber dadurch allein nicht zu einer deklarierten Verbindlichkeit gelangt.

Für den mit der *Barmer Theologischen Erklärung* und ihrer Geschichte befaßten Historiker sind diese systematisch-theologischen Differenzierungsbemühungen zum Rezeptionsbegriff sehr hilfreich. Denn alle hier angesprochenen Beschreibungen des Rezeptionsvorgangs kamen und kommen in der Rezeptionsgeschichte der *Barmer Erklärung* zum Zuge. So kann vom geschichtlichen Material her der grundsätzliche systematisch-theologische Reflexions-

---

[12] OTTO RITSCHL, Dogmengeschichte des Protestantismus. Grundlagen und Grundzüge der theologischen Gedanken- und Lehrbildung in den protestantischen Kirchen, Bd. I: Prolegomena, Leipzig 1908, 3-51.
[13] HERMANN FISCHER, Rezeption in ihrer Bedeutung für Leben und Lehre der Kirche. Vorläufige Erwägungen zu einem undeutlichen Begriff, in: ZThK 87 (1990) 100-123; 122f.
[14] Ebd. 121.

prozeß beleuchtet werden, wie auch umgekehrt die systematischen Erwägungen dazu beitragen können, diesen nahezu zum Irrgarten gewordenen Bereich der Barmen-Forschung etwas zu entwirren, indem Einsicht in die jeweils zugrundeliegenden theologischen Interessen an die Stelle des positionellen zeithistorischen Urteilsspruchs tritt.

2. Zur Barmen-Rezeption zwischen 1934 und 1945

Die Rezeptionsgeschichte der *Barmer Theologischen Erklärung* begann – geradezu programmatisch – am Tage der synodalen Verabschiedung dieses Textes. Es ist in der Barmen-Forschung unumstritten, daß die Zustimmung der anwesenden 138 Vertreter lutherischer, reformierter und unierter Kirchen, Freier Synoden, Kirchentage und Gemeindekreise zum Text der *Theologischen Erklärung* nicht auf einer völlig einmütigen Beurteilung der *theologischen Einzelaussagen* der sechs Thesen und Verwerfungssätze beruhte, sondern von zwei Formulierungen im Wortlaut des *Beschlußantrags* abhängig war. Die in Barmen versammelten Synodalen waren sich innerlich und äußerlich einig in der Frontstellung gegen das seinerzeit amtierende deutsch-christliche Kirchenregiment in Berlin, vor allem einig in der Ablehnung der Person des Reichsbischofs Ludwig Müller und seiner engsten Mitarbeiter. Darüber hinaus aber repräsentierte die Barmer Synodalversammlung den im deutschen Protestantismus stets vorgegebenen, weitgefächerten Pluralismus der konfessionellen, theologischen und kirchenpolitischen Positionen. Politisch stand die Mehrzahl der Synodalen dem national-konservativen Lager nahe; es gab unter ihnen etliche überzeugte Anhänger der nationalsozialistischen Regierung und nur wenige zum linken Parteienspektrum zu zählende Männer.[15] In dieser in vielfacher Hinsicht unhomogenen Synodalversammlung wäre die einstimmige, vorbehaltlose Bejahung eines höchst komprimierten theologischen Textes unmöglich gewesen, der so deutlich wie die *Barmer Thesen* das theologische Profil seines Hauptverfassers – des Schweizer Reformierten Karl Barth – erkennen ließ. Das Präsidium der Synode hat dies gewußt. Nicht aus Opportunitätsgründen, sondern aus eigener innerer Überzeugung legte Präses Karl Koch den Synodalen deshalb keinen Beschlußantrag vor, der alle Mitglieder der Synode auf *jede* Einzelaussage der *Theologischen Erklärung* bindend verpflichtet hätte. Abgestimmt wurde vielmehr über folgenden Text:

---

[15] Zur Staatsauffassung der in Barmen versammelten Synodalen vgl. man GÜNTER BRAKELMANN, Barmen V – ein historisch-kritischer Rückblick, in: EvTh 45 (1985) 3-20; WILHELM HÜFFMEIER (Hg.), Für Recht und Frieden sorgen. Auftrag der Kirche und Aufgabe des Staates nach Barmen V. Theologisches Votum der Evangelischen Kirche der Union, Gütersloh 1986, 26-33. Zu Ludwig Müller vgl. THOMAS MARTIN SCHNEIDER, Reichsbischof Ludwig Müller. Eine Untersuchung zu Leben, Werk und Persönlichkeit, Göttingen 1993 (= AKiZ B.19).

„1. Synode erkennt die Theologische Erklärung zur gegenwärtigen Lage der Deutschen Evangelischen Kirche im Zusammenhang mit dem Vortrag von Pastor Asmussen als christliches, biblisch-reformatorisches Zeugnis an und nimmt sie auf ihre Verantwortung.

2. Synode übergibt diese Erklärung den Bekenntnissynoden zur Erarbeitung verantwortlicher Auslegung von ihren Bekenntnissen aus."[16]

Der Verweis auf Hans Asmussens Synodal-Vortrag sollte den Lutheranern die Zustimmung möglich machen. Denn von der ersten Stunde an galt Asmussens Referat als „ein gut lutherischer Kommentar zu einem gut reformierten Text".[17] Die höchst allgemein gehaltene Formulierung, die Synode erkenne die *Theologische Erklärung* „im Zusammenhang mit dem Vortrag von Pastor Asmussen" an, ermöglichte für alle Zukunft eine auslegende Interpretation des Textes, die nicht an dessen Wortlaut strictissime gebunden sein mußte. Vor allem aber der im zweiten Absatz des Beschlußantrags enthaltene Auftrag an die Bekenntnissynoden (bzw. Bekenntniskonvente), die *Barmer Erklärung* von den reformatorischen Bekenntnissen her verantwortlich auslegen zu lassen, räumte letzte Bedenken hinweg und machte das einstimmige Votum der Synode möglich. Nur weil die *Barmer Erklärung* sofort in einen Interpretations- und Rezeptionsvorgang mit durchaus offenem Ende hineingegeben wurde, konnte sie überhaupt und zudem noch einstimmig verabschiedet werden. Der Wortlaut der Beschlußfassung enthielt aber neben diesem eindeutigen Auslegungsauftrag zugleich auch erhebliche Unbestimmtheiten, die den Verlauf des nun einsetzenden Rezeptionsprozesses äußerst erschwert haben.

Die Zusammenstellung des Textes der *Barmer Erklärung* mit dem Synodalvortrag von Asmussen machte die Grenzlinie undeutlich, die zwischen den Äußerungen eines einzelnen Theologen – selbst wenn sie vor einer Synode gesprochen und von ihr mit Beifall aufgenommen wurden – und der Lehrentscheidung eines autorisierten Leitungsgremiums der Kirche gezogen werden muß. Es blieb unklar, in welchem „Zusammenhang" beide Texte künftig stehen sollten und welchem der beiden Texte im Falle eines Auslegungskonfliktes die höhere Autorität zuzubilligen sei. Bemerkenswerterweise ist in den folgenden Jahren nur selten auf Asmussens Redebeitrag vor der Synode zurückgegriffen worden (der wörtliche Text der Rede Asmussens wurde übrigens erst 1983 [!] von Carsten Nicolaisen aufgrund von zwei stenographischen Mitschriften rekonstruiert; zuvor druckte man in den Barmen-Protokollen eine Textfassung ab, die nachträglich überarbeitet worden war[18]).

---

[16] A. BURGSMÜLLER/R. WETH (s. Anm. 4) 62.
[17] Das „Bonmot" stammt von Karl Bernhard Ritter; vgl. zu den Einzelheiten ERNST WOLF, Barmen. Kirche zwischen Versuchung und Gnade, München ²1970 (=BEvTh 27), 74f. A. 3.
[18] A. BURGSMÜLLER/R. WETH (s. Anm. 4) 43 A. 1.

Noch undeutlicher blieb der Auftrag, den die Bekenntniskonvente erhielten. Was heißt „Erarbeitung verantwortlicher Auslegung"? Mit dieser Formulierung konnte doch kaum die Vorbereitung einer Rezeption gemeint sein, die den Text in seinem Grundbestand unverändert in die rechtsgültige Gestalt kirchlicher Lehre überführen sollte. Viel näher lag es, den Auftrag so zu verstehen, daß um eine kritische Überprüfung der *Barmer Thesen* am Maßstab der reformatorischen Bekenntnisschriften gebeten wurde. Denkt man diesen Ansatz konsequent zu Ende, dann hätte nach Abschluß jener „verantwortlichen Auslegung" die *Bekenntnissynode* der *Deutschen Evangelischen Kirche* erneut zusammentreten müssen, um nun endgültig darüber zu befinden, ob und in welchem Umfang sie dieses „christliche, biblisch-reformatorische Zeugnis" auch weiterhin auf ihre Verantwortung nehmen könne. Mit diesen wenigen Andeutungen sind bereits die Bereiche bezeichnet, innerhalb derer die Barmen-Rezeption nahezu zwangsläufig zum innerprotestantischen Streit um Barmen geraten mußte.

Über die von der Synode geforderte Auslegungsarbeit am Text der *Theologischen Erklärung* hat die Öffentlichkeit in den Jahren zwischen 1933 und 1945 praktisch nichts erfahren. Äußere und innere Schwierigkeiten führten dazu, daß nur in ganz kleinen Kreisen bekannt war, was die mit der Auslegung beauftragten Theologen in den Bekenntniskonventen damals – Barmen rezipierend – diskutierten und (vorläufig) zu Papier brachten. Es bedurfte einer nahezu detektivischen Forschungsarbeit, um nach über vierzig Jahren etwas Licht in die vor der Öffentlichkeit verborgenen Vorgänge zu bringen. Heute wissen wir, daß vor allem Hans Joachim Iwand, Gerhard Gloege, Hans v. Soden, Hermann Diem, Edmund Schlink und Heinrich Vogel im Auftrag der Bekenntniskonvente um diese Auslegungsarbeit an den Barmer Thesen bemüht waren.[19] Jetzt, da die damals erarbeiteten Texte allgemein zugänglich sind, können sie in die Diskussion um die *Theologische Erklärung* einbezogen werden. Sie sind in der Zwischenzeit allerdings zu Diskussionsbeiträgen auf einer eigenen Stufe des Rezeptionsgeschehens geworden. Diese Texte und Textentwürfe haben einen privaten Charakter erhalten, den sie vom Ansatz des 1934 erteilten Auftrages her gerade nicht haben sollten. Weil das erarbeitete Material in den Bekenntniskonventen nicht beraten und schon gar nicht verabschiedet werden konnte, ist es heute lediglich als Meinungsäußerung der jeweiligen Autoren zur Kenntnis zu nehmen. So interessant die Auslegungen von Iwand, Gloege, v. Soden, Diem, Schlink und Vogel auch sind, – sie gehö-

---

[19] Referat zum Forschungsstand bei J. MEHLHAUSEN (s. Anm. 1), 74f.; vgl. ferner die Beiträge von KURT NOWAK, KURT MEIER, JOACHIM MEHLHAUSEN, HARTMUT LUDWIG, JENS HOLGER SCHJØRRING und ALBRECHT PETERS in: Wolf-Dieter Hauschild/Georg Kretschmar/Carsten Nicolaisen (Hg.), Die lutherischen Kirchen und die Bekenntnissynode von Barmen. Referate des Internationalen Symposiums auf der Reisensburg 1984, Göttingen 1984, 237-359.

ren nur in dem von Löwe beschriebenen weiten Sinn einer allgemeinen „memoria" in die Rezeptionsgeschichte von Barmen hinein.

In inhaltlicher Hinsicht zeigt das Material aus den Bekenntniskonventen, daß man nach dem 31. Mai 1934 insbesondere bei den Lutheranern den Synodalauftrag als Aufforderung zur Überprüfung der theologischen Einzelaussagen von Barmen anhand der Bekenntnisse des 16. Jahrhunderts aufgefaßt hat. Das *Konkordienbuch* wurde als Norm eingesetzt, vor der sich die *Barmer Thesen* zu behaupten und zu bewähren hatten. Die Theologie der *Barmer Erklärung* war zum Gegenstand einer kritisch vergleichenden dogmengeschichtlichen Untersuchung geworden. Einen in umgekehrter Richtung verlaufenden Rezeptionsvorgang, der zu einer interpretierenden Auslegung der Bekenntnisse des 16. Jahrhunderts durch den Synodalbeschluß des Jahres 1934 hätte führen können, hat damals niemand auch nur im Ansatz erwogen oder für möglich gehalten.

Schon sehr früh begegnen wir in der Nachgeschichte von Barmen einem ziemlich starren Koordinatensystem von Fragen, das bis weit nach 1945 die Barmen-Diskussion auf bestimmte Themen fixiert hat. Gefragt wurde:

1. Ist der erste gemeinsame Synodalbeschluß von Vertretern der aus der Reformation hervorgegangenen protestantischen Konfessionskirchen bereits als ein Schritt auf eine *Union* hin anzusehen oder berührte er diese Problematik überhaupt nicht?

2. Ist der erste gemeinsame Synodalbeschluß von Vertretern der aus der Reformation hervorgegangenen protestantischen Konfessionskirchen als ein zeitloses *Lehrbekenntnis* anzusehen oder war er nur ein zeitbedingter kirchenpolitischer Akt in Gestalt der Abwehr einer Irrlehre?

3. Ist der erste gemeinsame Synodalbeschluß von Vertretern der aus der Reformation hervorgegangenen protestantischen Konfessionskirchen als eine einmalige *Selbstlegitimierung* der Bekennenden Kirche anzusehen oder verpflichtete er die Beteiligten zu weiterführenden Handlungen des Widerstands gegen das herrschende Kirchenregiment (und gegen den nationalsozialistischen Staat)?

Jede dieser drei Fragen führte im Verlauf der Auseinandersetzungen während des Kirchenkampfes dazu, daß die *Barmer Erklärung* für viele Beteiligte in dem eingangs beschriebenen Sinne zunehmend ein fremder, widerständiger Text wurde. Man konnte ihn im zeitgeschichtlichen Kontext nicht mehr wahrnehmen, ohne zugleich an diese weitreichenden Rückfragen erinnert zu werden. *Barmen* war zum Objekt des kirchenpolitischen Streits geworden. Der Zeitpunkt stand noch aus, an dem dieser Text im Sinne eines alternierenden Selbstbewußtseins seinerseits Fragen an Theologie und Kirche hätte stellen können. Die Diskussionslage wurde noch verworrener, als man auf der überhastet einberufenen und ziemlich tumultuarisch verlaufenen *Zweiten Bekenntnissynode der DEK* im Oktober 1934 in Berlin-Dahlem einen neuen Beschluß faßte, der im Hinblick auf die kirchenpolitischen Konsequenzen von *Barmen* bereits eine Festlegung enthielt, nämlich den Bruch mit dem herrschenden Kirchenregiment und die Ausrufung eines kirchlichen „Notrechts".[20] Von nun an war – im Pro wie im Contra – jegliche Beschäftigung mit der *Barmer Theologischen Erklärung* durch die höchst brisante Kontroverse belastet, ob man aus den *Barmer Thesen* solche kirchenpolitischen Konsequenzen ziehen dürfe oder gar ziehen müsse.[21] Daß unter diesen Umständen die sechs Thesen und Antithesen von Barmen sehr stark formalisiert werden mußten, lag auf der Hand. Eine inhaltliche Auseinandersetzung mit den theologischen Einzelaussagen fand in der Folgezeit praktisch nicht mehr statt. Die Worte *Barmen* und *Dahlem* waren zum Schibboleth kirchenpolitischer Positionsmeldungen geworden. Wer die Beschlüsse der beiden ersten Bekenntnissynoden als zusammengehörige, konsequent aufeinander bezogene Willensäußerungen akzeptierte, sprach sich für das kirchliche „Notrecht" und damit für den Bruch mit der Berliner Kirchenregierung aus. Wer zwischen *Barmen* und *Dahlem* keine überzeugende innere Verbindung erkennen konnte, signalisierte damit in irgendeiner Form seine Verständigungsbereitschaft mit dem herrschenden deutschchristlichen Kirchenregiment zumindest in praktischen Einzelfragen. Welche theologischen Sachaussagen hinter dem Losungswort *Barmen* standen, war für die miteinander streitenden Gruppen innerhalb der Bekennenden Kirche von nun an nur noch von untergeordneter Bedeutung.

Diese Engführung der Barmen-Interpretation und damit der Barmen-Rezeption läßt sich besonders gut an den Auseinandersetzungen zwischen den Vertretern der Württembergischen Theologischen Sozietät und Landesbischof Theophil Wurm erkennen. Es gelang den Theologen um Hermann Diem und Ernst Fuchs trotz hartnäckigsten Drängens nicht, den Landesbischof zu einer inhaltsbezogenen Aussage über *Barmen* zu bewegen. Das Gespräch blieb in einem Disput über den formalen Verpflichtungscharakter der *Theologischen Erklärung* von Barmen stecken.[22]

---

[20] Die zweite Bekenntnissynode der Deutschen Evangelischen Kirche zu Dahlem hatte im Oktober 1934 das „kirchliche Notrecht" ausgerufen. In ihrer „Botschaft" erklärte die Bekenntnissynode: „1. Wir stellen fest: Die Verfassung der Deutschen Evangelischen Kirche ist zerschlagen. Ihre rechtmäßigen Organe bestehen nicht mehr. Die Männer, die sich der Kirchenleitung im Reich und in den Ländern bemächtigten, haben sich durch ihr Handeln von der christlichen Kirche geschieden. 2. Auf Grund des kirchlichen Notrechts der an Schrift und Bekenntnis gebundenen Kirchen, Gemeinden und Träger des geistlichen Amtes schafft die Bekenntnissynode [...] neue Organe der Leitung." Vgl. WILHELM NIEMÖLLER (Hg.), Die zweite Bekenntnissynode der Deutschen Evangelischen Kirche zu Dahlem. Text – Dokumente – Berichte, Göttingen 1958 (= AGK 3), 38.

[21] Vgl. CHRISTIAN LUTHER, Das kirchliche Notrecht, seine Theorie und seine Anwendung im Kirchenkampf. 1933-1937, Göttingen 1969 (= AGK 21).

[22] Vgl. JOACHIM MEHLHAUSEN, Die Rezeption der Barmer Theologischen Erklärung in der theologischen Arbeit der württembergischen Sozietät, in: W.-D. Hauschild/G. Kretschmar/C. Nicolaisen (s. Anm. 19), 284-286 (s.o. 397-399).

Nach der Spaltung der Bekennenden Kirche[23] verabschiedete der Lutherrat am 17. Februar 1937 eine „Stellungnahme", die eine restriktive Interpretation der Barmen-Problematik für das deutsche Luthertum auf lange Jahre hin festschrieb. In dieser „Stellungnahme" hieß es, die *Barmer Erklärung* habe das Evangelium als Grundlage der DEK gegen die „mächtig gewordenen Lehren der Deutschen Christen neu bezeugt". Sie sei damit ein Aufruf an die beteiligten Kirchen, „ihre Bekenntnisse in den Entscheidungen unserer Zeit ernst zu nehmen und alles abzutun und abzuwehren, was die einmalige und vollkommene Offenbarung des lebendigen Gottes in Jesus Christus, unserem Herrn, gefährdet, verdunkelt oder zu zerstören droht. Darum erkennen wir in den Barmer Sätzen auch weiterhin eine theologische Erklärung, die wegweisend sein will in den heute von jeder Kirche, die das Evangelium bekennt, von ihrem Bekenntnis aus geforderten Entscheidungen. Dabei ist die lutherische Kirche gehalten – und die Beschlüsse von Barmen unterstützen diese Aufgabe – die Barmer Sätze an ihrem Bekenntnis zu prüfen und durch das Bekenntnis auszulegen."[24]

Wolf-Dieter Hauschild hat als Ergebnis einer sorgfältigen Analyse dieser „Stellungnahme" des Lutherrates festgehalten: „Klarer konnte die Negation nicht formuliert werden: Die Barmer Erklärung ist kein kirchengründendes Bekenntnis im Sinne des lutherischen Konfessionalismus. Ja, sie wird überhaupt nicht als ‚Bekenntnis' angesprochen, sondern bloß als Aufruf zum aktuellen Bekennen, welches aber wiederum allein auf die Bekenntnisschriften des 16. Jahrhunderts bezogen ist, also eine konfessionelle Legitimierung des kirchlichen Handelns meint. Der dynamische, auf die gegenwärtige Situation bezogene Sinn von Bekenntnis [...] fehlt völlig. Die spezifischen Inhalte der Barmer Erklärung spielen keine Rolle und erscheinen insofern in einem Zwielicht, als sie der konfessionellen Auslegung bedürftig sind."[25]

Zwischen 1937 und 1945 ist man über die skizzierten Positionen nicht hinausgekommen. Von einer Barmen-Rezeption kann hier keine Rede sein, weil eine inhaltsbezogene Auseinandersetzung mit der Theologie des Textes in allen öffentlichen Kundgebungen ausblieb. Es wäre eine reizvolle Forschungsaufgabe, danach zu fragen, ob es in diesem Zeitraum eine mehr oder minder im

---

[23] Vgl. WILHELM NIEMÖLLER, Die vierte Bekenntnissynode der Deutschen Evangelischen Kirche zu Bad Oeynhausen. Text, Dokumente, Berichte, Göttingen 1960 (= AGK 7); zum Verlauf der Bekenntnissynode in Bad Oeynhausen (Februar 1936) vgl. KURT MEIER, Der evangelische Kirchenkampf, Bd. 2: Gescheiterte Neuordnungsversuche im Zeichen staatlicher „Rechtshilfe", Göttingen ²1984, 101-108.

[24] Zit. nach MARTIN LINDOW (Hg.), Recht und Verlautbarungen der Vereinigten Evangelisch-Lutherischen Kirche Deutschlands. Ein Arbeitsbuch, Hannover 1989 [1992], 990-2 S. 1.

[25] WOLF-DIETER HAUSCHILD, Die Barmer Theologische Erklärung als Bekenntnis der Kirche? Zur Haltung des Lutherrats 1937-1948, in: Barmen und das Luthertum, FuH 27 (1984) 72-114; 77f.

Verborgenen sich vollziehende Auseinandersetzung einzelner Theologen mit der *Theologie* der *Barmer Erklärung* gegeben habe. Daß sich noch niemand dieser Aufgabe gestellt hat, dürfte damit zusammenhängen, daß auch bei den leidenschaftlichsten Verteidigern der Barmer Thesen in jenen Jahren allenfalls Andeutungen eines solchen Rezeptionsvorgangs zu entdecken sind. Selbst Karl Barth hat nach seinen Kommentierungen der *Barmer Erklärung* in den Jahren 1934 und 1937/8 den weiterführenden Dialog erst im Jahre 1946 wieder aufgenommen (mit der Schrift *Christengemeinde und Bürgergemeinde*[26]). Barths bedeutender Vorlesungs-Exkurs zur *Theologischen Erklärung* vom Winter-Semester 1937/38 erschien zwar in gekürzter Fassung 1940 in der *Kirchlichen Dogmatik* (KD II/1, 194-200); er wurde in Form von Vervielfältigungen auch in Deutschland verbreitet, doch aus zeitbedingten Gründen ist das Echo überaus leise geblieben.[27]

3. Zur Barmen-Rezeption in den Kirchenordnungen nach 1945

Vor dem bisher geschilderten Hintergrund ist es nahezu verblüffend, daß nach 1945 im Sinne des Herms'schen Rezeptionsbegriffs eine auf den ersten Blick eindrucksvolle Berücksichtigung der *Barmer Theologischen Erklärung* in den „mit kirchenrechtlicher Gültigkeit ausgestatteten" neuen Verfassungstexten der evangelischen Landeskirchen Deutschlands erfolgte. Doch ehe hier über Einzelheiten berichtet wird, sei das Schlußdilemma dieser Barmen-Rezeption bereits benannt:

Die Aufnahme der *Barmer Theologischen Erklärung* in die Kirchenordnungen der Nachkriegszeit blieb von jener kirchenpolitischen Formalisierung bestimmt, die seit 1934 den Umgang mit diesem Text geprägt hatte. Man brachte *Barmen* zwar in sehr viele Grundordnungen ein, aber immer unter peinlicher Berücksichtigung zumindest einer – wenn nicht gleich aller – jener Fragen, die schon 1934 gestellt worden waren: Wie steht es mit Barmen und der Union? Ist Barmen ein Bekenntnis? Dürfen oder müssen aus Barmen politische Konsequenzen für kirchenleitendes Handeln abgeleitet werden? Weil die *Theologische Erklärung* auch nach 1945 ständig unter dem Blickwinkel dieser Fragen gesehen wurde, und weil diese Betrachtungsweise bei vielen ehemaligen „Kirchenkämpfern" mit der Sorge um den Erhalt des „Erbes der Bekennenden Kirche"

---

[26] KARL BARTH, Christengemeinde und Bürgergemeinde, München 1946. – Dieser Vortrag, der als eine weiträumige Auslegung von Barmen V zu verstehen ist, hatte für die theologischen und kirchenpolitischen Auseinandersetzungen der Nachkriegszeit große Bedeutung; in der Rezeptionsgeschichte von *Barmen* kommt ihm eine hervorgehobene Stellung zu.

[27] Zum Text und zur Textgeschichte des Vorlesungsexkurses vgl. man den editorischen Bericht von M. ROHKRÄMER (s. Anm. 5) 243-245.

verbunden war, fand eine Rezeption der theologischen Sachaussagen zunächst nicht statt. *Barmen* blieb eine Parole, die eine bestimmte kirchenpolitische Position markieren sollte und wurde als eigenständiger theologischer Lehrtext immer noch nicht wahrgenommen. Eine Untersuchung der verschiedenen „Barmen-Bindungen"[28] in den evangelischen Kirchenordnungen der Nachkriegszeit zeigt, daß auch eine höchst bedeutsame theologische Sachaussage nahezu wirkungslos bleibt, wenn sie lediglich in die Position einer Präambel-Formulierung zu einem Kirchenordnungstext gerückt wird.

Auf der Sitzung des Reichsbruderrates der Bekennenden Kirche in Frankfurt a.M. am 21. August 1945, die der Vorbereitung der Kirchenführerversammlung von Treysa diente, wurde ausgerechnet von diesem auf Barmen *und* Dahlem eingeschworenen Flügel der Bekennenden Kirche ein solcher formalistischer Umgang mit der *Theologischen Erklärung* gleich nach Kriegsende erneut praktiziert. Der Reichsbruderrat erklärte, die kirchliche Neuordnung solle in der sachlichen Arbeit und in der personellen Zusammensetzung „nach den Bekenntnissen der Kirche" ausgerichtet sein, „wie sie in der Theologischen Erklärung von Barmen aufs neue als bindend bezeugt worden sind".[29] Die *Barmer Erklärung* wird mit diesen Worten weder als ein selbständiges Lehrbekenntnis noch als eine verbindliche antihäretische Lehrentscheidung angesprochen, sondern als aktuelle Bezeugung der vorgegebenen Bekenntnisse aus der Geschichte der Kirche. Man sagt, Barmen *verweise* auf den Akt des Bekennens und auf die in der evangelischen Kirche in Geltung stehenden Bekenntnisschriften, – es wird aber selbst nicht als Lehrbekenntnis angesprochen.

Wenn man im Kreis um Martin Niemöller bereits gleich zu Beginn des Neubaus der Evangelischen Kirche in Deutschland nach 1945 diese äußerst distanzierte Haltung zur *Barmer Erklärung* einnahm, dann darf es eigentlich kaum verwundern, daß im Text des umfassenden Einigungswerkes von Treysa *Barmen* nur noch neben *Dahlem* und *Augsburg* als der geographische Ort genannt wird, an dem eine Bekenntnissynode stattgefunden hat.[30] Völlig anders urteilte die vom 29. bis 31. Juli 1945 in Berlin-Spandau tagende *Erste Synode*

---

[28] Zum Begriff und zu seinen wichtigsten Erscheinungsformen vgl. A. BURGSMÜLLER/R. WETH (s. Anm. 4) 77-87; OLAF LINGNER, „Barmen" in der Grundordnung der Evangelischen Kirche in Deutschland, in: W.-D. Hauschild/G. Kretschmar/C. Nicolaisen (s. Anm. 19) 399-406; FRIEDRICH WINTER, Die Geltungsformel der Theologischen Erklärung von Barmen in den Ordnungen der evangelischen Kirche in der DDR. Ein Beitrag zum Dialog um Barmen, in: Wilhelm Hüffmeier/Martin Stöhr (Hg.), Barmer Theologische Erklärung 1934-1984. Geschichte – Wirkung – Defizite, Bielefeld 1984, 100-123.

[29] Zit. nach W.-D. HAUSCHILD (s. Anm. 24), 83.

[30] „Die Ev. Kirche in Deutschland (EKiD) ist in Abwehr der Irrlehren der Zeit und im Kampf gegen einen staatskirchlichen Zentralismus zu einer kirchlich gegründeten inneren Einheit geführt worden, die über den deutschen evangelischen Kirchenbund von 1922 hinausreicht. Diese Einheit ist zuerst auf den Bekenntnissynoden in Barmen, Dahlem und Augsburg sicht-

Die Rezeption der Barmer Theologischen Erklärung in den Landeskirchen 513

der Bekennenden Kirche von Berlin. Sie verabschiedete ein „Wort an die Pfarrer und Gemeinden", in dem es hieß: „Die Grundlinien kirchlicher Neubesinnung sind für uns festgelegt in der Theologischen Erklärung [... von] Barmen 1934. Wir können nur alle Mitchristen, die unsere evangelische Kirche liebhaben, bitten, daß sie jetzt, nach 11 Jahren, die Barmer Erklärung mit der Frage lesen, was sie ihnen denn in unserer Lage heute zu sagen hat. Hat sie nicht das, was als Irrlehre in die Kirche eindringen wollte, richtig erkannt, und ist die Sache, für die sie damals gekämpft hat, nicht als Gottes Sache deutlich geworden? Ohne den Wortlaut der Barmer Theologischen Erklärung für erschöpfend zu halten, glauben wir unsererseits, daß Gott sie in ihren wesentlichen Anliegen bestätigt hat und daß sie uns weiter den Weg zur Erneuerung der Kirche zeigt."[31] Die Spandauer Synode hat dann – und dies ist für die frühe Nachkriegszeit singulär – alle sechs Thesen im Wortlaut zitiert und konkretisierende Fragen zu ihnen gestellt. Doch trotz dieses beachtlichen Ansatzes zu einer *inhaltlichen* Rezeption der *Barmer Erklärung* hat man auch in Berlin-Brandenburg (nach mehreren Zwischenschritten) 1948 nur eine recht vage Grundordnungsformulierung verabschiedet:

„Sie [die Evangelische Kirche in Berlin-Brandenburg] bejaht die von der ersten Bekenntnissynode von Barmen 1934 getroffenen Entscheidungen und sieht in deren theologischer Erklärung ein von der Schrift und den Bekenntnissen her auch fernerhin gebotenes Zeugnis der Kirche."[32]

Als man in Berlin-Brandenburg im Dezember 1948 diesen Passus in die eigene kirchliche Grundordnung aufnahm, lag die Grundordnungsformulierung der EKD bereits vor, die in der Folgezeit Vorbild für mehrere landeskirchliche Ordnungen wurde. Sie war in einem unerhört mühsamen Gang langwieriger Verhandlungen entwickelt worden.[33] Der Kernpunkt der Auseinandersetzungen war die Frage, ob die Grundordnung der EKD *Barmen* überhaupt erwähnen solle. Während dieser Diskussionen über die Möglichkeit und Notwendigkeit einer Barmen-Bindung der neuen Grundordnung der EKD kam es bemerkenswerterweise zu keinem Zeitpunkt zu inhaltsbezogenen Auseinandersetzungen über einzelne Aussagen der *Barmer Erklärung*. Die Befürworter einer Barmen-Bindung argumentierten nicht mit dem Hinweis auf die

---

bar geworden. ..." vgl. FRITZ SÖHLMANN (Hg.), Treysa 1945. Die Konferenz der evangelischen Kirchenführer 27.-31. August 1945, Lüneburg 1946, 96; zur Versammlung in Treysa vgl. JOACHIM MEHLHAUSEN, Die Konvention von Treysa. Ein Rückblick nach vierzig Jahren, in: ÖR 34 (1985) 468-483 (s.o. 485-499) und GERHARD BESIER/HARTMUT LUDWIG/JÖRG THIERFELDER (Hg.), Der Kompromiß von Treysa. Die Entstehung der Evangelischen Kirche von Deutschland (EKD) 1945. Eine Dokumentation, Weinheim 1995 (Lit.).

[31] F. SÖHLMANN (s. Anm. 30) 141.
[32] Grundordnung der Evangelischen Kirche in Berlin-Brandenburg, Berlin ³1955, 12.
[33] Vgl. ANNEMARIE SMITH-VON OSTEN, Von Treysa 1945 bis Eisenach 1948. Zur Geschichte der Grundordnung der Evangelischen Kirche in Deutschland, Göttingen 1980 (= AKiZ B.9).

unverzichtbare Relevanz bestimmter theologischer Erkenntnisse im Text von *Barmen*. Die Gegner einer Erwähnung der *Theologischen Erklärung* belegten ihre Ablehnung keineswegs mit Schwächen oder Defiziten in den theologischen Einzelaussagen dieses Textes. Es blieb bei einem sehr formalistisch anmutenden Disput über das „Daß" einer Aufnahme des Stichworts *Barmen* in die neue Grundordnung der EKD. Die endlich gefundene Formel lautete:

„Mit ihren Gliedkirchen bejaht die Evangelische Kirche in Deutschland die von der ersten Bekenntnissynode in Barmen getroffenen Entscheidungen. Sie weiß sich verpflichtet, als bekennende Kirche die Erkenntnisse des Kirchenkampfes über Wesen, Auftrag und Ordnung der Kirche zur Auswirkung zu bringen. Sie ruft die Gliedkirchen zum Hören auf das Zeugnis der Brüder. Sie hilft ihnen, wo es gefordert wird, zur gemeinsamen Abwehr kirchenzerstörender Irrlehre."[34]

Durch diesen Text haben alle der EKD angeschlossenen Gliedkirchen eine erste – wenn auch noch sehr allgemeine – Barmen-Bindung erhalten. Ein grundsätzliches Ja zur Ersten Bekenntnissynode und zu den von ihr „getroffenen Entscheidungen" war gesprochen; die Barmen-Rezeption in den Kirchenordnungen hatte alle evangelischen Landeskirchen Deutschlands erreicht. Als 1969 der *Bund der Evangelischen Kirchen in der DDR* seine Grundordnung erhielt, übernahm man die wichtigsten Formulierungen aus dem Text der EKD von 1948:

„Mit seinen Gliedkirchen bejaht der Bund die von der ersten Bekenntnissynode in Barmen getroffenen Entscheidungen. Er ruft die Gliedkirchen zum Hören auf das Zeugnis der Brüder. Er hilft ihnen zur gemeinsamen Abwehr kirchenzerstörender Irrlehre".[35]

Zu den Eigentümlichkeiten der Kirchenverfassungsentwicklung im deutschen Protestantismus nach 1945 gehört die Tatsache, daß man sich in vielen Landeskirchen nicht mit dieser Barmen-Bindung durch die EKD (und später den Bund der Evangelischen Kirchen in der DDR) begnügte, sondern darüber hinaus weitere Formen der Anerkennung bzw. Rezeption von *Barmen* durch Kirchenordnungstexte schuf. Da auch die konfessionellen Zusammenschlüsse (VELKD, EKU, Reformierter Bund) eigene Barmen-Bindungen entwickelten, ist eine dreifache Barmen-Bindung der einzelnen Landeskirchen im deutschen Nachkriegsprotestantismus zur Regel geworden: Die Bindung durch die Grundordnung der EKD, die Bindung durch den konfessionellen Zusammenschluß

---

[34] Eisenach 1948. Verhandlungen der verfassunggebenden Kirchenversammlung der Evangelischen Kirche in Deutschland vom 9.-13. Juli 1948. Hg. im Auftrag des Rates von der Kirchenkanzlei der Evangelischen Kirche in Deutschland, Berlin 1951, 213 (dort eine Synopse mit den Vorentwürfen).

[35] REINHARD HENKYS (Hg.), Bund der Evangelischen Kirchen in der DDR, Witten/Berlin 1970 (= epd dokumentation 1).

und die eigene landeskirchliche Barmen-Bindung. In welchem Verhältnis diese kirchenrechtlichen Aussagen zueinander stehen sollten, ob es Überschneidungen, Interferenzen oder gar Widersprüche in den drei Verweisen auf die „Geltung" von Barmen gebe und wie im durchaus denkbaren Konfliktfall die Gewichte zu verteilen seien, – danach hat man nicht gefragt. Erleichtert wurde solche erstaunliche Zurückhaltung in einer immerhin den Bekenntnisstand der Kirchen betreffenden Frage dadurch, daß nahezu alle diese Barmen-Bindungen in dem bereits beschriebenen Sinne formal blieben und die theologischen Sachaussagen der Barmer Erklärung nicht berührten. Dies sei an einigen Beispielen verdeutlicht.

Die *Vereinigte Evangelisch-Lutherische Kirche* (sowohl in der Bundesrepublik Deutschland wie während ihres Bestehens in der DDR) beschreibt ihre Stellung zu Barmen in Art. 2 der „Grundbestimmungen" mit den Worten:

„Die Vereinigte Kirche [...] wahrt und fördert die im Kampf um das Bekenntnis geschenkte, auf der Bekenntnissynode von Barmen 1934 bezeugte Gemeinschaft. Die dort ausgesprochenen Verwerfungen bleiben in der Auslegung durch das lutherische Bekenntnis für ihr kirchliches Handeln maßgebend."[36]

In diesen Sätzen wird eine Formalisierung der Barmen-Rezeption gleich doppelt sichtbar: Die VELKD „wahrt und fördert" *nicht* die theologischen Aussagen der *Barmer Erklärung* insgesamt oder in einzelnen Teilen, sondern lediglich die „im Kampf um das Bekenntnis geschenkte, [...] 1934 bezeugte Gemeinschaft". Ferner werden ausdrücklich nur die *Verwerfungssätze* der *Theologischen Erklärung* als für das kirchliche Handeln „maßgebend" bezeichnet. Diese Formulierung schließt eine besondere Bedeutung oder Geltung der sechs Barmer Thesen geradezu aus. Doch selbst die „Verwerfungen" werden noch einmal ausdrücklich der schon 1934 geforderten „Auslegung durch das lutherische Bekenntnis" unterstellt.

Die im *Reformierten Bund* zusammengeschlossenen Kirchen haben aufgrund ihres eigenen Bekenntnisbegriffs und ihrer besonderen Bekenntnistradition bei der Abfassung ihrer neuen „Ordnung" wenig Schwierigkeiten gehabt, in den Jahren 1948/49 die *Barmer Theologische Erklärung* neben die anderen Bekenntnisse zu stellen. Allerdings wählte man zunächst eine Formulierung, die zwischen dem *Heidelberger Katechismus* und *Barmen* noch eine gewisse Rangstufung erkennen ließ. In der überarbeiteten Fassung der „Ordnung des Reformierten Bundes" vom 13. Oktober 1972 wird die Barmen-Bindung der Reformierten Kirchen mit den Worten gekennzeichnet: „Zur Erfüllung seiner Aufgabe soll sich der Bund besonders darum bemühen, [...] daß das Wort Gottes der Hei-

---

[36] M. LINDOW (s. Anm. 24), 100 [Verfassung der Vereinigten Evangelisch-Lutherischen Kirche Deutschlands] S. 2.

ligen Schrift Alten und Neuen Testaments so verkündigt und gelehrt wird, wie es in den Bekenntnissen der Reformation, insbesondere im Heidelberger Katechismus und aufs neue bekannt in der Theologischen Erklärung von Barmen, bezeugt wird."[37] Hier ist die *Barmer Theologische Erklärung* als Bekenntnis formal dem *Heidelberger Katechismus* gleichgestellt; inhaltsbezogene Aussagen werden allerdings auch in diesem Kirchenordnungstext nicht gemacht.

In der *Evangelischen Kirche der Union* gab es zwischen 1945 und 1951 eine besonders tief auch in die theologischen Sachfragen eindringende Diskussion über die Fortgeltung der *Barmer Theologischen Erklärung*. Der Historiograph dieser Debatte, Wilhelm Hüffmeier, hat darauf aufmerksam gemacht, daß die in den letzten Monaten des Krieges entstandene Denkschrift des Altpreußischen Bruderrates *Von rechter Kirchenordnung* für die Barmen-Rezeption der Unierten nachhaltig einflußreich gewesen ist.[38] In dieser Denkschrift war gefordert worden, alle Amtsträger der Kirche nicht nur auf die reformatorischen Bekenntnisschriften zu verpflichten, sondern auch auf die *Theologische Erklärung* von Barmen. Diese Aufnahme von *Barmen* in das Ordinationsgelübde geht auf regionale Synodalentscheidungen bis zum Jahr 1937 zurück. Dabei wurde die *Barmer Erklärung* gelegentlich sogar den Bekenntnissen der Reformation *vorgeordnet*. Dies geschah aus der wohl von Wilhelm Niesel zuerst ausgesprochenen Überlegung, daß es in den neuen Kirchenwirren nicht möglich sei, durch den bloßen Verweis auf die reformatorischen Bekenntnisschriften „rechte Kirche" von „falscher Kirche" zu unterscheiden. Denn die Erfahrung lehrte, daß sich Gegner wie Anhänger der Bekennenden Kirche auf das Konkordienbuch oder den Heidelberger Katechismus berufen konnten.[39] Trotz dieser weitreichenden Einsicht in die völlig neuen Grenzziehungen zwischen „Rechtgläubigkeit und Ketzerei" wurde in der *Ordnung der EKU* vom 20. Februar 1951 *Barmen* dann doch nur als letztes Glied bei der Aufzählung der Bekenntnisgrundlagen erwähnt, und zwar mit der Formel:

---

[37] Rechtssammlung der Evangelisch-reformierten Kirche, Herford 1991, 4.22 S. 1. – Zur reformierten Theologie und Bekenntnistradition vgl. die Beiträge von WILHELM NIESEL, HANS HELMUT EßER und ALASDAIR I.C. HERON in: Joachim Guhrt (Hg.), 100 Jahre Reformierter Bund. Beiträge zur Geschichte und Gegenwart, hg. im Auftrag des Moderamens des Reformierten Bundes, Bad Bentheim 1984.

[38] WILHELM HÜFFMEIER, Zur Bedeutung der Theologischen Erklärung von Barmen für die Evangelische Kirche der Union, in: W.-D. Hauschild/G. Kretschmar/C. Nicolaisen (s. Anm. 19) 425-445; DERS., Die Aktualität von Barmen. Verlauf und Ertrag der Diskussion innerhalb der Evangelischen Kirche der Union, in: Gerhard Besier/G. Ringshausen (Hg.), Bekenntnis, Widerstand, Martyrium. Von Barmen 1934 bis Plötzensee 1944, Göttingen 1986, 90-109; vgl. ferner ALBERT STEIN, Die Denkschrift des Altpreußischen Bruderrats „Von rechter Kirchenordnung", in: Zur Geschichte des Kirchenkampfes. Gesammelte Aufsätze II, Göttingen 1971 (= AGK 26), 164-196.

[39] W. HÜFFMEIER (s. Anm. 38) 431.

„Gebunden an das Wort der Heiligen Schrift bejaht die Evangelische Kirche der Union die Theologische Erklärung von Barmen als ein Glaubenszeugnis in seiner wegweisenden Bedeutung für die versuchte und angefochtene Kirche."[40]

Hier ist auf das Wort Glaubens*zeugnis* zu achten, durch das die *Barmer Erklärung* von den altkirchlichen Glaubens*bekenntnissen* (Grundartikel 4) und den reformatorischen *Bekenntnissen* (Grundartikel 6) unterschieden werden soll. Zu beachten ist ferner die genaue Stellung, in der die jeweilige Barmen-Bindung ihren Platz in den einzelnen Kirchenordnungstexten findet. Während in den Grundordnungen der EKD und der VELKD die *Barmer Erklärung* nicht in der Präambel erwähnt wird, sondern in den „Grund*bestimmungen*" (EKD Art. 1,2; VELKD Art. 2), steht sie in der *Ordnung der EKU* in den die Präambel bildenden Grund*artikeln*, wo Schrift und Bekenntnis ihre unmittelbaren Bezugsgrößen sind.[41] Dieses leicht verwirrende und doch aussagekräftige Bemühen, durch den Standort der jeweiligen Barmen-Aussage in der Kirchenverfassung bereits eine Gewichtung zum Ausdruck zu bringen, wiederholt sich in den gliedkirchlichen Einzelordnungen. Es gibt eine Gruppe von nach 1945 entstandenen landeskirchlichen Verfassungen, in denen die Erwähnung der Barmer Bekenntnissynode und ihrer *Theologischen Erklärung* deutlich von den Aussagen über die jeweilige Bekenntnisbindung abgesetzt wird. Eine zweite Gruppe bilden jene Ordnungen, in denen *Barmen* – mit unterschiedlichen Einzelformulierungen – als festes Glied in die Reihe „Heilige Schrift", „altkirchliche Symbole", „reformatorische Bekenntisschriften" hineingenommen wird. So heißt es im ersten Absatz des „Grundartikels" der Kirchenordnung der *Evangelischen Kirche im Rheinland* vom Mai 1952:

„Sie [die EKiRh] bejaht die Theologische Erklärung [...] als eine schriftgemäße, für den Dienst der Kirche verbindliche Bezeugung des Evangeliums."[42]

Die EKU-Formulierung von der „wegweisenden" Bedeutung der *Barmer Theologischen Erklärung* wird in diesem Text weitergeführt zum Begriff der *Verbindlichkeit*, der sich auch in der Grundordnung der *Evangelischen Kirche von Westfalen* findet.[43] Einige Landeskirchen wie Bayern, Braunschweig, Kur-

---

[40] WALTER ELLIGER (Hg.), Die Evangelische Kirche der Union. Ihre Vorgeschichte und Geschichte, Witten 1967, 216 (= ABl EKD 1951 Nr. 85).

[41] Vgl. hierzu insgesamt ECKHARD LESSING, Gemeinschaft im Dienst am Evangelium. Der theologische Weg der EKU (mit der „Erklärung zur theologischen Grundbestimmung der Evangelischen Kirche der Union" [1991]), in: Wilhelm Hüffmeier (Bearb.), Die Evangelische Kirche der Union 1817-1992. Eine Handreichung für die Gemeinden, Bielefeld 1992, 29-51.

[42] Evangelisches Kirchenrecht im Rheinland, Bd. I: Die Kirchenordnung und andere Grundgesetze, Düsseldorf 1979, 3; vgl. auch J. F. GERHARD GOETERS, Das Erbe des Kirchenkampfes in der Rheinischen Kirchenordnung von 1952, in: ZevKR 38 (1993) 267-283.

[43] Vgl. WERNER DANIELSMEYER, Die Evangelische Kirche von Westfalen. Bekenntnisstand, Verfassung, Dienst an Wort und Sakrament, Bielefeld ²1978; WERNER DANIELSMEYER/OSKAR KÜHN (Hg.), Kirchenordnung der Evangelischen Kirche von Westfalen mit Anmerkungen, Bielefeld 1976, 17.

hessen-Waldeck, Lippe, Pfalz, Württemberg fügten in ihre Grundordnungen bzw. Verfassungen keine selbständigen Aussagen über eine Barmen-Bindung ein. Für diese Landeskirchen gilt allein das in der Grundordnung der EKD bzw. in den konfessionellen Zusammenschlüssen Erklärte; sie haben nur eine einfache oder doppelte Barmen-Bindung durch ihre Zugehörigkeit zur EKD und zu einem konfessionellen Zusammenschluß.

4. Zur Barmen-Rezeption in der kirchlich-theologischen Arbeit

Die Kirchenverfassungsentwicklung nach 1945 hatte in Deutschland dazu geführt, daß jede Landeskirche auf diese oder jene Weise in die kirchenrechtliche Barmen-Rezeption eingebunden worden war. Auf das Charakteristikum dieses Rezeptionsvorgangs sei noch einmal hingewiesen: Auch in jenen Ordnungen, die nachdrücklich auf die Bedeutung und Relevanz der *Barmer Theologischen Erklärung* hinweisen wollten, fehlte streng genommen jeglicher Bezug auf die inhaltlichen Aussagen der sechs Thesen und Verwerfungssätze. Von daher gesehen erscheint es problematisch, in der bloßen Aufnahme des Stichwortes *Barmen* in kirchenrechtlich verbindliche Texte bereits einen zu seinem Ziel gekommenen Rezeptionsvorgang erkennen zu wollen. Man sollte eher sagen, die hier kurz skizzierte Geschichte der kirchenrechtlichen Rezeption von Barmen war die *Voraussetzung* für eine möglicherweise nachfolgende *theologische* Rezeption, die nach der Definition Löwes „dem Gedächtnis des Glaubens alte und neue Einsichten zuführt, die zur Geschichte Jesu Christi, ihrem Verständnis und dem aus ihr folgenden Handeln gehören".[44]

Weil *Barmen* nach 1945 in dieser oder jener Form in den Grundordnungen der Landeskirchen weiterhin präsent war, konnte dieser längst historisch gewordene Text jedoch auf Dauer nicht übersehen und nicht vergessen werden. Es mußte der Zeitpunkt kommen, an dem man sich mit einer neuen Unbefangenheit fragte, was denn in jenem Dokument stehe, das da unter oft so kompliziert klingenden Rahmenklauseln an hervorgehobener Stelle im kirchlichen Recht Erwähnung fand. Die Unbefangenheit der Frage nach dem Inhalt der Barmer Thesen und Verwerfungen mußte in dem Maße zunehmen, in dem die 1934 zur Engführung gewordenen Problemstellungen ihrerseits obsolet zu werden begannen, also als man hinsichtlich der Unions-Problematik, der Bekenntnisfrage und des Verpflichtungscharakters von Barmen ganz andere kirchenpolitische Konstellationen vor sich hatte, als dies 1934 der Fall gewesen war.

---

[44] S. Anm. 6. – Zur „Nachwirkung der Barmer Erklärung" – insbesondere für die kirchlichen Zusammenschlüsse – vgl. man die systematisch-theologischen Erwägungen bei HELMUT ZEDDIES, Bekenntnis als Einigungsprinzip, Berlin 1980 (ThA 11), 78-117.

Die Rezeption der Barmer Theologischen Erklärung in den Landeskirchen 519

Der kräftigste Impuls zu einer kirchlich-theologischen Rezeption der Inhalte der *Barmer Theologischen Erklärung* ging von jener speziellen Problemkonstellation aus, die in der *Evangelischen Kirche der Union* herangewachsen war. Dabei ist nicht zu übersehen, daß einflußreiche Vertreter des bruderrätlichen Flügels der Bekennenden Kirche in den Gliedkirchen der *Evangelischen Kirche der Union* nach 1945 leitende Ämter übernommen hatten und aus innerer Überzeugung daran interessiert waren, das Barmen-Erbe nicht in Vergessenheit geraten zu lassen. Einen Ansatzpunkt für die theologische Weiterarbeit mit und an *Barmen* bot die Frage nach der Neuordnung der Ordination. Wenn die *Theologische Erklärung* von Barmen auch in die Formulare zur Ordinationsverpflichtung aufgenommen werden sollte, dann mußten die verantwortlichen kirchenleitenden Instanzen Erläuterungen erarbeiten lassen, die dem einer neuen Generation angehörenden Ordinanden erklärten, was eine Verpflichtung auf die Barmer Sätze bedeute. Diese Auffassung hatte der *Ordnungsausschuß der EKU* schon im Jahre 1946 in einer Denkschrift zum Ausdruck gebracht. Dort hieß es: Wenn die *Theologische Erklärung* die Anerkennung als Bekenntnisschrift erhalten solle, dann müsse zuvor gefragt werden, „ob der theologische Gehalt und das Gewicht der Erklärung in der kirchlichen Öffentlichkeit schon so erarbeitet und in der Allgemeinheit der evangelischen Kirche durchgedrungen ist, daß eine endgültige Entscheidung über die Anerkennung als Bekenntnisschrift möglich wäre".[45] Ohne den Begriff Rezeption zu verwenden, beschrieb die Denkschrift präzise, was mit ihm gemeint ist: Die Erarbeitung des „theologischen Gehalts" eines Textes mit dem Ziel, sein „Gewicht" für die „Allgemeinheit der evangelischen Kirche" so sichtbar zu machen, daß er diese „durchdringen" könne. Die Denkschrift von 1946 forderte als praktischen Schritt „die allseitige Erprobung und theologische Durcharbeitung" der *Barmer Theologischen Erklärung* „in allen in Betracht kommenden Kirchengebieten in Angriff zu nehmen".[46] Dieser Aufruf blieb zunächst ohne Echo.

Es ist für die Geschichte des deutschen Protestantismus in der Zeit nach dem Zweiten Weltkrieg überaus charakteristisch, daß mehr als zwanzig Jahre vergingen, ehe man sich auf die Berechtigung und Dringlichkeit der schon 1946 deutlich beschriebenen Aufgabe besann. Andere Tagespflichten waren dringlicher als die Prüfung der inhaltlichen Bedeutung eines Textes, den man in den Eingangsteilen nahezu aller Kirchenordnungen sowie einiger Ordinationsvorhalte stichwortartig „aufgehoben" hatte. Erst die in den späten 60er Jahren aufkommende Politisierung der jüngeren Theologengeneration mit all ihren verunsichernden Begleiterscheinungen veranlaßte die Synode der EKU,

---

[45] W. HÜFFMEIER (s. Anm. 38) 437.
[46] Ebd.

jetzt Rat und Wegweisung beim Text der *Barmer Theologischen Erklärung* zu suchen. Der Theologische Ausschuß der EKU erhielt den Auftrag, die hierzu besonders geeignete zweite Barmer These zu befragen. Das nach gründlichen und höchst kontrovers geführten Beratungen am 17. Juli 1973 verabschiedete *Votum des Theologischen Ausschusses der Evangelischen Kirche der Union zu Barmen II* wurde im Oktober desselben Jahres von den Räten der EKU angenommen und „der kirchlichen Öffentlichkeit zur Prüfung und Weiterarbeit" (EKU-Rat West) bzw. „zum intensiven weiteren Gespräch" (EKU-Rat Ost) zur Verfügung gestellt. Der Text erschien (einschließlich eines ablehnenden Separat-Votums von Erich Dinkler) unter der Überschrift *Zum politischen Auftrag der christlichen Gemeinde*.[47]

In der „Einleitung" zu diesem für die Rezeptionsgeschichte von *Barmen* höchst bedeutsamen Dokument erklärte Walter Kreck, der Ausschuß habe seinen Auftrag so verstanden, „daß untersucht werden sollte, ob bzw. in welcher Weise von jener theologischen Erklärung aus dem Kirchenkampf her der vielumstrittene Öffentlichkeitsauftrag der Kirche zu rechtfertigen sei und diesbezügliche Urteilskriterien gewonnen werden könnten. Wenn dabei speziell der politische Auftrag der Christen und der Kirche ins Auge gefaßt wurde, so sollte damit nicht die Bedeutung andrer Themenkreise (z.B. Diskussion über den § 218, über Umweltschutz u.a.) und die Notwendigkeit ihrer Behandlung in Frage gestellt sein." Was die zweite Barmer These anlange, so habe es nicht verwundern können, „daß der Streit um ihre Sachgemäßheit, ihre Deutung und Relevanz, der bereits kurz nach ‚Barmen' heftig entbrannte, mit der mehr oder weniger offiziellen Aufnahme dieser Theologischen Erklärung von Barmen in kirchliche Präambeln oder gar Ordinationsformulare nach 1945 nicht erledigt war. Daß eine weiterführende und aktuell zuspitzende Auslegung auch neue Kontroversen aufreißen würde, war zu erwarten" (6). Diese Sätze belegen, daß die kirchlich-theologische Auseinandersetzung mit der *Barmer Erklärung* einen neuen Weg zu beschreiten begann: Die Barmer Thesen sollten nicht mehr in ihrer historischen Entstehung und ihrer bisherigen Wirkungsgeschichte von außen betrachtet und kirchenrechtlich bewertet werden, sondern es kam den Mitgliedern des Theologischen Ausschusses der EKU darauf an, danach zu fragen, inwiefern dieser Text aus der Zeit des Kirchenkampfes „Hilfe und Wegweisung angesichts der uns heute bedrängenden Probleme geben könnte" (6).

Das Votum *Zum politischen Auftrag der christlichen Gemeinde* beschreibt zunächst die Gründe für das erneute Fragen nach der zweiten Barmer These (9-11). Sodann werden die durch Barmen II herausgeforderten theologischen

---

[47] Zum politischen Auftrag der christlichen Gemeinde (Barmen II). Votum des Theologischen Ausschusses der Evangelischen Kirche der Union, Gütersloh 1975.

Die Rezeption der Barmer Theologischen Erklärung in den Landeskirchen 521

Entscheidungen – der Vorlage folgend – aus der „Dialektik von Zuspruch und Anspruch" abgeleitet; die „Befreiung zum Dienst" wird durch die christologische Grundaussage in Barmen I und II begründet (15-20). Die Einsicht in die Gleichzeitigkeit von „eschatologischem Sein und politischer Existenz der christlichen Gemeinde" führt weiter zur Erkenntnis ihres politischen Auftrags, zu dessen Wahrnehmung für die Bereiche Bundesrepublik und DDR unterschiedliche Konkretionen benannt werden. Dem Diskussionsprozeß in den evangelischen Kirchen der Bundesrepublik wurden die Themenbereiche „Demokratie", „Wirtschaftsordnung" und „Frage der Gewalt" zur weitergehenden Behandlung empfohlen (26-32); für die evangelischen Christen in der DDR wagte sich das Ausschußvotum an die 1973 ebenso brisante wie kontroverse Thematik „Mitarbeit in der Gesellschaft" (32-43).[48]

Liest man heute mit dem Abstand von über zwanzig Jahren erneut diesen Text, so fällt auf, wie viele der damals gegebenen Denkanstöße längst zum Allgemeinbesitz der theologischen und innerkirchlichen Diskussion über die Begründung einer politischen Ethik geworden sind. Hier hat seither unstreitig eine inhaltsbezogene Barmen-Rezeption stattgefunden, in der der Text aus dem Jahre 1934 nicht das Objekt für konfessionelle oder kirchenrechtliche Überprüfungen blieb, sondern in der er als selbständiger Partner im Dialog gehört wurde. Gleiches kann man auch für das 1981 veröffentlichte EKU-Votum zu Barmen III (*Kirche als Gemeinde von Brüdern*) sagen.[49] Das 1986 fertiggestellte Votum zu Barmen V (*Für Recht und Frieden sorgen*), das den Auftrag der Kirche und die Aufgabe des Staates theologisch analysiert, ist – nach den Worten des Beschlußtextes der Synode der EKU – in seiner Methode wie in seiner Zielsetzung ein weiterer „Schritt auf dem Weg einer Vergegenwärtigung der Glaubenserkenntnis, die Gott mit der ‚Barmer Theologischen Erklärung' von 1934 seiner Kirche gegeben hat. Sie [die Synode der EKU] erinnert daran, daß die ‚Barmer Theologische Erklärung' mit ihren Lehrentscheidungen eine verbindliche Aussage ist und bleibt."[50] Den (vorläufigen) Abschluß der Barmen-Voten der EKU bildet die im Jahre 1993 erschienene Interpretation von Barmen I und VI.[51]

---

[48] Vgl. HELMUT ZEDDIES, Die Barmer Erklärung in der theologischen Arbeit der evangelischen Kirchen in der DDR, in: W.-D. Hauschild/G. Kretschmar/C. Nicolaisen (s. Anm. 19) 446-458.

[49] ALFRED BURGSMÜLLER (Hg.), Kirche als „Gemeinde von Brüdern" (Barmen III), 2 Bde., Gütersloh ²1983.

[50] WILHELM HÜFFMEIER (Hg.), Für Recht und Frieden sorgen. Auftrag der Kirche und Aufgabe des Staates nach Barmen V. Theologisches Votum der Evangelischen Kirche der Union – Bereich Bundesrepublik Deutschland und Berlin-West –, Gütersloh 1986, 9.

[51] WILHELM HÜFFMEIER (Hg.), Das eine Wort Gottes – Botschaft für alle. Bd. 1: Vorträge aus dem Theologischen Ausschuß der Evangelischen Kirche der Union zu Barmen I und VI, Gütersloh 1994; Bd. 2: Votum des Theologischen Ausschusses der Evangelischen Kirche der Union zu Barmen I und VI, Gütersloh 1993.

Den hier kurz angesprochenen synodalen Auftragsarbeiten aus dem Bereich der *Evangelischen Kirche der Union* sind zwei Texte an die Seite zu stellen, die in Gremien des konfessionellen Zusammenschlusses der lutherischen Kirchen erarbeitet wurden: Der *Theologische Ausschuß der Vereinigten Evangelisch-Lutherischen Kirche Deutschlands* legte am 10./11. September 1982 14 „Thesen zum Verständnis der Barmer Theologischen Erklärung" vor.[52] Diese Thesen knüpfen mit ihrer Fragestellung zunächst unmittelbar an die Erklärung des *Lutherrates* vom 17. Februar 1937 an und wurden in der großen kirchenrechtlichen Textsammlung der VELKD [Lindow] auch gleich hinter diesem Kirchenkampfdokument eingeordnet. Die Kirchenleitung der VELKD hatte bei ihrem Auftrag an den Ausschuß das Ziel vor Augen, zum Barmen-Gedenkjahr 1984 eine Stellungnahme abgeben zu können, die ihr Verhältnis zur Barmer Theologischen Erklärung neu und zeitgemäß bestimmte. Hans Christian Knuth hat – „um [...] spätere Legendenbildung und ungerechtfertigte Vorwürfe von vornherein auszuschließen" – die Vor- und Nachgeschichte dieses Ausschuß-Votums sorgfältig dokumentiert.[53] Aus den einzelnen Vorgängen wird deutlich, wie sich die Kirchenleitung der VELKD und der damalige Ratsvorsitzende Eduard Lohse intensiv darum bemüht haben, die Gemeinschaft der EKD nicht erneut wegen der *Barmer Theologischen Erklärung* irgendwelchen Zerreißproben auszusetzen. Nur aus diesem Grunde hat die Kirchenleitung der VELKD diese Thesen schließlich nicht selbst verabschiedet, sondern sie lediglich „begrüßt und um alsbaldige Veröffentlichung in den Lutherischen Monatsheften gebeten".[54] Der Geistliche Vizepräsident des Landeskirchenamtes der *Evangelisch-lutherischen Landeskirche Hannovers*, zugleich Mitglied der Kirchenleitung und des Theologischen Ausschusses der VELKD, Philipp Meyer, hat die im wesentlichen von ihm selbst verfaßten Thesen des Ausschusses ausführlich kommentiert. Dabei legte er den Hauptakzent seines Kommentars auf die Erklärung, daß *Barmen* vor allem die Unterscheidung der beiden Regierweisen Gottes eingeschärft habe. Meyer griff dabei auf den Synodalvortrag von Hans Asmussen zurück. Er hob ferner die Problematik des Schrittes von *Barmen* nach *Dahlem* hervor und erklärte, „die vom Barmer Bekenntnis – d.h. von Gottes Wahrheit Erfaßten – lassen sich nicht verrechnen auf die Zugehörigkeit etwa zur Bekennenden Kirche und ihrer Organisationsformen".[55]

Mit diesen Hinweisen zur Vor- und Nachgeschichte des lutherischen Barmen-Votums aus den Jahren 1982/1983 sollte darauf aufmerksam gemacht

---

[52] M. LINDOW (s. Anm. 24) 990-3.
[53] HANS CHRISTIAN KNUTH, Die Bedeutung der Barmer Theologischen Erklärung für die theologische Arbeit der VELKD, in: W.-D. Hauschild/G. Kretschmar/C. Nicolaisen (s. Anm. 19) 407-424.
[54] M. LINDOW (s. Anm. 24) 990-3 S. 1 Anm.
[55] H. CHR. KNUTH (s. Anm. 53) 420.

werden, daß die Frage- und Frontstellungen des Kirchenkampfes auch nach fast fünfzig Jahren noch nicht überall als überholt angesehen werden können, sondern – wie etwa der Schritt von *Barmen* nach *Dahlem* – Herausforderungen für die Lehre von der Kirche geblieben sind. Trotz der deutlichen Orientierung an den alten Kirchenkampfkontroversen ist das Votum des Theologischen Ausschusses der VELKD aber als ein wichtiger Beitrag für die neuere Barmen-Rezeption in unseren Landeskirchen zu bewerten. Denn auch diese *14 Thesen* nehmen den inhaltlichen theologischen Dialog mit Einzelaussagen der *Barmer Erklärung* auf und bleiben somit nicht bei der bloßen Frage nach der Bekenntnisqualität von *Barmen* stehen. Als das „bleibende Proprium der BTE" heben die *14 Thesen* hervor: „Die in der Schrift begründete Wahrheit der BTE besteht in der Abweisung der in der Verwirrung der Jahre 1933/34 klar hervortretenden (totalitär-völkisch-) politischen und (national-) kirchlichen Irrlehren, in denen neben dem in der Schrift bezeugten Jesus Christus andere ‚Mächte, Gestalten und Wahrheiten' als für die Verkündigung relevante Offenbarung behauptet wurden." Mit der „Verwerfung von fundamentalen Irrlehren und der Klarstellung des Bekenntnisses zu Jesus Christus" stehe die *Barmer Erklärung* „in einer Linie mit den reformatorischen Bekenntnisschriften".[56] Ausdrücklich wird in einem Schlußsatz zur theologischen Weiterarbeit auf der Grundlage der *Barmer Erklärung* aufgefordert: „Die BTE hält in der Schrift gegebene und in den Bekenntnissen der Reformation aufgenommene Wahrheiten fest und formuliert sie gegenüber den 1933 in den Kirchen offen hervortretenden Irrlehren neu, indem sie die Unterscheidung der beiden Regierweisen Gottes gegenüber dem religiösen Anspruch des sich entwickelnden totalen Staates festhält. Sie tut das in einer Weise, die (besonders in These V) der Fortführung gegenüber heutigen ‚neuheidnischen' Irrtümern bedarf."[57]

Schließlich war das „Barmen-Gedenkjahr 1984" Anlaß für eine Reihe von weiteren kirchlichen Stellungnahmen zu diesem nun fünfzig Jahre alten Text. Immer wieder wurde jetzt von verschiedenen Seiten betont, daß nur ein dialogischer Umgang mit den sechs Thesen und den zugehörigen Verwerfungssätzen dem Rang der *Barmer Erklärung* gerecht werden könne. „Die Barmer Erklärung einfach zu wiederholen, genügt nicht", erklärten der Vorsitzende des Rates der EKD und der Vorsitzende der Konferenz der Kirchenleitungen in der DDR.[58] Die im Jahre 1984 in Lübeck-Travemünde tagende EKD-Synode hatte das Barmen-Gedenken zwar nicht als zentrales Thema vorgesehen, dennoch kam es auch vor diesem Forum zur Aktualisierung der *Barmer Erklärung* im Zusammenhang einer Plenumsdiskussion zu den „beiden dornigen The-

---

[56] M. LINDOW (s. Anm. 24) 990-3 S. 2f.
[57] Ebd. 6f.
[58] Text des gemeinsamen „Wortes an die Gemeinden" bei W.-D. HAUSCHILD (s. Anm. 1) 267f.

men der Vergangenheitsbewältigung und der politischen Verantwortung". Die Synode beschloß zwar kein eigenes „Wort" zum Barmenjubiläum, aber sie verdeutlichte durch ihre Beschlüsse „auf pragmatische Weise, daß mit dem Jahre 1984 die Relevanz von ‚Barmen' für den deutschen Protestantismus keineswegs erloschen sei".[59] Die Barmen-Rezeption in der kirchlich-theologischen Arbeit hat nach den mühevollen, unsicher tastenden Anfängen in der frühen Nachkriegszeit spätestens seit dem Gedenkjahr 1984 unübersehbare Selbständigkeit erlangt.

5. Die theologische Weiterarbeit mit der Barmer Erklärung

Die im Auftrag des Rates der EKD seit 1955 arbeitende „Kommission für die Geschichte des Kirchenkampfes in der nationalsozialistischen Zeit" legte durch wichtige Quellenpublikationen den Grundstein für die Erforschung der Barmer Bekenntnissynode und ihrer *Theologischen Erklärung*. Ein erster Höhepunkt der theologisch-interpretierenden Barmen-Forschung war die aus Vorlesungen im Wintersemester 1956/57 hervorgegangene Barmen-Monographie von Ernst Wolf.[60] Die Barmen-Gedenkjahre von 1964 und dann insbesondere von 1984 haben der Forschung weitere kräftige Impulse gegeben. In den Ausschuß- und Kommissionsarbeiten der Landeskirchen und ihrer konfessionellen Zusammenschlüsse sind diese „Forschungen einzelner" – um auf Schleiermachers Formulierung zurückzukommen – in der Regel sorgfältig zur Kenntnis genommen worden, ob es sich nun um systematische, ekklesiologische, sozialethische, ökumenische oder historische Studien handelte. Dadurch wurde der Graben immer weiter überbrückt, der von den 50er bis zu den frühen 70er Jahren die „Wirksamkeit der freien Geistesmacht" und das vor allem um konfessionelle Identität besorgte kirchenleitende Handeln im Blick auf die Barmen-Thematik trennte. So konnte gerade die Barmen-Forschung erheblich dazu beitragen, die Vertreter der Kirchenleitungen und die wissenschaftliche Theologie miteinander ins Gespräch zu bringen.

Eberhard Jüngel hat 1984 die Notwendigkeit dieser kirchlichen *und* theologischen Barmen-Rezeption mit den Worten beschrieben: „Bedeutung für die Gegenwart hat die Barmer Theologische Erklärung auf jeden Fall insofern, als sie ein Musterbeispiel dafür ist, wie sehr die christliche Kirche auf solide Theologie angewiesen ist und wie wenig eine sich um ihre konkrete Verantwortung für die Kirche drückende Theologie wert ist".[61] Im weiteren Verlauf seines

---

[59] Ebd. 354; 361.
[60] S. Anm. 17. Zur älteren Barmen-Forschung vgl. KURT MEIER, Kirchenkampfgeschichtsschreibung, in: ThR 46 (1981) 19-57; 101-148; 237-275.
[61] EBERHARD JÜNGEL, Mit Frieden Staat zu machen. Politische Existenz nach Barmen V, München 1984 (= Kaiser Traktate 84), 10.

"Traktats" über Barmen V hat Jüngel dann zumindest an einer Stelle exemplarisch zum Ausdruck gebracht, welche weiteren Schritte die Barmen-Rezeption noch vor sich habe. Im Zusammenhang der Auslegung des Satzes, der Staat habe die Aufgabe, „unter Androhung und Ausübung von Gewalt für Recht und Frieden zu sorgen", stellte Jüngel die Frage, „ob der Kirche durch die neue Waffenqualität nicht endlich die Augen dafür geöffnet werden, daß *sie*, die Kirche, jeden Krieg als Verhöhnung des von ihr zu verkündigenden Reiches Gottes, als Übertretung des von ihr zu verkündigenden Gebotes Gottes, als Perversion der von ihr zu verkündigenden Gerechtigkeit Gottes zu identifizieren und *daran* die Regierenden und Regierten zu erinnern hat, indem sie an deren *Verantwortung* vor Gott erinnert. Müßte die Kirche folglich nicht eingestehen, daß sie selber über Jahrhunderte eine Irrlehre vertreten hat, insofern sie die Möglichkeit gerechter und insofern auch von Gott gerechtfertigter Kriege einräumte? Müßte die Kirche nicht, wenn sie 1984 auf der Linie von Barmen weiterzudenken sich verpflichtet wüßte, zuerst selber theologisch Buße tun? [...] Das ist *die Frage*. Ich könnte jedenfalls – magis amica veritas! – heute nicht mehr Lehrer der Kirche sein, ohne diese *Frage* zu stellen."[62] Mit dieser Frage wird an einer alle Zeitgenossen zentral betreffenden Problematik aufgezeigt, wohin sich eine Barmen-Rezeption zu bewegen hat oder zu bewegen hätte, die ihrerseits etwas in Theologie *und* Kirche in Bewegung bringen will. Vergleichbar gewichtige Fragen sind von *Barmen* her etwa zu den Themenkreisen „Menschenrechte", „Rassismus", „Gerechtigkeit" sowie „Kirche und Judentum" gestellt worden.[63]

Die Aufbewahrung der Erinnerung an *Barmen* in den Präambeln und Grundartikeln unserer evangelischen Kirchen war nicht umsonst; sie war die Voraussetzung für die über zwanzig Jahre später beginnende inhaltliche Auseinandersetzung mit den theologischen Lehraussagen dieses Textes. Die *Barmer Theologische Erklärung* wurde endlich aus der ebenso unersprießlichen wie unergiebigen Lage befreit, bloßes Objekt konfessioneller und kirchenrechtlicher Prüfungen sein zu müssen. Aber offensichtlich war dieser Umweg in der Rezeptionsgeschichte notwendig; zumindest hat er ein Vergessen des Synodalwortes von 1934 im Bereich des kirchenleitenden Handelns verhindert. *Barmen* konnte nicht übersehen oder verdrängt werden, weil es wie ein Merkposten in den Kirchenordnungstexten stand. Unabhängig von der Intention derer, die *Barmen* dort plaziert hatten, wurde die *Theologische Erklärung* zum selbständigen Subjekt in einem dialogischen Rezeptionsvorgang, der auch bei denjenigen Veränderungen auslöste, denen dieser Text zunächst fremd und widerständig erschienen war. Dieser vom Historiker aufgezeigte Vorgang dürf-

---

[62] Ebd. 62f.
[63] Vgl. etwa die Beiträge in: JÜRGEN MOLTMANN (Hg.), Bekennende Kirche wagen. Barmen 1934-1984, München 1984.

te für die gesamte theologische Debatte über den Rezeptionsbegriff wichtig sein.

Nun lehrt das zeitgeschichtliche Material aber noch mehr: Es reicht für einen kirchlich-theologischen Rezeptionsvorgang nicht aus, daß derartige neue Ansätze in der Lehre von einzelnen Forschern oder auch von kirchlich autorisierten Ausschüssen und Kommissionen wahrgenommen und beschrieben werden. Die schwierigste Aufgabe steht dann immer noch aus: Die neu wahrgenommenen theologischen Einsichten müssen – mit Herms gesprochen – „politisch durchgesetzt" werden und zu einer *Umgestaltung* kirchlicher Ordnung und einer *Veränderung* des kirchenleitenden Handelns führen. „Leitung in der Kirche ist ‚Leitung aufgrund von Lehre'. Darin gründet einerseits ihre Zielorientiertheit. Aber andererseits zugleich auch ihre Verbindlichkeit."[64] So wird die Rezeption der Barmer *Theologischen Erklärung* in unseren Landeskirchen erst dann zu einem – gewiß immer noch vorläufigen – Abschluß gekommen sein, wenn die Auseinandersetzung mit ihren theologischen Lehrimpulsen kirchenrechtliche Folgen hat, die wiederum das Leitungshandeln neu bestimmen, indem sie ihm Orientierung und neue Verbindlichkeit geben. Durch diese Vorgänge würden die als kirchliche Lehre gültigen Lehrbekenntnisse des 16. Jahrhunderts nicht aufgehoben, wohl aber an bestimmten Punkten vor einem inhaltlichen Mißverständnis bewahrt. Damit dies geschehen kann, muß allerdings auch noch der dritte Bereich des Rezeptionsgeschehens mit einbezogen werden, den Schleiermacher neben der Forschung des einzelnen und dem kirchenleitenden Handeln benannt hat: Die „Überzeugung der Gemeinde". Im Rezeptionsgeschehen müssen die genannten drei Bereiche gleichermaßen und gleichberechtigt beachtet und berücksichtigt werden: 1. Die theologische Forschung des einzelnen, 2. das kirchenleitende Handeln und 3. die Akzeptanz der neuen Lehre durch die Gemeinde, die sie in Predigt und Katechese zur Wirkung kommen läßt.

In der ersten Phase der Barmen-Rezeption hatte das Interesse der Kirchenleitungen an der konfessionellen Identität ein zu großes Übergewicht; der Forschungsarbeit einzelner Theologen wurde wenig Beachtung geschenkt und nach der „Überzeugung der Gemeinde" ist allenfalls ganz beiläufig gefragt worden. In der zweiten Phase der Barmen-Rezeption überwogen – wie ich in meinem Literaturbericht zu zeigen versucht habe[65] – die individuellen Positionsmeldungen theologischer und kirchenpolitischer Fraktionierungen und es fehlte der energische Wille zur Integration, ohne den Kirchenpolitik ihren theologisch legitimen Sinn verliert.[66] In einer dritten Phase der Barmen-Rezeption

---

[64] Vgl. EILERT HERMS, Erfahrbare Kirche. Beiträge zur Ekklesiologie, Tübingen 1990, 89.
[65] S. Anm. 1.
[66] Vgl. JOACHIM MEHLHAUSEN, Kirchenpolitik. Erwägungen zu einem undeutlichen Wort, in: ZThK 85 (1988) 275-302 (s.o. 336-362).

Die Rezeption der Barmer Theologischen Erklärung in den Landeskirchen 527

müßte vor allem auf die bislang vernachlässigte „Überzeugung der Gemeinde" geachtet werden.[67] Die Akzeptanz neuer theologischer Einsichten durch die Gemeindeglieder darf zwar nicht zum Zünglein an der Waage oder gar zum endgültigen Wahrheitserweis für diese gemacht werden. Sie ist aber als einer von drei Faktoren im grundsätzlich gleichberechtigten Zusammenwirken eines kirchlich-theologischen Rezeptionsgeschehens ebenso wichtig zu nehmen, wie der Beitrag der theologischen Forschung und der Wille zur Leitung der Kirche durch Lehre. Der Blick in die kirchliche Zeitgeschichte läßt erkennen, daß die bereits am 31. Mai 1934 beginnende Rezeption der *Barmer Theologischen Erklärung* in den deutschen evangelischen Landeskirchen auf verschlungenen Wegen – aber mit einer erstaunlichen Zielstrebigkeit – vorangeschritten ist; es bleibt zu hoffen, daß diese Bewegung nicht zum Stillstand kommt und auch über die Länder- und Konfessionsgrenzen hinweg weitergehen wird.[68]

---

[67] Im Barmen-Gedenkjahr 1984 hat es zahlreiche Bemühungen gegeben, die Barmen-Thematik den Gemeindegliedern nahezubringen; vgl. etwa GÜNTHER VAN NORDEN/PAUL GERHARD SCHOENBORN/VOLKMAR WITTMÜTZ (Hg.), Wir verwerfen die falsche Lehre. Arbeits- und Lesebuch zur Barmer Theologischen Erklärung und zum Kirchenkampf, Wuppertal-Barmen 1984; DIES. (Hg.), Barmen 1934-1984. Ausstellung der Evangelischen Kirche im Rheinland zur Barmer Theologischen Erklärung und zum Kirchenkampf. Ein Kurzführer, Wuppertal-Barmen 1984; HANS ULRICH STEPHAN (Hg.), Das eine Wort für alle. Barmen 1934-1984. Eine Dokumentation, Neukirchen-Vluyn 1986.
[68] Zur Rezeption der *Barmer Theologischen Erklärung* in der Ökumene vgl. die Aufsätze von RUDOLF WETH und LOTHAR SCHREINER in: W. Hüffmeier/M. Stöhr (s. Anm. 28) 152-208.

In Memoriam Ernst Bizer*

29. April 1904 – 1. Februar 1975

Im Vorwort zur Edition der Briefe seines Freundes Paul Schempp hat Ernst Bizer geschrieben: „Die Theologie ist Seelsorge und die Seelsorge besteht nicht in unverbindlichen ‚evangelischen Ratschlägen', sondern in klaren Weisungen und Tröstungen."[1] Ich meine, daß das gesamte Lebenswerk Ernst Bizers als Prediger, als akademischer Lehrer und auch als Kirchenhistoriker von diesem Satz her seine rechte Beleuchtung erfährt. Er nennt als Ziel aller theologischen Arbeit den auf Weisung und Trost angewiesenen Menschen; und er gibt der Methode aller theologischen Arbeit die Maßregel mit, gegen die Unverbindlichkeit der je allgemein anerkannten Praxis oder der sogenannten praktischen Vernunft und für die Eindeutigkeit und situationsbezogene Klarheit des Theologenwortes zu streiten. Ernst Bizer hat niemals gezögert, die alte Theologentugend der *militia* zu üben, wo immer nachlässige Kompromißbereitschaft oder gedankenlos-faule Indifferenz die notwendige Klarheit der dem Theologen anvertrauten Rede von Gott und seinem Wort verdunkelten. Dabei bestand der unverwechselbare Charme der Persönlichkeit Ernst Bizers darin, daß er, der von Anlage und Selbsterziehung her einer der liebenswürdigsten und freundlichsten Zeitgenossen war, in solchem beherzten Streit alle Floskeln der Konvention beiseite ließ und ohne Rücksicht auf die eigene Person scharf focht, doch immer nur auf die Sache zielend und nie darauf aus, den Gegner zu verletzen.

Gedenken und Würdigung dieses Mannes, der von vielen Kollegen und fast allen seinen Studenten mit einer im akademischen Raum seltenen Herzlichkeit geliebt wurde, geschehen wohl am besten dadurch, daß die Stationen seines eigenen Bemühens um die „klaren Weisungen und Tröstungen" der als Seelsorge verstandenen Theologie nachgezeichnet werden. Dabei läßt schon ein

---

* Gedenkrede, gehalten am 21. Juni 1975 bei der Gedenkfeier der Evangelisch-Theologischen Fakultät der Rheinischen Friedrich-Wilhelms-Universität zu Bonn. Diese Gedenkrede erschien zusammen mit der Ansprache des Dekans Prof. Dr. J. F. Gerhard Goeters als Sonderdruck der Reihe „Alma Mater", Beiträge zur Geschichte der Universität Bonn, Heft 37, Köln-Bonn (P. Hanstein-Verlag) 1976; sie wurde für den Abdruck in der EvTh im Anmerkungsteil erweitert.

[1] PAUL SCHEMPP, Briefe. Ausgewählt u. hg. v. Ernst Bizer, 1966, Xf.

erster, noch an der Oberfläche tastender Blick auf das Schriftenverzeichnis[2] des Verstorbenen einen bemerkenswerten Sachverhalt erkennen: Ernst Bizer begann seine literarisch-theologische Arbeit mit Themen, die nach herkömmlicher Ansicht dankenswert konkret auf die gesellschaftlichen Bezüge von theologischer Arbeit und kirchlicher Praxis aufmerksam machen und er beschloß sein Lebenswerk mit Untersuchungen, deren gelehrte Notwendigkeit auch der Unkundige vielleicht anerkennen mag, deren Relevanz für die christliche Verkündigung und damit für die Gestalt der Kirche in der Gesellschaft hingegen nicht ohne weiteres offenzuliegen scheint.

So schreibt Ernst Bizer 1930 in der von Martin Rade herausgegebenen Zeitschrift *Die Christliche Welt*, dem bedeutenden Organ des sogenannten „Freien Protestantismus", über die Theologie des Religiösen Sozialismus, er berichtet vom Kongreß des Bundes der Religiösen Sozialisten Deutschlands 1930 in Stuttgart; er beschäftigt sich mit dem Problem der strafrechtlichen Verfolgung der Gotteslästerung; er sucht das Gespräch mit den Freidenkern und er äußert sich über die kirchliche Stellung der damals noch raren Theologinnen. In der Zeitschrift *Zwischen den Zeiten*, dem Blatt der Bewegung um und mit Karl Barth, veröffentlicht er 1932 einen Aufsatz über „Die Kirche im Strafgesetzbuch" und in einer von ihm selbst herausgegebenen Broschürenreihe mit dem Titel *Blätter zur kirchlichen Lage* erscheint zu Beginn des Jahres 1933 ein Aufsatz über das Thema „Kirche und Reichtum". Doch nach 1933 findet sich unter den über 100 Titeln des Schriftenverzeichnisses kein einziger mehr, der in dieser Weise bereits durch die Thematik der Überschrift kirchlich-theologische Aktualität programmatisch für sich reklamiert. Ist dies als ein Rückzug aus dem Engagement zu verstehen?

Das bedeutendste Werk Ernst Bizers, die 1958 in erster Auflage und 1966 in dritter, erweiterter Auflage erschienene „Untersuchung über die Entdeckung der Gerechtigkeit Gottes durch Martin Luther" mit dem schönen Titel *Fides ex auditu*, könnte oberflächlich betrachtet als eine Spezialuntersuchung zur Entwicklungsgeschichte Martin Luthers ohne allen Anspruch auf aktuelle kirchlich-theologische Relevanz erscheinen. Doch gerade dieses Buch ist eine entschiedene Positionsmeldung in einer hellsichtig durchschauten theologischen Gesamtlage. Von Ernst Bizers Lebensweg berichten heißt keineswegs, die

---

[2] CH. HARMS, Bibliographie Ernst Bizer, in: Studien zur Geschichte und Theologie der Reformation. FS für Ernst Bizer, hg. v. Luise Abramowski und J. F. Gerhard Goeters, 1969, 305-313. – Das Verzeichnis ist um folgende Titel zu ergänzen: JOHANNES CALVIN, Abraham-Predigten. Übersetzt v. Ernst Bizer, 1937; ERNST BIZER, Kirchengeschichte Deutschlands I. Von den Anfängen bis zum Vorabend der Reformation, hg. v. W. Hubatsch, DG 11, 1970 (Ullstein-Taschenbücher Deutsche Geschichte. Ereignisse und Probleme); DERS., Bemerkungen, in: Blätter zur kirchlichen Lage 2 (1933) 51-55; der bei Harms Nr. 74 genannte Aufsatz erschien in englischer Übersetzung: Reformed Orthodoxy and Cartesianism, in: JTC 2 (1965) 20-82.

Entwicklung eines an gesellschaftlichen und kirchenpolitischen Fragen interessierten jungen Theologen zu beschreiben, der sich später der historischen Wissenschaft zuwandte und in ihren besonderen Anforderungen aufging. Es muß vielmehr gezeigt werden, daß die von Ernst Bizer behandelten Themen der Theologie in einem strengen Sinne immer enger um ein und dasselbe Zentrum kreisten und dies Zentrum zu bezeichnen versuchten und eben im Vollzug dieser konzentrischen Bewegung zu einer Konkretheit eigener Art kamen, die für den aufmerksam Zuhörenden hilfreicher ist als manche noch so gut gemeinte Aktualität vom Tage.

Ernst Bizer wurde am 29. April 1904 in Tailfingen, einer mittelgroßen Industriestadt auf der Schwäbischen Alb, als Sohn eines Werkmeisters und einer Schneiderin geboren. Er wuchs in Tailfingen auf und erlebte hier früh und unmittelbar die Arbeitswelt und die Arbeitsbedingungen der Industrie- und Heimarbeiter, die in dem gesamten Bezirk den Lebensrhythmus, aber auch das für typisch zu erachtende schwäbische Arbeitsethos der Bevölkerung prägten. Ernst Bizer hat die proletarischen Lebensformen aus der Zeit nach dem Ersten Weltkrieg aufmerksam beobachtet und Konsequenzen für seine eigene Position aus ihnen gezogen: Er wurde Mitglied der Sozialdemokratischen Partei und beteiligte sich aktiv an der Arbeit der Religiösen Sozialisten.

Ernst Bizers Studienjahre in Tübingen und Marburg fielen in die Zeit der ebenso lebhaften wie fruchtbaren Auseinandersetzung zwischen dem theologischen Liberalismus und der Dialektischen Theologie. Er selbst brachte in sein Studium als dritte Komponente den traditionsreichen, biblisch orientierten württembergischen Pietismus mit ein, der als ein leiser, aber beharrlicher Begleitton in dem gesamten Lebenswerk zu hören ist. Für den Studenten stand neben der Lektüre Luthers, Kierkegaards und Karl Barths die Beschäftigung mit den Entwürfen so deutlich voneinander unterschiedener Theologen wie Wilhelm Herrmann und Paul Tillich, Rudolf Otto und Martin Rade, Adolf Schlatter und Hans von Soden. Wichtig wurde dann die Begegnung mit Rudolf Bultmann, in dessen Seminar in Marburg er den theologisch begründeten Auftrag zur historisch-kritischen Analyse *aller* Quellen der Kirchengeschichte hörte und für immer beherzigte. Doch auch Rudolf Bultmanns Beiträge zur systematischen Klärung der theologischen Situation in den zwanziger Jahren haben Ernst Bizer nachhaltig beeinflußt. Rudolf Bultmanns Aufsatz „Die liberale Theologie und die jüngste theologische Bewegung" aus dem Jahre 1924, in dem die Geschichtsauffassung, der Gottesbegriff und das Glaubensverständnis des theologischen Liberalismus in einem Prozeß kritischer Selbstbesinnung durchleuchtet und in Frage gestellt werden, ist von Ernst Bizer vor seinen Studenten wiederholt als eine Wegmarke der neuesten Theologiegeschichte bezeichnet worden. Die von Rudolf Bultmann in unmittelbarem Anschluß an Karl Barth ausgesprochene Einsicht, daß der Glaube nicht als ein Zustand des Bewußtseins beschrieben werden könne, und daß von daher gegenüber jeder

Erlebnisreligion, auch gegen Frömmigkeit, Sündengefühl und Begeisterung äußerste Skepsis geboten sei, und daß auch eine Religion, die sich als eine besondere Region des menschlichen Geisteslebens darstelle, unter die Kritik des paulinischen *skandalon* falle, hat Ernst Bizers eigene theologische Arbeit bis zuletzt begleitet. Und wenn Rudolf Bultmann in dem genannten Aufsatz schreibt: „Ich kann mich nie auf meine Erlebnisse beziehen und mich ihrer getrösten. Getrösten kann ich mich nur der Verheißungen Gottes"[3], so ist hiermit nahezu leitmotivisch angesagt, welche Frage für den Theologen Ernst Bizer lebenslang bestimmend geblieben ist.

Neben der Theologie studierte Ernst Bizer vor allem in Marburg Philosophie, und zwar mit so großem Einsatz, daß er später als Austauschstudent in Amerika in der Lage war, im Seminar und im philosophischen Club der *Princeton University* seine amerikanischen Kommilitonen in den Neukantianismus und in die Phänomenologie Husserls einzuführen. Er berichtet, daß er die Genugtuung gehabt habe, daß seine Anregungen von den amerikanischen Studenten, die unter dem seinerzeit in Princeton herrschenden Psychologismus und Skeptizismus Ungenügen empfanden, begierig aufgenommen worden seien. Doch diese Mitarbeit als *Graduate Student* am philosophischen Seminar der *Princeton University* war nur ein Nebenereignis seines Amerikaaufenthalts. Vom Deutschen Akademischen Austauschdienst betreut, hielt sich Ernst Bizer vom September 1927 bis zum Mai 1928 am Theologischen Seminar der presbyterianischen Kirche in Princeton auf. Dieses Seminar war in den zwanziger Jahren nicht nur organisatorisch, sondern vor allem in seiner geistigen Atmosphäre von der *Princeton University* weit geschieden. Während die Universität, die aufgrund eines alten Vertrages mit dem Seminar keine eigene theologische Fakultät besaß, alle namhaften liberalen Prediger des Landes zu ihren Gottesdiensten einlud und etwa Rudolf Ottos Buch *Das Heilige* als Textbuch für den Philosophieunterricht empfahl, herrschte am Seminar ein Fundamentalismus strengster Observanz, der sich von der calvinistischen Orthodoxie des 17. Jahrhunderts durch nichts unterscheiden wollte. Ernst Bizer hat in einem mit großer Akribie geführten Rechenschaftsbericht niedergeschrieben, welchen Konflikten er in der geistigen und geistlichen Atmosphäre dieses Seminars ausgesetzt war. Diese privaten Aufzeichnungen sind für die Bildungsgeschichte des Theologen Ernst Bizer so aufschlußreich, daß aus ihnen ausführlich zitiert werden soll.[4]

---

[3] RUDOLF BULTMANN, Glauben und Verstehen I, Tübingen 1954, 23.
[4] Es handelt sich um ein Typoskript von 89 Seiten, datiert „Tübingen 9.1.1929" und überschrieben: „Bericht des Austauschstudenten Ernst Bizer Th. M. über sein Studienjahr in den Vereinigten Staaten". Siehe ferner: ERNST BIZER, Als deutscher Austauschstudent in Amerika, in: Hochschulbeilage zum Schwäbischen Merkur, Stuttgart 11. Juni 1929 (Nr. 268).

Ernst Bizer erlebte gleich nach seiner Ankunft in Princeton die Überraschung, daß man ihn, der sich selbst keineswegs für einen liberalen Theologen hielt, als „deutschen Ritschlianer" einstufte, nur weil er keine Bereitschaft zeigte, vom ersten bis zum letzten Blatt der Bibel jedes berichtete Ereignis und jede Weissagung im Sinne des alten Supranaturalismus für wahr zu halten. Die immense Gelehrsamkeit, die man in Princeton zur Verteidigung der Inspirationslehre und der Geschichtlichkeit aller Einzelaussagen der Schrift aufbrachte, hat Ernst Bizer dennoch beeindruckt. Darum wehrte er sich auch dagegen, den amerikanischen Fundamentalismus durch Hinweis auf solche Probleme wie den sogenannten Affenprozeß, die Leugnung der Evolutionstheorie oder das zum Schibboleth erhobene Lehrstück von der Jungfrauengeburt abzutun. Ernst Bizer erkannte sehr wohl, daß im Zentrum dieser Orthodoxie die Rechtfertigungslehre stand, und zwar in der strengen Fassung des alten Calvinismus, mit ihrem Hintergrund, der *doctrina horribilis* der doppelten Prädestination. Die starke Frömmigkeit, die hier bestimmte religiöse Güter um des ewigen Heils willen meinte kompromißlos verteidigen zu müssen, hat Ernst Bizer sehr ernst genommen.[5] Und so zielte seine kritische Anfrage auch nicht auf das durchaus als bizarr erkannte Detail dieser apologetischen Orthodoxie, vielmehr fragte er nach den philosophischen Grundlagen seiner orthodoxen Gesprächspartner und erst in diesem Zusammenhang kam er nicht umhin, eine überholte vorkantische Philosophie des „Common Sense Realism" zu diagnostizieren, in deren glücklicher Welt der *beati possidentes* es keinen Skeptizismus und keinen Kritizismus und weder Erkenntnisantinomien noch Erkenntnisaporien gibt. Ernst Bizer merkt in seinem Bericht an: „Diese Vernachlässigung der philosophischen Arbeit habe ich als einen der großen Mängel am Seminar empfunden. Auf diese Weise wird den Studenten die wirkliche Problematik der vorgetragenen Lehre verhüllt. Und so wird es niemals gelingen, das vorhandene reiche theologische und religiöse Erbe in die veränderte Zeit mit ihren Begriffen hineinzustellen und es für Amerika fruchtbar zu machen."

Trotz aller Differenzen in der theologischen Position hat Ernst Bizer am Princeton Seminary viele Freunde gefunden. An erster Stelle ist hier der gelehrte Systematiker C. W. Hodge zu nennen, dem Ernst Bizer die Einführung in

---

[5] „Es stecken im Fundamentalismus religiöse Kräfte und theologische Einsichten, die der Gegenseite längst verloren gegangen sind. Nun soll freilich damit nicht gesagt sein, daß die Fundamentalisten die Mittel hätten, dieses von ihnen verachtete moderne Denken zu widerlegen oder zu überwinden. Es ist gerade die Tragik der ganzen Bewegung, daß sie diese Mittel nicht hat und auch nicht ernsthaft sucht. Von einer prinzipiellen philosophischen Auseinandersetzung ist man weit entfernt; auch die besten Vertreter der Richtung sind nicht imstande, sie zu leisten, viel weniger die mittelmäßigen oder gar die Studenten. Sie fühlen den Gegensatz mehr, als daß sie ihn in seiner Tiefe aussprechen und formulieren könnten. So hat die ganze Lehre etwas Gefrorenes an sich; man hält fest, an dem, was man hat, ohne imstande zu sein, es nun auch zu mehren." (Bericht 16f.).

die reformierte Dogmatik und seine Liebe zu ihr verdankte. Aus einem der zahlreichen Gespräche mit Hodge referierte Ernst Bizer in seinem Studienbericht die folgende aufschlußreiche Szene: „Wenn ich nun gegen die Orthodoxie die Einwände Wilhelm Herrmanns vorbrachte, und dagegen protestieren wollte, daß dem Fürwahrhalten der Heilstatsachen der rettende Einfluß zugeschrieben werde, so konnte Hodge sehr heftig werden: Ich verstände die Orthodoxie viel zu intellektualistisch. Er wies hin auf die alte Unterscheidung von *notitia, assensus* und *fiducia*, und erklärte, daß es ohne *notitia* und *assensus* der Heilstatsachen zwar keinen Glauben geben könne, daß aber doch die *fiducia* das eigentlich Wichtige sei als eine unserer Verfügung entzogene Tat Gottes an uns. Die aus dem Geist wiedergeborenen Menschen besäßen einen erleuchteten Verstand und erleuchtete Herzen, so daß sie in der Lage seien, mit Überzeugung das objektive Zeugnis anzunehmen, das Gott in der Bibel gebe." Zu dieser Argumentation des fundamentalistischen Freundes merkt Ernst Bizer kurz und bündig an: „Die Wiedergeburt steht *vor* dem Glauben!" – und er unterstreicht das Wort „vor" und setzt an den Schluß des kurzen Satzes ein kräftiges Ausrufungszeichen.

Ernst Bizer verließ Princeton mit dem Titel eines *Master of Theology*, den er durch eine mit Anerkennung aufgenommene Arbeit über Karl Barth und die Orthodoxie erwarb. Er blieb noch weitere vier Monate in den Vereinigten Staaten und zwar als Pfarrer der evangelisch-lutherischen Gemeinde in Garwood, N.J. In der Kürze der Zeit erhielt er einen recht niederschmetternden Eindruck von dem amerikanischen Kirchenbetrieb, der vereins- und geschäftsmäßigen Führung der kleinen Gemeinden; aber er erkannte auch, welche Vorzüge die Freiwilligkeitskirche amerikanischen Zuschnitts vor den Volkskirchen in Deutschland hat. So notiert er: „Wenn man sich auf das Wort allein beruft, vergißt man dann nicht, daß die Kirche auch die Gemeinschaft der Liebe sein soll? Man mag diese Liebe noch so dialektisch fassen; man wird um die Tatsache doch nicht herumkommen, daß der Ort, sie zu verwirklichen, die ganz konkrete christliche Gemeinde sein soll, in der wir stehen. Man hat sich in Deutschland in der lutherischen Tradition gern darauf berufen, daß dieser Ort der Staat sei. Aber die Kirche ist nicht mehr Staatskirche, und dieser Staat ist eben während der Verbindung mit der Kirche ein heidnischer Staat geworden. Ob man da nicht übersehen hat, daß die Kirche auch die Aufgabe hat, die Gemeinschaft als *vinculum pacis* aufzubauen? Und was tut man heute, um diese Gemeinschaft zu bauen? Man beschränkt sich auf die pietistische Kritik am Wirtshaus und neuerdings am Sport und stellt ihnen die pietistische Bibelstunde gegenüber! Ich werde wohl nach den oben geschilderten Erlebnissen in Garwood nicht in den Verdacht kommen, daß ich die amerikanische Kirche für den Anfang des Reiches Gottes auf Erden hielte. Sie ist längst nicht, was sie sein sollte; aber sie ist doch ein Versuch dazu, während es viele ihrer Kritiker nicht einmal versucht haben. Amerikanische Studenten in Deutschland haben

Heimweh nach ihren Kirchen; deutsche Studenten, die in Deutschland nicht mehr daran denken, in eine Kirche zu gehen, gehen in Amerika gerne hin, und sagen uns offen, daß sie da etwas finden, was sie bei uns nie gefunden haben. Wer von uns hat je Heimweh gehabt nach seiner Kirche? Nicht nach dem Gebäude oder dem Pfarrer, sondern nach der Gemeinde?"

Das also dürfte als Ertrag des Amerikaaufenthalts Ernst Bizers festgehalten werden: Ein aufmerksames Interesse für die theologische Leistung der reformierten Orthodoxie des 17. Jahrhunderts und ein offenes Auge für die Gestalt einer christlichen Gemeinde, die sich nicht mit einer Gemeinschaft durch Institutionen zufriedengibt, sondern das lebendige *vinculum pacis* zu verwirklichen sucht.

Nach der Rückkehr aus Amerika studierte Ernst Bizer noch zwei weitere Semester in Tübingen und kam nach dem ersten theologischen Examen als Stadtvikar nach Göppingen. Nach einer Zwischenstation in Heilbronn am Neckar wurde er 1934 in seiner Geburtsstadt Tailfingen Pfarrer an der dortigen Peterskirche. In den Jahren zwischen 1928 und 1933 festigte sich der zum Teil schon aus der Studienzeit stammende theologische Freundeskreis, zu dem Hermann Diem, Heinrich Fausel, Ernst Fuchs, Eberhard Weismann und Richard Widmann gehörten und der in dem damaligen Stiftsrepetenten Paul Schempp einen theologischen Berater, Wegweiser und Kritiker besaß, dessen Bedeutung weit über das übliche Maß einer Gesinnungsfreundschaft hinausreichte. Paul Schempp hatte 1929 eine Arbeit mit dem Titel *Luthers Stellung zur Heiligen Schrift* veröffentlicht, die auch Ernst Bizer zu erneutem und vertieftem Lutherstudium veranlaßte.[6] Ernst Bizer legte stets Wert darauf, zu betonen, daß er in der Freundschaft mit dem älteren, ihm an theologischer Allgemeinbildung und innerer Sicherheit weit überlegenen Paul Schempp fast immer der Nehmende geblieben sei.

In den ersten Jahren des Vikariats und des Pfarramtes hat sich Ernst Bizer in Theorie und Praxis intensiv mit den Fragen des Religiösen Sozialismus beschäftigt. Über sein äußeres Auftreten in dieser Zeit berichtet Hermann Diem: „In Göppingen traf ich den mir bisher unbekannten Ernst Bizer als Stadtvikar an, der mir bald ein guter Freund wurde [...] Er war ein alter ‚Religiöser Sozialist' [...] Wenn ich gelegentlich mit ihm in seine ‚Proletarierversammlungen' ging, in denen natürlich auch gegen Kirche und Christentum geredet wurde, stellte er sich mitten in die Versammlung, so formlos wie er war, die Hände in den Hosentaschen und sagte seinen ‚Genossen' die Meinung: Sie verstünden ja garnicht, wovon sie redeten, und sollten erst einmal zu ihm in die Kirche kommen – und sie kamen auch."[7]

---

[6] Wieder abgedruckt in: PAUL SCHEMPP, Theologische Entwürfe, hg.v. Richard Widmann, München 1973 (TB 50), 10-74.

[7] HERMANN DIEM, Ja oder Nein. 50 Jahre Theologe in Kirche und Staat, Stuttgart/Berlin 1974, 32f.

Die theologische Problematik, der sich Ernst Bizer in dieser Situation konfrontiert sah, war allerdings viel komplizierter, als es dieser Bericht erkennen läßt. Innerhalb der Dialektischen Theologie war es zu einer Absage an die religiös-soziale und christlich-soziale Bewegung gekommen, wobei die Begründung nicht mit politischen, sondern mit theologischen Argumenten geführt wurde. Der entscheidende Einwand lautete: Der Religiöse Sozialismus stelle das Reich Gottes und die sozialistische Gesellschaftsform zu nahe nebeneinander, er mißachte das reformatorische *sola gratia* und traue der menschlichen Aktivität zu viel zu. Ernst Bizer nahm diese theologische Herausforderung an und veröffentlichte 1932 einen „Versuch der Verständigung" in der von Georg Wünsch herausgegebenen *Zeitschrift für Religion und Sozialismus*.[8] Hier versuchte er zu zeigen, daß die politische Aktivität der Religiösen Sozialisten nicht im Widerspruch zum Rechtfertigungsartikel stehe. Der kirchliche Verkündigungsauftrag stelle den Prediger vor je einzelne Menschen, nicht vor eine anonyme Masse. Darum müsse der Prediger die Lage und die Gedankenwelt des Proletariers kennen, wenn er in einer proletarischen Gemeinde seinen Auftrag auszurichten habe. Man könne nicht zu Menschen sprechen, deren ganzes Denken vom Marxismus entscheidend geformt sei, ohne auf die Gedankenwelt des Marxismus einzugehen. Doch die Religiösen Sozialisten müßten nicht nur als Prediger solidarisch beim Proletariat stehen, sondern auch in der Sache solidarisch als Genossen in seinem Kampf.[9] Dabei könne das Ziel nicht sein, „die Kirche für den Sozialismus zu erobern"; die Kirche habe ihren Herrn, und eine Bindung an den Sozialismus könne ihr ebenso gefährlich werden, wie ihr die Bindung an den militaristischen oder kapitalistischen Staat gefährlich geworden sei. Aber es komme darauf an, daß die Kirche sich ihrer politischen Aufgabe bewußt werde, daß sie auch den Einfluß, den sie bewußt oder unbewußt in politischen Dingen habe, klar unter diese Verantwortung stelle; und daß man sich auch in der Kirche um eine klare Erkenntnis der wirtschaftlichen

---

[8] ERNST BIZER, Dialektische Theologie und religiöser Sozialismus. Ein Versuch der Verständigung, in: Zeitschrift für Religion und Sozialismus, hg. für den Bund der Religiösen Sozialisten Deutschlands von Georg Wünsch, 4 (1932) 129-142 mit einem Anhang, der auf das Gespräch zwischen *Karl Thieme* und *Friedrich Gogarten* verweist (142-144).

[9] „Erst recht scheint sich von der dialektischen Theologie her kaum ein Weg in die aktive Politik finden zu lassen; dazu ist sie zu mißtrauisch gegen alle Programme und gegen alle falschen, vorletzten Lösungen, gegen alle ‚Illusionen'. So hat *Günther Dehn* schließlich nichts mehr zu sagen als das, daß das Christentum den Sozialismus vor aller utopischen Verhärtung zu schützen und zu warnen habe [...] Über die tatsächlich zu vollziehende Entscheidung ist damit trotz aller Gescheitheit rein nichts gesagt. Damit kann man aber nicht aufhören. Denn wenn das Gebot der Liebe überhaupt auch unter dem Evangelium noch gelten soll, so muß es auch für das politische Gebiet gelten; sonst ist Gott nicht mehr Gott, nicht mehr der Unbedingte, sondern es entzieht sich ihm ein Teil seiner Schöpfung und verfällt ihrer eigenen Gesetzlichkeit, und damit der Dämonie, – ob mit oder ohne Illusionen." (E. BIZER, Dialektische Theologie, 135).

und politischen Zusammenhänge bemühe und da dann auch den Marxismus gelten lasse. Neutralität der Kirche könne es nicht geben; kein Mensch in der Demokratie sei neutral; aber bewußte, politische Entscheidung im Sinn eines für alle einsichtigen Gesetzes, unter voller Berücksichtigung der proletarischen Wirklichkeit: das sei ein Auftrag, der ebenso im Dienst Gottes erfüllt werden wolle, wie die Arbeit an einer Agende oder die Verwaltung des Kirchenvermögens.

Ernst Bizer stellte sich in diesem Aufsatz *expressis verbis* auf die Seite des Proletariats und bezeichnete sich als einen Marxisten, nicht weil er den Willen des Proletariats absolut setzen wolle, sondern weil er gegenwärtig keinen besseren Weg sehe, wie der berechtigte Anspruch der proletarischen Bevölkerungsgruppe, eines Tages besser leben zu können als heute, durchzusetzen wäre.[10] Unter diesem Gesichtspunkt sei nicht nur die große politische Entscheidung, sondern auch die im Kleinkrieg des Klassenkampfes, im Lohnkampf und im Tarifstreit, im Genossenschaftswesen und in den Gewerkschaften fallende, verantwortlich im höchsten Sinn und als solche nicht Sünde, sondern genauso gefordert wie jeder Kirchendienst. „Zur Sünde wird der Klassenkampf erst, wenn er ohne Glauben und ohne Liebe, aus Egoismus und Haß geführt wird."[11]

Die sich überstürzende politische Entwicklung in Deutschland brachte es mit sich, daß Ernst Bizer seine hier skizzierte Theologie des Religiösen Sozialismus und seine Parteinahme für eine marxistische Gesellschaftsordnung nicht weiter ausformulieren und selbstkritisch durchleuchten konnte. Noch im gleichen Jahr 1932 hat er in einem bedeutsamen Aufsatz zum Thema *Die Kirche*

---

[10] „In dem Bestreben, die politische Wirklichkeit zu erkennen, sind wir Marxisten geworden [...] So stellen wir uns auf die Seite des Proletariats, nicht weil wir den Willen des Proletariats absolut setzen würden. Wir brauchen von niemand eine Belehrung darüber, daß sozialistische Arbeiter keine Engel sind. Sondern weil wir zu sehen glauben, daß nur auf diesem Weg ein allgemeines ‚Gesetz' geschaffen werden kann, das auch die unter der jetzigen Wirklichkeit Leidenden als verpflichtend anerkennen können. Weil wir sehen, daß es der ‚Billigkeit' entspricht, daß diese Leute eines Tages anders leben sollen als heute. Und weil noch niemand als der Jude und Materialist Karl Marx uns einen Weg gezeigt hat, diesen Anforderungen zu genügen. Glaubt jemand anders, einen besseren Weg zu wissen [...] wir würden uns sein Rezept gewiß gerne anhören. Das ist einfach eine Frage der politischen Zweckmäßigkeit unter dem Gesichtspunkt unseres Ziels." (E. BIZER, Dialektische Theologie, 139).

[11] Ebd.; am Schluß des Aufsatzes heißt es: „So wenig das oben Gesagte eine Empfehlung der SPD war, so wenig ist das eben Gesagte eine Empfehlung der KPD; es ist noch nicht einmal eine Apologie ihrer Politik. Hier braucht es keine Empfehlungen; hier reden entweder die harten Tatsachen und sehr nüchterne Erwägungen selber, oder jede Empfehlung ist in den Wind geredet. Wohl aber ist es die Begründung dafür, daß der Bund religiöser Sozialisten unter allen Umständen seine Reihen für die Mitglieder der KPD offen halten muß. Nicht aus politischen Gründen; aus solchen wäre das Gegenteil bequemer. Aber aus theologischen; da haben wir die Kirche zu vertreten an einem Ort, an dem die offizielle Kirche sich versagt. Unsere Aufgabe als Bund religiöser Sozialisten ist die religiöse; an der politischen haben wir in den Parteien zu arbeiten." (a.a.O. 142).

und das Dritte Reich[12] zugeben müssen, daß das bisher von den Religiösen Sozialisten am gründlichsten durchdachte und durchlebte Problem „Kirche und Politik" eine „unerwartete und unheimliche" Aktualität dadurch bekommen habe, daß sich ein großer, wenn nicht der größte Teil der Kirchenglieder hinter Adolf Hitler und seine diffuse Parole vom „positiven Christentum" stelle.[13]

Die von den Nationalsozialisten praktizierte Überordnung des Staates und seiner Interessen über die Kirche bedeute, daß man das Christentum an die Götter dieser Welt verkaufe, auch wenn man gleichzeitig noch so laut betone, daß man christlich sein und bleiben wolle. Mit Erschrecken stellte Ernst Bizer schon 1932 öffentlich die Frage: „Wie konnte es soweit kommen, daß sich ein großer Teil des evangelischen Volksteiles diese Überordnung eines fremden Prinzips nicht nur gefallen läßt, sondern von daher geradezu die Rettung der Kirche verspricht?" Seine Antwort lautete: „Unser Volk weiß überhaupt weithin nicht mehr, was Christentum ist; es ist nicht so sehr ein Mangel des Willens als des Wissens, der sich hier zeigt. Ja, man weiß es innerhalb der Kirche offenbar selber nicht mehr. Die kirchliche Theologie ist ein Irrgarten geworden, in dem sich kaum der Fachmann mehr zurechtfindet, und die Bemühungen um eine Konsolidierung der kirchlichen Lehre sind auf einen kleinen Kreis von Menschen beschränkt." Und dann gibt Ernst Bizer einer Überzeugung Ausdruck, der er mit beharrlicher Konsequenz über vierzig Jahre lang forschend, lehrend und predigend treu geblieben ist. „Was aber ist hier zu tun? Es gibt nur Eines: Christentum ist keine Lehre und keine Ideologie, sondern eine Wirklichkeit, nämlich die Wirklichkeit einer christlichen Gemeinde. Alle Bemühungen um eine Konsolidierung der Lehre hängen in der Luft, weil sie nicht getragen werden von dieser, und das heißt, von einer liebenden, glaubenden und hoffenden Gemeinde, die ihr Glaube zu einem grenzenlosen Opfer fähig macht. Die Volkskirche ist eine Illusion oder eine Unwahrhaftigkeit. So ziehe man die Konsequenz, man mute den Christen wieder zu, Christen zu sein; man

---

[12] ERNST BIZER, Die Kirche und das Dritte Reich, in: Zeitschrift für Religion und Sozialismus 4 (1932) 278-286. Dieser Aufsatz ist eine kritische Besprechung einzelner Beiträge des Sammelbandes: Die Kirche und das dritte Reich. Fragen und Forderungen deutscher Theologen, hg.v. Leopold Klotz, Bd. 1, Gotha 1932. Dieser Sammelband wird mit einem Beitrag von E. Bizer eröffnet (9-15).

[13] *Bizer* fragt in seinem Beitrag zu dem von L. Klotz herausgegebenen Sammelband: „In wessen Dienst steht die Bewegung? *Hitler* will auf dem Boden des positiven Christentums stehen, aber nur soweit es nicht den Bestand des Staates gefährdet und, wie er in seinem Bekenntnisbuch sagt, nur deswegen, weil es die stärkste Stütze der Moral und damit des Staates ist, und weil sich seine Ersatzmittel dafür als unzulänglich erwiesen haben. Wird da nicht der Staat zum Götzen gemacht? Sollen die Bindungen durch Blut, Rasse und Volkstum verstanden werden als das Gesetz Gottes oder das Gesetz eines auf Selbsterhaltung bedachten Staates sein? Sind Rasse und Volkstum wirklich die entscheidenden Bestimmungen des ‚Nächsten' im christlichen Sinn?" (E. BIZER, in: Die Kirche und das dritte Reich, 1, 10).

verzichte auf jeden staatlichen Schutz, der über das allgemeine Recht hinaus geht, stelle die Kirche auf sich selber, und wage es zu glauben, daß selbst die Pforten der Hölle sie nicht überwältigen werden, und man wird wachsen, indem man abnimmt, und lernen, sich den ideologischen wie den politischen Gefahren jeder politischen Bewegung gegenüber rein auf das zu berufen, was die Kirche gründet und trägt."[14]

Was aber „trägt und gründet" die Kirche? Eine schlichte, eine einfältig klingende Frage, auf die jeder Konfirmand eine rechte Antwort wissen müßte. Hört man aber nicht vor allem Verlegenheitsantworten, ungeprüfte Zitate und eingeschliffenen Jargon? Ernst Bizer wurde durch die politische Situation des Jahres 1932 in eine neue Phase und auch neue Motivation seiner theologischen Arbeit hineingeführt.[15] Mit der sachlichen inneren Einstellung eines solide arbeitenden Werkmeisters machte er sich nun daran, aus den Stimmen der reformatorischen Väter und ihrer Auslegung der Heiligen Schrift eine Antwort auf jene Frage zu finden. Der Ernst der politischen Lage gab der kirchlich-theologischen Arbeit ein neues Gewicht. Theologie wurde notwendig, um den ideologischen und politischen Gefahren der Gegenwart begegnen zu können.[16]

---

[14] Zeitschrift f. Religion u. Sozialismus 4 (1932) 280f.; vgl. ferner ERNST BIZER, Die Kirche im Strafgesetzbuch, in: Zwischen den Zeiten 10 (1932) 436-467, 550-564 und Bizers Rezension von: Reich Gottes, Marxismus und Nationalsozialismus, hg.v. Georg Wünsch, 1931, in: Die Christliche Welt, 46 (1932) 420-426.

[15] „Kirche und Nationalsozialismus sind nicht zwei Größen, die sich gegenüber stehen und sich erst ‚begegnen' mußten; sondern die Glieder der Kirche sind zugleich Nationalsozialisten und die Nationalsozialisten wollen zugleich Christen sein. Da geht es nicht an, sich damit zu begnügen, ‚das Wort' zu verkündigen, und die politische Seite der Bewegung zu ignorieren und damit kirchliches und politisches Leben reinlich zu trennen. Wenn *Hitler* Wert darauf legt, seine Bewegung als rein politische Freiheitsbewegung zu charakterisieren, – Christus verlangt den ganzen Menschen, auch sein Handeln, also auch sein politisches Handeln. Und dann ist eben die zentrale Frage die, ob man das, was der Nationalsozialismus will, christlich wollen und vertreten kann. ‚Was ist im evangelischen, näher: im evangelisch-kirchlichen Sinn echter politischer Dienst am Volke?' *(Kattenbusch).* Diese Frage muß gerade von einem echt reformatorischen Verständnis der Kirche aus aufs dringendste gestellt werden." (Zeitschrift für Religion und Sozialismus 4 [1932] 281f.).

[16] „Ist die politische Wirklichkeit heute so schwer durchschaubar geworden, daß die Kirche wirklich nicht mehr konkrete politische Weisungen zu geben vermag, so haben doch Pfarrer und Laien ein Recht auf Führung [...] Luther wußte, daß auch öffentliche Dinge ‚das Gewissen betreffen' und hat sich nie gescheut, sich insofern mit seiner ganzen Autorität am Kampf darum zu beteiligen; irgend eine Stelle des Protestantismus wird diesen Dienst auch heute mit aller – und das heißt: nicht bloß wissenschaftlicher – Verantwortung tun müssen!" (Zeitschrift f. Religion u. Sozialismus 4 [1932] 282). In seinem eigenen Beitrag für die Aufsatzsammlung von L. Klotz (s. Anm. 12) bezeichnet E. Bizer die Behandlung der Rassenfrage durch den Nationalsozialismus als *den* Punkt, der die unchristliche Stellung zum Nächsten im Programm der NSDAP sichtbar mache (a.a.O. 12f.). „Hier aber handelt es sich nicht bloß um eine theologische Spitzfindigkeit. Denn der Jude wird nun als Jude diffamiert und persönlich auf Grund seines Blutes, nicht seiner Taten, als minderwertig behandelt. Jeder Jude wird zum Bürger zweiten Grades. Es wird dem ‚Parteigenossen' zugemutet, dieses Unrecht gegen jeden

Als erstes sichtbares Zeichen dieser Einsicht ist die Herausgabe der *Blätter zur kirchlichen Lage* anzusehen. Diese gemeinsam mit Hermann Diem, Heinrich Fausel und Paul Schempp von Ernst Bizer redigierte Zeitschrift will der Sammlung und Stärkung der Kirche dienen, ohne in der Gefolgschaft einer Partei oder einer Schule zu stehen. Besinnung auf den „eigentlichen Grund des christlichen Glaubens" ist die Parole, und die treue theologische Arbeit, zu der hier jeder einzelne aufgefordert wird, ist – mit den Worten Ernst Bizers – „die Arbeit an der nächsten Sonntagspredigt". Nach vier Heften mußten die *Blätter zur kirchlichen Lage* ihr Erscheinen einstellen; sie fanden eine Fortsetzung in der Zeitschrift *Evangelische Theologie*, deren Herausgeber Ernst Wolf wurde.[17]

Als sich die innerkirchliche Lage in Württemberg im Krisenjahr 1934 in den Wirren um die Person und die Politik des Reichsbischofs dramatisch zuspitzte, bildeten zunächst nur sechs Mitglieder der alten Kirchlich-theologischen Arbeitsgemeinschaft in Württemberg die neue *Kirchliche Sozietät*. Man trat mit einem von Hermann Diem formulierten und von Ernst Bizer mit unterschriebenen „Wort zur Lage" an die Pfarrerschaft heran. Die zentrale Frage lautete: „Wie können wir Kirche bleiben?" und man gab als Antwort an die Herausforderung durch die Deutschen Christen die Parole aus: „Wir haben dafür zu sorgen, daß Gottes Wort frei unter uns und zu uns reden kann. Solange das noch möglich ist und Gott sein Wort noch nicht aus unserer Mitte weggenommen hat, so lange haben wir die gewisse Verheißung, daß seine Kirche noch bei uns ist."[18]

Juden zu begehen. Dies aber ist eine Verfälschung des neutestamentlichen Begriffs des ‚Nächsten' [...] Wie kann ein Christ dieses Unrecht verantworten? Und doch scheint sich seine theoretische Begründung nicht aus der nationalsozialistischen Weltanschauung lösen zu lassen [...] Scheu vor Chauvinismus sei Impotenz, sagt *Hitler*. Und doch wird es ausgedehnt auf die Volksgenossen, die längst nicht alle ‚Arier' sind, und zerstört dadurch die Hoffnung, daß der Nationalsozialismus die Bindung durch das volkhafte Schicksal auch nur erneuern will, geschweige denn kann, vollends im proletarischen Lebensraum, wo sich ohnehin die Bindung durch die Solidarität des Kampfes immer noch viel mächtiger erweist als nationales Empfinden." (a.a.O. 13). – Über die Reaktion der NSDAP (einschließlich *Alfred Rosenbergs*) auf diesen Sammelband informiert der von L. Klotz ebenfalls noch 1932 herausgegebene 2. Bd. der *Fragen und Forderungen deutscher Theologen*, 9ff. Einen kurzen, kritischen Hinweis auf E. Bizers Beitrag gibt KURT MEIER, Der evangelische Kirchenkampf, Bd. 1, 1976, 29.

[17] Vgl. zu dieser Fusion die voraus- bzw. zurückblickenden Bemerkungen von ERNST WOLF, in: EvTh 1 (1934/35) 1-10 und EvTh 6 (1946/47) 1f. und JOACHIM MEHLHAUSEN, 50 Jahrgänge „Evangelische Theologie". Der Anfang im Jahre 1934, in: EvTh 50 (1990) 480-488. – Von ERNST BIZER erschien in den *Blättern zur kirchlichen Lage* der Aufsatz „Kirche und Reichtum", H. 1, 1933, 9-32; dazu die oben Anm. 1 erwähnten „Bemerkungen", die einige bemerkenswerte Fragen E. Bizers an die Glaubensbewegung der Deutschen Christen enthalten. Sie wurden teilweise wieder abgedruckt in: GERHARD SCHÄFER, Die Evangelische Landeskirche in Württemberg und der Nationalsozialismus. Eine Dokumentation zum Kirchenkampf, Bd. 1, Stuttgart 1971, 423f.; vgl. auch Bd. 2, Stuttgart 1972, 424f.

[18] ERNST BIZER, Ein Kampf um die Kirche. Der „Fall Schempp" nach den Akten erzählt, Tübingen 1965, 204.

Ernst Bizer fiel innerhalb der Sozietät die Aufgabe zu, theologisch über die Frage nach dem Bekenntnis zu arbeiten. Denn auf den Kampfruf „Bekenntnis" fragten die Deutschen Christen mit Recht, was denn das württembergische Bekenntnis sei und wo es bislang berücksichtigt werde. Als im Oktober 1934 der württembergische Landesbischof D. Theophil Wurm zuerst unter Hausarrest gestellt und dann von der neugebildeten württembergischen Landessynode in den Ruhestand versetzt wurde, erstellte Ernst Bizer eine Denkschrift über das Thema „Bekenntnis und Kirche". Mit Argumenten aus den lutherischen Bekenntnisschriften des 16. Jahrhunderts votierte Ernst Bizer für den abgesetzten Bischof und gegen die Kirchenpolitik der formal legalen Reichskirchenregierung. Diese Denkschrift wurde 1974 in der von Gerhard Schäfer betreuten Dokumentation zum Kirchenkampf allgemein zugänglich gemacht.[19]

Den „Kampf um die Kirche", den Paul Schempp im Anschluß an die Auseinandersetzungen um Bischof Wurm dann jahrelang führte, hat Ernst Bizer nur am Rande des Kampffeldes miterlebt. Als Begründung hierfür teilt er mit: „Teils wegen der räumlichen Entfernung, teils weil ich als früheres Mitglied der Sozialdemokratischen Partei und des Bundes der Religiösen Sozialisten häufig doch nur als Belastung empfunden und gelegentlich auch als solche bezeichnet wurde [...] teils aus persönlicher Gehemmtheit oder auch einfach aus Gleichgültigkeit gegen das, was in Stuttgart oder noch weiter weg geschah. Wie kann man nur eine Kirchenbehörde so ernst nehmen? Sie ist doch schließlich nicht die ‚Kirche'! Aber Schempp hat ihre Vertreter theologisch ernst genommen als Glieder der Kirche und als seine Nächsten, für die er mitverantwortlich war. Er hat ihnen damit mehr Ehre erwiesen, als sie verlangten, und mehr als wir, die wir andere Sorgen und keine Zeit hatten, uns so zu exponieren wie er."[20] Was Ernst Bizer damals vielleicht an Hilfestellung an seinem Freund versäumt haben mag, das hat er 1965 in seinem Buch *Ein Kampf um die Kirche. Der „Fall Schempp" nach den Akten erzählt*, nachgeholt. In diesem Buch wird die Frage nach der Legitimation der verfaßten Kirche, ihrer Ordnung, ihres Rechts und ihrer Politik mit einer grundsätzlichen Schärfe ausformuliert, wie vielleicht in keinem anderen theologischen Werk der Nachkriegszeit in Deutschland. Ernst Bizer hat dieses Buch allen Studierenden der evangelischen Theologie gewidmet und ihnen sei es weiterhin mit Dringlichkeit zu sorgsamem Studium empfohlen.

Während des Kirchenkampfes – und hinsichtlich der Bekenntnisproblematik durchaus auf ihn bezogen – entstand 1934/35 die erste große gelehrte Arbeit Ernst Bizers. Mit immensem Fleiß wurde die voluminöse *Dogmatik der evangelisch-reformierten Kirche* von Heinrich Heppe aus dem Jahre 1861 neu

---

[19] GERHARD SCHÄFER, Die Evangelische Landeskirche in Württemberg und der Nationalsozialismus. Eine Dokumentation zum Kirchenkampf, Bd. 3, Stuttgart 1974, 612-619.
[20] E. BIZER, Ein Kampf um die Kirche (s. Anm. 18), 5f.

durchgesehen und einige tausend Quellenbelege neu überprüft. So entstand ein weit ausgreifendes Kompendium der reformierten Väterstimmen, das, 1958 erneut aufgelegt, bis zum heutigen Tage wichtige Dienste leistet.[21] Karl Barth schrieb zum Geleit des „Heppe-Bizer" ein Vorwort, das von der nationalsozialistischen Zensur übersehen wurde und für lange Zeit der einzige Text des Baseler Lehrers war, den man in Deutschland unbeanstandet erwerben konnte.

Die gelehrten Arbeiten Ernst Bizers aus dieser Zeit[22] dürfen nicht darüber hinwegtäuschen, daß er zugleich ein vielbeschäftigter Pfarrer war, der Predigt, Seelsorge, Unterricht und Jugendarbeit in einer großen Gemeinde zu bewältigen hatte; ohne die Hilfe seiner Frau Elisabeth, geb. von Aschoff – die Theologie studiert hatte – wäre diese Arbeitslast nicht zu bewältigen gewesen.

In den Jahren vor dem Zweiten Weltkrieg hat Ernst Bizer dann weiter über das Bekenntnisproblem gearbeitet. So ist auch sein zweites größeres wissenschaftliches Werk unmittelbar aus der situationsbezogenen theologischen Arbeit des Tailfinger Pfarrers erwachsen. Als eine Vorstudie für die Neugestaltung der Abendmahlsagende und des Abendmahlsgottesdienstes, zugleich auch für eine begründete Stellungnahme zu den Beschlüssen der 4. Bekenntnissynode in Halle über die Abendmahlsgemeinschaft zwischen Lutheranern, Reformierten und Unierten entstanden einige Referate vor der „Kirchlichen Sozietät", die 1940 unter dem Titel *Studien zur Geschichte des Abendmahlsstreits im 16. Jahrhundert* in Buchform erschienen.

Ernst Bizer hatte sich die Frage gestellt, worum im Abendmahlsstreit der Reformatoren eigentlich gestritten worden sei. Wiederum erwies sich die einfachste, schlichteste Fragestellung als der beste hermeneutische Ansatz zur Lösung eines unerhört verwickelten Sachzusammenhangs. Auf wenige Sätze zusammengedrängt lautete das Ergebnis der Einzelanalyse zahlreicher Texte: Luthers Anliegen im Abendmahlsstreit war die Sicherung des Trostes für die verzagten Gewissen und die Erkenntnis der Überlegenheit Christi über alle Formen menschlichen „Habens" des Heiligen Geistes. Die Schweizer und Süddeutschen hingegen fürchteten die Veräußerlichung und Verdinglichung des Sakraments und machten den Besitz des Geistes zur Voraussetzung, an die der Trost des Sakraments gebunden ist. Bei dieser Skizze mag man an die Diskussion zwischen dem Studenten Ernst Bizer und seinem gelehrten amerikanischen Freund erinnert werden, in der es ja auch um die Frage gegangen war, ob

---

[21] Die Dogmatik der evangelisch-reformierten Kirche. Dargestellt und aus den Quellen belegt von Dr. Heinrich Heppe. Neu durchgesehen und herausgegeben von ERNST BIZER. Zweite, um eine „Historische Einleitung des Herausgebers" vermehrte Auflage, Neukirchen 1958. – Ohne Wissen E. Bizers erschien 1950 eine von G. T. THOMSON besorgte englische Übersetzung des Heppe/Bizer in London bei George Allen und Erswin. Bizer nannte dies „eine durchaus erfreuliche Art, zur Kriegsbeute" zu werden (a.a.O. XIII).

[22] Ebenfalls im Jahre 1935 erschien: Johannes Wolleb, Christianae theologiae compendium. Ex principibus editionibus denuo edidit ERNESTUS BIZER, Neukirchen 1935.

der Glaube an die Erfüllung von Voraussetzungen gebunden werden dürfe. Doch noch wichtiger als dieses deutliche Abrücken von der reformierten Position ist, daß Ernst Bizer in seinem Abendmahlsbuch von 1940 erstmals ausführlich und positiv beschreiben kann, was bei Luther der Begriff „Wort Gottes" bedeutet. Es sei das Reden Gottes selber, als Anrede und Austeilung der Gnade und demgemäß sei die Predigt der Kirche nicht „Betrachtung" oder „Auslegung" eines einmal geschehenen Gotteswortes, sondern gegenwärtige Anrede, gegenwärtiges Gericht und gegenwärtige Gnade.[23]

Mir will es so scheinen, als habe Ernst Bizer schon zu diesem Zeitpunkt die für ihn gültige, an Luther und der Heiligen Schrift gewonnene Antwort auf die zentrale Frage gefunden, „was die Kirche gründet und trägt". Doch die endgültige Ausformulierung und wissenschaftliche Belegung seiner theologischen Erkenntnis mußte noch lange Jahre auf sich warten lassen. Als die *Studien zur Geschichte des Abendmahlsstreits* 1962 neu aufgelegt wurden, da hat dieses Zeichen der Anerkennung Ernst Bizer, der sonst von seiner Verfasserschaft wenig Aufsehen machte, ungemein gefreut.

Im Jahre 1942 kam Ernst Bizer als Soldat an die Ostfront. Buchstäblich im Schützengraben schrieb er sorgfältig formulierte Predigten für seine Gemeinde in Tailfingen. In einem zehnseitigen Rundbrief verteidigt er den Hilfspredigerdienst der Pfarrfrau Elisabeth Bizer und insbesondere die Einfügung einer Absolutionsformel in die Predigt. Seine Kritiker bittet er, ihm einen besseren Weg als diese Lossprechungsformel zu zeigen. „Aber es muß ein Weg sein, auf dem klar und deutlich wird, daß Christus jetzt und heute durch den Mund des Predigers seine Gaben gibt und der Hörer dadurch selig oder schuldig wird. Davon kann und werde ich nicht abgehen. Die Form ist durchaus Nebensache. Man soll nicht die Einheit der Zeremonie erzwingen wollen, wohl aber die Einheit der Sache suchen. So habe ich es bei Luther gelernt."

Mit einer schweren Verwundung kam Ernst Bizer kurz vor der Katastrophe von Stalingrad ins Lazarett; die Kameraden seiner Kompanie sind alle gefallen. Nach der Genesung wurde der Gefreite Ernst Bizer an der Westfront eingesetzt und geriet in französische Kriegsgefangenschaft. Im Lager von Montpellier leitete er eine von den Amerikanern gegründete Theologenschule; das hier erworbene Graecum und Hebraicum hat der damalige Kultusminister Theodor Heuss als für die Universität Tübingen gültig anerkennen lassen.

Nach seiner Rückkehr aus der Gefangenschaft wurde Ernst Bizer 1947 ordentlicher Professor für Kirchengeschichte in Bonn. Die Berufungsanfrage des Ministeriums an Ernst Bizer erging im Herbst 1947 noch an den Kriegsgefangenen in Montpellier. Der Schritt vom Pfarramt zur vollen Fachvertretung der Kirchengeschichte in Bonn hatte nicht mehr Frist als ganze drei Wochen.

---

[23] ERNST BIZER, Studien zur Geschichte des Abendmahlsstreits im 16. Jahrhundert, Darmstadt ²1962, 2-10.

Und schon zwei Jahre nach seinem Eintritt in die Fakultät wählte ihn diese zum Dekan, und dies dann für vier aufeinanderfolgende Amtsjahre. Trotz zahlreicher Verpflichtungen beim Aufbau der Fakultät und des theologischen Seminars erarbeitete er sich jedes Kolleg nach den Quellen, durchforstete die im Kriege liegengebliebene Literatur und veröffentlichte schon bald eine größere Anzahl von präzise urteilenden Rezensionen. Seine Arbeitsleistung unter den notvollen äußeren Bedingungen der ersten Nachkriegsjahre läßt sich im Grunde gar nicht beschreiben.

Schon bald nahm Ernst Bizer das Thema „Bekenntnis" wieder auf. So kam 1952 eine Textausgabe der „Confessio Virtembergica" von 1551 mit einer großen geschichtlichen Einleitung zustande.[24] Predigten von Johannes Brenz und die Mitteilung von „Analecta Brentiana" eröffneten die textkritische Edition der Schriften des schwäbischen Reformators, die heute ein großes Forschungsunternehmen mehrerer namhafter Historiker ist.[25] Zugleich übernahm Ernst Bizer viele akademische Ehrenämter, zu denen von 1950 bis 1968 die Vizepräsidentschaft im Deutschen Akademischen Austauschdienst gehörte.

Immer wieder hat sich Ernst Bizer der Abendmahlsfrage zugewandt und die Tragfähigkeit der ersten Untersuchungsergebnisse für die kirchliche Praxis geprüft. 1955 erstellte er für die Tagung der Kommission für das Abendmahlsgespräch in der EKD ein großes Referat[26] und er gehörte zu den Urhebern und Mitunterzeichnern der Arnoldshainer Thesen zum Heiligen Abendmahl, die eine neue Epoche der Abendmahlspraxis innerhalb der deutschen konfessionell gebundenen Landeskirchen ermöglicht haben. Einige Aufsätze zum gleichen Thema untermauerten die 1940 erstmals vorgetragene Deutung des reformatorischen Abendmahlsverständnisses.[27]

Doch das Hauptwerk Ernst Bizers, das die Frage nach dem Zentrum der Theologie so verläßlich und so genau wie nur möglich beantworten sollte,

---

[24] Diese ursprünglich als Dissertation geplante Arbeit war im wesentlichen bereits 1942 fertiggestellt; sie erschien 1952 als 7. Sonderheft der *Blätter für württembergische Kirchengeschichte* zum 400jährigen Jubiläum des Bekenntnisses: Confessio Virtembergica. Das württembergische Bekenntnis von 1551, hg.v. Ernst Bizer. In den gleichen Zusammenhang gehören die Aufsätze: Die theologische Bedeutung der Confessio Virtembergica, in: EvTh 11 (1951/52) 385-398 und: Dokumente zur Geschichte der Confessio Virtembergica, in: BWKG 52 (1952) 65-95.

[25] JOHANNES BRENZ, Werke. Eine Studienausgabe. Im Auftrag des Vereins für württembergische Kirchengeschichte und in Verbindung mit E. Bizer hg. v. Martin Brecht u. Gerhard Schäfer.

[26] E. BIZER / WALTER KRECK, Die Abendmahlslehre in den reformatorischen Bekenntnisschriften [Referate für die Darmstädter Tagung der „Kommission für das Abendmahlsgespräch" in der EKD am 13./14. April 1955], München ²1959 (ThEx NF 47), 3-42.

[27] ERNST BIZER, Lutherische Abendmahlslehre?, in: EvTh 16 (1956) 1-18; DERS., Die Entdeckung des Sakraments durch Luther, in: EvTh 17 (1957) 64-90; DERS. u.a., Zum Abendmahlsgespräch in der EKD, in: Evangelische Welt. Informationsblatt für die EKD 16 (1962) 145-148.

erschien erst nach langen Vorarbeiten im Jahre 1958, löste dann allerdings eine über Deutschland hinausgreifende intensive Diskussion unter den Lutherforschern aus und machte Ernst Bizer zu dem, was er ganz und gar nicht sein wollte: zu einem berühmten Mann. Gegen die erdrückende Mehrheit der wissenschaftlichen Lutherforschung, die bereits in den frühen Vorlesungen Luthers vor 1518 die entscheidenden Erkenntnisse des Reformators finden will, verficht Ernst Bizer die Ansicht, daß Luther erst zwischen 1518 und 1519, also *nach* dem Thesenanschlag, zu denjenigen theologischen Aussagen vorgestoßen sei, die den Inhalt seiner späteren Theologie ausmachen. Ernst Bizer hatte die Texte noch einmal auf das gründlichste abgehört und methodisch nichts anderes als eine sorgfältige Wortexegese der Stellen versucht, an denen Luther selbst von der *iustitia Dei* redet. „Ich habe versucht, sozusagen mit dem Finger den Zeilen entlangzugehen, und muß den Leser bitten, ein Gleiches zu tun. Mit geistreichen Zusammenfassungen ist in dieser Sache offenbar nichts getan."[28]

Ernst Bizer wußte, welche neuen theologischen Schulen er durch eine solche Bemerkung herausforderte. Dieses Lutherbuch sollte nicht nur ein Beitrag zur Theologiegeschichte des Reformationszeitalters sein, sondern auch eine Mahnung, die theologischen Erkenntnisse aus der Zeit des Kampfes um die Kirche nicht preiszugeben und sich nicht unüberlegt einer neuen Variante des alten theologischen Liberalismus zu verschreiben, sei sie auch noch so faszinierend und gescheit. Über die literarischen Fehden, die *Fides ex auditu* ausgelöst hat, braucht hier nicht berichtet zu werden; dies hat ein gelehrter Lutherkenner, der frühere Dominikaner Otto Hermann Pesch, in einem großen Literaturbericht unter der Überschrift „Lutherforschung vor und nach Bizer" bereits getan.[29]

Als eine Untersuchung über die Entdeckung der Gerechtigkeit Gottes durch Martin Luther stellt sich *Fides ex auditu* im Untertitel dem Leser vor. „Was Luther entdeckt hat, ist zunächst die Theologie des Wortes und im Zusammenhang damit die Bedeutung des Glaubens. Das Wort zeigt nicht einfach den Weg zur Gerechtigkeit und beschreibt diesen nicht nur, sondern es ist das Mittel, wodurch Gott den Menschen rechtfertigt, weil es den Glauben weckt."[30] Das die Kirche gründende und tragende Wort tut an jedem einzelnen, was es sagt, und es schafft auch die Bedingung, verstanden zu werden; es setzt also den

---

[28] ERNST BIZER, Fides ex auditu. Eine Untersuchung über die Entdeckung der Gerechtigkeit Gottes durch Martin Luther, Neukirchen 1958 (3., um ein Nachwort erweiterte Auflage 1966), 14.

[29] OTTO H. PESCH OP, Zur Frage nach Luthers reformatorischer Wende. Ergebnisse und Probleme der Diskussion um Ernst Bizer, Fides ex auditu, in: Catholica 20 (1966) Heft 3 u. 4, 216ff. u. 264ff.; wieder abgedruckt in: Bernhard Lohse (Hg.), Der Durchbruch der reformatorischen Erkenntnis bei Luther, Darmstadt 1968 (= Wege der Forschung Bd. CXXIII), 445-505.

[30] E. BIZER, Fides ex auditu, 149.

Glauben nicht als Bedingung des Verstehens voraus und auch nicht ein gesondertes Verstehen als Bedingung des Glaubens. Diese Beschreibung des Gabecharakters des Wortes muß nun allerdings im Zusammenhang seiner Doppelgestalt als Gesetz und Evangelium gesehen werden: Gesetz und Evangelium sind zu unterscheiden, sie dürfen jedoch nicht getrennt werden. Denn der Glaube, der im Prozeß des Predigtgeschehens konkret als Befreiung erfahren wird, ist immer zugleich Diagnose eines je aktuell wirkenden Zwangs und Freisetzung durch das sakramental wirkende Wort des Evangeliums. Rechtfertigung heißt somit Befreiung aus wechselnden Zwängen durch die christologisch begründete und kontrollierbare Predigtaktion. Die rechte Unterscheidung von Gesetz und Evangelium ist die schwierigste, weil immer situationsbezogen veränderte Aufgabe, die der Prediger mit jeder Predigt neu zu lösen hat.[31]

Ernst Bizer konnte den gemeinten Sachverhalt vor seinen Studenten im Seminar mit entwaffnender Einfachheit so darstellen: Er erzählte von einem Erlebnis seiner Kriegsgefangenschaft. Eines Tages sei irgendein ihm unbekannter französischer Korporal im Lager auf ihn zugekommen, habe dem Kriegsgefangenen Ernst Bizer die Hand auf die Schulter gelegt und die drei Worte gesprochen: „Vous êtes libre." In dieser Szene ist allerdings alles beisammen, was das Predigtgeschehen auszumachen hat: Gesetz, Evangelium und autorisiertes Wort. So wie für den Kriegsgefangenen alles darauf ankommt, daß der Korporal auch wirklich „von oben" autorisiert ist, die Freilassung auszusprechen, und so wie es demgegenüber völlig gleichgültig ist, was dieser Korporal bei der Ausübung seines Dienstes denkt, ob er dumm ist oder ob er eine schöne Uniform trägt, so kommt es auch bei dem das Vergebungswort austeilenden Prediger zentral darauf an, daß er von dem *Christus praesens* autorisiert ist, *minister verbi* zu sein, und alle individuellen Beigaben seiner Person, einschließlich der sogenannten Predigtbegabung, sind für die Befreiung von den Gesetzeszwängen ohne Bedeutung. Allerdings muß der Prediger Gesetz und Evangelium unterscheiden können; und das heißt im Rahmen des Bildes: Jener Korporal könnte mit seinen drei Worten heute früh unter uns, die wir in Freiheit und Wohlstand Ernst Bizers gedenken, herzlich wenig ausrichten. Er müßte schon *die* gesetzlichen Zwänge erkennen und beschreiben können, unter denen jeder von uns heute leidet – dann wäre er ein brauchbarer Prediger der göttlichen *promissio*. Aber auch der Gefangene ist ein hilfreiches Bild zur Erklärung dessen, was evangelischer Glaube ist: Er hat keine Vorleistung erbracht; der Korporal kam nicht zu ihm, weil er ein Musterhäftling gewesen wäre. Aber als er jene drei Worte gehört hatte, da packte er seine Sachen zusammen und ging zum Lagertor und vertraute darauf, daß es nun auch aufgehen werde.

---

[31] E. Bizer predigte selber regelmäßig im Universitätsgottesdienst in Bonn. Einige dieser Predigten erschienen in der Reihe „Predigten für Jedermann"; s. auch: Bonner Universitätspredigten, hg.v. Joachim Konrad, Neukirchen 1959, 9-14.

Das ist die Würde, die der Glaube hat und darin beruht sein Wert, daß er die göttliche *promissio* beim Wort nimmt und Gott zutraut, daß er gerecht ist und seine Verheißung hält.

Die neuere Linguistik, die Ernst Bizer zu Beginn seiner Erkrankung noch mit leisem Verwundern ob ihrer hohen Gescheitheit zur Kenntnis nehmen konnte, hat die Struktur der Sprechakte und der performativen Sprachhandlungen subtilen Analysen unterzogen, die Ernst Bizers Deutung der evangelischen Predigt als eines *donum* hilfreich ergänzen. Doch in dieser Stunde der Würdigung und des Dankes an Ernst Bizer sei an die betont schlichte Begrifflichkeit erinnert, mit der er einer Generation Bonner Theologiestudenten den Weg zur eigenen Predigtarbeit erleichtert hat. Es gebe – so hatte Ernst Bizer seinerseits bei Luther gelernt – „Heißelworte" und „Tättelworte". „Heißelworte" beschreiben Vorhandenes, sie sagen, welchen Namen dieses und jenes Weltding tragen solle, sie geben auch Aufträge an den Hörer weiter. „Tättelworte" hingegen tun etwas, sie schaffen eine neue, im Wort gegebene Situation: *Vous êtes libre – Dir sind deine Sünden vergeben.*

In seinen „Studien zur Theologie des jungen Melanchthon" mit dem Titel *Theologie der Verheißung* hat Ernst Bizer 1964 die Struktur der reformatorischen Worttheologie noch einmal an Texten aus der Anfangszeit Melanchthons historisch-kritisch analysiert; das Ergebnis von *Fides ex auditu* mußte nicht geändert werden und Ernst Bizer konnte seine zahlreichen Kritiker bitten, dieses Buch vorläufig als Antwort, „allerdings eine in der Sache sehr unbußfertige Antwort, gelten zu lassen, bis Zeit und Kraft mir erlauben, auf einzelnes einzugehen".[32]

Ernst Bizer besaß diese Kraft nicht mehr so lange, wie Freunde und Gegner sie ihm gewünscht hätten. In den letzten Jahren vor seiner Erkrankung hat er den Nachlaß des Freundes Paul Schempp mit Hingabe betreut.[33] Arbeiten zur Bonner Fakultätsgeschichte und zwei Porträts der bedeutenden Vorgänger auf dem Bonner Lehrstuhl, Otto Ritschl und Hans Emil Weber, wurden noch fertig[34] bevor die tapfer bekämpfte Krankheit alles wissenschaftliche Arbeiten

---

[32] ERNST BIZER, Theologie der Verheißung. Studien zur theologischen Entwicklung des jungen Melanchthon (1519-1524), Neukirchen 1964, 8. In diesen Zusammenhang gehört auch: ERNST BIZER, Texte aus der Anfangszeit Melanchthons, Neukirchen 1966.

[33] Außer den in Anm. 1 u. 18 genannten Titeln sei noch erwähnt: PAUL SCHEMPP, Gesammelte Aufsätze, hg. v. E. Bizer, München 1960 (TB 10); E. Bizer gab ferner in mehreren Ausgaben Predigten und Reden von P. Schempp aus dem Nachlaß heraus. Besonders hervorgehoben sei E. Bizers kurze Ansprache am Grabe von P. Schempp in: Zum Gedächtnis an D. Paul Schempp, Schriftenreihe der Kirchlich-Theologischen Sozietät in Württemberg, Heft 11 (1959) 9-11.

[34] Erschienen in: Bonner Gelehrte. Beiträge zur Geschichte der Wissenschaften in Bonn. Evangelische Theologie. 150 Jahre Rheinische Friedrich-Wilhelms-Universität zu Bonn, Bonn 1968, Otto Ritschl: 143-152; Hans Emil Weber: 169-189; Zur Geschichte der Evangelisch-Theologischen Fakultät von 1919 bis 1945, 227-275.

unmöglich machte und eine neue Phase der *militia hominis christiani* begann.[35]

In den frühen Morgenstunden des studentischen Alltags an der schönen Bonner kurfürstlichen Residenz eröffnete Ernst Bizer seine Vorlesungen mit Lied, Tageslosung, Auslegung und Luthers Morgensegen. Da *war* die Theologie Seelsorge, und die Seelsorge bestand nicht aus unverbindlichen evangelischen Ratschlägen, sondern in klaren Weisungen und Tröstungen.

Wenn wir, seine Schüler und Freunde, ihm nur diese kurzen Andachten im Hörsaal zu danken hätten, müßten wir bereits gestehen, daß wir reich Beschenkte sind.

---

[35] E. Bizer hat seine eigene theologische Position zuletzt in einem Vortrag zum Ausdruck gebracht, den er vor dem Theologischen Ausschuß der EKU hielt. Hier kommt sein Verständnis der Theologie Luthers, aber auch seine kritische Deutung der allgemeinen theologischen Situation in den sechziger Jahren noch einmal präzise zu Wort. Siehe: ERNST BIZER, Über die Rechtfertigung, in: Das Kreuz Jesu Christi als Grund des Heils, hg.v. Fritz Viering, Gütersloh ³1969, 13-29. Über E. Bizers Wirksamkeit innerhalb der Bonner Evangelisch-Theologischen Fakultät berichtet *J. F. Gerhard Goeters* in seiner (in der ersten Anmerkung genannten) Bonner Gedenkrede.

Nachweis der Erstveröffentlichungen

(Die Nr. hinter jedem Titel bezieht sich auf die Bibliographie)

I. Zur Theologiegeschichte der Reformation

1. *Die reformatorische Wende in Luthers Theologie*
   in: Joachim Mehlhausen (Hg.), Reformationsgedenken. Beiträge zum Lutherjahr 1983 aus der Evangelischen Kirche im Rheinland, Köln 1985 (SVRKG 81), 27-45 (Nr. 65)
2. *Forma Christianismi. Die theologische Bewertung eines kleinen katechetischen Lehrstücks durch Luther und Erasmus von Rotterdam*
   in: ZThK 87 (1990) 437-455 (Nr. 101)
3. *Die Abendmahlsformel des Regensburger Buches*
   in: Luise Abramowski/J. F. Gerhard Goeters (Hg.), Studien zur Geschichte und Theologie der Reformation. Festschrift für Ernst Bizer, Neukirchen-Vluyn 1969, 189-211 (Nr. 10)
4. *Der Streit um die Adiaphora*
   in: Martin Brecht/Reinhard Schwarz (Hg.), Bekenntnis und Einheit der Kirche. Studien zum Konkordienbuch. Im Auftrag der Sektion Kirchengeschichte der Wissenschaftlichen Gesellschaft für Theologie herausgegeben, Stuttgart 1980, 105-128 (Nr. 33)

II. Zur Theologiegeschichte des 19. Jahrhunderts

1. *Zur Wirkungsgeschichte der Confessio Augustana im 19. Jahrhundert. Eine historisch-theologische Skizze*
   in: MEKGR 30 (1981) 41-71 (Nr. 42)
2. *Kirche zwischen Staat und Gesellschaft. Zur Geschichte des evangelischen Kirchenverfassungsrechts in Deutschland (19. Jahrhundert)*
   in: Gerhard Rau/Hans-Richard Reuter/Klaus Schlaich (Hg.), Das Recht der Kirche. Bd. II: Zur Geschichte des Kirchenrechts, Gütersloh 1995, 193-271 (Nr. 152)
3. *Die religionsphilosophische Begründung der spekulativen Theologie Bruno Bauers*
   in: ZKG 78 (1967) 102-129 (Nr. 4)
4. *Spekulative Christologie. Ferdinand Christian Baur im Gespräch mit David Friedrich Strauß und Julius Schaller*
   in: Ulrich Köpf (Hg.), Historisch-kritische Geschichtsbetrachtung. Ferdinand Christian Baur und seine Schüler. 8. Blaubeurer Symposion, Sigmaringen 1994 (Contubernium. Tübinger Beiträge zur Universitäts- und Wissenschaftsgeschichte 40), 119-140 (Nr. 136)
5. *Friedrich Wilhelm IV. Ein Laientheologe auf dem preußischen Königsthron*
   in: Henning Schröer/Gerhard Müller (Hg.), Vom Amt des Laien in Kirche und Theologie. Festschrift für Gerhard Krause zum 70. Geburtstag, Berlin/New York 1982, 185-214 (Nr. 48)
6. *Das Recht der Gemeinde. Carl Immanuel Nitzschs Beitrag zur Reform der evangelischen Kirchenverfassung im 19. Jahrhundert*
   in: ZKG 100 (1989) 33-57 (Nr. 85)

7. *Ernst Troeltschs „Soziallehren" und Adolf von Harnacks „Lehrbuch der Dogmengeschichte". Eine historisch-systematische Skizze*
   in: Friedrich Wilhelm Graf/Trutz Rendtorff (Hg.), Ernst Troeltschs Soziallehren. Studien zu ihrer Interpretation, Gütersloh 1993 (Troeltsch-Studien 6), 193-211 (Nr. 118)

III. Zur Theologiegeschichte des 20. Jahrhunderts

1. *Zur Methode kirchlicher Zeitgeschichtsforschung*
   in: EvTh 48 (1988) 508-521 (Nr. 82)
2. *Kirchenpolitik. Erwägungen zu einem undeutlichen Wort*
   in: ZThK 85 (1988) 275-302 (Nr. 80)
3. *Der Schriftgebrauch in Bekenntnissen und grundsätzlichen Äußerungen zur Kirchenfrage aus der Anfangszeit des Kirchenkampfes*
   in: Hans Heinrich Schmid/Joachim Mehlhausen (Hg.), Sola Scriptura. Das reformatorische Schriftprinzip in der säkularen Welt, Gütersloh 1991 (VWGTh 6), 213-229 (Nr. 109)
4. *Die Rezeption der Barmer Erklärung in der theologischen Arbeit der württembergischen Sozietät*
   in: Wolf-Dieter Hauschild/Georg Kretschmar/Carsten Nicolaisen (Hg.), Die lutherischen Kirchen und die Bekenntnissynode von Barmen. Referate des Internationalen Symposiums auf der Reisensburg 1984, Göttingen 1984, 271-288 (Nr. 55)
5. *Kirchenkampf als Identitätssurrogat? Die Verkirchlichung des deutschen Protestantismus nach 1933*
   in: Friedrich Wilhelm Graf/Klaus Tanner (Hg.), Protestantische Identität heute, Gütersloh 1992, 192-203; 288-293 (Nr. 111)
6. *Widerstand und protestantisches Ethos. Eine historische Skizze*
   in: Anselm Doering-Manteuffel/Joachim Mehlhausen (Hg.), Christliches Ethos und der Widerstand gegen den Nationalsozialismus in Europa, Stuttgart u.a. 1995, 17-33 (Nr. 157)
7. *Jochen Klepper. Eine Gedenkrede und Anmerkungen zum Forschungsstand*
   in: ZKG 104 (1993) 358-376 (Nr. 124)
8. *Die Wahrnehmung von Schuld in der Geschichte. Ein Beitrag über frühe Stimmen in der Schulddiskussion nach 1945*
   in: Joachim Mehlhausen (Hg.), ... und über Barmen hinaus. Studien zur kirchlichen Zeitgeschichte. Festschrift für Carsten Nicolaisen zum 4. April 1994, Göttingen 1995 (AKiZ B. 23), 471-498 (Nr. 155)
9. *Die Konvention von Treysa. Ein Rückblick nach vierzig Jahren*
   in: ÖR 34 (1985) 468-483 (Nr. 63)
10. *Die Rezeption der Barmer Theologischen Erklärung in den evangelischen Landeskirchen nach 1945*
    in: Wolfhart Pannenberg/Theodor Schneider (Hg.), Verbindliches Zeugnis II. Schriftauslegung – Lehramt – Rezeption, Freiburg i.Br./Göttingen 1995 (DiKi 9), 219-245 (Nr. 147)
11. *In Memoriam Ernst Bizer*
    in: EvTh 37 (1977) 306-325 (Nr. 29)

Bibliographie Joachim Mehlhausen

1965

1 Dialektik, Selbstbewußtsein und Offenbarung. Die Grundlagen der spekulativen Orthodoxie Bruno Bauers in ihrem Zusammenhang mit der Geschichte der theologischen Hegelschule dargestellt. Evangelisch-theologische Dissertation Bonn (in Maschinenschrift) 1965

1966

2 Rezension zu: *Markus Braun, Reformation des Theologiestudiums, Hamburg 1966*: THEOLOGIA PRACTICA 1 (1966) 197 f.
3 Rezension zu: *Theologiestudium. Entwurf einer Reform. Gutachten, angefertigt im Auftrag des Fachverbandes Evangelische Theologie im Verband Deutscher Studentenschaften von Wolfgang Herrmann und Gerd Lautner, München 1965*: THEOLOGIA PRACTICA 1 (1966) 283-289

1967

4 Die religionsphilosophische Begründung der spekulativen Theologie Bruno Bauers: ZEITSCHRIFT FÜR KIRCHENGESCHICHTE 78 (1967) 102-129

1968

5 Bruno Bauer 1809-1882: BONNER GELEHRTE. Beiträge zur Geschichte der Wissenschaften in Bonn. Evangelische Theologie (150 Jahre Rheinische Friedrich-Wilhelms-Universität zu Bonn 1818-1968), Bonn 1968, 42-66
6 Rezension zu: *Reinhard Wittram, Zukunft in der Geschichte. Zu Grenzfragen der Geschichtswissenschaft und Theologie (= Kleine Vandenhoeck-Reihe 235/236), Göttingen 1966*: THEOLOGIA PRACTICA 3 (1968) 107
7 Rezension zu: *Maurice Merleau-Ponty, Humanismus und Terror (I/II) (edition suhrkamp 147/148), Frankfurt a.M. 1966*: THEOLOGIA PRACTICA 3 (1968) 211
8 Rezension zu: *Reform der theologischen Ausbildung. Untersuchungen, Berichte, Empfehlungen. Bd. 1, herausgegeben von Hans-Erich Hess und Heinz Eduard Tödt im Auftrag der Gemischten Kommission für die Reform des Theologiestudiums, Stuttgart/Berlin 1967*: THEOLOGIA PRACTICA 3 (1968) 419
9 Rezension zu: *Peter C. Hodgson, The Formation of Historical Theology. A Study of Ferdinand Christian Baur (= Makers of Modern Theology, ed. by Jaroslav Pelikan), New York 1966*: ZEITSCHRIFT FÜR KIRCHENGESCHICHTE 79 (1968) 134-138

1969

10 Die Abendmahlsformel des Regensburger Buches: *Studien zur Geschichte und Theologie der Reformation. Festschrift für Ernst Bizer.* Herausgegeben von Luise Abramowski und J. F. Gerhard Goeters, Neukirchen-Vluyn 1969, 189-211

1970

11 Das Augsburger Interim von 1548. Nach den Reichstagsakten deutsch und lateinisch herausgegeben (= Texte zur Geschichte der evangelischen Theologie. Herausgegeben von Ernst Bizer und J. F. Gerhard Goeters, H. 3), Neukirchen-Vluyn 1970
12 Duplex iustificatio. Die Rechtfertigungslehre des Augsburger Interim. Der Evangelisch-Theologischen Fakultät der Rheinischen Friedrich-Wilhelms-Universität zu Bonn vorgelegte Habilitations-Schrift [zusammen mit Nr. 11] (maschinenschriftlich)
13 Zeitschriftenschau: *Archives de Philosophie 32/I u. II (1969)*: ZEITSCHRIFT FÜR KIRCHENGESCHICHTE 81 (1970) 283 f.
14 Rezension zu: *Theodor Filthaut (Hg.), Umkehr und Erneuerung. Kirche nach dem Konzil, Mainz 1966*: THEOLOGIA PRACTICA 5 (1970) 351-353

1971

15 Herausgeber: Friedrich Buchholz, Liturgie und Gemeinde. Gesammelte Aufsätze. Mit einem Nachwort von Richard Widmann herausgegeben von Joachim Mehlhausen (= Theologische Bücherei 45), München 1971

1972

16 Rezension zu: *Martin Tetz (Hg.), Friedrich Schleiermacher und die Trinitätslehre (= Texte zur Kirchen- und Theologiegeschichte 11), Gütersloh 1969*: ZEITSCHRIFT FÜR KIRCHENGESCHICHTE 83 (1972) 269-271

1973

17 Rezension zu: *Marlin E. Miller, Der Übergang. Schleiermachers Theologie des Reiches Gottes im Zusammenhang seines Gesamtdenkens (= Studien zur evangelischen Ethik 6), Gütersloh 1970*: ZEITSCHRIFT FÜR KIRCHENGESCHICHTE 84 (1973) 420-422
18 Rezension zu: *Ernst Barnikol, Ferdinand Christian Baur als rationalistisch-kirchlicher Theologe. Mit den Nachrufen und der Gedenkvorlesung für Ernst Barnikol von Gerhard Wallis, Erhard Peschke und Wolfgang Gericke (= Aufsätze und Vorträge zur Theologie und Religionswissenschaft 49), Berlin 1970*: ZEITSCHRIFT FÜR KIRCHENGESCHICHTE 84 (1973) 426 f.
19 Rezension zu: *Leif Grane, Die Confessio Augustana. Einführung in die Hauptgedanken der lutherischen Reformation, Göttingen 1970*: ZEITSCHRIFT FÜR KIRCHENGESCHICHTE 84 (1973) 385-387
20 Rezension zu: *Heinrich Lutz/Alfred Kohler (Hg.), Das Reichtagsprotokoll des kaiserlichen Kommissars Felix Hornung vom Augsburger Reichstag 1555. Mit einem Anhang: Die Denkschrift des Reichsvizekanzlers Georg Sigmund Seld für den Augsburger Reichstag (= Österreichische Akademie der Wissenschaften, Phil.-Hist. Klasse, Denkschriften 103), Wien/Köln/Graz 1971*: ZEITSCHRIFT FÜR KIRCHENGESCHICHTE 84 (1973) 401 f.

1974

21 Rezension zu: *Horst Rabe, Reichsbund und Interim. Die Verfassungs- und Religionspolitik Karls V. und der Reichstag von Augsburg 1547/1548, Köln/Wien 1971*: ZEITSCHRIFT FÜR KIRCHENGESCHICHTE 85 (1974) 123-126
22 Rezension zu: *Ernst Barnikol, Bruno Bauer. Studien und Materialien. Aus dem Nachlaß ausgewählt und zusammengestellt von Peter Reimer und Hans-Martin Sass. Herausgegeben vom Forschungsinstitut der Friedrich-Ebert-Stiftung, Bonn-Bad Godesberg und dem Internationaal Instituut voor Sociale Geschiedenis, Amsterdam, Assen-Niederlande 1972*: ZEITSCHRIFT FÜR KIRCHENGESCHICHTE 85 (1974) 443-445

1975

23 Der Umschlag in der theologischen Hegelinterpretation – dargetan an Bruno Bauer: KIRCHE UND THEOLOGIE IM 19. JAHRHUNDERT. Referate und Berichte des Arbeitskreises Katholische Theologie, herausgegeben von Georg Schwaiger (= Studien zur Theologie und Geistesgeschichte des Neunzehnten Jahrhunderts 11), Göttingen 1975, 175-197
24 Bekenntnis (Bekenntnisschriften). I. Theologisch: EVANGELISCHES STAATSLEXIKON 2. Auflage, Stuttgart 1975, 144-152
25 Schwärmertum: EVANGELISCHES STAATSLEXIKON 2. Auflage, Stuttgart 1975, 2262-2265
26 Täufertum: EVANGELISCHES STAATSLEXIKON 2. Auflage, Stuttgart 1975, 2607-2609
27 Rezension zu: *Jörg F. Sandberger, David Friedrich Strauß als theologischer Hegelianer. Mit unveröffentlichten Briefen (= Studien zur Theologie und Geistesgeschichte des Neunzehnten Jahrhunderts 5), Göttingen 1972*: ZEITSCHRIFT FÜR KIRCHENGESCHICHTE 86 (1975) 421-423

1976

28 In Memoriam Ernst Bizer: *Reden gehalten am 21. Juni 1975 bei der Gedenkfeier der Evangelisch-Theologischen Fakultät der Rheinischen Friedrich-Wilhelms-Universität zu Bonn von J. F. Gerhard Goeters und Joachim Mehlhausen* (= Alma Mater. Beiträge zur Geschichte der Universität Bonn 37), Köln/Bonn 1976, 14-40

1977

29 In Memoriam Ernst Bizer. 29. 4. 1904 - 1. 2. 1975: EVANGELISCHE THEOLOGIE 37 (1977) 306-325 [überarbeitete und erweiterte Fassung von Nr. 28]

1978

30 Die Bedeutung der Theologiegeschichte für den Religionsunterricht. Zur Standortbestimmung einer theologischen Disziplin im Umfeld der allgemeinen Religionspädagogik: DER EVANGELISCHE ERZIEHER 30 (1978) 308-320

1979

31 Bearbeiter: BEKENNER UND ZEUGEN. Zum Gedenken an den 450. Todestag der Märtyrer Adolf Clarenbach und Peter Fliesteden. Mit Beiträgen von J. F. Gerhard Goeters, Albert Stein, Friedrich Gerhard Venderbosch u. a., Düsseldorf 1979

1980

32 Mitherausgeber: THEOLOGISCHE REALENZYKLOPÄDIE 5 ff., Berlin/New York 1980 ff.
33 Der Streit um die Adiaphora: BEKENNTNIS UND EINHEIT DER KIRCHE. Studien zum Konkordienbuch. Im Auftrag der Sektion Kirchengeschichte der Wissenschaftlichen Gesellschaft für Theologie herausgegeben von Martin Brecht und Reinhard Schwarz, Stuttgart 1980, 105-128
34 Bearbeiter: ZUR ERNEUERUNG DES VERHÄLTNISSES VON CHRISTEN UND JUDEN. Handreichung für Mitglieder der Landessynode, der Kreissynoden und der Presbyterien in der Evangelischen Kirche im Rheinland 39, Mülheim (Ruhr) 1980
35 Das Evangelisch-Theologische Stift in Bonn 1854-1979: FESTSCHRIFT ZUR FEIER DES 125JÄHRIGEN BESTEHENS DES EVANGELISCH-THEOLOGISCHEN STIFTS (HANS-IWAND-HAUS) IN BONN (= Bonner Akademische Reden 52), Bonn 1980, 11-30
36 Feudalismus: EVANGELISCHES SOZIALLEXIKON 7. Auflage, Stuttgart/Berlin 1980, 403-405
37 Luther, Martin: EVANGELISCHES SOZIALLEXIKON 7. Auflage, Stuttgart/Berlin 1980, 846-850

38 Luthertum, Sozialethik im [mit Ernst Wolf]: EVANGELISCHES SOZIALLEXIKON 7. Auflage, Stuttgart/Berlin 1980, 850-854
39 Restauration: EVANGELISCHES SOZIALLEXIKON 7. Auflage, Stuttgart/Berlin 1980, 1073-1075
40 Bauer, Bruno: THEOLOGISCHE REALENZYKLOPÄDIE 5 (1980) 314-317
41 Gesamtdarstellungen der Kirchen- und Theologiegeschichte der Neuzeit: VERKÜNDIGUNG UND FORSCHUNG 25 (1980) 119-176

1981

42 Zur Wirkungsgeschichte der Confessio Augustana im 19. Jahrhundert. Eine historisch-theologische Skizze: MONATSHEFTE FÜR EVANGELISCHE KIRCHENGESCHICHTE DES RHEINLANDES 30 (1981) 41-71
43 Vom geistlichen Auftrag kirchlicher Verwaltung. Vortrag auf der Mitglieder- und Informationsversammlung am 29. Januar 1981 in Solingen. Herausgegeben vom Rheinischen Verband der Mitarbeiter im evangelisch-kirchlichen Verwaltungsdienst (RVM) (als Manuskript gedruckt)
44 Rezension zu: *Gerhard Besier, Preußische Kirchenpolitik in der Bismarckära. Die Diskussion in Staat und Evangelischer Kirche um eine Neuordnung der kirchlichen Verhältnisse Preußens zwischen 1866 und 1872 (= Veröffentlichungen der Historischen Kommission zu Berlin 49), Berlin/New York 1980*: MONATSHEFTE FÜR EVANGELISCHE KIRCHENGESCHICHTE DES RHEINLANDES 30 (1981) 484-487
45 Rezension zu: *Kurt Aland (Hg.), Glanz und Niedergang der deutschen Universität. 50 Jahre deutscher Wissenschaftsgeschichte in Briefen an und von Hans Lietzmann (1892-1942). Mit einer einführenden Darstellung, Berlin/New York 1979*: HISTORISCHE ZEITSCHRIFT 233 (1981) 633-636

1982

46 Predigt über 1. Korinther 1, 26-31 im Eröffnungsgottesdienst der 30. ordentlichen Landessynode der Evangelischen Kirche im Rheinland: VERHANDLUNGEN DER 30. ORDENTLICHEN RHEINISCHEN LANDESSYNODE vom 10. bis 16. Januar 1982 in Bad Neuenahr, Mühlheim a. d. Ruhr [o. J.], 1-6
47 Duisburg, Universität: THEOLOGISCHE REALENZYKLOPÄDIE 9 (1982) 215-218
48 Friedrich Wilhelm IV. Ein Laientheologe auf dem preußischen Königsthron: VOM AMT DES LAIEN IN KIRCHE UND THEOLOGIE. Festschrift für Gerhard Krause zum 70. Geburtstag, herausgegeben von Henning Schröer und Gerhard Müller, Berlin/New York 1982, 185-214
49 Reformation zwischen Bewahrung und Bewährung: GLAUBE UND HEIMAT. Evangelisches Sonntagsblatt Nr. 43, 24. Oktober 1982, 5-9

1983

50 In jeder Generation neu erwerben. Das Lutherbild heute in evangelischer Sicht: ÖKUMENISCHE MITTEILUNGEN. Herausgegeben von der Arbeitsgemeinschaft Christlicher Kirchen in Nordrhein-Westfalen, Beiheft 2 (1983) 3-16
51 „Freiheit des Glaubens". Luthers Lehre von der Freiheit als Erbe und Auftrag: FRANKFURTER HEFTE 38 (1983) H. 7, 45-54
52 Freidenker: THEOLOGISCHE REALENZYKLOPÄDIE 11 (1983) 489-493
53 Kirchengeschichte (KG): Zweiter Teil: THEOLOGIE IM 20. JAHRHUNDERT. Stand und Aufgaben. Herausgegeben von Georg Strecker, Tübingen 1983, 203-288
54 Bekenntnis und Bekenntnisstand in der Evangelischen Kirche im Rheinland. Die geschichtliche Entwicklung der Präambel und der Grundartikel der rheinischen Kirchenordnung 1835-1952: MONATSHEFTE FÜR EVANGELISCHE KIRCHENGESCHICHTE DES RHEINLANDES 32 (1983) 121-158

1984

55 Die Rezeption der Barmer Erklärung in der theologischen Arbeit der württembergischen Sozietät: DIE LUTHERISCHEN KIRCHEN UND DIE BEKENNTNISSYNODE VON BARMEN. Referate des Internationalen Symposiums auf der Reisensburg 1984. Herausgegeben von Wolf-Dieter Hauschild/Georg Kretschmar/Carsten Nicolaisen, Göttingen 1984, 271-288
56 Geschichte/Geschichtsschreibung VII/2: 19. - 20. Jahrhundert: THEOLOGISCHE REALENZYKLOPÄDIE 12 (1984) 643-658
57 Rezension zu: *Karl Barth, Texte zur Barmer Theologischen Erklärung. Mit einer Einleitung von Eberhard Jüngel und einem Editionsbericht herausgegeben von Martin Rohkrämer, Zürich 1984*: MONATSHEFTE FÜR EVANGELISCHE KIRCHENGESCHICHTE DES RHEINLANDES 33 (1984) 527-529
58 Rezension zu: *Hans-Wilhelm Rahe, Bischof Roß. Vermittler zwischen Rheinland-Westfalen und Preußen im 19. Jahrhundert (= Schriftenreihe des Vereins für Rheinische Kirchengeschichte 77), Köln 1984*: MONATSHEFTE FÜR EVANGELISCHE KIRCHENGESCHICHTE DES RHEINLANDES 33 (1984) 529-532

1985

59 Die Ordination – Theologische Begründung und kirchliche Ordnung aus der Sicht einer Gliedkirche der EKU: THEOLOGIA PRACTICA 20 (1985) 104-115
60 Bearbeiter: ZUR ERNEUERUNG DES VERHÄLTNISSES VON CHRISTEN UND JUDEN. Zweite, erweiterte Auflage [s. Nr. 34], Düsseldorf 1985
61 Die reformatorische Wende in Luthers Theologie: MARTIN LUTHER IM SPIEGEL HEUTIGER WISSENSCHAFT. Herausgegeben von Knut Schäferdiek (= Studium Universale 4. Schriftenreihe der Universität Bonn. Herausgegeben im Auftrag des Rektors von der Senatskommission für das Studium Universale), Bonn 1985, 15-32
62 Bekenntnis und Staat. Die historische und gegenwärtige Bedeutung der 5. Barmer These: CHARISMA UND INSTITUTION. Herausgegeben von Trutz Rendtorff, Gütersloh 1985, 211-220
63 Die Konvention von Treysa. Ein Rückblick nach vierzig Jahren: ÖKUMENISCHE RUNDSCHAU 34 (1985) 468-483
64 Herausgeber: Reformationsgedenken. Beiträge zum Lutherjahr 1983 aus der Evangelischen Kirche im Rheinland. Herausgegeben von Joachim Mehlhausen (Schriftenreihe des Vereins für Rheinische Kirchengeschichte 81), Köln 1985
65 Die reformatorische Wende in Luthers Theologie: REFORMATIONSGEDENKEN [s. Nr. 64], 27-45 [überarbeitete und erweiterte Fassung von Nr. 61]

1986

66 Kirche zwischen Irrtum und Wahrheit. Barmen 1934-1984: VOM WIDERSTAND LERNEN. VON DER BEKENNENDEN KIRCHE BIS ZUM 20. JULI 1944. Herausgegeben von Regina Claussen und Siegfried Schwarz, Bonn 1986, 101-114
67 Hengstenberg, Ernst Wilhelm: THEOLOGISCHE REALENZYKLOPÄDIE 15 (1986) 39-42
68 Das Verhältnis der Kirche zu ihren überkommenen Bauten: KIRCHLICHE KUNST IM RHEINLAND. Beiträge zu Kirchenbau, Grabdenkmal und Altargerät der evangelischen Kirche. Herausgegeben von Dietrich Meyer, Düsseldorf 1986, 1-15
69 Muß ein Friedhofsverwalter auch Seelsorger sein?: DEUTSCHE FRIEDHOFSKULTUR 76 (1986) 62-64

1987

70 Mitherausgeber: EVANGELISCHE THEOLOGIE 47 ff., München 1987 ff.
71 Bekenntnis (Bekenntnisschriften) I. Theologisch: EVANGELISCHES STAATSLEXIKON 3. Auflage, Stuttgart 1 (1987) 188-198

72 Kirchengliedschaft. I. Evangelisch. A. Theologisch: EVANGELISCHES STAATSLEXIKON 3. Auflage, Stuttgart 1 (1987) 1592-1595
73 Pluralismus in der Kirche: EVANGELISCHES STAATSLEXIKON 3. Auflage, Stuttgart 2 (1987) 2548-2552
74 Schwärmertum: EVANGELISCHES STAATSLEXIKON 3. Auflage, Stuttgart 2 (1987) 3080-3083
75 Täufertum: EVANGELISCHES STAATSLEXIKON 3. Auflage, Stuttgart 2 (1987) 3577-3580
76 Interim: THEOLOGISCHE REALENZYKLOPÄDIE 16 (1987) 230-237
77 Predigt über Lukas 17, 7-10: REFORMIERTE KIRCHENZEITUNG 128 (1987) 225-227

1988

78 Mitherausgeber: ZEITSCHRIFT FÜR KIRCHENGESCHICHTE, 99 ff., Stuttgart u. a. 1988 ff.
79 Vom Elend der Almosen zur solidarischen Selbsthilfe. Wege und Ziele evangelischer Sozialarbeit im 19. Jahrhundert, Duisburg 1988
80 Kirchenpolitik. Erwägungen zu einem undeutlichen Wort: ZEITSCHRIFT FÜR THEOLOGIE UND KIRCHE 85 (1988) 275-302
81 Die reformatorische Wende in Luthers Theologie: DER DURCHBRUCH DER REFORMATORISCHEN ERKENNTNIS BEI LUTHER. Neuere Untersuchungen. Herausgegeben von Bernhard Lohse (= Veröffentlichungen des Instituts für Europäische Geschichte Mainz, Beiheft 25), Wiesbaden/Stuttgart 1988, 342-359 [Wiederabdruck von Nr. 65]
82 Zur Methode kirchlicher Zeitgeschichtsforschung: EVANGELISCHE THEOLOGIE 48 (1988) 508-521
83 Mut des Geistes – Geist des Mutes. Predigt über Eph 2, 14-18: ZUR FREIHEIT befreit. Predigten über Rechtfertigung. Herausgegeben von Albrecht Beutel und Volker Drehsen, Tübingen 1988, 182-188
84 Das Recht der Gemeinde. Carl Immanuel Nitzschs Beitrag zur Reform der evangelischen Kirchenverfassung [Vortragstext]: PASTORALTHEOLOGISCHE INFORMATIONEN 8 (1988) 273-282

1989

85 Das Recht der Gemeinde. Carl Immanuel Nitzschs Beitrag zur Reform der evangelischen Kirchenverfassung im 19. Jahrhundert: ZEITSCHRIFT FÜR KIRCHENGESCHICHTE 100 (1989) 33-57 [überarbeitete und erweiterte Fassung von Nr. 84]
86 Die Erste Bekenntnissynode der Deutschen Evangelischen Kirche in Barmen 1934 und ihre Theologische Erklärung. Ein Literaturbericht (1983-1989): VERKÜNDIGUNG UND FORSCHUNG 34 (1989) 38-83
87 Vierzig Jahre Protestantismus in beiden deutschen Staaten: DEUTSCHES ALLGEMEINES SONNTAGSBLATT 42 (1989) Nr. 51, 21
88 Kirchenpolitik: EVANGELISCHES KIRCHENLEXIKON 3. Auflage, Göttingen 2 (1989) 1158-1163

1990

89 Mitherausgeber: ARBEITEN ZUR KIRCHENGESCHICHTE, 56 ff., Berlin/New York 1990 ff.
90 Mitherausgeber: ARBEITEN ZUR KIRCHLICHEN ZEITGESCHICHTE. Herausgegeben im Auftrag der Evangelischen Arbeitsgemeinschaft für Kirchliche Zeitgeschichte von Joachim Mehlhausen und Leonore Siegele-Wenschkewitz. Reihe A: Quellen 4 ff.; Reihe B: Darstellungen 16 ff., Göttingen 1990 ff.
91 Mitherausgeber: KIRCHLICHES JAHRBUCH FÜR DIE EVANGELISCHE KIRCHE IN DEUTSCHLAND, 114-120, Gütersloh 1987 [1990] - 1992/93 [1996]
92 Mitherausgeber: VERKÜNDIGUNG UND FORSCHUNG, 35 ff., München/Gütersloh 1990 ff.
93 Konferenzen, kirchliche: THEOLOGISCHE REALENZYKLOPÄDIE 19 (1990) 413-419
94 Konstitutionalismus: THEOLOGISCHE REALENZYKLOPÄDIE 19 (1990) 535-540

95 Predigtmeditation über 1. Petrus 4,7-11: GÖTTINGER PREDIGTMEDITATIONEN 44 (1990) 350-358
96 Forschungsprogramm „Evangelische Kirche nach 1945": MITTEILUNGEN DER EVANGELISCHEN ARBEITSGEMEINSCHAFT FÜR KIRCHLICHE ZEITGESCHICHTE 10 (1990) 1-20
97 Krankheit VI. Reformationszeit: THEOLOGISCHE REALENZYKLOPÄDIE 19 (1990) 694-697
98 Eine kleine Geschichte der evangelischen Kirche in der Bundesrepublik Deutschland. Erwägungen zu der Frage, warum es ein solches Buch nicht gibt: DER EVANGELISCHE ERZIEHER 42 (1990) 419-431
99 Landeskirche: THEOLOGISCHE REALENZYKLOPÄDIE 20 (1990) 427-434
100 Gedenken an Bruno Bettelheim: ZEITSCHRIFT FÜR PÄDAGOGIK 36 (1990) 793-803
101 Forma Christianismi. Die theologische Bewertung eines kleinen katechetischen Lehrstücks durch Luther und Erasmus von Rotterdam: ZEITSCHRIFT FÜR THEOLOGIE UND KIRCHE 87 (1990) 437-455
102 Rezension zu: *Bertold Klappert, Bekennende Kirche in ökumenischer Verantwortung. Die gesellschaftliche und ökumenische Bedeutung des Darmstädter Wortes (= Ökumenische Existenz heute 4), München 1988*: THEOLOGISCHE BEITRÄGE 21 (1990) 330-331
103 50 Jahrgänge „Evangelische Theologie". Der Anfang im Jahre 1934: EVANGELISCHE THEOLOGIE 50 (1990) 480-488

1991

104 Leben lernen. Gedenken an Bruno Bettelheim, Tübingen 1991
105 Theologie zwischen Politik und Kirche im 19. Jahrhundert: DAS DEUTSCHE LUTHERTUM UND DIE UNIONSPROBLEMATIK IM 19. JAHRHUNDERT. Herausgegeben von Wolf-Dieter Hauschild (= Die Lutherische Kirche. Geschichte und Gestalten 13), Gütersloh 1991, 11-27
106 Forma Christianismi. Die theologische Bewertung eines kleinen katechetischen Lehrstücks durch Luther und Erasmus von Rotterdam: HUMANISM AND REFORM. The Church in Europe, England and Scotland, 1400-1643. Essays in Honour of James K. Cameron, ed. by James Kirk, Oxford/Cambridge (USA) 1991, 57-75 [Nachdruck von Nr. 101]
107 Ansprache: ERINNERN UND BEDENKEN. Reden anläßlich der Gedenkfeier der Eberhard-Karls-Universität für die Opfer des NS-Regimes, deren Leib nach gewaltsamem Tod in den Jahren zwischen 1933 und 1945 der Universität zur Verfügung gestellt wurde. Tübingen, den 8. Juli 1990 (Tübinger Universitätsreden 41), Tübingen 1991, 5 f.
108 Mitherausgeber: Sola Scriptura. Das reformatorische Schriftprinzip in der säkularen Welt. Herausgegeben von Hans Heinrich Schmid und Joachim Mehlhausen, Gütersloh 1991
109 Der Schriftgebrauch in Bekenntnissen und grundsätzlichen Äußerungen zur Kirchenfrage aus der Anfangszeit des Kirchenkampfes: SOLA SCRIPTURA [s. Nr. 108], 213-229
110 Soldat des Glaubens. Der Mystiker und Visionär Ignatius von Loyola: EVANGELISCHE KOMMENTARE 24 (1991) 663-665

1992

111 Kirchenkampf als Identitätssurrogat? Die Verkirchlichung des deutschen Protestantismus nach 1933: PROTESTANTISCHE IDENTITÄT HEUTE. Herausgegeben von Friedrich Wilhelm Graf und Klaus Tanner, Gütersloh 1992, 192-203; 288-293
112 Rationalismus und Vermittlungstheologie, Unionstheologie und Hegelianismus an den preußischen Fakultäten: DIE GESCHICHTE DER EVANGELISCHEN KIRCHE DER UNION. Ein Handbuch. Bd. I: Die Anfänge der Union unter landesherrlichem Kirchenregiment (1817-1850). Herausgegeben von J. F. Gerhard Goeters und Rudolf Mau, Leipzig 1992, 175-210
113 Augustana-Jubiläum und Julirevolution: DIE GESCHICHTE DER EVANGELISCHEN KIRCHE DER UNION. Ein Handbuch. Bd. I: Die Anfänge der Union unter landesherrlichem Kirchenregiment (1817-1850). Herausgegeben von J. F. Gerhard Goeters und Rudolf Mau, Leipzig 1992, 210-220

114 Religions- und Kirchenkritik in der öffentlichen Diskussion des Vormärz [mit Johannes Hilbert]: DIE GESCHICHTE DER EVANGELISCHEN KIRCHE DER UNION. Ein Handbuch. Bd. I: Die Anfänge der Union unter landesherrlichem Kirchenregiment (1817-1850). Herausgegeben von J. F. Gerhard Goeters und Rudolf Mau, Leipzig 1992, 298-317

115 Rezension zu: *Herbert Strahm, Die Bischöfliche Methodistenkirche im Dritten Reich, Stuttgart 1989*: ROTTENBURGER JAHRBUCH FÜR KIRCHENGECHICHTE 11 (1992) 374-376

116 Presbyterial-synodale Kirchenverfassung: EVANGELISCHES KIRCHENLEXIKON 3. Auflage, Göttingen 3 (1992) 1317-1319

117 Die Förderung theologischer Frauenforschung aus der Sicht des Fachs Kirchengeschichte: EPD DOKUMENTATION 12/92: Theologische Frauenforschung und Feministische Theologie. Die Referate eines Hearings der EKD, Frankfurt/Main 1992, 26-28

1993

118 Ernst Troeltschs „Soziallehren" und Adolf von Harnacks „Lehrbuch der Dogmengeschichte". Eine historisch-systematische Skizze: ERNST TROELTSCHS SOZIALLEHREN. Studien zu ihrer Interpretation. Herausgegeben von Friedrich Wilhelm Graf und Trutz Rendtorff (= Troeltsch-Studien 6), Gütersloh 1993, 193-211

119 Die Identifikation von Sünde in der jüngeren deutschen Geschichte: THEOLOGIE FÜR DIE PRAXIS 19 (1993) 3-17

120 Mitverfasser [als Vorsitzender der von der Arnoldshainer Konferenz eingesetzten Theologischen Kommission zu dem Dokument „Lehrverurteilungen – kirchentrennend?"]: Stellungnahme der von der Arnoldshainer Konferenz eingesetzten Theologischen Kommission zum Dokument „Lehrverurteilungen – kirchentrennend?" (Fassung vom 29. September 1991): LEHRVERURTEILUNGEN IM GESPRÄCH. DIE ERSTEN OFFIZIELLEN STELLUNGNAHMEN AUS DEN EVANGELISCHEN KIRCHEN IN DEUTSCHLAND. Herausgegeben von der Geschäftsstelle der Arnoldshainer Konferenz (AKf), dem Kirchenamt der Evangelischen Kirche in Deutschland (EKD) und dem Lutherischen Kirchenamt der Vereinigten Evangelisch-Lutherischen Kirche Deutschlands (VELKD), Göttingen 1993, 17-55

121 Die Evangelische Arbeitsgemeinschaft für Kirchliche Zeitgeschichte und die Erforschung der Kirchengeschichte der DDR: MITTEILUNGEN DER EVANGELISCHEN ARBEITSGEMEINSCHAFT FÜR KIRCHLICHE ZEITGESCHICHTE 13 (1993) 1-6

122 Rezension zu: *Karl-Heinrich Melzer, Der Geistliche Vertrauensrat. Geistliche Leitung für die Deutsche Evangelische Kirche im Zweiten Weltkrieg? (= Arbeiten zur Kirchlichen Zeitgeschichte B 17), Göttingen 1991*: ZEITSCHRIFT FÜR EVANGELISCHES KIRCHENRECHT 38 (1993) 354-359

123 „Auch wer zur Nacht geweinet ...". Zum Gedenken an Jochen Klepper: JAHRBUCH FÜR SCHLESISCHE KIRCHENGESCHICHTE 72 (1993) 167-183 [Vortragsfassung]

124 Jochen Klepper. Eine Gedenkrede und Anmerkungen zum Forschungsstand: ZEITSCHRIFT FÜR KIRCHENGESCHICHTE 104 (1993) 358-376 [überarbeitete und erweiterte Fassung von Nr. 123]

1994

125 Monismus/Monistenbund [mit Daniela Dunkel]: THEOLOGISCHE REALENZYKLOPÄDIE 23 (1994) 212-219

126 Bischof [Teil 3 der Reihe: Was gilt in der Kirche?]: EVANGELISCHES GEMEINDEBLATT FÜR WÜRTTEMBERG 89 (1994) Nr. 3, S. 4

127 Assimilation – Integration – Taufe. Hoffnungen und enttäuschte Erwartungen deutscher Staatsbürger jüdischen Glaubens von der Romantik bis zum Jahr 1933: EVANGELISCHE THEOLOGIE 54 (1994) 23-44

128 Müller, Julius: THEOLOGISCHE REALENZYKLOPÄDIE 23 (1994) 394-399

129 Der kirchliche Liberalismus in Preußen: DIE GESCHICHTE DER EVANGELISCHEN KIRCHE DER UNION. Ein Handbuch. Bd. 2: Die Verselbständigung der Kirche unter dem königlichen

Summepiskopat (1850-1918). Herausgegeben von Joachim Rogge und Gerhard Ruhbach, Leipzig 1994, 120-151
130 Die christlich-soziale Bewegung, der Zentralverein für Sozialreform und die Innere Mission: DIE GESCHICHTE DER EVANGELISCHEN KIRCHE DER UNION. Ein Handbuch. Bd. 2: Die Verselbständigung der Kirche unter dem königlichen Summepiskopat (1850-1918). Herausgegeben von Joachim Rogge und Gerhard Ruhbach, Leipzig 1994, 258-284
131 Grenzen kirchlicher Selbstverwaltung: GRENZEN KIRCHLICHER SELBSTVERWALTUNG. 4. Tagung für Mitglieder der kirchlichen Gerichte der Evangelischen Kirche der Pfalz (Protestantische Landeskirche). Referate aus rechtlicher und aus theologischer Sicht von Karl-Hermann Kästner und Joachim Mehlhausen. Herausgegeben von der Evangelische Kirche der Pfalz, Speyer 1994, 29-43
132 Die Wahrnehmung von Schuld in der Geschichte. Ein Beitrag über frühe Stimmen in der Schulddiskussion nach 1945: EVANGELISCHE THEOLOGIE 54 (1994) 201-219
133 Neue Trennung zwischen Staat und Kirche? Zu den Erblasten der Weimarer Probleme in unserer Zeit: DIE KIRCHEN UND DIE WEIMARER REPUBLIK. Herausgegeben von Richard Ziegert, Neukirchen-Vluyn 1994, 129-152
134 Nationalsozialismus und Kirchen: THEOLOGISCHE REALENZYKLOPÄDIE 24 (1994) 43-78
135 Neander, Johann August Wilhelm: THEOLOGISCHE REALENZYKLOPÄDIE 24 (1994) 238-242
136 Spekulative Christologie. Ferdinand Christian Baur im Gespräch mit David Friedrich Strauß und Julius Schaller: HISTORISCH-KRITISCHE GESCHICHTSBETRACHTUNG. Ferdinand Christian Baur und seine Schüler. 8. Blaubeurer Symposion. Herausgegeben von Ulrich Köpf (= Contubernium. Tübinger Beiträge zur Universitäts- und Wissenschaftsgeschichte Bd. 40), Sigmaringen 1994, 119-140
137 Bischof: WAS GILT IN DER KIRCHE? Herausgegeben von Andreas Rössler, Stuttgart 1994, 23-27 [vgl. Nr. 126]
138 Neuluthertum [mit Friedrich Wilhelm Kantzenbach]: THEOLOGISCHE REALENZYKLOPÄDIE 24 (1994) 327-341
139 Neuzeit: THEOLOGISCHE REALENZYKLOPÄDIE 24 (1994) 392-401

1995

140 Friedrich Daniel Ernst Schleiermacher (1768-1834). Konstitutionalist und Kirchenreformer: EVANGELISCHE KOMMENTARE 28 (1995) 40-42
141 Synode: EVANGELISCHES KIRCHENLEXIKON 3. Auflage, Göttingen 4 (1995) 609-615
142 Eröffnung der Gedenkveranstaltung aus Anlaß der 50. Wiederkehr des 20. Juli 1944: Joachim Gauck, Wahrnehmen – Aushalten – Widerstehen. Zivilcourage: Erwägungen zu einem schwierigen Begriff in einem schwierigem Jahrhundert (= Tübinger Universitätsreden. Neue Folge 15), Tübingen 1995, 9-11
143 Bewahren und Erneuern. Theologische Grundsätze des Dialogs zwischen Christen und Juden: NES AMMIN JAHRBUCH 1993/94, Düsseldorf 1995, 5-22
144 Herausgeber: Pluralismus und Identität (= Veröffentlichungen der Wissenschaftlichen Gesellschaft für Theologie 8), Gütersloh 1995
145 Vorwort: PLURALISMUS UND IDENTITÄT [s. Nr. 144], 11-13
146 Geleitwort [zusammen mit Hartmut Sander]: DIE PROTOKOLLE DES RATES DER EVANGELISCHEN KIRCHE IN DEUTSCHLAND. Bd. 1: 1945/46, bearbeitet von Carsten Nicolaisen und Nora Andrea Schulze (= Arbeiten zur Kirchlichen Zeitgeschichte A. 5), Göttingen 1995, VII f.
147 Die Rezeption der Barmer Theologischen Erklärung in den evangelischen Landeskirchen nach 1945: VERBINDLICHES ZEUGNIS II. Schriftauslegung – Lehramt – Rezeption. Herausgegeben von Wolfhart Pannenberg und Theodor Schneider (= Dialog der Kirchen 9), Freiburg i. Br./Göttingen 1995, 219-245
148 Kirchenordnungen und die Weitergabe des Glaubens und der Lehre: VERBINDLICHES ZEUGNIS

II. Schriftauslegung – Lehramt – Rezeption. Herausgegeben von Wolfhart Pannenberg und Theodor Schneider (= Dialog der Kirchen 9), Freiburg i. Br./Göttingen 1995, 284-308
149 Markstein auf dem Weg politischer Äußerungen. 1. Oktober 1965: „Ost-Denkschrift" der EKD: EPD (AUSGABE FÜR KIRCHLICHE PRESSE) 1995 Nr. 36 (6. Sept. 1995) 7 f.
150 Theologie und Kirche in der Zeit des Vormärz: PHILOSOPHIE UND LITERATUR IM VORMÄRZ. Der Streit um die Romantik 1820-1854. Herausgegeben von Walter Jaeschke (= Philosophisch-literarische Streitsachen 4), Hamburg 1995, 67-85
151 150 Jahre Chr. Kaiser Verlag: EVANGELISCHE THEOLOGIE 55 (1995) 393-400
152 Kirche zwischen Staat und Gesellschaft. Zur Geschichte des evangelischen Kirchenverfassungsrechts in Deutschland (19. Jahrhundert): DAS RECHT DER KIRCHE II: Zur Geschichte des Kirchenrechts. Herausgegeben von Gerhard Rau/Hans-Richard Reuter/Klaus Schlaich, Gütersloh 1995, 193-271
153 Sie wollte ein Glanz sein: IRMGARD KEUN. Zeitzeugen, Bilder und Dokumente erzählen. Herausgegeben von Heike Beutel und Anna Barbara Hagin, Köln 1995, 174-183
154 Herausgeber: ... und über Barmen hinaus. Studien zur Kirchlichen Zeitgeschichte. Festschrift für Carsten Nicolaisen zum 4. April 1994. Herausgegeben von Joachim Mehlhausen (Arbeiten zur Kirchlichen Zeitgeschichte B. 23), Göttingen 1995
155 Die Wahrnehmung von Schuld in der Geschichte. Ein Beitrag über frühe Stimmen in der Schulddiskussion nach 1945: ... UND ÜBER BARMEN HINAUS [s. Nr. 154], 471-498 [überarbeitete und erweiterte Fasung von Nr. 132]
156 Mitherausgeber: Christliches Ethos und der Widerstand gegen den Nationalsozialismus in Europa. Herausgegeben von Anselm Doering-Manteuffel und Joachim Mehlhausen (= Konfession und Gesellschaft 9), Stuttgart u.a. 1995
157 Widerstand und protestantisches Ethos. Eine historische Skizze: CHRISTLICHES ETHOS UND DER WIDERSTAND GEGEN DEN NATIONALSOZIALISMUS IN EUROPA [s. Nr. 156], 17-33
158 Rezension zu: *Cornelius Heinrich Meisiek, Evangelisches Theologiestudium im Dritten Reich (= Europäische Hochschulschriften XXIII, Theologie, 481), Frankfurt/Main 1992*: ROTTENBURGER JAHRBUCH FÜR KIRCHENGESCHICHTE 14 (1995) 346-348

1996

159 Liberalismus in der evangelischen Theologie. Eine kritische Würdigung: LIBERAL. VIERTELJAHRESHEFTE FÜR POLITIK UND KULTUR 38 (1996) Heft 1, 80-90
160 Herausgeber: Zeugen des Widerstands, Tübingen 1996
161 Vorwort: ZEUGEN DES WIDERSTANDS [s. Nr. 160], V-VII
162 Zeugnis und Erbe. Vom Widerstand lernen: ZEUGEN DES WIDERSTANDS [s. Nr. 160], 243-273
163 Widmung. Eberhard Bethge zum 85. Geburtstag: FÜRBITTE. Die Listen der Bekennenden Kirche 1935-1944. Im Auftrag der Evangelischen Arbeitsgemeinschaft für Kirchliche Zeitgeschichte bearbeitet von Gertraud Grünzinger und Felix Walter, Göttingen 1996, V
164 Parteien: THEOLOGISCHE REALENZYKLOPÄDIE 26 (1996) 26-37
165 Das Augsburger Interim. Nach den Reichstagsakten deutsch und lateinisch herausgegeben von Joachim Mehlhausen, 2., erweiterte Auflage [s. Nr. 11], Neukirchen-Vluyn 1996
166 „Widerstand gegen die Obrigkeit?" Luthers Lehre vom Staat und ihre geschichtlichen Folgen: BONNER THEOLOGISCHE GESPRÄCHE (21. - 30.) 1993-1996. Herausgegeben vom Evangelischen Arbeitskreis der CDU/CSU, Bonn 1996, 97-116
167 Unterrichtete Religion oder gelehrter Glaube? Wege und Umwege der Religionspädagogik im 20. Jahrhundert: RELIGIONSUNTERRICHT JENSEITS DER KIRCHE? Wie lehren wir die christliche Religion? Herausgegeben von Wilhelm Gräb, Neukirchen-Vluyn 1996, 9-18
168 Synode: EVANGELISCHES KIRCHENLEXIKON 3. Auflage, Göttingen 4 (1996) 609-615

1997

169 Prälat, in den evangelischen Kirchen: THEOLOGISCHE REALENZYKLOPÄDIE 27 (1997) 164-167
170 Presbyterial-synodale Kirchenverfassung: THEOLOGISCHE REALENZYKLOPÄDIE 27 (1997) 331-340
171 Zur Kirchengeschichte des 19. Jahrhunderts [Forschungsbericht]: THEOLOGISCHE RUNDSCHAU 62 (1997) 136-207
172 Schrift und Bekenntnis [als Quellen des Kirchenrechts]: DAS RECHT DER KIRCHE I. Zur Theorie des Kirchenrechts. Herausgegeben von Gerhard Rau/Hans-Richard Reuter/Klaus Schlaich, Gütersloh 1997, 417-447
173 Einführung in das Forschungsprojekt „Kirche und Staat in der DDR": Anke Silomon unter Mitwirkung von Ulrich Bayer, Synode und SED-Staat. Die Synode des Bundes der Evangelischen Kirchen in der DDR in Görlitz vom 18. bis 22. September 1987, mit einer Einführung in das Forschungsprojekt „Kirche und Staat in der DDR" von Joachim Mehlhausen (= Arbeiten zur Kirchlichen Zeitgeschichte B. 24), Göttingen 1997, IX-XVII
174 Einführung in das Forschungsprojekt „Kirche und Staat in der DDR": Peter Beier, Die „Sonderkonten Kirchenfragen". Sachleistungen und Geldzuwendungen an Pfarrer und kirchliche Mitarbeiter als Mittel der DDR-Kirchenpolitik (1955-1989/90), mit einer Einführung in das Forschungsprojekt „Kirche und Staat in der DDR" von Joachim Mehlhausen (= Arbeiten zur Kirchlichen Zeitgeschichte B. 25), Göttingen 1997, VII-XV
175 Religionsgesellschaften: THEOLOGISCHE REALENZYKLOPÄDIE 28 (1997) 624-631

1998

176 Herausgeber: Zeugen des Widerstands. Ehemalige Studenten der Universität Tübingen, die im Kampf gegen den Nationalsozialismus starben, herausgegeben von Joachim Mehlhausen mit Beiträgen von Karl Dietrich Bracher, Friedrich Frhr. Hiller v. Gaertringen, Joachim Köhler, Christoph Markschies, Joachim Mehlhausen, Jürgen Moltmann, Elisabeth Moltmann-Wendel, Jan Rohls, Jörg Thierfelder, Wolfgang Graf Vitzthum, 2., verbesserte Auflage [s. Nr. 160], Tübingen 1998
177 Herausgeber: Zur Kirchengeschichte der DDR: VERKÜNDIGUNG UND FORSCHUNG 43 (1998) 1-92
178 Zu diesem Heft: Verkündigung und Forschung 43 (1998) 1 f.
179 Einführende Literatur zur Kirchengeschichte der DDR: VERKÜNDIGUNG UND FORSCHUNG 43 (1998) 3-23
180 Pfarrer Oskar Brüsewitz (1929-1976): VERKÜNDIGUNG UND FORSCHUNG 43 (1998) 52-63
181 Herausgeber: Recht – Macht – Gerechtigkeit (= Veröffentlichungen der Wissenschaftlichen Gesellschaft für Theologie 14), Gütersloh 1998
182 Vorwort: RECHT – MACHT – GERECHTIGKEIT [s. Nr. 181], 11-15
183 Jochen Klepper: PROFILE DES LUTHERTUMS. Biographien zum 20. Jahrhundert. Herausgegeben von Wolf-Dieter Hauschild (= Die Lutherische Kirche – Geschichte und Gestalten 20), Gütersloh 1998, 397-426
184 Kirche und Israel: GOTTES TREUE – HOFFNUNG VON CHRISTEN UND JUDEN. Die Auseinandersetzung um die Ergänzung des Grundartikels der Kirchenordnung der Evangelischen Kirche im Rheinland. Herausgegeben von Katja Kriener und Johann Michael Schmidt, Neukirchen-Vluyn 1998, 250-268
185 Restauration: THEOLOGISCHE REALENZYKLOPÄDIE 29 (1998) 87-93

Personenregister

Abramowski, Luise 221, 529 A.2
Adam, Alfred 142 A. 57, 146 A. 68
Adolph, Rudolf 479 A. 31
Äpinus, Johannes 82f.
Agricola, Johann 69, 72, 78, 82, 89
Aichelin, Albrecht 434 A. 52
Aitinger, Conrad 43
Aland, Kurt 64 A. 1
Albrecht, Alfred 341 A. 17
Alsted, Heinrich 345
Altenstein, Karl Sigmund Franz vom Stein zum 157, 195-197, 217
Althaus, Paul 361, 413
Ammon, Friedrich Wilhelm Philipp von 108
Amsdorff, Nikolaus von 66, 78, 83, 89
Ancillon, Johann Peter Friedrich 251-253
Angermair, Rupert 436, 437 A. 68
Apfelbacher, Karl-Ernst 311 A. 31, 316 A. 49
Aquila, Caspar 78
Arendt, Amadeus 197 A. 45
Arendt, Hannah 329 A. 23, 441f., 482 A. 36, 484
Arendt, Hans-Peter 460 A. 6
Arndt, Ernst Moritz 257
Arnim, Bettina von 247f.
Arnold, Thomas 263 A. 51
Asmussen, Hans 372f., 381, 464-467, 506, 522
Assel, Heinrich 441, 454 A. 54
Auer, Alfons 28 A. 19
Auerbach, Hellmuth 325 A. 14
August I. (Friedrich August I.), Kurfürst von Sachsen 175
August Paul Friedrich, Großherzog von Oldenburg 175
Augusti, Johann Christian Wilhelm 196
Augustijn, Cornelis 20 A. 1, 23, 26, 34, 38 A. 1, 40 A. 7, 43 A. 25, 50 A. 52, 51 A. 53
Augustinus, Aurelius VII, 50f., 53, 56
Aurifaber, Johannes 78

Baden, Hans Jürgen 449 A. 37

Bader, Günter 21 A. 2, 35
Bähr, Karl Christian Wilhelm Felix 202 A. 68
Bäumer, Wilhelm 153
Ball, Ernst Friedrich 101 A. 18
Balz, Horst 376 A. 33, 380 A. 51
Bange, Petronella 27 A. 17, 458 A. 1
Barclay, David E. 272
Barnikol, Ernst 189 A. 3, 204 A. 73, 220, 224 A. 12, 229 A. 24, 231f.
Baror, Jaakov 455 A. 63
Barth, Karl 106 A. 30, 292 A. 64, 348 A. 43, 353, 356 A. 68, 365 A. 8, 368f., 375-377, 381, 398 A. 50, 407-410, 413f., 418f., 436, 483f., 485, 489, 491, 501, 504f., 511, 529f., 533, 541
Barton, Peter F. 83 A. 25
Bauer, Bruno 188-220, 234
Bauer, Edgar 192, 197 A. 43, 198, 213, 219 A. 134
Bauer, Fritz 435
Baumann, Klaus 453 A. 50
Baumgärtel, Friedrich 324
Baur, Ferdinand Christian 190, 198, 203, 221-246, 298, 311, 315f.
Baur, Jörg 83 A. 25
Bayer, Oswald 14, 440 A. 10
Becher, Hubert SJ 438 A. 1, 452 A. 47
Beck, Johann Tobias 106 A. 30
Beckmann, Joachim 365 A. 8, 376 A. 35, 385 A. 8, 485 A. 2
Beckmann, Klaus-Martin 102 A. 20
Beintker, Horst J. Eduard 294 A. 74
Bell, George 454 A. 55
Bellardi, Werner 69 A. 8, 72 A. 10
Benecke, Heinrich 191 A. 12, 198 A. 50
Bengel, Ernst Gottlieb 202 A. 68
Benn, Ernst-Victor 126
Benn, Gottfried 449 A. 37
Benrath, Gustav Adolf 150 A. 79
Benz, Ernst 262 A. 47
Bergemann, Hans Georg 176 A. 135
Berggrav, Eivind 437 A. 70
Bergmann, Julius 236

Bergmann, Werner 433 A. 49
Besier, Gerhard 182 A. 147, 265 A. 56, 281 A. 30, 325 A. 13, 330 A. 28, 412 A. 28, 419 A. 1, 461 A. 9, 465 A. 16.17, 473 A. 22, 485 A. 1.2, 499
Bethge, Eberhard 377, 431, 434 A. 50.51, 462, 491 A. 21
Bethmann-Hollweg, Moritz August von 253 A. 18, 282
Bettelheim, Bruno 405
Beyschlag, Willibald 276 A. 13
Beza, Theodor 425-427
Bieler, Manfred 445 A. 27
Billroth, Friedrich 201
Birkner, Hans-Joachim 115 A. 56
Bismarck, Otto Fürst von 182, 256, 260, 293, 323, 353 A. 60
Bizer, Christoph 36 A. 31
Bizer, Elisabeth 541f.
Bizer, Ernst 11-15, 39, 56 A. 68, 90 A. 35, 323, 383-388, 528-547
Blanckmeister, Franz 175 A. 134
Blarer, Ambrosius 71
Blasius, Dirk 272
Bleek, Friedrich 196, 198, 218
Blickle, Peter 419 A. 3
Bloch, Ernst 215 A. 122
Boisset, Jean 22 A. 5
Bonhoeffer, Dietrich 324 A. 10, 377-380, 431f., 434f., 439, 449 A. 37, 462-464, 467, 470, 491 A. 21
Bonhoeffer, Klaus 434
Bonkhoff, Bernhard H. 100 A. 14, 147 A. 72, 148 A. 74, 149 A. 76.78
Bornkamm, Heinrich 13 A. 36, 98 A. 10, 423 A. 14
Bott, Gerhard 16 A. 49
Boyens, Arnim 485 A. 1, 489 A. 13.14, 490 A. 17
Brakelmann, Günter 505 A. 15
Brandis, Christian August 349 A. 50
Brandt, Wilfried 117 A. 65
Brecht, Martin 3 A. 3, 15, 16 A. 50, 141 A. 53, 543 A. 25
Breier, Friedrich 219 A. 134
Breit, Thomas 396f.
Brendel, Robert 455 A. 59
Brennecke, Hanns Christof 271f., 279 A. 22
Brenz, Johannes 43, 71f., 420, 543
Broszat, Martin 326, 328, 332 A. 34
Bruchner, Helmut 166 A. 125
Brück, Gregor 420

Brunner, Emil 430
Brunotte, Heinz 324 A. 13
Bucer, Martin 39, 41, 43f., 46 A. 38, 47-50, 53f., 56, 58, 61f., 69, 71, 89 A. 34
Buchholzer, Georg 82
Büttner, Ursula 455 A. 59, 457, 471 A. 21
Bugenhagen, Johannes 66, 294, 422
Bultmann, Rudolf 530f.
Bunsen, Christian Carl Josias 102 A. 21, 161 A. 108, 253f., 259, 261, 263, 287
Burchard, Franz 40
Burckhardt, Carl J. 479 A. 31
Burger, Christoph 27 A. 16
Burgsmüller, Alfred 364 A. 3, 501 A. 4, 521 A. 49
Burk, Johann Christian Friedrich 228
Bussmann, Walter 272

Calvin, Johannes 43, 153f., 259, 286, 310 A. 26, 424f., 427, 429
Camerarius, Joachim 75
Cameron, James K. 20, 37, 154 A. 88, 343 A. 22
Campenhausen, Axel Frhr. von 123 A. 1, 126 A. 5, 165 A. 123, 358 A. 72
Campenhausen, Hans Frhr. von 304 A. 9
Campenhausen, Otto von 129 A. 15
Chantraine, Georges 22 A. 5
Capito, Wolfgang 39, 49f., 53f., 56, 58, 61f.
Chalybaeus, Albert 84 A. 26, 85 A. 27
Christian III., König von Dänemark 86
Cicero, Marcus Tullius 64
Cochlovius, Joachim 101 A. 17, 103 A. 22, 247 A. 2, 279 A. 22
Cölln, Daniel Georg Konrad von 116, 117 A. 67
Contarini, Gasparo 39f., 42, 44-47, 61f.
Conzemius, Victor 321 A. 2, 324 A. 9, 326 A. 19
Cordatus, Conrad 111
Cornu, Auguste 189 A. 3
Credner, Carl August 161 A. 108
Crell, Paul 88 A. 31
Cruciger, Caspar 66, 74, 76
Crum, Earl Le Verne 497
Cunow, Martin 109 A. 37
Curtius, Ernst Robert 479 A. 33

Danielsmeyer, Werner 153 A. 85, 517 A. 43
Dantine, Johannes 461 A. 9
Daub, Carl 190, 199, 240 A. 65
Daur, Martin 114 A. 56, 134 A. 26

Dehn, Günther 535 A. 9
Delbrück, Johann Friedrich 251
Delius, Walter 142 A. 58
Demel, Walter 138 A. 39
Dempf, Alois 437 A. 68
Denifle, Heinrich 6f., 9
Dibelius, Martin 478 A. 29
Dibelius, Otto 448 A. 34, 488, 498
Diem, Hermann 288 A. 53, 329 A. 23, 338 A. 8, 347f., 383-401, 437, 486, 491f., 497, 507, 509, 534, 539
Dietrich IV., Graf von Manderscheid 40
Dilthey, Wilhelm 224f., 275f., 298
Dingel, Irene 43 A. 25
Dinkler, Erich 361 A. 80, 520
Dipper, Theodor 385 A. 9
Dirks, Walter 329 A. 23
Dittrich, Franz 39 A. 6
Döring, Annette 309 A. 21
Doering-Manteuffel, Anselm 330, 335, 364 A. 5, 433 A. 49, 437 A. 70, 450 A. 40
Dohnanyi, Hans von 431
Dombois, Hans 128f., 162 A. 112
Dorner, Isaak August 129, 239 A. 59, 282, 311 A. 34
Dove, Richard Wilhelm 127
Drehsen, Volker 273 A. 1, 276f., 316 A. 49
Dreß, Walter 438 A. 1
Droste zu Vischering, Clemens August Frhr. von 257, 258 A. 35
Düfel, Hans 82 A. 22
Dümmler, Ferdinand 190 A. 11, 191, 211 A. 102
Dunin, Martin von 257
Duntze, Klaus 179 A. 136

Ebeling, Gerhard 3 A. 2, 4 A. 6, 10 A. 24, 17, 338 A. 8, 348 A. 46, 355, 356 A. 68, 423 A. 14
Eber, Paul 79
Ebrard, Johann Heinrich 222 A. 4
Eck, Johannes 40-42, 44 A. 32, 47f., 65
Eckhardt, Albrecht 175 A. 133
Ehmann, Johannes 99 A. 12, 150 A. 80, 168 A. 126
Ehrenberg, Friedrich 155f.
Eichele, Erich 391 A. 33
Eichhorn, Carl Friedrich 127
Eichhorn, Johann Albrecht Friedrich 179, 217f., 264, 277 A. 15, 281
Eichmann, Adolf 455f.
Eichner, Wolfgang 276 A. 14

Elert, Werner 434f.
Elisabeth, Königin von Preußen 258
Elliger, Walter 143 A. 60, 190 A. 6, 517 A. 40
Eltester, Heinrich 161 A. 109
Engels, Friedrich 188f.
Erasmus, Desiderius 20-37
Erb, Rainer 433 A. 49
Erbacher, Hermann 150 A. 80, 168 A. 26
Erdmann, Johann Eduard 190, 202 A. 68, 236 A. 41
Erler, Adalbert 123 A. 1, 162 A. 111
Eschenmayer, Carl August 227f.
Eßer, Hans Helmut 516 A. 37
Eylert, Rulemann Friedrich 143, 255

Fachs, Ludwig 75
Facius, Moriz 109 A. 37
Fagerberg, Holsten 95 A. 2
Farel, Guillaume 43
Farnese, Alessandro 70
Faulenbach, Heiner 196 A. 41, 329 A. 25
Faulhaber, Michael von 410
Fausel, Heinrich 385, 387 A. 17, 391, 392 A. 34, 534, 539
Fehrenbach, Elisabeth 131 A. 20
Feifel, Erich 89 A. 33
Feige, Johannes 40
Ferdinand I., röm. König 69, 73
Feuerbach, Ludwig 199 A. 52, 237 A. 49
Fezer, Karl 367 A. 11
Fichte, Immanuel Hermann 199 A. 52
Fischer, Hermann 121, 504
Fischer, Richard 384 A. 4
Flacius, Matthias 66, 77f., 83-92
Förstemann, Karl Eduard 108
Foerster, Erich 99 A. 11, 107 A. 31, 145 A. 66
Fontane, Theodor 156f., 417, 450
Forster, Johannes 76
Fraenkel, Pierre 42 A. 18
Fresenius, Wilhelm 438 A. 1
Freudenberg, Adolf 466f.
Freytag, Gustav 442
Frick, Wilhelm 455
Friedberg, Emil 123 A. 1, 127, 185 A. 152
Friedensburg, Walter 62 A. 99
Friedlaender, Ernst 483
Friedrich I., Großherzog von Baden 169
Friedrich II., Kurfürst von der Pfalz/bis 1544 Pfalzgraf 40f., 44, 47, 72
Friedrich III., Kurfürst von der Pfalz 99

Friedrich, Martin 179 A. 136
Friedrich, Otto 99, 168 A. 126
Friedrich Wilhelm III., König von Preußen 97f., 111, 143-145, 155, 157, 249, 251, 254, 258 A. 35, 263, 279
Friedrich Wilhelm IV., König von Preußen 98, 164f., 178-182, 217, 247-272, 276 A. 15, 279f., 287f., 290
Fröhlich, Hugo 150 A. 81
Fromm, Erich 444 A. 22
Frost, Herbert 123 A. 1, 126 A. 4, 159 A. 102, 164 A. 118, 277 A. 18
Fuchs, Emil 448 A. 34
Fuchs, Ernst 391, 509, 534
Füssl, Wilhelm 127 A. 10

Gabler, Georg Andreas 199 A. 52
Gadamer, Hans-Georg 24 A. 11
Gäbler, Ulrich 141 A. 53
Gänssler, Hans-Joachim 423 A. 14
Gall, Lothar 140 A. 48
Gallus, Nikolaus 66, 71, 83, 87
Garbe, Detlef 433 A. 49
Gaß, Joachim Christian 116 A. 61
Gaß, Wilhelm 120
Geck, Albrecht 134 A. 26, 350 A. 50
Geiger, Max 419 A. 1
Geldbach, Erich 102 A. 21
Georg III., Fürst von Anhalt 79
Georg, Herzog von Sachsen 420
Georg Wilhelm, Kurfürst von Brandenburg 97
Georgii, Ludwig 230
Gerdes, Hayo 113 A. 52, 117 A. 67
Gerhard, Johann 429
Gerhardt, Paul 424
Gerhardt, Volker 220
Gericke, Christine 309 A. 21
Gericke, Wolfgang 97 A. 6, 142 A. 58, 252 A. 14
Gerlach, Ernst Ludwig von 128, 265 A. 56, 267 A. 65
Gerlach, Leopold von 128, 253, 265 A. 56
Gerstel-Stein, Hanni 443-457
Gerstenmaier, Eugen 337, 487, 497
Gfrörer, August Friedrich 202 A. 68
Gide, André 402 A. 1
Giordano, Ralph 483 A. 37
Gladstone, William Ewart 254 A. 22, 263 A. 51
Gloege, Gerhard 393, 507
Gobat, Samuel 260
Göbell, Walter 97 A. 5, 157 A. 99,
161 A. 107, 285 A. 40
Göring, Hermann 472, 476
Goes, Helmut 391
Göschel, Karl Friedrich 191, 199 A. 52, 264, 281
Goeters, J. F. Gerhard 98 A. 8, 127 A. 6, 128 A. 12, 134 A. 27, 145 A. 65, 160 A. 106, 272, 517 A. 42, 528*, 529 A. 2, 547 A. 35
Gogarten, Friedrich 535 A. 8
Gollwitzer, Heinz 353 A. 60
Gollwitzer, Helmut 321f., 328, 329 A. 23, 331,333 A. 35,334,448 A. 34, 454 A. 53
Graeber, Franz Friedrich 285
Graf, Friedrich Wilhelm 105 A. 26, 140 A. 52, 220, 222, 233, 240 A. 63, 311 A. 32, 312, 316 A. 49, 330 A. 28, 405,407 A. 11,413,417 A. 44, 478 A. 29
Grane, Leif 3 A. 3.4, 10 A. 26, 17
Granvella, Nikolaus 39-41, 43f., 61
Greiser, Daniel 76
Greschat, Martin 326 A. 19, 330, 335, 406 A. 11, 434, 439 A. 6, 461 A. 9, 469 A. 20, 496 A. 35.38
Grimm, Carl Ludwig Willibald 195 A. 38
Gropper, Johann 39-41, 44, 45 A. 36, 46 A. 38, 47-50, 53-62, 68
Grüber, Heinrich 448 A. 34
Grünzinger, Gertraud 434 A. 53
Grundmann, Siegfried 123 A. 1, 129 A. 16, 131 A. 19, 357 A. 70
Gruppe, Otto Friedrich 219 A. 134
Günther, Reinhold 371 A. 21

Haas, Albert 101 A. 17
Habermas, Jürgen 189, 326, 358 A. 73
Haecker, Theodor 409 A. 22, 410
Härter, Ilse 384 A. 4, 391 A. 33, 392 A. 34, 400 A. 57
Hävernick, Heinrich Andreas Chr. 202 A. 68
Hagenbach, Karl Rudolf 350f.
Halevi, Benjamin 456 A. 63
Haller, Karl Ludwig von 249, 253
Hamm-Brücher, Hildegard 336 A. 1
Hanne, Johann Wilhelm 242 A. 71
Hanstein, Gottfried August Ludwig 145
Hardenberg, Karl August von 134f.
Harder, Günther 339 A. 11
Harleß, Adolf von 120
Harms, Christian 529 A. 2
Harms, Claus 95, 120
Harms, Hugo 175 A. 133

Personenregister

Harnack, Adolf von 277, 300-318, 322, 352 A. 58, 354
Harnack, Theodosius 8f., 120f., 129, 396, 397 A. 47
Harris, Horton 226 A. 16, 228 A. 20, 239 A. 60, 241 A. 68
Hase, Hans Christoph von 67 A. 3, 87 A. 29, 90 A. 36
Hase, Karl von 112 A. 45, 163 A. 115, 351
Haß, Heinrich 40
Hattenhauer, Hans 357 A. 71
Hattwig, Jörg 476 A. 27
Haug, Martin 386 A. 12, 391 A. 33
Hausammann, Susi 461 A. 8
Hauschild, Wolf-Dieter 72 A. 11, 176 A. 135, 305 A. 12, 340 A. 15, 462 A. 9, 485 A. 1, 500 A. 1, 507 A. 19, 510
Haußleiter, Johannes 106 A. 28
Haverott, Johannes 38 A. 2
Hebel, Johann Peter 150
Heckel, Johannes 160f., 249 A. 9, 263 A. 50.51.52, 270, 357 A. 70, 437
Heckel, Martin 123 A. 1, 133 A. 23.25, 136 A. 32.33, 140 A. 47, 347 A. 40
Hegel, Georg Wilhelm Friedrich 110f., 114, 141 A. 54, 188f., 198f., 203f., 205 A. 80, 206f., 221, 224, 231, 235f., 239f., 244, 246, 298
Hehl, Ulrich von 431 A. 42
Heine, Heinrich 351
Helding, Michael 68f., 89
Hengel, Martin 246 A. 83
Hengstenberg, Ernst Wilhelm 95, 117f., 179, 192-197, 202 A. 68, 219 A. 134, 229f., 242 A. 71, 265 A. 56, 266, 274f., 352
Henke, Günter 138 A. 40-42
Henkys, Jürgen 440 A. 7, 441 A. 12, 461 A. 8
Henkys, Reinhard 514 A. 35
Hennig, Gerhard 13 A. 37
Hennig, Martin 176 A. 135
Heppe, Heinrich 540f.
Herbert, Karl 170 A. 127
Hermann, Rudolf 98 A. 10, 441 A. 11, 443 A. 19, 452, 454
Hermelink, Heinrich 171 A. 128, 229 A. 21, 324
Hermle, Siegfried 136 A. 34, 137 A. 36, 173 A. 130, 366 A. 10, 385 A. 11, 474 A. 23
Herms, Eilert 323 A. 7, 333, 355 A. 65, 356 A. 67, 414, 416, 462 A. 9, 483, 502-504, 511, 526

Heron, Alasdair I. C. 516 A. 37
Herrmann, Emil 128f., 183-185
Herrmann, Johannes 73 A. 13, 77 A. 15, 81 A. 21
Herrmann, Wilhelm 530, 533
Hertz-Eichenrode, Dieter 190 A. 9, 217 A. 127-129
Herzog, Roman 339f.
Hesse, Hermann Albert 374
Hesse, Konrad 343 A. 21
Heuss, Theodor 411 A. 25, 542
Heyd, Ludwig Friedrich 229
Heydenreich, August Ludwig Christian 202 A. 68
Heyl, Cornelius Adalbert von 336 A. 1
Hildebrandt, Franz 377f.
Hinrichs, Hermann Friedrich Wilhelm 236
Hinschius, Paul 127
Hirsch, Emanuel 11, 73 A. 13, 108 A. 33, 110 A. 40, 113 A. 52, 114, 199 A. 56, 413
Hitzig, Ferdinand 202 A. 68
Hobbes, Thomas 345
Hodge, Charles W. 532f., 541f.
Hodgson, Peter C. 222f., 224 A. 12
Höfling, Johann Wilhelm Friedrich 120
Hoffmann, Manfred 26
Hoffmann, Willi 106 A. 30
Holl, Karl 11, 315 A. 42
Hollerbach, Alexander 192 A. 19
Holstein, Günther 97 A. 5, 129, 159 A. 103, 295, 357, 359
Honecker, Martin 114 A. 56, 129 A. 16, 134 A. 26, 355 A. 65, 423 A. 14
Hooker, Richard 343 A. 22
Hornig, Gottfried 108 A. 33
Hossenfelder, Joachim 329, 366f., 377 A. 40
Hubatsch, Walther 97 A. 6
Huber, Ernst Rudolf 97 A. 4, 123 A. 1, 132 A. 29, 134 A. 27, 135, 144, 152, 165 A. 120.121, 185 A. 152, 270 A. 68, 293 A. 68
Huber, Wolfgang 97 A. 4, 123 A. 1, 152, 270 A. 68, 293 A. 68, 412 A. 29
Hübinger, Gangolf 130 A. 18
Hüffmeier, Wilhelm 369 A. 18, 505 A. 15, 512 A. 28, 516, 519 A. 45.46, 521 A. 50.51
Humboldt, Alexander von 254
Hundeshagen, Karl Bernhard 185f., 350
Husserl, Edmund 531
Huxley, Aldous 402 A. 1
Hymmen, Johannes 118 A. 70, 264 A. 56

Ibell, Karl 146
Ihlenfeld, Kurt 440 A. 10, 447
Imhoff, Gérard 452 A. 44
Iserloh, Erwin 7
Iwand, Hans Joachim 10, 31 A. 23, 33, 435f., 498, 507

Jacobs, Manfred 103 A. 23, 117 A. 65
Jäckel, Eberhard 322 A. 5
Jäger, August 377 A. 40
Jaeschke, Walter 220
Jahn, Friedrich Ludwig 257
Jaspers, Karl 462 A. 9, 482
Jauss, Hans Robert 500 A. 2
Jedin, Hubert 39, 45, 53 A. 55, 70 A. 9
Jetter, Werner 360
Joachim II., Kurfürst von Brandenburg 41, 49, 61 A. 96, 72, 80, 82
Joest, Wilfried 10 A. 24
Johann der Beständige, Kurfürst von Sachsen 422
Johann Friedrich, Kurfürst von Sachsen 67, 78
Johann Sigismund, Kurfürst von Brandenburg 97, 142f.
Jonas, Ilse 440 A. 10
Jonas, Justus 422
Jonas, Ludwig 161 A. 109, 349 A. 50
Jordahn, Bruno 29
Jorissen, Hans 459 A. 5
Judex, Matthäus 66
Jüngel, Eberhard 10 A. 24, 19 A. 60, 35f., 227 A. 17, 353 A. 62, 361, 381, 524f.
Jünger, Ernst 451
Junghans, Helmav 4 A. 5
Jurieu, Pierre 345

Kähler, Martin 122 A. 80, 429, 452 A. 47
Kahl, Wilhelm 123 A. 1, 128f., 354f.
Kahnis, Karl Friedrich August 121f.
Kaiser, Jochen-Christoph 326 A. 19, 330, 439 A. 6, 450 A. 40
Kantorowicz, Hermann U. 464 A. 14
Kantzenbach, Friedrich Wilhelm 95 A. 2, 103 A. 22, 438 A. 1, 453 A. 50
Kapler, Hermann 374
Karl V., Deutscher Kaiser 39, 61, 67, 69, 71, 73, 90, 110, 421
Karl (I.), König von Württemberg 172
Karlowitz, Christoph von 75
Karoline, Prinzessin von Baden 138
Kaschnitz, Marie Luise 478 A. 29

Kattenbusch, Ferdinand 538 A. 15
Keinemann, Friedrich 258 A. 35
Keller, Rudolf 83 A. 25
Kempski, Jürgen von 214 A. 117
Kern, Friedrich Heinrich 227, 239
Kerner, Hanns 166 A. 124
Kerrl, Hanns 329, 337, 383, 400, 487
Kierkegaard, Søren Aabye 530
Kinkel, Johannes Gottfried 196, 217
Kirchenheim, Artur von 183 A. 151
Kirmeier, Josef 131 A. 19
Klappert, Berthold 474 A. 24
Klemperer, Klemens von 424, 431f.
Klepper, Hildegard 438 A. 1, 440 A. 10
Klepper, Jochen 438-457
Klotz, Leopold 537 A. 12.13, 539 A. 16
Knoke, Karl 173 A. 131
Knox, John 425
Knuth, Hans Christian 522
Koch, Diether 489 A. 16
Koch, Karl 398, 505
Koch, Werner 324, 403 A. 3
Köhler, Karl 123 A. 1
Köhler, Walther 314
Köhn, Mechthild 49 A. 45
Köhne, Hertha 153 A. 85
Koepcke, Cordula 481 A. 34
Körner, Michael 166 A. 125
Köstlin, Julius 4f.
Kogon, Eugen 329 A. 23, 478 A. 29
Kohler, Oliver 440 A. 10
Kolb, Robert 78 A. 17
Komerstadt, Georg von 75
Konrad, Joachim 545 A. 31
Konukiewitz, Enno 465 A. 17
Korsch, Dietrich 315 A. 42
Koselleck, Reinhart 322f., 329 A. 24, 346 A. 35
Koslowski, Peter 346
Kraemer, Hendrik 478
Kraus, Herbert 435 A. 59
Krause, Gerhard 435 A. 57
Krause, Heinrich 161 A. 109
Krausnick, Heinrich Wilhelm 180, 264, 281f.
Kreck, Walter 56 A. 68, 520, 543 A. 26
Kretschmar, Georg 325 A. 13, 384 A. 7, 507 A. 19
Kriege, Anneliese 95 A. 1, 195 A. 35
Kriewitz, Jörg 132f.
Kroeger, Matthias 10 A. 26
Kroon, Marijn de 40 A. 7, 50 A. 52, 51 A. 53, 69 A. 8

Personenregister

Krüger, Friedhelm 26 A. 14
Krüger, Gustav 179 A. 137, 278 A. 21
Krumwiede, Hans-Walter 173 A. 131
Kühler, Otto 206 A. 83
Kühn, Oskar 153 A. 85, 517 A. 43
Kühn, Ulrich 96 A. 2.3, 103 A. 23, 105
Künneth, Walter 411 A. 25, 436f.
Küpper, Johann Abraham 289
Kunst, Hermann 341 A. 19
Kupisch, Karl 339 A. 11

Ladenberg, Adalbert von 217
Lächele, Rainer 367 A. 11, 414 A. 33
Lämmermann, Godwin 219, 235 A. 39
Lambrecht, Lars 220
Lamping, Dieter 402 A. 1
Lancizolle, Karl Wilhelm von 254
Landau, Mosche 456 A. 63
Landau, Peter 272
Landshoff, Friedrich H. 402 A. 1
Langewiesche, Dieter 140 A. 48.49
Lasson, Georg 206 A. 82
Lau, Franz 13 A. 36
Lausberg, Heinrich 23
Lee, Robert S. 458 A. 3
Lehmann, Hartmut 469 A. 20
Lehmann, Karl 46 A. 39
Leibholz, Gerhard 431
Leibniz, Gottfried Wilhelm 236, 345
Lempp, Wilhelm 137 A. 37
Lengerke, Cäsar von 202 A. 68
Lenz, Max 39 A. 7, 47, 195 A. 36
Leopold, Großherzog von Baden 168
Lepp, Claudia 130 A. 18
Lessing, Eckhard 128 A. 12, 182 A. 148, 517 A. 41
Lexutt, Athina 41 A. 11
Lichtblau, Albert 433 A. 49
Lichtenberg, Karl 173
Lieb, Fritz 215 A. 119
Liebersohn, Harry 307 A. 17
Liebing, Heinz 115 A. 56, 222f.
Liermann, Hans 187 A. 155
Lindow, Martin 510 A. 24, 515 A. 36, 522
Lingner, Olaf 512 A. 28
Link, Wilhelm 391, 398
Lipgens, Walter 49f., 53 A. 55
Lisco, Emil Gustav 161 A. 109
Littell, Franklin H. 437 A. 68
Löhe, Wilhelm 120
Löwe, Hartmut 502, 504, 508, 518
Loewenich, Walther von 91 A. 37

Löwith, Karl 189 A. 3.5
Lohmeyer, Ernst 452 A. 47
Lohse, Bernhard 3 A. 2, 4 A. 7, 14, 16 A. 49, 90 A. 36, 121 A. 79, 459 A. 5
Lohse, Eduard 522
Lortz, Joseph 9f.
Losch, Michael 499
Lotther, Michael 72, 87 A. 30
Lubos, Arno 440 A. 10
Ludwig I., König von Bayern 258 A. 37
Ludwig III., Großherzog von Hessen 170
Ludwig III. der Fromme, Herzog von Württemberg 388 A. 18
Ludwig, Hartmut 337 A. 6, 466 A. 18, 485 A. 2, 499, 507 A. 19
Lübbe, Hermann 346
Lüttgert, Gottlieb 123 A. 1, 157
Luise, Königin von Preußen 251
Luthardt, Christoph Ernst 121, 429
Luther, Christian 509 A. 21
Luther, Martin 3-19, 22, 25, 28-37, 41, 43, 61, 64-66, 85, 89 A. 32, 104, 111, 259, 296, 306f., 344, 360, 397, 420-424, 429, 432, 436, 458f., 461, 473f., 478, 529f., 534, 538 A. 16, 541-546

Machiavelli, Niccolò 344
Magen, Ferdinand 139 A. 46, 166 A. 125
Maier, Hans 346f., 431, 475 A. 25
Major, Georg 66, 74, 76
Maltiz, Johann von 79
Maltzahn, Friedrich von 266
Malvenda, Pedro 69
Mandel, Hermann 368f.
Mann, Heinrich 402 A. 1
Mann, Klaus 402
Marahrens, August 374, 496
Marcuse, Ludwig 402-410, 412, 416
Marheineke, Philipp Konrad 111f., 189-191, 196f., 199, 205f., 217, 218 A. 132, 231, 240 A. 65
Markschies, Christoph 335, 355 A. 66
Maron, Gottfried 9 A. 21, 419 A. 3
Marx, Karl 188f., 216, 219, 301 A. 3, 303 A. 7, 536 A. 10
Mascher, Benno 438 A. 1, 440 A. 10
Matthäi, Georg Christian Rudolph 202 A. 68
Matthies, Conrad Stephan 201, 202 A. 68
Maurer, Wilhelm 65 A. 2, 86 A. 28, 187 A. 155, 345 A. 28, 423
Max I. Joseph, König von Bayern 138, 166, 258 A. 37

Meding, Wichmann von 113, A. 50, 151 A. 82
Meersseman, Gilles Gérard 53 A. 55
Mehl, Christoph 499
Mehl, Oskar J. 22 A. 5
Mehnert, Gottfried 163 A. 114
Meier, Kurt 324 A. 9, 325 A. 13, 329, 383, 507 A. 19
Meinecke, Friedrich 253 A. 19
Meiser, Hans 487f., 496
Mejer, Otto 127
Melanchthon, Philipp 29, 40f., 44, 47, 59 A. 86, 61f., 64-66, 73-77, 79f., 82-84, 86-92, 102 A. 21, 109 A. 37, 116, 344f., 420, 422, 425, 459, 546
Menius, Justus 78
Merzyn, Friedrich 496 A. 39
Meschke, Eva-Juliane 440 A. 10
Metzger, Wolfgang 478
Meyer, Alfred Richard 447
Meyer, Philipp 173 A. 131, 522
Mezger, Manfred 459 A. 4
Michelet, Carl Ludwig 198f.
Milner, Isaac 262
Milner, Joseph 262
Mitscherlich, Alexander 483 A. 37
Mitscherlich, Margarete 483 A. 37
Möller, Johann Friedrich 285
Mohr, Rudolf 97 A. 7, 98 A. 9.10, 113 A. 51
Mokrosch, Reinhold 27 A. 18
Moltmann, Jürgen 327, 336 A. 1, 525 A. 63
Moritz, Kurfürst von Sachsen 67, 73, 76f., 79-82, 84, 88, 90
Morone, Giovanni 39
Mühler, Heinrich von 97 A. 6
Mühlmann, Sieghard 15 A. 48
Mülhaupt, Erwin 153 A. 85
Müller, Christine-Ruth 378 A. 41.42, 379 A. 43-47, 380 A. 48-50
Müller, Gerhard 4 A. 5, 38 A. 1, 187 A. 155, 294 A. 74, 345 A. 28
Müller, Johannes 100 A. 14, 147 A. 72
Müller, Julius 101f., 120, 129, 180, 197f., 202 A. 68, 204 A. 74, 265f., 278 A. 21, 282f., 452 A. 47
Müller, E. F. Karl 154 A. 88
Müller, Konrad 126 A. 5
Müller, Ludwig 329, 367 A. 11, 374, 400, 408, 505
Müller, Theodor 100 A. 15
Musculus, Wolfgang 71

Nabrings, Arie 127 A. 10
Neander, August 196, 197 A. 44, 198, 202 A. 68, 262
Neander, Daniel Amadeus Gottlieb 179
Neuser, Wilhelm H. 38 A. 1, 101 A. 17, 145 A. 67, 153 A. 86.87, 158, 179 A. 136, 272, 279 A. 21, 281 A. 28, 293 A. 65
Nicolaisen, Carsten 327 A. 20, 363 A. 1, 381 A. 55, 471 A. 21, 485 A. 2, 500 A. 1, 501 A. 3, 506, 507 A. 19
Niebuhr, Barthold Georg 252f.
Niemeyer, Fanz Anton 283
Niemöller, Gerhard 501 A. 3
Niemöller, Martin 336-339, 364, 409 A. 21, 468 A. 19, 471-473, 476, 487, 489-491, 494, 496-498, 501, 512
Niemöller, Wilhelm 325 A. 13, 509 A. 20, 510 A. 23
Niesel, Wilhelm 516
Nikolaus I., Kaiser von Rußland 254 A. 23
Nipperdey, Thomas 181, 350 A. 51
Nitzsch, Carl Immanuel 100, 112f., 118f., 129, 180, 196f., 265f., 273-299
Norden, Günther van 367 A. 13, 527 A. 67
Norden, Jörg van 153 A. 86
Nowak, Kurt 330, 335, 364f., 371, 403 A. 3, 404, 406 A. 11, 507 A. 19

Oberheid, Heinrich Josef 329
Oberman, Heiko A. 3 A. 2
Ollesch, Helmut 476 A. 27
Olson, Oliver K. 83 A. 25
O'Rourke Boyle, Marjorie 21, 24
Osiander, Andreas 71
Otto, Rudolf 530f.
Overbeck, Franz 215, 316

Pack, Otto von 420f.
Padberg, Rudolf 27 A. 15
Pagel, Karl 438 A. 1, 441, 445 A. 24, 453
Pannenberg, Wolfhart 46 A. 39, 290 A. 59
Pastor, Ludwig von 41 A. 13
Pauck, Wilhelm 307 A. 17
Paul III., Papst 67, 70
Paulus, Heinrich Eberhard Gottlob 105, 192
Perels, Friedrich Justus 431
Pesch, Otto Hermann 11 A. 30, 14, 121 A. 79, 544
Peters, Albrecht 507 A. 19
Pfeffinger, Johann 66, 74, 76, 87, 89 A. 32
Pfeiffer, Gerhard 138 A. 39
Pfeilschifter, Georg 40 A. 7, 47, 68 A. 5

Personenregister

Pflug, Julius 40, 44, 47, 61f., 68f., 79
Philipp von Hessen, Landgraf 420
Pighius, Albert 46 A. 38
Piper, Otto 354 A. 62
Pistorius, Johannes 40, 44 A. 32
Pius IX., Papst 259
Pleitner, Emil 175 A. 133
Poelchau, Harald 448 A. 34
Pousset, Edouard 38 A. 2
Preger, Wilhelm 83 A. 23.25
Pressel, Wilhelm 398f.
Preul, Reiner 346 A. 35
Pye, Michael 307

Rabe, Horst 38 A. 1, 68 A. 4, 420 A. 4
Rad, Gerhard von 438 A. 1, 452 A. 46
Rade, Martin 529f.
Radowitz, Joseph Maria von 253
Räbiger, Julius Ferdinand 219 A. 134
Raeder, Siegfried 17 A. 53
Rahe, Hans-Wilhelm 156 A. 95.96
Rahner, Karl 39 A. 3
Ranke, Friedrich Heinrich 202 A. 68
Ranke, Leopold von 4, 248 A. 6, 254 A. 23, 271 A. 69, 279 A. 22, 332, 333 A. 36
Rapp, Adolf 226 A. 16, 229 A. 22, 230 A. 29
Rath, Peter 347 A. 42
Ratzinger, Joseph 38 A. 2
Rauschning, Hermann 437 A. 68
Redepenning, Ernst Rudolf 196
Rehfues, Philipp Joseph von 196
Reich, Andreas 113 A. 52
Reich, Ines 433 A. 49
Reichel, Peter 433 A. 49
Reichert, Ernst Otto 78 A. 17, 83 A. 24
Reimer, A. James 413 A. 30
Reiner, Guido 476 A. 27
Reischle, Max 351 A. 53
Remer, Otto Ernst 435
Remy, Jochen 38 A. 1
Rendtorff, Trutz 308, 317 A. 50, 403, 409 A. 21, 411 A. 27, 413, 415-417
Rhegius, Urbanus 420
Richter, Aemilius Ludwig 127, 278 A. 21
Richter, Carl 254
Richter, Ludwig 268 A. 66
Rieker, Karl 137 A. 38
Riemschneider, Ernst G. 440 A. 10, 446 A. 28.29, 447 A. 31
Rieske-Braun, Uwe 166 A. 125
Ringshausen, Gerhard 412 A. 28
Rinnen, Anja 462 A. 10

Ris, Georg 123 A. 1, 162f., 183, 283 A. 37
Ritschl, Albrecht 316, 318 A. 51, 345 A. 30, 352, 429f., 450 A. 41
Ritschl, Otto 62 A. 99, 67, 88, 89 A. 34, 196 A. 39.41, 451 A. 41, 504, 546
Ritter, Adolf Martin 304 A. 9
Ritter, Karl Bernhard 506 A. 17
Rödinger, Christian 85, 89 A. 32
Röhm, Eberhard 379 A. 45, 455 A. 59
Röhr, Johann Friedrich 103, 106f.
Röpcke, Andreas 176 A. 135
Rössler, Dietrich 276, 458
Rogge, Joachim 3 A. 1, 14 A. 40, 17 A. 54, 78 A. 16.17, 127 A. 6, 293 A. 68
Rohkrämer, Martin 501 A. 5, 511 A. 27
Rohls, Jan 220, 429 A. 37, 430 A. 39
Roon, Ger van 431
Rosenberg, Alfred 400, 539 A. 16
Rosenkranz, Albert 153 A. 85
Rosenkranz, Karl 191, 199, 236, 298 A. 87
Roß, Wilhelm 156f., 289
Rothe, Richard 119f., 315 A. 42, 352 A. 59
Rothfels, Hans 325f., 410 A. 25
Ruddies, Hartmut 308 A. 18, 316 A. 49
Rudelbach, Andreas Gottlob 109
Ruden, Eberhard 40
Ruge, Arnold 194f., 217 A. 126
Ruhbach, Gerhard 143 A. 60, 146 A. 69
Rupp, Julius 275 A. 5
Rust, Isaak 199

Sack, Friedrich Samuel Gottfried 98f., 252
Sack, Karl Heinrich 196, 217, 282
Sand, Karl Ludwig 429
Sander, Hartmut 181 A. 143, 249 A. 9, 293 A. 65
Sannwald, Adolf 391
Sartorius, Ernst Wilhelm Christian 95f., 103-105, 109 A. 37
Sasse, Hermann 378-380
Sattler, Dorothea 460 A. 6
Sauter, Gerhard 278 A. 19, 307, 358 A. 74, 461 A. 9, 485 A. 1, 495 A. 32
Savigny, Friedrich Carl von 127, 254
Schäfer, Gerhard 171 A. 128, 336 A. 2, 338 A. 7, 384, 467 A. 19, 539 A. 17, 540, 543 A. 25
Schäfer, Rolf 29 A. 21
Schäferdiek, Knut 37 A. 33
Schaller, Julius 191, 199 A. 52, 223, 235-246

Schanbacher, Dietmar 500 A. 2
Scharfenberg, Joachim 458 A. 3
Scheel, Otto 6 A. 13
Scheibel, Johann Gottfried 120, 430 A. 40
Scheible, Heinz 40 A. 7, 74 A. 13, 75 A. 14, 419 A. 1, 423 A. 11
Schelling, Friedrich Wilhelm Joseph 192, 199
Schelling, Fritz 192
Schempp, Paul 3f., 338 A. 8, 383-387, 414 A. 34, 528, 534, 539f., 546
Schenkel, Daniel 129
Scherffig, Wolfgang 336 A. 1
Scheuner, Ulrich 154f., 159f.
Scheurl, Christoph Gottlieb Adolf Frhr. von 128, 168
Schian, Martin 339
Schiele, Friedrich Michael 163 A. 116
Schildt, Axel 433 A. 49
Schillebeeckx, Edward C. F. 38 A. 2, 46
Schjørring, Jens Holger 507, A. 19
Schlaich, Klaus 125, 129 A. 16, 164 A. 117, 347 A. 42
Schlatter, Adolf 530
Schleiermacher, Friedrich Daniel Ernst 113-119, 125, 129, 134f., 145, 161, 180, 224, 237 A. 49, 238, 240 A. 65, 259, 275, 282, 297f., 349f., 427-429, 503, 524, 526
Schlink, Edmund 392 A. 34, 393, 507
Schlippe, Gunnar von 315 A. 42
Schlözer, August Ludwig 344 A. 26
Schmid, Christian Friedrich 227
Schmidt, Erik 206 A. 83
Schmidt, Kurt Dietrich 324 A. 13, 386 A. 12, 412 A. 30
Schmidt, Werner H. 376 A. 33, 380 A. 51
Schmidt-Clausen, Kurt 247 A. 2, 259 A. 40, 260 A. 41, 263 A. 51, 264 A. 54, 268 A. 66
Schmidt-Lauber, Hans-Christoph 453 A. 48
Schmidt-Rost, Reinhard 273 A. 1
Schmithals, Walter 212 A. 106, 235 A. 39
Schmitt, Carl 351, 358
Schnauber, Sonja 100 A. 14, 147 A. 72, 148 A. 74, 149 A. 76.78
Schneemelcher, Wilhelm 96 A. 3, 101 A. 17, 102 A. 20, 120f., 293 A. 67, 298 A. 87, 305 A. 12
Schneider, Paul 434
Schneider, Peter 437 A. 68
Schneider, Reinhold 438 A. 1, 448 A. 35, 449 A. 37, 451, 453, 456 A. 65, 475, 480-482

Schneider, Thomas Martin 505 A. 15
Schoeps, Hans-Joachim 253 A. 18, 270 A. 67
Scholder, Klaus 121 A. 78, 172 A. 129, 173 A. 130, 325 A. 13, 336 A. 1, 364f., 400 A. 58, 409 A. 21, 439 A. 2, 464 A. 14
Schott, Christian Heinrich 109 A. 37
Schreiber, Matthias 412 A. 28, 431
Schreiner, Lothar 527 A. 68
Schrey, Heinz-Horst 424 A. 15
Schröder, Rudolf Alexander 451, 475, 478-480
Schröer, Henning 273 A. 1
Schuderoff, Johann Georg Jonathan 107f., 133 A. 23
Schulz, David 116, 117 A. 67
Schulz, Gerhard 336 A. 1
Schulze, Nora Andrea 485 A. 2
Schulze, Udo 175 A. 133
Schumacher, Otto 23
Schwarz, Karl 352
Schwegler, Albert 210 A. 97, 225
Schweitzer, Albert 215
Schweizer, Alexander 119, 238
Schwöbel, Gerlind 448 A. 35

Seeberg, Reinhold 311 A. 34, 316
Segreff, Klaus-Werner 402 A. 1
Seier, Hellmut 452 A. 44
Seils, Martin 358 A. 74
Seld, Georg Sigmund 68
Selge, Kurt Victor 72 A. 10
Semler, Johann Salomo 108
Servatius, Robert 456 A. 63
Sfondrato, Francesco 70
Siegele-Wenschkewitz, Leonore 170 A. 127, 370 A. 20, 412 A. 28, 471 A. 21
Sigwart, Heinrich Christoph Wilhelm 227, 237 A. 49
Slechta, Johann 26f.
Slenczka, Reinhard 382 A. 57
Smend, Rudolf d. Ä. 173 A. 131, 174, 358
Smend, Rudolf d. J. 240 A. 63, 375 A. 30
Smith-von Osten, Annemarie 485 A. 1, 513 A. 33
Soden, Hans von 361 A. 80, 394 A. 39, 448 A. 35, 507, 530
Söhlmann, Fritz 485 A. 2, 486 A. 5
Söhngen, Oskar 293 A. 65
Sohm, Rudolph 128f., 186f., 277, 354
Sommer, Johann Georg 196
Soto, Domingo de 69
Spalatin, Georg 66

Personenregister

Sparn, Walter 417 A. 44
Spieker, Christian Wilhelm 109
Spörl, Johannes 437 A. 68
Spranger, Eduard 476
Stahl, Friedrich Julius 102f., 127f., 180, 264, 266, 271 A. 69, 281, 285-292
Starck, Helmut 474 A. 24
Staritz, Katharina 448
Staudenmaier, Franz Anton 202 A. 68
Stein, Albert 160 A. 6, 479 A. 32, 516 A. 38
Stein, Brigitte 444, 454 A. 55
Stein, Charlotte von 476
Stein, Karl Reichsfreiherr vom und zum 134f., 161, 251
Stein, Renate 444, 451, 454 A. 55.56, 455
Steinbach, Peter 364 A. 5, 403 A. 3, 475 A. 25
Steitz, Heinrich 170 A. 127
Stephan, Hans Ulrich 527 A. 67
Stern, Frank 433 A. 49
Steudel, Johann Christian Friedrich 202 A. 68, 227
Stiewe, Martin 116
Störle, Johann 166 A. 125
Stolberg-Wernigerode, Anton Graf zu 256
Strauß, David Friedrich 191, 198, 199 A. 52, 201f., 203 A. 71, 213 A. 110, 216, 221-246, 247, 288
Strauß, Friedrich 196
Strohm, Christoph 412 A. 28, 419 A. 1, 431, 462 A. 11
Strunk, Reiner 247 A. 2
Stupperich, Martin 72 A. 10
Stupperich, Robert 28 A. 19, 39 A. 7, 41 A. 11, 54 A. 57.59
Sturm, Jakob 40
Sydow, Adolf 161 A. 109, 180
Sywottek, Arnold 433 A. 49

Tanner, Klaus 355 A. 65, 358 A. 73, 407 A. 11, 416 A. 40
Tetz, Martin 117 A. 65
Thadden, Rudolf von 407 A. 11
Thalmann, Rita 440, 443 A. 20, 444 A. 22, 448, 454
Thenius, Otto 219 A. 134
Theurich, Henning 112 A. 46, 113 A. 50, 273 A. 1, 276, 292 A. 64
Thiede, Carsten Peter 481 A. 34
Thielicke, Helmut 436
Thieme, Karl 535 A. 8
Thierfelder, Jörg 337 A. 6, 379 A. 45, 384 A. 6, 455 A. 59, 467 A. 19, 485 A. 2, 487 A. 6, 499
Tholuck, Friedrich August Gottreu 121f., 190, 202 A. 68, 452 A. 47
Thomasius, Gottfried 121
Thormann, Helmut E. 499
Thüringer, Walter 74 A. 13
Tillich, Paul 409 A. 21, 530
Tittmann, Johann August Heinrich 109
Tödt, Heinz Eduard 461 A. 9, 483
Toyka-Seid, Christiane 433 A. 49
Tracy, James D. 32 A. 25
Traub, Friedrich 227 A. 17
Treitschke, Heinrich von 248, 265 A. 60, 352 A. 57
Trillhaas, Wolfgang 64 A. 1, 436
Tröger, Gerhard 187 A. 155
Troeltsch, Ernst 300-318, 330, 402, 424, 427
Tuchel, Johannes 475 A. 25
Twesten, August 282

Uechtritz, Rudolph von 181
Ullmann, Carl 202 A. 68, 239
Ulrich, Herzog von Württemberg 72
Ulrich, Hans G. 65 A. 2
Ulrichs, Hans-Georg 499
Umbreit, Friedrich Wilhelm Carl 202 A. 68
Usteri, Leonhard 201

Valett, Johann Meno 109 A. 37
Vatke, Wilhelm 191f., 196, 198, 200 A. 59.60, 201, 237
Veltwyk, Gerhard 39, 49, 61
Vilmar, August Friedrich Christian 106, 120, 352
Vincke, Ludwig Freiherr von 153
Vischer, Friedrich Theodor 225
Vischer, Wilhelm 379f.
Visser't Hooft, Wilhelm A. 465-467
Voetius, Gisbert 345
Vogel, Heinrich 393, 473-475, 507
Voigt, Karl 285
Voll, Otto J. 166 A. 125

Wagner, Falk 200 A. 58, 220, 221 A. 1, 240 A. 63, 417 A. 44
Wallmann, Johannes 11 A. 28
Walter, Felix 434 A. 53
Walter, Johannes von 25, 27
Wangemann, Theodor 120
Wappler, Klaus 98 A. 8, 135 A. 31, 141 A. 55.56, 143 A. 60, 151 A. 82, 272

Wartenberg, Günther   72 A. 10, 73 A. 13,
   77 A. 15, 81 A. 21
Waser, Ruedi   220
Wassermann, Rudolf   435 A. 58
Weber, Gotthilf   398
Weber, Hans Emil   59, 67 A. 3, 92 A. 38,
   98 A. 10, 546
Weber, Max   310, 344, 357 A. 69
Weerda, Jan   154, 345 A. 31
Wehrhan, Herbert   129 A. 16, 489 A. 13
Weismann, Eberhard   534
Weiss, Hermann   349 A. 49
Weiße, Christian Hermann   199 A. 52, 212
Weizsäcker, Carl Friedrich von   481 A. 34
Welzig, Werner   446 A. 27
Wengst, Klaus   380f.
Wenig, Otto   176 A. 135
Wentorf, Rudolf   440 A. 10, 444 A. 22
Wenz, Gunther   37, 92 A. 38, 122 A. 81
Westphal, Joachim   66
Westenfelder, Frank   445 A. 27
Weth, Rudolf   364 A. 3, 501 A. 4, 527 A. 68
Wette, Wilhelm Martin Leberecht de
   202 A. 68, 240 A. 63
Wetzel, Jürgen   281 A. 29
Weymann, Volker   116 A. 64
Weyrauch, Erdmann   72 A. 10
Wichelhaus, Manfred   302 A. 7, 310f.,
   313 A. 38
Wichern, Johann Heinrich   270
Widmann, Martin   383 A. 2, 384 A. 4
Widmann, Richard   391, 534
Wiechert, Ernst   475-478
Wigand, Johann   66
Wiggers, Gustav Friedrich   109 A. 37
Wilhelm, Herzog von Nassau   146f.

Wilhelm I., König von Preußen, Deutscher
   Kaiser   182f., 185, 260 A. 41, 293
Wilhelm I., König von Württemberg   171f.
Wilke, Christian Gottlob   212
Winkler, Eberhard   273 A. 1, 276 A. 15
Winter, Friedrich   512 A. 28
Wintzer, Friedrich   273 A. 1, 276
Wirth, Günter   446 A. 27
Witte, Barthold C.   252 A. 16.17
Wittram, Heinrich   120 A. 76
Wolf, Erik   493
Wolf, Ernst   324 A. 13, 328 A. 22, 337 A. 5,
   348, 356, 390, 393f., 410-412, 418f.,
   424 A. 16, 435-437, 524, 539
Wolfinger, Franz   502
Wolgast, Eike   350 A. 51
Wolleb, Johannes   541 A. 22
Wrede, William   215
Wünsch, Georg   535, 538 A. 14
Wurm, Theophil   336-339, 383f., 390f.,
   397 A. 50, 398f., 434, 467-471, 473,
   481, 487, 490, 493, 498f., 509, 540

Zahn-Harnack, Agnes von   301 A. 2
Zeddies, Helmut   118 A. 70, 518 A. 44,
   521 A. 48
Zeller, Eduard   206 A. 82, 227 A. 18,
   232 A. 33, 351f.
Zepper, Wilhelm   345
Zickendraht, Karl   22
Ziegert, Richard   147 A. 72
Ziegler, Edda   130 A. 17
Ziethe, Wilhelm   250 A. 10, 255 A. 27
Zoellner, Wilhelm   385, 391
zur Mühlen, Karl-Heinz   3 A. 1, 9, 14, 40 A. 7,
   41 A. 11
Zwingli, Ulrich   420